主　编：龙卫球

副主编：汪　洋　聂卫锋　赵精武

撰稿人：汪　洋　聂卫锋　郭　锐　贺栩栩　徐同远　金　晶
张家骥　王天凡　刘　建　柯伟才　张　芸　代　瑞
陈　军　梁笑准　王　琦　雷震文　赵精武　徐　实
韩京京　李晨丹　邹沛东　张　杨　谢　地　郑　臻
马强伟　刘　骏　李运杨　严　城　魏露露　王锡柱
邱　江　董亚川　段　波　孙新宽　箫　鑫　高晓燕
朱　霞　徐　宁　王　丹　刘靖靖　卫　丹　程　喆
李　游　王　江　马　可　陈　洁　李贝妮　杨　勇
刘　冲　邓环宇　何傲翾　侯泽琦　贾明顺　秦　婧
米伊尔别克·赛力克

民法典权威解读丛书

丛书主编 龙卫球

中华人民共和国
民法典

·合同编释义·

(上 册)

龙卫球 ◎ 主编

ZHONG HUA REN MIN GONG HE GUO
MIN FA DIAN
HE TONG BIAN SHI YI

中国法制出版社
CHINA LEGAL PUBLISHING HOUSE

总　序

《中华人民共和国民法典》(以下简称《民法典》) 由第十三届全国人民代表大会第三次会议通过，标志着新中国第一部民法典终于浮出水面。这部《民法典》出台意义重大，意味着我国民法通过改革开放近四十年的发展提升到一个法典化时期，而法典化以体系成熟、规范稳定为特点。《民法典》可谓凝聚了新中国成立以来几代人的立法智慧，是我国民法自晚清开始继受发展以来的一个重要里程碑，其立于历史的累积之上，同时具有鲜明的中国特色和临机发挥，可谓当代民法中继受和本土化发展融合极为突出的一个典范。

《民法典》既出，学理解释和司法解释大显身手的大好时机也就到来。《民法典》立得好固然重要，但是从其终极意义来讲，或者从一部民法典的实施效果来讲，学理解释、司法解释发达不发达、完备不完备，往往更加重要。近期和今后一段时间之内，可以预计关于《民法典》的释义甚至评注乃至更加复杂的各类法律阐释类作品会大量出现，其意义都在于提供学理解释。我国民法学日趋繁荣已然可期。

本丛书起意于此，旨在以学理解释定位，立足法条释义，面向法律适用，力求通过简洁阐释的方法，依次揭示各法条的规范对象和问题，扼要说明其历史演化基础并加以变化对比，明晰其制定理由，剖析理论和立法政策争议，明确若干适用要点等，以及必要时加入典型案例分析，可谓竭力以自己所掌握的方法论为基础，重点在体系解释和目的解释基础上，提出关于《民法典》逐条式的理解。编者期待，本丛书可以激扬新时代民法解释学的智慧火花，有助于《民法典》的有效实施和准确适用。

龙卫球

2020 年 6 月 5 日

前　言

2020年5月28日，第十三届全国人大第三次会议表决通过了《中华人民共和国民法典》（以下简称《民法典》），自此，我国的民事法制建设正式跨入“民法典时代”，新中国第一部法典终于浮出水面。《民法典》凝聚了新中国成立以来几代人的立法智慧，是我国民法自晚清开始继受发展以来的一个重要里程碑，其立于历史的累积之上，同时具有鲜明的中国特色以及时代特色，是当代民法中继受和本土化发展融合极为突出的典范。《民法典》的出台意义重大，意味着我国民法通过改革开放40余年的发展提升到一个法典化时期，而法典化以体系成熟、规范稳定为特点。总体来看，《民法典》的“编纂”过程，并非狂飙式立法，而是以历史继受为主，创制发展为辅的立法结果，其基本架构和绝大多数规定都是通过继受《民法通则》《物权法》《合同法》《侵权责任法》《婚姻法》《继承法》和相关司法解释而来。从这个意义上说，《民法典》可以称为上述单行法的整合升级版，构成了我国民事主体据以开展民事活动、国家据以调整民事法律关系的基本准则体系。

如果说《民法典》是“社会生活的百科全书”，那么“合同编”无疑就是这部百科全书中分量最重的一章。“合同编”为整个《民法典》中体量最大的一编，共3个分编、29章、526条，约占《民法典》条文总数的42%。除了庞大的规范体量之外，“合同编”的重要性还体现在以下特性上：(1) 合同是最重要、最常见的私法自治工具，而“合同编”则是民事主体通过合同进行交易、构建扩展私人空间的基本依据，是《民法典》中“私法自治”之精神最为典型的体现；(2)“合同编”所调整的范围十分广泛，可谓“百科全书中的百科全书”，不仅为市场交易提供了基本的秩序框架，也对人们的日常生活作出了广泛调整。譬如，依据《民法典》第464条的规定，即便是婚姻、收养、监护等有关身份关系的协议，在无有关身份关系的专门规定可以适用的时候，也可以根据其性质适用“合同编”中的相关规定。

在“合同编”526个条文中，有120个条文完全沿用了《合同法》的规定，224个条文作了标点符号、文字表述等非实质性修订，另有112个实质性修订的条文以及70个新增条文。如果把未进行修订以及未进行实质性修订的条文称为

“旧法条”，把进行实质性修订的条文和新增条文称为“新法条”，可以发现“合同编”中的旧、新条文比接近二比一。可以说，“合同编”的立法既是建立在对过往合同立法的梳理之上，也同时进行了大量的制度创新。

距离1999年《合同法》的颁布毕竟已经过去了20多年，社会经济状况已经发生了巨大的改变，今天的“合同编”无疑要对这些已经发生的变化和未来可能面对的挑战做出充分回应。从具体制度来看，我们也可以很容易看到立法者在这方面所做的努力。“合同编”中大量的创新举措，充分反映了今天社会发展的需要，具有强烈的时代精神。譬如，就合同缔结方式而言，《民法典》第491条第2款对电子合同订立规则的规定，是“合同编”对于目前互联网交易已经占据所有市场交易半壁江山这一现状的回应。第471条则更进一步——依其规定，合同的订立不再局限于“要约—承诺”模式，而是通过开放式立法，赋予合同订立规则足够的灵活空间以应对未来科技进步所可能造成的社会变革。

我国本土的司法经验在立法过程中也得到了充分的重视，其中最为典型的是旨在解决合同僵局问题的第580条第2款。当然，这一款目前在学界存在较大争议，其实施效果尚有待未来司法实践的检验。此外，与发展相伴的是，社会中的种种风险与不确定性也日益增多，今年在世界范围暴发的新型冠状肺炎疫情即为一例证。基于这种考虑，第494条规定了在抢险救灾、疫情防控等情况下的国家强制订货制度，为紧急情况下的社会治理提供了法制基础；同时，第533条将原本位于司法解释中的情势变更制度修改后纳入“合同编”，有利于在这种特殊情况下实现当事人之间的实质正义。此外，还值得关注的是，在“合同编”的分则中新增了“保证合同”“保理合同”“物业服务合同”和“合伙合同”四种有名合同，其中“保证合同”是在《担保法》行将废止的情况下对担保法相关制度的必要吸收，“合伙合同”更多的是对于以往法律漏洞的弥补，而“保理合同”“物业服务合同”则是对当今社会两种日益重要的法律关系的回应。

在体系上，《民法典》并没有设置“债法总则”，而是由“合同编”中的通则部分发挥着债法总则的作用。采取这种立法体例的原因，一方面是在于，在侵权责任独立成编的前提下，合同在其他债的发生原因中占有绝对主角的地位，与提取公因式这种必然会造成高度抽象化这一不利后果的立法技术相比，将实质上作为债法总则的“合同编”通则部分中的相关规定类推适用于不当得利之债、无因管理之债等其他类型的债之关系，其实是一种成本更低的做法；另一方面是在于，立法无疑具有很强的路径依赖性，《民法典》的立法建立在对过往立法经验整理、吸收和扬弃的基础之上，这样做的好处就是可以避免社会因为规则体例的改变而增加适应成本。为了使“合同编”通则部分可以真正发挥债法总则的作用，一方面，立法者通过设置转介条款，即《民法典》第468条，使非因合同产生的债权债务关系也得以适用“合同编”通则的有关规定；另一方面，通过补充选择之债、多数人之债等传统债法所具有的规则，以及对先有规则进行完善，使“合同编”在规则供给方面不至于缺位，进而真正发挥债法总则的效果。此外，“合同编”还专设了“准合同”这一分编，将原来规定于《民法通则》中的无因管理、不当得利制度纳入“合同编”的调整范畴，并予以细化，这在某种程度上也体现了“合同中心主义”的立法思想。

我国的合同立法从改革开放初期《经济合同法》《技术合同法》和《涉外经济合同法》“三足鼎立”，到20世纪90年代末《合同法》“一统江湖”，再到如今《民法典》时代的“合同编”，是一个不断现代化、不断与中国社会转型与发展相适应的过程。从这个意义上来说，今天的《民法典》“合同编”，也仅仅是我国合同制度演进过程中的一站，而未来这套制度将驶向何方、是否能一直作为促进社会发展的助推剂，有赖于整个法律共同体的协作、交流和努力。

《民法典》既出，对于它的实施效果，学理解释、司法解释发达不发达、完备不完备，其实更加重要。近期和今后一段时间之内，关于《民法典》的释义甚至评注乃至更加复杂的各类法律阐释类作品会大量出现，其意义都在于提供学理解释。这是我国民法学日趋繁荣的必然结果。本书属于诸多的学理解释著述中的一部，立足法条释义，面向法律适用，力求一种简洁阐释的风格，通过揭示规范对象和问题，扼要说明其历史演化基础并加以对比，明晰其制定理由，必要时进一步剖析理论和立法政策争议，明确若干适用要点等，可谓竭力以自己所掌握的方法论为基础，重点在体系解释和目的解释基础上，提出关于这部《民法典》“合同编”逐条式的理解。我们期待，这本释义可以在一定意义上，发扬点滴智慧，有助于《民法典》“合同编”的有效实施和准确适用。

对于本释义的撰写，除了我承担的部分，主要是由一批国内的优秀民法青年才俊担当。作为主编，虽然力求保障全书写作，努力追求方法贯彻上的一致性和整体水平上的均衡性，但组织撰写的时间略为匆忙，加之人数颇多，所以协调起来不易，差异和参差难免，欢迎读者指正和见谅。最后，感谢中国法制出版社的辛勤劳动和编辑的支持，特别感谢韩璐玮编辑等的高效工作。

龙卫球

2020年6月6日

目　录

Contents

上　册

第一分编　通则

第一章　一般规定

第四百六十三条　【合同编的调整对象和范围】…… 3
第四百六十四条　【合同定义和身份协议的法律适用】…… 5
第四百六十五条　【依法成立的合同效力】…… 9
第四百六十六条　【合同的解释】…… 12
第四百六十七条　【无名合同和涉外合同的适用】…… 18
第四百六十八条　【非因合同产生的债权债务关系的法律适用】…… 23

第二章　合同的订立

第四百六十九条　【合同订立形式】…… 28
第四百七十条　【主要条款和示范文本】…… 30
第四百七十一条　【订立合同的方式】…… 34
第四百七十二条　【要约的定义及构成要件】…… 37
第四百七十三条　【要约邀请】…… 39
第四百七十四条　【要约的生效时间】…… 42
第四百七十五条　【要约撤回的规则】…… 43
第四百七十六条　【要约的撤销】…… 44
第四百七十七条　【撤销要约的生效时间】…… 46
第四百七十八条　【要约失效的情形】…… 48
第四百七十九条　【承诺的定义】…… 50
第四百八十条　【承诺的方式】…… 52
第四百八十一条　【承诺的到达时间】…… 54

第四百八十二条 【承诺期限的起算】 …… 56
第四百八十三条 【合同成立的时间】 …… 58
第四百八十四条 【承诺的生效】 …… 62
第四百八十五条 【承诺的撤回】 …… 66
第四百八十六条 【迟到的承诺Ⅰ】 …… 68
第四百八十七条 【迟到的承诺Ⅱ】 …… 72
第四百八十八条 【承诺对要约内容的实质性变更】 …… 74
第四百八十九条 【承诺对要约内容的非实质性变更】 …… 77
第四百九十条 【形式对合同的订立和生效的影响】 …… 79
第四百九十一条 【合同成立的两个专门问题】 …… 85
第四百九十二条 【合同成立的地点Ⅰ】 …… 89
第四百九十三条 【合同成立的地点Ⅱ】 …… 92
第四百九十四条 【强制缔约】 …… 94
第四百九十五条 【预约合同】 …… 97
第四百九十六条 【格式条款的订立要求】 …… 102
第四百九十七条 【格式条款无效的情形】 …… 104
第四百九十八条 【格式条款的解释方法】 …… 107
第四百九十九条 【悬赏广告】 …… 110
第五百条 【缔约过失责任】 …… 112
第五百零一条 【合同缔约人的保密义务】 …… 121

第三章 合同的效力

第五百零二条 【合同生效时间】 …… 129
第五百零三条 【无权代理中被代理人默示追认】 …… 133
第五百零四条 【法定代表人越权订立合同的效力】 …… 134
第五百零五条 【超越经营范围订立合同的效力】 …… 137
第五百零六条 【免责条款效力】 …… 139
第五百零七条 【解决争议方法条款的效力】 …… 141
第五百零八条 【合同效力援引规定】 …… 144

第四章 合同的履行

第五百零九条 【合同履行的原则】 …… 151
第五百一十条 【合同没有约定或者约定不明的补救措施】 …… 155
第五百一十一条 【合同约定不明确时的履行】 …… 156
第五百一十二条 【电子合同的交付时间】 …… 158

第五百一十三条 【政府定价、政府指导价】 …… 161
第五百一十四条 【金钱之债给付货币的确定规则】 …… 161
第五百一十五条 【债务履行中的选择权归属】 …… 164
第五百一十六条 【选择权的行使方式与行使的法律后果】 …… 166
第五百一十七条 【按份之债的定义】 …… 168
第五百一十八条 【连带之债的定义和产生方式】 …… 170
第五百一十九条 【连带债务份额的确定规则】 …… 172
第五百二十条 【部分连带债务人的行为对于其他债务人的影响】 …… 176
第五百二十一条 【连带债权内部份额的确定规则】 …… 179
第五百二十二条 【向第三人履行】 …… 181
第五百二十三条 【由第三人履行】 …… 183
第五百二十四条 【对债务具有合法利益的第三人代为履行】 …… 185
第五百二十五条 【同时履行抗辩权】 …… 187
第五百二十六条 【先履行抗辩权】 …… 189
第五百二十七条 【不安抗辩权】 …… 191
第五百二十八条 【不安抗辩权的行使】 …… 192
第五百二十九条 【因债权人原因致债务履行困难的处理】 …… 194
第五百三十条 【债务的提前履行】 …… 195
第五百三十一条 【债务的部分履行】 …… 196
第五百三十二条 【当事人变化对合同履行的影响】 …… 198
第五百三十三条 【情势变更】 …… 199
第五百三十四条 【合同监督机关】 …… 201
第五章 合同的保全
第五百三十五条 【债权人的代位权】 …… 204
第五百三十六条 【债权人代位权的提前行使】 …… 207
第五百三十七条 【债权人代位权行使效果】 …… 209
第五百三十八条 【无偿处分时的债权人撤销权行使】 …… 211
第五百三十九条 【不合理价格交易时的债权人撤销权】 …… 214
第五百四十条 【债权人撤销权行使范围以及必要费用承担】 …… 216
第五百四十一条 【债权人撤销权的除斥期间】 …… 218
第五百四十二条 【债权人撤销权的行使效果】 …… 221
第六章 合同的变更和转让
第五百四十三条 【变更合同的条件】 …… 225

第五百四十四条 【合同变更内容不明确的推定为未变更】…… 228
第五百四十五条 【债权让与的限制】…… 230
第五百四十六条 【债权让与的通知】…… 234
第五百四十七条 【从权利的附随移转】…… 241
第五百四十八条 【债务人的抗辩】…… 243
第五百四十九条 【债务人的抵销权】…… 245
第 五 百 五 十 条 【债权让与的费用】…… 247
第五百五十一条 【债务承担】…… 248
第五百五十二条 【并存的债务承担】…… 251
第五百五十三条 【承担人的抗辩权】…… 254
第五百五十四条 【从债务的转移】…… 255
第五百五十五条 【合同权利义务一并转让】…… 256
第五百五十六条 【合同权利义务一并转让的法律适用】…… 257

第七章 合同的权利义务终止

第五百五十七条 【债的消灭的一般原因】…… 260
第五百五十八条 【后债义务】…… 263
第五百五十九条 【从权利消灭】…… 264
第 五 百 六 十 条 【债的清偿的抵充顺序及方法】…… 266
第五百六十一条 【指定抵充的限制】…… 268
第五百六十二条 【合同协议解除和约定解除】…… 269
第五百六十三条 【合同的法定解除】…… 271
第五百六十四条 【解除权行使期限】…… 279
第五百六十五条 【合同解除程序】…… 281
第五百六十六条 【合同解除的法律后果】…… 285
第五百六十七条 【结算条款、清理条款效力的独立性】…… 293
第五百六十八条 【法定抵销】…… 295
第五百六十九条 【合意抵销】…… 300
第 五 百 七 十 条 【提存的原因】…… 301
第五百七十一条 【提存成立的时间及效力】…… 304
第五百七十二条 【标的物提存后债务人的通知义务】…… 305
第五百七十三条 【标的物提存后的风险负担与费用负担】…… 306
第五百七十四条 【提存物的领取】…… 308
第五百七十五条 【债的免除】…… 310

第五百七十六条 【债权债务混同的处理】 …… 312

第八章 违约责任

第五百七十七条 【违约责任】 …… 315
第五百七十八条 【预期违约】 …… 318
第五百七十九条 【金钱债务的违约责任】 …… 320
第 五 百 八 十 条 【非金钱债务的违约责任】 …… 322
第五百八十一条 【替代履行】 …… 325
第五百八十二条 【不完全履行的违约责任】 …… 328
第五百八十三条 【违约损害赔偿责任】 …… 331
第五百八十四条 【违约损害赔偿的范围】 …… 332
第五百八十五条 【违约金】 …… 336
第五百八十六条 【定金担保】 …… 339
第五百八十七条 【定金罚则】 …… 342
第五百八十八条 【违约金与定金竞合时的责任】 …… 345
第五百八十九条 【拒绝受领和受领迟延】 …… 347
第 五 百 九 十 条 【不可抗力】 …… 350
第五百九十一条 【减损规则】 …… 352
第五百九十二条 【双方违约和与有过失】 …… 355
第五百九十三条 【第三人原因造成违约时违约责任承担】 …… 357
第五百九十四条 【国际贸易合同诉讼时效和仲裁时效】 …… 359

第二分编 典型合同

第九章 买卖合同

第五百九十五条 【买卖合同的定义】 …… 364
第五百九十六条 【买卖合同的条款】 …… 368
第五百九十七条 【无权处分的效果】 …… 370
第五百九十八条 【出卖人的基本义务】 …… 372
第五百九十九条 【交付有关单证和资料的义务】 …… 373
第 六 百 条 【知识产权归属】 …… 375
第六百零一条 【交付标的物的时间和期限】 …… 376
第六百零二条 【标的物交付期限不明时的处理】 …… 377
第六百零三条 【标的物的交付地点】 …… 378

第六百零四条 【标的物毁损、灭失的风险负担】…… 380
第六百零五条 【因买受人过错而迟延交付的风险负担】…… 383
第六百零六条 【路货买卖中标的物毁损、灭失的风险负担】…… 385
第六百零七条 【特定地点交货的风险负担以及标的物依法需要运输下的风险负担】…… 388
第六百零八条 【买受人不履行接收标的物义务下的风险负担】…… 394
第六百零九条 【未交付有关标的物的单证和资料不影响风险转移】…… 396
第六百一十条 【出卖人根本违约下的风险负担】…… 398
第六百一十一条 【买受人风险承担与出卖人违约责任】…… 402
第六百一十二条 【标的物权利瑕疵担保】…… 404
第六百一十三条 【权利瑕疵担保责任的免除】…… 409
第六百一十四条 【中止支付价款权】…… 411
第六百一十五条 【约定的物上瑕疵担保义务】…… 413
第六百一十六条 【法定的物上瑕疵担保】…… 415
第六百一十七条 【物上瑕疵担保责任】…… 416
第六百一十八条 【特约减免出卖人瑕疵担保责任的效力】…… 419
第六百一十九条 【出卖人的包装义务】…… 421
第六百二十条 【买受人的检验义务】…… 422
第六百二十一条 【买受人的通知义务】…… 425
第六百二十二条 【约定检验期限的认定】…… 427
第六百二十三条 【检验之推定】…… 429
第六百二十四条 【向第三人履行合同的检验标准认定】…… 431
第六百二十五条 【标的物的回收义务】…… 432
第六百二十六条 【买受人的支付价款义务】…… 433
第六百二十七条 【支付价款的地点】…… 435
第六百二十八条 【支付价款的时间】…… 436
第六百二十九条 【多交标的物的处理】…… 437
第六百三十条 【买卖合同标的物孳息的归属】…… 439
第六百三十一条 【主物与从物的解除效力】…… 441
第六百三十二条 【标的物为数物的解除效力】…… 442
第六百三十三条 【分批交付标的物合同的解除】…… 443
第六百三十四条 【分期付款买卖合同】…… 445

第六百三十五条 【样品买卖合同】 …… 448
第六百三十六条 【样品瑕疵的处理原则】 …… 450
第六百三十七条 【试用买卖试用期间的规定】 …… 451
第六百三十八条 【试用买卖中买受人对标的物的认可】 …… 452
第六百三十九条 【试用买卖中的标的物使用费】 …… 454
第六百四十条 【标的物毁损、灭失风险的承担】 …… 454
第六百四十一条 【买卖合同中的所有权保留】 …… 455
第六百四十二条 【出卖人标的物的取回权】 …… 458
第六百四十三条 【买受人标的物的回赎权】 …… 460
第六百四十四条 【招投标买卖的特别规定】 …… 462
第六百四十五条 【拍卖的规定】 …… 463
第六百四十六条 【其他有偿合同的规定】 …… 464
第六百四十七条 【易货交易的规定】 …… 465

第十章 供用电、水、气、热力合同

第六百四十八条 【供用电合同定义及强制缔约义务】 …… 468
第六百四十九条 【供用电合同内容】 …… 470
第六百五十条 【供用电合同履行地】 …… 473
第六百五十一条 【供电人的安全供电义务】 …… 474
第六百五十二条 【供电人中断供电时的通知义务】 …… 476
第六百五十三条 【供电人的抢修义务】 …… 477
第六百五十四条 【用电人的支付电费义务】 …… 478
第六百五十五条 【用电人的安全用电义务】 …… 480
第六百五十六条 【供用水、供用气、供用热力合同的参照适用】 …… 481

第十一章 赠与合同

第六百五十七条 【赠与合同定义】 …… 484
第六百五十八条 【赠与人任意撤销权及其限制】 …… 487
第六百五十九条 【赠与财产办理有关法律手续】 …… 489
第六百六十条 【受赠人的交付请求权以及赠与人的赔偿责任】 …… 491
第六百六十一条 【附义务赠与合同】 …… 493
第六百六十二条 【赠与人瑕疵担保责任】 …… 495
第六百六十三条 【赠与人的法定撤销权及其行使期间】 …… 498
第六百六十四条 【赠与人继承人或者法定代理人的撤销权】 …… 500
第六百六十五条 【撤销赠与的法律后果】 …… 501

第六百六十六条 【赠与人穷困抗辩】 …… 502

第十二章 借款合同

第六百六十七条 【借款合同定义】 …… 505
第六百六十八条 【借款合同形式和内容】 …… 508
第六百六十九条 【借款人应当提供真实情况义务】 …… 510
第六百七十条 【借款利息不得预先扣除】 …… 513
第六百七十一条 【贷款人未按照约定提供借款以及借款人未按照约定收取借款的后果】 …… 514
第六百七十二条 【贷款人的监督、检查权】 …… 516
第六百七十三条 【借款人未按照约定用途使用借款的责任】 …… 518
第六百七十四条 【借款人支付利息的期限】 …… 521
第六百七十五条 【借款人返还借款的期限】 …… 523
第六百七十六条 【借款人逾期返还借款的责任】 …… 524
第六百七十七条 【借款人提前返还借款】 …… 526
第六百七十八条 【借款展期】 …… 527
第六百七十九条 【自然人之间借款合同的成立时间】 …… 529
第六百八十条 【禁止高利放贷以及对借款利息的确定】 …… 531

第十三章 保证合同

第一节 一般规定

第六百八十一条 【保证合同的定义】 …… 537
第六百八十二条 【担保合同与主合同的关系以及担保合同无效后的法律责任】 …… 539
第六百八十三条 【组织作为担保人的禁止与例外】 …… 542
第六百八十四条 【保证合同的内容】 …… 545
第六百八十五条 【保证合同的形式】 …… 547
第六百八十六条 【保证的方式和保证方式的推定】 …… 550
第六百八十七条 【一般保证和先诉抗辩权】 …… 553
第六百八十八条 【连带责任保证】 …… 556
第六百八十九条 【反担保】 …… 558
第六百九十条 【最高额保证】 …… 560

第二节 保证责任

第六百九十一条 【保证的范围】 …… 563
第六百九十二条 【保证期间】 …… 564

第六百九十三条 【保证期间届满效力的规定】 …… 568
第六百九十四条 【保证合同诉讼时效期间的起算】 …… 569
第六百九十五条 【主合同变更对保证责任的影响】 …… 570
第六百九十六条 【主债权转让对保证责任的影响】 …… 572
第六百九十七条 【主债务转移对保证责任的影响】 …… 574
第六百九十八条 【一般保证人特殊免责情形】 …… 575
第六百九十九条 【共同保证】 …… 576
第 七 百 条 【保证人对于主债务人享有的权利】 …… 579
第七百零一条 【保证人可以主张债务人对债权人的抗辩】 …… 583
第七百零二条 【保证人拒绝承担保证责任的权利】 …… 585

下 册

第十四章 租赁合同

第七百零三条 【租赁合同的定义】 …… 588
第七百零四条 【合同的主要条款】 …… 589
第七百零五条 【租赁期限】 …… 590
第七百零六条 【租赁合同的登记备案】 …… 591
第七百零七条 【租赁合同的形式】 …… 593
第七百零八条 【出租人的义务】 …… 594
第七百零九条 【承租人的按约定使用义务】 …… 594
第七百一十条 【租赁物正常损耗的责任】 …… 595
第七百一十一条 【未正当使用租赁物的责任】 …… 595
第七百一十二条 【租赁物维修义务的承担】 …… 596
第七百一十三条 【承租人要求维修的权利与自行维修】 …… 597
第七百一十四条 【租赁物的保管义务】 …… 598
第七百一十五条 【租赁物的改善与增设】 …… 600
第七百一十六条 【转租】 …… 602
第七百一十七条 【超越租赁期限转租的效力】 …… 606
第七百一十八条 【出租人同意转租的推定】 …… 609
第七百一十九条 【次承租人的代偿请求权】 …… 611
第七百二十条 【租赁物收益的归属】 …… 614
第七百二十一条 【支付租金的期限】 …… 615

第七百二十二条 【未支付、迟延支付及逾期不支付租金的法律后果】 …… 617
第七百二十三条 【出租人的权利瑕疵担保】 …… 619
第七百二十四条 【承租人的法定解除权】 …… 622
第七百二十五条 【所有权变动不破租赁】 …… 625
第七百二十六条 【房屋承租人优先购买权】 …… 628
第七百二十七条 【委托拍卖情况下房屋承租人优先购买权】 …… 632
第七百二十八条 【房屋承租人优先购买权受到侵害的法律后果】 …… 634
第七百二十九条 【不可归责于承租人的租赁物毁损、灭失的法律后果】 …… 636
第七百三十条 【租赁期限没有约定或约定不明确时的法律后果】 …… 639
第七百三十一条 【租赁物质量不合格时承租人解除权】 …… 642
第七百三十二条 【房屋承租人死亡的租赁关系的处理】 …… 643
第七百三十三条 【租赁期限届满承租人返还租赁物】 …… 646
第七百三十四条 【租赁期限届满承租人继续使用租赁物及房屋承租人的优先承租权】 …… 649

第十五章 融资租赁合同

第七百三十五条 【融资租赁合同的定义】 …… 654
第七百三十六条 【融资租赁合同内容和表式】 …… 656
第七百三十七条 【融资租赁合同的内容】 …… 660
第七百三十八条 【经营行政许可对融资租赁合同效力的影响】 …… 663
第七百三十九条 【租赁物交付与受领】 …… 666
第七百四十条 【承担人拒绝受领租赁标的物的情形】 …… 667
第七百四十一条 【承租人的索赔权】 …… 670
第七百四十二条 【承担人行使索赔权及支付租金义务】 …… 672
第七百四十三条 【承租人索赔不能的法律救济】 …… 674
第七百四十四条 【出租人负有不得擅自变更买卖合同中与承租人有关合同内容的不作为义务】 …… 676
第七百四十五条 【租赁物所有权公示】 …… 677
第七百四十六条 【租金的确定】 …… 680
第七百四十七条 【租赁物瑕疵担保责任】 …… 680
第七百四十八条 【承租人对租赁物的占有和使用权】 …… 682

第七百四十九条　【租赁物造成损害的责任承担】……683
第七百五十条　【租赁物的保管、使用、维修】……685
第七百五十一条　【租赁物风险承担】……685
第七百五十二条　【承租人拒付租金的后果】……687
第七百五十三条　【出租人单方解除权】……689
第七百五十四条　【出租人、承租人解除权】……691
第七百五十五条　【融资租赁合同解除的后果】……693
第七百五十六条　【融资租赁合同解除的后果】……694
第七百五十七条　【租赁期限届满租赁物归属】……694
第七百五十八条　【承租人请求部分返还租赁物价值以及出租人请求合理补偿】……696
第七百五十九条　【支付象征性价款视为租赁物归承租人】……701
第七百六十条　【融资租赁合同无效后租赁物归属】……703

第十六章　保理合同

第七百六十一条　【保理合同的概念】……707
第七百六十二条　【保理合同的内容和形式】……709
第七百六十三条　【虚构应收账款】……710
第七百六十四条　【应收账款转让通知】……713
第七百六十五条　【基础合同的变更与终止】……717
第七百六十六条　【有追索权保理】……720
第七百六十七条　【无追索权的保理】……721
第七百六十八条　【多重保理下的优先顺序】……723
第七百六十九条　【对债权让与有关规定的适用】……729

第十七章　承揽合同

第七百七十条　【定义】……731
第七百七十一条　【合同的一般条款】……733
第七百七十二条　【承揽工作的完成】……735
第七百七十三条　【承揽人对辅助性工作的责任】……736
第七百七十四条　【承揽人提供材料的义务】……737
第七百七十五条　【定作人提供材料及双方义务】……738
第七百七十六条　【承揽人的通知义务】……740
第七百七十七条　【中途变更工作要求的责任】……741
第七百七十八条　【定作人的协助义务】……742

第七百七十九条 【承揽人接受监督检验的义务】 …… 743
第七百八十条 【工作成果的交付与验收】 …… 744
第七百八十一条 【质量不合约定的责任】 …… 745
第七百八十二条 【定作人支付报酬义务的履行时间】 …… 746
第七百八十三条 【承揽人的留置权】 …… 748
第七百八十四条 【材料及工作成果的保管】 …… 753
第七百八十五条 【承揽人的保密义务】 …… 755
第七百八十六条 【共同承揽人的连带责任】 …… 757
第七百八十七条 【定作人的法定解除权】 …… 759
第十八章 建设工程合同
第七百八十八条 【建设工程合同的定义和种类】 …… 764
第七百八十九条 【建设工程合同的要式性】 …… 767
第七百九十条 【通过招标、投标订立建设工程合同】 …… 770
第七百九十一条 【建设工程合同的订立方式、分包、转包】 …… 771
第七百九十二条 【国家重大建设工程合同的订立】 …… 774
第七百九十三条 【施工合同无效、验收不合格的处理】 …… 775
第七百九十四条 【勘察、设计合同的内容】 …… 777
第七百九十五条 【施工合同的内容】 …… 779
第七百九十六条 【建设工程的监理】 …… 782
第七百九十七条 【发包人的监督检查权】 …… 783
第七百九十八条 【隐蔽工程的检查】 …… 784
第七百九十九条 【建设工程的竣工验收】 …… 785
第八百条 【勘察、设计人的违约责任】 …… 788
第八百零一条 【施工人的建设工程质量责任】 …… 789
第八百零二条 【建设工程质量保证责任】 …… 792
第八百零三条 【发包人未按约定的时间和要求提供原材料、设备、场地、资金、技术资料的违约责任】 …… 794
第八百零四条 【发包人原因造成工程停建、缓建的责任】 …… 797
第八百零五条 【发包人原因造成勘察、设计的返工、停工或者修改设计的责任】 …… 799
第八百零六条 【建设工程合同解除】 …… 802
第八百零七条 【发包人未支付工程价款的责任】 …… 805
第八百零八条 【适用承揽合同条款】 …… 809

第十九章 运输合同

第一节 一般规定

第八百零九条 【运输合同的定义】 …… 816

第八百一十条 【公共承运人的强制缔约义务】 …… 820

第八百一十一条 【承运人按约定期限或合理期限运输之义务】 …… 824

第八百一十二条 【承运人按照约定或通常路线运输之义务】 …… 826

第八百一十三条 【旅客、托运人或收货人的基本义务】 …… 829

第二节 客运合同

第八百一十四条 【客运合同的成立时间】 …… 832

第八百一十五条 【持有效客票乘运义务】 …… 833

第八百一十六条 【退票与变更】 …… 834

第八百一十七条 【旅客携带权】 …… 835

第八百一十八条 【违禁品或危险物品的携带禁止】 …… 837

第八百一十九条 【承运人告知重要事项义务】 …… 838

第八百二十条 【承运人迟延运输】 …… 838

第八百二十一条 【承运人擅自降低服务标准】 …… 840

第八百二十二条 【对旅客的救助义务】 …… 840

第八百二十三条 【旅客伤亡的损害赔偿责任】 …… 841

第八百二十四条 【对行李的赔偿责任】 …… 842

第三节 货运合同

第八百二十五条 【托运申报义务】 …… 843

第八百二十六条 【货物运输许可】 …… 845

第八百二十七条 【包装义务】 …… 846

第八百二十八条 【危险品托运】 …… 848

第八百二十九条 【运输合同的变更和解除】 …… 850

第八百三十条 【到货通知及提取货物】 …… 851

第八百三十一条 【提货检验】 …… 852

第八百三十二条 【承运人的损害赔偿责任】 …… 854

第八百三十三条 【赔偿数额】 …… 856

第八百三十四条 【同式联运承运人的分担】 …… 859

第八百三十五条 【不可抗力货物灭失的运费负担】 …… 861

第八百三十六条 【承运人之留置权】 …… 862

第八百三十七条 【货物提存】 …… 863

第四节　多式联运合同
第八百三十八条　【多式联运经营人的权利义务】…… 865
第八百三十九条　【多式联运的责任制度】…… 868
第八百四十条　【签发单据义务和联运单据的转让】…… 871
第八百四十一条　【承运人的赔偿责任】…… 873
第八百四十二条　【赔偿责任适用法律的规定】…… 875
第二十章　技术合同
第一节　一般规定
第八百四十三条　【技术合同的定义】…… 879
第八百四十四条　【技术合同订立的原则】…… 880
第八百四十五条　【技术合同条款的内容】…… 881
第八百四十六条　【技术合同价款、报酬和使用费支付方式】…… 882
第八百四十七条　【职务技术成果财产权归属】…… 883
第八百四十八条　【非职务技术成果财产权归属】…… 884
第八百四十九条　【技术成果精神权利】…… 885
第八百五十条　【无效技术合同】…… 885
第二节　技术开发合同
第八百五十一条　【技术开发合同的定义及形式】…… 886
第八百五十二条　【委托开发合同的委托人主要义务】…… 887
第八百五十三条　【委托人的义务】…… 888
第八百五十四条　【委托人的违约责任】…… 889
第八百五十五条　【合作开发各方的主要义务】…… 890
第八百五十六条　【合作开发各方的违约责任】…… 891
第八百五十七条　【技术开发合同的特别解除】…… 892
第八百五十八条　【风险负担及通知义务】…… 893
第八百五十九条　【专利申请权和专利权的归属】…… 894
第八百六十条　【合作开发技术成果的归属】…… 895
第八百六十一条　【技术开发合同中技术秘密的归属与分享】…… 896
第三节　技术转让合同和技术许可合同
第八百六十二条　【技术转让合同和技术许可合同的定义】…… 898
第八百六十三条　【技术转让合同和技术许可合同的内容】…… 898
第八百六十四条　【技术转让范围的约定】…… 903
第八百六十五条　【专利实施许可合同的限制】…… 906

第八百六十六条 【专利实施许可合同许可人主要义务】 …… 908
第八百六十七条 【专利实施许可合同被许可人主要义务】 …… 912
第八百六十八条 【技术秘密转让合同让与人和技术秘密使用许可合同许可人的义务】 …… 912
第八百六十九条 【技术秘密转让合同受让人和技术秘密使用许可合同被许可人义务】 …… 916
第八百七十条 【技术转让合同让与人基本义务】 …… 917
第八百七十一条 【技术转让合同的受让人技术保密义务】 …… 918
第八百七十二条 【技术许可合同许可人和技术转让合同让与人的违约责任】 …… 919
第八百七十三条 【技术合同中受让人承担违约责任】 …… 921
第八百七十四条 【受让人或者被许可人在履行合同中造成他人损害时的侵权责任】 …… 922
第八百七十五条 【技术改进成果的归属】 …… 923
第八百七十六条 【特殊种类的知识产权转让与许可】 …… 924
第八百七十七条 【特殊规定】 …… 925
第四节 技术咨询合同和技术服务合同
第八百七十八条 【技术咨询与服务合同的概念】 …… 926
第八百七十九条 【技术咨询合同中委托人的义务】 …… 928
第八百八十条 【技术咨询合同中受托人的义务】 …… 929
第八百八十一条 【技术咨询合同中双方应承担的义务以及违约责任】 …… 930
第八百八十二条 【技术服务合同中双方应承担的义务】 …… 932
第八百八十三条 【技术服务合同的受托人义务】 …… 933
第八百八十四条 【技术服务合同中双方的违约责任】 …… 934
第八百八十五条 【技术咨询与服务合同中技术成果的归属】 …… 935
第八百八十六条 【受托人开展工作所需费用的承担主体】 …… 936
第八百八十七条 【特殊规定】 …… 937
第二十一章 保管合同
第八百八十八条 【定义和法定保管】 …… 938
第八百八十九条 【保管费的支付和无偿推定】 …… 941
第八百九十条 【保管合同的成立】 …… 943
第八百九十一条 【保管凭证】 …… 945

第八百九十二条 【保管人妥善保管义务】 …… 946
第八百九十三条 【寄存人瑕疵告知义务】 …… 948
第八百九十四条 【保管人亲自保管义务】 …… 950
第八百九十五条 【保管人禁止使用保管物的义务】 …… 951
第八百九十六条 【保管人返还保管物义务和危险通知义务】 …… 953
第八百九十七条 【保管人赔偿责任】 …… 955
第八百九十八条 【寄存人声明义务】 …… 957
第八百九十九条 【领取保管物】 …… 959
第 九 百 条 【返还保管物及其孳息】 …… 960
第九百零一条 【消费保管合同】 …… 962
第九百零二条 【保管费支付期限】 …… 964
第九百零三条 【保管人留置权】 …… 965

第二十二章　仓储合同

第九百零四条 【仓储合同定义】 …… 968
第九百零五条 【仓储合同成立时间】 …… 970
第九百零六条 【危险、变质物品的储存】 …… 971
第九百零七条 【仓储物的验收】 …… 973
第九百零八条 【仓储凭证】 …… 974
第九百零九条 【仓单记载事项】 …… 976
第九百一十条 【仓单的背书及其效力】 …… 978
第九百一十一条 【容许检查义务】 …… 979
第九百一十二条 【保管人的通知义务】 …… 980
第九百一十三条 【保管人在紧急情况下对仓储物的处置权及通知义务】 …… 982
第九百一十四条 【仓储物的提取】 …… 983
第九百一十五条 【存货人、仓单持有人的提货权】 …… 985
第九百一十六条 【保管人对仓储物的提存权】 …… 986
第九百一十七条 【保管不善致仓储物损毁、灭失的保管人的责任承担】 …… 987
第九百一十八条 【参照适用保管合同的规定】 …… 989

第二十三章　委托合同

第九百一十九条 【定义】 …… 991
第九百二十条 【委托范围】 …… 993

第九百二十一条 【委托费用】 …… 994
第九百二十二条 【受托人服从指示的义务】 …… 996
第九百二十三条 【亲自处理转委托】 …… 998
第九百二十四条 【受托人的报告义务】 …… 1000
第九百二十五条 【受托人以自己的名义与第三人订立合同的效力】 …… 1001
第九百二十六条 【委托人介入权和第三人选择权】 …… 1004
第九百二十七条 【受托人转交财产的义务】 …… 1006
第九百二十八条 【委托人支付报酬的义务】 …… 1008
第九百二十九条 【受托人的赔偿责任】 …… 1010
第九百三十条 【委托人的赔偿责任】 …… 1012
第九百三十一条 【重复委托】 …… 1013
第九百三十二条 【受托人的连带责任】 …… 1015
第九百三十三条 【任意解除权】 …… 1016
第九百三十四条 【委托合同的终止】 …… 1019
第九百三十五条 【受托人的后合同义务】 …… 1021
第九百三十六条 【受托人的继承人等的义务】 …… 1022

第二十四章　物业服务合同

第九百三十七条 【物业合同的定义】 …… 1025
第九百三十八条 【物业合同的内容与形式】 …… 1028
第九百三十九条 【前期物业合同】 …… 1030
第九百四十条 【前期物业合同的终止】 …… 1032
第九百四十一条 【物业服务的委托】 …… 1033
第九百四十二条 【物业服务人的一般义务】 …… 1035
第九百四十三条 【物业服务人信息公开义务】 …… 1038
第九百四十四条 【业主支付物业费义务】 …… 1040
第九百四十五条 【业主告知、协助义务】 …… 1043
第九百四十六条 【物业服务合同的解除】 …… 1045
第九百四十七条 【物业服务合同的续订】 …… 1047
第九百四十八条 【不定期物业服务合同】 …… 1049
第九百四十九条 【物业服务人的移交义务及法律责任】 …… 1051
第九百五十条 【物业服务人的后合同义务】 …… 1053

第二十五章　行纪合同
第九百五十一条　【定义】 …… 1056
第九百五十二条　【费用承担】 …… 1060
第九百五十三条　【保管义务】 …… 1062
第九百五十四条　【对委托物的处分义务】 …… 1063
第九百五十五条　【遵守指定价格的义务】 …… 1066
第九百五十六条　【介入权】 …… 1069
第九百五十七条　【对委托物的提存权】 …… 1072
第九百五十八条　【行纪人与第三人合同的效力】 …… 1074
第九百五十九条　【报酬请求权和留置权】 …… 1077
第九百六十条　【参照适用】 …… 1080
第二十六章　中介合同
第九百六十一条　【中介合同的含义】 …… 1083
第九百六十二条　【中介人的如实报告义务】 …… 1086
第九百六十三条　【委托人的支付报酬义务和中介人的费用负担】 … 1089
第九百六十四条　【必要费用的支付】 …… 1091
第九百六十五条　【委托人绕开中介人订立合同的支付义务】 …… 1092
第九百六十六条　【中介合同的参照规定】 …… 1093
第二十七章　合伙合同
第九百六十七条　【合伙合同定义】 …… 1098
第九百六十八条　【合伙人履行出资义务】 …… 1101
第九百六十九条　【合伙财产】 …… 1104
第九百七十条　【合伙事务的执行】 …… 1108
第九百七十一条　【执行合伙事务报酬】 …… 1112
第九百七十二条　【合伙的利润分配与亏损分担】 …… 1115
第九百七十三条　【合伙人的连带责任及追偿权】 …… 1118
第九百七十四条　【合伙人转让其财产份额】 …… 1120
第九百七十五条　【合伙人权利代位】 …… 1124
第九百七十六条　【合伙期限】 …… 1127
第九百七十七条　【合伙合同终止】 …… 1129
第九百七十八条　【合伙剩余财产分配顺序】 …… 1135

第三分编 准合同

第二十八章 无因管理

第九百七十九条 【无因管理的构成要件】 …… 1138
第九百八十条 【不正当无因管理】 …… 1143
第九百八十一条 【管理过程中应尽到合理注意义务与继续管理义务】 …… 1145
第九百八十二条 【管理人在管理过程中的通知义务】 …… 1146
第九百八十三条 【管理人在管理结束后的报告义务与移交义务】 … 1148
第九百八十四条 【经追认的管理适用委托合同有关规定】 …… 1149

第二十九章 不当得利

第九百八十五条 【不当得利人的构成要件、法律效果及除外情形】 …… 1152
第九百八十六条 【利益不存在规则】 …… 1158
第九百八十七条 【不当得利与赔偿责任的聚合规则】 …… 1160
第九百八十八条 【无偿受让不当得利之人的返还】 …… 1163

第一分编　通　　则

第一章　一般规定

【导读】

本章重点规定了本编的调整对象和范围、合同定义和身份协议的法律适用、依法成立的合同效力、合同解释、无名合同和涉外合同的适用以及非因合同产生的债权债务关系的法律适用共六个规范事项。对其理解，总体上应当把握以下几个关键点：

第一，本章前 5 条属于合同自身的一般规定，最后 1 条则是包含了合同编通则代行债法总则功能授权的规定。本章对于 1999 年《合同法》第一章“一般规定”做出重要改造。《合同法》第一章原有 8 个条文，其中立法宗旨条款（第 1 条）、基本原则条款（第 3 条到第 7 条）因为编纂进入民法典的体系协调原因被删除，避免与民法典总则相应规定重复或抵触。《合同法》第 2 条关于合同定义和身份协议的法律适用的规定与第 8 条关于依法成立的合同效力的规定得到保留，不过作出了相应修改，成为合同编第 464 条和第 465 条。同时，将原在《合同法》第八章“其他规定”中的有关 3 条规定提到本章并作出相应修改，其中，《合同法》第 125 条转化成为合同编第 466 条关于合同解释的规定，《合同法》第 124 条和第 126 条第 2 款转化为合同编第 467 条关于无名合同和涉外合同的法律适用的规定。[①] 此外，增加了关于合同编适用对象和范围的规定（第 463 条）和

---

① 需要注意的是，《合同法》第八章“其他规定”的第 123 条到第 129 条被打散处理，除了上述几条修改转化到合同编第一章之外，第 123 条因为体系调整被删除（实际并入《民法典》总则第 11 条），第 126 条第 1 款关于涉外合同的法律适用规则也因为体系原因删除（由 2011 年《涉外法律关系适用法》相关规定取代），第 127 条关于主管部门合同监督的规定，修改转化为合同编第四章“合同的履行”的第 534 条，第 128 条关于合同纠纷处理机制的规定因为体系原因删除，与《人民调解法》《仲裁法》《民事诉讼法》相关规定衔接，第 129 条关于国际贸易诉讼时效和仲裁时效的规定修改转化为合同编第八章“违约责任”第 594 条。

关于非因合同产生的债权债务关系得到法律适用的规定（第468条）。

第二，本章“一般规定”是合同编第一分编“通则”的起始，也是整个合同编的起始。从民法典体系上来说，我们这部民法典没有像德国民法等那样设立统一债编并规定债法总则，而是在去债总后再把债法分割为合同编和侵权责任编两个相对独立分编，但为了体系简洁和相对统一，同时赋予合同编通则以代行债法总则的功能，这就使得合同编通则规定及其功能变得复杂，既是合同编自身的通则，在很多情况下又要能够发挥债法总则作用。所以，本章就成为合同通则同时代行债总功能情况下的最一般规定，既要承担合同编自身最一般规定的功能，又要处理好合同编代行债法功能的授权问题，因此既不等同于传统民法典中合同部分的最一般规定，也不同于传统民法典上债法总则的最一般规定，它有着自身独特的规定事项。

第三，这些规定存在于一种多层和分割配置的体系设计之中，适用上需要通过复杂的体系整合和合理的体系解释。首先，这些规定虽然是合同编的最一般规定，但相对于民法典“总则”的规定，仍然属于下位规定。民法典“总则”部分，许多一般性规定，包括民法基本原则的规定、民事法律行为的规定、代理的规定、诉讼时效的规定等，从法律适用上说，按照“总分”结构下的“从后向前”体系适用原则，[①] 在合同编通则没有不同规定的情况下，这些规定应当直接适用于合同编。所以，虽然说这一章是合同编的最一般规定，但合同编的最一般规定实际却不止这些，还要向前接引民法典的“总则”相关规定。其次，应当注意我国《民法典》和《德国民法典》虽然都是采取“总分”架构，但对于合同一般规定的体例实际差异较大，因此适用上体系整合要求并不一致。传统民法比如德国民法上，是将合同一般规定纳入到民法总则的法律行为一般规定之中，处理为其中一节并且视为法律行为的典型来规定，因而在体系上处于更加上位的位置，形成法律行为一般规定不可分割的一部分，而债编的总则部分并不处理合同一般规定，而是主要处理作为法律效果的债的一般规定，可见二者并不是直接平列在一起；我国民法典除了在总则对法律行为一般规定作出规定之外，将合同作为法律事实的一般规定中的某些部分（例如合同订立）下降到了合同编通则自身来规定，同时合同编通则在去债总后从代行功能的需要出发纳入了许多同时具有债总意义的规定。

---

① 参见［德］迪特尔·梅迪库斯：《德国民法总论》，邵建东译，法律出版社2001年版，第34页。

第四百六十三条　【合同编的调整对象和范围】本编调整因合同产生的民事关系。

【释义】

本条是关于合同编适用对象和范围的规定，明确“本编调整合同产生的民事法律关系”。本条属于新增条款，取代了过去《合同法》上的立法宗旨条款，后者在整体编纂进入民法典之后没有必要单独规定，为《民法典》第一编“总则”第 1 条所吸收，由此使得合同编的立法宗旨与民法典整体宗旨融为一体。本条性质上属于说明性条文，其意义不是直接对民事主体赋权或者设定义务，而是对特定事项（合同编适用对象和范围）加以说明。因此其适用本身具有独特性，旨在发挥对于相关事项做出甄别或确定的指引效应。

本条包含以下几点理解：

首先，明确规定了合同编的调整对象和范围是合同产生的民事关系，在学理上可以简称为合同关系或合同法律关系。《民法典》区分了物权关系、合同关系、人格权关系、婚姻家庭关系、继承关系、侵权责任关系六种民事关系类型，这些不同基本类型的民事法律关系，其内部在价值基础和规范事项上总体相同或者相近，各自因此都形成了属于自己的规范适用系统，此即为各分编。①

其次，采取了抽象的概念式的规定方式，因此具体含义还需要进一步阐明。比如，“合同”是指什么便有待进一步界定。对此，接下来第 464 条便对合同做出了具体界定，因此需要联系该条来理解。此外，“因合同产生的民事关系”，这种表述同样极其抽象，它究竟是具有什么性质和内容的民事关系，需要通过对于本编总体了解之后才能真正把握。实际上，我们这种合同关系主要体现为由债权合同产生的债权债务关系，但也不完全如此，因为这里“合同”本身并未限于债权合同，因此也可能是其他合同比如所谓“物权合同”等。

再次，“调整因合同产生的民事关系”，应当广义理解。既包括作为效果的合同关系，也包括作为原因事实的合同本身。应该注意到，合同编很大篇幅也用来调整合同成立、订立和生效事实本身。

最后，适用价值在于用来甄别或者确定何种意义的民事关系可以适用于本编

---

① 这种基于法律关系理论的体系和区划思想，来自于德国著名民法学家、历史法学派创始人萨维尼。参见［德］萨维尼：《当代罗马法体系Ⅰ：法律渊源·制定法解释·法律关系》，朱虎译，中国法制出版社 2010 年版。萨维尼在该巨著系列，阐述了法律关系理论和基本体系，为德国民法学体系和此后的民法典体系结构以法律关系为中心的形成奠定了基础。

规定，反之则不得适用于本编规定。一方面，这种适用范围的确定，可用于在民法典不同编之间做出适用区划，使得不同民事关系纳入不同的编之内来加以适用。这种区划是民法典体系化带来的适用效应的重要体现，各分编各自成为一个相对独立的规范适用系统，使得各自有相对独立适用的区分必要。例如，第二编物权编的适用范围是“因物的归属和利益产生的民事关系”，即主要是物权关系；第四编“人格权”，则主要适用于人格权关系，等等。另一方面，本条关于合同编适用范围的确定，也可以用来区划属于民法典合同编调整与属于民法典之外其他法律调整的情况，例如民法与劳动法的适用区分，或者民法与行政法的适用区分，等等。目前，现实中最复杂、最纠结的民行关系问题之一是行政协议是否纳入适用合同编的问题，2019 年最高人民法院颁布了《关于审理行政协议案件若干问题的规定》,[①] 其第 1 条明确规定，“行政机关为了实现行政管理或公共服务目标，与公民、法人或其他组织协商订立的具有行政法上权利义务的内容的协议，属于行政诉讼法第十二条第一款第十一项规定的行政协议”。也就是说，应当纳入行政诉讼，而不能通过适用合同编而纳入民事诉讼。

【相关案例】

江苏省江宁县东山镇副业公司与江苏省南京机场高速公路管理处损害赔偿纠纷上诉案[②]

该案争论焦点为原被告之间是存在民法上的合同关系还是属于行政收费关系。原告的驾驶员孙某驾驶一辆桑塔纳轿车，沿南京机场高速公路由南向北行驶时，突然发现前方路中有过往车辆失落的 2 ×1.2 平方米防雨布一块，因避让不及，车辆撞上路东护栏，造成车毁及一人死亡、两人重伤、一人轻伤的交通事故。1998 年 10 月，原告以被告收取车辆通行费后未履行保障道路安全畅通的义务，导致自己遭受巨额财产损失为由，向南京市雨花台区人民法院起诉高速公路管理处，要求赔偿损失。一审法院经审理后认为高速公路管理处因收费与副业公司之间形成了有偿使用公路的合同关系，应当保障副业公司的车辆能够安全、畅通地使用该高速公路，对这次事故给副业公司造成的直接经济损失承担赔偿责任。被告不服提出上诉。二审法院认为，上诉人不仅有在南京机场高速公路上代行路政管理和规费征收的行政权力，也有为解决自己经营活动所需经费向过往车

---

① 参见《最高人民法院关于审理行政协议案件若干问题的规定》（法释〔2019〕17 号）。2019 年 11 月 12 日由最高人民法院审判委员会第 1781 次会议通过，自 2020 年 1 月 1 日起施行。

② 《最高人民法院公报》2000 年第 1 期指导性案例。

辆收取车辆通行费的权利，本案的收费属于后一种性质，因此应看成是形成了有偿使用高速公路的民事合同关系，因此支持一审判决，符合《民法通则》第111的规定，应当对自己的违约行为承担民事责任。

【关联规定】

《民法典》第1条，《最高人民法院关于审理行政协议案件若干问题的规定》第1～2条

（撰稿人：龙卫球）

第四百六十四条　【合同定义和身份协议的法律适用】合同是民事主体之间设立、变更、终止民事法律关系的协议。

婚姻、收养、监护等有关身份关系的协议，适用有关该身份关系的法律规定；没有规定的，可以根据其性质参照适用本编规定。

【释义】

本条是关于本编使用的合同概念的定义和身份协议如何适用本编的规则的设定，目的是要明确本编适用范围所理解的合同含义以及与身份协议的关系。本条规定在很大程度上继承了1999年《合同法》第2条的规定，即"本法所称合同是平等主体的自然人、法人、其他组织之间设立、变更、终止民事权利义务关系的协议。婚姻、收养、监护等有关身份关系的协议，适用其他法律的规定。"《合同法》第2条第1款又来自1986年《民法通则》第85条定义："合同是当事人之间设立、变更、终止民事关系的协议。依法成立的合同，受法律保护。"但是，本条从表述技术等角度做出了一些必要修改。其中，第1款关于合同定义，将原来的"本法所称"删除，将原来的"平等主体的自然人、法人、其他组织"精简并修改为"民事主体"，以便与总则的主体类型衔接，将原来的"权利义务关系"转换表述为更具有包容性的"民事法律关系"。第2款关于身份协议的法律适用，将原来的适用"其他法律的规定"，修改为更加复杂的法律适用规则，即适用"有关该身份关系的法律规定；没有规定的，可以根据其性质参照适用本编规定"。

本条应做以下两个方面理解：

第一，关于合同定义的理解（第1款）。即，"合同是民事主体之间设立、变

更、终止民事法律关系的协议”。体现为三个理解要点或者说难点：

首先，强调了合同的“协议”性质，合同属于协议的一种。在我国民法上，合同与协议两个概念在使用上存在重要区别，二者之间存在概念的种属关系。当然，对于“协议”是什么法律并没有明确解释，所以最终还是要借助学理理解，其实就是“双方或多方法律行为”或者说“意思表示一致的法律行为”。应注意，现在合同编的“合同”概念，可以区分有效合同、无效合同、可撤销和效力未定等合同，并不是专指有效的合同，这一点上已经同于大陆法系的合同概念的使用范围。[①] 过去，我国《民法通则》将民事法律行为概念定义为设立或变动民事法律关系的合法行为（而不是说意思表示行为），在这种语境下，合同作为双方或多方法律行为，被限缩为所谓合法有效的合同的范围。现在《民法典》对于民事法律行为的概念使用做出修改，像大陆法系一样将其界定为“意思表示行为”，使得合同概念也相应扩大包括有效、无效、可撤销或效力未定合同范围。[②]

其次，该合同定义本身没有揭示合同的具体构成或者本质构成为何，即没有从内在构成上揭示合同可以产生民事法律关系的内在原因。但是这一点可以通过民法典的整体体系解释来加以弥补。《民法典》总则关于法律行为的一般规定，在理论基础上明确接受了德国民法的意思表示理论，确认了民事法律行为的本质要素为意思表示，因此我们可以通过体系解释将合同或协议进一步界定为意思表示一致的法律行为，是当事人的合意行为或者说体现两个或多个意思表示合致的民事法律行为。此外，《民法典》合同编继受了《民法通则》和《合同法》以来的做法，将包括合同在内的法律行为的本质构成简单放在了“意思表示”之上，没有附加法国民法所谓的原因（Cause）或英美国家普通法上所谓的对价（Consideration）的限定。

再次，合同的法律后果是设立、变更、终止民事法律关系，即强调了合同会产生“民事法律关系”的效果。在此，合同泛化为协议，且在效果上也是泛泛引起“民事法律关系”的效果。我们关于合同概念的使用，没有像传统民法国家那样，后者将合同概念（Contrat 或 Contract）限定为作为债的发生根据的狭义概念。也就是说，我国《民法典》合同编的合同概念，在产生的法律效果上理解是一种

① 我国《民法典》合同编使用的“合同”一词，在清末变法时期以及民国时期又称契约。不过，无论是叫“合同”还是叫“契约”，它们都体现了近代以来作为新的中文法律术语的形成价值，与中国固有汉字“合同”和“契约”的含义具有很大不同。清末以来，我国立法和学术界开始变造使用汉字“契约”，其词源直接对接罗马法以来西方法律中的表述创设债的关系的协议的专门术语，即与 Contrat（法）、Darstellung von Schuldenverträgen（德）或 Contract（英）等对应。新中国成立后为了通俗化，转用“合同”一词。

② 参见《民法典》第 133 条关于民事法律行为定义的修改，“民事法律行为是民事主体通过意思表示设立、变更、终止民事法律关系的行为”。对比《民法通则》第 54 条的定义，明显限缩为“合法行为”的范围，“民事法律行为是公民或者法人设立、变更、终止民事权利和民事义务的合法行为”。

广义理解，包含了可以发生或变动各种法律关系的协议，既包括传统意义的债的合同（债的协议），也包括建立其他法律关系的协议，如物权协议、身份协议（婚姻协议、收养协议和监护协议）等。不过，即使如此，结合我国合同编后面的规定来看，相关合同规定多数情况下还是主要置于债权合同语境来加以设计的，实际对应了其他国家的 Contrat（法国）或 Contract（英美国家）概念。换言之，合同编关于合同概念尽管定义是广义的，但是实际使用上多数情况是限定为债的发生根据来考虑的，其法律效果指向的是债。[①]

第二，关于身份协议的法律适用的理解（第 2 款）。即，“婚姻、收养、监护等有关身份关系的协议，适用有关该身份关系的法律规定；没有规定的，可以根据其性质参照适用本编规定”。也体现为三个理解要点或难点：

首先，本款明确排除对婚姻、收养、监护等有关身份关系的协议对于本编规定的一般适用。前面已经述及，第 1 款对于合同进行了广义的界定，这就导致产生了合同编是否适用于债权合同以外所有的协议的疑惑。字面上看应该是这样的，但实际上民法上不同领域的协议是有重要差异的，合同编主要是以债权合同作为中心设计规范的，所以从法律适用上来说，应该注意有所区别，为其他类型的协议的法律适用留有空间。本款为此对于民法上明显具有特殊性的身份协议，如婚姻、收养、监护等有关身份关系的协议，做出了法律适用的区别规定。原则上，这些身份协议并不直接适用合同编，而是优先适用有关该身份关系的法律规定，即身份协议首先需要考虑适用第五编“婚姻家庭”等有关身份关系的相关规定。

其次，婚姻、收养、监护等有关身份关系的协议并不完全排斥合同编的适用。1999 年《合同法》原来的表述容易引起歧义，似乎是一种完全排斥的立场，即所谓“婚姻、收养、监护等有关身份关系的协议，适用其他法律的规定。”现在，合同编在本条本款通过修改调整表述，这一点已经很清楚了，在有关身份关系的法律规定没有规定的情况下，可以考虑适用合同编规定。但是，尽管可以适用，但又不能简单直接适用，对身份协议来说，不能把合同编的规定简单看成是“一般法与特殊法”关系中可以直接适用的一般法，而是应当“根据其性质参照适用”。“根据其性质参照适用”的说法，意味着在适用时仅为参照，而且需要根据身份协议的性质加以合理变化。这是因为，合同编的合同规定通常是从便利交易角度来加以设计的，而身份协议却不能简单以交易便利作为追求和理解，其具

① 1986 年《民法通则》当时把合同定义置于“债权”一节之下，构成一种债法范畴的体系解释的明确指引。参见其第 84 条规定：“债是按照合同的约定或者依照法律的规定，在当事人之间产生的特定的权利和义务关系。享有权利的人是债权人，负有义务的人是债务人。债权人有权要求债务人按照合同的约定或者依照法律的规定履行义务。”

有追求婚姻家庭价值的规定性和目的差异性。

最后，本款明确规定了婚姻、收养、监护等有关身份关系的协议对于本编的适用规则，是否可以根据“明示其一则排除其他”的制定法原理，就推论债权合同以外的其他各种类型协议，比如劳动合同便要回到第1款的范围，就完全一体适用于合同编的规定呢？回答应当是否定的。《民法典》合同编这一条规定，还要结合总则中第11条更一般的规定来理解，即“其他法律对民事关系有特别规定的，依照其规定”。劳动法或劳动合同法就应该属于这种其他法律有特别规定的情况。不过，目前学界和司法界存在一种更极端的见解，认为劳动合同完全不应适用合同编，理由是劳动法属于与合同法性质完全不同的领域而非其特殊领域。

【相关案例】

杨某坚诉周某妹、周某皮返还聘金纠纷案①

本案涉及婚前聘金性质及在婚姻不成立时如何处理问题，但前提涉及婚姻是否成立、婚约是否具有效力的认定问题。被上诉人（一审原告）杨某坚与上诉人（一审被告）周某妹订有婚约，并给周某妹、上诉人（一审被告）周某皮聘金23万元。该聘金的性质应如何认定？杨某坚与周某妹未经登记便举行了“婚礼”，并以夫妻名义共同居住，是否认定二人婚姻成立？上诉人与被上诉人之间订立的婚约是否具有法律效力？首先，本案两审法院对婚姻是否成立予以否定。一审法院认为，依据《婚姻法》第8条“要求结婚的男女双方必须亲自到婚姻登记机关进行结婚登记。符合本法规定的，予以登记，发给结婚证。取得结婚证，即确立夫妻关系”的规定，只有履行了结婚登记手续，才可以成立婚姻关系。本案双方当事人未办结婚登记，他们之间不存在婚姻。最高人民法院在《关于人民法院审理未办结婚登记而以夫妻名义同居生活案件的若干意见》第3条规定：“自民政部新的婚姻登记管理条例施行之日起，未办结婚登记即以夫妻名义同居生活，按非法同居关系对待。”原告杨某坚、被告周某妹未登记结婚就以夫妻名义共同生活，应当认定是同居关系。这种关系不受法律保护，依法应予解除。二审法院也认为，双方未办结婚登记，而是按民间习俗举行仪式“结婚”，进而以夫妻名义共同生活。这种不被法律承认的“婚姻”构成同居关系，应当解除。其次，关于婚约效力的认定问题。两审法院都认为，我国婚姻法对男女双方自行订立婚约的行为虽然不予禁止，但不承认婚约具有法律约束力。这是因为，订立婚约不属于

① 《最高人民法院公报》2002年第3期。

民事法律行为，所以解除婚约后是否赔偿，法律也没有规定。本案的婚约是双方当事人自愿订立的，也是双方当事人自愿协商解除的。订立婚约没有给被告周某妹带来任何名誉损失。被告反诉原告违约，请求判令赔偿青春和名誉损失，于法无据，应当驳回。可见，在确认婚约效力时，法院在婚姻法本身没有明确承认其具有法律约束力的情况下，并未简单适用合同法一般规范或合同自由的原则规定，而是依据婚姻法的价值规范基础最终做出否定婚约可以成立合同的适用结论。

【关联规定】

《民法典》第11、1040条，《民法通则》第85条，《合同法》第2条，《劳动法》第2、16条，《劳动合同法》第2条

（撰稿人：龙卫球）

第四百六十五条　【依法成立的合同效力】依法成立的合同，受法律保护。

依法成立的合同，仅对当事人具有法律约束力，但是法律另有规定的除外。

【释义】

本条是关于依法成立的合同效力的一般规定，涉及回答依法成立的合同在法律上具有何种最一般的意义。本条规定并不涉及依法成立合同的效力内涵或者更加具体的效力，这些由其他更加具体的法律条文去规定。本条规定区分了两个方面来设定意义，第一个方面是明确其最一般效力是具有受法律保护的效力；第二个方面设定这种法律效力范围原则上体现为法律约束力且是有限的，即仅对当事人发生法律约束力，此为合同相对效力。

本条是对1999年《合同法》第8条规定的继承。《合同法》第8条规定，“依法成立的合同，对当事人具有法律约束力。当事人应当按照约定履行自己的义务，不得擅自变更或者解除合同。依法成立的合同，受法律保护。”但是，本条作出了一些不可忽略的修改，体现为3处。一是把原第2款提升到第1款，这样突出了合同受法律保护是依法成立的合同效力的第一属性。二是对“对当事人具有法律约束力”，在表述了添加一个“仅”字作为限定，同时还添加一句“但是法律另有规定的除外”。三是将原来“当事人应当按照约定履行自己的义务，

不得擅自变更或者解除”删除。

本条规定，可以重点做以下理解：

第一，关于依法成立合同的最一般效力，明确规定为“受法律保护”。理解上包含三个要点：首先，应当认识到这里明确了依法成立的合同本身具有像法律一样的效力。[①] 即，合同所产生的民事关系，与其他直接依据法律产生的民事关系一样，最终也要受到法律保障，而不只是当事人自己的事情。其次，应当认识到，合同系经由当事人意思表示一致才受法律保护。我国民法典明确规定了自愿原则为民法基本原则，此即意思自治原则。这种依法成立的合同的最一般效力，根源于民法上意思自治原则的法理逻辑，赋予依法成立合同具有受法律保护的效力，是在合同领域尊重意思自治或合同自由的结果。民法尊重当事人意思自治，意味着鼓励当事人基于意思表示或者说民事法律行为去产生意愿的民事法律关系，并且对之予以法律保护。也就是说，民法不仅保护直接依据法律产生的民事法律关系，也保护依据当事人意思自治产生的民事法律关系。合同自由是意思自治最重要的内容，民法尤其在合同之债领域最大程度鼓励合同自由，所以依法成立的合同尤其应当成为法律秩序的重要构成，受法律保护。[②] 我国《民法典》合同编自不例外，所以对于依法成立的合同效力，规定其受法律保护，正是贯彻合同自由原则的体现。再次，郑重宣示依法成立的合同受法律保护的效力，在我国具有特别的现实意义。很多国家民法并不做出这种宣示规定，而是将之视为合同自由的当然之义。但是在我国实际生活中，合同受法律保护的意识还没有很好地确立起来，无论是民事主体还是政府部门不重视合同、轻易毁约、破坏合同或者干涉合同的情况并不少见。所以，本条明确宣示合同受法律保护，有助于强化尊重合同的法律意识和氛围。

第二，关于依法成立合同一般效力的表现、基本内涵和性质，明确为“仅对当事人具有法律约束力，但是法律另有规定的除外”。理解上，包含以下四个要点。其一，依法成立合同一般效力的“受法律保护”，表现为对当事人具有“法律约束力”。在法理上，合同自由包括缔约自由、选择相对人自由、内容自由、变更或终止的自由、方式自由等，[③] 这些自由一旦决定，本身便立即转化为一种

---

① 这种关于依法成立的合同具有相当于法律的效力的说法，来自于 1804 年《法国民法典》的规定，即第 1134 条：“依法成立的契约，对缔结契约的人有相当于法律之效力。此种契约，只有经各当事人相互同意或者依法律允许的原因才能撤销。此项契约应善意履行。”

② 关于意思自治和合同自由产生的法律关系成为民事法律秩序重要基础和内容的论述，可以参见王泽鉴：《民法债编总论（第一册）：基本理论 债之发生》，台湾地区 1997 年自行出版，三民书局印刷，第 69 页；陈自强：《民法讲义 I：契约之成立与生效》，法律出版社 2002 年版，第 5 页。

③ 参见王泽鉴：《民法债编总论（第一册）：基本理论 债之发生》，台湾地区 1997 年自行出版，三民书局印刷，第 69 ~ 70 页。

法律约束力，约束着表达意思达成一致的当事人。其二，这种法律约束力的基本内涵，也体现为一种具有法律约束性内容的民事关系。法律约束力的说法，不仅是形式的，也兼具内容的，带有“法律负担”的意味，表示合同产生的民事关系必定含有“义务”，而不仅仅是权利。合同关系是权利义务并存的关系，很多时候是双务合同关系。其三，明确了合同对当事人具有的法律约束力，在性质上是相对性的，只及于当事人之间，此即合同效力的相对性原理。也就是说，合同关系只是一种相对的法律关系，其权利义务关系内容在效力上仅具有相对性，限于在特定当事人之间发生。这一点正好区别于物权关系的效力特点，物权关系中效力具有绝对性，即物权人具有对抗不特定人之绝对效力。合同效力的相对性，根源于合同自由原则本身，当事人基于合同自由受意思表示一致的约束，基于同样的原则，这种约束当然也应当仅限于彼此之间。合同相对性，具体表现为两个方面的含义：一方面，从当事人内部讲。合同相对性，意味着当事人之间彼此关系特定化，任何一方都是对彼此具有法律约束，从其中义务一方来说，是受对特定当事人的法律约束，对其中权利一方来说，也是只能就特定相对人取得利益，并且在以请求方式主张权利时只能向该特定相对人主张。另一方面，从当事人外部讲，合同效力原则上不具有涉他性。合同效力仅限于相互之间，对合同关系之外的第三人不发生效力，第三人在法律上既不受特定当事人的合同约束，也不在法律上享有任何法律利益。其四，依法成立合同效力的相对性可以存在法律规定的例外。传统合同法为了避免滥用，对于合同相对性给出法律允许的例外，例如规定了合同保全制度，现代合同法为了追求合同之债成立和履行诚信和公平等，增加了其他可能突破债的相对性的特殊规则。我国《民法典》自不例外，对合同相对性规定了不少法律上的例外。[①] 其中，特别值得注意的是，合同编重视主客观变化导致不确定性对于合同履行的影响，包括引入情势变更等关于合同效力的调

---

① 近现代以来，合同（债）的相对性原则的突破体现在以下方面：(1) 通过扩张侵权救济，变相为第三人侵害债权提供救济。第三人侵害债权应在一定范围承担侵权责任，其依据是或主张归入“故意以背于善良风俗方法加害者”，或主张归入“不法侵害权利”。(2) 突破债的关系中第三人地位。根据传统的债的相对性理论，债仅在相对人之间有效力，第三人在债的关系中不居任何地位，但后来在一些情形认为第三人也可以被合同关系的效力涉及。例如，转让情形，即第三人可成为债权、债务或契约的受让人；又例如，清偿情形，即在债权人承认时或基于信赖保护的原因，债之清偿可由第三人或向第三人为之。现代以来出现进一步突破债的相对性扩展债的涉他性的趋势，包括确立“附保护第三人义务的合同”类型，例如承认在产品买卖和使用的合同，债权人依据此类债的关系自动附加承担对第三人的保护义务，因此与债务人联系的第三人应受债的保护；承认“利益第三人契约”等涉他合同，例如允许利益第三人的涉他契约，当事人以此可以设定第三人直接对于其中一方取得债权，从而使第三人可为契约效力直接所及。(3) 某些债权出现“债权物权化”的倾向。例如，租赁债权较早就采取了“买卖不破租赁”规则；各国今天纷纷建立“预告登记”制度，允许债权通过登记获得物权化效力。我国《民法典》也有许多相同或近似的处理规则。

整规则、强化单方面的变更和解除机制、强化第三人利益合同第三人地位等。因为这个原因，合同编同时将《合同法》第8条规定中原来“当事人应当按照约定履行自己的义务，不得擅自变更或者解除”的表述予以删除，以适应相对性的松动趋势，避免表述得过于僵化。

【相关案例】

黄石市明灯食品厂因诉大冶市人民政府、大冶市金山店镇人民政府不履行法定职责案[①]

该案形成了对合法权益受到行政协议影响的第三方不应简单适用合同相对性原则的规则。判决认为，行政协议既采民事合同之形式，合同相对性原则亦应遵循。但行政协议之所以属于“行政”，自有其不同于民事合同之处。当行政协议属于补充或者替代诸如征收拆迁这样的单方高权行为或具有针对诸如竞争者、邻人等第三方的效力时，则不应简单地以合同相对性原则排除合法权益受到行政协议影响的第三方寻求法律救济。本案中，再审申请人尽管不是《委托协议》的当事人，但却是《委托协议》约定的“整体搬迁重建”范围内的利害关系人。《委托协议》既然约定了再审被申请人的搬迁安置义务，则应当赋予搬迁安置的对象寻求法律救济的权利。行政协议的功能是为了丰富行政机关的行政手段，增进行政相对方的合作与信任，扩大解决问题的弹性余地，如果法律、法规没有作相反规定，行政机关原则上有权以协议方式活动，但却不能通过协议方式扩大法定的活动空间，使之成为规避依法行政的特殊领地，更不能借此减损行政管理相对人的合法权益与救济权利。

【关联规定】

《民法典》第207~208、215条，《民法通则》第85条，《合同法》第8条

（撰稿人：龙卫球）

第四百六十六条　【合同的解释】 当事人对合同条款的理解有争议的，应当依据本法第一百四十二条第一款的规定，确定争议条款的含义。

---

① 最高人民法院（2017）最高法行再72号行政裁定书。

合同文本采用两种以上文字订立并约定具有同等效力的，对各文本使用的词句推定具有相同含义。各文本使用的词句不一致的，应当根据合同的相关条款、性质、目的以及诚信原则等予以解释。

【释义】

本条是关于合同解释的规定。合同解释严格说就是合同条款存在争议时如何通过规范方法确定其真正含义，广义上还可以包括合同文本使用多种语言导致的理解不一致的情况。本文确立了广义的合同解释规则，包括合同条款以及合同不同文字文本存在理解争议两种情形的解释规则。这一条文的前身来自《合同法》第125条。该条规定："当事人对合同条款的理解有争议的，应当按照合同所使用的词句、合同的有关条款、合同的目的、交易习惯以及诚实信用原则，确定该条款的真实意思。合同文本采用两种以上文字订立并约定具有同等效力的，对各文本使用的词句推定具有相同含义。各文本使用的词句不一致的，应当根据合同的目的予以解释。"但是，本条对于《合同法》第125条进行了两处修改。其一，第1款关于合同条款解释规则，为了与总则法律行为解释规定体系衔接做出了技术上简化，转化为指示参照性法条，删除以前的规定，指示转引本法典的第142条第1款规定，即"有相对人的意思表示的解释，应当按照所使用的词句，结合相关条款、行为的性质和目的、习惯以及诚信原则，确定意思表示的含义。"[①] 其实，内容上并没有什么变化，因为在合同状态下，意思表示一致之后，形成的合同条款便是属于有相对人的意思表示。其二，第2款关于合同文本的解释规则，涉及合同存在多种文字的文本的情况下的解释问题。新法修改了后一句，各文本使用词句不一时，由原来的单一的合同目的解释（即"应当根据合同的目的予以解释"），修改为综合解释（即"应当根据合同的相关条款、性质、目的以及诚信原则等予以解释"）。本条可以从两个方面予以进一步解读：

第一，关于合同条款的解释规则。即"当事人对合同条款的理解有争议的，应当依据本法第一百四十二条第一款的规定，确定争议条款的含义"。本款将合同条款解释和意思表示解释衔接起来，建立统一的意思表示解释规则，将合同条款解释归入其中有相对人的意思表示解释，并且采取了综合解释的方式。我国将

---

① 《民法典》总则的第142条第2款规定的是无相对人的意思表示的解释，采取了不需拘泥词句而综合探求表意人真意的规则。即，"无相对人的意思表示的解释，不能完全拘泥于所使用的词句，而应当结合相关条款、行为的性质和目的、习惯以及诚信原则，确定行为人的真实意思。"

意思表示解释和合同衔接的做法，并将合同解释融入有相对人的意思表示解释，应该说符合最新发展趋势。我们注意到，《德国民法典》形式上采取了意思表示解释和合同解释区分开来的做法，即用第 133 条规定意思表示解释，第 157 条规定合同解释。其中，第 133 条规定："意思表示之解释，应探求其真意，不得拘泥于字面之文义。"第 157 条规定："契约之解释，应斟酌交易习惯，依诚实信用原则为之。"但是德国学者后来逐渐认为，这两条并不能简单认为是为意思表示和合同设定了两条不同解释规则，相反应当融合起来，合同解释最后也应该表现为个别意思表示的解释，只不过是体现为承诺这一具有终点意义的意思表示而已。[①] 所以，今天的德国学者和实务都不再停留在这两条规定的表面，而是将其结合起来加以理解，形成了以是否需要受领为基础的两种意思表示解释的区分。这一点，与我们现在采取统一的意思表示解释规则，并区分有相对人和无相对人的意思表示异曲同工。[②] 这里应该理解以下几个重点：

（1）民法上无论是法律行为还是合同，解释的基础都定格在意思表示，我国民法典也不例外。所以，只有在当事人对意思表示的词句的含义存在争议时，才视为发生解释问题。我国本条表述为"当事人对合同条款的理解有争议的"这一前提条件。这表明，法律行为或合同的解释是以私法自治为基础的，法秩序不能随便基于其他原因而启动合同解释问题，而只能是其中的意思表示即合同条款。不过，法律行为或合同解释，其起因虽然必须是基于意思表示词句的含义有争议而引起，但解释对象则是法律行为或合同整体，意思表示作为本质要素自然是其

---

① ［德］梅迪库斯：《德国民法总论》，邵建东译，法律出版社 2000 年版，第 236 页。

② 但 2002 年修订的《国际商事合同通则》第四章规定的合同解释相对复杂，主要是适用于商事合同的解释，一共 8 条规定，强调了共同意图优先以及不能确立共同意图时采取探求"相当的、通情达理的人"的应有意图的解释规则。参见《国际商事合同通则》第 4.1 条（当事人意图）："（1）合同应根据当事人的共同意图来解释，只要该种意图能够确立。（2）如该种意图不能确立，合同应根据与当事人相当的、通情达理的人处于相同处境时应有的意图来解释。"第 4.2 条（陈述和其他行为的解释）："（1）一方当事人的陈述和其他行为应根据该当事人的意图来解释，如果另一方当事人已知或不可能不知道此意图。（2）如前款不适用，上述陈述和其他行为应根据与另一方当事人相同的、通情达理的人处于相同处境时应有的理解来解释。"第 4.3 条（相关情况）："（1）适用本章第一、第二条时，应适当考虑到所有相关情况，包括：（a）当事人之间的任何预备性谈判；（b）当事人之间确立的任何习惯做法；（c）合同订立后当事人的任何行为；（d）合同的商业环境和合同的意图；（e）所涉贸易的条款和表述被普遍赋予的含义；和（f）任何惯例。"第 4.4 条（含义不清的合同条款的解释）："如果合同条款含义不清，对其的解释应使用所有的条款有效而不是使其部分失效。"第 4.5 条（反条款提议人规则）："如是一方当事人所提议的合同条款含义不清，则优先作出对其不利的解释。"第 4.6 条（从总体上参照合同）："对合同条款和表述应按其所在的整个合同或陈述来解释。"第 4.7 条（填补空白条款）："（1）凡合同双方当事人未能约定一项对确定双方权利和义务均为重要的合同条款，可以填补一项适合该情况的条款。（2）在确定何条款为适当条款时，应考虑以下因素：（a）双方当事人在合同语言中所表达的意图；（b）合同的目的；以及（c）诚信与合理性。"第 4.8 条（语言差异）："如果合同是以两种或两种以上具有相同效力的文字起草的，若文本间存在差异，则优先根据合同最初起草的文字来解释。"

解释重点，但并不排除要与其他因素结合起来，例如意思表示的发出与到达、行为能力、法律行为的形式问题、违反法律或善良风俗问题、可撤销问题以及有关欠缺交易基础问题等。[①]

（2）我国《民法典》第 142 条建立了统一的意思表示的解释规则，但往下仍然区分有相对人和无相对人两种情况。二者解释虽然都以意思表示为中心，但是规则却有所不同。①有相对人的意思表示，采取综合解释方式，也称“规范性解释”。此前《合同法》采取的是单一的“目的解释”的规则，这次民法典编纂修改为“综合解释”，考虑各种因素，所使用的词句放在最为突出的位置，其次是性质、目的以及诚信原则等。其理由是，文字固然重要，但仍应以寻求双方真实合意为出发。这里真实的意思，由于存在相对人信赖利益问题，因此通过相关因素予以解释时，所要探求的其实并不是当事人的心理意思，而是当事人表示了什么的外在意思。王泽鉴教授称为“法律意思”。[②] 德国学者由此认为，有相对人的意思表示，不是指表意人的内心的意思，也不是指相对人主观上所了解的意思，而是指客观意义，或者说规范性的表示意义。它是按照社会现行的习惯，考虑到一切足以说明意思表示意义的外界因素，一般人从表示中都能得出的含义。[③] ②无相对人的意思表示，比如遗嘱，不存在相对人受领和信赖保护问题，所以解释上偏向所谓的“自然解释”。这种解释方法，探求表意人内心真意，使用的词句不那么重要，更注重相关条款、行为性质和目的、习惯以及诚信原则。不过，在今天也逐渐在表意人主观立场下引入了一定的客观化。

（3）合同解释，通常限于严格的合同条款的解释。但广义上还可以包括合同漏洞情况下的补充性的合同解释。所谓合同漏洞，指合同关于某事项应约定而未约定的不圆满的情形。[④] 在一些情况下，合同约定是不完备的，存在漏洞，这时就要通过补充性的合同解释对合同约定进行填补。对于补充性的合同解释，是否可以一体化适用合同解释规则呢？德国学者拉伦茨等主张应当区分开来，认为其解释标准是合同的整个意义脉络、双方共同承认的合同目的以及双方共同想象的合同利益状态，又称“平均解释”方法，探求的对象不是已经具有的意思表示的意思，而是双方共同想象应有的含义。德国学者认为，对于这种补充性解释，除非根据意思自治原则可以认为当事人无意适用任意法规定，不然可以将这些任意性规定引入作为对于合同的补充。当然，如果连任意性规定都没有，则回到关于

---

① 龙卫球：《民法总论》（第 2 版），中国法制出版社 2002 年版，第 545 页。

② 王泽鉴：《民法总则》，台湾地区自行发行 1992 年版，第 282 页。

③ 王泽鉴：《民法总则》，台湾地区自行发行 1992 年版，第 283 页。

④ 崔建远：《合同法》（第 2 版），北京大学出版社 2012 年版，第 422 页。

合同解释的规则。

（4）特殊情形的合同解释，对于相关规范解释方法应当做出特殊调整。例如，对于单务合同，应从对于义务人负担较轻的角度解释；反之，在双务合同，如果不清晰是由一方造成的，在解释时应作不利于其的解释。又例如，在定型化合同即格式条款，条款有疑义时，应采取有利于相对人的解释。[①] 这种情形，其实构成了“修正解释”。[②]

（5）合同解释的限制。必要的时候，法律可以在一些情形下针对某些领域意思表示的特点，根据公平原则、习惯以及经济、社会效益的目标，制定出引导当事人法律行为的规则，这种情况这些规定就成为排除或限制合同解释的适用，学理通常称为对合同的“立法解释”。在合同存在“立法解释”的范围，合同解释必须让步。合同立法解释，通常包括强制性解释规定和补充性解释规定两种类型，前者基于维护公共秩序要求而设，直接适用于需要解释或填补的情形，后者或者是法律推定式的或者是直接处置性的，是程度更弱一些的限制解释方式。[③]

第二，关于合同文本的解释规则。本条第 2 款规定合同文本存在文字不一样时，便有合同文本解释问题。即，“合同文本采用两种以上文字订立并约定具有同等效力的，对各文本使用的词句推定具有相同含义。各文本使用的词句不一致的，应当根据合同的相关条款、性质、目的以及诚信原则等予以解释”。这是合同交易跨地区或跨境情况下的可能遇到的一种合同特殊解释问题。在异地化、全球化交易极其发达的今天，来自不同地区或国家的当事人订立不同文字的合同，是常见现象。可以体现为我国之内当事人使用不同民族文字的情况，也可以体现为我国与其他国家当事人之间使用不同国家文字的情况。语言文字之间的差异，容易导致理解对接上的语义裂缝，这种情况就可能带来理解争议。应当注意，现实中在房地产合同交易和建筑工程合同交易出现的持有合同与备案合同不一致，并不属于这种基于文字不一样的争议情形，不能纳入此种解释范畴，是属于不同形式合同的效力关系问题。理解上，本款建立了两条“两步走”的解释程序：

首先，推定对各文本使用的词句具有相同含义。这是基于对意思自治（自愿）原则的尊重。既然合同文本采用两种以上文字订立并约定具有同等效力的，那么就不应该否认达成了意思表示一致的效力，这种效力即反映为不同文本不容否认其具有相同含义。

---

① 龙卫球：《民法总论》（第二版），中国法制出版社 2002 年版，第 550 页。

② 韩世远：《《合同法总论》（第二版），法律出版社 2008 年版，第 632 页。

③ 具体参见龙卫球：《民法总论》（第二版），中国法制出版社 2020 年第 550－551 页。

其次，各文本使用的词句不一致的，则带来合同解释问题。这种情况下，各文本使用的词句不一致导致的理解争议，被认为与前款合同条款自身存在理解争议并无本质不同。这里引入了与前款合同解释规则相同的规定，与有相对人的意思表示解释规则完全一样。即，“应当根据合同的相关条款、性质、目的以及诚信原则等予以解释”。

【相关案例】

乐新恩玛公司与日隆公司、乐新精密公司重组框架协议再审案①

乐新精密公司成立于1985年，初期从事塑胶业务，后进行TV套料代工，逐步发展到购买组装线自行组装加工，产品以外销为主，主要客户为马来西亚恩玛公司。随着乐新精密公司与马来西亚恩玛公司业务不断深入合作，双方协商成立乐新恩玛公司。2010年7月20日，乐新恩玛公司各方股东基于良好盈利预期，签订LE重组框架协议，约定各方股权安排、外方借款、资产转移等事项，中方主要提供资金和平台，外方主要提供设备、技术以及客户资源等。重组框架协议还约定乐新恩玛公司向日隆公司支付转让费1150万美元，每年偿还总金额不超过乐新恩玛公司盈利总额的40%。后因外方管理团队经营不善，乐新恩玛公司出现严重亏损，双方经商议决定终止合作。因对协议有关条款理解产生争议，日隆公司向一审法院提起诉讼，请求判令乐新恩玛公司返还转让费1150万美元及其利息，并返还马来西亚恩玛公司的有关设备、技术及其无形资产等。本案的焦点是关于乐新恩玛公司向日隆公司给付1150万美元转让费是否以该公司盈利为条件，日隆公司、乐新恩玛公司、乐新精密公司对重组框架协议相关条文的理解存在争议。一审法院、二审法院都针对协议有关条款理解产生的争议适用了合同解释规则，即《合同法》第125条规定。但是判决结果截然相反。最高人民法院再审认为，对争议条款的合同解释，应以合同所使用词句所表达的文义解释为基础，重点结合合同文本的相关条款，通过体系解释确定当事人的真实意思，并借助合同目的解释进行判断印证，同时还要以交易习惯、诚实信用原则、公平原则等认定争议条款或者发生歧义的词句的准确含义，平衡当事人之间的利益冲突，确保公平合理的确定合同内容。

---

① 最高人民法院（2017）最高法民再370号民事判决书。

【关联规定】

《民法典》第142、498、845、1021条，《合同法》第125条

（撰稿人：龙卫球）

第四百六十七条 【无名合同和涉外合同的适用】 本法或者其他法律没有明文规定的合同，适用本编通则的规定，并可以参照适用本编或者其他法律最相类似合同的规定。

在中华人民共和国境内履行的中外合资经营企业合同、中外合作经营企业合同、中外合作勘探开发自然资源合同，适用中华人民共和国法律。

【释义】

本条是关于无名合同（非典型合同）和涉外合同的法律适用规定。这本来是两个不同类型的问题，二者之间并无直接的逻辑统一关系，但基于都与适用法律有关所以放到一个条文，大概可以起到节约条文的作用，分别作为第1款和第2款。所以在解释上，两款之间没有逻辑关系，无需考虑相互之间存在体系关联，分属两个规范，应当各自释义。本条规定来自《合同法》的第124条和第126条第2款，略作表述技术上的处理，其差异可以忽略不计。《合同法》第124条规定："本法分则或者其他法律没有明文规定的合同，适用本法总则的规定，并可以参照本法分则或者其他法律最相类似的规定。"第126条第2款规定："在中华人民共和国境内履行的中外合资经营企业合同、中外合作经营企业合同、中外合作勘探开发自然资源合同，适用中华人民共和国法律。"

本条应当作以下分别理解：

第一，关于无名合同（非典型合同）的法律适用规定。即，"本法或者其他法律没有明文规定的合同，适用本编通则的规定，并可以参照适用本编或者其他法律最相类似合同的规定"。应当注意以下几点理解：

首先，无名合同是法律上没有被赋予特定名称同时也因此没有专设规范的合同。合同法理论将合同区分不同范畴，其中一种分类为有名合同和无名合同。这次《民法典》合同编使用了"典型合同"的用语，因此也可以将这种分类称为典

型合同和非典型合同。这一分类标准，是看法律是否赋予特定的名称并设有规范，肯定即为有名合同（典型合同），否定即为无名合同（非典型合同）。有名合同不仅有名而且还在法律上设定了规范，这种情况使得其应当如何订立、应当包含何种内容、应当如何履行等从法律上来说比较清晰。反之，无名合同由于不仅没有特定名称而且还没有专设规范，从法律上来说因此缺少明晰性。为此，无名合同如何适用法律就成为一个重要问题。

其次，无名合同（非典型合同）不受民法或其中合同法的禁止反而受到鼓励。这是因为，民法在合同领域采取合同自由原则，鼓励合同当事人在不违反强制性规定和公序良俗的情况下可以根据双方意愿订立任何内容的合同。从合同法追求交易便利的经济目的来说，也是如此，社会经济生活丰富多样、变化不定，因此合同交易类型也就没有限定的必要，应当允许当事人自己根据实际需要决定合同内容，这样才符合交易复杂性、丰富性、活跃性情况下的制度便利性的要求。

再次，无名合同应鼓励发展，不等于不鼓励法律上设定有名合同。即，民法合同法也鼓励对实践中在交易形态和内容上逐渐得到稳定的合同类型予以有名化，并作出专设规范。各国民法或合同法都对于成熟交易形态的合同类型作出有名化的规定，根据不同程度的需要予以明晰。我国《民法典》亦如此，规定的典型合同即有名合同有 19 种，不仅完善和保留了《合同法》规定的买卖合同，供用电、水、气、热力合同，赠与合同，借款合同，租赁合同，融资租赁合同，承揽合同，建设工程合同，运输合同，技术合同，保管合同，仓储合同，委托合同，行纪合同，居间合同；还增加了保证合同、保理合同、物业服务合同和合伙合同。除了《民法典》，其他法律法规也规定了不少有名合同，如《农村土地承包法》的土地承包经营户同，《旅游法》的旅游合同，《保险法》的保险合同，《广告法》的广告合同等。有名合同（典型合同）最主要的意义在于可以为当事人开展典型交易提供清晰的法律指引，减轻合同当事人订立合同过程中的负担，降低交易成本，更好地促进合理的自由和公平交易。① 但是应当注意的是，同样基于合同自由原则，有名合同（典型合同）规定通常属于任意性规定，原则上允许当事人根据实际情况变通或弃之不顾。不过，法律也经常在有名合同中基于特殊情形维护公共秩序和当事人重大公平利益的需要，设定了一些强制性规定，这些则不得绕过或弃之不顾。现实中，当事人为了合同完善的考虑，避免个人思虑不周的风险，往往都会认真参考或尊重有名合同规定。

---

① 参见［德］梅迪库斯：《德国民法总论》，邵建东译，法律出版社 2000 年 11 月版，第 327 页；韩世远：《合同法总论》（第 2 版），法律出版社 2008 年版，第 40 页。

最后，无名合同需要在一定程度下明确法律适用问题，从而减少过于不确定的合同风险。现代社会随着交易需求的更加多样、交易环境的更加复杂、交易主体的更加陌生化等，使得无名合同的滥用风险加大，因此有必要做出必要的规制。本条规定即提出了一条最低规制原则："适用本编通则的规定，并可以参照适用本编或者其他法律最相类似合同的规定"。这里包含两层含义：（1）合同自由原则基础不动摇，所以对于无名合同的规制与合同法整体保持一致，仅仅是通过适用或者参照合同编的规定的方式来予以处理。也就是说，整体上仍然属于既有合同法范畴的任意性方案。（2）采取了"适用加参照"的结合方式。首先，应当适用合同通则的全部规定，这是最低要求。对于无名合同来说，这里等于说是设立了一条整体适用的要求，由此可以推出一种最低的限制要求，也就是说无名合同无论如何创设，应当以总体符合合同编通则规定为限，由此合同编通则就当然的成为所有无名合同的所谓"补充规定"（法国）或"默示条款"（英美）。其次，"并可以"参照适用合同编或其他法律最相类似合同的规定，这是一种建议性的添加式要求。这一指示既是对当事人来说，也可以作为裁判规则对于法官做出裁量的授权。应当注意的是，民法或合同法理论上对于如何将无名合同与有名合同在法律适用上予以对接，存在很多不同的观点。本条简单使用了"参照"最相类似合同的说法，应该说提出了自己的立场，但是仍然比较模糊，值得将来在实践中进一步明确或细化相应规则。在理论上，对于无名合同存在所谓"纯粹无名合同""混合合同""合同联立"等不同情形，对于这些不同情形存在不同的法律适用的区分必要。[①]

第二，关于三种特殊涉外合同的法律适用。即，第 2 款规定，"在中华人民共和国境内履行的中外合资经营企业合同、中外合作经营企业合同、中外合作勘探开发自然资源合同，适用中华人民共和国法律"。应当注意以下几点理解：

首先，本款从逻辑上来说是以一般涉外合同法律适用作为起点的，本款属于例外规定。在 1999 年《合同法》的规定中，本款对应第 126 条第 2 款规定，而该条第 1 款正是关于一般涉外合同的法律适用规定，两者构成一个逻辑整体。《合同法》第 126 条第 1 款规定："涉外合同当事人可以选择处理合同争议所适用的法律，但法律另有规定的除外。涉外合同的当事人没有选择的，适用与合同有最密切联系的国家的法律。" 2011 年，单独制定《涉外民事法律关系适用法》，对一般涉外合同的法律适用做出有了规定。《合同法》的上述相关规定已经被替

---

① 参见韩世远：《合同法总论》（第 2 版），法律出版社 2008 年版，第 40 ~ 42 页。关于混合合同的法律适用理论见解和比较法上的复杂性，可参见王泽鉴：《民法债编总论（第一册）：基本理论 债之发生》，台湾地区 1997 年自行出版，三民书局印刷，第 96 ~ 98 页。

代。《涉外民事关系法律适用法》第 41 条规定："当事人可以协议选择合同适用的法律。当事人没有选择的，适用履行义务最能体现该合同特征的一方当事人经常居住地法律或者其他与该合同有最密切联系的法律。"这一规定与《合同法》第 126 条第 1 款大体相近，但是也有了明显修改，包括：增加了当事人选择应以"协议"为要求；同时，对没有选择的应当适用与合同最有密切联系的法律的规定进行了更加细化，列示了适用履行义务最能体现该合同特征的一方当事人经常居住地这一典型情形。现在，《民法典》合同编编纂时，为了避免重复，也为了法律之间的体系衔接，在移入《合同法》第 126 条第 2 款同时对第 1 款做出了删除。从这个意义上说，本款逻辑上应当直接对接《涉外民事关系法律适用法》的相关规定。

其次，本款规定了三种特殊涉外合同作为例外不适用一般涉外合同法律适用规则的条件和后果。其条件有二：一是限于三种类型的合同，即中外合资经营企业合同、中外合作经营企业合同、中外合作勘探开发自然资源合同，这些合同都是其他法律所规定的有名合同（典型合同），因此需要通过参照其他法律加以明确。二是限于中国境内履行，如果不是国内履行的，则不属于这种情况。这三种国内履行的涉外合同之所以其法律适用成为例外，既具有我国特殊法律基础，也均符合国际惯例。[①] 其后果，明确为适用中华人民共和国法律，同时应理解这一规定是一种不可改变的保留规定。对此当事人不得通过约定排除，否则相关排除约定视为因违法而无效。现实中，出现过约定此类合同由国外法律管辖或者与我国法律同时管辖的情况，理解上这种约定都应属于与我国法律保留秩序违反而无效。

【相关案例】

1. 海南中宇行房地产投资顾问有限公司与三亚天长实业有限公司商品房委托代理销售合同纠纷案[②]

争论焦点之一为双方签订的《代理销售合同》是否应当认定为无名合同意义

---

① 以我国中外合资企业合同为例，其相关法律基础为：《宪法》第 18 条第 2 款规定："在中国境内的外国企业和其他外国经济组织以及中外合资经营的企业，都必须遵守中华人民共和国的法律。它们的合法的权利和利益受中华人民共和国法律的保护。"与此同时，适用中国法律也符合国际惯例，这是因为，根据国际私法理论，合同准据法的确定无论是按照"物之所在地法"、"合同签订地法"、"合同履行地法"或"与合同有最密切联系的国家的法律"，均应适用中国法律；而中外合资经营企业合同具备这些条件：中外合资经营企业是根据中国法律成立的法人，在中国境内从事基本经济活动；中外合资经营合营合同是按照中国法律签订的，签订地是在我国（合资经营企业合同不能在国外签订），现在履行地也是在我国。此外，中外合作企业经营合同的主要法律依据是《外商投资法》《外商投资法实施条例》等；中外合作勘探开发自然资源合同的主要法律依据则是《对外合作开采海洋石油资源条例》等。

② 最高人民法院（2013）民申字第 1413 号民事裁定书。

的包销合同，而不是认定为《合同法》上作为有名合同的委托合同。最高人民法院作为再审法院，最终裁判认为，二审生效判决将《代理销售合同》定性为无名合同意义的商品房包销合同符合法律规定。裁判认为：《合同法》通过总则和分则的编排将合同区分为有名合同和无名合同，现实交易中存在着大量未在《合同法》分则作专门规定的无名合同。最高人民法院《关于审理商品房买卖合同纠纷案件适用法律若干问题的解释》第20条规定："出卖人与包销人订立商品房包销合同，约定出卖人将其开发建设的房屋交由包销人以出卖人的名义销售的，包销期满未销售的房屋，由包销人按照合同约定的包销价格购买，但当事人另有约定的除外。"本案《代理销售合同》尽管有诸多条款符合委托合同性质，但其第6条第6项明确约定："本合同到期如有剩余房屋未售，乙方（中宇行公司）应在十日内按即时销售价格九五折一次性收购。否则甲方（天长公司）有权不再结算乙方尚未结算的佣金，并且乙方所交保证金不退。"这一约定符合关于上述商品房包销合同司法解释的规定。该合同既有天长公司委托中宇行公司对外销售房屋的内容，也有中宇行公司在约定条件成就时购买天长公司房屋的内容，将其定性为单纯的委托合同，并由此排除《合同法》总则相关规定的适用，既不符合当事人真实意思表示，也与法律规定不符。当事人诉争的法律关系性质决定案由，《民事案件案由规定》编排了四个层级的案由体系，但该体系具有开放性，人民法院可以根据具体案件性质来确定具体案由。《民事案件案由规定》没有商品房包销合同这一名称，并不意味着人民法院不能就具体案件认定这一案由，更不能就此认为不存在包销这一民事法律关系。

2. 武汉港实业开发总公司与香港展新国际有限公司中外合作经营合同纠纷案①

本案涉及中外合作经营合同纠纷案管辖权和法律适用问题，以此为出发主张依据中国法律解除合同。原告武汉港公司（甲方）与被告展新公司（乙方）签订一份《合作经营武汉福尔摩莎实业有限公司合同》，约定：被告展新公司以2600000美元资金作为合营公司的注册资本，原告武汉港公司以其持有的位于武汉市沿江大道91号大楼房屋及附属设施18年的使用权作价2000000美元作为合作经营条件；公司董事会由7人组成，被告展新公司委派4人作为合营公司的董事会成员，总经理由乙方担任；同时约定盈亏分配及合营各方责任。合营公司成立后，被告展新公司未能依约保证原告武汉港公司获取收益，弥补企业亏损；被

① 湖北省武汉市中级人民法院（2003）武经初字第215号民事判决书。

告从2000年起就未再履行股东义务，主要负责人及董事人员缺位，致使合营公司年年亏损，无法有效经营，给原告武汉港公司造成巨大经济损失。为此，原告请求法院判令依据中国法律解除双方合作经营合同，判令被告展新公司承担本案诉讼费。法院认为，本案所涉合同属中外合作经营合同，该合同的签订地、履行地均在武汉。根据《民事诉讼法》（1991年）第246条关于“因在中华人民共和国履行中外合作经营企业合同……发生纠纷提起的诉讼，由中华人民共和国人民法院管辖”的规定，本院有管辖权。同时，根据《合同法》第126条第2款规定：“在中华人民共和国境内履行的中外合资经营企业合同、中外合作经营企业合同、中外合作勘探开发自然资源合同，适用中华人民共和国法律”，本案是因中外合作经营合同产生的纠纷，因此应适用中国法律。最终判决认为，原告武汉港公司要求解除合同，符合中国《合同法》规定的解除事由，应予准许。

【关联规定】

《合同法》第124、126条，《涉外民事法律关系适用法》第41条，《宪法》第18条第2款，《中外合作经营企业法》第2条第1款，《中外合作经营企业法实施细则》第55条，《对外合作开采海洋石油资源条例》第3条

（撰稿人：龙卫球）

第四百六十八条　【非因合同产生的债权债务关系的法律适用】非因合同产生的债权债务关系，适用有关该债权债务关系的法律规定；没有规定的，适用本编通则的有关规定，但是根据其性质不能适用的除外。

【释义】

本条是关于非因合同产生的债权债务关系得到法律适用的规定，属于新增规定。本条规定从其直接规范对象来说，是要明确非因合同产生的债权债务关系的法律适用规则，但实际上也为合同编代行债总功能提供了重要授权依据。这一规定产生的根源，在于我们这部《民法典》放弃了将债编作为一个整体结构的做法，转而将传统民法的债编分解为合同编和侵权责任编两个相对独立的部分，并废除债总。这种新结构的优点是，减少了抽象化、层次化规定带来的体系适用的

麻烦，从规范面向和法律适用上说更有直接性，俗话说更容易接地气。但是，这种情况也容易出现合同编和侵权责任编过度分化和碎片化问题，也不好处理其他债的类型规定。为了避免债的规定过于碎片化，为了更好地处理其他债的类型规定，也为了技术上减少不必要的规定上的重复，《民法典》采取了合同编代行债法整体功能的思路，重新调整和充实合同编结构和规定。合同编旨在通过调整和充实，实现三个功能：一是合同法自身的规范功能；二是代行债法总则的规范功能；三是囊括其他债的类型规定的功能。其对应办法就是：一是完善合同法自身规范，使得自身成为一个科学化、现代化的系统；二是调整设计出包括“通则”、“典型合同”和“准合同”的三分编结构，按照“通则”代行债总功能的要求，充实和完善其规定，并明确规定“通则”具有代行债法总则的功能地位；三是在“准合同”分编规定无因管理和不当得利，使得其他债的类型得以在此囊括规定。本条应做以下重点理解：

其一，非因合同产生的债权债务关系的适用，原则上采取“各别规定各自适用”规则。即，根据第一句话的规定，“适用有关该债权债务关系的法律规定”。通常认为，根据债因不同，债可以分意定之债和法定之债。其中，意定之债，除了合同之债，还有基于单方法律行为之债；法定之债，包括典型的如侵权行为之债、无因管理之债、不当得利之债，也包括非典型的法定之债。《民法典》第 118 条规定：“民事主体依法享有债权。债权是因合同、侵权行为、无因管理、不当得利以及法律的其他规定，权利人请求特定义务人为或者不为一定行为的权利。”总之，债的类型非常丰富。在缺少统一债编尤其是缺少债总的情况下，非因合同产生的债权债务关系，主要是通过具体规定方式加以规定，体现在不同地方，比如合同编中的第三分编的“准合同”（包括无因管理和不当得利）以及民法典第七编的“侵权责任”等，有的甚至规定在其他单行法上。这些个别的规定，就各自成为相关非因合同之债的适用的基本依据。这种个别规定各自适用的规则，导致各种债的类型的并立。这种情况，可能出现同一事实导致不同债的关系时都要调整或适用的情况。现实中，违约请求权与侵权损害赔偿请求权、不当得利请求权等就经常发生竞合现象。但需要注意的是，我国对于违约责任和侵权责任发生竞合，又单独规定了只能选择其一的要求，之前规定在《合同法》第 122 条，现在《民法典》规定在“总则”民事责任章的第 186 条：“因当事人一方的违约行为，损害对方人身权益、财产权益的，受损害方有权选择请求其承担违约责任或者侵权责任。”这一规定虽然承认合同与侵权的界分，但是实际上却限制了当事人请求权的并立行使。

其二，非因合同产生的债权债务关系的适用，在没有个别规定的情况下，除非性质不允许，以适用合同编通则作为补充适用规则。即根据第二句话，“没有规定的，适用本编通则的有关规定，但是根据其性质不能适用的除外。”这一补充适用规则的规定，使得合同编通则获得代行债法总则的功能授权，即在特定情况下，合同法通则具有债法总则的规定，可以相当于一般规定适用于非因合同之债。不过，这一授权适用，真正的债法总则仍然具有差距，受到两个限制：一是限于没有规定的情形。如果自身有规定，显然就不能适用合同编总则，特别是在存在冲突的情形。二是还要受到性质上的限制。在没有规定的情形，非因合同的债是否适用于合同法通则还要衡量自己债的性质，如果性质完全抵牾，则不能适用。例如合同编总则关于格式条款的规定，对于其他非因合同之债从性质上显然也没有适用余地。又例如合同编通则第515条关于选择之债的规定，“标的有多项而债务人只需履行其中一项的，债务人享有选择权；但是，法律另有规定、当事人另有约定或者另有交易习惯的除外”，从性质上说，对无因管理和不当得利之债也应该没有适用余地。

【相关案例】

1. 广西桂冠电力股份有限公司与广西泳臣房地产开发有限公司房屋买卖合同纠纷案①

双方当事人争议的焦点为：涉案合同的效力以及合同是否应当解除，如果合同解除该如何处理，其法律效果是否为不当得利等后果。2007年7月30日，桂冠公司起诉称，2003年3月12日，其（甲方）与泳臣公司（乙方）签订《定向开发协议》，委托乙方在南宁市琅东凤岭段为甲方建设办公楼和商品住宅小区。协议约定：办公楼建筑面积约3万平方米，占地面积约30亩；按每亩53万元的土地费和每平方米2500元的开发建设费计算；住宅小区占地面积约30亩，单价按每平方米1500元计算；同时双方就设立共管账户、付款方式、合同工期、担保义务、双方其他权利义务以及违约责任等方面进行了约定。协议签订后，桂冠公司积极履行合同，但泳臣公司却怠于履行合同义务，实际工期大大拖延。2005年3月30日，双方又签订了《补充协议》，将土地补偿费由每亩53万元调整到95万元，土地补偿费总额由1590万元调整到2850万元，基本开发建设费由每平方米2500元调高至4350元；办公楼由21层调整到26层，建筑面积由30000平方米调整为45955平方米。同时，双方对原《定向开发协议》中约定的合同工期、付款方式、违约责任等条款进行了补充和修改。签约后由于泳臣公司存在工期延

---

① 最高人民法院（2009）民一终字第23号民事判决书。

误、质量不合格以及违反抵押禁止义务等多处严重违约行为，已经构成根本违约，合同目的根本无法实现，桂冠公司有权依法解除合同。请求法院判令：1. 解除《定向开发协议》以及《补充协议》。2. 泳臣公司返还桂冠公司已付投资款11050万元及利息1476.04万元（暂算至2007年7月30日，应算至判决作出之日）。3. 泳臣公司返还桂冠公司定金100万元。4. 由泳臣公司承担本案全部诉讼费用。2008年2月29日，桂冠公司增加以下诉讼请求：1. 判令泳臣公司支付工期逾期违约金5187万元（暂算至2007年7月30日，应算至判决生效之日）；2. 判令泳臣公司支付办公楼抵押违约金5037.59万元（暂算至2007年7月30日，应算至判决生效之日）；3. 判令泳臣公司赔偿桂冠公司办公楼项目损失13123.3万元（暂算至2008年2月29日，应算至判决生效之日）。最高人民法院终审判决认为，《合同法》第97条规定："合同解除后，尚未履行的，终止履行；已经履行的，根据履行情况和合同性质，当事人可以要求恢复原状、采取其他补救措施、并有权要求赔偿损失。"合同解除导致合同关系归于消灭，故合同解除的法律后果不表现为违约责任，而是返还不当得利、赔偿损失等形式的民事责任。

2. 大通县民族贸易有限责任公司与青海金成房地产开发有限公司再审案①

再审申请人大通县民族贸易有限责任公司因与被申请人青海金成房地产开发有限公司合资、合作开发房地产合同纠纷一案，不服青海省高级人民法院(2018)青民终30号民事裁定，向最高人民法院申请再审。本案再审审查的焦点问题是：大通民贸公司的起诉是否构成重复起诉。最终，再审法院认为，根据《合同法》第122条规定，因当事人一方的违约行为，侵害对方人身、财产权益的，受损害方有权选择依照本法要求其承担违约责任或者依照其他法律要求承担侵权责任。当事人按照上述法律规定在选择要求被告承担违约责任（或者侵权责任）以维护其权益，经人民法院审理后，又选择侵权责任（或者违约责任）的，构成重复起诉。

【关联规定】

《民法典》第118、186条，《合同法》第122条

（撰稿人：龙卫球）

---

① 最高人民法院（2018）最高法民申2363号民事裁定书。

第二章　合同的订立

【导读】

本章的规范对象是合同的订立。合同订立遵循的基本原则是合同自由，这包括是否订立合同的自由（积极和消极的缔约自由，positive und negative Abschlussfreiheit）以及合同内容自由（Inhaltsfreiheit）。保障合同自由是本章的规范主线，这体现在如下几个方面。第一，第469条确认了合同的形式自由原则，即合同（作为法律行为）以形式自由为原则，以形式强制为例外。[①] 根据第469条的规定，合同并不一律需要满足书面形式，也可以使用口头或者其他形式。第二，第470条确认了合同的内容自由原则（其第1款条文："合同的内容由当事人约定，一般包括下列条款……"），而且该条第1款对合同内容的8项列举是提示性而非强制性的。第三，第471条正面肯定了缔约模式的多样性，该条修正了其前身《合同法》第13条的规定，准确地强调了订立合同不限于"要约、承诺"模式，还包括其他模式。[②]

虽然缔约模式不应受限，但是民法规制却不能漫无边际而必须有的放矢，所以第二章选择了具有原型意义的缔约模式进行规制，即"要约、承诺"模式。第472~493条主要围绕以"要约、承诺"模式进行的合同订立展开规范，对要约和承诺（作为意思表示）的成立、生效、效果进行了详细的规定，但其中也涉及另外一种缔约模式即以合同书模式进行的合同订立（第490条第1款、第493条）。

一般而言，虽然依照缔约自由原则或者说民事活动自愿原则（第5条），民事主体有权拒绝订立合同，但是在例外情况下，民事主体会负有订立合同的法律义务。本章规定了缔约自由的两种例外，即缔约强制（第494条）和预约合同（第495条），前者基于法律、行政法规的命令，后者则基于另一合同即预约合同

---

① 王琦：《论民法典的规范技术——以〈民法总则〉为主要例证的阐释》，载《北大法律评论第19卷第1辑)》(，北京大学出版社2019年版，第49页以下。

② 王琦：《论合意成约：重构合同法上的合意制度——合同成立的一般理论》，载《中德私法研究（第18卷）》，北京大学出版社2020版，第191页。

负有作出缔约表示的义务。鉴于在当今合同交易实践中格式条款发挥着重要作用，所以本章用了3个条文（第496～498条）分别对格式条款的界定和订入控制（第496条）、无效事由（第497条）、解释方式（第498条）作出规范。第499条则是针对悬赏广告的专门条文。本章最后结束于对缔约过失责任的规定（第500～501条），以确保即便合同最终未能成立（或者生效），受损害一方也可以就对方的过错主张损害赔偿。

第四百六十九条　【合同订立形式】 当事人订立合同，可以采用书面形式、口头形式或者其他形式。

书面形式是合同书、信件、电报、电传、传真等可以有形地表现所载内容的形式。

以电子数据交换、电子邮件等方式能够有形地表现所载内容，并可以随时调取查用的数据电文，视为书面形式。

【释义】

本条是对合同形式以及书面形式概念的规定，位于合同编“合同的订立”一章。本条第1款规定了合同形式，第2款和第3款对书面形式的概念进行了界定。第1款对合同形式的规定体现了合同形式自由原则，即当事人可以自由选择合同订立的形式。在此基础上，本条第2款和第3款进一步规定了书面形式的含义，除合同书、信件等书面形式外，电报、电传、传真、电子数据交换、电子邮件等可以有形表现所载内容并可以随时调取查用的数据电文的合同订立形式视为书面形式，这是对以电子手段发送的文书作为合同订立形式的法律确认。

本条承继于《合同法》第10条和第11条规定，共三处修改：（1）将“当事人订立合同，有书面形式、口头形式和其他形式”改为“当事人订立合同，可以采用书面形式、口头形式或者其他形式”。此处修改具有实际意义，《合同法》第10条第1款旨在确认合同形式自由原则，而不是为了规定合同的形式，所以此修改更符合对此条款的目的解释。（2）将《合同法》第10条第2款予以删除。《合同法》第10条第2款虽然明确了合同的形式强制规则，但是未规定违反此形式强制规则的法律后果，使得理论与实务对于合同法定或约定形式的效力问题争论不休，导致了混乱、矛盾的评价状态。[①] 另，《合同法》第36条规定："法律、行政法规规定或者当事人约定采用书面形式订立合同，当事人未采用书面形式但一方已经履行主要义务，对方接受的，该合同成立。"因此，当事人完全可以通过履行主要义务来逃避不遵守法定或者约定形式强制规则所带来的法律后果。《合同法》第10条第2款的删除在一定程度上结束了关于合同法定或约定形式效力问题的争论，将法定或者约定形式效力问题集中到《民法典》第490条的规定予以解决。(3) 将《合同法》第11条拆为两款作为《民法典》第469条第2款和第3款。《合同法》第11条规定："书面形式是指合同书、信件和数据电文（包括电报、电传、传真、电子数据交换和电子邮件）等可以有形地表现所载内容的形式。"有学者认为，只有合同书堪当合同或协议的书面形式，而直接认为电报、电传、传真、电子数据交换和电子邮件也是书面形式是一种极易令人误解的不恰当规定。[②] 另，《电子签名法》第4条规定："能够有形地表现所载内容，并可以随时调取查用的数据电文，视为符合法律、法规要求的书面形式。"《民法典》第469条作出此处修改使得书面形式的含义更为规范。

本条第2款和第3款对书面形式概念予以界定，但是并未解释何为口头形式和其他形式。根据文义解释，口头形式是指当事人面对面地谈话或者以通信设备（如电话）交谈达成协议。以口头订立合同的特点是直接、简便、快速，是老百姓日常生活中广泛采用的合同形式，口头形式当然也可以适用于企业之间，但是由于口头形式没有凭证，发生争议后难以取证，所以不易分清责任。在实践中，当事人一般不应当采用口头形式订立数额较大、交易复杂、非即时履行的合同。当事人根据商业交易习惯以口头形式订立合同的，法院在适用法律时应当尊重商业交易习惯。

根据《最高人民法院关于适用〈中华人民共和国合同法〉若干问题的解释（二）》第2条的规定，其他形式一般表现为根据当事人的行为或者特定情形推定合同的成立，或者也可以称之为默示合同。此类合同是指当事人未用语言明确表示成立，而是根据当事人的行为推定合同成立，如租赁房屋的合同，在租赁房屋的合同期满后，出租人未提出让承租人退房，承租人也未表示退房而是继续交房租，出租人仍然接受租金。根据双方当事人的行为，推定租赁合同继续有效。又如，在药物临床试验关系中，受试者不仅与实施药物临床试验的医疗机构之间成立医疗服务合同关系及药物临床试验合同关系，也同时与该项药物试验临床试验

---

① 王洪：《合同形式欠缺与履行治愈论——兼评〈合同法〉第36条之规定》，载《现代法学》2005年第27期。

② 朱广新：《书面形式与合同的成立》，载《法学研究》2019年第41期。

研究的申办者之间成立合同关系，除非受试者与申办者另有约定，后一法律关系就属于通过其他形式订立的合同关系。①

法律适用过程中可能会面临如何认定本条中所规定的“数据电文”是否符合书面形式的问题。以合同书、信件、电报、电传、传真等纸质文书订立的合同是易于鉴别和认定的，但电子数据交换和电子邮件等数据电文需要结合相关事实予以认定。最高人民法院公报案例“来某鹏诉北京四通利方信息技术有限公司服务合同纠纷案”就是在结合当事人之间的法律关系的基础上将网络信息服务认定为信息服务合同的典型案例。②

【关联规定】

《民法典》第 135、490、469 条，《电子签名法》第 2 条

（撰稿人：郭锐）

第四百七十条　【主要条款和示范文本】合同的内容由当事人约定，一般包括下列条款：

（一）当事人的姓名或者名称和住所；

（二）标的；

（三）数量；

（四）质量；

（五）价款或者报酬；

（六）履行期限、地点和方式；

（七）违约责任；

（八）解决争议的方法。

当事人可以参照各类合同的示范文本订立合同。

【释义】

本条是对合同主要条款和示范文本的规定。本条位列《民法典》“合同的订

---

① 相关判决参见（2017）粤 01 民终 268 号民事判决书。

② 参见来某鹏诉北京四通利方信息技术有限公司服务合同纠纷案，载《最高人民法院公报》2002 年第 6 期。

立”一章。第1款规定了合同内容的一般条款，共八项；第2款规定订立合同可以参照各类合同的示范文本，其目的与第1款相同，是使当事人订立合同更加认真、规范，尽量减少合同缺款少项的情况。

本条承继于《合同法》第12条规定，无实质修改，仅微调语序。

现将本条第1款规定的8项内容的规范要点予以简述：

（一）当事人的姓名或者名称和住所。当事人是合同的主体，若合同不写明当事人，就无法确定权利和义务的承担者，发生纠纷难以解决，在合同涉及多方当事人的时候更是如此。因此，合同不仅要把应当约定的当事人都写到合同中，而且要把各方当事人姓名或者名称和住所都约定准确和清楚。

（二）标的。标的是合同当事人的权利义务指向的对象。标的是一切合同的必备条款。没有标的，合同就失去了权利义务的载体。合同的标的种类有很多，根据各国法律的规定，合同的标的总的可分为物、行为和智力成果三大类。[①] 物主要指各种具有价值和使用价值并且法律允许流通的有形物，既包括动产，也包括不动产。动产中既包括有形财产，也包括无形财产，甚至包括各种有价证券。行为是指合同当事人为了实现特定的经济目的进行的有意识的积极活动，主要包括完成工作的行为（勘探、设计、建筑、安装等）和提供一定劳务以满足对方需求的行为（货物运输、仓储保管和商业服务等）。智力成果作为合同标的时，一定是有形化和具有经济价值并受法律保护的，如专利权、商标权、著作权、专有技术权等在进行有偿转让时，合同的标的就是这些智力成果。另，合同标的在性质上必须是可能给付的、确定的和合法的。在订立合同时，对标的的规定应当清楚明白、准确无误，避免不必要的麻烦和纠纷。

（三）数量。在大多数合同中，数量是必备条款。对于有形财产，数量是对单位个数、体积、面积、长度、容积和重量等的计量；对于无形财产，数量是个数、件数、字数以及适用范围等多种量度方法；对于劳务，数量为劳动量。一般而言，合同的数量要准确，选择使用双方共同接受的计量单位、计量方法和计量工具。根据不同的情况，要确定不同的精确度，允许的尾差、磅差、超欠幅度和自然损耗率等。

（四）质量。质量条款的重要性毋庸赘言，许多合同纠纷由此引起。质量是指标准、技术要求，包括性能、效用、工艺等，一般以品种、型号、规格和等级等体现出来。对于国家有强制性标准规定的，必须按照规定的标准执行。如有其他质量标准的，应尽可能约定其适用的标准。当事人可以约定质量检验的方法、

① 江合宁：《论合同标的条款》，载《法律适用》2000年第2期。

质量责任的期限和条件、对质量提出异议的条件和期限等。

（五）价款或者报酬。价款或者报酬，是一方当事人向对方当事人所付对价的货币支付。价款一般指对提供财产的当事人支付的货币，如买卖合同的货款、租赁合同的租金、借款合同中借款人向贷款人支付的本金和利息。报酬一般是指对提供劳务或者工作成果的当事人支付的货币，如运输合同中的运费、保管合同与仓储合同中的保管费以及建设工程合同中的勘察费、设计费和工程款等。如果有政府定价和政府指导价的，要按照规定执行。价格应当在合同中约定清楚或者明确规定计算价款或者报酬的方法。有些合同比较复杂，货款、运费、保险费、保管费、装卸费以及一切其他可能支出的费用，由谁支付都要约定清楚。

（六）履行期限、地点和方式。履行期限是指合同中规定的当事人履行自己的义务如交付标的物、价款或者报酬，履行劳务、完成工作的时间界限。履行期限直接关系到合同义务完成的时间，涉及当事人的期限利益，也是确定合同是否按时履行或者迟延履行的客观依据。履行期限可以是即时履行的，也可以是定时履行的；可以是在一定期限内履行的，也可以是分期履行的。不同的合同，对履行期限的要求是不同的，期限可以以小时计，可以以天计，可以以月计，可以以生产周期、季节计，也可以以年计。期限可以是非常精确的，也可以是不十分确定的。不同的合同，其履行期限的具体含义是不同的。买卖合同中卖方的履行期限是指交货的日期、买方的履行期限是交款日期，运输合同中承运人的履行期限是指从起运到目的地卸载的时间，工程建设合同中承包方的履行期限是从开工到竣工的时间。正因如此，期限条款还是应当尽量明确、具体，或者明确约定计算期限的方法。

履行地点是指当事人履行合同义务和对方当事人接受履行的地点。不同的合同，履行地点有不同的特点。例如，在买卖合同中，买方提货的，在提货地履行；卖方送货的，在买方收货地履行。在工程建设合同中，在建设项目所在地履行。在运输合同中，从起运地运输到目的地为履行地点。履行地点有时是确定运费由谁负担、风险由谁承担以及所有权是否转移、何时转移的依据。履行地点也是在发生纠纷后确定由哪一地法院管辖的依据。因此，履行地点在合同中应当规定得明确、具体。

履行方式是指当事人履行合同义务的具体做法。不同的合同，决定了履行方式的差异。买卖合同是交付标的物，而承揽合同是交付工作成果。履行可以是一次性的，也可以是在一定时期内的，还可以是分期、分批的。运输合同按照运输方式的不同可以分为公路、铁路、海上、航空等方式。履行方式还包括价款或者报酬的支付方式、结算方式等，如现金结算、转账结算、同城转账结算、异地转账结算、托收承付、支票结算、委托付款、限额支票、信用证、汇兑结算、委托收款等。履行方式与当事人的利益密切相关，应当从方便、快捷和防止欺诈等方面考虑采取最为适当的履行方式，并且应当在合同中明确约定。

（七）违约责任。违约责任是指当事人一方或者双方不履行合同或者不适当履行合同，依照法律的规定或者按照当事人的约定应当承担的法律责任。违约责任是促使当事人履行合同义务，使对方免受或少受损失的法律措施，也是保证合同履行的主要条款。违约责任在合同中非常重要，因此一般有关合同的法律对于违约责任都已经作出较为详尽的规定。但法律的规定是原则的，即使细致也不可能面面俱到，照顾到各种合同的特殊情况。因此，当事人为了特殊的需要，为了保证合同义务严格按照约定履行，为了更加及时地解决合同纠纷，可以在合同中约定违约责任，如约定定金、违约金、赔偿金额以及赔偿金的计算方法等。

（八）解决争议的方法。解决争议的方法指合同争议的解决途径，对合同条款发生争议时的解释以及法律适用等。解决争议的途径主要有：一是双方通过协商和解，二是由第三人进行调解，三是通过仲裁解决，四是通过诉讼解决。当事人可以约定解决争议的方法，如果意图通过诉讼解决争议是不用进行约定的，通过其他途径解决都要事先或者事后约定。依照《仲裁法》的规定，如果选择适用仲裁解决争议，除非当事人的约定无效，即排除法院对其争议的管辖。但是，如果仲裁裁决有问题，可以依法申请法院撤销仲裁裁决或者申请法院不予执行。当事人选择和解、调解方式解决争议，都不能排除法院的管辖，当事人可以提起诉讼。

涉外合同的当事人约定采用仲裁方式解决争议的，可以选择域内的仲裁机构进行仲裁，也可以选择在域外进行仲裁。涉外合同的当事人还可以选择解决他们的争议所适用的法律。但法律对有些涉外合同法律的适用有限制性规定的，依照其规定。

解决争议的方法的选择对于纠纷发生后当事人利益的保护是非常重要的，应该慎重对待。但选择何种解决争议的方法、选择哪一个仲裁机构要约定得具体、清楚，不能笼统约定“采用仲裁解决”。否则，将无法确定仲裁协议条款的效力。

另，在上述8项内容中，《最高人民法院关于适用〈中华人民共和国合同法〉若干问题的解释（二）》第1条规定了合同的“必备条款”，即当事人名称或者姓名、标的和数量。由此可见，在以鼓励交易为原则的背景下，如果合同内容具备当事人、标的和数量三要素，法官应当认定合同成立。[①] 司法实践中便有因买卖合同标的不明确，缺乏买卖合同构成要件认定合同未成立的情形。[②]

当事人在合同中特别约定的条款，虽然超出本条第1款规定的8项内容，但

① 人民法院出版社法规编辑中心编：《最高人民法院合同法司法解释（二）问答》，人民法院出版社2009年版，第2~3页。

② 相关判决参见（2015）渝二中法民终字01037号民事判决书。

也可作为合同的主要条款。

对于本条第 2 款的规定，在制定合同编的过程中，有的委员和部门认为，由于经济贸易活动的多样性，如果当事人缺乏经验，所订合同常常易发生难以处理的纠纷。实践中合同的示范文本对于提示当事人在订立合同时更好地明确各自的权利义务起到了积极作用，对此应当在合同编中作出规定。因此，本条第 2 款规定订立合同可以参照各类合同的示范文本。

【关联规定】

《最高人民法院关于适用〈中华人民共和国合同法〉若干问题的解释（二）》第 1 条，《民法典》第 510、511 条

（撰稿人：王琦）

第四百七十一条　【订立合同的方式】 当事人订立合同，可以采取要约、承诺方式或者其他方式。

【释义】

本条是对合同订立方式的规定。合同是当事人之间设立、变更、终止民事权利义务关系的协议。合同从本质上而言就是一种合意。要约与承诺是当事人作出的相对的意思表示，通常而言，缔约过程即当事人之间通过要约与承诺的意思表示而形成合意的过程，是达成一致的过程。合同在当事人之间意思表示达成合意之时即成立。本条规定在明确合同成立的通常方式的同时，对于合同订立方式保留了一定的开放性，为动态的交易实践中可能出现的其他新的合同订立方式预留了法律适用的空间。

《合同法》第 13 条规定，当事人订立合同，采取要约、承诺方式。本条的规定与《合同法》相比增加了“其他方式”。立法机关目前在这一点上主要考虑的并非所谓事实缔约或要约交错等情形，而是指向“悬赏广告”，当然也为未来可能因科技的发展而带来其他缔约方式的法律确认留下余地。

要约是一方当事人向另一方当事人发出希望与之订立合同的意思表示；而受要约人作出同意要约的意思表示，即承诺。一般而言，经过要约与承诺，当事人之间达成合意，合同即成立。在实务中，依要约与承诺订立合同是最普遍、最常见的方式。而有的当事人简化缔约程序或因一定的事实过程而缔约，或现代电子

商务中的“自动回复”或称为“电子代理人”的回复，都可以通过解释论而将其纳入依要约与承诺而订立合同的理论之中。立法认可此类情形下合同成立的目的在于简化、便利契约的成立。[①]

《最高人民法院关于适用〈中华人民共和国合同法〉若干问题的解释（二）》第3条规定，悬赏人以公开方式声明对完成一定行为的人支付报酬，完成特定行为的人请求悬赏人支付报酬的，人民法院依法予以支持。但悬赏有《合同法》第52条规定情形的除外。这一解释实际将“悬赏广告”纳入了《合同法》的调整范围。我们在《民法典》第499条的规定中可见立法者也表明了同样的理论立场。该条规定，悬赏人以公开方式声明对完成特定行为的人支付报酬的，完成该行为的人可以请求其支付。虽然文本中未见“合同”之词句，但依体系解释，立法者将“悬赏”作为契约进行调整而非单方法律行为并无疑义。

但是，长久以来在关于悬赏广告之属性的争论中，诸多学者早已指出，用“要约承诺”的框架似乎较难解释悬赏广告中的许多问题。比如，若悬赏广告的完成人在完成悬赏广告所确定的行为时并不知道有悬赏广告的存在及其内容，在这种情况下，完成人有没有请求依悬赏广告而取得报酬的权利？另外，若悬赏广告的完成人是无民事行为能力人，其是否得以享有悬赏广告所确定的报酬请求权？这些问题在单方法律行为说中均可解决，而若依“契约说”判断结论，就必须再行在法律中作出特别的或例外的规定，亦即在坚持契约说的前提下进行必要的修正。但既已作此安排，则悬赏广告与传统合同订立的要约、承诺之方式的诸多不同，只得由立法者在本条后半段加入“其他方式”予以涵盖。

传统理论认为订立合同的方式除了要约、承诺之外还包括交叉要约、意思实现等。[②] 交叉要约是指当事人一方向对方作出要约的意思表示，而同时对方亦向其作出同一内容之要约，且双方当事人彼此均不知对方有要约的情形。对于交叉要约是否可以成立合同，各国法律和学说的意见不一。英美法系国家过去在判例中多不承认，但《美国合同法重述（第二版）》则认为交叉要约亦可推论成立合同，其第22条第2项规定：“即使要约和承诺都无法被识别，并且合同成立的时间也无法确定，双方当事人也可以作出合意的意思表示。”《德国民法典》制定过程中亦为此发生了较大争论：采形式说学者认为，必须从双方的沉默中推断出承诺之意，合同才能成立；[③] 采实质说学者则认为依实质合意原则，交叉要约可直

---

① 王泽鉴：《债法原理》，北京大学出版社2013年版，第194页。

② 郑玉波：《民法债编总论》，中国政法大学出版社2003年版，第38页。

③ Andreas von Tuhr, Der Allgemeine Teil des Deutschen Bürgerlichen Rechts, II Band, 1 Hälfte, Duncker & Humblot Verlag, 1914, s. 460.

接导致合同成立。[①] 至于是否采实质说直接得依交叉要约双方意思表示达成实质合意而成立，或仍需将其中一方的要约（通常是在后到达者）拟制为承诺，[②] 抑或进一步认为，仅当两个要约人没有不迟延地提出异议之时合同才告成立，亦即将一方的沉默构成对另一方要约的承诺，[③] 这几种学说在交叉要约是否得以成立合同的问题上其实并无价值判断上的不同，仅在如何以理论更好地表达其价值判断结论的问题上有所差别。在此，我们认为，在交叉要约的情形下，将先到的视为要约，后到的视为承诺是比较妥当的，一方面避免了实质说须突破要约—承诺的缔约结构，另一方面在双方均作出内容完全一致的要约意思表示的情况下，双方均应受其拘束，无进一步再给予“异议”或“反悔”的理由，而使交易关系处于不确定的状态。[④] 但无论采形式说中的哪种安排，交叉要约均并未突破要约—承诺的缔约方式。证券市场的集中竞价交易模式可以看作在传统民事交叉要约基础上的特别形态，因而需设定部分特别规则，但其在理论上亦并未突破要约—承诺制缔约结构。[⑤]

《合同法》第 22 条规定：“承诺应当以通知的方式作出，但根据交易习惯或者要约表明可以通过行为作出承诺的除外。”第 26 条第 1 款第 2 句规定：“承诺不需要通知的，根据交易习惯或者要约的要求作出承诺的行为时生效。”[⑥] 对于《合同法》第 22 条但书和第 26 条第 1 款第 2 句的规定——即以行为的方式作出承诺的意思表示——究属传统民法之意思实现[⑦]，抑或默示（可推断）的承诺意思表示，我国学界多有争议。[⑧] 我们认为，纯粹的沉默都可以在特定情况下成为意思表示，并无理由将尚须当事人为一定行为的意思实现排除在外；且即使认为其

---

① Müko/Kramer，§151，Rn. 5.

② 王泽鉴：《债法原理》，北京大学出版社 2013 年版，第 198 页。

③ Staudinger /Bork，§146，Rn. 7.

④ 不同意见参见杨代雄：《意思表示理论中的沉默与拟制》，载《比较法研究》2016 年第 6 期。

⑤ 陈自强：《民法讲义 I》，法律出版社 2002 年版，第 74 页。也有学者主张其应为一种特别缔约方式，参见罗昆：《缔约方式发展与民法典缔约制度完善》，载《清华法学》2018 年第 6 期。

⑥ 《民法典》第 480 条后半句和第 484 条第 2 款沿用了《合同法》这两条的规定。

⑦ 例如，《德国民法典》第 151 条前段规定：“依交易习惯承诺无须通知，或要约人预先声明承诺无须通知者，虽未向要约人表示承诺，契约于有可认为承诺的事实时即为成立。”我国台湾地区“民法”受德国法律及学说的影响，其第 161 条规定：“依习惯或依其事件之性质，承诺无须通知者，在相当时期内，有可认为承诺之事实时，其契约为成立前项规定于要约人要约当时预先声明承诺无须通知者，准用之。”此种情形下合同得以成立。这是承诺通知原则的例外，合同因承诺意思的实现而成立。《联合国国际货物销售合同公约》第 18 条第 3 款规定：“如果根据该项发价或依照当事人之间确立的习惯做法或惯例，被发价人可以作出某种行为，如与发运货物或支付价款有关的行为，来表示同意，而无须向发价人发出通知，则接受于该项行为作出时生效，但该项行为必须在上一款所规定的期间内作出。”

⑧ 韩世远：《默示的承诺与意思实现》，载《法律科学》2003 年第 1 期；朱庆育：《意思表示与法律行为》，载《比较法研究》2004 年第 1 期；崔建远：《意思实现理论的梳理与评论》，载《河北法学》2007 年 5 月刊；朱广新：《合同法总则》，中国人民大学出版社 2012 年版，第 92 ~ 93 页。

区别于要约—承诺的缔约方式，在处理上，亦需要将关于意思表示的规范类推适用于意思实现。[①] 实际上，采取“默示（可推断）的承诺意思表示”说的学者若同样认为特定情形下无须要约人知悉，则讨论此规定究竟属于意思实现，抑或默示（可推断）的承诺意思表示同样也就没有价值判断的区别，而是纯粹解释选择的问题，没有足够充分且必要的理由，无须也难以设置一个完全的“例外”，而通过对承诺意思表示的规则进行解释即可达到同样的调整目的。

另外还需注意，合同订立与合同生效是两个层次的问题。合同是否成立是一个事实判断，而合同效力则是价值判断，涉及意思自治和国家强制的关系问题，但实践中很少对二者进行区分。[②]《全国法院民商事审判工作会议纪要》在第32条中表明，合同不成立的法律后果，参照《合同法》第58条有关合同无效或者被撤销的法律后果来处理。

【关联规定】

《合同法》第13条，《最高人民法院关于适用〈中华人民共和国合同法〉若干问题的解释（二）》第1、3条

（撰稿人：王天凡）

第四百七十二条　【要约的定义及构成要件】 要约是希望与他人订立合同的意思表示，该意思表示应当符合下列条件：

（一）内容具体确定；

（二）表明经受要约人承诺，要约人即受该意思表示约束。

【释义】

本条是对要约的定义及其构成要件的规定。要约是指以订立合同为目的，向相对人提出合同条件，希望相对人受领的意思表示。[③] 在商业活动中，要约常被称作“发价”“发盘”“出盘”“报价”等。要约决定着所订立合同的内容。本条文沿袭了《合同法》第14条的规定，未作修改。

---

① 朱庆育：《意思表示与法律行为》，载《比较法研究》2004年第1期。

② 《〈全国法院民商事审判工作会议纪要〉理解与适用》，人民法院出版社2019年版，第259页。

③ 崔建远：《合同法总论》（上卷），中国人民大学出版社2011年版，第122页。

《联合国国际货物销售合同公约》第14条中对要约（发价）的规定是："向一个或一个以上特定的人提出的订立合同的建议，如果十分确定并且表明发价人在得到接受时承受约束的意旨，即构成发价。一个建议如果写明货物并且明示或暗示地规定数量和价格或规定如何确定数量和价格，即为十分确定。"此规定仅要求货物是明确的、数量和价格能够确定就满足了要约的条件。大陆法系中对于要约的定义通常是，以订立契约为目的之须受领的意思表示。

要约的意思表示应当具备几项构成要件：（一）内容具体确定；（二）表明经受要约人承诺，要约人即受该意思表示约束。我国学理一般认为要约还需要具备另外两项构成要件，即要约由特定人（要约人）发出[①]和须向要约人希望与其缔结合同的受要约人发出。

由于一项合同的内容主要由要约确定，而受要约人通常只需回答"同意"即可构成承诺而成立合同。因而，内容是否具体确定这一构成要件被认为是区分要约与要约邀请在内容方面的核心要件。"内容具体"是指要约的内容至少须包括能够使合同得以成立的主要条款。要约具有一经受要约人的承诺，合同即告成立的效力，因此要约的内容应当包括合同的主要条款。[②] 要约的内容"确定"是指要约内容及计算方法等必须明确。《联合国国际货物销售合同公约》第14条第1款后半段规定："一个建议如果写明货物并且明示或暗示地规定数量和价格或规定如何确定数量和价格，即为十分确定。"该条仅要求货物买卖合同中货物是明确的、数量和价格能够确定，就满足了要约内容确定的条件。我国台湾地区"民法"也有类似规则，要求买卖之要约须指定标的物之种类、数量及价金。[③] 另外还需注意，要约的"确定"，包括要约发出之时内容是明确的，也包括要约发出之时某些内容尚不清晰、待将来某个时刻可以依据法律的规定或当事人的意思表示而予以明确的情形。[④] 要约的确定性除了可以依据合同的主要条款判断，还可依据当事人之间业已建立的习惯做法或惯例进行判断。[⑤] 如果当事人之间存在某种惯例或习惯做法，要约方发出的要约尽管没有说明合同的主要条款，但这些条款可从当事人之间的习惯做法中沿用，因此该要约也是确定的。

对于受要约人是否只能是特定人这个要件，学者间存在一定争议：部分学者

---

① 韩世远：《合同法总论》（第4版），法律出版社2018年版，第117~118页、第122页；江平：《中华人民共和国合同法精解》，中国政法大学出版社1999年版，第14页。

② 房绍坤、王洪平：《债法要论》，华中科技大学出版社2013年版，第236页。

③ 郑玉波：《民法债编总论》，中国政法大学出版社2003年版，第40页。

④ 崔建远：《合同法》（第6版），法律出版社2016年版，第29页。

⑤ 房绍坤、王洪平：《债法要论》，华中科技大学出版社2013年版，第236~237页。

认为要约应向特定人发出;[①] 但多数学者认为这一限制过于绝对，一项向不特定多数人作出的意思表示只要符合一定条件，就应视为要约。然而这些学者对所需满足的条件的限定也不尽相同[②]，归纳起来除了重复上述两项法定的要约构成要件之外，还包括“应当具有向不特定（多数）受要约人履行合同的能力”。但这一限定之合理性值得怀疑，因履行能力的问题甚至不应影响合同可否成立生效，更不应影响到当事人的意思表示是否构成要约。

所以真正具有决定意义的要件是意思表示的发出者是否有受其意思表示拘束的意思，即所谓是否具有受要约拘束的意思，指的是表意人发出要约必须具有与他人订立合同的目的，且表明经受要约人承诺，要约人即受要约的约束。而对此必须通过意思表示的解释予以查明。而无论要约或要约邀请均属于需受领的意思表示，因此对其进行解释应从受领人的角度出发，探究受领人的认识可能性，适用客观解释或规范解释的规则查明意思表示的规范意义；包括对字面意义的解释、系统解释、对与表示相关的情事的查明、正当利益解释、善意解释（诚实信用解释）、交易习惯等因素，其共同作用于对规范表示意义的确定。[③]

【关联规定】

《合同法》第 14 条

（撰稿人：王天凡）

第四百七十三条　【要约邀请】要约邀请是希望他人向自己发出要约的表示。拍卖公告、招标公告、招股说明书、债券募集办法、基金招募说明书、商业广告和宣传、寄送的价目表等为要约邀请。

商业广告和宣传的内容符合要约条件的，构成要约。

---

① 李永军:《合同法》(第3版)，法律出版社2010年版，第72页；张俊浩主编:《民法学原理》，中国政法大学出版社1991年版，第669页。

② 有学者认为条件是：(1) 必须明确表示其作出的建议是一项要约而不是要约邀请；(2) 必须明确承担向多人发出要约的责任，应当具备在订立合同后向不特定的受要约人履行合同的能力。参见王利明主编:《民法》(第6版)，中国人民大学出版社2015年版，第369页；张民安、王红一主编:《合同法》，中山大学出版社2003年版，第48~49页。也有学者认为条件是：(1) 包含合同必要条款且确定、清楚；(2) 条款明示其为要约或根据环境、文义可以合理推断其意思为要约或不需进一步接洽便可以采取某种行动。参见王银自:《不特定要约法律适用研究》，载《政法论丛》2005年第1期。

③ Larenz/ Wolf, Allgemeiner Teil des Bürgerlichen Rechts, 9 Aufl, C. H. Beck, 2004, s518 –524.

【释义】

本条是对要约邀请的规定。要约邀请，又称要约引诱，是希望他人向自己发出要约的意思表示。[①] 要约邀请与要约不同。其目的不在于直接订立合同，而仅在于诱使受邀请方向发出要约邀请一方发出要约。虽然在理论上要约邀请与要约界分清晰，但实务中往往难以区分。《联合国国际货物销售合同公约》第 14 条第 2 款规定："非向一个或一个以上特定的人提出的建议，仅应视为邀请做出发价，除非提出建议的人明确地表示相反的意向。" 又如，我国台湾地区"民法"第 154 条第 2 款规定："货物标定卖价陈列者，视为要约。但价目表之寄送，不视为要约。" 本条第 1 款在规定要约邀请概念的同时，列举了 7 种要约邀请的类型，相比《合同法》第 15 条所列举的要约邀请的类型中，保留了拍卖公告、招标公告、招股说明书、寄送的价目表，新增了债券募集说明书、基金招募说明书这两种形式，并将"商业广告"补充为"商业广告和宣传"。

此处就债券募集说明书、基金招募说明书与商业广告和宣传作简要阐述。

（1）债券募集说明书。债券募集说明书的目的在于向投资者提供有关债券发行的简要情况，投资者在作出认购决定之前，应仔细阅读募集说明书全文，并以其作为投资决定的依据。[②] 对于债券募集说明书的性质究竟属于要约抑或要约邀请，过去在法律中并未明确规定，[③] 实务中产生了较大争议，这一争议与学者间及实务中对招股说明书的争议类似，虽然招股说明书的性质早在《合同法》第 15 条中定明。本条明确将债券募集说明书规定为要约邀请的一种类型，比较符合债券的发行及认购过程。因而，债券募集说明书是申请公开发行公司债券的公司向投资者发出的要约邀请，目的在于邀请投资者向其发出购买债券的要约。但因其是投资者与发行人之间仅有的文本，从性质上是否能将该债券募集说明书认定为双方之间的合同不无疑问。根据要约邀请的"容纳规则"，虽将债券募集说明书

---

① 韩世远：《合同法总论》（第 4 版），法律出版社 2018 年版，第 119 页。

② 《公开发行证券的公司信息披露内容与格式准则第 23 号——公开发行公司债券募集说明书》（中国证券监督管理委员会公告〔2015〕2 号）第 9 条第 1 款规定，募集说明书文本扉页应当刊载如下声明："凡欲认购本期债券的投资者，请认真阅读本募集说明书及有关的信息披露文件，进行独立投资判断并自行承担相关风险……"

③ 《公司债券发行与交易管理办法》第 5 条规定，发行人及其控股股东、实际控制人应当诚实守信，发行人的董事、监事、高级管理人员应当勤勉尽责，维护债券持有人享有的法定权利和债券募集说明书约定的权利。第 57 条规定，发行人应当在债券募集说明书中约定构成债券违约的情形、违约责任及其承担方式以及公司债券发生违约后的诉讼、仲裁或其他争议解决机制。

确定为要约邀请，其内容纳入双方合同亦不应存在理论障碍。[1]

（2）基金招募说明书。《证券投资基金法》及中国证券投资基金业协会《私募投资基金备案须知》中的相关规定均对不同情形的基金招募说明书提出了基本的内容及形式等要求。[2] 基金招募说明书是基金管理人向投资者发出的要约邀请，目的在于邀请投资者向其发出购买基金的要约。

（3）商业广告和宣传。加入了“宣传”这种形式，是对可能符合要约条件而被认定为要约的范围进行了补充，对于司法实践中在认定上免去了一些不必要的争议。以往可能与商业广告在某些方面在法律适用上有所区别对待的“宣传”，在是否构成要约的问题上立法者态度明确，不再进行区分而一致对待。只要符合要约的条件的，就构成要约。鉴于房地产市场出现的某些商品房销售广告和宣传材料的内容和作用的不同，《最高人民法院关于审理商品房买卖合同纠纷案件适用法律若干问题的解释》（法释〔2003〕7 号）第 3 条第 1 句规定：“商品房的销售广告和宣传资料为要约邀请，但是出卖人就商品房开发规划范围内的房屋及相关设施所作的说明和允诺具体确定，并对商品房买卖合同的订立以及房屋价格的确定有重大影响的，应当视为要约。”本条吸收了前述司法解释的规定，将商业广告和宣传一并规定为要约邀请；其内容符合要约规定的，构成要约。

然后就是“构成”要约，相比《合同法》中的“视为”，用语的变化体现出立法者明确的态度，将原来的拟制性的适用改为直接认定构成要约。在学理背景和立法技术上正本清源，有助于未来司法实践的适用。

【关联规定】

《合同法》第 15 条，《最高人民法院关于审理商品房买卖合同纠纷案件适用法律若干问题的解释》第 3 条，《公司债券发行与交易管理办法》第 5、6、22、28、43、44、48、54、57 条

（撰稿人：王天凡）

---

[1] 曹明哲：《债券募集说明书的性质及其司法效应》，载《债券》2018 年 11 月刊。

[2] 公开募集基金的基金招募说明书应当包括下列内容：（一）基金募集申请的准予注册文件名称和注册日期；（二）基金管理人、基金托管人的基本情况；（三）基金合同和基金托管协议的内容摘要；（四）基金份额的发售日期、价格、费用和期限；（五）基金份额的发售方式、发售机构及登记机构名称；（六）出具法律意见书的律师事务所和审计基金财产的会计师事务所的名称和住所；（七）基金管理人、基金托管人报酬及其他有关费用的提取、支付方式与比例；（八）风险警示内容；（九）国务院证券监督管理机构规定的其他内容。参见中国证券投资基金业协会 2019 年发布《私募投资基金备案须知》第一部分“私募投资基金备案总体性要求”之第 8 项。

第四百七十四条　【要约的生效时间】要约生效的时间适用本法第一百三十七条的规定。

【释义】

本条规定了要约的生效时间。要约人通常在发出要约时表达了希望受要约人在一定期间内作出回应的意思。明确要约生效的时间，有助于在司法实践中明确生效要约的内容，判断受要约人是否作出有效的承诺。要约一经生效，要约人即受到要约的拘束，不得随意撤销或对要约加以限制、变更和扩张。[①] 关于要约生效时间的规定，也有助于保护受要约人的合法权益，维护交易安全。

关于要约的生效时间，有到达主义与了解主义两种学说。有学说主张对要约生效的时间一律采取到达主义，《联合国国际货物销售合同公约》《国际商事合同通则》与我国《合同法》均采纳此种学说。而另一种学说认为，要约生效的时间因对话与否而有不同：向对话人发出要约，采取了解主义，自受要约人知道该要约的内容时开始生效；向非对话人发出要约，采取到达主义，即要约于送达受要约人时生效。[②] 本条规定即采纳此种学说。有学者基于证明责任的考虑，提出要约的生效以《合同法》规定的到达主义原则为默认规则，以了解主义原则为可以推翻默认规则的特别规则，更能符合实际需要。[③]

《民法典》第137条规定的是意思表示的生效时间："以对话方式作出的意思表示，相对人知道其内容时生效。以非对话方式作出的意思表示，到达相对人时生效。以非对话方式作出的采用数据电文形式的意思表示，相对人指定特定系统接收数据电文的，该数据电文进入该特定系统时生效；未指定特定系统的，相对人知道或者应当知道该数据电文进入其系统时生效。当事人对采用数据电文形式的意思表示的生效时间另有约定的，按照其约定。"

相较于《合同法》第16条的规定，本条区分了以对话方式作出的意思表示和以非对话方式作出的意思表示。[④]《合同法》第16条仅规定，要约在到达受要约人时生效。而本条规定通过对《民法典》总则编第137条规定的引致，区别以

---

① 韩世远：《合同法总论》（第4版），法律出版社2018年版，第128页。

② 崔建远：《合同法总论》（上卷），中国人民大学出版社2011年版，第178～179页。

③ 韩世远：《合同法总论》（第4版），法律出版社2018年版，第126页。

④ 《合同法》第16条规定："要约到达受要约人时生效。采用数据电文形式订立合同，收件人指定特定系统接收数据电文的，该数据电文进入该特定系统的时间，视为到达时间；未指定特定系统的，该数据电文进入收件人的任何系统的首次时间，视为到达时间。"

对话方式发出的要约，在相对人知道其内容时生效；以非对话方式作出的要约，在到达相对人时生效。

另外，对于以非对话方式作出的采用数据电文形式的要约，如果相对人指定特定接收系统的，则以该数据电文进入该特定系统的时间为要约生效时间；未指定特定接收系统的，以相对人知道或应当知道该数据电文进入该系统的时间为要约生效时间。这一部分也是对《合同法》第 16 条部分的承袭。我国《电子签名法》除第 11 条第 1、2 款继承《合同法》第 16 条第 2 款的规定外，还增设了若干规则。[①]《民法典》中借鉴吸收了《电子签名法》的相关规定，明确了采用数据电文形式的意思表示生效时间可由当事人约定；若当事人无约定，则按照本条规定处理，体现了对当事人意思自治的尊重。

【关联规定】

《合同法》第 16 条，《民法典》第 137 条，《电子签名法》第 11 条

（撰稿人：王天凡）

第四百七十五条　【要约撤回的规则】 要约可以撤回。要约的撤回适用本法第一百四十一条的规定。

【释义】

本条是对要约撤回的规定。要约尚未生效前，通常不会对受要约人或交易秩序产生任何法律影响，因此允许当事人撤回要约。要约的撤回，是指要约人在要约生效之前，使要约不发生法律效力的行为。要约撤回适用民法典总则部分关于意思表示撤回的规定。《民法典》第 141 条规定："行为人可以撤回意思表示。撤回意思表示的通知应当在意思表示到达相对人前或者与意思表示同时到达相对人。"从内容上看，这一规定与《合同法》第 17 条的规定并无二致。但是在要约的生效问题上，法律规定中区分了以对话方式作出的意思表示和以非对话方式作出的意思表示，而要约的撤回通常情况下只发生在非对话的意思

---

① 《电子签名法》第 11 条规定："数据电文进入发件人控制之外的某个信息系统的时间，视为该数据电文的发送时间。收件人指定特定系统接收数据电文的，数据电文进入该特定系统的时间，视为该数据电文的接收时间；未指定特定系统的，数据电文进入收件人的任何系统的首次时间，视为该数据电文的接收时间。当事人对数据电文的发送时间、接收时间另有约定的，从其约定。"

表示中。

为兼顾相对人的利益，法律规定撤回要约的条件是撤回要约的通知在要约到达受要约人之前或者同时到达受要约人。如果撤回要约的通知在要约到达受要约人以后到达，则要约已经生效，不得撤回。如果由于其他原因延误，撤回要约的通知在要约到达之后才到达受要约人，受要约人负有通知义务。[①] 我国台湾地区“民法”第 162 条及《联合国国际货物销售合同公约》第 21 条均规定了受要约人的通知义务。[②] 受要约人应当及时向要约人发出通知，告知其撤回的通知已经迟到，要约已经生效。如果受要约人怠于通知，要约人撤回要约的通知视为未迟到，仍发生撤回要约的效力。[③]

【关联规定】

《合同法》第 17 条，《民法典》第 141 条

（撰稿人：王天凡）

第四百七十六条　【要约的撤销】要约可以撤销，但是有下列情形之一的除外：

（一）要约人以确定承诺期限或者其他形式明示要约不可撤销；

（二）受要约人有理由认为要约是不可撤销的，并已经为履行合同做了合理准备工作。

【释义】

本条规定了要约的撤销。尽管要约的意思表示一经生效即对要约人产生形式拘束力。但在实质拘束力产生之前允许要约人在要约生效后可以撤销要约。随后本条规定了要约得以撤销的例外情形，内容上基本沿袭了《合同法》第 19 条关

---

① 王泽鉴：《债法原理》，北京大学出版社 2013 年版，第 179 页。

② 我国台湾地区“民法”第 162 条规定：“撤回要约之通知，其到达在要约到达之后，而按其传达方法，依通常情形应先时或同时到达者，相对人应向要约人即发迟到之通知。相对人怠于为前项通知者，其要约撤回之通知，视为未迟到。”《联合国国际货物销售合同公约》第 21 条规定：“（1）逾期接受仍有接受的效力，如果发价人毫不迟延地用口头或书面将此种意见通知被发价人。（2）如果载有逾期接受的信件或其它书面文件表明，它是在传递正常、能及时送达发价人的情况下寄发的，则该项逾期接受具有接受的效力，除非发价人毫不迟延地用口头或书面通知被发价人：他认为他的发价已经失效。”

③ 参见全国人大常委会法制工作委员会编：《中华人民共和国合同法释义》，法律出版社 2013 年版。

于要约的撤销和不得撤销情形的规定。[①] 要约的撤销是指要约人在要约生效以后，受要约人发出承诺的通知之前，将该项要约取消，使要约的法律效力归于消灭的行为。要约生效后对要约人有拘束力，而法律之所以允许在不损害受要约人利益的前提下撤销要约，是出于平衡保护要约人利益的考虑。但是，要约的撤销有可能造成受要约人的不利益，因此为了保护受要约人的权利与期待，撤销仅在满足一定条件时才被允许。要约的撤销极可能发生在通过对话的方式缔结合同的情形中，也可能发生在通过非对话方式缔结合同的情形中。

《联合国国际货物销售合同公约》第 16 条第 2 款规定："但在下列情况下，发价不得撤销：（a）发价写明接受发价的期限或以其它方式表示发价是不可撤销的；（b）被发价人有理由信赖该项发价是不可撤销的，并且被发价人已本着对该项发价的信赖行事。"而《国际商事合同通则》第 2.4 条第 2 款的规定与之基本相同。[②] 可以看出，我国《合同法》的相关规定对这两个法律文本中的相应条文亦有参考。

本条规定在以下两种情况下，要约不得撤销。

一是要约人确定了承诺期限或以其他形式明示要约不可撤销。要约中确定了承诺期限，视为要约人放弃了撤销权。"以其他形式明示要约不可撤销"主要可以包括下列情形：（1）该要约是一个确定的要约，即《美国统一商法典》中规定的不可撤销的要约——"采取经签署的书面形式，并且其中的条款保证该要约将不会被撤销"；（2）要约人明确表示不撤销要约；（3）要约人坚持受要约人予以答复；（4）从行为中推定出要约不可撤销。[③]

二是受要约人有理由认为要约是不可撤销的，并已经为履行合同作了合理准备工作。要约没有规定承诺期限或者没有以其他明示形式表明要约不可撤销，但如果受要约人从要约的有关条款中可以推测出要约人不会撤销要约，也就是说，受要约人相信要约人已经放弃了撤销权；要约人即便内心并无放弃撤销权的意思，也应对自己的要约意思表示所导致的他人之合理信赖的后果负责。鉴于受要约人相信要约人不会撤销其要约，因而受要约人已经为履行合同作了合理准备工

---

① 《合同法》第 19 条规定："有下列情形之一的，要约不得撤销：（一）要约人确定了承诺期限或者以其他形式明示要约不可撤销；（二）受要约人有理由认为要约是不可撤销的，并已经为履行合同作了准备工作。"

② 《国际商事合同通则》第 2.4 条第 2 款规定："在下列情况下，要约不得撤销：（a）要约写明承诺的期限，或以其他方式表明要约是不可撤销的；或（b）受要约人有理由信赖该项要约是不可撤销的，而且受要约人已依赖该要约行事。"

③ 崔建远：《合同法总论》（上卷），中国人民大学出版社 2011 年版，第 136 页。

作，此时如果允许要约人撤销要约，则受要约人的信赖利益将受到损害。[①] 因此，在受要约人有理由认为要约是不可撤销的且已经为履行合同作了合理准备工作的情形下，要约不可撤销。这里对受要约人对于要约不可撤销的信赖的判断，须结合意思表示的解释进行，即《民法典》第142条第1款所确立的有相对人的意思表示的解释确定其规范意义。

需注意的是，这里不仅要求受要约人有理由认为要约是不可撤销的，还需受要约人已经实际为履行合同作了合理准备工作，才会导致要约的不可撤销。本条规定相较于《合同法》第19条的“作了准备工作”增加补充了“合理”这一限定要件，其含义可以参照《国际商事合同通则》的理解，即这些行为在有关的贸易中可被视为正常的，或者应是要约人所预见或者知悉的行为，就可以认定受要约人为履行合同作了合理准备工作。[②] 具体而言，受要约人基于对要约不可撤销的信赖所作的行为，可以包括为生产所作的准备、购买或者租用材料或者设备、负担费用等。[③]

【关联规定】

《合同法》第19条，《民法典》第142条

（撰稿人：王天凡）

第四百七十七条　【撤销要约的生效时间】 撤销要约的意思表示以对话方式作出的，该意思表示的内容应当在受要约人作出承诺之前为受要约人所知道；撤销要约的意思表示以非对话方式作出的，应当在受要约人作出承诺之前到达受要约人。

【释义】

本条规定了撤销要约的时间条件。撤销要约的意思表示是指在要约生效后、受要约人作出承诺之前，要约人作出的欲使要约失去其法律效力的意思表示。法律允许撤销要约，但撤销要约往往会对受要约人造成不利益，因此为平衡保护要

---

① 江平：《中华人民共和国合同法精解》，中国政法大学出版社1999年版，第18页。

② 崔建远：《合同法总论》（上卷），中国人民大学出版社2011年版，第137页。

③ 参见全国人大常委会法制工作委员会编：《中华人民共和国合同法释义》，法律出版社2013年版。

约人与受要约人的利益，在本编第 476 条规定的不得撤销要约之情形外，撤销要约还须满足本条规定的时间条件。

《合同法》第 18 条规定“……撤销要约的通知应当在受要约人发出承诺通知之前到达受要约人”。相较之下，本条作出了两处主要的修改：

其一，与本法第 474 条关于要约的生效时间的规定相应，区分要约的意思表示是否以对话或非对话的形式作出，不再对撤销要约的意思表示的生效时间一概采“到达主义”。《联合国国际货物销售合同公约》第 16 条第 1 款规定，“在未订立合同之前，发价得予撤销，如果撤销通知于被发价人发出接收通知之前送达被发价人”。《国际商事合同通则》第 2. 4 条也有类似规定，《合同法》第 18 条的规定是对以上国际立法的参考借鉴。经修改后本条按照撤销要约是否以对话方式作出为标准来区分撤销要约意思表示的生效时间。作此区分即与《民法典》第 137 条关于有相对人的意思表示的生效时间的规定在体系上保持一致。根据该条，“以对话方式作出的意思表示，相对人知道其内容时生效。以非对话方式作出的意思表示，到达相对人时生效”。撤销要约的意思表示既然是要约人向相对人即受要约人作出的一项意思表示，自应与总则编中对于意思表示的相应规则保持一致。在受要约人作出承诺之前，以对话方式作出的撤销要约意思表示，其生效应当采了解主义，即受要约人知道或了解时生效；以非对话方式作出的撤销要约意思表示，其生效应当采到达主义，即于到达受约人时生效。[①]

其二，撤销要约的意思表示作出时间由“在受要约人发出承诺通知之前”修改为“在受要约人作出承诺之前”。这一修改主要是由于本编第 480 条的规定，承诺一般应当以通知的方式作出，依据交易习惯和要约也可以通过行为作出。因此，本条采“作出承诺之前”的表述与第 480 条对承诺方式的规定在体系上保持了统一，内在逻辑上也更加对应明晰。依据我国《民法典》中本条的规则，其时间点实际上并无二致。因而具体适用本条时应当明确，如果承诺以通知方式作出的，撤销要约的意思表示应当在受要约人发出承诺通知之前为受要约人所知道（对话的意思表示）或到达受要约人（非对话的意思表示）；如果承诺以行为方式作出的，撤销要约的意思表示应当在受要约人作出行为之前为受要约人知道或到达受要约人。

---

① 向对话人发出要约，采了解主义，即受要约人了解要约时开始生效。向非对话人发出要约，采取到达主义，即要约于送达受要约人时生效。参见崔建远主编：《合同法》（第 6 版），法律出版社 2016 年版，第 29 页。在第 474 条规定要约生效的时间适用第 137 条规定的前提下，可以认为撤销要约的意思表示生效时间也可作前述解释。

【关联规定】

《合同法》第18条,《民法典》第137、480条

（撰稿人：王天凡）

第四百七十八条　【要约失效的情形】有下列情形之一的，要约失效：

（一）要约被拒绝；

（二）要约被依法撤销；

（三）承诺期限届满，受要约人未作出承诺；

（四）受要约人对要约的内容作出实质性变更。

【释义】

本条是关于要约失效的规定。要约的意思表示一经生效即对要约人与受要约人产生拘束力：要约人不得随意撤销要约或扩张、限制、变更要约，受要约人一旦对要约作出承诺即成立合同，学理上通常将其分别称为要约的“形式约束力”与“实质约束力”。而要约的失效则意味着要约人与受要约人不再受到以上约束。本条基本沿袭了《合同法》第20条的规定，不同之处在于第1项由“拒绝要约的通知到达要约人”修改为“要约被拒绝”，第2项由“要约人依法撤销要约”修改为“要约依法被撤销”。此次《民法典》立法对此进行的修改使得表述更加准确和简洁，符合法典体系的要求，而与《合同法》第20条的规定相比并没有实质性的改变。

要约被拒绝的情形，在广义上包括受要约人在承诺期限内明确表示拒绝要约、直至承诺期限届满未作答复、对要约的实质内容作出限制、扩张或变更而形成反要约等情形。综合本条规定的四种情形来看，第1项应仅指受要约人在承诺期间明确向要约人作出拒绝承诺的意思表示。[①] 类似地，我国台湾地区“民法”第155条规定“要约经拒绝者，失其拘束力”。学者多将此条中“要约之拒绝”解释为“要约之受领人对于要约人所为不承诺之意思通知也”。[②] 因此，此处也应

① 崔建远主编：《合同法》（第6版），法律出版社2016年版，第31页。

② 郑玉波：《民法债编总论》（修订2版），中国政法大学出版社2004年版，第42页。

当作相同解释。而要约失效的时间点，在此应该是拒绝要约的通知到达要约人（非对话的意思表示）或为要约人所知晓（对话的意思表示）。要约因拒绝而消灭，一般发生于要约向特定人发出的场合。

要约依法被撤销，指要约在符合本编第476、477条的规定的情况下由要约人撤销要约，其不得撤销的情形及撤销的法律后果均参见相关条文的释义。要约一经撤销即失去其拘束力。

要约生效以后的存续期间对于受要约人而言即为承诺期限，[①] 也是要约发生法律效力的期间。若要约人在要约中明确规定了承诺期限的，该承诺期限内受要约人未作出承诺，则承诺期限届满时要约失去其效力。若要约人未在要约中明确规定承诺期限，此时承诺期限应当依要约是否为对话方式而作区分。要约以对话方式作出的，承诺未即时作出，则要约失去效力；要约以非对话方式作出的，承诺未在合理期限内作出，则要约失去效力。承诺期限及其起算方法详见本编第481、482条之释义。

若受要约人对要约的内容作出实质性变更，表明受要约人拒绝了原要约，提出了反要约，原要约失效。有关合同标的、数量、质量、价款或者报酬、履行期限、履行地点和方式、违约责任和解决争议方法等的变更，是对要约内容的实质性变更，具体参看本编第488条之释义。

除本条规定四种要约失效的情形外，学理上在讨论要约是否失效时通常还会涉及以下情形：首先，要约生效后要约人或受要约人死亡、丧失行为能力的，多数学者认为这种情况下应不影响要约的法律效力。[②] 要约人死亡或丧失民事行为能力的，受要约人仍可对要约为承诺而成立合同。而如果是受要约人死亡的，通常情况下也不导致要约失效，而可由受要约人的继承人对要约作出承诺；如果受要约人丧失民事行为能力的，也不影响要约的效力而可由其法定代理人代为承诺。[③] 但是，若未来的合同在性质上需要由要约人或受要约人本人履行，或要约中含有或推定含有明显的反对意思，或要约的相对人知悉要约人死亡或丧失行为能力的事实的，则要约人或受要约人死亡即导致要约失效。[④] 要约人或受要约人

---

① 郑玉波：《民法债编总论》（修订2版），中国政法大学出版社2004年版，第66页。

② 韩世远：《合同法总论》（第4版），法律出版社2018年版，第139页。其认为要约人或受要约人的死亡成为要约失效的原因须符合特定条件。王泽鉴先生亦认为，原则上要约的效力不因要约人死亡或丧失行为能力受影响，受要约人仍得对之承诺，而使契约成立。相对人于要约到达后死亡时，其继承人得为承诺而使契约成立。参见王泽鉴：《债法原理》，北京大学出版社2013年版，第188～189页。

③ 王泽鉴：《债法原理》，北京大学出版社2013年版，第188～189页。

④ 韩世远：《合同法总论》（第4版），法律出版社2018年版，第139页。

为法人时，只要法人终止，要约便随之消灭。[①] 若未来合同要求受要约人必须具有民事行为能力，如聘用公司董事的要约，依据《公司法》第146条的规定，董事不得为无民事行为能力或限制民事行为能力人，在此情形下，受要约人丧失民事行为能力则要约失效。[②] 也正基于学理和实践中存在类似情况，有学者建议应当在法条中明确。[③] 前述导致要约失效的情形虽未规定在本条当中，但在实践当中出现此类情况时应根据以上标准判断要约是否失效。

【关联规定】

《合同法》第20条，《民法典》第476、477、481、482、488条

（撰稿人：王天凡）

第四百七十九条　【承诺的定义】承诺是受要约人同意要约的意思表示。

【释义】

本条是对承诺定义的规定，沿用了《合同法》第21条的表述。

承诺是受要约人向要约人表示同意其要约，愿意按照要约内容与要约人订立合同的意思表示。一般情况下，承诺一经作出并生效后合同即告成立。

承诺应当具备以下要件：

1. 承诺须由受要约人向要约人作出。要约和承诺都属于有相对人的、需受领的意思表示，受要约人于要约生效时取得承诺的权利，因此原则上仅受要约人享有对要约进行承诺的权利（法律地位），受要约人以外的第三人就同一要约的内容表示同意亦不能构成承诺，只能视为向要约人发出的要约。承诺也可由受要约人的代理人作出。[④] 受要约人的继承人是否能为承诺，需要视要约人的意思以及

---

① 崔建远主编：《合同法》（第6版），法律出版社2016年版，第32页。

② 王泽鉴：《债法原理》，北京大学出版社2013年版，第189页。

③ 学者建议关于要约的失效增加一款规定，“要约生效后，要约人或受要约人的死亡、丧失行为能力或终止的，不妨碍要约的效力，但要约人明确表示要约人发生上述情形要约失效的，或者受要约人在发出承诺通知前知道或应当知道要约人发生上述情形的除外”。参见周江洪：《关于〈民法典合同编〉（草案）（二次审议稿）的若干修改建议》，载《法治研究》2019年第2期。

④ 韩世远：《合同法总论》（第4版），法律出版社2018年版，第140页；郑玉波：《民法债编总论》，中国政法大学出版社2004年版，第46页。

契约性质而定。[①] 受要约人为特定人时，承诺须由该特定人作出。受要约人为不特定人时，该不特定人中的任何人都可为承诺。[②]

承诺是受要约人对要约表示同意的意思表示，其目的在于与要约人按照要约内容订立合同，因此承诺须向要约人作出。但承诺意思表示的受领可以是要约人本人，也可以由要约人的代理人代为受领。[③] 在要约人死亡且合同无须要约人亲自履行的情况下，受要约人作出承诺亦可以由要约人的继承人进行受领。[④]

2. 承诺的内容须与要约的内容一致。这一点被称为承诺的“镜像规则”（mirror image rule），也称为“完全一致规则”（ribbon matching rule），该规则要求承诺的内容与要约的内容必须完全一致，而不能有任何实质性的改变或限制。如果承诺与要约有任何实质性的不一致，则不视为有效承诺，而视为拒绝要约或构成反要约。[⑤] 承诺是欲按照要约内容订立合同的意思表示，因此承诺的内容须与要约内容一致，而不得对要约内容加以扩张、限制或变更（如附加条件、期限，变更付款方式，排除瑕疵担保责任等），否则将视为对要约的拒绝而成立项新的要约，称为反要约。[⑥] 如承诺仅在形式上对要约作出变更，但并未在实质上改变要约的内容，则承诺依然有效。[⑦] 例如，交易中对出卖一定数量商品的要约进行承诺时，常见对商品的数量进行增减。若依要约人的意思或通常观念其要约为不可分，而受要约人仅就其中一部分商品为承诺，则应当解释为是对要约内容的实质变更。若受要约人较要约提出购买更多数量的商品，同时也有依照原要约订立合同的意思，应当认为在原要约范围内进行了有效承诺，对要约的扩张部分成立新要约。

3. 承诺须在承诺期限内作出。若要约规定了承诺期限的，无论要约以对话方式作出与否，承诺均须在规定期限内作出，否则不发生效力。若要约未规定承诺

---

① 郑玉波：《民法债编总论》，中国政法大学出版社 2004 年版，第 46 页。此见解亦为德国通说。王泽鉴先生认为：“其所涉及的，乃要约的解释问题，应就个案，视要约人有无与继承人订立契约的意思而定。若有此意思，则要约对继承人发生效力。”参见王泽鉴：《债法原理》，北京大学出版社 2013 年版，第 183 页。参见上条释义。

② 韩世远：《合同法总论》（第 4 版），法律出版社 2018 年版，第 140 页；全国人大常委会法制工作委员会编：《中华人民共和国合同法释义》，法律出版社 2013 年版，第 29 页。

③ 韩世远：《合同法总论》（第 4 版），法律出版社 2018 年版，第 140 页。“向要约人的代理人做出承诺，视为向要约人作出。”

④ 韩世远：《合同法总论》（第 4 版），法律出版社 2018 年版，第 140 页。

⑤ A. L. 科宾：《科宾论合同》（上册），王卫国等译，中国大百科全书出版社 1997 年版。

⑥ 王泽鉴：《债法原理》，北京大学出版社 2013 年版，第 193 页。

⑦ 王泽鉴：《债法原理》，北京大学出版社 2013 年版，第 193 页；郑玉波：《民法债编总论》，中国政法大学出版社 2004 年版，第 47 页。

期限的，以对话方式作出的要约，须即时作出承诺；以非对话方式作出的要约，须在一定合理期限内作出承诺。否则，若超过承诺期限再作出承诺，只能被视为一项新要约。

【关联规定】

《合同法》第21条，《民法典》第481、482、488条

（撰稿人：王天凡）

第四百八十条　【承诺的方式】 承诺应当以通知的方式作出；但是，根据交易习惯或者要约表明可以通过行为作出承诺的除外。

【释义】

本条规定了承诺的方式，是对《合同法》第22条规定的承继，仅将原第22条后半句中的“但根据”进行了文字上的修改，修改为“但是，根据”，而对原规定的实质内容未作改动。

承诺的方式是指承诺人将同意要约的意思表示传达给要约人所使用的方式。[①] 一般情况下承诺应当采用明示的方式，即以通知的方式作出。[②] 承诺人既可以口头形式也可以书面形式明确通知要约人同意其要约。此外，承诺也可以根据交易习惯或者要约规定以默示的方式作出。默示的方式即承诺人虽未作出口头或书面通知，但依照其行为或其他方式可以推断其已同意要约人的要约。[③] 这里的行为通常是履行行为，如预付价款、装运货物或在工地上开始工作等。[④]

须注意的是，单纯的沉默并不等于默示，而属于消极的不作为，通常情况下，纯粹的沉默其因没有做出任何意思表示而不能构成一项意思表示，亦即不能构成承诺。[⑤] 如《联合国国际货物销售合同公约》第18条规定，受要约人声明或做出其他行为表示同意一项要约，即为承诺。缄默或不行为本身不等于承诺。而

---

① 全国人大常委会法制工作委员会编：《中华人民共和国合同法释义》，法律出版社2013年版，第30页。

② 全国人大常委会法制工作委员会编：《中华人民共和国合同法释义》，法律出版社2013年版，第30页。

③ 全国人大常委会法制工作委员会编：《中华人民共和国合同法释义》，法律出版社2013年版，第30页。

④ 崔建远主编：《合同法》（第6版），法律出版社2016年版，第33页。

⑤ 王泽鉴：《债法原理》，北京大学出版社2013年版，第190～191页。全国人大常委会法制工作委员会编：《中华人民共和国合同法释义》，法律出版社2013年版，第30页。

《民法典》第140条第2款规定，沉默只有在有法律规定、当事人约定或符合当事人交易习惯时，才可以视为意思表示。因此，即使是单纯的沉默，也可以在某些特殊情形下因法律的特别规定、当事人之间的在先约定或交易惯例而例外地被视为构成了承诺。学者普遍将这些情形概括为以下几种：（1）受要约人先前向要约人发出要约邀请，其中明确表示，要约人向自己发来要约后，在该要约指定的期限内，自己若未作答复的，视为已经承诺。（2）当事人双方在经过了反复磋商后，已经达成了初步协议，一方当事人事后更改了某些条款，并要求相对人就此修改于合理期间内答复，否则视为接受。在所修改的条款非实质条款的情况下，沉默可以作为承诺。（3）双方当事人之间已经形成如下交易惯例，或当地业已存在如下交易习惯：一方当事人向相对人发出要约，相对人未在要约指定的时间内答复也视为接受。在这种背景下，受要约人在收到要约后沉默，视为已经承诺。①

通常情况下，如果要约中没有规定承诺的方式，则承诺只需以与要约相同的方式作出即可。但如果要约严格规定承诺须以特定方式作出的，只要该特定方式不违反法律规定或不属于客观上根本不可能，承诺人须尊重要约人的意思，以该特定方式为承诺，否则承诺不发生效力。如果要约希望承诺以特定方式作出的唯一原因是想确保迅速地回应，那么承诺人虽未以该特定方式为承诺但以其他更为便捷迅速之方式作出承诺的，承诺有效，合同成立；反之，如果承诺人作出承诺之方式较要约规定的更为烦琐延迟地到达要约人或为要约人知道，那么可能导致承诺无效，合同不成立。② 英美法系上称之为“指定方式的承诺”（method of acceptance prescribed），相对应地为“未指定方式的承诺”（method of acceptance not prescribed），即要约未指定承诺方式，承诺人可依交易惯例、商业习惯及当时情形，以适当方式承诺。③ 此外，若要约人与承诺人事先约定了应当使用特定方式为承诺，则承诺应依该特定方式作出，否则承诺不发生效力。④

---

① 王利明：《合同法研究》（第1卷）（第3版），中国人民大学出版社2015年版，第276～277页。

② 韩世远：《合同法总论》（第4版），法律出版社2018年版，第146页。王泽鉴书中所举例子也可概括出此观点，“要约使用某种传达工具时（如限时专送、电报）等，通常非在表示承诺须以特定传达工具为之，而在表明承诺的速度，并以此计算要约存续期间。因此以限时专送信件为要约时，除要约人有特别表示（如表明应以限时专送为承诺）外，相对人仍得以电报、电话为承诺”。见王泽鉴：《债法原理》，北京大学出版社2013年版，第191页。

③ 崔建远：《合同法总论》（上卷）（第2版），中国人民大学出版社2011年版，第143页。

④ 郑玉波：《民法债编总论》，中国政法大学出版社2004年版，第47页。

【关联规定】

《合同法》第22条，《民法典》第140条第2款，《最高人民法院关于适用〈中华人民共和国合同法〉若干问题的解释（二）》第7条

（撰稿人：王天凡）

第四百八十一条　【承诺的到达时间】 承诺应当在要约确定的期限内到达要约人。

要约没有确定承诺期限的，承诺应当依照下列规定到达：

（一）要约以对话方式作出的，应当即时作出承诺；

（二）要约以非对话方式作出的，承诺应当在合理期限内到达。

【释义】

本条的规范对象是承诺的到达时间。本条来源为《合同法》第23条规定，但《民法典》合同编的本条在第2款第1项中删去了原规定中的但书，即“但当事人另有约定的除外”。

对于承诺的到达时间，应视要约中是否对承诺期限进行了规定。若要约中明确确定了承诺期限，则承诺必须在要约确定的期限内到达要约人，否则承诺期限经过，要约失效，受要约人不得再为有效承诺。此时受要约人若欲依原要约内容与要约人订立合同，其向要约人作出的意思表示只能成立一项新的要约。另外可以看出，本条第1款中似不再区分要约是否以对话方式作出，而一概以到达要约人为标准。解释上仍应结合《民法典》第137条的相关规定进行判断。

要约中没有确定承诺期限的，本条第2款明确规定承诺期限的确定依要约发出的方式是否为对话方式而有所区分。关于对话或非对话方式发出的意思表示参见《民法典》第137条的相关规定。

要约以对话方式作出的，承诺应当即时作出。“即时”是指受要约人应当在要约提出时及时、快速地作出承诺，在对话的意思表示的场合，应结合交易上的一般观念去理解：受要约人在要约提出当时即作出承诺，可以认定为“即时”；若电话中途意外挂断，不久又接通后受要约人作出承诺，可以认定为“即时”；

要约人于面谈过程中提出要约，受要约人在离席前为承诺，也可以认定为“即时”。[①] 通常情况下若面谈或电话交谈结束，要约则失去效力。

《联合国国际货物销售合同公约》第 18 条规定，对口头发价必须立即接受，但情况有别者不在此限。《合同法》第 23 条本与该公约的规定基本一致——“要约以对话方式作出的，应当即时作出承诺，但当事人另有约定的除外”，《民法典》合同编的本条规定删去了但书规定，现已与我国台湾地区等地相同。我国台湾地区“民法”第 152 条规定“对话为要约者，非立时承诺，即失其拘束力”，并未规定例外情形，相近立法例还见于德国、瑞士、日本。如《德国民法典》第 147 条第 1 项规定“向对话人要约者，须立时承诺。以电话直接要约者亦同”。在《民法典》立法过程中，有学者建议即时承诺仍应保留“但当事人另有约定的除外”的例外规定。理由在于：例如，要约人打电话提出要约，未规定承诺期限，但受要约人表示“我考虑一下，两天后给回复”，要约人若同意，此时并没有必要即时承诺。这也符合第 482 条规定的以电话等快速通信方式作出要约的，仍然有承诺期限计算问题的立法宗旨。[②] 需注意的是，《合同法》中所规定的“当事人另有约定的”，不仅指要约人在要约中规定了承诺期限，也指事先约定好的情况。[③] 在要约以对话方式作出的情形下，若要约人与受要约人在对话中或事先约定好了承诺期限，则承诺应当在约定的承诺期限内作出。这种情况下仍可适用本条第 1 款，而在第 2 款第 1 项中无须再设例外。

要约非以对话方式作出的，承诺应当在合理期限内到达。“要约以非对话方式作出”是指要约人发出要约选择了非及时通信方式，通常包括书信、电报、传真、电子邮件等形式。[④] “合理期限”是指通常情况下承诺到达要约人所需的期限。合理期限的确定属于事实问题，依交易不同而有所不同，需要综合考虑各种因素，其他立法例的规定与学理见解可以作为参考。例如，《联合国国际货物销售合同公约》第 18 条规定，“须适当地考虑到交易的情况，包括发价人所使用的通讯方法的迅速程序”。《意大利民法典》第 1326 条规定，“承诺应当……根据事物的性质或根据惯例在通常所需的必要期间内到达要约人处”。我国台湾地区

---

① 参见全国人大常委会法制工作委员会编：《中华人民共和国合同法释义》，法律出版社 2013 年版，第 31 页；郑玉波：《民法债编总论》，中国政法大学出版社 2004 年版，第 43 页；王泽鉴：《债法原理》，北京大学出版社 2013 年版，第 188 页。

② 周江洪：《关于〈民法典合同编〉（草案）（二次审议稿）的若干修改建议》，载《法治研究》2019 年第 2 期，第 15 页。

③ 全国人大常委会法制工作委员会编：《中华人民共和国合同法释义》，法律出版社 2013 年版，第 31 页。

④ 江平主编：《中华人民共和国合同法精解》，中国政法大学出版社 1999 年版，第 20 页。

"民法"第157条将合理期限表述为"依通常情形可期待承诺之达到时期"，学者认为该时期应为下列三种期间之总和：要约到达相对人的期间，相对人考虑承诺的期间以及承诺到达相对人的期间。首尾两项期间为通信方式在途期间，一般存在客观标准较为容易确定。[①] 若要约中规定承诺须以特定方式（如信件）作出，则合理的承诺到达期间应当以该两地之间信件一般送达时间为标准进行计算。若要约未规定承诺须以特定方式作出，原则上承诺应当采取与要约相同的方式作出；若承诺方式不同于要约作出的方式，则合理的承诺到达期间应不长于采用与要约相同方式所花费的时间。[②] 实务中"相对人考虑承诺的期间"之确定，主要应当考虑当事人间交易惯例、契约类型、事件性质、相对人性质等因素。例如，事件重大复杂、可能需要受要约人公司的法定代表人或董事会批准的，相对人考虑承诺的期间应较长，在事件简单、受要约人为个人之情形则反之。[③] 合理的承诺期限应当权衡要约人与受要约人双方的利益，[④] 若相对人存在特殊情形（如外出旅行、生病就医等）导致实际考虑承诺期间较长，且此等特殊情形为要约人事先了解的，则应作为合理期限的考虑因素。[⑤]

【关联规定】

《合同法》第23条，《民法典》第137、482条

（撰稿人：王天凡）

第四百八十二条　【承诺期限的起算】要约以信件或者电报作出的，承诺期限自信件载明的日期或者电报交发之日开始计算。信件未载明日期的，自投寄该信件的邮戳日期开始计算。要约以电

---

① 王泽鉴：《债法原理》，北京大学出版社2013年版，第188页；参见郑玉波：《民法债编总论》，中国政法大学出版社2004年版，第43页。

② 王泽鉴：《债法原理》，北京大学出版社2013年版，第188页。"承诺是否须使用与要约相同的传达工具（如以快信通知时，以快信为承诺），应探求要约人真意加以认定，有疑义时，应解为不以使用相同传达工具为必要，故甲以快信对乙为合建房屋的要约时，乙得以电报或Telefax为承诺。"

③ 参见全国人大常委会法制工作委员会编：《中华人民共和国合同法释义》，法律出版社2013年版，第32页。

④ 江平主编：《中华人民共和国合同法精解》，中国政法大学出版社1999年版，第20页。"合理期限既要保证受要约人有足够时间考虑，也要使要约人的信赖利益不受损害。"

⑤ 王泽鉴先生持类似观点，参见王泽鉴：《债法原理》，北京大学出版社2013年版，第188页。郑玉波先生的观点则相反，认为无论何者均应依通常情形决定，而不必斟酌相对人个人的特别情事。参见郑玉波：《民法债编总论》，中国政法大学出版社2004年版，第43页。

话、传真、电子邮件等快速通讯方式作出的，承诺期限自要约到达受要约人时开始计算。

【释义】

本条规定了以信件、电报等方式作出要约的承诺期限何时起算的问题。承诺期限的起止关系到要约人与受要约人何时不再受要约之拘束、是否作出承诺、何时作出承诺等问题，[①] 须根据作出要约的不同方式加以区别明确。本条参考《合同法》第 24 条规定，仅在电话、传真等快速通信方式的列举中新增一例“电子邮件”，符合现代交易实际。

《联合国国际货物销售合同公约》与《国际商事合同通则》的有关规定秉持了同一起算方法，如该公约第 20 条第 1 款规定“发价人在电报或信件内规定的接受期间，从电报交发时刻或信上载明的发信日期起算，如信上未载明发信日期，则从信封上所载日期起算。发价人以电话、电传或其它快速通讯方法规定的接受期间，从发价送达被发价人时起算”。我国《合同法》的相关规定也是对上述规则的参考借鉴。

要约以信件作出，信件上载明日期的，承诺期限自信件载明日期开始计算；信件未载明日期的，自投寄该信件的邮戳日期开始计算。要约以电报形式作出，承诺期限自电报交发之日开始计算。“信件载明日期”是指记载要约内容的信件上表明的要约发出日期或者信函的落款日期。“邮戳日期”是指邮电部门在信封上加盖的邮戳上记载的日期。“电报交发之日”是指电报交给经营电报业务的单位并发出电报的日期。[②]

要约以电话、传真、电子邮件等快速通信方式作出的，承诺期限自到达受要约人时开始计算。

【关联规定】

《合同法》第 24 条

（撰稿人：王天凡）

---

① 参见全国人大常委会法制工作委员会编：《中华人民共和国合同法释义》，法律出版社 2013 年版，第 32 页。

② 江平主编：《中华人民共和国合同法精解》，中国政法大学出版社 1999 年版，第 21 页。

第四百八十三条　【合同成立的时间】承诺生效时合同成立，但是法律另有规定或者当事人另有约定的除外。

【释义】

一、规范对象和立法目的

本条规定的是采取“要约—承诺”这一传统缔约模式下合同成立的时间，即作为意思表示的承诺生效的时间。承诺的生效规定于下一条即第 484 条。总的而言，该条只具有宣示意义，因为只要采取了“要约—承诺”这种缔约模式，合同成立的时间自然就是承诺生效的时间，这源自承诺的定义（第 479 条）。如果当事人以合同书形式订立合同，那么合同生效时间适用第 490 条第 1 款。

从立法沿革来看，该条前半句（“承诺生效时合同成立”）与《合同法》第 25 条相同，后半句（“但是法律另有规定或者当事人另有约定的除外”）则为《民法典》新增。

二、承诺生效的时间点作为合同成立的时间点（第 483 条前段）

在比较法的视野下，本条前段的原型为《联合国国际货物销售合同公约》第 23 条：“合同于按照本公约规定对发价的接受生效时订立。”据此，合同成立的时间点是承诺生效的时间点。至于承诺的生效，如果承诺是以通常方式作出，则适用一般规则，在到达要约人时生效（第 484 条第 1 款连同第 137 条）。如果承诺被免除了到达要约人的要求即不需要通知，则按照第 484 条第 2 款，在作出承诺的行为时生效。典型的例子是收到要约后直接发货，或者为履行合同作了实质性的准备（如与第三人签订有关合同），这意味着承诺生效的时间提前，也就是合同成立的时间提前。从体系上而言，特定情形中承诺（作为需受领的意思表示）之生效无须到达相对人，这呼应于法律上承认的以默示方式作出承诺的可能性（第 140 条第 1 款：“行为人可以明示或者默示作出意思表示”）。除此之外，虽然沉默通常不具有表示价值，但是在例外情形中（第 140 条第 2 款：“沉默只有在有法律规定、当事人约定或者符合当事人之间的交易习惯时，才可以视为意思表示”），沉默同样可以构成意思表示，或者说构成承诺，此时合同成立的时间取决于，在个案情形中什么时候要约方能够将受要约方的沉默（不作为）合理地理解为对要约的承诺（考虑要约的在途时间、对方的内部处理流程所需时间、工作日

/节假日等因素)。[①]

在承诺迟到的情况下，如果满足第486、487条前段规定的要求，承诺依然生效，合同同样随着承诺的生效而成立。如果当事人为承诺约定了形式要求（书面形式、公证形式等），那么通常而言，只有满足特定形式要求时，合同才成立，除非发生第490条第2款规定的“补正”，即“法律、行政法规规定或者当事人约定合同应当采用书面形式订立，当事人未采用书面形式但是一方已经履行主要义务，对方接受时，该合同成立”。

该条适用于以“要约—承诺”模式订立的合同，但是并不排除以其他模式订立的合同，订立合同方式的多样性或者说开放性已经在第471条获得明确认可(其条文为：当事人订立合同，可以采取要约、承诺方式或者其他方式)。订立合同的另外一种基本模式是“对同一文本作出同意表示”，越是复杂和重要的合同，就越经常使用这种模式，即拟订立合同的内容由双方逐步磋商确立（而非如“要约—承诺”模式中由要约一方确立），在磋商确立过程中，双方的行动很难被划入“要约—承诺”的二元轨道。[②] 在这种模式下，合同的成立发生在双方对确立的合同内容作出同意表示之时，经常表现为双方在合同文本上签字或者盖章（我国实证法所说的“合同书”模式，第490条第1款第1句)。

另外，学理上常讨论交叉要约（Kreuzofferten)，如买家和卖家同时向对方发出内容相同的要约。在这种情况下，尽管双方的表示都只是要约（欠缺承诺)，但是按照通说观点，此时双方间实际上已经具备了合意，因此合同随着最后一个要约表示的生效（到达相对人）而成立。[③]

需要说明的是，该条仅仅说明了合同的成立，至于成立的合同是否能生效，这不在本条范围内，而是由其他规范确定，如合同的一方系限制行为能力人，并且该合同会给其带来显著法上不利后果时，因承诺生效而成立的合同是否生效首先取决于法定代理人是否同意或者追认（第145条第1款)，其次取决于该行为是否违背法规禁令或者公序良俗（第153条)。

---

① 实证法上最接近于赋予沉默以订立合同的意思表示的条款当属《民法典》第685条第2款：“第三人单方以书面形式向债权人作出保证，债权人接收且未提出异议的，保证合同成立。”该条吸纳了《最高人民法院关于适用〈中华人民共和国担保法〉若干问题的解释》第22条第1款规定：“第三人单方以书面形式向债权人出具担保书，债权人接受且未提出异议的，保证合同成立。”据此，当第三人（保证人）以书面形式作出的订立保证合同的意思表示（要约）到达债权人后，债权人的沉默按照该条的规定构成对要约的承诺，双方间成立保证合同。参考中银香港公司诉宏业公司等担保合同纠纷，载《最高人民法院公报》2005年第7期（总105期)。

② 详见王琦：《论合意成约：重构合同法上的合意制度——合同成立的一般理论》，载《中德私法研究》第18卷，北京大学出版社2020年版，第198页以下。

③ Heinrich Honsell Hrsg. Kommentar zum UN – Kaufrecht，2. Auflage，2010，Art. 18 CISG Rn. 14.

除此之外，如果涉及的是有待追认的合同，即限制行为能力人订立的会带来显著法上不利后果的合同（第 145 条第 1 款），以及无权代理人订立的合同（第 171 条第 1 款），由《最高人民法院关于适用〈中华人民共和国合同法〉若干问题的解释（二）》第 11 条（“根据合同法第四十七条、第四十八条的规定，追认的意思表示自到达相对人时生效，合同自订立时起生效”）可知，有待追认的合同同样按照一般规则成立，法定代理人或者被代理人的追认涉及的仅仅是生效，即回溯使得合同自成立起生效，这样一种回溯式的生效预设了合同之前已经成立。

三、法律另有规定的除外（第 483 条后段第 1 类）

第 483 条后半句新增加的“法律另有规定的除外”，主要涉及合同编第二分编（“典型合同”）中的几个特殊条文。

首先，关于客运合同，本法第 814 条规定，客运合同自承运人向旅客出具客票时成立，但是当事人另有约定或者另有交易习惯的除外。该条承袭了《合同法》第 293 条。第一眼看来，该条似乎以“交付客票”为合同成立的前提，但是如果仔细考察合同法起草者的意图就会发现，[①] 合同法起草者从 20 世纪末 21 世纪初的运输业现实出发，认为客票的交付同时伴随着运输服务提供方的缔约表示，此时具有决定意义的不是交付客票，而是其中蕴含的订立合同的意思表示。而所谓的另有交易习惯，针对的主要是“先上车后补票”，在这种情况下，合同成立是在双方的行为构成订立合同的意思表示之时（如乘客上车，司机启动或者按下计价器），此时合同的成立更加不以客票交付为前提。在《合同法》施行后的 20 年间，网络化、数字化给运输业带来了巨大的变化，有体化客票使用的场合越来越少，网约车服务、高铁运输的无纸化（凭身份证乘车）越来越普及。在这一背景下，第 814 条前半句的意义将愈加有限。

其次，关于自然人之间借款合同的第 679 条（“自然人之间的借款合同，自贷款人提供借款时成立”）和保管合同的第 890 条（“保管合同自保管物交付时成立，但是当事人另有约定的除外”），兜兜转转，又退回到了所谓的“实物合同”（Realvertrag）立场。[②] 其背后的考量可能是，这两类合同一般发生于非经营者之间，而且大多无偿，[③] 法律试图为主给付义务一方（出借方、保管人）营造一种

---

① 胡康生主编：《中华人民共和国合同法释义》（第 2 版），法律出版社 2009 年版，第 452 页以下。

② 在 2019 年年底的民法典草案公开征求意见稿中，第 679、890 条中的“成立”都为“生效”。

③ 与第 890 条（保管合同的成立）形成对比的是，第 905 条规定，仓储合同自保管人和存货人意思表示一致时成立。保管合同与仓储合同就给付义务内容基本相同，前者的成立要求交付标的物，后者则要求在双方达成合意时成立，这一区别只可能来自交易参与人的差别，即仓储服务的提供者通常是经营者（商人），法律认为其无须特别保护，因此使其订立的合同按照一般规则成立（第 134 条第 1 款前半句）。

更宽松的境地，因此作出例外规定，使得合同不在双方口头达成合意（如承诺生效），而在标的物交付时成立。第679、890条作为有效的法律规则，自然应当得到适用，但是从立法论的角度来说，这并非最佳选择。其一，偏离合意引发合同成立的一般规则（第134条第1款前半句）这本身就是对体系和谐性的一种干扰；其二，这种干扰也并没有非此不可的必要性。对主给付义务一方的特别保护同样可以放在生效层面解决，即将标的物的交付规定为合同生效的一个特殊必要要件。这样的话，自然人之间的借款合同以及保管合同，即便使其按照一般规则即在双方达成合意时成立，也不会令借款方或者保管方立刻承担起给付义务，因为这一义务的产生还预设了合同的生效，而合同在交付标的物时方才生效。从后果上看，交付标的物无论安置于成立层面还是安置于生效层面都能起到相同的作用，但是后种方案对体系的干扰较少。第679、890条在成立、生效之间的反复摇摆，反映了法律行为理论的整体构造作为民法的一个传统难点依然困扰着中国法律人。

四、当事人另有约定的除外（第483条后段第2类）

基于合同自由原则，民事主体通常有权决定是否订立合同或者合同的效果何时开始。当事人的另有约定，有几种外表看来较为相似但在法释义学上具有完全不同意义的情况，需要在个案中仔细辨别。

第一种情况是，为合同附上实证法所谓的“生效条件”（第158条）和“生效期限”（第160条），这当然是允许的，但是合同附条件和附期限的前提是合同已经成立，只是其效果被延迟，因此附“生效条件”或者附“生效期限”的约定并非第483条后段第2类意义上的改变合同成立时间点的“另有约定”。

第二种情况是，当事人约定在之后的一个时刻再正式作出订立合同的意思表示，这种约定同样不属于第483条后段意义上的另有约定，因为此时依照双方的意愿毋宁依然处于订立合同前的预备阶段，双方还没有表达自己受拘束的意愿，自然没有合同成立的问题。

真正具有相关性的是第三种情况，双方已经作出意思表示，但是双方同时约定，合同不在意思表示生效时成立，而应该在之后或之前的一个时间点成立。实践中的“倒签合同”即属于此类情况，如双方实际在3月1日签订合同，但出于某种原因，双方将签署合同的日期写作1月1日。通过这种约定，当事人的目的是排除法律对合同成立时间的规定。对此应当明确，基于合同内容自由，此类约定并不被绝对禁止，只是此类约定作为法律行为（的一部分），适用法律行为生效的一般规则。需要审查的是，这类约定是否违背法规禁令、是否违反公序良俗、是否满足形式要求。如果该约定不违背上述无效事由，那么应当按照第483

条后半句的规定，以当事人约定的或早或晚的时间点作为合同成立的时间；[①] 如果此类约定违背了法律行为的生效阻却要件，则无效，[②] 至于是合同部分无效还是合同整体无效，适用第 156 条的规定（以部分无效为原则，以整体无效为例外）。如果确认仅为部分无效，那么合同的成立时间应按照法定规则如第 483 条前段、第 490 条确定。

五、证明责任

按照证明负担分配的一般规则，哪方主张合同在特定的时间点成立（无论是按照第 483 条前段的一般规则，还是按照后段的除外规定），就应当对此承担证明责任。

【关联规定】

《民法典》第 490、679、814、890 条

（撰稿人：王琦）

第四百八十四条　【承诺的生效】 以通知方式作出的承诺，生效的时间适用本法第一百三十七条的规定。

承诺不需要通知的，根据交易习惯或者要约的要求作出承诺的行为时生效。

【释义】

一、规范对象和立法目的

本条的规范对象是承诺的生效。相较于其前身即《合同法》第 26 条，[③] 该条在结构上获得了优化，显得更加清晰和层次分明。该条的两款区分了两类承诺，

---

① 参见国际华侨公司诉长江影业公司影片发行权许可合同纠纷案，载《最高人民法院公报》2004 年第 5 期（总 91 期）；榆林市凯奇莱能源投资有限公司与西安地质矿产勘查开发院合作勘查合同纠纷上诉案，最高人民法院（2011）民一终字 81 号民事判决书；赵五保与天津市新厦房地产开发经营公司破产清算组、天津市嘉盛房屋置换有限责任公司、刘立华确认房屋所有权纠纷上诉案。

② 参见恒顺船务有限公司诉上海浦东发展银行股份有限公司保证合同纠纷案，上海市高级人民法院（2015）沪高民四（海）终字 150 号民事判决书。

③ 《合同法》第 26 条的条文为："承诺通知到达要约人时生效。承诺不需要通知的，根据交易习惯或者要约的要求作出承诺的行为时生效。采用数据电文形式订立合同的，承诺到达的时间适用本法第十六条第二款的规定。"

这两类承诺在生效上有不同的要求。第 1 款规定以通知方式作出的（即需要到达相对人的）承诺，此类承诺生效的前提是到达相对人，这属于有相对人的意思表示生效的通常情况，因此该款直接转引总则编的一般规定即第 137 条。第 2 款涉及在生效上具有特殊性的承诺，即按照交易习惯或者当事人的约定，承诺的生效不以到达要约人为前提，即条文中所谓的"承诺不需要通知的"，这类承诺的生效时间被提前，即不在到达要约人，而在"作出承诺的行为时生效"。

二、承诺期限（第 481 条）

从体系关联上来说，承诺生效引发合同成立的另外一个前提是对承诺期限的遵守。承诺期限规定于第 481 条，因此本条和第 481 条有着紧密的适用联系。无论是本条第 1 款所规定的以通知方式作出的承诺，还是第 2 款规定的不需要通知的承诺，一般都必须遵守承诺期限才能使得合同成立。所谓的遵守承诺期限，对第 1 款意义上的以通知方式作出的（即需要到达相对人的）承诺，意味着必须在承诺期限内到达相对人，对第 2 款意义上的不需要通知的承诺，意味着"承诺的行为"是在承诺期限内实施。

如果本条所规定的承诺生效的要件在承诺期限过去后才实现，那么作为"迟到的承诺"，其法律后果则按照第 486、487 条确定（通常作为新要约，例外情况下在该两条规定的前提下不受迟到的影响）。

三、以通知方式作出的承诺：到达相对人时生效（第 1 款）

承诺属于有相对人的意思表示或者叫需受领的意思表示，第 1 款所说的以通知方式作出的承诺，无非是强调此类承诺在生效上遵循有相对人的意思表示生效的一般规则，即以到达相对人（要约人）为生效必要要件。需要明确的是第 1 款意义上的承诺究竟包括哪些，即第 1 款的适用范围。

首先，第 1 款包括明示作出的承诺。明示的承诺不必使用"承诺"类似词语，在受领人看来，该行为直接表达了受要约人的法拘束意愿。在有疑义时应当按照第 142 条第 1 款的规则先行解释行为的意义。明示的承诺表示可以借助各种通信媒介进行传递，如纸面、口头、电子等通信方式。

其次，第 1 款意义上的承诺还包括以默示方式作出承诺的一部分。所谓的默示承诺指的是这样的行为：尽管该行为没有直接表达受要约方订立合同的意思，但是从中可以推知受要约方有这样的意愿。默示方式作出的意思表示的生效具有特殊性，因为默示的意思表示绝大多数依然属于以通知方式作出的意思表示，但有小部分却属于无须通知的意思表示，即存在相应的交易习惯或者要约作出了相应的要求时。因此，一项特定的默示的意思表示究竟在第 1 款还是第 2 款适用范围内，必须首先判断是否有相应的交易习惯或者要约是否有相应的要求。如果没有的话，以默示方式作出的意思表示也必须满足第 1 款所规定的到达相对人的要求才能生效。举实务中的案件为例说明，某书画研究会发出征稿公告（作为要约），如果某人没有直接表达参加的意愿，而是将自己的稿件寄给书画研究会，那么这一寄送稿件作为默示的承诺表示同样必须到达要约人才能生效，而非在寄出之际就生效。[①] 类似地，如果一家海洋运输企业对要约方的运输委托书（作为要约）不是回复表达，而是直接告知对方提单号码、拟承运的船舶、预计的装卸日期，那么这作为一个默示的承诺同样以到达要约方为生效前提。

至于“到达相对人”的标准，因为总则编第 137 条就有相对人的意思表示的生效作出了规定，所以出于体系协调与篇幅节约的考虑，该款直接转引第 137 条的规定。第 137 条遵从法律行为传统理论，以相对人的或者说需受领的意思表示区分了以对话方式作出和以非对话方式作出的意思表示两种情况。因此，如果承诺是以对话方式作出的，那么在相对人了解其内容时生效（第 137 条第 1 款，所谓的“知悉主义”，Vernehmungstheorie）；如果承诺是以非对话方式作出的，那么在其进入受要约人的支配领域时生效（第 137 条第 2 款，所谓的“受领主义”，Empfangstheorie）。意思表示生效的细节问题通常在总则部分处理，可参考关于总则编的著述，在此不再重复。

四、不需要通知的承诺：作出承诺行为时生效（第 484 条第 2 款）

第 2 款作出了对第 1 款所确立的原则的例外规定，即在例外情况下承诺表示无须到达相对人即可生效（由此引发合同成立，第 483 条）。如果说第 1 款对受要约人提出的要求是将订立合同的意愿通知要约人，第 2 款则免除了这一通知要求，可以说是对承诺人的某种特殊待遇。在第 2 款的情形下，承诺被提前至承诺行为作出时生效，并由此引发合同成立（第 483 条），这意味着，在要约人尚不知道相对人的意愿时，合同就已经成立并对其产生拘束力。这种特殊待遇显然需要专门的正当性依据，即该款所说的“根据交易习惯或者要约的要求”。如果没有相应的交易习惯或者要约没有相应的要求，则依然适用第 1 款的一般规定，承诺的生效必须满足“到达相对人”的要求。[②] 第 2 款规定了两种免除到达要求的事由。下面分别说明。

（一）基于交易习惯的免除

第一种是“基于交易习惯的免除”。是否存在相应的交易习惯，只能在个案

---

① 邢某庚与中国国际书画艺术研究会著作权及返还财物纠纷上诉案，北京市第一中级人民法院（2011）一中民终字 5655 号民事判决书。

② 参见优利德（江苏）化工有限公司与江苏宏达新材料股份有限公司买卖合同纠纷再审申请案，最高人民法院（2016）最高法民再 169 号民事判决书。

中查明，《最高人民法院关于适用〈中华人民共和国合同法〉若干问题的解释(二)》第7条对“交易习惯”所作的细化规定可以作为判断标准。

(二) 基于要约要求的免除

第二种是“基于要约要求的免除”。举例而言，要约中有“请你单位接到通知后，迅速组织施工……”“请你单位接到通知后，迅速组织设计与施工……”[①]用语，可以认定要约方放弃了承诺的到达要求，受要约方的施工行为构成“承诺的行为”，随着其施工行为的开展，合同即告成立。因为放弃对承诺到达的要求对要约人的信息利益会带来不利影响，所以不能轻易肯定要约人在要约中作出了相应的要求，必要的始终是综合个案情况进行查明。[②] 举例而言，要约人在要约中明确表示要约人需先行回复承诺，然后再应要约人的后续通知发出货物，而承诺人无视这一要求，收到要约后未专门回复而是直接发货，那么这一行为作为默示的承诺不适用第484条第2款，而适用第1款，合同直到承诺（货物）到达要约人才成立，因此在途的风险不能依照合同规则处理，如果货物中途发生灭失，那么风险由出卖人自行承担。另外一种情况是，如果要约人在要约或者通过其他途径表达了即刻发货，无待另行通知的意愿，这就满足第484条第2款的要求，受要约人发出货物的行为作为默示的承诺在行为完成时生效，合同成立，在途风险依照合同约定或者合同法的法定规则处理（如第606条）。

五、证明责任

谁主张承诺生效（通常表现为依据合同提出某种主张），谁就必须对此承担证明责任。具体而言，在第484条第1款的情况下，必须证明承诺表示已经到达要约人。在第484条第2款的情况下，则需证明：其一存在相应的交易习惯或者要约人意愿，其二承诺人已经作出承诺的行为。需注意的是，因为是否作出承诺的行为往往发生在承诺人一方，要约人不易知晓，所以在存有疑义时，可以令承诺方承担一定的配合性证明责任。[③]

【关联规定】

《民法典》第137、481条

（撰稿人：王琦）

---

① 此例见周口市发展和改革委员会、河南省煤田地质局物探测量队建设工程勘察合同纠纷案，最高人民法院（2018）最高法民申2844号民事裁定书。

② Staudinger/Reinhard Bork (2015) BGB § 151 Rn. 2.

③ Heinrich Honsell Hrsg. Kommentar zum UN－Kaufrecht，2. Auflage，2010，Art. 18 CISG Rn. 62.

第四百八十五条　【承诺的撤回】 承诺可以撤回。承诺的撤回适用本法第一百四十一条的规定。

【释义】

一、规范对象和立法目的

本条规定了承诺的撤回。第 485 条第 1 句承认了撤回的可能性，赋予了承诺方有限的“反悔”机会，和赋予要约人同样反悔机会的第 475 条相对应（区别于第 476、477 条规定的要约撤销）。相较于《合同法》第 27 条，[①] 本条并无实质上的变化，只是在民法典的结构下，鉴于总则编第 141 条已经作出了关于意思表示撤回的一般性规定，所以该条直接转引第 141 条。

二、撤回的法释义学定位：作为承诺表示生效的一般阻却要件

本条意义上的撤回在法释义学上的定位与一般意义上的撤回一样，即作为有相对人的（需受领的）意思表示生效的阻却要件。从这一点出发，本条与第 484 条之间的关系也得以明确：第 484 条规定了承诺生效的必要要件（“到达相对人”），第 485 条规定了承诺生效的阻却要件（“及时撤回”）。[②] 如果发生了及时撤回，那么即便承诺到达相对人也不生效，因此承诺生效的完整前提是：一方面第 484 条规定的必要要件达成，另一方面没有出现第 485 条规定的阻却要件。

三、第 485 条的适用范围：可撤回的承诺

需要明确的是第 485 条的适用范围，即哪些承诺可以被撤回，尽管第 485 条的条文本身没有作出限定，但由于承诺本身的特性，并非所有的承诺都可以撤回。首先，可以撤回的是第 484 条第 1 款意义上的“以通知方式作出的承诺”，这包括明示作出的承诺和部分默示承诺，后者指的是未依据第 484 条第 2 款被免除到达相对人要求的承诺。[③] 其次，第 486 条意义上和第 487 条意义上的迟到的承诺，同样可以依据第 484 条撤回。最后，如果按照法律规定、当事人约定或者当事人之间的交易习惯（第 140 条第 2 款），沉默足以构成承诺，那么为了避免

---

① 《合同法》第 27 条的条文为：“承诺可以撤回。撤回承诺的通知应当在承诺通知到达要约人之前或者与承诺通知同时到达要约人。”

② 详见王琦：《论民法典的规范技术——以民法总则为主要例证的阐释》，载《北大法律评论》第 19 卷第 1 辑，北京大学出版社 2020 年版，第 43 页。

③ 见本书关于第 484 条的释义。

承诺的构成，受要约人需要在承诺期限内作出排除承诺的通知。

不在第 485 条适用范围内的则是第 484 条第 2 款意义上的提前生效的承诺，即随着承诺行为之作出就生效的承诺。[①] 由于承诺已经提前生效（合同因而随之成立），旨在阻止合同成立的撤回通知已经失去了对象。举例而言，房屋中的电、水、天然气通常构成所谓的现物要约（Realofferte），那么房屋承租人消费它们的行为，属于第 484 条意义上的不需要通知的以行为方式作出的承诺，因此在消费上述资源后，承租人不能再依据第 485 条主张撤回。

四、撤回通知的构成

通说认为，第 485 条意义上的撤回通知是一种需受领的意思表示，[②] 但是鉴于撤回的目的不是实施法律行为，而是阻止另一意思表示的生效，所以法释义学上更优的解释选择是将其归入“准法律行为”一类，尽管从法律后果上看，这两种观点并无差别，即都准用关于意思表示生效的一般规则（如行为能力）。对撤回的构成最重要的是，在理性受领人看来，该行为传达了行为人阻止先前作出的承诺表示生效的意愿，至于是否使用了“撤回”这一语词并不重要，即便是不当地使用了“撤销”这一语词也无妨害。一般而言，撤回无须采取特定形式，即便待阻止生效的承诺本身是以特定形式作出的（书面形式、公证形式等），也可以用口头形式的通知撤回。

五、撤回通知的及时性

如果想通过撤回通知阻止承诺表示的生效，那么最重要的前提是“及时到达要约人”。细化而言，这包含两个前提：其一是撤回通知必须到达相对人，此无待多言；其二是必须及时地到达相对人，“及时”意味着最迟与承诺表示同时到达要约人（第 485 条第 2 句转引第 141 条）。

需注意的是，无论撤回通知还是承诺表示，具有决定意义的都是到达相对人的时间点。因此，如果撤回通知仅仅是发出时间早于承诺表示到达要约人的时间，这并不满足及时性的要求。举例而言：承诺在周二到达相对人，撤回通知在周一发出，周三到达，这并不满足及时性的要求。如果要约人知悉承诺的时间晚于承诺到达的时间，那么依然以后者为准。[③] 举例而言：承诺信函在周二到达要约人，撤回通知在周三到达，要约人直到周四才查看自己的来信，此时即便要约人先查阅的撤回通知，后查阅的要约，也不满足及时性的要求，因为正如第

① Staudinger/Magnus（2018）CISG Art 22 Rn. 19.

② Staudinger/Magnus（2018）CISG Art 22 Rn. 6.

③ 德国法上的一种少数意见主张，应当以要约人实际知悉的时间点为准，这种观点现在已经几乎只具有历史意义，见 MüKoBGB/Einsele，8. Aufl. 2018，BGB § 130 Rn. 40。

141 条所强调的，作准的时间点是“到达相对人”，而非相对人实际知悉的时间点。[①]

按照及时性的要求，如果承诺是以对话方式作出（面对面或者通过电话、网络音频、视频通话等方式），那么事实上几乎不存在撤回的可能性，因为承诺随着要约人的即刻知悉而生效（第 137 条第 1 款）。如果承诺以非对话方式作出，那么撤回的可能性也因传递方式的不同，如果使用如 E－Mail 这类通常可以即时到达收信人支配领域的传递方式（第 137 条第 2 款第 2、3 句意义上的采用数据电文形式的意思表示），那么撤回的可能性也基本不存在，可以设想的（极其罕见的情况）如，网络系统发生故障，导致作为承诺的 E－Mail 从发出到进入收信人的系统之间出现了一段时间差，那么如果撤回通知在这段时间到达收信人，则可以阻止承诺的生效。如果使用邮政、快递等方式传递承诺，因为这种方式通常需要较长的在途时间，所以相对而言在这种情况下撤回承诺最容易成功，承诺人可以采用更迅速的通信方式（电话、E－Mail、网络即时通信）使得撤回通知先于承诺到达要约人。

六、证明责任

谁主张承诺被撤回（通常表现为主张拒绝履行合同或者针对相对人依据合同提出的某种请求作出对抗性主张），谁就必须对第 485 条的要件承担证明负担，具体而言，需证明的是作出了撤回通知且撤回通知及时到达要约人。

【关联规定】

《民法典》第 141、475 条

（撰稿人：王琦）

第四百八十六条　【迟到的承诺Ⅰ】 受要约人超过承诺期限发出承诺，或者在承诺期限内发出承诺，按照通常情形不能及时到达要约人的，为新要约；但是，要约人及时通知受要约人该承诺有效的除外。

---

① Heinrich Honsell Hrsg. Kommentar zum UN－Kaufrecht，2. Auflage，2010，Art. 22 CISG Rn. 12.

【释义】

一、规范对象和立法目的

第 486 条和第 487 条有着紧密联系。这两条的共同点在于，其规范对象都是事实上迟到的承诺，两者的区别在于，第 487 条针对的是按照通常情况不应迟到但却因为某种特殊状况而最终迟到的承诺，第 486 条针对的是按照通常情况就会迟到的承诺。法律为这两种情况配置了不同的法律后果。

第 486 条的前身——《合同法》第 28 条①已经是非常周全的条文，民法典立法者在承继该条基本内容的同时又作了一定的改善。这体现在：首先，对迟到承诺作出了更完整的描述，即不仅包括超过承诺期限发出的承诺，还包括虽然在承诺期限内发出但按照通常情形已无法到达要约人的情形；其次，将《合同法》第 28 条的内容调整为两个分句，使得“原则—例外”关系展现得更加清楚，即迟到的承诺通常作为“新要约”处理（第 1 分句）；在例外情况下，迟到的承诺可以作为承诺生效从而引发合同的成立（第 2 分句）。

二、承诺迟到作为第 486 条的适用前提

第 486 条（以及第 487 条）预设了“承诺的迟到”。为了判断承诺是否迟到，第一步需先依照第 481 条第 2 款明确承诺期限的起止时间。第二步需要确定作准时间点，对此第 484 条区分的两类承诺有不同的作准时间点，就第 484 条第 1 款意义上的以通知方式作出的承诺而言，以其到达相对人的时间点作准；就第 484 条第 2 款意义上的不需要通知的承诺，以承诺行为作出的时间点为准。将第一步和第二步的结果作比对，如果作准的时间点落在承诺期限之外，则可以确认出现承诺的迟到。至于迟到的原因和迟到的时长并无影响。

第 486 条的适用还进一步要求，承诺的迟到按照通常情形就会发生。如果按照通常情形，承诺的迟到不会发生，则不适用第 486 条，而适用第 487 条。所谓的按照通常情形承诺的迟到都会发生，意味着按照承诺的发出时间以及所采用的通信方式，承诺不可能在承诺期限内到达要约人。

三、迟到的承诺作为新要约（第 1 分句）

第 486 条第 1 分句规定，迟到的承诺为新要约。对此需从几个方面理解。其一，第 1 分句确认了第 481 条第 1 款的基本立场，即“承诺应当在要约确定的期

---

① 《合同法》第 28 条的条文为：“受要约人超过承诺期限发出承诺的，除要约人及时通知受要约人该承诺有效的以外，为新要约。”

限内到达要约人”，这意味着，不满足及时性要求的承诺一般不能使得合同成立；其二，如果使得迟到承诺完全没有任何法律上的意义，这在经济上也是不合理的，因为这浪费了承诺人的一次行为，所以出于加速合同订立、提升缔约效率的考虑，法律规定将承诺作为新要约处理。这一处理方式的依据是，迟到的承诺无论如何都表达了行为人订立合同的法拘束意愿。这一处理的法律后果是，原要约人现在取得被要约人的地位，处于所谓的“可承诺的境地”（annahmefähige Position），其可以根据自己当下的意愿选择承诺、拒绝承诺，[①] 抑或什么都不做。学理上一种值得赞同的观点认为，如果原承诺只迟到了很短的时间，并且该迟延并不会给原要约人带来明显的不利后果，或者说原要约人对严格遵守承诺期限并没有特别重要的利益，那么基于诚信原则（第 7 条），可以认定原要约人的沉默构成对第 486 条第 1 分句意义上的新要约的承诺。[②] 在这种情况下，如果原要约人想要避免自己的沉默构成承诺，就必须及时作出拒绝新要约的通知。

如果原要约人（现被要约人）选择作出承诺，那么具体问题如承诺期限、作出方式、是否需到达相对人适用关于承诺的一般规则（第 479 条以下）。至于新要约（即迟到的承诺）的内容，则可以通过参考周边事实来确定，尤其是最初之要约的内容。

四、承诺迟到的补正可能性：要约人的及时通知（第 2 分句）

第 2 分句规定了对第 1 分句的一个例外规定，使得不符合承诺期限要求的承诺也可以发挥承诺的效果（即使得合同成立，第 483 条），而非仅仅是如第 1 分句所规定的那样发挥新要约的效果。迟到的补正要求要约人及时通知承诺人承诺有效，这种补正机制的设计同样体现了便利交易人，提高合同订立效率的目的考量。

第 2 分句所规定的补正机制，具体而言包括两大要件。第一要件是“关于承诺有效的通知”，这一通知的法律属性应为准法律行为，其意义在于表达行为人（要约人）愿意无视承诺的迟到使得合同随此承诺而成立的意愿。对通知的形式和传递方式，法律并未提出特别限定，因此任何一种形式（书面、口头）和传递方式（传统邮政、快递、电子通信）皆可。同样需注意，要约人的通知也可以默示的方式作出，如要约人对迟到的承诺虽然没有直接作出回应，但是在收到承诺

---

① 例如，山河建设集团有限公司与陈某霞等房屋买卖合同纠纷案，湖北省武汉市中级人民法院（2017）鄂 01 民终 1594 号民事判决书（原要约人拒绝承诺）；沂南县通圆空调有限公司与临沂市胜格通用电器有限公司、苏某亮合同纠纷案，山东省临沂市中级人民法院（2015）临商终字 505 号民事判决书。

② MüKoBGB/Busche，8. Aufl. 2018，BGB § 150 Rn. 2；Staudinger/Reinhard Bork（2015）BGB § 150 Rn. 6.

后履行了合同或向承诺人发送其他交易单据，这也属于第 2 分句意义上的通知，承诺人不得以没有明示的通知主张合同并未成立。[①]

第二要件是“及时性”，即对承诺有效的通知必须及时作出。在多长时间内作出通知才算是及时，这必须视个案情况确定。首先，需要考虑的是承诺迟延的时间，一般而言，承诺迟延的时间越短，那么要约人就应当在越短的时间内作出通知；反过来，承诺迟延的时间越长，交易所面临的形势通常也变化越大，因此也应该给予要约人相对长的思考时间。其次，如果要约人迟延发出通知，则不能依照第 486 条第 2 分句使得承诺的迟延得以补正，而至多类推适用第 486 条第 1 分句，将迟到的通知作为新要约处理。[②]

如果要约人及时通知受要约人迟到的承诺有效，那么法律后果是，承诺的迟到被补正，合同回溯性地在迟到的承诺生效时成立。[③]

五、诚实信用原则对第 486 条的限制

第 486 条使得合同是否成立取决于要约人（是否作出承诺或者发出迟到的承诺依然有效的通知），这客观上造成了一种操纵可能性。尽管通常而言，承诺迟延的不利后果应由承诺人自行承担，但是在某些特别情况下，如在承诺迟延的时间内市场条件（如价格、履约成本）发生了重大的变化，令合同按照原要约内容成立会给承诺人带来严重不利后果。针对这种情况，可以利用诚实信用原则来限制第 486 条的适用，即使得迟延的承诺终局无效。[④]

六、证明责任

谁主张承诺的迟到不妨害其作为承诺生效，谁就需对第 486 条第 2 分句意义的及时通知承担证明责任。

【关联规定】

《民法典》第 487 条

（撰稿人：王琦）

---

① 此例见深圳市荣和传媒有限公司与海南乐网科技有限公司广告合同纠纷上诉案，海南省海口市中级人民法院（2014）海中法民二终字 168 号民事判决书。

② Heinrich Honsell Hrsg. Kommentar zum UN－Kaufrecht，2. Auflage，2010，Art. 22 CISG Rn. 14.

③ Staudinger/Magnus（2018）CISG Art 21 Rn. 17.

④ Staudinger/Magnus（2018）CISG Art 21 Rn. 19.

第四百八十七条　【迟到的承诺Ⅱ】受要约人在承诺期限内发出承诺，按照通常情形能够及时到达要约人，但是因其他原因致使承诺到达要约人时超过承诺期限的，除要约人及时通知受要约人因承诺超过期限不接受该承诺外，该承诺有效。

【释义】

一、规范对象和立法目的

为了理解第 487 条，最好的办法是将其与第 486 条进行一番对比。第 486 条中的承诺迟到是承诺人自身意愿或者放任的结果，因此从法评价上来说需由承诺人承担不利后果，所以按照第 486 条的“原则—例外”关系，迟到的承诺原则上不能引发合同成立，而只能作为新要约发挥效果（第 486 条第 1 分句），只有在例外情况下，迟到的承诺才可以使得合同成立（第 486 条第 2 分句）。第 487 条涉及的情况是，承诺人及时地发出了承诺，承诺按照通常情况可以在承诺期限内到达要约人，只是由于某种不可归责于他的原因才迟到，因此从法评价来说，应对承诺人作一定的保护，所以第 487 条的法律后果的“原则—例外”关系与第 486 条刚好相反，即原则上迟到的承诺可以引发合同成立，只有例外情况才不能引发合同成立。

从立法沿革上来说，本条基本继受了《合同法》第 29 条，没有大的变动。

二、迟到的承诺作为第 487 条的适用前提

第 487 条的适用首先预设了“承诺的迟到”。相关内容请见第 486 条的释义部分，此处不再重复。

三、构成要件详说：承诺按照通常情形可以及时到达，但由于其他原因迟延

首先第 487 条要求，按照作为参照对象的假想性的通常情形，承诺能够在承诺期限内到达要约人，作为依据的是承诺人发出承诺的时间和所采用的传递承诺的通信方式。如果按照通常情形，承诺就无法及时到达，那么不适用第 487 条，而应适用第 486 条。

其次本条要求，承诺迟延是基于“其他原因”。对此需从正反两方面来理解。从反面来说，所谓的“其他原因”排除的是可归责于承诺人一方的原因，如填写了错误的地址、迟延发出、选用了较慢的通信方式。承诺方的数据信息系统问题（如 E－Mail 故障），如果是承诺方的工作人员（或者“信使”、代理人）导致了承诺的迟延到达，同样应归责于承诺人。从正面来说，其他原因指的是不可归责于承诺方的原因，主要是运输过程中发生的一些异常事件，如恶劣天气、行业罢工、重大公共安全卫生事件（“非典”、新冠肺炎）及其防控措施、要约人一方数据信息系统的故障等。

另外，第487条虽然没有明言，但是参照有关立法（《德国民法》第149条、CISG第21条第2款），本条的另一前提是，承诺的迟延基于不可归责于承诺人的原因对要约人具有可知性（Erkennbarkeit），如要约人从承诺信函、E－Mail或者是其他信息来源（如承运人、媒体）得以了解承诺的发出时间并且可以知悉承诺迟延到达系出于不可归责于承诺人一方的原因。如果要约人完全无从得知承诺迟延到达不可归责于承诺方，那么从利益权衡的角度而言，应倾向于保护要约方，因此应适用第486条而非第487条。[①]

四、法律后果

在第487条的法律后果层面，同样可以区分出“原则规定”和“例外规定”两部分。

（一）原则规定：到达迟延不妨害承诺的效果发生

第487条的法律后果体现在使得到达迟延不妨害承诺效果的发生（对应条文中的“该承诺有效”），即承诺在实际到达的时刻发生效果，使得合同成立（第483条）。

（二）例外规定：要约人的及时通知阻止承诺发生效果

第487条在法律后果层面的例外规定体现了一种利益平衡的考量：即便承诺迟延到达不可归责于承诺人，但承诺毕竟还是迟延了，尤其是在迟延时间内市场条件变化较大的情况下，合同成立有可能会严重违背要约人的利益，所以第487条赋予了要约人一种阻止迟到的承诺发生效果的可能性，即“要约人及时通知受要约人因承诺超过期限不接受该承诺”。由此要约人获得了一定的选择权，如果其想避免迟到的承诺依据第487条引发合同成立，就必须及时行动，通知相对人由于承诺迟到他拒绝订立合同。这一通知的法律属性同样是一种准法律行为。关于这种行为的作出方式、内容和及时性要求基本上和第486条第2分句意义上的通知相同，可以参考本书相关部分的释义。

如果要约人及时通知受要约人，法律后果是阻止迟延到达的承诺发生效果（因此也就阻止了合同的成立）。

五、诚实信用原则对第487条的限制

第487条和第486条一样受到诚信原则的限制，而且这种限制既可能针对要

---

① Staudinger/Magnus（2018）CISG Art 21 Rn. 15；Heinrich Honsell Hrsg. Kommentar zum UN－Kaufrecht，2. Auflage，2010，Art. 22 CISG Rn. 24.

约人也可能针对承诺人。就要约人而言，如果承诺人已经为合同履行作了价值不菲的准备，要约人又通知对方因承诺超过承诺期限而不接受该承诺，那么可以依据诚信原则，排除该拒绝通知的效力，即合同随承诺发生效果而成立；就承诺人而言，如果迟到的承诺到达时，交易形势已经发生了不利于要约人的重大变化，那么在必要时可以依据诚信原则，使得承诺不生效，无论要约人有没有及时通知因超过承诺期限不接受该承诺。

六、证明责任

谁依据第487条主张合同的成立（通常表现为依据合同提出某种主张，如主张履行或者违约责任），谁就必须证明第487条的构成要件。具体而言，其一，承诺按照通常情形可以及时到达要约人；其二，承诺是因为不可归责于承诺人的原因才出现迟延；其三，上述情况对要约人是可知的。对要约人及时通知因承诺超过期限不接受该承诺则由相对方承担证明负担。

【关联规定】

《民法典》第486条

（撰稿人：王琦）

第四百八十八条　【承诺对要约内容的实质性变更】 承诺的内容应当与要约的内容一致。受要约人对要约的内容作出实质性变更的，为新要约。有关合同标的、数量、质量、价款或者报酬、履行期限、履行地点和方式、违约责任和解决争议方法等的变更，是对要约内容的实质性变更。

【释义】

一、规范对象和立法目的

本条和第489条共同规范承诺对要约内容进行变更的情况，前者涉及实质性。如果承诺对要约内容作出了实质性变更，那么按照第488条第2句，承诺不能够引发合同成立，法律上的处理方式是将承诺拟制为新要约，由此使得双方间合同是否成立取决于原要约人是否选择对新要约作出承诺。如果承诺对要约内容进行的仅是非实质性变更，则适用第489条，法律后果为承诺可以引发合同的成立，除非要约人及时作出反通知。至于哪些事项属于要约的实质性部分，第 488 条第 3 句给出了提示性的列举。从立法沿革上来说，本条无改动地继受了《合同法》第 30 条。

二、承诺与要约内容的不一致（第 1 句）

第 488 条第 1 句（“承诺的内容应当与要约的内容一致”）重申了承诺与要约的“一致性”要求（英美法上所谓的“镜像规则”，mirror rule），这也是“要约—承诺”此类缔约模式的基本属性。第 488 条和第 489 条的适用要求承诺的内容与要约的内容不一致，因此首先需要判断是否出现了不一致，对此需注意如下几点。

第一，受要约人的回应必须是承诺，也就是包含对要约的同意。如果受要约人的回应本身并非对要约的承诺，而毋宁是独立的要约，那么也就不适用第 488、489 条，究竟是哪种情况，必要时需通过解释来查明（第 142 条第 1 款）。

第二，承诺和要约的不一致指的是实质上的不一致，而非形式上、外观上的不一致。如果承诺只是增加了一些本就适用的法律条文（如合同法有关条款），或者只是增加了不具有法律意义的一些内容，这种新增并不导致承诺对要约的偏离；同理，如果承诺中增加的部分虽然不见于要约的文字，但是通过解释被要约的意义包含，那么承诺和要约的内容也是一致的。承诺中的用语不准确或者书写、印刷错误，按照“错误表达无害”原则，也不导致承诺对要约的偏离。另外，如果要约人就特定事项赋予了受要约人选择自由，那么受要约人作出的选择自然也不意味着对要约的变更。

三、构成要件：实质性变更（第 3 句）

第 488 条第 3 句列举了通常应被理解为实质性部分的事项，即合同标的、数量、质量、价款或者报酬、履行期限、履行地点和方式、违约责任和解决争议方法。对此句的理解需注意如下几点。

第一，第 3 句的列举并非强制性的或者说不可推翻的。也就是说，并非只要承诺对要约的偏离涉及第 3 句所列举的其中一点或者几点，就必然构成实质性变更。毋宁说，承诺在相关点上对承诺的变更，固然有可能意味着实质性变更，但同样可能基于个案中当事人的意愿而仅仅构成非实质性变更。因此，法释义学上较好的解释是将本句理解为采用了推定技术，即将所列举的事项推定为要约或者说拟订立合同的实质部分，由此当事人也可以通过专门的陈述和举证，证明该句所列举的事项并非具体交易的“实质部分”，而仅仅是“非实质部分”。如果当事人成功推翻了基于第 488 条第 3 句的推定，那么不适用第 488 条，而适用第 489 条。

第二，第3句的列举同样不具有封闭性。也就是说，某一事项即便没有被第3句所提及，也不妨碍其依据拟从事交易的性质或者缔约人的意愿成为特定合同的实质部分。比如，在担保合同中，担保人所担保的究竟是哪笔债权属于拟订立合同的实质部分，如果承诺对要约中规定的待担保债权作出了改变，那么构成对要约内容的实质性变更。当然，因为第3句的列举采用了较为一般化的用语，所以在很多情况下可以通过解释将特定事项纳入其中。

总结而言，基于合同的内容自由性，什么属于要约或者说拟订立合同的实质部分，取决于当事人的意愿，因此第488、489条意义上的实质性变更和非实质性变更之区分因个案而异。第488条第3句的列举不过是起到了辅助识别、降低判断难度的作用。

四、法律后果：承诺被拟制为新要约（第2句）

如果承诺对要约进行了实质性变更，那么第488条第2句后半句规定的后果出现，即将承诺作为新要约处理（“为新要约”）。这在法释义学上的恰当解释是，虽然按照受要约人的意愿其行为本应当发挥承诺的效果，但是鉴于其作出了对要约内容的实质性变更，法律将受要约人的行为拟制为向原要约人的新要约。由此而生的效果是：首先，随着新要约到达原要约人，原要约的效果终止（第478条第4项）；其次，原要约人取得新受要约人的地位，可以通过作出承诺使得合同成立。对新要约所作出的承诺的生效同样适用第484条，即除非有交易习惯或者存在相应的要约要求（第484条第2款），承诺需到达相对人（原受要约人）才生效。

五、证明责任

主张合同因受要约人对要约内容作出变更而不成立，就需证明变更部分属于要约的实质性内容。基于第488条第3句的推定效果，如果变动内容在该句列举范围之内，那么推定属于对要约的实质性变更，此时则应由相对人举证推翻这一推定。

举例而言，甲向乙发出要约，乙作出了承诺，但修改了合同履行时间。随后乙向甲主张履行合同，甲主张乙的修改属于对要约内容的实质性变更，因此构成新承诺，而乙方并未作出承诺，因此双方间并未成立合同关系。为此甲需证明，合同履行时间属于要约的实质性内容，因为履行时间在第488条第3句的列举之内（“履行期限”），所以可推定该项内容属于要约的实质部分。此时如果乙依然坚持主张合同成立，就必须证明依据双方意愿（如按照双方先前的商议），履行期限对本交易仅具有次要意义，因此对其的改动不构成对要约的实质性变更（故而合同得依照第489条成立）。

【关联规定】

《民法典》第489条

（撰稿人：王琦）

第四百八十九条 【承诺对要约内容的非实质性变更】 承诺对要约的内容作出非实质性变更的，除要约人及时表示反对或者要约表明承诺不得对要约的内容作出任何变更外，该承诺有效，合同的内容以承诺的内容为准。

【释义】

一、规范对象和立法目的

本条与第488条相互补充。第488条规范承诺对要约进行实质性变更的情况，本条则规范非实质性变更的情况。本条对要约承诺相一致原则（第488条第1句）进行了一定程度的缓和，即虽然承诺对要约人作出了变更，但只要该变更并非实质性变更，而仅为非实质性变更，那么这样的承诺也足以引发合同成立，除非受要约人及时表示反对或者事先表明不得对要约内容作出任何变更。第489条的目的是在保证当事人缔约自由的同时兼顾合同订立的效率性以及诚实信用原则，即避免任一微小的变更都会阻止合同成立。从立法沿革来看，本条继受了《合同法》第31条，仅有一个文字的变动。[①]

二、承诺与要约内容的不一致

第489条的适用和第488条一样，首先预设了承诺与要约内容的不一致，对此可参阅第488条释义的相关部分。

三、要约人对任何变更的禁止

基于缔约自由，要约人可以在要约中单方约定，受要约人不得对要约作出任何变动，也就是无论变动事项为何、变动程度高低，一律禁止。此时一般应认定，受要约人不享有对要约进行哪怕是非实质性变更的自由。如果受要约人再进行变动，那么无须区分更改是实质性或者非实质性，都应当适用第488条第2句，

① 删去了一个“的”字。

把承诺拟制为新要约，将合同成立的主动权再转交回（原）要约人，以保护原要约人的缔约自由。

四、非实质性变更

识别第489条意义上的非实质性变更的关键在于和第488条意义上的实质性变更的区分。如同在第488条释义部分已经论述过的，每个要约或者说每个拟订立合同的实质部分是因情况而异的。第488条第3句所作的列举不过是对要约实质内容的推定，这意味着承诺所变更的事项即便在第488条第3句中被提及，也只意味着该事项被推定为要约的实质部分，相对人依然可以通过举证推翻这一推定。反过来，由于第488条第3句所作的列举并非封闭的，因此也不是说只要变动事项不见于第488条第3句，就表明这一定是一种非实质性改动。决定性的判准始终在于，对一位理性公道、掌握足够信息的交易人（要约人）而言，受要约人在承诺中对要约作出的修改是否在可容忍范围之内。

五、法律后果

（一）原则规定：合同基于承诺而生效

如果受要约人对要约作出的仅为非实质性变更，并且其行为满足承诺生效的一般条件，那么依据第489条，法律后果为“该承诺有效”，即受要约人的行为作为承诺发挥效果（而非如第488条第2句规定的那样仅仅“为新要约”），由此使得合同成立（第483条）。

至于此时合同的内容，第489条末段（“合同的内容以承诺的内容为准”）只是强调了一面。完整而言，这种情况下合同的内容是一个混合体，即由要约未被修改的部分和被承诺修改的部分混合组成。

（二）例外规定：要约人的反对表示使得合同失效

第489条一方面出于缔约效率的考虑，使得合同依照受要约人变更后的内容成立；另一方面也注意到，受要约人的变更毕竟使得合同不完全合乎要约人的意愿，所以第489条也赋予了要约人从此合同中脱身而出的途径，即条文中所说的“要约人及时表示反对”。

第489条意义上的反对表示的法律属性与第486、487条意义上的“通知”相同，也属于准法律行为。构成第489条意义上的反对表示的前提是，行为具有如下意义，即要约人以受要约人对要约作出了变更为由而拒绝受合同约束，出于其他理由的反对无法获得第489条的支持并使得合同的效果终止。法律对“反对通知”的形式和传递途径也没有限定，原则上任何一种形式（书面或者口头）、任何一种传递方式（实体信件或者数据信息的方式）皆可。需要满足的毋宁是“及时性”的要求（条文中所说的是“及时表示反对”），也就是说反对期限需要在合理期限内作出，超出合理期限的通知同样不能依第489条使得合同效果终止。至于合理期限的长度依照个案情形确定，要考虑的一般先是合同自身的复杂性和承诺对要约的改动程度，并参考交易习惯，通常而言，合理期限不应当超过10日。

如果行为人的行为构成第489条意义上"及时表示反对"，那么法律后果为合同的效果终止。笔者认为，法释义学上恰当的解释为，"要约人及时表示反对"构成了一项法定的合同/法律行为解除条件（第158条第3句："附解除条件的民事法律行为，自条件成就时失效"）。随着合同失效，原要约也彻底消失，但是要约人可以在通知中表示其原要约依然有效，此时可将要约人的这一表示解释为其提出了一个内容与原要约相同的新要约，受要约人可以选择是否（无改动地）承诺。

六、证明责任

在承诺对要约作出变更的情况下，谁主张合同基于承诺成立（并因而以承诺的内容为准），就必须证明，受要约人对要约的变更仅为第489条意义上的非实质性变更。对"要约人及时表示反对"或者"要约表明承诺不得对要约的内容作出任何变更"则由相对人承担证明责任。

【关联规定】

《民法典》第488条

（撰稿人：王琦）

第四百九十条　【形式对合同的订立和生效的影响】 当事人采用合同书形式订立合同的，自当事人均签名、盖章或者按指印时合同成立。在签名、盖章或者按指印之前，当事人一方已经履行主要义务，对方接受时，该合同成立。

法律、行政法规规定或者当事人约定合同应当采用书面形式订立，当事人未采用书面形式但是一方已经履行主要义务，对方接受时，该合同成立。

【释义】

一、规范对象和立法目的

本条的对象是形式（Form）对合同的意义。从实践的角度来说，该条的两款在后果上几乎没有差别；但从法释义学的角度来说，这两款涉及两个层面的问题，前者涉及合同是否成立的问题，更具体地说，涉及相关方是否作出订立合同的意思表示的问题；后者涉及（已经成立的）合同是否生效的问题。

第1款涉及合同的成立，即如果双方约定了合同书形式，那么应当推定，双方直到在合同书上签名、盖章时才作出订立合同的意思表示，在那之前依然处于缔约前的准备阶段（第1款第1句）。双方用“合同书约定”来延迟合同订立这一推定又是可以推翻的，第1款第2句规定了推翻这种推定最有力的事实，即“当事人一方已经履行主要义务，对方接受”，这意味着双方放弃了第1款第1句的合同书约定，以行为方式作出了订立合同的意思表示。

第2款在用语上是不准确的，其末尾的“该合同成立”一语应作“该合同生效”，这反映了那种（并不罕见的）对合同成立与生效的混淆。第2款涉及的是所谓的“要式缺乏”（Formmangel）经由实际履行而被补正的可能性。要式缺乏的一般后果是合同的不生效或者说生效阻却，但是在出现实际履行时，法秩序使得合同生效，这通常被称为合同的形式瑕疵经由实际履行而获得补正或者叫治愈（Heilung）。一个基于补正而生效的合同一定是已经成立的合同，即缔约方已经作出了订立合同的意思表示并且由此对合同必备成分达成合意。如果双方根本还没有达成合意，那么什么是合同主要义务都不确定，更谈不上对合同义务的实际履行。从另外一个角度来说，在这种情况下，即便具有形式瑕疵的合同最终未能生效，那也是一个已经成立的合同，因此可能具有法律上的其他意义（如作为交易清算或者法律行为转换的基础）。鉴于这两款在释义学层面上的区别，以下将分别论述。

本条的规范密度非常高，主要原因在于本条是《合同法》三个条款的集合，第1款第1句对应于《合同法》第32条，第1款第2句对应于《合同法》第37条，第2款对应于《合同法》第36条。从体系上说，本条整合了《合同法》中的多个条文，堪称《民法典》合同编立法相对较大的一个改动，但就其内容而言——正如下文即将看到的——并无实质性的变动。

二、形式对合同订立的影响（第1款）

（一）合同书作为对消极缔约自由的保障工具（第1款第1句）

第1款的背景在于保护民事主体消极的缔约自由（negative Abschlussfreiheit），即不订立合同的自由。如果“当事人采用合同书形式订立合同的”，那么即便双方已经口头上达成一致，甚至已经将约定内容写成文字落于纸面或者保存于信息系统中，合同也不是在双方达成口头一致或者形成文本的时刻订立，而是“自当事人均签字、盖章或者按指印时合同成立”。这起到的是推迟合同订立的作用，即作成合同书之前，当事人的行为通常不能被解释为作出订立合同的意思表示。

作成专门的合同书的这一环节的引入，使得缔约人能够保持对是否订立合同的控制权。当然，缔约人也有可能以默示的方式放弃这种缔约门闸的保护作用，最常见的默示方式就是第1款第2句规定的实际履行，对此将在后文详论。

在比较法的视野下，我国台湾地区“民法”第166条[①]和《德国民法典》第154条第2款与本条主旨内容相同，可资借鉴。

（二）合同书形式

基于上文所述的保障消极缔约自由的目的，对第1款意义上的“合同书”在多个方面都需要作广义的理解。

第一，“当事人采用合同书形式”既可以基于法律、行政法规的规定，也可以基于双方的约定（明示或默示），甚至可以基于一方当事人的要求，[②] 因为法律保障的是每一方的消极缔约自由。第二，合同书包括任何实体化形式的文件，不仅可以是传统纸质文件（手写签名），而且可以是数据电文的形式（电子签名），甚至还包括公证形式。第三，合同书的作成要求各方都对合同书进行确认，但这一程序无须同时进行，而可以接续进行（第493条）。第四，《合同法》第32条对合同书确认的方式只提到了签字、盖章两种，[③]《最高人民法院关于适用〈中华人民共和国合同法〉若干问题的解释（二）》第5条[④]则规定摁手印具有与签字或者盖章同等的法律效力。本条则将司法解释的规定纳入，肯定按指印与签名、盖章有同等地位。

需注意的是，本款所规定的合同书限于“构成性的形式”（konstitutive Form），而非“仅具证明目的之形式”（Form zu Beweiszwecken）。[⑤] 两者的区别在于，只有前种形式才起到决定合同成立的作用，即将订立合同的意思表示的作出延后至合同书要件满足时；后种形式并没有这种功能，缔约人通过后种形式追求的仅仅是合同内容的明确化，订立合同的意思表示并不是在此种形式要件完成时，而是在更早时刻作出。在具体个案中，双方约定或者一方指定的合同书究竟是这两种形式的哪一种，需要通过解释当事人意愿来查明，而且还要注意可能存在的交易习惯。基于第490条第1款第1句的价值取向，如果双方约定或者一方指定

---

① 我国台湾地区“民法”第166条的条文为：“契约当事人约定其契约须用一定方式者，在该方式未完成前，推定其契约不成立。”

② BeckOK BGB/H. -W. Eckert, 53. Ed. 1. 2. 2020, BGB § 154 Rn. 15.

③ 《合同法》第32条的条文为：“当事人采用合同书形式订立合同的，自双方当事人签字或者盖章时合同成立。”

④ 其条文为：“当事人采用合同书形式订立合同的，应当签字或者盖章。当事人在合同书上摁手印的，人民法院应当认定其具有与签字或者盖章同等的法律效力。”

⑤ Staudinger/Reinhard Bork (2015) BGB § 154 Rn. 14.

采用合同书形式，应当推定这种形式要求具有构成性的意义。如果一方主张合同书形式仅仅服务于证明目的，并没有决定合同成立意义，则需举证推翻上述推定。

(三) 对合同书要件的默示放弃（第1款第2句）

基于缔约自由，缔约人可以设定合同书作为“缔约门闸”。同样基于缔约自由，缔约人也可以放弃这种门闸，(提前) 作出订立合同的意思表示。按照一般规则，这种放弃既可以采取明示的方式（第1款第2句未提及），也可以采取默示的方式。因为放弃合同书约定关系交易人的消极缔约自由利益，所以认定默示放弃合同书要件必须存在有力的支撑性事实。

在这一背景下，第1款第2句（前身为《合同法》第37条）的意义得以明确，该句规定了对合同书形式的默示放弃的最有力的一种支撑性事实，即“当事人一方已经履行主要义务，对方接受”。从双方已经着手合同履行这一点可以推知，他们已经放弃了合同书要求，作出了订立合同的意思表示。这种解释也是利益平衡的要求：既然一方都已经履行了主要义务，对方已经接受，这种状态下如果合同依然不成立，对已经履行的一方有失公平。

在适用该句时需注意的是：一方面，一方所履行的必须是主给付义务（而非次给付义务或者附随义务、保护义务）；另一方面，相对方必须接受履行（而非提出异议）。通常只有这两个条件同时满足，才能表明缔约方放弃了“作成合同书”这一“缔约门闸”的保护。

(四) 第1款的证明责任

哪方主张对合同订立存在作成合同书的要求，哪方就必须对此承担证明责任，尤其是不存在法定形式规定时。如果相对方主张合同书约定仅仅是出于证明目的，而非旨在设定一种“构成性的形式”并因此不适用第490条第1款第1句，则需对此承担证明责任。另外，哪方主张合同依据第490条第1款第2句成立，哪方就必须证明一方已经履行了主要义务，相对方接受。

三、形式对合同生效的影响（第2款）

(一) 要式缺乏的一般法律后果：阻却合同生效

在以德国民法典为代表的大陆法系经典民法中，要式缺乏属于法律行为生效的三大一般性阻却要件之一，其他两类分别是违反法规禁令和违反公序良俗（第153条第1、2款）。[①] 相较于德国法，我国《民法典》对形式的规定显得较为简陋，这不仅体现在，我国没有如《德国民法典》第125～129条那样对各类形式

① 详见王琦：《德国法上意思表示和法律行为理论的新发展——兼论对中国民法总则立法的启示》，载《清华法学》2016年第6期；张芸：《单方法律行为理论基础的重构与阐释——兼论民法总则法律行为规范的若干重难点问题》，载《清华法学》2017年第4期。

的区分和细化规定（文字形式、书面形式、电子形式、公证形式、法庭和解），更体现在我国实证法对要式缺乏的法律后果始终抱着一种“欲说还休”“犹抱琵琶半遮面”的奇怪态度，始终找不到如《德国民法典》第125条第1款那样的对要式缺乏之法律后果的正面直言。

因此，为了获得关于要式缺乏的法律后果规则，只能借助法学方法论，对相关的法条（第135条，第490条第2款）进行反面推论（Umkehrschluss），即不满足法律、行政法规规定的或者当事人约定的形式要求的合同不生效。

需要再强调的是，要式缺乏是合同生效层面的问题，已经预设了合同的成立，也就是说预设了缔约人已作出订立合同的意思表示由此达成了合意，只是由于双方的合意没有满足特定形式要求（书面形式、公证形式等）而无法生效。如果合同根本没有成立，也就是说双方还只是处在订立合同的前阶段，也就根本不会发生是否违背形式规定的问题，此时应适用第490条第1款第1句，而不是第490条第2款。从另一个角度来说，形式要求在合同成立和合同生效两个层面有着不同意义。在合同成立层面，形式要求发挥“缔约门闸”的作用，即鉴于形式要求，一般应认定在满足形式要求前双方并未作出订立合同的意思表示；如果缔约人明示地或者默示地放弃了这种缔约门闸的保护作用，以口头方式或者其他形式订立了合同，直到这个阶段，才有合同是否符合形式要件而生效的问题，在这个阶段，形式要件起的是对合同（法律行为）的生效进行控制的作用。举例而言，双方约定采用公证形式订立质权合同，那么应当认为，直到公证完成前，双方的任一行为都不被理解成订立合同的意思表示（第490条第1款第1句）。如果确认，双方之后放弃了之前的公证形式约定，提早作出了意思表示的规定，那么此时合同已经成立。但是因为法律为质押合同设定了书面形式的要求（第427条第1款），所以即便双方达成合意使得合同成立，成立的合同也因要式缺乏而遭遇生效阻却，也正是在这一状态下，才有依据第490条第2款基于补正而生效的可能性。

（二）要式缺乏经由实际履行而补正（第490条第2款）

1. 补正（Heilung）

第490条第2款预设了要式缺乏导致合同无法生效这一一般规则，然后对此一般规则作出了一项例外规定，即对要式缺乏的补正（Heilung eines Formmangels）：如果满足第490条第2款的补正，要式缺乏被补正，合同生效。法律规定补正的主要考虑在于，在给付已经履行的情况下，如果依然拒绝合同生效，那么已经进行的给付就需要被返还（第157条），由此会导致相当大的法状态动荡。

补正要求的是“一方已经履行主要义务，对方接受”，对此应当和第1款的相关部分作一样的严格解释，即履行的必须是合同的主给付义务（而非次要义务或附随义务），另一方必须接受（而非提出异议）。另外需注意，实际履行只能补正要式缺乏，而不能补正合同效力的其他瑕疵，因此对一个同时违背法规禁令的合同（第153条第1款）和具有形式缺陷的合同而言，实际履行只能补正后者，而不足以改变前者。

2. 对第490条第2款的立法论反思

从立法论的角度来说，第490条第2款的合理性并非无可怀疑。形式规定的一个基本功能是“警示功能”（Warnfunktion），即通过形式使得缔约的手续增加，合同订立变得不那么方便，由此促使行为人“三思而后行”，避免冲动行事（Ṻbereilungsschutz）。如果只要履行给付，就能无视要式缺乏而使得合同生效，那么形式的警示功能几近形同虚设。所以在德国民法典中虽然对要式缺乏也存在补正规定，但是那些规定仅为局部性的、个别性的而且仅在很有限的范围内才可能被类推适用于其他形式规定,[①] 在这范围之外的要式缺乏，即便实际履行也不足以使其获得补正。像我国《民法典》第490条第2款这样普遍性的、对所有形式都适用的补正规定，在德国法上是找不到的。如果说第490条第2款仅适用于商主体间的交易还是有相当合理性基础的，因为可以期待商人有更高的利害判断力和风险敏感度，但第490条作为民法典条文适用于全体民事主体间的交易，尤其是消费者交易，这就导致通常处于经济弱势和信息不足地位的消费者实质上失去形式上的保护。但无论如何，第490条第2款是一条有效的法律条文，如果适用该条导致实质上的不当后果，可以通过诚实信用原则来加以平衡。

（三）第2款的证明责任

谁主张不符合形式规定的合同因为履行而补正，谁就需要证明一方已经履行主要义务，另一方已经接受。

【关联规定】

《最高人民法院关于适用〈中华人民共和国合同法〉若干问题的解释（二）》第5、493条

（撰稿人：王琦）

① MüKoBGB/Einsele，8. Aufl. 2018，BGB § 125 Rn. 48.

第四百九十一条　【合同成立的两个专门问题】 当事人采用信件、数据电文等形式订立合同要求签订确认书的，签订确认书时合同成立。

当事人一方通过互联网等信息网络发布的商品或者服务信息符合要约条件的，对方选择该商品或者服务并提交订单成功时合同成立，但是当事人另有约定的除外。

【释义】

一、规范对象和立法目的

在第 491 条中可以见到中国合同法两个时代的交汇。本条第 1 款的直接前身是《合同法》第 33 条，但根源却更早，即《涉外经济合同法》（1985 年施行，现已失效）第 7 条第 1 款第 2 句。[①] 第 2 款则出自 2019 年施行的《电子商务法》第 49 条第 1 款。这两条在诞生时间上相距超过 30 年，从沧海桑田的两个时代走出来的规则，现竟安居于《民法典》的同一处，不得不令人对中国民法走过的历程心生感慨。

尽管有不同的诞生处，但第 491 条第 1、2 款在功能上具有类型性，这也是能够将它们安置于一处的依据所在。具体而言，两者都针对合同订立的同一类问题，即如果双方的缔约接触进程中存在不止一个的明显节点，究竟哪一个节点应被认为是合同成立的关键节点。这两款针对不同的交易情景，指定了不同的节点。

二、确认书签订作为合同成立的节点（第 1 款）

（一）一般规则

如前所述，第 491 条第 1 款源自《涉外经济合同法》第 7 条第 1 款，中间又被纳入《合同法》第 33 条。原合同法起草者在解释该条时，特别强调了这一规则的基础是我国对外贸易企业的一种实践性做法，即双方以函电方式达成协议后，中方往往还要提出一式两份的销售协议书，邮寄对方交换签字后作为合同成立的依据。[②] 站在民法典释义的立场，对该条的解释不应当限于外贸交易中的特定习惯，而应该致力于提取出该条的一般性内涵，对此应当从该款在规范体系中

---

① 《涉外经济合同法》第 7 条第 1 款规定：“当事人就合同条款以书面形式达成协议并签字，即为合同成立。通过信件、电报、电传达成协议，一方当事人要求签订确认书的，签订确认书时，方为合同成立。”

② 胡康生主编：《中华人民共和国合同法释义》，法律出版社 2009 年版，第 65 页。

的位置尤其是与邻近法条的关系出发。

如前所述，第 491 条第 1 款的前身是《合同法》第 33 条，该条与《合同法》第 32 条（现《民法典》第 490 条第 1 款第 1 句）前后相随，前者是对后者的补充，所以要对第 491 条第 1 款作出正确的理解，就必须将其和第 490 条第 1 款第 1 句放在一起解读。第 490 条第 1 款第 1 句规定，如果双方当事人采用合同书形式订立合同，那么通常应当认为直到在合同书签字盖章时，双方才作出订立合同的意思表示（“作成合同书”作为“缔约门闸”）。[①] 但是作成合同书并不始终对合同成立具有决定性的意义，第 490 条第 1 款第 2 句就已经指出了一种取消对合同书约定决定意义的事实，即一方履行主要义务，另一方接受，鉴于双方已经进行到了合同履行的实质程度，可以认定双方已经作出了订立合同的意思表示，这也意味着（默示）放弃直到作成合同书时才订立合同的约定。第 491 条第 1 款的功能其实和第 490 条第 1 款第 2 句相类似，也是对合同订立节点的前置，即如果双方约定了确认书，且签订确认书的时间早于合同书的作成，那么通常应认为随着对确认书的签订，交易人已经作出了订立合同的意思表示，合同此时（而非在第 490 条第 1 款第 1 句规定的合同书作成时）成立。从这个意义上说，第 491 条第 1 款和第 490 条第 1 款第 2 句一样，都是针对第 490 条第 1 款第 1 句的例外规定，目的都在于改变或者更准确地说是提前合同成立的节点。

需注意的是，第 491 条第 1 款对合同订立的提前同样并非绝对。在什么时候作出订立合同的意思表示，由当事人自行决定，这是所谓的消极缔约自由的题中之义。所以即便双方约定了确认书，也还需要再查明，按照当事人的意愿确认书之签订是否成为订立合同的决定环节。如果说双方签订了确认书，但是同时明示或默示地表明，确认书只是为了明确拟订立合同的内容，合同订立自身还得留待专门的合同书作出时或其他手续完成时，这种情况下即便签订确认书，也不足以引发合同成立。因此并非只要双方作出了确认书约定就必定使得合同在签订确认书时成立，毋宁说第 491 条第 1 款仅仅产生一种推定效果，即推定双方在签订确认书时作出订立合同的意思表示，哪方想推翻这种推定，哪方就必须进行专门的证明。

另外，对第 491 条第 1 款中“签订确认书”中的“签订”也应当参照第 490 条第 1 款第 1 句的相关部分来解释，即包括“签字、盖章或者按指印”。

（二）避免对第 491 条第 1 款的泛化使用

在实践中时常会见到对第 491 条第 1 款的泛化使用，一种常见的原因是实践中交易人经常使用确认书这一名称来指称要约或者承诺，某些裁判会由此适用第

---

① 参阅关于第 490 条的释义部分。

491 条第 1 款来确认合同的成立,[①] 这是不准确的。因为如果“确认书”并非相对于“合同书”(第 490 条第 1 款第 1 句)的专门存在,而不过是要约或者承诺的一个名称,那么只应适用关于“要约—承诺”的一般规则(第 471～489 条),即合同在承诺生效时成立(第 483 条)。仅仅因为使用了“确认书”这一名称,就适用第 491 条第 1 款,一方面侵占了其他条款的管控领域,另一方面也模糊了第 491 条第 1 款自身的功能和意义所在(将合同成立的节点从签订合同书提前至签订确认书)。

(三)第 1 款的证明责任

哪方主张合同随着确认书的签订而成立,哪方就必须对双方约定了确认书以及对双方都签订了确认书承担证明责任。

三、通过网络的合同订立(第 2 款)

(一)一般规则:提交订单合同时合同成立(第 2 款前段)

该款虽然不见于《合同法》,但在《电子商务法》中已有其原型,只要将《电子商务法》第 49 条第 1 款的文字(“电子商务经营者发布的商品或者服务信息符合要约条件的,用户选择该商品或者服务并提交订单成功,合同成立。当事人另有约定的,从其约定”)同本款稍加比较,就能看出两者间的“亲缘”关系。

第 491 条第 2 款和第 1 款有着同类的规范功能,即明确当缔约进程呈现多个环节相连的形态时,究竟哪一个环节是合同订立的节点。第 491 条第 2 款作为电商交易催生的产物,尽管立法者——似乎出于一般化界定该条适用范围的考虑——有意识地避免提及电子商务,但事实上该条所预设的基本情景依然是典型的电商交易流程,即电子商务经营者在自己的网站或者第三方平台(如淘宝、京东、亚马逊)发布信息,相对方(顾客)通过网络下订单,经营者作出回馈并发货或提供服务。

电商交易中合同订立一般也采取“要约—承诺”的模式进行。[②] 这里的关键问题在于,经营者在网站上展示商品的行为应当被认定为要约还是要约邀请?如果认为是要约邀请的话,顾客下订单的行为只能被理解为发出要约,承诺的作出权操之于经营者之手;如果认为是要约的话,顾客下订单消费就构成承诺,那么合同随之成立,经营者负有履行义务。总体而言,前种结果对经营者有利,后种结果对顾客有利。《电子商务法》第 49 条第 1 款和以之为原型的《民法典》第 491 条第 2 款都作出了倾向于后种结果的规定,即只要经营方发布的信息符合要

---

① 例如,金城海运公司(JINCHENG MARITIME INC.)等与中远日本株式会社(COSCO JAPAN CO., LTD.)不当得利纠纷上诉案,福建省高级人民法院(2011)闽民终字 410 号民事判决书。

② Leenen: BGB Allgemeiner Teil: Rechtsgeschäftslehre, 2. Aufl. 2015, S. 136.

约的基本要求（第 472 条），就构成要约，因此对方选择该商品或者服务并提交订单成功时构成承诺，由此合同成立（第 491 条第 2 款前段）。鉴于前段的规定，如果经营者想要避免这一结果，就应当在对商品或者服务的展示中明确表明该展示仅为要约邀请（第 473 条第 1 款）。

（二）“当事人另有约定除外”（第 2 款后段）及其界限

立法者在第 491 条第 2 款前段作出了有利于顾客的规定，这具有相当的合理性，因为电商交易作为远程交易，对顾客（其中绝大多数是消费者）有侧重保护的必要。但是电商交易中毕竟不存在对经营者的缔约强制，所以法律允许经营者改变第 491 条第 2 款前段规定的合同成立节点，前提是“当事人另有约定”。这里的“另有约定”指的主要是经营者和用户之间的格式条款合同或者是经营者在收到顾客订单后发出的确认通知。[①] 如果经营者在格式条款合同或者发出的确认通知中表明，己方的展示仅为要约邀请，那么应将顾客的订单认定为要约，经营者可以选择是否作出承诺，由此将是否订立合同的最终决定权保留在自己手上。

第 491 条第 2 款后段的“当事人另有约定除外”同样有其界限，该界限存在于《电子商务法》第 49 条第 2 款，该款对经营者通过格式条款影响缔约进程的自由作出了一项重要限制，即“电子商务经营者不得以格式条款等方式约定消费者支付价款后合同不成立；格式条款等含有该内容的，其内容无效”。其考虑是，在消费者先行支付的场合，经营者的交易利益已经获得满足，法律保护的重心随之又移转至消费者（作为先履行一方）。基于《电子商务法》第 49 条第 2 款的限制，经营者通过格式条款来推迟合同订立的空间被大大缩小了，即限于顾客先下订单后付款的场合（如“货到付款”）。[②] 如果经营者在网络交易系统中使得消费者必须在下订单的同时就支付价款，那么无论格式条款作何规定，合同都在消费者完成支付时成立，由此消费者获得对经营者的对价履行请求权。

（三）第 2 款的证明责任

哪方依据第 491 条第 2 款前段主张合同成立，哪方就需对经营者发布的信息或服务信息符合要约规定以及通过网络交易系统下订单成功承担证明责任。如果相对方以合同另有约定为由提出抗辩，就需对“另有约定”承担证明责任。

---

① 比如，亚马逊对顾客订单的回执 E－Mail 就明确表达了这一点：“本邮件仅确认我们收到了您的订单。只有当我们向您发出发货确认的电子邮件，通知您我们已将您订购的商品发出时，方构成我们对您的订单的确认，我们和您之间的订购合同才成立。”

② 电子商务法起草组编著：《中华人民共和国电子商务法条文释义》，法律出版社 2018 年版，第 150 页。

【关联规定】

《电子商务法》第 49 条第 1 款

（撰稿人：王琦）

第四百九十二条 【合同成立的地点Ⅰ】 承诺生效的地点为合同成立的地点。

采用数据电文形式订立合同的，收件人的主营业地为合同成立的地点；没有主营业地的，其住所地为合同成立的地点。当事人另有约定的，按照其约定。

【释义】

一、规范对象和立法目的

本条和第 493 条规范合同成立的地点。在国内法的背景下，合同成立地点主要对确定民事诉讼的管辖地具有意义，如作为合同纠纷协议管辖的一个可选项（《民事诉讼法》第 34 条中的“合同订立地”），以及《民事诉讼法》第 265 条所规定的特殊地域管辖的一个备选项。但即便在民事诉讼的管辖制度中，合同订立地的意义也远远不如合同履行地（《民事诉讼法》第 23 条）。除此之外，合同订立地在仲裁管辖中也占有一席之地，因为当事人经常在仲裁协定中约定由合同签订地的仲裁机构进行管辖。

本条主要规范“要约—承诺”模式下合同成立的地点，第 1 款是一般规则，第 2 款包含对以数据电文形式订立合同的一项专门规定（第 2 款第 1 句）。相较于《合同法》第 34 条，第 492 条第 2 款第 1 句有一处变动，即“经常居住地”改为“住所地”。第 2 款第 2 句（“当事人另有约定的，按照其约定”）从立法技术上来说是一个不够妥帖的安排，因为当事人另有约定的优先性不限于第 2 款，同样包括第 1 款，因此更恰当的做法是将其单列成一款（作为第 3 款）。

二、承诺生效地作为合同成立地（第 1 款）

合同作为多方法律行为（第 134 条第 1 款前半句），由多个意思表示创设。因此，按照一般规则，合同的成立地点是对合同成立必要的最后那个意思表示生效的地点。如果合同采取“要约—承诺”的方式，那么最后一个生效的意思表示就是承诺，因此第492条第1款规定，承诺生效的地点为合同成立的地点。

承诺作为有相对人的意思表示，其生效通常需到达相对人即要约人（第484条第1款），既然要约在到达相对人时才生效，合同成立也就在要约人所在地生效。因此在"要约—承诺"这种缔约模式中，合同成立的地点通常是要约人所在地。由此也可以看出，要约方作为合同缔结进程的发起者或者说主动方，法律赋予其在合同成立地点上相较于承诺方的优位性，因为合同在要约方所在地（作为承诺生效地）成立，那么一旦发生争议，有很大可能是由离要约方较近的法院或者仲裁机构管辖，因此要约方参加相关程序更便利、成本更低。

如果根据交易习惯或者要约的要求，承诺之生效被免除了到达相对人的要求，这就构成第484条第2款意义上的"不需要通知"的承诺，[①] 这类承诺随着承诺的行为作出时生效（第484条第2款后段）。在这种情况下，按照第492条第1款的规则，合同在承诺行为的作出地成立（如发货地）。[②]

三、以数据电文形态出现的承诺生效地（第2款第1句）

第492条第2款第1句针对的是以数据电文形态出现的承诺。从实质上来说，本条仅仅是对第1款的一项澄清。该句的原型为联合国贸易法委员会制定的《电子商业示范法》（1996年通过）第15条第4款。

该句预设的情景是缔约人使用了数据电文系统来进行沟通，或者更具体地说，用数据电文系统来发送和接收要约、承诺，现在最常见的自然是E－Mail。由于数据电文保存在特定服务器上，这带来的一个问题是，特定服务器所在的位置往往和收件人的位置并不重合。比如说，服务器在杭州，而收件人在北京，以数据电文形态出现的承诺到达位于杭州的服务器并保存于彼处，如果严格按照第1款规则的字面意义，合同是在杭州成立，这显然不合情理。因此，第2款第1句作出了澄清，明确具有决定意义的地点并非保存数据电文的服务器所在的地点，而是收件人所在地点。第492条第2款第1句的规范内涵仅限于此澄清。实质规则依然适用第1款，即合同在承诺生效的地点成立，当承诺以数据电文的形式出现时，那么依然是在要约人所在地生效，合同也在此地成立。

但是如前所述，该句的原型即联合国贸易法委员会制定的《电子商业示范法》针对的是国际贸易，而不同国家对民事主体的住所有不同的规定，所以该法对收件人所在地点没有采用"住所"，而采用了"营业地""最密切营业地""惯常居住地"这样的表述，《合同法》第34条第2款第1句搬用这些表述（"采用

---

① 参阅本书关于第484条的释义部分。

② Staudinger/Bork（2015）Vorbemerkungen zu §§ 145－156 Rn. 40.

数据电文形式订立合同的，收件人的主营业地为合同成立的地点；没有主营业地的，其经常居住地为合同成立的地点”）。这种做法在国际法背景下是有意义的，但在国内法背景下却难称妥当，因为《民法典》合同编主要适用于同有中国国籍的交易人，确定交易人具有法律意义的地理位置自然应当适用关于民事主体住所的一般规定，此时再使用“主营业地”“经常居住地”等表述即便不会造成后果上的实质差别，但也易于引发读者的困惑。立法者可能也意识到了这个问题，因此在继受《合同法》第 34 条第 2 款第 1 句第 2 分句时，将其中的“经常居住地”改为了“住所地”。

四、合同成立地点的可约定性及其限度（第 2 款第 2 句）

从立法技术上来说，第 492 条第 2 款第 2 句的规则更适合独立成段，因为合同成立地点的可约定性不限于数据电文订立合同的情景，而毋宁说适用于所有合同订立的情景。

但是需要立刻指出的是，合同成立的可约定性不是无限的，对此虽然没有明文约定，但是从规范体系上来说，《民事诉讼法》中的管辖规则构成对合同成立地点可约定性的框架性限制。在民事诉讼管辖规则范围内，合同成立地点的可约定性一般应得到肯定。

通常而言，没有疑问的是，任一缔约方的住所地都可以被约定为合同的订立地，如双方可以约定由承诺方（而非要约方）的住所地作为合同订立的地点。同样合同履行地一般也可以被约定为合同订立地。但是，如果关于合同成立的约定是以格式条款的形式作出的，则要额外注意该条款是否满足格式条款的订入控制要求（第 496 条）和生效控制要求（第 497 条）。除此之外，关于合同成立地点的约定作为法律行为（的一部分），还必须接受法律行为的一般生效控制，即第 153 条第 1、2 款所规定的不得违反法规禁令，不得违背公序良俗等。如果关于合同成立地点的约定无效，那么还应当回到法定规则（第 492、493 条）来确定合同成立的地点。

五、证明责任

哪方主张合同在特定地点成立，哪方就需要证明该地要么是承诺生效的地点（第 492 条第 1 款），要么是双方约定的地点（第 492 条第 2 款第 2 句）。

【关联规定】

《民法典》第 493 条

（撰稿人：王琦）

第四百九十三条　【合同成立的地点Ⅱ】当事人采用合同书形式订立合同的，最后签名、盖章或者按指印的地点为合同成立的地点，但是当事人另有约定的除外。

【释义】

一、规范对象和立法目的

本条和第492条一样，同样规范合同成立的地点。其前身为《合同法》第35条（“当事人采用合同书形式订立合同的，双方当事人签字或者盖章的地点为合同成立的地点”）。相较于《合同法》第35条，本条将合同成立的地点明确为最后签章的地点。在先前的实证规范上，《最高人民法院关于适用〈中华人民共和国合同法〉若干问题的解释（二）》第4条与本条几近一致，其条文为“采用书面形式订立合同，合同约定的签订地与实际签字或者盖章地点不符的，人民法院应当认定约定的签订地为合同签订地；合同没有约定签订地，双方当事人签字或者盖章不在同一地点的，人民法院应当认定最后签字或者盖章的地点为合同签订地”。

二、最后签章地作为合同成立地点（第493条前段）

当事人采用合同书形式订立合同的，合同的订立取决于合同书的作成。① 所谓合同书的作成，指的是全部缔约人在合同书上签字、盖章或者按手印。如果全部行为发生在同一地，那么通常该地构成合同成立的地点（当事人另有约定的除外），无待多言。但如果各缔约人在不同地点对合同书作出签章，这就提出了一个问题：应该以哪方的行为地作为合同成立地点？是在先签章行为的发生地，还是在后签章行为的发生地？按照第493条前段，应当以最后签章行为的发生地作为合同成立的地点。

三、本条前段与第492条之间的矛盾与优先适用关系

从文义来看，本条前段在适用范围上与第492条有所重合，并且在重合范围内与后者存在冲突。这是因为“要约—承诺”同样可能采取合同书的形式进行，如甲方将签字盖章的合同书（作为要约）寄给乙方，乙方签字盖章后寄回（作为承诺）。按照第492条第1款，合同在承诺生效地成立，而承诺生效地点通常是甲方所在地点，因为乙方作出的承诺一般需到达甲处方能生效（第484条第1款）。按照第493条前段，合同却在乙方处（作为“最后签字、盖章或者按指印

---

① Staudinger/Bork (2015) Vorbemerkungen zu § § 145 - 156 Rn. 40.

的地点”）成立。换句话说，按照第 492 条，合同的成立地点是先签章一方所在地（作为承诺生效的地点），按照第 493 条前段，合同的成立地点是后签章一方所在地。

为了解决这一矛盾，我们需要对第 492、493 条前段在适用上的优先关系作出明确。结论是，在上述重合范围内，应该优先适用第 493 条前段。对此有两方面的论据。第一，从形式合理性上来说，如果优先适用第 492 条的话，就会导致第 493 条前段的管辖领域被完全剥夺，使其沦为一纸空文。第二，从实质合理性上来说，第 493 条前段的结果有其合理性基础。可能一眼看来第 492 条的后果更显正当，因为先签章方对相对方是否作出订立合同的意思表示有知情利益，而先签章方并不能确定相对方会签署合同，由此似乎第 492 条更能保护先签章方的利益。但如果将交易实践纳入观察就会发现，当事人之所以会采用合同书形式订立合同，通常是因为双方已经进行过前期磋商，也就是说对拟订立合同的草案达成了意思一致，前期的磋商过程也在相当程度上使得先签署方能够确定相对方会签署合同，所以适用第 493 条前段并不必然导致先签章方的知情利益受到损害。

除此之外，第 493 条对第 492 条的优先适用也保障了前引的《最高人民法院关于适用〈中华人民共和国合同法〉若干问题的解释（二）》第 4 条（“……合同没有约定签订地，双方当事人签字或者盖章不在同一地点的，人民法院应当认定最后签字或者盖章的地点为合同签订地”）有法律层面的依据。

四、当事人另有约定（第 493 条后段）

如果当事人对合同成立的地点作出了约定并且这一约定有效，那么以约定的地点作为合同成立的地点（第 493 条后段），由此上文所论述的第 492 条与第 493 条之间的矛盾也得以回避，因为此时合同的成立地点不再取决于签署合同书的行为顺序及其发生地，而取决于当事人的约定。

另外，即便约定地点并非签章行为实际发生地，也不影响约定地点的优先性，这一点在《最高人民法院关于适用〈中华人民共和国合同法〉若干问题的解释（二）》第 4 条第 1 分句获得明定（“采用书面形式订立合同，合同约定的签订地与实际签字或者盖章地点不符的，人民法院应当认定约定的签订地为合同签订地”）。①

① 有关判例如济宁蓝聚成工程机械有限公司、合肥三伍机械有限公司买卖合同纠纷案，安徽省合肥市中级人民法院（2019）皖 01 民辖终 652 号民事裁定书；围场满族蒙古族自治县妇幼保健院与中恒国际租赁有限公司融资租赁合同纠纷案，北京市第二中级人民法院（2019）京 02 民辖终 256 号民事裁定书；广州市汇萃花卉有限公司、中山市凯恩斯裕龙投资管理有限公司民间借贷纠纷案，广东省中山市中级人民法院（2019）粤 20 民辖终 19 号民事裁定书。

如果当事人对合同成立地点的约定由于某种原因无效，那么适用法定规则即第 493 条前段，以“最后签字、盖章或者按指印的地点为合同成立的地点”。

五、证明责任

谁依据第 493 条主张合同在特定地点成立，谁就应当对该处是最后签字、盖章或者按指印的地点承担证明责任。①

【关联规定】

《民法典》第 492 条，《最高人民法院关于适用〈中华人民共和国合同法〉若干问题的解释（二）》第 4 条

（撰稿人：王琦）

第四百九十四条　【强制缔约】 国家根据抢险救灾、疫情防控或者其他需要下达国家订货任务、指令性任务的，有关民事主体之间应当依照有关法律、行政法规规定的权利和义务订立合同。

依照法律、行政法规的规定负有发出要约义务的当事人，应当及时发出合理的要约。

依照法律、行政法规的规定负有作出承诺义务的当事人，不得拒绝对方合理的订立合同要求。

【释义】

一、规范对象和立法目的

本条的规范对象为缔约强制（Kontrahierungszwang）。民事活动以自愿为原则（第 5 条），这包括缔约自由（Abschlussfreiheit），依据缔约自由，民事主体有权选择是否订立合同，无人能强迫他人订立合同。人们同时也注意到，对某些关系公共利益或者他人基本生活所需的交易，如果任由民事主体凭个人意愿拒绝订立合同，将会对公共利益或者他人利益造成重大损害，因此法律规定了缔约强制作为对缔约自由或者更一般地说私域自治自由的限制。

---

① 《民生周刊》杂志社有限公司与青岛莱恩德投资有限公司申请确认仲裁协议效力案，北京市第四中级人民法院（2018）京 04 民特 328 号民事裁定书。

本条的前身即《合同法》第 38 条其实只包含本条第 1 款的内容，第 2、3 款为《民法典》立法新增，新增的这两款构成了《民法典》对缔约强制的一般性规定。下面分别释义。需注意的是，本条在最后阶段发生了变化。按照 2019 年 12 月的《民法典公开征求意见稿》，本条第 1 款的内容为“国家根据需要下达指令性任务或者国家订货任务的，有关民事主体之间应当依照有关法律、行政法规规定的权利和义务订立合同”，最终的条文则为“国家根据抢险救灾、疫情防控或者其他需要下达国家订货任务、指令性任务的，有关民事主体之间应当依照有关法律、行政法规规定的权利和义务订立合同”，新增了“抢险救灾、疫情防控”的字句，这显然是对 2019 年年末的新冠肺炎疫情这一波及全球的公共卫生安全事件的回应，但从立法技术上来说，需要强调的是，这一列举是非封闭性的，国家可以下达缔约指令的情景不限于“抢险救灾、疫情防控”的情况，还包括有“其他需要”的情况。

二、指令的合同（第 1 款）

第 1 款规定了所谓的“基于行政指令缔结的合同”（diktierter Vertrag）。相较于其前身《合同法》第 38 条，[①] 第 494 条第 1 款将缔约义务人从“有关法人、其他组织之间”扩展到“有关民事主体之间”，这首先意味着行政指令也可以令自然人，包括个体工商户（第 54 条）、农村承包经营户（第 55 条）负担缔约义务。如果国家下达了一项关于缔结合同的指令，那么其效果在于：其一，相关民事主体负有作出要约和承诺的义务（本条第 2、3 款）；其二，在缔约强制的情况下，为了平衡双方利益避免一方利用强制缔约义务迫使对方接受不公平的交易，法律、行政法规或者其他规范文件通常会对合同内容作出预先规定，[②] 第 1 款特意强调双方“应当依照有关法律、行政法规规定的权利和义务订立合同”。如果缺乏法律、行政法规的预先规定，那么按照缔约强制的一般原理，允许双方就合同内容进行商议。[③] 如果双方达不成合意，那么适用合同法上的内容填充规则（如第 511 条）。

三、缔约强制一般规定（第 2、3 款）

（一）概说

第 494 条第 2、3 款作为《民法典》中的新增条文，规范的是所谓的“直接缔约强制”（unmittelbarer Kontrahierungszwang），即相关方的缔约义务由法律、行

---

① 《合同法》第 38 条规定：“国家根据需要下达指令性任务或者国家订货任务的，有关法人、其他组织之间应当依照有关法律、行政法规规定的权利和义务订立合同。”

② 因此，缔约强制也（可能）包括对合同内容自由的限制。

③ Busche: Münchener Kommentar zum BGB 8. Auflage 2018 Vorbemerkung § 154 Rn. 23.

政法规直接规定的情况。如果缔约义务并非来自法律或者行政法规，而是来自当事人的另一项约定（所谓的“预约合同”），则不适用第 494 条，而适用第 495 条。

第 494 条第 2、3 款首先将有权限设定强制缔约义务的法源限定为法律、行政法规，此两类法源的范围按照《立法法》第 2、3 章确定，这同时也排除了其他法源（如地方性法规、自治条例和单行条例、规章）设置强制缔约义务的权限。第 2、3 款因此具有了法源限定功能，类似于第 153 条第 1 款将导致法律行为无效的禁令限定于法律、行政法规。这种限定是合理的，强制缔约作为对民事主体缔约自由的重大限制，应当保留给高位阶的法源。

《民法典》合同编内的缔约强制义务主要针对基本生活资源的提供者，如供电人（第 648 条第 2 款）、以及水、气、热等服务的提供者（第 656 条），① 另外，公共运输服务的提供者同样负有强制缔约的义务（第 810 条）。② 合同编之外的例子如《劳动合同法》第 14 条第 2 款（满足特定条件后用工单位不得拒绝劳动者提出的签订无固定期限劳动合同的要求），《机动车交通事故责任强制保险条例》第 10 条第 1 款（“投保人在投保时应当选择具备从事机动车交通事故责任强制保险业务资格的保险公司，被选择的保险公司不得拒绝或者拖延承保”）。

关于缔约强制的法律后果，按照第 2、3 款的规定，体现在实施缔约行为的义务。也就是说，为了实现缔约强制，法律并不是替代当事人作出缔约行为或者直接在当事人之间创设合同，而是使得当事人有义务去实施订立合同的行为。因为最常见的缔约模式是要约和承诺，所以第 2 款和第 3 款直接就要约和承诺展开规范。这也意味着，即便是在强制缔约的场合也有一般缔约规则（第 471 条以下）的适用。

（二）第 2 款：及时发出合理要约的义务

按照第 494 条第 2 款，负有缔约义务的一方有义务发出要约。条文也正确地强调了，缔约义务方不但必须发出要约，而且必须发出内容合理的要约。要约既要满足一般要件（第 472 条，内容具有可确定性），也必须符合设定强制缔约义务的法律或者行政法规规定或细化或原则性的要求。除此之外，义务方也必须及时发出要约，及时性的具体标准根据个案情况确定。当然，相对方也可以督促义

---

① 高尔夫（南京）房地产有限公司诉吴某梅供用热力合同纠纷案，载《最高人民法院公报》2012 年第 12 期（总第 194 期）。

② 对第 810 条意义上的“公共运输”应当避免泛化解释，并非任何运输服务都是该条意义上的“公共运输”。见马士基（中国）航运有限公司及其厦门分公司与厦门瀛海实业发展有限公司、中国厦门外轮代理有限公司国际海上货运代理经营权损害赔偿纠纷再审案，载《最高人民法院公报》2011 年第 10 期（总第 180 期）：最高人民法院认为国际海上集装箱班轮运输是国际贸易中的商事经营活动，不属于公用事业。

务方发出要约。

（三）第 3 款：作出承诺的义务

第 3 款从受要约方角度规定了缔约强制义务。如果负有强制缔约义务的一方收到相对方发出的合理要约，那么受要约方不得行使消极的缔约自由拒绝订立合同。需强调的是，这一义务限于要约本身为合理的情况，如果要约本身就是不合理的，那么这种情况不在承诺义务的覆盖范围内。

如果受要约方遵循强制缔约的要求发出承诺，对承诺的生效适用一般规则（第 484 条）。如果受要约方违背强制缔约的要求拒绝作出承诺，那么要约方有多种救济途径。其一，要约方可以起诉要求义务人作出承诺，实现强制缔约的目的。其二，如果缔约义务人拒绝订立合同的行为导致相对方遭受损失，那么受损害方可以要求损害赔偿，损害赔偿的法律基础是缔约过失责任（第 500 条）。

四、证明责任

对证明责任适用一般规则，即哪方主张存在强制缔约的义务，哪方就应当承担相应的证明责任。

【关联规定】

《民法典》第 648、656、810 条、《劳动合同法》第 14 条

（撰稿人：王琦）

第四百九十五条　【预约合同】 当事人约定在将来一定期限内订立合同的认购书、订购书、预订书等，构成预约合同。

当事人一方不履行预约合同约定的订立合同义务的，对方可以请求其承担预约合同的违约责任。

【释义】

一、规范对象和立法目的

本条规范所谓的“预约合同”（Vorvertrag）。预约合同的效果在于产生订立另一合同的义务，这“另一合同”即所谓的“本约合同”或者说主合同（Hauptvertrag）。预约合同在《合同法》中并未获得规定，但这并不妨碍民事主体利用合同自由创设这一合同类型（作为无名合同）。《最高人民法院关于审理买卖合同

纠纷案件适用法律问题的解释》第 2 条对预约合同作出了规定，其条文为："当事人签订认购书、订购书、预订书、意向书、备忘录等预约合同，约定在将来一定期限内订立买卖合同，一方不履行订立买卖合同的义务，对方请求其承担预约合同违约责任或者要求解除预约合同并主张损害赔偿的，人民法院应予支持。"从条文用语来看，第 495 条似在相当程度上借鉴了上述司法解释。需注意的是，立法者在最后阶段删去了条文中的"意向书"一词（在 2019 年年底公开征求意见的民法典草案中尚有该词），似是注意到了对意向书的法律性质的争议。但是正如下文将要谈到的，文件的名称对该文件是否构成预约合同并没有决定意义。因此，并不能因为第 495 条没有提到"意向书"就认为一份名为"意向书"的文件绝对不构成预约合同，对此始终需要在个案中进行辨析。

二、预约合同的基本理论

预约合同的功能在于促成本约的订立，即双方已经为订立意向中的本约作出了一定的尝试，但订立本约的最终条件尚不成熟或者仍有阻碍，此时双方可以选择订立预约合同，创造有保障的缔约前景，避免已经付出的缔约努力付诸东流。

预约合同尽管并非一个独立交易，而是本约合同的前奏，但已经是一个真正意义上的合同。对此，关键在于从前后两个方面作出界分，即将其一方面同在前的缔约谈判行为，与另一方面同在后的本约合同区分开来。

预约合同与缔约谈判行为的区别在于，在前者相关方的行为已经构成意思表示即法拘束意愿之表达，因此在彼此间产生合同约束力。在后者即缔约谈判行为（Vertragsverhandlung），双方还没有作出意思表示，因此不能令相关方负担订立本约合同的义务，而至多是提供对当事人意愿进行解释查明的辅助性依据。①

至于预约合同和本约合同，从理论上来看两者似乎不难区分，本约合同的效果指向当事人所追求的交易目的（如商品房买卖），预约合同的效果则指向订立本约合同，但是在实践中，两者的界限并不总是如此明确，因为预约合同与本约合同在内容上往往高度重合，这是由预约合同作为本约合同前奏的地位和功能所决定的。因此，预约合同和本约合同的界分需要在个案中审慎判断，首先提供线索的是当事人在合同中的用语（如"预定""预计""预缴"等）。② 如果合同中明确约定之后还要再订立一份合同，那么通常应当将其认定为预约合同。③ 如果

---

① 但是随着缔约谈判行为的开展，双方间已经产生对彼此利益的注意义务（包括但不限于第 501 条规定的保密义务），违背这一义务有可能引发缔约过失责任（第 500 条）。

② 张某与徐州市同力创展房地产有限公司商品房预售合同纠纷案，载《最高人民法院公报》2012 年第 11 期（总第 193 期）。

③ 成都讯捷通讯连锁有限公司与四川蜀都实业有限责任公司、四川友利投资控股股份有限公司房屋买卖合同纠纷案，载《最高人民法院公报》2015 年第 1 期（总第 219 期）。

合同本身并未覆盖合同全部事项，相对较为简略，这一般也说明双方的意愿是将现在的合同作为预约合同，而将交易的细节留待本约合同确定。[①] 另外，定金的支付通常是订立预约合同的标志，超过定金范围的对交易款项的部分或者全部支付，则支持将合同认定为本约合同。[②]

另外需强调的是，当事人对文件的称呼并无决定意义，这意味着，即便当事人使用第495条中所提到的“认购书”“订购书”“预订书”等术语来称呼特定文件，也并不意味着该文件必然构成预约合同（可能仅仅是缔约磋商阶段形成的文件，甚至还可能是本约合同），重要的始终是当事人的意愿，而非文件外在的名称。[③]

预约合同作为一类合同，其成立、生效、效果适用合同的一般规则。需指出的是，预约合同同样可以附条件或者期限，[④] 通过附条件或者期限，相关方可以对是否以及在什么条件下订立本约合同作出更个性化的安排。

三、预约合同的法律后果

对预约合同的法律后果必须区分为两类：首先是主给付请求权，即请求相对方作出订立合同的意思表示的请求权；其次是次生请求权，包括损害赔偿请求权和将已履行之给付（最常见的为定金）还原的请求权。尽管从逻辑上而言，主给付请求权在前，但是在预约合同争议实践中，占据更显眼地位的往往是次生请求权。这背后的原因或许是，预约合同涉及的交易种类（如商品房买卖）同法定强制缔约涉及的交易种类（如用电、水、天然气）不同，并不具有不可替代性，而是很容易找到替代性的供给方，因此在发生争议时，当事人也很自然地倾向于不订立本约合同，转而主张取回定金或者损害赔偿。

（一）主给付请求权：请求对方订立本约合同

对预约合同的主给付请求权，我国法上长期以来存在争议，即所谓“继续磋商说”“必须缔约说”和“内容决定说”。[⑤] 按照继续磋商说，相关方负有就拟订

---

① 仲某清与上海市金轩大邸房地产项目开发有限公司合同纠纷案，载《最高人民法院公报》2008年第4期（总第138期）；俞某新与福建华辰房地产有限公司、魏某瑞商品房买卖（预约）合同纠纷案，载《最高人民法院公报》2011年第8期（总第178期）。

② 参见《最高人民法院关于审理商品房买卖合同纠纷案件适用法律若干问题的解释》第5条的规定：“商品房的认购、订购、预订等协议具备《商品房销售管理办法》第十六条规定的商品房买卖合同的主要内容，并且出卖人已经按照约定收受购房款的，该协议应当认定为商品房买卖合同。”

③ Busche，Münchener Kommentar zum BGB 8. Auflage 2018，Vor § 145 Rn. 6.

④ 山东菱重机电设备有限公司与中国人民解放军第三三零四工厂土地转让与租赁协议纠纷申请再审案——当事人可为预约合同约定附加生效条件，载《人民司法·案例》2014年第14期。

⑤ 详见最高人民法院民事审判第二庭编著：《最高人民法院买卖合同司法解释理解与适用》，人民法院出版社2012年版，第54页以下。

立的本约合同进行磋商的义务，但预约合同本身并不要求相关方必须订立合同。按照必须缔约说，相关方的义务不只在于磋商，而是负有订立合同的义务。按照内容决定说，则必须依预约合同内容的详略情况而有所区分，如果预约合同已经约定了本约合同的必备成分，那么预约合同直接产生缔约的义务；如果预约合同未约定本约合同的必备成分，则产生继续磋商的义务。

值得赞同的观点是必须缔约说，即预约合同产生一种意定的缔约义务或者说一种对缔约的请求权。尽管第 495 条未对此明言，但是该条与第 494 条在位置上的直接相连反映了两者间的类似性，即两者都规定了强制缔约的义务，只不过第 494 条意义上的强制缔约义务来自法律、行政法规的规定，而第 495 条意义上的缔约义务来自当事人的预约合同。

预约合同的主给付请求权的实现可以适用第 494 条第 2、3 款的规定。具体而言，预约合同的权利人可以请求相对方发出内容合理的要约（第 494 条第 2 款），或者请求对方对己方发出的内容合理的要约作出承诺（第 494 条第 3 款）。和法定强制缔约相类似，基于预约合同产生的缔约义务同样限于内容合理的意思表示。但是因为在意定的缔约义务的场合通常没有法律、行政法规对拟订立合同内容的强制性或者引导性规定，所以本约合同的内容主要依预约合同确定。如果一方所作出的订立本约合同的意思表示严重偏离了本约合同，那么相对方就不负有作出承诺的义务。①

如果预约合同的内容不够完整，则需适用合同漏洞弥补的一般性机制，包括进行意思表示解释，动用法定的内容填充规则。如果经过解释或者填充能够补完预约合同的内容，并且一方主张预约合同赋予己方的缔约请求权，那么相对方无权拒绝订立合同。另外，权利方出于某种考虑放弃了缔约请求权，那么这自然也应当得到允许，因为预约合同的效果仅仅是使当事人取得请求相对方作出订立合同意思表示的权利，权利人可以选择行使这种权利，也可以选择不行使这种权利，转向次生性的合同权利。

（二）次给付请求权：返还定金、损害赔偿

如前所述，在实践中更常见的——如第 495 条直接规定的——是对违反预约合同的违约责任的主张。如果因为一方的违约行为导致本约合同迟延或者无法订立，受损害方可以按照违约责任的一般规则提出主张。当然，一方可以在主张继续履行的同时就相对方违约造成的损失主张损害赔偿。但是更常见的是，预约合

---

① 参考戴某飞诉华新公司商品房订购协议定金纠纷案，载《最高人民法院公报》2006 年第 8 期（总第 118 期）：房屋出售方在本约合同缔约表示中加入了对买方严重不利的条款。

同当事人不再继续追求本约合同的订立，而仅仅要求损害赔偿，其原因可能是意向中的交易已经不可能，也可能是由于当事人已经丧失了继续交易的兴趣。

预约合同经常会约定对定金的交付义务，按照定金的一般规则（第 587 条），如果给付定金的一方违约，无权请求返还定金；如果收受定金的一方违约，应当双倍返还定金。在预约合同纠纷中，定金是否应当返还或者是否应当适用双倍定金罚则往往成为争议的焦点。在这种情况下，裁判者需要根据个案情况仔细判断，是否存在给付定金方或者收受定金方的违约行为，如果确认一方违约导致本约合同无法订立，则应适用相应的定金处理规则；但是如果确认合同订立不可归责于双方，那么合理的做法是令定金收受方原额返还定金，这一规则在《最高人民法院关于审理商品房买卖合同纠纷案件适用法律若干问题的解释》第 4 条获得了明定（“……因不可归责于当事人双方的事由，导致商品房买卖合同未能订立的，出卖人应当将定金返还买受人”）。

关于损害赔偿的范围，应当适用一般规则，也就是“差异比较法”（Diffenrenzhypothese），即将两类财产状态进行比较，第一种是受损害方现实的财产状态，第二种是如果没有相对方的违约行为，受损害方将会处于的财产状态（作为一种假想状态），这两者之间的差别就是所受到的损失。例如，就商品房买卖预约合同而言，如果出卖方的违约行为导致未能订立本约合同，而房屋的市场价格相较于合同中所约定的价格发生了上涨，那么买受方所遭受的损失即房屋价格上涨的部分，因为如果出卖方按照预约合同订立并履行了本约合同，那么买受人的财产状态将会增加房屋价格的上涨部分。[①] 另外，如果受损害方对损害的发生或者扩大有共同过错（Mitverschulden），那么也应当减轻相对方的损害赔偿责任。

四、证明责任

对证明责任同样适用一般规则，谁以预约合同为依据提出某种请求（订立本约合同或者追究违约责任），谁就必须对预约合同的效力承担证明责任。

【关联规定】

《最高人民法院关于审理买卖合同纠纷案件适用法律问题的解释》第 2 条

（撰稿人：王琦）

---

① 张某与徐州市同力创展房地产有限公司商品房预售合同纠纷案，载《最高人民法院公报》2012 年第 11 期（总第 193 期）。

第四百九十六条　【格式条款的订立要求】 格式条款是当事人为了重复使用而预先拟定，并在订立合同时未与对方协商的条款。

采用格式条款订立合同的，提供格式条款的一方应当遵循公平原则确定当事人之间的权利和义务，并采取合理的方式提示对方注意免除或者减轻其责任等与对方有重大利害关系的条款，按照对方的要求，对该条款予以说明。提供格式条款的一方未履行提示或者说明义务，致使对方没有注意或者理解与其有重大利害关系的条款的，对方可以主张该条款不成为合同的内容。

【释义】

一、规范内容与意旨

格式条款系当事人预先拟定，并在订立合同时未与对方协商的条款。民法奉行的合意原则，意在私法自治下使双方当事人在磋商中相互平衡，是合同具有拘束力的正当性来源。

未事先协商的格式条款设置订入控制制度，要求使用格式条款方在订立合同时尽到合理提示说明义务，即旨在弥补格式条款事先缺失的合意，是格式条款得以成为合同内容、拥有拘束力最根本的前提。

二、条文变动与目的效果

对比《民法典》第 496 条和与之对应的《合同法》第 39 条，在条文结构、定义、提示说明对象、法律效果上均有变动。

首先，第 496 条改变了先前定义置后的结构，统一了格式条款制度与其他民法制度的规范结构，更接近通常的思维逻辑。同时，定义前置的“总—分—分”结构使得格式条款制度内部的订入控制与内容控制两部分更明确，清晰划分各自在该制度中的作用定位。

其次，该条在定义中去掉了“为了重复使用”，即格式条款的定义只需具备“预先拟定”“订立合同时未与对方协商”要素，突出了格式条款最重要的特征——未与对方协商。同时，定义的改变拓宽了格式条款的适用范围，仅为一次交易使用的也纳入了规制。

再次，该条将提示说明的对象变更为“免除或者减轻其责任等与对方有重大利害关系的条款”，明确了“免除或者减轻其责任”的作用仅为列举，概括了对象条款的共同特征——与对方有重大利害关系。将订入控制的规范目光从“免除或者限制其责任的条款”转移到提示说明义务上来，再一次明晰了订入控制与内容控制的区别。

最后，该条补充了订入控制的法律效果。《合同法》第 39 条在法律效果上出现了空白。学理上主张缺少订入程序的条款不得成为合同的内容，而于2009 年出台的司法解释规定“对方当事人申请撤销该格式条款的，人民法院应当支持”。现第 496 条明确法律效果为“对方可以主张该条款不成为合同的内容”，结束了司法解释出台后导致的格式条款制度法律效果解释上的混乱，将订入控制拉回到了民法贯彻的合意原则的正轨，避免司法实践中出现内容控制判断向订入控制逃逸的情况。

三、规范要点与适用疑难

在认定格式条款时，满足“预先拟定”和“未与对方协商”两个要件即可。其他内容如格式条款由谁制定、是否为重复使用均为无关要素，不影响对格式条款的判断。

订入控制要求使用格式条款方向对方履行合理的提示说明义务。第 496 条将提示说明的对象限定于“免除或者减轻其责任等与对方有重大利害关系的条款”。订入控制设置的本意即为对合意的弥补，格式条款所有内容均为未协商、缺乏合意的条款，故应认为无论条款是否与对方重大利害关系相关，当事人都要进行提示说明。

提示说明的标准是“采取合理的方式”。根据《最高人民法院关于适用〈中华人民共和国合同法〉若干问题的解释（二）》第 6 条规定，合理的方式通常为足以引起对方注意的文字、符号、字体等特别标识，如使用加粗、下划线、显著的区别颜色等。

在前者基础上考虑到对方了解的可能性，应当按照对方的要求，对条款予以说明。说明的标准有主观与客观之分。格式条款中宜以客观标准，即以一般人的理解为标准，同时兼顾不同类型群体的理解能力，予以不同程度的解释与说明。

提供格式条款一方未提示说明时，对方当事人可以主张该条款不成为合同的内容。此法律效果宜理解为法院在审理案件时，首先应当判断格式条款是否完成了订入控制，即该条款并非由当事人提出才可以适用，未提示说明的条款本身即不得成为合同的内容。

合同中同时存在格式条款与个别磋商条款时，基于合意原则，后者始终优先。格式合同中明确规定，条款的变更需以书面形式进行的，亦同。

四、与规范相关的司法解释、典型案例、会议纪要等相关法源内容

与本条相关的司法解释、其他法律法规主要集中在《最高人民法院关于适用

〈中华人民共和国合同法〉若干问题的解释（二）》《保险法》《消费者权益保护法》《电子商务法》中。民法典出台后，对应司法解释的效力视其是否与第496条冲突而定。

如下选取了格式条款订入控制相关的典型案例来说明规范中的各要点。

在保险领域中，根据《最高人民法院关于适用〈中华人民共和国保险法〉若干问题的解释（二）》第10条规定，将法律、行政法规中的禁止性规定情形作为免责事由的，保险人对禁止性规定尽到了提示义务，即可认定保险人已完成了提示说明的义务。提示的标准即参见《最高人民法院关于适用〈中华人民共和国合同法〉若干问题的解释（二）》第6条的规定，未使用足以引起投保人注意的文字、字体、符号或者其他明显标志的，不能认定尽到了提示义务①。

上述之外的其他条款，根据《保险法》第17条，保险合同中规定有保险责任免除条款的，保险人应当向投保人明确说明。这里的“明确说明”，是指保险人除在格式条款中的提示注意外，还需以口头或书面形式对投保人作出解释，确保其理解条款的真正含义。② 故签订保险合同时，文本中以加粗等方式提示仅是履行了第一层的提醒注意的义务，仍然需要提供格式条款来进行说明，以达到深层的“醒意”的目的。③

在法律效果方面，订入控制解决的是“是否”的问题，即未履行提示说明义务的，对对方当事人不发生约束效力。至此无须进行内容控制的检验④。与此相冲突的《最高人民法院关于适用〈中华人民共和国合同法〉若干问题的解释（二）》中的第24条则应予废止。

（撰稿人：王琦）

第四百九十七条　【格式条款无效的情形】 有下列情形之一的，该格式条款无效：

（一）具有本法第一编第六章第三节和本法第五百零六条规定的无效情形；

---

① 参见中国人民财产保险股份有限公司仙桃支公司与郑某香、郑某忠机动车交通事故责任纠纷案，湖北省高级人民法院（2016）鄂民申273号民事裁定书。

② 参见最高人民法院研究室关于对《保险法》第17条规定的“明确说明”应如何理解的问题的答复。

③ 参见杨某岭与中国平安财产保险股份有限公司天津市宝坻支公司保险合同纠纷案，载《最高人民法院公报》2007年第11期（总第133期）；袁某、王某与甲财产保险股份有限公司人身保险合同纠纷案，上海市浦民新区人民法院（2010）浦民六（商）初字6992号民事判决书。

④ 参见《江苏省高级人民法院公报》2019年第1辑（总第61辑），第31～33页。

（二）提供格式条款一方不合理地免除或者减轻其责任、加重对方责任、限制对方主要权利；

（三）提供格式条款一方排除对方主要权利。

【释义】

一、规范对象和宗旨

格式条款系预先拟定，由合同当事人一方（使用人[①]）在合同订立时向相对方提出，未与对方协商的条款（第 496 条第 1 款）。

格式条款内容控制制度的审查对象为经订入控制（《民法典》第 496 条第 2 款）成为合同内容并经解释[②]（《民法典》第 498 条）确定其含义的格式条款。通过比较法的观察，在德国法和欧洲私法统一的立法文件中将格式条款内容控制制度的适用对象限定为非核心给付条款，即那些“偏离或补充任意法规定的条款”。上述限定的主要立法目的在于排除个别磋商条款、任意法规范的复述条款、给付描述条款[③]与价格条款[④]（合同必要之点）以及违反强行法因显失公平而悖俗的条款。

格式条款内容控制制度，并不旨在为法官进行个案公正的自由裁量提供多一个工具，亦非“消费者—经营者社会”特殊法政策下针对特殊交易类型的例外法，而是对私法自治的立法和司法体系化的干预，控制和防止不公平的格式条款造成相对人不合理的利益减损，抵销因使用格式合同提升的社会效率。

二、格式条款内容控制制度之变化

与《合同法》相比，《民法典》关于格式条款内容控制制度的条文有以下

---

① “使用人”和“拟定人”非同一概念，当事人亦可选择由第三方（行政机关、行业协会、公证机关等）拟定的条款以使用，本文统一使用前者。

② 在条款文义不明时，需通过历史解释、体系解释、目的解释等方法以及《民法典》第 498 条确定条文含义。

③ （2019）苏 0303 民初 3559 号民事判决书：本院认为，本案的争议焦点为吴苏芹猝死是否属于《保险合同》约定的保险责任范围。《保险合同》“特别约定”第 2 条约定：“本保证计划仅承担被保险人因工伤意外事故导致的保险责任。”该条款系对保险责任范围进行了约定，即因工伤意外事故导致的保险责任。团体意外伤害保险（B 款）条款第 8.1 条对意外伤害进行了进一步的解释说明，即指遭受外来的、突发的、非本意的、非疾病的客观事件直接导致身体受到的伤害。并重点强调本合同所述的意外伤害导致的身故，不包括猝死。上述约定均是对保险责任范围的约定，并非责任免除条款，无须按照保险法及相关司法解释中对免责条款效力的规定对其进行效力审查。

④ 例如，在（2016）渝 05 民终 3559 号、（2019）粤 0607 民初 365 号、（2018）苏 09 民终 3171 号民事判决书中，法院均表明价格条款由“双方协商确定，不应认定为格式条款”且“不存在提供格式条款的一方免除责任、加重对方责任、排除对方主要权利的情形”。

变化：

1. 在关于格式条款的定义中删除“为重复使用”要件；

2.《民法典》第497条将《合同法》第40条中的“免除其责任、加重对方责任、排除对方主要权利”修改为“不合理地免除或者减轻其责任、加重对方责任、限制对方主要权利”以及“排除对方主要权利”两项。

将“重复使用”要件删除后，格式条款的构成要件便只剩“预先拟定”和“未与对方协商”。“预先拟定”不仅包括格式条款使用人本人亲自拟定，也包括其使用第三人拟定的格式条款，若格式条款由第三人提供，而交易双方仅是同意适用该条款，则应视从该条款中获得更大利益的一方当事人为格式条款的使用人。“未与对方协商”应解释为相对方不能协商，相对人仅能表示同意或者不同意，而无变更、修改的权利；比较法上，德国法院对此认为：相对方需具有施加实际影响力之可能，并且通常只有在事实上确实存在条款变动时，法院才倾向于承认发生“磋商”。“重复使用”要件被删除后便可以将在单次交易中使用格式条款的情形纳入效力审查范围，由此产生的体系效应是：在任何单次交易中，若无其他证据（如聊天记录、会议记录、备忘录）证明该条款是经双方磋商得出的，仅凭书面合同文本要如何确定其究竟为个别磋商条款抑或格式条款？

《民法典》第497条在《合同法》第40条的基础上对格式条款使用人不合理地减轻其责任、限制对方主要权利也进行了规制，以此实现对相对人利益更加周延的保护，但欠缺对何为“主要权利”的说明。本条对《合同法》第40条进行了拆分，并且在第2、3项中使用了不同的状语，由此造成解释、适用上的难题：格式条款使用人是否只要排除对方主要权利就可适用第3项？抑或要求“不合理地”排除才可适用？

三、规范要点与适用疑难

如上所述，格式条款内容控制制度的审查对象为偏离或补充任意法规范的非核心给付条款。《民法典》第497条则为内容控制制度确立了审查标准。本条共3项：

第1项为“具有本法第一编第六章第三节（民事法律行为的效力）和本法第五百零六条（一般免责条款无效的情形）规定的无效情形”的格式条款无效，本项乃转引条款，非格式条款效力审查的专门对象。格式合同是双方当事人通过法律行为实现私法自治的重要途径之一，故受法律行为效力之规制自不待言。

第2项与第3项中“不合理地免除或者减轻其责任、加重对方责任、限制对方主要权利”“排除对方主要权利”的审查标准依合同类型而异：在有名合同情形中，审查标准为“违背任意法规范中包含的体现公平和对等性法律基本思想的，构成对相对人的不利的利益减损”的格式条款无效；在无名合同情形中，审查标准为“对影响当事人目的实现的权利、义务、责任的限制”的格式条款无效。此两项所要表达的核心含义是：“对相对方造成不合理的不利益的（原则规定），格式条款无效。”但需注意如下问题：

其一，如何确定“不利益”？不利益是一个客观评价，基于对等交换的原理，必要时运用可计算之比例，确定当事人利益与不利益，从而确定某一（主要是财产上的）交易行为的合理性。法条将之表述为：免除或者减轻其责任、加重对方责任、限制对方主要权利，排除对方主要权利；学理上则认为：只要偏离了任意法规范，或减轻免除了危及合同目的的权利和义务，“不利益”即成立。

其二，如何确定“不合理”？评价“不合理”首先应当综合考量典型的双方当事人的利益而为判断。综合格式条款使用人与相对人之利益时，应考虑所有可能影响典型的双方当事人的利益之因素，诸如合同类型、性质、目的和内容，使用人经营效率、相对人的合理信赖、因不可抗力或第三人之行为所造成风险的合理分配，交易成本与交易习惯等。此时，尤其要对合同条款进行体系解释，注意针对同一事项的合同条款，对双方当事人利益的影响，发生叠加效应：即因某一格式条款造成的相对方的不合理的利益减损被其他条款中赋予相对方的利益补偿和平衡的情况。例如，格式条款提供方给予相对方比市价更优的价格，或者格式条款提供方在非核心给付条款中给予相对方一定的优惠。格式条款提供方应说明理由，否则，“不合理”成立（具体化）。

【关联规定】

《合同法》第40条，《保险法》第19条，《邮政法》第22条，《消费者权益保护法》第26条，《电子商务法》第49条

（撰稿人：贺栩栩）

第四百九十八条 【格式条款的解释方法】 对格式条款的理解发生争议的，应当按照通常理解予以解释。对格式条款有两种以上解释的，应当作出不利于提供格式条款一方的解释。格式条款和非格式条款不一致的，应当采用非格式条款。

【释义】

一、规范对象和宗旨

格式条款系预先拟定，由合同当事人一方（使用人[①]）在合同订立时向相对方提出，未与对方协商的条款（《民法典》第496条第1款）。

格式条款的解释对象为通过订入控制（《民法典》第496条第2款）成为合同内容，且当事人对格式条款的理解发生争议的格式条款。[②]

格式条款并非因意思表示而成立的合同内容，乃使用人为不特定相对人所设的具有一般性、定型内容之产物，在交易上具有制度或规范的作用，故在解释时所依据的规则应具有特殊性[③]。《民法典》第498条旨在为格式条款设立特殊解释规则，通过严格限制使用人的权限，保护消费者的合法权益，确保格式条款的合法性与公平性。[④]

二、格式条款的解释规则之变化

与《合同法》第41条相比，《民法典》关于格式条款的解释的条文未发生任何变化。

三、规范要点与适用疑难

格式条款经订入控制成为合同内容后，需通过解释明确格式条款的内容。《民法典》第498条确定了三项格式条款的解释规则，本条共有三段：

前段规定了“按通常理解解释”的方法。“通常理解”应以理性人为标准，即以格式条款相对方的平均且合理的理解能力为基准。[⑤] 在消极方面，解释应脱离交易当事人的个别情势客观为之；在积极方面，格式条款的解释应具有统一性。但此种统一性应为相对的，即不同属性（地域、职业团体或时间范围等）的缔约人之间对同一格式条款的解释可能有差异。在适用此种解释方法时需注意以下问题：

其一，如何理解“平均且合理”？在解释时，并非考虑具体表示受领人在个

---

① “使用人”和“拟定人”非同一概念，当事人亦可选择由第三方（行政机关、行业协会、公证机关等）拟定的条款以供使用，本文统一使用前者。

② 王泽鉴：《债法原理》，北京大学出版社2013年版，第125页。

③ 刘春堂：《一般契约条款之解释》，载刘春堂：《民商法论集（一）》，台湾辅仁大学法学业书编辑委员会1985年版，第191页。

④ 王利明：《对〈合同法〉格式条款规定的评析》，载《政法论坛》1999年第6期。

⑤ 崔建远：《论格式条款的解释》，载《经贸法律评论》2019年第3期；刘春堂：《一般契约条款之解释》，载刘春堂：《民商法论集（一）》，台湾辅仁大学法学业书编辑委员会1985年版，第191页。

案中对格式条款的理解，而是被平均水平的格式条款相对方所期待的情况。[①] 存在专业术语的场合，若专业语言系于普遍的习惯用法中无法查找的，则理性人自然无法知悉，故不宜考虑。但是，如果理性人虽不知悉，但可向专业人员咨询的，则应推定其知悉该专业语言，法律术语即属此类。[②]

其二，如何理解“相对的统一性”？依据统一解释原则，在解释时应以理性人的理解力为标准统一解释，但若将此标准无差别地统一适用于整个法域，会导致相去甚远的多个领域适用同一标准，确不合理。随着格式条款适用范围的扩大，不同地域均有适用，各地对其中用语之意义，多有理解上的差异，在不同职业领域中亦同，且用语本身也会随社会发展和时间推移改变其义，因而对上述情形应作变通，在解释时有所不同。

同样值得注意的是，格式条款在性质上仍属于合同，我国《民法典》第 142 条第 1 款[③]规定的一般合同的解释规则（文义解释、目的解释、习惯解释、诚信解释等）与格式条款的特殊解释规则并不矛盾，仍可适用。在经上述所有解释方法后，若格式条款仍存在两种以上的含义，始应考虑《民法典》第 498 条中规定的“不利解释规则”。

中段体现了“疑义利益解释原则”。若对格式条款存在两种以上解释，即对该格式条款的文字存在疑义的，为保护消费者的利益，应对使用该条款的一方作不利解释。且此种解释存在两项适用前提：其一，如前文所述，在穷尽所有解释方法仍存在无法排除的疑义；[④] 其二，对格式条款的两种以上解释均在条款语义可能的范围内，而非超越或背离语义范围的任意解释。[⑤]

后段规定了“非格式条款优先”的解释规则。“非格式条款”即个别商议条款。在合同解释中，本应采体系解释原则从整体中获取条款含义，但在格式与个别商议条款并存情况下不宜适用：个别商议条款由双方协商议定，与当事人的意思更为相符，具有单个性与具体性，格式条款为将来缔约而拟定，本身并不高于合同规范，唯经当事人各方共同援用纳入合同，才单个化、具体化。这决定格式条款无法与个别商议条款平等，依照法律解释原则“特别规定优先于普通规定”，

---

① 崔建远：《论格式条款的解释》，载《经贸法律评论》2019 年第 3 期。

② 韩世远：《合同法总论》，法律出版社 2018 年版，第 931 页；崔建远：《论格式条款的解释》，载《经贸法律评论》2019 年第 3 期。

③ 《民法典》第 142 条第 1 款规定：“有相对人的意思表示的解释，应当按照所使用的词句，结合相关条款、行为的性质和目的、习惯以及诚信原则，确定意思表示的含义。”

④ ［德］迪尔克·罗歇尔德斯：《德国债法总论》，沈小军等译，中国人民大学出版社 2014 年版，第 129 页；刘春堂：《民商法论集（一）》，台湾辅仁大学法学业书编辑委员会 1985 年版，第 199 页。

⑤ 韩世远：《合同法总论》，法律出版社 2018 年版，第 931 页。

个别商议条款应具有优先性。但在适用这一规则时应注意：

首先，这一规则并不排斥法律解释学上的主要法则即“合同的每个条款都须被考虑”。故合同中的个别商议条款虽具有优先效力，但仍须考虑合同书的上下文进行解释，且于可能范围内与格式条款配合解释。此种解释方法常导致：格式条款补充个别商议条款，而非与个别商议条款冲突，唯二者不可调和时，格式条款所不能调和部分始应被摒弃。

其次，对《合同法》第41条后段关于非格式条款优先于格式条款的规定应进行目的性限缩。在格式条款经过规制后，其反映的利益关系较为公平合理，但条款使用人利用优势地位而强行订立的不利于消费者的“个别商议条款”的，不应具有优先性。

【关联规定】

《合同法》第41条，《保险法》第30条，《邮政法》第22条，《旅行社条例》第29条，《最高人民法院关于适用〈中华人民共和国保险法〉若干问题的解释（二）》第14条第2项、第17条

（撰稿人：贺栩栩）

第四百九十九条　【悬赏广告】 悬赏人以公开方式声明对完成特定行为的人支付报酬的，完成该行为的人可以请求其支付。

【释义】

本条是关于悬赏广告的规定。《合同法》对悬赏广告未作规定。近年来，悬赏广告以及因其引发的纠纷在社会生活中越来越常见，因此《民法典》合同编借鉴《最高人民法院关于适用〈中华人民共和国合同法〉若干问题的解释（二）》第3条对悬赏广告作出专门规定。《最高人民法院关于适用〈中华人民共和国合同法〉若干问题的解释（二）》第3条规定：“悬赏人以公开方式声明对完成一定行为的人支付报酬，完成特定行为的人请求悬赏人支付报酬的，人民法院依法予以支持……”

一、悬赏广告的定义及性质

所谓悬赏广告是指“广告人以广告形式声明对完成悬赏广告中规定的特定行

为的任何人，给付广告中约定报酬的意思表示行为”[①]。例如，广告人以报刊、电视、广播等媒体播放或者街头张贴、宣传等方式张贴的寻人、寻物启事等，对于完成指定行为的人将给付报酬。

关于悬赏广告的性质，有单方法律行为说和合同要约说两种观点。单方法律行为说[②]认为，“悬赏广告人以单独之意思表示对完成一定行为的人负给予酬报之义务，在行为人方面无须有承诺，唯以其一定行为之完成为停止条件”。赞成该学说的理由主要为以下几点：第一，只要悬赏人发出悬赏广告，无须他人同意，法律行为即告成立，悬赏人就应受悬赏广告的拘束。例如，《德国民法典》第657条规定以公开广告的方式，对实施某一行为特别是引起某一结果加以悬赏的人，有义务向实施该行为的人支付报酬，即使行为人未顾及悬赏广告而实施行为亦然。第二，所有人在完成广告所指定的行为以后，均享有报酬请求权，无须考虑行为人是否具有作出承诺意思表示的行为能力。第三，按合同要约说，行为人完成悬赏广告指定行为即作出承诺，承诺生效合同成立。如果悬赏人不按允诺支付报酬，行为人有权拒绝交付完成指定行为的成果。如果行为人可以行使同时履行抗辩权将会产生复杂的问题。[③]

合同要约说认为，悬赏广告是广告人对不特定多数人为对象发出的要约，只要某人完成指定的行为即构成承诺，承诺生效时合同成立，行为人对广告人享有报酬请求权。目前我国的立法以及司法实践实际上采取了合同要约说。立法上，悬赏广告的规则先后规定于《最高人民法院关于适用〈中华人民共和国合同法〉若干问题的解释（二）》和《民法典》合同编“合同的订立”一章，从其体系位置可以判断出立法者对于悬赏广告的鲜明态度，是将其作为合同要约来看待的。此外，我国司法实践中大多数判决采用要约、承诺进行分析来判断悬赏广告合同是否成立。[④] 例如，刘某诉冯某悬赏广告案[⑤]中，二审法院四川省成都市中级人民法院经审理认为：悬赏人冯某以公开方式对完成特定行为的人支付报酬，这是悬赏人冯某向不特定人作出的要约，但悬赏广告合同并未成立。按照合同成立的原则，订立悬赏广告的双方当事人之间必须有合意，相对人须完成悬赏广告的指定行为，即向悬赏人作出承诺，悬赏广告合同始成立，相对人才能向悬赏人请求支付报酬。

---

① 王家福主编：《民法债权》法律出版社1991年版，第285页。

② 例如，王利明教授赞成悬赏广告是一种单方法律行为，实质性论证见王利明：《合同法研究》（第1卷），中国人民大学出版社2011年版，第237～240页。

③ 王利民：《合同法研究》（第1卷），中国人民大学出版社2011年版，第237～240页。

④ 刘承韪：《民法典合同编的立法建议》，载《法学杂志》2019年第3期。

⑤ 四川省成都市中级人民法院（2009）成民终字4207号民事判决书。

二、悬赏要约的生效

按照合同要约说，悬赏人发出的悬赏广告是对不特定人发出的要约，属于《民法典》第139条规定的以公告方式作出的意思表示。因为以公告方式作出的意思表示，公告发布时生效，所以悬赏人一旦发布悬赏广告，要约就已经生效不得撤回。但是在承诺人作出承诺之前，悬赏人可以撤销悬赏要约。按照《民法典》第476条的规定，悬赏广告要约在下列两种情形下也不可以撤销：第一种情形，悬赏人以确定承诺期限或者其他形式明示要约不可撤销；第二种情形，完成悬赏广告规定行为的人有理由认为要约是不可撤销的，并已经为完成悬赏广告作了合理的准备工作。

三、多人完成悬赏行为

本条没有明确规定，多人先后分别完成、多人共同或同时分别完成悬赏行为时，悬赏人应当如何支付报酬。借鉴《德国民法典》第659条[①]并结合《民法典》关于多数人之债的规定，在司法实践中，可以设定这样的分配规则：多人先后分别完成悬赏行为的，最先完成指定行为的人享有报酬请求；多人共同完成悬赏行为的，多个行为人共同取得报酬请求权，并被视为《民法典》第518条规定的连带债权人；多人同时分别完成悬赏行为的，原则上各行为人有权获得报酬的相等部分，如报酬因其性质而不可分，或依悬赏广告的内容，报酬仅为一人所得的，用抽签方式决定。

【关联规定】

《民法典》第139、476、518条

（撰稿人：张芸）

第五百条　【缔约过失责任】当事人在订立合同过程中有下列情形之一，造成对方损失的，应当承担赔偿责任：

（一）假借订立合同，恶意进行磋商；

（二）故意隐瞒与订立合同有关的重要事实或者提供虚假情况；

（三）有其他违背诚信原则的行为。

---

① 《德国民法典》第659条规定：（1）所悬赏的行为被多次实施的，报酬属于最先实施该行为的人；（2）行为被一人以上同时实施的，每人有权获得报酬的相等部分。报酬因其性质而不可分，或依悬赏广告的内容，报酬仅为一人所得的，用抽签方式决定。

【释义】

一、规范意旨

该条规定是《民法典》对《合同法》第42条规定的吸收，属于合同编的重要条文，确立了“订立合同过程中”的“赔偿责任”。其中第1项及第2项的规定，描述了缔约阶段责任的两种类型，第3项的兜底规定则确立了缔约阶段责任的一般条款。也正因如此，该条文被认为是我国法上缔约过失责任的一般性规定。[①] 按照合同法上传统的意思自治原则，当事人受合同义务拘束应当基于合意，没有合意也就不应当有合同上的义务与责任。该种传统理念偏重于保护合同自由，对于合同法上非约定义务和责任的产生往往采取消极态度，否定缔约双方在未达成合意之前存在义务关系。以至于在德国传统的普通法上，因错误、隐性不合意、意思表示传达错误、客观不能而未有效达成合同时，即使某一缔约方对于错误、隐性不合意、传达错误、客观不能存在某种可归责的事由，对合同成立或者有效具有信赖的另一方也无法向可归责的一方主张责任，得到保护。正是针对德国普通法的该种不合理性，耶林提出了缔约过失责任的主张，认为在缔约阶段应当突破意思理论的传统理解，基于诚实信用来构建双方的先合同义务关系，以使对于合同不成立、无效具有可归责性的一方向信赖合同的另一方承担责任。[②] 可见，缔约过失责任制度与意思自治原则或者说合同自由之间存在潜在的紧张关系，不同的法律体系在不同的历史时段，对于两者的协调往往会有所不同，从而导致了缔约过失责任制度的存废和发展差异。例如，虽然耶林的理论在德国法上引起了极大的反响，但《德国民法典》在很长一段时间内并未一般性地承认缔约过失责任，而只是在合同不成立或者无效的一些具体情形中，规定了缔约方具体的赔偿责任，直到2001年德国债法改革，才通过了第311条第2款的规定，在成文法上确立了一般性的缔约过失责任制度。

可见，缔约过失责任制度的提出和创设，是诚实信用原则对合同缔结阶段义务关系与责任的塑造，而不是意思自治下传统合同责任的自然扩张。同时，缔约过失责任的提出也并非传统侵权责任在合同领域的天然映射。因为在传统的德国侵权法上，侵权责任的配置因顾及行动自由的保护，总是试图避免侵权责任的宽泛化：未创设针对任何损害的一般性过错责任条款，而是创设了区分权利、利益

---

① 孙维飞：《〈合同法〉第42条（缔约过失责任）评注》，载《法学家》2018年第1期。

② See Kessler, Friedrich & Edith Fine, *Culpa in Contrahendo, Bargaining in Good Faith, and Freedom of Contract: A Comparative Study*, Harvard Law Review 77, no. 3, 401, 401-407 (1964).

的阶层侵权责任模式。使用辅助人的场合，本人侵权责任的归责也采过错原则，而非无过错的本人责任。因此，传统的侵权责任构造也就显然与宽泛过失概念塑造下的缔约过失责任理念存在不合。从这个角度来看，缔约过失责任从来都不是合同责任或者侵权责任的子类，而是与自由原则相对应的诚信原则所发生的独立责任类型。而当诚信原则已成为整个民法的帝王条款，以缔约过失责任为代表的诚信义务体系开始在合同法与侵权法领域生根发芽时，[①] 与其说缔约过失责任被合同责任或者侵权责任所涵盖、吸收，不如说是缔约过失责任向合同法和侵权法的外溢。目前，我国对于缔约过失责任的定位也常采取独立责任说。[②] 该种定位，实际也体现在了本条规定的概念使用上。

本条文并未使用《合同法》第 42 条下“损害赔偿责任”的概念，而是代之以“赔偿责任”的用语。从《民法典》的概念使用来看，“损害赔偿”往往属于物权法或者侵权法下侵害绝对权时，通过金钱给付来弥补损害的责任承担方式（例如，第 238 条将侵害物权的赔偿责任明确表述为“损害赔偿”；侵权法部分中，赔偿责任章节的标题表述亦是“损害赔偿”）。在违约责任上，通过金钱给付来赔偿履行利益的责任承担方式则常被表述为“赔偿损失”（例如，第 577 条关于违约责任承担方式的规定）。该种概念的区分使用可能是为了突出侵权责任、违约责任在赔偿责任认定上的理念差异，前者赔偿的是固有利益的“损害”，而后者通常赔偿的是履行利益的“损失”[③]。相较而言，“赔偿责任”概念，则似乎属于统摄“损害赔偿”与“赔偿损失”的上位概念，仅强调责任承担方式乃是金钱给付，而不强调赔偿计算方式和基础理念的差异。正因如此，《民法典》在一些难以清楚界定究竟属侵权责任还是违约责任的情形中，往往都会使用“赔偿责任”的概念，如第 43 条下财产代管人的赔偿责任、第 84 条下董监高对法人的赔偿责任、第 222 条下错误登记时登记机关的赔偿责任。因此可以认为，该条规定用“赔偿责任”取代“损害赔偿责任”的做法，显示了立法上对缔约过失责任体系定位的一种转变，避免将其定位于侵权损害赔偿责任来处理，但同时也不将之作为一种典型的违约损失赔偿来界定，贯之以“赔偿损失”的概念。在法条规范中，有意消弭掉可能的性质认定用语，换之以更模糊和笼统的概念，为缔约过失责任的定位和赔偿计算预留灵活空间，是一种有意的法内漏洞。这样一来，法院

---

① 汪倪杰：《我国〈民法典（草案）〉中附随义务体系之重构——以中、德附随义务学说溯源为视角》，载《交大法学》2020 年第 2 期。

② 孙维飞：《〈合同法〉第 42 条（缔约过失责任）评注》，载《法学家》2018 年第 1 期。

③ 有的法条在使用“赔偿责任”概念时，也会同时用到“损失”概念，但这一损失概念显然也是在更宽泛的意义上来使用，而非违约责任下“赔偿损失”概念所指向的履行利益。例如，第 43、84、53 条等。

在缔约过失责任的赔偿认定上能够更为灵活，不会被机械地限定在“侵权责任”或者“违约责任”的传统赔偿认定逻辑上，而是可以考虑多方面的事实因素和经验情况，在个案中灵活认定赔偿范围，这实际上也是我国法院处理缔约过失赔偿责任的一贯态度。

从该条规定的内容来看，缔约过失下赔偿责任的适用范围应限于“合同订立过程中”义务的违反。其构成要件则是：1. 一方存在违背诚实信用原则的行为；2. 另一方遭受了损失；3. 违背诚实信用原则的行为与损失之间存在因果关系。

二、适用范围

缔约过失责任的基础在于缔约关系中缔约双方因接触而产生合理信赖，基于诚信原则为保护该合理信赖而对相对方科以一定的行为要求。因此，合同双方缔约阶段产生的行为和问题，才是该条规定的适用范围。“在合同订立过程中”也即对该适用范围的法律表达。因此，如何界定“合同订立过程中”对于缔约过失责任的适用范围，以及其与合同责任、侵权责任作用范围的划定来说意义重大。从文义看，合同订立过程中应当指向的是开始采取相关方式进行合同订立，到合同订立完成的时间段。就前者而言，关键需要明确合同订立的方式，以判断是否已采取相关方式，进入合同订立阶段。从《民法典》第 471 条的规定来看，要约承诺方式是“合同订立”的主要方式。因此，是否进入合同订立阶段，主要也就在于判断是否已经发出要约。发出要约邀请是否也可以构成该时段的起点则并不明确。从一些司法案件的处理来看，法院似乎采取肯定说，只要其属于“展开磋商”的时点即可。[①] 不过，对于虚假陈述类的缔约过失责任，展开磋商的起始点原则上还是应当排除要约邀请，因为要约邀请缺少受拘束的意思，其所陈述的事项无论如何都还不能让相对方产生合理信赖，也就无缔约过失责任适用的余地。那么合同订立阶段到底何时结束呢？是合同成立后还是直到合同生效后？就此而言，应当以合同生效时点为合同订立阶段的结束时点。《最高人民法院关于适用〈中华人民共和国合同法〉若干问题的解释（二）》第一部分“合同的订立”中第 8 条规定，明确将合同成立后、生效前不履行申请或者登记义务的行为界定为缔约过失行为。该规定也就将缔约过失责任制度的适用范围——“合同订立过程中”，扩展到了合同成立后、生效前的阶段。综上可以认为，原则上发出要约后到合同生效前的时段就属于“合同订立过程中”。[②]

---

① 参见冯某与微软（中国）有限公司侵犯商业秘密纠纷案，湖北省武汉市中级人民法院（2003）武知初字 70 号知识产权判决书。

② 此处另外的问题在于，对于非采取要约承诺方式订立合同的情况来说，如悬赏广告，如何界定“合同订立过程中”的范围。就此来说目前还未有相关案例。

需要注意的是，该时段作为缔约过失责任适用范围的限定，并不是限定了主张缔约过失赔偿责任的时间范围，即并非只有在“合同订立过程中”（合同未生效状态时），才可以主张缔约过失赔偿责任。从本条第1项和第2项的列举来看，该用语乃是对缔约过失行为发生时间范围的限定，即当相关行为发生在合同订立过程中时，才可以依据该条规定对该行为进行责任认定的判断。此时即使合同已经生效，也不妨碍缔约过失责任主张的成立。[①] 但根据第501条的规定，不法行为的发生即使不在合同订立过程中，也可能构成缔约过失责任。因此，缔约过失责任制度的适用范围也就不是锚定在行为的发生时点上，而是锚定在诚信原则下相关义务的发生时点上：只要相关行为所违反的义务产生于“合同订立过程中”，属于先合同义务，那么即使义务违反行为发生在合同生效后或者履行完毕后，仍可以对之适用缔约过失责任制度来进行责任的认定和承担。

三、一方存在违背诚实信用原则的行为

违背诚实信用原则的行为，是指违反了诚实信用原则所设立的行为要求，从而使得缔约一方具有可归责性。从本条第1项及第2项的规定看，诚实信用原则下可归责性的认定主要是一种主观归责，即要求行为人是基于“恶意”或者“故意”而实施某种不当行为。对于第1项下的恶意磋商来说，主观归责的设计可能是为了避免过分限制合同自由。中止磋商本身乃合同自由的重要内涵，一种客观的中止磋商标准会使得合同缔结与否不再完全取决于当事人的意思，而是会更多受制于裁判者对于中止磋商是否符合“客观标准”的心证，不仅影响缔约人的可得利益而且也影响其固有利益。[②] 因此，对其限制也就应当慎之又慎，将中止磋商的可归责性放置在滥用合同自由的主观恶意上也就更为妥当。对于第2项规定而言，其主观归责的规定主要是受到合同欺诈制度的影响。按照《最高人民法院关于贯彻执行〈中华人民共和国民法通则〉若干问题的意见（试行）》第68条的规定，合同欺诈的构成以故意为必要。合同订立阶段信息隐瞒或者虚假陈述行为的可归责性也建立在了主观归责上。本条第2项即遵循了该种法价值判断，以避免产生法律评价的前后不一致。

但违反诚信原则或者说诚信原则下可归责性的认定，也可以基于义务违反的客观归责来加以构建。典型如《最高人民法院关于适用〈中华人民共和国合同法〉若干问题的解释（二）》第8条的规定，只要缔约一方违背了批准或者登记申请义务，即可认定违反诚信原则的行为，而不问其有无主观上的过错。相关公

---

① 换言之，合同不成立或者不生效并不是缔约过失责任成立的前提。

② 该种客观中止缔约标准可能导致当事人被动接受某种合同条款，从而对其可得利益产生影响。同时，该标准也可能使得当事人不得不继续缔约，支付缔约费用和成本，对其固有利益亦产生影响。

告案例也明确，违反预约合同下的缔约义务亦构成缔约过失责任。[①] 按照该种客观归责逻辑，则判断违反诚信原则与否的关键在于，在个案中就某一具体事项，判断缔约一方是否应当顾及相对方的信赖，承担一定的注意义务。该种缔约阶段的注意义务本质上属于一种法定义务，不可通过约定而完全排除，但可以通过合同明确具体的注意义务内容，如通过预约合同约定本约订立义务或者通过本约规定登记报批的申请义务。[②] 法律有时也会对缔约阶段的注意义务类型直接加以规定，如第 501 条下的保密义务。对于具体的注意义务缺少明确约定或者法律规定时，则需法院基于诚信原则裁量是否存在具体的注意义务。就此来说，应当从客观视角来加以认定，即从相关行业具有专业知识和经验的理性人标准出发，基于缔约人当时所处的情景和环境来判断相关注意义务的履行是否明显且可能。明显与否主要是指能否预计到相对方对特定事项有信赖，以及对相关信赖加以顾及和保护是否符合通常的交易习惯和预期。可能与否则主要涉及履行相关义务是否存在法律或事实上的障碍，如因保密义务的约束而无法披露特定事项，或者履行义务需要支付不合理的极大成本。此时，基于义务违反的客观归责来认定特定行为对诚信原则的违反，其法条基础也就应当回到第 3 项的兜底规定上来。

这样一来，也就会出现第 3 项和前两项规定的协调问题。虽然前两项规定基于主观归责来构建相关情形下的缔约过失责任，但是否仍得基于第 3 项的规定，基于客观归责来认定相同情形下的缔约过失责任？问题的关键不在于解释上的逻辑推导，而在于这样一个价值判断，即对中止磋商、合同欺诈的认定，是否仍应坚持主观归责，拒绝通过客观归责来扩大责任。这是一个法律续造问题。目前，无论是对于中止磋商还是合同欺诈，学界和司法政策都还未普遍承认客观归责下的责任扩张。[③]

---

① 参见张某与徐州市同力创展房地产有限公司商品房预售合同纠纷案，载《最高人民法院公报》2012 年第 11 期。

② 报批或者申请登记被约定为双方的共同义务，而双方均未履行相关义务时，按照最高人民法院的观点则应当认定双方都存在缔约过失，应当根据过错程度承担责任。在各方过错程度的判断上，若合同之生效对一方来说属纯受利益，则其对合同之生效应当具有更高的注意义务，未履行相关义务的过错程度被认为更高。参见中国银行股份有限公司大连甘井子支行与库伦旗首宇甜菊糖有限公司金融借款合同纠纷案，最高人民法院第二巡回法庭（2017）最高法民终 436 号民事判决书。

③ 虽然我国有学者主张承认过失欺诈，但也有学者对此持反对态度。参见刘勇：《缔约过失与欺诈的制度竞合——以欺诈的“故意”要件为中心》，载《法学研究》2015 年第 5 期；尚连杰：《缔约过失与欺诈的关系再造——以错误理论的功能接入为辅线》，载《法学家》2017 年第 4 期。而且从《最高人民法院关于适用〈中华人民共和国民事诉讼法〉的解释》第 109 条的规定来看，实际上也是对欺诈的构成提出了更高而非更低的要求。对于恶意磋商的构成而言，在学界和司法政策上都还未有主张进行客观归责扩张的观点。

四、另一方遭受损失

如何界定本条下的“损失”，不仅对于责任构成来说意义重大，而且实际上会影响到赔偿责任下赔偿金额的计算。一般认为，缔约过失责任下一方所遭受并应得到赔偿的损失主要是为缔结合同而支付的费用，以及丧失的其他交易机会，即所谓“信赖利益”，而不包括与缔约无关联、代表既有人身财产完整性的“固有利益”和合同履行后所能获得的“履行利益”。[①] 固有利益的保护属于侵权法范畴，而履行利益的保护则属于合同有效情形下违约制度的范畴。然而，该种基于逻辑而非经验构造的“损失”类型划分和救济范围，并未被我国立法和司法实践所接受。虽然商业秘密通常与缔约行为无关联，但第501条仍然规定了泄露商业秘密而导致的赔偿责任，承认了缔约过失责任制度下对固有利益而非信赖利益的救济。另外，在公告案例中，最高人民法院对“交易机会损失”进行了非常广义的理解，认为其不仅包括狭义上因缔约而丧失其他缔约机会的交易机会损失，甚至也包括因合同无法有效订立而丧失履行利益的可得利益损失，[②] 将实质性的“履行利益”理解混入了传统的“信赖利益”概念体系中。该种处理，也就为法院灵活认定缔约过失责任下的损失提供了空间和基础。可见，在“损失”构成要件的界定上，我国并未根据逻辑概念划分对“损失”进行事先限定，损失的认定和计算诚如学者所言更多地属于一种交给法院来完成的法律续造问题。[③]

信赖利益损失包括因缔结合同而直接支付的费用和其他交易机会丧失。其界定上遵循的逻辑是要使信赖方的利益状况回到其因信赖合同之有效订立而支付相关缔约费用和放弃其他交易机会之前的状态。费用损失是否应当包括相关费用对应的利息，实践中往往做法不一。最高人民法院公告案例将费用支出所对应的利息也认定为信赖利益损失，且明确认为利息损失的计算，不以相关资金为自有资金为前提，实际上是将该种利息损失界定为一种因缔约费用支出而产生的“财务成本”，或者说资金占用的时间成本。[④] 从最新的司法案例来看，最高人民法院对于该种资金占用成本带来的损失保护逐渐加强，即使在缔约过失责任因双方过错而难以成立的场合，也会基于不当得利制度，将之作为法定孳息要求予

---

① 孙维飞：《〈合同法〉第42条（缔约过失责任）评注》，载《法学家》2018年第1期。

② 参见深圳市标榜投资发展有限公司与鞍山市财政局股权转让纠纷案，最高人民法院第二巡回法庭（2016）最高法民终802号民事判决书。

③ See L. L. Fuller & William R. Jr. Perdue, *Reliance Interest in Contract Damages*: 1, 46 Yale L. J. 52, 52 (1936).

④ 参见深圳市标榜投资发展有限公司与鞍山市财政局股权转让纠纷案，最高人民法院第二巡回法庭（2016）最高法民终802号民事判决书。

以返还。[①]

信赖利益概念下狭义的机会利益损失，是指因错过与他人订立合约的交易机会，而导致当前要支付更多的价款来获得同等条件的合同，体现为同等条件合同在不同时点上市场价格的差异。履行利益的计算，则常常以特定合同价格和按约履行完毕时点上市场价格的差异来加以计算。因此，两者的计算差异关键也就在于，作为价差被减数的价格是争议合同所约定的价格，还是与潜在市场第三方达成同等条件合同的市场价格。在实际认定当中，由于在不同时点上可能难以存在同等条件合同或者难以界定其市场价格，因此在买卖合同争议中，法院常参考缔约过失一方将标的物另行出卖他人的价格与争议合约价格的价差（违反诚信方的获利）来确定交易机会的损失数额，[②] 也即将履行利益作为信赖利益下机会损失的认定基础，从而进一步模糊了信赖利益损失和履行利益损失的界限。不过，信赖方交易成本的返还情况、违反诚信原则一方主观过错的程度以及取得相关利益的确定性程度也是界定最终损失的重要因素，因此法院通常不会支持将代表履行利益的价差全部计入损失，而会按照一定的比例加以酌定。[③]

总体而言，在缔约过失责任的损失界定上，违反诚信原则一方的获利情况、主观过错程度、信赖方交易成本返还情况、取得相关利益的确定性程度等才是法院具体确定损失范围的考量因素。主观过错程度和取得相关利益的确定性程度越高，就越可能以违反诚信义务一方的转卖价差之全部作为损失来认定。[④] 而若交易成本已经返还，信赖方取得相关价差利益的确定性程度较低（宏观市场价格变动不确定或者难以达到价差的幅度，或者合同安排会限制价差的取得等），则只能按照违反诚信一方转卖获利的较小比例来确定损失。

对于本条第 2 项的规定来说，若相关合同并未解除，则其损失为“订立了一

---

① 参见江西省金谷米业有限公司、内蒙古嘉瑞酒店管理有限责任公司股权转让纠纷案，最高人民法院（2018）最高法民再 449 号民事判决书。

② 参见张某与徐州市同力创展房地产有限公司商品房预售合同纠纷案，载《最高人民法院公报》2012 年第 11 期。

③ 在相关股权纠纷案件中，最高人民法院就认为由于交易成本已经返还，且案争合同有转售限制期限，即使合同得到履行，原告也无法以被告当前的转卖价格出卖标的获得价差利润，而转售期满后的标的价格，则仍难确定。因此，法院最终是将相关价差的 10% 界定为交易机会的损失。参见深圳市标榜投资发展有限公司与鞍山市财政局股权转让纠纷案，最高人民法院第二巡回法庭（2016）最高法民终 802 号民事判决书；中信红河矿业有限公司鞍山市财政局股权转让纠纷案，最高人民法院（2016）最高法民终 803 号民事判决书。

④ 在相关案件中，最高人民法院强调对于主观过错程度较高，恶意违反诚信原则的一方来说，如果不将其所获利益大部分计入损失，而是严格排除履行利益，则对于守约方来说，会导致利益衡量失衡。该种排除，实际上也不利于遏制恶意的不诚信行为。参见海南昌旺达置业顾问有限公司与海南宇昌房地产开发有限公司商品房预售合同纠纷案，最高人民法院（2014）民抗字 75 号民事判决书。

个条件不利的合同”，该种损失之救济传统上来看是通过瑕疵担保责任制度来加以实现的。在缔约过失责任制度下，从最高人民法院的判决来看，该种损失的救济主要是通过将不利条件下要多支付的费用或者承担的不利义务转嫁给虚假陈述的合同缔结方来加以解决。[①]

五、损失和行为之间有因果关系

损失与违反诚信原则的行为之间是否有因果关系，常常涉及信赖方在事实上和应然上对于相对方是否有特定的信赖。就应然的信赖判断来说，其同违反诚信原则行为要件的客观归责判断一样，实乃对注意义务的客观认定。两者的不同之处在于，违反诚信要件下的注意义务是对他人利益的注意，而本要件下的注意义务则是对自己利益的注意，属不真正义务。因此，其具体认定也就应当基于信赖方所处的情景和掌握的事实，从该行业具有专业知识和经验的理性人标准出发，立足自我保护的通常做法，判断是否应当对特定事项有所信赖。在本条规定第 2 项下虚假陈述情形中，若相对方实际上对于违反诚信一方所隐瞒或者虚假陈述的事项知道或者应当知道，则不能认为其损失与相对方违反诚信的行为之间有因果关系。《最高人民法院关于审理证券市场因虚假陈述引发的民事赔偿案件的若干规定》第 19 条第 2、3 项的规定就体现了该种应知或者明知导致因果关系难以成立的思路。

除此之外，损失和行为之间是否具有因果关系的判断还常常会考虑如果没有相关不法行为，损失是否就不会产生；以及受损一方本身是否就是基于恶意而参与到合同的缔结当中去。按照前述《最高人民法院关于审理证券市场因虚假陈述引发的民事赔偿案件的若干规定》第 19 条第 4 项的规定，如果损失乃由系统性风险所引起，就不能认定行为和损失之间有因果关系。同时，该规定第 5 项则明确认为，如果本身就是基于恶意投资、操纵证券价格而参与合同缔结，其损失与相对方的不法行为之间也不存在因果关系。前一种因果关系的否定，乃是基于条件因果关系的自然逻辑，而后一种因果关系的否定，则可能是基于恶意者的信赖不值得保护的价值评价。

在违反合同报批义务的缔约过失案件中，最高人民法院的公告案例也要求信赖方乃属“善意”[②]。该种善意要求的基础是本条文中的因果关系要件，其实质内涵就在于上述事实上以及应然上信赖有无的判断。在该类型的缔约过失案件中，义务违反方有时也会基于相关合同不符合审批要求为由，认为即使其履行报批义

---

① 参见海亮地产控股集团有限公司与中国房地产开发合肥有限公司股权转让纠纷案，最高人民法院（2015）民一终字 82 号民事判决书。

② 参见深圳市标榜投资发展有限公司与鞍山市财政局股权转让纠纷案，最高人民法院第二巡回法庭（2016）最高法民终 802 号判决。

务合同也不会生效，相关损失并非由其义务违反行为所导致，因此不存在因果关系。就此种因果关系不成立的抗辩，最高人民法院明确认为相关合同是否符合审批要求，是应当由有权机关作出的实质性判断，承担报批义务的一方不得越俎代庖，以自己断定无法通过审批要求而径直违反义务要求，并进而主张其不法行为与相对方的损失之间不存在因果关系。① 也就是说，不能以未实际发生的事项作为损失产生的原因，进而阻却不法行为和损失之间的因果关系。

在违反预约合同的缔约过失责任认定中，相关公告案例则肯定，因政府强制性标准和拆迁计划等不可事先预料的政策变动而导致标的物前后差异较大时，基于公平原则就不应当完全将前后价差数额计入缔约过失损失，而应当以价差为基础来加以酌减。② 该种酌减实际上体现了损失与行为之间因果关系的认定逻辑，即有些损失是因政策变动而产生，其与不法行为之间并无因果关系，因此不能计入损失数额。相关认定也就承认了，不可事先预料的系统性政策变动可以部分阻却不法行为和损失之间的因果关系。需要注意的是，在该案中，法院首先是在“违反诚信原则的行为”要件中对政策变动风险加以考虑，认为该变动风险不能推翻被告行为的可归责性，然后再在损失因果关系的认定中考虑了政策变动风险，并以此对损失额度进行了酌减。可见，有些事实因素即使在可归责性要件的认定中不被采纳，其仍然可能在损失与因果关系要件中被加以考虑并发挥作用。

（撰稿人：箫鑫、赵精武）

第五百零一条　【合同缔约人的保密义务】 当事人在订立合同过程中知悉的商业秘密或者其他应当保密的信息，无论合同是否成立，不得泄露或者不正当地使用；泄露、不正当地使用该商业秘密或者信息，造成对方损失的，应当承担赔偿责任。

【释义】

一、规范意旨

在缔约阶段双方往往需要进行密切的沟通交流与商讨，以此降低信息不对

---

① 参见深圳市标榜投资发展有限公司与鞍山市财政局股权转让纠纷案，最高人民法院第二巡回法庭（2016）最高法民终802号判决。

② 参见张某与徐州市同力创展房地产有限公司商品房预售合同纠纷案，载《最高人民法院公报》2012年第11期。

称，促进合同交易的达成。但这样一种沟通交流同时也增加了合同缔结方的信息风险：缔约方的保密信息可能在这一过程中被对方所知悉，既可能是主动提供，也可能是对方因密切关系而直接取得，从而产生信息泄露和不当使用的风险。对于该种因缔约活动而产生的风险视而不见，可能会导致缔约各方惧于参与合同缔结，最终压制协商以及交易的达成，不利于市场效率。

正因如此，对该种因缔约而产生的信息风险，应当在法律上予以控制。从诚信原则出发，缔约双方均应对相对方的信息利益加以顾及，满足一定的信息保密要求和正当使用要求。本条规定与《合同法》第 43 条的规定不同，未再将其适用范围限定在“商业秘密”的范围内，而是包括了“其他应当保密的信息”，将所有应当保密的信息均明确纳入了本条的规制范围，从而确定了缔约关系中保密信息一般性的保密和禁止不当使用的要求，属于缔约过失责任的一种。① 由于该条规定下应当保密的信息可以由当事人在缔约过程中加以明确约定，其所涵盖的保密信息范围也就不限于侵权法上法院事后裁定的信息范围，而是可以约定承担更高的保密要求，因此该条规定下的责任与侵权责任有所区别。② 同时，该条规定下的保密要求仍属于缔约阶段诚信原则下的法定要求，同第 500 条下的注意义务一样，并不能被当事人的约定所完全排除，因此该条规定下的责任也就并非意思自治原则下传统的违约责任。但如第 500 条的释义所言，随着诚信原则外溢到合同法和侵权法，本条下的责任同一般的缔约过失责任一样，在实际效果上与合同责任、侵权责任的区别已经越来越小，相关抽象类型区分也因此并无太大实义。

二、适用范围

本条下，应当保密信息的取得应是在“订立合同过程中”，若信息的取得不在该时段，则对相关信息的泄露和不当使用不能适用本条规范来加以处理，而应根据《反不正当竞争法》或者其他特别法下的信息保密规定来进行救济。该项适用范围的限定，可以说是规范意旨的自然推导和体现。如上所言，本条下信息保

---

① 虽然《合同法》第 43 条的适用范围仅限于商业秘密，但我国法院和学者也常将其作为缔约过失责任的一种来加以看待。参见张某清与贞丰县钰宏石材有限公司缔约过失责任纠纷案，贵州省黔西南布依族苗族自治州中级人民法院（2016）黔 23 民初 66 号民事判决书；深圳市农产品融资担保有限公司与中国民生银行股份有限公司深圳分行缔约过失责任纠纷，广东省深圳市中级人民法院（2013）深中法商终字 113 号民事判决书；汪倪杰：《我国〈民法典（草案）〉中附随义务体系之重构——以中、德附随义务学说溯源为视角》，载《交大法学》2020 年第 2 期。

② 在实践中缔约双方常常会签订保密声明或者协议等文件，对于缔约关系下的保密要求加以明确约定。参见张虹：《缔约磋商中保密义务的法律适用研究——以〈中华人民共和国合同法〉第 43 条为中心》，载《法商研究》2011 年第 2 期；广州市管道文化传播有限公司与广州聚本传媒信息科技有限公司侵害商业秘密纠纷案，广东省广州市天河区人民法院（2019）粤 0106 民初 15855 号知识产权判决书。

护要求的本旨，是对因缔约沟通交流而产生的信息风险加以控制。从诚信原则出发，要求一方对因缔约关系而给另一方带来的信息风险和利益加以顾及，以此促进协商和交易的实施。所以，该条规范的适用，当然要以因缔约关系而产生信息风险为前提。在法条表述上也就体现为“在订立合同的过程中知悉”。同时，该种信息风险仅是因缔约磋商、沟通而产生，与合同是否成立、是否有效并无关联。正因如此，本条规定明确提出不论“合同是否成立”，都不得泄露或者不当使用相关信息。根据第500条的释义内容，“订立合同过程中”这一概念所指向的时段，原则上应当是指发出要约后、合同生效前。该时段之外因知悉而产生的信息风险则不属于本条适用的范围。在涉及保密信息的案件中，法院似乎有意避免将该时段的起点限定在“发出要约”的范围内，而是将之表述为更为模糊和宽泛的“磋商”概念，从而将要约邀请的发出等潜在情况也涵盖于其中。[①] 这显示出“订立合同过程中”的认定存在一定的灵活性。但该种灵活性仍应受限于规范意旨，明显并非因缔约沟通交流而产生信息风险的情形，不应属于本规定的适用范围。因此，一些判决将本规定作为员工离职后一般性保密义务的基础，显然值得商榷。[②]

结合第500条下缔约过失责任一般的构成要件，本规定中赔偿责任的构成也可以分为三个要件的要求：1. 存在违反诚信原则的行为；2. 相对方存在损失；3. 损失与不法行为之间具有因果关系。

三、存在违反诚信原则的行为

对订立合同过程中所知悉的信息并非都属于本条的保护范围，只有当相关信息属于商业秘密或者其他应当保密的信息时，才可能受本规定的保护。另外，对于应当保密信息的使用也并非都构成对诚信原则的违反，只有当相关使用构成泄露或者不当使用时才构成。因此，本条规范下不法行为的认定，主要就是要回答两个问题：1. 相关信息是否属于商业秘密或者其他应当保密的信息；2. 相关信息的使用行为是否构成泄露或者不当使用。

（一）商业秘密或者其他应当保密的信息

从法院和学说的观点来看，本条规定中的商业秘密应当按照《反不正当竞争

---

① 在相关案件中，当事人主张认为其获取信息并非在要约、承诺的过程当中，但法院在最终认定中并未采纳该主张，而是承认了相关信息的知悉是在合同“磋商”过程中。参见冯某诉微软（中国）有限公司侵犯商业秘密纠纷案，湖北省武汉市中级人民法院（2003）武知初字70号知识产权判决书。

② 参见常州凯乐特种织物有限公司与邹某竞业限制纠纷案，江苏省常州市中级人民法院（2016）苏04民终3134号民事判决书；吕某品与曹县鲁曹高新机械制造有限公司劳动合同纠纷案，山东省菏泽市中级人民法院（2019）鲁17民终640号民事判决书。

法》第9条第3款所规定的商业秘密概念来加以理解,[①] 即指不为公众所知悉,能为权利人带来经济利益、具有实用性,并经权利人采取保密措施的技术信息和经营信息。《最高人民法院关于审理不正当竞争民事案件应用法律若干问题的解释》第9、10、11条对“不为公众所知悉”“能为权利人带来经济利益、具有实用性”“权利人采取保密措施”三个核心要件的具体认定进行了规定。从第9条的规定来看,不为公众所知悉不仅是指事实上不知悉,而且也要求无法通过公开渠道直接取得,或者支付一定代价而容易取得。第10条则明确了商业秘密应当具有商业价值,能带来竞争优势,法院对该种商业价值的判断有时可能采知识产权法上的“创造性或者新颖性”要求的理解。[②] 需要明确的是,当相关信息并不直接存在于公开渠道中,但可以通过对公开渠道的信息加以分析而得到时,不知悉要件和商业价值要件的认定可能会产生重叠。因为不知悉要件下“支付一定代价而容易获取”并不要求信息可以直接取得,对公开渠道的信息加以分析、提炼也可能构成,只要分析、提炼方法是“容易”的。而“容易”的认定最终可能涉及对分析、提炼方法本身是否具有新颖性、创新性的判断,从而与商业价值要件的判断相重合。[③] 不过,即使分析提炼方法具有新颖性、创新性,相关信息也并非一定具有商业价值,信息本身的内容也是重要的考虑因素。最后,商业秘密的构成还要求针对该特定信息采取了“保护措施”,不能因将相关信息主动告知缔约方而断然认为没有采取保护措施,而是要结合所涉信息载体的特性、权利人保密的意愿、保密措施的可识别程度、他人通过正当方式获得的难易程度等因素来进行综合判断。因为信息载体的特性、正当获取的难易程度、权利人保密的意愿等实际上属于其他构成要件所要考虑的内容,所以该项规定也就弱化了“采取保密措施”本身的要件要求,而强化了其他要件在商业秘密认定上的作用。

本条规定明确将除商业秘密外的其他应保密的信息也纳入了保护范围,因此相关信息即使不具有商业价值或者未被采取保护措施,但只要其不被公众所知悉,且从知悉信息的缔约一方所处的情景和掌握的事实出发,按照相关市场具有通常经验和理性的参与者标准来看,对相关信息应当予以保密,该特定信息就仍属于本条下应当保密的信息。不具有商业价值的个人数据、隐私信息或者未采取

---

① 参见冯某诉微软(中国)有限公司侵犯商业秘密纠纷案,湖北省武汉市中级人民法院(2003)武知初字70号知识产权判决书;张虹:《缔约磋商中保密义务的法律适用研究——以〈中华人民共和国合同法〉第43条为中心》,载《法商研究》2011年第2期。

② 参见冯某与微软(中国)有限公司侵犯商业秘密纠纷案,湖北省武汉市中级人民法院(2003)武知初字70号知识产权判决书。

③ 参见冯某与微软(中国)有限公司侵犯商业秘密纠纷案,湖北省武汉市中级人民法院(2003)武知初字70号知识产权判决书。

保密措施的商业秘密等都可能构成本条下其他应当保密的信息。除此之外，只要相关信息不为公众所知悉，就可依据当事人约定或者法定而将其确定为应当保密的信息。

（二）泄露与不正当使用

对于商业秘密和其他“应当保密”的信息而言，“应当保密”的条文用语体现了知悉相关信息的缔约方应承担保密要求。对该种保密要求的违反，也即构成本条下的“泄露”。问题是，对保密要求的违反是否以存在主观上的故意、知情为必要，即必须是一种主观归责，还是说只要违反了客观上的行为要求即保密义务，就可以满足，属于一种客观归责？从第500条的规定来看，若责任构成仅限于主观归责，条文内容都会加以明示，而本条并没有该种明示规定，所以本条下保密要求的违反以保密义务违反的客观归责为已足。该项义务的产生，只受到“保密”本身的逻辑条件限制，其应当不为公众所知悉。在满足该限制条件的情况下，相关保密义务可以依约定或者法定而产生。保密义务的内容是要保持相关信息不为公众所知悉的状态。按照商业秘密下不知悉要件的内涵来理解，就是要保持其无法通过公开渠道直接获得或者支付一定代价而容易取得。从这一逻辑推导来看，本条规定下的“泄露”指向的就是使相关信息直接出现在公开渠道上，可以被他人直接获取；或者虽然未将相关信息直接泄露于公开渠道上，但使得该信息可以通过支付一定的代价而容易取得。

本条下的“不正当使用”则并非对于保密义务的违反，而是强调未经信息所有人同意，而使用相关保密信息。例如，将从信息所有人处获得的客户名单信息加以利用，从而取得与这些客户进行交易的机会；① 相关信息的使用和费用还未达成合意，却擅自使用这些信息来完善自身的产品、解决相关产品问题。② 该种不正当使用下的责任，不是为了维持保密信息本身的保密特性，而是为了保护信息所有人对保密信息进行使用和支配的利益。问题是，本条规定下该种不正当使用责任的产生是否需要行为人具有主观上的故意或者知情，而不能以义务违反的客观归责来加以构造？毕竟，此处是对尚不构成权利的信息利益的侵害。首先，本条规定并未明示“不当使用”责任仅限于主观归责。其次，该种保密信息的使用支配利益类似于对物之使用支配权利，相应的赔偿责任也就类似于物权侵害下的侵权赔偿责任。而从侵权责任的构成来看，我国一向不存在权利、利益的保护

---

① 参见深圳市农产品融资担保有限公司与中国民生银行股份有限公司深圳分行缔约过失责任纠纷案，广东省深圳市中级人民法院（2013）深中法商终字113号民事判决书。

② 参见冯某与微软（中国）有限公司侵犯商业秘密纠纷案，湖北省武汉市中级人民法院（2003）武知初字70号知识产权判决书。

差异，客观的过失在责任构成上即为已足。最后，从逻辑上来看，缔约过失下责任的构成乃基于更密切的信赖关系，对信赖方的保护应更强于侵权责任，在侵权责任都未排除客观归责的情况下，似乎也就没有道理对本条下不当使用的赔偿责任认定科以更不利于信赖方的主观归责要求。

因此，本条下“不正当使用”的赔偿责任，也就不以主观故意或者主观知情为必要，义务违反下的客观归责即为已足。一旦相关信息构成保密信息，通常就可以认为，在未经信息所有人同意的情况下，有不使用该信息的义务。不过，责任的构成虽然不要求主观上的故意，但相关故意的有无却可能影响到具体损失的确定。

四、相对方存在损失

如第500条释义所言，缔约过失责任下的损失不仅包括了逻辑概念分类下的信赖利益、履行利益，而且也包括了固有利益。其中固有利益的损失，最为典型的就是本条下因泄露或者不当使用应当保密的信息而产生的损失。本条规定下所保护的法益存在于应当保密的信息之上，该项信息虽不属于绝对权，但存在类似物权或者人格权的利益，即对信息的支配、使用利益。从这个意义上来看，违反保密义务而泄露相关信息，类似破坏他人财物或者泄露他人隐私。而未经允许使用相关信息，则类似未经允许使用他人财物或者肖像，均会导致本人固有利益的损失，即既存利益以及既存利益自然衍生所能获得利益的损失。[①] 正是基于该项特性，有的学者认为本条规定下的赔偿责任性质并非缔约过失责任而属于侵权责任。[②] 在固有利益损失的具体计算上，信息取得或者创作所支付的费用、维权的费用和律师代理费等都可能被考虑于其中。[③] 然而，应当保密的信息价值以及泄露和不当使用所带来的价值减损，有时并非容易确定和评估的事项。因此，按照《反不正当竞争法》第17条的规定，侵犯商业秘密的损失计算，原则上以实际损失为限，实际损失无法确定的按侵权人获得的利益确定，而在实际损失和获得利

---

① 履行利益与固有利益的差异较为明显，履行利益是由合同履行才可产生的特殊可得利益。但固有利益的实现则与合同履行无关。但固有利益与信赖利益的差异则存在争论，有的学者认为固有利益可以涵盖信赖利益。缔约费用和交易机会这样一种可得利益，均可被固有利益的概念所吸收。参见叶名怡：《再谈违约与侵权的区分与竞合》，载《交大法学》2018年第1期。

② 蔡恒、骆电：《我国〈合同法〉中的赔偿损失类型及其适用》，载《法律适用》2013年第8期。有的学者则认为本条下的赔偿责任既可能是违约责任也可能是缔约过失责任，关键在于判断不法行为是否在合同履行过程中发生。参见冉克平：《缔约过失责任性质新论——以德国学说与判例的变迁为视角》，载《河北法学》2010年第2期。该种理解存在一定的偏颇，因为履行过程中的不法行为，实则可能同时违反了本条下的先合同义务和合同有效后的附随义务，因而同时产生本条下的责任和违约责任，因此并不存在单一责任是缔约过失责任还是合同责任的问题。

③ 参见临沂一鸣装饰有限公司与临沂金氏玛帝奥商贸有限公司著作权侵权纠纷案，山东省临沂市中级人民法院（2006）临民三初字16号知识产权调解书。

益都无法清楚计算的情况下，则允许法院根据情节进行酌定，但不得超过500万元。在该项损失数额的酌定中，法院常会考虑主观过错程度、不法行为的性质、持续的时间、规模、范围以及为制止不法行为支付的合理费用等因素。[①] 本条下固有利益损失的具体确定，也可参照这一商业秘密损害赔偿数额的确定规则。

五、损失与不法行为之间具有因果关系

按照第500条的释义，在缔约过失责任认定中，损失与不法行为之间是否具有因果关系，主要涉及信赖方在事实上和应然上对于相对方是否有特定的信赖；如果没有相关不法行为，损失是否就不会产生；受损一方本身是否就是基于恶意而参与合同的缔结当中去。本条所涉及的特定信赖，主要是掌握应当保密信息的缔约一方，是否期待另一方在知悉相关信息后不泄露该信息、不在未经其同意的情况下使用相关信息。与信息是否属于应当保密信息的认定不同，该项认定主要是要站在信息所有方而非知悉该信息的合同相对方视角和所处的情景中来加以判断。具体来说，如果市场上具有通常理性和知识的参与者站在信息所有方的视角和所处的情境当中，都能明显预计到相对方知悉相关信息后有极大泄露和不当使用的风险，因此不会选择将信息透露给对方或者会采取一定的措施加以避免，但信息所有方却仍然将信息透露给了相对方且未采取合理措施，则可以认为其不构成本条下应当受到保护的善意缔约方，其所遭受的损失与不法行为之间也就不具有因果关系。如果有其他直接证据证明，掌握信息的合同缔结方在事实上根本不在意对方知悉信息后是否泄露或者不当使用，则其损失与不法行为之间也不具有法律上的因果关系。就此事实上和应然上信赖的判断来说，其他应当保密信息的所有者是否采取一定的保密措施，这一商业秘密构成要件的认定要素和相关具体认定方法，对于因果关系的认定来说也具有参考意义。

（撰稿人：箫鑫、赵精武）

---

① 参见杭州杭诚专利事务所有限公司、侯某玉、嘉兴永航专利代理事务所侵害商业秘密纠纷案，浙江省杭州市中级人民法院（2019）浙01民终4315号知识产权判决书。

第三章 合同的效力

【导读】

本章的规范对象为合同效力。其前身《合同法》第三3章共有16个条文（第44~59条），这些条文在迄今为止的司法实践上发挥了极其重要和突出的作用。与之相比，本章的内容大大缩水，仅有寥寥7个条文。这是因为在《民法典》的整体架构下，对法律行为（包括合同）的效力规定被抽取集中安放在总则编第六章第三节（第143~157条）中，因此本章的内容大大减少。本章的最后一条即第508条还作出了对总则编第六章的转引，这种转引是纯粹提示性的，[①]因为基于民法典的“总－分”结构，总则编对法律行为的规定自然而言适用于合同编。按照民法典的这种结构，在个案中对合同效力的判断必须首先“往前翻”，适用总则编的规定。

本章内容有很大程度的“虚化”，但并不意味着剩下来的内容不重要。恰恰相反，剩下来的内容尽管不具有一般性的意义（因此不适于被移入总则编），但几乎都是实践中合同案件的重要争议点。第502条第2款新增了关于待批准合同的规定，按照该条规定，批准具有合同生效特殊必要要件的地位。此类合同中的报批条款可以独立于其他部分（即待批准部分）而先行生效，并因此使得相关方负有办理报批手续的履行义务，同时还可作为追究违约责任的基础。第503条涉及无权代理人订立合同的生效（被代理人着手合同履行或者接受相对方履行作为对合同的默示追认），第504条则涉及法人的法定代表人或者非法人组织的负责人超越权限订立合同的生效（相对人的合理信赖作为此类合同生效的一项特殊必要要件）。第505条明确了合同超越经营范围并不必然无效，这意味着法律、行政法规关于经营范围的规定并不必然是第153条第1款第1句意义上导致合同无效的禁止性规定。第506条规定了针对合同免责条款的两类专门性无效事由。第507条则强调了合同争议解决条款与其他部分的可分性以及效力上的独立性。

① 王琦：《论民法典的规范技术——以〈民法总则〉为主要例证的阐释》，载《北大法律评论（第19卷第1辑）》，北京大学出版社2019年版，第60页。

第五百零二条　【合同生效时间】依法成立的合同，自成立时生效，但是法律另有规定或者当事人另有约定的除外。

依照法律、行政法规的规定，合同应当办理批准等手续的，依照其规定。未办理批准等手续影响合同生效的，不影响合同中履行报批等义务条款以及相关条款的效力。应当办理申请批准等手续的当事人未履行义务的，对方可以请求其承担违反该义务的责任。

依照法律、行政法规的规定，合同的变更、转让、解除等情形应当办理批准等手续的，适用前款规定。

【释义】

本条是对合同生效时间的规定。本条第1款在很大程度上继承了《合同法》第44条第1款的规定："依法成立的合同，自成立时生效。"与《合同法》第44条第2款"法律、行政法规规定应当办理批准、登记等手续生效的，依照其规定"相对比，本条第2款根据20多年来的司法实践经验作了必要的完善。同时本条第3款的规定还整合了《合同法》第77条第2款"法律、行政法规规定变更合同应当办理批准、登记等手续的，依照其规定"、第87条"法律、行政法规规定转让权利或者转移义务应当办理批准、登记等手续的，依照其规定"以及第96条第2款"法律、行政法规规定解除合同应当办理批准、登记等手续的，依照其规定"。整合后合同编的内容减少了重复，更加精炼。

一、合同的成立和合同的生效

如果把合同效力的发生看作一个动态的过程，那么合同的成立和合同的生效属于两个不同的阶段。在判断合同效力时，可遵循一定的步骤，先考察合同是否成立，再考察成立的合同是否生效。合同的成立是生效的前提，但是一个成立的合同既有可能生效，也有可能最终不生效。合同的不生效不妨碍合同的成立。

（一）合同的成立

《民法典》第483条规定："承诺生效时合同成立，但是法律另有规定或者当事人另有约定的除外。"如果当事人采取要约、承诺方式订立合同，合同因受要约人的承诺而成立，作为意思表示的承诺生效之时，就是合同成立之时。根据《民法典》第471条的规定，当事人还可以要约、承诺以外的其他方式订立合同。

这种情况下，双方当事人合意达成之时，合同成立。

要物（又称实践性合同）和要式合同的成立，还需要物的交付或满足特定形式。[①] 如保管合同、自然人之间的借款合同属于要物合同，《民法典》第 890 条规定："保管合同自保管物交付时成立，但是当事人另有约定的除外"；第 679 条规定："自然人之间的借款合同，自贷款人提供借款时成立。"对于要式合同，《民法典》第 490 条规定，当事人采用合同书形式订立合同的，自当事人均签名、盖章或者按指印时合同成立。在签名、盖章或者按指印之前，当事人一方已经履行主要义务，对方接受时，该合同成立。

（二）合同的生效

根据本条的规定，一般情况下依法成立的合同，自成立时生效，这是合同生效的一般规则。特殊情况下，合同虽然已经成立但是并不立即生效，合同生效还应当满足特别的要件。

1. 需办理批准等手续的合同

按照本条第 2 款的规定，依据法律、行政法规应当办理批准才能生效的合同，在办理批准等手续前，该合同成立但是未生效。

2. 附条件的合同

根据《民法典》第 158 条的规定，附生效条件的民事法律行为，自条件成就时生效。条件成就之前，合同虽已成立，但不生效。

3. 附期限的合同

根据《民法典》第 160 条的规定，附生效期限的民事法律行为，自期限届至时生效。期限届至之前，合同虽已成立，但不生效。

二、批准生效合同的效力

法律、行政法规规定应当办理某类批准手续的，如《商业银行法》《证券法》《保险法》等法律规定购买商业银行、证券公司、保险公司 5% 以上股权须经相关主管部门批准，依据本条第 2 款的规定，批准是合同的法定生效条件。未办理批准等手续的，合同虽已经成立，但未生效，但是合同中履行报批等义务的条款效力具有独立性。在理解时应注意以下几点：

（一）区分批准和登记的效力

合同编二审稿第 294 条第 2 款曾规定："法律、行政法规规定应当办理批准、登记等手续生效的，依照其规定。当事人未办理批准、登记等手续的，该合同不

① 王泽鉴《民法总则》，北京大学出版社 2009 年版，第 201 页；韩世远：《合同法总论》，法律出版社 2018 年版，第 192 页。

生效……”对于这一条，王利明教授指出，根据《物权法》第 15 条[①]的规定，除法律有特别规定或者当事人另有约定外，合同一经成立，只要不违反法律、行政法规的强制性规定或公序良俗，即可发生效力，当事人未办理登记只是不能发生物权变动的效力，但并不影响合同的效力。因此，即便当事人未办理登记手续，也不影响合同的生效。所以应当将上述草案中的“登记”二字予以删去。[②]《民法典》最终采纳该建议，将本条中的“登记”删除。

（二）批准生效合同的适用范围

依照本条第 2 款的规定，只有法律、行政法规规定应当办理批准手续的合同，批准才是合同的生效要件之一。部门规章、地方性法规规定应当办理批准手续的合同，批准与否不影响合同效力。从司法实践看，法律、行政法规规定应当办理批准手续的，主要涉及金融商事领域[③]、国有资产转让[④]、探矿权及采矿权转让[⑤]。

（三）区分无效合同与未生效合同

《最高人民法院关于适用〈中华人民共和国合同法〉若干问题的解释（一）》第 9 条规定，依法应当办理批准手续的合同，当事人在一审法庭辩论终结前仍未办理批准手续的，人民法院应当认定该合同未生效。该司法解释第一次从规范层面规定了未生效合同，但在未生效合同难以被认定有效的情况下，实践中往往是认定未生效，按照无效处理。[⑥] 未生效与无效合同的区别主要表现在：一方面，无效合同主要是指合同内容违反法律、行政法规的强制性规定或违背公序良俗的

① 《物权法》第 15 条（《民法典》第 215 条）规定：“当事人之间订立有关设立、变更、转让和消灭不动产物权的合同，除法律另有规定或者合同另有约定外，自合同成立时生效；未办理物权登记的，不影响合同效力。”

② 王利明：《民法典合同编通则中的重大疑难问题研究》，载《云南社会科学》2020 年第 1 期。

③ 例如，《商业银行法》第 28 条规定：“任何单位和个人购买商业银行股份总额百分之五以上的，应当事先经国务院银行业监督管理机构批准。”《保险法》第 84 条规定：“保险公司有下列情形之一的，应当经保险监督管理机构批准：（一）变更名称；（二）变更注册资本；（三）变更公司或者分支机构的营业场所；（四）撤销分支机构；（五）公司分立或者合并；（六）修改公司章程；（七）变更出资额占有限责任公司资本总额百分之五以上的股东，或者变更持有股份有限公司股份百分之五以上的股东；（八）国务院保险监督管理机构规定的其他情形。”

④ 例如，《企业国有资产监督管理暂行条例》第 24 条规定：“所出资企业投资设立的重要子企业的重大事项，需由所出资企业报国有资产监督管理机构批准的，管理办法由国务院国有资产监督管理机构另行制定，报国务院批准。”

⑤ 例如，《矿产资源法》第 6 条规定：“除按下列规定可以转让外，探矿权、采矿权不得转让：（一）探矿权人有权在划定的勘查作业区内进行规定的勘查作业，有权优先取得勘查作业区内矿产资源的采矿权。探矿权人在完成规定的最低勘查投入后，经依法批准，可以将探矿权转让他人。（二）已取得采矿权的矿山企业，因企业合并、分立，与他人合资、合作经营，或者因企业资产出售以及有其他变更企业资产产权的情形而需要变更采矿权主体的，经依法批准可以将采矿权转让他人采矿。前款规定的具体办法和实施步骤由国务院规定。禁止将探矿权、采矿权倒卖牟利。”

⑥ 参见最高人民法院民事审判二庭编著：《全国法院民商事审判工作会议纪要理解与适用》，人民法院出版社 2019 年版，第 276 页。

合同，而未生效合同的内容并不具有违法性，其只是未经过审批，在程序上存在瑕疵；另一方面，无效是指自始无效、确定无效、当然无效，但是对于未生效合同而言，则并非如此，即使在发生争议后，如果当事人补办报批手续，则该合同也可能被确认为生效，而并非确定无效、当然无效。对未生效合同而言，在未报审批的情况下，尽管合同存在形式上的缺陷，但这种缺陷并非不能弥补，法院可以责令负有报批义务一方履行该义务，从而使合同满足生效要件，一旦弥补了程序上的瑕疵，则可以认定该合同生效。①

（四）报批条款的独立生效

《合同法》《最高人民法院关于适用〈中华人民共和国合同法〉若干问题的解释（一）》及《最高人民法院关于适用〈中华人民共和国合同法〉若干问题的解释（二）》都没有明确规定合同中报批条款的独立性。2010 年《最高人民法院关于审理外商投资企业纠纷案件若干问题的规定（一）》② 第一次明确规定报批条款及相关条款独立生效。随后 2017 年出台的《最高人民法院关于审理矿业权纠纷案件适用法律若干问题的解释》③ 以及 2019 年 11 月最高人民法院发布的《全国法院民商事审判工作会议纪要》④ 均采纳报批条款独立生效这一观点。《民法典》也对此进行了明确规定。

报批条款独立生效的性质类似于合同中的清算条款和仲裁条款。尽管合同因未报批而未生效，但是报批条款仍应被认定为独立生效，报批义务仍需履行。如负有报批义务的当事人拒绝履行，经人民法院强制执行仍未履行，对方可以请求其承担合同违约责任。

【关联规定】

《合同法》第 36、37、44、77、87、96、210、367 条，《民法典》第 158、160、471、483、490、890 条，《物权法》第 15 条，《最高人民法院关于审理外商

---

① 王利明：《民法典合同编通则中的重大疑难问题研究》，载《云南社会科学》2020 年第 1 期。

② 《最高人民法院关于审理外商投资企业纠纷案件若干问题的规定（一）》第 1 条第 2 款规定："前款所述合同因未经批准而被认定未生效的，不影响合同中当事人履行报批义务条款及因该报批义务而设定的相关条款的效力。"

③ 《最高人民法院关于审理矿业权纠纷案件适用法律若干问题的解释》第 7 条第 1 款规定："矿业权转让合同依法成立后，在不具有法定无效情形下，受让人请求转让人履行报批义务或者转让人请求受让人履行协助报批义务的，人民法院应予支持，但法律上或者事实上不具备履行条件的除外。"

④ 《全国法院民商事审判工作会议纪要》第 38 条规定："须经行政机关批准生效的合同，对报批义务及未履行报批义务的违约责任等相关内容作出专门约定的，该约定独立生效。一方因另一方不履行报批义务，请求解除合同并请求其承担合同约定的相应违约责任的，人民法院依法予以支持。"

投资企业纠纷案件若干问题的规定（一）》第1条，《最高人民法院关于审理矿业权纠纷案件适用法律若干问题的解释》第2条，《全国法院民商事审判工作会议纪要》第38条

（撰稿人：张芸）

第五百零三条　【无权代理中被代理人默示追认】 无权代理人以被代理人的名义订立合同，被代理人已经开始履行合同义务或者接受相对人履行的，视为对合同的追认。

【释义】

本条是关于无权代理中被代理人默示追认的规定，源自《最高人民法院关于适用〈中华人民共和国合同法〉若干问题的解释（二）》第12条："无权代理人以被代理人的名义订立合同，被代理人已经开始履行合同义务的，视为对合同的追认。"本条增加了"无权代理中被代理人接受相对人履行的"这种情形，更加全面。

追认是指一种事后的许可，它是一种单方法律行为，作为一种辅助行为而存在，它的登场预设了另一主法律行为的存在，这种主法律行为被称为"有待许可的法律行为"。追认不影响主法律行为的成立，而仅仅影响它的生效，如限制行为能力人、无权代理人缔结的合同也可以成立，只是其生效有待法定代理人、被代理人的追认。作为事后许可的"追认"经由许可权人的"追认表示"创设。"追认表示"到达的对象可以是主法律行为的任何一方，即既可以是限制行为能力人、无权代理人，也可以是主法律行为的相对方。追认表示生效后，作为单方法律行为的追认随之成立。由此过渡到法律行为的生效判断。法律赋予了追认一种回溯性法效果，即回溯至主法律行为的实施（成立）之时。基于追认而生效的主法律行为被拟制为自成立时即生效，就好似它曾经获得事前同意一样。《民法典》第168、169条将代理中同意和追认不加区别地并列提及，正反映了法律的立场，即令事后追认和事前同意的法效果完全相等同。[①]

追认表示既可以明示作出，也可以默示作出，表示的内容必须可以被合理地理解为是对实施法律行为的事后允许。默示意思表示与明示意思表示相区别，默

---

① 张芸：《单方法律行为理论基础的重构与阐释——兼论〈民法总则〉法律行为规范的若干重难点问题》，载《清华法学》2017年第4期。

示意思表示又可以分为沉默意思表示与其他可推断意思表示，二者的区别在于据以推断出效果意思的行为方式不同：前者是消极不作为的默示，后者是积极作为的默示。[①]

根据《最高人民法院关于贯彻执行〈中华人民共和国民法通则〉若干问题的意见（试行）》第66条[②]规定，积极作为的默示不需要法律明确规定，但是消极不作为的默示只有在法律有规定或者当事人双方有约定的情况下，才可视为意思表示。具体及于代理领域，只要被代理人作出的行为表明他已经接受的，则视为授予代理权。被代理人已经开始履行合同义务或者接受相对人履行的，则表示其用积极作为的默示追认无权代理的行为。事实上，本条只是通过法律明确规定再次重申积极作为默示的法律后果。但是本条并没有规定消极不作为默示具有追认的法律后果，所以不能认为被代理人没有对无权代理人订立的合同作出反对表示就表明其已经默示追认该合同。

如果被代理人通过积极作为的默示追认了无权代理人签订的合同，那么无权代理人的行为就是一种有权代理而不是表见代理。

【关联规定】

《最高人民法院关于适用〈中华人民共和国合同法〉若干问题的解释（二）》第12条，《民法典》第168、169条；《最高人民法院关于贯彻执行〈中华人民共和国民法通则〉若干问题的意见（试行）》第66条

（撰稿人：张芸）

第五百零四条　【法定代表人越权订立合同的效力】法人的法定代表人或者非法人组织的负责人超越权限订立的合同，除相对人知道或者应当知道其超越权限外，该代表行为有效，订立的合同对法人或者非法人组织发生效力。

---

① 杨代雄：《意思表示理论中的沉默与拟制》，载《比较法研究》2016年第6期。

② 《最高人民法院关于贯彻执行〈中华人民共和国民法通则〉若干问题的意见（试行）》第66条规定："一方当事人向对方当事人提出民事权利的要求，对方未用语言或者文字明确表示意见，但其行为表明已接受的，可以认定为默示。不作为的默示只有在法律有规定或者当事人双方有约定的情况下，才可以视为意思表示"。

【释义】

本条是关于法定代表人或非法人组织负责人越权行为效力的规定。本条在很大程度上继承了《合同法》第50条的规定："法人或者其他组织的法定代表人、负责人超越权限订立的合同，除相对人知道或者应当知道其超越权限的以外，该代表行为有效。"

根据《民法典》第61条第1款的规定，法人的法定代表人是指依照法律或者法人章程的规定，代表法人从事民事活动的负责人。法人的负责人有三种情况：一是法人内部的正职行政负责人，如工厂的厂长、公司的董事长；二是法人内部没有设正职行政负责人的，可以是主持法人工作的副职人员，如副厂长、副董事长；三是法人内部没有明确正副职时，由主持法人工作的行政负责人担任。[①] 对于非法人组织，负责其对内对外事务的人称为负责人。

根据《民法典》第61条第2、3款的规定，法定代表人以法人名义从事的民事活动，其法律后果由法人承受。法人章程或者法人权力机构对法定代表人代表权的限制，不得对抗善意相对人。因为法定代表人或者其他组织负责人的行为就是法人或者其他组织的行为，所以他们执行职务的行为所产生的一切后果都应当由法人或者其他组织承担，他们代表法人或者其他组织签订的合同其法律后果也应当由法人或者其他组织承担。合同的相对人一般并不知道也没有义务知道法定代表人或者其他组织负责人的权限到底有哪些。从保护交易安全的角度出发，法人或者其他组织的内部规定也不应对合同的相对人构成约束力。但是如果在订立合同的过程中，合同的相对人知道或者应当知道法定代表人或者其他组织负责人的行为超越了权限，而仍与之订立合同，则具有恶意，那么此时合同对法人或者其他组织不发生效力。[②]

和本条相关的一个重要法律问题是，应当如何判断公司法定代表人越权订立的担保合同的效力。

---

① 江平主编：《中华人民共和国合同法精解》，中国政法大学出版社1999年版，第40页。

② 参见全国人大常委会法制工作委员会编：《中华人民共和国合同法释义》，法律出版社2009年版，第50条释义。

《公司法》第16条①对法定代表人的代表权进行了限制，其目的在于防止法定代表人随意代表公司为他人提供担保给公司造成损失，损害中小股东利益。根据该条规定，法定代表人不能单独决定是否以公司名义提供担保，必须以公司股东（大）会、董事会等公司机关的决议作为授权的基础和来源。法定代表人未经授权擅自为他人提供担保的，构成越权代表。但是越权担保合同的效力应当如何判定，这个问题在审判实践中争议较大，甚至出现了同案不同判的现象。为了统一裁判标准，最高人民法院于2019年发布了《全国法院民商事审判工作会议纪要》。该纪要指出人民法院应当根据《合同法》第50条（对应《民法典》本条）的规定判断法定代表人越权订立的担保合同是否对法人发生效力，区分订立合同时债权人是否善意分别认定合同效力：债权人善意的，合同有效；反之，合同无效。

一、善意的判断标准

这里所指的善意是指相对人不知道或者不应当知道订立担保合同不属于法定代表人的授权范围，属于越权行为。善意的判断标准在关联担保和非关联担保中有所不同。

对于关联担保，相对人主张担保合同有效，应当提供证据证明其在订立合同时对股东（大）会决议进行了审查，同时要审查决议的表决程序是否符合《公司法》第16条的规定。

对于非关联担保，只要相对人能够证明其在订立担保合同时对董事会决议或者股东（大）会决议进行了审查，同意决议的人数及签字人员符合公司章程的规定，就应当认定其构成善意，但公司能够证明债权人明知公司章程对决议机关有明确规定的除外。

债权人对公司机关决议内容的审查一般限于形式审查，只要求尽到必要的注意义务即可。公司以机关决议系法定代表人伪造或者变造、决议程序违法、签章（名）不实、担保金额超过法定限额等事由抗辩债权人非善意的，人民法院一般不予支持。但是，公司有证据证明债权人明知决议系伪造或者变造的除外。

二、无须机关决议的例外情况

在下列情形中，无须考虑相对人是否善意，担保合同对法人发生效力：第

---

① 《公司法》第16条规定："公司向其他企业投资或者为他人提供担保，依照公司章程的规定，由董事会或者股东会、股东大会决议；公司章程对投资或者担保的总额及单项投资或者担保的数额有限额规定的，不得超过规定的限额。公司为公司股东或者实际控制人提供担保的，必须经股东会或者股东大会决议。前款规定的股东或者受前款规定的实际控制人支配的股东，不得参加前款规定事项的表决。该项表决由出席会议的其他股东所持表决权的过半数通过。"

一，公司是以为他人提供担保为主营业务的担保公司，或者是开展保函业务的银行或者非银行金融机构；第二，公司为其直接或者间接控制的公司开展经营活动向债权人提供担保；第三，公司与主债务人之间存在相互担保等商业合作关系；第四，担保合同系由单独或者共同持有公司三分之二以上有表决权的股东签字同意。

【关联规定】

《合同法》第50条，《民法典》第61条，《公司法》第16条，《全国法院民商事审判工作会议纪要》第17～20条

（撰稿人：张芸）

第五百零五条　【超越经营范围订立合同的效力】当事人超越经营范围订立的合同的效力，应当依照本法第一编第六章第三节和本编的有关规定确定，不得仅以超越经营范围确认合同无效。

【释义】

本条是关于当事人超越经营范围订立合同的效力的规定。对于这个问题《合同法》并没有直接进行回答，而是由《最高人民法院关于适用〈中华人民共和国合同法〉若干问题的解释（一）》第10条进行规定："当事人超越经营范围订立合同，人民法院不因此认定合同无效。但违反国家限制经营、特许经营以及法律、行政法规禁止经营规定的除外。"本条继承了《最高人民法院关于适用〈中华人民共和国合同法〉若干问题的解释（一）》的基本价值取向，即人民法院不得因合同当事人超越经营范围订立合同，而认定合同无效。关于此类合同效力的判断标准，本条主张回到合同效力判断的一般标准，即按照《民法典》总则编关于法律行为效力的规定以及合同编关于合同效力的规定进行判定，这样的标准比《最高人民法院关于适用〈中华人民共和国合同法〉若干问题的解释（一）》更为科学。

所谓当事人的经营范围，是指在经营活动中所涉及的领域，具体表现为生产项目、经营种类、服务事项等。《民法通则》第42条规定，企业法人应当在核准登记的经营范围内从事经营。所以有相当长的一段时间，经营范围被视为企业的行为能力甚至权利能力，超越经营范围订立的合同被作为效力待定甚至无效合同

对待。此种做法越来越不能适应已经发展变化了的社会经济现实，也不利于保护交易安全以及维护诚实信用的交易秩序。学说与司法实践越来越倾向于认为，经营范围只是对企业自身营业范围的限制，并不影响企业的能力，也不能约束相对人，因而一般不能认定超越经营范围订立的合同无效。[①] 因此，《最高人民法院关于适用〈中华人民共和国合同法〉若干问题的解释（一）》第 10 条第 1 句明确规定，当事人超越经营范围订立合同，人民法院不因此认定合同无效。

但是按照《最高人民法院关于适用〈中华人民共和国合同法〉若干问题的解释（一）》第 10 条第 2 句但书的规定，违反国家限制经营、特许经营以及法律、行政法规禁止经营规定的，合同无效。本条已经抛弃了“但书”，而是明确规定，应当依照本法总则编第六章第三节和本编的有关规定确定此类合同的效力。那么，按照本条的规定，是不是所有违反国家限制经营、特许经营以及法律、行政法规禁止经营规定的，合同均无效？

按照合同效力判定的一般规则，应当着重分析，违反国家限制经营、特许经营以及法律、行政法规禁止经营规定的合同是不是属于《民法典》第 153 条所称的违反法律、行政法规的强制性规定的合同。根据《最高人民法院关于适用〈中华人民共和国合同法〉若干问题的解释（二）》第 14 条的规定，“强制性规定”是指效力性强制性规定。《全国法院民商事审判工作会议纪要》第 30 条对强制性规定的识别进行了详细说明：“……《最高人民法院关于当前形势下审理民商事合同纠纷案件若干问题的指导意见》进一步提出了‘管理性强制性规定’的概念，指出违反管理性强制性规定的，人民法院应当根据具体情形认定合同效力……人民法院在审理合同纠纷案件时，要依据《民法总则》第 153 条第 1 款和合同法司法解释（二）第 14 条的规定慎重判断‘强制性规定’的性质，特别是要在考量强制性规定所保护的法益类型、违法行为的法律后果以及交易安全保护等因素的基础上认定其性质，并在裁判文书中充分说明理由。下列强制性规定，应当认定为‘效力性强制性规定’：强制性规定涉及金融安全、市场秩序、国家宏观政策等公序良俗的；交易标的禁止买卖的，如禁止人体器官、毒品、枪支等买卖；违反特许经营规定的，如场外配资合同；交易方式严重违法的，如违反招投标等竞争性缔约方式订立的合同；交易场所违法的，如在批准的交易场所之外进行期货交易。关于经营范围、交易时间、交易数量等行政管理性质的强制性规定，一般应当认定为‘管理性强制性规定’。”

---

① 参见最高人民法院民事审判二庭编著：《全国法院民商事审判工作会议纪要理解与适用》，人民法院出版社 2019 年版，第 248 页。

因此，在认定某一违反限制经营、特许经营以及禁止经营的合同是否有效时，要根据具体情形认定合同效力。要进行法益衡量，特别是要考察有无对善意相对人保护的必要、所要保护的法益是否构成公共利益、违法行为法律后果以及能否通过履行治愈等因素综合认定合同效力。[①] 不能按照《最高人民法院关于适用〈中华人民共和国合同法〉若干问题的解释（二）》第 10 条的规定笼统地以违反国家限制经营、特许经营以及法律、行政法规禁止经营规定为由一概认定合同无效。

【关联规定】

《最高人民法院关于适用〈中华人民共和国合同法〉若干问题的解释（一）》第 10 条，《民法通则》第 42 条，《民法典》第 143、153 条，《最高人民法院关于适用〈中华人民共和国合同法〉若干问题的解释（二）》第 14 条，《全国法院民商事审判工作会议纪要》第 30 条

（撰稿人：张芸）

第五百零六条　【免责条款效力】 合同中的下列免责条款无效：

（一）造成对方人身损害的；

（二）因故意或者重大过失造成对方财产损失的。

【释义】

本条是对无效免责条款的规定。本条与《合同法》第 53 条的规定基本一致。《合同法》第 53 条规定："合同中的下列免责条款无效：（一）造成对方人身伤害的；（二）因故意或者重大过失造成对方财产损失的。"本条将《合同法》第 53 条中的"人身伤害"改为"人身损害"，用词更加准确。

免责条款，是指基于合同自由原则当事人双方在合同中事先约定的、旨在限制或免除一方或双方当事人未来责任的条款。与作为法定免责事由的不可抗力不同，免责条款必须由双方当事人约定成为合同的组成部分，且这种约定必须是明

① 参见最高人民法院民事审判二庭编著：《全国法院民商事审判工作会议纪要理解与适用》，人民法院出版社 2019 年版，第 247 页。

示方式作出的。双方当事人不被允许以默示的方式作出免责条款，法官亦不被允许根据案件事实推定出免责条款。当事人可就免责事由和免责范围作出约定，如可以约定“限制赔偿数额”“免除某种事故发生的责任”等。[①]

但是我国《民法典》合同编亦追求合同正义目标，对合同自由进行了必要的干预。本条就是对免责条款的限制性规定，对其使用条件作出合理限制。因此在本条所规定的两种情形下，免责条款无效，对双方当事人无法律约束力。

第一，造成对方人身损害的条款无效，其实质是免除人身损害的侵权责任的条款无效。关于本条中“人身损害”一词有两种不同的认识。第一种观点认为是指对人身权的损害，人身权是民事主体依法享有的与其人身不可分离的权利，它包括人格权和身份权两部分的内容。[②] 人格权包括民事主体享有的生命权、身体权、健康权、姓名权、名称权、肖像权、名誉权、荣誉权、隐私权等权利。身份权是民事主体基于某种特定的身份享有的民事权利。它不是每个民事主体都享有的权利，只有当民事主体从事某种行为或因婚姻、家庭关系而取得某种身份时才能享有，包括亲权、监护权、配偶权等权利。另一种观点以《最高人民法院关于审理人身损害赔偿案件适用法律若干问题的解释》第 1 条为参照，仅将“人身损害”限缩解释为权利人因生命、健康、身体遭受侵害受到的财产损失和精神损害。对“人身损害”一词使用广义或狭义两种不同的解释方式，使得本条的适用范围产生了极大的区别。从比较法的角度看，《瑞士债法典》第 100 条规定：“事先达成的旨在免除故意或者重大过失行为责任的协议无效。”《德国民法典》第 276 条第 3 款规定：“因故意而发生的责任，不得预先向债务人免除之。”对于重大过失责任的免责协议，如《意大利民法典》第 1229 条规定：“任何预先免除或者限定债务人的故意责任或者重大过失责任的约定都是无效的。任何预先免除或者限定债务人或者他的辅助人违反公共秩序准则的行为责任的约定同样无效。”希腊和意大利学术界的主流观点认为，任何人都可以协议免除轻微过失导致的物损和财产损失赔偿责任，但任何人都不能协议免除侵害人格利益（生命、健康、自由和名誉）赔偿责任。[③] 在人格权编写入《民法典》的时代，应当对本条中的“人身损害”作广义解释，特别是造成“人身损害”的免责条款所涉及的责任承担方式是停止侵害、排除妨碍、消除危险的情形。

第二，因故意或者重大过失给对方造成财产损失的免责条款无效。具体而

---

① 参见全国人大常委会法制工作委员会编：《中华人民共和国合同法释义》，法律出版社 2009 年版，第 53 条释义。

② 江平主编：《中华人民共和国合同法精解》，中国政法大学出版社 1999 年版，第 47 页。

③ ［德］冯·巴尔：《欧洲比较侵权行为法》（下），焦美华译，法律出版社 2004 年版，第 652 页。

言，免除故意或重大过失造成的财产损失的侵权责任的条款无效以及免除债务人因故意或者重大过失不履行、迟延履行或不完全履行的违约责任的条款无效。此类条款无效的原因在于严重违反了诚实信用原则，如果允许这类条款的存在，就意味着允许一方当事人可能利用这种条款欺骗对方当事人、损害对方当事人的合同权益，这与合同法的立法目的完全相违背。①

司法实践中，本条通常与《民法典》第496、497条搭配适用以判断格式条款的效力。格式条款是当事人预先拟定，并在订立合同时未与对方协商的条款。采用格式条款订立合同的，提供格式条款的一方应当遵循公平原则确定当事人之间的权利和义务，并采取合理的方式提示对方注意免除或者减轻其责任等与对方有重大利害关系的条款，按照对方的要求，对该条款予以说明。提供格式条款的一方未履行提示或者说明义务，致使对方没有注意或者理解与其有重大利害关系的条款的，对方可以主张该条款不成为合同的内容。本条所规定的免责条款无效的情形同样适用于格式条款中的免责条款。在“中国太平洋财产保险股份有限公司福建分公司诉张某等保险代位求偿权案”中，江苏省无锡市中级人民法院认为高瑞公司与廖某签订的运输合同关于未声明货物价值的，只赔偿运费金额的两倍的内容是货运服务部单方制定的条款，是免除提供格式合同一方的责任、加重对方责任、排除对方主要权利的条款，廖某亦未采取合理的方式提请对方注意免除或者限制其责任的条款，该条款无效，对高瑞公司不具有约束力。②

【关联规定】

《合同法》第53条，《民法典》第496～497条

（撰稿人：张芸）

第五百零七条　【解决争议方法条款的效力】合同不生效、无效、被撤销或者终止的，不影响合同中有关解决争议方法的条款的效力。

---

① 参见全国人大常委会法制工作委员会编：《中华人民共和国合同法释义》，法律出版社2009年版，第53条释义。

② 江苏省无锡市中级人民法院（2011）锡商终字069号民事判决书。

【释义】

本条是关于合同中解决争议方法条款的效力的规定。解决争议方法的条款具有相对独立性，其效力不受合同不生效、无效、被撤销或者终止的影响。本条的规定和《合同法》的规定基本一致。《合同法》第 57 条规定："合同无效、被撤销或者终止的，不影响合同中独立存在的有关解决争议方法的条款的效力。"本条对《合同法》的修改主要体现在：第一，增加了"合同不生效的，不影响合同中有关解决争议方法的条款的效力"的规定。因为"合同无效、被撤销或者终止"不能涵盖所有除合同有效外的合同效力状态，所以本条将合同不生效的情况也考虑进来，规定更为周全；第二，《合同法》第 57 条的规定容易导致一种误解：解决争议方法的条款在形式上必须是独立存在的一条。现实生活中的合同可能比较粗糙，解决争议方法的条款有时被包括在其他条款中，形式上并不具备独立性。本条不再强调解决争议方法的条款是独立存在的，更加严谨。

"合同不生效"是一种合同的法律状态，是指合同成立但仍然没有生效，主要包括三种情形。第一，附生效条件、附生效期限的合同：在条件成就、期限届满前合同不生效。第二，需要办理批准等手续的合同：在合同成立后，批准前，合同不生效。第三，效力待定的合同：限制行为能力人签订的纯获利益的合同或者与其年龄、智力、精神健康状况相适应的合同有效，其所签订的其他合同在经法定代理人同意或者追认前不生效。行为人没有代理权、超越代理权或者代理权终止后，仍然实施代理行为签订合同，在被代理人追认前不生效。

"合同无效"是指合同虽然已经成立，但是欠缺合同的生效要件，自始不发生法律约束力。[①]"合同被撤销"是指合同因为意思表示有瑕疵，撤销权人通过行使撤销权而使已经生效的合同归于无效。[②]"合同终止"也称合同的消灭，可以分为广义的终止和狭义的终止，广义的终止既包括合同关系向未来消灭，也包括合同关系溯及既往地消灭。[③]

本条所说的"有关解决争议方法的条款"应指包含解决争议方法内容的条款，这些内容有可能是独立存在的一个或几个条款，也有可能被包含在其他条款之中。"解决争议方法"指合同争议的解决途径以及法律适用等。合同争议的解决途径主要包括：协商和解、第三人调解、仲裁解决、诉讼解决。当事人可在合

---

① 江平主编：《中华人民共和国合同法精解》，中国政法大学出版社 1999 年版，第 47 页。

② 王利民：《合同法研究第一卷》，中国人民大学出版社 2011 年版，第 672～673 页。

③ 王利民：《合同法研究第二卷》，中国人民大学出版社 2011 年版，第 251 页。

同中约定解决争议的途径，诉讼解决无须特别约定，其他解决途径都要事先或者事后约定。“解决争议方法的条款”主要包括以下几种类型：

一、法律适用条款

《涉外民事关系法律适用法》第 3 条规定，当事人可以明示选择涉外民事关系适用的法律。在涉外合同中，当事人可以根据契约自由原则选择法律适用的连结点。然而根据《涉外民事关系法律适用法》第 4 条以及第 5 条的规定，我国法律对涉外民事关系有强制性规定的，直接适用该强制性规定；外国法律的适用将损害我国社会公共利益的，适用我国法律。《最高人民法院关于适用〈中华人民共和国涉外民事关系法律适用法〉若干问题的解释（一）》第 10 条明确规定了《涉外民事关系法律适用法》第 4 条中的“强制性规定”一般是指本国法律中明确规定某类法律关系应直接适用某法律规定，不允许当事人选择，当事人不能通过约定排除适用，法院在审理案件过程中也不必通过本国冲突规则的指引而予以直接适用的法律。“强制性法律”包含了本国社会公共利益的考量，主要包括涉及劳动者权益保护的法律；涉及食品或公共卫生安全的法律；涉及环境安全的法律；涉及外汇管制等金融安全的法律；涉及反垄断、反倾销的法律；应当认定为强制性规定的其他情形。①

二、仲裁条款

仲裁条款是当事人选择仲裁方式解决纠纷的协议，是作为救济手段出现的，目的在于解决因主合同其他条款而产生的争议，它在约定的仲裁事项出现时才可能发挥作用。所以合同中的仲裁条款虽然是主合同的一部分，但其在性质上、效力上均独立于主合同。依照《仲裁法》第 5 条的规定，如果当事人达成仲裁协议，选择适用仲裁解决争议，除非当事人的约定无效，即排除法院对其争议的管辖。

除《民法典》外，《仲裁法》以及《中国国际经济贸易仲裁委员会仲裁规则》也明确了仲裁条款独立性原则。《仲裁法》第 19 条第 1 款规定：“仲裁协议独立存在，合同的变更、解除、终止或者无效，不影响仲裁协议的效力。”《中国国际经济贸易仲裁委员会仲裁规则》第 5 条第 4 项规定：“合同中的仲裁条款应视为与合同其他条款分离的、独立存在的条款，附属于合同的仲裁协议也应视为与合同其他条款分离的、独立存在的一个部分；合同的变更、解除、终止、转让、失效、无效、未生效、被撤销以及成立与否，均不影响仲裁条款或仲裁协议

---

① 参见最高人民法院民四庭负责人就《关于适用〈中华人民共和国涉外民事关系法律适用法〉若干问题的解释（一）》答记者问（2013 年 1 月 6 日）。

的效力。”

三、选择受诉法院的条款

《民事诉讼法》第 34 条规定：“合同或者其他财产权益纠纷的当事人可以书面协议选择被告住所地、合同履行地、合同签订地、原告住所地、标的物所在地等与争议有实际联系的地点的人民法院管辖，但不得违反本法对级别管辖和专属管辖的规定。”当事人可以在合同中拟定选择受诉人民法院的条款，其效力独立于主合同其他条款，不受其他条款的效力影响。

四、选择检验、鉴定机构的条款

合同中解决争议方法的条款是程序性选择的条款，不涉及当事人实体权利义务的分配。除以上三种条款类型外，当事人还可以在合同中约定，若对标的物质量或品种发生争议，在提交仲裁或者诉讼前，应当将标的物送交双方认可的机构或科研单位检验或鉴定，以检验或鉴定作为解决争议的依据。①

应当注意的是，合同不生效、无效、被撤销或者终止的，并不当然导致有关解决争议方法的条款无效。但是解决争议方法的条款也并非一律都是有效的。比如，解决争议方法的条款约定不明确，当事人双方对该条款存在不同的解释和理解，该条款有可能无效。② 本条仅明确了对有关解决争议方法条款的效力应当独立判断。

【关联规定】

《涉外民事关系法律适用法》第 3 ~ 5 条，《仲裁法》第 5、18 ~ 19 条，《中国国际经济贸易仲裁委员会仲裁规则》第 5 条，《民事诉讼法》第 34 条

（撰稿人：张芸）

第五百零八条 【合同效力援引规定】 本编对合同的效力没有规定的，适用本法第一编第六章的有关规定。

---

① 参见全国人大常委会法制工作委员会编：《中华人民共和国合同法释义》，法律出版社 2009 年版，第 57 条释义。

② 例如，《仲裁法》第 18 条规定：“仲裁协议对仲裁事项或者仲裁委员会没有约定或者约定不明确的，当事人可以补充协议；达不成补充协议的，仲裁协议无效。”合同中包含的仲裁条款必须明确约定仲裁机构，指向唯一的仲裁机构，否则就有可能因约定不明而导致仲裁条款无效。

【释义】

本条属于合同效力援引规定，明确了总则编民事法律行为效力一般规则对合同编的适用，属于《民法典》的新条文，《合同法》并无对应法条。

《民法典》总则编采用“提取公因式”这样一种总分体系的经典立法技术，将《民法典》中最基础、最通用的可以普遍适用于各个分编的部分进行抽象和概括。因为总则编包含“民法典所赖以立足的抽象原则的阐述”，[①] 所以总则编的规则具有在分则编中普遍适用的特征。总则编第六章是关于民事法律行为效力的规定，这些规定当然适用于合同这种最为典型的民事法律行为。

与《合同法》相比，合同编对合同的效力规定主要在如下几个方面作了删减：

一、附条件的合同

《合同法》第 45 条规定：“当事人对合同的效力可以约定附条件。附生效条件的合同，自条件成就时生效。附解除条件的合同，自条件成就时失效。当事人为自己的利益不正当地阻止条件成就的，视为条件已成就；不正当地促成条件成就的，视为条件不成就。”《民法典》合同编删除了该条。对于附条件合同，适用《民法典》总则编第六章第四节第 158 条以及第 159 条规定，这两条分别规定：“民事法律行为可以附条件，但是根据其性质不得附条件的除外。附生效条件的民事法律行为，自条件成就时生效。附解除条件的民事法律行为，自条件成就时失效。”“附条件的民事法律行为，当事人为自己的利益不正当地阻止条件成就的，视为条件已经成就；不正当地促成条件成就的，视为条件不成就。”

二、附期限的合同

《合同法》第 46 条规定：“当事人对合同的效力可以约定附期限。附生效期限的合同，自期限届至时生效。附终止期限的合同，自期限届满时失效。”《民法典》合同编删除这条后，可直接适用《民法典》总则编第六章第四节第 160 条的规定：“民事法律行为可以附期限，但是根据其性质不得附期限的除外。附生效期限的民事法律行为，自期限届至时生效。附终止期限的民事法律行为，自期限届满时失效。”

三、限制行为能力人订立的合同

《合同法》第 47 条规定：“限制民事行为能力人订立的合同，经法定代理人

---

① 王利明：《民法总则：民法的“公因式”》，载《北京日报》2017 年 8 月 28 日。

追认后，该合同有效，但纯获利益的合同或者与其年龄、智力、精神健康状况相适应而订立的合同，不必经法定代理人追认。相对人可以催告法定代理人在一个月内予以追认。法定代理人未作表示的，视为拒绝追认。合同被追认之前，善意相对人有撤销的权利。撤销应当以通知的方式作出。”《民法典》合同编不再保留该条，对于限制行为能力人订立的合同效力判断可以直接适用《民法典》总则编第六章第三节第145条：“限制民事行为能力人实施的纯获利益的民事法律行为或者与其年龄、智力、精神健康状况相适应的民事法律行为有效；实施的其他民事法律行为经法定代理人同意或者追认后有效。相对人可以催告法定代理人自收到通知之日起三十日内予以追认。法定代理人未作表示的，视为拒绝追认。民事法律行为被追认前，善意相对人有撤销的权利。撤销应当以通知的方式作出。”

四、无权代理人订立的合同

《合同法》第48条规定：“行为人没有代理权、超越代理权或者代理权终止后以被代理人名义订立的合同，未经被代理人追认，对被代理人不发生效力，由行为人承担责任。相对人可以催告被代理人在一个月内予以追认。被代理人未作表示的，视为拒绝追认。合同被追认之前，善意相对人有撤销的权利。撤销应当以通知的方式作出。”《民法典》合同编删除该条，关于无权代理人订立的合同的效力应当适用《民法典》总则编第七章第二节第171条：“行为人没有代理权、超越代理权或者代理权终止后，仍然实施代理行为，未经被代理人追认的，对被代理人不发生效力。相对人可以催告被代理人自收到通知之日起三十日内予以追认。被代理人未作表示的，视为拒绝追认。行为人实施的行为被追认前，善意相对人有撤销的权利。撤销应当以通知的方式作出。行为人实施的行为未被追认的，善意相对人有权请求行为人履行债务或者就其受到的损害请求行为人赔偿。但是，赔偿的范围不得超过被代理人追认时相对人所能获得的利益。相对人知道或者应当知道行为人无权代理的，相对人和行为人按照各自的过错承担责任。”与《合同法》的规定相比较，《民法典》总则编对于被代理人未追认行为人无权代理行为时的责任分配作了更为细致的规定，为司法实践提供了精确的指引。

五、表见代理

《合同法》第49条规定：“行为人没有代理权、超越代理权或者代理权终止后以被代理人名义订立合同，相对人有理由相信行为人有代理权的，代理行为有效。”《民法典》合同编删除该规定，表见代理的效力直接适用《民法典》总则编第七章第二节第172条：“行为人没有代理权、超越代理权或者代理权终止后，仍然实施代理行为，相对人有理由相信行为人有代理权的，代理行为有效。”

六、无处分权人订立的合同

《合同法》第51条规定："无处分权的人处分他人财产，经权利人追认或者无处分权的人订立合同后取得处分权的，该合同有效。"这一条自《合同法》颁布以来就备受争议，《民法典》合同编将该条删除。《民法典》总则编并没有明确规定无权处分人订立的合同效力如何。2013年《最高人民法院关于审理买卖合同纠纷案件适用法律问题的解释》第3条规定："当事人一方以出卖人在缔约时对标的物没有所有权或者处分权为由主张合同无效的，人民法院不予支持。出卖人因未取得所有权或者处分权致使标的物所有权不能转移，买受人要求出卖人承担违约责任或者要求解除合同并主张损害赔偿的，人民法院应予支持。"根据司法解释的规定，当事人一方在缔约时对标的物无处分权并不影响合同的效力。对标的物享有处分权这一点并不是合同的生效要件之一。无处分权人订立的合同，如无其他无效事由，应当被认为有效。

七、合同无效的法定情形

《合同法》第52条规定："有下列情形之一的，合同无效：（一）一方以欺诈、胁迫的手段订立合同，损害国家利益；（二）恶意串通，损害国家、集体或者第三人利益；（三）以合法形式掩盖非法目的；（四）损害社会公共利益；（五）违反法律、行政法规的强制性规定。"《民法典》合同编将这条删除了。

《民法典》不再使用"损害国家利益""损害国家、集体利益""损害社会公共利益"等表达方式，转而使用"公序良俗"这样的更能体现私法色彩的表达方式。

对于"一方以欺诈、胁迫的手段订立合同，损害国家利益"的情形，适用《民法典》总则编第六章第三节第143、153条的规定判断合同效力。

对于"恶意串通，损害国家、集体或者第三人利益"的情形，适用《民法典》总则编第六章第三节第154条的规定。

对于"以合法形式掩盖非法目的；损害社会公共利益"的情形，适用《民法典》总则编第六章第三节第153条的规定。

对于"违反法律、行政法规的强制性规定"的情形，适用《民法典》总则编第六章第三节第153条的规定判断合同效力。

八、可撤销合同

《合同法》第54条规定："下列合同，当事人一方有权请求人民法院或者仲裁机构变更或者撤销：（一）因重大误解订立的；（二）在订立合同时显失公平的。一方以欺诈、胁迫的手段或者乘人之危，使对方在违背真实意思的情况下订立的合同，受损害方有权请求人民法院或者仲裁机构变更或者撤销。当事人请求变更的，人民法院或者仲裁机构不得撤销。”《民法典》合同编将这一条删除，相关情形可以适用《民法典》总则编第六章第三节的相关规定。

对于“因重大误解订立的合同”的情形，适用《民法典》总则编第六章第三节第 147 条的规定。

对于“在订立合同时显失公平的。一方以欺诈、胁迫的手段或者乘人之危，使对方在违背真实意思的情况下订立的合同”的情形，适用《民法典》总则编第六编第三节第 148、149、150 条以及第 151 条的规定。

九、撤销权的消灭

《合同法》第 55 条规定：“有下列情形之一的，撤销权消灭：（一）具有撤销权的当事人自知道或者应当知道撤销事由之日起一年内没有行使撤销权；（二）具有撤销权的当事人知道撤销事由后明确表示或者以自己的行为放弃撤销权。”《民法典》合同编删除该条，合同法律关系中撤销权的消灭适用《民法典》总则编第六章第三节第 152 条的规定。

十、合同自始无效与部分有效

《合同法》第 56 条规定：“无效的合同或者被撤销的合同自始没有法律约束力。合同部分无效，不影响其他部分效力的，其他部分仍然有效。”《民法典》合同编删除该条。《民法典》总则编第六章第三节第 155 条以及第 156 条规定：无效的或者被撤销的民事法律行为自始没有法律约束力；民事法律行为部分无效，不影响其他部分效力的，其他部分仍然有效。《民法典》总则编对法律行为自始无效和部分无效的规定同样适用于合同。

十一、合同无效或被撤销的法律后果

《合同法》第 58 条规定：“合同无效或者被撤销后，因该合同取得的财产，应当予以返还；不能返还或者没有必要返还的，应当折价补偿。有过错的一方应当赔偿对方因此所受到的损失，双方都有过错的，应当各自承担相应的责任。”《民法典》合同编中这一条被删除。《民法典》总则编第六章第三节第 157 条对民事法律行为无效或被撤销的法律后果进行了规定，同样适用于合同。

十二、恶意串通获取财产的返还

《合同法》第 59 条规定：“当事人恶意串通，损害国家、集体或者第三人利益的，因此取得的财产收归国家所有或者返还集体、第三人。”《民法典》合同编删除该条。《民法典》总则编第六章第三节第 157 条的规定也适用于恶意串通获得财产的返还。

【关联规定】

《合同法》第45～49、51～52、54～56、58～59条，《民法典》第143、145～154、157～160、171～172条，《最高人民法院关于审理买卖合同纠纷案件适用法律问题的解释》第3条

（撰稿人：张芸）

第四章　合同的履行

【导读】

本章以“合同的履行”为标题。但实际上，履行不仅会出现在合同关系，也会出现在其他所有类型的债权关系之中（债权作为“权利人请求特定义务人为或者不为一定行为的权利”，第118条第2款后半句）。因此本章所处理的种种履行问题不仅对合同债权关系有意义，对其他类型的债权关系也有意义。有鉴于此，本章的适用范围非常广，既包括第二分编所规定的各类典型合同，也包括无名合同（第467条第1款），还包括第三分编规定的作为准合同的无因管理与不当得利。除此之外尤其需要注意的是，本章规定对侵权责任的可类推适用性也应获得认可。可以说，“合同的履行”一章典型地体现了在不设债法总则的架构下合同编通则对债法总则功能的代行。

由于合同履行涉及的问题非常多，因此本章的规则密度也极其之高。按照内容相关性来分的话，可以将本章条文分为八大部分。第一部分的主题是当事人履行合同应遵守的总体原则，即第509条所规定的全面履行原则、诚信原则以及环境保护和资源节约原则。第二部分的主题是对合同内容漏洞或者说空缺的填补方式，即第511条规定的事后协议、补充解释以及第512条规定的法定备用规则。第三部分的主题是对合同标的的选择，这涉及传统债法上所说的“选择之债”，包括第515和第516条。第四部分是多数人之债（第517~521条），包括多数债权人和多数债务人。第五部分涉及合同履行中的第三人，包括向第三人履行（第522条），由第三人履行（第523条）和第三人代为履行（第524条）。第六部分的主角是多种履行拒绝权（抗辩权），包括同时履行抗辩权（第525条）、先履行抗辩权（第526条）、不安抗辩权（第527~528条）、对提前履行的拒绝权及其例外（第530条）、对部分履行的拒绝权（第531条）。第七部分规范情势变更制度（第533条）。第八部分则是对多个专门问题的单独规定，包括第512条（电子合同中的履行时间）、第513条（政府定价、政府指导价及其调整）、第514条（金钱债务中的履行币种）、第529条（因债权人原因导致履行困难时的处理）、第532条（合同一方的身份信息变化或者纯粹内部人员变更不影响合同效力）、第534条（对合同的行政机关监督）。

第五百零九条　【合同履行的原则】 当事人应当按照约定全面履行自己的义务。

当事人应当遵循诚信原则，根据合同的性质、目的和交易习惯履行通知、协助、保密等义务。

当事人在履行合同过程中，应当避免浪费资源、污染环境和破坏生态。

【释义】

本条第 1 款的规范内容为“全面履行原则”。全面履行原则，也称适当履行原则，是指当事人按照合同规定的标的即其质量、数量，由适当的主体在适当的履行期限、履行地点，以适当的履行方式，全面完成合同义务的履行原则。[①] 我们就履行主体、履行地点、履行期限、履行费用、履行方式等几个方面分别进行阐述。

1. 履行主体：包括履行人和履行受领人

（1）履行人。债务人负有履行其债务的义务，又称“亲自履行”原则。由于现代法律在一定程度上弱化了“债是法锁”的观念，事实上一般债权人不太关心债务由谁履行，只关心其债权是否能够满足，因此原则上第三人可代替债务人履行债务。履行债务的第三人可以是债务人的履行辅助人、债务人的代理人或第三清偿人。①债务人的代理人履行债务人的债务，相当于债务人亲自履行。如果债务人适当履行债务，则债务消灭。由代理的原理可知，代理人在履行债务过程中有过错的，债务人应就该过错向债权人承担责任。②履行辅助人指基于特定的关系，受债务人指示，为债务人履行债务之人。具体而言，履行辅助人的履行行为视为债务人的履行、清偿的效果是消灭债务人对债权人所负担的债务、由债务人承担履行辅助人瑕疵履行的责任。③第三人清偿是指第三人以自己的名义有意识地清偿债务人的债务。由此可见，前述履行辅助人履行、债务人的代理人履行均非第三人清偿。第三人误把债务人的债务当作自己债务清偿的，并不构成第三人清偿，也不发生债务消灭的效果，只是在清偿人与债权人之间成立非债清偿关系。第三人清偿的法律效果主要包括：债权人无正当理由不受领第三人清偿的，

---

① 崔建远：《合同法》（第 3 版），北京大学出版社 2016 年版，第 121 页。

构成受领迟延；第三人清偿经债权人受领，构成有效的第三人清偿，债权人的债权消灭；第三清偿人与债务人之间产生求偿关系，除非第三人以赠与的意思为清偿。

不得由第三人履行的债务主要包含以下两种情况：其一，当事人基于意思自治，事先约定债务不得由第三人履行。其二，依据债务的性质不得由第三人履行，主要指以一身专属的给付为目的的债务，如画家为他人作画。

（2）履行受领人。原则上债权人及其代理人为履行受领人，债务人只有向债权人及其代理人履行才构成有效的履行。例外的情况主要有如下两种：其一，在债权被扣押、债权人被申请破产、债权被质押等情形下，债权人的受领权限会受到限制，因此债权收取的受托人、债权人代位权的行使人、破产清算组、债权质权人等有权代债权人受领。其二，“表见受领权人”。基于“外观主义”，学理和比较法上存在“表见受领权人”的概念。表见受领权人，指外观上有权受领但实际上无权受领之人。根据法理，履行人善意、无过失地向表见受领权人清偿为有效清偿，可导致债务人债务的消灭。为补救受损的债权人，债权人可向表见受领权人主张不当得利返还。实务中，表见受领权人的情形主要包括债权的准占有人、收据持有人、债权人证书持有人等。

2. 履行地点

履行地点为债务人应为履行行为的地点。履行地点具有重要的法律意义。第一，它决定履行费用的承担。如果债务人负担提供服务的债务，原则上债务人要承担其前往履行地点的费用。第二，它决定风险的承担。关于给付风险的承担，我国采“交付主义”，除非法律另有规定或者当事人另有约定，否则标的物毁损、灭失的风险，在标的物交付之前由出卖人承担，交付之后由买受人承担（《合同法》第 142 条、本法第 604 条）。第三，它是违约与否的判断标准之一。债务人在错误的地点履行，通常会构成违约。债权人由于对履行地点判断错误造成没有在约定的时间受领的，则构成受领迟延。第四，它是确定管辖法院的标准之一。《民事诉讼法》第 23 条规定，因合同纠纷提起的诉讼，由被告住所地或者合同履行地人民法院管辖。

3. 履行期限

履行期限又称清偿期限，指债务人依照约定或者法定必须履行其债务的时间。履行期限可表现为期日或期间。期限利益是指当事人因期限的存在而享有的利益。履行期限有为债务人利益的，有为债权人利益的，也有为双方当事人利益的。履行期限为债务人利益的，债权人不得随意请求履行，但债务人可以抛弃其期限利益，在履行期限届满前履行。履行期限为债权人利益的，债权人可在履行期限届满前请求履行债务，但是债务人无权强制债权人在期限届满前受领。在期限利益为双方当事人利益的，债权人无权请求债务人期前履行，债务人也无权强求债权人期前受领。

履行期限具有重要的法律意义。第一，它是迟延履行、迟延受领的主要判断标准。全面履行原则要求债务人在履行期限内履行。履行期限届至，债务人没有完全履行，则债务人陷于履行迟延。相反，履行期限届至，债务人按照合同约定或者法律规定提供履行，而债权人无故拒绝受领或者不能受领的，债权人陷于受领迟延。第二，它是合同解除的重要判断标准。按照本法第 563 条的规定，在履行期限届满之前，当事人一方明确表示或者以自己的行为表明不履行主要债务，对方当事人可以解除合同（本法第 563 条第 1 款第 2 项）；当事人一方迟延履行主要债务，经催告后在合理期限内仍未履行，对方当事人可以解除合同（本法第 563 条第 1 款第 3 项）；当事人一方迟延履行债务或者有其他违约行为致使不能实现合同目的，对方当事人可以解除合同（本法第 563 条第 1 款第 4 项）。第三，它是法定抵销的判断标准。法定抵销以当事人互负的债务到期为必要条件（参见本法第 568 条）。第四，它是合同诉讼时效的确定标准。按照法理，履行期限届满，债权人对债务人所享有的请求权的诉讼时效开始起算。当事人约定同一债务分期履行的，诉讼时效期间自最后一期履行期限届满之日起计算（本法第 189 条）。

4. 履行费用

履行费用指履行债务所必须支出的费用。

5. 履行方式

履行方式是指法律规定或者合同约定的债务人履行债务的方式，包括标的物的交付方法、工作物的完成方法、标的物的运输方法、价款的支付方法等。履行方式不符合法定或者约定条件，会造成不完全履行、迟延履行、履行费用的增加等后果。

本条第 2 款的规范内容为合同履行中的附随义务。简言之，附随义务是依据诚实信用原则而产生的义务。本法第 7 条将诚信原则表述为“秉持诚实、恪守承诺”，因此也可以认为附随义务为诚信原则在合同履行方面的具体体现。依现代债法的要求，债务人在履行债务时，除了应当履行法律上已经确定或者当事人明确规定的义务，为辅助债权人实现其利益，还发生种种附随义务①。基于附随义务在合同履行中的重要作用，有学者将其上升为合同履行的基本原则，即“协作

① 张广兴：《债法总论》，法律出版社 1997 年版，第 168 页。

履行原则”①。

附随义务不同于主给付义务，两者的区别集中体现在以下几点。第一，给付义务自始确定，并决定债的类型；附随义务存在于债的关系整个过程中，随着债的关系发展而出现。第二，给付义务多为约定义务；附随义务多为法定义务。第三，在双务合同中，给付义务为对待给付，一方不履行给付义务，另一方可以产生履行抗辩；而附随义务原则上非属对待给付，不发生同时履行抗辩权。第四，因给付义务的不履行，债权人可以解除合同；而附随义务的不履行，债权人没有解除权，但就其所受损害，享有损害赔偿请求权。附随义务也不同于从给付义务，一般认为，对从给付义务可以通过诉讼请求履行，而对附随义务不能通过诉讼请求履行，仅发生请求损害赔偿的问题。

附随义务要求双方当事人在合同履行过程中相互配合、协作，使合同得到适当履行。因此，附随义务对合同双方均具有意义。有学者将附随义务的功能总结为辅助功能和保护功能。② 辅助功能，即促进实现主给付义务，使债权人的给付利益获得最大可能的满足。保护功能，即维护对方当事人人身和财产上的利益。关于附随义务的具体形态，本条列举了通知、协助、保密三种，并以“等”字表明其并未穷尽附随义务的形态。实务中常见的附随义务还有注意义务、照顾义务、不作为义务等形态。通知义务指当事人对有关对方利益的重大事项有告知的义务。例如，因不可抗力不能履行合同的，应当及时通知对方，以减轻可能给对方造成的损失，并应当在合理期限内提供证明。（《合同法》第 118 条、本法第 590 条）。协助义务指依照诚实信用原则，当债务人的履行在性质上需要债权人的协助时，债权人即负有协助履行的义务。③ 例如，出租人、出卖人、承租人可以约定，出卖人不履行买卖合同义务的，由承租人行使索赔的权利。承租人行使索赔权利的，出租人应当协助（《合同法》第 240 条、本法第 741 条）。保密义务指对涉及一方利益的尚不被人知晓的情况，他方负有保密的义务。例如，技术秘密转让合同的让与人和技术秘密使用许可合同的许可人应当按照约定提供技术资料，进行技术指导，保证技术的实用性、可靠性，承担保密义务（本法第 868 条）。又如，承揽人应当按照定作人的要求保守秘密，未经定作人许可，不得留存复制品或者技术资料（《合同法》第 266 条、本法第 785 条）。

本条第 3 款的规范内容为合同履行中的绿色原则。本款内容是《合同法》第 60 条所没有规定的。按照本法第 9 条的规定，民事主体从事民事活动，应当有利

---

① 张广兴：《债法总论》，法律出版社 1997 年版，第 121 页。

② 韩世远：《合同法总论》（第 4 版），法律出版社 2018 年版，第 344 页。

③ 刘凯湘：《债法总论》，北京大学出版社 2011 年版，第 75 页。

于节约资源、保护生态环境。可见，本条是《民法典》总则编绿色原则在合同履行方面的具体体现。

【关联规定】

《民法总则》第7、9、119条，《合同法》第60条

（撰稿人：韩京京）

第五百一十条 【合同没有约定或者约定不明的补救措施】 合同生效后，当事人就质量、价款或者报酬、履行地点等内容没有约定或者约定不明确的，可以协议补充；不能达成补充协议的，按照合同相关条款或者交易习惯确定。

【释义】

本条的规范内容为合同当事人就合同有关内容没有约定或者约定不明确时，应依据什么方法和原则来确定的问题。一是当事人协议补充；二是如达不成补充协议则按照合同有关条款或者交易习惯确定。两种方法的共同目的在于不使合同因某些内容的欠缺而丧失效力，从而维护交易安全、提高交易效率。合同本是当事人根据意思自治原则达成的合意。因此，在合同没有约定或者约定不明确时，当然可以通过补充协议的形式进行补充和进一步说明。补充协议是对原合同内容的补充，可以视作合同的组成部分。补充协议的达成，有利于避免纠纷、节约成本和促进债的履行。既无事前约定，事后又达不成补充协议的，则要按照合同有关条款或者交易习惯确定。

"不能达成补充协议的，按照合同相关条款或者交易习惯确定"，是指既无事前约定，事后又达不成补充协议，则要按照合同内容、性质等相关条款或者交易习惯确定。这是关于合同条款约定不明确的补充性法律规定。补充性法律规定，是指对那些欠缺主要条款或者条款约定不明但并不影响其效力的合同，基于公平原则，由法律直接作出的用以弥补当事人未作出或不明确作出意思表示的不足，使合同内容合理、确定并便于履行的规定。[①] 需要注意的是，补充性法律规定并

① 江平主编：《中华人民共和国合同法精解》，中国政法大学出版社1999年版，第51页。

非万能的，它只适用于一些常见条款的欠缺或者不明确，即质量、价款或者报酬、履行地点等。相反，如果欠缺或者不明确的是某些合同的特别条款或者专门条款，补充性法律规定也无能为力，只能依靠当事人达成补充协议。

【关联规定】

《合同法》第61条

（撰稿人：韩京京）

第五百一十一条　【合同约定不明确时的履行】 当事人就有关合同内容约定不明确，依据前条规定仍不能确定的，适用下列规定：

（一）质量要求不明确的，按照强制性国家标准履行；没有强制性国家标准的，按照推荐性国家标准履行；没有推荐性国家标准的，按照行业标准履行；没有国家标准、行业标准的，按照通常标准或者符合合同目的的特定标准履行。

（二）价款或者报酬不明确的，按照订立合同时履行地的市场价格履行；依法应当执行政府定价或者政府指导价的，依照规定履行。

（三）履行地点不明确，给付货币的，在接受货币一方所在地履行；交付不动产的，在不动产所在地履行；其他标的，在履行义务一方所在地履行。

（四）履行期限不明确的，债务人可以随时履行，债权人也可以随时请求履行，但是应当给对方必要的准备时间。

（五）履行方式不明确的，按照有利于实现合同目的的方式履行。

（六）履行费用的负担不明确的，由履行义务一方负担；因债权人原因增加的履行费用，由债权人负担。

【释义】

本条承接本法第 510 条，从质量、价款或者报酬、履行地点、履行期限、履行方式、履行费用六个方面具体规定了合同条款约定不明的补充性法律规定。

（1）按照强制性国家标准、推荐性国家标准、行业标准或通常标准、符合合同目的的特定标准确定质量。“强制性国家标准”，是指由国家主管部门制定，合同当事人必须遵守的标准。“推荐性国家标准”，是指由国家主管部门制定，合同当事人自由决定是否遵守的标准。“行业标准”，一般是由行业协会等行业共同体制定的标准。“通常标准”，是指同一类合同标的通常情况下采用的标准。“符合合同目的的特定标准”，是指合同标的所指向的特殊用途的质量要求，是一种特殊标准。[①]

（2）价款或者报酬按照市场价格或者执行政府定价。“市场价格”是经市场自由竞争而形成的价格，它一般会根据供需情况等因素而浮动。“政府定价”是政府对一些重要产品或者行为确定一个固定的价格，人们在履行合同时特别是一些计划合同时要遵守政府定价。“指导价”是政府为了稳定物价，维护市场秩序而制定的非强制性的参考价格。

（3）关于合同的履行地，如果当事人事前没有约定，事后又未达成补充协议，也不能依据交易习惯确定，根据债的性质不同而适用不同的确定规则。学理上，以债务人的住所地为履行地的，称为“往取债务”，以债权人的住所地为履行地的，称为“赴偿债务”，以将标的物送至债权人、债务人住所地或营业地以外的第三地的，称为“送付债务”。比较法上，《法国民法典》（第 1342－6 条）、《德国民法典》（第 269 条第 1 项）采“往取主义”；《日本民法典》（第 484 条第 1 款）、我国台湾地区“民法”采“赴偿主义”。我国自《民法通则》起，就实行“往取主义”原则。[②] 主要的例外有两个：给付货币和交付不动产。“给付货币的，在接受货币一方所在地履行”指金钱债务，以债权人所在地为履行地点（赴偿债务）。“交付不动产的，在不动产所在地履行”，指合同债务的内容是交付不动产的，以不动产所在地为合同债务的履行地。“其他标的，在履行义务一方所在地履行”，指其他标的的履行以债务人的住所地为履行地（往取主义）。

---

① 江平主编：《中华人民共和国合同法精解》，中国政法大学出版社 1999 年版，第 52 页。

② 参见《民法通则》第 88 条第 3 款、《合同法》第 62 条第 1 项。

（4）“履行期限不明确的，债务人可以随时履行，债权人也可以随时请求履行”，是指履行期限不明的以随时履行为原则。当事人一方选择随时履行的，“应当给对方必要的准备时间”，目的在于使对方当事人有足够的时间进行履行合同或者接受履行的准备工作。实务中，该准备时间的长短应根据合同的类型、交易习惯等进行判断。

（5）履行方式的确定按照有利于实现合同目的的方式进行。“有利于实现合同目的”指履行方式的选择要能满足当事人在订立合同时所期望的法律效果的发生。如果当事人的合同目的相同，按照“有利于实现合同目的”确定履行方式不会发生疑问。相反，如果当事人的目的不同，法律并未明确应按照哪方的合同目的确定履行方式。

（6）履行费用，指履行债务所必须支出的费用。履行费用又分为固有履行费用和增加的履行费用。“履行费用的负担不明确的，由履行义务一方负担”，指固有履行费用负担不明确的，由履行义务一方负担。增加的履行费用，指由于特别事由的出现而增加的履行费用。根据公平原则，就增加的履行费用实行“谁增加谁负担”的原则，即因债务人方面的事由而增加的履行费用，应推定由债务人负担，因债权人方面的事由而增加的履行费用，应推定由债权人负担。本条只规定了“因债权人原因增加的履行费用，由债权人负担”并非遗漏，本法后文就此有相关规定，如“债务人提前履行债务给债权人增加的费用，由债务人负担”（本法第 530 条第 2 款），又如“债务人部分履行债务给债权人增加的费用，由债务人负担”（本法第 531 条第 2 款）。

【关联规定】

《合同法》第 62 条

（撰稿人：韩京京）

第五百一十二条　【电子合同的交付时间】 通过互联网等信息网络订立的电子合同的标的为交付商品并采用快递物流方式交付的，收货人的签收时间为交付时间。电子合同的标的为提供服务的，生成的电子凭证或者实物凭证中载明的时间为提供服务时间；前述凭证没有载明时间或者载明时间与实际提供服务时间不一致的，以实际提供服务的时间为准。

电子合同的标的物为采用在线传输方式交付的，合同标的物进入对方当事人指定的特定系统且能够检索识别的时间为交付时间。

电子合同当事人对交付商品或者提供服务的方式、时间另有约定的，按照其约定。

【释义】

本条的规范内容为电子合同交付时间的认定规则。交付在合同中意义重大，一般而言，合同标的物的交付时间决定财产所有权移转的时间以及风险移转的时间。相较于传统实体商品交付，在电子商务领域交付存在着一定的特殊性，因此法律有必要对其进行特殊规定。本条规定吸收了《电子商务法》第 51 条和《最高人民法院关于审理买卖合同纠纷案件适用法律问题的解释》（法释〔2012〕8 号）第 5 条的相关内容，是《合同法》所没有规定的。

（1）以快递方式交付商品的合同的交付时间。按照学理，只要商品由收货方或者承运人占有即完成了交付，签收并非交付的必要环节。本法第 607 条第 2 款（《合同法》第 145 条）规定，当事人没有约定交付地点或者约定不明确，依据本法第 603 条第 2 款第 1 项的规定标的物需要运输的，出卖人将标的物交付给第一承运人后，标的物毁损、灭失的风险由买受人承担。本条规定以卖方签收时间为交付商品的时间，其目的在于保护消费者的利益。因为在实务中，以快递方式交付的商品，一般由卖方送货或者至少承担寄送义务，在收货方签收之前，货物处于卖方或者物流公司的控制之下，收货方无法实际控制商品。实务中，商品的实际交付时间可能与签收时间不一致，如实际交付标的物之前由快递公司签收。应当认为，在这种情况下，如果有其他证据证明商品已经实际交付且交付时间与签收时间不一致的，应以实际交付时间为准。就此，立法者虽未言明，但通过对“前述凭证没有载明时间或者载明时间与实际提供服务时间不一致的，以实际提供服务的时间为准”进行解释，可得出相同的结论。

（2）标的为提供服务的合同的交付时间。“标的为提供服务的合同”包括提供服务产品的服务合同和单纯提供服务的合同，后者实际属于雇佣合同。[①] 电子合同的标的为提供服务的，生成的电子凭证或者实物凭证中载明的时间为提供服

---

① 赵旭东主编：《中华人民共和国电子商务法释义与原理》，中国法制出版社 2018 年版，第 385 页。

务时间。实践中，“电子凭证或实物凭证中记载的时间”可能与实际提供服务的时间不一致，“凭证没有载明时间或者载明时间与实际提供服务时间不一致的，以实际提供服务的时间为准”。

（3）标的物为在线传输数字产品的合同的交付时间。数字产品一般为无形的信息产品，如知识产权、网络虚拟财产等。电子商务合同的标的物为数字产品的，合同的交付义务通常以在线传输的方式履行。这类合同不应或不能以实物交付，所以应当以“合同标的物进入对方当事人指定的特定系统且能够检索识别的时间为交付时间”。在具体交易过程中可能会出现产品已经进入收件人指定的特定系统，但其未能检索识别的情况。如果数据电文无法检索识别是收件人自己的行为造成的（如垃圾邮件过滤、杀毒软件屏蔽等），不应因此使发件人暴露于无法预期的风险中，收件人应当自负其责，不应因此否认或者推迟发件人交付的时间。[①] 数据电文进入收件人指定的特定系统，并且能够被系统访问与检索，但不能被收件人识别的，应推定合同标的已经向收件人交付。如果收件人能够证明进入其指定的特定系统的信息是由于发件人的原因（如数据格式、病毒感染等）无法被检索或识别，发件人则应承担相应的不交付、不适当交付或者迟延交付的后果。[②] 本条没有规定在收件人未指定特定系统的情况下，如何判断在线传输的数字产品的交付时间，可参照本法第 137 条第 2 款的相关规定，“未指定特定系统的，相对人知道或者应当知道该数据电文进入其系统时生效”。

本条第 3 款指明本条前两款的规定并非强制性法律规定，电子合同当事人可合意作出其他约定，体现了民法的意思自治原则和合同自由原则。

【关联规定】

《电子商务法》第 51 条，《民法典》第 137 条，《最高人民法院关于审理买卖合同纠纷案件适用法律问题的解释》第 5 条，《联合国国际合同使用电子通信公约》第 10 条

（撰稿人：韩京京）

---

① 参见电子商务法起草组编著：《中华人民共和国电子商务法条文释义》，法律出版社 2018 年版，第 158 页。

② 参见电子商务法起草组编著：《中华人民共和国电子商务法条文释义》，法律出版社 2018 年版，第 158 页。

第五百一十三条 【政府定价、政府指导价】执行政府定价或者政府指导价的，在合同约定的交付期限内政府价格调整时，按照交付时的价格计价。逾期交付标的物的，遇价格上涨时，按照原价格执行；价格下降时，按照新价格执行。逾期提取标的物或者逾期付款的，遇价格上涨时，按照新价格执行；价格下降时，按照原价格执行。

【释义】

本条是关于执行政府定价或者政府指导价的合同中价格的确定规则。无论是政府定价还是政府指导价均不是一成不变的，政府可以根据价格决定因素的变化进行调整，合同的价格应随之变化。“逾期交付标的物的，遇价格上涨时，按照原价格执行；价格下降时，按照新价格执行。逾期提取标的物或者逾期付款的，遇价格上涨时，按照新价格执行；价格下降时，按照原价格执行”，是指由违约方承担价格变化的风险责任。“交付时的价格”，是指交付标的物时的政府定价或者政府指导价。“原价格”，是指原交付时间的政府定价或者政府指导价。“新价格”，是指实际交付时间的政府定价或者政府指导价。

【关联规定】

《合同法》第63条

（撰稿人：韩京京）

第五百一十四条 【金钱之债给付货币的确定规则】以支付金钱为内容的债，除法律另有规定或者当事人另有约定外，债权人可以请求债务人以实际履行地的法定货币履行。

【释义】

本条规定了金钱之债中债务人履行币种的确定问题，理论界也多以“货币之债”为名研究相关问题。[①] 本条是新增条文，《民法通则》《合同法》中都未规定。

金钱债务币种的确定，不仅关系到当事人的利益实现问题，而且是国家货币主权在私法之内的效力投射。《中国人民银行法》第 16 条明确规定人民币是我国境内的法定货币，并强调在我国境内对任何单位或个人而言在债务履行意义上具有强制接受的法定义务。不过，金钱债务币种的选择毕竟属于当事人之间具体的利益实现方式问题，原则上也应当尊重当事人的意思自治，当事人之间关于法定货币之外币种的约定，并不能直接认定为违反强制性规定而无效。倒是《外汇管理条例》第 8 条规定“中华人民共和国境内禁止外币流通，并不得以外币计价结算”，如果严格按照这一条规定执行，不仅在履行的环节不能请求债务人以外币履行债务，而且甚至不能以外币作为合同的计价币种，否则该合同计价条款应当无效。但是照此理解，本条在中国大陆地区之内签订和履行的合同问题之上，实际上就失去了实践规范价值。因此，本条适用的前提应当是不受《中国人民银行法》第 16 条和《外汇管理条例》第 8 条规定的消极影响。

在当事人未有特别约定的前提下，本条从文义上仅是赋予了债权人选择币种的权利，但选择的方式仍然受到债务人一方的限制。不过，以实际履行地作为金钱债务币种的联系点，符合常理，即便是债权人掌握了选择权，对于债务人而言也无履行上之不利。相反，如果债权人选择要求债务人在实际履行地以非当地法定货币履行，倒是一方面增加了货币兑换的成本；另一方面在金钱债务数额较大的情况下，也会受到当地政府外汇管控的影响，甚至进而构成一时履行之不能。因此，从诚信原则的角度考虑，债权人可能并非“可以请求”，而是“应当请求”债务人以实际履行地的法定货币履行。如果再考虑到《中国人民银行法》第 16 条的规定，在中国大陆地区范围内，债务人本来就有权利以人民币作为履行币种，债权人更“应当请求”债务人以实际履行地的币种履行债务。

本条是只指向债权人的规范，对于债务人而言，有无币种选择的自由呢？按照一般经验，债务人通常也会以其实际履行地的币种作为默认的履行币种，反过来，如果其在实际履行地却以其他区域的币种作为履行币种，乃极为反常的行为，同样会增加债权人货币兑换的成本，也同样可能会让债权人承受外汇管控的风险，不属于诚信行为。因此，实际履行地的币种约束规则也应当同时适用于债

---

① 货币之债的相关理论问题，可参阅邱聪智：《新订民法债编通则》（上）（新订 1 版），中国人民大学出版社 2003 年版，第 200 页以下；黄立：《民法债编总论》，中国政法大学出版社 2002 年版，第 347 页以下。

务人。不过，《中国人民银行法》第16条规定在文义上并不构成对债务人履行币种选择的限制，不同于该条对债权人的限制。

如果金钱债务从产生到履行，都发生在我国大陆地区法域范围之内，本条并没有实际规范意义，因为人民币属于法定货币，处于通用地位，可归入合同的默认条款之列。但在经济全球化的背景之下，在我国两岸四地法域并存的现实面前，具有涉外或跨法域因素的合同乃是普遍之势，在网络交易平台从事跨境交易的便捷程度日益增强。对于金钱债务而言，在现代通信条件支持下的电子支付方式基本上已经逐渐取代了现金履行的方式，理论上随时都有可能跨法域发生。如果不考虑货币主权和外汇管控的因素，实际履行地实际上已经没有太多的意义。在这样的背景之下，一方面确有必要以明确的规则来规定跨法域金钱债务履行币种的确定性问题，另一方面以实际履行地作为最密切联系点往往又失去了现金给付条件下的客观价值。不过，涉外合同大部分都是规模化且重复性的商业交易，当事人之间都会对价金的交付方式和币种有明确的约定，本条适用的可能性应该非常有限。即便是通过网络平台签订的普通购物合同，也都会对货款的币种有明确的提示或说明。

换个角度看，假如本条的意旨不是规避人民币的法定货币地位问题，而是在传统货币之外为新型货币保留面朝未来的适用空间，倒是能够理解为何适用前提是可以通过当事人的约定排除法定货币作为履行币种。在支持比特币等新型货币的法域，货币甚至已经部分摆脱了传统金融监管部门的控制，具有全球性的特征，在这些领域坚持实际履行地规则也已经失去了现实意义。不过，按照《中国人民银行法》第20条的规范意旨以及《关于防范比特币风险的通知》和《关于防范代币发行融资风险的公告》的精神，各种代币目前在我国仍然不被法律所认可，相关的交易也不受法律保护，本条的实践价值估计就大打折扣了。

基于本法第12条对于中国领域内民事活动法律适用的一般性规定，本条在实践中主要适用到的跨境合同领域，必然会涉及国际私法或区际私法的相关问题。

【关联规定】

《中国人民银行法》第16、20条，《外汇管理条例》第8条，《涉外民事关系法律适用法》第41条

（撰稿人：聂卫锋）

第五百一十五条　【债务履行中的选择权归属】 标的有多项而债务人只需履行其中一项的，债务人享有选择权；但是，法律另有规定、当事人另有约定或者另有交易习惯的除外。

享有选择权的当事人在约定期限内或者履行期限届满未作选择，经催告后在合理期限内仍未选择的，选择权转移至对方。

【释义】

本条规定债务履行中的选择权归属问题。本条是新增条文，《民法通则》《合同法》中都未规定。

在具体的合同债务之中，债务标的往往比较单一，因为债权人订立合同都是为了追求特定的经济或非经济目的。但是，在实践中也不排除债务标的多项并存的情形。此种债务标的并存现象是对于债权人而言，意味着其并没有特别强烈的唯一利益指向，而是指向了数项同种类或不同种类的标的或标的物，并且相互之间往往具有价值上的等同性或可替代性。因为债务标的的选择也是仅涉及当事人利益实现的问题，所以听由当事人意思自治选择最佳的处理方案，一般而言法律不会直接限制。在存有交易习惯的情形下，交易习惯也在当事人之间产生约束。

在未有法定或约定之例外或交易习惯之拘束的情形下，本条把债务履行的选择权归属于债务人，似乎有悖于“权利本位”的民法基本定位。但是，合同规则本来就不是偏向于某一方的规则，而同样需贯彻平等、公平、诚信等基本原则。一方面，立法者赋予债务人以选择权，并非无视债权人的权利，而是恰恰尊重了当事人订立合同时的真意。因为如果债权人在合同订立当时仅是针对某一标的具有强烈的履行利益，就不会把履行的对象拓展为多项债务标的，这就意味着任何一项债务标的的履行对其而言都构成了债权之实现，符合其履行利益。另一方面，立法者把选择权交由债务人行使，也是基于对债务人的保护，[①] 尽量减轻债务人的负担或风险。虽说债务人亦当尽心为其债务的履行做好充分的准备，但如果债务到了履行之际，对于某项履行标的债务人虽尽其全力仍不能如期交付或履行，或者有突发之意外（非不可抗力）使得特定的履行标的变成履行不能或履行不全面，债务人只要按照约定履行其他任何一项履行标的就可以使债权人的利益得以实现，使其本人从债之拘束中解脱出来。因此，选择权推定交由债务人行使

---

① 对债务人保护的学理观点，参见郑玉波：《民法债编总论》（修订 2 版），中国政法大学出版社 2004 年版，第 213 ~ 214 页；史尚宽：《债法总论》，中国政法大学出版社 2000 年版，第 269 ~ 270 页。

尽管是出于对债务人的保护，但此种保护显然并不对债权人之利益构成实质上的不均衡干预，尚属正当。

关于选择权的行使期限，本条虽未直接加以规定，第 2 款中“在约定期限内或者履行期限届满”未行使的选择权转移的法律后果，倒是确定了一个基本准则，即除了约定之外，原则上应当在履行期限届满之前行使。不过期限届满并不立即产生选择权转移的后果，而是需经过一个延展期或者宽限期。之所以给予这样一个延展期或宽限期，其理由在于选择权的行使直接影响到债务履行或债权实现的可能性问题，选择权即刻转移可能会使债务人从本来能够履行变成不能履行，也可能使债权人丧失对特定债务标的的履行利益，对债务人和债权人都稍显苛刻。

延展期或宽限期以对方当事人的催告为起算点，经催告后计算的宽限期限立法者仅以“合理期限”作为确定标准，实践中仅能基于个案案情依诚信原则确定之。关于催告，从文义上讲存在一个可能的漏洞，即是否不经对方当事人催告，就一直不起算该延展期或宽限期，以至于选择权一直不转移。特别是当债务人拥有选择权时，是否就意味着其一直不构成违约，因为债务履行对象一直没有被最终确定。理论上似乎有此可能，但是对于对方当事人而言，无论是着急实现债权，还是着急摆脱数项债务需同时准备履行之拘束状态，都有强烈的动机催告对方尽快行使选择权。不过，在当事人对于选择权行使有约定期限的情形下，本条第 1 款债务人享有选择权的推定规则就失去了实际意义，因为往往也会约定选择权的享有者（在为第三人利益签订的合同之中，选择权可能交由第三人行使[①]）。

还有一个问题值得深思，即在当事人没有约定选择权的归属，或者虽有约定归属但未约定有行使期限的情形下，本条第 2 款规定履行期限届满作为选择权可能发生转移的起点。但是，在履行期限届满的情形下，如果是债务人享有选择权，其不行使即为未履行债务，已经构成了违约责任；如果是债权人享有选择权，其不行使选择权，至少应当承担相当于债务人受领迟延的法律后果。[②] 在这两种情形之下，即便经对方当时的催告之后发生了选择权的转移，在理论上并不能因此豁免债务人的违约责任或者债权人应当承担的不利后果。比如，在履行期限届满之后的“合理期限”之内选择权人行使了选择权，但选择的履行标的恰恰是在这样的期限内由于对方原因导致不能履行（参见下一条的规定），选择权人

---

① 按照史尚宽先生的见解，在由第三人履行的合同中，第三人亦可拥有选择权，不过其权利行使须与履行同时发生。参见史尚宽：《债法总论》，中国政法大学出版社 2000 年版，第 270 页。

② 选择迟延的迟延责任，参见林诚二：《民法债编总论——体系化解说》，中国人民大学出版社 2002 年版，第 254 页。

这样选择是否符合诚信原则？选择权人是否需要承受类似于迟延履行期间债务人承担不可抗力不利后果一样的法律后果？需要在裁判适用过程中再做认真斟酌。

需注意的是，本条第 2 款的适用对象是最初享有选择权的民事主体，不限于债务人，也可能是债权人。此外，《消费者权益保护法》和《电子商务法》上消费者分别享有的“选择……的权利”（《消费者权益保护法》第 9 条）和“选择权”（《电子商务法》第 17 条）、《公司法》债转股意义上的“选择权”（第 162 条）与选择之债项下的选择权仅是分享了共同的名称，但在权利配置目的和规范意义上完全不同。

【关联规定】

《公司法》第 162 条，《消费者权益保护法》第 9 条，《电子商务法》第 17 条

（撰稿人：聂卫锋）

第五百一十六条　【选择权的行使方式与行使的法律后果】 当事人行使选择权应当及时通知对方，通知到达对方时，标的确定。标的确定后不得变更，但是经对方同意的除外。

可选择的标的发生不能履行情形的，享有选择权的当事人不得选择不能履行的标的，但是该不能履行的情形是由对方造成的除外。

【释义】

本条规定选择权的行使方式与行使的法律后果。本条是新增条文，《民法通则》《合同法》中都未规定。

本条第 1 款规定选择权的行使应采取通知的方式，并实行到达生效主义，不过在规范适用上还需参考本法总则编部分有相对人的意思表示的生效规则（第 137 条）。[①] 从目的实现的角度考虑，通知的内容需要明确，选定具体的债务标的。从实际履行情况来看，选择权的行使也可能会是以通知的方式，发生选择权的再次转移，即交由对方再次选择。这种选择权的转移同样是先前选择权行使的

① 邱聪智教授对我国台湾地区“民法”相关法条的解读也有类似认识，参见邱聪智：《新编债法通则》（上）（新订 1 版），中国人民大学出版社 2003 年版，第 211 页。

法律效果，亦是有利于相对人的（往往是对于债务人而言），当然应当认可，只不过暂时未能确定债务标的而已。同时，第 1 款中规定的“及时”要求，与前一条第 2 款中的规定形成了呼应。

但是，选择权的行使并非毫无限制。本条第 2 款规定选择权人不得选择不能履行的标的，其原因是选择权人如此选择有违诚信，亦与订立合同的最初目的相悖，并且不管选择权配置给债权人还是债务人，背信行为都有可能发生。债权人拥有选择权时，在履行期限届至而债务人确有个别履行标的不能履行或者不能如期履行时，债权人行使选择权却偏偏指向了该履行标的，如此一来，债务人势必构成违约，需承担违约责任。但按照合同订立的最初目的，任何一项债务标的的履行或交付都可以使其合同目的实现，债权人行使选择权的后果却是故意使其合同目的无法实现。这显然与合同订立之目的相抵触，有违诚信原则。另外，债务人在承担违约责任之外，还需要为同时准备多项履行标的承担几倍的商业风险（尽管基于其自愿），显然是对债务人构成了较重的负担，有违公平原则。债务人拥有选择权时，债务人虽然可能有个别债务标的不能履行，但还是可以通过其他备选标的来履行债务，达到合同履行的目的。如果债务人此刻却选择了已经构成不能履行的债务标的，并经此选择摆脱了债务的拘束，无疑会严重影响债权人利益的实现，同样有违诚信原则，背离了合同订立的初衷。

不过，此种对选择权行使的限制，也同样存在例外的情形，即某一项或几项债务标的是由于对方造成的不能履行。在此种情形下，虽然仍有备选的债务标的可供选择，但是相对人的行为已经构成了对选择权的“侵害”，进而损害拥有选择权的债权人利益或债务人利益。当债权人拥有选择权时，此种“损害”可以经由债权人行使选择权，转化为违约责任；当债务人拥有选择权时，此种“损害”可以经由债务人行使选择权，构成合同解除的正当理由。此外，该债务标的的损害，还可以依据物权法、侵权责任法的救济方式加以救济；如果债务标的系特定人的行为，可能还会涉及人格权（如身体权被侵害）的救济方式。

第 2 款未作规定，但本应当加以明确的是债务标的不能履行的原因类型。第 2 款但书条款只是排除了对方当事人原因，其反对解释的结论是只要不是对方当事人原因所造成的不能履行，选择权人就可以选择该不能履行的债务标的作为履行对象。但如此反对解释是否能够在法理上成立呢？本款主句的基调是所有的不能履行的债务标的都可以限制选择权的行使，似乎与但书条款的表达相互印证。但是债务标的的选择范围，涉及债权人债权实现的多样化，如此开放地限制选择权，并且不区分债务人还是债权人享有选择权，尚有讨论余地。在债务标的是不可抗力或意外事件所导致的情形下，或许可以一体限制选择权的行使，毕竟这属于债务人不能控制的因素，在不可抗力的情形下甚至还可以把本法总则编第 180 条第 1 款的不可抗力免责条款的解释适用至此；但是在如第三人原因导致的债务标的不能履行的情形下，是否还可以限制债权人选择权的行使，就另当别论了，毕竟本法第 593 条在第三人原因造成违约之时都没有免除债务人的责任，在选择权行使的环节如果以第三人原因导致债务标的不能履行为由对选择权进行限制，显然在规范体系上形成了冲突。因此，本款在裁判实践中亦还需辨别不能履行之原因，不可仅屈从于文义。

选择权行使的后果是确定债务标的，除非上述选择权因选择权行使而转移的特殊情形，债务标的确定之后立即转化为简单之债，选择权人不能再做变更，否则无论是对于债务人（如其他债务标的已向其他人履行）还是对于债权人（如债权人已经为接受特定债务标的的履行投入了成本准备接收、存储），都可能构成不利，债务履行在选择权行使之后也按照普通的履行规则执行即可。不过，合同履行毕竟仅涉及当事人之利益，在对方当事人允许的前提下当然也可以在选择之后变更债务标的或者再做选择，在学理上或许也可以归入债的变更。

【关联规定】

《民法典》第 137 条、第 180 条第 1 款、第 593 条

（撰稿人：聂卫锋）

第五百一十七条　【按份之债的定义】债权人为二人以上，标的可分，按照份额各自享有债权的，为按份债权；债务人为二人以上，标的可分，按照份额各自负担债务的，为按份债务。

按份债权人或者按份债务人的份额难以确定的，视为份额相同。

【释义】

本条是按份之债的定义性条款。本条是新增条文，《民法通则》《合同法》都未直接规定。

按份之债是处理多数人之债的问题，所以不管是债权人还是债务人，必须至少一方是多数人。如果是单一之债，债务人与债权人之间是单独主体之间的关

系，仅需要关注履行本身是否符合合同的约定或法定的义务即可。但在多数人之债中，债权人和债务人任何一方的复数性，都会给债务之履行和债权之实现带来复杂性。

除了主体的复数之外，按份之债的确定标准主要包括主体和客体两个方面的因素。其一是债务人或债权人内部存在份额，这是债务关系的主体方面因素。在合同之债当中，主要法律关系（不管是合同交易双方之间还是合同一方当事人内部）都是通过约定而产生，所以如果当事人一方内部有份额的约定，当然应当按照约定来确定份额。作为补充规则，本条第 2 款规定了在对于份额缺乏约定或者约定不明之时的处理原则，即各当事人之间平分债权或者债务，这一处理原则既符合公平原则，同时客观上也可以认为是尊重了自愿原则。因为如果当事人想打破均分状态，自然会在合同之中有特别的约定，否则就可以理解为彼此默认为份额均等。不过此种份额约定，只对当事人约定的权利义务有积极意义，对于法定的一些伴随性的义务或者相关的权利而言，份额很难发挥作用。

其二是标的本身是否可分，这是债务关系的客体方面因素。即使债权人或债务人一方为复数，如果债务标的不可分，也不是按份之债。原因在于，按份之债的规范目的是在债务人或债权人内部分担义务或分配权利，如果债务标的不可分，就无法在债务人内部或债权人内部进行义务或权利的分割，如约定的给付对象是一辆汽车，汽车按照交易习惯只能一次性整体给付，而不能拆成零部件分别给付，无论是单个债权人还是单个债务人都无法分别主张债权或履行债务，一个以行为（服务、劳务、演出等）为债务标的的债务，也是债务（债权）本身不可分的债务（债权）；反过来，如果给付对象是十万元的价款，金钱是可分的标的，无论是对给付方还是对接收方而言，都可以构成按份之债。不过，《民法典》并没有对可分之债与不可分之债作系统性的规定。①

不管是按份债权还是按份债务，都先指向了对方之整体。在“一对多”即仅一方当事人存在按份债权或债务关系的场合，“多”方的债权人或债务人都指向了“一”方，比较容易理解；在“多对多”即双方都是复数当事人，且债务人和债权人内部都是按份关系的情形下，也并非自动地在债权人或债务人的内部为某两个人牵了一条线，根据内部份额及履行方式的不同，可以是债务人一方的某一单个债务人分别向债权人一方的两个债权人履行一定比例的债务，也可以是债权

---

① 可分之债与不可分之债的基础理论，可参见郑玉波：《民法债编总论》（修订 2 版），中国政法大学出版社 2004 年版，第 383 页以下；史尚宽：《债法总论》，中国政法大学出版社 2000 年版，第 383 页以下；邱聪智：《新订民法债编通则》（下册）（新订 1 版），中国人民大学出版社 2003 年版，第 409 页以下；齐云：《不可分之债研究》，法律出版社 2013 年版。

人一方的某一单个债权人向债务人一方的两个债务人分别主张一定比例的债权。

本条主要是定义或描述按份之债，并没有直接详细规定按份之债的法律效果，但在本法其他条文之中，也缺乏按份之债的规定。从学理上讲，按份之债在相对应的债权人和债务人之间，在履行的方式、期限、内容、形式以及违约责任、诉讼时效等方面类似于独立的债权债务关系，与同一合同下的其他债权人、债务人无任何瓜葛。不过，也需特别注意的是，按份之债在合同法上仅是在合同成立之后的债权债务关系上进行的划分，仍是基于同一个合同关系而成立，影响这个合同关系的整体性因素也会对债权债务关系全部产生影响，而并不区分份额。如果发生纠纷，在提起诉讼的时候，具体的债权人与债务人之间依据的是同一个合同关系，并且裁判机关对于此一合同关系的效力判断对未直接发生纠纷的其他债权人、债务人同样会产生影响，绝对不能将按份之债简单等同于单一之债或个别化的债权债务关系。

【关联规定】

《民法典》第 177、307、699 条

（撰稿人：聂卫锋）

第五百一十八条　【连带之债的定义和产生方式】 债权人为二人以上，部分或者全部债权人均可以请求债务人履行债务的，为连带债权；债务人为二人以上，债权人可以请求部分或者全部债务人履行全部债务的，为连带债务。

连带债权或者连带债务，由法律规定或者当事人约定。

【释义】

本条规定连带之债的定义和产生方式。本条是新增条文，《民法通则》《合同法》中都未直接规定。

与按份之债相类似，连带之债也属于多数人之债，也是基于同一合同关系而产生，影响合同关系法律效力的因素对于债权债务关系都会产生系统性影响，但是在多数债权人或债务人内部（对外意义上）并不存在份额关系，也即具有整体性。在连带之债中，无论是债务人方履行债务，还是债权人方主张债权或接受履

行，行为的后果都影响双方之间整体的债务履行效果。但是这种整体性，并非意味着必须由全体债务人在同一地点同时性地向债权人一方履行，也非要求全体债权人应在同一地点接受全体债务人同时在场的履行，或者要求全体债权人必须同时性地向全体债务人主张债权。这种整体性，是对债务人方或债权人方行为效果上的一体看待，而非对行为本身做整体性要求。从理论上讲，在连带之债中，特别是在合同双方当事人内部都存在连带关系的特殊情形下，部分或全体债权人均可以请求（全体或部分）债务人履行全部（或部分）债务，部分或全体债务人也都有义务（权利）向（全体或部分）债权人履行全部（或部分）债务。不过，本条第1款在立法文义上仅是分别描述了连带债权人向单个债务人请求履行债务，单个债权人向连带债务人请求履行债务的情形，并且通过对于债务范围的文义限定（是否为全部债务）凸显了债权人在何种意义上连带，债务人在何种意义上连带。此外，本条的定义方法，是从债权人的视角理解连带之债，而没有同时站在债务人的视角加以考虑，不同于前条按份之债的定义方法，但在规范意义上应该同等看待连带债权与连带债务。连带关系对于合同双方当事人而言同时构成了法律上的拘束，连带之债在法律上的权利义务配置和经济上的实际效果需要结合具体的连带类型和履行情况而判断，并非都是绝对有利于或有损于哪一方当事人，对连带债权与连带债务分别观察会有更加清晰的认识。[①]

本条对连带之债的定义采取的是法律效果进路，不同于前一条按份之债的规定采取的是原因进路（前条对于按份之债的法律效果没有具体规定），除了第二款的转介条款和当事人约定之外，并没有列出典型的连带之债的原因。法定或推定的连带之债，在法律的层面主要表现为本法第67条规定的法人分立后的分立后法人之间连带之债、第75条规定的法人未成立时设立人之间的连带之债、第307条规定的共有人对外债权债务的连带性、第973条规定的合伙人之间的“连带责任”等。[②]除了这几种法律明确规定的连带之债的情形之外，基于债务标的的不可分割性也同样不得不产生连带之债，如果当事人一方之间有特殊的身份关系（如默认实行法定财产制的夫妻关系），可能会产生连带之债。

---

① 学者普遍认为，连带债权的实践价值不如连带债务。参见史尚宽：《债法总论》，中国政法大学出版社2000年版，第642页；郑玉波：《民法债编总论》（修订2版），中国政法大学出版社2004年版，第388页。

② 在《民法典》之中，除了连带债权和连带债务之外，有不少条文用“连带责任”表达当事人在责任承担方面的连带关系，但是个别条文中未必就直接体现了“责任”的特性，如正文中引用的第973条所规定的合伙人对于合伙债务的承担。不过，即便是“连带责任”，在民法上的后果也主要转化为债之关系，本法第118条第2款也明确规定“债权是因合同、侵权行为、无因管理、不当得利以及法律的其他规定，权利人请求特定义务人为或者不为一定行为的权利”。因此可以说，在《民法典》中“连带债务”与“连带责任”具有等值关系，只是观察角度不同而已。

【关联规定】

《民法典》第 67、75、178、307、973 条

（撰稿人：聂卫锋）

第五百一十九条　【连带债务份额的确定规则】 连带债务人之间的份额难以确定的，视为份额相同。

实际承担债务超过自己份额的连带债务人，有权就超出部分在其他连带债务人未履行的份额范围内向其追偿，并相应地享有债权人的权利，但是不得损害债权人的利益。其他连带债务人对债权人的抗辩，可以向该债务人主张。

被追偿的连带债务人不能履行其应分担份额的，其他连带债务人应当在相应范围内按比例分担。

【释义】

本条规定连带债务人的内部份额问题。本条是新增条文，《民法通则》《合同法》中都未直接规定。

连带债务人对外需作为整体共担债务之履行，其制度后果是最大限度地确保债权人债权的实现，在合同之债的情景下，则是合同当事人订立合同之际对于交易风险的个性化分配，属于当事人意欲的合同目的。不过连带债务主要是保障债权人权利的实现才凸显了其连带性，在连带债务人内部仍然需具体确定分担之债务份额或比例。在合同之中连带债务人通常会对内部的债务分担有明确的约定，尊重合同自由或意思自治即可，法律一般无须干涉；在连带债务人内部约定不明的情形下，本条在债务人之间均分债务，这一“视为”背后不仅仅是简单的法律政策考量，同样贯彻了公平原则，从当事人默示采取均分债务的角度考虑，也间接体现了自愿原则。

既然连带债务人内部有承担份额的区分，原则上每个债务人当然应当在其份额之内履行债务，但是由于连带债务人在对外意义上作为整体存在，前一条也赋予了债权人向任何一个、多个或全体债务人主张履行全部债务的权利，实际请求和履行的过程中，即会发生部分债务人实际履行的债务份额超过其内部约定或平

分比例的情况。在连带债务人内部，超额履行的个别债务人相对于其他未履行或未足额履行债务的债务人而言，实际上起到了“替代履行”的作用，在对外的意义使其获益，但这与内部的份额约定或推定负担比例相悖，有违意思自治意义上的“自负其责”。故而，超额履行的债务人有权利向其他未履行债务的连带债务人在其份额之内向其追偿，本条第2款不仅赋予超额履行的债务人以追偿权，而且为其追偿权赋予了“承受”① 债权人权利的意义。② 不过，被继受的债权人的“权利”究竟如何理解，至少存在以下两种可能性。

其一，超额履行的债务人“承受”的并非债权人的“债权”，债权人的债权在权利实现的意义上已经（部分）消灭，不存在被承受的可能，超额履行债务人所承受的仅仅是支撑债权的其他权利，如担保权。但是按照一般的学理和现有的法律规定（本法第393条），债权消灭，担保权也会相应消灭，不存在脱离被担保债权而单独存在的担保权。此外，如果是影响债权债务关系整体性存在与否的权利，如撤销权、解除权等，也不可能因为连带债务人通过清偿消灭债权的行为而转移至债务人这一方。因此，此种解释不符合法理，很难成立。

其二，超额履行的债务人“承受”的就是债权人的债权，因此可以摆脱担保权是否存续的困境。不过，此种“承受”不同于债权让与制度下的债权转移，而是法律拟制的一种法律效果转移。在债权让与制度下的债权转移，债权系从债权人处直接转移给债权债务关系之外的第三人，债权本身一直没有被履行行为所消灭（债权人通过债权让与获得的经济利益确实属于债权人的利益实现，但并不属于债权本身的实现，尽管在经济利益层面二者几乎可以等同），受让人取得的是原初的债权。但是本条所规定的基于债务之清偿产生的法定“转移”的“债权”，其在外部的意义上，已经被实现或被消灭了，债权人不能够再以这部分债权的名义向连带债务人主张履行，也不存在被转移的可能性，所以只能称其为一种“拟制”的法律效果转移，其目的是维系该债权背后的其他权利的继续存在。此外，之所以仍称其为“承受”，是因为超额履行的债务人所享有的债权人的权利在效力和内容上不能大于或强于债权人原初的债权，当然也会涉及该债权法律效力的

---

① 借用黄立教授的用语，参见黄立：《民法债编总论》，中国政法大学出版社2002年版，第593页。

② 在学理上称之为“求偿权”与“代位权”的并存，但二者之间是否存在竞合关系，存在较大争议。支持竞合的观点，可参见邱聪智：《新订民法债编通则》（下册）（新订1版），中国人民大学出版社2003年版，第403页；黄立：《民法债编总论》，中国政法大学出版社2002年版，第593页。反对竞合的最新观点，可参见谢鸿飞：《连带债务人追偿权与法定代位权的适用关系——以民法典第519条为分析对象》，载《东方法学》2020年第4期。

延续性问题。①

如果个别或少数连带债务人对外全部清偿了债务，债权人的权利已经实现，债权人就退出了债权债务关系（需注意，非退出合同关系），只剩下连带债务人内部的追偿问题。但是比较麻烦的问题在于，如果债权人的债权仅是在部分意义上得到了实现，而向其履行债务的个别债务人又超出了其内部的份额，在这种情况下，现实履行债务的债务人是否已经取得了追偿权，已经清偿的部分债权是否相应地（按超额履行的比例）“转移”给履行债务的个别债务人，从立法文义上看，答案并不清楚。不过，立法文义上也并没有明确限制连带债务人一方必须对外全部履行了债务之后才发生债权人权利的“转移”，从本条第 2 款“不得损害债权人的利益”的表达看，似乎允许此种部分债务人通过履行行为部分消灭债权情形下的“转移”。如果债权人的债权被全部清偿之后，连带债务人其实是很难有机会损害债权人的利益的。不过，“不得损害债权人的利益”只是一个具体问题上的指引规则或基准，需要因应不同的问题做进一步的细化处理。比如，假定部分债权“转移”的后果是相应的担保权也转移，超额履行的债务人在担保权担保的债权数额范围之内是否应该劣后于债权人剩余的债权呢？担保权能够部分转移吗？或者说此种情形下，担保权是不是本来就不应该转移？此类问题确实会有可能影响到债权人的利益，本条并没有明确规定，需要在司法实践中掌握基本基调的前提下慎重依据法理作出裁判。

在追偿权的行使方面，是否存在内部连带责任的问题？如果所有连带债务人都可以按照内部份额分担债务，当然不需要考虑内部连带的问题，但是债务本来就意味着风险，现实生活中难免会发生个别债务人不具备履行能力的情况，纠纷发展到诉讼的时候大都是由于债权人债权未能顺利实现，其背后也往往是个别或少数债务人缺乏履行能力所致。如果先行对外履行债务的连带债务人在内部行使追偿权时，只能依照内部的份额逐一进行追偿，这就意味着一旦某个债务人缺乏履行能力（甚至破产），那么在先对外履行债务的债务人就得单独承担追偿不了的风险，本条第 2 款中“有权就超出部分在其他连带债务人未履行的份额范围内向其追偿”似乎把追偿的范围限制在了内部份额范围之内。但是，如此分配风险，显然不符合公平原则，也属于对于内部份额法律意义的曲解。内部份额的意

---

① 实际履行的债务人所享有的债权究竟是“新”债权还是“旧”债权，会严重影响实际履行债务人的求偿权的实现可能性，本条对此并没有特别明确的规定，但在理论上对此问题讨论甚多。参见邱聪智：《新订民法债编通则》（下册）（新订 1 版），中国人民大学出版社 2003 年版，第 403 ~ 404 页；郑玉波：《民法债法总论》（修订 2 版），中国政法大学出版社 2004 年版，第 405 页；黄立：《民法债编总论》，中国政法大学出版社 2002 年版，第 593 页。

义除了指承担自愿承担的那部分责任之外，在解释论上还应当包括自愿对整体风险的按比例分担。比如，甲、乙、丙三个债务人对外负担有连带债务，内部约定的承担份额是1∶1∶1，假定债务人甲向债权人履行了全部债务，甲向乙和丙都可以行使追偿权，再假定丙因为经营不善濒临破产，毫无履行能力，如果甲向乙的追偿只能限定在乙原来约定的份额之内，那就意味着对于丙方不能履行的风险实际上由甲方单独承担。如果承认内部连带责任，追偿权行使的后果虽然也不能变成由乙方单独承担丙方不能履行的风险，但（相互追偿之后的）处理结果将是由甲方和乙方按照最初约定的比例平分丙方不能履行的风险。如此方能真正贯彻公平原则，除非当事人内部还有其他例外性的限制，否则也很难说违背了连带债务人内部份额的本意。针对这一可能存在的不公平现象，本条第3款在一定意义上解决了难题，规定“被追偿的连带债务人不能履行其应分担份额的，其他连带债务人应当在相应范围内按比例分担”。第3款虽然没有明确采用内部连带责任的表述，但是“被追偿的连带债务人”可以包括所有的连带债务人，在追偿权未能完全实现的情形下，“其他连带债务人应当在相应范围内按比例分担”中的“其他连带债务人”在解释上可以包括追偿权人本人在内，如此一来就达到了在具有履行能力的债务人之间分担履行风险的目的。① 第3款在表述上的遗憾之处在于，“在相应范围内”应该直接表述为“在份额范围内”。

本条第2款第2句规定，超额履行的连带债务人向其他连带债务人追偿时，其他债务人对于债权人的抗辩可以转移到其身上，此规定可以从两方面加以理解。一方面，债务人抗辩支持了第1款第1句中“债权人的权利”属于“债权”的观点，因为债务人的抗辩一般就是对于债权人债权的抗辩，如果超额履行的债务人“继受”的权利不是债权，债务人也无从抗辩。另一方面，这种抗辩权的行使也折射出来连带债务人之间即便在对外的意义上，也并非绝对具有整体性。个别或少数债务人的行为虽然对外都可以消灭债权人的债权，但是在内部的效力却可能会打折扣：如果履行行为产生有利于其他债务人的积极效果，会被视为连带债务人整体的行为，其他债务人分享债务已经履行的“好处”；如果履行行为会产生不利于其他债务人的消极效果，其他债务人对外仍可以分享债务已经履行的好处，在内部则拒绝“分担”消极效果，对外履行行为被视为这些债务人的个人行为。比如，某连带债务人提前向债权人清偿了债权，债权人的债权得以全部实现，该债务人在内部行使

① 我国台湾地区的学者通常在“求偿权的扩大”意义上讨论债务人追偿权不能实现之际的内部风险分担问题。参见黄立：《民法债编总论》，中国政法大学出版社2002年版，第591～592页；邱聪智：《新订民法债编通则》（下册）（新订1版），中国人民大学出版社2003年版，第402～403页。这种“求偿权的扩大”背后的法理，其实就是承认了连带债务在内部也产生连带效果。

追偿权时，其他债务人对于债权人本来可以行使的履行期限抗辩就可以延展到该债务人之上。合同效力的抗辩权、双务合同的履行抗辩权，也同样会在此种情形下被其他债务人适用。不过，抗辩原因是否只能基于该合同产生，而不适用于其他债务人与债权人之间的该合同之外的其他抗辩如抵销抗辩，还需要认真斟酌。

【关联规定】

《民法典》第178、548条

（撰稿人：聂卫锋）

第五百二十条　【部分连带债务人的行为对于其他债务人的影响】部分连带债务人履行、抵销债务或者提存标的物的，其他债务人对债权人的债务在相应范围内消灭；该债务人可以依据前条规定向其他债务人追偿。

部分连带债务人的债务被债权人免除的，在该连带债务人应当承担的份额范围内，其他债务人对债权人的债务消灭。

部分连带债务人的债务与债权人的债权同归于一人的，在扣除该债务人应当承担的份额后，债权人对其他债务人的债权继续存在。

债权人对部分连带债务人的给付受领迟延的，对其他连带债务人发生效力。

【释义】

本条处理部分连带债务人的行为对于其他债务人的影响问题。本条是新增条文，《民法通则》《合同法》中都未规定。

在债务履行的意义上，一方面，任何一个连带债务人都有义务向债权人履行全部的债务，此乃连带债务最为重要也最被看重的法律效果，对于债权人而言极其有利；另一方面，任何一个连带债务人对外也都有权代表债务人之整体履行债务，对于债务人之整体而言也极为有利，这是连带之债法律效力的另一个侧面。甚至可以说，任何一个连带债务人履行债务相关的任何行为，其法律效果都会波及每一个连带债务人。因此，本条第1款规定，如果部分连带债务人向债权人实际履行，或者采取实质上起到履行效果的措施（抵销或提存）时，其在债务清偿的意义上等同于全体连带债务人的对外负债相应消灭或部分消灭，仅剩下连带债务人内部的追偿问题。[①] 不过本款仅是从有利于其他债务人的角度进行了规定，并没有明确履行的消极一面，即在特定的债务标的类型（连带债务不一定都是金钱债务，也可能是非金钱债务，尽管前者较为常见），少数连带债务人的实际履行可能存在履行上的瑕疵，甚至有可能造成债权人既有利益的损害（学理上所谓的加害给付），在这种情形下，瑕疵履行的违约责任也应当由全体连带债务人继续承担，而不能只由实际履行的债务人承担。至于在连带债务人内部，如果有约定处理机制当然可以遵循约定，如果缺乏约定，承担了违约责任的其他连带债务人在法理上可以向实际履行人实施另一种意义上的追偿，相对于超额履行债务人的“履行追偿”，或可称之为“责任追偿”。

不仅仅是个别或少数连带债务人的积极行为会影响到全体连带债务人的债务负担，少数连带债务人被动发生的法律效果也同样会影响到其他债务人，本条第2、3、4 款分别加以规定。

第 2 款规定部分连带债务人被免除债务的法律效果，免除行为对于被免除履行责任的特定债务人而言，法律效果遵循债务免除的一般规则即可，并无特殊之处，关键是对于其他债务人的影响。在合同之债中，连带债务人之所以要承担连带债务，是为了服务于债权人的权利实现（基于交易达成的目的），并非每个债务人内心都想承担全部的履行责任，这也是连带债务人内部往往仍有约定债务分担份额的原因。假如债权人免除了特定债务人的履行责任，但其拥有的债权仍然保持原样的话，就相当于其余的连带债权人要额外承担该特定债务人本来应该承担的履行责任，这显然不符合合同最初的约定，有违合同自由意义上“责任自负”的基本法理。因此，假如债权人要免除特定连带债务人的履行责任，该免除就不仅仅产生单独的法律效果，也应当对于连带债务的整体起到相应免除的效果，即减除相应份额的债务或保证其他连带债务人的履行责任不增加。

第 3 款规定混同规则在连带债务中的效力问题。在简单之债中，由于债权人和债务人均为单独的主体，双方既存的债权债务关系一旦出现混同规则可以适用的情形（通过债权让与或债务承担或继承等），一般就会产生债权债务相应消灭的法律后果（不考虑涉及第三人利益及约定例外情形）。但是在连带债务的情形下，混同规则的适用在方向和范围上就有了限制：

---

① 对外债务消灭的用语，似乎验证了上文提到的超额履行的债务人享有的“债权人的权利”仅仅是在法律效果上被视为“承受”取得债权，并不简单等同于债权让与制度下的“继受”取得债权。

一方面，混同一般发生在少数连带债务人（在连带债务中）的债务被动与债权人的债权同归于一人的情形，而不是相反。原因在于连带债务之下少数连带债务人无从通过债务承担的方式把其内部份额单独转移给其他第三人并最终传递到债权人手中，这会破坏连带债务之整体性，危及债权人利益的实现。不过，债务承担需要债权人的同意才能够生效，如果债权人同意这样的切割，法律也没有限制的必要。比较常见的情形是，债权人的部分债权通过债权让与或其他方式层层流转到个别连带债务人的手中（债权可分的前提下），这时个别连带债务人既是债权人又是债务人，就产生了混同的法律效果。在概括继受的情形下，不管是财产继承、企业合并还是营业的概括承受，都相当于少数债务人与债权人的财产合并，相应的债权债务关系一并消灭。

另一方面，混同的数额以少数连带债务人的内部份额为上限，这些个别连带债务人的债务在其取得债权人的债权额度之内消灭。如果债权人的全部债权都通过继受转让的方式转移到个别连带债务人手上，对于这些个别连带债务人而言，当然不存在继续履行的必要，在其按照内部份额承担的范围之内，相关的债权也相应因为混同而消灭，但剩余的债权针对其他债务人而言仍然存在，并构成或保持了连带债务的属性。这一点和履行追偿意义上的连带关系有点类似，但性质截然不同。在概括继受的情形下，混同消灭的债务也不能突破少数连带债务人的内部份额，原因与债权单独转移所致的混同法律效果相同。

本条前三款的规定，不管情形如何，结果对于债权人而言都属于债权背后的利益顺利实现了，第 4 款规定的情形则是针对债权人不利的法律后果，即受领迟延的情形下债权人可能要承担的风险和费用补偿问题。一旦债权人对于少数连带债务人的给付没有按时或在合理期限内接受履行，就意味着对于全体债务人而言构成了受领迟延，任何一个连带债务人都可以向债权人主张其不利益，这也是连带债务人外部利益整体性的反映之一。①

【关联规定】

《民法典》第 568、575～576 条，《最高人民法院关于审理民事案件适用诉讼时效制度若干问题的规定》第 17 条

（撰稿人：聂卫锋）

① 本条所规定的履行、抵销、提存、免除、混同和受领迟延等情形，在学理上称之为对连带债务人“生绝对效力事项”，区别于“生相对效力事项”。参见郑玉波：《民法债编总论》（修订 2 版），中国政法大学出版社 2004 年版，第 393 页以下。

第五百二十一条 【连带债权内部份额的确定规则】连带债权人之间的份额难以确定的，视为份额相同。

实际受领债权的连带债权人，应当按比例向其他连带债权人返还。

连带债权参照适用本章连带债务的有关规定。

【释义】

本条规定连带债权的内部份额确定、受领分配和规范适用问题。本条是新增条文，《民法通则》《合同法》中都未规定。

连带债权人之连带性与连带债务人之连带性一样，一般仅具有外部意义，即对外作为一个整体，在内部连带债权人之间则完全可以通过约定的方式分享债权。在约定不明或没有约定的情形下，可以推定为当事人均分债权，与连带债务人的内部份额确定的法理依据相同，本条第 1 款即如此规定。

由于原则上任何一个连带债权人面对债务人都可以以债权人之整体名义行事，债务人即可选择向任何一个债权人履行债务以消灭债权债务关系，履行效果及于全体连带债权人。在连带债权人内部，实际受领人受领的给付内容在权属上首先归属于债权人整体，原因在于，债务人本来就是经由个别债权人向全体债权人履行。实际受领人受领之后，有义务依照连带债权人内部的债权份额按比例对给付内容进行分配。[①] 虽然本条没有规定，但从学理上讲，由于受领给付而支出的费用原则上可以从受领的给付之中先行扣除，除非连带债权人内部约定有其他的费用补偿安排；从另外一个方面讲，实际受领人也应当对给付内容履行一定的保管义务。由于任何一位连带债权人对外都可以向债务人主张全部履行，也都可以受领全部给付，对外产生债务已经履行完毕的效果，实践中还可能会发生实际受领人受领了全部给付之后，把本属于其他债权人的给付全部消费、花费或消耗掉的情况。在这种情况下，实际受领人就替代债务人成为其他债权人债权（利益）未能最终实现的直接来源，应当向其他债权人承担赔偿责任。

需注意的是，本条第 2 款对于实际受领人规定的义务，是对实际受领的给付应当按比例向其他连带债权人"返还"而非上文提到的"分配"。从文义上讲，

① 如果债务人系以代物清偿的方式履行债务，而给付的对象又属于不可分物，实际受领人实际上也无从对受领的内容进行分配，只能在价值上向其他债权人按比例分配。

“返还”的前提是受领的给付权属先归属于实际受领人，然后才有“返还”的必要，但按照前面的分析，债务人是旨在向连带债权人整体履行债务，实际受领人也只是代替全体债权人受领给付，给付内容应当首先归属于债权人整体，而非实际受领人，处于一种尽管可能具有暂时性的“共有”状态。除非把“返还”解释为“占有之返还”，否则第2款中的“返还”不符合法理，当然，“按比例……返还”的表达确实给朝着“占有之返还”的方向解释制造了很大的障碍。但是，如果不朝着“占有之返还”的方向解释，而是理解为“所有权返还”意义上的返还，那么在实际受领人迟迟未返还而又进入破产清算程序的情形下，其他连带债权人仅具有债权性质的返还请求权，将会使其在法律地位上处于非常不利的情形（此处不考虑给付内容适用于金钱而金钱又适用于“占有即所有”规则的复杂问题）。因此，本条第2款在司法适用中需要特别慎重对待。[①]

除了第1、2款的明确规定之外，本条之中最为值得注意的则是第3款关于连带债权规范适用的参照规定，这一看似非常明确的规则，实际上存在诸多模糊之处。原因在于连带债权与连带债务的连带性在规范目的上存在明显的差异，连带债务主要的现实目的在于对外为债权人的债权实现提供足够充分的保障，主动权掌握在债权人手中；而连带债权的现实目的似乎是可以方便债务人履行债务，主动权掌握在债务人手中。当然在两种情形之下，也都可以强调相反的一面，即在连带债务之下每个债务人更容易“积极”履行债务，在连带债权之下每个债权人更容易“积极”主张债权或受领给付。但从债权债务关系通常可能涉及的利益风险考虑，连带债务人和连带债权人的行为动机是不一样的，相关的行为后果也不应该完全相同。以本法第520条第4款为例，是否同样意味着，只要一个连带债权人受领迟延，就构成了全体债权人受领迟延？由于个别债权人受领迟延给债权人整体造成的不利益，是否应当由个别债权人向其他债权人承担责任？任何一个连带债权人对外都有义务接受全部履行给付？因为接受履行给付而支出超过给付价值的成本，个别债权人是否可以向其他连带债权人追偿，并且以连带债务的方式追偿？这些疑问当然不是说在法理上很难回答，而是这些问题不是连带债务关系下的问题，连带债权下的关系处理无从参照适用。

---

① 连带债权人的内部关系，有学者以合同或委托关系来定位，也有学者定位为无因管理关系。如果是“合伙”关系，连带债权人对于受领给付的临时“共有”关系就可以成立。相关讨论，参见黄立：《民法债编总论》，中国政法大学出版社2002年版，第597页；邱聪智：《新订民法债编通则》（下册）（新订1版），中国人民大学出版社2003年版，第405页；史尚宽：《债法总论》，中国政法大学出版社2000年版，第682页。

【关联规定】

《民法典》第 307 条，《企业破产法》第 49 ~ 50 条

（撰稿人：聂卫锋）

第五百二十二条　【向第三人履行】 当事人约定由债务人向第三人履行债务，债务人未向第三人履行债务或者履行债务不符合约定的，应当向债权人承担违约责任。

法律规定或者当事人约定第三人可以直接请求债务人向其履行债务，第三人未在合理期限内明确拒绝，债务人未向第三人履行债务或者履行债务不符合约定的，第三人可以请求债务人承担违约责任；债务人对债权人的抗辩，可以向第三人主张。

【释义】

本条规定向第三人履行的问题，第 1 款在《合同法》中即存在，第 2 款是新增规定。

合同的订立和履行一般发生在合同当事人之间，本着民法的自愿原则和意思自治的基本法理，合同当事人也不能够影响双方之外的第三人利益，不管是积极影响还是消极影响，这也是合同相对性法理的体现。但是，如果合同当事人订立的合同仅是为了增加第三人的利益，此合同对于第三人私域的干预也不构成严重侵害，也不违反外部之法秩序，该合同原则上应当有效。在此类合同之中，合同当事人仍然是债权人和债务人，虽然合同约定债务人需向第三人履行，债务履行的规则也遵循普通的规则，但是第三人仅取得受领给付的权利，并没有取得债权人的地位。如果债务人未履行或履行不符合约定，债务人并不向第三人承担违约责任，第三人也不能追究债务人的违约责任，只有债权人可以追究违约责任。这一规定严格遵守合同相对性原理，可以说未敢越雷池一步，最多有半步的突破。本条第 1 款的规定，我国学理上有称之为“向第三人履行合同”的，也有称之为“第三人利益合同”的或“非真正第三人利益合同”的，理论标准不同，称谓也不同。

本条第 2 款在规范对象的关系结构上是第 1 款的延续，但是在法律结构或权利

义务配置方面则有了重大的不同。在第 2 款规定的情形之下，合同当事人虽然同样约定了债务人需向第三人履行，但是第三人拥有的权利不再是第 1 款中仅拥有消极的受领权利，而是有了“直接”请求履行的积极权利，并且一旦债务人未履行或履行不符合约定，第三人可以直接以自己的名义请求债务人向自己承担违约责任。如此一来，第三人几乎就取得了债权人最为重要且最具实质性的权利，已经远远地突破了合同相对性的限制。此外，第三人履行请求权的取得方式也非常之特殊，合同当事人赋予第三人以履行请求权乃是意思自治的产物，无须其他理由作为支撑，但第 2 款增加了法律赋予的第三人履行请求权，这一规定看似不经意，但其实寓意深刻。[①] 虽然在特别法如《保险法》中有此类法定化的第三人履行请求权（第 18 条第 3 款），第 2 款中的“法律规定”似乎仅是衔接用语，但是在《民法典》中以一般规范的形式表达出法定存在的第三人履行请求权，意义完全不同。此外，不管是法律赋予还是合同当事人赋予第三人的履行请求权，第 2 款规定只要第三人没有明确拒绝，立法就推定第三人一直想保有该权利（前提是第三人知悉该权利，“合理期限”的要求能够从侧面反映出这一点），这同样显现出立法者对于第三人履行请求权保护的法政策倾向。当然，单从法律技术的角度考虑，也可以推断出第三人持续保有履行请求权，毕竟权利取得之后，不能够随意以推定的方式认定权利人放弃了权利。第三人针对债务人的违约责任请求权，仅是其履行请求权的自然延伸，无须另行详细说明。如果非要用“第三人利益合同”对第 1、2 款加以描述的话，第 2 款更像是“真正第三人利益合同”，毕竟第三人拥有了更全面的权利。

需要明确的是，虽然第三人取得了债务履行请求权以及违约责任请求权，但是合同的相对性并没有完全消失，仍然支撑和维系着合同关系。首先，如果是双务合同，第三人仅是享有债务履行请求权，无须承担债务，合同当事人承担债务；即便是单务合同，按照第 2 款的规定，第三人享有债务履行请求权本身也并没有完全去除债权人的债权，没有排除债权人的履行请求权，尽管债权人的履行请求权或违约责任请求权可能属于后位或候补性的请求权（在第三人未行使履行请求权或违约责任请求权的前提下）。其次，合同关系的效力性判断以及权利义务的对称性，仍然基于合同双方当事人的身份、地位以及合同的约定，第三人并没有取代债权人的法律地位（按照第 2 款的行文第三人仅是取得了相应的直接请求履行权而并没有取得债权人的身份）。最后，合同约定的权利义务对于第三人同样构成了限制条件，如双务合同之下具有对称性的履行抗辩权，并不因为由第

---

① 韩世远教授结合立法历史文本对《合同法》第 64 条展开解释论分析时，认为第 64 条并没有在我国法上否认第三人可以享有单独的履行请求权，参见韩世远：《合同法总论》（第 4 版），法律出版社 2018 年版，第 365 页以下。照此分析，本条第 2 款也只是对第三人履行请求权的重申或明确而已。

三人行使履行请求权而受到影响。此外，合同效力瑕疵引起的抗辩，债务人当然也可以向第三人主张。不过，债务人针对债权人可以行使的所有抗辩是否都可以向第三人主张，或有疑问，如债务人基于抵销权可能行使的抵销抗辩，如果允许延伸至第三人之上，那么第三人的履行请求权将失去实质意义。基于此，第 2 款中的后半句，还需要在司法实践中慎重解释适用。

【关联规定】

《民法典》第 553 条，《保险法》第 18 条第 3 款

（撰稿人：聂卫锋）

第五百二十三条　【由第三人履行】 当事人约定由第三人向债权人履行债务，第三人不履行债务或者履行债务不符合约定的，债务人应当向债权人承担违约责任。

【释义】

本条规定由第三人履行的问题。本条是《合同法》中既有的规定。

合同当事人为第三人配置义务，相比较于前条为第三人增加权利或利益而言，更是严重干预了第三人的私域，违背了民法自愿原则，背离了合同相对性和责任自负的基本法理，为民法所不能容忍。但是，在交易实践之中，特别是在连锁交易中，为了方便合同目的的达成，债务之履行往往需要假借他人之手才能完成，合同当事人约定由第三人向债权人履行债务也是常有之事（在第三人与债务人有其他合同关系的情形下，第三人向债权人履行本属于债务人债务的债务，也有可能是实现其自己与债务人之间合同目的的行为），法律也没有禁止之必要性和正当性。只不过在这种情形之下，可能实际履行债务的第三人并非债务人，而只是履行辅助人，其履行相关的行为效果，不管是积极效果（消灭债权债务关系）还是消极效果（引发违约责任），都仍然由债务人承受，实际履行人在合同关系和债权债务关系意义上并没有独立的法律地位。① 从第三人的角度来看，虽然其履行辅助人的身份是基于他人的合同关系取得，似乎有被动的色彩（在例外

① 韩世远教授注意到《建筑法》《招标投标法》以及相关司法解释中疑似的例外性规定，把债务人与第三人当作连带债务人。参见韩世远：《合同法总论》（第 4 版），法律出版社 2018 年版，第 378 页。

的情况下，第三人也可以加入合同订立的过程当中甚至体现在合同文本之上，但其法律地位并没有发生变化，只不过不能再视其为被动参与了），但第三人其实也取得了履行资格，得以介入他人的债权债务关系之中。对于债权人而言，其按照合同的约定也有义务接受第三人的履行，承受第三人适当履行后即消灭其债权的法律后果。在第三人的履行资格取得方面，本条并没有当作重点加以描述，更没有对相关问题加以规范，但在法理上同样值得注意。

本条的规定与本法第593条（《合同法》第121条）的规定有关联性，虽然二者在法律后果上都规定了第三人的行为引发的违约责任需要由债务人承担，但本条侧重于规定第三人履行消灭债务实现债权的正当性，在合同编的规范体系下，属于“合同的履行”项下的问题；后者则侧重于从因果关系角度描述第三人的行为与违约责任承担之关系，在合同编的规范体系下，属于“违约责任”项下的问题，第三人的“原因”在文义上也不限于履行债务相关的行为，还可能包括其他行为。因此，在规范适用上需区分二者的规范重心妥当适用。不过，立法文义上的表达使得本条看起来似乎也只有在第三人履行引发的违约责任承担问题上体现了对合同相对性原理的遵从，难免只有在违约责任追究的时候才注意到本条，并且可能将本条与本法第593条一并适用。

在第三人未履行债务或履行债务不符合约定的情形下，本条直接规定了债务人需向债权人承担违约责任，并没有规定债务人是否可以采取履行补救措施。合同当事人约定由第三人履行债务虽然使得第三人取得了履行资格，但是在法理上也不能因此就完全排除债务人的履行资格，毕竟债务人的法律地位并没有发生改变，最后可能承担违约责任的仍然只是债务人。因此，除非由于债务标的的类型或性质限制，只能由特定的第三人履行债务，否则应该允许债务人采取履行补救措施，而非直接走向违约责任的承担，这也符合合同目的的达成或债权人利益的实现。[①] 当然，如果合同当事人约定了债权人只接受特定第三人的履行，债务人采取补救履行措施的权利即被排除。

【关联规定】

《民法典》第593条

（撰稿人：聂卫锋）

---

① 郑玉波教授持支持性观点，参见郑玉波：《民法债编总论》（修订2版），中国政法大学出版社2004年版，第358页。

第五百二十四条　【对债务具有合法利益的第三人代为履行】 债务人不履行债务，第三人对履行该债务具有合法利益的，第三人有权向债权人代为履行；但是，根据债务性质、按照当事人约定或者依照法律规定只能由债务人履行的除外。

债权人接受第三人履行后，其对债务人的债权转让给第三人，但是债务人和第三人另有约定的除外。

【释义】

本条规定代为履行问题。本条是新增条文，《民法通则》《合同法》中都未规定。

虽然同属于第三人履行债务，但是本条规定的第三人代为履行债务与前条规定的“由第三人履行”系属不同的问题，需要不同的规范设计。首先，“由第三人履行”系合同当事人约定产生，第三人的债务履行资格经过了合同当事人特别是债权人的认可，债权人也必须接受第三人的履行，但在第三人代为履行的情形下，第三人系未经合同当事人同意的前提下，直接加入合同履行的进程当中，这同样属于对于他人事务的不正当干预。不过，对于债务人而言，第三人主动替代履行可以起到实质上免除其债务、避免其承担违约责任或者承担更多违约责任的效果，其按照常理不会反对；对于债权人而言，无论是债务人履行债务还是第三人履行债务，只要其债权得以切实实现，也乐见第三人履行行为的发生。因此，第三人主动代为履行债务人的债务，法律也没有断然禁止的必要。当然，如果债务性质决定了只能由债务人本人履行债务（如具有人身属性），或者合同约定或者法律规定只能由债务人本人履行，第三人自然不能代为履行债务。

本条第1款对于代为履行的第三人还从正面设置了条件，即必须“对履行该债务具有合法利益”，单从债权人债权实现的角度来看，设置这样的限制条件似乎并无必要，何为“合法利益”也会给司法适用增加解释上的难题。但是，从债务人的角度来看，代为履行未必都有积极的一面。如果第三人纯粹是基于友善的帮忙解困的目的代为履行，那么代为履行可能真的就使得债务人从债之枷锁中解放出来，这种结果当然值得欢迎，毕竟法律对于纯粹的“慈善”活动持开放态度；但如果第三人代为履行的主要目的不是帮忙解困，而是自己化身为债权人，从而在经济上使得债务人特别是自然人债务人受制于自己（代为履行的适用前提本来就是债务人不履行债务，通常情况下债务人可能确实不具备履行能力了），甚至长期依附于自己（违约损害赔偿的累计计算），这可能就非法律所允许了。按照本条第2款的规定，既然第三人代为履行的效果是债权人的债权原则上“转让”给第三人，前述情形不是没有可能发生（当然，在债权让与的情形下，这样的问题也同样可能发生，现行法对于债权让与的规范确实缺乏这方面的考虑）。因此，“合法利益”的条件设置具有一定的正当性，民间生活中常见的如“父债子还”或者“子债父还”、夫妻之间相互代替对方履行个人债务、市场交易中、关联企业之间在关键时刻代为履行（暂不考虑公司法方面的妥当性问题）等，也都具有一定的现实必要性和正当性。①

本条第2款虽然适用了“债权转让”的术语，但第三人代为履行之后即便承继了债权人的债权，也很难理解为“债权转让”行为。“债权转让”系债权人与受让人之间通过合同发生的债权变动，或者说债权主体上的变更，但是在第三人代为履行的情形下，债权人的债权相对于债务人而言已经实现或消灭，债权本身已经不复存在了，根本无从“转让”。即便代为履行的第三人客观上取得了或继受了债权，也是一种法定的“转移”而非“转让”，并且该债权也只能是在法律效果上被视为转移至第三人，毕竟债权在债权人之处确实已经因为第三人之履行而消灭了（否则和债权让与就没有区别了），背后的法理依据与前文第519条连带债务人内部追偿时享有的“债权人的权利”相类似。

本条第2款尽管从保护代为履行的第三人利益的角度考虑，规定债权人的债权原则上转让给第三人，但也同样为当事人之间的意思自治设置了例外，即允许债务人与第三人之间通过约定的方式排除债权转移的后果。比较麻烦的是，第三人代为履行是在合同当事人未约定的情形之下加入债务履行过程之中的，本条第1款甚至还为第三人的代为履行设置了积极条件和消极条件，第三人很难存在提前与债务人作前述约定的机会，否则合同当事人甚至第三人之间就直接订立了“由第三人（补充）履行”的合同。在一种特殊的情形下可能会存在这样的约定，即债务人与第三人单方面约定在债务人不能履行债务时由第三人代替其向债权人履行，并且债权人的债权在代为履行之后不发生转移。但是，假如有此约定，此约定因符合意思自治和不违背法秩序、公序良俗、强制性规定等而有效，但第三人是否仅能因该协议而符合代为履行的“合法利益”要件伺机向债权人代为履行

① 我国台湾地区“民法”以“就债之履行有利害关系”作为第三人的判断标准（第311、312条），学者认为第三人可以包括连带债务人、不可分债务人、保证人、物上保证人、担保物之第三取得人、后次序之担保权人、无担保权之债权人、共有人以及有亲属关系之人，等等。参见郑玉波：《民法债编总论》（修订2版），中国政法大学出版社2004年版，第478~479页；黄立：《民法债编总论》，中国政法大学出版社2002年版，第654~655页。

债务人的债务呢？并且第三人是“有权”代为履行，该权利是要对债权人发挥作用的！暂且忽略合同相对性的问题，如果前述疑问的答案是肯定的，债权人为了避免债务人与第三人之间的“内部约定”能够直接对其发生效力，就不得不在与债务人订立合同之际提前作债务履行专属性之约定了。

此外，在立法文义上，本条适用的前提是债务人不履行债务，如果债务人已经履行债务或者履行债务不符合约定，第三人就不能再代为补充履行或采取补救措施，司法实践中是否有必要如此严格解释，诚有疑问。仅从有利于债权人债权实现的角度考虑，似乎也没有严格限制于立法文义的必要。从另一个角度讲，是否允许第三人仅代为履行一部分以及相应的部分债权是否发生“转让”给第三人的法律后果，本条也没有加以明确，但不管是从债权人还是从债务人的角度来看，似乎都没有拒绝的理由。

最后，但也最值得注意的是，第三人代为履行并非债务承担，前者无论如何是（全部或部分）消灭了债权债务关系，后者则仅是债务人的变化，对于债权人的债权实现影响完全不同。故而，第三人代为履行原则上并不需要债权人同意，尽管其可以提前排除，但债务承担必须经债权人同意才能够发生效力。第三人代为履行与债务加入也不同，后者在法律效果上仅是债务人一方增加了履行主体，债务内容并没有发生改变。

【关联规定】

《民法典》第 545、551 ~552 条

（撰稿人：聂卫锋）

第五百二十五条　【同时履行抗辩权】当事人互负债务，没有先后履行顺序的，应当同时履行。一方在对方履行之前有权拒绝其履行请求。一方在对方履行债务不符合约定时，有权拒绝其相应的履行请求。

【释义】

本条的规范对象是双务合同中的同时履行抗辩权。本条规定完全继承了 1999 年《合同法》第 66 条的规定，未作修改。

双务合同履行中的抗辩权是保障债权的一项重要法律制度，“就其防患于未然这点而言，作用较违约责任还积极，比债的担保亦不逊色”[①]。从效力上看，同时履行抗辩权学说大多基于双务合同的牵连性理论构造其理论基础，[②] 认为双务合同中一方当事人所负给付与对方当事人所负对待给付互为条件，故当一方不履行其义务时对方原则上亦有权拒绝履行。

同时履行抗辩权以诚实信用原则为基础，体现了“一手交钱，一手交货”的传统交易观念，具有“担保自己债权实现”和“迫使对方积极履约”的双重机能，[③] 可以有效促使当事人积极履行其合同上的义务，以实现诉讼经济的意义。[④] 此外，同时履行抗辩制度的目的也在于维持双务合同当事人之间在利益上的公平，否则一方不履行自己所负义务而要求对方履行义务，有悖于公平原则。[⑤] 与此同时，诚实信用原则和公平原则也限制了同时履行抗辩权的滥用。如一方已为部分给付时，相对人以对方履行债务不符合约定为由拒绝全部对待给付，则有违民法上的诚信和公平原则。因此，当一方依据本法第 531 条，在不损害相对人利益情形下为部分给付时，相对人则不得对本条进行扩张解释，以对方履行债务不符合约定为由拒绝履行其全部对待给付义务。

从适用条件上看，本条规定行使同时履行抗辩权的条件有三：（1）须因同一双务合同互负债务。同时履行抗辩权的行使仅限于存在“对价关系”的债务之间，[⑥] 即当事人双方之间的给付在主观上互为依存，互为因果而有报偿关系。[⑦] 该对价关系不强调客观上等值，只要双方当事人主观认为等值即可。（2）双方互负债务均已到期且未约定履行顺序。同时履行抗辩权制度，目的之一是使双方当事人所负的债务同时履行，因而该抗辩权的行使以双方债务同时届满，且并未约定履行顺序为限。否则便不应由同时履行抗辩权制度管辖，而让位于先履行抗辩权或不安抗辩权。（3）对方未履行或未提出履行其债务而请求己方履行。一方向对方请求履行债务时，必须己方已经履行或已提出履行。然而，倘若一方未履行的

---

① 崔建远主编：《合同法》，法律出版社 2010 年版，第 137 页。

② ［日］我妻荣：《债权各论（上）》，岩波书店 1954 年版，第 82 页；郑玉波：《民法债编总论》，三民书局 1996 年版，第 373 页；王家福主编：《中国民法学 · 民法债权》，法律出版社 1991 年版，第 401 页；王利明：《论双务合同中的同时履行抗辩权》，载梁慧星主编：《民商法论丛》（第 3 卷），法律出版社 1995 年版，第 2 页；崔建远主编：《合同法》，法律出版社 2010 年版，第 137～138 页。

③ 韩世远：《合同法总论》，法律出版社 2018 年版，第 382 页。

④ 王泽鉴：《民法学说与判例研究》（第 6 册），台北自版 1991 年版，第 146 页。

⑤ 王家福主编：《中国民法学 · 民法债权》，法律出版社 1991 年版，第 401 页。

⑥ ［日］星野英一：《日本民法概论 · IV · 契约》，姚荣涛译，刘玉中校，台北五南图书出版有限公司 1998 年版，第 39 页。

⑦ 孙森严：《民法债编总论》（下册），法律出版社 2006 年版，第 663～664 页。

债务或未提出履行的债务，与对方所负的债务无对价关系时，对方仍不得主张同时履行抗辩权。此外，在一方的履行不适当时，对方亦可行使同时履行抗辩权，但在一方已为部分履行时，对方若拒绝履行自己的债务将有违诚实信用时，则不得主张同时履行抗辩权。①

在法律效力上，同时履行抗辩权属于延期抗辩权，并不能否认相对人的请求权，亦非永久的抗辩权，只能暂时阻止对方当事人请求权的行使。此外，同时履行抗辩权必须在相对人进行对待给付或给付之前提出，若相对人已完全履行其合同义务，则同时履行抗辩权消灭。因此，适用同时履行抗辩权的法律后果主要体现在两个方面：一是延期对方要求履行合同义务的请求权效力；二是使己方免于承担履行迟延责任。

【关联规定】

《合同法》第 66 条

（撰稿人：张家骥）

第五百二十六条 【先履行抗辩权】 当事人互负债务，有先后履行顺序，应当先履行债务一方未履行的，后履行一方有权拒绝其履行请求。先履行一方履行债务不符合约定的，后履行一方有权拒绝其相应的履行请求。

【释义】

本条的规范对象是双务合同中的先履行抗辩权。本条规定基本继承了 1999 年《合同法》第 67 条的规定。1999 年《合同法》第 67 条的原文为，“当事人互负债务，有先后履行顺序，先履行一方未履行的，后履行一方有权拒绝其履行要求。先履行一方履行债务不符合约定的，后履行一方有权拒绝其相应的履行要求”。本条规定仅将原条文中“先履行一方未履行的”调整为“应当先履行债务一方未履行的”，进一步提升了条文表述的准确性和严谨性。

在传统民法上，有同时履行抗辩权和不安抗辩权理论，却无先履行抗辩权的

① 张广兴：《债法》，社会科学文献出版社 2009 年版，第 167 页；崔建远：《合同法》，法律出版社 2010 年版，第 168 页。

概念。我国合同法首次明确而独立地规定了这种抗辩权，其实是将传统民法上属于同时履行抗辩权的一部分分离了出来。[①] 而作为我国民法独创的抗辩制度，就其名称也存在不同看法。如有学者认为，该条所设定的抗辩权应称为“后履行抗辩权”，其原因在于该条的规定与不安抗辩权的内容不同，而不安抗辩权实际上才是为先履行一方设定的抗辩权。而本条所规定的抗辩权，即后履行一方在先履行的一方未履行或未适当履行债务时，有权拒绝对方的履行要求或拒绝其相应的履行要求。如果将本条所设定的抗辩权称为先履行抗辩权，则极易使人误解为该项抗辩权是由先履行一方所享有的抗辩权，这显然不符合立法本意。[②]

从构成要件上看，适用先履行抗辩权须符合以下条件：(1) 须双方当事人互负债务。鉴于先履行抗辩权脱胎于同时履行抗辩权，两种抗辩权成立要件的不同仅仅在于两项债务的履行顺序不同，其他方面没有特别的要求，所以互负债务的要件规格，在先履行抗辩权和同时履行抗辩权中应当相同。[③] (2) 两个债务须有先后履行顺序。至于先后履行顺序系由当事人约定，还是由法律规定，在所不问。(3) 先履行一方未履行义务或者履行义务不符合约定。先履行一方未履行，既包括先履行一方于履行期届满前未予履行的状态（未构成违约），也包括先履行一方于履行期届满时尚未履行的状态（已构成违约）。而履行债务不符合约定，则包括迟延履行、不完全履行（包括加害给付、部分履行）等形态。

从法律效力上看，先履行抗辩权的成立并行使产生后履行一方可一时中止履行自己债务的效力，从而通过对抗先履行一方的履行请求，保护自己的期限利益、顺序利益。在先履行一方采取补救措施、变违约为适当履行的情况下，则先履行抗辩权消失，后履行一方须履行其债务。因此，先履行抗辩权亦属一时的抗辩权。此外，先履行抗辩权的行使不影响后履行一方主张违约责任。[④]

【关联规定】

《合同法》第 67 条

（撰稿人：张家骥）

---

① 参见《国际商事合同通则》第 7.1.3 条第 2 款规定：“当事人各方应相继履行合同义务的，后履行的一方当事人可在应先履行的一方当事人完成履行之前停止履行。”

② 王利明：《合同法研究》，中国人民大学出版社 2011 年版，第 82 ~ 83 页。

③ 崔建远主编：《合同法》，法律出版社 2010 年版，第 143 ~ 144 页。

④ 张广兴：《债法》，社会科学文献出版社 2009 年版，第 171 页。

第五百二十七条　【不安抗辩权】 应当先履行债务的当事人，有确切证据证明对方有下列情形之一的，可以中止履行：

（一）经营状况严重恶化；

（二）转移财产、抽逃资金，以逃避债务；

（三）丧失商业信誉；

（四）有丧失或者可能丧失履行债务能力的其他情形。

当事人没有确切证据中止履行的，应当承担违约责任。

【释义】

本条的规范对象是双务合同中先履行债务一方当事人的不安抗辩权。本条规定基本继承了《合同法》第68条的规定。在《民法典（草案）》中，本条曾将“有确切证据证明”之表述调整为“有证据证明”，此举符合证据法学的基本理论，即任何证据都没有预设的证明力。因而，证明主体（当事人）不可能在诉讼之前就自行判断何种证据达到所谓“确切”的程度，只有通过诉讼中的证明活动，并经由对方当事人质证后，方能由人民法院认定证据的效力。目前，本条继续沿用了《合同法》第68条中“确切证据”这一表述，虽然与证据法理论存在一定冲突，但有助于避免当事人滥用“不安抗辩权”制度。

不安抗辩权是大陆法系中的制度。指的是双务合同一方当事人依据合同约定须先为给付，在对方当事人有难为作出对待给付之虞时，得拒绝先为给付的权利。在对方为对待给付或提供担保之后（本法第528条），不安抗辩权即归于消灭。在后履行人（后给付义务人）订约后财产状况恶化、危及先给付义务人的债权实现的情况下，该制度能保护先给付义务人的合法权益，体现实质正义。① 不安抗辩权是与同时履行抗辩权相对应的一种抗辩权。它们分别适用于异时履行与同时履行的情况，两者共同构成大陆法系债法中保护债权的抗辩权体系。尽管不安抗辩权与先履行抗辩权一样都适用于异时履行的情况，但不安抗辩权主要是保护先履行一方，是由先履行一方所享有的权利；而先履行抗辩权主要是保护后履行一方，是由后履行一方所享有的权利。②

不安抗辩权的适用应具备如下条件：（1）须双方当事人因双务合同互负债

---

① 张广兴：《债法》，社会科学文献出版社2009年版，第171页；崔建远主编：《合同法》，法律出版社2010年版，第146页。

② 王利明：《合同法研究》，中国人民大学出版社2011年版，第87页。

务。只有在双务合同中，当事人之间的债务才因牵连性而构成对待给付，方可使当事人之间的债务履行具有先后顺序。(2) 后履行的一方当事人有丧失或可能丧失债务履行能力的极大可能。一般情况下，合同中后履行义务人的期限利益应当受到保护，没有正当理由不得剥夺。因而，不安抗辩权的行使应当受到严格的限制，即只能在有不能为对待给付的现实危险、危及先履行义务人的债权实现时，先履行人（先给付义务人）才能行使不安抗辩权。对此，本条规定列举了三种典型的后履行人履行债务能力恶化的情形，并规定了兜底性条款以避免法律漏洞。此外，由于本条关于不安抗辩权的规定非属强制性规定，应允许当事人通过约定予以变更，以对不安抗辩权进行扩张或收缩。(3) 不安事由危及对方债权的实现。不安事由的出现，须使对方债权的实现受到威胁，始能发生不安抗辩权，就其程度而言，既可以是危及全部债权的实现，也可以是危及部分债权的实现。

【关联规定】

《合同法》第 68 条

（撰稿人：张家骥）

第五百二十八条　【不安抗辩权的行使】 当事人依据前条规定中止履行的，应当及时通知对方。对方提供适当担保的，应当恢复履行。中止履行后，对方在合理期限内未恢复履行能力且未提供适当担保的，视为以自己的行为表明不履行主要债务，中止履行的一方可以解除合同并可以请求对方承担违约责任。

【释义】

本条规定了不安抗辩权行使的效力及注意义务。该规定基本继承了《合同法》第 69 条的规定，《合同法》第 69 条的原文为，“当事人依照本法第六十八条的规定中止履行的，应当及时通知对方。对方提供适当担保时，应当恢复履行。中止履行后，对方在合理期限内未恢复履行能力并且未提供适当担保的，中止履行的一方可以解除合同”。新条文较原条文而言，进一步阐明了不安抗辩权的相对方既未恢复履行能力又未提供适当担保的行为（不作为）性质，并将其视为拒绝履行主要债务的意思表示。此外，新条文还明确了主张不安抗辩权的一方当事人，在依法解除合同后享有违约请求权。

不安抗辩权制度，虽旨在保障先履行给付义务一方免受损害，但仍以维护双务合同双方利益之公平为初衷，因此，为了防止先履行一方滥用不安抗辩权，前条及本条分别规定了先履行一方行使不安抗辩权时必须负有的两项义务：（1）证明义务。先履行的一方必须有证据证明对方具有本法规定之不能或危及对待履行的情况，而不能凭空推测或根据臆想而断定对方不能或不会为对待给付。如果没有证据而中止合同履行，只能表明先履行一方无正当理由而不履行自己的义务。此时，根据前条规定，当事人没有证据中止履行的，应当承担违约责任。（2）通知义务。由于先履行的一方在行使不安抗辩权时无须征得对方同意，而不安抗辩权的行使又会导致先履行的一方暂时中止合同的履行，因而如果在中止合同履行以后，不及时通知对方，对方有可能会蒙受各种损失（如对方已为接受履行做好了各种准备，或者已经作出对待履行）。如果不及时通知对方，对方就会支出不必要的费用，进而导致各种合同纠纷。因此，从权利正当性的角度看，后履行一方在获得通知以后，可以依据法律规定及时地恢复履行能力或提供适当的担保以消灭不安抗辩权，这也可以达到权利制衡的目的。依据本条规定，如果没有及时作出通知甚至根本未作出通知，则表明先履行的一方并没有正当行使不安抗辩权，将有可能构成违约。上述两种义务并不是先履行一方承担的附随义务，而是其负有的法定义务。①

行使不安抗辩权将产生如下法律效力：（1）不安抗辩权既属抗辩权，自然应具有抗辩权的一般属性，其作用在于防御，而不在于攻击，因此必待他人之请求，始得对其行使抗辩权。故抗辩权被定性为被告对于原告之请求，有拒绝给付之权利。② 可见，出现本法第527条规定之情形时，先给付义务人，得于相对人未为对待给付或提出担保以前，中止或拒绝自己的给付，在这种暂时中止履行的情况下，合同并没有发生终止或解除，它对当事人仍然是有效的。（2）中止履行后，对方在合理期限内未恢复履行能力并且未提供适当担保的，视为以自己的行为表明不履行合同主要义务。如此规定，实际上就是将此种行为归为了默示毁约或先期拒绝履行行为，进而在一方从事了默示毁约行为后，理应产生相当于债务拒绝履行的法律效果。此时，中止履行的一方不仅可以解除合同，还可以请求对方承担违约责任。（3）对方在合理期限内恢复履行能力或提供了适当担保的，不安抗辩权即归消灭。担保的提出或履行能力的恢复，属于对不安抗辩权之再抗辩。

① 王利明：《合同法研究》，中国人民大学出版社2011年版，第90页。

② 梁慧星：《民法总论》，法律出版社2007年版，第74～75页。

【关联规定】

《合同法》第69、108条

（撰稿人：张家骥）

第五百二十九条　【因债权人原因致债务履行困难的处理】 债权人分立、合并或者变更住所没有通知债务人，致使履行债务发生困难的，债务人可以中止履行或者将标的物提存。

【释义】

本条规定了因债权人原因致使债务履行困难时，债务人可以中止履行或者提存标的物。本条规定完全继承了《合同法》第70条的规定，未作修改。

本条通过有限列举规定了因债权人原因导致债务履行困难时，债务人得以中止履行或提存标的物的情形，具体包括债权人分立、合并和变更住所三种情况。其中，“债权人分立”是指一个法人变更设立为两个及以上法人的法律行为。法人的分立分为创设式分立和存续式分立两种形式。创设式分立指解散原法人，而分立为两个及以上新法人，其权利义务由分立后的法人概括承受。而存续式分立是原法人继续存在，但它的原有分支机构或者新分裂出若干成分，新设立出一个及以上的新法人，其权利义务关系则依照分立合同的约定或者章程的规定。其他组织也有分立的情况，它的分立与法人的分立类似。“债权人合并”是指两个或两个以上的法人，无须清算而归并为一个法人的法律行为。法人的合并亦有创设性合并和吸收式合并两种形式，因合并而消灭的法人，其权利义务均由合并后的新法人概括承受。①

债权人分立、合并或者变更住所可能使合同的履行地点、债权人主体发生变化，引起债务人不知向谁履行或不知在何地履行债务的问题，进而导致债务履行发生困难。此时，债权人应遵循诚实信用原则，依照本法第509条第2款的规定，向债务人履行相应的通知和协助义务。上述义务虽然与附随义务相像，但鉴于附

① 江平：《中华人民共和国合同法精解》，中国政法大学出版社1999年版，第59页。

随义务的义务人通常为债务人，因而这种义务不便归入附随义务，[①] 而应归入债权人“不真正义务”范畴。[②] 本条所规定之债权人分立、合并或变更住所时对债务人的通知义务，对于实现合同债之关系的最终目的、限制债权的滥用和平衡当事人的利益关系至关重要。

从法律效果上看，在出现本条所规定之债权人分立、合并或者变更住所的情况下，在因债权人不通知债务人而致使债务履行困难时，债务人可以中止履行债务，在收到债权人通知之前免于承担履行迟延责任。当债务的标的适合提存时，债务人也可以通过提存的方式消灭合同关系。

【关联规定】

《合同法》第 70 条

（撰稿人：张家骥）

第五百三十条 【债务的提前履行】债权人可以拒绝债务人提前履行债务，但是提前履行不损害债权人利益的除外。

债务人提前履行债务给债权人增加的费用，由债务人负担。

【释义】

本条规定了债权人对债务人提前履行债务的处理方式，本条规定完全继承了《合同法》第 71 条的规定，未作修改。

当事人就合同履行时间方面的约定，在我国民法中常被称为“履行期限”，[③] 有时也被称为“履行期”，[④] 虽然立法上并未进行特别区分，但严格来说两者含义并非完全相同。履行期是债务人应履行其债务的时间点，而履行期限既可以表现

---

① 在我国债法理论中，债的义务群中之“附随”义务使与债的“基本”义务相对应的概念，应以主债务为前提，因而附随义务的主体应为债务人而非债权人。也有学者认为，受领中的相应义务为债权人的附随义务。参见王家福主编：《中国民法学·民法债权》，法律出版社 1991 年版，第 171～172 页；隋彭生：《合同法论》，法律出版社 1997 年版，第 363 页。

② 韩世远：《论债权人迟延》，载《法制与社会发展》1999 年第 3 期；王利明《合同法研究》（第 2 卷），中国人民大学出版社 2011 年版，第 478 页。

③ 《中华人民共和国民法典》第 401、411、428、437、454 条、第 470 条第 1 款第 6 项、第 488 条、第 511 条第 4 项、第 563 条第 2 项、第 578 条等。

④ 《担保法》第 18、25、26、40、47、53、66、71、77 条等，使用债务“履行期届满”的表述。

为一个时间点，也可以表现为一个时间段。[①] 因此，本条所规定之债务人提前履行债务，是指债务人向债权人为给付的时间早于双方约定的时间点，或者早于双方约定之时间段的起始点。

在履行期限明确的债权债务关系中，债权人可否拒绝债务人提前履行债务，取决于债务的提前履行是否有损债权人的期限利益。期限利益有为债务人利益的，有为债权人利益的，也有为双方当事人利益的。如果履行期限是为债务人的利益而设的，债务人可以在期限届满前履行债务，而债权人则只有在期限届满时才有权请求履行。反之，如果履行期限是为债权人利益而设的，那么债权人有权请求提前履行，但债务人非得债权人同意不能提前清偿债务。[②] 如果履行期限是为双方当事人利益而设的，则双方须严格按照期限履行。

可见，本条第 1 款即明确债权人和债务人之间期限利益的规定。其中，“债权人可以拒绝债务人提前履行债务”指当债权人享有期限利益时，债权人为了避免自己利益受损，有权拒绝债务人提前履行债务。而“提前履行不损害债权人利益”则指当债务人享有期限利益时，债务人可以抛弃期限利益而提前履行。此时，由于债权人不享有期限利益，债务人提前履行债务并不会导致债权人利益受损，因而对债务人提前履行的债务债权人不得拒绝受领。[③]

本条第 2 款则规定了债务人提前履行债务损害债权人期限利益时的法律效果。如果债权人因接受债务人提前履行而导致自己利益受损，可以基于本款规定向债务人主张相应的损害赔偿。损害赔偿的范围即债权人因债务人提前履行而致自己“增加的费用”应由债务人承担。

【关联规定】

《合同法》第 71 条

（撰稿人：张家骥）

第五百三十一条　【债务的部分履行】 债权人可以拒绝债务人部分履行债务，但是部分履行不损害债权人利益的除外。

债务人部分履行债务给债权人增加的费用，由债务人负担。

---

① 韩世远：《合同法总论》，法律出版社 2018 年版，第 354 ~ 355 页。

② 佟柔、赵中孚、郑立主编：《民法概论》，中国人民大学出版社 1982 年版，第 150 页。

③ 江平：《中华人民共和国合同法精解》，中国政法大学出版社 1999 年版，第 60 页。

【释义】

本条规定了债权人对债务人部分履行债务的处理方式，本条规定完全继承了《合同法》第 72 条的原规定，未作修改。

从债务部分履行的前提上看，部分履行的债务须为可分债务，否则债务人的部分履行必然会损害债权人的利益。[①] 此时，债权人可以依照本条第 1 款规定，拒绝债务人部分履行债务。

从履行期限上看，本条规定的是债务人在履行期限内的债务部分履行问题。如果债务人在履行期限之前履行为提前履行，应适用前条关于债务人提前履行的相应规定。如果债务人在履行期限之后履行则构成迟延履行，须承担相应违约责任。

从部分履行的类型上看，一为债务人在履行期限内将本应一次履行的债务采取分批履行的方式而全部履行，此时债务的部分履行通常不会造成债权人利益受损，[②] 应属本条第 1 款所规定的例外情形，因而债权人不得拒绝债权人部分履行其债务；二为债务人在履行期限内仅履行了部分债务，构成了债务的不完全履行，须承担相应违约责任。

因此，本条第 1 款规定之债权人可以拒绝债务人部分履行债务，系针对债务人在履行期限内，就可分之债履行不完全的情形。于此场合，多由债权人或法律给债务人一定宽限期，使之另行给付以达到合同目的。如果债务人在此期限内未能完全履行其债务，致使不能实现合同目的，债权人有权解除合同。[③]

根据债务部分履行的类型化区分，本条第 2 款规定“债务人部分履行债务给债权人增加的费用”，通常指债务人在履行期限内将本应一次履行的债务采取分批的方式进行履行的过程中，债权人因分批受领而增加的费用。至于债务人在履行期限内仅履行了部分债务，而构成债务不完全履行的情况，债权人既可以合同目的不达为由要求解除合同，也可以接受债务人履行的部分债务，在针对债务履行完成部分对待给付后，再基于债务人履行迟延，要求其承担相应的违约责任。

---

① 崔建远：《债法总论》，法律出版社 2013 年版，第 63 页。

② 如果部分履行损害债权人利益，债权人得拒绝债务的部分履行。“部分履行损害债权人利益”中的“利益”主要是指债权人的履行利益，履行利益是债权人因债务人履行合同以后所取得的积极利益。参见江平：《中华人民共和国合同法精解》，中国政法大学出版社 1999 年版，第 61 页。

③ 崔建远：《合同法》，法律出版社 2010 年版，第 132 页。

【关联规定】

《合同法》第 72 条

（撰稿人：张家骥）

第五百三十二条　【当事人变化对合同履行的影响】 合同生效后，当事人不得因姓名、名称的变更或者法定代表人、负责人、承办人的变动而不履行合同义务。

【释义】

本条规定了生效的合同不因主体方面的某些事项的变化而影响其效力，本条规定完全继承了《合同法》第 76 条的原规定，未作修改。

合同生效后，当事人应当按照诚实信用原则全面履行合同义务。本条所规定之“姓名、名称的变更”，是指作为合同主体中的自然人姓名或者法人、非法人组织的名称发生了变化，简称“改名”或者“更名”，须经有关部门批准、登记方为有效。姓名、名称只是民事主体的称谓或符号，因而更名不会使民事主体本身或其合同主体地位发生变化，也不会影响其使用旧名所签订合同的效力。因此，当事人不得因合同主体称谓的变更而不履行合同义务。

法定代表人是依照法律或者法人章程的规定，代表法人从事民事活动的负责人。法定代表人的代表权来源于法人（被代表人）的意思。法定代表人之所谓“法定”，意指法定代表人是法律规定所必设，但其由何种职务者担任以及具体由何人担任法定代表人，则由法人通过章程或权力机构决议决定，即法人对此有选择自由。[①] 而“承办人”，是指经办合同订立等有关事项的人，承办人往往是法定代表人或者负责人的委托代理人。作为合同主体的自然人可能由代理人（承办人）代为订立合同，作为合同主体的法人和非法人组织一般由法定代表人、负责人订立合同或者由其委托代理人（承办人）订立合同。

实际上，就行为效果看，法定代表人的代表权和代理人的代理权并无本质上

① 李宇：《民法总则要义：规范释论与判解集注》，法律出版社 2017 年版，第 154 页。

的不同。[1] 法定代表人、负责人、承办人皆为代合同主体作出意思表示而自身非合同主体，其从事民事活动的法律后果由法人或非法人组织承受。可见，当法定代表人、负责人、承办人变动时，合同的主体并不产生变化，不会影响合同的效力。因此，当事人不得因合同主体的法定代表人、负责人、承办人变动而不履行合同义务。[2]

综上，合同主体称谓或代理人的变化，并不会对合同主体的归属和地位产生影响，这与“合同主体变更”截然不同。合同主体变更，是指在不改变合同内容的前提下，当事人一方依法将其合同的权利和义务全部或部分转让给第三人的法律行为。该法律行为，只有在合同一方当事人通知对方当事人或征求对方当事人的同意后，方能产生变更合同主体的法律效果。因此，依照本条规定，在合同主体并未变更，而仅发生称谓或代理人变化的情形下，当事人不得拒绝履行合同义务。

【关联规定】

《合同法》第 76 条

（撰稿人：张家骥）

第五百三十三条　【情势变更】合同成立后，合同的基础条件发生了当事人在订立合同时无法预见的、不属于商业风险的重大变化，继续履行合同对于当事人一方明显不公平的，受不利影响的当事人可以与对方重新协商；在合理期限内协商不成的，当事人可以请求人民法院或者仲裁机构变更或者解除合同。

人民法院或者仲裁机构应当结合案件的实际情况，根据公平原则变更或者解除合同。

【释义】

本条规定了合同成立后的情势变更制度。我国《合同法》虽未规定情势变更，但《最高人民法院关于适用〈中华人民共和国合同法〉若干问题的解释

---

① 有学者认为，法定代表人本质上只不过是一种需登记的意定代理人。殷秋实：《法定代表人的内涵界定与制度定位》，载《法学》2017 年第 2 期。

② 江平：《中华人民共和国合同法精解》，中国政法大学出版社 1999 年版，第 64 页。

(二)》第 26 条对此作出了规定。该条规定:“合同成立以后客观情况发生了当事人在订立合同时无法预见的、非不可抗力造成的不属于商业风险的重大变化,继续履行合同对于一方当事人明显不公平或者不能实现合同目的,当事人请求人民法院变更或者解除合同的,人民法院应当根据公平原则,并结合案件的实际情况确定是否变更或者解除。”

本条规定明确了适用情势变更制度的前提,即合同成立后发生了当事人订立合同时无法预见的、不属于商业风险的重大变化,导致合同显失公平。其中,可预见性,是指当事人在缔约时对未来可能发生的风险的预见程度。严格来说,可预见性的判断标准应当采主观标准,即要以特定订约人缔约时的预见状况为依据。然而,在具体法律适用过程中,此标准逐渐客观化,它并不以特定订约人而是以一个抽象性的一般理性交易人作为考察的对象。本条规定中,立法者将“商业风险”排除在“无法预见的重大变化”之外,是由于市场主体作为一个理性的商人,在从事商业活动时应当意识到并自愿承担相应的固有风险。而合同作为一种做出事先安排的风险分担机制,如果允许因商业风险而随意变更或解除,便毫无拘束力可言。[①] 此外,商业风险通常具有一定的可预见性,即便当事人声称没有预见,也应从客观情势出发,认定当事人已经预见。[②]

而就不可抗力而言,它与情势变更极度相似,两者都具有客观性、偶然性、订约时的不可预见性,当事人对于事件的发生都没有过错,且都对合同的履行产生了较大影响,导致合同履行十分困难。[③] 可见,情势变更与不可抗力并非泾渭分明,且从合同法的发展趋势看,情势变更不排斥不可抗力也是一种趋势,这是比较法普遍认可的经验。[④] 因此,本条并未将不可抗力排除于情势变更事由之外,[⑤] 即便发生了不可抗力,也可以成为情势变更的事由。[⑥] 当然,如果因不可抗

---

① 王利明:《情势变更制度若干问题探讨——兼评〈民法典合同编(草案)〉(二审稿)第 323 条》,载《法商研究》2019 年第 3 期。

② 张建军:《情势变更与商业风险的比较研究》,载《甘肃政法学院学报》2004 年第 2 期。

③ 王利明:《情势变更制度若干问题探讨——兼评〈民法典合同编(草案)〉(二审稿)第 323 条》,载《法商研究》2019 年第 3 期。

④ [德] 卡斯腾·海尔斯特尔、许德风:《情势变更原则研究》,载《中外法学》2004 年第 4 期。

⑤ 《民法典各分编草案(一审稿)》第 323 条第 1 款规定:“合同成立后,订立合同的基础发生了当事人在订立合同时无法预见的、非不可抗力造成的不属于商业风险的重大变化……”从该款规定来看,是将不可抗力排除在情势变更的事由之外。这一规定是借鉴《最高人民法院关于适用〈中华人民共和国合同法〉若干问题的解释(二)》第 26 条的经验所作出的。《民法典各分编草案(二审稿)》第 323 条对此作了修改,删除了“非不可抗力造成的”这一表述。

⑥ 韩世远:《合同法总论》,法律出版社 2018 年版,第 495 页。

力导致合同履行不能，则不应当构成情势变更，而应当允许当事人依法解除合同。[①]

此外，本条还规定了“受不利影响的当事人可以请求与对方重新协商；在合理期限内协商不成的，当事人可以请求人民法院或者仲裁机构变更或者解除合同”。有学者认为，该内容确立了当事人的“再交涉义务”或“继续谈判义务”。[②] 从该内容的表述上看，立法者强调当事人“在合理期限内协商不成”才可以请求司法救济，意味着所谓再交涉义务应属当事人的法定义务。然而，本条既未规定违反该义务的法律后果，亦未规定义务违反后的损害赔偿责任，且在“当事人可以与对方重新协商”的表述中，使用“可以”而非“应当”一词。这在受不利影响的当事人不履行再交涉义务而直接请求司法救济的情况下，会存在一定争议。

（撰稿人：张家骥）

第五百三十四条　【合同监督机关】 对当事人利用合同实施危害国家利益、社会公共利益行为的，市场监督管理和其他有关行政主管部门依照法律、行政法规的规定负责监督处理。

【释义】

本条规定了合同的监督机关，在《合同法》第127条的基础上进行了修改。《合同法》第127条规定：“工商行政管理部门和其他有关行政主管部门在各自的职权范围内，依照法律、行政法规的规定，对利用合同危害国家利益、社会公共利益的违法行为，负责监督处理；构成犯罪的，依法追究刑事责任。”本条的主要修改有二：其一，将原规定的“工商行政管理部门”更新为“市场监督管理部门”；其二，删除了涉及刑事违法方面的规定。

---

① 在许多情形下，法官很难在情势变更和不可抗力之间做出严格区分，甚至在不少情况下，不可抗力和情势变更可以相互转化。例如，在发生自然灾害时，灾区的物价、服务价格都可能突然大幅上涨，继续履行某些合同必然会导致一方成本剧增，此时应该构成情势变更。参见谢鸿飞：《合同法学的新发展》，中国社会科学出版社2014年版，第357页。

② 崔建远：《合同法》，法律出版社2010年版，第131页；韩世远：《合同法总论》，法律出版社2018年版，第507页；王利明：《情势变更制度若干问题探讨——兼评〈民法典合同编（草案）〉（二审稿）第323条》，载《法商研究》2019年第3期。而就该义务的法律性质，有学者主张，继续谈判义务是依据诚实信用原则产生的附随义务。参见张善华：《日本和德国法上的再交涉义务及对我国合同法的启示》，载《山东大学学报（哲学社会科学版）》2013年第6期。

在监督主体方面，2018 年 3 月，根据第十三届全国人民代表大会第一次会议批准的国务院机构改革方案，不再保留国家工商行政管理总局、国家质量监督检验检疫总局、国家食品药品监督管理总局，组建国家市场监督管理总局。因此，本条就合同监督主体的修改，是基于我国行政管理部门结构调整而作的修订。县级以上各级人民政府市场监督管理和其他有关行政管理部门，有权在法律、行政法规规定的范围内对合同实施监督管理。

合同是平等主体之间设立、变更、终止民事权利义务关系的协议，属于私法行为，是民事主体之间意思自治的体现。在市场经济条件下，合同当事人的自由意志应受到充分尊重，除涉及危害国家或社会公共利益的情况外，任何单位和个人不得非法干预。因此一方面，本条不再规定涉及刑事违法方面的内容。因为，根据罪刑法定原则，当事人利用合同实施的刑事违法行为，应直接依据我国刑法的相关规定进行处理。另一方面，本条也就合同的监督管理对行政部门作出了限制：在主体方面，合同的监督管理机关仅限本条规定的市场管理监督等相关部门；在管理权限方面，市场监督及相关行政管理部门必须在各自的职权范围内，依据法律或行政法规的规定进行监督管理；在监督内容方面，只能对利用合同危害国家或社会公共利益的行为进行监督，利用合同损害第三人利益的行为则不属于合同监督机关的监督范围。

【关联规定】

《合同法》第 127 条

（撰稿人：张家骥）

第五章　合同的保全

【导读】

本章规定了合同的保全制度。合同的保全主要通过债权人的代位权和债权人的撤销权两项制度得以实现。债权人的代位权制度主要是为了防止债务人的责任财产应当增加而不增加，影响债权人的债权实现。债权人的撤销权制度主要是为了防止债务人的责任财产不当减少，影响债权人的债权实现。

对债权人代位权的理解，总体上应当把握以下几个关键点：

第一，债权人行使代位权的条件。与《合同法》以及《最高人民法院关于适用〈中华人民共和国合同法〉若干问题的解释（一）》的相关规定相比，《民法典》对债权人行使代位权的条件做了较大的修正。首先，债务人有怠于行使其债权或者与该债权有关的从权利，《民法典》不再要求债务人对相对人的债权已经到期；其次，债务人怠于行使债权或者与该债权有关的从权利的行为影响债权人的到期债权实现，但是在诉讼时效期间即将届满或者未及时申报破产债权等特殊情况下，债权人可以提前行使代位权。

第二，债权人行使代位权的效果。《民法典》第537条规定的债权人代位权行使效果的规定与《最高人民法院关于适用〈中华人民共和国合同法〉若干问题的解释（一）》第20条相比并无二致，颇具中国特色。与传统大陆法系国家采取“入库规则”不同，《民法典》采纳了“代位权人优先受偿归责”。但是如果债权人的债权未到期，在特殊情形下提前行使代位权，仍适用“入库规则”。关于这个问题的争论仍在继续：反对者认为“代位权人优先受偿规则”与债权平等性不符；支持者认为“代位权人优先受偿规则”有利于鼓励债权人积极行权，遏制“搭便车”现象。

对债权人撤销权的理解，总体上应当把握以下几个关键点：

第一，债权人行使撤销权的条件。《民法典》将《合同法》第74条第1款拆分成第538条和第539条两个独立条文，区分债务人无偿处分和债务人（有偿）不合理价格交易两种情况：在无偿处分情况下，债权人行使撤销权仅需满足客观要件，即债务人以放弃其债权、放弃债权担保、无偿转让财产等方式无偿处分财产权益，或者恶意延长其到期债权的履行期限等，且这些行为的后果影响了债权人债权的实现，债权才得以行使撤销权。在（有偿）不合理价格交易情况下，债权人行使撤销权除满足客观要件以外，还需要满足主观要件，即相对人对此知道或者应当知道。

第二，债权人撤销权行使效果。《民法典》第542条准确界定了被撤销法律行为的状态——自始没有约束力，有效避免债权人撤销权制度和合同无效两种制度混用情形的出现。与《最高人民法院关于适用〈中华人民共和国合同法〉若干问题的解释（一）》第25条相比，本条规定从逻辑结构上更加周延，也更为准确。此外，鉴于债权人撤销权制度与债权人代位权制度在适用前提条件、诉讼管辖法院等诸多方面存在差异，《民法典》并没有接受“债权人在行使债权人撤销权的同时，还可以行使债权人代位权，即代位行使债务人对次债务人的权利，从而保护其债权”这种观点。

第五百三十五条　【债权人的代位权】因债务人怠于行使其债权或者与该债权有关的从权利，影响债权人的到期债权实现的，债权人可以向人民法院请求以自己的名义代位行使债务人对相对人的权利，但是该权利专属于债务人自身的除外。

代位权的行使范围以债权人的到期债权为限。债权人行使代位权的必要费用，由债务人负担。

相对人对债务人的抗辩，可以向债权人主张。

【释义】

本条规定了债权人的代位权。有学者认为，代位权制度来源于罗马法和古日耳曼法。[①] 由于罗马法上有破产制度，破产财产的受让者得以概括行使属原破产者的权利，基于此，在习惯层面演化出代位权制度。古日耳曼法并不存在担保契约，这就使一般债权人的权利实现与债务人财产变化关系密切。出于保护无担保债权的债权人的利益考量，赋予债权人得在债务人的契约上行使权利。其实，无论是罗马法还是古日耳曼法，其中都没有形成代位权制度，只是作为一种习惯法存在。代位权制度首次被立法确认是在《法国民法典》中。代位权是责任财产保

① 王家福：《中国民法学 · 民法债权》，法律出版社1991年版，第177页。

全制度的重要内容。债权人的代位权的立法宗旨在于：维护一般债权中债权人债权的实现可能。无担保的一般债权实现，原则上应以债务人所有财产（即责任财产）作为其债务履行的基础。因此，债务人财产的变化与债权人债权的实现休戚相关，特别是当债务人的财产减少时，可能会直接影响债权人债权的实现。代位权制度的设立是对合同相对性原则的突破，允许合同中的债权人得以向合同外债务人的相对人主张权利。相对应地，债务人的相对人亦可突破合同的相对性原则直接向债权人抗辩，即“相对人对债务人的抗辩，可以向债权人主张。基于此考量，赋予债权人代位权的目的在于维护债权人的债权不受侵害。

本条重新定义了代位权。代位权的定义在《合同法》第 73 条第 1 款中有所规定，“因债务人怠于行使其到期债权，对债权人造成损害的，债权人可以向人民法院请求以自己的名义代位行使债务人的债权，但该债权专属于债务人自身的除外”。《最高人民法院关于适用〈中华人民共和国合同法〉若干问题的解释（一）》作为在司法实践中起指导作用的司法解释，其第 13 条对《合同法》第 73 条进行了解释：“合同法第七十三条规定的‘债务人怠于行使其到期债权，对债权人造成损害的’，是指债务人不履行其对债权人的到期债务，又不以诉讼方式或者仲裁方式向其债务人主张其享有的具有金钱给付内容的到期债权，致使债权人的到期债权未能实现。次债务人（即债务人的债务人）不认为债务人有怠于行使其到期债权情况的，应当承担举证责任。”《民法典》第 535 条与之对比有以下几点修改之处。首先，扩大了债权人得以主张行使代位权的范围。将《最高人民法院关于适用〈中华人民共和国合同法〉若干问题的解释（一）》中债权人仅能就到期债权行使代位权扩大为债权，也就是说，债权人行使代位权不再以到期债权为限。同时还将债权人行使代位权的范围从债务人到期债权扩大至债务人到期债权或者与该债权有关的从权利，如代位权的行使范围可涉及与债务人债权相关的担保物权等。其次，本条对《合同法》第 73 条中规定的行使代位权的条件之一“对债权人造成损害的”重新进行了解读。本条将“对债权人造成损害的”改为“影响债权人的到期债权实现的”，明确了“对债权人造成损害的”情形。这一改变也说明行使代位权的目的是保全债权人的债权，使债权人的债权可以得到有效实现。最后，本条还将《最高人民法院关于适用〈中华人民共和国合同法〉若干问题的解释（一）》第 13 条第 2 款中的“次债务人”改为“债权人的相对人”，这一概念的改变使债权人得以行使代位权的权利范围扩大，除了债务人的债务人之外，还可包括保证人、抵押权人等。

本法第 535 条改变了《合同法》第 73 条以及《最高人民法院关于适用〈中华人民共和国合同法〉若干问题的解释（一）》第 13 条关于代位权成立要件的规

定。依据第535条的规定，代位权的成立应具备以下要件：第一，债务人怠于行使其债权或者与该债权有关的从权利。债务人怠于行使其债权或者与该债权有关的从权利是指，债务人应该行使其债权或者与该债权有关的从权利，且此处所指的债权、与该债权有关的从权利是可以行使的，但债务人却不行使该权利。债务人对于相对人的权利如若不及时行使，债务人对相对人的权利就有可能减少或灭失。[①] 第二，债权人怠于行使债权或者与该债权有关的从权利的行为影响债权人的到期债权实现。如果债务人怠于行使相关权利的行为并没有影响债权人债权到期实现，则债权人不得针对债务人怠于行使相关权利的行为主张代位权。债权人主张行使代位权，仅具备债务人的行为以及行为的效果这两个客观要件即可，此处并不需要债务人怠于行使债权以及与该债权有关的从权利的行为具有主观恶性。

债权人在行使代位权时还应注意两点：一是代位权权利的性质。无论是《合同法》第73条还是本条，都规定了债权人得以行使代位权的债权仅限于非专属于债务人自身的财产权益。专属于债务人自身权利是指仅债务人本人才能享有的权利，既包括了专属于债务人的人身权，也包括了专属于债务人的财产权。专属于债务人的财产权指的是仅能由债务人亲自行使才得以发生法律效力的财产权。《最高人民法院关于适用〈中华人民共和国合同法〉若干问题的解释（一）》第12条规定，“合同法第七十三条第一款规定的专属于债务人自身的债权，是指基于扶养关系、抚养关系、赡养关系、继承关系产生的给付请求权和劳动报酬、退休金、养老金、抚恤金、安置费、人寿保险、人身伤害赔偿请求权等权利”。二是行使代位权的范围。第535条第2款规定，“代位权的行使范围以债权人的到期债权为限”。这就是说，债权人行使代位权的范围应当秉持债务人基于债权所获得的利益与所保全的债权利益相当的原则。

行使代位权后对债权人、债务人均会产生法律效力。就债权人来说，涉及两方面。一方面，债权人行使代位权得到人民法院支持后，有权要求债务人返还必要费用，即“债权人行使代位权的必要费用，由债务人负担”。另一方面，如若债务人不接受其相对人履行债务的，债权人出于保全债权的缘由，债权人可代债务人领受，但领受后债权人应将该财产交予债务人，遵循入库规则。对债务人的法律效力则是债务人应当接受债权人行使代位权的效果，即在债务人的相对人向债务人履行请求权后，债务人与债务人的相对人的利益关系消灭。依据入库规则，债权人不得就债务人的相对人履行债务的财产优先受偿。

---

① 江平主编：《中华人民共和国合同法精解》，中国政法大学出版社1999年版，第67页。

【关联规定】

《合同法》第73条，《最高人民法院关于适用〈中华人民共和国合同法〉若干问题的解释（一）》第12~13条

（撰稿人：李晨丹）

第五百三十六条 【债权人代位权的提前行使】 债权人的债权到期前，债务人的债权或者与该债权有关的从权利存在诉讼时效期间即将届满或者未及时申报破产债权等情形，影响债权人的债权实现的，债权人可以代位向债务人的相对人请求其向债务人履行、向破产管理人申报或者作出其他必要的行为。

【释义】

本条规定了未到期债权的债权人的代位权。此条规定是《民法典》合同编新增的条文，《合同法》及相关司法解释均未对债权人未到期债权主张代位权进行规范。本条的核心内容是针对未到期债权的债权人对债务人侵害的债权人未到期债权，影响债权人债权实现的行为得以主张代位权。即此法律条文明确赋予了未到期债权的债权人享有代位权，即期前债的保全。《合同法》有且只有一个条文对代位权制度进行了规范，也就是《合同法》第73条，其规定："因债务人怠于行使其到期债权，对债权人造成损害的，债权人可以向人民法院请求以自己的名义代位行使债务人的债权，但该债权专属于债务人自身的除外……"此条文中并没有关于债权人享有代位权的时间假定，也就是说，此条文仅是概括提到"因债务人怠于行使其到期债权，对债权人造成损害的"，并未明确说明是在何种情形下债权人可以主张代位权，即到期债权的债权人可以主张行使代位权还是未到期债权的债权人享有代位权。

由于《合同法》对代位权的规范不明确，在司法实践中必然会引起适用的差异。为了能使《合同法》更好地指导司法实践，《最高人民法院关于适用〈中华人民共和国合同法〉若干问题的解释（一）》第13条第1款规定，"合同法第七十三条规定的'债务人怠于行使其到期债权，对债权人造成损害的'，是指债务人不履行其对债权人的到期债务，又不以诉讼方式或者仲裁方式向其债务人主张

其享有的具有金钱给付内容的到期债权，致使债权人的到期债权未能实现”。由此条款可以分析出，债权人主张行使代位权的条件之一就是债权人对债务人的债权已到期。但在司法实践中，对于债务人的债权未到期，但债务人与债权人的合同外享有的债权或者基于该债权的从权利，可能因诉讼时效经过、超过保证期间而影响债权人债权的实现。此外，如遇债务人的相对人破产，有可能还会涉及债权未及时申报以及申报撤销权、别除权、抵销权的情形，亦导致影响债权人债权的实现。由此可见，《最高人民法院关于适用〈中华人民共和国合同法〉若干问题的解释（一）》第 13 条第 1 款对《合同法》第 73 条的内容仅涉及到期债权的债权人才得向债务人的相对人主张行使代位权。从逻辑关系上看，《最高人民法院关于适用〈中华人民共和国合同法〉若干问题的解释（一）》第 13 条第 1 款对《合同法》第 73 条的解释是片面的、不完整的。

若法律仅如《合同法》第 73 条、《最高人民法院关于适用〈中华人民共和国合同法〉若干问题的解释（一）》第 13 条第 1 款那样片面地规制代位权，而不规范债权人债权到期前得以对债务人影响债权人债权实现的行为，必然会导致责任财产减少，待债权人债权到期后就有债务人无财产清偿债务的可能，债权人债权难以实现。代位权作为债的保全的重要制度，立法设置代位权制度的本意为保障债权人债权得以实现，保护债权人权益，如果只结合《合同法》第 73 条与《最高人民法院关于适用〈中华人民共和国合同法〉若干问题的解释（一）》第 13 条第 1 款的规定，债权人得以主张行使代位权的假定仅为债权人债权到期后，则无法真正做到保护债权人权利。基于《合同法》第 73 条与《最高人民法院关于适用〈中华人民共和国合同法〉若干问题的解释（一）》第 13 条第 1 款规定的欠缺以及在司法实践中的困境，《民法典》第 536 条从立法的角度对《合同法》确立的代位权制度进行了补充：不仅到期债权的债权人享有代位权，未到期债权的债权人亦享有代位权。第 536 条特别规定债权人在债权到期前，债务人有诉讼时效期间即将届满或者未及时申报破产债权等情形，影响债权人的债权实现时，债权人有主张行使撤销的权利，即债权人享有撤销权。以解决司法实践中出现债权人债权到期前债务人因时效届满、超过保证期间，导致债权人无法基于法律保护未到期的债权情形。

此条文在适用时还应当注意这一问题，即债权人行使代位权后，所保全财产权利的归属问题。《最高人民法院关于适用〈中华人民共和国合同法〉若干问题的解释（一）》第 20 条规定，“债权人向次债务人提起的代位权诉讼经人民法院审理后认定代位权成立的，由次债务人向债权人履行清偿义务，债权人与债务人、债务人与次债务人之间相应的债权债务关系即予消灭”。此条款的含义是债权人行使代位权在人民法院审理认定代位权成立，由次债务人直接向债权人履行债务。次债务人履行完毕后，债权人与债务人之间的债权债务关系消灭，债务人与次债务人之间的债权债务关系亦消灭。也就是说，此条文规定的代位权行使效果是代位债权人优先受偿。但该条文的规定违反了传统代位权理论和制度设计，代位权传统理论和制度设计仅要求次债务人向债权人归还财产，[①] 只能先进入债务人的财产库，即入库规则。《最高人民法院关于适用〈中华人民共和国合同法〉若干问题的解释（一）》第 20 条的规定违背了传统代位权制度遵循的原则，也违背了债权平等原则。因此，适用《民法典》第 536 条时应当遵循入库规则，债权人保全的财产权益并不能直接归于债权人而是归于债务人所有，只有遵循入库规则才能更好地保全债权人的债权。

【关联规定】

《合同法》第 73 条，《最高人民法院关于适用〈中华人民共和国合同法〉若干问题的解释（一）》第 13～14 条

（撰稿人：李晨丹）

第五百三十七条　【债权人代位权行使效果】人民法院认定代位权成立的，由债务人的相对人向债权人履行义务，债权人接受履行后，债权人与债务人、债务人与相对人之间相应的权利义务终止。债务人对相对人的债权或者与该债权有关的从权利被采取保全、执行措施，或者债务人破产的，依照相关法律的规定处理。

【释义】

本条规定的是债权人行使代位权的法律后果。法律规则中不可省略的要素就是法律后果，否定性的法律后果更是不能省略。如果省略就有可能侵犯主体的权益。本条对债权人行使代位权的法律后果的规定是一种否定性的法律后果，其直接规定了债权人行使代位权法律后果，既有债权人与债务人之间的法律后果，也有债务人与其相对人之间的法律后果。就该条文规定的内容看，《合同法》并没

① 崔建远、韩世远：《合同法中的债权人代位权制度》，载《中国法学》1999 年第 3 期。

有条文对其进行规范。早在部分学者起草的《合同法》（建议稿）第 72 条第 3 款规定，“代位权行使的效果归于债务人”。《合同法》（草案）第四稿第 50 条第 2 款也曾规定，“行使代位权取得的财产，归债务人后再清偿”。为了解决司法实践中行使代位权的法律后果的确认，最高人民法院通过出台司法解释的方式对行使代位权的法律后果的具体适用问题进行解释。涉及行使代位权的法律后果的条款规定在《最高人民法院关于适用〈中华人民共和国合同法〉若干问题的解释（一）》第 20 条。对该条款进行概括，其明确了债权人提起代位权诉讼，在经人民法院确认后，债务人的相对人直接向债权人履行债务，涉及的债权人与债务人之间、债权人与债务人的相对人之间两个法律关系消灭。《民法典》第 537 条规定的债权人代位权行使效果的规定与《最高人民法院关于适用〈中华人民共和国合同法〉若干问题的解释（一）》第 20 条相比并无二致。

第 537 条与《最高人民法院关于适用〈中华人民共和国合同法〉若干问题的解释（一）》第 20 条在规定债权人行使代位权法律后果的方面颇具中国特色，与传统大陆法系国家对债权人行使代位权法律后果的规范大相径庭。传统大陆法系国家对代位权制度中债权人行使代位权法律后果的规制采信“入库规则”；而第 537 条与《最高人民法院关于适用〈中华人民共和国合同法〉若干问题的解释（一）》第 20 条对代位权制度中债权人行使代位权法律后果的规制采“代位权人优先受偿原则”。第 537 条并没有改变将《最高人民法院关于适用〈中华人民共和国合同法〉若干问题的解释（一）》第 20 条代位权的保全功能转变为优先清偿债权的功能。“入库规则”是指依据传统大陆法系国家对债权人代位权制度设置法理基础，债权人行使代位权所取得的财产应当先归入债务人的财产范围，此后债权人应遵循债的清偿规则清偿债务。设立该规则的目的在于保全债权人的债权，而非要使债权人通过行使代位权直接实现债权。[①] 行使代位权的债权人的债权要被满足，其只能从债务人的责任财产中与其他债权人债的受偿原则来进行受偿。“代位权人优先受偿原则”则是指债权人行使代位权所取得的财产直接用于债权人债权的实现，与其他债权人相比，行使代位权的债权人优先于其他债权人受偿，该债权有优先性。从债的特征出发，《民法典》第 537 条规定的行使代位权的债权人优先受偿，这意味着行使代位权的债权人的债权优于其他债权人的债权。但依据我国民事实体法，并无法律规范创制代位权优于其他普通债权的规定。因此，《民法典》第 537 条规定的债权人代位权行使效果并无法理基础，并不合理。

第 537 条对《最高人民法院关于适用〈中华人民共和国合同法〉若干问题的

① 江平主编：《中华人民共和国合同法精解》，中国政法大学出版社 1999 年版，第 67 页。

解释（一）》第20条规则的沿用，违反了传统大陆法系国家对行使代位权法律效果的法理和制度设置；在司法实践中也会出现因第537条确认“代位权人优先受偿原则”引发债权人“先下手为强”，以最先行使代位权来保障自身债权实现的乱象，对维护债权人的债权极为不利。

第537条将《最高人民法院关于适用〈中华人民共和国合同法〉若干问题的解释（一）》第20条的规则法条化，继续主张以最先行使代位权来保障自身债权，这会给司法实践带来众多问题：一方面，如果债权人行使代位权的债务人的责任财产已被债务人的其他债权人采取了财产保全措施，如诉前财产保全，或采取了执行措施的情况下，即便此时债权人行使代位权主张得到人民法院确认，也无法依据第537条规定的“代位权人优先受偿原则”使债务人的债权得以即时清偿。此种情形出现时，主张代位权的债权人只能待对债务人财产权益采取保全的财产措施或者执行措施的权利人的权利得到必要满足后，主张代位权的债权人才得以针对其申请的债权范围得以清偿。此外，若遇到债务人资产不足以偿还债务，且债务人一方为自然人主体或者是其他组织时，债权人如主张行使代位权，则应当依据《最高人民法院关于适用〈中华人民共和国民事诉讼法〉的解释》第508条第1款规定，“被执行人为公民或者其他组织，在执行程序开始后，被执行人的其他已经取得执行依据的债权人发现被执行人的财产不能清偿所有债权的，可以向人民法院申请参与分配”，及时参与分配，且此时参与分配遵循的原则是有限度的入库规则。另一方面，如果债权人的债务人并非自然人而是法人时，当债务人已裁定进入破产程序，此时债权人行使代位权所得的财产权益，应当作为破产财产权益由全体债权人依据各自所有债权比例进行分配。在此过程中，亦应当遵循入库规则。

【关联规定】

《合同法》第73条，《最高人民法院关于适用〈中华人民共和国合同法〉若干问题的解释（一）》第20条

（撰稿人：李晨丹）

第五百三十八条　【无偿处分时的债权人撤销权行使】债务人以放弃其债权、放弃债权担保、无偿转让财产等方式无偿处分财产权益，或者恶意延长其到期债权的履行期限，影响债权人的债权实现的，债权人可以请求人民法院撤销债务人的行为。

【释义】

本条规定了无偿处分时的债权人撤销权行使。债权人的撤销权指的是，债权人就债务人为损害债权的行为，其享有撤销该损害行为的权利，亦称为废罢诉权。法律设置撤销权制度的目的在于保全债权人的债权：即债权人在债务人实施危害行为，影响到债权人债权实现时，债权人可诉诸公力救济，请求人民法院撤销债务人的危害行为，使债权人得以实现债权。因此，债权人的撤销权属于债的保全范畴。撤销权制度与代位权制度共同构成了债的保全，为维护债权人利益提供了有力保障。

《合同法》第 74 条第 1 款规定了债权人的撤销权：因债务人放弃其到期债权或者无偿转让财产，对债权人造成损害的，债权人可以请求人民法院撤销债务人的行为。债务人以明显不合理的低价转让财产，对债权人造成损害，并且受让人知道该情形的，债权人也可以请求人民法院撤销债务人的行为。此条撤销权的立法，对处理债务人侵害债权人债权纠纷、维护债权人利益发挥了重要作用，其规制内容既包含了债务人无偿处分财产权益行为，也包含了不合理交易行为侵害债权人债权。虽然这两种情况都使债权人得以享有撤销权，但仔细研判不难发现，在一个条款中同时规范两种适用规则不同的撤销权，在逻辑上显得并不周延。

《民法典》将《合同法》第 74 条第 1 款拆分成第 538 条（第 74 条第 1 款第 1 句）和第 539 条（第 74 条第 1 款第 2 句）两个独立条文。第 538 条仅包括了《合同法》第 74 条第 1 款的部分内容：债务人无偿处分财产权益的行为。但从具体表述看，第 538 条又与《合同法》第 74 条第 1 款的规定不完全相同。一方面，《合同法》第 74 条是将债务人放弃到期债权或无偿处分财产作为债权人行使撤销权的客观条件，如上文所说，条文规范内容不够周延；另一方面，《合同法》第 74 条第 1 款规定仅将债务人放弃债权限制在到期债权的范围，也就是说，如果债务人放弃未到期债权，即便债务人延长到期债权履行期限且损害了债权人权益，也不符合法律规定的债权人得以主张撤销权的客观条件，缩小了债权人主张撤销权的范围，使债权人债权无法得到有效保障，对维护债权不利。虽然《最高人民法院关于适用〈中华人民共和国合同法〉若干问题的解释（二）》第 18 条提及“债务人放弃其未到期的债权或者放弃债权担保，或者恶意延长到期债权的履行期，对债权人造成损害，债权人依照合同法第七十四条的规定提起撤销权诉讼的，人民法院应当支持”，但此条款仅适用于司法实践，并非立法范围。

而《民法典》关于撤销权制度规范方面，在拆分债务人无偿处分财产权益行为和涉及不合理交易行为的基础上，第 538 条特别针对债务人无偿处分财产权益行为存在的问题进行了必要修正：列举了债权人得以行使撤销权的客观条件，即债务人无偿处分财产权益的具体形式，包括债务人放弃其债权、放弃债权担保、无偿转让财产以及恶意延长其到期债权的履行期限等，将债务人侵害债权人债权的行为列举得更加完备，且属性相同。同时该条款弥补了《合同法》第 74 条第 1 款关于债务人放弃债权不足之处，直接规定了债务人放弃债权的行为，不再将基于债务人放弃债权的侵害行为仅限制在债务人放弃到期债权，也就是说债务人放弃其债权时，不论该债权是否到期，只要侵害了债权人的债权。债权人都可基于债务人放弃债权的行为主张撤销权。两者相较，《民法典》第 538 条规定债权人基于债务人无偿处分财产权益行使撤销权的客观条件更加成熟，逻辑性更强，有效弥补了《合同法》第 74 条第 1 款的不足。

本条文规范的要点是债权人得以行使撤销权的成立要件。就成立要件看，应有客观条件和主观条件之分。客观条件方面，则要求债务人实施了一定侵害债权人债权得以实现的行为。这些行为包括债务人以放弃其债权、放弃债权担保、无偿转让财产等方式无偿处分财产权益，或者恶意延长其到期债权的履行期限等。在司法实践中，债权人要适用这些条件主张撤销权时，应当特别注意的是，通常来说债务人的上述行为都会影响到债权人债权的实现，但只有债务人侵害债权人债权实现行为的后果影响了债权人债权的实现，债权人才得以行使撤销权，若上述行为不会影响其债权实现即债务人有清偿能力，则债权人不得行使撤销权。如何判断撤销权制度中债务人行为有害于债权的标准，最高人民法院（2009）民二提字 58 号民事判决书中有所涉及：最高人民法院认为，因债务人的行为导致其清偿资力的减少，以至于无法满足债权的要求，给债权的实现造成了损害的，就是有害于债权，影响债权实现。

主观条件方面，依据债务人所为的侵害债权人债权的行为不同，主观条件又可被分为两类：第一类是在债务人无偿处分财产权益时，不要求债务人主观上具有恶意，只要债务人有无偿处分财产权益这一行为，侵害到了债权人债权，债权人就可以行使撤销权，请求人民法院撤销债务人的行为；第二类是在债务人延长其到期债权的履行期限的行为上，债权人行使撤销权则对债务人的主观方面有要求，即这种延长到期债权履行期限的行为应当是债务人恶意为之，以债务人的恶意为主观构成要件。

【关联规定】

《合同法》第 74 条，《最高人民法院关于适用〈中华人民共和国合同法〉若

干问题的解释（二）》第18条

（撰稿人：李晨丹）

第五百三十九条　【不合理价格交易时的债权人撤销权】 债务人以明显不合理的低价转让财产、以明显不合理的高价受让他人财产或者为他人的债务提供担保，影响债权人的债权实现，债务人的相对人知道或者应当知道该情形的，债权人可以请求人民法院撤销债务人的行为。

【释义】

本条规定了以不合理价格交易时的债权人撤销权。本条与第538条的旨趣相同，亦是从保护债权人债权利益出发，在债务人有侵害债权人债权行为时，债权人得以向人民法院主张撤销债务人的行为，以实现债权人债权的保全。本条与第538条都规定了债权人的撤销权，但两者差异较为明显，本条规定债权人撤销权的产生是基于债务人不合理的交易行为；而第538条则是基于债务人无偿处分财产权益行为。本条亦来源于《合同法》第74条第1款后半部分内容……债务人以明显不合理的低价转让财产，对债权人造成损害，并且受让人知道该情形的，债权人也可以请求人民法院撤销债务人的行为。

虽然在《最高人民法院关于适用〈中华人民共和国合同法〉若干问题的解释（二）》第19条中曾提到"……债务人以明显不合理的高价收购他人财产，人民法院可以根据债权人的申请，参照合同法第七十四条的规定予以撤销"，但该条款设立的目的在于解决司法实践中存在的现实问题，并非法律规则。"为他人的债务提供担保"是《民法典》新增加的不合理交易行为。对债权人来说会影响债权实现的不合理交易行为除有无偿处分财产权益行为、使债务人财产不当减少外，使债务人债务虚增也会影响债权人债权的实现。因此，在不合理交易行为中会导致债务人财产不当减少情况出现的，必然是债务人"以明显不合理的低价转让财产"的行为；当债务人债务虚增影响债权人债权实现时，债务人的行为必然与"以明显不合理的高价受让他人财产或者为他人的债务提供担保"有关。基于此，丰富债务人不合理交易行为有助于债权人债权得以更好地保全。

本条文除丰富不合理交易行为的类型外，还对不合理交易行为中相对人主观状态作了与《合同法》第74条第1款不同的规定：将"受让人知道该情形"增加为“债务人的相对人知道或者应当知道该情形”。在法律范畴内，“知道”可以解释为，有直接证据证明行为人知道某种状态；“应当知道”则是指，按照一般人的普遍认知能力可以推断出行为人应当知道某种状态。“相对人应当知道”的增加，使相对人承担的义务增加，在相对人应当知道的情况下，其就不可以善意对抗。

本条文规范的要点亦是债权人得以行使撤销权的构成要件。债权人依据本条文主张撤销权的构成要件与第538条近似，基于不合理交易行为的债权人撤销权也应当由客观要件和主观要件构成。

客观要件是指要求债务人实施了一定侵害债权人债权得以实现的行为。这些行为包括以明显不合理的低价转让财产、以明显不合理的高价受让他人财产或者为他人的债务提供担保等不合理交易行为。在司法实践中认定“以明显不合理的低价转让财产、以明显不合理的高价受让他人财产”中的“明显不合理的低价”“明显不合理的高价”的标准问题，可借鉴《最高人民法院关于适用〈中华人民共和国合同法〉若干问题的解释（二）》第19条第2款的相关规定：转让价格达不到交易时交易地的指导价或者市场交易价百分之七十的，一般可以视为明显不合理的低价；对转让价格高于当地指导价或者市场交易价百分之三十的，一般可以视为明显不合理的高价。交易地的指导价或者市场交易价在确定时，人民法院应当以交易地一般经营者的判断，并参考交易当时交易地的物价部门指导价或者市场交易价，结合其他相关因素综合考虑予以确认。除上述行为外，在司法实践中债权人要主张撤销权还应当注意以下问题：债务人的上述不合理行为必然会导致其财产的减少，但这种减少不必然会影响债权人债权的实现，在财产减少没有影响债权人债权实现时，则债权人不能基于债务人的不合理交易行为主张撤销权。因此，债权人若要依据债务人的上述不合理交易行为主张撤销权，还应当符合债务人的行为“影响债权人的债权实现”这一要件。判断债务人不合理交易行为影响债权的标准亦可参照前文提及的“因债务人的行为导致其清偿资力的减少，以至于无法满足债权的要求，给债权的实现造成了损害”的要求。

债权人因债务人不合理交易行为主张撤销权时，除要具备上述客观要件外，还应受主观要件约束。主观要件方面，满足两个条件债权人才得以主张撤销权：一是债务人不合理交易行为基于债务人的意思表示。债务人为不合理交易行为是债务人真实的意思表示，其主观上有减少财产的恶意。二是债务人的相对人有恶意。[①] 就债务人的相对人来说，本条内容扩大了相对人恶意的认定范畴，与《合

---

① 江平：《中华人民共和国合同法精解》，中国政法大学出版社1999年版，第71页。

同法》第 74 条第 1 款相比，债权人不再需要直接证明相对人知道债务人不合理交易这一恶意，减轻了债权人的举证责任；债权人按照一般人的普遍认知能力可以推断出相对人应当知道债务人不合理交易，即可确认相对人在主观方面具有恶意。相反，如若相对人不符合“知道或者应当知道”，则债权人不得以债务人不合理交易行为主张撤销权。由以上可知，除具备以明显不合理的低价转让财产、以明显不合理的高价受让他人财产或者为他人的债务提供担保，影响债权人的债权实现等客观条件外，还应同时具备债务人不合理交易行为是自己的意思表示且具有恶意以及债务人的相对人亦为恶意两个主观条件，债权人才得以主张撤销权。

【关联规定】

《合同法》第 74 条，《最高人民法院关于适用〈中华人民共和国合同法〉若干问题的解释（二）》第 19 条

（撰稿人：李晨丹）

第五百四十条　【债权人撤销权行使范围以及必要费用承担】 撤销权的行使范围以债权人的债权为限。债权人行使撤销权的必要费用，由债务人负担。

【释义】

本条规定了撤销权的行使权限范围以及行使撤销权的费用承担。本条与《合同法》第 74 条第 2 款所规定的内容完全一致，《民法典》并未对原条文进行修改。债权人行使撤销权不得超越其债权，应当在其债权内行使权利。如何判断债权人行使撤销权在其债权范围内是本条适用的难点所在。债权人为单一主体时，不难判断其可行使撤销权的债权范围即其全部债权，但若债权人是多个主体时，如何确定债权人行使的撤销权债权的范围是重点。

在研究确定债权人行使的撤销权债权的范围标准时，司法实践中的案例为这个问题研究提供了有意义的参考。最高人民法院审理的申诉案件［案号：（2017）最高法民申 910 号］不仅是研究确定债权人行使撤销权的范围标准的重要案例，其还是撤销权制度研究中一个值得分析的案件。本案涉及的当事人有再审申请人周某伟、被申请人梁某仁、一审被告周某刚、一审被告杨某（债权人），本案件关于

撤销权制度适用方面的争议焦点有三，其中一个争议焦点就涉及撤销权行使的范围问题。最高人民法院查明本案件事实如下，梁某仁已举证证明债权的数额为 531 万元，周某伟主张案涉七套房产的价值超过梁某仁的债权数额，但其在一审、二审中均未向法院提供证据证明。再者，周某刚、杨某于 2014 年 1 月 23 日将案涉 2549.82 平方米的商业用房因贷款 400 万元抵押给富锦市农村信用合作联社富锦镇信用社，说明其债权人不仅仅为梁某仁一人，其债务总额也并非只有 531 万元。

分析该案例可知，焦点在于在此债权债务关系中，债权人一方并非单个主体，即债权人一方有多个债权人，在纠纷中向债务人主张撤销权的并不是全部债权人，仅有其中部分债权人主张撤销权。此时，主张行使撤销权的债权人在主张撤销权时，应当以何为得以主张撤销权的范围？是主张撤销权的部分债权人仅得以其自己债权主张行使撤销权，还是这部分债权人得以就全部债权人的完整债权主张行使撤销权？在上述案例中，债务人（周某伟）主张其债务的债权人有多人（梁某仁、周某刚、杨某等），同时还有债权人（周某刚、杨某）为他人提供了抵押，使债权人数量又有所增加。此时仅有一个债权人（梁某仁）要主张行使撤销权，排除债务人认为主张撤销权债权人债权数额问题，债务人（周某伟）认为主张撤销权的债权人（梁某仁）仅得以针对自己享有的债权行使撤销权，其他未主张行使撤销权的债权人（周某刚、杨某等）的债权不得由主张撤销权的债权人（梁某仁）撤销。若依据本条的规定“撤销权的行使范围以债权人的债权为限”来判断，债务人（周某伟）的主张符合法律规定，主张行使撤销权的债权人（梁某仁）仅得以撤销其债权范围内债权，对未主张撤销权的债权人（周某刚、杨某等）的债权不得撤销。但最高人民法院在裁判文书中进行了如下说理：债权人行使撤销权恢复债务人责任财产，是保全全体债权人的利益，行使撤销权的范围，故应以保全全部一般债权人的总债权额度为限。这就是说，当债权人为两个或两个以上主体，仅有部分债权人主张行使撤销权时，出于保全全部债权人利益的目的，部分债权人行使撤销权的范围应是所有债权人的全部债权，而非仅部分债权人的部分债权。

本条规定的另一方面是行使撤销权的费用承担。法律规定在债权人行使撤销权的过程中所产生的必要费用由债务人承担。债权人主张行使撤销权的前提有二：一是债务人为无偿处分财产权益行为，影响到了债权人债权的实现；二是债务人为不合理交易行为且债务人主观方面存在恶意。基于债务人这两类影响债权人债权实现的行为，债务人应当承担这两类行为的不利后果。在费用承担方面，则要求债务人承担债权人行使撤销权的过程所产生的必要费用。此处应当注意的是，本条法律条文中债权人行使撤销权的过程所产生的必要费用由债务人承担的要以起诉胜诉为前提，如果起诉不当，没有胜诉，就不能得到这方面的支持。哪些费用属于债务人承担债权人行使撤销权的过程所产生的必要费用?《最高人民法院关于适用〈中华人民共和国合同法〉若干问题的解释（一）》第 26 条规定，债权人行使撤销权所支付的律师代理费、差旅费等必要费用，由债务人负担。因此，必要的费用是指债权人行使撤销权时所支付的律师代理费、差旅费等费用。此外，在适用本条款时还应当注意，必要费用是有标准的，如律师费应以国家规定标准为限，差旅费以必要为前提，明显超出标准的费用则不予支持。

《最高人民法院关于适用〈中华人民共和国合同法〉若干问题的解释（一）》第 26 条在说明必要费用的范围外，还规定“……第三人有过错的，应当适当分担”。这条司法解释扩大了在司法实践中能够承担债权人行使撤销权的过程所产生的必要费用的主体范围，特别提到了债务人的相对人（第三人）应当适当分担债务人支付的债权人行使撤销权的必要费用的具体情形。债务人的相对人承担债权人行使撤销权的必要费用的条件，即相对人在主观上具有过错。债务人的相对人主观上存在的过错是指，在债务人为无偿处分财产权益行为或者为不合理交易行为时，债务人的相对人知道或者应当知道债务人的上述两类行为是债务人为逃避自身债务而为的，则可认定债务人的相对人是与债务人一起逃避，相对人存在过错。有这种情况时，除债务人承担债权人行使撤销权的过程所产生的必要费用外，债务人的相对人也应适当分担债权人行使撤销权的过程所产生的必要费用。

【关联规定】

《合同法》第 74 条，《最高人民法院关于适用〈中华人民共和国合同法〉若干问题的解释（一）》第 26 条

（撰稿人：李晨丹）

第五百四十一条　【债权人撤销权的除斥期间】 撤销权自债权人知道或者应当知道撤销事由之日起一年内行使。自债务人的行为发生之日起五年内没有行使撤销权的，该撤销权消灭。

【释义】

本条规定了债权人撤销权的除斥期间。本条与《合同法》第 75 条规范的内容基本相同，较之于《合同法》第 75 条，本条内容在适用一年行使期限撤销权的条件中增加了“应当知道撤销事由”，扩大了适用一年行使期限撤销权的范围，更

好地实现了法律规定撤销权时效以维护交易稳定、保护各方利益的目的。具体来说：一方面，通过督促债权人在债务人无偿处分财产权权益或者有不合理交易行为，影响债权人实现债权的情况出现时，债权人应当尽快行使撤销权，以维护交易稳定；另一方面，通过规定撤销权行使期限届满的法律结果，保护各方利益。

通常情况下，对权利行使期限有诉讼时效和除斥期间之分。除斥期间指的是基于法律规定，特定的民事权利有效存续的期间。如果权利人在法律规定的期限内不行使其权利，其民事权利即消灭。其特点主要有：首先，除斥期间不得因任何事由中止、中断或者延长，其是一个不变期间。其次，在除斥期间届满后消灭的是权利人享有的实体权利本身，因此除斥期间属于因单方民事行为即能引起民事关系发生、变更、终止的权利，即形成权。再次，诉除斥期间所指的是权利人得以行使某项权利的期限，以权利人不行使该实体民事权利作为适用依据。最后，除斥期间的起算点应当是相应的实体权利成立之时。诉讼时效作为另一种权利行使期限，与除斥期间有很大不同。诉讼时效是指民事权利受到侵害的权利人在法定的时效期间内不行使权利，当时效期间届满时，债务人获得诉讼时效抗辩权，即人民法院对权利人不再进行保护。诉讼时效也有其自身特点。首先，诉讼时效属于消灭时效。也就是说，在诉讼时效期间届满后，人民法院对权利人不再进行保护，权利人就丧失了请求法院依诉讼程序强制义务人履行义务的权利。这时，权利人虽然可以向人民法院提起诉讼，但是，除有延长时效的正当理由外，一般难于胜诉，即诉讼时效消灭了权利人的胜诉权。也就是说，请求他人为一定行为或者不为一定行为的权利，即请求权，其时效适用诉讼时效。诉讼时效本质是规范实体权利的时效，因此诉讼时效在实体法中得以规制。其次，诉讼时效届满并不消灭实体权利。诉讼时效期间届满后，义务人如自愿履行义务，权利人仍有权受领，此时，义务人不得以不知时效期间届满为由而要求返还，因为权利人的实体权利不因时效届满而消灭。再次，诉讼时效属于强制性规定。诉讼时效及其具体内容必须由国家法律作出规定，当事人必须遵守，如果当事人之间订有关于诉讼时效期间的缩短、延长，或者预先放弃时效利益的协议，则这种协议无效。这是因为时效制度具有强制性，当事人必须遵守。最后，在法定情形出现时，诉讼时效可以中止、中断或延长。当具有以下三种情形之一：权利人提起诉讼、权利人在诉讼外向义务人提出权利要求、义务人向权利人表示同意履行义务都可使诉讼时效中断，已经经过的时效期间统归无效，待时效中断的事由消除后，诉讼时效期间重新起算。诉讼时效的中止是指在诉讼时效进行中，因一定的法定事由产生而使权利人无法行使请求权，暂停计算诉讼时效期间。这些法定事由包括不可抗力和其他阻碍权利人行使请求权的情况。

撤销权行使的时间限制就是时效。那么债权人行使撤销权的时间限制应当属于哪类时效，学者们的主张也不尽相同。有学者认为撤销权行使的时间限制应当是时效中的诉讼时效，撤销权的属性是请求权，也就是债权人有请求撤销的权利，非债权人一方可直接撤销债务人侵害债权的合同。基于此，撤销权是请求权，其时效应当是诉讼时效。也有学者认为撤销权符合形成权的特征，应当是形成权。其主要观点是当债务人以及债务人的相对人有无偿处分财产权益或者不合理交易行为，侵害债权人债权，影响债权人债权实现时，债权人应当针对债务人以及债务人的相对人的侵害行为及时行使撤销权。综上，撤销权在属性上是形成权，其时效应当属于除斥期间。

从本条规定的撤销权行使期限看，其应当是撤销权的除斥期间，即法律规定撤销权于存续期间届满当然消灭的期间。法律赋予债权人撤销权的目的在于有效保障债权人债权不受侵害，能得以实现；但债权人行使撤销权也要受到时间的限制，要受到除斥期间的规范。这种制度构建的意义在于，督促债权人在债务人无偿处分财产权益、为不合理交易行为，影响到债权人债权实现时，尽快行使撤销权以维护交易稳定，保全自身利益。若债权人不及时行使其撤销权致除斥期间经过，债权人不得再就债务人无偿处分财产权益、为不合理交易行为主张撤销权，其意义亦在于维护交易稳定，维护各方利益平衡。

第 541 条对撤销权除斥期间的两种规定与《合同法》第 75 条完全相同：第一种是短期除斥期间；第二种是长期除斥期间。无论是短期除斥期间还是长期除斥期间，依据除斥期间的特性，两者都不存在中止、中断或延长的可能。短期除斥期间为一年；长期除斥期间为五年。两种除斥期间的适用条件不同，短期除斥期间适用于债权人知道或者应当知道撤销事由的债权人行使撤销权，若债权人在知道或者应当知道撤销事由后行使撤销权，时间为一年；在一年的时间内没有行使撤销权，其撤销权消灭。长期除斥期间的适用条件是债权人并不知道或者并不应当知道撤销事由的，可在债务人的行为发生之日起五年内的任何时间行使撤销权，当债权人没有在五年内行使撤销权的，撤销权消灭。因除斥期间经过后导致撤销权消灭，债权人无权就债务人的无偿处分财产权益、不合理交易行为等影响债权实现的行为请求人民法院撤销。

【关联规定】

《合同法》第 75 条

（撰稿人：李晨丹）

第五百四十二条 【债权人撤销权的行使效果】 债务人影响债权人的债权实现的行为被撤销的，自始没有法律约束力。

【释义】

本条规定了债权人撤销权的行使效果。债权人撤销权行使效果即撤销权行使的法律后果。法律后果是指法律规范所规定的人们的行为在法律上可能引起的结果。法律后果是法律规则的重要组成部分，既有肯定式的法律后果亦有否定式的法律后果。肯定式的法律后果表现为法律上的权利或奖励，即法律承认这种行为合法、有效并加以保护；否定式的法律后果则表现为法律上的责任或制裁，即从法律上不予承认、加以撤销或制裁。撤销权行使的法律后果从性质上看，应当属于否定式的法律后果，即债务人的无偿处分财产权益、不合理交易行为影响债权人债权实现的，人民法院可撤销债务人行为，被撤销后的债务人无偿处分财产权益、不合理交易影响债权人债权实现的行为自始没有法律约束力。

从现行法律法规看，《合同法》中并没有条款规定行使撤销权的法律后果，在《最高人民法院关于适用〈中华人民共和国合同法〉若干问题的解释（一）》第 25 条第 1 款的规定中提及该行为自始无效："债权人依照合同法第七十四条的规定提起撤销权诉讼，请求人民法院撤销债务人放弃债权或者转让财产的行为，人民法院应当就债权人主张的部分进行审理，依法撤销的，该行为自始无效。"此处的"自始无效"应当作何解释是难点所在。就此条款的运用情况看，多是将撤销权和合同无效放在一起处理，其原因在于在司法实践中这样的案例并不少见。通过检索案件发现，在类似案件中，债权人选择撤销权诉讼较多。甚至在某些个案中，债权人诉请为合同无效，而法院依然是以债权人撤销权纠纷为案由进行审理的。司法实践中这类情况的出现是有原因的，在《合同法》颁布实施之前，凡债权人遇到合同债务人有行为侵害了其合法债权利益的，所能主张权利的依据仅有《民法通则》中诉请人民法院认定无效的条款。

适用《民法通则》中认定合同无效的条款时需要债权人就合同债务人与相对人之间具有恶意串通的行为（客观方面）与故意（主观方面）进行举证，但这种举证是很难的。基于此，在《合同法》上设置了债权人在特定条件下得向债务人主张权利的撤销权制度，以此来保护债权人的利益。撤销权制度的设立较《民法通则》的规定更进一步，主张行使撤销权只需债权人能够证明债务人无偿处分财产权益或者有不合理交易行为，影响债权人债权实现即可获得人民法院的支持。

这也就是民事法律规范中保护债权人利益的两个重要的制度——请求确认合同无效和请求撤销合同制度。依据《民法通则》第58条、《民法总则》第154条以及《合同法》第52条规定，行为人与行为相对人恶意串通，损害他人合法权益的民事法律行为无效，可以作为请求人民法院确认债务人签订的相关合同无效的判断依据；根据《合同法》第74条第1款的规定，行使债权人的撤销权，应请求人民法院撤销债务人订立的相关合同。虽然这两种制度设置的目的都是保护债权人的合法权益，但这两种制度是相互独立的。即便在司法实践中基于综合考量诸如管辖法院、诉讼成本等复合因素，亦不得将两种制度混用。除了司法实践中存在的实际问题，《最高人民法院关于适用〈中华人民共和国合同法〉若干问题的解释（一）》第25条规定的“无效”含义模糊不清也成为请求确认合同无效制度与撤销权制度被混用的直接原因。具体分析《最高人民法院关于适用〈中华人民共和国合同法〉若干问题的解释（一）》第25条的内容，可将其简述为：债权人主张行使撤销权得到人民法院支持后，被撤销的法律行为“无效”。此条款中的“无效”应当如何理解是关键所在。“无效”是否指合同无效？但依据此处表述的“无效”的含义，并不能直接准确地判断出是否存在合同无效的情形。从法律条文的规范对象看，规制“合同无效”的法律条文应是《合同法》第52条。因此，判断“合同无效”仅得以适用《合同法》第52条，并非《最高人民法院关于适用〈中华人民共和国合同法〉若干问题的解释（一）》第25条。即便有特殊情况出现，即针对不合理交易行为主张行使撤销权，也并不代表着与债务人进行不合理交易的相对人必然有同债务人进行恶意串通以此侵害债权人债权利益实现的情形。基于此，人民法院将债务人侵害债权人债权的行为撤销后，将其法律后果定性为“无效”是对债权人撤销权制度的错误解读，并没有相关的法律依据。区分请求确认合同无效制度与撤销权制度是更好地维护债权人利益的必然选择，这一要求应当在立法上规范、在司法实践中实现。就目前司法实践的现实情况看，已有明确区分这两种制度的案例存在。

例如，在最高人民法院公报案例刊登过（2012）民四终字1号瑞士嘉吉国际公司与福建金石制油有限公司等确认合同无效纠纷一案中，最高人民法院认为：债务人将主要财产以明显不合理低价转让给其关联公司，关联公司在明知债务人欠债的情况下，未实际支付对价的，可以认定债务人与其关联公司恶意串通、损害债权人利益，与此相关的财产转让合同应当认定为无效。其适用的法律条文是《合同法》第58条的规定，判令因无效合同取得的财产返还给原财产所有人。本案明确区分了撤销权与请求确认合同无效两种制度。这一案例对司法实践的影响力很大，在2014年12月18日最高人民法院审判委员会讨论通过发布的《最高人民法院发布第八批指导性案例》中指导案例33号即该案例。

基于《最高人民法院关于适用〈中华人民共和国合同法〉若干问题的解释（一）》第25条内容表述逻辑不清晰，极易导致被误读进而产生错误的法律后果的问题，《民法典》合同编第542条将行使撤销权的法律后果提升到立法范畴，并对行使撤销权的法律后果的表述进行必要的修订，准确界定了被撤销法律行为的状态——自始没有约束力。这种表述虽然在效果上与原条款无差异，但从逻辑结构上更加周延、更为准确，为司法实践提供了法律依据，有效避免两种制度混用情形的出现。

【关联规定】

《民法通则》第58条，《民法总则》第154条，《合同法》第52、58、74条，《最高人民法院关于适用〈中华人民共和国合同法〉若干问题的解释（一）》第25条

（撰稿人：李晨丹）

第六章 合同的变更和转让

【导读】

本章的规范对象为合同的变更和转让，其前身为《合同法》第五章。《民法典》中合同的变更仅指合同内容的变更，合同主体的变更被称作合同的转让。合同的变更必须经过当事人协商一致，这是民法中意思自治原则的体现，也是对当事人民事权益的尊重和保护。合同的转让包括：债权让与、免责的债务承担、并存的债务承担、合同权利义务一并转让，其中并存的债务承担是《民法典》新增的内容。

对债权让与的理解，应当注意以下几点：

第一，债权让与的法律性质。债权让与是一种处分行为，债权让与直接导致债权人的变动，在让与人和受让人之间产生债权移转的效果。债权让与是一种相对无因性行为。债权让与需要债权具有可让与性。

第二，当事人约定债权不得让与的效力。《民法典》摒弃了原《合同法》对债务人过度保护的做法，新增"当事人约定非金钱债权不得转让，不得对抗善意第三人；当事人约定金钱债权不得转让的，不得对抗第三人"的规定。新增的此项规定契合了违反禁止让与约定的金钱债权让与绝对有效的国际趋势，实现了债权交易的流通性和对债务人利益保护之间的平衡，可谓立法上重大的进步。

对债务承担的理解，应当注意以下几点：

第一，债务承担的类型。广义的债务承担包含免责的债务承担（又称狭义债务承担）和并存的债务承担（又称债务加入）。并存的债务承担并不发生债务的移转，只是承担人与原债务人一起承担债务，为《民法典》新增内容。

第二，债务承担中的生效要件。免责的债务承担必须经过债权人同意，债务人或者第三人可以催告债权人在合理期限内予以同意，债权人未作表示的，视为不同意。并存的债务承担（债务加入）则有所不同，债权人未在合理期限内明确拒绝债务加入的，债权人可以请求第三人在其愿意承担的债务范围内和债务人承担连带债务。

第五百四十三条 【变更合同的条件】 当事人协商一致，可以变更合同。

【释义】

合同变更可以分为法定变更、裁判变更和协议变更。本条是对协议变更合同的法律确认，承继了《合同法》第77条[①]第1款的法律条文，《合同法》第77条第2款则由《民法典》第502条第3款承继，使合同变更部分的立法更具体系性和简洁性。

合同的变更有广义和狭义之分。广义上的合同变更包括合同的主体和内容的变更；狭义上的合同变更仅指合同内容的变更。[②] 我国法律中合同的变更采用的是狭义变更的概念，即仅指合同内容的变更，对于合同主体的变更，则规定在合同转让的部分。

首先，合同的变更必须经过当事人协商一致，这是民法中意思自治原则的体现，也是对当事人民事权益的尊重和保护。《合同法》第8条[③]规定依法成立的合同具有法律约束力，不得随意变更和解除，根据严守契约的原则，在合同成立之后，双方当事人必须严格按照合同的约定行使权利、履行义务，未经当事人协商一致，任何一方当事人不得擅自变更合同。在合同订立之后直至合同履行完毕的整个过程中，合同履行的客观经济环境、当事人的利益诉求可能会发生一系列的变化，为了最大化地实现当事人的合法权益，当事人可能需要适时对合同的内容进行调整，法律规定当事人在协商一致的情况下可以变更合同，是对合同自由的保护。

虽然本条规定了合同变更须经双方当事人协商同意，但是这并不意味着合同的变更只有双方当事人协商同意这一种方式。[④]《最高人民法院关于适用〈中华人民共和国合同法〉若干问题的解释（二）》第26条规定了在情势变更的情形下，如果继续履行合同显失公平或者致使合同的目的不能够实现，当事人可以向人民法院或者仲裁机构请求解除、变更合同。《民法典》吸纳了该司法解释的规定，

---

① 《合同法》第77条规定，当事人协商一致，可以变更合同。法律、行政法规规定变更合同应当办理批准、登记等手续的，依照其规定。

② 韩世远：《合同法总论》（第4版），法律出版社2018年版，第583页。

③ 《合同法》第8条规定，依法成立的合同，对当事人具有法律约束力。当事人应当按照约定履行自己的义务，不得擅自变更或者解除合同。依法成立的合同，受法律保护。

④ 王利明：《合同法》，中国人民大学出版社2015年版，第169页。

在第533条规定了情势变更制度，当事人在情势变更的情形下，享有变更合同的请求权，此即为法定变更，无须满足当事人协商一致的条件。虽然《民法总则》第147条和第151条废弃了《民法通则》在重大误解和显失公平的情况下当事人有权向人民法院和仲裁机构请求变更民事法律行为的规定，但是这一修改是否合理，学界仍然存在较大的争议。①

其次，合同变更必须满足一定的条件。在对合同变更的条件进行理解时，需要注意以下两点：

第一，合同变更要求已经存在合同关系。在合同无效的情形下，由于合同自始、当然、确定不发生法律效力，因此不存在合同变更的问题。对于可撤销合同，在合同未被撤销之前，该合同合法有效，此时当事人可以协商一致变更合同，并且撤销权人的撤销权因双方当事人协议变更合同而归于消灭；在合同被撤销之后，合同已经发生的效力归于消灭，因此也不再满足合同变更的条件。对于效力未定的合同而言，追认权人对合同效力的追认并非合同的变更，而是合同发生效力的前置要件。因此，在追认之前，当事人协商一致对合同进行变更必须在事后得到追认权人的追认，否则该种变更不发生合同变更的法律效力；在追认权人对合同的效力进行追认之后，当事人可以协商一致对合同的效力进行变更，只不过此种追认仍然需要经过追认权人的追认才能发生合同变更的法律效力。②

第二，合同变更必须是合同的内容发生变更，且该内容的变更并没有突破合同的同一性。包括标的物数量的少量减少、合同给付价款的变更、合同履行期限的顺延、合同履行地点的变动、从合同的变更、利息的变化等。如果突破了合同的同一性，则不再是合同变更的范畴。例如，买卖合同中出卖人的出卖行为变为无偿赠与、借贷合同中由借用机器设备变为借用金钱、土地承包经营合同中所承包的土地由原来的50亩变为5亩等都不属于合同的变更，而属于合同的更改。合同更改又称为债的更替或者债的更新，是成立新债、消灭旧债的契约。③ 合同变更和合同更改虽然都是合同发生了变化，但是二者之间存在显著的区别，合同的变更仅指非合同要素变更，此种变更并不导致旧合同归于消灭，故其并没有使合

---

① 蔡睿在《民法典恢复“可变更合同”规则之必要性》（载《北方法学》2020年第1期）一文中提及：在“变更废弃”的背景下，虽然可以通过“解释先于撤销”和“部分撤销”规则、情势变更和减价条款发挥部分替代作用，但是这些方案都具有局限性，不能完全替代可变更合同规则的制度功能。朱广新在《论可撤销法律行为的变更问题》（载《法学》2017年第2期）一文中提及“对于可撤销法律行为，在撤销权之外另行赋予表意人一种变更权，在法政策上并不是不可行的，但是应当限制变更权的适用范围，在显失公平或者乘人之危情形下，受害方可以请求人民法院或者仲裁机构变更法律行为”。

② 韩世远：《合同法总论》（第4版），法律出版社2018年版，第590页。

③ 史尚宽：《债法总论》，中国政法大学出版社2000年版，第822页。

同丧失同一性，旧合同上原有的利益和瑕疵依旧存在；合同的更改是指合同要素的变更，新债的发生与旧债的消灭二者之间具有因果关系，合同经更改之后不具有同一性，因而旧合同上原有的利益和瑕疵已经不复存在。我国并没有规定合同更改制度，但是有学者提出应当建立广义合同变更规则体系，并借鉴比较法上的做法将合同的更改纳入广义的合同变更规则体系之中，在对合同变更进行界定时突出新债替代旧债的核心特征。[①]

最后，法律、行政法规规定合同变更必须满足批准、登记手续的，其变更必须遵循法定的程序和方式。《合同法》第 77 条第 2 款规定了在法律、法规规定合同的变更必须满足必要的批准、登记手续时，合同的变更需要依照其规定。对于涉及国家利益、集体利益、社会公益利益的合同，法律往往规定此类合同的变更需要遵循特定的程序和方式，以此来维护国家、集体、社会的利益，维护良好的社会秩序。例如，《民法典》第 350 条规定建设用地使用权人需要改变土地的用途时，首先需要依法经有关行政主管部门批准；《土地管理法》第 26 条规定经批准的土地利用总体规划的修改必须经过原批准机关的批准，否则不得改变土地利用总体规划确定的土地用途。《民法典》第 543 条没有承继《合同法》第 77 条第 2 款的规定，并不意味着在法律、行政法规规定合同的变更必须满足必要的批准、登记手续时，此类合同的变更无须满足该法定的程序和方式即可实现合同的变更。之所以如此规定是为了简化立法，将需要遵循法定的程序和方式变更合同的条文规定在《民法典》第 502 条第 3 款[②]，实现了合同成立、生效、变更、转让、解除的合同效力一体化规定，使得合同的效力一章更具有体系性，同时也使得合同变更和转让一章的立法更加简洁。因此，对于必须满足必要的批准、登记手续才能实现变更的合同，其变更的程序和方式可以参照适用《民法典》第 502 条第 3 款的规定。

【关联规定】

《合同法》第 77 条，《民法典》第 502 条第 3 款

（撰稿人：秦婧）

---

① 杨立新：《广义合同变更规则研究——〈合同变更案件法律适用指引〉的内容及依据》，载《法治研究》2019 年第 3 期。

② 《民法典》第 502 条第 3 款规定，依照法律、行政法规的规定，合同的变更、转让、解除等情形应当办理批准等手续的，适用前款规定。

第五百四十四条　【合同变更内容不明确的推定为未变更】 当事人对合同变更的内容约定不明确的，推定为未变更。

【释义】

本条文承继了《合同法》第78条的规定，未作修改，本条没有直接规定合同变更禁止推定原则，只规定了合同变更内容约定不明时反向推定规则，其可以被视为合同变更禁止推定原则的一种表现形式，需要在“合同变更的禁止推定原则”的前提下进行适用。

合同变更禁止推定原则有着较长时间的历史沿革，从比较法的角度而言，很多国家的民法典都规定“合同更新”制度，在“合同更新”制度项下又规定了合同更新禁止推定原则。例如，《法国民法典》第1273条规定债的更新不能推定之，为债务更新的意思，须在证书中有明白表示；[①] 最新《阿根廷共和国民法典》第812条规定更新不能够被推定，当事人必须在更新协议中明确表示其意思，或者需要旧债的存在和新债不相容；[②]《魁北克民法典》第1661条规定债的更新不得推定，仅在具有实施更新的明显意图的情形下发生。[③] 由此可以看出，大多数国家的民法典都规定债的更新必须有明确的意思表示，债的更新不能推定。我国合同法立法和理论的研究深受德国民法的影响，《德国民法典》虽然没有明确规定债的变更禁止推定的原则，但是《德国民法典》对于债的变更采用私法自治的原则来进行处理，这在一定程度上也涉及债的变更不得推定的规则，因为从主观上推定债的变更不符合民事法律行为构成要件中“意思表示明确”要件。[④]

首先，在合同变更禁止推定原则中，其禁止推定的应当为当事人变更合同的意思表示而不是合同的内容，变更合同的意思表示必须明确，一般以明示的方式为之，否则就应该按照《民法典》第544条作合同未予变更的推定。[⑤] 合同的变更应当以明示的方式为之，在书面变更合同的情形下，需要当事人就变更合同的

---

① 参见《法国民法典》第1273条，http：//www. ciplawyer. cn/gjfltgfl/130565. jhtml？prid＝318，最后访问日期：2020年5月12日。

② 《最新阿根廷共和国民法典》第812条，徐涤宇译，法律出版社2007年版，第200页。

③ 参见《魁北克民法典》第1661条，https：//www. taodocs. com/p－35693428. html，最后访问日期：2020年5月12日。

④ 杨立新：《合同变更禁止推定规则及适用》，载《国家检察官学院学报》2019年第6期；参见杨立新：《广义合同变更规则研究——〈合同变更案件法律适用指引〉的内容及依据》，载《法治研究》2019年第3期。

⑤ 杨立新：《合同变更禁止推定规则及适用》，载《国家检察官学院学报》2019年第6期；崔建远：《行为、沉默之于合同变更》，载《中外法学》2014年第3期。

意思表示达成一致并书面记载，在口头变更合同的情形下，也需要当事人达成变更合同的合意。

其次，在于当事人对于合同的变更采用默示的表达方式，是否必然构成对合同变更主观意愿的推定？

在信宜支行与赵某等金融借款合同纠纷一案中，胡某云等人将从信宜支行借贷的、借款用途为养猪购买猪苗、饲料的贷款直接用于偿还黎某之前向信宜支行借款所欠下的借款本息，信宜支行出具了《个人贷款结清证明》，证明黎某与其签订的借款合同约定的本金和利息已经结清。① 在本案中，胡某云等并没有与信宜支行达成变更借款合同内容的明示合意，但是信宜支行对于借款合同的此项变更并没有提出任何异议，并出具了贷款结清证明，应当认为信宜支行的此种默示行为具有变更合同的意思表示且与对方达成变更合同的合意，借款合同的变更并没有违反合同变更禁止推定原则。

在蔡某军与李某、何某房屋租赁合同纠纷一案中，李某、何某等人按照租赁合同每月向蔡某军支付租金 300000 元，后李某等人要求蔡某军降低租金的标准，蔡某军未予同意，李某等人便自行按照每月 150000 元的标准向蔡某军支付租金，蔡某军对于支付不足的情况没有提出明确的异议。法院在审理的过程中区分了作为的默示和不作为的默示，蔡某军对于租金的减少没有提出明确的异议也没有进行催收是不作为的默示，不作为的默示只有在法律规定或者当事人约定的情况下才能够被视为意思表示，而我国法律和当事人之间签订的租赁合同都没有对此进行规定和约定，因此只能认定蔡某军存在怠于行使权利的情形，但不能当然地认定蔡某军默示变更合同。② 笔者赞成法院的裁判观点，合同一方当事人实施了变更合同的行为，对方当事人采用默示的表达方式，此时合同是否变更需要具体分析。对于作为的默示行为，即当事人以自己的行为表示其接受合同的变更，此时应当视为双方达成变更合同的合意，而不应该理解为对合同变更的推定；对于不作为的默示行为，在法律没有规定、合同没有约定的情形下，此种默示不构成对系争合同的变更，否则就是对合同变更的推定，而这种推定是为法律所禁止的。

再次，当事人采用交易习惯作为合同的履行方式，但是该交易习惯与合同约定的履行方式不同，是否应当视为合同的变更？例如，当事人在租赁合同中约定“先付后租”的租金交付方式，乙方不按期支付，甲方有权解除合同；但是在日

---

① 参见中国邮政储蓄银行股份有限公司信宜市支行与赵某等金融借款合同纠纷案，广东省茂名市中级人民法院（2014）茂中法民二终字 101 号民事判决书。

② 参见蔡某军与李某、何某房屋租赁合同纠纷案，四川省成都市新技术产业开发区人民法院（2018）川 0191 民初 15762 号民事判决书。

后履行租赁合同的过程中，当事人之间一直遵循“先租后付”的租金交付方式。法院认为乙方当事人在履行租赁合同过程中一直以“先租后付”的方式在每年10月支付租金，甲方对此习惯做法没有提出异议，应当视为甲方对于两人之间此种交易习惯的默认，即以事后的交易习惯变更了合同违约条款内容的认定。[①] 笔者认为，当事人在合同订立时约定的合同履行方式可能并不完全适宜合同履行的具体现实情况，双方当事人可能会寻求能够实现合同最大利益的交易习惯去履行合同，采用此种交易习惯去履行合同往往更能反映合同当事人的真实意思，应当认定交易习惯能够实现合同的变更，需要注意的是：在适用交易习惯变更合同条款时，交易习惯必须适法，不能够违反法律、行政法规的强制性规定；交易习惯必须为合同双方当事人知道或者应当知道。

最后，我国没有规定合同变更禁止推定原则，只是规定当事人对合同约定不明确时，反向推定合同未变更。根据该条的规定，当事人变更合同的协议约定不明确、当事人未达成合同变更的合意、当事人达成变更合同的合意之后又反悔的，均推定合同未变更。这种规定是合同变更禁止推定原则的具体适用，但是从其内容来看，仍然存在可完善之处，应当先规定合同变更不得推定原则，在该原则的指导下规定合同变更禁止推定原则的反向推定，从而使这一规则体系更加完善。

【关联规定】

《合同法》第78条，《民法通则》第57条，《民法典》第136条

（撰稿人：秦婧）

第五百四十五条　【债权让与的限制】 债权人可以将债权的全部或者部分转让给第三人，但是有下列情形之一的除外：

（一）根据债权性质不得转让；

（二）按照当事人约定不得转让；

（三）依照法律规定不得转让。

当事人约定非金钱债权不得转让的，不得对抗善意第三人。当事人约定金钱债权不得转让的，不得对抗第三人。

---

① 参见吴江天龙针纺有限公司与吴某明、吴江市润美服饰有限公司房屋租赁合同纠纷案，江苏省苏州市中级人民法院（2015）苏中民终字03315号。

【释义】

本条是关于债权让与的法律规定，蕴含了债权让与自由的原则。承继了《合同法》第79条的规定，并新增了“当事人约定非金钱债权不得转让，不得对抗善意第三人。当事人约定金钱债权不得转让的，不得对抗第三人”的规定。新增的此项规定摒弃了《合同法》对债务人过度保护从而使债权人交易能力极大降低的做法，契合了违反禁止让与约定的金钱债权让与绝对有效的国际趋势，实现了债权交易的流通性和对债务人利益保护之间的平衡，可谓立法上一重大进步。

债权让与是指在不损害债权同一性的前提下，以移转债权为内容的准物权契约。[①] 债权让与是债权移转的一种类型，债权移转是指在保持债权同一性的前提下，债权主体发生变动的现象，可以类型化为基于法律规定发生的债权转移、基于裁判命令发生的债权转移和基于法律行为发生的债权转移[②]，而债权让与就是基于法律行为中的合同行为而发生的债权移转。

首先，如何界定债权让与的法律性质？

第一，债权让与是一种处分行为，债权让与直接导致债权人的变动，在让与人和受让人之间产生债权移转的效果，因此其属于处分行为而不属于负担行为。债权让与作为一种处分行为，要求让与人对该债权有权处分，这是成立债权让与的前提条件，如果该债权已经灭失、被撤销或者被宣告无效，则不存在成立债权让与的可能。

第二，债权让与是一种准物权行为，对于债权让与的法律性质，学界众说纷纭，目前学界大致有“合同说”“准物权行为说”和“事实行为说”三种观点。[③] 笔者认为，“准物权行为说”更能够反映债权让与的法律性质，在分析债权让与的法律性质时，首先需要将债权让与合同和债权让与相区分。“合同说”将二者混为一谈，混淆了负担行为和处分行为之间的界限，对于附期限的债权让与、二重让与案件纠纷存在适用的困境。有学者认为，由于我国没有物权行为制度的规定，将债权让与行为的性质界定为一种准物权行为与我国既有的法律体系相冲

① 史尚宽：《债法总论》，中国政法大学出版社2000年版，第704页。

② 韩世远：《合同法总论》（第4版），法律出版社2018年版，第593页。

③ 周小锋：《定位债权让与之性质——以区分原则为基础》，载《甘肃政法学院学报》2009年第1期。“合同说”不区分债权让与合同和债权让与，将这两个行为作为一个整体进行把握，债权让与合同包含债权让与；“准物权行为说”区分债权让与合同和债权让与，前者为原因行为即负担行为，后者为准物权行为即处分行为；“事实行为说”同样区分债权让与合同和债权让与，由于我国不承认物权行为理论，因此后者应当被视为一种事实行为。

突，故将债权让与行为视为一种事实行为。笔者并不认可此种说法，从比较法的角度而言，日本的民法通说和判例并不承认物权行为的独立性和无因性，但是在债权让与的情境中，普遍承认债权让与行为独立于债权让与合同而存在，[①] 我国在界定债权让与的性质时也可以借鉴日本的此种通说。

第三，债权让与是一种相对无因性行为。债权让与合同是否有效对债权让与行为并没有直接的影响，在债权让与合同无效的场合，债权人可以请求受让人返还不当得利；但是债权让与的无因性并不是绝对的，当事人可以在合同中约定有因的存在，即约定债权让与合同无效时，债权让与行为同样是无效的。[②]

其次，债权让与需要债权具有可让与性，原则上债权可以自由让与，但债权让与自由并不是无限的。《民法典》第 545 条对债权转让自由进行了限制，从而实现债权流通性和合同当事人权益保护的平衡。

第一，依据债权性质不得转让的债权不得转让。(1) 以特定身份关系为基础的债权不得转让，如父母对子女的赡养请求权；(2) 不作为的债权不得转让，如企业对于员工的竞业禁止请求权；[③] (3) 依附于主债权而存在的从权利不得单独转让，如当事人之间设定的抵押权等；(4) 债权人变更将会使得给付内容完全变更的债权不得转让，如请求某位法考辅导名师讲授法考课程的债权等。

第二，按照当事人约定不得转让的债权不得转让。此即所谓的“禁止债权让与特约”，这是合同自由的一个重要体现，但是对于违反禁止债权让与特约的债权让与效力如何，学界有不同的观点，主要有相对无效说、债法效力说和第三人善意说三种观点。[④] 在这三种观点中，对我国影响最大的则是第三人善意说，按照该学说的观点，合同当事人在合同中约定不得转让债权的条款，债权人违反该禁止性约定而对外转让债权，此时需要区分第三人是否善意，第三人只有在善意时才能取得被让与的债权，成为新的债权人。但是将此种认定标准运用至司法裁判中，案件的裁判结果有时却是略失妥当的。例如，在律诚商业保理有限公司与

---

① 韩世远：《合同法总论》（第 4 版），法律出版社 2018 年版，第 596 页。

② 史尚宽：《债法总论》，中国政法大学出版社 2000 年版，第 708 页。

③ 柳经纬：《债法总论》，北京师范大学出版社 2011 年版，第 298 页。

④ 庄家园：《〈合同法〉第 79 条（债权让与）评注》，载《法学家》2017 年第 3 期。相对无效说认为，违反禁止债权让与特约的债权让与只能对债务人无效，对于其他人仍然发生处分行为的法律后果，按照此种学说，受让人受让债权之后成为债权人，但由于该债权让与行为对债务人无效，因此受让人不享有对债权人的受领权，其通过债权让与获得的债权人地位在一定程度上被架空。债法效力说主张，禁止让与约定并未影响债权的内容，只是在内部关系上增加了不作为的义务，违反该义务的债权人仅对债务人承担损害赔偿的责任，此种学说虽然被有些国家的立法所采纳，但是该学说过度地重视债权流通性的财产属性，欠缺对债务人的合理保护。第三人善意说区分第三人善意与否来对违反禁止债权让与特约的债权转让行为进行具体的认定，在第三人善意时，该让与行为有效，该第三人取得债权，在第三人恶意时，该让与行为无效。

吉瑞达公司等合同纠纷一案中，法院虽然认定基础合同中约定的债权不得让与的条款不影响保理合同的有效性，但是仍以律诚公司明知基础合同中已经约定了应收账款债权而认定律诚公司主观上存在恶意，从而对律诚公司以保理合同为基础向债务人主张债权的诉讼请求不予支持。[①] 笔者认为在本案中，虽然律诚公司在与债权人订立债权让与合同时没有尽到严格审查合同条款的注意义务，但是面对越来越频繁的商业交往现状，如果要求受让人在与债权人订立让与合同时都必须严格审查基础合同的条款，无疑将会耗费大量的人力、物力和财力，导致商业交易效率低下。且由于基础合同法律关系具有相对性，受让人在获取基础合同条款等相关信息时也面临着困难，此时苛求受让人在订立合同时审慎审查、做足防范风险的法律准备工作，无疑是有失公平的。

我国《民法典》第 545 条新增规定“当事人约定非金钱债权不得转让的，不得对抗善意第三人。当事人约定金钱债权不得转让的，不得对抗第三人”为上述司法困境的解决提供了较好的方案。如果当事人在基础合同中约定债权不得转让的条款，而债权人违反此项约定对外转让债权，此时需要通过区分该债权是否为金钱债权来认定该债权让与行为的效力。由于金钱债权更多体现的是债权的财产性，因此当该债权是金钱债权时，哪怕受让人在受让债权时没有尽到审慎审查的义务、没有完全做好风险防范工作，基于金钱债权的流通性和商业交易效率的考虑，也应当认定债权让与行为有效，受让人取得债权并得以向债务人主张。为了保障金钱债权的流通性，虽然会牺牲债务人的部分微弱利益，但是此种牺牲并不会给债务人的利益造成严重的损害。[②] 在非金钱债权的情形下，债权让与并不需要过度要求交易的效率和交易的快捷性，此时应当着眼于对债务人合法权益的保护，尊重基础合同中债权人与债务人的合意。因此，受让人在与债权人订立债权让与合同时，则需要尽到审慎审查的义务，如果明知基础合同中存在债权不得转让的约定仍然受让该债权，那么该债权让与是无效的，受让人并不能取得此项债权。

第三，依照法律规定不得转让的债权不得转让。此条文可以解释为该类债权的转让违反法律、行政法规的强制性规定，故其转让行为是无效的。[③] 需要注意的是，我国《民法典》并未规定最高额抵押的主合同债权不得转让，在最高额抵押担保的债权确定之前，法律允许所担保的部分债权转让，但是最高额抵押则不

---

① 参见律诚商业保理有限公司与天津吉瑞达混凝土有限公司等合同纠纷案，陕西省西安市新城区人民法院（2018）陕 0102 民初 1433 号民事判决书。

② 庄家园：《〈合同法〉第 79 条（债权让与）评注》，载《法学家》2017 年第 3 期。

③ 韩世远：《合同法总论》（第 4 版），法律出版社 2018 年版，第 606 页。

能转让。[①]

最后，债权让与可以分为部分债权转让和全部债权转让，相较于全部债权转让而言，部分债权转让往往具有特殊性。债权部分转让时，如果从权利不可分，此时从权利的归属应当如何界定？以抵押权为例，如果该抵押财产是不可分的不动产，那么在主债权部分转让后，应当如何认定该抵押权的归属？此时，应当尊重民法的私法自治原则，由当事人进行协商，约定一方享有抵押权，但是应当明确的是该抵押权仍然为整个债权提供担保，担保整个债权的实现，而不是仅仅担保享有抵押权的债权人债权的实现。不享有抵押权的其他债权人可以要求享有抵押权的债权人另行提供担保，在债权人之间没有约定时，应当推定享有抵押权的债权人对其他债权人的债权承担保证责任。[②]

【关联规定】

《合同法》第 79 条，《物权法》第 204 条，《民法典》第 421 条，《担保法》第 22 条

（撰稿人：秦婧、赵精武）

第五百四十六条　【债权让与的通知】债权人转让债权，未通知债务人的，该转让对债务人不发生效力。

债权转让的通知不得撤销，但是经受让人同意的除外。

【释义】

一、规范对象

本条规定的是债权让与时对债务人的通知义务，前身是《合同法》第 80 条规定，其中本条第 1 款规定的是未通知债务人时债权让与对债务人的外部效力。本条第 2 款规定的是让与通知的撤销事宜。与《合同法》第 80 条相比，本条有两处变化。其一，将第 1 款中的两句话改为一句，删除了“应当通知债务人”。其二，将第 2 款中“债权人转让权利的通知不得撤销”改为“债权转让的通知不

---

① 参见《民法典》第 421 条：最高额抵押担保的债权确定前，部分债权转让的，最高额抵押权不得转让，但是当事人另有约定的除外。

② 白彦、林海权：《债权让与制度若干问题研究》，载《政法论坛》（中国政法大学学报）2003 年第 3 期。

得撤销”，表述上更加准确。

二、债权让与通知之目的

《民法典》第 546 条第 1 款虽然删除了“应当通知债务人”，但并不代表债权人无须承担通知债务人的义务，在解释上，债权人转让债权的，仍应通知债务人。对债务人的通知并非债权让与的必备要件，法律认可债权让与的通知义务有两个规范目的。[①] 一是保护受让人的利益，让债务人知悉现在谁是真实的债权人，避免错误清偿，确保受让人权利的顺利实现。二是保护债务人。债权移转之效果自债权让与合同生效时发生，是意思主义的财产权变动模式，在债权移转的过程中，债务人并未参与，因此有必要保护其利益，避免债务人的利益因债权的让与受到不利影响。债权让与的通知就是保护债务人的一种重要机制，具体可从两个方面加以说明。

其一，当债权让与未通知债务人时，对债务人而言，原债权人仍为债权人，新债权人不得向债务人主张债权，债务人向原债权人的履行仍有效，即其债务免除，新债权人的债权消灭。当然，债务人可以基于不当得利要求返还给付，重新向新债权人履行。因为在债务人对新债权人有债权可以主张抵销的情况下，要求返还已经履行的给付，可能对债务人具有利益。其二，当债权让与已通知债务人时，对债务人而言，通知产生了权利外观，即通知中载明的受让人成为新债权人，债务人信赖该通知向受让人履行可以消灭债务，即使事后发现债权让与无效，让与人对债务人的债权也消灭。这分别从消极（不为通知时）和积极（已为通知时）两个角度展示了债权让与通知对债务人的保护作用。

债权让与通知的上述两个目的之间具有一定的紧张关系。对受让人的保护主要通过避免错误清偿来实现，可对债务人的保护主要通过避免二次清偿来实现。多数情况下，债务人的首次清偿就是正确清偿，法律所追求的这两个目的不会发生冲突，但当债务人依法作出的首次清偿并非指向真实的债权人时，这两个目的就会发生冲突。此时，对债务的保护要优先于对受让人的保护。具言之，为了保护债务人利益，债务人不得为二次清偿，即首次清偿就可以免除债务人的债务，即使真实债权人未获清偿，也不得向债务人主张债权。其背后的理由在于，与让与人和受让人之间的内部法律关系相比，债务人处于债权让与的外部法律关系中，其对权利主体的信赖应得到优先保护。

---

① 方新军：《合同法第 80 条的解释论问题——债权让与通知的主体、方式及法律效力》，载《苏州大学学报》2013 年第 4 期。

三、债权让与通知之效力

让与人一旦将债权让与事宜通知债务人即对债务人产生完全的债权让与效力，受让人得向债务人主张债权，债务人不得再向让与人进行清偿和抵销，否则债务人要承担对受让人第二次清偿的义务。[①] 对此积极效力，理论与实务中没有争议。

关于债权让与通知的效力问题，我国理论与实践中争议最大的莫过于通知的消极效力，即让与人未将债权让与通知债务人，但债务人事实上已通过其他途径知悉债权让与，此时债权让与对债务人是否具有法律效力？换言之，此时债务人该如何履行债务？第一种方案认为，只要债务人知悉债权让与，债务人只能向受让人为有效履行，若向出让人履行则不能免除其债务，受让人可要求债务人再次履行。[②] 这种方案用债务人的知悉取代了对债务人的通知，实际上架空了通知的法律意义，不符合本条设置通知义务的意旨，不足取。第二种方案认为，虽然债务人知悉债权让与，但其并未收到有效的债权让与通知，根据该条第 1 款之规定，债务人仍应继续向让与人履行，不能向受让人为免责性清偿等行为，相应地，受让人也不能直接向债务人主张债权。因为该方案与立法文义非常吻合，所以得到了最高人民法院的采纳。[③] 但该方案在肯定债权让与在让与人与受让人之间发生效力的同时完全否认对债务人发生效力，会产生解释论上的困境：一方面债务人对让与人的清偿构成非债清偿，另一方面债务人对受让人可能构成迟延给付。第三种方案认为，即使债务人未收到有效的债权让与通知，其在知悉让与后若自行向受让人为清偿等行为的，亦应发生法律效力。换言之，受让人在让与通知前虽然不能直接向债务人主张债权，但债务人此时有两种选择，既可以向让与人为有效清偿，也可以向受让人为有效清偿。[④] 该方案一方面将通知作为受让人向债务人主张债权的要件，另一方面若债务人知悉并主动向受让人清偿，亦发生免除债务的效果。与第二种方案中的通知生效主义相比，第三种方案实行的是通知对抗主义模式，在债务人未收到有效的债权让与通知之前，债权让与的效力不得对抗债务人，但不否认债务人自愿清偿或抵销的效力。

笔者赞成第三种方案，让与通知的效力问题应回到设置通知义务之目的上。如上所述，法律设置通知义务之目的有二，一是保护受让人利益，二是保护债务

---

① 刘燕：《论债权让与通知的效力》，载《政法论坛》2003 年第 2 期。

② 李永锋、李昊：《债权让与中的优先规则与债务人保护》，载《法学研究》2007 年第 1 期。

③ 遵义渝禾商贸有限责任公司与中信银行股份有限公司贵阳分行合同纠纷案，最高人民法院（2016）最高法民申 7 号民事裁定书。

④ 潘运华：《债权让与对债务人的法律效力——从（2016）最高法民申 7 号民事裁定书切入》，载《法学》2018 年第 5 期。

人利益。在债权让与通知债务人前债务人通过其他途径知悉债权让与，并主动向受让人为清偿行为时，若法律承认该清偿的效力，受让人的债权得以实现，同时，债务人也无须二次清偿，因为债务人的债务通过清偿得以免除。综上，通知对抗模式能同时兼顾保护受让人和债务人的利益，是更加合理的方案。[①] 从解释论的角度，该条第 1 款规定的“未通知债务人的，该转让对债务人不发生效力”，应解释为“不发生对抗效力”，即受让人不得向债务人主张债权，但债务人知悉债权让与并主动清偿的应该有效。

债权让与通知除了使债权让与对债务人产生对抗效力，还具有诉讼时效中断的效力。有观点认为，债权让与通知为一种事实通知，其本身不得作为诉讼时效中断的事由。[②] 但是，让与人的债权让与通知中当然地内含了向债务人主张债权的意思。[③] 所以，债权让与应构成诉讼时效中断的原因。

四、债权让与通知的主体

债权让与的通知主体，法律及司法解释未作明文规定，导致产生了两种不同观点。第一种观点认为，债权让与通知的主体只能是让与人，这种观点符合《合同法》中的文义，《合同法》第 80 条第 1 款只规定了“债权人转让权利的，应当通知债务人”。第二种观点认为，受让人也可以通知，[④] 其理由同样与立法文义有关，即条文规定了让与人可以为让与通知，但并未禁止受让人为让与通知，作为私法，法无明文禁止即应许可。另外，让受让人为通知还可以避免因让与人怠于履行通知义务而出现不公平的结果。

从文义上看，《民法典》第 546 条第 1 款删除了“应当通知债务人”，未言明通知的主体，债权人转让债权，紧接“未通知债务人的”，似乎为受让人为有效通知提供了法律空间。但笔者认为，基于保护交易安全和降低交易成本的考虑，有效的让与通知原则上只能由让与人作出。[⑤] 这里要区分法律上的让与通知（又可称为规范目的下的通知）与事实上的通知。毫无疑问，受让人可以在事实上向债务人为通知，如直接向债务人主张权利或出示相关证明材料，但该通知并非该条文规范目的下的通知。设置通知义务之目的在于为债务人创设一个权利外观，

---

① 潘运华：《债权让与对债务人的法律效力——从（2016）最高法民申 7 号民事裁定书切入》，载《法学》2018 年第 5 期。

② 崔建远：《债权让与续论》，载《中国法学》2008 年第 3 期。

③ 韩世远：《合同法总论》（第 4 版），法律出版社 2018 年版，第 615 页。

④ 这是目前的多数说，参见韩世远：《合同法总论》（第 4 版），法律出版社 2018 年版，第 613 页；申建平：《论债权让与通知的主体》，载《河南省政法管理干部学院学报》2009 年第 5 期；彭海波、王晓利：《受让人也是债权让与通知的适格主体》，载《人民司法（案例）》2018 年第 35 期。

⑤ 同样的观点，参见徐涤宇：《〈合同法〉第 80 条（债权让与通知）评注》，载《法学家》2019 年第 1 期。

对债务人而言，通知上载明的受让人就是权利主体，债务人只需向其为清偿等行为，即使后面让与并未发生、让与无效或被撤销，债务人基于对让与通知的合理信赖而向该第三人的履行仍然有效。对债务人而言，能产生权利外观的通知只能由让与人作出，因为只有相对方的行为才能让债务人产生合理信赖。若受让人也具有作出有效让与通知的主体资格，那么可能出现多个陌生的受让人均向债务人作出通知，而债务人却难以判断真实受让人的情况，不利于交易安全。债务人为避免错误清偿，就需向债权人确认通知的真实性，这又会增加交易成本。

需要说明的是，实践中有的受让人在与让与人达成债权让与协议的同时往往会让让与人在一个事先准备好的债权让与通知书上签字，受让人随后也在其上签字并将该债权让与通知书寄出，此时债权让与通知的主体在法律上并不是受让人，而是让与人，受让人只是通知的“搬运工”而已。

理论与实践中普遍认为受让人也是债权让与通知的适格主体，这种观点未能清晰地区分规范目的下的让与通知与事实上的通知。其实，让与人通知与受让人通知在法律效力上存在不同之处。在让与人为通知的场合，债务人在收到让与通知后，只能向通知中载明的受让人为清偿等行为，不得再向让与人为清偿等行为，否则债务人要承担对受让人二次清偿的义务。在受让人为通知的场合，债务人仍可继续向让与人为有效的清偿行为，当然债务人也可以向受让人为清偿，但要承担债权让与存在瑕疵的风险。[①] 换言之，让与人作出的通知具有完全效力，切断了债务人继续向让与人为有效清偿的可能，受让人作出的通知具有相对效力，即债务人既可以向让与人为有效清偿，又可以自愿向受让人清偿。也就是说，在债权让与真实的情况下，债务人向受让人的清偿也可以免除债务，但不发生表见让与的效果。这与上文提到的债权人未为通知但债务人事实上知悉债权让与的效果相同。可见，受让人的通知不可与让与人的通知混淆，受让人的通知与其说是一种有效的让与通知，毋宁说是一种债务人知悉债权让与的途径。

对于实践中只能由让与人为有效通知所可能导致的不公平结果，如债权让与后，债权人失踪或者债权人基于各种自利的原因怠于履行让与通知义务的，受让人可向债务人提供取得债权的证据，事实上使债务人知悉债权让与。此时，债务人可选择向受让人为有效清偿等行为，免除债务。当然，债务人也可选择继续向让与人为清偿等行为，之后受让人只能以不当得利为由向让与人进行追偿，至于追偿不能的风险只能由受让人承担。受让人既然选择了不靠谱的让与人为交易对象，就应为此承担选择风险，不能将该风险转嫁到债务人身上。

① 徐涤宇：《〈合同法〉第80条（债权让与通知）评注》，载《法学家》2019年第1期。

五、债权让与通知之方式

债权移转之效果自债权让与合同生效时就发生，让与通知的法律效果仅在于使债权让与对债务人发生对抗效力。可见，让与通知的法律效果非基于当事人意思，而是基于法律之规定，所以它不是意思表示。但它是一种准法律行为,[①] 得准用民法关于意思表示的规定。根据《民法典》第135条之规定，债权让与通知之形式，可以是书面形式、口头形式或其他形式。关于让与通知能否采用公告方式，有观点已正确地指出，让与通知作为需受领的意思表示，其相对人是指特定的债务人，而公告指向的是社会上不特定的多数人，因而公告债权让与之事实本身不能视为通知或作为其替代方式。[②] 而且，公告通知赋予了债务人必须时刻关注报纸的义务，违背了债权让与不得加重债务人负担的原则。因此，让与通知原则上不得以公告方式为之。实践中，受让人往往还会通过提起诉讼的方式主张权利，如上所述，受让人无法作出符合规范目的的让与通知，提起诉讼的行为只能视为受让人事实上为通知的一种特殊情形，应参照受让人事实上为通知的规则处理。[③]

六、债权让与通知之相对人

债务人及其承继人或代理人无疑是债权让与之相对人，但应否通知第三担保人，值得讨论。债权让与在通知了债务人之后，基于从属性原理可以对抗第三担保人，法律似乎没有规定通知第三担保人之必要。可是，为了交易上的便捷性，我国抵押权的附随移转放弃了登记要件（《民法典》第547条第2款），同时我国法上不存在抵押证券的发行与交付，这会导致第三抵押人在承担担保责任时缺少一个值得信赖的权利外观。抵押权的附随移转无须办理移转登记，第三抵押人可能并不知悉真实的抵押权人，在债权多次让与时，可能出现多个债权人均向抵押人主张权利，而抵押人压根不知向谁履行的情况，增加了交易的不确定性。而且，在通知了债务人但未通知抵押人的情况下，新债权人在向债务人主张债权的同时，不诚信的旧债权人也有可能根据登记内容向抵押人主张抵押权，当二者都履行时，就会产生追偿上的难题。

为了兼顾抵押权附随债权移转的快捷性和交易的安全性，就得使抵押权附随移转的信息采用登记之外的其他方式尽量地向外界传递，以便第三抵押人及时获悉权利移转情况，同时为第三抵押人在承担担保责任时提供一个可得信赖的权利外观。沿着这个思路，笔者认为，债权人转让债权的，除应当通知债务人外，还

① 梁慧星：《民法总则》（第5版），法律出版社2017年版，第64页。
② 徐涤宇：《〈合同法〉第80条（债权让与通知）评注》，载《法学家》2019年第1期。
③ 徐涤宇：《〈合同法〉第80条（债权让与通知）评注》，载《法学家》2019年第1期。

应当通知第三抵押人。对第三抵押人的通知可以避免第三抵押人错误承担担保责任或双重承担担保责任。

对债权人科以额外的通知义务不会增加过多负担，因为我国的债权让与本身就要求通知债务人，现在只不过将第三担保人增列为被通知主体而已。而且，第三人提供物的担保和第三人提供保证担保在利益结构上类似，《民法典》第696条第1款规定了债权让与时对保证人的通知义务，但是《民法典》物权编中未见债权让与时通知物上保证人之规定，从体系一致性的角度，在物的担保中也应作类似规定。从解释论的角度出发，《民法典》第696条第1款中的通知义务可类推适用于物的担保。

七、债权让与通知之撤销

本条第2款规定的是让与通知的撤销，需注意的是，该撤销不同于法律行为因欺诈、胁迫、重大误解等事由的撤销，后者须向人民法院或仲裁机构提出，前者直接向相对人作出。另外，这里的撤销也不同于撤回，撤回适用于未生效的意思表示，撤销针对的是已经到达债务人处的让与通知。让与通知作为准法律行为虽然可以准用意思表示的相关规则，但在撤销问题上，生效意思表示可撤销的规则却不适用于让与通知。让与通知原则上不得撤销，因为让与通知本身系无法效意思之表示行为，不同于双方行为中要约之意思表示。[①] 所以，本条第2款规定，让与通知不得撤销，值得赞同。债权让与之效果自债权让与合同生效时发生，让与通知的法律效力仅在于使债权让与对债务人发生对抗效力，但让与通知的撤销却能一次性地完全否定债权让与的效力，对受让人利益影响甚巨。所以，为了保护受让人利益，债权人撤销让与通知的，应该经受让人同意。

需要指出的是，债务人的法律地位不得因让与通知的撤销而恶化。[②] 比如，在撤销让与通知前，债务人依法向受让人主张了抵销，即使让与人撤销让与通知，让与人的债权也因债务人的抵销而归于消灭。

【关联规定】

《合同法》第80条，《民法典》第135、547、696条第1款

（撰稿人：李运杨）

---

① 徐涤宇：《〈合同法〉第80条（债权让与通知）评注》，载《法学家》2019年第1期。

② 韩世远：《合同法总论》（第4版），法律出版社2018年版，第614页。

第五百四十七条　【从权利的附随移转】债权人转让债权的，受让人取得与债权有关的从权利，但是该从权利专属于债权人自身的除外。

受让人取得从权利不因该从权利未办理转移登记手续或者未转移占有而受到影响。

【释义】

本条是关于从权利附随移转（或称移转从属性）的一般性规定。该条第 1 款来自《合同法》第 81 条，只是将“转让权利”改为“转让债权”，条文表述上更加准确。该条第 2 款为新增。

一、第 1 款之释义

根据第 1 款之规定，债权让与不仅产生债权移转的法律效果，还会产生从权利当然地附随移转的法律效果。债权让与后，继续拥有从属性的担保权对原始债权人而言已没有利益，因此从属性的担保权，如抵押权、质权、保证等，跟随主请求权一并移转到新债权人处。除从属性的担保权外，通过强制执行程序或破产程序获得的优先受偿权也属于债权的从权利，也当然地附随移转。另外，债权人所享有的利息债权、违约金请求权和损害赔偿请求权也属于这里的从权利。[①] 从权利一并移转是移转从属性的要求，但这是任意性规定，当事人可以约定排除从权利的一并移转，如《民法典》第 407 条第 2 句规定，债权转让的，担保该债权的抵押权一并转让，但是法律另有规定或者当事人另有约定的除外。需要指出的是，从权利的一并移转只适用于从属性的担保权，对于独立性担保，如让与担保，并不附随当然移转，只是让与人负有让与独立性担保的债权性义务。

当从权利专属于债权人时，并不附随移转。从权利的专属性可以基于当事人的约定，如《民法典》第 696 条第 2 款中的“保证人与债权人约定禁止债权转让”，实际上表达的意思是保证人与债权人约定仅对特定债权人承担保证责任，此时债权人转让债权的，作为从权利的保证债权并不当然附随移转，只有经过保证人同意，保证债权才附随移转。从权利的专属性也可以基于权利的性质本身，如让与人享有的解除权、撤销权等形成权，关系到合同的存废，只有合同当事人才能享有，不能随债权的让与一并移转。换言之，在让与基于双务合同所生债权

---

① 韩世远：《合同法总论》（第 4 版），法律出版社 2018 年版，第 609 页。

的很多场合，受让人虽然受让了债权，但是并未承受整个合同关系，让与人仍然是合同关系的当事人，其仍然保有关系到合同存废的形成权。

作为移转从属性的一般性规定，《民法典》该条第 1 款虽然规定了债权移转时从权利附随移转，但从“债权人转让债权的”之表述来看，该条款针对的仅是意定的债权移转。但是，移转从属性之原理不仅适用于意定的债权移转，还应适用于法定的债权移转。《民法典》第 519 条第 2 款、第 524 条第 2 款与第 700 条虽然分别规定了连带债务人清偿债务、第三人代为清偿和保证人承担保证责任后债权的法定移转，但这三个条款并未将其与移转从属性连接起来。只有通过学说或判例将本条第 1 款所确立的移转从属性原理扩张适用于法定的债权移转，才能在逻辑上将法定的债权移转和移转从属性连接起来。

二、第 2 款之释义

该条第 2 款为新增条款，该款澄清了之前围绕担保物权附随移转时是否还需办理移转登记手续或移转占有而产生的争议，值得肯定。在此之前，对该问题，理论与实践中多有分歧。对动产抵押权和动产质权的附随移转，一般认为债权转让完成，担保权利的转让同时完成，[①] 大家争论的焦点主要集中在不动产抵押权上，原因大概在于不动产物权登记的公信力较强。一种观点认为，不动产抵押权随同债权的转让而转移时，应办理抵押权转移登记，该登记是抵押权移转的生效要件，不登记的，抵押权不随同移转。[②] 另一种观点认为，不动产抵押权附随债权移转无须办理移转登记，主要的理由是不动产抵押权的附随移转不是基于法律行为的物权变动，而是债权让与的法定效果。[③] 笔者认为，这两种观点的背后是不动产登记的公信力和担保物权的从属性之间的较量，前者重交易安全，后者重交易便捷，都各有道理。

根据该条第 2 款之规定，受让人取得从权利不因该从权利未履行移转登记手续或者未转移占有而受到影响，这符合附担保债权快速移转的需求，也有司法判例的支持。[④] 但担保物权毕竟是一种物权，其在依法律行为发生变动时应遵循公示公信原则，如果其完全按债权让与的一般规则附随移转，就会产生如何向外界

① 李锡鹤：《物权论稿》，中国政法大学出版社 2016 年版，第 546 页。

② 李锡鹤：《物权论稿》，中国政法大学出版社 2016 年版，第 548 页；程啸：《主债权的转让与不动产抵押权转移登记》，载《财经法学》2016 年第 5 期；张永利、王效贤：《抵押权新论》，法律出版社 2014 年版，第 40 页。

③ 湖南绿兴源糖业有限公司与丁某等借款合同纠纷案，最高人民法院（2015）民申字 2040 号民事裁定书；叶锋：《未办理抵押变更登记，债权受让人亦取得抵押权》，载《人民法院报》2015 年 4 月 9 日；张传军：《转让房屋抵押权未重新办理抵押登记是否有效》，载《人民法院报》2008 年 1 月 29 日。

④ 参见湖南绿兴源糖业有限公司与丁某等借款合同纠纷案，最高人民法院（2015）民申字 2040 号民事裁定书。

展示担保物权的变动和维护交易安全的问题。担保物权的公示公信原则与从属性原则之间的紧张关系在以登记为生效要件的不动产抵押权附随主债权移转时体现得最为突出，因为不动产登记簿的公信力将受到从属性的极大挑战。为了缓和这种紧张关系，就需要使抵押权附随移转的信息采用登记之外的其他方式向外界传递，以便第三抵押人及时获悉权利移转情况。作为不要求移转登记所带来的法体系效应，债权人转让债权的，除应当通知债务人外，还应通知第三抵押人。换言之，移转登记的缺失在我国需要通过科以通知义务来弥补。

【关联规定】

《合同法》第 81 条，《民法典》第 407、696、519、524、700 条

（撰稿人：李运杨）

第五百四十八条　【债务人的抗辩】 债务人接到债权转让通知后，债务人对让与人的抗辩，可以向受让人主张。

【释义】

本条的规范对象是债务人的抗辩，规范目的是保护债务人。该条原封不动地继受了《合同法》第 82 条，所以原法条中表述不够准确的问题仍然存在。债务人对让与人的抗辩，可以对受让人主张，这是债权保持原状态移转原则的体现，即债务人不能因债权让与而受到损害，受让人不能取得比让与人更优的地位。在理解和适用该条文时应注意以下问题。

第一，本条将“债务人接到债权转让通知后”作为认定债务人可以向受让人主张抗辩的时点，不够准确，准确的表述应该是“债务人接到债权让与通知时”。也就是说，债务人接到债权转让通知前，债务人对让与人享有的抗辩，也可以向受让人主张；债务人接到债权转让通知后产生的债务人对让与人的抗辩，不可以向受让人主张。[①] 需要说明的是，抗辩不必在接到债权让与通知的当时就已经产生，只要抗辩事由产生的基础存在于原法律关系中即可。例如，诉讼时效的抗辩，在债权让与之时时效可能正在进行中，在让与后不久时效届满，此时，债务

① 刘燕：《论债权让与通知的效力》，载《政法论坛》2003 年第 2 期。

人仍可以向受让人主张时效届满抗辩,[①] 前提是债务人在诉讼时效届满前未收到让与通知，否则发生时效中断的法律效果；再如，产生所转让债权的合同在订立时让与人无行为能力，债权让与发生后债务人知悉无行为能力的，可以向受让人主张抗辩。多次转让的，债务人可以就之前所有的抗辩向最后的债权人主张，即出现抗辩的累积现象。

第二，关于抗辩的范围，债务人基于原债权债务关系对让与人的抗辩在广义上可以是非常严重的权利阻却型（rechtshindernd）抗辩，如主债权因无行为能力、违反形式要件、违反禁止性法律或公序良俗而压根不成立；也可以是权利消灭型（rechtsvernichtend）抗辩，即主债权虽一度发生，但嗣后因清偿、抵销、免除、撤销等事由归于消灭或部分消灭；还可以是相对轻微的权利阻止型（rechtshemmend）抗辩，如诉讼时效届满抗辩权以及因合同履行而产生的同时履行抗辩权、先履行抗辩权或不安抗辩权等，该类抗辩只是阻止请求权的可执行性，并不消灭主债权本身。

第三，在实务中，让与人通常与债务人进行协商，要求债务人放弃对未来受让人可能提起的抗辩。那么，债务人放弃抗辩的这种条款会产生什么效力？对此，笔者认为应区分债务人的身份。若为商事主体，由于放弃抗辩的意思表示是债务人意思自由的体现，应有效。若为普通消费者，原则上应否认其效力。因为普通消费者往往无法对商业风险作出科学评估，应给予特殊保护，否则在债务人放弃了对受让人的抗辩权后，一旦让与人对让与人的对待履行不符合约定甚至根本不予对待给付时，债务人只能向负有责任的让与人主张权利，而不能再向受让人行使抗辩权，这既会增加债务人主张权利的成本，还可能使其面临让与人无力偿债的风险，使债务人承受过重的负担。[②]

第四，债权让与后，债务人应向受让人主张抗辩，但当债务人与受让人之间因履行合同发生纠纷诉至人民法院，债务人对债权人的权利提出抗辩的，可以将债权人列为第三人（《最高人民法院关于适用〈中华人民共和国合同法〉若干问题的解释（一）》第 27 条）。

【关联规定】

《合同法》第 82 条，《最高人民法院关于适用〈中华人民共和国合同法〉若

---

① 韩世远：《合同法总论》（第 4 版），法律出版社 2018 年版，第 617 页。

② 申建平：《论债权让与中债务人放弃抗辩权条款之效力》，载《比较法研究》2011 年第 4 期。

干问题的解释（一）》第27条

（撰稿人：李运杨）

第五百四十九条　【债务人的抵销权】有下列情形之一的，债务人可以向受让人主张抵销：

（一）债务人接到债权转让通知时，债务人对让与人享有债权，且债务人的债权先于转让的债权到期或者同时到期；

（二）债务人的债权与转让的债权是基于同一合同产生。

【释义】

本条的规范对象是债务人的抵销权，法律规定债务人抵销权的目的是保护债务人利益。该条来源于《合同法》第83条，但与之前的规定相比，该条增加了一项抵销适状，即债务人的债权与转让的债权是基于同一合同产生，债务人也可以向受让人主张抵销。

一、第1项之释义

该条第1项沿袭了《合同法》第83条的规定，在债务人接到债权转让通知时，若债务人对让与人享有债权，并且其债权先于转让的债权到期或者同时到期的，债务人可以向受让人主张抵销。在理解和适用该项抵销适状时，应注意以下几点。

第一，该条与前一条的关系。前一条规定了债务人可以向受让人主张对让与人的抗辩，该条规定了债务人可以向受让人主张对让与人的抵销权，但主张抵销实乃抗辩的一种类型，所以该条与前一条之间是特殊与一般的关系，在法律适用时应优先适用特殊规范。

第二，根据该条第1项之规定，债务人必须在接到债权让与通知时对让与人享有债权。债务人对让与人的主动债权通常产生于债权让与之前，但因为债权让与发生效力的时点与债务人接到债权让与通知的时点之间往往存在一个时间差，所以债务人对让与人的主动债权还有可能产生于债权让与之后、接到债权让与通知之前。若在债权让与后，债务人才获得对让与人的主动债权，原则上不得向让与人抵销，但债务人在获得主动债权时对债权让与不知情的，善意的债务人应受保护。比如，债权人甲将他对乙的债权在3月15日让与丙，债务人乙在3月20日收到让与通知。在3月18日乙获得了一个对甲的主动债权。若乙在获得主动债权时对债权让与知情，他对让与人甲无抵销权，当然也不得向受让人主张抵销。

若不知情，他在获得主动债权时对抵销机会的信赖应受保护，但前提是主动债权的到期时间不晚于债权人的债权。因为在主动债权的到期时间晚于所转让债权的情况下，即使不发生债权让与，债务人也不可能产生对抵销机会的信赖。

第三，债务人的债权应先于转让的债权到期或者同时到期。《合同法》第 99 条要求法定抵销的两个债权均须到期，但若主动债权人自愿放弃自己的期限利益，将自己到期的主动债权与对方未到期的被动债权抵销的，法律没有理由否认，所以《民法典》第 568 条改变之前的规定，只要求主动债权到期，被动债权无须到期。在债权让与中，若债务人对让与人的主动债权后于转让的债权到期，根据法定抵销的要件，即使不发生债权让与，债务人也不可以向让与人主张法定抵销权，自然更不能以此债权向受让人主张抵销。只有债务人对让与人的债权先于转让的债权到期或者同时到期，债权人才能向受让人主张抵销权，因为假如不发生债权让与，债务人是享有抵销权的，现在债权让与发生了，债务人的法律地位不得因债权让与而变坏。这里要指出的是，债务人的主动债权在接到让与通知前不必已经到期，在接到让与通知后才到期的，只要到期时间不晚于转让的债权，就可以向受让人主张抵销。

二、第 2 项之释义

本条第 2 项为新增，在《民法典各分编草案（二次审议稿）》中还没有该项规定，自合并后的《民法典草案》写入法典。根据该项规定，只要债务人的债权与转让的债权产生于同一合同，就可以向受让人主张抵销权，不问债务人的债权何时到期，也不问债务人在接到债权让与通知时对让与人是否享有债权。此项是立法者新增的抵销适状，在理解和适用中有可能产生困惑。

对于同一合同中产生的单数关联债权，完全可以适用双务合同履行过程中的抗辩权，如甲、乙订立设备买卖合同，约定乙应在 12 月 31 日向甲交付一台设备，甲应在当日支付乙价款 100 万元，结果乙在 12 月 20 日把 100 万元债权让与丙，12 月 31 日乙拒绝给付，但丙向甲主张 100 万元债权。作为救济手段，甲可以主张同时履行抗辩权来对抗丙，无须在这里单独规定一个抵销权。同样的问题也适用于乙瑕疵给付、迟延给付等情形。

本文认为，该项规定主要适用于交互计算契约。所谓交互计算契约是指，当事人约定以其相互之间交易所生之债权、债务为定期计算，互相抵销，而仅支付其差额的契约。[①] 在交互计算契约中，同一合同中产生的关联债权是复数债权，

① 关于交互计算契约的介绍，参见林诚二：《民法债编各论》（上），中国人民大学出版社 2007 年版，第 191 页以下。

有的可能在债权让与通知时已经产生，有的可能在债权让与通知后才产生。比如，甲为进出口公司，乙为产品制造公司，两家公司订立一个合同，约定乙公司生产所需材料由甲公司进口供应，甲公司出口所需产品由乙公司生产供应，甲乙之间交易所生的债权债务每六个月计算一次，并相互抵销，当事人于抵销后仅须支付差额即可。假如第三个月的时候，甲公司将其对乙公司的价款债权让与丙。当丙向乙公司主张债权时，乙公司可以计算期届至为由拒绝清偿，以对抗受让人。当计算期届至时，债务人可以交互计算契约内对让与人的全部债权，对受让人主张抵销。虽然我国实践中存在交互计算契约，但一直缺少规范基础，该项新增的抵销适状实际上从侧面承认了交互计算契约。

【关联规定】

《合同法》第 83 条，《民法典》第 568 条

（撰稿人：李运杨）

第五百五十条　【债权让与的费用】 因债权转让增加的履行费用，由让与人负担。

【释义】

本条的规范对象是因债权让与所增加履行费用的负担，为新增法条。一般情况下，债权让与不会导致债务人履行费用的增加，但对于非金钱债务，债权让与可能会增加债务人的履行费用。此时，由谁负担增加的履行费用，往往形成争议。根据本条规定，因债权转让增加的履行费用，由让与人负担。由让与人负担所增加的履行费用符合基本的逻辑，因为是让与人的转让行为导致了履行费用的增加。需要注意的是，该规定为任意性规定，如果让与人与受让人约定由受让人负担增加的履行费用，亦有效，即债务人在知悉该约定后也可以向受让人主张所增加的履行费用。

该条在法律适用中可能出现的一个疑问是，在让与人与受让人未作特殊约定的情况下，债务人能否要求受让人负担所增加的履行费用？如果债务人只能要求让与人负担，在债权全部转让后，让与人已经完全退出债务关系，这时如果让与人拒绝承担所增加的履行费用，债务人只能另外通过提起诉讼的方式向让与人主张权利，这无疑会增加债务人主张权利的成本。笔者认为，本条虽然规定由让与

人负担因债权转让增加的履行费用，但并不代表债务人只能向让与人主张权利。为了贯彻债务人的地位不得因债权让与而变坏之原则，在债权全部转让的情况下，债务人也可以向受让人主张所增加的履行费用，如债务人可以从所应负担的债务中直接扣除增加的履行费用后向受让人履行债务。受让人承担所增加的履行费用后，可以根据该条规定向让与人追偿。在债权部分转让的情况下，让与人未脱离债务关系，为了避免额外的追偿程序，债务人原则上只能向让与人主张所增加的履行费用。

（撰稿人：李运杨）

第五百五十一条　【债务承担】债务人将债务的全部或者部分转移给第三人的，应当经债权人同意。

债务人或者第三人可以催告债权人在合理期限内予以同意，债权人未作表示的，视为不同意。

【释义】

本条规定了债务承担中的债权人同意要件。按照法理，债务承担还需要以债务具有可移转性为前提条件。虽然《合同法》和本法均未明确规定这一点，但可类推适用债权移转的相关规定（《合同法》第 79 条、本法第 545 条）。原则上，大部分债务均具有可移转性，除非依债务的性质、依当事人的约定或者依法律的规定不许移转。

一般认为，债务承担是指不改变债务的同一性而依据合同将债务移转的现象。广义的债务承担包含免责的债务承担（又称狭义债务承担）和并存的债务承担（又称债务加入）。质言之，并存的债务承担并不发生债务的移转，只是承担人与原债务人一起承担债务。因为《合同法》并未明确规定并存的债务承担，所以学界认为其第 84 条所言债务人将合同义务“部分移转给第三人”的情形，在解释上是否包括并存的债务承担，并不明确。由于本法第 522 条新增并存的债务承担，本条之债务承担可解释为免责的债务承担无疑。这样，“债务人将债务的全部移转给第三人的”，第三人承担原债务人的全部债务，债务人退出原债权债务关系。“债务人将债务的部分移转给第三人的”，只是债务人以按份的方式将债务转移给第三人，虽然债务人并不退出原债权债务关系，但就移转的部分而言，也可算是免责的债务承担。[①]

罗马法有“债是法锁”的观念，变化债权人或者债务人任何一端，都会使债务丧失同一性，因此不承认债务承担。为达到与债务承担类似的效果只能通过债务更改制度（又称债务更新），消灭旧债务、设立新债务。受这种观念的影响，1804 年《法国民法典》并未承认债务承担制度，仅设债务更改制度，直到 2016 年才通过改革[②]正式承认债务承担制度。1900 年《德国民法典》并不包含债务更改制度，但明确规定了债务承担。《日本民法典》最初也未承认债务承担制度，仅有债务更改的内容，后通过平成二十九年法律第四十四号增加债务承担的内容。我国台湾地区“民法”仿德国立法，未规定债务更改，但设有债务承担的制度。总之，在今天，债务承担制度普遍为大陆法系国家或地区承认。

债务承担与比较法上的履行承担[③]类似，但属于不同的概念。履行承担，又称对内的债务承担，是第三人（承担人）与债务人之间的一种合同，依该合同承担人对债务人负有履行债务人债务的义务[④]。承担人对债务人负担清偿其债务的义务，但对债权人并不直接负担债务，即债权人对于承担人并不享有债权，不能直接向承担人请求履行。

在债务承担的构成要件中，最重要的是债权人的同意。债务人不同，责任财产也不同，并且债务人的信用也不相同，这些都会影响债权人债权的实现。理论上，债务承担合同可以由债务人与承担人缔结、债权人与承担人缔结，债务人、承担人和债权人三方缔结。在三方缔结时，由于合同包含债权人的合意，因此法律关系相对简单。在债权人与承担人缔结债务承担场合中，即使没有债务人的参与，学理认为债务承担仍可有效，因为债务承担对债务人并无不利。有疑问之处在于第三人是否可以反于债务人的意思承担其债务。学理上一般认为，这时可以类推适用第三人清偿[⑤]的相关规定，即第三人不得违反债务人的意思替债务人清

---

① 韩世远：《合同法总论》（第 4 版），法律出版社 2018 年版，第 626 页。

② 2016 年 2 月 10 日，法国通过了《关于合同法、债法总则和债之证据改革的法令》（第 2016 - 131 号法令）。改革保留了原有的债务更改制度（第 1329 ~ 1335 条），增加了债务承担和“合同转让”的相关内容。关于债务更改制度的价值，郑玉波先生做了很好的总结：“更改制度在今日已无多大价值矣。虽然更改亦非全无用途，如依债之性质不许为债权让与时，如欲变更主体，只有假手更改，又债之内容之变更，在今日虽多依债务变更契约为之，然依更改为之亦无不可，盖依契约自由原则，当事人果欲利用更改之制度，则法律上并无禁止之理由，故更改制度并非毫无存在之余地也。”参见郑玉波：《民法债编总论》（修订 2 版），中国政法大学出版社 2004 年版，第 526 页。

③ 《德国民法典》第 329 条对债务承担进行了明确的规定：“在合同中，一方承担向另一方的债权人清偿的义务，而不承担债务的，有疑义时，不得认为该债权人应直接取得向该方请求清偿的权利。”参见《德国民法典》，陈卫佐译注，法律出版社 2014 年版，第 124 页。

④ 韩世远：《合同法总论》（第 4 版），法律出版社 2018 年版，第 627 页。

⑤ 第三人清偿，指第三人以自己的名义有意识地清偿他人（债务人）的债务。

偿债务。虽然我国法律没有规定第三人清偿，但解释上可以参考，无利害关系的第三人不得反于债务人的意思承担其债务。[①] 在债务承担的实务中，最常见的情形是债务人与承担人签订债务承担合同，如赠与、抵偿原债务等。因为这时债权人没有直接参与合同，所以债务承担合同“应当经债权人同意”。相较于《合同法》第 84 条，本条新增第 2 款“债务人或者第三人可以催告债权人在合理期限内予以同意，债权人未作表示的，视为不同意”。这一规定，有利于提高交易的效率与安全，值得肯定。一般认为，债权人的同意可以向债务人或者承担人做出。[②] 如同通常的意思表示，债权人可以以明示或者默示做出同意的意思表示。[③] 当然，按照合同自由和意思自治的原则，债权人的同意也可以附以条件。

本法并未明确债权人同意是债务承担合同的生效要件还是只是对于债权人的生效要件。比较法上，《法国民法典》采前者，认为债权人的同意是债务承担合同的生效要件，[④] 但受到学界的广泛质疑。[⑤]《德国民法典》采后者，认为未经债权人同意，债务承担合同不能对债权人生效，[⑥] 原因在于未经债权人同意，该合同为无权处分行为，其效力待定。[⑦] 但债权人不同意的，债务承担合同在合同当事人之间可产生履行承担的效力。[⑧] 我国大陆主流学说认同债务人与承担人之间

---

① 韩世远：《合同法总论》（第 4 版），法律出版社 2018 年版，第 629 页。

② 韩世远：《合同法总论》（第 4 版），法律出版社 2018 年版，第 630 页。

③ 本法第 140 条第 1 款规定：“行为人可以明示或者默示作出意思表示。”

④ 《法国民法典》第 1327 条第 1 款规定：“只有经债权人同意，债务人才能移转债务。”

⑤ V. François Terré，Philippe Simler，Yves Lequette et François Chénedé ：《 Droit civil ：Les obligations 》，Dalloz，12e édition，p. 1730. 按照法国新债法，债权人的同意为债务承担的生效要件，且在效力上原债务人需要与承担人共同承担对债权人的债务（并存的债务承担）。如欲解除原债务人的债务，产生免责的债务承担，还需要债权人的明确表示（同意）。可见，法国法对免责的债务承担实行双重同意原则。法国学者认为新债法这一规定并不能令人满意。特别是，与债务承担相近的概念，债务人更新之规则更加简便，并且当事人可以明确规定保留更新之前的担保。从而在效果上与债务承担一致。换句话说，法国现行法下，债务人更新较债务承担具有更强的竞争力。

⑥ 《德国民法典》第 415 条规定：“债务承担合同由第三人与债务人约定的，债务承担之生效取决于债权人的追认……只要债权人未予追认，有疑义时，承担人就对债务人有义务适时地使债权人受清偿。债权人拒绝追认的，亦同。”我国台湾地区“民法”第 301 条则直接规定：第三人与债务人订立契约承担其债务者，非经债权人承认，对于债权人不生效力。《日本民法典》第 470 条第 3、4 款规定：“并存的债务承担，得依债务人与成为承担者间之合同而为之。于此情形，并存的债务承担，于债权人对成为承担者作出承诺时，生其效力。依前款规定所作之并存的债务承担，按为第三人之合同相关规定。”

⑦ 郑玉波：《民法债编总论》（修订 2 版），中国政法大学出版社 2004 年版，第 450 页；史尚宽：《债法总论》，中国政法大学出版社 2000 年版，第 747 页。

⑧ 参见《德国民法典》第 415 条第 3 项：“只要债权人未予追认，有疑义时，承担人就对债务人有义务适时地使债权人受清偿。债权人拒绝追认的，亦同。”

的债务承担合同为无权处分行为，其效力待定，[①] 在债权人拒绝时，合同无效，[②] 不产生履行承担的效果。

原则上债务承担合同一经成立生效，则债务立即移转。债务承担合同直接实现债务的移转，这个过程类似物权变动，所以债务承担合同又被学者称为“准物权合同”。在我国大陆学说中，债务承担多被看成事实行为，所谓有因或无因，通常指的是债务承担合同有因或无因，又由于债务承担合同一般采有因性，也可以认为债务承担采有因性。[③] 这一点与采无因性的德国法不同。

【关联规定】

《合同法》第 84 条

（撰稿人：韩京京）

第五百五十二条　【并存的债务承担】 第三人与债务人约定加入债务并通知债权人，或者第三人向债权人表示愿意加入债务，债权人未在合理期限内明确拒绝的，债权人可以请求第三人在其愿意承担的债务范围内和债务人承担连带债务。

【释义】

本条的规范内容为并存的债务承担，为本法新增内容。并存的债务承担，又称附加的债务承担，或债务加入，指第三人（承担人）加入债的关系之中，与原债务人一起向债权人承担债务的现象。在比较法上，有些国家并未在其民法典中专门规定并存的债务承担（如德国），有些国家在初始并未规定债务承担，在后

---

① 韩世远：《合同法总论》（第 4 版），法律出版社 2018 年版，第 629 ~ 630 页。“债务人与承担人缔结的债务承担合同，对于债权人而言，便是对其债权的（或者是与处分相类似的干涉），属于一种无权处分行为，其效力并非当然有效，而应当适用无权处分行为的相关规定。”崔建远：《合同法》，法律出版社 2010 年版，第 267 页。

② 崔建远：《债权让与续论》，载《中国法学》2008 年第 3 期。

③ 崔建远：《合同法》，法律出版社 2010 年版，第 264 ~ 265 页。作者进而主张，在我国应区分三种情况：（1）债务承担合同存在《合同法》第 52 条、《民法通则》第 58 条规定的原因时无效。（2）在债务承担合同存在《合同法》第 54 条、《民法通则》第 59 条规定的原因，且这些可撤销的原因与债务承担合同的法律目的（原因）共进退、同命运时，如果撤销人行使撤销权，同样因中国民法未承认物权行为制度，故不发生债务承担的效果。（3）在其他情况下，当事人可以约定债务承担具有无因性，即债务承担的效力不受债务承担合同不成立、被解除等因素的影响。当事人无此类约定，债务承担有因。

期通过改革承认债务承担时一并规定免责的债务承担和并存的债务承担（如法国、日本）。[①]

借鉴比较法上的立法经验，本条区分了第三人（承担人）与债务人缔结债务承担合同、第三人向债权人表示愿意加入债务两种情况。在前者，尽管债权人并未参与债务承担合同，债务承担仍然有效，因为债务承担后，债务人并不退出债权债务关系，而是与承担人共同承担债务，对债权人并无不利（这一点与免责的债务承担不同）。在债权人表示同意前，第三人与债务人可以变更或者撤销契约，因为该契约属于利他契约。[②] 在后者，虽然债务人未参与债务承担合同，该合同仍得有效，因为债务人于该合同受有利益。关于债权人可否拒绝第三人加入债务，学说上存在争议。本条规定“第三人向债权人表示愿意加入债务，债权人未在合理期限内明确拒绝的……”隐含了债权人可以拒绝的意思。“债权人可以请求第三人在其愿意承担的债务范围内和债务人承担连带债务”，意味着当事人可以就承担人承担原债务的范围进行自由约定。无约定的，应推定为承担人与债务人就债务之全部承担连带责任。

并存的债务承担的构成要件。并存的债务承担同样需要债务本身具有可移转性和债务承担合同两个要件。不过并存的债务承担的要件不如免责的债务承担严格，因为在并存的债务承担，承担人加入债务与原债务人共同承担债务，对于债权人并无不利。实践中，并存的债务承担往往因第三人以担保债的履行为目的加入债的关系而成立，[③] 这一点与保证（特别是连带保证）相似，但它们并不相同。其一，在并存的债务承担，承担人之债务为与原债务并立之自己债务，而保证债务则为保证他人之债务，即附属于主债务之债务，二者截然有别。[④] 与此相连，在并存的债务承担，第三人因加入债的关系而成为主债务人之一，依连带债务的规定，债权人可径行向该第三人请求履行全部债务[⑤]，但在一般保证下，保证人享有先诉抗辩权。其二，在债务人与承担人缔结并存的债务承担合同情形下，至

---

① 《日本民法典》通过平成二十九年法律第四十四号在其第三编第一章中增加债务承担一节，涵盖并存的债务承担和免责的债务承担两个分节。通过 2016 年债法改革，《法国民法典》新增债务承担的内容，其中第 1327 – 2 条规定：“若债权人对之明确表示同意，则原债务人之债务向将来消灭。否则，原债务人对于债务清偿需负连带责任，除非合同另有规定。”

② 郑玉波：《民法债编总论》（修订 2 版），中国政法大学出版社 2004 年版，第 454 页。

③ 基于此，史尚宽先生将并存的债务承担定义为：“以他人之债务有效成立为前提，第三人以担保之目的，对于同一债权人新负担与该债务于其承担时有同一内容之债务之契约，谓之并存的债务承担或重叠的债务承担。”史尚宽：《债法总论》，中国政法大学出版社 2000 年版，第 750 ~ 751 页。

④ 史尚宽：《债法总论》，中国政法大学出版社 2000 年版，第 751 页。作者进一步指出：“在实际上果为保证契约，抑为并存的债务承担，应斟酌具体的情事，尤其契约之目的定之。当事人之意思不明时，其偏为原债务人之利益者，可认为保证。承担人有直接及实际之利益而为之者，可认为并存的债务承担。”

⑤ 张广兴：《债法》，社会科学文献出版社 2009 年版，第 249 页。

少就（连带责任）保证合同而言，其当事人为保证人与债权人，而债务承担合同的当事人则是承担人与债务人。[①][②]

并存的债务承担的效力。(1) 关于并存的债务承担本体的效力，本法借鉴比较法经验[③]和学理通说[④]采“连带债务说”，即承担人与债务人对债务及其从债务承担连带责任。既然并存的债务承担的效果为承担人与债务人承担连带债务，则有关连带债务的规定自然可以适用。[⑤] (2) 原债务人并未脱离债之关系，其一切权利义务均应维持原状，如设定在原债务人财产上的担保和第三人原为债务人提供的担保并不消灭（这一点与并存的债务承担不同）。(3) 基于免责的债务承担并不改变债的同一性之缘故，债务人具有的所有可以对抗债权人的事由，均可以由承担人向债权人主张。但承担人不得以由于其与债务人之承担原因关系之抗辩，对抗债权人。(4) 原债务人与承担人之间的关系适用本法关于连带债务的相关规定。首先，由于承担人与债务人为连带债务关系，负有连带债务的每个债务人，都负有清偿全部债务的义务，履行了义务的人，有权要求其他负有连带债务的人偿付其应当承担的份额[⑥]；债权人可以请求部分或者全部债务人履行全部债务。其次，连带债务人之间的份额难以确定的，视为份额相同。实际承担债务超过自己份额的连带债务人，有权就超出部分在其他连带债务人未履行的份额范围内向其追偿，并相应地享有债权人的权利，但是不得损害债权人的利益。其他连带债务人对债权人的抗辩，可以向该债务人主张（本法第519条）。当然，按照法理，连带债务人之间的内部关系也可以由当事人自由约定。最后，部分连带债务人履行、抵销债务或者提存标的物的，其他债务人对债权人的债务在相应范围内消灭；该债务人可以依据前条规定向其他债务人追偿。部分连带债务人的债务被债权人免除的，在该连带债务人应当承担的份额范围内，其他债务人对债权人的债务消灭。部分连带债务人的债务与债权人的债权同归于一人的，在扣除该债务人应当承担的份额后，债权人对其他债务人的债权继续存在。债

---

① 韩世远：《合同法总论》（第4版），法律出版社2018年版，第634页。

② 关于债务加入与保证的区别，参见夏昊晗：《债务加入与保证之识别：基于裁判分歧的分析和展开》，载《法学家》2019年第6期。

③ 《日本民法典》第470条第1款规定：“并存的债务承担之承担人，和债务人连带负担与债务人对债权人所负之同一内容之债务。”《法国民法典》第1327－2条规定：“若债权人对之明确表示同意，则原债务人之债务向将来消灭。否则，原债务人对于债务清偿负连带责任，除非合同另有约定。”

④ 史尚宽：《债法总论》，中国政法大学出版社2000年版，第754页；张广兴：《债法》，社会科学文献出版社2009年版，第248页；王利明：《合同法研究》（第2卷），中国人民大学出版社2003年版，第254页。

⑤ 参见本法第517～521条关于连带之债的规定，其为本法新增内容。

⑥ 参见《民法通则》第87条、本法第518条。

权人对部分连带债务人的给付受领迟延的，对其他连带债务人发生效力（本法第520条）。

（撰稿人：韩京京）

第五百五十三条　【承担人的抗辩权】债务人转移债务的，新债务人可以主张原债务人对债权人的抗辩；原债务人对债权人享有债权的，新债务人不得向债权人主张抵销。

【释义】

本条主要规定了承担人（新债务人）对债权人的抗辩规则，为债务承担的主要效力。其中，“原债务人对债权人享有债权的，新债务人不得向债权人主张抵销”为本法新增内容。

债务人的抗辩，包含两层含义：其一，新债务人可以主张原债务人对债权人的抗辩。原因在于，债权的同一性不因债务承担而改变。具体而言，承担人可以就债务未成立、被撤销、债务一部分清偿、同时履行抗辩权等，向债权人抗辩。但是，合同的撤销权、解除权应当由合同的原当事人享有，承担人不能行使，因为债务承担虽不改变债的同一性，但承担人并非承受原债务人在合同中的地位，如欲达到该目的，可通过债权债务的一并移转实现。其二，原债务人对债权人享有债权的，承担人不得以其向债权人主张抵销。其法律基础在于，债务承担后，原债务人退出与债权人的债权债务关系，承担人无权处分原债务人之债权。

本法并未规定承担人是否能以其与债务人之间原因关系发生的事由对抗债权人之问题，学界对此问题观点不一。德国学者与我国台湾地区学者多基于债务承担合同的无因性，主张承担人不能以其与债务人之间原因关系发生的事由对抗债权人[①]。有学者认为，在中国大陆民法上，债务承担、债务承担合同大多采取有因原则，债务承担合同这个原因行为无效、被撤销，会导致债务承担的效力丧失，债务复归于原债务人。因此，承担人时常可以原因行为无效、被撤销等对抗债权人。[②] 也有学者认为，债权人是否参与缔结债务承担合同是问题的关键。具体而言，在债权人与承担人缔结债务承担合同的场合，承担人与债务人之间原因关系发生的事由不得对抗债权人，或者说原因关系的瑕疵不能影响到债务承担合

① 郑玉波：《民法债编总论》（修订2版），中国政法大学出版社2004年版，第452页。

② 崔建远：《合同法》，法律出版社2010年版，第269页。

同。在债务人与承担人缔结债务承担合同的场合，原因关系的瑕疵当然地影响债务承担的效果。[①]

【关联规定】

《合同法》第 85 条

（撰稿人：韩京京）

第五百五十四条　【从债务的转移】 债务人转移债务的，新债务人应当承担与主债务有关的从债务，但是该从债务专属于原债务人自身的除外。

【释义】

本条规定了与主债务有关的从债务（或者说债权之从权利）随债务承担一并移转，由新债务人承担（或者说债权人继续享有）的原则，为债务承担的另一主要效力。

由于债务承担并不改变债务的同一性，因此从债务原则上随债务一并移转。例外情况是，专属于原债务人自身的从债务并不一并移转，本条并未明确。根据比较法和学理，主要包含两种例外：（1）与债务人有不可分离关系的从债务，典型如利息债务、违约金债务。（2）第三人为债权所提供的担保，包括保证和担保物权。按照法理，承担人或者原债务人自己设定的担保、法定担保物权一并移转。第三人为债务人提供担保，多是基于原债务人的信用，而债务承担后承担人代替原债务人承担债务，如果让担保人为与其没有信用关系的承担人负担保责任，有失公平。当然，民法的基础在于意思自治，担保人如果明确表示继续为承担人提供担保，法律也不应干预。[②] 表面上看，上述两种例外情况对债权人不利，实质上这是债权人意思自治的表现。首先，债务人可以选择拒绝债务承担，这样自然不会受上述效果的约束。其次，如果债务人在权衡各种利弊的基础上同意债务承担，而承受上述效果，也就无所谓公平与否的问题了。[③]

---

① 韩世远：《合同法总论》（第 4 版），法律出版社 2018 年版，第 632 页。

② 我国《担保法》第 23 条，《最高人民法院关于适用〈中华人民共和国担保法〉若干问题的解释》第 29 条、第 72 条第 2 款有类似规定。

③ 郑玉波：《民法债编总论》（修订 2 版），中国政法大学出版社 2004 年版，第 453 页。

【关联规定】

《合同法》第 86 条

（撰稿人：韩京京）

第五百五十五条　【合同权利义务一并转让】 当事人一方经对方同意，可以将自己在合同中的权利和义务一并转让给第三人。

【释义】

本条的规范内容为合同权利义务的自由概括移转原则及其合意要件。

合同权利义务的概括移转，指合同当事人一方的权利义务一并移转给第三人，由该第三人取代出让人成为合同当事人的现象，也称合同地位的移转。基于法律行为而产生的，为意定概括移转，基于法律规定而产生的为法定概括移转。《合同法》第 88 条规定了合同权利义务的概括移转，属前者，第 90 条规定了企业的合并与分立，属后者。意定概括移转可以基于单方法律行为（如遗嘱）产生，也可基于双方法律行为（合同）产生（也称合同承受）。由于实务中大部分意定概括移转是通过合同产生的，所以本法继受《合同法》的做法，仅规定了合同权利义务的概括移转。由于法定的概括移转均有特别法规定，且不限于企业的合并与分立，为避免矛盾和遗漏，本法仅规定了合同权利义务的意定概括移转。

按照学理，合同权利义务的概括移转，可以是合同权利义务全部由出让人移转至承受人，即全部移转，也可以是合同权利义务的一部分由出让人移转至承受人。在全部移转中，承受人取代出让人的法律地位，成为合同关系的当事人。在部分移转中，出让人和承受人应确定各自享有的债权和承担的债务的份额和性质，如果没有约定或者约定不明确，则视为连带之债。①

让与人、受让人和相对人三方达成三方合同，可以有效地移转合同地位。但实务中，合同承受一般是基于当事人与第三人之间的合同而发生的。“因为合同

① 崔建远：《合同法》，法律出版社 2010 年版，第 273 页。《合同法》第 90 条也体现了这种学说，“当事人订立合同后合并的，由合并后的法人或者其他组织行使合同权利，履行合同义务。当事人订立合同后分立的，除债权人和债务人另有约定的以外，由分立的法人或者其他组织对合同的权利和义务享有连带债权，承担连带债务”。

承受不仅包括合同权利的移转，还包括合同义务的移转，所以当事人一方通过合同承受对合同权利和义务进行概括移转的，必须取得对方的同意。”① 本法并未进一步规定相对人不同意的效果，比较法上，契约一方当事人与第三人订立契约承担合同后，如果相对人拒绝同意，虽然不能发生全部契约关系承受的效果，但是可产生债权让与与并存的债务承担的效果，称为“契约加入”。②

【关联规定】

《合同法》第 88 条

（撰稿人：韩京京）

第五百五十六条 【合同权利义务一并转让的法律适用】 合同的权利和义务一并转让的，适用债权转让、债务转移的有关规定。

【释义】

本条的规范内容为，合同权利义务概括移转准用规则。准用的基础在于合同权利义务概括移转的同时包括债权让与和债务承担。但是，合同权利义务的概括移转又不是债权让与和债务承担的简单相加，它们之间的主要区别在于合同权利义务的概括移转，债权债务的承受人完全取代原合同当事人的法律地位。

与《合同法》第 89 条具体列举可准用条款的做法不同，本条规定“适用债权转让、债务转移的有关规定”，两者含义相同，即涉及合同权利转让的，适用有关债权转让的有关规定，涉及合同义务移转的，适用债务承担的有关规定。

就效果而言，债权转让和债务承担产生的法律效果，均适用于合同承受，如从权利或从义务的一并移转、抗辩的移转等。但是，由于债权债务的概括移转是

---

① 崔建远：《合同法》，法律出版社 2010 年版，第 274 页。

② “契约加入”为德国民法上的概念，为我国台湾地区“民法”借鉴。我国台湾地区“民法”第 305 条规定：“就他人之财产或营业，概括承受其资产及负债者，因对于债权人为承受之通告或公告，而生承担债务之效力。前项情形，债务人关于到期之债权，自通知或公告时起，未到期之债权，自到期时起，二年以内，与承担人连带负其责任。”第 306 条规定：“营业与他营业合并，而互相承受起资产及负债者，与前条之概括承受同，其合并之新营业，对于各营业之债务，负其责任。”

由承受人完全取代了原合同当事人的合同地位，所以在债权转让和债务承担场合并不移转与当事人合同地位紧密相连的解除权、撤销权等，也一并移转。这是债权债务概括移转与单纯的债权让与和债务承担在效力上的主要区别。

【关联规定】

《合同法》第 89 条

（撰稿人：韩京京）

第七章 合同的权利义务终止

【导读】

本章对于合同权利义务终止的一般规则进行了明确，共包含20个条文，涵盖了债权债务终止情形、终止的法律后果、合同解除的行使、合同解除的法律效力、债务抵销、标的物提存、债务免除、债权债务混同等事项。在对本章进行适用时，应重点把握以下几个问题：

第一，本章重点规定了合同的权利义务终止的几种情形，同时对于每种情形下合同权利义务终止的适用范围和条件、法律进行了较为明确的规定。第557条是对于债权债务终止情形的列举，属于不完全列举，将“法律规定或者当事人约定终止的其他情形”作为兜底条款进行明确。需要注意的是，债权债务终止的每种情形的适用必须满足特定的条件和程序，而非只要存在相应情形即可导致权利义务终止。例如，第575条和第576分别对债权人免除债务、债权债务归于同一人下债权债务终止的限定条件进行了明确。因此，合同权利义务的终止必须满足相应的条件，否则并不必然导致合同权利义务的终止。

第二，合同领域属于典型的意思自治领域，合同的签订应尊重双方当事人的意思，其终止也是如此，皆以尊重双方当事人的合意为前提。本章规定在明确合同权利义务终止的具体情形之后，对于合同权利义务终止之后的效力以及每种情形的具体适用条件中充分保障了双方当事人的意思自治。本章第559～562、566、568～569条皆对当事人另有约定时的优先地位进行了确认，对意思自治进行了优先保障。

第三，合同权利义务终止标志着合同双方在一般情形下不再负有权利义务，但是在特定情形下，仍可能因某些原因而导致某些条款仍旧有效。在某些情形下，合同权利义务的终止并不消除特定条款的效力。例如，本章第566第3款规定的担保责任条款，第567条规定的合同中结算和清理条款。因此，合同权利义务的终止并不必然导致合同中的所有条款皆失去其效力，有些条款在合同权利义务终止之后依旧不受影响，甚至在某种程度上可以说合同权利义务的终止是激活此类条款的原因之一。

第四，合同权利义务的终止并非意味着合同双方当事人不再享有其他权利或者负有其他义务，实际上，在合同权利义务终止后，可能因某种原因，合同的一方或者双方继续享有权利或者负有义务。例如，本章第558条规定，当事人可能因民法中的诚实信用原则而导出特定的后合同义务。合同的订立、履行、终止是一个过程，同时亦存在前合同义务与后合同义务，因此，即使债权债务终止，双方亦可能存在后合同义务，第558条规定的义务可归类于此种后合同义务。同样，一方或者双方当事人也可能继续特定权利，例如第559条规定在法律另有规定或者当事人另有约定时，债权的从权利可继续获得承认。

第五百五十七条　【债的消灭的一般原因】有下列情形之一的，债权债务终止：

（一）债务已经履行；

（二）债务相互抵销；

（三）债务人依法将标的物提存；

（四）债权人免除债务；

（五）债权债务同归于一人；

（六）法律规定或者当事人约定终止的其他情形。

合同解除的，该合同的权利义务关系终止。

【释义】

本条是关于债的消灭的一般原因的规定。

债的消灭原因，各国立法例都有不同的规定，但债权作为一种权利，因而权利的一般消灭原因，在债权中也应适用，如标的物的给付不能、债权的存续期间届满等。如果债的关系是基于合同或其他法律行为而发生，因合同或其他法律行为的撤销、解除条件的成就、期限的届满、合同的解除等而消灭，此类事由也都能够成为债的消灭原因。

本条内容应从以下方面理解：

第一，我们讨论债的消灭原因，一般会将之从债的消灭的一般原因和债的消灭原因的分类两方面进行研究。

（一）债的消灭的一般原因。债的消灭的通常原因为债务的履行，债的关系通常因履行而消灭。除履行外，还可以因其他履行替代行为而消灭，此种行为是指可以发生与履行相同效果的行为，主要包括清偿、提存、抵销、免除、混同等。所以，债的消灭的一般原因，即债的消灭的通常原因，包括债务的履行行为和其他履行替代行为。

（二）债的消灭原因的分类。1. 基于法律行为分类：以债的消灭的原因事实的法律性质为标准，可以将债的消灭原因分为法律行为、准法律行为、事件三种。（1）基于法律行为原因而消灭。如免除为债权人的单独行为、抵销为债务人的单独行为、代物清偿及更改则为当事人间的合同行为。（2）基于准法律行为原因而消灭。如清偿等，当然对清偿行为的性质本身存在争议。（3）基于事件原因而消灭，如混同等。2. 基于消灭理由分类：（1）目的实现。债的内容的给付，因债权人从债务人或第三人处获得给付，债的目的即已实现，债权得到满足，债权人的履行利益即不存在，债的关系当归消灭。当然，在一些特殊情形的债的关系中，虽无债务人的履行，但债的目的也会实现，此种由于法律上或事实上的特殊情形，而使债的目的实现的情形，也会使债的关系消灭，而成为债的消灭原因。例如，房东甲与某拆迁公司签订房屋拆迁合同，约定将甲所有的 10 间毛坯房拆除，但在合同签订后，履行前，该地发生地震，将该房屋夷为平地，合同目的即已经实现，原债的关系即行消灭。但是，如果在船东甲与拖船公司乙就甲搁浅的船只签订拖船合同，乙即着手履行，如备置油料、从事航海补给、通知船员上船、选调合格适航拖船等，但在履行前，该船因涨潮而脱困，因此种事件而使合同目的实现，原甲、乙之间的债的关系即行消灭。当然，甲须对乙的着手履约准备所支出的必要费用进行补偿，乙也有权对其已支付的报酬及费用垫款，请求甲偿还。（2）目的不能实现。目的不能实现，属于给付不能，在可归责于债务人的事由，导致给付不能时，该债的给付变为损害赔偿之债，债的关系仍不消灭；在不可归责于债务人的事由，导致的给付不能时，债务人免给付义务，债权人的债权才归消灭。故债的消灭原因的给付不能，仅以不可归责于债务人的原因导致的为限，债的关系才能消灭。（3）时间之经过。在以一定期间为存续期间的债的关系中可因时间经过而消灭，特别是一些诸如租赁、借贷、雇佣、合伙等长期债的关系，当事人在之前即以合同的形式，事先约定债的关系在一定时期消灭、终止或在特定时点为解除的协议。

第二，按照本条规定，有下列情形之一的，合同终止。

（一）债务已经履行。此情形主要在合同领域。债务已经按照约定履行，指债务人按照约定的标的、质量、数量、价款或者报酬、履行期限、履行地点和方式全面履行。以下情况也属于按照约定履行：1. 当事人约定的第三人按照合同内容履行；2. 债权人同意以他种给付代替合同原定给付；3. 当事人之外的第三人接受履行。

（二）债务相互抵销。债务相互抵销，指当事人互负到期债务，又互享债权，以自己的债权充抵对方的债权，使自己的债务与对方的债务在等额内消灭。例如，乙在合同约定的还款日期，应支付给甲10万元人民币货款，与此同时甲也欠乙10万元人民币，并已到清偿日期。此时，乙可以向甲表明，自己不偿还甲的10万元债务，甲也不必偿还欠乙的10万元债务。两相抵销，互不相欠。

（三）债务人依法将标的物提存。提存指由于债权人的原因，债务人无法向其交付合同标的物时，债务人将该标的物交给提存机关而消灭债的制度。例如，债务人乙在合同约定的履行期限，准备向债权人甲交付货物，但却无法找到债权人，乙根据法律有关规定，将该货物交给提存机关，货物被提存后，债务即消灭。

（四）债权人免除债务。债权人免除债务，指债权人放弃自己的债权。债权人可以免除债务的部分，也可以免除债务的全部。例如，债务人乙应当偿还债权人甲2万元人民币，甲表示乙可以少还或者不还，就是债权人免除债务。甲表示只需要偿还1万元，是债务的部分免除；表示2万元都不必偿还，是债务的全部免除。免除部分债务的，合同部分终止；免除全部债务的，合同全部终止。

（五）债权债务同归于一人。债权和债务同归于一人，即混同，指由于某种事实的发生，使一项合同中，原本由一方当事人享有的债权，而由另一方当事人负担的债务，统归于一方当事人，使得该当事人既是合同的债权人，又是合同的债务人。例如，甲公司与乙公司签订了房屋租赁合同，在乙公司尚未支付租金时，甲、乙二公司合并成立了一个新的公司，甲公司的债权和乙公司的债务都归属于新公司，原甲公司和乙公司之间的合同自然终止。

（六）法律规定或者当事人约定终止的其他情形。除前述权利义务终止的情形外，出现了法律规定的终止的其他情形的，债的权利义务也可以终止。例如，代理人死亡、丧失民事行为能力，作为被代理人或者代理人的法人终止，委托代理终止。委托人或者受托人死亡、丧失民事行为能力或者破产的，委托合同终止。当事人也可以约定合同的权利义务终止的情形。例如，当事人订立的附解除条件的合同，当解除条件成就时，债权债务关系消灭，合同的权利义务终止。当事人订立附终止期限的合同，期限届至时，合同的权利义务终止。例如，赠与人与受赠人约定，赠与人每月负担受赠人的生活费至其18周岁，受赠人18周岁前参加工作的，自参加工作之日，赠与合同终止。例如，受赠人17周岁参加工作，赠与人与受赠人之间的合同的权利义务终止。

另外，合同解除是合同权利义务消灭的重要原因。合同的解除，指合同有效成立后，当具备法律规定的合同解除条件时，因当事人一方或双方的意思表示而使合同关系归于消灭的行为。

（撰稿人：陈军）

第五百五十八条　【后债义务】 债权债务终止后，当事人应当遵循诚信等原则，根据交易习惯履行通知、协助、保密、旧物回收等义务。

【释义】

本条是关于后债义务的规定。

后债义务，指债的权利义务终止后，当事人依照法律的规定，遵循诚实信用原则，根据交易习惯履行的义务。在合同领域为后合同义务。理解本条需要注意以下几点：

第一，从合同法角度，后合同义务具有以下特点：（1）后合同义务是合同的权利义务终止后产生的义务，合同成立前，当事人承担的是先合同义务；合同的权利义务未终止，当事人履行的是合同义务。（2）后合同义务主要是法律规定的义务。如果当事人在合同中约定履行某项义务，该义务为合同义务，不履行该义务，承担违反合同的责任。后合同义务主要是法定义务，违反后合同义务承担损害赔偿责任。（3）后合同义务是诚实信用原则派生的义务。诚实信用原则要求民事活动的当事人诚实、守信、善意，不损人利己，不规避法律，在民事活动中维持双方的利益平衡，以及当事人利益与社会利益的平衡。合同的权利义务终止后，当事人应当履行哪些义务，并没有一定之规，依诚实信用原则应履行的义务，均应为后合同义务的范围。（4）后合同义务的内容根据交易习惯确定。合同的内容不同，后合同义务也不同，法律不可能针对个案确定后合同义务的内容，但按照交易习惯，某类合同终止后，当事人通常的行为准则，应作为后合同义务。所谓交易习惯，一方面指一般的民商事活动应遵循的习惯，另一方面指当事人双方长期交易关系中形成的习惯。

第二，构成要件及法律效果。本条属于不完全法条，没有明确规定违反义务的构成要件和法律效果。[①] 笔者认为违反该义务的赔偿责任的构成要件如下：（1）

---

① 韩世远：《合同法总论》（第4版），法律出版社2018年版，第643页。

违反后合同义务的行为。(2) 过错，作为违反法定义务的民事责任，要求违反该义务人具有过错。(3) 损害后果，损害后果既可以是财产损害，也可以是人身损害，原则上是对相对人固有利益的损害。(4) 因果关系。

第三，遵循诚实信用原则，根据交易习惯，债权债务终止后的义务通常有以下几方面：(1) 通知的义务。合同权利义务终止后，一方当事人应当将有关情况及时通知另一方当事人。例如，债务人将标的物提存的，应当通知债权人标的物的提存地点和领取方式。(2) 协助的义务。合同的权利义务终止后，当事人应当协助对方处理与原合同有关的事务。例如，合同解除后，需要恢复原状的，对于恢复原状给予必要的协助；合同的权利义务终止后，对于需要保管的标的物协助保管。(3) 保密的义务。保密指保守国家秘密、商业秘密和合同约定不得泄露的事项。国家秘密，指关系国家的安全和利益，依照法定程序确定，在一定时间内只限于一定范围的人员知悉的事项。国家秘密事关国家安全和利益，合同的权利义务终止后，合法接触、掌握、使用国家秘密的合同当事人，对于保密期内的国家秘密，无权向第三者泄露。泄露了国家秘密，要承担民事责任、行政责任甚至刑事责任。商业秘密，指不为公众所知悉，能为权利人带来经济利益，具有实用性，并经权利人采取保密措施的技术信息和经营信息。商业秘密一旦进入公共领域，就会失去其商业价值，损害合同当事人的经济利益和竞争优势。因此，合同的权利义务终止后，当事人负有保守商业秘密的义务。泄露了商业秘密要承担民事责任。除国家秘密和商业秘密外，当事人在合同中约定保密的特定事项，合同的权利义务终止后，当事人也不得泄露。(4) 旧物回收义务。《民法总则》开始确立了生态环境保护原则（绿色原则）。本法典第 9 条规定“民事主体从事民事活动，应当有利于节约资源、保护生态环境”。因此，本条规定当事人在债权债务终止后负有旧物回收义务。有理论认为旧物回收本应为公法上的义务（且至多仅应限于特殊之物），如纳入合同规范，难以实行，徒增交易成本及司法困扰，无助于实现保护生态环境的规范目的。但笔者认为，环保观念已经深入人心，在发达商业社会，商业企业及个人承担环保责任，进行旧物回收，不仅可行而且应该，这一规定有利于形成良好的环保意识及行为。

（撰稿人：陈军）

第五百五十九条　【从权利消灭】 债权债务终止时，债权的从权利同时消灭，但是法律另有规定或者当事人另有约定的除外。

【释义】

本条是主债权消灭时从权利效力的规定。

理解本条需要注意以下几点：

第一，债的关系消灭，其债权的担保及其他从属的权利，也同时消灭。即主权利消灭，利息债权、违约金债权、保证债权等均随本债权消灭；债权消灭、附随的担保物权如抵押权、质权、留置权等，均随之消灭。即从权利以同时消灭为原则，但从权利并不消灭的例外，主要包括：1. 已经发生的利息债权及违约金债权，因具有独立性，不随主债权而消灭。2. 主债权罹于消灭时效，即使债务人为时效抗辩的，担保物权不受影响，即以抵押权、质权或留置权担保的请求权，虽经时效消灭，债权人仍有权从该抵押物、质物或留置物中取得赔偿。例如，2015年5月10日，甲公司向乙银行贷款500万元，期限1年，到期还本还利，一次性偿还，由丙公司以其坐落于某地的10套房屋为甲的此项贷款提供抵押，并办埋抵押登记，2020年1月8日，乙银行向甲公司主张此500万元的债权，甲以时间已过为由，拒绝给付，乙银行即将所抵押的房屋申请法院拍卖，以抵其债权。在此案中，500万元的债权虽然因时效而消灭，成为自然债务，但该债权的从权利，即抵押物上的抵押权例外地并不因此而消灭。3. 对于保证人的债权，在下列情形下，并不随主债权消灭而消灭：（1）明知主债务人能力欠缺而仍为保证，此即保证人对因行为能力欠缺而无效的债务，如明知其欠缺的情事而仍为保证的，其保证仍然有效的法理。（2）主债务人因公司重整而消灭的债务。（3）主债务人因破产而消灭的债务。

第二，负债字据为债的关系的证明，债的关系全部消灭，债务人有权请求债权人返还或涂销负债字据，仅一部分消灭或负债字据上载有债权人他项权利的，债务人有权请求将债权一部分消灭事由，记入字据。对于字据的返还，需要注意以下几点：（1）负债字据的返还或涂销。负债字据，是指债务人表示债务存在的证书。在证据法上，该字据不被视为债的承认，只是意思表示内容的表征，目的在于使债权人持有证明债权存在的证据。如果债权人持有字据，可视为有债权的存在；如果该字据为债务人持有，则推定债务已履行完毕，当然，该推定为初步推定，当事人可以反证推翻。为避免举证困难，债务人在清偿时，应当请求债权人返还负债字据或涂销借据，此为债权人的随附义务。（2）债的消灭事由的记入。债的关系，如果只是一部分消灭或负债字据还载有债权人其他权利的，如一张字据载有两笔债务，仅消灭其中的一笔债务时，债权人仍有保存此字据的必要，故不能返还或涂销，此时，债务人所能做到的只是请求债权人将该债务一部消灭的事由，记入该项字据中，以作为日后的证据。债务如因债务人的清偿而消灭，则债务人也有权请求债权人出具受领清偿书据。（3）公证书或其他债务消灭书据的给与。如债权人声称或主张，负债字据有不能返还或有不能记入的情事，债务人有权请求给予债务消灭的公证书之类的见证文书或由债权人向债务人出具债务已经消灭的书据。不能返还，指的是负债字据已灭失或因其他事由无法返还；不能记入，指的是此负债字据已无空白之处以供再书写的情事，一有此类情事，即不能再强求债权人返还或记入。

（撰稿人：陈军）

第五百六十条　【债的清偿的抵充顺序及方法】债务人对同一债权人负担的数项债务种类相同，债务人的给付不足以清偿全部债务的，除当事人另有约定外，由债务人在清偿时指定其履行的债务。

债务人未作指定的，应当优先履行已经到期的债务；数项债务均到期的，优先履行对债权人缺乏担保或者担保最少的债务；均无担保或者担保相等的，优先履行债务人负担较重的债务；负担相同的，按照债务到期的先后顺序履行；到期时间相同的，按照债务比例履行。

【释义】

本条是关于债的清偿的抵充顺序及方法的规定。

清偿的抵充也叫履行的抵充，1999 年《合同法》对此制度没有规定，属立法漏洞，《最高人民法院关于适用〈中华人民共和国合同法〉若干问题的解释（二）》（以下简称“法释〔2009〕5 号”）第 20、21 条对此作了补充规定。清偿的抵充制度出于平衡各方当事人利益的考虑，其法律构造旨在实现债务清偿中的公平，是民法走向精细化的产物。本条规定基本沿用了法释〔2009〕5 号文的规定，同时增加了指定抵充的规定。

抵充是指在债务人对同一债权人负有数宗种类相同的债务场合，债务人的给付无法清偿全部债务的，用来清偿何项债务的原则。例如，在金融借款合同或民间借贷纠纷中，债务人欠债权人本金 100 万元，利息 20 万元，因诉讼产生诉讼费用6万元，债务人提供100万元给付，该100万元给付究竟是用来清偿本金、利息、诉讼费用之数宗债务的哪一宗？或者甲与乙发生民间借贷纠纷，甲欠乙三笔欠款，分别为本金100万元、50万元、80万元，另各有若干利息，现甲提供200万元进行清偿，该200万元应用来清偿何者？此皆为清偿之抵充问题。

本条规定，应从以下几方面理解：

第一，抵充的要件。首先，须债务人对同一债权人负担数宗债务。当事人间如只有一宗债务存在，如果不足额给付，则为一部分清偿问题，没有清偿抵充问题。其次，须数宗债务的给付标的种类相同，如果给付种类各异，清偿何种债务，即可依其给付的性质决定，不产生清偿抵充的问题。最后，须清偿人提出的给付，不足以清偿全部债额。

第二，抵充的方法。清偿之抵充，依契约之原则。（1）依清偿人与受领人之间之契约而定，可谓合意抵充。（2）如无当事人间之契约，则由债务人为抵充之指定，可谓之指定抵充。（3）如债务人不为指定，则依法定抵充。

第三，合意抵充。法律关于清偿抵充的规定非属强制性规定，根据契约自由原则，当事人可以约定其欲抵充之债务。抵充的合意无须采用特定的形式，除明示抵充合意外，还可以根据当事人的行为推定其抵充的合意。抵充的合意应在债务履行之前或履行之时达成，在约定抵充时债务受偿的顺序不受限制。

第四，指定抵充。在债权人与债务人双方未达成抵充合意的情况下，各国民法无例外地规定债务人有权以其单方面的意思表示为抵充，这显然符合私法自治的本意，因为清偿的给付行为，由债务人为之，自然应当尊重其意思。然而根据法释〔2009〕5号第20条末端但书的规定之文义解释，债务人的单方指定抵充可能被法院认定无效而直接适用法定抵充，这显然是法政策上的错误。[①] 本条规定弥补了上述漏洞，符合司法实践，并遵循了大陆法系各国通例。指定抵充必须以受领的意思表示方式作出，无须采取特定的形式，不以明示为必要，债务人可以根据法律行为的一般规则做出默示的抵充指定。债务人可以单独决定其清偿目的，指定几项或某几项债务优先清偿，但该指定不得违反费用、利息和主债务的法定抵充顺位，即不得先指定抵充主债务，然后抵充费用和利息。

第五，法定抵充的顺位。在既无约定抵充也无指定抵充的情形下，适用法定抵充的规定。本条关于法定抵充的规定基本沿用了“法释〔2009〕5号”第20条前段的规定。其顺序为：（1）债务中有的已届清偿期，有的未届清偿期，则先

---

① 黄文煌：《清偿抵充探微——法释〔2009〕5号第20条和第21条评析》，载《中外法学》2015年第4期。

抵充已届清偿期的债务；（2）债务均已届清偿期的，先抵充对债权人缺乏担保或者担保最少的债务；（3）债务均已届清偿期，且均无担保或者担保数额相等的，优先抵充债务人负担较重的债务；（4）债务负担相同的，按照债务清偿期的先后顺序抵充；（5）债务的清偿期和债务负担相同的，按比例抵充。

在确定此等顺位时，需注意一点，“担保最少”并非仅指担保“数额”最少，还应考虑担保的类型、担保人的信用等情况，综合判断应先予抵充的债务。由于现实情况十分复杂，商业环境变化多端，抵押担保有时并不一定比经济实力雄厚的自然人或法人的保证更易变现，因此需要具体情况具体分析。同时根据德国的通说，诉讼时效较早过期的债权应先获抵充，该等应当属于给债权人担保较少的债权，而不论其数额大小。笔者认为，在判断何项债务属于“担保最少”或“债务人负担较重”时，法官拥有一定的裁量权。

（撰稿人：陈军）

第五百六十一条　【指定抵充的限制】债务人在履行主债务外还应当支付利息和实现债权的有关费用，其给付不足以清偿全部债务的，除当事人另有约定外，应当按照下列顺序履行：

（一）实现债权的有关费用；

（二）利息；

（三）主债务。

【释义】

本条是关于指定抵充的限制的规定。

债务人就其债务除本金外，尚须支付利息及费用场合，如果清偿人的给付不足以消灭全部债务，其抵充的顺序依次应当是实现债权的费用、利息、主债务。对此，1999 年《合同法》没有作出规定，法释〔2009〕5 号第 21 条有规定。本法把该司法政策上升为立法。对于上述顺序，允许当事人合意变更。无合意时，债务人作出与此不同的指定的，其指定不生效力。

理解本条，应注意以下几点：

第一，本条规定的顺序，是对指定抵充的限制，不允许债务人仅以一方的意思予以变更。双方合意抵充不受此限制。费用，一般指诉讼费用、执行费用等。利息，包括约定利息和法定利息，不能超过法律或司法解释对利息的最高限制。

在民间借贷案件司法实践中，常有超限利息和本金并存的情况，如债务人的给付不足以清偿此等全部债务，便产生了利息与本金如何抵充的问题，在此情形下，需判断债务人的给付是否构成对超限利息的任意偿付。例如，甲欠乙本金债务100万元，约定的利率超过法定的利率限额，到期利息10万元（其中超限利息为5万元），现甲向乙偿还8万元，但未标明系偿还本金还是利息，那么超限利息可否先于本金受偿？我国台湾地区的判例认为，在当事人没有约定的情形下可先于本金抵充的利息，仅指未超过法定利率限制的利息，对于超过法定利率限制的利息，不成立债务人的任意偿付。日本的学说也将其按清偿抵充问题加以处理，规定在债务人并未明确表示偿付超限利息时，不得抵充超限的利息。根据日本的判例，在当事人之间仅存在一个借贷关系时，债务人偿付的超过利息限制部分的支付金应抵充本金债权，对一直继续支付本已消灭的本金的借款人，赋予其不当得利返还请求权。在我国的审判实务中，法院支持法定利率限额之内的利息（即按银行同类贷款利率的四倍计算的利息）可先于本金抵充，超出的部分抵充本金。这种做法与域外的判例观点一致，值得赞同。[①] 因此，笔者认为，根据本条规定，仅在债务人明示或默示偿付超限利息时，才产生该部分利息先于本金受偿的效果，构成债务人的任意清偿，偿付之后不得主张将超限利息部分的偿付抵充本金，也不得请求返还该部分的偿付。在既无当事人约定，也无债务人指定时，仅导致法定利率限额内的利息受偿，不当然抵充超限的利息。

第二，对一人负有数宗债务，均有利息、费用的场合，也应该依照先抵充费用，后抵充利息，最后再抵充本金的顺序进行抵充，清偿人不得作相反的指定。

（撰稿人：陈军）

第五百六十二条 【合同协议解除和约定解除】 当事人协商一致，可以解除合同。

当事人可以约定一方解除合同的事由。解除合同的事由发生时，解除权人可以解除合同。

【释义】

本条是对合同协议解除和约定解除的规定。

---

① 黄文煌：《清偿抵充探微——法释〔2009〕5号第20条和第21条评析》，载《中外法学》2015年第4期。

协议解除又称合意解除，是指合同成立后，履行完毕前，双方当事人经协商一致解除合同，使其效力归于消灭的行为。当事人由此达成的合意亦被称为反对契约，实质是一项以全部或部分解除既有合同为内容的新合同。该项协议的成立和生效需遵循本法第三编第二章和第三章中关于合同订立和合同效力的规定。解除协议可兼就合同解除后的责任分担、损失分配等事宜做出约定，但除当事人另有约定外，相关约定无效或被撤销并不当然影响解除协议的效力。当事人没有就违约责任的损害赔偿达成协议的情况下，也完全可以就合同的解除达成协议。[①]解除协议生效后，原合同即告解除。

约定解除，是指双方当事人约定，自合同成立后，履行完毕前，当事人可基于约定事由的发生享有合同解除权，并行使该权利解除合同关系。就合同解除的事由，双方当事人既可在合同订立时约定，亦可在合同订立后以补充协议的方式另行约定。约定事由发生的直接效果是一方或双方当事人解除权利的享有。而合同解除，则尚需以享有解除权的当事人实际行使该项权利为条件。由此可以看出，合同的约定解除与附解除条件的合同二者存在实质区别：按照本法第 158 条的规定“……附解除条件的民事法律行为，自条件成就时失效”。附解除条件场合不存在解除权及其行使的问题，解除条件成就，法律行为当然失去效力，即使一方当事人欲使法律行为继续有效，也是枉然。[②]

协议解除和约定解除皆以当事人的合意为基础，体现对合同自由原则的尊重，但二者却存在明显不同：（1）在约定解除中，当事人对解除事由的约定虽可在合同订立后补充作出，但却需先于事由发生前完成，属于对将来事由的“事前约定”。而解除协议则是“事后约定”，系双方当事人根据已发生的情况协商达成的解除合同的合意。（2）就约定解除而言，解除合同的条件成就以后，只是使一方享有解除合同的权利，即解除权，但合同并不能自动发生解除。合同的解除，必须要由享有解除权的一方实际行使解除权，如不行使该权利，则合同将继续有效。[③] 而在协议解除中，解除协议生效则合同即告解除，无须当事人另外行使解除权。（3）在约定解除中，对解除事由的约定固然是合同当事人双方合意的结果，但事由发生后，解除权的行使则实际是一种单方法律行为，只需享有解除权的当事人一方意思表示即可以产生合同解除的效果。而协议解除实际上是“以第二契约解除第一契约”，[④] 对合同的解除需以双方协商并形成一致的意思表示为前

① 王利明：《合同法总则》（第 2 卷），中国人民大学出版社 2003 年版，第 283 页。
② 崔建远：《附解除条件不同于合同解除》，载《法学杂志》2015 年第 7 期。
③ 王利明：《合同法新问题研究》（修订版），中国社会科学出版社 2011 年版，第 549 页。
④ 史尚宽：《债法总论》，中国政法大学出版社 2000 年版，第 530 页。

提。在无法定或约定事由出现时，一方当事人未与对方协商一致的，不得单方强行解除合同和拒绝履行其合同义务。[①]

【关联规定】

《合同法》第93条

（撰稿人：雷震文）

第五百六十三条　【合同的法定解除】 有下列情形之一的，当事人可以解除合同：

（一）因不可抗力致使不能实现合同目的；

（二）在履行期限届满前，当事人一方明确表示或者以自己的行为表明不履行主要债务；

（三）当事人一方迟延履行主要债务，经催告后在合理期限内仍未履行；

（四）当事人一方迟延履行债务或者有其他违约行为致使不能实现合同目的；

（五）法律规定的其他情形。

以持续履行的债务为内容的不定期合同，当事人可以随时解除合同，但是应当在合理期限之前通知对方。

【释义】

本条是关于法定解除合同的规定。

法定解除是指合同成立后，履行完毕前，因法律规定事由的出现，当事人可享有解除权，并行使该项权利解除合同关系。

解除事由法定是合同法定解除与约定解除的主要区别。而法律对合同解除事由的列举主要旨在弥补当事人意思表述的不足。[②] 实践中，法定解除与约定解除在行使上并不矛盾或互相排斥，在当事人未行使约定解除权，但符合法定解除条

① 《孟革诉中佳旅行社旅游合同纠纷案》，载《最高人民法院公报》2005年第2期。

② 曾祥生、胡田：《法定解除权若干问题探析》，载《江西社会科学》2009年第8期。

件时，可行使法定解除权解除合同。[①] 约定解除以当事人合意为基础，更具灵活性，其功能主要体现在对于法定解除的要件和效果进行修正、缓和或补充，并使当事人在观念上对此明确化。[②] 例如，明确不可抗力的范围等。当事人就解除事由作出与法律规定不同甚至相反约定的，除不违反法律行政法规关于合同效力的强制性规定外，其约定的效力应当获得肯定。以法律特别规定的合同任意解除权为例，在司法实践中，人民法院认为，为防止对方行使任意解除权带来的不确定风险，故对解除条件作出特别约定以排除任意解除权的适用，是双方当事人对合同履行风险所作出的特殊安排，体现了意思自治原则，且也不损害国家利益、社会公共利益以及第三人的合法利益。[③]

根据本条规定，适用法定解除的情形主要包括：

其一，因不可抗力导致不能实现合同目的。

根据《民法总则》第 180 条第 2 款的规定，不可抗力是指不能预见、不能避免且不能克服的客观情况。其中，“客观情况”意在表明，不可抗力必须独立存在于人的行为之外，既非当事人的行为所派生，亦不受当事人意志左右。[④] “不可预见”强调的是注意标准方面超出了行为人的预期，是指以现有的科技水平对事件的发生没有预知能力。[⑤] 对于“不可预见”的判断，应主要遵循一般“谨慎稳妥”的人所应具有的预见能力的标准，如果债务人是专业机构或人员，即应按“专业人员”标准判断行为应否预见。[⑥] 而“不能避免且不能克服”则是指当事人已经尽到最大努力和采取一切可以采取的措施，仍不能避免某种事件的发生并不能克服事件所造成的后果，表明事件发生及其造成后果具有必然性。[⑦] 在实际生活中，某些客观情况，如已经被气象部门预报即将发生的山洪，虽未同时具备三个“不能”，也应当被认定为不可抗力。[⑧] 对于不可抗力的范围，目前尚缺乏统一和明确的界定。一般而言，其主要包括：（1）自然原因的不可抗力，如地震、台风、洪水、海啸等；（2）社会原因的不可抗力，如战争、武装冲突和特定条件下的罢工、劳动力缺乏等；（3）国家原因的不可抗力，即因为国家行使行政、司

---

① 最高人民法院（2016）最高法民终 715 号民事判决书。

② 韩世远：《合同法总论》（第 4 版），法律出版社 2018 年版，第 650 页。

③ 最高人民法院（2013）民申字 2491 号民事裁定书。

④ 韩世远：《合同法学》，高等教育出版社 2010 年版，第 185 页。

⑤ 陈甦主编：《民法总则评注》，法律出版社 2017 年版，第 1286 页。

⑥ 叶林：《论不可抗力制度》，载《北方法学》2007 年第 5 期。

⑦ 石宏主编：《〈中华人民共和国民法总则〉条文说明、立法理由及相关规定》，北京大学出版社 2017 年版，第 424 页。

⑧ 崔建远：《合同一般法定解除条件探微》，载《法律科学》2011 年第 6 期。

法职能而导致损害之发生或扩大。[①] 在审判实践中，亦有部分裁判的观点认为，行政机关的抽象行政行为符合不可抗力的“三不能”标准，如因此导致合同不能履行，应构成不可抗力。[②]

不可抗力并非当事人获得合同解除权的充分条件。不可抗力发生以后对合同的影响程度是不一样的，有些只是暂时阻碍合同的履行，有些只是影响到合同的部分内容的履行。[③] 按照本法第 590 条的规定，当事人一方因不可抗力不能履行合同的，根据不可抗力的影响，部分或者全部免除责任。甚至，如果不可抗力导致合同履行发生困难，如果按照合同继续履行显失公平的，当事人可以按照本法第 533 条的规定，主张情势变更并请求人民法院或者仲裁机构变更或者解除合同。[④] 但是，本项的核心为“不能实现合同目的”，而非“因不可抗力”。[⑤] 只有因不可抗力导致合同目的不能实现时，当事人方可享有解除合同的权利。而所谓合同目的，概括来讲，就是当事人订立合同时以合意确定的目标和利益。[⑥] 虽然，在《合同法》起草的过程中，全国人大常委会法制工作委员会曾在其“拟适稿”（第 58 条第 2 款第 2 项）中以“严重影响订立合同所期望的经济利益”替代“不能实现合同目的”。学者也据此认为，不能实现合同目的应指某种事实（严重）影响了当事人订立合同所期望的经济利益。[⑦] 但是，以实践来看，将“合同目的”理解成经济利益的实现明显不够周延。[⑧] 合同目的是当事人通过订立和履行合同想要达到的目的和结果，其既可以为物质利益追求，也可以为非物质利益。[⑨] 因此，所谓合同目的不能实现，意指以上目的落空或利益受到严重影响。

其二，在履行期限届满之前，当事人一方明确表示或者以自己的行为表明不履行主要债务。

债务人在履行期届满前拒绝履行合同的情形在学理上常被称为预期违约，[⑩]

---

① 张新宝：《侵权责任法原理》，中国人民大学出版社 2005 年版，第 129 ~ 130 页。

② 李虎：《导致合同不能履行的政府抽象行政行为可视为不可抗力》，载《人民司法》2009 年第 20 期。

③ 王利明：《合同法新问题研究》（修订版），中国社会科学出版社 2011 年版，第 556 页。

④ 崔建远：《合同法总论》（中卷），中国人民大学出版社 2012 年版，第 13 页。

⑤ 赵文杰：《〈合同法〉第 94 条（法定解除）评注》，载《法学家》2019 年第 4 期。

⑥ 季立刚：《也论合同目的——兼论北京庄胜公司与信达投资公司纠纷一案二审判决》，载《北航法律评论》2017 年第 1 辑。

⑦ 崔建远：《论合同目的及其不能实现》，载《吉林大学社会科学学报》2015 年第 3 期。

⑧ 马忠法：《“合同目的”的案例解析》，载《法商研究》2006 年第 3 期。

⑨ 最高人民法院民事审判第二庭编著：《最高人民法院关于买卖合同司法解释理解与适用》，人民法院出版社 2012 年版，第 407 ~ 408 页。

⑩ 隋彭生：《合同法要义》，中国政法大学出版社 2003 年版，第 214 页。

也被称为拒绝履行或毁约。[①] 依据本项的规定，当事人拒绝履行的方式主要包括：（1）明示拒绝履行或称明示毁约，即当事人在合同履行期限届满以前，以明确、肯定的方式向对方当事人表示其将不履行合同。按照传统预期违约理论的观点，明示拒绝履行系违约方自愿地、肯定地向非违约方作出“清楚的”和“绝对的”拒绝履约意思表示而构成。[②]（2）默示拒绝履行或称默示毁约，是指当事人虽未向对方声明拒绝履行，但以自己实际行为客观地表示履行期限届满后其将不履行合同。“以行为表明不履行（主要）合同义务”，应当被解释为债务人通过行为以一种非常明确且肯定的方式表明自己主观上不愿再履行合同的情形，债务人通过自发且积极的行为造成合同不能履行的情形为其典型。[③]

尚值得注意的是，当事人期前拒绝履行时，对方当事人并不当然享有解除合同的权利。依据本项规定，当事人合同解除权的取得尚需对方拒绝履行的是合同主要债务为前提。所谓主要债务，是指债务人应当履行的最重要的义务，而不是一些次要的、附随的义务。[④] 主要债务并不仅限于合同的主给付义务，即便某项义务并不属于主给付义务，但与给付义务同样具有决定意义，亦可归为主义务。[⑤] 同时，无正当理由拒绝履行，已表明违约当事人完全不愿受合同拘束，实际上已剥夺了受害人根据合同所应得的利益，从而使其丧失了订立合同的目的。因此，受害人没有必要证明违约是否已造成严重的损害后果。[⑥] 而在当事人履行期限届满前拒绝履行合同主要债务时，赋予另一方当事人解除合同权利的意义在于使其可以提前摆脱合同关系的束缚，尽快寻求其他交易机会，是一种提升交易效率的积极体现。

其三，当事人一方迟延履行主要债务，经催告后在合理期限内仍未履行。

迟延履行，又称债务人迟延，是指债务人能够履行，但在履行期限届满时缺为履行债务的现象。[⑦] 一般认为，构成履行迟延，一是须有有效的债务存在；二是能够履行；三是债务履行期徒过而债务人未履行；四是债务人未履行不具有正当事由。[⑧] 其中，合同履行期限无疑是判断当事人是否构成迟延履行的重要标准。对此，如当事人双方有明确约定的，应依其约定。如果合同双方对履行期限没有

---

① 崔建远主编：《合同法》（第5版），法律出版社2010年版，第251页。
② 徐亚龙：《〈合同法〉预期违约阻却机制之建构评析》，载《现代法学》2004年第6期。
③ 陈韵希：《合同预期不履行的救济及其法理基础》，载《比较法研究》2017年第6期。
④ 唐德华、孙秀君主编：《合同法及司法解释条文释义》，人民法院出版社2003年版，第396页。
⑤ 李建星：《预期违约的制度内涵与类型扩展》，载《法治研究》2019年第5期。
⑥ 王利明：《合同法总则》（第2卷），中国人民大学出版社2003年版，第290页。
⑦ 刘凯湘：《合同法》，中国法制出版社2010年版，第369页。
⑧ 韩世远：《履行迟延的理论问题》，载《清华大学学报（哲学社会科学版）》2002年第4期。

约定或约定不明的，应当依据本法第511条第4项的规定，债务人可以随时履行，债权人也可以随时请求履行，但是应当给对方必要的准备时间。

迟延履行固然应当被视为对合同义务的违反，但却不应称为当然的合同解除事由。以合同关系的终止为结果，解除是一项严重的行为，如果允许债权人在债务人存在迟延履行时皆可得解除合同，则难免引致合同解除的泛滥，造成不必要的资源浪费。因此，依据本项的规定，当事人迟延履行可资作为法定合同解除事由尚需满足如下条件：（1）当事人迟延履行的需是合同的主要债务，而非次要的、附随债务。（2）对方当事人在迟延履行后作出催告，即向迟延履行的债务人发出请求履行债务的通知。（3）迟延履行的债务人经催告后在合理期限内仍未履行。其中，所谓“合理期限”，是指债务人作出履行准备与作出履行的必要期间。① 以域外立法例为参考，既可由债权人在催告中指定（如《日本民法典》第541条），也可由主管机关确定（《瑞士债法典》第107条），而从充分尊重当事人意思自治和合理平衡合同双方当事人的利益出发，较为合理的做法应是：“合理期限”原则上由当事人在履行催告中作出指定，在迟延履行的当事人就“合理期限”存在不同的意见并因此引发合同解除争议时，则应由司法机关根据合同履行的实际需要具体作出判定。而根据《最高人民法院关于审理商品房买卖合同纠纷案件适用法律若干问题的解释》第15条第1款的规定：“根据《合同法》第九十四条的规定，出卖人迟延交付房屋或者买受人迟延支付购房款，经催告后在三个月的合理期限内仍未履行，当事人一方请求解除合同的，应予支持，但当事人另有约定的除外。”

其四，当事人一方迟延履行债务或者有其他违约行为致使不能实现合同目的。

依学者所言，本项规定实质上是将根本违约作为合同法定解除制度的兜底条款。② 根本违约规则起源于英国，英国法在传统上区分合同的条件条款和保证条款。违反条件条款，系违反了合同法的重要的和根本性条款，非违约方有权解除合同并要求赔偿损失，而违反保证条款，系违反了合同次要或附加的条款，非违约方无权解除合同。③ 该项规则后为《联合国国际货物销售合同公约》所吸收，并对其他国家和地区的立法及学说产生不同程度的影响。根据《联合国国际货物销售合同公约》第25条的规定：“一方当事人违反合同的结果，如使另一方当事

---

① ［日］我妻荣：《债权各论》（上卷），徐慧译，中国法制出版社2008年版，第148页。

② 谢鸿飞：《合同法学的新发展》，中国社会科学出版社2014年版，第387页。

③ 伍治良：《根本违约判定标准功能之回归研究——兼评我国合同法相关规定之不足》，载《法律科学》2002年第3期。

人蒙受损害，以致实际上剥夺了他根据合同规定有权期待得到的东西，即为根本违反合同，除非违反合同一方并不预知而且一个同等资格、通情达理的人处于相同情况中也没有理由预知会发生这种结果。”其中，可预见性成为根本违约认定中的关键因素。

但是，中国的立法虽在一定程度上借鉴却并未完全采纳根本违约的规则，特别是没有将可预见性作为构成根本违约的要件，[①] 而是将“致使不能实现合同目的”作为因当事人相关违约行为而产生合同解除权的必要条件。由此形成两种合同解除制度在规范模式上的区别：根本违约，是从行为的角度看的，它是性质较为严重的违约行为；而合同目的不能实现，则是从后果的角度看的，它在描述违约行为导致的结果。[②] 而以实践来看，在不同的违约形态中，当事人违约行为所导致的结果存在着较大的差异，其是否能够达到“不能实现合同目的”也需具体结合实际情况加以斟酌。

就迟延履行致使不能实现合同目的而言，其主要发生在时间对合同目的实现具有重大甚至决定性影响的情形中。例如，在对时间性较强或市场行情波动较大的货物的买卖中，因当事人合同目的或履行利益的实现必须以对方当事人在特定期限内完成其履行行为为前提，而对方当事人的迟延履行无疑将对其合同利益的实现产生严重的影响，甚至导致其合同目的落空。此时，依据本项规定，直接赋予非违约方解除合同的权利，使其无须经过催告而得自行解除合同，自属应然。此外，对于并非特别强调履行期的合同，在迟延履行的情况下，只要迟延方未在允许的额外期限届满前履行合同，亦可以此作为根本违约，非违约方可解除合同。[③]

而所谓“其他违约行为”，则主要包括拒绝履行、不完全履行和不适当履行等违约形态。[④] 在实践中，对于当事人的这些违约行为是否导致合同目的不能实现，一般可以结合如下因素加以考虑：（1）违约部分的价值或金额与整体合同金额之间的比例关系；（2）违约部分对合同实现的影响程度；（3）违约的后果及损害能否得到修补等。[⑤] 而从违约行为所违反的义务类型来看，其亦不限于对合同主给付义务的违反。根据《最高人民法院关于审理买卖合同纠纷案件适用法律问题的解释》第 25 条的规定：“出卖人没有履行或者不当履行从给付义务，致使买

---

① 韩世远：《合同法总论》（第 4 版），法律出版社 2018 年版，第 664 页。

② 崔建远：《论合同目的及其不能实现》，载《吉林大学社会科学学报》2015 年第 3 期。

③ 韩世远：《根本违约论》，载《吉林大学社会科学学报》1999 年第 4 期。

④ 王利明：《合同法新问题研究》（修订版），中国社会科学出版社 2011 年版，第 560 ~ 561 页。

⑤ 最高人民法院民事审判第二庭编著：《最高人民法院关于买卖合同司法解释理解与适用》，人民法院出版社 2016 年版，第 409 ~ 470 页。

受人不能实现合同目的，买受人主张解除合同的，人民法院应当根据合同法第九十四条第（四）项的规定，予以支持。”

其五，法律规定的其他解除情形。

本项规定主要是针对合同法定解除事由的特别规范。本条前四项和末项对合同解除事由的具体列举属于法定解除权的一般规范，而除此以外，在本编第二分编（例如，第361条关于从物买卖合同解除的规定、第778条关于承揽人解除权的规定、第933条关于委托人和受托人任意解除权的规定等）、其他特别法（例如，《旅游法》第66条第3项关于旅行社解除权的规定、《保险法》第32条关于保险人解除权的规定、《劳动合同法》第39条第5项关于劳动合同解除事由的规定等）甚至是司法解释（例如，《最高人民法院关于审理商品房买卖合同纠纷案件适用法律若干问题的解释》第13条关于房屋质量问题严重影响正常居住使用时解除权的规定、《最高人民法院关于审理城镇房屋租赁合同纠纷案件具体应用法律若干问题的解释》第8条关于租赁房屋无法使用时承租人的解除权的规定、《最高人民法院关于审理买卖合同纠纷案件适用法律问题的解释》第2条等关于预约解除的规定等）中亦存在大量对合同解除事由的特别规定。这些特别规范并非仅仅是一般规范在特殊合同领域的具体化，还包括变更、扩张、限制甚至排除法定解除权一般规范的大量内容。而基于体系整合的需要，一般规范依然能发挥其在法律解释适用和理论梳理上的指引作用。①

其六，不定期继续性合同的“预告解除”。

本条第2款是对不定期继续性合同的“预告解除”的一般性规定。继续性合同，是指债的内容，非一次给付可完结，而是继续地实现，其基本特色系时间因素（Zeitmoment）在债的履行上居于重要的地位，总给付之内容系于应为给付时间的长度。② 常见的如租赁合同，保险合同，保管合同，仓储合同以及电、水、气、通信等的供应合同等。继续性合同一般具有无限延续性和不可耗损性，当事人在订立合同时若未定有期限或合同履行后未加以终止，则合同关系通常可无止境地延续而不消灭，此即无限延续性。③ 另外，继续性合同事实上还有一个特点，即合同债务的总量事先并不清楚，而是取决于合同的持续时间。④

继续性合同固然有维护合同关系安定性以保护当事人对合同继续的信赖、抑

① 陆青：《论法定解除事由的规范体系——以一般规范与特别规范的关系为中心》，载《华东政法大学学报》2015年第1期。

② 王泽鉴：《债法原理》（第1册），中国政法大学出版社2001年版，第132页。

③ 屈茂辉、张红：《继续性合同：基于合同法理与立法技术的多重考量》，载《中国法学》2010年第4期。

④ 韩世远：《继续性合同的解除：违约方解除抑或重大事由解除》，载《中外法学》2020年第1期。

制交易对方机会主义行为、提高交易安定性和促进投资等优点，但也存在诸如长期拘束个人自由、对将来不确定性风险分配的不均衡、难以适应事情变化以及容易滋生道德风险等弊端。[①] 尤其是在不定期继续性合同中，因缺乏外在的“休止符”，在时间上无休止地持续供给束缚，构成对个人变相奴役，与个人的自主决定权相冲突，赋予当事人单方解脱的权利颇显必要。[②] 继续性合同的预告解除，便是旨在使未定期间的继续性合同保有终期到来的机能，以防合同无止境地继续而产生的弊害。[③]

依据本款规定，对于“以持续履行的债务为内容的不定期合同”，当事人可以解除合同。解除权的享有和行使无须以合同双方约定或法律特别规定的事由出现为条件，就此而言，继续性合同的预告解除与本法第 787、939 条和《旅游法》第 65 条等特别规范所规定的合同任意解除颇具相似之处。但是，合同任意解除权多以信赖关系的丧失为其理论基础，解除方须证明特别信赖关系的丧失具有客观事实基础，并可归责于对方，方可不付代价地解除合同；[④] 而预告解除则旨在排除不定期继续性合同的永久束缚的可能性，当事人可随时行使合同解除权，一般不存在损害赔偿问题。考虑到继续性合同的特殊性，从平衡合同严守和个人自决两种基本价值的角度出发，对当事人解除权的行使需加以必要限制，即要求“当事人在合理期限之前通知对方后可以解除合同”，以便相对人有时间做出安排，适应新的情况。[⑤] 至于何谓“合理期限”，一方面，若特别法有明确规定的，如本法第 948 条第 2 款规定，“当事人可以随时解除不定期物业服务合同，但是应当提前六十日书面通知对方”，则应按法律规定执行；另一方面，对于法律没有明确规定，而当事人双方对此已有约定的，应当依当事人的约定确定；如果既无法律规定也无当事人约定的，则应结合个案的实际情况具体斟酌。根据《欧洲示范民法典草案》第Ⅲ－1：109 条第 2 款的规定，“在考虑通知的期间是否合理时，应考虑履行与对待履行之间的时间间隔”。

【关联规定】

《民法通则》第 153 条，《消费者保护法》第 24～25 条，《农村土地承包法》

---

① 王文军：《论继续性合同的解除》，载《法商研究》2019 年第 2 期。

② 吴奕锋：《论不定期继续性合同随时终止制度——兼评〈民法典合同编（二审稿）〉的规定》，载《中外法学》2019 年第 2 期。

③ 王文军：《论继续性合同的解除》，载《法商研究》2019 年第 2 期。

④ 武腾：《委托合同任意解除与违约责任》，载《现代法学》2020 年第 2 期。

⑤ ［德］迪特尔·梅迪库斯：《德国债法总论》，杜景林、卢谌译，法律出版社 2004 年版，第 391 页。

第24～25、35条，《城市房地产管理法》第16～17条，《保险法》第15～16、27、32、37、47、50～52、54、58条，《破产法》第18条，《劳动法》第24～32条，《劳动合同法》第四章，《旅游法》第63、65～68条，《拍卖法》第43条，《最高人民法院关于适用〈中华人民共和国合同法〉若干问题的解释（二）》第26条，《最高人民法院关于审理商品房买卖合同纠纷案件适用法律若干问题的解释》第8、12～14条，《最高人民法院关于审理买卖合同纠纷案件适用法律若干问题的解释》第25条，《最高人民法院关于审理旅游纠纷案件适用法律若干问题的解释》第12、113条，《最高人民法院关于审理外商投资企业纠纷案件适用法律若干问题的解释》第5、8、16～17条，《最高人民法院关于审理城镇房屋租赁合同纠纷案件具体应用法律若干问题的解释》第7～8条，《最高人民法院关于审理涉及国有土地使用权合同纠纷案件适用法律若干问题的解释》第4、6条

（撰稿人：雷震文）

第五百六十四条　【解除权行使期限】法律规定或者当事人约定解除权行使期限，期限届满当事人不行使的，该权利消灭。

法律没有规定或者当事人没有约定解除权行使期限，自解除权人知道或者应当知道解除事由之日起一年内不行使，或者经对方催告后在合理期限内不行使的，该权利消灭。

【释义】

本条是关于合同解除权行使期限的规定。

合同解除权为形成权，享有解除权的当事人可以基于自己的单方意志来决定合同是否解除，为合理平衡合同双方当事人利益，避免给交易带来严重的不确定，有必要对该项权利附以必要的限制，要求其必须在规定的期限内行使。①

对于本条规定，应作如下理解：

其一，关于解除权的期限限制主要适用于因当事人合同约定和法律规定事由出现而产生的解除权。协议解除以双方当事人的合意为基础，不存在解除权问题，自然不应受解除行使期限的限制。而法律特别规定的任意解除权和继续性合同的“预告解除”权，虽亦属形成权范畴，但其却实际大多随着在合同关系始

① 王利明：《合同法新问题研究》（修订版），中国社会科学出版社2011年版，第549页。

终，当事人可随时行使，原则上亦不受本条关于权利行使期限规定的限制。例如，按照本法第 797 条的规定，“定作人在承揽人完成工作前可以随时解除合同”。

其二，解除权行使期限属于除斥期间，应当适用关于除斥期间的一般规则。首先，就期间的起算而言，虽然不少学者以域外相关立法为借鉴，主张除斥期间应自权利成立时起算；[①] 最高人民法院在《关于审理商品房买卖合同纠纷案件适用法律若干问题的解释》第 15 条第 2 款的规定中对此也表示支持，提出“对方当事人没有催告的，解除权应当在解除权发生之日起一年内行使”；但是，以本法第 199 条与本条的规定来看，立法者并未采取此种立场，而是规定“除法律另有规定外，自权利人知道或者应当知道权利产生之日起计算”。据学者的分析，此种起算方法上的选择主要是基于利益关系考量的结果：如果适用除斥期间的权利尽管产生但其客观上处于产生后即无法行使的状态，机械地规定期间从开始产生时计算，无异于直接否定这种权利的存在；因此，在必要时，必须考虑起算时当事人的主观因素，使除斥期间像时效一样也可以从权利能够行使时开始计算。[②] 其次，除斥期间属于绝对不变期间，[③] 其是权利预设期间，以促进法律关系尽早确定为目的，没有中断的可能性，一般也不会发生中止，[④] 除法律中的利益衡量作出特别规定可作适当延长外，[⑤] 根据本法第 199 条的规定，不适用有关诉讼时效中止、中断和延长的规定。最后，从法律效果来看，根据本法第 199 条和本条的规定，期限届满当事人不行使的，该权利消灭，当事人不再享有仅凭其单方意思表示解除合同的权利。

其三，关于解除权行使期限的确定，法律已有明确规定或者当事人已作具体约定的，自应依其规定或从其约定，毋庸待言。以实践观察，对于法律规定应作扩大性的理解，将司法解释囊括其内。例如，根据《最高人民法院关于审理商品房买卖合同纠纷案件适用法律若干问题的解释》第 15 条第 2 款的规定，法律没有规定或者当事人没有约定，经对方当事人催告后，解除权行使的合理期限为三个月；对方当事人没有催告的，解除权应当在解除权发生之日起一年内行使。房屋买卖合同中，因对方迟延履行主要债务并经催告后的合理期间仍未履行时当事人享有的解除权的行使，也应受如上司法解释所规定的期限的限制。而在法律规

---

① 佟柔：《中国民法学·民法总则》（修订版），人民法院出版社 2008 年版，第 227 页；梁慧星：《民法总论》（第 4 版），法律出版社 2011 年版，第 247 页。

② 耿林：《论除斥期间》，载《中外法学》2016 年第 3 期。

③ 梁慧星：《民法总论》，法律出版社 2001 年版，第 268 页。

④ 石宏主编：《中华人民共和国民法总则条文说明立法理由及相关规定》，北京大学出版社 2017 年版，第 477 页。

⑤ 陈甦主编：《民法总则评注》，法律出版社 2017 年版，第 1440～1441 页。

定和当事人约定阙如时，则解除权行使期限的确定需根据对方当事人是否催告分别处理：（1）对方当事人未作催告的，该期限为“知道或者应当知道解除事由之日起一年内”；（2）对方已作催告的，则当事人解除权应在催告后的“合理期限”内行使。值得注意的是，此处所谓“合理期限”，主要是指权利人决定是否解除合同所需的必要准备时间，多属法律未有明确规定的事项，[①] 应当根据个案的具体情况加以确定，[②] 而在司法实践中，法院一般认定1年以内为合同解除权的合理期限。[③]

【关联规定】

《最高人民法院关于适用〈中华人民共和国合同法〉若干问题的解释（二）》第24条，《最高人民法院关于审理商品房买卖合同纠纷案件适用法律若干问题的解释》第15条，《最高人民法院关于审理城镇房屋租赁合同纠纷案件具体应用法律若干问题的解释》第16条

（撰稿人：雷震文）

第五百六十五条　【合同解除程序】 当事人一方依法主张解除合同的，应当通知对方。合同自通知到达对方时解除；通知载明债务人在一定期限内不履行债务则合同自动解除，债务人在该期限内未履行债务的，合同自通知载明的期限届满时解除。对方对解除合同有异议的，任何一方当事人均可以请求人民法院或者仲裁机构确认解除行为的效力。

当事人一方未通知对方，直接以提起诉讼或者申请仲裁的方式依法主张解除合同，人民法院或者仲裁机构确认该主张的，合同自起诉状副本或者仲裁申请书副本送达对方时解除。

---

① 法律对此已作明确规定，例如，根据《海商法》第97条的规定，出租人将船舶延误情况和船舶预期抵达装货港的日期通知承租人的，承租人应当自收到通知时起四十八小时内，将是否解除合同的决定通知出租人，则其应属法定的解除权行使期限。解除权期限长短只需依法律的规范判定即可，无须裁判者借由其自由裁量权加以斟酌。

② 江平主编：《中华人民共和国合同法精解》，中国政法大学出版社1999年版，第81页。

③ 高丰美、广宇合：《同解除权行使“合理期限”之司法认定——基于36份裁判文书的分析》，载《法律适用》2019年第22期。

【释义】

本条是关于合同解除程序的规定。

合同解除的条件只是解除的前提，条件具备时，合同并不当然且自动地解除。欲使合同解除，还必须经过一定的程序。[①] 而协议解除的实质是以一个新的合同解除原合同，合同解除协议生效则原合同关系即告终止。因此，协议解除的程序其实即解除协议成立和生效的过程，依循本法关于合同订立和生效的一般规则便可，无须法律另作特别规定。因此，本条主要是针对当事人基于本法第 562 条第 1 款和第 563 条规定而享有的合同解除权的行使方式和过程的规范。

对于本条规定，应作如下理解：

其一，合同解除权的行使方式包括通知和提起诉讼或者申请仲裁。

按照《法国民法典》第 1184 条第 3 项的规定，解除契约，应向法院提出请求。在法国法看来，当事人享有的合同解除权是合同债权效力的表现，它体现了公共意志，非经法院允许，任何人不得予以否定。[②] 但是，此种观点并未普获支持。按照多数国家立法（如《德国民法典》第 349 条、《日本民法典》第 540 条和我国台湾地区“民法”第 258 条）的规定，依契约或法律的规定，当事人一方有解除权时，其解除以相对人的意思表示进行。主流理论也以其作为形成权的基本属性为立足，认为解除权是一种依据法律规定或合同约定由当事人一方自行确定的自主权，[③] 解除权人在行使解除权时，只需要向对方作出意思表示即可产生效力。[④] 按照本条第 1 款的规定，当事人一方依法主张解除合同的，应当通知对方，即向对方作出解除合同的意思表示，无须对方同意，亦不以法院或仲裁机构的干预为必要。解除合同的意思通知原则上属于不要式行为，当事人可以以书面形式作出通知，也可以以口头方式作出通知。[⑤] 在学说解释上，提起解除合同并请求恢复原状或损害赔偿的诉讼、对对方的履行请求之诉提出抗辩，也可以构成解除的意思表示。[⑥] 但作为一种“单方需受领的意思表示”，[⑦] 通知需到达对方当事人时方可产生解除合同的法律效果。

---

① 崔建远主编：《合同法》（第 5 版），法律出版社 2010 年版，第 253 页。

② 尹田：《法国现代合同法》，法律出版社 2009 年版，第 342 页。

③ 朱广新：《合同法总则》（第 2 版），中国人民大学出版社 2012 年版，第 523 页。

④ 王利明：《合同法新问题研究》（修订版），中国社会科学出版社 2011 年版，第 563 页。

⑤ 王利明：《合同编解除制度的完善》，载《法学杂志》2018 年第 3 期。

⑥ 韩世远：《履行障碍法的体系》，法律出版社 2006 年版，第 318 页。

⑦ ［德］迪特尔·梅迪库斯：《德国债法总论》，杜景林、卢谌译，法律出版社 2004 年版，第 398 页。

但是，通知不应为解除合同的唯一方式。一方面，以通知方式解除合同，如行使不当极易导致权利的滥用，不仅徒添纷争，而且可能最终造成对方当事人的重大损失；[①] 另一方面，解除权人常常无法实际通知违约方，若将合同解除方式仅限于通知解除，解除权人面临着明知继续履行合同将遭受巨大损失，却仍然无法解除合同的困境。[②] 有鉴于此，本条第 2 款允许解除权人可不经通知程序，直接以提起诉讼或者申请仲裁的方式依法主张解除合同。当事人以此方式主张解除合同的，应构成确认之诉。法院对此纠纷作出的判决，只是确认或否认当事人解除合同的效力而已，而不是法院自己来决定合同是否解除以及发生合同解除效力的时间。[③] 因此，人民法院或者仲裁机构确认该主张的，合同自起诉状副本或者仲裁申请书副本送达对方时解除。

其二，以通知方式行使解除权可以附期限。

解除权的行使可否附期限或条件，在学说上存在较大争议。传统理论认为，形成权赋予权利人单方面对另外一个人的法律地位进行干预的权利，其相对人不应再受到附条件或附期限造成的悬而未决状态的不利影响。[④] 为了保护对方的合理信赖，维持法律关系和财产秩序的稳定，不应当允许解除权的行使附条件和期限。[⑤] 但亦有学者认为，只要是确定期限，便不会引发相对人的不利益，实际上等于行使解除的后果（恢复原状、损害赔偿）的义务履行延期，因而，对解除的意思表示可附确定的始期。[⑥] 持此观点的学者同时指出，“解除之意思表示虽得附始期，然不得附终期。唯其始期届至与否，为相对人所难知之不确定期限者，有使相对人蒙受不利益之虞，应解为不许附之”[⑦]。以此为虑，本条第 1 款中规定“通知载明债务人在一定期限内不履行债务则合同自动解除”，明确当事人以通知方式行使合同解除权时可附生效期限。而期限系使法律行为效力发生或者消灭，系于将来确定事实的附款，[⑧] 本身即法律行为的组成部分。因此，在当事人就合同解除附以始期的情形中，其行使解除权的单方法律行为实际已经作出，仅是碍于期限而未发生法律效力而已。如债务人在该期限内未履行债务，始期届至，解除行为生效，合同即告解除，而无须当事人再另作解除合同的意思表示。

---

① 杜晨妍、孙伟良：《论合同解除权行使的路径选择》，载《当代法学》2012 年第 3 期。

② 谢鸿飞：《合同法学的新发展》，中国社会科学出版社 2014 年版，第 417 页。

③ 薛文成：《论合同解除及合同解除权的行使》，载《东方法学》2008 年第 1 期。

④ ［德］迪特尔·梅迪库斯：《德国债法总论》，杜景林、卢谌译，法律出版社 2004 年版，第 639 ~ 640 页。

⑤ 王利明：《合同编解除制度的完善》，载《法学杂志》2018 年第 3 期。

⑥ 韩世远：《合同法总论》（第 4 版），法律出版社 2018 年版，第 667 页。

⑦ 史尚宽：《债法总论》，中国政法大学出版社 2000 年版，第 551 页。

⑧ 王泽鉴：《民法总则》（增订版），中国政法大学出版社 2001 年版，第 437 页。

其三，对方对解除合同有异议的，任何一方当事人均可以请求人民法院或者仲裁机构确认解除行为的效力。

解除合同对对方当事人的利益影响甚大。因此，虽可允许享有解除权的当事人以通知方式完成，但亦应为对方保留就当事人是否享有解除权以及解除权行使方式是否合法等提出异议的权利。而解除权异议制度旨在避免解除合同的效力长期处于不确定或不稳定状态。[①] 是以，依据本条规定，对方当事人对解除合同存有异议的，应当以提起诉讼或申请仲裁的方式提出。同时，合同是否解除亦可对解除行为当事人的利益产生影响。在解除权人通知相对人解除合同，而相对人对此不置可否，或者虽然提出异议，但却不请求人民法院或者仲裁机构确认解除合同的效力时，也不应排除解除权人另行提起诉讼或者仲裁，以确认解除合同的效力。[②] 本条规定以“任何一方当事人”作为请求人民法院或者仲裁机构确认解除行为效力的主体，对此持以肯定态度。

当事人因解除合同异议而提出诉讼或申请仲裁的，应属“确认之诉”。在此类诉讼或仲裁中，法院或仲裁的机构主要就合同解除是否具备法定或约定条件和解除程序是否合法（包括解除权行使是否超出法定或约定的期限、解除合同的意思表示是否明确并已到达对方当事人等）等问题展开司法审查，[③] 并对解除行为是否有效作出认定。如法院或仲裁机构最终确认解除合同有效，则根据前述“确认之诉”的特点，合同关系自当事人解除合同的通知到达对方时即解除。

值得一提的是，就主张合同异议是否应附期限，立法者在本条规定中并未明确。但是，司法机关对此抱以肯定态度。根据《最高人民法院关于适用〈中华人民共和国合同法〉若干问题的解释（二）》第24条规定，“当事人对合同法第九十六条、第九十九条规定的合同解除或者债务抵销虽有异议，但在约定的异议期限届满后才提出异议并向人民法院起诉的，人民法院不予支持；当事人没有约定异议期间，在解除合同或者债务抵销通知到达之日起三个月以后才向人民法院起诉的，人民法院不予支持”。据司法解释制定者的解释，作出如上规定的目的在于防止权利滥用，促使解除合同对方及时行使权利，使合同关系及早稳定下来。[④] 而有学者据此认为，如果相对人未在约定或法定的异议期间内提出异议，则法院仅需要对此做形式审查，即一旦发现存在逾期情形，就可以驳回相对人的异议，

---

① 贺剑：《合同解除异议制度研究》，载《中外法学》2013年第3期。

② 崔建远、吴光荣：《我国合同法上解除权的行使规则》，载《法律适用》2009年第11期。

③ 毕凯丽、赵昭：《合同解除“反向确认之诉”的司法审查要点——以希格玛电气（珠海）有限公司诉北京普驰电气有限公司合同纠纷案为例》，载《法律适用》2019年第12期。

④ 沈德咏、奚晓明主编：《最高人民法院关于合同法司法解释（二）理解与适用》，人民法院出版社2009年版，第176页。

而不必就解除权是否成立做实体审查。[①] 但是，驳回相对人因解除异议而主张的诉讼请求，并非意味着对其享有实体权利的否定。在解除行为实际无效的情形中，相对人依然可以基于行为人违法或违约解除合同的事实而请求其承担违约解除责任并赔偿损失。该项请求权不因解除异议期限届满而丧失。[②]

【关联规定】

《最高人民法院关于适用〈中华人民共和国合同法〉若干问题的解释（一）》第8条，《最高人民法院关于适用〈中华人民共和国合同法〉若干问题的解释（二）》第9条

（撰稿人：雷震文）

第五百六十六条　【合同解除的法律后果】 合同解除后，尚未履行的，终止履行；已经履行的，根据履行情况和合同性质，当事人可以请求恢复原状或者采取其他补救措施，并有权请求赔偿损失。

合同因违约解除的，解除权人可以请求违约方承担违约责任，但是当事人另有约定的除外。

主合同解除后，担保人对债务人应当承担的民事责任仍应当承担担保责任，但是担保合同另有约定的除外。

【释义】

本条是关于合同解除的法律后果的规定。

关于合同解除的法律后果，域外私法理论存在三种不同的观点：直接效果说认为，解除不仅是个人未履行的给付义务的消灭原因，也是整个契约的消灭原因，此说赋予解除权以溯及既往的效力，亦即契约经解除者，视为自始未成立，对于解除前已经履行的部分，应依不当得利返还；[③] 间接效果说则主张，解除并

---

① 王利明：《合同编解除制度的完善》，载《法学杂志》2018年第3期。

② 姚宝华：《再议合同解除异议期条款的适用——兼与张卓郁、孙闫同志商榷》，载《人民法院报》2012年12月22日，第7版。

③ 黄立：《民法债编总论》，中国政法大学出版社2002年版，第529页。

不能消灭债的关系，仅有阻止其效力的作用，因之未履行者，则发生拒绝履行的抗辩权，已履行者，则发生新的返还请求权；[①] 而按照折中说的观点，合同解除后，尚未履行的债务因契约解除而消灭，已经履行的债务并不消灭，而是发生新的返还债务。[②]

在我国大陆地区，围绕《合同法》第97条（即本条第1款）的理解与适用，学者间也存在不小的分歧。主流学说以该条法律关于“恢复原状”的规定为基础，认为我国立法采纳的是直接效果说的立场，[③] 承认合同的解除可以产生溯及既往的效果；[④] 但同时，亦有不少学者鉴于直接效果说对既有合同解除效力规则解释上的不完满，尤其是对违约责任兼容性的不足，转而支持折中说的立场，[⑤] 并以当前在德国法中占据主流地位的“清算关系说”为借鉴，[⑥] 认为解除并未使整体的债权有机体消灭，而是引起债务关系的改变即债务关系请求权类型的改变（即将债的内容变更为“清算关系”），[⑦] 当事人免除了原来的给付义务，同时产生了新的返还请求权。[⑧]

受不同学说的影响，我国法院对合同解除效果的判断似乎也颇显“踌躇”：在“新宇公司诉冯某商铺买卖合同纠纷案”中，江苏省南京市中级人民法院终审判决解除合同的同时，判决“新宇公司赔偿上诉人冯某逾期办理房屋权属登记过户手续的违约金及其他经济损失”；[⑨] 在“桂冠电力诉泳臣房地产买卖合同纠纷案”中，最高人民法院则判决认为，“合同解除的法律效果是使合同关系归于消灭，解除合同的后果，违约方的责任承担方式也不表现为支付违约金”；[⑩] 而在“仙源房产诉中大中鑫等股权转让纠纷案”中，最高人民法院则在确认仙源公司

---

① 郑玉波：《民法债编总论》（修订2版），中国政法大学出版社2003年版，第335页。

② 孙森焱：《民法债编总论（下）》，法律出版社2006年版，第631页。

③ 崔建远主编：《合同法》（第5版），法律出版社2010年版，第259页；陈小君主编：《合同法学》，高等教育出版社2003年版，第222页；余延满：《合同法原论》，武汉大学出版社1999年版，第493页。

④ 王利明：《合同法新问题研究》（修订版），中国社会科学出版社2011年版，第568页。

⑤ 韩世远：《合同法总论》（第4版），法律出版社2018年版，第674页。

⑥ Suter, Rechtsnatur und Rechtsfolgen des Vertragsrücktritt im Zusammenhang mit dem Schuldnerverzug, Schulthess Polygraphischer Verlag AG, 1991, S. 34ff；［德］迪特尔·梅迪库斯：《德国债法总论》，杜景林、卢谌译，法律出版社2004年版，第392页。

⑦ 申海恩：《论解除权效力之法理构成》，载《政法论丛》2010年第2期。

⑧ 许中缘、耿真、雷艳平：《法释义学视角下合同法定解除的损害赔偿》，载《中南大学学报（社会科学版）》2015年第1期。

⑨ 江苏省南京新宇房产开发有限公司与冯某房屋买卖合同纠纷案，载《最高人民法院公报》2006年第6期。

⑩ 广西桂冠电力股份有限公司与广西泳臣房地产开发有限公司房屋买卖合同纠纷案，载《最高人民法院公报》2010年第5期。

可以要求解除合同的同时，又支持其要求违约方支付违约金的请求。[①]

综合既有理论与实践，本条应做如下理解：

其一，合同解除后，尚未履行的，终止履行。

合同解除旨在使双方当事人得以摆脱既有合同关系的束缚，因而，对于解除时尚未履行的部分，应当终止履行，自是合同解除效力的题中之义，如上学说虽立场各有不同，但对此却未有异议。而所谓“终止履行”其内涵不外乎有二：（1）债务人得以免除其依原合同继续履行给付的义务；（2）对于合同解除后，债务人继续按照原合同做出给付的，债权人有权拒绝受领。

其二，合同解除后，当事人可否就已履行部分请求恢复原状需根据合同的履行情况和合同性质而定。

“恢复原状”是指当事人应恢复到合同订立前的状态。对此，直接效果说和清算关系说皆抱以肯定态度。而且，在恢复原状的内容上，持清算关系说的学者认为其主要包括“标的物的返还”“利息、果实及使用利益的返还”“标的物不能返还时的价格返还”等；[②] 赞成直接效果说的学者则主张，“恢复原状”的内容限于“原物返还”，价值形态的回复或者不当得利的返还应该属于“采取其他补救措施”的范畴。[③] 二者虽略有不同，但在既有裁判未对“恢复原状”和“其他补救措施”作出严格区分的背景下，[④] 其实际效果也并无太大区别。清算关系说与直接效果说的分析首先体现在对恢复原状请求权性质理解的不同上：前者将其视为一种新返还债务；[⑤] 后者则以解除导致合同关系溯及既往地消灭，且我国法律以承认物权行为独立性和无因性为由，认为给付人要求受领人返还给付物的权利属于物权返还请求权。[⑥] 而就此而论，直接效果说的观点无疑更有利于给付方，更符合恢复原状的本旨。[⑦]

恢复原状难免令当事人因合同部分履行而确立的法律关系再生变动，甚至在某些合同解除的情形中，强求恢复原状的效果，非但于双方当事人无益，反而徒增其负担。因此，既有学说大多主张对恢复原状在合同解除中的适用加以必要限制。本条第 1 款关于“根据履行情况和合同性质”的规定，即此种思想的集中体

---

① 广州市仙源房地产股份有限公司与广东中大中鑫投资策划有限公司等股权转让纠纷案，载《最高人民法院公报》2010 年第 8 期。

② 韩世远：《合同法总论》（第 4 版），法律出版社 2018 年版，第 684 页。

③ 冉克平：《民法上恢复原状的规范意义》，载《烟台大学学报（哲学社会科学版）》2016 年第 2 期。

④ 陆青：《合同解除效果与违约责任》，载《北方法学》2012 年第 6 期。

⑤ 郑玉波：《民法债编总论》（修订 2 版），中国政法大学出版社 2003 年版，第 338 页。

⑥ 崔建远主编：《合同法》（第 5 版），法律出版社 2010 年版，第 262 页。

⑦ 冉克平：《论违约解除后的责任承担》，载《法律科学》2013 年第 5 期。

现。而因清算关系说与直接效果说对“恢复原状”性质理解的不同，二者对适用限制条件的解释亦颇有不同。其中，持清算关系说的学者将“其他补救措施”包含在内，对恢复原状作广义理解，也较大程度地放宽了对其适用的限制，认为所谓“根据履行情况”，即指合同是否履行，而所谓根据“合同性质”，即区分一时的合同与继续性合同，唯继续性合同被解除的，或无恢复原状的可能性，或不宜恢复，故通常不产生恢复原状义务。[①] 直接效果说则将恢复原状视为合同解除具有追溯力的直接体现，主要对恢复原状的适用作出更为严格的限制：（1）以合同的性质来看，除继续性合同的解除不适用恢复原状的规则外，[②] 以行为为标的的合同，因难以用同样的劳动者和同质量的劳务返还，承认对其合同解除的追溯力并无实际意义；[③] 对于涉及第三人利益的合同（如委托合同），如承认其解除具有溯及力，则将会使代理人或受托人所从事的行为失去效力，众多第三人遭受不测损害之危险，且损害无从预料，影响社会经济秩序的稳定，[④] 以域外经验为参考，[⑤] 故对此类解除合同后的恢复原状请求也不应支持。（2）所谓根据履行情况，是指根据履行部分对债权人的影响，如果债权人的利益不是必须通过恢复原状才能得到保护，不一定采用恢复原状；[⑥] 同时，以域外的司法实践来看，只要合同的客体不是统一、不可分的一项给付，而是包含了多个独立物体，并且在同其他合同项下标的分离后依然能够保持各自独立的经济功能，则即便非继续性合同也存在部分解除的可能。[⑦]

其三，由合同解除所生的损失赔偿范围原则上应以信赖利益为限。

合同解除与损害赔偿的关系一直是民法理论与实践中颇具争议的问题。域外立法就曾对此存有三种不同立场：（1）以原《德国民法典》第 325、326 条为代表的立法例认为，[⑧] 合同解除与损害赔偿互相排斥，当事人只能择一主张；（2）以《德国债法现代化法》第 252 条、《法国民法典》第 1184 条第 2 项、《日本民

---

① 韩世远：《合同法总论》（第 4 版），法律出版社 2018 年版，第 674 ~ 675 页。

② 王文军：《论继续性合同的解除》，载《法商研究》2019 年第 2 期。

③ 胡康生主编：《中华人民共和国合同法释义》（第 3 版），法律出版社 2013 年版，第 183 页。

④ 袁小梁：《析合同解除的三点争议》，载《法律适用》2004 年第 2 期。

⑤ 例如，《日本民法典》第 545 条第 1 款规定：“当事人之一方行使解除权时，各当事人对其相对人负原状恢复义务，但不得有害第三人之权利。”

⑥ 胡康生主编：《中华人民共和国合同法释义》（第 3 版），法律出版社 2013 年版，第 182 页。

⑦ 陆青：《意大利法中的违约解除效果实证考察》，载《法学》2010 年第 5 期。

⑧ 《德国民法典》第 325 条规定，因可归责于债务人的原因造成双务合同部分或全部履行不能的，债权人有权解除合同或者请求赔偿损失；第 326 条规定，双务合同一方履行迟延，另一方予以迟延方宽限期后迟延方仍未在合理的宽限期内履行债务，另一方有权解除合同或者请求赔偿损失。

法典》第545条第3项等为代表的立法例主张,[①] 合同解除与违约损害赔偿可以并存，合同解除后赔偿损失的范围可及期待利益（或履行利益）；（3）而以《瑞士债法典》第109条为代表的立法例则规定，债权人可请求债务人对其因为合同解除而遭受的损失进行赔偿，即将损害赔偿范围限于信赖利益的范畴。[②]

当前，合同解除与损害赔偿互相排斥的立场已为各国立法所抛弃。本条第1款规定，合同解除后，当事人除可对未履行部分终止履行，就已履行部分请求恢复原状外，“并有权请求赔偿损失”，对二者并存亦持以肯定态度。但是，因本条未对损失赔偿的范围作出明确规定，学者难免对此多存疑惑。例如，有域外学者指出，既然当事人选择了合同解除，就说明当事人不愿意履行合同，非违约方就不应该得到合同在完全履行的情况下所应当得到的利益，也就是说不应该考虑可得利益的赔偿问题。[③] 而以周延对债权人的保护为考虑，按照我国多数学者和裁判的观点，在解除合同时，赔偿范围不但包括债务不履行的损害，而且还包括可得利益的损失。[④] 清算关系说对此便颇持肯定态度，认为“既然解除并未使合同消灭，则解除与期待利益赔偿并无排斥性可言”,[⑤] 并指讦直接效果说因强调合同解除后合同关系消灭，难以为债务不履行的损害赔偿提供符合法律逻辑的基础。[⑥] 而持主观说的学者则以合同债权与违约损害赔偿债权间主要是基于二者联系（而非因法律事实的同一）而具有同一性为由,[⑦] 回应了清算关系说对其的批评，并对因违约合同解除时当事人请求履行利益的赔偿表达支持态度。可以说，在此问题上，直接效果说和清算关系说对此问题的基本态度是一致的：合同解除的损害赔偿的范围可及于履行利益的损害。[⑧]

---

① 例如，《法国民法典》第1184条规定：“双务合同当事人一方不履行其债务时，应视为有解除条件的约定。在此情况，合同并不当然解除。债权人有选择权：或如有可能履行合同时，要求他方履行合同，或者解除合同而请求赔偿损害。”

② 《瑞士债法》第109条规定：“解除契约的一方当事人，得拒绝履行对待给付，如已为给付，得请求返还。此外，解约人得请求赔偿因契约解除而发生的损害，但债务人能证明其不存在任何过错的，不在此限。”

③ Gareth Jones：the Recovery of Benefits Gained From a Breach of Contract，99 Law Q. Rev，1983，P. 443，转引自陈坚：《论我国合同解除后的期待利益保护》，载《法律适用》2012年第8期。

④ 史尚宽：《债法总论》，中国政法大学出版社2000年版，第562页；杨立新：《合同责任研究》，载《河南政法管理干部学院学报》2000年第2期；吕伯涛：《适用合同法重大疑难问题研究》，人民法院出版社2001年版，第156页；高苹：《合同解除后的损害赔偿问题浅析》，载《法学杂志》2006年第1期；江苏省南京市中级人民法院（2004）宁民四终字470号民事判决书，载《最高人民法院公报》2006年第6期。

⑤ 张金海：《论合同解除与违约损害赔偿的关系》，载《华东政法大学学报》2012年第4期。

⑥ 许中缘、耿真、雷艳平：《法释义学视角下合同法定解除的损害赔偿》，载《中南大学学报（社会科学版）》2015年第1期。

⑦ 崔建远：《解除效果折衷说之评论》，载《法学研究》2012年第2期。

⑧ 谢鸿飞：《合同法学的新发展》，中国社会科学出版社2014年版，第409页。

但尚需特别指出的是，以上学者对合同解除损害赔偿范围的讨论大多是以因违约而导致的损害赔偿为对象而展开的。甚至按照我国台湾地区学者的观点，“契约解除，如非基于债务不履行者，固不当然发生损害赔偿”。[①] 而以本法第562条和第563条的规定来看，导致合同解除的原因是多样的，当事人违约或许是实践中最为常见的事由，但却并非导致合同解除的唯一原因。因此，作为对合同解除法律效果的一般性规定，对本条第1款所规定的“赔偿损失”不宜泛化理解为对合同履行利益的损害的救济。例如，对合同协议解除的情形若当事人对损害赔偿范围已有约定，则应依其约定处理，自不必说；即便约定阙如，也不应当然地将损害赔偿理解为对履行利益损害的赔偿。而在合同任意解除的情形中，诚如学者所言，对于存在（真正的）任意解除权的委托合同，如果以赔偿对方可得利益的损失为退出合同关系的代价，那就是通过间接方式迫使当事人不得自由退出，与这类交易的性质相冲突，甚至可能损害当事人的核心自由。[②]

以“恢复原状”为原则，合同解除的效果主要在于使当事人回复至合同订立前的状态。[③] 是以，作为合同解除一般法律后果的“损失赔偿”应主要以对无过失一方信赖利益的损失为限，[④] 否则，难免存在“允许原告将一种亏本交易的风险转嫁给被告”之嫌。[⑤] 而所谓信赖利益的损害，主要是指当事人因相信合同能够履行而却因合同被解除遭受的损失。其主要包括三方面内容：（1）订立合同所支出的费用；[⑥]（2）因相信合同能够履行而作准备所支出的必要费用；（3）合同机会的损失，是指守约方因信赖违约方能够履行合同而失去同他人订立合同的机会所造成的损失。[⑦]

其四，因违约而致的合同解除可与违约责任并存。

虽然，如前文所述，对于合同解除后当事人是否仍需就其违约行为承担违约责任，我国司法裁判的观点曾出现不小分歧。但是，以既有理论为检讨，无论是直接关系说抑或清算关系说皆对此抱以积极肯定的立场。在清算关系说看来，合

---

① 邱聪智：《新订民法债编通则》（下），中国人民大学出版社2004年版，第361页。

② 武腾：《委托合同任意解除与违约责任》，载《现代法学》2020年第2期。

③ 王利明：《合同法新问题研究》（修订版），中国社会科学出版社2011年版，第573页。

④ 蔡立东：《论合同解除制度的重构》，载《法制与社会发展》2001年第5期。

⑤ 李永军：《合同法》（第3版），法律出版社2010年版，第554页。

⑥ 唐德华、孙秀君主编：《合同法及司法解释条文释义》，人民法院出版社2003年版，第409页。

⑦ 苏志甫：《合同解除损害赔偿问题研究——兼论合同第97条的适用与完善》，载《人民司法·应用》2009年第19期。作者将守约方已经履行合同义务时，违约方因拒不返还或无法返还时给守约方造成的损失；守约方已经受领违约方的给付物时，因返还和保管给付物而支出的必要费用等也列入信赖利益损失的范畴，但因笔者在对“恢复原状”和“其他补救措施”的论述中，已就此展开论述，故在此不再赘言。

同解除并未使合同关系溯及既往地消灭，只是发生终止尚未履行的合同义务，发生返还性债务关系的效果，违约方应当对其违约行为承担损害赔偿责任，自属当然。① 而虽常被前说以合同既已解除，损害赔偿“毛将焉附”为攻讦，② 但直接效果说却也在证明合同解除与违约责任兼容关系方面作出颇多努力。除上文提到的合同债权与违约损害赔偿债权同一性的理论外，直接效果说学者援以为此提供支持的理由主要包括：（1）尽管合同因为解除而不复存在，但因为合同被解除的原因是一方违约，非违约方要求违约方承担的责任，是违约解除以前，因违约方违约而应承担的责任；③ （2）合同的内容包括原始性权利义务和救济性权利义务，合同解除的是合同中的原始性权利义务，不涉及救济性权利义务；④ （3）合同解除是一方违约所导致的结果，该种责任与违约责任无异，只是通过合同解除制度的外表实现违约责任的追究；⑤ 等等。

在适用本条第2款时应当注意，首先，合同解除与违约责任并存的前提“合同因违约解除”，是以，其主要适用的范围是本法第563条第2、3项和第4项规定合同因当事人预期违约、迟延履行或者有其他违约行为导致的合同解除的情形；而因合同约定解除或因不可抗力导致合同目的不能实现而导致的合同解除、当事人行使任意解除权的合同解除等情形中，如合同解除与违约行为无关，原则上不存在违约责任适用的空间；而在合同协议解除的情形下，如当事人未就违约责任作出约定，依学者的观点，法院在裁判时应当审查当事人提出解除合同的事由是否符合法定解除或约定解除事由，如符合且解除人未明确放弃损害赔偿请求权的，应不影响其另行向违约方主张损害赔偿。⑥

其次，对本条第2款规定的“违约责任”应作广义理解，除实际履行与解除本旨相悖而不适用外，原则上包含本编第八章规定的责任方式，主要包括：（1）本法第585条规定的“违约金”责任。对此，《最高人民法院关于审理买卖合同纠纷案件适用法律问题的解释》也有明确的规定。根据该司法解释第26条规定，“买卖合同因违约而解除后，守约方主张继续适用违约金条款的，人民法院应予支持；但约定的违约金过分高于造成的损失的，人民法院可以参照合同法第一百一十四条第二款的规定处理”。（2）违约损害赔偿。按照学者的观点，“合同法第97条（即本条）的‘赔偿损失’并非因解除而生的独立的损害赔偿请求权。在

---

① 朱广新：《合同法总则》（第2版），中国人民大学出版社2012年版，第530页。

② 谢鸿飞：《合同法学的新发展》，中国社会科学出版社2014年版，第407页。

③ 王利明：《合同法新问题研究》（修订版），中国社会科学出版社2011年版，第572页。

④ 薛孝东：《合同解除的标的新论》，载《甘肃政法学院学报》2004年第2期。

⑤ 陈坚：《论我国合同解除后的期待利益保护》，载《法律适用》2012年第8期。

⑥ 粟娟：《合同解除所生损害赔偿研究》，载《人民司法》2007年第2期。

违约导致合同解除的场合，当事人可依据《合同法》第107条（即本法第577条）主张履行利益的损害赔偿。除行使任意解除权外，当事人原则上只能依据《合同法》第42条（即本法第500条）的缔约过失责任规范来主张信赖利益损害赔偿”[①]。因此，在因违约而导致合同解除的情形中，作为例外，守约方可以依法请求履行利益的损害赔偿。但是，亦有学者特别指出，在因对方预期违约，当事人解除合同的情形中，如果允许在解除合同后的损害赔偿中包括可得利益的损失，使解除合同方无须履行合同主要义务却能获得合同利益，这将与民法的公平原则相背离。[②] 此种观点是否合理尚值得商榷。[③] 当然，在具体损害计算时，应当适用差额计算的方法，债权人可请求赔偿的是其对等给付的金钱价值与债务人给付的金钱价值之差额。[④] 而遇有当事人约定的违约金不足以弥补或明显超出一方违约造成的损失时，则应当依据本法第588条和《最高人民法院关于适用〈中华人民共和国合同法〉若干问题的解释（二）》第28、29条的规定适当作出调整。

其五，主合同解除并不当然免除担保人的担保责任。

我国关于合同解除与担保责任关系的规定首见于《最高人民法院关于适用〈中华人民共和国担保法〉若干问题的解释》。该司法解释第10条规定，“主合同解除后，担保人对债务人应当承担的民事责任仍应承担担保责任。但是，担保合同另有约定的除外”。司法解释的制定者并未对如此规定理由作出详细说明，只是强调此乃世界各国立法的普遍做法。[⑤] 对此，若以清算关系说的观点或许不难解释，因为合同解除并非导致合同关系的消灭，因此，担保人对其承担的担保责任自然依然有效。[⑥] 但是如依直接效果说的逻辑，对原合同设立的担保债务，于合同解除后因主债务的消灭而消灭，如此将使解除后的返还义务失去担保，[⑦] 难免遇到理论解释上的困境。对此，持直接效果说的学者认为，合同解除即使具有溯及力，也不影响违约责任的存在，并且该责任关系与原合同关系具有同一性；

---

① 陆青：《合同解除效果与违约责任——以请求权基础为视角之检讨》，载《北方法学》2012年第6期。

② 徐拥军、徐溯：《试论预期违约合同解除后的赔偿责任》，载《上海师范大学学报（哲学社会科学版）》2005年第4期。

③ 曾凡昌：《解除原因视角下的合同解除损害赔偿范围研究》，载《西南政法大学学报》2011年第2期。

④ 张金海：《论合同解除与违约损害赔偿的关系》，载《华东政法大学学报》2012年第4期。

⑤ 李国光主编：《〈最高人民法院关于适用中华人民共和国担保法若干问题的解释〉理解与适用》，吉林人民出版社2000年版，第79页。

⑥ 韩世远：《合同法总论》（第4版），法律出版社2018年版，第682~683页。

⑦ 陆青：《合同解除效果与违约责任——以请求权基础为视角之检讨》，载《北方法学》2012年第6期。

既然有同一性，那么原合同关系上存在的担保继续存在于责任关系上。①

在合同解除后，要求担保人对债务人应当承担的民事责任承担担保责任需要满足两个基本的条件：一是债务人应当承担民事责任，即不免责；二是债务人承担的民事责任在担保人的担保范围之内。② 对于主合同因债权人一方的原因而解除的；主合同因解除而未履行，担保范围内的债权未发生的；主合同因解除，被担保的风险未出现的；合同解除后，债务人自愿对债权人承担补偿责任且该补偿不属于担保范围的，担保人不承担担保责任。③

对于担保人的担保范围，司法机关的观点认为，合同解除后，担保人承担的担保责任，其范围以债务人责任范围和担保人原担保合同约定的担保范围为限。④ 而持直接效果说的学者则指出，"恢复原状"属于对原物的返还，性质上属于物权请求权，没有担保的必要；担保人仅需对原债务的转化形态和金钱性的价值返还即"赔偿损失"和"采取补救措施"承担担保责任。⑤

当然，依据本条第 3 款的规定，对于合同解除中的担保责任，允许当事人采取约定的方式予以排除。而按照司法裁判的观点，所谓"另有约定"是指在主合同解除的情形下，担保合同中关于担保人免责或担保人仍承担担保责任范围的约定，并非指此时担保人仍按原主合同约定的履行期限来承担担保责任。⑥

【关联规定】

《保险法》第 47 条，《最高人民法院关于审理旅游纠纷案件适用法律若干问题的解释》第 12 条

（撰稿人：雷震文）

第五百六十七条 【结算条款、清理条款效力的独立性】合同的权利义务关系终止，不影响合同中结算和清理条款的效力。

---

① 崔建远：《解除权问题的疑问与释答》（下篇），载《政治与法律》2005 年第 4 期。

② 曹士兵：《中国担保诸问题的解决与展望——基于担保法及其司法解释》，中国法制出版社 2001 年版，第 60 页；郭明瑞、房绍坤、张平华：《担保法》（第 2 版），中国人民大学出版社 2008 年版，第 25 页。

③ 曹士兵：《中国担保制度与担保方法》（第 3 版），中国法制出版社 2014 年版，第 100～101 页。

④ 李国光主编：《〈最高人民法院关于适用中华人民共和国担保法若干问题的解释〉理解与适用》，吉林人民出版社 2000 年版，第 81 页。

⑤ 冉克平：《论违约解除后的责任承担》，载《法律科学》2013 年第 5 期。

⑥ 江苏省高级人民法院（2010）苏商外终字 0028 号。

【释义】

本条是关于合同结算和清理条款的效力不因合同终止而终止的规定。

结算条款就是关于采取哪种方式结算的约定;[①] 而所谓清理条款，是指当事人关于对债权债务进行清点、估价和处理的约定。[②] 一般认为，合同终止仅仅终止合同的履行效力,[③] 但并不会因此而令合同中的结算和清理条款失去效力。因为，从理论上讲，合同清理结算条款与合同争议解决条款类似，本身并不承载主合同义务，而是一种类似第二性义务的约定，与主合同义务不属于同一层次，故从法理上具有一定的独立性，不附随着主合同的解除而解除。[④] 而且，就其功能而言，结算和清理条款是为合同终止而事先约定的，具有独立的效力，不因合同的终止而失去效力。否则，这种约定将变得毫无意义。[⑤]

虽然，结算和清理条款的效力问题常见于合同解除的情形。而且，在既有的理论探讨中，有部分学者曾将违约金条款理解为结算与清理条款，以期通过《合同法》第 98 条（即本条）的规定达到合同解除与违约金责任可以同时适用的目的。[⑥] 甚至，最高人民法院在《关于当前形势下审理民商事合同纠纷案件若干问题的指导意见》第 8 条的规定中也指出，“合同解除后，当事人主张违约金条款继续有效的，人民法院可以根据合同法第九十八条的规定进行处理”。但是，本条关于“合同的权利义务关系终止”的规定却并不仅限于合同解除的情形，而是普遍适用于本法第 557 条规定的因债务已经履行、抵销、提存、免除、混同和其他法律规定或当事人约定而导致合同债权债务终止的情形。而且，不少学者对违约金条款作为结算与清理条款的“身份”提出了质疑,[⑦] 认为违约金条款不符合结算和清理条款的定义；其所规定的违约金责任只是替代或补充合同关系的法律关系，违约金条款本身没有了断当事人间的债权债务关系；当事人对于违约金条

---

① 根据中国人民银行《支付结算办法》的规定，结算的方式主要有：(1) 银行汇票结算；(2) 商业汇票结算；(3) 银行本票结算；(4) 支票结算；(5) 汇兑结算；(6) 托收承付；(7) 委托收款；(8) 信用证结算；(9) 信用卡结算。

② 崔建远：《违约金的边缘问题》，载《江汉论坛》2015 年第 11 期。

③ 江平主编：《中华人民共和国合同法精解》，中国政法大学出版社 1999 年版，第 83 页。

④ 翟寅生：《买卖合同解除的原物返还请求权及其抗辩》，载《人民司法·应用》2014 年第 1 期。

⑤ 隋彭生：《合同法要义》，中国政法大学出版社 2003 年版，第 273 页。

⑥ 张驰：《违约责任条款地位论》，载《法学》2004 年第 12 期；柳经纬主编：《债法总论》，北京师范大学出版社 2011 年版，第 287 页；韩世远：《合同法总论》（第 4 版），法律出版社 2018 年版，第 670 页。

⑦ 蔡恒：《论合同解除与违约金责任的适用关系》，载《华北电力大学学报（社会科学版）》2016 年第 3 期；姜强：《租赁合同解除后迟延履行违约金的计算》，载《人民法院报》2008 年 6 月 19 日，第 6 版。

款的约定没有显示出其据此而了断债权债务、终止合同的意思。[①] 因此，违约金条款并不属于结算与清理条款的范畴。

【关联规定】

《仲裁法》第 19 条

（撰稿人：雷震文）

第五百六十八条　【法定抵销】当事人互负债务，该债务的标的物种类、品质相同的，任何一方可以将自己的债务与对方的到期债务抵销；但是，根据债务性质、按照当事人约定或者依照法律规定不得抵销的除外。

当事人主张抵销的，应当通知对方。通知自到达对方时生效。抵销不得附条件或者附期限。

【释义】

本条是关于法定抵销的规定。

抵销，即合同双方当事人互负债务时，各自用其债权来充当债务的清偿从而使其债务与对方的债务在对等数额内相互消灭。[②] 其中，提出抵销一方当事人享有的债权，成为主动债权；而被抵销的债权，则称为被动债权。抵销依其发生的根据不同，可分为法定抵销与合意抵销。而法定抵销，又称狭义的抵销，则是指在符合法律规定的条件时，依一方当事人意思而发生的抵销。

抵销的效力在于使双方债务（或债权）在对等数额内相互消灭，其实质上属于债务清偿的一种替代方法。[③] 但与清偿不同，抵销无须当事人依约做出具体的给付行为，不但可以减轻双方当事人的实际履行负担，而且能够有效地避免因履行不能、履行迟延或履行不当等引起的纠纷，降低交易费用，提升交易效率。同时，抵销使任何一方当事人可以在没有诉讼、判决和国家强制执行的情况下，实

① 崔建远：《违约金的边缘问题》，载《江汉论坛》2015 年第 11 期。

② 江平主编：《中华人民共和国合同法精解》，中国政法大学出版社 1999 年版，第 83 页。

③ 朱广新：《合同法总则》（第 2 版），中国人民大学出版社 2012 年版，第 446 页。

现自己对他人享有的债权,[①] 具有一定的债权保护功能。尤其是遇有抵销相对人给付能力欠缺（如濒临破产）的场合，当事人可以在满足法定条件时，主张以对相对人享有的债权抵销其所欠相对人的债务的方式确保其债权的实现,[②] 足见抵销亦可起到一定的债权担保功能。

对本条规定，应当理解如下：

其一，法定抵销的积极条件。

首先，双方当事人互负债务。抵销的法律效果是使双方当事人的债务在对等数额内互相消灭，因此，其首先需以双方当事人互负债务（即任何一方当事人对对方负担债务并享有债权）为前提。基于保证抵销权分配公平和维护第三人的债权人的利益考虑，原则上不允许当事人以第三人的债权（即便取得该第三人同意）主张抵销。[③] 当然，以目前的理论与实践来看，对此亦有若干例外：（1）在债权让与中，依据本法第549条规定，如有下列情形则债务人可以向受让人主张抵销：①债务人接到债权转让通知时，债务人对让与人享有债权，并且债务人的债权先于转让的债权到期或者同时到期；②债务人的债权与转让的债权是基于同一合同产生。（2）保证债务中，债权人向保证人请求给付时，保证人可以就主债务人对债权人所享有的债权提起抵销的抗辩。[④]（3）在连带债务中，连带债务人以其他连带债务人对于债权人的债权，就其应分担部分为限，得主张抵销。[⑤]

其次，双方债务的标的物种类、品质相同。我国台湾地区学者指出，双方债务须为同种给付，始能抵销，否则给付种类不同，则一方面，各具其经济目的，抵销必难达成其目的；另一方面互负其经济价值，抵销必难期其公平。[⑥] 其中，所谓“种类相同”，意味着抵销的适用应以种类之债为限，实践中，尤以金钱之债为常见。而即便是金钱给付为内容的债务，鉴于国家外汇管制制度的约束、汇率计算的复杂性以及当事人约定以特殊币种结算的特殊目的，依学者的观点，不同币种的金钱债务属于不同种类的债务，不应发生抵销权。[⑦]“品质相同”，则是

① ［德］迪特尔·梅迪库斯：《德国债法总论》，杜景林、卢谌译，法律出版社2004年版，第207页。

② 《企业破产法》第40条规定：“债权人在破产申请受理前对债务人负有债务的，可以向管理人主张抵销。但是，有下列情形之一的，不得抵销：（一）债务人的债务人在破产申请受理后取得他人对债务人的债权的；（二）债权人已知债务人有不能清偿到期债务或者破产申请的事实，对债务人负担债务的；但是，债权人因为法律规定或者有破产申请一年前所发生的原因而负担债务的除外；（三）债务人的债务人已知债务人有不能清偿到期债务或者破产申请的事实，对债务人取得债权的；但是，债务人的债务人因为法律规定或者有破产申请一年前所发生的原因而取得债权的除外。”

③ 崔建远主编：《合同法》（第5版），法律出版社2010年版，第272页。

④ 王利明：《合同法总则》（第2卷），中国人民大学出版社2003年版，第363页。

⑤ 崔建远主编：《合同法》（第5版），法律出版社2010年版，第272页。

⑥ 郑玉波：《民法债编总论》，中国政法大学出版社2004年版，第513页。

⑦ 韩世远：《合同法总论》（第4版），法律出版社2018年版，第704页。

指标的物的质量、规格、等级无差别。[①] 例如，相同产地、年份、等级的大米。另值得注意的是，以域外理论和立法实践来看，[②] 除标的物的种类和品质外，履行的地点也被视为影响抵销的重要因素。譬如，按照欧洲私法学者协会起草的《欧洲合同法典》第 132 条第 5 款的规定，双方互负的债务根据合同的约定应在各自不同的地点履行的，除债权人对在原定地点履行债务具有合理利益因而反对抵销的外，应将前往履行地点所需的运输成本计算在内。[③] 我国学者认为，本法对此未作明文规定，但解释上不妨如此认为。[④]

最后，抵销相对人的债务必须为到期债务。抵销具有相当于清偿的作用，故应在双方的债务均届清偿期时，始得抵销。[⑤] 是以，按照我国《合同法》第 99 条规定抵销须以“当事人互负到期债务”为前提。但是，如果当事人以其已届清偿期的债权抵销相对人尚未到期的债权的，则实际属于对其期限利益的抛弃，在无相反的法律规定或当事人约定时，自然不宜过多限制。因此，立法者在制定本法时对该条作出的适当修改，仅以抵销相对人的债务已届清偿期为要求。而基于相同理念，法定抵销中的不少限制主要是针对主动债权而设。例如，超过诉讼时效期间的债权，不得作为主动债权而主动抵销，否则无异于强迫对方履行自然债务；但如果仅是被动债权的时效期间届满，而主动债权未罹于实效，则抵销可被视为主动债权人抛弃其时效利益而获认可。[⑥] 又如，主动债权附有同时履行抗辩权、先诉抗辩权时，为防止凭空剥脱对方抗辩权，应不允许法定抵销；[⑦] 而若仅被动债权附有以上权利，主动债权人放弃其抗辩权则自无不可。

其二，法定抵销的消极条件。

首先，法律规定不得抵销的债务。立法者基于特殊的利益考量可能会对特定情形中的债务抵销作出明确禁止。例如，依照《信托法》第 18 条的规定，受托人管理运用、处分信托财产所产生的债权，不得与其固有财产产生的债务相抵销；受托人管理运用、处分不同委托人的信托财产所产生的债权债务，不得相互抵销。而某些法律规定虽未明确禁止抵销，比如，依《民事诉讼法》第 243 条第 1 款和第 244 条第 1 款的规定：“被执行人未按执行通知履行法律文书确定的义

---

① 胡康生主编：《中华人民共和国合同法释义》（第 3 版），法律出版社 2013 年版，第 187 页。

② 参见《法国民法典》第 1296 条、《德国民法典》第 391 条第 1 款、《日本民法典》第 507 条、《意大利民法典》第 1245 条。

③ 欧洲私法学者协会：《欧洲合同法典（总则编）》，王文胜译，载陈小君主编：《私法研究》（第 15 卷），法律出版社 2014 年版，第 211 页。

④ 朱广新：《合同法总则》（第 2 版），中国人民大学出版社 2012 年版，第 448 页。

⑤ 林诚二：《债法总论新解——体系化解说》，中国人民大学出版社 2003 年版，第 560 页。

⑥ 王家福主编：《民法债权》，法律出版社 1999 年版，第 203 页。

⑦ 朱广新：《合同法总则》（第 2 版），中国人民大学出版社 2012 年版，第 449 页。

务，人民法院有权扣留、提取被执行人应当履行义务部分的收入。但应当保留被执行人及其所扶养家属的生活必需费用。”“被执行人未按执行通知履行法律文书确定的义务，人民法院有权查封、扣押、冻结、拍卖、变卖被执行人应当履行义务部分的财产。但应当保留被执行人及其所扶养家属的生活必需品。”但是，既然其意旨在于保障被执行人及其所抚养家属的基本生活，因而属于所谓禁止扣押的被动债权范围，[①] 不许相对人对之主张抵销。[②]

其次，依其性质不得抵销的债务。其主要包括：（1）根据债务的性质，如果不清偿则不能实现债权的目的，则必须清偿，而不能予以抵销。[③] 其中，某些债权具有基本生活保障的属性，必须履行，譬如，应当支付给下岗工人的生活保障金，不得用以抵销工人欠企业的债务；而有些债务具有特定人身性质或者以特定技能完成，如规定由特定教师主讲的教学合同。[④]（2）因故意侵权而负担的债务，不得抵销。其理由在于，避免债权人在债务人无支付能力时，因求偿无望，故意对其实施侵害。在此类情形中，如事后仍容许其以债权相互抵销，实属违反正义，而有诱致侵权行为之嫌。[⑤]

最后，当事人约定不得抵销的债务。基于意思自治原则，[⑥] 如果当事人就债务不得抵销已有特别约定的，应当尊重其约定。对此，我国《合同法》第 99 条第 1 款虽未有明确规定，但《最高人民法院关于适用〈中华人民共和国合同法〉若干问题的解释（二）》第 23 条的规定中已作补充言明，[⑦] 并为本法所采纳。唯需注意的是，为免第三人遭受不测之损害以及保护交易安全，[⑧] 我国台湾地区“民法”第 334 条第 2 项特别规定，当事人约定排除抵销权行使的，“不得对抗善意第三人”。本条虽未作类似的明确规定，出于维护交易秩序与平衡相关各方利益考虑，我国大陆地区在司法实践中亦不妨采循此种观点。

---

① 例如，《德国民法典》第 392 条规定：债务人对债权人享有的一项债权，只有当债务人在一项债权被扣押之后取得自己的债权时，或者在自己的债权系在扣押之后，并且系后于被扣押的债权始届清偿期时，始因该项债权的扣押而被排除用作抵销。我国台湾地区“民法”第 340 条规定：受债权人扣押命令之第三债务人，于扣押后，始对债权人取得债权者，不得以其所得之债权与受扣押之债权抵销。

② 韩世远：《合同法总论》（第 4 版），法律出版社 2018 年版，第 705 页；［德］迪特尔 · 梅迪库斯：《德国债法总论》，杜景林、卢谌译，法律出版社 2004 年版，第 211 页。

③ 王利明：《合同法总则》（第 2 卷），中国人民大学出版社 2003 年版，第 366 页。

④ 胡康生主编：《中华人民共和国合同法释义》（第 3 版），法律出版社 2013 年版，第 187 页。

⑤ 黄立：《民法债编总论》，中国政法大学出版社 2002 年版，第 711 页。

⑥ 邱聪智：《新订民法债编通则》（下），中国人民大学出版社 2004 年版，第 476 页。

⑦《最高人民法院关于适用〈中华人民共和国合同法〉若干问题的解释（二）》第 23 条规定：“对于依照合同法第九十九条的规定可以抵销的到期债权，当事人约定不得抵销的，人民法院可以认定该约定有效。”

⑧ 林诚二：《债法总论新解》（下），瑞兴图书股份有限公司 2010 年版，第 515 页。

其三，抵销权的行使方式。

对于抵销的方法，域外立法主要存在两种不同模式：一是抵销当然主义，主张只要满足法定条件，即当然发生抵销的效果，无须当事人意思表示。例如，《法国民法典》第1290条规定，“债务人双方虽均无所知，根据法律的效力仍然可发生抵销；两个债务自其同时存在起，在同等的数额范围内互相消灭”。二是抵销意思主义，认为法定条件成就仅产生抵销权，抵销效果的发生尚需当事人行使抵销权的意思表示为前提。例如，《德国民法典》第389条规定，“抵销具有使能够相互抵销的双方债权在因发生对待而适于抵等时视为消灭的效力”。

虽然，抵销当然主义不乏效率的优势，有助于当事人迅速终止其债权债务关系。但是，抵销毕竟包含债权处分的效果，[①] 对双方当事人利益影响甚大，若完全不问其意愿，难言妥当，亦难免对当事人的交易安排造成不当限制。是以，包括《日本民法典》第506条第1款和我国台湾地区“民法”第335条前项规定在内，多数国家和地区的立法并未采取此种立场，而是如《德国民法典》一般，规定抵销需一方当事人以意思表示向对方作出。依据本条第2款规定，我国民法典在抵销权的行使规则的问题上，亦采纳的是意思主义的立场。

根据本条第2款的规定，法定抵销积极条件的成就和消极条件的阙如仅导致当事人抵销权的产生，而抵销效果的发生则需以抵销权人的权利行使为条件。其中，抵销权，究其性质应属形成权。故而，抵销权的行使仅需抵销人向对方作出抵销的意思表示即为足已。抵销人债务抵销的意思表示（通知）到达相对人时便可引发双方债务在对等数额内相互消灭的效果，无须对方当事人同意，也不以提起诉讼或仲裁为必要。但基于抵销权的形成权特性，为避免使相对人的债权陷入悬而未决状态，抵销的意思表示不得附条件或者期限。[②] 同时，为防止抵销权滥用、平衡法定合同抵销权行使中双方之间的利益和促使双方债务关系及早稳定，根据《最高人民法院关于适用〈中华人民共和国合同法〉若干问题的解释（二）》第24条规定，抵销相对人可与合同解除中相对人一样，在约定或法定的期限内就债务抵销提出异议并向法院提起诉讼（详见本书关于本法第565条的释义）。

至于债权抵销是否具有溯及既往的效力，本条第2款未如《德国民法典》第389条那样作明确规定。据学者的解释，《德国民法典》明确承认债权抵销具有溯

① 刘凯湘：《合同法》，中国法制出版社2010年版，第389页。

② ［德］迪特尔·梅迪库斯：《德国债法总论》，杜景林、卢谌译，法律出版社2004年版，第639～640页。

及力主要系基于经济上的考虑：当此之时，双方债权即已经能够相互结算。[①] 而在我国主流观点看来，为避免因抵销人怠于行使权利而导致不公平的结果，[②] 同时，也为避免利息债务、债务人迟延责任的发生以及抵销适状后因相关情势的变化（如债权转让与主动债权罹于诉讼时效或被动债权被扣押等）而妨碍抵销权人主张抵销，[③] 应认可抵销的溯及力，确定抵销使双方债权溯及于为抵销时消灭。

【关联规定】

《破产法》第40条，《企业法》第41条，《最高人民法院关于适用〈中华人民共和国合同法〉若干问题的解释（二）》第23～24条

（撰稿人：雷震文）

第五百六十九条　【合意抵销】当事人互负债务，标的物种类、品质不相同的，经协商一致，也可以抵销。

【释义】

本条是关于合意抵销的规定。

合意抵销，是指当事人双方协商一致，使自己的债务与对方的债务在对等的额度内消灭。合意抵销是当事人意思自治的体现。作为双方协商的结果，合意抵销不受上条关于抵销债务标的种类、品质以及对方债务期限的限制，即无论互负债务的标的种类、品质是否相同，也不论对方债务是否到期，皆可经双方协商而发生抵销的效果。甚至，当事人可就抵销的效力作出特别约定。[④] 但是，双方互负债务的抵销前提条件是，不属于法律禁止抵销的债务和依其性质不得抵销的债务是强制性规范的要求，不在双方当事人合意排除的范围。[⑤]

合意抵销的实质是债权人与债务人缔结抵销合同消灭相互债务。[⑥] 抵销合同以抵销当事人既有互负债务为目的，为诺成、不要式、双务和有偿合同。抵销合

---

① 卢谌、杜景林：《德国民法典债法总则评注》，中国方正出版社2007年版，第172页。

② 崔建远主编：《合同法》（第5版），法律出版社2010年版，第275页。

③ 韩世远：《合同法总论》（第4版），法律出版社2018年版，第710～711页。

④ 隋彭生：《合同法要义》，中国政法大学出版社2003年版，第286页。

⑤ 江平主编：《中华人民共和国合同法精解》，中国政法大学出版社1999年版，第84页；唐德华、孙秀君主编：《合同法及司法解释条文释义》，人民法院出版社2003年版，第413页。

⑥ 韩世远：《合同法总论》（第4版），法律出版社2018年版，第712页。

同的订立与生效须遵循本法第三编第二章和第三章中关于合同订立和合同效力的规定。自抵销合同生效时即令双方互负债务发生抵销的效果。当然，基于其法律行为本质，若抵销合同为一方当事人因重大误解或对方欺诈、胁迫而违背其真实意思签订的或者抵销合同显失公平的，可以依法请求人民法院或者仲裁机构予以撤销。抵销合同自撤销时溯及既往地消灭，合意抵销也将被视为自始未发生，当事人或重新达成抵销合意或须依原债务内容向对方继续负担清偿义务。双方未能达成新的抵销合意的，当事人还需就抵销合同存续期间因原债务发生的利息承担给付义务。

（撰稿人：雷震文）

第五百七十条　【提存的原因】 有下列情形之一，难以履行债务的，债务人可以将标的物提存：

（一）债权人无正当理由拒绝受领；

（二）债权人下落不明；

（三）债权人死亡未确定继承人、遗产管理人，或者丧失民事行为能力未确定监护人；

（四）法律规定的其他情形。

标的物不适于提存或者提存费用过高的，债务人依法可以拍卖或者变卖标的物，提存所得的价款。

【释义】

本条是关于提存的原因的规定。

提存是各国民事立法普遍确认的一项重要制度，它是指在一定条件下，债务人或其他清偿人将无法履行的给付提交提存机关，以消灭债权债务关系的制度。关于提存的性质，理论界众说纷纭，归纳起来，有以下几种观点：（1）公法上之关系说。此说认为，提存机关是由国家设立的，受领提存物而进行保管，是履行公法上的义务。（2）国家处理非诉讼事件的公法上法律关系说。（3）寄托契约关系说。（4）向第三人给付之契约关系说。（5）提存为私法上的寄托契约，并且有为第三人利益契约的性质。在我国台湾地区学者中，第五种学说为通说。[①] 他们

① 史尚宽：《债法总论》，中国政法大学出版社2000年版，第835页。

认为，因清偿提存，债权人依民法规定可随时受领提存物，清偿人将清偿标的物合法提存后，不论债权人受领与否，即生清偿之效力，债之关系即应消灭，故提存人与提存所间之关系，应解为具有向第三人为给付的契约。又因为提存人将提存物提存后，若能证明其提存是出于错误，或因提存原因消灭时，提存人依提存法第 11 条规定可取回提存物，申请取回的，就提存人方面而言，是属于自己取回；若就提存所方面而言，则属于返还，其与寄托性质无异，故应解为寄托契约关系。提存人在为提存后，与提存所间的法律关系，虽因债权人领取提存物，与提存人的取回提存物而有所差异，但提存兼备寄托与为第三人利益契约关系的性质是无疑的。[①] 大陆许多学者也同意这种观点。

笔者认为，单纯地将提存定为公法关系或私法关系、契约关系均是不全面的。提存涉及三方当事人，即提存人、提存机关和债权人，提存人一般为债务人，但得为清偿的第三人也可为提存人。因而，提存必然发生债务人与提存机关、提存机关与债权人、债务人与债权人的三方法律关系。这三方当事人在提存中的地位如何，对提存的性质均有直接影响。就债务人与债权人之间的关系来说，是私法上的关系，提存的目的在于消灭存在于债权人与债务人之间的债的关系，所以提存具有私法上的性质应属无疑。然而，提存机关是由国家设立的，提存机关接受债务人提交的提存物并进行妥善保管以及将提存物发还债权人，这是不以提存机关的主观意志为转移的，属于公法上的义务。而且债权人与债务人之间的法律关系，是以提存机关的行为（接受提存物、保管提存物、返还提存物）为中介的，正是由于提存机关的行为方使得债权人与债务人之间的关系归于消灭。因此，提存亦具有公法上的因素。简言之，提存具有双重性，债务人与债权人之间的关系为私法关系，债务人、债权人与提存机关的关系为公法关系。必须指出的是，提存尽管具有公法上关系的特点，但它不同于宪法、刑法、行政法等法律确立的一般公法关系，它能产生民事法律效果。正因如此，我们可以将提存纳入民法规定的法律制度之中，从民法的角度来考察提存中当事人之间的权利义务关系。

关于提存的原因，本条规定有债权人无正当理由拒绝受领、债权人下落不明及债权人死亡未确定继承人、遗产管理人或者丧失民事行为能力未确定监护人三大类，以及“法律规定的其他情形”兜底性规定。本条规定相较于《合同法》，在第 3 项原因增加了“债权人死亡未确定……遗产管理人”这个规定。

理解本条要注意以下几方面：

第一，本条第 1 款第 1 项原因“债权人无正当理由拒绝受领”需要三项构成

---

① 郑玉波主编：《民法债编论文选辑》（中），五南图书出版公司 1984 年版，第 956 页。

要件，一是债务内容的实现以债权人的受领或其他协助为必要，二是债务人依债务本旨提供了履行，三是债权人受领拒绝或受领不能。详述如下：首先，在债务的履行需要债权人协助或配合（此等情形在债的履行场合占绝大多数）而债权人不予协助或配合时，债务人的履行就未能终结，因此如果债务人仍受债务约束、承担由迟延履行产生的责任以及损失，则显然是不公正的。于此场合，应为债务人提供某种债务解放的途径，使得债务人免去迟延履行所发生的负担或不利益，于是提存制度应运而生。提存构成的要件之一便是债权人无正当理由拒绝受领。例如，买卖合同中买受人的付款需要卖方提供合法有效账户、运输合同中的收货人应当提供或指定收货地点及场所。其次，债务人依债务本旨提供履行，这既可以表现为债务人现实地提出了给付，在个别情况下也可以表现为以言词提出给付。如果债务人未提出给付，则不构成提存原因。理论上认为，提出给付含有标的物被实际提出的意思，也包括以言词方式提出给付。在后者，应当伴有经证明的实现给付的现实能力，较为适当。最后，债权人无理由地拒绝受领，就是债权人有义务也有能力受领债务人已经提供的给付，却有意识地予以拒绝。对此，是否需要有可归责于债权人的原因似有争议，从提存制度设置的初衷以及债权人与债务人之间的利益衡平角度着眼，则债权人无正当理由拒绝受领作为提存的原因之一，实无必要以可归责于债权人为要件。债权人无正当理由拒绝受领，使债务人无法履行，为保护其合法权益，尽早摆脱不合理的拘束，应允许债务人提存。

第二，本条第1款第2项原因“债权人下落不明”的含义以及类型。债权人下落不明使债务人无法履行，即使履行也达不到合同目的，故允许债务人提存，以保护其合法权益。债权人下落不明包括债权人不清、地址不详，债权人失踪又无代管人等情况。债权人下落不明可分为如下两种类型：一是债权人下落不明致使债务人暂时无法履行，即债权人下落不明致使债权人暂时不能受领；二是债权人下落不明致使债务人终局性地无法履行，即债权人下落不明致使债权人终局性地不能受领。前者是否为提存原因，必须结合履行期才能确定。如果此种暂时不能受领的状态持续至履行期届满，就构成提存原因；如果尚未持续至履行期届满，因为于此阶段债务人不为清偿并不构成违约，那么，它就不构成提存原因。后者属于德国、日本民法上的所谓受领不能，至于其可归责于债权人与否，在所不问。如果以债务人是否知晓债权人的音讯为标准，则可分为：债权人音讯皆无，债务人不能履行；债务人虽知债权人的一些音讯但难为给付，如债务人知晓债权人生活在与中国无外交关系的区域或无司法协助的区域，难以向债权人实际清偿。

第三，债权人死亡未确定继承人、遗产管理人或者丧失行为能力未确定监护人。本项规定对《合同法》进行了完善。考虑到“债权人死亡未确定……遗产管理人”的确使得债务人履行其债务时失去给付受领人，形成受领不能的状态，故本项增补“债权人死亡未确定……遗产管理人”。

第四，法律规定的其他情形主要有：担保提存（本法第 390、406、432、433、443、444 条；本编其他条款（第 520、529、837、916、957 条）也有提存的规定；破产法也有破产清偿提存的规定。

第五，本条第 2 款是关于自助出卖的规定。提存的标的物应当是合同约定的应当给付的标的物，主要是货币、有价证券、票据、提单、权利证书、物品。所谓标的物不适于提存，指标的物不适于长期保管或者长期保管将损害价值的，如易腐烂、变质的物品，有危险性的物品等。提存费用过高，一般指提存费与所提存的标的的价额不成比例。标的物不适于提存或者提存费用过高有悖于设立提存制度的目的。但不提存，债务人又达不到合同义务消灭的目的，为此，可以依照我国拍卖法等有关法律规定，拍卖或者变卖标的物，提存所得价款。

（撰稿人：陈军）

第五百七十一条　【提存成立的时间及效力】债务人将标的物或者将标的物依法拍卖、变卖所得价款交付提存部门时，提存成立。

提存成立的，视为债务人在其提存范围内已经交付标的物。

【释义】

本条是关于提存成立和对债务人效力的规定。

关于提存的成立和标的物的交付，1999 年《合同法》没有明确规定，《最高人民法院关于适用〈中华人民共和国合同法〉若干问题的解释（二）》对此作出规定，本条基本采纳了该司法解释的规定，但是稍有变化。对于本条可以从以下方面理解：

1. 提存的成立。通说认为提存系向第三人履行的保管合同，依照本法第 890 条的规定“保管合同自保管物交付时成立，但是当事人另有约定的除外”。故可知提存原则上自提存物交付提存部门时成立。

2. 提存成立视为标的物交付。本条第 2 款明确规定：“提存成立的，视为债务人在其提存范围内已经交付标的物”，这一规定不同于前述司法解释的规定

“提存成立的，视为债务人在其提存范围内已经履行债务”，“交付标的物”与“已经履行债务”的表述有明显不同，前者为客观状态的描述，后者为法律效果的判断。显然本条规定更为合理和准确，因为标的物交付后产生何种法律效果，还要依其他客观事实和法律规定来判断，并且由于债务人取回权的存在，债务并不当然消灭。

（撰稿人：陈军）

第五百七十二条　【标的物提存后债务人的通知义务】 标的物提存后，债务人应当及时通知债权人或者债权人的继承人、遗产管理人、监护人、财产代管人。

【释义】

本条是关于提存后的债务人通知义务的规定。

标的物提存后，债务消灭，但债权人还未现实地获得其债的利益。为了便于债权人受领提存物，债务人应当将提存的事实及时通知债权人或者债权人的继承人、监护人、遗产管理人、财产代管人。通知应当告知提存的标的、提存的地点、领取提存物的时间和方法等有关提存的事项。提存通知的义务，是法律规定的后债/合同义务，债务人必须履行。

理解本条，需注意以下方面：

第一，各国及各地区立法通常规定由债务人通知债权人。如我国台湾地区“民法”第 327 条第 2 款规定：“提存人于提存后，应即通知债权人，如怠于通知，致生损害时，负赔偿之责任。但不能通知者，不在此限。”《德国民法典》第 374 条第 2 款、《日本民法典》第 495 条第 3 款亦有类似规定。我国大陆地区以往的做法是，提存发生后，提存机关负有将提存通知送达债权人的义务，如《提存公证规则》第 18 条第 2 款规定，以清偿为目的的提存，公证处有通知提存受领人的义务。我国 1999 年《合同法》采取了国际通行的做法，将提存的通知义务规定由债务人承担，该法第 102 条规定：“标的物提存后，除债权人下落不明的以外，债务人应当及时通知债权人或者债权人的继承人、监护人。”这样规定的合理之处在于：一是履行合同义务原本是债务人的义务，由债务人为提存通知是债务人向债权人表明自己已经履行合同义务的具体表现；二是由于提存不是向债权人直接为清偿，债权人往往并不知情，法律规定债务人应当及时通知债权人，可以使其及时到提存机关领取提存标的物，减少不必要的费用和损失；三是债权人和债务人在交易过程中的相互接触和联系，使债务人对债权人的情况较之提存机关更为了解，由债务人履行通知义务更为合适。

第二，债权人下落不明时的通知义务。1999 年《合同法》所规定的债务人的通知义务只限于债权人下落不明以外的情况，在债权人下落不明的情况下应如何通知以及由谁通知，《合同法》没有明确规定。对此情况，国外立法一般都免除债务人的通知义务，如《德国民法典》第 374 条规定：“债务人应立即将提存通知债权人，如不可能为通知者，得免为通知。”对此，《提存公证规则》第 18 条第 3 款规定：“提存受领人不清或下落不明、地址不详无法送达通知的，公证处应自提存之日起六十日内，以公告方式通知……”[①] 该规定值得借鉴。本条没有明确免除债权人下落不明时债务人的通知义务，因此笔者认为，在债权人下落不明场合，债务人仍有通知义务，通知方式可按《民事诉讼法》有关送达之规定，采取适当的方式将提存通知送达债权人。完成通知义务后债务人免责，以防日后产生纠纷。

（撰稿人：陈军）

第五百七十三条　【标的物提存后的风险负担与费用负担】 标的物提存后，毁损、灭失的风险由债权人承担。提存期间，标的物的孳息归债权人所有。提存费用由债权人负担。

【释义】

本条是关于提存物的风险承担与提存费用负担的规定。

本条规定与 1999 年《合同法》第 103 条相同，理解本条需要注意以下方面：

第一，风险移转的时点是提存时。标的物提存后，因不可抗力、标的物的自然变化、第三人的原因或者提存部门保管不当，都可能引起标的物的毁坏、损失，甚至标的物不复存在。标的物毁损灭失的风险由债权人承担，一方面指由债权人承担因不可抗力、标的物自身性质而产生的毁损、灭失的后果；另一方面指由债权人负责向造成标的物毁损灭失后果的第三人或者提存保管人索赔。作为债权人负担风险的效果，提存物在提存部门处且在取回权消灭前灭失的场合，债务人对自己的债务免责，而且不丧失对待给付请求权。

不过，在以债权人受领迟延为提存原因的场合，债权人应当自受领迟延之日

① 史浩明：《论提存》，载《法商研究（中南财经政法大学学报）：法学版》2001 年第 6 期。

起承担标的物毁损、灭失的风险。因此，本条前段的规定仅在受领迟延以外的其他提存原因场合适用。

第二，提存期间孳息利益与提存费用的负担都归属于债权人。此处的孳息，包括天然孳息和法定孳息。孳息收取义务由提存部门负担。具体地，提存的存款单、有价证券、奖券需要领息、承兑、领奖的，公证处应当代为承兑或领取，所获得的本金和孳息在不改变用途的前提下，按不损害提存受领人利益的原则处理。无法按原用途使用的，应以货币形式存入提存账户（《提存公证规则》第22条第2款）。定期存款到期的，原则上按原来期限将本金和利息一并转存。股息红利除用于支付有关的费用外，剩余部分应当存入提存专用账户（《提存公证规则》第22条第3款）。提存的不动产或其他物品的收益，除用于维护费用外剩余部分应当存入提存账户（《提存公证规则》第22条第4款）。

第三，提存费用包括：公告费、邮费、保管费、评估鉴定费、拍卖变卖费、保险费以及为保管、处理、运输提存标的物所支出的其他费用，作为标的物的所有者，债权人应当支付提存费用，不支付提存费的，提存人有权留置价值相当的提存物。

第四，关于提存物所有权的转移，本法以及《提存公证规则》并没有明确。这一问题在理论上也有分歧。日本学者有三种观点：一种观点认为，债权人表示领取的意思时，所有权转移；另一种观点认为，提存机关将提存物交付债权人时，转移所有权；还有一种观点认为，无取回权时，于提存时所有权转移，有取回权时，于取回权消灭时转移所有权①。我国台湾地区学者多认为，提存物所有权的转移应考虑特定物和种类物的区别而有所不同。如为特定物，提存所不过取得提存物的占有，提存人与债权人之间，经由提存所媒介而转移其所有权于债权人。金钱或其他代替物的提存，具有消费寄托性质，提存所取得所有权而负有转移同种同量之物的所有权的义务。②

对此笔者认为，提存作为债务清偿的一种替代安排，债务人提存标的物，即视为向债权人交付标的物，从提存之日起，标的物的所有权就由债务人转移给了债权人。即使是种类物在提存时也已特定化，否则债务人无法将物的占有转移于提存机关。如果认为种类物的提存，其所有权由债务人转移于提存机关，嗣后再转移给债权人。那么，依风险负担附从所有权的原则，提存机关在占有标的物期间，必须承担标的物意外的风险责任，这无疑加重了提存机关的责任。当然，提

① 孙森焱：《民法债编论》，三民书局1985年版，第829页。

② 史尚宽：《债法总论》，中国政法大学出版社2000年版，第843页。

存机关负有妥善保管提存物的义务，如因保管不善导致提存物毁损、灭失的，则应承担赔偿责任。这一论断也符合本法典关于所有权转移规则的规定。

由于提存后标的物的所有权已发生转移，债权人作为所有权人应支付因提存所发生的保管、公告和拍卖等费用，要承担标的物因意外原因而发生毁损、灭失的风险责任。同时，标的物在提存期间的孳息等增值部分也应归债权人所有。

（撰稿人：陈军）

第五百七十四条　【提存物的领取】 债权人可以随时领取提存物。但是，债权人对债务人负有到期债务的，在债权人未履行债务或者提供担保之前，提存部门根据债务人的要求应当拒绝其领取提存物。

债权人领取提存物的权利，自提存之日起五年内不行使而消灭，提存物扣除提存费用后归国家所有。但是，债权人未履行对债务人的到期债务，或者债权人向提存部门书面表示放弃领取提存物权利的，债务人负担提存费用后有权取回提存物。

【释义】

本条是关于提存物的受领以及取回的规定。

债务人提存后，可否将标的物取回，各国和各地区立法对此均作了限制性的规定，只是限制的程度有别。有的国家民法以债务人可以随时取回为原则，以某些情况下禁止取回为例外。例如，《德国民法典》第 376 条规定：“债务人有取回提存物的权利。有下列情形时，不得取回：（1）债务人向提存所表示抛弃取回权；（2）债权人向提存所表示受领；（3）向提存所提示一份在债权人与债务人之间已宣告提存是合法的确定判处。”我国台湾地区立法则与之不同，其“提存法”第 11 条规定：“提存人若证明其提存系出于错误或提存原因已消灭时，得取回提存物。”很显然，该规定以不得取回为原则，以特定情况下得取回为例外。[①] 我国 1999 年《合同法》未明确规定债务人的取回权问题，但《提存公证规则》第 26 条规定：“提存人可以凭人民法院生效的判决、裁定或提存之债已经清偿的公证证明取回提存物。提存受领人以书面形式向公证处表示抛弃提存受领权的，提存

① 史浩明：《论提存》，载《法商研究（中南财经政法大学学报）：法学版》2001 年第 6 期。

人得取回提存物。”本条第 2 款后段的规定对债务人取回权的限制有所缓和。

本条规定应当从以下方面理解：

第一，标的物提存后债务消灭，债权人取得提存物的所有权，可以随时领取提存物。但是提存仅是消灭债务的措施，在双务合同中，只有合同当事人双方均履行了各自的义务，合同才能终止。有时，债务人虽然将标的物提存，按照合同履行了自己的债务，但与其互负到期债务的债权人并未履行对待给付的义务。为避免先履行可能发生的风险，保证自己债权的实现，债务人可以对提存部门交付提存物的行为附条件，即只有在债权人履行了对债务人的对待债务或者为履行提供相应的担保后，才能领取提存物。不符合所附条件的，提存部门应当拒绝债权人领取提存物。比如，甲、乙二公司订立了购买电视机的合同，甲公司负有交付电视机的义务，乙公司负有支付价款的义务。债务履行期届满，乙公司迟延受领，也未支付货款，甲公司依法将标的物提存。为保证收回货款，甲公司提存时声明，只有乙公司支付了电视机价款或者提供了付款担保后，才能允许乙公司领取电视机。如果在乙公司没有支付价款也没有提供担保的情况下，提存部门将提存物交付给了乙公司，一旦乙公司领取提存物后不能支付甲公司的价款，提存部门就要承担赔偿责任。提存人提存时，应当向提存部门明确告知提存受领人所承担的对待给付义务的内容，以及对所提供的担保的要求，如是人的保证，还是抵押或者质押担保。这样做的目的，一方面可以便于提存部门交付提存物前进行审查；另一方面也是判定提存部门责任的根据。

第二，债权人虽然可以随时领取提存物，但该权利长期不行使，不仅使权利长期处于不稳定状态，也会给提存部门增加负担，同时也不符合物质有效利用的原则。因此，本条规定了领取提存物的时效期间，即债权人领取提存物的权利，自提存之日起 5 年内不行使而消灭。该时效期间是除斥期间，权利因时间的经过不复存在。提存物自提存之日起经过 5 年，扣除提存费用后归国家所有，债权人不能再对提存物主张权利。

第三，债务人的取回权的规定是本法新增加的条款。1999 年《合同法》对于取回权没有作出规定，但是《提存公证规则》第 26 条有规定如下：提存人可以凭人民法院生效的判决、裁定或提存之债已经清偿的公证证明取回提存物。提存受领人以书面形式向公证处表示抛弃提存受领权的，提存人得取回提存物。提存人取回提存物的，视为未提存。因此产生的费用由提存人承担。提存人未支付提存费用前，提存部门有权留置价值相当的提存标的。《提存公证规则》对提存物取回的限制过于严格。据本条第 2 款后段规定，如果债权人未履行对债务人的到期债务，或者债权人向提存部门书面放弃领取提存物权利的，债务人负担提存费用后有权取回提存物。

第四，对于取回的法律性质，虽然学说上有议论分歧，通常认为此种取回在对债权人的关系上属于第三人约款的特别取消，而在对提存部门的关系上则属于保管合同的解除。提存既然是以保护清偿人为目的的法律制度，只要没有对债权人或者第三人造成损害或不利益，就应当允许提存人取回提存标的物。但是，当质权或抵押权因提存而消灭时，从一开始就不允许取回。另外，债权人受诺提存后，或者宣告提存有效的判决被确定后，也不允许取回。放弃取回权后，也不能再取回提存标的物。提存人取回提存物的，就视为未提存，因此产生的费用由提存人承担[①]。如果债务人能证明提存系出于错误（如误认为无效债务为有效债务）或者提存的原因已经不再存在（如提存后合同解除），均应允许撤回提存，取回提存物。提存撤回后，视为未提存，提存原有的效力即消灭，债务人的债务也同时回复[②]。

（撰稿人：陈军）

第五百七十五条　【债的免除】债权人免除债务人部分或者全部债务的，债权债务部分或者全部终止，但是债务人在合理期限内拒绝的除外。

【释义】

本条是关于免除债务的规定。

免除是指债权人抛弃债权，从而消灭债的关系的行为。1999 年《合同法》第 105 条规定：“债权人免除债务人部分或者全部债务的，合同的权利义务部分或者全部终止。”本条新增了但书部分，即“但是债务人在合理期限内拒绝的除外”。

本条规定，应重点理解以下方面：

第一，免除的法律性质。关于免除的性质有不同学说，一种为契约说。此说认为，一般而言，权利的抛弃，以权利人单方法律行为即可实现。但是，债权并不是一种使债务人单方面受权利人意思拘束的支配权，而仅在伦理上对债务人有约束力的一种权利。同时债权人对债务人可能存在的遵守义务的意思，不能直接排除，故债权人不能未经债务人的同意而免除其义务，出于对债务人人格的尊

① 韩世远：《论提存——〈合同法〉第 101 - 104 条的解释论》，载《现代法学》2004 年第 3 期。
② 史浩明：《论提存》，载《法商研究（中南财经政法大学学报）：法学版》2001 年第 6 期。

重，要求债权人必须就债务人自身是否愿意被免责的愿望加以斟酌。所以，将免除认为是一种合同，须有债务人的承诺才能成立。欧陆国家多将债务免除规定为契约行为，债权人不得单方放弃其债权。例如，《德国民法典》第397条规定："债权人依合同免除债务人的债务的，债的关系消灭。债权人与债务人订立合同，承认债的关系不存在者，亦同。"《法国民法典》《瑞士债务法》亦有类似规定。

另一种为单方行为说，其理由是债务人被免除债务，不过是债权人抛弃债权的间接结果，债务人既因此而受利益，就没有征得其同意的必要。

我国1999年《合同法》的规定没有对债务免除作出限制，因此通说认为其为单方行为，同时《合同法》也未排除债权人与债务人订立免除协议，免除债务人的债务。本法的规定肯认了单方行为说，同时考虑到免除既然是依债权人一方的意思表示而发生的效力，其免除行为不得损害债务人的利益，赋予债务人在合理的时间内拒绝的权利，显然合理的时间一旦经过，免除自生效力。

第二，免除具有以下特征：

1. 免除是无因行为。免除仅依债权人表示免除债务的意思而发生，其原因不论是赠与、和解还是其他原因，这些原因是否成立，都不影响免除的效力。

2. 免除为无偿行为。免除的原因可能是有偿的，如和解，但免除本身则是无偿的。

3. 免除不需要特定的形式。债权人以口头、书面、明示、默示方式为免除行为，均无不可。

4. 免除是处分行为。免除是消灭债权的处分行为，须以行为人有处分权为前提。因此作出免除意思的债权人必须具有完全的民事行为能力，无民事行为能力人或限制民事行为能力人的免除行为除非由法定代理人代理或者经法定代理人同意，否则不发生法律效力。

第三，免除的方法。首先，免除经由有处分权的人为之。债权人为当然的债权处分者，但在破产宣告时，或债权受扣押时，或债权为质权标的时，或债权人被行使代位权时，处分权受限制。在以收取为目的的债权让与信托中，受让人所为的免除也为有效。其次，免除须由债权人向债务人表示免除其债务的意思，本法关于民事法律行为的规定适用于免除。免除可以附条件，也可以附期限。

第四，免除的效力。免除发生债务绝对消灭的效力，主债权消灭的结果，从权利如利息、担保债权也同归于消灭。仅免除部分债务，债务仅就部分终止。对于不可分债权、不可分债务及连带债务免除的效力，法律另有规定的，应从其规定。例如，债权人向连带债务人中的一人免除债务，而无消灭全部债务的意思表示的，除该债务人应分担的部分外，其他债务人仍不免其责任；连带债权人中的一人，向债务人免除债务的，除该债权人应享有的部分外，其他债权人的权利，仍不消灭。对于将来之债的免除，可视为附停止条件之债的免除，但是不得抛弃的请求权的免除，则不产生免除的效力。如法定抚养请求权的债权人，不得免除债务人将来的债务。

（撰稿人：陈军）

第五百七十六条　【债权债务混同的处理】债权和债务同归于一人的，债权债务终止，但是损害第三人利益的除外。

【释义】

本条是关于债权债务混同的规定。

混同是指债权人和债务人同归于一人，致使债的关系消灭的事实。广义上的混同，指不能并立的两种法律关系同归于一人而使其权利义务归于消灭的现象。包括：(1）所有权与他物权同归于一人；(2）债权与债务同归于一人；(3）主债务与保证债务同归于一人。在第一种类型中，他物权的存续，于所有权人或第三人有法律上的利益时，不因混同而消灭。在第三种类型中，混同的规则是弱义务被强义务所吸收。狭义上的混同，仅指债权与债务同归于一人的情况。本条即规定了第二种类型，属狭义的混同。

1999年《合同法》第106条对“混同”有所规定：“债权和债务同归于一人的，合同的权利义务终止，但涉及第三人利益的除外。”本条但书部分规定为“但是损害第三人利益的除外”，这一改变明确了混同在损及第三人利益时，债权债务并不消灭。

本条规定，应注意以下理解：

第一，混同的性质。混同是一种事实，其成立以仅有债权与债务归于同一人之事实为已足，无须任何之意思表示，故其性质为法律事实。

第二，混同的发生原因。其一，概括继受为混同的主要原因，如债权人继承债务人、债务人继承债权人、公司合并、营业的概括承受等。此类情形中，债权债务为同一主体所承受。其二，为特定继受，即债务人从债权人处受让债权，或债权人从债务人处承担债务时，混同发生。

第三，混同的效力。混同原则上使债的关系归于消灭。不仅主债权归于消灭，从权利如利息、违约金债权及其他附随的担保权也归于消灭。但是混同损及第三人利益的，债之关系不消灭。此为例外规定，主要情形有：(1）债权为他人权利之标的之场合，为该第三人的利益，债权债务不消灭。例如，丙在甲对乙的债权上设有质权权利，后乙继承甲，甲和乙之间的债的关系因混同而消灭，但质权人丙对债务人乙有请求权。(2) 法律另有规定的情形，主要是法律基于促进交易而赋予债权流通性，并设有例外规定。例如，票据法上的回头背书情形（票据可以让与开票人、承兑人、付款人或其他票据债务人，此类受让人，在票据到期日前，可以再为转让)。

（撰稿人：陈军）

第八章　违约责任

【导读】

本章以违约责任为重点展开，共包括18个条文，涵盖了违约种类、违约责任承担方式、违约责任承担情形、违约责任计算方式、定金担保、责任竞合、迟延履行、不可抗力、双方违约、国际贸易合同诉讼时效和仲裁时效等内容。在对本章内容进行适用时应注意以下几点：

第一，本章是合同编第一分编的最后一章，此章以违约责任为重心，对于违约责任承担的诸多事项进行了明确。本章不仅规定了违约人在何种情形下承担何种违约责任，同时对于违约责任和定金责任的竞合、责任减免规则、特殊时效等内容进行了规定，是对于合同责任承担规则的系统性规定。其中，本章第577～585条规定了违约责任的适用情形与承担方式、计算方法等内容。第586～587条规定了定金担保相关事项，第588条规定了违约责任与定金责任的竞合及其选择。第589～592条规定了责任减免事由及规则，第593条规定的是第三人原因违约时的责任承担，第594条对于国际贸易合同诉讼时效和仲裁时效这一特殊时效进行了规定。

第二，违约责任的承担形态多样，并非仅止于金钱赔偿，在某些违约情形中，多种责任方式可以同时适用。本章第577条将继续履行、采取补救措施或者赔偿损失等作为违约责任的承担方式，并在第579条和第580条规定了继续履行的适用情形，在第582条规定了补救措施的适用情形，在第583条明确了当事人一方不履行合同义务或者履行合同义务不符合约定的，履行义务或者采取补救措施后，对方还有其他损失的，应当赔偿损失。所以，违约责任的承担可以采取赔偿损失和其他违约责任承担形式相结合的方式。但是，定金责任和违约责任应当按照本章第588条的规定选择适用。

第三，责任的承担以填平损失为原则，同时亦注重行为与责任的关联性，按照公平原则对责任进行减免或抵销。本章第583～585、588条都在一定程度上体现了填平损失原则，尤其是第584条对损失赔偿额应当相当于因违约所造成的损失的明确，第585条应当事人请求对约定违约金调整的规定凸显了填平损失原则。

同时，本章在设定责任规则的过程中注重公平原则，对于因债权人拒绝受领、迟延受领、与有过失等情形下的责任减损规则进行了规定，并将不可抗力作为责任减免事由进行了规定，对于平衡双方当事人利益、保障债权人为债务人履行债务提供便利意义重大。

第四，合同具有相对性，违约责任的承担亦有所体现。合同的相对性特征决定了合同内容难以为第三人所知，若因第三人原因导致合同一方主体违约时，则受第三人影响不能履约的当事人一方应当承担违约责任。所以，受制于合同效力的相对性，第三人原因原则上不能作为免责事由，合同履约障碍所产生的直接风险由不能履行合同的一方向对方承担。

第五百七十七条　【违约责任】 当事人一方不履行合同义务或者履行合同义务不符合约定的，应当承担继续履行、采取补救措施或者赔偿损失等违约责任。

【释义】

本条为违约责任一般条款。本条直接来自 1999 年《合同法》第 107 条，未作任何改动。更早可以追溯到《涉外经济合同法》第 18 条，1986 年《民法通则》第 111 条。本条的意义在于，一般性地描述违约行为和违约责任的形态，并宣布违约归责原则。国际性立法文件或草案当中也有类似的条文，如《联合国国际货物销售合同公约》第 45 条，《欧洲合同法原则》第 8：101 条，《共同参考框架草案》第Ⅲ. –3：101 条。

作为 2016 年法国债法改革的结果，《法国民法典》新增了一个违约责任一般条款（第 1217 条）。该条第 1 款列举了一方不履行或者不完全履行合同时，另一方可能享有的全部救济，包括履行抗辩权、强制履行、减价、解除合同和损害赔偿；第 2 款明确说明，所列出的这些救济在可兼容的情况下可以并用，损害赔偿在任何情况下都可以与其他救济并用。可以说，现行《法国民法典》的违约责任规则是严格按照所谓的“救济进路”的模式编纂的，第 1217 条作为一般条款，起到一个统领的作用。本条没有参照《法国民法典》第 1217 条的模式进行修改，而是保留 1999 年《合同法》第 107 条原文。相比之下，本条没有明确列出全部违约救济方式（当然，履行抗辩权和解除权并没有规定在违约责任这一章），而是采取一种开放式的表达，为违约责任形式的发展留出了空间。而且，在无法适用本章其他条文的情况下，可以直接适用本条。

关于违约形态（或债务不履行形态），本条采用“不履行合同义务或者履行合同义务不符合约定”的一般表达，即任何违反合同的情形都属于违约，不区分拒绝履行、履行不能、履行迟延和不完全履行。广义上的“不履行合同义务”，包括完全不履行合同义务的情形，也包括履行义务不符合合同约定的情形。在与“履行合同义务不符合约定”相区别的意义上，“不履行合同义务”仅指完全不履行合同义务的情形。但本条采用“不履行合同义务或者履行合同义务不符合约定”的表达，并不是要区分这两种情形，而只是为了避免误解。从条文的表述来看，似乎第578、579条仅适用于“不履行合同义务”的情形，但实际上并非如此。第582条当然仅适用于“履行合同义务不符合约定”的情形，因为其中的多种违约责任方式在性质上仅适用于该种情形。“不履行合同义务”和“履行合同义务不符合约定”的区分并无实质意义。从本章的规则安排来看，违约责任规则是按照所谓的“救济进路”来设计的。[①] 在“救济进路”下，传统上的拒绝履行、履行不能、履行迟延和不完全履行仅在具体情形中具有法律意义。

关于违约责任方式，本条明确提到三种：继续履行、采取补救措施或者赔偿损失。但并不是说，根据本条只能主张这三种违约责任。这三种违约责任只是作为示例列举。其中，“继续履行”也被称为“实际履行”或者“强制履行”，在广义上是指一切致力于达到符合合同约定的履行行为或结果的措施，在狭义上是指在还没有进行任何履行的情况下进行履行；“采取补救措施”是指在已经进行了履行，但履行不符合合同约定的情况下需要采取的补救措施。广义上的“继续履行”包含“采取补救措施”，但两者的区分并无实质意义，就像“不履行合同义务”和“履行合同义务不符合约定”的区分那样。“采取补救措施”可能借鉴自《联合国国际货物销售合同公约》第46～48条关于补救履行的规则，但我国理论和实践并没有发展出一套相应的规则，而仅限于《合同法》第111条的规则。关于各种违约责任的并用问题，本条没有作出规定，而是在其他条文中作出具体规定。

关于归责原则，本条采用严格责任原则，即债务人原则上要对债务不履行负责，除非存在特定的免责事由。1999年《合同法》生效前，我国学者关于违约责任应当采用严格责任原则还是过错责任原则的问题产生了激烈的争议。[②] 虽然

---

① 柯伟才：《我国合同法上的“不能履行”——兼论我国合同法的债务不履行形态体系》，载《清华法学》2016年第5期。有观点认为我国《合同法》采用了“混合体系”，参见韩世远：《合同法总论》（第4版），法律出版社2018年版，第477页。

② 梁慧星：《从过错责任到严格责任——关于合同法草案征求意见稿第76条第1款》，载《民商法论丛》（第8卷），法律出版社1997年版，第1～7页；崔建远：《严格责任？过错责任？——中国合同法归责原则的立法论》，载《民商法论丛》（第11卷），法律出版社1999年版，第190～197页。

《合同法》第107条并没有提到过错，但争论并没有因此而消失。从我国20年的理论和实践的发展来看，我国的违约归责原则总体上采用了严格责任原则，同时也在若干具体情形中规定了过错责任原则，因此是以严格责任为主、过错责任为辅的二元制归责原则体系。[①] 实际上，从历史发展的视角来看，两种归责原则一直在进行角力和交汇。从罗马法开始，合同责任就存在不同程度的归责标准。潘德克顿法学把严格责任藏在一些特别的制度（种类之债、自始主观不能、迟延、权利瑕疵担保等）当中，从而将归责方式基本统一为过错责任原则。早期英国法采用绝对责任原则，后受到大陆理论的影响，逐渐演变为严格责任原则，过错要素被通过默示条件的方式隐藏于免责事由当中。法国债法改革之前用手段债务和结果债务的区分将违约归责原则统一为过错原则。关于合同过错的证明问题，取决于债之标的，要看它是手段债务还是结果债务；其重点在于考察债务人所允诺的、债权人可合理期待的内容；如果是手段债务，那么债权人就要证明债务人没有尽到应尽之谨慎；如果是结果债务，那么债务人不履行其允诺就已经足以推定其有过错，他只有在证明存在外部原因阻碍其履行债务时才能推翻这个推定。[②]《国际商事合同通则》虽然区分了“获取特定结果的债务”和“尽最大努力债务”，但将两者的差别放在不履行的判断上，而不是归责原则上。《欧洲合同法原则》《共同参考框架草案》、《法国特雷草案》和法国新债法取消了手段债务和方法债务的区分，但实际上仍然是将手段债务的归责问题转移到是否存在不履行的问题上，从而将债务不履行归责原则统一为严格责任原则。比较法学者基本都认为，两种归责模式虽然结构上不一样，但是实践效果差别不大。[③] 此外，还存在一种所谓的“绝对责任”，也就是说，债务人对债务不履行负有绝对责任，不存在任何免责事由。这种责任仅在特别的情形当中存在，因此不应将其视为一种归责原则。

【关联规定】

《民法通则》第111条，《合同法》第107条

（撰稿人：柯伟才）

① 戴孟勇：《违约责任归责原则的解释论》，载《中德私法研究》（总第8卷），法律出版社2012年版，第31页。

② 柯伟才：《债务不履行归责原则之对立与融合》，载《华东政法大学学报》2017年第1期。

③ Konrad Zweigert/Hein Kötz, Einführung in die Rechtsvergleichung auf dem Gebiet des Privatrechts, Bd. II, 2. Aufl., 1984, S. 207, 227; Barry Nicholas, "Fault and Breach of Contract", in J. Beatson/D. Friedmann ed., Good Faith and Fault in Contract Law, Oxford Clarendon Press, 1995, p. 338.

第五百七十八条　【预期违约】当事人一方明确表示或者以自己的行为表明不履行合同义务的，对方可以在履行期限届满前请求其承担违约责任。

【释义】

本条规范的对象是预期违约的责任。与第577条规定的现实违约不同，预期违约所涉及的违约行为还没有现实发生，只是预期其将来会发生。预期违约制度有两个方面的积极意义：（1）有利于降低违约造成的损失。预期违约制度为当事人提供了提前处理违约问题的机会，使得双方可以事先安排后续事宜，避免损失进一步扩大。（2）为非违约方提供了必要的保护。预期违约制度赋予还未发生的违约行为现实违约的效果，使得非违约方可以提前主张违约责任，甚至可以从合同中解脱出来，而不必等到违约行为真的发生之后才做出反应。本条直接来自1999年《合同法》第108条，未作任何改动。预期违约制度借鉴自英美法，该制度在19世纪中期的“霍克斯特诉德拉图尔”［Hochster v. De la tour，118 Eng. Rep. 992（Q. B. 1853）］案中得以确立。1852年4月12日，霍克斯特和德拉图尔签订一个合同，前者担任后者的仆从三个月，从6月1日开始。但在5月11日，德拉图尔便写信通知原告不再需要其提供服务。5月22日，原告提起诉讼要求损害赔偿。被告的律师认为该诉讼提起过早，因为在约定的6月1日到来之前，不可能发生违约。法院认为，在这种情况下，原告可以消灭其将来的给付义务，如果原告对这种违约得不到救济，那么只能视合同为继续有效，他就不能签订其他雇佣合同。[①] 后来经过多年的发展，形成了一套预期违约的制度。《联合国国际货物销售合同公约》《欧洲合同法原则》和《国际商事合同通则》等国际立法文件也采用了预期违约制度。我国在20世纪90年代制定合同法时采纳了民法学者的建议，引进了预期违约制度。1999年《合同法》把预期违约制度分割放在三个地方：第108条规定预期违约的违约责任，第94条第2项规定因预期违约引起的解除权，第68、69条规定履行抗辩权。

在事实构成方面，本条分为两种情形：一是明确表示不履行合同义务，二是以自己的行为表明不履行合同义务。第一种以明示的方式表明将不履行合同义

---

① ［美］E. 艾伦·范斯沃斯：《美国合同法》，葛云松、丁春艳译，中国政法大学出版社2004年版，第597页。

务，通常是通过语言、信件等直接表明不打算履行合同义务的意思。第二种是以默示的方式表明将不履行合同义务，需要从债务人的行为来推断出其不打算履行合同义务的意思。在第一种情形下，明确表示将不履行合同义务的一方，可能是基于其对合同权利义务的错误认识而作出的。例如，他认为自己拥有某种拒绝履行的权利或者认为对方必须履行一定条件自己才需要履行合同义务。通常而言，这种情况也构成预期违约，也就是说，行为人是否善意不影响预期违约的成立。一般认为，如果一方当事人自愿进行了会导致履行成为不可能的行为，就属于第二种情形。比如，房屋的卖方在签订买卖合同之后，履行之前，将房屋再次出卖给第三方，那么对于第一个买卖合同而言，卖方的行为构成预期违约。当然，在这种情况下，卖方可能会抗辩说，合同还未到履行期，他仍然有机会将该房屋买回。如果一方当事人的行为仅仅表现出其不愿意履行合同的意思，但并未导致合同履行成为不可能，那么还不能构成预期违约。一方当事人发生经济困难或者因为非自愿的原因导致履行能力受到影响，不属于本条适用的范围，但可能会引起履行抗辩权的发生。非因一方当事人自愿行为引起的履行困难是否属于预期违约的范畴，只是一个概念上的问题，如果把履行抗辩权、解除权和违约责任视为一个整体，则应作出肯定回答。根据第 527 条和第 528 条的规定，一方根据履行抗辩权中止履行后，对方在合理期限内未恢复履行能力并且未提供适当担保的，视为以自己的行为表明不履行合同主要义务，中止履行的一方可以解除合同并可以请求对方承担违约责任。我国有学者将预期违约放到拒绝履行的概念之下，认为预期违约是拒绝履行的一种情形，[①] 这样无法涵括非自愿的履行困难的情形。

在非违约方采取应对措施之前，预期违约方可以撤回不履行合同的表示，从而消灭预期违约的效果。

本条在事实构成上仅使用“不履行合同义务”的表述，而不像第 577 条那样，用“不履行合同义务或者履行合同义务不符合约定”的表述，这样导致有人认为，本条仅适用于预期完全不履行合同的情形，而不适用于其他违约情形。但从第 563 条第 1 款第 2 项的表述来看，预期违约并不仅限于完全不履行。从本条的法律效果来看，也不应将其限定于完全不履行的情形。

非违约方根据本条可以获得的救济是提前要求对方承担违约责任。由于中止履行和解除合同的权利已经规定在其他地方，本条所说的违约责任应仅限于本章的范围。非违约方可以根据本条主张的违约责任的范围并非一目了然。关于损害赔偿责任（包括违约金和定金责任），是没有疑问的。但关于非违约方是否可以

---

① 韩世远：《合同法总论》（第 4 版），法律出版社 2018 年版，第 559 页。

主张实际履行，则存在截然相反的观点。也有观点认为非违约方可以先期主张实际履行，但原则上仅在债务到期时才可兑现，否则发生令债务人提前履行债务的效果，有欠公允。[①] 实际上，在特定的情形下，为了保障非违约方的利益，允许其提前要求实际履行是具有合理性的，因为有时候要求对方提供担保的权利并不能提供充分的保障。第 582 条规定的修理、重作、减少价款或者报酬也有适用的可能性，但更换、退货由于本身就仅适用于已经提供过履行的情形，所以不适用于本条。

【关联规定】

《民法典》第 527 ~528、563 条第 1 款第 2 项

（撰稿人：柯伟才）

第五百七十九条　【金钱债务的违约责任】当事人一方未支付价款、报酬、租金、利息，或者不履行其他金钱债务的，对方可以请求其支付。

【释义】

本条规定了金钱债务的实际履行请求权。本条来自 1999 年《合同法》第 109 条，只是作了文字修改，使其表达更加完善，即增加了“租金、利息，或者不履行其他金钱债务”，把“要求”改为“请求”。本条与第 580 条构成一个规范单元，处理的是在什么情况下可以请求实际履行的问题，本条仅涉及金钱债务，而第 580 条仅涉及非金钱债务。本条的规范意义在于，一般性地宣示，对于金钱债务总是可以请求实际履行。但本条不考虑双务合同中，义务的关联性问题。本条可能借鉴自《国际商事合同通则》第 7.2.1 条：“如有义务支付金钱的一方没有支付，另一方可要求支付。”该条的官方评注当中提到，该条反映了一个普遍接受的原则，即根据合同应进行的金钱支付总是可以被要求支付，如果该要求没有得到满足，则可以通过向法庭提起诉讼的方式强制履行。《共同参考框架草案》第Ⅲ. -3：301（1）条也有类似的规定，该条评注提到，这是所有法律体系的基本立场。

---

① 韩世远：《合同法总论》（第 4 版），法律出版社 2018 年版，第 565 页。

在强制履行问题上，有两种截然相反的原则。在古典罗马法的程式诉讼当中，适用金钱判决原则，也就是说，每一个要求债务人进行给付的判决都要指向一个特定的金额。[①] 今天，在英国法当中，法官的判决原则上也指向特定的金额，只有在例外的情形下才会判决实际履行。[②] 19 世纪德国普通法采用了与古典罗马法完全相反的原则，即实际履行优先原则。原告起诉时总是诉请要求原本根据债务关系产生的给付，金钱价值的替代只有在执行阶段才会发生，即所采取的强制措施没有效果或者债权人拒绝采取这种措施时。[③] 今天的大陆法，主流的做法仍然是以强制履行为原则，只有在履行不能或者履行费用过高等情形下才允许用金钱赔偿替代实际履行。我们可以看到，即便是在实际履行原则下，当最终不能履行债务时，也会转化为金钱债务。因此，可以说，金钱本身是最终可以强制执行的内容，如果连金钱债务都不能强制执行，那么债权本身便确定无法得到满足。这是由金钱债务本身的性质决定的，金钱作为一般等价物，其支付除可支配的金钱数额本身外，通常无任何其他障碍。

本条没有规定例外，但《欧洲合同法原则》第 9：101 条和《共同参考框架草案》第Ⅲ. -3：301（2）条规定了例外。《共同参考框架草案》第Ⅲ. -3：301（2）条规定："债权人尚未履行金钱给付的对待给付，且金钱之债的债务人显然不愿受领该给付，债权人仍可继续履行并请求支付金钱，除非有下列情形之一：（a）债权人不用耗费太大精力或费用即可完成替代交易；（b）在具体情况下，履行义务是不合理的。"该条的评注指出，该项规则是不常见的。这两个例外都考虑金钱债务的对待给付的问题，在不应进行对待给付之时，当然不能要求履行金钱债务。这个例外实际上与金钱债务的可强制履行性无关，实际上涉及的是金钱债务是否继续存在的问题。

【关联规定】

《民法典》第 580 条，《合同法》第 109 条

（撰稿人：柯伟才）

---

① Max Kaser / Rolf Knütel, Römisches Privatrecht, Aufl. 20, C. H. Beck, München 2014, S. 203.

② Ewan McKendrick, Contract Law. Text, Cases and Materials, 5nd ed., Oxford University Press 2012, pp. 924 et seq.

③ Susanne Würthwein, Zur Schdensersatzpflicht wegen Vertragsverletzungen im Gemeinen Recht des 19. Jahrhunderts: Grundsätze des Leistungsstörungsrechts im Gemeinen Recht in ihrer Bedeutung für das BGB, Duncker und Humblot, Berlin 1990, S. 143 ff.

第五百八十条 【非金钱债务的违约责任】 当事人一方不履行非金钱债务或者履行非金钱债务不符合约定的，对方可以请求履行，但是有下列情形之一的除外：

（一）法律上或者事实上不能履行；

（二）债务的标的不适于强制履行或者履行费用过高；

（三）债权人在合理期限内未请求履行。

有前款规定的除外情形之一，致使不能实现合同目的的，人民法院或者仲裁机构可以根据当事人的请求终止合同权利义务关系，但是不影响违约责任的承担。

【释义】

本条规定了非金钱债务的实际履行请求权，宣布我国对于非金钱债务采用实际履行原则，同时规定了若干例外情形。本条第1款来自1999年《合同法》第110条，只作了文字修改，即把“要求”改为“请求”；本条第2款为新增条款。相对于第579条的规则，本条对于非金钱债务仍然采用实际履行原则，但设立了例外。从文字表述来看，本条可能借鉴自《国际商事合同通则》第7.2.2条：“如一方当事人不履行其非金钱债务，那么另一方当事人可以要求履行，除非（a）履行在法律上或事实上不可能；（b）履行或强制履行会引起不合理的负担或费用；（c）有权要求履行的一方当事人可以合理地从别处获得履行；（d）有权要求履行的一方当事人在知道或者应当知道存在不履行之后没有在合理的时间内要求履行。”《欧洲合同法原则》第9：102条与《国际商事合同通则》第7.2.2条几乎一致。但1999年《合同法》没有采用上述（c）项例外。《共同参考框架草案》也没有采用该（c）项例外，而是改为：“如果债权人无须耗费太大精力或费用即可完成替代交易，但仍不合理地坚持要求实际履行，那么他不得主张赔偿因此增加的损失或者要求支付因此增加的违约金数额”［DCFR III. –3：302（5）］。1999年《合同法》没有对债权人进行替代交易的义务作出规定，本法也未作规定。

本条第2款是本法通过前夕学界讨论最为激烈的条款。在之前的草案中没有该款，因此它被认为是一个“突然袭击”的条款。该款实际上源自《民法典合同编草案（二次审议稿）》第353条第2款：“合同不能履行致使不能实现合同目的的，有解除权的当事人不行使解除权，构成滥用权利对对方显失公平的，人民法院或者仲裁机构可以根据对方的请求解除合同，但是不影响违约责任的承担。”《最高人民法院关于印发〈全国法院民商事审判工作会议纪要〉的通知》第48条也有类似的规则：“［第1款］违约方不享有单方解除合同的权利。但是，在一些长期性合同如房屋租赁合同履行过程中，双方形成合同僵局，一概不允许违约方通过起诉的方式解除合同，有时对双方都不利。在此前提下，符合下列条件，违约方起诉请求解除合同的，人民法院依法予以支持：（1）违约方不存在恶意违约的情形；（2）违约方继续履行合同，对其显失公平；（3）守约方拒绝解除合同，违反诚实信用原则。［第2款］人民法院判决解除合同的，违约方本应当承担的违约责任不能因解除合同而减少或者免除。”这是为了解决实践中出现的“合同僵局”问题而设立的，被称为“违约方申请解除条款”，但由于争议较大，在2019年12月公布的《民法典草案（三审稿）》中被删除。2020年5月立法机关最终审议的民法典草案新增了本条第2款，用以解决本条第1款规定的三种除外情形之下的“合同僵局”问题。

关于金钱赔偿原则和实际履行原则的区别，请参考第579条的评注。采用实际履行原则，强调了债的拘束力，促使债务人尽量按照债的内容来履行，也可以避免损害赔偿计算方面的困难，但它很难达到预想的效果。现实中存在大量不适合强制履行的情形，而非违约方通常也会倾向于主张损害赔偿而不是实际履行。毕竟在现代社会里，强制力的实施总是不那么受欢迎，尤其是强制某人为特定行为时。虽然本条对于非金钱债务采用了实际履行原则，但在我国司法实践当中，在债务人不愿意实际履行时，法院在多大程度上会判决债务人进行实际履行，而最终债务人仍然不执行判决时，法院在多大程度上会采取措施强制债务人实际履行，是有疑问的。毕竟我国不存在像英美衡平法上以藐视法庭罪判处监禁作为后盾的实际履行制度。通常而言，在发生违约时，债权人可以采取的最有效的措施是解除合同并要求损害赔偿。请求实际履行，仅在比较少数的情形下是更为有效的措施。例如，实际履行对其具有特殊价值且损害赔偿无法满足其诉求时。

本条规定的实际履行原则的第1项例外源自罗马法谚：“不可能之事不为债”（impossibilium nulla obligatio est）①。要求履行不可能的事情，是不符合逻辑的，而且即便提出请求也是无法得到满足的，因此理所当然要排除此种情形下要求实际履行的权利。在法律上的不能的情形下，履行本身是违法的，所以也不能要求实际履行。然而，现实中，债权人在请求金钱赔偿和实际履行上作出选择时，有时候并不能了解实际情况。债权人可能并不知道债务的履行在事实上是否可能。

① Celsus D. 50，17，185.

比如，在买卖合同的情形中，买方并不清楚标的物是否已经灭失。如果特定物买卖的标的物已经灭失，但买方仍然请求卖方实际履行，那么就需要变更诉讼请求。需要注意的是，我国没有继受德国法上复杂的履行不能理论，各种不同的履行不能情形在我国法上并没有特别的效果。

“债务的标的不适于强制履行”的情形主要包括：（1）债务标的的性质不适合强制履行，如不作为债务；（2）具有人身属性的债务，如与歌唱家签订的演出合同，强制歌唱家履行演出义务可能没有任何积极意义，而且会涉及对其人权的侵犯，因此不适合强制履行。

“履行费用过高”是指实际履行会导致不合理的高额费用，这是一种经济上的考量。这项规则借鉴自美国法的“商业上的履行不现实”（commercial impracticability）理论。该理论的起源可以追溯到加州最高法院 1916 年对 Mineral Park Land Co. v. Howard 案的判决，该法院在判决中认为，如果代价过分且不合理，则为不现实。该理论为《第二次合同法重述》和《统一商法典》所采用。“履行费用过高”没有一个统一的判断标准，通常要比较债务人债务的价值、实际履行对债权人的价值、替代履行所需的花费、违约损害赔偿的数额。与履行不能不同的是，在“履行费用过高”的情形下，履行是可能的，只是履行产生了不正常的经济负担。除经济上的考量外，《国际商事合同通则》《欧洲合同法原则》等国际立法文件还规定了“导致不合理的负担”的情形，包括付出巨大的精力或者导致承担巨大的痛苦、烦扰或者不便等情形。

债权人必须在合理的期限内请求履行合同，否则不得再提出请求。这项规则旨在保护债务人，使其免受因债权人迟迟不要求履行而遭受的不确定状态。[①] 也可以说是为了保护债务人的合理预期，因为一般认为，过了合理的期限仍不提出履行请求，债权人就不会再提出请求了。至于多长时间才是合理的，没有一个统一的标准，要根据具体的情况来确定。

本条与解除权的关系是一个需要注意的问题。根据 1999 年《合同法》的规则安排，解除权并不属于第七章“违约责任”的内容。根据《合同法》第 110 条不得请求实际履行的三种情形，不一定会导致解除权的发生。解除权的发生要根据《合同法》第 94 条来判断。行使解除权之后，当然就不能再请求实际履行。另外，不可抗力条款解决的是违约赔偿责任（主要是违约损害赔偿、违约金和定金责任）的免除问题，而不涉及给付义务和对待给付义务。原则上，违约对给付义务的影响由第 110 条处理，而违约对对待给付义务的影响则由第 94 条处理，除

---

① 韩世远：《合同法总论》（第 4 版），法律出版社 2018 年版，第 771 页。

非风险负担上存在特别的规则。也就是说，给付义务和对待给付义务原则上具有牵连性，一方不能请求对方进行给付，那么另一方也不能请求对待给付。在第110条规定的三种情况下，一方不能请求履行给付义务，对方原则上也不能请求履行对待给付，因此也应当适用第94条来处理合同的权利义务关系的存续问题。非违约方当然可以根据第94条主张解除合同。从第94条的文字表述上看，该条并没有排除违约方的解除权。原则上，在对方不能请求违约方履行给付义务的时候，违约方也不能请求对方履行对待给付义务。此时，违约方的合同目的也是无法达成的。本法基本上维持了1999年《合同法》的这种设计。本条第2款的加入，主要是为了在第1款规定的三种情形下赋予违约方“申请解除权”，以解决“合同僵局”的问题，但为了避免“违约方解除权”带来的争议，没有使用“解除”的表述。对该款的批评意见主要是认为它“多余”和“危险”。在争议中作出选择，很难说是多余的。另外，该款不是“多余”，而是“不够”，因为其他情形下发生的“合同僵局”问题并没有得到解决。该款的危险性可能也没有想象中的大，因为该款仅仅提供了“申请解除权”，最终是否能够终止合同关系，则由人民法院或者仲裁机构来决定。对此，最高人民法院的指导意见已经为该款的谨慎适用提供了一些指引。而且，如果说危险的话，本条第1款第3项的危险性可能更高。

【关联规定】

《民法典》第563、579、581、590条，《合同法》第110条，《最高人民法院关于当前形势下审理民商事合同纠纷案件若干问题的指导意见》第48条

（撰稿人：柯伟才）

第五百八十一条　【替代履行】当事人一方不履行债务或者履行债务不符合约定，根据债务的性质不得强制履行的，对方可以请求其负担由第三人替代履行的费用。

【释义】

本条是新增条文，赋予债权人在因债务性质不得强制履行的情形下，进行替代履行的权利。其设想是，通过替代履行来达到履行债务的效果，以弥补不能请求强制履行的不利。本条提供了一种便利的实现履行的方法，丰富了债权人可以

选择的救济。本条规则属于强制履行规则的范畴，是第580条的补充。以替代履行作为强制履行的方式的观念可以追溯到1804年《法国民法典》第1144条："在债务人不履行的情形下，债权人也可以被批准让第三人履行债务，费用由债务人承担。"根据条文的表述，债权人需经过法院批准才能采取替代履行措施，但在判例中，也允许商事交易的债权人自行采取替代履行措施。①《日本民法典》也有类似的条文，即第414条："（一）债务人任意不履行债务时，债权人可以根据民事执行法及其他关于强制执行程序的法令规定，请求法院直接强制、替代执行、间接强制及依其他方法的强制履行。但是，债务性质不允许的除外。（二）前款规定，不妨碍损害赔偿请求权。"现行《法国民法典》第1222条对原第1144条进行了修改："［第1款］债权人在进行催告之后，也可以在合理期限内以合理的价格，请第三人履行债务，或者经法官批准让第三人消除违反该债务的结果。债权人可以请求债务人偿还因此发生的费用。［第2款］债权人也可以向法院请求让债务人预付此种履行或消除的必要费用。"也就是说，可以自行决定也可以申请法官批准进行替代履行。1999年《合同法》分则部分也有类似的规则。例如，第221条"出租人未履行维修义务的，承租人可以自行维修，维修费用由出租人负担"、第307条第2款"托运人违反前款规定的，承运人可以拒绝运输，也可以采取相应措施以避免损失的发生，因此产生的费用由托运人承担"和第383条第2款"存货人违反前款规定的，保管人可以拒收仓储物，也可以采取相应措施以避免损失的发生，因此产生的费用由存货人承担"。这种替代履行类似于一种自力救济措施，在债务人不履行债务时，由债权人自己想办法去达成债务的履行状态，费用最终由债务人来承担。

替代履行也可以被设计为一种损害赔偿的计算方法。例如，《联合国国际货物销售合同公约》第75条规定："如果合同被宣告无效，而在宣告无效后一段合理时间内，买方已以合理方式购买替代货物，或者卖方已以合理方式把货物转卖，则要求损害赔偿的一方可以取得合同价格和替代货物交易价格之间的差额以及按照第七十四条规定可以取得的任何其他损害赔偿。"《国际商事合同通则》第7.4.5条、《欧洲合同法原则》第9：506条和《共同参考框架草案》第Ⅲ.－3：706条也包含类似的规则。与本条不同的是，这些规则的适用都以合同被解除为条件。英国法没有特别采用"替代交易的价格"作为损害赔偿的计算方法，但不存在可以提供该履行的市场又无法确定当前价格时，英国法院会将替代交易的价

---

① ［德］巴尔、［英］克莱夫主编：《欧洲私法的原则、定义与示范规则：欧洲示范民法典草案（全译本）》（第1卷、第2卷、第3卷），付俊伟等译，法律出版社2014年版，第816页。

格作为损失额的有力证据。①

需要注意的是，本条确立的规则和法国法、《联合国国际货物销售合同公约》以及合同编适用于出租人维修义务的规则都不一样，本条在构成要件上有严格的限制，必须存在违约行为，而且违反的债务必须在性质上不得强制履行，即因其性质而不得根据第 580 条强制履行的非金钱债务。这样就大大缩减了替代履行所适用的范围。从文义上看，本条仅适用于第 580 条第 2 项规定的债务的标的不适于强制履行的情形，但“履行费用过高”的情形也应该适用本条，如果由第三人进行的替代履行的费用属于正常范围的话。

虽然本条字面上没有明确要求，但替代履行的对价必须是合理的，否则的话将会损害债务人的利益。《国际商事合同通则》第 7. 4. 5 条还要求，替代交易必须在合理的时间内进行。如果替代交易不是在合理的时间内进行，那么有可能其对价会有较大的变化，这样同样不利于债务人。因此，本条在适用时也应考虑合理的时间和对价。

本条的适用以不解除合同为条件。本条作为强制履行的一种替代措施，以债权人仍有权主张强制履行为条件。如果合同被解除，则债权人丧失主张强制履行的权利，本条不能适用。《联合国国际货物销售合同公约》等以解除为替代履行的条件，因此只能要求债务人补偿原履行和替代履行之间的差价，此时的差价视为一种损害赔偿，如有其他损失，债务人仍应进行赔偿。

本条的适用不要求法院的批准，在这点上与法国法一致。由于本条的适用范围较为狭窄，债权人是否有权进行替代履行的问题通常不会引起争议，因此由债权人自己决定是否进行替代履行是合理的。

另外，需要注意的是，进行替代履行是债权人的权利，而不是义务。本章不像《共同参考框架草案》第Ⅲ. –3：302（5）条那样，规定债权人进行替代交易是其减少损失义务的一种表现形式。这样的规则有时会引起争议，因为可能很难判断债权人在什么情况下应当进行替代交易。

根据第 583 条，如果债务人负担了替代履行的费用之后，债权人仍遭受其他损失的，债务人还应当赔偿损失，因为替代履行相当于实际履行。在替代履行仅仅涉及履行的一部分时，一般不影响其他部分的履行。

---

① ［德］巴尔、［英］克莱夫主编：《欧洲私法的原则、定义与示范规则：欧洲示范民法典草案（全译本）》（第 1 卷、第 2 卷、第 3 卷），付俊伟等译，法律出版社 2014 年版，第 817 页。

【关联规定】

《民法典》第580、583条

（撰稿人：金晶）

第五百八十二条 【不完全履行的违约责任】 履行不符合约定的，应当按照当事人的约定承担违约责任。对违约责任没有约定或者约定不明确，依据本法第五百一十条的规定仍不能确定的，受损害方根据标的的性质以及损失的大小，可以合理选择请求对方承担修理、重作、更换、退货、减少价款或者报酬等违约责任。

【释义】

一、规范意旨

本条所涉论题为不完全履行的违约责任，相关法律制度常被称为（物的）瑕疵担保责任、质量不符合约定的违约责任、质量瑕疵的法律救济，[①] 实为出卖人就其不完全履行所须承担之责任。本条为《民法典》第577条违约责任之一种，学说上就是否存在独立的瑕疵担保责任制度，存在法定责任说、债务不履行说、相对独立说和统合说等不同见解。[②]

本条为任意性规定，结构清晰。第1句为约定违约责任，当事人可基于意思自治，达成偏离本条第2句的特别约定。第2句为法定违约责任，在无约定或约定不明时，若补充协议或合同解释仍无法明确，由守约方合理选择违约责任

---

① 称“物的瑕疵担保责任”，参见崔建远：《合同法》，北京大学出版社2013年版，第319页以下；谢鸿飞：《合同法学的新发展》，中国社会科学出版社2014年版，第453页；王洪亮：《债法总论》，北京大学出版社2016年版，第287页；韩世远：《出卖人的物的瑕疵担保责任与我国合同法》，载《中国法学》2007年第3期；称“质量不符合约定的违约责任”，参见胡康生主编：《中华人民共和国合同法释义》，法律出版社2013年版，第203页；江平主编：《中华人民共和国合同法精解》，中国政法大学出版社1999年版，第92页；称“质量瑕疵的法律救济”，参见王洪亮：《债法总论》，北京大学出版社2016年版，第287页。

② 采“法定责任说”者，参见黄立主编：《民法债编各论》（上），中国政法大学出版社2003年版，第34页以下；采“债务不履行说”者，参见梁慧星：《论出卖人的瑕疵担保责任》，载《比较法研究》1991年第3期；采“（物的瑕疵担保责任）相对独立说”者，参见注1崔建远书，第322页以下；采“（瑕疵担保责任纳入违约责任范畴的）统合说”者，参见韩世远：《合同法总论》，法律出版社2011年版，第594页以下；王利明：《合同法研究》（第3卷），中国人民大学出版社2012年版，第109页。

形式。

二、条文承继

本条承继于《合同法》第111条，共四处文字修改：(1) 将“质量不符合约定”改为“履行不符合约定”，此处修改有实际意义。在违约形态上，履行不符合约定不再局限于质量，而是将各种不完全履行的形态统合在本条适用范围之内，弥补了《合同法》第111条“质量不符合约定”在数量不符、手段债务瑕疵上的解释局限。在违约责任体系上，本条与《民法典（草案）合同编》第577条一脉相承，确定了《民法典（草案）合同编》违约责任一章以不履行作为违约责任基准的基本立场，使得本条涉及的不完全履行的规范射程更加完整。(2) 将“依照本法第五十一条”改为“依据本法第五百十一条”，此处仅为文字修改。(3) 将“合理选择要求对方承担”改为“合理选择请求对方承担”，将要求改为请求，更为规范，使得本条作为请求权基础的规范性质更为清晰。(4) 将“重作、更换”改为“更换、重作”，此处为顺序调整，原因不明。

三、规范要点与适用疑难

买受人在修理、重作、更换、减价、退货等违约责任形式之间，享有选择权。就选择权之性质，有“选择之债说”[①] 与“选择竞合说”[②] 之争，亦有见解认为，可在选择之债的基本立场下，在特定前提下赋予买受人变更权，允许买受人重新选择。[③] 买受人在补正履行、减价、退货、损害赔偿等违约责任形式的选择权，宜认定为请求权的有限聚合，在不违背救济方式功能异质性的前提下聚合。选择权的行使，符合请求权聚合的基本特征，修理、更换、重作与赔偿损失等承担民事责任的方式可以单独适用，也可合并适用。但因目前学说将减价视为形成权，而本条的请求权聚合涵盖减价，故请求权聚合在减价问题上的说明力仍然有限。

选择权之行使，应以标的性质、损失大小为据，以合理性为限。但实务判断不限于此，亦涵盖交易惯例、违约类型与实际可行性，应遵守诚实信用原则和公平原则，适当考虑债务人利益。[④]

诸项违约责任形式并行适用时，须甄别各形式的功能异质性。效果方向相反

---

① 韩世远：《减价责任的逻辑构成》，载《清华法学》2008年第2期。

② 杜景林：《我国合同法买受人再履行请求权的不足与完善》，载《法律科学》2009年第4期；殷安军：《论违约救济方式选择后的可变更性》，载《华东政法大学学报》2015年第2期。

③ 贺栩栩：《论买卖法中继续履行规则的完善》，载《政治与法律》2016年第12期。

④ 参见上海二中院（2003）沪二中民一（民）终字2285号民事判决书；上海一中院（2010）沪一中民四（商）终字1191号民事判决书；广东高院（2015）粤高法民一申字491号民事裁定书；广州中院（2015）穗中法民二终字578号民事判决书；北京三中院（2015）三中民（商）终字05389号民事判决书。

之违约责任形式，不予并用，效果方向相同之违约责任形式，可予并用。原则上，修理、更换、重作可与损害赔偿或减价并用；退货仅可与损害赔偿并用，无从与其他形式并用；损害赔偿可与减价、违约金等违约责任形式并用，但须满足特定前提。[①] 实务亦不乏并用修理、更换、重作与违约金，并用退货与违约金或损害赔偿以及并用减价与违约金情形。[②]

补正履行（修理、重作、更换）内部各形式之间，宜采“选择竞合说”，即在修理、重作、更换三种不同的补正形式之间，形成选择竞合，买受人享有选择变更权，一次补正未达效果或遭出卖人拒绝，买受人可选择变更为其他补正形式，在诉讼中，体现为变更诉讼请求。

退货之性质学界素有争议。有见解认为，应区分认定退货的法律意义，若是终局性的，符合解除通知，宜视为解除合同；若是中间过渡状态，最后更换同种物，则为更换；最后以其他标的代替且实际交付的，为代物清偿；若以其他标的代替但尚未交付的，为以物抵债，属于合同变更，但合同解除、代物清偿与合同变更都不属于违约责任。[③] 有观点提出，退货本身不宜等同于解除，而仅为拒绝接受标的物的结果，是行使拒绝受领权的表现。[④] 实务中，裁判焦点集中于退货前提，并区分多数说与少数说。多数说认为，可将退货视为解除合同的后果，须满足法定解除要件，[⑤] 出卖人自担费用自行取回。[⑥] 少数说认为，退货无须满足合同解除要件，可在违约时径行主张。[⑦]

四、周边规范

本条属于《民法典》合同编通则第 8 章“违约责任”，构成《民法典》合同编第 577 条“违约责任”的具体类型。周边规则散见于《民法典》合同编第 2 分编典型合同和相关司法解释，如《民法典》第 617 条以下（买卖合同）、第 781 条（承揽合同）以及《最高人民法院关于审理买卖合同纠纷案件适用法律问题的解释》第 22 条以下，上述规定为本条的特别规定。

（撰稿人：金晶）

① 崔建远：《退货、减少价款的定性与定位》，载《法律科学》2012 年第 4 期。

② 参见上海一中院（2010）沪一中民四（商）终字 1191 号民事判决书；上海一中院（2015）沪一中民四（商）终字 1269 号民事判决书；湖南高院（2015）湘高法民再一终字 14 号民事判决书。

③ 崔建远：《退货、减少价款的定性与定位》，载《法律科学》2012 年第 4 期。

④ 韩世远：《出卖人的物的瑕疵担保责任与我国合同法》，载《中国法学》2007 年第 3 期。

⑤ 参见江西高院（2016）赣民终 91 号民事判决书。

⑥ 参见江苏高院（2015）苏审二商申字 00232 号民事裁定书。

⑦ 参见重庆五中院（2015）渝五中法民再终字 00022 号民事判决书；北京三中院（2015）三中民（商）终字 08512 号民事判决书；福建厦门中院（2015）厦民终字 1360 号民事判决书。

第五百八十三条 【违约损害赔偿责任】 当事人一方不履行合同义务或者履行合同义务不符合约定的，在履行义务或者采取补救措施后，对方还有其他损失的，应当赔偿损失。

【释义】

本条规定的是损害赔偿和实际履行的叠加适用。本条来自 1999 年《合同法》第 112 条，未作任何修改。更早可追溯到《涉外经济合同法》第 18 条："当事人一方不履行合同或者履行合同义务不符合约定条件，即违反合同的，另一方有权要求赔偿损失或者采取其他合理的补救措施。采取其他补救措施后，尚不能完全弥补另一方受到的损失的，另一方仍然有权要求赔偿损失。"该条可能借鉴自《联合国国际货物销售合同公约》第 45 条第 2 款："买方可能享有的要求损害赔偿的任何权利，不因他行使采取其它补救办法的权利而丧失。"现在，更为完善的表述是《共同参考框架草案》第Ⅲ.－3：102 条："不相互排斥的不同救济可以叠加适用。尤其是，债权人请求损害赔偿的权利不因其寻求其他任何救济而丧失。"

可以说，本条确立的核心观念，即损害赔偿和实际履行可叠加适用，是完全赔偿原则的逻辑要求，今天几乎毫无争议。但两种救济方式在何种程度上可叠加适用，则不是那么显而易见的，因为这两种救济方式是相互影响的。在债权人不请求实际履行时，可以请求全额的损害赔偿，但一旦请求了实际履行，并且债务人也进行了实际履行，那么就不能再请求全额的损害赔偿，而只能请求履行范围之外的损害赔偿，而如果债务人进行实际履行之后不存在其他损害，那么债务人并不享有请求损害赔偿的权利。因此，本条的表述是非常正确的，相比之下，《联合国国际货物销售合同公约》和《共同参考框架草案》的表述都存在一定的问题。

本条仅涉及损害赔偿和广义的实际履行之间的叠加适用关系，没有涉及其他救济方式之间的适用关系。迟延履行违约金和实际履行之间的适用关系，规定在第 585 条第 3 款。定金和违约金及损害赔偿之间的适用关系，规定在第 588 条。

引起"其他损失"的情形，主要包括以下两种：一是进行履行或者采取补救措施之后，已经符合债务的要求，但在此过程中发生了其他的损失，包括延迟的损失、瑕疵履行造成的损失等；二是进行履行或者采取补救措施之后，仍无法符合债务的要求，此时发生的损失比较复杂。

债权人进行替代履行时，也可能会遭受其他损失，如进行替代交易的附属开支。第 581 条规定的替代履行应等同于实际履行，也适用本条的规定。

【关联规定】

《民法典》第581、584条、第585条第3款

（撰稿人：柯伟才）

第五百八十四条　【违约损害赔偿的范围】 当事人一方不履行合同义务或者履行合同义务不符合约定，造成对方损失的，损失赔偿额应当相当于因违约所造成的损失，包括合同履行后可以获得的利益；但是，不得超过违约一方订立合同时预见到或者应当预见到的因违约可能造成的损失。

【释义】

本条规定了违约损害赔偿责任的范围，确立了完全赔偿原则，并设立了可预见性的限制。第577条规定债务人违约应当承担违约损害赔偿责任，而本条则规定违约损害赔偿责任的范围。本条来自1999年《合同法》第113条第1款，仅作了一点文字修改。1999年《合同法》第113条第2款没有被保留，因为本法第128条已经规定："法律对未成年人、老年人、残疾人、妇女、消费者等的民事权利保护有特别规定的，依照其规定。"本条与《联合国国际货物销售合同公约》第74条非常相似。

关于违约损害赔偿责任的成立要件，通常认为要有违约行为以及因此造成的损害（两者之间需要有因果关系），而不要求违约方有过错，当然，如果违约方有免责理由，也可以免除损害赔偿责任。与其他违约责任不同的是，违约损害赔偿责任成立的前提是要有损害或者采取其他补救措施之后仍有其他损害。因此，第577条并未完全解决违约损害赔偿责任的成立问题，必须根据本条确定有因违约造成的损害发生，才能成立违约损害赔偿责任（无损害即无赔偿）。

本条规定的损害赔偿责任是金钱形式的赔偿责任。[①] 金钱损害赔偿责任，是违约责任最重要的形式，在不愿或者不能请求实际履行时，都可以请求损害赔

① 有观点认为1999年《合同法》第113条规定的赔偿损失的方式包括恢复原状、金钱赔偿和代物赔偿，参见胡康生主编：《中华人民共和国合同法释义》，法律出版社2013年版，第206页。此种观点没有法条依据，而且会造成混淆。

偿。可以说，损害赔偿责任既是常规的违约责任，也是兜底的违约责任。第581条规定的承担替代履行费用的责任，虽然也表现为一笔金钱，但不属于本条的范围。第585条和第586条规定的约定违约金责任和定金责任属于约定的违约责任，而本条的损害赔偿责任属于法定的违约责任。

损害的范围和计算是本条的核心问题。根据本条的表述，损害可以分为实际损失和可得利益损失，但不包括将来会发生的合理损失。条文的此种表述，并非意在排除将来会发生的合理损失，而是为了宣布采用完全赔偿原则，也就是说，可得利益损失也属于应当赔偿的范围。实际损失是实际发生的损失，可得利益损失是丧失了合同如果被按约履行则可获得的利益。什么样的可得利益损失才是可赔偿的，其可获得的程度需要有多高才可以获得赔偿，是无法精确确定的问题。实践中相对确定的例子是租金的损失，误工费等。

一代又一代的法学家尝试为不同的违约情形确定不同的损害计算方法。德国潘德克顿法学发展起来的积极利益和消极利益区分在很长时间里占据了主流地位。[①] 所谓积极利益是指合同被按约履行时，债权人所享有的利益。所谓的消极利益是指合同从未被订立时，债权人所享有的利益。主张积极利益的前提是，合同是有效的并且不被解除。其逻辑是，只有合同仍然有效存在，才有可能被履行，也只有这样债权人才可能获得合同被履行之后应获得的利益。如果不具备这样的条件，则只能主张消极利益。这两种利益用于计算损害的数额的话，则采用差额法来计算，也就是用债权人当前的利益状况和这两种利益状况进行比较而得出的差额。德国债法改革之后采用了“替代给付的利益”和“与给付并列的利益”的区分，前者适用于完全不需要继续履行合同的情形，后者适用于仍需要继续履行的情形。这样导致在适用“替代给付的利益”的场合需要用替代法来计算损害的数额。但这项区分的意义有限，因为是否还需继续履行本身没有太大的特殊性。

积极利益和消极利益的区分也被引入美国法，在美国法中它们被称为期待利益（履行利益）和信赖利益。[②] 债权人因为信赖债务人会履行债务因此改变了其状态，如为了履行或者准备履行对待给付而发生了费用，那么这种损害通常是可以得到赔偿的。在美国法中，信赖利益作为期待利益的一种替代。通常而言，期待利益要比信赖利益高，但这也不是必然的，因此非违约方可以选择其中一种作为计算损害的方式。因此，徒劳支出的费用当然属于信赖利益的范畴。德国新债

---

① Vgl. HKK/Schermaier, §§280 – 285, Rn. 61, 68, SS. 1239, 1248.

② ［美］E. 艾伦·范斯沃斯：《美国合同法》，葛云松、丁春艳译，中国政法大学出版社2004年版，第44页。

法也有徒劳支出的规则，即第 284 条：“债权人可以不请求替代给付的损害赔偿，而请求偿还其因信赖获得给付而已支出且可合理地支出的费用，但即使债务人没有违反义务，支出费用的目的也不会达到的除外。”美国法还有第三种利益，即返还利益。如果非违约方在交易构成中向违约方转移了一定的利益，那么非违约方可以主张返还其转移的利益的对应价值。这样一来，对待给付的返还可能属于违约损害赔偿。第 566 条第 1 款规定：“合同解除后，尚未履行的，终止履行；已经履行的，根据履行情况和合同性质，当事人可以请求恢复原状或者采取其他补救措施，并有权请求赔偿损失。”该条似乎意味着对待给付的返还不在违约损害赔偿之内，但在实践中很难区分违约损害赔偿和因对待给付的做出或者不履行返还对待给付引起的损害赔偿。实际上，在对方违约时，因做出对待给付或者未能索回对待给付而导致的损害本身也可能有一部分属于对方违约造成的损害。本条使用的是“因违约所造成的损失”的笼统表述，从可得利益表述“合同履行后可以获得的利益”来看，本条采用的是履行利益的确定方法。从第 581 条来看，本章也不排除主张信赖利益，这也意味着不排除用替代法来计算损害。除债的履行、对待给付的返还、替代履行、徒劳支出的费用外，违约损害赔偿还可能涉及对固有利益的损害，甚至减价有时候也体现为一种违约损害赔偿，再加上和解除权制度息息相关，导致损害的确定变得非常复杂。区分各种不同的情形的话，容易发生区分不合理而无法精确划分的情形。本条采用笼统的表述，而不区分具体的情形，应该是相对恰当的。由非违约方视情况自行选择合适履行利益、信赖利益或者返还利益也是较为合理的做法。需要指出的是，履行利益不应仅限于合同仍然有效存在的情形，只要可以适当地弥补非违约方的损失，就应当支持，而无须受限于概念的推理。

在计算损失时，有时候涉及标的物的市场价格和它对当事人的价值，这种情形尤其发生在标的物对债权人具有特殊价值的情形。

关于违约责任是否可以涵盖非财产损害的问题，存在争议，但目前一般倾向于认为在一些合同当中非违约方可以主张精神损害赔偿，如旅游服务合同。[①] 本条并没有排除精神损害，而且根据完全赔偿原则，精神损害也应当包含在本条的范围之内。

本条后段为完全赔偿原则设立了一个例外——可预见性，[②] 规定损害不得超

---

① 陆青：《违约精神损害赔偿问题研究》，载《清华法学》2011 年第 5 期；崔建远：《精神损害赔偿绝非侵权法所独有》，载《法学杂志》2012 年第 8 期。

② 关于可预见性的判断标准，参见叶金强：《可预见性之判断标准的具体化——〈合同法〉第 113 条第 1 款但书之解释路径》，载《法律科学》2013 年第 3 期。

过违反合同一方订立合同时预见到或者应当预见到的因违反合同可能造成的损失。可预见性的判断主体是违约方，判断时点是订立合同时。此项例外应仅适用于非常特殊的情形，即发生异常损害的情形，其目的是保护债务人不受异常损害的影响。但在违约方因故意或重大过失违约时，应排除此项例外的适用。有的国家（如德国）用“相当因果关系”理论来限制损失的范围，其效果和可预见性规则相近。[①] 在采用可预见性规则的情况下，损害的范围不需要通过相当因果关系来判断，事实上的因果关系就足够了。

实践中，当事人经常会约定违约责任的限额。此种约定，在不违反强制性法规的情况下是有效的。

非违约方与有过失的情形，参见第 592 条第 2 款的注释。

需要指出的是，解除权和违约损害赔偿责任是可以同时主张的。曾经有理论认为两者不能同时主张，因为合同是违约损害赔偿责任的基础，合同一旦被解除，那么损害赔偿的基础便不存在了。今天这个理论已经被彻底抛弃。

最后，损失应由非违约方负责证明。可预见性的证明较为复杂。一般而言，对于损失的可预见性，由于考察的视角是违约方，所以非违约方很难提供证明；但如果要求违约方来证明自己没有预见到，则是把“证明自己没有做过的事情”强加在违约方身上。因此，比较合适的方法是由法院从第三方的视角去判断，双方当事人当然可以提供相应的证据来寻求有利于自己的判决。对于可得利益的可预见性问题，2009 年《最高人民法院关于当前形势下审理民商事合同纠纷案件若干问题的指导意见》第 11 条规定：“人民法院认定可得利益损失时应当合理分配举证责任。违约方一般应当承担非违约方没有采取合理减损措施而导致损失扩大、非违约方因违约而获得利益以及非违约方亦有过失的举证责任；非违约方应当承担其遭受的可得利益损失总额、必要的交易成本的举证责任。对于可以预见的损失，既可以由非违约方举证，也可以由人民法院根据具体情况予以裁量。”非违约方可能对自己可能获得的高额利润更为了解，如果可以提前告知对方，便可以使得其具有可预见性，因此最高人民法院作出这样的规定是有其合理性的，但同时也考虑到问题的复杂性，所以规定“也可以由人民法院根据具体情况予以裁量”。

---

① ［德］巴尔、［英］克莱夫主编：《欧洲私法的原则、定义与示范规则：欧洲示范民法典草案（全译本）》（第 1 卷、第 2 卷、第 3 卷）》，付俊伟等译，法律出版社 2014 年版，第 805 页。

【关联规定】

《民法典》第 577、579、583、585、591 条、第 592 条第 2 款、第 566 条，《最高人民法院关于当前形势下审理民商事合同纠纷案件若干问题的指导意见》第 9～11 条，《消费者权益保护法》第 55 条，《最高人民法院关于审理买卖合同纠纷案件适用法律问题的解释》第 29～31 条

（撰稿人：柯伟才）

第五百八十五条　【违约金】当事人可以约定一方违约时应当根据违约情况向对方支付一定数额的违约金，也可以约定因违约产生的损失赔偿额的计算方法。

约定的违约金低于造成的损失的，人民法院或者仲裁机构可以根据当事人的请求予以增加；约定的违约金过分高于造成的损失的，人民法院或者仲裁机构可以根据当事人的请求予以适当减少。

当事人就迟延履行约定违约金的，违约方支付违约金后，还应当履行债务。

【释义】

本条规定了违约金，规定当事人可以约定违约金，违约金的酌增、酌减以及迟延履行违约金和履行债务的并存。本条来自 1999 年《合同法》第 114 条，仅作了少量文字修改，即把“当事人可以请求人民法院或仲裁机构增加/减少”修改为“人民法院或仲裁机构可以根据当事人的请求予以增加/适当减少”。修改的目的是明确违约金的酌增或酌减由人民法院或者仲裁机构决定。约定违约金自古就有，允许当事人约定违约金也是目前国际通行的做法。无限制的违约金显然会造成不公平的结果，因此违约金的酌减规则也是国际通行的规则。例如，《国际商事合同通则》第 7. 4. 13 条，《欧洲合同法原则》第 9：509 条，《共同参考框架草案》第Ⅲ. –3：712 条。但违约金的酌增并不常见，一般而言，不需要规定违约金的酌增，因为当事人可以在违约金和损害赔偿之间进行选择，请求增加违约金，自然要证明损害比违约金高，这样的话直接请求损害赔偿就可以了。本条第

3 款应理解为任意性规范，当事人可以作出相反的约定。

违约金可以省却举证和计算的麻烦，也可以督促债务人按约履行债务，尤其是违约金数额较高的时候，对债务人而言是一种压力。因此，一般都允许当事人约定违约金，但同时也不能任由当事人无限制地对违约金进行约定，因此本条第 2 款从数额上对违约金进行了干预。最重要的限制是法院可以应当事人的申请酌减明显过高的违约金。本条并没有规定，对于何种情形不允许约定违约金。不允许约定违约金的情形相对比较罕见。例如，为了保障离婚自由，可能不允许对违反不得离婚的协议约定违约金。因此，可以说，除酌减规则外，违约金原则上是私人自治的领域。这使得违约金的发生条件、计算方法以及与其他救济措施的可并用性具有很大的变化可能性。因此，本条的关键是关于违约金酌减的规则。违约金酌减规则实际上为违约方提供了一个反悔的机会，其正当性只能从违约金明显过高会损害违约方的利益来解释。

我国学说上区分惩罚性违约金和补偿性违约金，对两者的界定存在不同的意见。① 比较恰当的观点是，只有超过违约造成的损害的违约金才能被认定为惩罚性违约金。这个区分在美国法当中有着重要意义，因为如果被判定为惩罚性违约金，那么违约金的约定是不具有强制执行性的。② 但实际上，惩罚性违约金和补偿性违约金的区分在中国法上意义不大，因为虽然原则上只有惩罚性违约金才有酌减的可能，但惩罚性违约金也不一定会被酌减。违约金酌减的判断标准是过分高于实际损失，而不是它被认定为惩罚性违约金。从这个角度来看，1999 年《合同法》对于违约金的态度不是“补偿为主，惩罚为辅”,③ 而是补偿和惩罚都可以，但不能超过一定的限度。

由于属于私法自治的领域，违约金的设置（包括数额、计算方法、实现条件以及是否可与其他救济方式并用等）可能具有非常不同的形态。④ 实践中最常用的违约金是迟延违约金、质量违约金和非违约方行使解除权之后的一笔综合违约金。迟延违约金通常是按照一定的时间（如每天、每周）来计算的，一直计算至履行完毕时止。本条第 3 款考虑的正是这种标准的情形，但也不排除当事人约定支付了迟延违约金之后不需要继续履行相应的合同义务。此时，应

① 姚明斌：《〈合同法〉第 114 条（约定违约金）评注》，载《法学家》2017 年第 5 期。

② ［美］E. 艾伦·范斯沃斯：《美国合同法》，葛云松、丁春艳译，中国政法大学出版社 2004 年版，第 781 页。

③ 沈德咏主编：《最高人民法院关于合同法司法解释（二）理解与适用》，人民法院出版社 2015 年版，第 256 页。

④ 关于违约金类型化的尝试，参见姚明斌：《违约金论》，中国法制出版社 2018 年版，第四章“违约金的类型构造”，第 117 页以下。

以当事人的约定为准。迟延违约金对应的是因迟延而造成的损失，但经常发生的是，迟延并不会造成任何损失。在没有造成任何损失的情况下，如何确定违约金过分高于损失，是一个需要综合判断的问题。质量违约金通常按照质量指标来计算，每降低一定的数值便要支付一定数额的违约金，类似于减价的约定。当事人也可以在约定质量违约金的同时要求违约方进行补救。在这种情况下，质量违约金有时候也充当一定的迟延违约金的功能。是否可以同时请求质量违约金和补救的问题，需要具体判断，一般而言，只要不属于本条第 2 款规制的情形，都可以同时请求。非违约方行使解除权之后请求的综合违约金当然不能与继续履行并用。

本条规定的是金钱形式的约定违约责任，其他形式的约定违约金责任也应当参照适用本条。本条确立的酌减规则仅适用于当事人约定的违约金，而不适用于法定的违约金。

违约金的酌减规则是不允许当事人约定排除的，否则这个规则存在的意义便大大减小。根据本条第 2 款的规定，是否申请酌减是违约方的权利，法院不能主动进行酌减。

违约金酌减的关键问题是认定违约金是否“过分高于”违约造成的损失。本条第 2 款明确以违约造成的损失作为比较基准，但并没有说明违约金超出违约造成的损失到什么程度才能算是“过分”。《最高人民法院关于适用〈中华人民共和国合同法〉若干问题的解释（二）》第 29 条规定：“［第 1 款］当事人主张约定的违约金过高请求予以适当减少的，人民法院应当以实际损失为基础，兼顾合同的履行情况、当事人的过错程度以及预期利益等综合因素，根据公平原则和诚实信用原则予以衡量，并作出裁决。［第 2 款］当事人约定的违约金超过造成损失的百分之三十的，一般可以认定为合同法第一百一十四条第二款规定的‘过分高于造成的损失’。”该条第 1 款确立了综合衡量原则，第 2 款以造成损失的 30% 为参考标准。第 2 款所说的“违约金超过造成损失的百分之三十”表述上有问题，本意不是说违约金超过损失的百分之三十就是“过分”，而是说违约金超过损失的百分之一百三十才是“过分”。当然，这只是一种参考，不是必须适用，而且参考的前提是要有损失发生。在没有损失发生的情形下，只能根据综合衡量原则进行判断。作为综合衡量基础的损失应当以违约造成的损失的数额为准，而不应以可预见性规则下的可赔偿数额为准。这里所说的“损失”包括可得利益损失，《全国法院民商事审判工作会议纪要》对此有清楚的规定。

证明责任的问题是一个难题。一方面，原则上应当由违约方证明违约金“过分”；另一方面，违约造成的损失是进行综合衡量的一个重要标准，往往也需要证明，但通常受损害方最适合证明，违约方通常无法获知对方的损失数额。如果债权人必须证明违约造成的损失的数额，则在很大程度上与违约金设立的目的相悖。《全国法院民商事审判工作会议纪要》第 50 条规定，主张违约金过高的违约方应当对违约金是否过高承担举证责任。

违约金酌减不应直接减到实际损失，而是应当适当尊重当事人吓阻违约的意图，确定一个适当的量，也就是说酌减到不再“过分”的程度即可。

违约金酌增的问题相对较小。证明责任由主张违约金的一方来承担。《最高人民法院关于适用〈中华人民共和国合同法〉若干问题的解释（二）》第 28 条规定：“当事人依照合同法第一百一十四条第二款的规定，请求人民法院增加违约金的，增加后的违约金数额以不超过实际损失额为限。增加违约金以后，当事人又请求对方赔偿损失的，人民法院不予支持。”该条似乎暗示着违约金和损害赔偿不能同时主张，至少从文字表述来看，在申请增加违约金之后，即使发现还有其他损害，也不能请求对方赔偿损失。很难为这样的限制找到充分的理由。对于违约金和损害赔偿之间的适用关系，最好还是以当事人的意思为基础，只要两者相加的总额在法律允许的范围之内，应当予以认可。

合同被解除、被撤销的情形下，违约金条款也可以继续有效。《全国法院民商事审判工作会议纪要》第 49 条第 1 款规定：“合同解除时，一方依据合同中有关违约金、约定损害赔偿的计算方法、定金责任等违约责任条款的约定，请求另一方承担违约责任的，人民法院依法予以支持。”

【关联规定】

《民法典》第 389、584、588、691 条，《最高人民法院关于适用〈中华人民共和国合同法〉若干问题的解释（二）》第 27～29 条，《最高人民法院关于审理民间借贷案件适用法律若干问题的规定》第 29～30 条，《最高人民法院关于当前形势下审理民商事合同纠纷案件若干问题的指导意见》第 5～8 条，《最高人民法院关于审理买卖合同纠纷案件适用法律问题的解释》第 24、26～27 条，《全国法院民商事审判工作会议纪要》第 49～50 条

（撰稿人：柯伟才）

第五百八十六条　【定金担保】 当事人可以约定一方向对方给付定金作为债权的担保。定金合同自实际交付定金时成立。

定金的数额由当事人约定；但是，不得超过主合同标的额的百

分之二十，超过部分不产生定金的效力。实际交付的定金数额多于或者少于约定数额的，视为变更约定的定金数额。

【释义】

首先，就本条的规范对象和宗旨而言，本条的规范对象是定金担保，明确了定金性质、成立条件与数额限制，其宗旨在于明确定金合同属于实践合同。

其次，本条内容延续了《担保法》第89条至第91条和《合同法》第115条的规定。《合同法》第115条规定："当事人可以依照《中华人民共和国担保法》约定一方向对方给付定金作为债权的担保……" 在初审稿提请审议时，《合同编》被作为第二编，本条文在《合同编》第376条得到明确："当事人可以约定一方向对方给付定金作为债权的担保。定金合同自实际交付定金时成立。定金的数额由当事人约定，但是不得超过主合同标的额的百分之二十，超过的部分不产生定金效力。实际交付的定金数额多于或者少于约定数额，视为变更约定的定金数额。" 在三审稿中，合同编被置于第三编，本条内容相应转变为第586条，条文第1款中的"定金合同自实际交付定金时成立"转变为"定金合同自实际交付时生效"。但是在最终发布时又将这一内容重新修改为："定金合同自实际交付定金时成立。" 本条与《担保法》和《合同法》以及草案最初的条文相比，其内容发生了如下变动：（1）删除了《担保法》中"定金应当以书面形式约定。当事人在定金合同中应当约定交付定金的期限"的规定。（2）相较于原有规定，进一步明确了"定金合同自实际交付定金时成立"。（3）在"不得超过主合同标的额的百分之二十"之后的条文由《最高人民法院关于适用〈中华人民共和国担保法〉若干问题的解释》第121条的"超过的部分，人民法院不予支持"修改为"超过部分不产生定金的效力"。（4）在《最高人民法院关于适用〈中华人民共和国担保法〉若干问题的解释》第119条的基础上删除了"收受定金一方提出异议并拒绝接受定金的，定金合同不生效"的规定。本条修改的效果在于进一步强化了定金合同的实践性质。具体而言，通过对条文以上内容的修改明确了对于其合同形式不作强制性要求，不再将交付期限作为合同的强制性内容，仅规定定金合同以交付为成立要件，超过部分不产生定金效力。以上修改都进一步明确了定金合同的实践性质。

再次，本条的规范要点主要包括：（1）定金合同属于主合同的从属合同，是对于主合同债权的担保，具有从属性。定金的有效以主合同的有效成立为前提。[①]一般情况下，主合同无效的，定金合同无效。但是，主合同有效的，定金合同并非必然有效，定金合同是否成立及生效还需视定金合同是否满足其成立及生效要件而定。（2）本条文删除了《担保法》中“定金应以书面形式约定”的规定，定金合同从要式合同转变为非要式合同。其原因在于：其一，随着科学技术的发展，合同订立形式多样，书面形式并非唯一的形式。其二，定金合同属于实践合同，以实际交付为成立要件，书面文本作为定金合同订立证据的价值弱化。其三，实际交付的定金数额多于或者少于约定数额的，视为变更约定的定金数额。书面合同的效力弱化。因此，似无必要继续将定金合同设定为书面合同。（3）定金合同属于实践合同。本条规定定金合同在定金实际交付时成立，因此定金以交付为成立要件，属于实践合同，仅存在约定而未交付时定金合同不成立。在合同类型中，合同分为诺成合同和实践合同，其中，诺成合同是指意思表示一致即可成立的合同。实践合同是指除当事人意思表示一致外，尚需交付标的物或完成其他现实给付才能成立的合同。[②]定金合同在本条被明确为实践合同，因此在定金合同的成立中，应当将交付作为成立要件。在定金未交付的时候，定金合同不成立。（4）定金数额不超过总合同的20%，此为定金合同的额度限制。定金数额的限制方式采取了比例限制，将其限定为不超过总合同的20%，超过的则不发生定金效力。定金合同采用比例方式限定了最高额度，只要定金额度在主合同标的额的20%或者20%以下都属于有效额度，超过部分的效力由《最高人民法院关于适用〈中华人民共和国担保法〉若干问题的解释》中的“人民法院不予支持”修改为“超过部分不产生定金的效力”。因此，超过部分在实质上不属于定金。此外，定金合同的主合同标的应当如何确定是值得注意的问题，尤其是对于连续履行合同，应明确各个合同是一个总合同，还是属于单独合同，对此可根据当事人约定或者交易习惯确定。例如，对于分批次购买的钢材，是全部批次属于一个合同，还是属于独立的合同，对此可以在主合同中进行约定，若主合同与定金合同存在差异时，因为从合同的从属性来看，应以主合同为准，在主合同与定金合同存在冲突时，以主合同的数额为准。

最后，本条的适用疑惑主要包括：（1）定金属于实践合同，若定金合同签订后，合同一方未按时交付定金，合同相对人是否可以向法院请求交付？根据本条规定，定金合同属于实践合同，交付之后才成立，若定金未交付，则合同未成

---

① 崔建远主编：《合同法》，法律出版社2010年版，第197页。

② 韩世远：《合同法总论》，法律出版社2018年版，第82页。

立，不产生法律认可的效力，定金合同无法得到法院承认。因此，在合同一方未交付定金时，合同相对方无法向法院提出交付请求。只有在定金交付后，定金合同才成立。(2) 定金交付一方在定金未交付的情况下，合同相对方是否可以因此作为抗辩，拒绝主合同的履行？定金合同是为了保障主合同履行而签订的合同，意在依据定金罚则效力约束双方履行主合同义务。定金未交付是否可作为合同履行中的抗辩权可视情况而定。若定金交付一方虽未交付定金，却已履行主合同义务，则合同相对方无权行使抗辩权。若合同一方未交付定金，合同相对方先履行义务，则合同相对方可因定金未交付而行使不安抗辩权。同时，合同相对方在履行义务时也可因定金未交付而中止履行。①

【关联案例】

2017 年第 8 期《最高人民法院公报》中公布的“孙某荣与杨某香、廊坊愉景公司公司增资纠纷案”是对定金合同从属效力的说明，在该案中，法院认定“根据定金合同的从属特征，作为原股权转让合同从合同的定金合同亦相应消灭，定金罚则不应再适用”。因此，定金合同具有从属性，主合同有效是定金合同有效的前提条件。案件详细内容请参照（2015）民二终字 191 号民事判决书。

（撰稿人：王锡柱）

第五百八十七条　【定金罚则】 债务人履行债务的，定金应当抵作价款或者收回。给付定金的一方不履行债务或者履行债务不符合约定，致使不能实现合同目的的，无权请求返还定金；收受定金的一方不履行债务或者履行债务不符合约定，致使不能实现合同目的的，应当双倍返还定金。

【释义】

首先，本条宗旨在于明确定金的效力。

其次，本条规定的文本可溯源于《民法通则》第 89 条第 3 项，《担保法》第 89 条，《最高人民法院关于适用〈中华人民共和国担保法〉若干问题的解释》第

---

① 叶金强：《担保法原理》，科学出版社 2002 年版，第 265～266 页。

115 条、第 120 条，《合同法》第 115 条的规定。《合同编》草案首次提请审议时，其在第 377 条对此条文进行了规定，但是表述存在差异，草案表述为："债务人履行债务后，定金应当抵作价款或者收回。给付定金的一方不履行约定的债务的，无权要求返还定金；收受定金的一方不履行约定的债务的，应当双倍返还定金。"但是，在三审稿中，条文的表述发生了变化，其中对于定金罚则的适用情形进行了扩充，将合同双方"履行债务不符合约定致使不能实现合同目的"增加为适用定金罚则的情形之一。这一扩充与《最高人民法院关于适用〈中华人民共和国担保法〉若干问题的解释》第 120 条的规定存在相似之处，但是《最高人民法院关于适用〈中华人民共和国担保法〉若干问题的解释》的表述为"因当事人一方迟延履行或者其他违约行为，致使合同目的不能实现，可以适用定金罚则"。此处规定则将"履行债务不符合约定，致使不能实现合同目的"作为适用情形。经修改后，本条规定明确将履行债务不符合约定，致使不能实现合同目的作为定金罚则的适用情形，扩充了定金罚则的适用范围，同时将"致使不能实现合同目的"作为约束条件，明确了定金罚则适用的条件必须是以不能实现合同日的为前提。

再次，本条的规范要点主要包括：(1) 定金效力视合同各方义务履行情况而定，定金罚则只是定金效力的一种。在债务人履行债务之后，定金应当抵作价款或者收回，此为债务得到履行时的定金处理情况。在合同一方不履行义务，或者履行义务不符合约定致使不能实现合同目的的，应当适用定金罚则，由未履行义务或者履行义务不符合约定致使合同目的不能实现的一方承担定金责任。因此，合同各方不同的义务履行状况决定了定金处理方式和定金效力的差异。(2) 定金的交付是为了保证债务的履行，其适用后果具有法定性。定金罚则的效力不仅限于定金交付一方，对收受定金一方同样具有适用空间。若交付定金的一方不履行债务，或者不按规定履行债务致使合同目的不能实现，则无权请求返还定金。若收受定金的一方存在上述情况，则应当返还双倍定金。所以，合同各方都受到定金罚则效力的约束。其原因在于，定金的目的在于督促合同双方履行合同义务，其对于双方当事人都具有定金罚则效力，而非仅限于一方。在定金罚则的适用中，双方平等，一方交付的定金作为债务履行担保，在符合定金罚则效力时无权请求返还定金，收受定金一方则是在符合定金罚则情形时向支付一方返还双倍定金，实质承担的责任亦是以交付的定金为额度。

最后，本条适用的疑惑可能包含：(1) 合同债务可能存在部分履行的状况，在部分履行情况下，定金如何处理是应当讨论的问题。合同的部分履行未必可以完全归于"债务人履行债务后"的范畴，也未必可完全归于"不履行债务"或者"合同目的不能实现"的情形，因此对其有单独讨论的必要。合理解决途径之一是对于可以分割的合同，可按照合同的履行比例适用定金罚则。例如，甲向乙购买5吨钢材，甲交付了合同总标的额的20%作为定金，乙最终只交付了2.5吨，剩余的无法履行。此时，可按照未履行部分所占合同约定内容的比例，适用定金罚则，仅有总标的额的10%可以适用定金罚则，剩余定金应归还甲或者将定金抵作价款。但是，若是不可分割的合同，部分履行致使合同目的不能达成，则可将实际交付的定金为标准适用定金罚则效力。（2）定金合同属于从属合同，若合同各方都未履行，或者都未按约定履行致使不能实现合同目的，此时，是否可继续适用定金合同，使双方在各自范围内承担定金责任是需要讨论的问题。从我国立法来看，《合同编》第592条第1款规定："当事人都违反合同的，应当各自承担相应的责任。"2019年发布的《全国法院民商事审判工作会议纪要》第49条第1款规定："合同解除时，一方依据合同中有关违约金、约定损害赔偿的计算方法、定金责任等违约责任条款的约定，请求另一方承担违约责任的，人民法院依法予以支持。"因此，无论是双方违约，还是双方解除合同，都不必然影响定金责任的适用。例如，甲向乙交付定金后，双方都未履行合同，应按照双方违约处理，各自承担定金责任。甲无权要求返还定金，而乙则应当返还双倍定金，双方未履行合同的情况下，交付定金的一方成为获利者。但是，若存在先履行抗辩权或者不安抗辩权时，可根据案由进行判断。（3）不可抗力对于定金责任的影响。不可抗力影响主合同的履行，同时对于定金合同亦可能产生影响。因不可归责于双方当事人之事由致不能履行时，定金应返还。① 在我国实体法中，定金效力可结合《合同编》第590条和《最高人民法院关于审理商品房买卖合同纠纷案件适用法律若干问题的解释》第4条等规定理解。

【关联规定】

《最高人民法院关于审理商品房买卖合同纠纷案件适用法律若干问题的解释》第4条，《全国法院民商事审判工作会议纪要》第49条第1款

【关联案例】

2006年第8期《最高人民法院公报》中公布的"戴某飞诉华新公司商品房订购协议定金纠纷案"是定金罚则是否适用的典型案例。在案件中，购房者向开发

---

① 史尚宽：《债法总论》，中国政法大学出版社2000年版，第516页。

商交付了定金，约定双方于某日订立商品房预售合同。后由于开发商提供的商品房预售格式合同中有样板房仅供参考等不利于购房者的条款，购房者对该格式条款提出异议要求删除，开发商不能立即给予答复，以致商品房预售合同没有在订购协议约定的日期订立。法院认定此种情形属于《最高人民法院关于审理商品房买卖合同纠纷案件适用法律若干问题的解释》第4条规定的“不可归责于当事人双方的事由”，开发商应当将收取的定金返还给购房者。

（撰稿人：王锡柱）

第五百八十八条　【违约金与定金竞合时的责任】 当事人既约定违约金，又约定定金的，一方违约时，对方可以选择适用违约金或者定金条款。

定金不足以弥补一方违约造成的损失的，对方可以请求赔偿超过定金数额的损失。

【释义】

首先，就规范对象与宗旨而言，本条的规范对象是违约金与定金的选择适用关系，其宗旨在于遵循民法意思自治原则，保障守约方的合法权益。

其次，本条可追溯至1987年《最高人民法院关于在审理经济合同纠纷案件中具体适用〈经济合同法〉若干问题的解答》这一文件之中。其中明确：“关于定金与违约金能否并用问题。定金与违约金的性质不同。定金是一种担保方式，而违约金是对违约的一种制裁和补偿手段。所以合同的一方可以在对方违约时既要求对方偿付违约金，又要求按定金罚则处理定金问题，只要法律和法规没有相反规定，就应当予以保护，但并用的结果应以不超过合同标的价金总额为限。”1999年《合同法》对此进行了改变，其在第116条规定：“当事人既约定违约金，又约定定金的，一方违约时，对方可以选择适用违约金或者定金条款。”《合同编》初次提请审议时，其在第377条中对定金和违约金的选择适用关系进行了规定，在《合同法》第116条的基础上增加了一款，其规定：“约定的定金不足以弥补一方违约造成的损失，对方可以请求赔偿超过定金部分的损失。”在《合同编》二审稿和三审稿中条文未发生变化。但是，在民法典公布时，其第2款被修改为：“定金不足以弥补一方违约造成的损失的，对方可以请求赔偿超过定金数额的损失。”将“约定的定金”改为“定金”，最终文本体现为现在民法典合同编中的第 588 条。本条在修改中贯彻了民法中的意思自治和填平损失原则，完善了定金责任和违约责任的选择规范，为保护非违约一方的权利提供了保障。

再次，本条在适用中的规范要点主要包括：(1) 意思自治是民法的精髓与灵魂，本条第 1 款规定正是对于意思自治原则的贯彻。但是，意思自治有其前提，本条规范的前提是“既约定违约金，又约定定金”的可以选择适用。因此，若当事人对违约金和定金均未达成合意，或者是只就违约金或定金之一达成合意，则一方违约时，对方并无选择的空间，若只约定其中之一，则只适用其中之一，若两者都未达成合意，违约方的相对人则根据合同法的违约责任寻求救济，而非适用此处的选择规范。另外，本条还存在一个前提，即定金责任与违约责任并未被其他条件阻却成立。例如，在有些情况下，定金条款的适用被排除，则即使对两者进行了约定，也不存在选择空间。(2) 本条规定中，在满足“既约定违约金，又约定定金”这一前提条件时，是由违约方的对方行使选择权，而非由违约方选择，也非合同各方皆可选择。本条通过明确将选择权赋予“违约一方的相对方”而非违约一方，体现了对于违约一方的惩罚性。同时，在选择适用的范围上，限于在约定的违约金和约定的定金之中选择其一，而非同时适用，即在一方违约时，若双方对违约金和定金都达成了合意，则可选择其中之一，至于非违约方选择违约金条款还是定金条款，在非所问。所以，意思自治的空间受到一定的约束。这是为了抑制民法的惩罚性后果，维持私法的公平公正，避免对于违约一方造成不成比例的负担。(3) 本条第 2 款规定的是定金和实际损害之间的关系，其承接了上一款规定，一方违约时，若对方根据此条款选择了定金条款，则存在适用本款的空间。在定金与实际损害额度的关系层面存在三种可能，一为定金高于实际损害额度，二为定金等于实际损害额度，三为定金低于实际损害额度。合同法属于私法范畴，在发生损害时，以填平损失为原则，但是由于定金条款只有在不履行合同义务或者在一方违约致使合同目的不能达成的情况下适用，因此定金条款具有一定的惩罚性。在定金高于或者等于实际损害额度时，可以定金为准，但是，若定金的额度不足以弥补实际损害额度，则为保护违约一方相对方的利益，应按照民法的填平损失原则，赋予违约一方的相对方请求赔偿超过定金数额损失的权利。(4) 一方违约后，对方若根据本条选择约定违约金条款，则适用违约金条款。约定违约金与实际损失之间的关系也可分为三种，即实际损失可能高于、等于或者低于约定违约金，在此种情况下，并非最终按照合同的约定金额进行赔偿，民法以填平损失为原则，在选择违约金条款时，应结合第 585 条第 2 款的规定予以处理，即“约定的违约金低于造成的损失的，人民法院或者仲裁机构可以根据当事人的请求予以增加；约定的违约金过分高于造成的损失的，人民法院或者仲裁机构可以根据当事人的请求予以适当减少”。此条文的适用请参照本书对于第585条的解读，此处不再赘言。

最后，本条的适用疑惑主要为本条第1款中的“约定定金”的解释问题。本条第1款规定既约定违约金，又约定定金的，可适用选择条款。然而，定金以交付为成立要件，此处规定为“约定”，本款规定应以“约定”为准，还是以“交付”为准？本款的表述为“约定”，且适用条件为“一方违约”时，若约定了违约金，同时又约定了定金，但是定金未曾交付，此时根据法律规定，应视为定金合同并未成立，而合同中确实又存在有关定金的约定，此时是否视为满足选择条款的适用条件？对此可能有不同的见解。一方面，定金约定后，未交付时，可视为满足“约定”前提，违约方的相对方可选择适用。理由可分为三个层面：一是从条文理解，此处为“约定”；二是从体系上理解，定金未交付时，权利人可选择违约金条款；三是即使定金未交付，也可根据本条第2款规定处理，向违约方请求赔偿实际损失。另一方面，也可对此进行否定性理解。其原因在于定金合同成立以“交付”为条件，只有交付定金才有法律承认的效力，且定金交付的数额与约定数额不一致的，以实际交付数额为准，若仅存在关于定金条款的约定，而未交付定金，实际上属于对于定金合同的变更，且本条在违约时才具有适用空间，既然已违约，且未交付定金，则违约时定金合同未成立，可视为两者并未达成定金合同，权利人并无选择空间。相比较之下，后一种方式似乎更具说服力。当然，疑惑的解决还有待于后续立法、司法解释等进行明确，或者通过指导案例解决。

【关联规定】

《最高人民法院关于审理买卖合同纠纷案件适用法律问题的解释》第28条

（撰稿人：王锡柱）

第五百八十九条 【拒绝受领和受领迟延】 债务人按照约定履行债务，债权人无正当理由拒绝受领的，债务人可以请求债权人赔偿增加的费用。

在债权人受领迟延期间，债务人无须支付利息。

【释义】

首先，就本条规范对象与宗旨而言，本条规范的内容是债权人受领迟延的法律后果，其宗旨在于明确债权人按时受领义务。

其次，本条规定为《合同编》新增加的条款，1999 年的《合同法》中并未存在这一条款，其仅规定在债权人无正当理由拒绝受领时债务人可以将标的物提存，但是未曾对于增加的费用和受领延迟期间的利息进行规定，合同法司法解释亦未对此进行规定。《合同编》草案对此进行了补充，其在初审稿第 379 条规定债务人按照约定履行债务，债权人无正当理由拒绝受领的，债务人可以请求债权人赔偿增加的费用。在债权人受领迟延期间，债务人无须支付利息。这一表述在二审稿和三审稿中一直保持原状，未曾予以变动，形成了现在民法典合同编第 589 条的规定。本条明确了债权人受领迟延时发生的法律后果，为债务人能够及时履行合同义务提供了制度上的保障。

再次，本条的规范要点主要包括：（1）本条债权人拒绝受领的法律后果需要以债务人按照约定履行义务为前提，这是本条适用的前提条件，若债务人未按照约定履行债务，原则上形成债权人拒绝受领的正当理由。债务人应以债之本旨履行，给付物体之品质、数量及提出之时期、处所、提出人、受提出人均符合债务之本来要求，若不符合本旨，债权人虽拒绝受领，亦不发生迟延责任。① 若对于约定的履行内容进行变更，则可以视为违反合同约定履行，债权人可以拒绝受领。例如，《合同编》第 530 条第 1 款规定："债权人可以拒绝债务人提前履行债务，但是提前履行不损害债权人利益的除外。"同样，在标的物不符合约定的质量时，债权人亦可拒绝受领。例如，《合同编》第 610 条规定："因标的物不符合质量要求，致使不能实现合同目的的，买受人可以拒绝接受标的物或者解除合同。买受人拒绝接受标的物或者解除合同的，标的物毁损、灭失的风险由出卖人承担。"因此，债务人按照合同约定履行债务是本条规定适用的前提。（2）债务人按照合同约定履行债务，债权人拒绝受领而增加费用时，并非必然承担赔偿义务。若债权人拒绝受领具有正当理由，则可不承担赔偿增加费用的责任，其核心在于对于何为"正当理由"进行判定。若债务人未按照合同约定履行债务，自然属于债权人拒绝受领的正当理由。除此之外，是否具有其他可视为"正当理由"的情形，如不可抗力，对此应当分情况而论，分析此种理由是否对于受领构成实

① 郑玉波：《民法债编总论》，中国政法大学出版社 2004 年版，第 285 页。

质障碍。(3)“增加的费用”并非包含任何支出，而是应当在合理的期间内。增加的费用的范围是条款适用中的另一个问题，对此而言，应当区分“增加的费用”的合理期间是什么。对于拒绝受领期间合理的保管、维修费用和运送标的物至合同履行地的费用应当视为合理费用。对于超出合理额度的保管费用，可将其排除在“增加的费用”之外。(4) 受领迟延期间，债务人无须支付利息。此款作为一款单独予以规定，与上一款相比，其并未明确限定为“无正当理由”而拒绝受领，而是取消了上一款的适用条件。但是，同处于一个条文之中，是否也受限于上一款的限定，即有正当理由时仍应当支付利息？对此，应理解为此款是独立存在，无论是否具有正当理由，债务人都可不支付利息。

最后，本条的适用疑惑可能包括：(1) 债权人具有正当理由拒绝受领时，增加的费用由何人承担的问题。在债务人不按照约定履行义务时，债权人以此为正当理由拒绝受领，债务人属于可归责一方，在此情形下债务人自然无权请求债权人承担增加费用。但是，在“正当理由”的形成非可归因于债务人时，债务人是否有权向债权人请求支付增加的费用有待进一步明确。若正当理由的形成实际上是由于债权人自身原因造成的，或者是出于不可抗力造成的，此时若无权向债权人请求支付增加的费用，费用全部由债务人自身来承担似乎有失公允。所以，在对于本条进行解释时应关注“正当理由”的合理范围，避免债权人受领迟延时对债务人造成经济损失。正当理由的范围则有待于后续立法或者司法过程中予以区分，并逐步明确，保障按约履行合同一方的利益。(2) 债权人受领迟延期间的标的物风险问题如何分配。债权人迟延受领期间，标的物可能损坏或者灭失，其中的风险承担问题是迟延受领面临的重要问题，对此可以采取以下方式解决：若无正当理由，风险由债权人承担，但是债务人应尽到适当的保管义务。若具有正当理由，则应当分析正当理由的成因，辨别正当原因来自债务人、债权人抑或不可抗力，可归因的由责任方承担风险，归属于不可抗力时，则根据风险分配的一般原理分配风险。(3) 债权人若拒绝受领，债务人是否可以采取其他替代方式履行债务？根据合同编相关规定，在债权人拒绝受领时，为了保存货物，或者债务人为尽早从债权债务关系中解脱出来，可以采取提存的方式履行债务。这在合同编中得到了规定，其在第570条明确将债权人无正当理由拒绝受领作为债务人将标的物提存的适用情形之一。

【关联案例】

《人民司法·案例》2014年第10期公布的“周某梅与重庆点击公司租赁合同

纠纷执行案”是与债权人受领迟延有关的案例，其要旨为：法院判决生效后，债务人自愿履行返还义务，债权人能够受领而不受领或不提供必要协助，后以债务人逾期未履行为由向法院申请强制执行，要求赔偿租赁物损失的，人民法院不予支持，并可认定债权人构成受领迟延，且不得要求债务人承担迟延履行责任。详细内容请参见（2013）江法民执字102号民事判决书。

（撰稿人：王锡柱）

第五百九十条　【不可抗力】当事人一方因不可抗力不能履行合同的，根据不可抗力的影响，部分或者全部免除责任，但是法律另有规定的除外。因不可抗力不能履行合同的，应当及时通知对方，以减轻可能给对方造成的损失，并应当在合理期限内提供证明。

当事人迟延履行后发生不可抗力的，不免除其违约责任。

【释义】

首先，就本条规范对象与宗旨而言，本条规范的内容是不可抗力对合同责任的影响，其宗旨在于明确符合相应条件时，不可抗力属于合同责任的减免事由。

其次，本条内容是在吸收《合同法》第117条和第118条内容的基础上作出的规定，相对于原条文有所更改。《合同法》第117条规定：“因不可抗力不能履行合同的，根据不可抗力的影响，部分或者全部免除责任，但法律另有规定的除外。当事人迟延履行后发生不可抗力的，不能免除责任。本法所称不可抗力，是指不能预见、不能避免并不能克服的客观情况。”第118条规定：“当事人一方因不可抗力不能履行合同的，应当及时通知对方，以减轻可能给对方造成的损失，并应当在合理期限内提供证明。”在《合同编》草案初次提请审议时，其内容发生了相应的变化，《合同编》初审稿在第380条对其进行了表述，具体内容为：“当事人一方因不可抗力不能履行合同的，根据不可抗力的影响，部分或者全部免除责任，但是法律另有规定的除外。因不可抗力不能履行合同的，应当及时通知对方，以减轻可能给对方造成的损失，并应当在合理期限内提供证明。当事人迟延履行后发生不可抗力的，不免除其违约责任。”此条文在征求意见和后续的几次修改中并未改动，一直保留到民法典颁布，其条文具体体现为现在的合同编第590条。与《合同法》相比，条文的变化主要表现在以下几方面：（1）在“因不可抗力不能履行合同的”之前增加了“当事人一方”这一表述。（2）删除了对于不可抗力的定义。(3)“当事人迟延履行后发生不可抗力的”之后的表述从“不能免除责任”转变为“不免除其违约责任”。

再次，本条可能包括：(1)不可抗力是合同履行中的意外事由，在合同履行中，双方都可能遭遇不可抗力，也可能仅是一方遭遇不可抗力，本条的规定是“当事人一方”就可以，因此，在一方当事人遇到不可抗力时即存在适用不可抗力条款的可能性。(2)不可抗力条款的适用有其前提条件，并非发生不可抗力即可援引本条款。条文明确了必须因不可抗力导致不能履行合同才可以主张适用不可抗力条款。例如，同样是面临洪水，种植的果蔬受灾致使无法交付，导致不能履行合同，此时应将洪水视为合同履行中的不可抗力。但是，面临洪水，若基础通信设施未受影响，以网络办公为内容的合同不受洪水影响，此时洪水不属于合同履行形成影响的不可抗力。(3)不可抗力作为免责事由，只是说在不可抗力影响所及范围内不发生责任。[①] 在不可抗力导致不能履行合同义务时，应当根据不可抗力对于合同履行的影响评估后果，而非发生不可抗力即可完全免除责任。在以不可抗力作为责任减免事由时，应当视不可抗力造成的影响，部分或者全部免除责任。此外，某些情形下，不可抗力并非必然可作为减免责任的事由，在法律另有规定时，不可抗力可能被排除，不作为责任减免的事由。(4)因不可抗力导致合同不能履行时，为避免相对方继续为履行合同而增加费用，应将不可抗力事由及时通知对方，减少因不可抗力产生的损失，并且受不可抗力影响而无法履行义务的当事人一方还负有在合理期限内进行证明的义务。(5)迟延履行与不可抗力的关系问题。不可抗力发生的时间具有不确定性，其可能发生在合同缔结之后到履行完毕之前的整个阶段，还可能与合同履行中存在的其他事由发生关联，在不同阶段发生的不可抗力对违约责任的影响有所不同。对于当事人迟延之后发生不可抗力的，不免除义务人的责任。

最后，本条适用中可能存在的疑惑包括：(1)不可抗力的范围如何界定。《合同法》中将不可抗力定义为“不能预见、不能避免并不能克服的客观情况”，但是新的条文删除了这一表述，不可抗力如何界定存在困难。在实务中，一是可以通过约定来进行明确，二是在司法判例中发展出不可抗力的类型化。但是，不可抗力对不同的合同义务履行产生的影响不同，应当观察不可抗力对合同履行的实际影响情况。同时，也可采取反向排除的方式，将不属于不可抗力的情形进行明确。(2)各国对于不可抗力的认定存在差异，在签订涉外因素合同时，如何应对各国不可抗力的规定是重要问题。可采取下列方式解决此种风险：一是可以通

---

① 韩世远：《合同法总论》，法律出版社 2018 年版，第 487 页。

过对国外的法律规定和司法案例进行收集与解读，了解不可抗力的范围。二是可以通过在合同中约定进行实现。三是可以选择适用的准据法与选择司法管辖权的方式减少因不可抗力的不确定性带来的风险。（3）原合同法属于私法范畴，私法领域遵循意思自治的原则，在私法自治的逻辑导向下，合同各方是否可以就排除不可抗力的适用达成一致？若双方意思一致，且条款的适用不违反强制性法律法规，应当视为排除不可抗力条款的适用条款属于有效条款，可以对此进行适用。

【关联案例】

最高人民法院发布的第51号指导案例“阿卜杜勒·瓦希德诉中国东方航空公司航空旅客运输合同纠纷案”中涉及不可抗力对航空运输合同责任的影响，其关于不可抗力的裁判要点为：“当不可抗力造成航班延误，致使航空公司不能将换乘其他航班的旅客按时运抵目的地时，航空公司有义务及时向换乘的旅客明确告知到达目的地后是否提供转签服务，以及在不能提供转签服务时旅客如何办理旅行手续。航空公司未履行该项义务，给换乘旅客造成损失的，应当承担赔偿责任。”

（撰稿人：王锡柱）

第五百九十一条　【减损规则】 当事人一方违约后，对方应当采取适当措施防止损失的扩大；没有采取适当措施致使损失扩大的，不得就扩大的损失请求赔偿。

当事人因防止损失扩大而支出的合理费用，由违约方负担。

【释义】

首先，就本条规范对象与宗旨而言，本条规范的对象是非违约方的减损义务，其宗旨在于平衡合同各方主体的利益，减少因违约造成的损失。

其次，本条内容在我国《涉外经济合同法》第22条曾有类似规定，其中明确规定：“当事人一方因另一方违反合同而受到损失的，应当及时采取适当措施防止损失的扩大；没有及时采取适当措施致使损失扩大的，无权就扩大的损失要求赔偿。”但是，其内容仅涉及第1款，第2款在《合同法》中成为新增内容。《合同法》第119条规定：“当事人一方违约后，对方应当采取适当措施防止损失的扩大；没有采取适当措施致使损失扩大的，不得就扩大的损失要求赔偿。当事人因防止损失扩大而支出的合理费用，由违约方承担。”《合同编》初次提请审议时在第381条作出了完全相同的规定，在二审稿和三审稿中均未发生变动，最终的民法典合同编第591条亦采用了这一文本进行表述。因此，相对于《合同法》的规定，本条的内容延续了原有规定，条文表述未发生变化。

再次，本条的规范要点主要包括：（1）当事人一方违约是此条适用的前提条件，其适用的缘由在于合同已违约，为了防止损失的扩大，违约方的相对方应当予以配合。合同的违约必须有相应的表现，且对方已经知晓违约方存在违约，否则便不存在防止损失扩大的原因。至于对方是由违约方的告知而知晓违约情事，抑或从其他路径得知违约方的违约情事，都应按照此条的规定采取措施。所以，本条的适用以当事人一方违约且相对方已经知晓对方违约为前提，若当事人一方并未违约，或者当事人一方违约后对方并不知晓，则此条文的适用空间受到压缩。（2）对方当事人采取的措施应当是适当的，对超出“适当”范围的措施并不在此条规范对象之内。对方采取的措施是否“适当”至少应从以下两个方面进行考虑。其一，欲采取的措施是否具有可实现性。若防止损失扩大在事实上不可能，则这一义务不具有可实现性，因此无法防止损失扩大。其二，事实上是否具备可行性，若具备了可实现性，但是实现成本过高，预防成本将超过实际损失，此时不符合比例原则，亦无必要采取防止损失的措施。只有当事人一方违约后，可采取措施且措施适当的时候才可要求相对方采取措施防止损失扩大。（3）当事人一方违约之后，相对方是否采取预防措施防止损失扩大所构成的属于不真正义务，其不采取适当措施的后果是“没有采取适当措施致使损失扩大的，不得就扩大的损失请求赔偿”。因此，对方不采取措施，并非要对违约一方承担责任，而是因此导致的损失扩大的风险由自身承担，不可请求违约方承担责任。所以，这种采取防止损失扩大的措施实际上是一种不真正义务，并不产生实际的损害赔偿后果，而只是损失风险自担的后果。（4）本条第2款为：“当事人因防止损失扩大而支出的合理费用，由违约方负担。”因此，本款有两个限制条件，一为“为防止损失扩大”，二为“合理”，两者应当同时满足，若并非为防止损失扩大而支出的费用，不在违约方负担范围之内。若为防止损失而支出的费用超出了合理费用的区间，违约方同样无须支付超出合理费用区间的费用。例如，违约方违约后，为保障标的物免受损失，对标的物采取了保护措施，通常以塑料薄膜覆盖便可保障其不被毁损，但是相对方采取了购买钢板搭建厂房的方式进行保护，此可视为超出合理费用的区间。只有当事人是为了防止损失扩大，且支出的费用合理时才在违约方负担范围内。当事人因防止损失扩大而支出的合理费用，由违约方负责，对于不合理的费用，由当事人自己承担。但是，在一方违约后，即使对方采取了不合理措施防止了损失的扩大，违约方仍应负担合理费用。同时应予注意的是，此款必须结合第1款理解，在一方违约时，且因违约而采取措施才是前提，若对方未违约，则并不适用于此款规定的情形，一般由当事人自己负担风险。

最后，本条在适用中的疑惑可能包括：（1）在一方违约时，对方采取防止损失扩大措施这一不真正义务的产生的时点如何确定？一般而言，当事人一方的违约为本条适用提供了前提，但是一方实际违约与对方知晓违约事由和采取措施之间存在时间差，采取防止措施时点应以当事人应当知晓或者可能知晓时起算，在此之前的损失由违约方承担，在此之后的扩大损失风险由当事人自己承担。因此，一方违约后，应当及时通知对方，若违约方未通知对方，则对方由于信息不对称问题而无从采取合理措施防止损失扩大，自然也无须因违约人违约而由自身承担扩大的损失。但是，若违约方未通知，对方从其他途径知晓了或者判断了违约事实，如通过新闻报道发现，或者合同履行最终期限到期，相对方并未履行义务，则当事人应当及时采取合理措施防止损失扩大。另一疑问在于当事人一方基于不安抗辩权而提前采取措施，若对方当事人并未违约，则增加的费用自然由当事人承担，若其最终违约，则应由违约方承担。所以，在对本条进行适用时，扩大损失的计算并非自实际违约时起算，而是从当事人知晓或者应当知晓违约情事时起算，这是在本条款适用时应予以注意的问题。（2）合理措施的判定及其依据问题。在判定措施是否“适当”时应以可预防损失扩大的合理成本进行计算。但是，在判定中还存在相应的问题值得注意，在对方采取了预防措施减少了损失时，即使措施超出合理范围，对于合理范围内的支出也应当予以负担。然而，若在采取损失防止的过程中发生了其他损失，如在对标的物采取防止损失扩大的措施时，发生了意外状况，造成了对方当事人或者其雇员的人身权益损害，当事人因此而需要承担医疗费用和误工费用，此部分的损失是否可视为合理费用？这还有待于案例的进一步梳理和判定。

【关联案例】

甘肃省庆阳市中级人民法院审理的“刘某荣诉甘肃丽晶公司房屋租赁合同纠纷案”与此条款相关，其在案例中认定“守约方对于损失有防止扩大的义务，如果守约方不采取适当措施防止损失扩大造成的额外损失，属于违约责任下的加害责任，该责任不能由违约方承担”。案件详细内容请阅读（2014）庆中民初字1号民事判决书。

（撰稿人：王锡柱）

第五百九十二条 【双方违约和与有过失】 当事人都违反合同的，应当各自承担相应的责任。

当事人一方违约造成对方损失，对方对损失的发生有过错的，可以减少相应的损失赔偿额。

【释义】

首先，就本条规范对象与宗旨而言，本条规范的是双方违约问题，宗旨在于明确双方违反各自义务时的责任。

其次，本条源于《合同法》第120条的规定：“当事人双方都违反合同的，应当各自承担相应的责任。”民法典合同编草案中则将其作为一款，另外增加了一款：“当事人一方违约造成对方损失，对方对损失的发生有过错的，可以减少相应的损失赔偿额。”最终民法典合同编的条文未再发生变化，呈现为现在的文本。增加第2款的原因在于明确合同履行中非违约方的与有过失原则。

再次，本条的规范要点主要包括：（1）本条适用的前提条件是双方都违反合同。合同双方都可能存在违反合同的可能性，因此并非仅靠一方负有义务的合同类型，只有在双方都负有合同义务时才存在双方违约的可能性，因此，双方都可能违约是适用双方责任的情形。同时，在合同履行中，若仅存在一方违约，另一方未违约，则不存在适用此款的空间，只有在双方都负有合同义务，且双方都未按照合同的约定履行合同的义务时才应当各自承担相应的责任。（2）本条第2款规定，当事人一方违约造成对方损失，对方对损失的发生有过错的，可以减少相应的损失赔偿额。对此，对方的过错是责任的前提。若一方违约造成损失，对方对于损失没有过错，则违约方应对损失负责。但是，若对方对损失发生有过错，可以减少相应的损失赔偿额。所以，对方是否存在过错是本条适用中的关键性问题，过错要以主客观条件共同判定。例如，一方违约，未支付价金，则对方应妥善保管标的物，若因未妥善保管而形成的损失，应当属于对损失的发生有过错。若对方基于合理的保管措施进行了保管，但是货物依然发生的毁损，此时的损失并不属于过错造成的损失，不应对非违约方提出苛刻的要求，因此，违约一方的责任是否可以减少应当视非违约方是否存在过错而定。(3) 本条第 2 款规定对方对损失的发生有过错的，可以减少相应的损失赔偿额。因此，此处并非“应当”减少，由于当事人一方违约在先，造成了合同履行障碍，即使对方存在相应过错，也非必然可以减免责任，其具体是否减免还应看违约一方在债务履行中的主客观情况以及相对方的过错程度，而不是对方对损失有过错，违约一方的责任必然减免。

最后，本条适用中可能存在的疑惑包括：(1) 本条中双方违约是否可被履行抗辩权涵盖，其是否存在予以规定的必要性？在合同履行中，存在先履行抗辩权，同时履行抗辩权和不安抗辩权，无论何时，一方不履行合同时，另一方自然可以凭借上述履行抗辩权拒绝履行合同，此时，是否有必要存在双方违约的可能性？此种疑惑有其合理性，但存在一些履行抗辩权无法涵盖的情形：第一，双方都做出了履行，但履行都不符合合同的规定；第二，双务合同中，有些债务属于合同双方彼此独立的合同义务，违反此类义务时，同时履行抗辩权和先履行抗辩权无法适用，因此存在双方违约的可能；第三，一方履行不符合合同约定，另一方则违反了不得妨碍合同履行的义务，则构成双方违约；第四，一方履行不符合合同的规定，另一方履行接受迟延，则构成双方违约。① 另外，在一些行业中还存在可能适用双方违约的情形。例如，在公共航空运输合同中，公共航空承运人服务于不特定的多数旅客，按照航班时刻起飞，但是航班晚点，旅客未按要求提前到达机场完成登机，但是由于公共航空承运人本身原因，航班亦未按原航班时刻起飞，此时也存在双方违约的可能性。因而，上述情形的存在为这一条款的适用留下了空间。(2) 本条的适用前提是否仅限于双务合同，单务合同是否也存在适用空间？一般而言，双方违反合同是双方都存在履行义务，但是单务合同中，只有一方负有履行义务，而另一方仅具有配合对方的不真正义务，若一方履行不合格，而另一方亦未对合同债务人履行义务提供配合，增加了合同标的物的保管成本或者运输成本，此时亦可能存在双方违反合同的可能性，所以，在本条适用过程中，存在着不同的可能性，应得到充分注意，避免盲目将单务合同排除在本条适用范围之外。(3) 本条第 1 款中规定，当事人都违反合同的，应当各自承担相应的责任。在双方违约中，是否可以适用责任相抵原则？合同法属于私法，遵循私法自治原则，若双方同意，自然可以适用。在金钱之债中，各方可通过补足差额的方式实现，填平损失。若双方涉及特定的物或者特定的履行，存在不可替代的标的，则可请求继续履行，对于其余造成的损失或者增加的费用按照补足差

---

① 江平主编：《中华人民共和国合同法精编》，中国政法大学出版社 1999 年版，第 99 页。

额的方式进行。所以，在双方违约中，若不违反法律的强制性规定，可以适用责任相抵规则。(4) 本条第 2 款中规定“可以减少相应的损失赔偿额”，而未明确何为“应当”减少相应的损失赔偿额。此条是作为约束法官的裁判规则而存在的，人民法院在审理过程中需要综合合同履行中各方当事人的实际情况判定，若双方通过协商达成一致意见，则可根据协议解决，若双方未能达成一致意见，则由法官在衡量的基础上判断是否应该减少违约方的负担。

【关联案例】

最高人民法院审理的“永昶公司等与爱之公司合作开发房地产合同纠纷案”与此条款相关，其裁判在于明确“双方均存在违约的情况下，应根据合同义务分配情况、合同履行程度以及各方违约程度大小等综合因素，判断合同当事人是否享有解除权”。详细内容请参见（2012）民一终字 126 号民事判决书。

（撰稿人：王锡柱）

第五百九十三条　【第三人原因造成违约时违约责任承担】 当事人一方因第三人的原因造成违约的，应当依法向对方承担违约责任。当事人一方和第三人之间的纠纷，依照法律规定或者按照约定处理。

【释义】

首先，就本条规范对象与宗旨而言，本条规范的是第三人原因造成违约时的责任承担问题，宗旨在于确认合同效力相对性的原则。

其次，本条内容源于《合同法》第 121 条的规定：“当事人一方因第三人的原因造成违约的，应当向对方承担违约责任。当事人一方和第三人之间的纠纷，依照法律规定或者按照约定解决。”在民法典合同编初次提请审议时，其表述略有变化，将“应当向对方承担违约责任”修改为“应当依法向对方承担违约责任”，只加了“依法”一词。

条文明确了当事人一方因第三人的原因违约时，应由违约方依法赔偿。

再次，本条的规范要点主要包括：(1) 合同效力具有相对性，当事人一方因第三人原因而违约的，违约方应当承担违约责任。合同的相对性特征决定了合同内容难以为第三人所知，若因第三人原因导致合同一方主体违约，受第三人影响不能履约的当事人一方应当承担违约责任，所以，受制于合同的相对性，第三人原因原则上不是免责事由，合同履约中的直接风险由违约一方向对方承担。（2）当事人一方和第三人产生的纠纷，可以依照法律或者按照约定处理，这为当事人和第三人的利益协调提供了路径。从最终结果而言，第三人是导致当事人违约的原因，根据行为风险责任一致的原则，在原则上，因第三人引发的事件导致合同不能履行的，第三人应承担相应的责任。但是，由于合同相对性原则，合同一方在一般情况下只能向合同相对人求偿。但是，这并不意味着第三人无须承担责任，根据本条规定，当事人一方和第三人的纠纷，既可以按照法律规定处理，又可以按照约定处理。第三人对合同履行造成阻碍时，可能是由于债务人与第三人存在另一合同关系，债务人的履行以第三人的履行为前提条件。此时债务人与第三人存在合同关系，也可能约定了违约责任。因此，当事人一方可根据合同约定向第三方求偿。在此种情形之外，也可能存在纯粹与合同双方无关的第三人意外造成了合同的无法履行，此时，由于一般情形下并无事先存在的纠纷解决约定和协议，为了使纠纷得到解决，法律上或许会对于纠纷提供法定的救济路径，对于纠纷的解决方案提供框架和规则，对于受影响违约的一方提供法律上的救济规则。但是，双方也可能在事后达成协议，由于合同法属于私法范畴，遵循意思自治原则，在第三人与受影响无法履行合同的一方就纠纷的解决达成一致时，应当允许双方按照约定处理两者之间的纠纷，这是民法意思自治原则的题中应有之义。

最后，本条在适用中可能存在的疑惑包括：（1）本条规定：“当事人一方因第三人的原因造成违约的，应当依法向对方承担违约责任。”这一表述中，相对于《合同法》第 121 条，增加了“依法”这一限定。何为“依法”承担违约责任是值得探讨的问题。通过将“依法”作为责任承担的限定，为规范合同双方的义务提供了法律依据。在本条的适用过程中，可从以下方面答疑解惑，一方面，在本条的适用中，“依法”不仅包括合同法中可适用的基本原则和一般条款，还包含合同编中的一般责任规定承担责任，对于责任的承担划定合理的界限，避免因第三人违约导致的不确定性。另一方面，本条还存在其他的规范含义。例如，在第三人原因导致的违约中，还存在一些特殊情况，这些特殊情况可能被其他立法予以规定，突破合同的相对性，在本条的原则性规定之下，对于责任的承担进行特殊设置。例如，《消费者权益保护法》第 40 条第 2 款、第 3 款规定：“消费者或者其他受害人因商品缺陷造成人身、财产损害的，可以向销售者要求赔偿，也可以向生产者要求赔偿。属于生产者责任的，销售者赔偿后，有权向生产者追偿。属于销售者责任的，生产者赔偿后，有权向销售者追偿。消费者在接受服务时，其合法权益受到损害的，可以向服务者要求赔偿。”一些特殊情形之下，对于第三人导致的违约责任进行特殊规定。这一条文中，销售者与消费者是合同双方，而生产者是第三方，但是立法中直接明确了在一些情况下可向生产者要求赔偿，对此条文的适用也可以理解为“依法”的要求。因此，本条中的“依法”非但限于合同编乃至民法典之中，也包含了其他立法中作出的特殊规定。（2）本条中规定，当事人一方和第三人之间的纠纷，依照法律规定或者按照约定处理。此处规定中，处理依据的选择权是由谁来执行？根据私法自治的原则，只有双方达成一致意见时才可以形成约定，否则只能按照法律的规定进行处理。因此，约定的形成是基于第三人和违约一方的当事人的一致意思表示形成的，当双方意思表示一致时，可执行约定，如果无法达成一致的赔偿意见，则应当按照法律的规定进行处理。但是，如果双方达成约定，最后不按约定执行，是否可以请求强制执行约定？在此种情形下，选择权可由受第三人影响的合同当事人一方选择，其成为债权人，可以选择法律规定或者已经达成的约定，所以在达成协议时，双方可以自主协商选择，在有不同意见时，以受影响的合同当事人的选择为准。但是，在约定的赔偿中，也应遵循法律的强制性规定，同时还要遵循法律的限定，以补偿为原则。

【关联案例】

《人民法院报》2013 年 1 月 17 日第 6 版公布的案例指导中，以江西赣州中级人民法院判决“天元公司与供水公司供用水合同案”为例，明确了“供水公司因第三方的原因未在公告公示的期间内恢复供水，导致用户因为停水而不能正常营业，供水公司应对用户因停水造成的合理损失承担赔偿责任”。详细内容请参见（2012）赣中民二终字 38 号民事判决书。

（撰稿人：王锡柱）

第五百九十四条　【国际贸易合同诉讼时效和仲裁时效】因国际货物买卖合同和技术进出口合同争议提起诉讼或者申请仲裁的时效期间为四年。

【释义】

首先，就本条规范对象与宗旨而言，本条规范的对象是国际货物买卖合同和技术进口合同起诉或申请仲裁的时效，其宗旨在于通过特别规定诉讼时效对于此两类合同的争议提供更充足的诉讼和仲裁期限。

其次，本条规定在《合同法》第129条已有表述，其内容为：“因国际货物买卖合同和技术进出口合同争议提起诉讼或者申请仲裁的期限为四年，自当事人知道或者应当知道其权利受到侵害之日起计算。因其他合同争议提起诉讼或者申请仲裁的期限，依照有关法律的规定。”在民法典合同编首次提请审议时，其在第384条对此进行了规定：“因国际货物买卖合同和技术进出口合同争议提起诉讼或者申请仲裁的期间为四年，自当事人知道或者应当知道其权利受到损害以及义务人之日起计算。”二审稿同样如此表述。到三审稿时，删除了后半段的表述，只保留前半部分对于时效期间的解释，最终成为民法典合同编中的条文。通过修改本条规定进一步明确了国际货物买卖合同和技术进口合同争议适用四年特殊诉讼时效，且无特殊规定时，适用诉讼时效的一般规则。

再次，本条的规范要点主要包括：（1）本条对国际货物买卖合同和技术进出口合同予以特殊规定的原因在于此两类合同有效期间长，涉及金额大，且都具有国际贸易的特点。故如果一般诉讼时效会产生对合同当事人权利保护不利的现象。[①] 民法典总则中规定民事诉讼一般时效为三年，相对于原民法通则已有提升，但是国际货物买卖合同和技术进出口合同发生的争议一般都比较复杂，涉及的标的额也较大，为了更有效地保护当事人的合法权益，合同法对这类合同发生争议提起诉讼或者仲裁的期限规定为四年。《民法总则》第188条第1款规定：“向人民法院请求保护民事权利的诉讼时效期间为三年。法律另有规定的，依照其规定。”此处正是“法律另有规定的”情形，所以如果合同类型为国际货物买卖合同和国际技术进出口合同时，其诉讼时效为四年。（2）本条删除了《合同法》第129条和民法典合同编初稿中的部分内容，其原因在于所删除的内容在民法典总则中已有规定，总则和合同编统一于民法典体系之中，为节约立法成本，实现立法的体系化效益，避免冗余，此处不再规定起算时间，起算时间按照总则编第188条中的规定，依旧是：“诉讼时效期间自权利人知道或者应当知道权利受到损害以及义务人之日起计算。法律另有规定的，依照其规定。”此处法律并未进行另外的规定，因此按照一般原则起算。同时，这一诉讼也受到限制：“自权利受到损害之日起超过20年的，人民法院不予保护；有特殊情况的，人民法院可以根据权利人的申请决定延长。”（3）本条的适用范围必须是依照国际货物买卖合同和技术进出口合同提起的诉讼或者仲裁，对于其他合同类型，若有特殊规定的，按照特殊规定执行，无特殊规定的，则按照一般的规定执行，即按照《民法总

---

① 江平主编：《中华人民共和国合同法精编》，中国政法大学出版社1999年版，第150页。

则》第188条中的三年时效进行计算。

最后，本条适用中可能存在的疑惑包括：（1）本条规定的适用范围限于国际货物买卖合同和技术进口合同，如何认定“国际”性是适用疑惑之一。在界定中，可参考国际条约进行理解。《国际商事合同通则》（以下简称《通则》）中采用了如下表述：一份合同的国际性可以用很多不同的标准来确定。在国内和国际立法中有的以当事人的营业地或惯常住所地在不同的国家为标准，而有的则采用更为基本的标准，但是《通则》并未明确规定这些标准，只是设想要对“国际”合同这一概念给予尽可能广义的解释，以便最终排除根本不含国际因素的情形，如合同中所有相关的因素只与一个国家有关。《联合国国际货物销售合同公约》中则指出：公约适用于营业地在不同国家的当事人之间所订立的货物销售合同，在确定本公约的适用时，当事人的国籍和当事人或合同的民事或商业性质，应不予考虑。我国在确定何为“国际”合同时可参考国际公约的规定和实际情况进行判定。（2）国际货物买卖与技术进口合同中的“货物买卖”和“技术进出口”也需解释，何为货物，何为买卖，且何为技术，何为进口都是需要解释的因素。对于货物是否严格限定为有体物，对于买卖是采狭义买卖还是包含售后回租、融资租赁等广义的买卖，这是货物买卖合同中需要解释的因素。对于技术进出口，需要界定是否属于本条所规定的“技术”范畴。（3）是否可以通过合同双方意思变更诉讼时效的期限。诉讼时效是否可以通过合同予以变更是适用中的另一个可能存在的疑惑。因本条删除了起算时间，因此，在解释中可理解为只有这一期间是特殊的，但是，在其他内容方面，其适用于诉讼时效的基本原则，其可以中断或者中止，但是诉讼时效的变更并不存在，若一方起诉，另一方不提出抗辩则属于认可；若一方起诉，另一方以诉讼时效经过则无效。但是其最长期间仍应遵守20年的规定。（4）诉讼管辖法院和所适用法律对于诉讼时效的影响。诉讼时效在不同的国家或有不同，由于合同法属于国内法，只有在国内法院按照我国合同法审理，或者在国外将我国合同法作为法律依据适用时才能够按照四年诉讼时效提供保护。若并非以我国合同法为依据，而是选择国际条约或者其他国家的法律规定作为依据，则不一定是四年的期间。

【关联案例】

2015年第8期《最高人民法院公报》的“中化公司与蒂森克虏伯公司国际货物买卖合同纠纷案”中表明了法院在确认准据法时的态度，这关系到国际纠纷的解决是否适用于我国立法，也进一步关系到是否可适用合同编的诉讼时效。

在案例中，国际货物买卖合同纠纷的双方当事人营业地分别位于新加坡和德国，当事人在合同中约定适用美国法律。新加坡、德国、美国均为《联合国国际货物销售合同公约》缔约国，当事人未排除公约的适用，因此案件的审理应首先适用《联合国国际货物销售合同公约》。对于审理案件中涉及的问题公约没有规定的，如合同效力问题、所有权转移问题，应当适用当事人选择的美国法律。因此，适用本条特殊规定需要以我国的合同法为准据法，若合同中优先适用国际公约或者其他国家的立法作为准据法，本条诉讼时效的适用空间会受限。

（撰稿人：王锡柱）

第二分编 典型合同

第九章 买卖合同

【导读】

本章重点规定了买卖合同条款、标的物交付、标的物风险负担和质量要求、买卖双方的权利和义务等规范事项，还规定了凭样品买卖、试用买卖、保留所有权买卖等特殊的买卖合同类型。对于本章的理解，总体上应当把握以下几个关键点：

第一，本章共53个条文，较原《合同法》第九章“买卖合同”增加了7个条文，并在立法表达和制度设计等方面都进行了一定调整。例如，本章关于买卖合同条款内容的规定呼应了合同编总则的有关条文，同时明确了买卖合同的特别条款（第596条）；不再规定出卖的标的物应当属于出卖人所有或者出卖人有权处分，转而规定买受人可以解除合同并请求出卖人承担违约责任，与物债相区分的法理相契合（第597条）；将出卖人按照约定将标的物运送至买受人指定地点并交付给承运人的情形纳入风险负担规则之中，弥补原《合同法》的规范缺失（第607条）；当事人约定减轻或者免除出卖人对标的物瑕疵承担的责任，因出卖人故意或者重大过失不告知买受人标的物瑕疵的，出卖人无权主张减轻或者免除责任。新增出卖人故意或重大过失不告知买受人标的物瑕疵则无权主张减轻或者免除责任的规定（第618条）；对于买受人的检验义务，新增3个条文分别对检验期限过短、未约定检验期限和依照买受人的指示向第三人交付标的物的情形进行了规定（第622～624条）；新增2个条文调整试用买卖，首先是试用买卖的当事人对标的物使用费没有约定或者约定不明确的，出卖人无权请求买受人支付（第639条），其次明确标的物在试用期内毁损、灭失的风险由出卖人承担（第640条）；将保留所有权买卖纳入本章的规范内容中，新增2个条文明确了出卖人的取回权和买受人的回赎权（第642～643条）。总的来看，本章全面总结了我国买卖合同有关立法和司法经验，既充分继受了原《合同法》中一些构造完备、功能完全的规则，也致力于细化交易具体规则，完善对合同当事人的救济，构建多样化的买卖合同制度。

第二，买卖合同作为有偿合同之一，是合同法领域中意思自治最普遍、制度需求最旺盛、实践适用最广泛的合同类型之一，因此对于其他有偿合同和一些具有买卖特征的标的物交易形式，可以参照适用本章的规定。本分编中的“典型合同”并不能列举完毕实践中所有的合同类型，随着现代交易的日渐复杂化，各类新型交易形式不断出现，在民法典没有对其进行规定的前提下，应当参照适用买卖合同的有关规定。例如，合同当事人在有偿合同中没有约定标的物的交付地点或者约定不明确的，依据《民法典》第510条的规定仍不能确定的，可以参照本章第603条的规定确定交付地点。

第三，本分编规定典型合同，体现合同法对合同的类型化区分，但“类型”并非一成不变，而是可能发生变化，因此当事人的权利义务应当可以接受一定程度的调整，而且这些调整并不影响该合同仍然可以被认定为有名合同类型。[①] 买卖合同的权利义务内容在实践中已经发生了较大幅度的调整，例如采取分期付款，或者约定保留所有权，或者进行互易，而这些形式最终都可以发生使买受人取得标的物所有权的法律效果，因此本章将这些特殊交易类型也纳入买卖合同之中。因此，对本章进行理解，一方面要从维护私法安定性和维护交易秩序的角度充分认识类型化的意义，另一方面也要准确认识非典型合同或交易类型的有名化，将合同自由原则贯穿始终。

第五百九十五条　【买卖合同的定义】买卖合同是出卖人转移标的物的所有权于买受人，买受人支付价款的合同。

【释义】

本条规定的是买卖合同的定义。行文上，本条完全承继了《合同法》第130条的表述。

---

① 参见宁红丽：《我国典型合同理论与立法研究》，对外经济贸易大学出版社2016年版，第19页。

从古至今，买卖合同都是最基本、最常见、最重要的合同类型。[①] 在古代社会，随着交易的频繁化，原始的易货交易，不足以满足社会需求。随着一般等价物的出现，产生了买卖关系，对应的合同形式，就是买卖合同。在现代社会，不论是日常生活中的衣、食、住、行，还是商业活动中的原料采购、产品销售，都主要通过买卖合同实现。[②]

一、买卖合同的特征

（一）买卖合同是在《民法典》中规定的有名合同，亦属各类有名合同中最基本的合同。

（二）买卖合同的目的是转移所有权。因此，有别于租赁合同、借用合同、保管合同等。因这一目的，当然要求出卖人是对标的物享有处分权的人。

（三）买卖合同是有偿合同，作为有偿法律行为（系指建立对价给付关系的法律行为[③]）的一种，买卖合同有别于易货合同、[④] 赠与合同。[⑤] 买卖合同是商品交换的最典型的法律形式，其有偿的性质，是由商品交换的价值规律决定的。[⑥]

（四）买卖合同是典型的双务合同，买受人与出卖人互为给付。买受人取得标的物所有权，以支付价款为代价。出卖人获得价款，以让渡标的物的所有权为代价。

（五）买卖合同是诺成合同，当事人达成买卖合意，买卖合同即成立，不以交付标的物和支付价款为合同成立的要件。这种诺成性，一个重要原因是，在现实的买卖交涉中，出卖人经常无法将标的物带在身边，买受人也不便随时携带货币。因此，将买卖合同界定为诺成合同，使买卖双方得以在合同约束下另行交付标的物和货币，有利于促进交易。

（六）买卖合同原则上是不要式合同，无须采用书面方式，但法律另有规定除外。这里的“另有规定”，以城市房地产的转让为例，我国《城市房地产管理法》第41条规定，房地产转让，应当签订书面转让合同。对于买卖合同

---

① “在各种交换性的行为中，买卖是最重要的一种。在原始经济形态中，人们用财产交换财产，但是到了后来阶段，人们出卖财物以换取货币，从而为职能市场和货币市场奠定了基础。买卖所具有的这种极端重要的地位从未发生动摇，即使是在政府管制的经济形态中，买卖看来也是不可或缺的。在一个运转着的市场中，买卖这一基本制度具有多种形式，它们贯穿整个供销体系的始终，从生产者开始，经过批发商和零售商，直到最终的消费者。”参见［德］罗伯特·霍恩等：《德国民商法导论》，中国大百科全书出版社1986年版，第126页。

② “买卖为关于交易之基本的契约，自古行之。契约法之理论，多胚胎于此。买卖在自由经济社会，为营利行为之代表的方法。”参见史尚宽：《债法各论》，中国政法大学出版社2000年版，第1页。

③ 龙卫球：《民法总论》，中国法制出版社2002年版，第441页。

④ 在易货合同中，标的物所有权的转移对价，不是货币，而是另外的物。

⑤ 在赠与合同中，标的物所有权的转移，没有对价。

⑥ 张新宝、龚赛红编：《买卖合同·赠与合同》，法律出版社1999年版，第9页。

的“不要式”特征，《最高人民法院关于审理买卖合同纠纷案件适用法律问题的解释》第1条规定，当事人之间没有书面合同，一方以送货单、收货单、结算单、发票等主张存在买卖合同关系的，人民法院应当结合当事人之间的交易方式、交易习惯以及其他相关证据，对买卖合同是否成立作出认定。对账确认函、债权确认书等函件、凭证没有记载债权人名称，买卖合同当事人一方以此证明存在买卖合同关系的，人民法院应予支持，但有相反证据足以推翻的除外。由此可见，在法院的判断规则中，也遵循了买卖合同的不要式原则，即使没有书面合同，通过交易习惯、交易方式以及其他证据足以证明买卖合同关系的，法院予以支持。

二、其他国家（地区）立法例[①]

本条规定，与其他国家（地区）立法例相仿。例如，《法国民法典》第1582条第1款规定，买卖，系指当事人约定一方将物交付于他方，他方支付价款的契约。第1583条规定，当事人就标的物及其价款达成合意时，即使标的物尚未交付，价款尚未支付，买卖亦告成立，而标的物的所有权亦在此时在法律上由出卖人移转于买受人。《德国民法典》第433条第1款规定，因买卖契约，物的出卖人负有向买受人交付其物，并使其取得该物所有权的义务。权利的出卖人负有使买受人取得其权利的义务，如因其权利而占有一定之物时，负交付其物的义务。第433条第2款规定，买受人负有向出卖人支付约定价金并受领买卖物的义务。《日本民法典》第555条规定，当事人一方移转某财产权于相对人，相对人对此支付价款，达成前述约定时，买卖即告生效。[②] 我国台湾地区“民法”第345条规定，称买卖者，谓当事人约定一方转移财产权于他方，他方支付价金之契约。《意大利民法典》第1470条规定，买卖是旨在转移物的所有权或者转移其他权利并获得价金的契约。《美国统一商法典》第2－106条（1）规定……买卖合同可以是现货买卖，也可以是期货买卖。其中的买卖，是指出卖人在取得价款的条件下将货物所有权转移至买受人。《俄罗斯民法典》第454条第1款规定，根据买卖合同，一方当事人（出卖人）有义务将物（商品）移转给另一方（买受人）所有，而买受人有义务接受该商品并支付一定数目之金钱（价格）。

---

① 本节的《法国民法典》、《意大利民法典》、《美国统一商法典》、《俄罗斯民法典》的译文，转引自梁慧星：《中国民法典草案建议稿附理由：合同编（上）》，法律出版社2013年版，第266～267页。但，笔者将其中涉及“买方”、“卖方”的表述统一修改成了“买受人”、“出卖人”。此外，本节的《德国民法典》的译文，转引自龙卫球：《债的本质研究：以债务人关系为起点》，载《中国法学》2005年第6期。

② 2019年，日本进行了1896年日本民法成立以来时隔120年的大修订，主要修订了法定利率、时效、个人最高额保证、对禁止抵销制度的放宽等。该修订于2019年6月14日公布，2020年4月1日起实施。在该修订中，第555条无修改。

由上可知，各国（地区）对买卖之定义，与我国相仿，均大体遵循了四大要素：买受人、出卖人、标的物、价款。

从本条的条文表述看，买卖合同的标的物限于有体物。因此，可以解释为，买卖合同的标的物不包括其他财产权，如债权、股权、知识产权。这种理解，在本条外的法律条文中亦可找到依据。《合同法》第 174 条规定，法律对其他有偿合同有规定的，依照其规定；没有规定的，参照买卖合同的有关规定。同时，《最高人民法院关于审理买卖合同纠纷案件适用法律问题的解释》第 45 条规定，法律或者行政法规对债权转让、股权转让等权利转让合同有规定的，依照其规定；没有规定的，人民法院可以根据《合同法》第 124 条和第 174 条的规定，参照适用买卖合同的有关规定。权利转让或者其他有偿合同参照适用买卖合同的有关规定的，人民法院应当首先引用《合同法》第 174 条的规定，再引用买卖合同的有关规定。从上述“参照”等表述可知，我国法律和司法解释，对股权、债权、知识产权等权利的转让合同，均规定其不属于买卖合同。

三、买卖合同中的疑难问题

在买卖合同的纠纷实务中，有几大类疑难问题：买卖合同的成立及效力、标的物的交付和所有权转移、标的物的风险负担、标的物的检验、违约责任等，对此，《最高人民法院关于审理买卖合同纠纷案件适用法律问题的解释》以 46 条篇幅，对买卖合同的重要问题予以规定。此外，对特殊物品的买卖（如商品房买卖），最高人民法院还发布了《关于审理商品房买卖合同纠纷案件适用法律若干问题的解释》予以专门规定。

【关联规定】

《民法通则》第 72、84 条，《合同法》第 2、174 条，《城市房地产管理法》第 41 条，《最高人民法院关于审理买卖合同纠纷案件适用法律问题的解释》第 1 ~4 条，《最高人民法院关于审理商品房买卖合同纠纷案件适用法律若干问题的解释》第 2、5 ~6 条，《北京市高级人民法院审理买卖合同纠纷案件若干问题的指导意见（试行）》第 5 ~13 条，《上海市高级人民法院民二庭关于合同纠纷案件审理中若干问题的讨论纪要》第 2 条，《公司法》第 71、73 条，《著作权法》第 25、27 条，《专利法》第 10、47 条，《商标法》第 42 条，《最高人民法院关于适用〈中华人民共和国公司法〉若干问题的规定（三）》第 27 条

（撰稿人：张杨）

第五百九十六条　【买卖合同的条款】 买卖合同的内容一般包括标的物的名称、数量、质量、价款、履行期限、履行地点和方式、包装方式、检验标准和方法、结算方式、合同使用的文字及其效力等条款。

【释义】

本条规定的是买卖合同的条款内容。行文上，本条融合了《合同法》第12条和《合同法》第131条的内容。

《合同法》第12条列举了合同条款一般包括：（一）当事人的名称或者姓名和住所；（二）标的；（三）数量；（四）质量；（五）价款或者报酬；（六）履行期限、地点和方式；（七）违约责任；（八）解决争议的方法。《合同法》第131条规定，买卖合同的内容除依照本法第12条的规定以外，还可以包括包装方式、检验标准和方法、结算方式、合同使用的文字及其效力等条款。因此，从本条行文可知，本条结合买卖合同的特征，从《合同法》第12条中抽出了“标的、数量、质量、价款、履行期限、履行地点、履行方式”后，与《合同法》第131条的“包装方式、检验标准和方法、结算方式、合同使用的文字及其效力等条款”相结合，形成了本条。

本条的意义主要在于，向当事人提示哪些内容可能是重要条款，而非要求当事人必须规定所有内容。事实上，根据契约自由原则，[①] 在简单的买卖合同中，尤其是自然人之间买卖单一物品时，除当事人信息、标的、价款外，其他所有条款可能都不出现。质量、履行期限、履行地点和方式、包装方式、检验标准和方法、结算方式，通常出现于以产品为标的的买卖中。合同使用的文字及其效力，通常出现在涉外买卖合同中。

在本条中虽未出现《合同法》规定的“当事人的名称或者姓名和住所”，但并不意味着该条款不重要，而是该条款实在是各类合同不言自明的重要条款，无须特别加以指出。另外，考虑到现代社会中，自然人住所经常变化，所以，对于以自然人为主体的合同，合同实务中有时不规定住所，而是规定身份证号，借此锁定当事人。然而，这种操作，在发生纠纷时，可能不利于确定法院的地域管辖和送达法律文书。

---

① 关于契约自由原则的由来与内容，参见龙卫球：《民法总论》，中国法制出版社2002年版，第53页。

标的物的名称，是区别此物与彼物的重要因素，自不待言。

标的物的数量，一般以通用的计量单位（公斤、吨……）表示，或者以行业习惯认可的计量单位表示（件、组……）。有时，标的物的数量难以精确计算时，合同中还可以对计量方式、允许的误差范围等进行约定。关于标的物的数量，可能因出卖人的失误，或运输中的损耗，造成多交货或少交货。对此，《合同法》第162条规定，出卖人多交标的物的，买受人可以接收或者拒绝接收多交的部分。买受人接收多交部分的，按照合同的价格支付价款；买受人拒绝接收多交部分的，应当及时通知出卖人。同时，《最高人民法院关于审理买卖合同纠纷案件适用法律问题的解释》第6条规定，根据合同法第162条的规定，买受人拒绝接收多交部分标的物的，可以代为保管多交部分标的物。买受人主张出卖人负担代为保管期间的合理费用的，人民法院应予支持。买受人主张出卖人承担代为保管期间非因买受人故意或者重大过失造成的损失的，人民法院应予支持。通过此类规定，对买受人予以保护。

标的物的质量，通常有外在质量和内在质量。外在质量，亦可理解为规格、品种等。内在质量，亦可理解为品质。标的物的质量约定不明，极易引起纠纷。这是因为，不同规格或品质的标的物其价值不同，交付的价款亦不同。同时，不符合买受人要求的质量的标的物，还可能导致买受人在生产活动中无法使用，或者无法转卖给第三方。因此，标的物的质量，对买受人来说至关重要。为了防止纠纷，《合同法》[①] 和《最高人民法院关于审理买卖合同纠纷案件适用法律问题的解释》[②] 均对标的物的检验进行了规定。通过检验，及时发现标的物的质量瑕疵，厘清责任所在。此外，《合同法》还规定了出卖人对标的物的瑕疵担保责任[③]和法定质量担保责任。[④]

价款，是出卖人出卖标的物的目的所在。价款通常包括：数额、币种。

履行期限，是指当事人在买卖合同中履行各自义务的时间期限。买受人违反履行期限，导致出卖人收款迟延，导致出卖人的利息等必有损失，以及资金链断裂等或有损失。出卖人违反履行期限，导致买受人收货迟延，可能导致买受人无法及时使用该物，或无法使用该物进行生产活动，进而导致向第三方迟延交货等连锁违约。

履行地点，是指买卖双方履行合同的地点，包括交货地点、付款地点等。履

---

① 《合同法》第157、158条。

② 《最高人民法院关于审理买卖合同纠纷案件适用法律问题的解释》第15～20条。

③ 《合同法》第148～151、153条。

④ 《合同法》第154条。

行地点不但与所有权、风险的转移密切相关，还可能涉及诉讼管辖。

履行方式，是指买卖合同当事人履行合同义务的具体方式，送货上门还是买受人自提，空运、水运、陆运等。

包装方式，是指为了顺利运输和交付，保护标的物的安全和数量完整，在需要的情况下，对标的物予以包装的方法。

检验标准和方法，是指在接收标的物时，为确认标的物是否存在瑕疵，由出卖人对标的物的质量、数量等进行检验的标准和方法。在标的物数量较大时，实务中通常采取抽检方式，如约定合格率为一定数值以上时，视为标的物合格。

结算方式，是指买受人向出卖人支付价款的方式，一般分为现金结算和银行结算两种。银行结算中，又包括托收承付、票据等方式。以电汇方式支付价款的，通常还需要在合同中规定汇款费用的承担问题，尤其是在国际汇款中，同时产生汇款行手续费和收款行手续费，从形式合理性上，有时约定汇款行手续费由汇款方承担，收款行手续费由收款方承担。

合同使用的文字及效力，是指在涉外买卖合同中，通常约定以哪种语言文字的合同为正本。由于买卖合同双方均希望指定以己方语言为正本，所以，在合同中，通常约定两种文字均为正本，具有同等法律效力，但发生解释上的歧义时，以其中某一种文字版本为准。

其他条款，在上述条文表述中以“等”的形式出现，如争议解决条款、准据法条款、保密条款、存续条款、完整性条款、不可抗力条款、不可分割条款、保证条款、通知条款、反行贿受贿条款、竞业限制条款等。

【关联规定】

《民法通则》第 88 条，《合同法》第 12、131、148、150 ~ 151、154 ~ 155 条，《民法总则》第 189 条；《最高人民法院关于审理买卖合同纠纷案件适用法律问题的解释》第 15 ~ 20 条

（撰稿人：张杨）

第五百九十七条　【无权处分的效果】因出卖人未取得处分权致使标的物所有权不能转移的，买受人可以解除合同并请求出卖人承担违约责任。

法律、行政法规禁止或者限制转让的标的物，依照其规定。

【释义】

本条规定的是出卖人无处分权情况下买受人如何获得救济，以及买卖合同的标的物属于法律、行政法规禁止或限制转让时的合同效力问题。行文上，本条第1款对《合同法》第132条第1款进行了修改。本条第2款则完全承继了《合同法》第132条第2款的规定。

《合同法》第132条第1款规定，出卖的标的物，应当属于出卖人所有或者出卖人有权处分。但在本条中，将所有权或处分权统一为“处分权”。这是因为，在《合同法》第132条第1款的表述下，隐含了“所有权（当然含有处分权）”和“虽无所有权，但有权处分”这两种情况。然而，所有权涵摄的处分权只是理论上的，在现实中，即使拥有所有权，也可能受到担保物权等权利限制，使得转让受到实质限制。因此，用“处分权”来表述，不问有无所有权，更为简洁、准确。

这里的处分权人，主要表现为财产所有权人（《物权法》第39、68条第1款）、抵押权人（《物权法》第195条）、质权人（《物权法》第219条）、留置权人（《物权法》第236条）、行纪人（《合同法》第414条前段）、隐名代理时的代理人（《合同法》第402、403条）、人民法院（《民事诉讼法》第223条）。[①]此外，破产企业的管理人也具有一定条件下处分企业财产的权利。[②]

《最高人民法院关于审理买卖合同纠纷案件适用法律问题的解释》第3条规定，当事人一方以出卖人在缔约时对标的物没有所有权或者处分权为由主张合同无效的，人民法院不予支持。出卖人因未取得所有权或者处分权致使标的物所有权不能转移，买受人要求出卖人承担违约责任或者要求解除合同并主张损害赔偿的，人民法院应予支持。这一规定，与本条内容相符。即只问所有权能否转移，而不因缔约时不享有处分权而认定合同无效。

本条第2款规定了“法律、行政法规禁止或者限制转让的标的物，依照其规定”。物在法律上，可分为流通物、限制流通物、禁止流通物。本条是对后两者的规定。例如，法律禁止买卖的物（如淫秽书刊、毒品），不得作为买卖合同的标的物。法律限制转让的物（如枪支），只能在限定的领域里流通，并应依法取得特别许可。如买卖合同的标的物为禁止流通物或为限制流通物但当事人一方或

---

① 崔建远：《合同法》，法律出版社2016年版，第299页。

② 王利明：《合同法研究》（第3卷），中国人民大学出版社2012年版，第59页。

双方未满足法律、行政法规规定的条件，则“原则上”可认为买卖合同无效，但还应看具体情形。①

【关联规定】

《民法通则》第 80 条，《合同法》第 52、132、402～403 条、第 414 条前段，《物权法》第 39 条、第 68 条第 1 款、第 131、195、219、236 条，《民法总则》第 111、153 条，《最高人民法院关于适用〈中华人民共和国合同法〉若干问题的解释（二）》第 14 条、第 15 条，《最高人民法院关于当前形势下审理民商事合同纠纷案件若干问题的指导意见》第 15 条，《全国法院民商事审判工作会议纪要》第 30～31、37～39 条，《民事诉讼法》第 223 条，《土地管理法》第 2 条，《枪支管理法》第 3 条，《合同违法行为监督处理办法》第 7 条，《北京市高级人民法院审理买卖合同纠纷案件若干问题的指导意见（试行）》第 4 条

（撰稿人：张杨）

第五百九十八条　【出卖人的基本义务】出卖人应当履行向买受人交付标的物或者交付提取标的物的单证，并转移标的物所有权的义务。

---

① 2019 年，最高人民法院在《全国法院民商事审判工作会议纪要》（法〔2019〕254 号）（以下简称《九民会议纪要》）第 30 条指出，合同法施行后，针对一些人民法院动辄以违反法律、行政法规的强制性规定为由认定合同无效，不当扩大无效合同范围的情形，《最高人民法院关于适用〈中华人民共和国合同法〉若干问题的解释（二）》第 14 条将《合同法》第 52 条第 5 项规定的“强制性规定”明确限于“效力性强制性规定”。此后，《最高人民法院关于当前形势下审理民商事合同纠纷案件若干问题的指导意见》进一步提出了“管理性强制性规定”的概念，指出违反管理性强制性规定的，人民法院应当根据具体情形认定合同效力。随着这一概念的提出，审判实践中又出现了另一种倾向，有的人民法院认为凡是行政管理性质的强制性规定都属于“管理性强制性规定”，不影响合同效力。这种望文生义的认定方法，应予纠正。

人民法院在审理合同纠纷案件时，要依据《民法总则》第 153 条第 1 款和《最高人民法院关于适用〈中华人民共和国合同法〉若干问题的解释（二）》第 14 条的规定慎重判断“强制性规定”的性质，特别是要在考量强制性规定所保护的法益类型、违法行为的法律后果以及交易安全保护等因素的基础上认定其性质，并在裁判文书中充分说明理由。下列强制性规定，应当认定为“效力性强制性规定”：强制性规定涉及金融安全、市场秩序、国家宏观政策等公序良俗的；交易标的禁止买卖的，如禁止人体器官、毒品、枪支等买卖；违反特许经营规定的，如场外配资合同；交易方式严重违法的，如违反招投标等竞争性缔约方式订立的合同；交易场所违法的，如在批准的交易场所之外进行期货交易。关于经营范围、交易时间、交易数量等行政管理性质的强制性规定，一般应当认定为“管理性强制性规定”。

【释义】

本条规定的是出卖人的基本义务。行文上，本条完全承继了《合同法》第135条的表述。

根据买卖合同的定义（《民法典》第595条），买卖合同的目的之一是买受人获取标的物的所有权。因此，交付标的物并转移所有权，是出卖人的基本义务。

交付，指标的物的占有转移，分为现实交付、拟制交付。本条规定的“向买受人交付标的物”即为现实交付，通过将标的物直接转移给买受人，使标的物处于买受人的实际控制之下。动产所有权随交付而转移，不动产和法律特别规定的动产（如车辆、船舶等），以登记为权利公示之方法，因此，出卖人还应办理转移登记，才算完成交付。

本条规定的“交付提取标的物的单证”即为拟制交付，拟制交付也可称为指示交付、简易交付，即标的物处于第三方占有之下时，出卖人通过转移提取标的物的权利，代替标的物的现实交付。在标的物处在第三方保管的情况下，出卖人向买受人交付提取标的物的单证，可有效降低交易成本，避免标的物运输过程中的风险，具有现实需求，这种需求在国际货物买卖中尤其重要。例如，在海运提单中，提单具有物权凭证的作用，承运人负有向持单人交付货物的义务，因此，买受人取得提单后，即可直接向承运人提取货物。

【关联规定】

《民法通则》第72条第2款，《合同法》第135～136条，《民法典》第595条，《最高人民法院关于审理买卖合同纠纷案件适用法律问题的解释》第5、7～10条

（撰稿人：张杨）

第五百九十九条　【交付有关单证和资料的义务】出卖人应当按照约定或者交易习惯向买受人交付提取标的物单证以外的有关单证和资料。

【释义】

本条规定了出卖人交付提取标的物单证以外的有关单证和资料的义务。行文上，本条完全承继了《合同法》第136条的内容。

在买卖合同中，除提取标的物的单证外，根据约定或交易习惯，交付其他辅助的单证和资料是重要的，如保险单、商业发票、检验合格证、出厂合格证、保修卡、使用说明书等。《最高人民法院关于审理买卖合同纠纷案件适用法律问题的解释》第7条规定，合同法第136条规定的"提取标的物单证以外的有关单证和资料"，主要应当包括保险单、保修单、普通发票、增值税专用发票、产品合格证、质量保证书、质量鉴定书、品质检验证书、产品进出口检疫书、原产地证明书、使用说明书、装箱单等。

如果在买卖合同中明确约定了应当交付的单证和资料，自然属于出卖人应当交付的范畴。然而，在合同中一一列明这些单证，既烦琐，又很难穷尽。因此，根据交易习惯交付这些单证和资料，就显得必要。

根据交易习惯交付的辅助的单证和资料，还可能作为法院判断买卖关系以及付款事实的依据。《最高人民法院关于审理买卖合同纠纷案件适用法律问题的解释》第8条规定，出卖人仅以增值税专用发票及税款抵扣资料证明其已履行交付标的物义务，买受人不认可的，出卖人应当提供其他证据证明交付标的物的事实。合同约定或者当事人之间习惯以普通发票作为付款凭证，买受人以普通发票证明已经履行付款义务的，人民法院应予支持，但有相反证据足以推翻的除外。对此，根据司法解释起草者的说明，这种规定，主要考虑了在增值税专用发票的实务中，"先票后款""先票后货"的情况大量存在，甚至部分纳税人未发生真实交易但虚开增值税发票的情况也较为普通。因此，增值税专用发票的开具，只表示买卖双方商品成交，不宜作为是否交付了标的物和付清所有货款的证明。①

【关联规定】

《合同法》第135～136、147条，《最高人民法院关于审理买卖合同纠纷案件适用法律问题的解释》第7～8条，《上海市高级人民法院民二庭关于合同纠纷案

---

① 最高人民法院民事审判第二庭编著：《最高人民法院关于买卖合同司法解释理解与适用（条文·释义·理由·案例）》，人民法院出版社2012年版，第146～147页。

件审理中若干问题的讨论纪要》第 2 条，《浙江省高级人民法院民二庭商事审判若干疑难问题理解》第 28 问

（撰稿人：张杨）

第六百条　【知识产权归属】 出卖具有知识产权的标的物的，除法律另有规定或者当事人另有约定外，该标的物的知识产权不属于买受人。

【释义】

本条是关于标的物的知识产权归属的规定。行文上，本条基本承继了《合同法》第 137 条的规定，删除了原条文中的“计算机软件等”的字样。

知识产权与其载体是分离的，相互独立。“一台电视，作为有形财产，其所有人行使权利转卖它、出借它或出租它，标的均是该电视本身，即该有形物本身。一项专利权，作为无形财产，其所有人行使权利转让它时，标的可能是制造某种专利产品的‘制造权’，也可能是销售某种专利产品的‘销售权’，却不是专利产品本身。”[①] 与著作权（转让软件光盘或文学书籍，不伴随计算机软件著作权、文学作品著作权的转让），商标权（转让商品本身，不伴随商品包装上的商标本身的转让），道理亦同。

本条规定，实际在强调知识产权载体的买卖与知识产权买卖的不同。知识产权载体的买卖，是买卖合同的一种，标的物是知识产权的载体（书籍、电子产品、设备等）。知识产权的买卖，是权利买卖的一种，不直接适用买卖合同的规定。[②] 从根本上说，买卖合同所追求的，也是权利（所有权）的转移，但所有权的转移只是抽象概念，买受人希望得到的是该标的物的实物的实用性，这与知识产权转让中买受人追求的是权利本身所附带的利益相比，具有本质不同。[③]

---

① 郑成思：《知识产权论》，法律出版社 2003 年版，第 64 页。

② 《合同法》第 174 条规定，法律对其他有偿合同有规定的，依照其规定；没有规定的，参照买卖合同的有关规定。同时，《最高人民法院关于审理买卖合同纠纷案件适用法律问题的解释》第 45 条规定，法律或者行政法规对债权转让、股权转让等权利转让合同有规定的，依照其规定；没有规定的，人民法院可以根据合同法第 124 条和第 174 条的规定，参照适用买卖合同的有关规定。权利转让或者其他有偿合同参照适用买卖合同的有关规定的，人民法院应当首先引用合同法第 174 条的规定，再引用买卖合同的有关规定。

因此，知识产权的转让，以专利权的转让为例，应适用《专利法》第 10 条之规定，通过签订书面合同并在国务院专利行政部门登记和公告的方式完成转让。

③ 全国人大法工委编：《中华人民共和国合同法释义》，法律出版社 2013 年版，第 241 ~ 242 页。

关于知识产权本身的转让方法，可参见我国《著作权法》《专利法》《商标法》等法律法规（见下述关联规定）。

【关联规定】

《民法通则》第94～97条，《合同法》第137条，《民法总则》第123条，《著作权法》第25、27条，《专利法》第10、47条，《商标法》第42条

（撰稿人：张杨）

第六百零一条　【交付标的物的时间和期限】 出卖人应当按照约定的时间交付标的物。约定交付期限的，出卖人可以在该交付期限内的任何时间交付。

【释义】

本条是关于出卖人交付标的物的时间和期限的规定。行文上，本条修改了《合同法》第138条的表述。必须注意的是，本条彻底改变了《合同法》第138条的“期限”“期间”的用法，在今后的理论研究和实务操作中应注意调整用语，以免产生歧义。

买卖合同中，交付标的物的时间点，有两种模式。一是规定在某一确定的时点[①]交货，二是规定在一定的时间段（即“期间”[②]，该期间的结束之日即为“期限”）内交货。[③]

约定了交付时间的，应严格在交付时间这一时间点交货。早于此时间点交货，严格意义上构成违约。这种解释有其实务背景，提前交货，可能买受人尚未做好收货准备（如尚未准备好仓库），由此导致买受人承担提前收货的额外成本（如仓储成本）和额外风险（如提前收货之日至约定收货日期间的货物被盗风险）。根据《民法典》第530条之规定，买受人（从交付标的物角度即债权人）可以拒绝出卖人（从交付标的物角度即债务人）提前履行债务（即提前交付标的

---

① 所谓“时点”，指性质不可分或视为不可分的时间的一点。参见史尚宽：《民法总论》，中国政法大学出版社2000年版，第549页。

② 所谓“期间”，指民法上有意义的时段。参见龙卫球：《民法总论》，中国法制出版社2002年版，第605页。

③ 江平主编：《中华人民共和国合同法精解》，中国政法大学出版社1999年版，第115页。

物），但提前履行（即提前交付标的物）不损害买受人利益的除外。出卖人提前履行债务给买受人增加的费用，由出卖人承担。

如果约定了交付期限，即约定在某一时间段的结束之日前（含当日）交付，则交付时间为该时间段结束之日或该日前的某日，买受人亦应做好收货准备。

本条立法，借鉴了《联合国国际货物销售合同公约》第33条，即“出卖人必须按以下规定的日期交付货物：（a）如果合同规定有日期，或从合同可以确定日期，应在该日期交货；（b）如果合同规定有一段时间，或从合同可以确定一段时间，除非情况表明应由买受人选定一个日期外，应在该段时间内任何时候交货；（c）在其它情况下，应在订立合同后一段合理时间内交货”。

此外，在出卖人进行多重买卖且买受人均要求履行的情况下，《最高人民法院关于审理买卖合同纠纷案件适用法律问题的解释》（法释〔2012〕8号）第9、10条进行了明确规定。

【关联规定】

《联合国国际货物销售合同公约》第33条，《民法通则》第88条，《合同法》第138条，《民法典》第530条，《最高人民法院关于审理买卖合同纠纷案件适用法律问题的解释》第6、9、10条，《北京市高级人民法院审理买卖合同纠纷案件若干问题的指导意见（试行）》第5~6条

（撰稿人：张杨）

第六百零二条　【标的物交付期限不明时的处理】 当事人没有约定标的物的交付期限或者约定不明确的，适用本法第五百一十条、第五百一十一条第四项的规定。

【释义】

本条是对约定不明时的交付时间的规定。行文上，本条完全承继了《合同法》第139条的规定，只是因《合同法》第61条、第62条第4项被编为《民法典》第510条、第511条第4项，而改变了条文数的表述。

但应注意两点：

第一，在《合同法》第61条被编入《民法典》第510条时，条文表述有变化，即《合同法》第61条第二句“不能达成补充协议的，按照合同有关条款或

者交易习惯确定”被修改成了《民法典》第510条第二句的“不能达成补充协议的，按照合同相关条款或者交易习惯确定”，即增加了“合同性质”“合同目的”。合同性质、合同目的，是司法裁判中确定当事人权利义务的重要因素，这一修改，使条文更为准确。

第二，在《合同法》第62条第4项被编入《民法典》第511条第4项时，条文表述略有变化，即《合同法》第62条第4项的“（四）履行期限不明确的，债务人可以随时履行，债权人也可以随时要求履行，但应当给对方必要的准备时间”被修改成了《民法典》第511条第4项的“（四）履行期限不明确的，债务人可以随时履行，债权人也可以随时请求履行，但是应当给对方必要的准备时间”，即“要求”被修改为“请求”，“但”被修改为“但是”。

本条全文，可以整理为：当事人没有约定标的物的交付期限或者约定不明确的，可以协议补充；不能达成补充协议的，按照合同有关条款、合同性质、合同目的或者交易习惯确定。交付期限不明确的，出卖人可以随时履行，买受人也可以随时请求履行。但是，不论是出卖人随时履行还是买受人随时请求履行，都应当给对方必要的准备时间。

本条目的是在合同约定不明，且无法达成协议的情况下，规定出卖人和买受人各自交付标的物和请求交付标的物的时间。通过规定“应当给对方必要的准备时间”，避免因己方突然履行或突然要求履行而导致对方准备不足，促进买卖交易顺利完成。

【关联规定】

《民法通则》第88条，《合同法》第61、62、139条，《民法典》第510~511条

（撰稿人：张杨）

第六百零三条　【标的物的交付地点】出卖人应当按照约定的地点交付标的物。

当事人没有约定交付地点或者约定不明确，依据本法第五百一十条的规定仍不能确定的，适用下列规定：

（一）标的物需要运输的，出卖人应当将标的物交付给第一承运人以运交给买受人；

（二）标的物不需要运输，出卖人和买受人订立合同时知道标的物在某一地点的，出卖人应当在该地点交付标的物；不知道标的物在某一地点的，应当在出卖人订立合同时的营业地交付标的物。

【释义】

本条是对交付地点的规定。行文上，本条完全承继了《合同法》第 141 条的规定，只是因《合同法》第 61 条被编为《民法典》第 510 条，而改变了条文数的表述。《合同法》第 61 条第二句被编入《民法典》第 510 条时，增加了“合同性质”“合同目的”，详见上一条释义。

总结本条，关于标的物的交付地点，应遵循以下原则：（1）当事人有约定的，从其约定。（2）未约定或约定不明确的，可以协议补充。（3）不能达成补充协议的，按照合同有关条款、合同性质、合同目的或者交易习惯确定。（4）按照以上方式仍不能确定的，如果标的物需要运输，出卖人应当将标的物交付给第一承运人以运交给买受人；如果标的物不需要运输，出卖人和买受人订立合同时知道标的物在某一地点的，出卖人应当在该地点交付标的物；不知道标的物在某一地点的，应当在出卖人订立合同时的营业地交付标的物。此处的“标的物需要运输的”，是指标的物由出卖人负责办理托运，承运人系独立于买卖合同当事人之外的运输业者的情形。[①]

对交付地点约定不明时的规定，曾出现在《民法通则》第 88 条第 2 款第 3 项，履行地点不明确，给付货币的，在接受给付一方的所在地履行，其他标的物在履行义务一方的所在地履行。就本条规定的标的物交付而言，按照《民法通则》的规定，如果约定不明又达不成补充协议，则出卖人只需在出卖人所在地交付标的物即可。

【关联规定】

《民法通则》第 88 条第 2 款，《合同法》第 61 ~62、141 条，《最高人民法院关于审理买卖合同纠纷案件适用法律问题的解释》第 11 条

（撰稿人：张杨）

---

① 《最高人民法院关于审理买卖合同纠纷案件适用法律问题的解释》第 11 条。

第六百零四条 【标的物毁损、灭失的风险负担】 标的物毁损、灭失的风险，在标的物交付之前由出卖人承担，交付之后由买受人承担，但是法律另有规定或者当事人另有约定的除外。

【释义】

本条是关于标的物毁损、灭失风险负担的基本原则的规定。本条沿用《合同法》第 142 条的规定。

本条是本章最重要的条文之一，对合同双方当事人的根本利益影响重大，原因在于合同中的风险由谁负担就意味着谁将承担较为不利的后果。买卖合同风险负担是指买卖的标的物在合同生效后因不可归责于当事人双方的事由，如地震、火灾、飓风等致使发生毁损、灭失时，该损失由哪方当事人承担。[①] 在一个理想状态下的“完美”合同中，合同双方会预先安排好在合同履行进程中的所有不确定事项和履行风险，防止争议的出现。但是，囿于当事人不充分的理性、有限的预见能力和信息不对称的现实，买卖合同双方几乎不可能订立所谓的“完美”合同，也难以对风险的划分做出明确的约定。因此，在交易过程中，出现当事人没有约定或未能预见的风险不无可能，风险的发生使得合同成立的条件发生显著改变，从而对合同的继续履行构成显著障碍，实质性地改变了当事人对合同实现可获得利益的预期，造成了对合同预期收益的不确定性。[②] 法律不能苛责当事人进行穷尽式约定，因为这既不现实，也会使缔约成本显著增加。合同法规范必须决定将风险或者不幸分配给谁，为当事人的合同提供缺省规则或补充规则，弥补当事人约定的缺失。[③] 风险负担规则即从事前的角度，而不是在这些情形已经出现后来分配相应的风险。各国合同立法均普遍重视在合同当事人之间合理分配由合同关系所引发的风险，以落实民法公平、效率的原则要求。本法对风险负担的规定集中出现在“买卖合同”一章中，并以本条第 1 款作为原则性规定。

“风险”是一个被广泛应用在各个部门法的词语，在不同的规范语境下，“风险”也可能衍生出不同的含义。就“风险负担”之“风险”而言，应当指因不可归责于合同当事人之事变，致物之灭失或毁损所产生的不利的损失（或负担），

---

① 《中华人民共和国〈合同法〉释义》，载中国人大网 2000 年 11 月 25 日，http://www.npc.gov.cn/npc/flsyywd/minshang/2000-11/25/content_8371.htm。

② 胡伟强：《合同解释的新维度：基于交易成本的分析框架》，载《广东财经大学学报》2019 年第 3 期。

③ 于韫珩：《论合同法风险分配制度的体系建构——以风险负担规则为中心》，载《政治与法律》2016 年第 4 期。

而不能和商事活动中的“商业风险”等同。商业风险带给当事人的损失，从法律角度看往往大都可归责于当事人，而“风险负担”之“风险”不是由当事人的过错引起的。[①] 在实践中，地震、火灾等事件的发生往往会造成标的物的毁损、灭失，但也不能将地震、火灾等事件和“风险”等同。“风险”在内容上可分为价金风险和履行风险。价金风险是指合同成立后，由于不可归责于当事人的事由导致标的物出现了一定程度的损失，此时价款支付义务是否仍然存在的问题。而履行风险是指在此时对方是否仍然需要履行给付义务的问题。通说认为，本条所规范的是“价金风险”，原因在于，给付风险解决的是根据给付的种类、性质以及当事人之合意确定债务人是仍需负担给付义务（债务人负担）还是免除给付义务（债权人负担），而我国《合同法》第110条第1款已经明确规定，标的物意外毁损灭失，债务人不必再为给付。[②] 而即使债务人不再承担给付义务，也有债权人是否需要承担对价给付义务，即价金风险的负担问题。这就说明给付风险的移转构成风险负担规则的前提。[③] 质言之，在给付风险移转之前，价金风险无从谈起。[④] 因此，以本条为代表的风险负担规则意在规范的，实为出卖人的对待给付风险，即“价金风险”——在发生“风险”的场合，合同出卖方不必再为给付，而买受方是否仍须支付价金。从比较法的视角看，我国风险负担规则基本移植了《联合国国际货物销售合同公约》的规定。《联合国国际货物销售合同公约》第66条明确使用了“买方支付价款的义务”的表述[⑤]，由《联合国国际货物销售合同公约》可知，风险转移但买方支付价款的义务并不因此解除，显然规范的是价金风险问题。

在规范意旨上，本条第1款主要应当包括两方面的内容：一是风险负担的归属，也即风险应由合同的两个或两个以上当事人中的哪一方承担，而由哪方当事人承担又取决于一个明确的时间点，即风险负担移转的时点，也即风险从何时起移转给某一特定的当事人承担；二是负担风险的当事人应承担何种具体的法律效

---

① 崔建远：《风险负担规则之完善》，载《中州学刊》2018年第3期。

② 《合同法》第110条规定：“当事人一方不履行非金钱债务或者履行非金钱债务不符合约定的，对方可以要求履行，但有下列情形之一的除外：（一）法律上或者事实上不能履行；（二）债务的标的不适于强制履行或者履行费用过高；（三）债权人在合理期限内未要求履行。”

③ 吴香香：《〈合同法〉第142条（交付移转风险）评注》，载《法学家》2019年第3期。

④ 朱晓喆：《寄送买卖的风险转移与损害赔偿——基于比较法的研究视角》，载《比较法研究》2015年第2期。

⑤ 《公约》第66条原文为：Loss of or damage to the goods after the risk has passed to the buyer does not discharge him from his obligation to pay the price，unless the loss or damage is due to an act or omission of the seller. 参见 United Nations Convention on Contracts for the International Sale of Goods，参见联合国国际贸易法委员会网站，https：//www. uncitral. org/pdf/english/texts/sales/cisg/V1056997 – CISG – e – book. pdf。

果。[①] 就风险负担的归属而言，我国采交付主义的立法例，所谓“交付主义”，即通过直接占有的让与来确定风险转移的时间，直接占有让与后发生风险的，虽出卖人不必再为给付，买受人却仍须全额支付价金。目前除交付主义外，还存在所有权主义（英国、法国）、合同订立主义（瑞士、智利）等立法例，在《合同法》起草过程中，立法机关参考比较各类立法例，最终确定采纳以交付主义作为我国处理这一问题的办法，并沿用至民法典编纂过程中，理由在于“风险转移是一个很现实的问题，而所有权的转移则是抽象的，因而以所有权的转移来确定风险转移的做法不可取。标的物的交付是一个事实问题，易于判断，清楚明了，以它为标准有利于明确风险的转移”[②]。学界通常认为，交付主义立法例的正当性在于契合“风险与利益相一致”的法理，交付后在买卖双方内部关系中，即以买受人为标的物经济利益之归属主体[③]，由此应当由买受人承担风险。交付主义的正当性亦可通过管领便利、交易安全、核心义务履行等各种论点得以确证。按照学理，交付可分为现实交付与观念交付，现实交付可移转价金风险并无争议，交付也不必以让与所有权的意思为之，但须以履行买卖合同交付义务的意思为之。[④] 至于观念交付，在买受人仅取得间接占有时，须考察经济利益是否移转，还应斟酌双方是否具备以观念交付“代替”现实交付之合意，是否以履行买卖合同交付义务的意思进行交付。[⑤] 实务中，最高人民法院也认为观念交付可移转风险。[⑥] 在法律效果上，风险负担表现为无须通知，对待给付义务消灭，本质问题是谁承担了损失。综上，风险负担的法律效果还包括了给付义务的免除、代价让与请求权、对待给付返还请求权、债务解放等[⑦]，但合同本身是否处于存续状态抑或消灭并不能通过本条予以明确。

本条在规范属性上属于任意性一般规范。所谓任意性，是指当事人的特别约定可以排除本条适用。在涉外贸易中，买卖合同双方通常会选用不同的国际贸易术语来进行风险划分。所谓一般性，则指若无法律的特别规定即应适用本条。[⑧] 此外，依照本法第646条的规定，在其他类型有偿合同没有特别规定的情况下，

---

① 宁红丽：《我国典型合同理论与立法完善研究》，对外经济贸易大学出版社2016年版，第95页。

② 《中华人民共和国〈合同法〉释义》，载中国人大网2000年11月25日，http：//www. npc. gov. cn/npc/flsyywd/minshang/2000－11/25/content_ 8371. htm。

③ 吴香香：《〈合同法〉第142条（交付移转风险）评注》，载《法学家》2019年第3期。

④ 吴香香：《〈合同法〉第142条（交付移转风险）评注》，载《法学家》2019年第3期。

⑤ 吴香香：《〈合同法〉第142条（交付移转风险）评注》，载《法学家》2019年第3期。

⑥ 最高人民法院民事审判第一庭：《最高人民法院关于审理商品房买卖合同纠纷案件司法解释的理解与适用》，人民法院出版社2015年版，第144页。

⑦ 刘宗胜：《也论买卖合同中的风险负担》，载《云南大学学报（法学版）》2002年第2期。

⑧ 吴香香：《〈合同法〉第142条（交付移转风险）评注》，载《法学家》2019年第3期。

应参照买卖合同的相关规则来调整当事人的权利义务关系，风险负担按该条文义当属此列。但是，风险负担是对待给付风险移转的例外规范，不能一般性地适用于其他有偿合同，仅对与买卖有实质相似性的合同具有参照价值。即使在有风险负担一般规定的法律体系，风险负担规则主要适用对象也为买卖合同，更精确地说，处理的是买卖目标毁损灭失而履行不能不利益承担的问题。① 因此，可纳入适用范围中的为互易、权利买卖与承揽。② 除此之外，参照适用应谨慎为之。③

【关联规定】

《民法典》第605~611条，《最高人民法院关于审理买卖合同纠纷案件适用法律问题的解释》第14条，《最高人民法院关于审理商品房买卖合同纠纷案件适用法律若干问题的解释》第11条

（撰稿人：何傲翾、赵精武）

第六百零五条　【因买受人过错而迟延交付的风险负担】因买受人的原因致使标的物未按照约定的期限交付的，买受人应当自违反约定时起承担标的物毁损、灭失的风险。

【释义】

本条是关于标的物因买受人过错致使交付迟延情况下风险负担的规定。本条沿用《合同法》第143条。

依照前条，标的物毁损、灭失的风险自交付时起，由出卖人转移至买受人。在出卖人依约交付，买受人依约受领的情形下，以交付作为判断风险移转的时点符合公平与效率的要求，也和“风险与利益相一致”的法理相契合，但是若合同因可归责于双方当事人的事由而发生履行障碍，而又发生不可归责于双方当事人的事由致使标的物毁损、灭失，此时仍固守交付移转风险而不考虑履行障碍的发生，有违公平原则。以迟延交付为例，出卖人若迟延交付，风险因未交付而不发生移转，出卖人还应当承担违约责任，但若出卖人标的物迟延交付是由买受人过

① 陈自强：《合同法风险负担初探》，载《北京航空航天大学学报（社会科学版）》2019年第3期。

② 吴香香：《〈合同法〉第142条（交付移转风险）评注》，载《法学家》2019年第3期。

③ 谢鸿飞：《合同法学的新发展》，中国社会科学出版社2014年版，第431页。

错造成的情况下，如果仍然坚持标的物的风险自交付起转移，则显然对出卖人是不公平的。因为他已经为标的物的交付做好了准备，标的物已处于可交付的状态，而买受人则违反了及时接收标的物的合同义务。[①] 换句话说，若非买受人受领障碍，出卖人已为获得价金而履行了己方义务，因而应使出卖人处于如同买受人未曾迟延或发生受领障碍的地位。[②]《联合国国际货物销售合同公约》第 69 条也规定，在相关情况下，买方从货物交付给他处置但他不收取货物，从违反合同时起，承担货物的风险。故本条规定在以上情形中，风险仍按约定的交付日期转移，尽管此时标的物可能仍在卖方的控制之下。[③]

迟延交付（又称"迟延履行"）是最为常见的违约形态之一，又称债务人迟延或逾期履行，指债务人能够履行，但在履行期限届满时却未履行债务的现象。[④] 一般来说，广义的迟延履行除包括债务人迟延外，还包括债权人迟延（或称受领迟延），即对于履行效果的实现需要债权人受领或协助的债务，债务人已为履行或履行之提出，而债权人未予以受领或协助的事实，[⑤] 即本条所规制的情形。根据履行效果的实现与债权人之间的关系，受领迟延可大致分为两种：一是债权人不受领向其提出的给付。例如，赴偿之债中，债务人把货物运到了债权人的住所，但债权人迟迟不受领货物。二是债权之实现须依赖于债权人的协助，债务人设法提出给付时，债权人却不予以协助。由此可知，对于受领迟延，债权人具有可归责性。从比较法上看，在受领迟延的情况下，各国或各地区的法律通常会做出减轻债务人的责任规定，如《德国民法典》第 300 条规定："（一）在债权人迟延期间，债务人仅就故意和重大过失负责。（二）仅对按种类确定的物负担债务的，在债权人因不受领提出的物而负迟延责任时，风险移转给债权人。"我国台湾地区"民法"第 237 条也规定："在债权人迟延中，债务人仅就故意或重大过失，负其责任。"在债权人受领迟延期间，债务人仍占有标的物时，既然债务人只对故意和重大过失负责，则债务人对由于其轻过失以及不可归责于己的事由所致标的物毁损灭失无须负责，这就说明，债权人应对标的物的毁损、灭失承担责任。[⑥] 在英美法系，根据英国《货物买卖法》第 20 条第 2 款的规定，由于一方当事人的过错致使货物的交付拖延的，由此产生的如果没有过错就不会发生损失的

---

① 《中华人民共和国〈合同法〉释义》，载中国人大网 2000 年 11 月 25 日，http：//www. npc. gov. cn/npc/flsyywd/minshang/2000 - 11/25/content_ 8371. htm。

② 吴香香：《〈合同法〉第 142 条（交付移转风险）评注》，载《法学家》2019 年第 3 期。

③ 江平主编：《中华人民共和国合同法精解》，中国政法大学出版社 1999 年版，第 118 页。

④ 韩世远：《合同法总论》，法律出版社 2018 年版，第 535 页。

⑤ 朱广新：《合同法总则研究》，中国人民大学出版社 2018 年版，第 760 页。

⑥ 易军：《违约责任与风险负担》，载《法律科学（西北政法大学学报）》2004 年第 3 期。

风险，由过错的一方当事人承担。买受人受领迟延，属于因买受人的过错使货物的交付拖延的原因之一，依此规定应由买受人承担风险。[①]

此外，本条并未直接规定“风险自约定交付期限起由买受人承担”，而是规定“买受人应当自违反约定之日起承担标的物毁损、灭失的风险”。不过，其意义是完全相同的，因为期限是一个确定的时间点，而不是一个时间段，“违反约定之日”的时间实际上就是“约定交付的时间”。[②] 根据本条规定，买受人承担风险并不以过错为前提条件，只要是因买受人的原因造成标的物不能按照约定的期限交付的，不管买受人有无过错，都应承担自违反约定之日起标的物毁损、灭失的风险。[③]

【关联规定】

《民法典》第 577、589 条

（撰稿人：何傲翾、赵精武）

第六百零六条　【路货买卖中标的物毁损、灭失的风险负担】

出卖人出卖交由承运人运输的在途标的物，除当事人另有约定外，毁损、灭失的风险自合同成立时起由买受人承担。

【释义】

本条是关于路货买卖中标的物风险转移的规定。本条沿用《合同法》第 144 条，适用前提为路货买卖。

路货买卖是指标的物已在运输途中，出卖人寻找买主，出卖在途的标的物。路货买卖日益增多的背景在于现代贸易实践中，由于货物的购买人大多不是最终的消费者而是中间商，为追求钱货流转的速度，中间商在购进货物后可以通过将正处于运输途中的货物出售以赚取价差或规避价格风险。按照不同的标准，可以将路货买卖进行不同的分类。如从在途货物运输的范围这一角度看，路货买卖可以划分为国内路货买卖和国际路货买卖。在具体操作上，它可以是出卖人先把标

---

① 易军：《违约责任与风险负担》，载《法律科学（西北政法大学学报）》2004 年第 3 期。

② 江平主编：《中华人民共和国合同法精解》，中国政法大学出版社 1999 年版，第 118 页。

③ 江平主编：《中华人民共和国合同法精解》，中国政法大学出版社 1999 年版，第 118 页。

的物装上开往某个目的地的运输工具（一般是船舶）上，然后再寻找适合的买主订立买卖合同，也可以是按一个买卖合同买受人未实际收取标的物前，再把处于运输途中的标的物转卖给另一方。一般的路货买卖以后一种形式居多，并往往是在 CIF 条件下买方取得卖方交付的有关货物单证后转卖货物。[①] 一般认为，路货买卖具有以下特点：（1）路货买卖是凭单据的交易。买卖双方只能凭单据判断标的物状况，不大可能知道标的物实际上是否存在损毁或灭失等情况。（2）在路货买卖合同订立时，标的物已经脱离了出卖人的实际控制，标的物在运输途中发生的毁损、灭失与出卖人并没有直接关系。（3）出卖人将标的物交付运输时，通常会对标的物进行投保。出卖人与买受人签订买卖合同后，有关在途标的物的单据以及保险单都会转移给买受人，所以即使标的物发生了毁损、灭失，买受人也可以获得保险利益。[②] 综上，一般形态下的货物买卖的风险负担规则不能直接适用于路货买卖中，应当根据路货买卖的特点做出另行规定。

本条确立了合同成立主义作为路货买卖标的物风险负担的原则，主要移植的是《联合国国际货物销售合同公约》第 68 条的规定。《联合国国际货物销售合同公约》第 68 条规定："对于在运输途中销售的货物，从订立合同时起，风险就移转到买受人承担。但是，如果情况表明有此需要，从货物交付给签发载有运输合同单据的承运人时起，风险就由买受人承担。尽管如此，如果出卖人在订立合同时已知道或理应知道货物已经遗失或损坏，而他又不将这一事实告知买方，则这种遗失或损坏应由卖方承担。"根据上述规定，《联合国国际货物销售合同公约》对于路货买卖的风险负担实际上确立了以下规则：（1）从订立合同时起，路货买卖标的物毁损、灭失的风险转移给买受人。这是其原则性规定。（2）如果情况表明有此需要，路货买卖标的物的风险从货物交付给签发载有运输合同单据的承运人时起转移给买受人。这是其例外性规定。（3）如果出卖人在订立买卖合同时已知道或理应知道货物已发生灭失或损坏，而他又不将这一事实告知买受人，则这种遗失或损坏应由出卖人承担。这是对第二种规则的但书规定。[③] 通过对比可以看出，本条是对公约的又一剪辑式移植，仅移植了该条规定的第一句。

以合同订立主义来确定风险移转的时点，对于正常履行的路货买卖而言是合理的，因为出卖在运输途中的货物，一般在合同订立时，出卖人就应当将有关货

---

① 《中华人民共和国〈合同法〉释义》，载中国人大网 2000 年 11 月 25 日，http：//www. npc. gov. cn/npc/flsyywd/minshang/2000 - 11/25/content_ 8371. htm。

② 最高人民法院民事审判第二庭：《最高人民法院关于买卖合同司法解释理解与适用》，人民法院出版社 2016 年版，第 249 页。

③ 最高人民法院民事审判第二庭：《最高人民法院关于买卖合同司法解释理解与适用》，人民法院出版社 2016 年版，第 249 ~ 250 页。

物所有权的凭证或者提取货物的单证等交付买方，买方可以凭借单证实现对货物的支配。但在实践中，交易情形和运输过程都十分复杂，以合同订立之时来划分路货买卖的风险承担可能会导致另一个问题：在订立买卖合同时，货物已经装在运输工具上处于运输的途中，在没有明确证据证明的情况下，如何确定风险到底发生在合同订立前还是订立后。《联合国国际货物销售合同公约》注意到了这一实务困境，为避免因货损发生的原因不明而带来的货损时间的举证困难，允许当事人将风险转移追溯至货物移交给承运人时转移给买方承担。① 之所以这么处理，主要是因为在路货买卖中一般出卖人要转移货物有关单证给买受人，而货物的保险单一般也是同时转让的，当货物发生风险时，买受人就可以凭保险单向保险公司索赔。这样就不会因此规定造成对买受人的不公平。所以，在适用“如果情况表明有此需要”的条件时，就要综合考虑上述情况，即是否难以确定风险发生的时间，以及买受人是否享有保险利益等。② 但在这种情况下，如果出卖人在订立合同时已知道或者应当知道货物已经灭失或者损坏，而他又隐瞒这一事实不告知买方，则这种灭失或者损坏应由出卖人负责，这是很合理的。最高人民法院在起草《最高人民法院关于审理商品房买卖合同纠纷案件适用法律若干问题的解释》时对这一情形进行了补充规定，其第 13 条规定：“出卖人出卖交由承运人运输的在途标的物，在合同成立时知道或者应当知道标的物已经毁损、灭失却未告知买受人，买受人主张出卖人负担标的物毁损、灭失的风险的，人民法院应予支持。”因此要查明出卖人对于标的物毁损、灭失的实际情况是否知道或应当知道。对于出卖人的主观方面的证明，由买受人承担相应的举证责任。鉴于路货买卖的特殊性，在案件审理中，不能简单地以货物发生毁损、灭失的情况来推定出卖人主观上知道或应当知道或者要求出卖人承担证明其主观上不知道或不应当知道的举证责任。③

在适用时，应当注意本法总则编第 201 条规定：“按照年、月、日计算期间的，开始的当日不计入，自下一日开始计算。按照小时计算期间的，自法律规定或者当事人约定的时间开始计算。”但这一规定并不适用本条。④ 因此，若某笔路货买卖合同于 1 月 1 日签订成立，则 12 月 31 日时的风险由出卖人承担，1 月 1 日及之后的风险，应当均由买受人承担。

---

① 最高人民法院民事审判第二庭：《最高人民法院关于买卖合同司法解释理解与适用》，人民法院出版社 2016 年版，第 250 页。

② 《中华人民共和国〈合同法〉释义》，载中国人大网 2000 年 11 月 25 日，http：//www. npc. gov. cn/npc/flsyywd/minshang/2000 – 11/25/content_ 8371. htm。

③ 最高人民法院民事审判第二庭：《最高人民法院关于买卖合同司法解释理解与适用》，人民法院出版社 2016 年版，第 256 页。

④ 江平主编：《中华人民共和国合同法精解》，中国政法大学出版社 1999 年版，第 119 页。

【关联规定】

《最高人民法院关于审理买卖合同纠纷案件适用法律问题的解释》第 13 条

（撰稿人：何傲翾、赵精武）

第六百零七条　【特定地点交货的风险负担以及标的物依法需要运输下的风险负担】 出卖人按照约定将标的物运送至买受人指定地点并交付给承运人后，标的物毁损、灭失的风险由买受人承担。

当事人没有约定交付地点或者约定不明确，依据本法第六百零三条第二款第一项的规定标的物需要运输的，出卖人将标的物交付给第一承运人后，标的物毁损、灭失的风险由买受人承担。

【释义】

本条共两款，其中第 1 款属新设条款，来源于《最高人民法院关于审理买卖合同纠纷案件适用法律问题的解释》第 12 条，规定出卖人在特定地点交货时风险负担；第 2 款是关于出卖人依法将标的物交付给第一承运人即为履行交付义务的情况下，标的物风险转移的规定，沿用《合同法》第 145 条。

对于合同特别约定出卖人有义务在买受人指定的地点将标的物交付给买受人，且标的物需要运输的情形，在《合同法》中没有进行规定，属于法律漏洞。事实上，本条所规定的情形在国际贸易中十分常见，如货物先由内陆运输工具运往港口、车站或空港，再由海运、铁路或航空承运人完成跨国运输的交货方式（CIF 或 FOB），[①] 为了充分考虑国际商业惯例和国际贸易实践需要，该解释第 12 条对此做出补充规定，本法编纂时将其纳入本条中。本款的适用前提是当事人在合同中对出卖人应当在指定地点将标的物交付给承运人存在明确约定，如果没有这种明确约定，则不能适用本款。在本法草案中，本款曾有“但是当事人另有约定的除外”的表述，但最终删去了这一句，说明当事人的特别约定也不能排除本条的适用。

① 李巍：《中国合同法的司法解释对国际货物买卖的影响》，载《政法论丛》2016 年第 3 期。

首先，本款明确了不采纳“货交第一承运人，风险移转”的规则。实践中，出卖人货交承运人的行为普遍存在。出卖人履行交付标的物的义务，除了直接向买受人交付之外，在异地买卖特别是国际贸易中，大量存在向承运人交付标的物的现象。在异地买卖中，当事人对交付地点没有约定或约定不明，而标的物依法需要运输的，本条第 2 款规定的风险转移时点是出卖人将标的物交付给第一承运人时。如果双方当事人在合同中明确约定出卖人应当在某一特定地点将货物交付给承运人以运交买受人，这种情况下标的物毁损、灭失的风险能否根据本条第 2 款的规定确定为货物交由承运人时转移至买受人承担，在过去的审判实践中存在不同认识。[①] 本款规定对此明确不适用“货交第一承运人”规则，而应按照合同约定和交付主义分配风险负担。最高人民法院在起草买卖合同解释的过程中，主要参考的是《联合国国际货物销售合同公约》的规定，如果合同约定在买受人指定地点将标的物交付给承运人的，出卖人将标的物运送至指定地点并交付给承运人后，标的物毁损、灭失的风险由买受人承担。[②]“特定地点风险转移模式”意在提供类似 Incoterms“装运合同”条件下的风险转移规则。适用这一规则时，卖方即使将货物交给独立承运人托运，在货物交给港口、火车站或航空站点等特定地点的承运人之前并不转移风险，买方也没有基于风险损失向货物保险人或特定地点承运人的索赔权。“交给特定地点承运人”是指将货物交承运人控制并且取得相关的控制货物处置权的单据，包括海运提单、多式联运提单、航空运单、公路或铁路运单副本等。这些单据是运输合同证明，是货交承运人的凭证，也是卖方向保险公司索赔的凭证。即使货物已经交付承运人，在没有取得这类有效货运单据之前，不发生风险转移效果，因为卖方还没有完成交付手续，其间在承运人掌控下货物发生风险损失，应该由卖方追责。卖方取得码头收货单、大副收据、备运提单等也不等于完成交付，这些文件仅仅证明承运人收到货物，还需要货物装船发运之后换取正式提单，才发生转移风险效果。采用“特定地点风险转移”模式或“装运合同”条件，卖方需要向承运人完成交付才能转移风险是商业现实需要，这在适用旧的 FOB 或 CIF 术语的实践中已经体现出来，理论上它们的风险界限都是越过船舷，如果在装运港货物发生吊索损坏，不慎跌落甲板，应该由买方承担这损失后果，可是卖方如果不及时补救难以从承运人处取得清洁提单，无法结算货款，只有圆满完成交付才能实现合同目的。Incoterms 2010 将海运术语风险

---

① 参见最高人民法院民事审判第二庭：《最高人民法院关于买卖合同司法解释理解与适用》，人民法院出版社 2016 年版，第 227 页。

② 参见最高人民法院民事审判第二庭：《最高人民法院关于买卖合同司法解释理解与适用》，人民法院出版社 2016 年版，第 228 页。

界限改为卖方“将货物装上船”，不在基于装船过程中是否越过船舷瞬间情况划分风险，正是对商业现实和习惯的确认。[①]

其次，本款规定不仅适用于国际货物买卖，当然亦适用于国内货物买卖。[②]在国内货物买卖中，出卖人交付的标的物需要短途运输然后才在某一特定地点交付给承运人以运交买受人的买卖合同，也属于本条的调整范围。

本法第604条所规定的交付主义是价金风险移转的一般原则，而本条第2款则例外规定了货交第一承运人的风险转移，并非所有类型的买卖合同均可适用，而应限定适用于送交买卖。[③] 理由在于，根据本条的援引，货交承运人风险转移规则适用第603条“标的物需要运输”的买卖，而第603条意义上“需要运输”的买卖是指如果当事人对于合同履行地没有约定，出卖人将货物交给第一承运人以运交买受人即可。此外，根据本法第511条第3项规定，除货币和不动产外，债务履行地原则上为债务人住所地。综合分析以上规定可知，本条所称“需要运输的买卖”并非泛指一切货物运输的买卖，而是指出卖人无送货义务，合同履行地原则上为债务人住所地，根据当事人约定或交易习惯，出卖人为买受人办理托运并将货物移交第一承运人。[④] 因此，从比较法上看，“需要运输的买卖”就是指寄送买卖；从体系上看，它是与送货上门、买方自提相对而言的“代办托运”买卖。[⑤] 基本案型为，买卖合同签订后，出卖人并无义务负责运输送货上门（赴偿），买受人也不愿上门领取（往取），根据双方约定，出卖人将货物交给运输人以运交买受人。如出卖人符合要求通过承运人将货物发送给买受人，因意外事件造成货物毁损灭失后，即使买受人未得到货物，也须支付价金。[⑥]

债务的清偿，不论是法定还是约定，皆有其原定的清偿地，债权人与债务人应在清偿地履行债务的清偿。依据债务清偿地的不同，传统民法将债务区分为赴偿之债、往取之债与送交之债三种类型。以债务人的住所地为清偿地的，为往取

---

① 李巍：《中国合同法的司法解释对国际货物买卖的影响》，载《政法论丛》2016年第3期。

② 参见最高人民法院民事审判第二庭：《最高人民法院关于买卖合同司法解释理解与适用》，人民法院出版社2016年版，第229页。

③ 吴香香：《〈合同法〉第142条（交付移转风险）评注》，载《法学家》2019年第3期；朱晓喆：《寄送买卖的风险转移与损害赔偿——基于比较法的研究视角》，载《比较法研究》2015年第2期；朱晓喆：《我国买卖合同风险负担规则的比较法困境——以〈买卖合同司法解释〉第11条、第14条为例》，载《苏州大学学报》2013年第4期；徐晓刚：《发送买卖的认定——兼论〈合同法〉第145条》，载《研究生法学》2015年第6期。

④ 胡康生主编：《中华人民共和国合同法释义》，法律出版社2009年版，第227页。

⑤ 朱晓喆：《寄送买卖的风险转移与损害赔偿——基于比较法的研究视角》，载《比较法研究》2015年第2期。

⑥ 朱晓喆：《我国买卖合同风险负担规则的比较法困境——以〈买卖合同司法解释〉第11条、第14条为例》，载《苏州大学学报》2013年第4期。

之债；以债权人的住所地为清偿地的，为赴偿之债。[①] 此外，债权人也有权指示债务人将标的物送至清偿地以外的地点交付。若债权人作出此种指示，债务人应遵循其指示，在债权人指定的地点交付标的物，即送交之债，在买卖合同中即送交买卖。如甲向乙购买一只花瓶，原以乙的住所地为清偿地，后乙应甲的请求将该花瓶送至丙处。从债务履行的角度来看，赴偿之债与往取之债的履行地点主要是合同一方当事人的所在地，这两种类型是传统民法关于债务履行规范的基本形态；但随着国际贸易的不断发展和交易方式的复杂化，送交之债更加常见。以上对债的类型化区分，揭示了不同类型之债在风险负担规则上的适用范围。如前所述，赴偿买卖与往取买卖的价金风险适用本法第 604 条之规定，自交付时起移转。送交买卖的价金风险却有其特则，即价金风险自交付第一承运人时移转。本法虽未直接使用赴偿、往取、送交的措辞，但以标的物是否“需要运输”为标准判断出卖人的给付行为地（第 603 条第 2 款），隐含了上述区分。[②] 按照《最高人民法院关于审理商品房买卖合同纠纷案件适用法律若干问题的解释》第 11 条，“需要运输”仅指“标的物由出卖人负责办理托运，承运人系独立于买卖合同当事人之外的运输业者的情形”，限定于送交买卖。实务中，同样区分赴偿、往取与送交，常用的表述是送货、自提或代办运输。[③] 由此可见，三种不同类型之债均会涉及运输，但送交之债的独特性在于债务人不负有义务将标的物送至债权人住所地或营业地并交付，但有义务按正常方法（如正确书写地址等）安排运输以运向债权人，从而完成为履行债务所为之必要行为。[④] 在这种情况下，出卖人将标的物交付给第一承运人就是履行了合同的交付义务。此时，承运人也并非出卖人的履行辅助人。与此相对，赴偿买卖之承运人是出卖人的履行辅助人，往取买卖之承运人是买受人的受领辅助人。因此，本条确立了送交买卖风险负担的特别法则，其价金风险的移转提早到出卖人向第一承运人交寄标的物时，从而构成交付原则的例外。但这一例外却是普遍的立法现象，如《德国民法典》第 447 条，我国台湾地区“民法”第 374 条，《美国统一商法典》第 2－509（1）条，《联合国国际货物销售合同公约》第 67 条第 1 款第一句，均作如是规定。[⑤] 综上，认为买受人在送交买卖中承担价金风险的构成要件包括：第一，当事人没有约定交付地点或者

---

① 韩世远：《合同法总论》，法律出版社 2018 年版，第 353 页。

② 吴香香：《〈合同法〉第 142 条（交付移转风险）评注》，载《法学家》2019 年第 3 期。

③ 吴香香：《〈合同法〉第 142 条（交付移转风险）评注》，载《法学家》2019 年第 3 期。

④ 朱晓喆：《寄送买卖的风险转移与损害赔偿——基于比较法的研究视角》，载《比较法研究》2015 年第 2 期。

⑤ 朱晓喆：《寄送买卖的风险转移与损害赔偿——基于比较法的研究视角》，载《比较法研究》2015 年第 2 期。

约定不明确；第二，货物需要运输；第三，货物交第一独立承运人。

（一）当事人没有约定交付地点或者约定不明确

所谓“交付地点”，即为德国法上所称之履行地（或给付地）概念。“没有约定交付地点或者约定不明确”是指合同没有约定，也没有达成补充协议，并且不能通过有关条款或者交易习惯确定。据此，对交付地点的判断，主要有两个步骤：第一，当事人有约定，从约定；第二，当事人未约定或约定不明确，依本法第510条判断（援引第603条第2款），即补充协议、按照合同相关条款或交易习惯予以确定。因此，在当事人有明确约定或约定虽不明确、但可依照本法第510条确定时，交付地点是确定的，可以由此认定是否属于寄送买卖。但由于第603条并未援引第511条的规定，由此产生的争议是：第511条第3项规定：“履行地点不明确，给付货币的，在接受货币一方所在地履行；交付不动产的，在不动产所在地履行；其他标的，在履行义务一方所在地履行。”那么，在寄送买卖中确定履行地时可否适用本条？最高人民法院持反对意见，[①] 但笔者认为此处适用第511条第3项并非无凭无据。其一，第511条位居本编总则第四章“合同的履行”部分，总则规定可以适用在分则中的各类合同中。其二，若分则条款有特别规定，则优先适用该规定。就本条和第603条的内容来看，在确定寄送买卖的履行地时，其并未特别作出规定，因此可以适用。其三，从适用效果上看，第511条第3项提供了终局性的规定。如果排除第511条，可能就会出现无法确定履行地的情形。综上，在前两步均无法确定履行地时，最后可适用第511条第3项，确定为债务人所在地。

（二）货物需要运输

标的物涉及运输即为“货物需要运输”，包括买方或卖方安排运输以及运输工具的情形。但由于“货物需要运输”文义过于宽泛，代办托运、是否适用于送货上门、买方自提都可以归于“需要运输”的范畴，因此，有必要进行限缩解释。

《德国民法典》第477条规定：“（1）经买受人要求，出卖人将买卖标的物送交至履行地以外的其他地点的，自出卖人移交其标的物于货运公司、货运人或者其他指定的运送人或者机构时起，标的物的风险责任移转于买受人。（2）买受人对送交方式有特别指示而出卖人无紧急原因违背其指示的，出卖人应对买受人负责赔偿因此而产生的损害。”德国民法学理上认为《德国民法典》第447条原则

---

① 参见最高人民法院民事审判第二庭主编：《最高人民法院关于买卖合同司法解释理解与适用》，人民法院出版社2016年版，第210~211页。

上适用于当事人事先约定或按交易习惯发生的寄送买卖。[①] 但从文义看，第 447 条“因买受人之请求”也有歧义：若当事人原先约定是往取之债，但事后出卖人根据买受人的请求而发送货物，应当如何认定？德国民法学界主张此情形可能转化为送付之债，但我国司法实务界持否定观点。[②] 笔者认为，我国司法实务界观点欠妥，尽管买卖合同并没有对送付之债作特别约定，此后出卖人基于买受人的请求发送，可以理解为构成合同的变更，因此法律认可事后约定并无不可；当然，若是出卖人未经约定而单方面采取寄送行为，则不构成送付之债。

综上，对“货物需要运输”进行限缩解释后，至少应包含如下两种情形：其一，按照合同约定或交易习惯，出卖人负有发送义务（不直接运输）；其二，出卖人本无发送义务，因买受人请求或出卖人主张，出卖人主动承担了发送义务。对于此种情形，应以买受人知情为要件，否则可能有碍于买受人真意。[③]

（三）货交第一承运人

“货交第一承运人”既是寄送买卖的要件之一，也是寄送买卖中货物风险移转的时点：货物毁损灭失的风险自卖方将货物交第一承运人时起移转给买方承担。“货交”中的“交”，看似指物权法意义上的“交付”，但不能作如此理解。在寄送买卖中，给付行为已发生，但给付结果实际上尚未完成，占有未转移给买受人，因此不属于“交付”。《联合国国际货物销售合同公约》注意到了此间的差别，在风险转移上以“hand over”指代货物实际控制的移交，与中文的“交给”“移交”类似。《德国民法典》第 447 条使用的术语也是“移交”，而非第 443 条意义上的“交付”。[④] 所以，本条的“交付”最好也作如上理解，即货物交给承运人，但买受人并未取得货物的占有及所有权。

综上，在送交买卖中，出卖人在发出货物之后，即完成了所有他应做的事情，送交过程中的危险属于外加的危险，因此应由买受人承担此过程中的风险。虽然买受人没有实际占有、控制标的物，但已取得了对标的物的间接占有，可以向承运人提取标的物，使标的物处于自己的实际控制之下，也可以指示承运人采取措施加强对标的物的保护，减少风险发生的可能性。而卖方将标的物交付给承运人之后，就丧失了对标的物的控制权，也无法再对标的物进行使用和收益（当

---

① 朱晓喆：《寄送买卖的风险转移与损害赔偿——基于比较法的研究视角》，载《比较法研究》2015 年第 2 期。

② 王某勤诉乐家公司买卖合同案，浙江省宁波市中级人民法院（2010）浙甬商终字 568 号民事判决书。

③ 徐晓刚：《发送买卖的认定——兼论〈合同法〉第 145 条》，载《研究生法学》2015 年第 6 期。

④ 朱晓喆：《寄送买卖的风险转移与损害赔偿——基于比较法的研究视角》，载《比较法研究》2015 年第 2 期。

事人有特约的除外)，因此按照利益说和管领说，此时由买受人承担标的物的风险，符合“利益之所在，即风险之所归”的基本法理。[①]

最后需要说明的是，本条不适用于目前流行的“网购”交易。[②] 通常消费者与网上经营者之间以电子交易系统订立买卖合同，出卖人委托物流公司送货上门，按其债务性质，合同履行地应为买受人住所地，属赴偿之债。[③] 因此，出卖人货交承运人并未完成交付，价金风险不发生转移。

【关联规定】

《民法典》第 510～511，603～604、609 条，《最高人民法院关于审理买卖合同纠纷案件适用法律问题的解释》第 12 条

（撰稿人：赵精武、何傲翾）

第六百零八条　【买受人不履行接收标的物义务下的风险负担】 出卖人按照约定或者依据本法第六百零三条第二款第二项的规定将标的物置于交付地点，买受人违反约定没有收取的，标的物毁损、灭失的风险自违反约定时起由买受人承担。

【释义】

本条是关于买受人不履行接收标的物义务情况下，标的物毁损、灭失风险承担的规定。本条沿用《合同法》第 146 条。

如笔者对第 605 条的释义中所述，按照原合同法的相关法理，买受人受领出卖人交付的标的物，既是买受人享有的合同权利，也是买受人所应承担的合同义务。从合同义务的维度看，在出卖人交付标的物或者提出交付标的物时，买受人在没有正当理由支持的情况下，应当积极协助出卖人履行受领义务，接收出卖人交付的标的物。否则，即构成买受人受领迟延，其法律性质属于一种违约行为。

---

① 最高人民法院民事审判第二庭主编：《最高人民法院关于买卖合同司法解释理解与适用》，人民法院出版社 2016 年版，第 226 页。

② 朱晓喆：《寄送买卖的风险转移与损害赔偿——基于比较法的研究视角》，载《比较法研究》2015 年第 2 期。

③ 北京市第二中级人民法院（2011）二中民终字 12047 号民事判决书，载国家法官学院案例开发研究中心编：《中国法院 2013 年度案例 · 买卖合同纠纷》，中国法制出版社 2013 年版，第 58 页以下。

因此，应使出卖人处于如同买受人未曾迟延或发生受领障碍的地位，风险负担也应作如是处理，否则对出卖人不公。不过，风险移转仍以标的物特定化为前提。①

对本条的理解应当按照两个层次展开。首先，买卖合同双方可以就交付地点进行约定。如果买卖双方对标的物的交付地点有约定的，则出卖人按照约定将标的物置于约定地点，即完成交付任务，不再承担标的物毁损灭失的风险。如果买受人违反约定没有收取，标的物毁损、灭失的风险自违反约定之日起由买受人承担。其次，本法第603条第2款第2项规定，当事人没有约定交付地点或者约定不明确，依据本法第510条的规定仍不能确定的，如果标的物不需要运输，出卖人和买受人订立合同时知道标的物在某一地点的，出卖人应当在该地点交付标的物；不知道标的物在某一地点的，应当在出卖人订立合同时的营业地交付标的物。双方当事人知道标的物在某一地点，一般在以下情况中较为常见：买卖合同的标的物是特定物；标的物是从某批特定存货中提取的货物，如指定存放在某地的小麦仓库中提取若干吨小麦作为交付的货物；尚待加工生产或者制造的未经特定化的货物，如买卖的订货将在某地某家工厂加工制造等。在不属于以上两种情况的其他情况下，出卖人的义务是在其订立合同时的营业地把标的物交付买受人处置。出卖人应当采取一切必要的行动，让买受人能够取得标的物，如做好交付前的准备工作，将标的物适当包装，贴上必要的标志，并向买受人发出通知让其提货等。② 总之，这种情况就是出卖人有义务在某一地点将标的物交付给买受人。在合同约定的交付期限届至时，如果标的物已经特定于合同项下而且出卖人已经完成了必要的交付准备工作，让买受人能够取得标的物，如将标的物适当包装，贴上必要的标志，并向买受人发出通知让其提货等，则标的物就处在了可以交付买受人处置的状态。如果这时买受人违反合同的约定没有接收标的物，那么按照该条的规定，买受人就从违反约定之日起承担标的物毁损、灭失的风险。

本条所称的“违反约定没有收取”，应理解为一个事实问题，而不需要买受人存在过错。③ 本条所称的“自违反约定之日起”，应与约定日期的具体方法结合起来理解。例如，合同规定买方应在3月5日接收而未接收，风险应自3月6日起由买方承担；如合同约定买方应在3月5日之前接收，而买方在3月5日接收的，亦不应视为违约；同样道理，如合同约定买方应在3月提货，但买方在整个3月内都未提货，则自4月1日起，包含4月1日，风险转由买方承担。

---

① 吴香香：《〈合同法〉第142条（交付移转风险）评注》，载《法学家》2019年第3期。

② 《中华人民共和国〈合同法〉释义》，载中国人大网：http：//www. npc. gov. cn/npc/flsyywd/minshang/2000 - 11/25/content_ 8371. htm，2000年11月25日。

③ 江平主编：《中华人民共和国合同法精解》，中国政法大学出版社1999年版，第120页。

【关联规定】

《民法典》第510、603条

（撰稿人：何傲翾、赵精武）

第六百零九条　【未交付有关标的物的单证和资料不影响风险转移】 出卖人按照约定未交付有关标的物的单证和资料的，不影响标的物毁损、灭失风险的转移。

【释义】

本条是关于出卖人交付有关标的物的单证和资料的义务与标的物毁损、灭失风险承担的关系的规定。本条沿用《合同法》第147条，参考了《联合国国际货物销售合同公约》第67条第1款的第三句，适用的范围主要是买卖合同涉及标的物运输的情况。

在买卖中，交付有关标的物的单证和资料尤其是提取标的物的单证，往往视同标的物的交付，但二者还是有所不同。本条也再次重申了在多数情况下，单证及资料的交付与否和风险转移并无直接关系的观点。[①] 如卖方将标的物交付第一承运人以运交给买受人即完成交付义务，标的物毁损、灭失的风险自此由买受人承担。在这种情况下，卖方货物交承运人在前，取得单据在后，所以风险转移在前，单证及资料交买方在后。故单证虽仍在卖方处或在流转过程中，但风险却已由买方承担。在国际贸易中，这种情况很普遍。如买卖双方使用Incoterms2010术语，在FOB、CFR、CIF条件下，卖方在装运港把货物交给承运人，货物一旦装运上船，风险就由买方承担；装货完毕，承运人给卖方签发提单，卖方或者把提单邮寄给买方，或者把提单等单证、资料交银行向买方托收货款或者凭单证向银行议付货款，再由银行将单证转交买方，都是实践中普遍通行的做法。在国际油轮或其他散装液体货物运输、国际集装箱货物运输或近距离国际海上货物运输中，提单的流转速度亦常常低于货物运输的速度。[②] 这样，买方在取得单证之前的数月实际上已承担了标的物的风险。

---

① 江平主编：《中华人民共和国合同法精解》，中国政法大学出版社1999年版，第120页。

② 司玉琢主编：《海商法》，法律出版社2012年版，第129页。

本条在适用上应注意的问题在于“有关标的物的单证和资料”的具体范围。本法第598条规定：“出卖人应当履行向买受人交付标的物或者交付提取标的物的单证，并转移标的物所有权的义务。”第599条规定：“出卖人应当按照约定或者交易习惯向买受人交付提取标的物单证以外的有关单证和资料。”按照交易惯例，“单证和资料”通常可以分为两类：其一，提取标的物的单证，主要是提单、仓单；其二，交易中有其他作用的一些单证和资料，比如商业发票、产品合格证、质量保证书、使用说明书、产品检疫书、产地证明、保修单、装箱单等。在买卖合同的履行中，特别是在国际货物买卖合同的履行中，交付单证和资料无论是作为出卖人的主要义务，还是附随义务，都十分重要。因为这些单证资料有的是标的物所有权的保证，有的是买受人顺利提取标的物、报关、验货的凭证，有的是买卖双方请求保险赔付的凭证，而对于本条中涉及的，曾经出现过两种观点。一种观点认为，本条规定仅适用于出卖人没有交付与标的物有关的单证和资料，而不适用于提取标的物的单证。① 根据该种观点，未交付提取标的物的单证的，即使出卖人已向第一承运人交付标的物，标的物风险也不转移，仍由出卖人承担；已交付提取标的物的单证的，标的物的风险则由买受人承担，因为交付提取标的物的单证即视为交付标的物。另一种观点认为，在现实交付中，如委托承运人承运，出卖人将标的物交付承运人，即视为交付，风险即转移由买受人承担，而与是否交付提货单证无关。② 在这种情况下，出卖人标的物交付承运人在前，取得提单在后，所以风险转移在前，单证及资料交买受人在后，单证虽仍在出卖人手中，但风险已由买受人承担。根据第二种观点，本条有关的单证包括提取标的物的单证。笔者认为，本条所涉单证应当包含提取标的物的单证。按照立法机关的观点，本条主要借鉴《联合国国际货物销售合同公约》第67条的规定，即“卖方受权保留控制货物处置权的单据，并不影响风险的移转”③。在国际贸易中，出卖方将货物交付给第一承运人后，通常会保留标的物的所有权或保留有关发货的凭证作为收回货款的担保，直到买受人支付价款为止。④ 本法允许当事人在买卖合同中约定保留标的物所有权的条款。保留所有权，是指在买卖合同中，买受人虽先占有使用标的物，但在全部价款支付以前，出卖人对于标的物仍然保

---

① 李国光：《合同法释解与适用（上）》，新华出版社1999年版，第689页。

② 陈伯诚、王伯庭：《合同法重点难点问题解析与适用》，吉林人民出版社2000年版，第372页。

③ 《中华人民共和国〈合同法〉释义》，载中国人大网2000年11月25日，http：//www.npc.gov.cn/npc/flsyywd/minshang/2000－11/25/content_8371.htm。

④ 赵敏：《涉及运输时标的物风险的转移探析——关于〈合同法〉第145条、第147条的若干思考》，载《河海大学学报（哲学社会科学版）》2003年第2期。

留所有权。[①] 在涉及标的物运输的买卖合同中，出卖人不向买受人移交有关标的物的单证，其性质可以由当事人在合同中约定为出卖人保留标的物所有权的表示。在合同对此没有约定时，各国解决的办法不尽一致。如英国法律可能就认为这表明卖方保留了所有权，而美国统一商法典则认为这对卖方只是作为买方支付价款的担保，但并不影响标的物所有权的转移。然而，按照前面的释义中所述，合同法确立的标的物风险转移的原则，除当事人另有约定外，是以标的物的交付作为标准，而不与标的物的所有权相联系。因此，无论出卖人不交付标的物的单证是否意味着所有权的保留，都不影响标的物的风险从交付时起由出卖人转移给买受人。[②] 因此，基于买卖双方利益考虑，在涉及标的物运输的买卖合同中，出卖人、买受人完全可以在合同中约定出卖人不向买受人移交相关单证资料甚至是提取标的物的单证，当事人可以约定这就是保留标的物所有权的表示，在买受人不支付价款情况下对买受人的处分权进行制约。基于合同自由的原则，这种约定是完全有效的。所以本条中的单证资料应当包括提取标的物的单证，否则有碍保留所有权条款的功能实现。

【关联规定】

《民法典》第 598 ~ 599 条

（撰稿人：赵精武、何傲翾）

第六百一十条　【出卖人根本违约下的风险负担】因标的物不符合质量要求，致使不能实现合同目的的，买受人可以拒绝接受标的物或者解除合同。买受人拒绝接受标的物或者解除合同的，标的物毁损、灭失的风险由出卖人承担。

【释义】

本条是关于出卖人根本违约的情况下风险承担的规定。本条沿用《合同法》第 148 条，适用前提为出卖人根本违约。

---

① 崔建远：《合同法》，法律出版社 2010 年版，第 405 ~ 406 页。

② 《中华人民共和国〈合同法〉释义》，载中国人大网 2000 年 11 月 25 日，http：//www.npc.gov.cn/npc/flsyywd/minshang/2000 - 11/25/content_ 8371.htm。

买卖合同中的标的物质量条款是合同的重要内容，保证标的物符合约定的质量要求，是出卖人的基本义务。如果出卖人交付的标的物质量不符合要求，致使合同目的无法实现时，买受人有权拒绝接受标的物或者解除合同。此时就涉及出卖人已经交付的不符合质量要求的标的物风险责任的承担问题。[①] 学界普遍认为，本条是参考《美国统一商法典》作出的规定。[②]《美国统一商法典》第2－510条第（1）、（2）款规定了出卖人违约与买受人风险承担的关系："（1）当清偿提供（tender）或者交付（delivery）如此不符合合同约定，以至于使买方有权拒绝之场合，则标的物灭失的风险（risk of their loss）仍停留于（remain）出卖人处，直至不符被消除（cure）或被买受人接受（acceptance）为止。（2）当买方正确地（rightfully）撤销接受，则买方可在其有效保险所不足覆盖的范围内，将标的物灭失的风险视作从一开始（from the beginning）就停留在出卖人处（rested on the seller）。"[③] 首先，这里的"接受"指的是买受人对货物的认可。其次，如果买受人有正当理由拒绝对货物的接受，则他可以在保险合同所不包括的限度内，认为出卖人自始就承担了货物的风险。[④] 该两款规范的设置，专门用于调整出卖人的违约行为对于风险负担及其移转的影响。依其规范文义，即可明确看出，出卖人履行合同不符合约定的场合，如果其严重性足以使买受人有权拒绝接受，或者嗣后撤销接受；则标的物灭失的风险将一直停留在出卖人处，或者回溯到一开始即由出卖人承担。[⑤] 相比之下，本条显然是对上述《美国统一商法典》两个条款的杂糅与综合。尽管在条款适用范围上，本条更加狭窄地限定于"质量不符合要求"的情形，但这并不会导致本条规则在风险回溯之法律效果的解释适用上，产生相异的结论。至于本条中"解除合同"相较于"撤销接受"（UCC）在术语使用上的不同，应属我国立法者在规则设置时，就术语表达方式所作的变形。所

---

① 江平主编：《中华人民共和国合同法精解》，中国政法大学出版社1999年版，第121页。

② 韩世远：《中国合同法与CISG》，载《暨南学报（哲学社会科学版）》2011年第2期；朱晓喆：《我国买卖合同风险负担规则的比较法困境——以〈买卖合同司法解释〉第11条、14条为例》，载《苏州大学学报》2013年第4期；吴志忠：《试论国际货物买卖中的风险移转》，载《中南财经政法大学学报》2002年第6期；郑旭文：《国际货物买卖中卖方根本违约对风险移转的影响》，载《当代法学》2002年第7期。

③ Uniform Commercial Code 2－510［Effect of Breach on Risk of Loss］（1）Where a tender or delivery of goods so fails to conform to the contract that as to give a right of rejection the risk of their loss remain on the seller until cure or acceptance.（2）Where the buyer rightfully revokes acceptance he may to the extent of any deficiency in his effective insurance coverage treat the risk of loss as having rested on the seller from the beginning.

④《中华人民共和国〈合同法〉释义》，载中国人大网2000年11月25日，http://www.npc.gov.cn/npc/flsyywd/minshang/2000－11/25/content_8371.htm。

⑤ 刘洋：《根本违约对风险负担的影响——以〈合同法〉第148条的解释论为中心》，载《华东政法大学学报》2016年第6期。

以，本条合同法定解除权的行使，对于风险回溯射程上的法律效果，理应与《美国统一商法典》第2－510条中“撤销接受”行为导致的风险配置效果，呈现相同的格局。[①]

本条第一句较为明确，“合同目的不能实现”基本和根本违约同义，判断标准为因标的物不符合质量要求，从而导致违约结果的客观严重性，即是否实际剥夺了债权人的履行利益，属于纯粹的客观要件。[②] 这也是发生法定解除权所必需的事实构成。首先，出卖人交付的标的物不符合质量要求，违反合同义务。本条其实是对本法第563条第4项后段当事人一方“有其他违约行为致使不能实现合同目的”的另一种表述，在该法中，“标的物质量不符合质量要求”就是一种“违约行为”。[③] 如果要判断出卖人的违约已经达到根本违约的程度，应以债权人履行利益是否受到影响为依据，该义务首先指合同中约定的处于交换关系的主给付义务，也包括影响到履行利益充分实现的从给付义务。[④] 标的物的质量符合合同约定应属于主给付义务。其次，只有义务违反达到严重危害债权人履行利益的程度，方可解除。严重危害债权人履行利益指对债权人履行利益造成减价和损害赔偿尚不足以弥补的不利影响。主要是从债权人从合同履行中可期待获得利益角度来判断。[⑤] 而第二句则存在一定的歧义性，本句固然指出了买受人拒绝接受标的物或者解除合同，可产生风险回转的法律效果。但此种法律效果在时间上的界限，却并不清晰。也就是说，解约或拒收行为对于风险负担一般规则之适用的影响，究竟是仅及于其后，抑或此前的风险负担亦将一并回转由出卖人承担，仅凭该条第二句文义解释，并不能得出完全确定的结论。[⑥] 有观点主张该条的功能仅限于将合同解除后标的物毁损、灭失的风险回转给出卖人承担，而不能及于接受标的物后行使解除权之前的期间。[⑦] 另有观点认为依据本条，买受人行使拒绝接受或者解除合同的权利，可以溯及既往地使出卖人承担标的物毁损灭失的风险。[⑧] 风险回溯的时点无法确定，本条独特的救济功能和风险负担规则对公平原则的维护功能都将被弱化，因此应对这一问题予以明确。

---

① 刘洋：《根本违约对风险负担的影响——以〈合同法〉第148条的解释论为中心》，载《华东政法大学学报》2016年第6期。

② 赵文杰：《〈合同法〉第94条（法定解除）评注》，载《法学家》2019年第4期。

③ 韩世远：《出卖人的物的瑕疵担保责任与我国合同法》，载《中国法学》2007年第3期。

④ 赵文杰：《〈合同法〉第94条（法定解除）评注》，载《法学家》2019年第4期。

⑤ 赵文杰：《〈合同法〉第94条（法定解除）评注》，载《法学家》2019年第4期。

⑥ 刘洋：《根本违约对风险负担的影响——以〈合同法〉第148条的解释论为中心》，载《华东政法大学学报》2016年第6期。

⑦ 易军：《违约责任与风险负担》，载《法律科学（西北政法大学学报）》2004年第3期。

⑧ 周江洪：《风险负担规则与合同解除》，载《法学研究》2010年第1期。

由于本条的规范来源是《美国统一商法典》，通过解读《美国统一商法典》有关规定以澄清本条的规范意旨是较为可行的路径。在风险移转与履行符合性之间关系的问题上，有学者分析《美国统一商法典》的该条规定，得出立法者的思维逻辑大致是：卖方交付－货物到达－检验－不符合约定并通知拒绝/不符合约定但明示接受或默认接受/符合约定而接受－风险停留原处/风险移转买方并承担付款义务/风险移转买方并承担付款义务。[①] 因此，在《美国统一商法典》的规则框架内，若交付的标的物不符合约定，买受人若要阻止风险移转，则应以有效地行使拒绝权为必要条件，买受人解除合同而导致标的物毁损、灭失，风险回转的法律效果，应当及于解约之前。本条在继受《美国统一商法典》第2－510（1）、（2）条的过程中，尽管对具体的表述进行了改造和调整，但用语的变化并未导致二者在核心规范意旨和规则价值取向上产生根本性的偏离。因此，本条中买受人解除合同而导致标的物毁损、灭失，风险回溯的法律效果，应当及于合同解除之前，即风险从一开始就由出卖人承担。当然，从文义解释的方法出发，该条并非直接阻碍标的物风险依本法第604条先行移转，否则无须另行规定风险回溯。质言之，质量瑕疵而根本违约的场合，买方仅仅因此获得拒绝权或解约权；若未有效行使，合同得以继续履行，卖方利益将不受影响。

在适用本条时，应当注意出卖人承担标的物风险责任的前提条件。第一，必须是标的物的质量不符合质量要求，即出卖人已经交付的标的物质量不符合当事人的约定或者相关质量标准；第二，必须是合同目的不能实现，即因标的物质量不符合质量要求，导致买受人购买标的物的目的落空；第三，必须是买受人选择了拒绝接受标的物或者解除合同的措施。如果买受人没有选择上述措施，而是采取了接受标的物，要求出卖人支付违约金或者赔偿损失责任的救济手段，则不适用本条的规定，而应适用本法第604条的有关规定处理。[②]

【关联规定】

《民法典》第563条

（撰稿人：何傲翾、赵精武）

---

① 刘洋：《根本违约对风险负担的影响——以〈合同法〉第148条的解释论为中心》，载《华东政法大学学报》2016年第6期。

② 江平主编：《中华人民共和国合同法精解》，中国政法大学出版社1999年版，第121页。

第六百一十一条 【买受人风险承担与出卖人违约责任】 标的物毁损、灭失的风险由买受人承担的，不影响因出卖人履行义务不符合约定，买受人请求其承担违约责任的权利。

【释义】

本条是关于买受人风险承担与出卖人违约责任关系的规定。买受人承担了标的物毁损、灭失的风险，但出卖人如果存在违约行为，买受人可请求其承担相应的违约责任。本条承袭我国1999年《合同法》第149条。在表述上，该条将《合同法》第149条中的“履行债务”修改为“履行义务”；将“买受人要求其承担违约责任的权利”表述为“买受人请求其承担违约责任的权利”。将“买受人要求”表述为“买受人请求”更符合法律用语的表达习惯。

该条内容反映的是风险负担与违约责任的关系。风险负担和违约责任都是合同法上独立的法律制度，都是对合同不能履行时产生的损害状态或不利益的分配。合同不能履行包括自始不能履行和嗣后不能履行。前者由于自始不能实现合同目的，合同落空，失去履行意义，故由合同无效规则调整，使之不发生效力；后者又可划分为可归责于当事人的嗣后不能履行和不可归责于当事人的嗣后不能履行。可归责于当事人的嗣后不能履行是违约责任问题，因为合同当事人的义务履行没有达到合同要求的法律后果，且通常存在一定的过错，故违约责任主要目的在于提供损害赔偿等救济方式的依据。不可归责于当事人的嗣后不能履行属于风险负担制度调整。① 风险负担主要存在所有权人主义（买受人取得标的物所有权时，负担标的物风险）②、交付主义（出卖人向买受人交付标的物后，买受人承担标的物风险）③、合理分担主义（不可归责于当事人的损失，当事人

---

① 须注意的是，合同法“风险负担”中的“风险”仅指不可归责于双方当事人事由的损害状态或不利益，并非日常所称商业风险。根据《最高人民法院关于当前形势下审理民商事合同纠纷案件若干问题的指导意见》（法发〔2009〕40号）第3条的规定：“商业风险属于从事商业活动的固有风险，诸如尚未达到异常变动程度的供求关系变化、价格涨跌等。”商业风险的防范需要当事人签订、履行合同时谨慎判断。如果商业风险给当事人产生损失，通常是由于当事人未尽注意义务，往往存在一定的过错，可归责于当事人。

② 例如，《法国民法典》第1138条规定，交付标的物之债，自该物应当交付之时起，使债权人成为物之所有人并由其负担物之风险，即使尚未实际进行物之移交，亦同。参见罗结珍译：《法国民法典》，中国法制出版社1999年版，第288页。

③ 例如，《德国民法典》第446条第1款规定，自出卖的物交付时起，意外灭失和意外减损的危险移转于买受人。自交付起，物的收益归属于买受人，物的负担也由其承担。参见杜景林、卢谌译：《德国民法典》，中国政法大学出版社1999年版，第96页。

合理分担)[①] 等立法例模式。根据《民法典》第 604 条和 1999 年《合同法》第 142 条，以及《最高人民法院关于审理买卖合同纠纷案件适用法律问题的解释》(法释〔2012〕8 号)，我国对于买卖合同，采取的是交付主义。[②] 由此可见，风险负担和违约责任都是对合同不能正常履行时不利益的分配，并且以“是否存在过错”为二者的分野或分界点。亦即在合同当事人存在过错时，风险负担和违约责任之间的界限分明。若标的物损毁、灭失是由不可归责于双方当事人的事由所致，则依风险负担规则处理；若合同标的物的损毁、灭失是基于单纯的可归责的事由，则由违约责任制度调整。但是，在实践中，标的物的毁损、灭失往往由多个事由造成，既包括了合同当事人的违约行为，也包括了不可归责于双方当事人的第三人原因；同时我国《民法典》“合同编”和《合同法》采取的是严格责任(无过错责任)，即使合同因第三人的原因不能履行时，债务人仍向债权人承担违约责任。由此使得违约责任和风险负担两种制度界限变得模糊，产生了“合同违约时的风险负担问题”。[③] 此种情形较为复杂，并非单纯依托违约责任或风险负担规则来解决。

对于这种“合同违约时的风险负担问题”，不同立法例往往区分不同违约情形，设有不同规则处理。有些违约行为可以阻止风险的转移，标的物风险在交付后，仍由违约方承担。例如，《联合国国际货物销售合同公约》第 69 条规定，如果买方不在适当时间内这样做，则从货物交给他处置但他不收取货物从而违反合同时起，风险移转到买方承担。我国 1999 年《合同法》第 148 条和《民法典》第 610 条亦是如此，在已经构成根本违约的瑕疵给付时，标的物毁损、灭失风险由出卖人承担。但是，有些违约行为不影响风险的转移。例如，《联合国国际货物销售合同公约》第 70 条规定：“如果卖方已根本违反合同，第六十七条、第六十八条和第六十九条的规定，不损害买方因此种违反合同而可以采取的各种补救办法。”我国《合同法》第 149 条和《民法典》第 611 条即这样采取“买受人风险承担不影响出卖人违约责任”的规则。由此可见，在风险负担和违约责任关系上，我国《民法典》“合同编”和《合同法》参考了《联合国国际货物销售合同

① 我国 1987 年《技术合同法》第 33 条和 1999 年《合同法》第 338 条规定，在履行技术开发合同的过程中，因出现无法克服的技术困难，导致研究开发失败或者部分失败的，其风险责任由当事人在合同中约定。合同没有约定的，风险责任由当事人合理分担。

② 我国 1999 年《合同法》在第 142 条至第 149 条就买卖合同目标物毁损灭失的风险负担设有详尽的规定，《联合国国际货物销售合同公约》第 4 章第 66 条以下的规定，或许是主要参考对象。参见陈自强：《合同法风险负担初探》，载《北京航空航天大学学报（社会科学版）》2019 年第 3 期。

③ 易军：《违约责任与风险负担》，载《法律科学（西北政法大学学报）》2004 年第 3 期。

公约》相应的规则。①

如何看待《民法典》第610条和第611条之间的关系？这可以参照《联合国国际货物销售合同公约》相应规则来解释。该公约第70条从字面意义看并不是要改变第67～69条的风险移转规定，不能说卖方违约就改变风险转移效力，而是要消除风险移转规则对买方行使正当救济权的阻碍，否则，当卖方违约的结果本来导致买方全部退货，而仅仅因为发生了某些风险损失就阻碍他退货，这是不公平的。② 由此看来，《民法典》第611条是为了明确出卖人违约时，买受人仍可请求其承担违约责任的权利，消除因风险转移规则对其行使减价、损害赔偿等救济的阻碍和影响；同时，在理解《民法典》第610条和第611条的关系上，应将第610条视为违约责任与风险负担关系的特别规定，即专门处理构成根本违约时的瑕疵给付情形，而第611条则是违约责任与风险负担关系的一般规则。因此，在买受人承担标的物风险时，出卖人存在违约行为，买受人可请求出卖人承担违约责任，如继续履行、赔偿损失、支付违约金等救济方式。

【关联规定】

《合同法》第142、148～149条，《最高人民法院关于审理买卖合同纠纷案件适用法律问题的解释》第12条

（撰稿人：李游、赵精武）

第六百一十二条　【标的物权利瑕疵担保】 出卖人就交付的标的物，负有保证第三人对该标的物不享有任何权利的义务，但是法律另有规定的除外。

【释义】

本条是关于出卖人权利瑕疵担保责任的规定。标的物瑕疵担保责任可区分为物的瑕疵担保责任和权利瑕疵担保责任，前者是“担保标的物应具有通常的品质或特别保证的品质”，后者是“保证买受人不致因第三人主张权利而丧失

---

① 我国1999年《合同法》积极融合当时英美和大陆法系的先进合同法理念和规则，重点参考了《联合国国际货物销售合同公约》和《国际商事合同通则》等先进规则。参见龙卫球：《民法“合同编”的编纂进展、主要发展与完善思路》，载《内蒙古社会科学（汉文版）》2019年第4期。

② 李巍：《联合国国际货物销售合同公约评释》，法律出版社2009年版，第311页。

其标的物”。[①] 无论是物的瑕疵担保还是权利瑕疵担保，都是出卖人的义务和责任。[②] 本条规定的内容即标的物权利瑕疵担保责任。本条延续我国 1999 年《合同法》第 150 条——“出卖人就交付的标的物，负有保证第三人不得向买受人主张任何权利的义务，但法律另有规定的除外”。尽管这两个条文内容意思一致，但表述上存有差异：其一，本条将《合同法》第 150 条“负有保证第三人不得向买受人主张任何权利的义务”修改为“负有保证第三人对该标的物不享有任何权利的义务”，使得表述上更加准确、更显严谨。因为对于“第三人是否向买受人主张权利”是属于第三人意志范畴，出卖人实际上难以保证，但出卖人自己主观上知晓标的物权利是否存在瑕疵，能够保证第三人对该标的物不享有权利的事实。其二，本条“但书”上，将原来“但”表述为“但是”。在域外立法例上，亦有类似本条的规定，[③] 如《德国民法典》第 434 条规定：“出卖人有义务以不附有第三人可以对买受人主张的权利的方式，使买受人取得出卖的标的物。”[④]

依据本条规定，出卖人权利瑕疵担保需要满足以下要件：（1）标的物存在权利瑕疵；（2）标的物权利瑕疵在买卖合同订立时即已存在，且合同履行中权利瑕疵并未除去；[⑤]（3）买受人不知悉（善意）标的物权利瑕疵；本条虽未明确买受人的主观状态，但从《民法典》第 613 条“免除出卖人的权利瑕疵担保责任”条件来分析，要求买受人对标的物权利瑕疵不知情；（4）当事人未约定排除权利瑕疵担保责任。基于合同意思自治，如果当事人的约定没有存在违反效力性强制规定等无效事由，则当事人约定排除权利瑕疵担保责任有效。

买卖合同的主要内容和目的是进行标的物所有权的转让，故标的物权利瑕疵担保义务是出卖人一项最基本的义务。但是，何为“权利瑕疵”，本条并未明确界定。[⑥] 通常而言，“权利瑕疵”的内涵与外延可从以下方面理解：

---

① 梁慧星：《论出卖人的瑕疵担保责任》，载《比较法研究》1991 年第 3 期。

② 在《德国民法典》的旧买卖法中，权利瑕疵责任与物的瑕疵责任之间存在根本性的差异，出卖人有义务使交付的买卖标的物不存在权利瑕疵，但没有义务使之不存在物的瑕疵。在《德国民法典》的新买卖法中，出卖人不仅负有义务使交付的买卖标的物不存在物的瑕疵，而且同样也负有义务使之交付的买卖标的物不存在权利瑕疵。参见杜景林、卢谌：《德国新债法研究》，中国政法大学出版社 2004 年版，第 164～165 页。

③ 通常认为，标的物瑕疵担保来自罗马法。在罗马法中，买受人受占有移转之物权，被第三人追夺时，发生权利瑕疵担保责任。此原则大体为德国普通法及法国法继受。参见史尚宽：《债法各论》，中国政法大学出版社 2000 年版，第 13 页。

④ 杜景林、卢谌译：《德国民法典》，中国政法大学出版社 1999 年版，第 94 页。

⑤ 需要注意的是，标的物的品质瑕疵并不是以合同订立时为节点，而是要在交付前存在。

⑥《德国民法典》对权利瑕疵进行了一些规定，如该法典第 435 条界定了“土地的权利瑕疵”，即“对于在土地簿册中登记的不存在的权利，在其存在将侵害应使买受人取得的权利时，土地或土地权的出卖人有义务自行负担费用进行注销”。参见杜景林、卢谌译：《德国民法典》，中国政法大学出版社 1999 年版，第 94 页。

其一，出卖人对标的物享有合法的所有权或处分权。出卖人如果对某一标的物享有完整的所有权，其可自由交易，自不待言，包括占有、使用、收益、处分等权能。如果出卖人作为代理人为标的物所有权人出售货物，则不要求其保证对标的物享有所有权，只需对标的物享有处分权即可。例如，在代理销售中，代销人不是以自己的名义而是以代理人的身份出现，基于委托合同，其拥有来自享有所有权的委托人的处分权，故买受人可直接从受托人处取得标的物所有权。

其二，出卖人应当保证标的物上不存在任何权利负担。随着经济的发展和交易的便捷，无权处分的交易时常发生。为了保护买受人的合法权益和合同订立的意义，出卖人须承担标的物权利瑕疵担保义务和责任。如果非法占有他人财产作为买卖标的物，或者擅自出卖与他人共有的财产，又或者出售标的物上存在他人可主张的权利（如抵押权、租赁权等），则是违反了标的物权利瑕疵担保义务。这些表现形式是标的物权利的不完整或者存在缺陷。如果出卖不存在的债权或者经催告程序被宣告无效的有价证券等权利本身不存在的情形，亦是违反标的物权利瑕疵担保义务。[①]

其三，出卖人应保证标的物并无侵犯他人的专利权、商标权等知识产权。否则，买受人可能受到来自享有真正权利的人的诉讼，或者行政机关的行政处罚。于此情形下，界定出卖人是否违反标的物权利瑕疵担保义务较为复杂，需要结合著作权法、商标法等知识产权的法律来认定。

其四，基于该条的“但书”，如果有其他法律对有瑕疵的标的物买卖合同作出特别规定的，则依照特别规定处理。例如，我国 1995 年《担保法》第 49 条第 1 款规定：“抵押期间，抵押人转让已办理登记的抵押物的，应当通知抵押权人并告知受让人转让物已经抵押的情况；抵押人未通知抵押权人或者未告知受让人的，转让行为无效。”于此情形下，关于存在抵押权的标的物买卖合同依据担保法处理，所产生的权利义务责任按照相应的合同效力认定。

本条未明确规定出卖人违反标的物权利瑕疵担保义务的责任方式，属于不完全性法条[②]，故违反本条的法律后果需要进一步解释。出卖人违反标的物权利瑕疵担保义务，则属于不完全履行的违约行为，并承担相应的违约责任。如果标的

---

① 《德国民法典》第 437 条对此有明确规定：“（1）债权或其他权利的出卖人对债权或权利在法律上的存在负责任。（2）有价证券的出卖人也对有价证券未以宣告无效为目的而被公示催告负责。”参见杜景林、卢谌译：《德国民法典》，中国政法大学出版社 1999 年版，第 95 页。

② 不完全性法条只有与其他法条相结合，才能开展其创设法效果的力量。不完全性法条，其存在必要性在于立法技术上的要求，在立法上，如果将所有的法条都规定为完全性的，那么各个法条势必或者一再重复彼此共同的部分，或者必须将很多事项规定在一个条文中，其结果就会使法条不仅结构十分复杂，而且显得臃肿不堪。参见龙卫球：《民法总论》，中国法制出版社 2002 年版，第 43 页。

物存在严重的权利瑕疵，严重影响买受人订立合同时预期获得的经济利益，使得其合同目的落空，则构成了根本违约，买受人可行使解除权，单方解除合同。如果标的物权利瑕疵不严重或者买受人不愿解除合同，买受人可请求出卖人继续履行，去除标的物上的权利负担（如标的物上的用益物权或担保物权），或者减少价款，中止支付价款，又或者请求出卖人支付违约金，主张赔偿损失等救济方式。

对于本条的理解，须注意买卖合同标的物权利瑕疵担保与物权变动、无权处分、买卖不破租赁、抵押物转让等规则的关系和解释。

其一，权利瑕疵担保与物权变动。一方面，买卖合同是引起物权变动最为重要的法律行为，从而能够使得标的物所有权归属发生转移。[①] 另一方面，本条所规定的权利瑕疵担保义务是一项买卖合同义务，是出卖人和买受人之间的权利义务关系，不解决买卖合同对标的物所有权的变动，其所产生的物权变动问题由物权法等其他法律规则调整。[②] 例如，如果出卖人出售其无权处分的财产，买受人于此情形下，是否取得该标的物的所有权，则需要考虑其是否构成善意、支付对价等善意取得要件。如果构成善意取得要件，则基于追求交易安全的价值考量，会牺牲真正权利人的利益。但是，这些内容是归属于物权法的调整范畴[③]，并非本条的调整范围。

其二，权利瑕疵担保责任与无权处分。无权处分合同效力该如何认定，存在一定的分歧。1999 年《合同法》第 51 条规定："无处分权的人处分他人财产，经权利人追认或者无处分权的人订立合同后取得处分权的，该合同有效。"在该规定下，无权处分合同并不当然有效。若合同被追认或出卖人取得标的物处分权，则合同有效，权利瑕疵担保责任则有适用前提；如未被追认，合同无效，权利瑕

---

① 需要注意的是，最早在涉及所有权转移的合同履行场合，德国法学提出，物权的变动，不是由债权（基础）行为承担的，而是由一个以履行为名义的法律行为完成的。这个法律行为是典型的物权行为，它以实现物权转移合意为内容，具有独立性，并且为了交易安全，也应被赋予无因性，原则上不受原因行为影响。后来的德国法接受了这一理论，确立了物权行为制度。我国并未引进这一制度。参见龙卫球：《民法总论》，中国法制出版社 2002 年版，第 553 ~ 554、562 页。

② 物权变动存在多种不同模式，如债权意思主义、物权形式主义。前者典型立法例为《法国民法典》，如该法典第 1583 条规定："当事人一经对标的物与价金协议一致，即使标的物尚未交付，价金尚未支付，买卖即告完全成立，且买受人对出卖人依法取得标的物的所有权。"参见《法国民法典》，罗结珍译，中国法制出版社 1999 年版，第 369 页。后者典型立法例为《德国民法典》，如该法典第 929 条规定："为转让动产所有权，需要所有人将此动产交付受让人和双方对所有权应发生移转成立合意。受让人已占有此动产的，对所有权移转成立合意即可。"参见《德国民法典》，杜景林、卢谌译，中国政法大学出版社 1999 年版，第 228 页。

③ 如果买卖合同标的物是遗失物、盗赃物，则是作为善意取得的例外情形，但都不妨碍出卖人权利瑕疵担保责任的认定。

疵担保责任则无适用余地，合同当事人损失按照合同缔约过失责任来进行认定。但是，《最高人民法院关于审理买卖合同纠纷案件适用法律问题的解释》（法释〔2012〕8号）第3条借助《物权法》第15条，对《合同法》第51条进行补正解释，无权处分合同有效。[①] 不过，该司法解释第3条并未明确买受人的主观状态，即在恶意情形下，无权处分合同是否仍然有效，存有争议。如果不区分买受人的善意或恶意，视无权处分合同一律有效，则出卖人违反权利瑕疵担保义务，承担违约责任。若区分买受人的善意或恶意不同主观状态下的效力认定，在买受人善意时，则无权处分合同是有效的，出卖人违反标的物权利瑕疵担保义务，承担违约责任。若买受人为恶意，则无法适用《最高人民法院关于审理买卖合同纠纷案件适用法律问题的解释》第3条规定的违约责任。于此情形下，出卖人也无须承担标的物权利瑕疵担保义务及其相应违约责任，相应损失则是根据缔约过失责任，按照当事人过错程度来进行认定。

其三，权利瑕疵与买卖不破租赁。实践中经常发生，房东将自己房屋出租后，又对房屋进行出售，由此，在房屋上存在了“租赁合同关系”“买卖合同关系”。《民法典》第725条和《合同法》第229条规定，租赁物在承租人按照租赁合同占有期限内发生所有权变动的，不影响租赁合同的效力。即“买卖不破租赁”。该制度目的在于保护承租人的利益，而权利瑕疵担保责任则是保护买受人取得标的物所有权并排除第三人对标的物主张权利的可能。毫无疑问，在这种情形下，出卖人出售权利存在瑕疵的房屋，是典型的违反权利瑕疵担保义务。但问题在于，买受人的权利该如何得到保护？尽管在买卖关系下，买受人取得标的物所有权，原出租人与承租人的债权债务关系概括转移至买受人与承租人，但在“买卖不破租赁”下，买受人对房屋的占有、使用需要等租赁期届满才能实现，显然对买受人不公平。在解释论视角下，出卖人违反权利瑕疵担保义务，承担相应的违约责任，买受人可依《合同法》第94条（该条已为《民法典》第563条继承）行使法定解除权，解除合同，或者收取租金，要求出卖人赔偿损失等救济方式。在立法论下，可借鉴域外法的租赁期公示制度，调和两制度之间的价值冲突，如《法国民法典》第1743条规定，如出租人出卖其出租屋，买受人不得辞走已订立经公证或规定有确定期日的租赁契约的土地承租人、佃农或房屋承租人。[②]

---

① 《最高人民法院关于审理买卖合同纠纷案件适用法律问题的解释》（法释〔2012〕8号）第3条第1款规定，当事人一方以出卖人在缔约时对标的物没有所有权或者处分权为由主张合同无效的，人民法院不予支持。

② 《法国民法典》，罗结珍译，中国法制出版社1999年版，第393页。

此外，权利瑕疵担保与抵押物转让之间也存在紧密联系。我国对抵押物的转让有限制规定，[①] 故抵押权合同效力存有不同情形认定。在抵押权合同无效情形下，则标的物无权利瑕疵，出卖人无须承担权利瑕疵担保责任；在抵押权合同有效情形下，需要结合“动产抵押权登记对抗主义”和“不动产抵押权登记生效主义”，以及出卖人是否有免责事由等不同情形来具体分析，进而判断出卖人是否承担权利瑕疵担保责任。

【关联规定】

《合同法》第51、94、111、150、229条，《最高人民法院关于审理买卖合同纠纷案件适用法律问题的解释》第3、9～10条，《物权法》第106条，《最高人民法院关于贯彻执行〈中华人民共和国民法通则〉若干问题的意见（试行）》第119条

（撰稿人：李游、赵精武）

第六百一十三条 【权利瑕疵担保责任的免除】 买受人订立合同时知道或者应当知道第三人对买卖的标的物享有权利的，出卖人不承担前条规定的义务。

【释义】

本条是关于出卖人权利瑕疵担保责任免除的规定。本条内容延续了1999年《合同法》第151条。在表述上，除将《合同法》第151条中“出卖人不承担本法第一百五十条规定的义务”表述调整为“出卖人不承担前条规定的义务”，其他表述一致。域外立法例亦有类似规定。例如，《德国民法典》第439条第1款规定：“买受人在买卖合同订立时明知权利上的瑕疵的，出卖人对瑕疵不负责任。”[②] 我国台湾地区“民法典”第351条规定：“买受人于契约成立时，知有权利之瑕疵者，出卖人不承担保之责。但契约另有订定者，不在此限。”《联合国国际货

---

① 例如，《担保法》第49条规定，转让抵押物而未通知抵押权人或未告知受让人，转让行为无效。《物权法》第192条规定，抵押权不得与债券分离而单独转让。《最高人民法院关于适用〈中华人民共和国担保法〉若干问题的解释》第67条第1款进一步规定了受让人的涤除权，即“取得抵押物所有权的受让人，可以代替债务人清偿其全部债务，使抵押权消灭”。

② 《德国民法典》，杜景林、卢谌译，中国政法大学出版社1999年版，第95页。

物销售合同公约》第41条规定，卖方所交付的货物，必须是第三方不能提出任何权利或要求的货物，除非买方同意在这种权利或要求的条件下，收取货物。

权利瑕疵担保责任虽是直接由法律规定，但私法的原则是“协议就是法律”，[①] 故当事人签订的买卖合同是他们权利义务认定的首要依据。有域外法对此是直接通过立法予以表达，如《法国民法典》第1134条规定：“依法成立的契约，对缔结该契约的人，有相当于法律之效力。”[②] 换言之，如果合同当事人对权利瑕疵担保责任有免除的约定，则买受人在合同生效后不得再向出卖人主张该责任。同时，本条也并非强制性规定，[③] 基于意思自治原则，约定排除权利瑕疵担保责任的合同条款亦有效。在这种情况下，相当于买受人知悉标的物存在权利瑕疵而自愿购买，意味着买受人自愿放弃请求出卖人承担权利瑕疵担保责任的权利，法律自无干涉和保护的必要。于此情形，出卖人不承担标的物权利瑕疵担保责任。同理，如果当事人约定加重权利瑕疵担保责任，法律亦应尊重当事人的意思自治。[④]

事实上，本条也作为出卖人承担标的物权利瑕疵责任构成要件之一，即买受人主观善意，不知悉标的物权利瑕疵。从本条规定的“免除权利瑕疵担保责任”的要件来看，要求买受人订立合同时“知道或者应当知道”，方能免除出卖人的权利瑕疵担保责任。对本条进行反面解释，如果出卖人承担权利瑕疵担保责任，则意味着买受人合同订立时并不知悉“权利瑕疵”。

本条采用“知道或者应当知道”来评价买受人订立合同时的主观状态。[⑤] 但是，何为“买受人知道”，本条并未明确。一般而言，“知道”即为买受人“明

---

① 江平编：《西方国家民商法概要》，法律出版社1984年版，第4页。

② 《法国民法典》，罗结珍译，中国法制出版社1999年版，第287条。

③ 人民法院在审理合同纠纷案件时，要依据《民法总则》第153条第1款和《最高人民法院关于适用〈中华人民共和国合同法〉若干问题的解释（二）》第14条的规定慎重判断“强制性规定”的性质，特别是要在考量强制性规定所保护的法益类型、违法行为的法律后果以及交易安全保护等因素的基础上认定其性质，并在裁判文书中充分说明理由。下列强制性规定，应当认定为“效力性强制性规定”：强制性规定涉及金融安全、市场秩序、国家宏观政策等公序良俗的；交易标的禁止买卖的，如禁止人体器官、毒品、枪支等买卖。违反特许经营规定的，如场外配资合同。交易方式严重违法的，如违反招投标等竞争性缔约方式订立的合同。交易场所违法的，如在批准的交易场所之外进行期货交易。关于经营范围、交易时间、交易数量等行政管理性质的强制性规定，一般应当认定为“管理性强制性规定”。参见最高人民法院《全国法院民商事审判工作会议纪要》（法〔2019〕254号）第30条。

④ 这也反映了当代债法改革的一些特点，即在继续维护个人利益和自主的基础上同时兼顾社会正义和多元共济的法律结构。参见龙卫球：《当代债法改革：观察与解读》，载《南昌大学学报（人文社会科学版）》2012年第3期。

⑤ 《民法典》有不少条文以“知道或者应当知道”来描述民事主体的主观状态。例如，《民法典》第167条规定代理人知道或者应当知道代理事项违法仍然实施代理行为，或者被代理人知道或者应当知道代理人的代理行为违法未作反对表示，被代理人和代理人应当承担连带责任。1999年《合同法》亦是如此，如《合同法》第50条规定，法定代表人越权行为，相对人如果“知道”该越权行为，则越权行为有效。

知”权利瑕疵而订立买卖合同，出卖人不需要负担标的物权利瑕疵责任。如此规定，是合理的。因为其中所涉法律风险是一个理性人应有的注意判断，属于意思自治范畴。何为“买受人应当知道”，本条亦未界定。通常而言，“应当知道”要求买受人善尽合理的注意义务，去发现标的物可能存在的权利瑕疵。例如，我国采取不动产抵押权登记生效主义，即不动产抵押权需要登记于不动产登记簿的，于此情形，买受人应在订立不动产买卖合同时查阅不动产登记簿，查看是否存在权利瑕疵，以此来判断是否免除出卖人的权利瑕疵担保责任。[①] 需要注意的是，在有些域外法中，并未将“应当知道”作为出卖人的免责事由，如《德国民法典》第439条只规定买受人“明知”权利瑕疵而免除瑕疵担保责任，并未将买受人“应当知道”作为免除出卖人权利瑕疵担保责任的情形。[②]

依据本条，出卖人能否免除权利瑕疵担保责任，主要在于举证，买受人是否知道或应当知道标的物存在权利瑕疵而订立合同。一般情形下，是出卖人提出主张（而非买受人主张）免除其合同标的物权利瑕疵担保责任，此时，依据《民事诉讼法》第64条规定的“谁主张，谁举证”规则，出卖人应当对买受人在合同订立时的主观状态承担举证责任。需要注意的是，如果是对权利瑕疵本身存在争议，则由买受人举证。不过，买受人在合同订立时主观状态（知道或者应当知道）举证往往存在困难。尤其是在“应当知道”情形下，如何才能举证“善尽合理注意义务”，有一定难度，法官也有较大的自由裁量空间。

【关联规定】

《合同法》第151条，《民事诉讼法》第64条

（撰稿人：李游、赵精武）

第六百一十四条　【中止支付价款权】 买受人有确切证据证明第三人对标的物享有权利的，可以中止支付相应的价款，但是出卖人提供适当担保的除外。

---

① 需要注意的是，不动产纠纷的处理机制复杂，尤其是关于不动产登记的性质。该方面的详细探讨可参见龙卫球：《不动产登记性质及其纠纷处理机制问题研究——兼评〈物权法司法解释（一）〉》第1条，载《法律科学（西北政法大学学报）》2017年第1期。

② 《德国民法典》，杜景林、卢谌译，中国政法大学出版社1999年版，第95页。

【释义】

本条是关于买受人对标的物权利存在瑕疵时行使中止支付价款权的规定，是买受人的一项救济措施。本条继承了1999年《合同法》第152条的规定“买受人有确切证据证明第三人可能就标的物主张权利的，可以中止支付相应的价款，但出卖人提供适当担保的除外”。需注意的是，《民法典（草案）》第614条对买受人举证责任的表述为“买受人有证据证明”，降低了买受人的举证责任标准并无“确切”的要求。

本条明文规定买受人“中止支付价款权”，以此作为标的物权利瑕疵的救济方式之一。显然，立法专门规定“中止支付价款权”，能够为买受人救济提供明确地指引，实现更加有效地救济。对于买受人的中止支付价款权，主要有如下要旨：

其一，第三人对标的物享有权利，买受人对该事实承担举证责任。对于该举证责任，买受人只需能够证明第三人对标的物享有权利的事实即可，并非需要已经出现第三人向买受人提起侵权之诉，或者向出卖人主张返还标的物等情形。实务中，出售办理抵押贷款的房屋，即存在权利瑕疵，买受人可依本条行使中止支付价款权。如果第三人已经介入，并追回标的物所有权，意味着买受人将丧失全部或者部分权利，此时，买受人可主张出卖人承担权利瑕疵担保责任，行使赔偿损失等救济方式。如果第三人介入的权利主张不成立，则标的物权利不受影响，行使中止支付价款权的基础丧失。

其二，买受人对于中止的价款，既可能中止支付的是全部价款，也有可能中止支付的是部分价款。具体中止支付的价款，是根据标的物权利瑕疵影响程度，中止支付与之有关的相应价款数额。如果买受人已经支付了完全价款，出现了权利瑕疵情形，则买受人的救济方式并非行使中止支付价款权，而是请求出卖人支付违约金或赔偿损失等其他救济方式。换言之，买受人行使中止支付价款权，意味着其并未完全支付价款或未支付价款。

其三，出卖人未提供担保。如果出卖人提供适当的担保，则买受人不能行使中止支付价款。中止支付价款权的设立目的在于，当买受人发现标的物权利瑕疵时，法律为其提供一个明确的救济方式，防止其遭受不必要的损失，从而保护买受人的合法权益。但是，中止支付价款权只是一种暂时的同时履行抗辩权,[①] 如果出卖人能够为标的物权利瑕疵提供担保，则表明系争权利瑕疵可得到去除，买受人应当继续履行合同。

本条明确规定的“中止支付价款权”，其仅是作为一项救济措施，并非权利瑕疵担保责任最终的法律效果。《民法典》第 582、617 条和 1999 年《合同法》第 111、155 条已经明确物的品质瑕疵担保责任为一种违约责任，受损方可以合理选择要求对方承担修理、更换、重作、退货、减少价款或者报酬等违约责任。但是，对于权利瑕疵担保责任的法律性质，其是否为一种违约责任则是模糊的，学理上亦是争议不断,[②] 故能否适用或者类推适用违约责任相关具体规则是不确定的。所以，“中止支付价款权”作为买受人的一种救济方式，为维护买受人的合法权益和维系交易合同的目的，应注意与其他瑕疵担保责任救济方式（如除去瑕疵、请求继续履行、减少价款、解除合同等）的衔接和解释。

【关联规定】

《合同法》第 66、111、152、155 条，《民事诉讼法》第 64 条

（撰稿人：李游、赵精武）

第六百一十五条　【约定的物上瑕疵担保义务】出卖人应当按照约定的质量要求交付标的物。出卖人提供有关标的物质量说明的，交付的标的物应当符合该说明的质量要求。

---

① 即使法律没有规定买受人“中止支付价款权”，买受人对标的物权利是否完整、是否存在瑕疵，也可通过行使同时履行抗辩权，中止合同履行，实现“中止支付价款”的法律效果。因为“双务合同中主给付义务之间存在着特别紧密的联系。其基础是，主给付义务之间存在着交换关系”。买卖标的物与支付价款，就是一种交换关系。如果合同未得以履行，则存在给付拒绝权。参见［德］迪尔克·罗歇尔德斯：《德国债法总论》，沈小军、张金海译，中国人民大学出版社 2014 年版，第 123 ~ 124 页。

② 对于瑕疵担保责任的法律后果是一种违约责任还是单独的民事责任，存在“单轨制”和“双轨制”两种不同看法。持“双轨制”的观点认为，我国合同法，物的瑕疵担保责任与一般意义的违约责任之间存在着若干实质差别，并未被统合入违约责任制度之中，仍然相对独立。参见崔建远：《物的瑕疵担保责任的定性与定位》，载《中国法学》2006 年第 6 期。持“单轨制”的观点认为，我国法奉行的是违约责任“单轨制”，而不是违约责任与瑕疵担保责任并存的“双轨制”。我国法上的违约责任是一个统一的概念，应当作统一的解释，不宜人为地制造分裂。参见韩世远：《出卖人的物的瑕疵担保责任与我国合同法》，载《中国法学》2007 年第 3 期。

【释义】

本条是关于出卖人应对标的物承担约定的物上瑕疵担保义务的规定。约定的物上瑕疵担保义务是物上瑕疵担保义务中的一种。我国《合同法》第153条已经明确了这一义务，新法对这一义务的表述也与《合同法》第153条完全一致。买卖合同以等价有偿为基本原则，其中“等价”的属性要求出卖人交付的标的物需从实质上与买受人支付的价款对等，而非“以次充好”，因此本条所规定的物上瑕疵担保义务在维护交易公平、保护交易秩序等方面具有重要的意义。

约定的物上瑕疵担保义务在“瑕疵”的理解上应注意以下几点：

首先应注意区分表面瑕疵与隐藏瑕疵。表面瑕疵是指标的物外观方面的瑕疵，如裂痕、缺口、颜色不均等。此种瑕疵无须通过特殊的检验方式或专业的技能即可分辨；相反通过特殊的检验方式或专业的技能才能发现的瑕疵，则称之为隐藏瑕疵。本条所谓之“约定的质量要求”不包括标的物的表面瑕疵，即出卖人无须对标的物的表面瑕疵做出特别说明，也无需对标的物的表面瑕疵承担瑕疵担保责任。这种解释在部分国家的相关法律规定中也有体现，[①] 其原因在于表面瑕疵是买受人在订立与履行买卖合同时可以发现的。[②]

其次，应注意“质量说明”与“自夸行为”之间的差别。有学说主张对于本条前身的理解，即对《合同法》第153条的理解可参考《美国统一商法典》第2－313条（以确认、允诺、说明、样品做出明示担保）[③]。需要注意的是，《美国统一商法典》第2－313条第2款[④]但书规定了三种不产生担保效果的情形，分别是对标的物价值的确认、对标的物看法的陈述与对标的物评价的陈述。《美国统一商法典》第2－313条的评述认为，上述三种情形之所以不产生担保效果，

---

① 例如，《法国民法典》第1642条，《瑞士债务法》第200条。

② 张新宝、龚赛红：《买卖合同·赠与合同》，法律出版社2000年版，第48页。

③ 全国人大常委会法制工作委员会：《中华人民共和国合同法释义》，法律出版社2013年版，第135页。

④ 《美国统一商法典》第2－313条：

（1）卖方通过下列方式作出明示担保：

a. 卖方向买方就货物作出的许诺或对事实的确认，如果是达成交易的基础原因之一，卖方即明示担保货物将符合此种许诺或确认。

b. 对货物的说明，如果是达成交易的基础原因之一，卖方即明示担保货物将符合此种说明。

c. 任何样品或模型，如果是达成交易的基础原因之一，卖方即明示担保全部货物都将符合此种样品或模型。

（2）明示担保的产生，不取决于卖方是否使用“担保”或“保证”这类正式用语，也不取决于卖方是否具有提供担保的特别意图；但是，卖方仅仅确认货物的价值，或仅仅对货物提出意见或作出评价，并不构成担保。

其原因在于“不构成合意的基础”,[①] 即出卖人没有受其作出的价值确认、看法陈述与评价陈述的约束的意思表示，最典型的例子就是卖家对商品的“自夸行为”[②]。另外，《美国统一商法典》评述认为“卖家的所有陈述均构成合意基础，除非有正当理由表明情形相反”[③]。这一观点实则是对我国瑕疵认定标准“主观说”的一种补充，即除有正当理由表明情形相反外，出卖人关于标的物做出的所有陈述，对出卖人均有约束力。

最后，应注意“积极说明”“消极说明”与“不确定说明”之间的差别，积极说明是指出卖人保证标的物具备某种品质；消极说明是指出卖人不保证标的物具备某种品质；不确定说明是指出卖人对标的物的某种品质持不确定的态度。从本质上来说，消极说明与不确定说明是出卖人不欲受上述说明的约束，而希望“买者自负”的风险提示，因此不能归入本条所谓的“质量说明”之中。积极说明表明出卖人对标的物的某一品质持确定态度，并表明出卖人意欲受其约束，因此在本条的射程范围之内。特别值得注意的是，如果出卖人对标的物的某一品质作出了积极说明，又通过特约免除其关于此品质的部分或者全部的瑕疵担保责任，此种约定恐有违诚信原则，其效力在具体裁判中值得思量。

（撰稿人：郑臻）

第六百一十六条 【法定的物上瑕疵担保】 当事人对标的物的质量要求没有约定或者约定不明确，依据本法第五百一十条的规定仍不能确定的，适用本法第五百一十一条第一项的规定。

【释义】

本条是关于出卖人应对标的物承担法定物上瑕疵担保义务的规定。本条规定脱胎于《合同法》第154条，与上条规定共同组成出卖人物之瑕疵担保义务的内容。法定物上瑕疵担保义务要求出卖人所售标的物的品质，在没有约定或者约定不明的情况下，需要满足国家标准或行业标准，如果没有国家标准或行业标准，

---

① 孙新强：《美国〈统一商法典〉及其正式评述》（第1卷），中国人民大学出版社2004年版，第96～97页。

② 需要注意的是，自夸行为与商业广告之间仍有差别，根据我国《广告法》第4条规定，广告主应当对广告内容的真实性负责，而自夸行为则无须确保真实。这其中的原因在于，一方面，自夸行为的虚假性可以被一般经验法则所识破；另一方面，虽然一些自夸行为的虚假性难以识破，但可以被一般社会道德所容忍。

③ 孙新强：《美国〈统一商法典〉及其正式评述》（第1卷），中国人民大学出版社2004年版，第97页。

则需要满足通常标准或者符合合同目的的特定标准。法定物上瑕疵担保义务除却有维护交易秩序，保护交易公平等意义之外，在司法实践中，还有标的物瑕疵认定标准的重要功能。[①]

对于本条的理解需注意以下问题。第一，本条规定有兜底性，即如果可以通过交易习惯、合同条款解释或者当事人的补充协议等方式确定标的物品质的，应优先适用约定瑕疵担保义务的规定。如果通过上述方式仍无法确定标的物品质的，则按照强制性国家标准履行。没有强制性国家标准的，按照推荐性国家标准履行。没有推荐性国家标准的，按照行业标准履行；没有国家标准、行业标准的，按照通常标准或者符合合同目的的特定标准履行。这里需要注意的是，在一般的买卖合同中，出卖人与买受人均有合同目的，前者为获取价款，后者为获得标的物所有权或使用权，从此时的合同目的应理解成买受人明示或默示告知出卖人的目的。[②]

第二，有观点认为，本条前身的制定，即《合同法》第154条，主要借鉴了英美法中的默示担保制度。[③] 需要注意的是，根据《美国统一商法典》第2－314条（默示担保：商销性；交易习惯）与第2－315条（默示担保：适用于特殊用途），[④] 美国的默示担保制度与本条有以下几点区别：首先，在适用主体上，默示担保制度只约束"商人"，"偶尔从事交易的人"不在此列。其次，默示担保制度中的"商销性"与本条所示国家标准与行业标准出入较大，根据《美国统一商法典》评述的观点，"商销性"不可穷尽，需要法官在具体案件中作个案分析。[⑤] 相对地，国家标准与行业标准实则有具体范围的限制。最后，在适用特殊用途上，默示担保制度与本条都要求出卖人需知悉买受人的特殊用途。但是，默示担保制度还要求出卖人必须知悉买受人对自己技能的依赖，而本条则在所不问。

（撰稿人：郑臻）

第六百一十七条　【物上瑕疵担保责任】出卖人交付的标的物不符合质量要求的，买受人可以依据本法第五百八十二条至第五百八十四条的规定请求承担违约责任。

---

① 金晶：《〈合同法〉第111条（质量不符合约定之违约责任）评注》，载《法学家》2018年第3期。

② 江平主编：《中华人民共和国合同法精解》，中国政法大学出版社1999年版，第126页。

③ 全国人大常委会法制工作委员会：《中华人民共和国合同法释义》，法律出版社2013年版，第136页。

④ 法条内容详见孙新强：《美国〈统一商法典〉及其正式评述》（第1卷），中国人民大学出版社2004年版，第97页、第101页。

⑤ 孙新强：《美国〈统一商法典〉及其正式评述》（第1卷），中国人民大学出版社2004年版，第98页。

【释义】

本条所论及的是交付的标的物不符合质量要求的违约责任，隶属新法《总则编》第 8 章民事责任与《合同编》第 8 章违约责任的范畴。本条规范的表述与《合同法》第 153 条类似，不同之处在于，新法将买受人违约救济请求权的基础从《合同法》第 111 条改为本法第 582 条至第 584 条。本条是任意性规范，所谓之“标的物不符合质量要求”既包括不符合约定的质量要求也包括不符合法定的质量要求，遵循约定优先、法定嗣后的基本顺序。

本条所指向的法律制度，通常称为“物上瑕疵担保责任”[①]，也称为“质量不符合约定的违约责任”[②]。此种责任系指出卖人就其给付不符合约定或法定品质时所须承担之责任。在新法颁布之前，此种责任是违约责任或是相对独立的瑕疵担保责任，并非泾渭分明，故而学界就是否存在独立的瑕疵担保责任制度，素有“法定责任说”“债务不履行说”“相对独立说”“统合说”等不同见解。[③] 新法删去了《合同法》第 111 条的内容，并将该内容统合进一般违约责任之中，在一定程度上采用了“统合说”的见解。

在适用范围的理解上，本条适用于种类物买卖和特定物买卖。本条仅规定质量不符合约定即属违约，未限定标的性质，而动产物权变动规则（“物权编”第 224 条）亦不区分种类物或特定物，故从规范文义出发，本条适用并无标的性质限制。

在归责原则的理解上，多数见解认为，“合同编”第 577 条确立了无过错责任的归责原则，采“严格责任为主、过错责任为辅”的二元归责原则体系，[④] 但

---

① 崔建远：《合同法》，北京大学出版社 2013 年版，第 319 页以下；谢鸿飞：《合同法学的发展》，中国社会科学出版社 2014 年版，第 453 页；王洪亮：《债法总论》，北京大学出版社 2016 年版，第 287 页；韩世远：《出卖人的物的瑕疵担保责任与我国合同法》，载《中国法学》2007 年第 3 期。

② 全国人大常委会法制工作委员会：《中华人民共和国合同法释义》，法律出版社 2013 年版，第 203 页。

③ 法定责任说参见黄立主编：《民法债编各论》（上），中国政法大学出版社 2003 年版，第 34 页以下；债务不履行说参见梁慧星：《论出卖人的瑕疵担保责任》，载《比较法研究》1991 年第 3 期；相对独立说参见崔建远：《合同法》，北京大学出版社 2013 年版，第 322 页以下；统合说参见韩世远：《合同法总论》，法律出版社 2011 年版，第 594 页以下；王利明：《合同法研究》（第 3 卷），中国人民大学出版社 2012 年版，第 109 页。

④ 王利明：《〈联合国国际货物销售合同公约〉与我国合同法的制定和完善》，载《环球法律评论》2013 年第 5 期；韩世远：《合同法总论》，法律出版社 2011 年版，第 589 页以下；梁慧星：《合同法的成功与不足（上）》，载《中外法学》1999 年第 6 期；朱广新：《合同法总则》，中国人民大学出版社 2008 年版，第 396 页以下；戴孟勇：《违约责任归责原则的解释论》，载《中德私法研究》2012 年第 8 期。

是，与之相关的解释论或立法论视角的不同见解仍不绝如缕，其或采过错责任立场[①]，或持“严格责任为主、过错责任和绝对责任为辅”的三元体系观点[②]。本条虽未明确不以过错作为归责前提，但基于体系解释，宜认定为严格责任，此立场亦为司法实务普遍认可。[③]

需特别注意的是，本条所示之法律制度也会同其他法律制度产生适用关系。

首先，本条与加害给付之间可能存在竞合关系。尽管加害给付与瑕疵给付指向的利益性质有别，加害给付系指给付行为违反保护义务，损害债权人固有利益，瑕疵给付系指不符合约定，损害合同履行利益。但因瑕疵给付在损害履行利益之外，也可发生损害固有利益情形，故若瑕疵给付损及固有利益，亦构成加害给付，本条亦得适用。

其次，本条与缔约过失之间可能存在竞合关系。违约责任与缔约过失的规则指向不同，前者立足履约行为之品质，强调依约履行。后者关注缔约行为，一方不得在缔约中干扰或影响他方自由意志。若告知义务与瑕疵之内部关联，构成两者制度适用关系交叉之缘由。在买卖合同中，若告知内容与标的或价款直接相关，是否履行告知义务便会直接影响违约责任成立，由此引发缔约过失与违约之竞合。

最后，本条与重大误解之间可能也存在竞合关系，在我国法上，重大误解与本条之间，存在一定的差异，但是不能仅因特别制度（违约责任）与一般制度（重大误解）之形式性理由，而径行优先适用本条，更遑论违约责任与重大误解均属“合同编”规定，其是否构成特别一般关系亦颇值怀疑。因此，当本条优先适用缺乏实质性的正当化理由时，自应允许两者自由竞合。唯需注意，由于重大误解与违约责任的规范事实虽有重合，但制度功能迥异，前者关注意思表示形成自由，后者旨在遵循当事人合意。基于合同信赖和交易安全，不能仅以形成意思或表示上重大误解为由而撤销合同，且撤销须限于交易上重要的性质错误，须涉及标的物本质，须构成“本质的性质错误”。

（撰稿人：郑臻）

① 崔建远：《严格责任？过错责任？——中国合同法归责原则的立法论》，载梁慧星主编：《民商法论丛》（第11卷），法律出版社1999年版，第197页。

② 戴孟勇：《违约责任归责原则的解释论》，载《中德私法研究》2012年第8期。

③ 韩世远：《合同法总论》，法律出版社2011年版，第591页以下。

第六百一十八条　【特约减免出卖人瑕疵担保责任的效力】 当事人约定减轻或者免除出卖人对标的物瑕疵承担的责任，因出卖人故意或者重大过失不告知买受人标的物瑕疵的，出卖人无权主张减轻或者免除责任。

【释义】

本条规定旨在阐明特约减免出卖人瑕疵担保责任的效力问题。合同当事人可以就出卖人是否承担、承担多少瑕疵担保责任作出特别约定，不仅体现了合同自由的基本原则，同时是否存在有效的瑕疵担保责任免除条款也是是否构成违约责任的一项基本要件。遗憾的是，我国《合同法》对此并无明文规定。可喜的是，2012年颁布的《最高人民法院关于审理买卖合同纠纷案件适用法律问题的解释》第32条对于这一问题予以回应。新法基本继承了《最高人民法院关于审理买卖合同纠纷案件适用法律问题的解释》第32条的表述，仅在用词上有细微的差别："合同约定"改为"当事人约定"意在明确主体；"主张依约减轻或者免除瑕疵担保责任的，人民法院不予支持"改为"无权主张减轻或者免除责任"则是更为法典化的表达。

本条规定自成一款，分为原则与例外两个部分。"当事人约定减轻或者免除出卖人对标的物瑕疵承担的责任"，为本条的原则，意在指明当事人拥有特别约定减免出卖人瑕疵担保责任的权利。"因出卖人故意或者重大过失不告知买受人标的物瑕疵的，出卖人无权主张减轻或者免除责任"，构成本条的例外，意在限缩前段原则的适用范围，为买受人提供最低范围的保护，以防买受人受不适当免责条款的侵害。

本条规定的原则部分在适用时应注意以下几点：首先，特约减免出卖人瑕疵担保责任的约定本质上是在对合同权利义务的重大调整，对当事人负担何种义务有重大影响，因此无论当事人之间以何种方法达成此特约，均应明示，不能采用推定的方式认定当事人之间有此特约。① 例如，当事人之间对标的物质量并无约定，即使买受人有领受标的物或者付款的行为，也不能因有此类行为，而推定当事人之间有减免瑕疵担保的特别约定。其次，从效果上说，通过格式条款约定减

① 宁红丽：《我国典型合同理论与立法完善研究》，对外经贸大学出版社2016年版，第73页。

免瑕疵担保责任的条款显然减轻或免除了出卖人的义务，加重了买受人的负担，此时条款的效力如何？这个问题系免除或限制责任的特殊情形，应适用本法第496、497、506条及《最高人民法院关于适用〈中华人民共和国合同法〉若干问题的解释（二）》第10条综合判断。若以格式条款免除或限制违约责任，须首先符合本法第496条格式条款的构成要件，进而考察其免除己方责任，加重对方责任或排除对方主要权利的合理性，并应考察出卖人是否履行了适当的提示义务，相对方对合同订立是否有选择权。[①] 再次，在出现适用关系竞合的情况下，依本条规定所订之特约仅可减免出卖人基于瑕疵担保而产生的违约责任，而不能减免其他责任。例如，在加害给付的情况下，即便当事人之间有减免瑕疵担保责任的特约，此约定也不能减免出卖人因产品质量问题所带来的人身侵害责任。最后，从文义上理解，本条规定并未区分标的物瑕疵的种类，即无论是物上瑕疵责任，还是权利瑕疵责任均可通过特约予以免除，但是在司法实践中，权利瑕疵责任是否可以特约免除还存在争议。

本条规定的例外包含"故意不告知瑕疵"与"重大过失不告知瑕疵"两种情况。出卖人故意或重大过失不告知瑕疵行为，一方面，出卖人恶意利用买受人的无知来订立合同并谋利的行为，违反了诚实信用原则；另一方面，对买受人而言，出卖人故意或重大过失不告知瑕疵行为。有可能误导买受人做出是否缔结买卖合同的决定，因此也是妨碍买受人合同自由的表现。在这种情况下，即便当事人之间存在特约免责，也应归于无效。

"故意或重大过失"是出卖人的主观心态，在认定时可以"出卖人明知或应知标的物存在瑕疵，而不告知"为标准，同时有效利用司法上的事实推论、立法的事实推定来缓和认定"明知或应知"的困难。另外需要注意，在出卖人具备特别的技能或知识，且足以引起买受人信赖的时候，应适当降低出卖人故意与重大过失的认定标准。

"不告知"是出卖人掩饰标的物存在瑕疵的行为。通常来说，不告知是通过消极的作为或者不作为的方式实现的。例如，否认或不提及标的物存在瑕疵。特别需要注意的是，通过积极作为方式是否能构成出卖人的不告知瑕疵行为。例如，出卖人告知了标的物所不存在的优点。有学者认为这种情况属于法律上的漏洞，可以类推适用本条规定。[②] 笔者认为，如果出卖人告知了标的物所不存在的优点，这实际上已经构成了当事人之间对标的物的品质或某种品质做出了约定或

---

① 金晶：《〈合同法〉第111条（质量不符合约定之违约责任）评注》，载《法学家》2018年第3期。

② 宁红丽：《我国典型合同理论与立法完善研究》，对外经贸大学出版社2016年版，第78页。

保证，此时，特约只能减免约定之外的瑕疵担保责任。

（撰稿人：郑臻）

第六百一十九条 【出卖人的包装义务】 出卖人应当按照约定的包装方式交付标的物。对包装方式没有约定或者约定不明确，依据本法第五百一十条的规定仍不能确定的，应当按照通用的方式包装；没有通用方式的，应当采取足以保护标的物且有利于节约资源、保护生态环境的包装方式。

【释义】

本条规定的表述与内容来自《合同法》第156条，旨在说明出卖人对标的物的包装方式。商品包装是商品生产的继续，通常也是商品进入流通领域的必备条件之一。商品包装的作用，一是保护商品。二是增加美感和吸引力，起到促销作用。在买卖中，商品一般要经过长途辗转运输，有的要经过多次装卸，适当而充分的包装对保护商品，方便运输、储存、分配和销售都有重要意义。商品包装还是实现商品价值增值的一种手段，它从侧面反映了一个国家的生产、科学技术水平和文化艺术水平。根据具体标的物的不同特点和性质，其对包装的要求也不一样。有的标的物不需要包装，如煤炭、矿砂、原油等。这通常称为散装货；有的标的物只需要简单地捆扎、无须特别包装即可运输、销售，如钢材、木材、橡胶、车辆等，这称为裸装货。大部分的标的物往往需要按一定的技术方法，采用一定的包装容器、材料及辅料进行仔细的包装，如食品、化妆品、饮料等。从包装的作用上主要可分为运输包装和销售包装。就消费品而言，随着人们生活水平的提高，对商品包装的要求也越来越高。因此，包装条款也成为买卖合同中的重要条款。①

出卖人的包装义务是一种具有双重效果的附随义务。具体而言，包装义务一方面为了避免标的物在运输中发生碰撞或损坏，满足买受人的给付利益；另一方面又使买受人免受因瑕疵包装而导致的其他法益损害，保护买受人的固有利益。②若出卖人违反包装义务，会产生何种法律效果，本条并未言明。

---

① 江平主编：《中华人民共和国合同法精解》，中国政法大学出版社1999年版，第127页。

② 朱晓喆：《寄送买卖的风险转移与损害赔偿——基于比较法的研究视角》，载《比较法研究》2015年第2期。

从比较法的角度观之，当损害买受人的固有利益时，如电器包装不当，引发火灾，损害买受人财产利益，德国法认为构成“与给付无关的附随义务”的违反，买受人可请求损害赔偿[①]；当损害买受人的给付利益时，如食品真空包装漏气，致食品腐坏，德国法认为构成“与给付有关的附随义务”的违反，此时的法律效果较为复杂。

首先，就损害赔偿的问题，德国法认为买受人可以请求代替给付的损害赔偿。具体而言，如果瑕疵不严重，买受人可以保留瑕疵货物，并请求赔偿无瑕疵的货物与瑕疵货物之间的价值差额；如果瑕疵过于严重，买受人可以拒绝接收货物，而要求赔偿已支付的价款，或者为获得代替货物而支付的费用等。[②]

其次，就解除合同的问题，根据《德国民法典》第323条的规定，如出卖人的义务违反已经严重影响买受人利益的实现，买受人可解除合同并请求损害赔偿。新法《合同编》第563条也可为上述情况提供支持。

最后，就买受人是否需要为瑕疵包装的标的物支付价金的问题，德国法上存在争议。支持者认为在出卖人违反发货指示时，《德国民法典》第477条第2款并未阻止价金风险转移，因此出卖人违反其他注意义务时，可一体适用。[③] 反对者则认为，标的物因出卖人违反注意义务而毁损灭失的行为属可归责的行为，不由风险转移规则控制。[④] 英国法与美国法对这个问题持反对的立场。《美国统一商法典》第2-314条第2款e项规定了出卖人装箱与包装的义务，如若违反，买受人不仅可以请求损害赔偿，而且价金风险不会转移；[⑤] 英国货物买卖法与相关司法实践也认为，因包装而产生货物瑕疵时，由出卖人负责，且风险不会转移。[⑥]

（撰稿人：郑臻）

第六百二十条　【买受人的检验义务】 买受人收到标的物时应当在约定的检验期限内检验。没有约定检验期限的，应当及时检验。

---

① Muller/Hempel, Nebenpflichten des verkaufers unter besonderer berucksichtigung der verjahrung, ACP (205) 2005, S. 246 (270).

② Muller/Hempel, Nebenpflichten des verkaufers unter besonderer berucksichtigung der verjahrung, ACP (205) 2005, S. 818 (835).

③ *Hager*, *Die Gefahrtragung beim Kauf*; *Eine rechtsverleichende Untersuchung*, Alfred Metzner Verlag, 1982, S. 93 f.

④ Brox/Walker, *Besonderes Schuldrecht*, 35. Aufl., 2011, S. 21.

⑤ ［美］劳伦斯、［美］亨宁：《美国货物买卖和租赁精解》，周晓松译，北京大学出版社2009年版，第120页。

⑥ 杨大明：《国际货物买卖》，法律出版社2012年版，第378页。

【释义】

一、规范意旨

本条所涉论题为买受人的检验义务，是指买受人在收到标的物时负有适格检验之义务。本条位列《民法典》合同编买卖合同一章，所涉制度常称买受人的检验义务，构成买卖法上瑕疵担保责任的特别制度构造。本条共一款两句，第 1 句针对约定检验期间时的检验义务；第 2 句指向未约定检验期间时的及时检验义务。本条为任意性规范，当事人得依合意排除或限制适用。

二、条文承继

本条承继于《合同法》第 157 条，无实质性修改，仅微调语序。

三、规范要点与适用疑难

收到标的物，旨在为买受人提供检验通知的事实可能。一般地，收到标的物的核心意义在于标的物在空间上落入买受人的控制范畴。事实上，收到标的物与空间关系并无必然联系。货物暂存于出卖人处且约定买受人可以委托第三方随时检验时，亦构成收到标的物。[①] 实践中，收条签字确认、交付收货凭证构成收到标的物。[②]

约定检验期间时，通知期间与检验期间起算点同一。外观瑕疵包括“显而易见的瑕疵”与“可得而知的瑕疵”两种类型。[③] 显而易见的瑕疵，指无须细查即可发现的瑕疵，仅肉眼感官检视可知晓，如规格、型号、花色、品种、数量，此种瑕疵只需通知，无须检验，无论是否约定检验期间，通知期间自交货之时起算。1. 可得而知的瑕疵指通过适当检验可得发现或应发现的瑕疵，有别于显而易见的瑕疵，此种瑕疵应以标的物检验作为瑕疵认定前提。[④] 在可得而知的瑕疵，若约定检验期间，检验期间与通知期间起算点同一。若未约定检验期间，适用总期间，检验期间和通知期间相继计算，总期间自检验期间开始起算，通常，检验

---

① 金晶：《〈合同法〉第 158 条评注（买受人的通知义务）》，载《法学家》2020 年第 1 期。

② 参见（2017）辽 01 民终 7598 号判决，（2016）辽 01 民终 13377 号判决。

③ 就外观瑕疵，判决例肯认者，如电子镇流器表面的 CCC 认证标识，产品裂纹内壁粗糙，产品型号不符，手机数量及是否粘贴入网标志，色差，包装标识不全，图书纸张以次充好，缠绕膜卷芯厚度不同。参见（2017）苏 01 民终 8384 号判决，（2017）苏 04 民终 1465 号判决，（2016）京 01 民终 2972 号判决，（2016）京 02 民终 8552 号判决，（2016）京 03 民终 12223 号判决，（2016）苏 05 民终 6783 号判决，（2016）苏 05 民终 5182 号判决，（2016）辽 01 民终 13377 号判决，（2016）内民再 88 号判决。

④ 陈自强：《从法律继受观点看承揽瑕疵规定：承揽瑕疵担保之现代化》，载《台大法学论丛》2013 年第 42 卷，第 731 页。

期间结束之时开始起算通知期间，若检验期间中即发现瑕疵，则自发现之时起算。[①] 检验通知期间相继计算的制度安排，为买受人提供了在检验逾期时通过较快的通知期间加以弥补的空间。2. 隐蔽瑕疵指无法通过适当检验发现且买受人并不知晓的瑕疵。买受人只有在发现后，方能通知。[②] 隐蔽瑕疵的通知期间，原则上自发现瑕疵之时起算。3. 提前交货指出卖人在约定交货期前交货，买受人即便接收标的物，也无法期待其能在约定交货期之前检验，因此，即使买受人在约定交货期前已确定瑕疵，通知期间不应先于约定交货日起算。[③] 4. 部分交货时，应取决于各部交货时点，若所涉标的为一个整体，仅在末批标的到达后，方能确定其是否违约。实践中，多以末次供货时间或全部到货时间作为通知期间起算点。[④] 然而，全部到货未必即能发现瑕疵，此时，仍应以及时检验，在发现瑕疵后进行通知之时点，作为通知期间起算点。

隐蔽瑕疵是否适用约定检验期间，是否适用法定通知期间，即隐蔽瑕疵是否存在合理期间、约定检验期间、法定通知期间交叠情形。对此，法无明文规定，实务中见解不一致。见解一认为，约定检验期间时，应涵盖隐蔽瑕疵，依诚实信用原则确定合理期间。[⑤] 见解二认为，应将约定检验期间限于外观瑕疵的检验期间，排除隐蔽瑕疵。[⑥] 见解三认为，约定期间短于两年时，隐蔽瑕疵的通知期间应适用两年最长期间。[⑦] 上述见解均有不足。就规范文义，《民法典》第 621 条第 2 款第 1 句限于未约定检验期间情形，“合理期间”自应立足此前提，不得随意扩张适用。依标的物性质和交易习惯，买受人无法在约定的检验期间完成全面检验的，应认定该期间为外观瑕疵的通知期间，但依此并不能反向推出约定期间仅适用于隐蔽瑕疵之结果。见解三虽将隐蔽瑕疵的通知期间延至最长，看似符合瑕疵

---

① 比较法上，类似观点参见 Schlechtriem/Schwenzer/Schwenzer，*Kommentar zum Einheitlichen UN - Kaufrecht*，6. Aufl.，2013，Art. 38，Rn. 19 - 21.

② 判决例表明，隐蔽瑕疵既包括仅在安装、使用后方能发现的瑕疵（彩钢聚氨酯夹芯板的表观总密度、吸水率，铝单板掉漆，设备产能不足等），也包括需经专业检测方能确定内在性能的瑕疵（如非晶硅薄膜组件不合格，农药复合肥浓度不合格），参见（2017）京 01 民终 2072 号判决，（2017）吉 01 民终 2552 号判决，（2016）内民再 88 号判决，（2017）冀 01 民终 5876 号判决，（2017）苏 06 民终 1937 号判决。

③ 金晶：《〈合同法〉第 158 条评注（买受人的通知义务）》，载《法学家》2020 年第 1 期。

④ 相关判决例，参见（2017）苏 02 民终 2123 号判决，（2017）苏 02 民终 1917 号判决，（2016）苏 01 民终 2620 号判决。

⑤ 参见最高院（2015）民申字 2183 号裁定。

⑥ 比如，法院认为，显示屏元件因非显露在外，无法从外观直接检验，因此法院认定约定的七天合理期间不适用于隐蔽瑕疵的检验，参见（2017）吉 01 民终 5973 号判决。又如，法院认为，当事人约定检验期为正式运行 168 小时，但由于大型工程设备无法在此时间内完成实际检验，故此约定检验期间应为外观瑕疵检验期间，参见（2017）吉 01 民终 5827 号判决。

⑦ 参见《北京市高级人民法院审理买卖合同纠纷案件若干问题的指导意见》（京高法发〔2009〕43 号）第 16 条。

特性，但法院有无权限干预意思自治，颇值得怀疑。约定检验期间能否涵盖隐蔽瑕疵，须基于意思表示解释的基本思路。原则上，约定检验期间时，其检验应仅限于外观瑕疵，不应适用合理期间，不涵盖隐蔽瑕疵。例外情形下，若有相应证据、基于合同情事可以证明，当事人的期间约定已纳入隐蔽瑕疵，此时应允许当事人自主分配交易风险，可涵盖隐蔽瑕疵。①

【关联规定】

《民法典》第621～623条

（撰稿人：金晶）

第六百二十一条　【买受人的通知义务】当事人约定检验期限的，买受人应当在检验期限内将标的物的数量或者质量不符合约定的情形通知出卖人。买受人怠于通知的，视为标的物的数量或者质量符合约定。

当事人没有约定检验期限的，买受人应当在发现或者应当发现标的物的数量或者质量不符合约定的合理期限内通知出卖人。买受人在合理期限内未通知或者自收到标的物之日起二年内未通知出卖人的，视为标的物的数量或者质量符合约定；但是，对标的物有质量保证期的，适用质量保证期，不适用该二年的规定。

出卖人知道或者应当知道提供的标的物不符合约定的，买受人不受前两款规定的通知时间的限制。

【释义】

一、规范意旨

本条所涉论题为买受人的通知义务，系买受人就标的物数量或质量不符之情事，负有在特定时间内向出卖人通知之义务。本条构成买卖法上瑕疵担保责任的特别制度构造，本条位列《民法典》合同编买卖合同一章，常称买受人的通知义

① 金晶：《〈合同法〉第158条评注（买受人的通知义务）》，载《法学家》2020年第1期。

务、责问义务、瑕疵通知义务、检验通知负担、质量异议、异议（通知）义务。[①]

本条共三款，第 1 款针对约定检验期限时的通知义务；第 2 款指向未约定检验期限的通知义务；第 3 款构成前两款之例外，排除出卖人恶意情形，即当出卖人明知或应知标的物不符合约定时，买受人不负通知义务。

本条为任意性规范，当事人得依合意排除或限制适用。本条为不完全规范，规范类型颇复杂，但非请求权基础。就本条规范属性，辅助规范和抗辩规范均可成立，司法实践亦无共识。[②] 从本条规范意旨出发，本文采实体抗辩权路径，旨在排除买受人违约救济权利之行使。在“请求—抗辩—抗辩排除”视角下，本条包括抗辩规范的辅助规范、抗辩规范、抗辩排除规范三种类型。[③]

二、条文承继

本条承继于《合同法》第 158 条，内容无实质性修改，仅微调表述语序。

三、规范要点与适用疑难

怠于通知为本条唯一构成要件，包含通知不适格或期间经过两种情形。前者指买受人在通知期间内通知，但通知本身不适格，后者指买受人未及时通知，两者满足其一，即构成怠于通知。本条文义所含其他要素，如检验期间、质量或数

---

① 称“通知义务”者，参见韩世远：《合同法总论》，法律出版社 2018 年版，第 855 页；崔建远：《合同法》，北京大学出版社 2013 年版，第 451 页；王利明：《合同法研究》（第 3 卷），中国人民大学出版社 2012 年版，第 82 页；谢鸿飞：《合同法学的新发展》，中国社会科学出版社 2014 年版，第 550 页；黄茂荣：《买卖法》（增订版），植根法学丛书 2004 年版，第 637 页；称“责问义务”者，参见郑玉波：《民法债编各论（上册）》，三民书局 1981 年版，第 47 页；韩世远：《合同法总论》，法律出版社 2018 年版，第 351 页，第 426 页；称“瑕疵通知义务”者，参见史尚宽：《债法各论》（上），中国政法大学出版社 2000 年版，第 29 页；崔建远：《合同法》，北京大学出版社 2013 年版，第 446 页；冯珏：《或有期间概念之质疑》，载《法商研究》2017 年第 3 期；称“检验通知负担”者，参见江平主编：《中华人民共和国合同法精解》，中国政法大学出版社 1999 年版，第 92 页；称“质量异议”者，参见梁慧星：《论出卖人的瑕疵担保责任》，载《比较法研究》1991 年第 3 期；称“异议（通知）义务”者，参见王洪亮：《债法总论》，北京大学出版社 2016 年版，第 291 页；卡纳里斯：《德国商法》，法律出版社 2006 年版，第 688 页；胡康生主编：《中华人民共和国合同法释义》，法律出版社 2013 年版，第 266 页。

② 实践中，本条作为辅助规范或抗辩规范的判决例并存。将本条视为辅助规范，旨在确定标的物是否符合约定之判决例，参见（2017）京 02 民终 10138 号判决，（2017）沪 02 民终 2044 号判决，（2016）苏民申 1874 号裁定，（2017）苏 02 民终 3260 号判决，（2017）苏 09 民终 2268 号判决，（2017）闽 05 民终 2283 号判决，（2016）鲁 13 民终 3110 号判决。将本条视为抗辩规范，旨在排除适用买受人违约救济权利的判决例亦存，例如（2017）吉 01 民终 5186 号判决，（2016）浙 04 民终 1389 号判决，（2014）陕民二申字 00141 号判决。但在实务中，多见买受人拒付价款抗辩、买受人先履行抗辩、出卖人拒付质保金抗辩。买受人多以质量问题为由，提出价款抗辩，判决例包括（2017）苏 03 民终 4572 号判决，（2017）苏 03 民终 4886 号判决，（2017）苏 05 民终 175 号判决，（2017）浙 03 民终 2526 号判决。明确使用“（买受人）质量抗辩”表述之判决例，包括（2017）沪 02 民终 2044 号判决，（2016）皖 16 民终 1605 号判决。检验通知期、质量保证期经过后，买受人以质量问题为由，主张先履行抗辩权的，法院不予支持，如（2016）闽 07 民终 1309 号判决。买受人怠于通知，出卖人拒付质保金抗辩亦不成立，如（2016）浙 01 民终 3108 号判决。学理讨论参见谢鸿飞：《合同法学的新发展》，中国社会科学出版社 2014 年版，第 550 页。

③ 金晶：《〈合同法〉第 158 条评注（买受人的通知义务）》，载《法学家》2020 年第 1 期。

量不符合约定，皆为辅助内容。以“怠于通知”之消极事实作为唯一构成要件，概因法定不真正义务之本质所致：买受人适格履行通知义务，法效果上并无“积极增益”，买受人仅继续保有违约救济权利；买受人怠于履行义务，法效果上确有“损失”，买受人遭受法律上不利益，标的物视为符合约定，买受人无法主张违约救济权利。通知期间起算之具体判断，因瑕疵性质与交货样态而异。①

出卖人明知或应知瑕疵，尤其是出卖人恶意隐瞒瑕疵或恶意歪曲标的物性质时，买受人不负通知义务，适用诉讼时效，自买受人知道或应当知道标的物不符合约定之日起三年。②

买受人怠于通知，依法律上的事实推定，视为标的物符合约定，排除买受人违约救济权利行使空间。不仅如此，买受人亦无权主张不当得利请求权，但买受人仍可主张侵权请求权和出卖人的缔约过失责任。本条为法律上的事实推定，采实体抗辩权路径，请求权确实产生，只是无法主张，所涉通知期间，具有独立功能，既非除斥期间，亦非失权期间，更非请求权产生要件，从法效果和规范类型的特殊性角度考虑，可视为特别期间，但无须再作类型化的构造，仅将之视为现有期间类型的一种例外情形即可。③

【关联规定】

《民法典》第620～623条

（撰稿人：金晶）

第六百二十二条　【约定检验期限的认定】当事人约定的检验期限过短，根据标的物的性质和交易习惯，买受人在检验期限内难以完成全面检验的，该期限仅视为买受人对标的物的外观瑕疵提出异议的期限。

约定的检验期限或者质量保证期短于法律、行政法规规定期限的，应当以法律、行政法规规定的期限为准。

---

① 金晶：《〈合同法〉第158条评注（买受人的通知义务）》，载《法学家》2020年第1期。

② 因出卖人恶意而排除适用本条之判决例，参见最高院（2014）民申字948号判决，（2017）苏05民终2079号判决。

③ 金晶：《〈合同法〉第158条评注（买受人的通知义务）》，载《法学家》2020年第1期。

【释义】

一、规范意旨

本条涉及约定检验期限之认定，旨在明确，约定检验期限过短，买受人难以完成全面检验时，相应期限仅视为外观瑕疵的通知期限。

本条为任意性规定，共两款，第 1 款为约定检验期限过短时的期限性质认定，第 2 款为约定检验期限、质量保证期、法定期间的相互关系。

二、条文承继

相较于《合同法》，本条看似新增，内容实则源于《最高人民法院关于审理买卖合同纠纷案件适用法律问题的解释》第 18 条，文字略有变动，但无实质性修改。

三、规范要点与适用疑难

原则上，约定检验期限时，其检验应仅限于外观瑕疵，不应适用合理期限，不涵盖隐蔽瑕疵。例外情形下，若有相应证据、基于合同情事可以证明，当事人的期间约定已纳入隐蔽瑕疵，此时应允许当事人自主分配交易风险，可涵盖隐蔽瑕疵。

外观瑕疵的通知期限，原则上自通常的检验期间经过之时起算。约定检验期间时，通知期间与检验期间重合，起算点同一。外观瑕疵通知期间合理性之判断，应就具体事实依交易观念确定，同时应考虑检验本身的时间损耗，并与通知期间起算点一体相承。若可立即检验，应在交货后检验，合理期间相应略短。若仅在初步检验后方能识别瑕疵，通知期间应略长。在显而易见的瑕疵中，买受人无须检验即可发现，应在交货后立即通知，合理期间通常为一日至二日。

质量保证期，是出卖人向买受人承诺标的物符合质量要求或使用性能的期间，即标的物的正常使用寿命，于此期间发现瑕疵，出卖人不得以交货时无瑕疵为由免责。[①] 质量保证包括法定质量保证和约定质量保证，前者系立法者依出卖人行为和交易习惯所设的符合买受人合理期待的一种保护措施，后者是双方分配交易风险的合同安排。（真正的）质保期，应具品质保证期间的独立功能。质保期的原本内涵，应立足于担保使用中不新产生瑕疵，系当事人或法律

---

① 最高人民法院民二庭编著：《最高人民法院关于买卖合同司法解释理解与适用》，人民法院出版社 2016 年版，第 329 页。

依据标的种类、交易类型特别确定的品质保证时间。通知期间指向瑕疵给付本身，解决交货时标的物有无瑕疵问题。[①] 判决例明示，质保期并非当事人约定的检验期间，超过检验期间，仅视为标的物在交付时无瑕疵，不妨碍买受人针对使用中出现的质量问题在质保期间内要求出卖人承担责任。[②] 质保期经过后方显现之瑕疵，若买受人能证明交货时已存在瑕疵且已适时通知，其仍能主张瑕疵给付的违约责任。在承认（真正的）质保期独立功能的前提下，本条所谓"质量保证期"，实为不真正质保期，即约定的最长客观检验期间。换言之，当事人既约定检验期间，又约定质保期时，前者旨在代替法定的"及时检验+通知的合理期间"，[③] 后者在于代替法定的最长两年期间，两者起算点不同。

约定检验期间或约定质保期短于法定检验期或法定质保期的，应以法定期间为准。例如，质保期短于两年时，应采两年期间。若约定检验期间或约定质保期长于法定质保期时，超过部分期间效力如何？学理界与实务界均有见解认为，应依标的物性质认定：标的物性质因时间推移而变化，超过部分期间无效；标的物性质不因时间推移而变化，视为出卖人自愿加重自身义务，约定有效。[④]

【关联规定】

《民法典》第620～623条

（撰稿人：金晶）

第六百二十三条 【检验之推定】 当事人对检验期限未作约定，买受人签收的送货单、确认单等载明标的物数量、型号、规格的，推定买受人已经对数量和外观瑕疵进行检验，但是有相关证据足以推翻的除外。

---

① 司法实践中，明确区分质保期和检验通知期，认为检验期系判断标的物交付时是否存在质量瑕疵，质保期为确保标的物质量性能符合约定且在一定时间内不发生合理减损的独立功能，判决例参见（2019）最高法民终38号判决，（2017）津02民终1918号判决。

② 参见（2016）沪02民终7033号判决，（2016）京03民终12223号判决。

③ 相关判决例参见最高院（2014）民二终字27号判决。

④ 宁红丽：《试论出卖人物之瑕疵责任的构成——以〈买卖合同司法解释〉为主要分析对象》，载《社会科学家》2013年第9期；谢鸿飞：《合同法学的新发展》，中国社会科学出版社2014年版，第551页。

【释义】

一、规范意旨

本条涉及检验之推定，将未约定检验期限时数量和外观瑕疵的检验实例，明确为推定买受人已进行检验。

二、条文承继

相较于《合同法》，本条看似新增，内容实则源于《最高人民法院关于审理买卖合同纠纷案件适用法律问题的解释》第 15 条，文字略有删减，并无实质性修改，仅将《最高人民法院关于审理买卖合同纠纷案件适用法律问题的解释》第 15 条“认定”一词改为“推定”，以明确性质。

三、规范要点与适用疑难

适用时，本条仅适用于未约定检验期限情形，当事人约定了检验期限的，不得以本条推定检验。在当事人未约定检验期限的前提下，若当事人签收的相关单据（送货单、确认单）载明标的物数量、型号、规格时，推定为买受人已经对数量和外观瑕疵进行检验，推定范围不包括隐蔽瑕疵的检验。法律效果上，推定为检验了数量和外观瑕疵，但可以以相反证据推翻。实践中，送货单签收、① 验收单签章、② 交接确认单③为常见的推定事由，亦有案例涉及检验范围为外观瑕疵问题。④

【关联规定】

《民法典》第 620 ~ 623 条

（撰稿人：金晶）

---

① 相关判决例参见（2017）豫 01 民终 17892 号判决、（2017）渝 03 民终 2007 号判决、（2017）粤 13 民终 1831 号判决、（2016）粤 03 民终 20762 号判决。

② 相关判决例参见（2018）兵 11 民终 2 号判决。

③ 相关判决例参见（2017）辽 05 民终 1776 号判决。

④ 相关判决例参见（2017）粤 07 民终 2699 号判决。

第六百二十四条　【向第三人履行合同的检验标准认定】 出卖人依照买受人的指示向第三人交付标的物，出卖人和买受人约定的检验标准与买受人和第三人约定的检验标准不一致的，以出卖人和买受人约定的检验标准为准。

【释义】

一、规范意旨

本条涉及向第三人履行合同时检验标准的认定问题，确认了向第三人履行的约定仅在债权人和债务人之间具有效力，在买卖合同的检验标准上，排除了第三人对检验标准的约定介入的可能性，严守合同相对性，以出卖人和买受人约定的检验标准为准。

二、条文承继

相较于《合同法》，本条看似新增，内容实则源于《最高人民法院关于审理买卖合同纠纷案件适用法律问题的解释》第 16 条，文字略有删减，将《最高人民法院关于审理买卖合同纠纷案件适用法律问题的解释》第 16 条“之间”删除，并将“人民法院应当根据《合同法》第六十四条的规定”删除。

三、规范要点与适用疑难

在规范要点上，“向第三人履行合同”和“检验标准不一致”构成本条核心要件，前者指出卖人依照买受人指示向第三人交付，后者即出卖人和买受人约定的检验标准与买受人和第三人约定的检验标准不一致。在法律效果上，当检验标准出现歧义时，应以出卖人和买受人约定的检验标准作为基准。司法实践中，亦有判决例明确，买受人与第三人约定的检验标准不能约束出卖人。[①] 承揽合同中，承揽人与定作人约定的验收标准与定作人和第三人约定的验收标准不一致时，亦有判决例认可本条的标准认定逻辑。[②]

【关联规定】

《民法典》第 620～624 条

（撰稿人：金晶）

① 相关判决例参见（2016）云 26 民终 1269 号判决、（2017）鄂 10 民终 770 号判决。

② 参见（2017）鲁 01 民终 7761 号判决。

第六百二十五条 【标的物的回收义务】 依照法律、行政法规的规定或者按照当事人的约定，标的物在有效使用年限届满后应予回收的，出卖人负有自行或者委托第三人对标的物予以回收的义务。

【释义】

本条是关于出卖人标的物回收义务的规定，也是新法“总则编”第9条生态保护原则的重要体现。关于回收标的物义务的构想，早在1986年“七五计划报告”中已有提及，经过30多年的研究与实践，回收标的物义务的内涵已经有了较大的扩展，具体而言，回收标的物义务的内涵包括回收重要资源、保护公共利益与资源循环利用。需要注意的是，回收重要资源是指国家有关部门针对如贵金属、有色金属、钢铁等生产资料及其衍生物进行回收的行为，有较大的行政强制效果，因此不在本法调整的范围之内。

本条规定所指的回收义务主要体现了保护公共利益与资源循环利用两种内涵。具体而言，本条规定所指的回收义务主要通过强制回收与自愿回收两种方式来实现。强制回收是指通过法律与行政法规赋予出卖人法定回收标的物的义务，需要注意的是，此处所指的标的物既包括产品，如《固体废物污染环境防治法》第16条规定的被列入强制回收目录的产品和包装物、《土壤污染防治法》第30条规定的农业投入品、《大气污染防治法》第49条规定的可燃性气体等；也包括废品，如《水污染防治法》与《海洋环境保护法》中提及的船舶废油残油等。自愿回收是指通过法律、行政法规引导当事人订立包含回收义务的合同，如《矿产资源补偿费征收管理规定》第12、13条规定，从废石、尾矿中回收资源的可以减免矿产资源补偿费的缴纳。

本条所指向的制度是“生产者延伸责任”（Extended Producer Responsibility，EPR），具体而言，生产者应就其产品从设计、生产到消费终结的整个生命周期中对环境的影响负责，特别是应对产品的回收（take - back）、循环利用（recycling）与最终处理（disposal）承担责任。[①] 也就是说，生产者除承担传统经济、

① Rossem，C. van，Tojo，N.，Lindhqvist，T.，*Extended Producer Responsibility：An examination of its on innovation and greening products*，*Report commissioned by Greenpeace International*，Friends of the Earth and the European Environmental Bureau（EEB），2006，1.

行政法上的产品质量责任、民商法上的侵权责任（包括环境侵权责任）外，为了环境保护和节约资源，其责任还必须延伸至产品的原材料的选用、产品设计、产品生产、回收、循环利用与最终处理阶段。将其中传统上许多主要由政府承担的责任，转为生产者的责任。

另外，在生产者延伸责任研究中有学者提出了“提供服务而不是产品”的观念；[①] 也有学者提出了类似的观念，如“提供产品的功能而不是产品本身”[②] 等。这些观念所指向的是对于大多数产品而言，消费者购买的是其使用功能，而不是产品的物料本身。以此为前提，无论产品是否报废，生产者都应承担回收产品的义务，消费者都应承担返还产品的义务。对此有学者认为，这些产品的买卖关系，实质上就是一种租赁关系。[③]

由于本条规定新法新增的内容，有些问题还较为模糊。比如，当事人约定的回收义务的合同是租赁合同还是买卖合同？如果是买卖合同，那么是一般的买卖合同还是所有权保留的买卖合同？如果是一般的买卖合同，所交易之标的物是商品还是商品所提供的服务？另外，是否会导致合同履行期间必须大于标的物有效使用年限，从而导致合同履行期间过长？又如，违反回收义务的法律效果等。这些问题都有待有关部门出台相应的细则或解释予以明确。

（撰稿人：郑臻）

第六百二十六条　【买受人的支付价款义务】买受人应当按照约定的数额和支付方式支付价款。对价款的数额和支付方式没有约定或者约定不明确的，适用本法第五百一十条、第五百一十一条第二项和第五项的规定。

【释义】

支付价款是买卖合同中买受人的核心义务。《合同法》第159条就有对买受

① Lindhqvist, Thomas, *Extended Producer Responsibility in Cleaner Production: Policy Principle to Promote Environmental Improvements of Product Systems*, IIIEE Dissertations 2000: 2, Lund: IIIEE, Lund University, 2000, 149.

② Rossem, C. van, Tojo, N., Lindhqvist, T., *Extended Producer Responsibility: An examination of its on innovation and greening products*, *Report commissioned by Greenpeace International*, Friends of the Earth and the European Environmental Bureau (EEB), 2006, 23

③ 马洪：《绿色原则何以入民法典》，载《学术月刊》2017年第10期。

人支付价款的详细规定。新法从表述上基本与《合同法》第159条一致，有变化的地方是新增了“支付方式”的规定。新增“支付方式”的规定是对当事人合意的进一步尊重。买卖合同不但可以适用一次性的交易，也可以适用长期性、阶段性、多次性的交易；不但可以适用现金交易，也可以适用无纸化交易。在这些交易中，往往只有交易者才知道何种交易方式更加经济效率，对此新法通过本条的新增内容予以认可。

在绝大多数买卖合同中，当事人会对标的物价款数额作出明确约定，因为这是买卖合同的一个核心条款。如果价款数额不确定或者未约定确定的方法，买方就无法履行其付款义务。但在现实中确实存在对价款没有约定的情形或约定不明确的情形，此时法律大多不是认定合同无效，而是采用其他一些途径来确定价款数额以使合同变得能够履行。本条援引第510条、第511条第2项和第5款的规定，正是为了这一目的。所以，在当事人未约定价款数额或约定不明确时，首先允许当事人协议补充；达不成补充协议的，按照合同有关条款或交易习惯确定；上述方法无法确定时，按照订立合同时履行地的市场价格履行，依法由国家定价的标的物按照国家定价履行。[①]

在多数情况下，当事人在买卖合同中对价款已经作出约定，即使在合同履行时市场情况发生变化，同类标的物的价格上升或者下降，并不影响买受人按照合同的约定支付价款。但是如果该标的物的买卖执行的是国家定价，当国家定价发生变化时，则应当按照国家定价的变化作出相应的调整。

新法第513条规定：“执行政府定价或者政府指导价的，在合同约定的交付期限内政府价格调整时，按照交付时的价格计价。逾期交付标的物的，遇价格上涨时，按照原价格执行；价格下降时，按照新价格执行。逾期提取标的物或者逾期付款的，遇价格上涨时，按照新价格执行；价格下降时，按照原价格执行。”

上述法律规定的基本规则是：（1）遇到政府调整价格，如果买卖双方均未违约，应当按照交付时的新价格计算（可能比原价格上升也可能比原价格下降，质言之，可能对出卖人有利也可能对买受人有利）；（2）当一方当事人违约且发生政府调整价格时，确定价格的原则是向有利于守约的一方和不利于违约的一方倾斜的。[②]

在国内买卖中，价格通常以人民币计算并支付，我国禁止外国货币或其他支付工具在境内流通作为支付手段使用。但在涉外买卖中，价格还必须标明计价货币的种类，在涉及货币的转换时，还须说明所依据的汇率。国际支付远比国内支

---

① 江平主编：《中华人民共和国合同法精解》，中国政法大学出版社1999年版，第128页。

② 张新宝、龚赛红：《买卖合同·赠与合同》，法律出版社2000年版，第116页。

付要复杂。由于《合同法》不仅适用于国内合同，也适用于涉外合同，在具体问题上应注意其具体的特点。对条款的理解上也不能一概而论。

另外，也有学者主张本条实为“转引型赘文”，虽可作为裁判依据，但仅为其他依据的陪衬。①

（撰稿人：郑臻）

第六百二十七条　【支付价款的地点】买受人应当按照约定的地点支付价款。对支付地点没有约定或者约定不明确，依据本法第五百一十条的规定仍不能确定的，买受人应当在出卖人的营业地支付；但是，约定支付价款以交付标的物或者交付提取标的物单证为条件的，在交付标的物或者交付提取标的物单证的所在地支付。

【释义】

本条是关于买受人在何地支付价款的规定，本条隶属于新法《合同编》第 4 章“合同履行”之下。从表述上，本条基本继承了《合同法》第 160 条的规定。从比较法的角度观之，本条的内容与《联合国国际货物销售合同公约》第 57 条②、《日本民法典》第 574 条较为类似。③

在买卖合同中，付款地点对双方特别是对卖方来说是个不容忽视的问题。如果当事人在合同中对付款地点已作出明确约定，那么买方应在该约定的地点支付。如果当事人未作出约定或约定不明确，就需要采用一些其他方法来确定付款地点。按照本条，首先是允许当事人协商，达不成协议的，可以根据合同的有关条款及交易习惯来确定。“合同的有关条款”，是指能够确定付款地点的一些约定，如支付方式条款即可能暗示付款地点。在采用托收付款时，买方是在自己的营业地付款给卖方委托的托收银行；采用信用证支付时，买方在自己的营业地申请银行开立信用证，卖方凭单据向开证银行委托的议付银行议付，买方的付款地也是在自己的营业地。国内贸易中一般不采用托收或信用证方式结算。如果合同约定卖方负责送货到买方营业地，则在无其他不同约定的情况下，可推定为买方

---

① 贺剑：《民法的法条病理学——以僵尸法条或注意规定为中心》，载《法学》2009 年第 8 期。

② 《联合国国际货物销售合同公约》第 57 条规定，如果买方没有义务在任何其他特定地点支付价款，他必须在以下地点向卖方支付价款：（1）卖方的营业地；或者（2）如凭移交货物或单据支付价款，则为移交货物或单据的地点。

③ 《日本民法典》第 574 条规定，买卖标的物交付同时支付价金时，可于其交付处所支付价金。

应在自己的营业地付款。在确定付款地点时，交易习惯亦是应当考虑的因素。如上述方法均不能确定，根据本条规定，买方应当在卖方的营业地支付。不过，如果当事人约定支付价款以交付标的物或者交付提取标的物单证为条件，则买受人应当在交付标的物或者交付提取标的物单证的所在地支付。①

付款地点关系到风险的承担。如果买方是在卖方营业地付款，那么他应当承担将货款划拨或递送到卖方营业地的费用和风险。如果支票在送达卖方前丢失，则买方有责任另开支票。

另有学者认为，尽管在一些买卖合同中当事人没有对价款的支付地点作出约定，但是在实践中发生争议的可能性并不大，因为现代社会金融发达，在什么地方支付价款对于双方当事人均无重大利益影响，当事人比较容易就此达成补充协议。②

（撰稿人：郑臻）

第六百二十八条 【支付价款的时间】 买受人应当按照约定的时间支付价款。对支付时间没有约定或者约定不明确，依据本法第五百一十条的规定仍不能确定的，买受人应当在收到标的物或者提取标的物单证的同时支付。

【释义】

本条是关于买受人在何时支付价款的规定，本条隶属于新法《合同编》第4章“合同履行”之下。从表述上，本条基本继承了《合同法》第161条的规定。从比较法的角度观之，本条的内容与《联合国国际货物销售合同公约》第58条③、《日本民法典》第373条较为类似。④

付款时间一般应在合同中明确约定或事后协议补充，若未作明确约定且又未达成补充协议的，可以依据合同的有关条款及交易习惯来确定。合同的有关条款

① 江平主编：《中华人民共和国合同法精解》，中国政法大学出版社1999年版，第130页。

② 张新宝、龚赛红：《买卖合同·赠与合同》，法律出版社2000年版，第117页。

③ 《联合国国际货物销售合同公约》第58条规定，1. 如果买方没有义务在任何其他特定时间内支付价款，他必须于卖方按照合同和本公约规定将货物或控制货物处置权的单据交给买方处置时支付价款。卖方可以支付价款作为移交货物或单据的条件。2. 如果合同涉及货物的运输，卖方可以在支付价款后方可把货物或控制货物处置权的单据移交给买方作为发运货物的条件。3. 买方在未有机会检验货物前，无义务支付价款，除非这种机会与双方当事人议定的交货或支付程序相抵触。

④ 《日本民法典》第574条规定，就买卖标的物的交付定有期限时，推定为就价金交付亦定有同一期限。

如支付方式的条款常可暗示支付的时间。例如，采用付款交单托收或跟单信用证付款时，买方必须在取得单据的同时付款；若采用承兑交单托收或信用证，允许买方先取得单据后支付货款时，那么买方支付货款的时间为取得单据后的一定时间。虽然买方在多数情况下取得货物或单证的同时必须付款，但买方何时前来收取货物或单据也应有一个时间限制。买方在银行通知单证已到或承运人通知货物已到达之后的合理时间内不赎单、不收货并不意味着他就没有付款的责任。因为付款赎单或收货是根据合同确定的一项义务，不在合理期限内履行即构成拒收，是严重违约行为。此合理期限可依交易习惯而确定。过期不赎的单据，如为托收单据，银行将会退回给卖方。卖方可以对买方的拒收行为采取相应的救济措施。按照本条的规定，如无其他方法可以确定买方付款的时间，买方应在取得单证或标的物时付款。

本条涉及合同履行的一个重要原则——同时履行原则。双务合同中，当事人互负对价义务，如合同未约定一方先为给付的义务，则双方应当同时履行其合同义务。买卖合同是典型的双务合同，出卖人的基本义务是交付标的物，买受人的基本义务是支付价款，二者互为条件。若合同对支付价款的时间未约定且依其他方法仍不能确定的，则买受人应在接收交付时支付价款，出卖人交付标的物或交付提取标的物的单证（如提单）均为交付。①

若逾期支付价款，属于买受人违约行为之一种，应承担相应的违约责任。除了违约责任之外，一些国家的法律对逾期支付价款的利息归属作出了规定。如《德国民法典》第452条（价金支付利息）规定："价金未经允许延期交付者，买受人对应交付的价金，自其承受买卖标的物的收益之时起，应支付利息。"《日本民法》第575条也有类似的规定。

（撰稿人：郑臻）

第六百二十九条　【多交标的物的处理】出卖人多交标的物的，买受人可以接收或者拒绝接收多交的部分。买受人接收多交部分的，按照约定的价格支付价款；买受人拒绝接收多交部分的，应当及时通知出卖人。

---

① 江平主编：《中华人民共和国合同法精解》，中国政法大学出版社1999年版，第131页。

【释义】

本条是关于出卖人多交付标的物的处理规则，本条隶属于新法《合同编》第4章“合同履行”之下。从表述上，本条基本继承了《合同法》第162条的规定。从比较法的角度观之，本条的内容与《联合国国际货物销售合同公约》第52条较为类似。[①]

根据本条规定，出卖人多交付标的物，不属于不适当履行，该履行行为不会给出卖人带来相应的民事责任，但是多交付的部分可能被买受人拒绝。如果买受人接收多交付的部分，其价格与原合同约定的价格相同。买受人拒绝接收多交部分，应当及时通知出卖人以免造成不必要的损失。如果买受人既不接收多交部分也不及时通知出卖人，出现标的物损失的，买受人应当承担相应的责任。[②]

本条中的“多交”，是指卖方实际交付的标的物的数量超过了合同的约定。当事人在数量上有时会约定一个上下幅度，如数量1000公吨，加减5%。卖方交付的标的物只要不超过1050公吨，就不是多交，买方无权拒收，因为这50公吨是合同约定的，买方应当全部收下，按实际数量支付价款。但如卖方交付1100公吨，对其中的50公吨，买方有权拒绝接收，只付1050公吨的价款；买方如果选择收下多交部分，则应按合同规定支付价款。规定交付数量可以有一个上下幅度的条款，业务上称为“溢短装”条款。多装或少装的选择权通常在卖方。为了防止有选择权的一方当事人利用行情的变化有意多装或少装来获取额外的利益，有的合同规定，多交或少交的部分不按合同价格计算，而以交付时的市场价格计算。

当然“溢短装”不是本法所说的“多交”的情况，多交部分应按合同价格计算，这是本条的规定，至于是否接收多交部分，买方有选择权。这可能会出现以下情形：如果交付时市场价格高于合同价格，卖方一般不会主动多交货物；如果由于疏忽而多交，那么收或不收的选择权在买方，买方一般会选择收下，而只需按合同价格付款，这对卖方不利；如果交付时市场价格低于合同价格，卖方可能会多交一部分货物，但对于多交的部分，买方一般不会接收，因为他能在市场上以更低的价格买到，所以卖方只能把多交部分运回或另作处理。总之，无论价格

---

① 《联合国国际货物销售合同公约》第52条规定，如果卖方交付的货物数量大于合同规定的数量，买方可以收取也可以拒绝收取多交部分的货物。如果买方收取多交部分货物的全部或一部分，他必须按合同价格付款。

② 张新宝、龚赛红：《买卖合同·赠与合同》，法律出版社2000年版，第107～108页。

涨跌，由于选择权在买方，卖方多交货物只能导致于己不利的被动局面。在决定拒绝接收多交部分的标的物时，买受人负有及时通知出卖人的义务，即将多交标的物的情形通知出卖人，告知其尽快处理。①

（撰稿人：郑臻）

第六百三十条 【买卖合同标的物孳息的归属】 标的物在交付之前产生的孳息，归出卖人所有；交付之后产生的孳息，归买受人所有。但是，当事人另有约定的除外。

【释义】

本条规则讨论的是有关标的物孳息的归属问题。本条在结构上是典型的“原则＋例外”的构造。但书之前是本条的原则部分，该部分继承了《合同法》第163条的表述，以何人占有标的物作为买卖合同标的物孳息归属于何人所有的前提，与买卖合同标的物归谁所有，并无关联，即占有标的物的一方当事人即使不享有标的物的所有权，因标的物所产生的孳息亦归其所有。② 本条但书之后是例外部分，也是新法新增的内容。由于例外部分的加入，一方面为当事人约定孳息归属提供了空间，使得本条规则由原先的（《合同法》第163条）强行性规定变成了任意性规定；③ 另一方面与新法《物权编》第321条在表述上更为一致。

在《合同法》与《物权法》的时代，当事人未约定孳息归属的情况下（如所有权保留买卖），究竟是适用本条的前身，即《合同法》第163条，还是适用新法《物权编》第321条的前身，即《物权法》第116条，存在争议。有学者主张适用“新法优于旧法”的规则。④ 有学者主张《合同法》第163条中的交付一词本身就含有转移所有权的内容，是指法律意义上的“交付”。我国买卖合同中标的物的孳息是从交付之时起发生移转，事实上是与所有权相伴随的，即使没有转移实际占有，只要发生了所有权的转移，标的物的孳息就随之移转。第163条

---

① 江平主编：《中华人民共和国合同法精解》，中国政法大学出版社1999年版，第131～132页。

② 王利明主编：《中国民法典学者建议稿及立法理由：债法总则编·合同编》，法律出版社2005年版，第350页。

③ 关于原条文（《合同法》第163条）是强行性规定的论述，参见罗昆：《〈物权法〉第116条的适用范围探讨》，载《法学杂志》2009年第10期。

④ 江平主编：《中华人民共和国合同法精解》，中国政法大学出版社1999年版，第151页。

对标的物孳息归属的判断实行的应是“所有权主义”，而不是孳息随占有转移而转移的“交付主义”。[①] 也有学者认为在所有权保留买卖中，按照真义解释原则，标的物所有权保留，孳息也随同所有权保留，应排除《合同法》第 163 条的适用。[②] 还有学者认为孳息的归属考虑的是谁对孳息的产生贡献最大谁就取得孳息。认为产生孳息的最主要的原因是占有（交付主义），进而认为应当废除《合同法》第 163 条。[③]

针对上述争议，法工委编纂的释义认为，孳息之产生与原物占有人的照料大有关系，故很多国家有关买卖合同的法律都规定孳息受益人的确定与标的物的交付相联系。如大陆法系的日本民法典第 575 条规定：“未交付的买卖标的物产生孳息时，孳息属于出卖人。”[④] 因此，至少在立法参与者看来，买卖合同中标的物孳息的归属与标的物的权属关系并没有必然的联系。而是以原物占有人的照料为立法政策考量的基础。另外，从比较法的视角观之，法工委释义所援引的日本民法典的内容，根据日本学界通说的观点也可以得出买卖合同中标的物孳息与交付相关联，而不是与所有权相关联的结论。不仅如此，日本学界通说观点还考虑到了照料的费用、孳息、价款利息之间的衡平关系问题，[⑤] 更充分地说明了买卖合同标的物孳息归属不同于一般孳息归属的理由。

随着我国民法典的出台，《合同法》第 163 条与《物权法》第 116 条的“后继者”都被统合进民法典之中，二者之间也就不存在“新法优于旧法”的问题。而两个法条的适用问题从立法政策的角度出发，孳息的产生是来源于原物占有人的照料，而非对原物的占有。从比较法的角度出发，不仅难以得出孳息的转移与所有权转移有关的结论，而且孳息移转的规则是在综合考量买卖中的各个要素后得到的，因此也难以简单地用“结果不公平”否定之。综上，本文认为，本条系针对买卖合同中标的物孳息归属问题的特别规定，《物权编》第 321 条则是孳息归属的一般原则，二者关系更类似总则与分则，因此二者在适用上出现冲突时应适用本条。

（撰稿人：郑臻）

---

① 宋振玲：《买卖合同中标的物孳息归属判断规则之我见》，载《丹东师专学报》2003 年第 4 期。

② 隋彭生：《天然孳息的属性与归属》，载《西南政法大学学报》2009 年第 2 期。

③ 罗昆：《〈物权法〉第 116 条的适用范围探讨》，载《法学杂志》，2009 年第 10 期。

④ 全国人大常委会法制工作委员会：《中华人民共和国合同法释义》，法律出版社 2013 年版，第 141 页。

⑤ ［日］我妻荣等：《评注民法：总则 · 物权 · 债权》，日本评论社 2006 年版，第 1042 页。

第六百三十一条 【主物与从物的解除效力】 因标的物的主物不符合约定而解除合同的，解除合同的效力及于从物。因标的物的从物不符合约定被解除的，解除的效力不及于主物。

【释义】

本条规定所涉及的是关于主物与从物的解除效力。本条共设两款，两款之间是平行关系。第 1 款规定了因主物不合约定的解除效果；第 2 款规定了从物不合规定的解除效果。本条法规来源于《合同法》第 164 条，且未易一字。本条隶属新法《合同编》第 7 章合同权利义务终止之下，是第 563 条第 5 项“法律规定的其他情形”中的一种。值得注意的是，本条规范究竟是新法第 563 条所谓合同法定解除权的特别规范或者是例外规范，即本条是新法第 563 条在买卖合同领域的具体化或自然延伸，还是对新法第 563 条第 1～5 项的变更或突破，值得讨论。

有学者认为，本条在合同法中的法律地位是合同的“一部解除”①，其特点在于标的物的可分性。② 有学者认为部分解除，既可以理解为对解除效力的特别规定，也可以理解为对法定解除权的特别规定。顾名思义，部分解除即对合同部分的解除权，在某种意义上也可视为对合同整体行使解除权的限制。仔细分析可以发现，部分解除的发生原因似乎在于出现了“不能实现部分合同目的”的情况，因此不同于新法第 563 条第 1～4 项的规范内容。③

当合同目的部分不能实现的情况发生在主物与从物上时，依照主物与从物不同的法律属性，合同解除的效力也不相同。关于主物与从物的区分标准，大多数学者普遍认为需包含三点：其一需相互独立，其二需在功能上有主次之分，其三需同属一人。④ 有学者还认为，从物还需无交易上的特殊习惯。⑤ 但是学者对主物从物需同属一人与从物需无交易上的特殊习惯提出质疑，认为这两条标准破坏了

---

① 韩世远：《履行障碍法的体系》，法律出版社 2006 年版，第 302 页。

② 江平主编：《中华人民共和国合同法精解》，中国政法大学出版社 1999 年版，第 133 页。

③ 陆青：《论法定解除事由的规范体系——以一般规范与特别规范的关系为中心》，载《华东政法学报》2015 年第 1 期。

④ 江平主编：《中华人民共和国合同法精解》，中国政法大学出版社 1999 年版，第 133 页；梁慧星、陈华彬：《物权法》，法律出版社 2002 年版，第 39 页；王利明：《物权法论》，中国政法大学出版社 2003 年版，第 39 页。

⑤ 王泽鉴：《民法总则》，中国政法大学出版社 2001 年版，第 224 页。

标准的客观性、统一性与逻辑性。[①] 本文所采区分标准来自法工委编纂的释义，该释义认为，主物是指独立存在，与同属于一人的他物合并使用而起主要经济效用的物；从物是指独立存在，与同属于一人的他物合并使用而起辅助经济效用的物。[②] 主物不符合合同约定，即使从物符合合同约定，也难谓守约方的合同目的部分不能实现。例如，电视机因质量问题无法使用，买受人无法因遥控器可以正常使用，而部分实现了购买电视机的目的，相反，这种情况下可以将买受人购买电视机的目的视为完全不能实现。如果合同目的完全不能实现，那么就满足了新法第 563 条第 4 项的要求，守约方可以获得完整的法定解除权。相对地，从物不符合合同约定，而主物符合合同约定时，尽管合同目的会因此受到一些影响，但是基本可以实现。在这种情况下，基于鼓励交易的法律精神，守约方仅可获得部分的法定解除权，即从物的法定解除权，其效力不及于主物。

（撰稿人：郑臻）

第六百三十二条　【标的物为数物的解除效力】 标的物为数物，其中一物不符合约定的，买受人可以就该物解除。但是，该物与他物分离使标的物的价值显受损害的，买受人可以就数物解除合同。

【释义】

本条规定所涉及的是关于一物与数物的解除效力。本条共设两款，两款之间是“原则 + 例外”的关系。但书之前是标的物为数物的买卖合同部分解除的规定，需要注意的是，条文中的“一物”，既可以指一件标的物，也可以指多件标的物、既可以指多件相同的标的物，也可以指多件不同的标的物。但书之后规定了标的物为数物的买卖合同全部解除的规定，此处的“数物”是指合同包含的全部标的物。本条法规来源于《合同法》第 165 条，且未易一字。本条隶属新法《合同编》第 7 章合同权利义务终止之下，是第 563 条第 5 项“法律规定的其他情形”中的一种。

有学者在理解本条原则部分时认为，本条原则部分中的“解除”作限定解

---

① 凌斌：《论主物与从物——兼评〈物权法〉第 115 条之规定》，载《理论界》2009 年第 12 期。

② 全国人大常委会法制工作委员会：《中华人民共和国合同法释义》，法律出版社 2013 年版，第 142 页。

释，理由是若因数物中的一物些微与合同不符就可解除，有违诚实信用原则[①]。法工委编纂的释义援引我国台湾地区“民法”，认为本条原则部分中的“解除”可以理解为“买受人得请求减少与瑕疵物相当之价额”。[②] 从比较法的角度看，日本学界通说认为如果事后完全履行尚属可能（追完可能），可作为本来债务的履行迟延，按非定期行为迟延履行场合的解除权发生要件处理。[③] 如果事后的完全履行不可能，或者已经没有意义（追完不能），则可以准用履行不能的规则解除合同。[④] 尽管无论是新法还是《合同法》都没有关于追完制度的设计，但是有学者认为，新法第563条第4项（《合同法》第94条第4项）规定的“其他违约行为致使不能实现合同目的”，可以发生解除权。其中，在追完可能的场合，解除权的发生以催告为要件；在追完不能的场合，则无须催告即可解除。[⑤]

本条例外部分的理解也涉及上文“一部分解除”的问题。在具体案例中适用原则还是例外，需要分析一物不合约定导致“合同目的部分无法实现”还是“合同目的全部无法实现”。一般而言，当一物不符合约定使买受人有权解除时，原则上只能对该物行使。但如果标的物之间有紧密的关联性，一物不符合约定使他物的价值显受损害，即无法实现买受人购买标的物时所期望的目的，则解除可及于数物。这常在成套标的物买卖中出现，与买受人购买的目的也有很大关系。例如，买受人为零售而订购10个自行车轮胎，其中一个或数个不符合约定对其他符合约定的轮胎的销售并无影响；但如果买受人是一位机械师，他为了自己装配一辆自行车而订购了两个轮胎和一副车架，其中任何一项不符合约定，他都无法实现自己的目的，其他符合约定的也无法发挥作用，因此他可以要求解除整个合同。

（撰稿人：郑臻）

第六百三十三条　【分批交付标的物合同的解除】 出卖人分批交付标的物的，出卖人对其中一批标的物不交付或者交付不符合约定，致使该批标的物不能实现合同目的的，买受人可以就该批标的物解除。

---

① 江平主编：《中华人民共和国合同法精解》，中国政法大学出版社1999年版，第134页。

② 全国人大常委会法制工作委员会：《中华人民共和国合同法释义》，法律出版社2013年版，第142页。

③ ［日］我妻荣：《债权各论》（上卷），中国法制出版社2008年版，第152页。

④ ［日］我妻荣：《债权各论》（上卷），中国法制出版社2008年版，第174页。

⑤ 韩世远：《履行障碍法的体系》，法律出版社2006年版，第316页。

出卖人不交付其中一批标的物或者交付不符合约定，致使之后其他各批标的物的交付不能实现合同目的的，买受人可以就该批以及之后其他各批标的物解除。

买受人如果就其中一批标的物解除，该批标的物与其他各批标的物相互依存的，可以就已经交付和未交付的各批标的物解除。

【释义】

本条规定调整的是分批交付标的物的买卖合同，出卖人不交付或交付不符合约定，买受人要求解除合同的情形。旨在明确出卖人违约的情况下，买受人的合同解除权的行使条件和范围。与《合同法》第 166 条相比，本条文并未进行文字修改，仅将第 166 条第 2 款、第 3 款合并为第 633 条第 2 款，使该条文所规范的分批交付标的物的买卖合同被更加清晰地区分为各批标的物之间不存在相互依存和各批标的物之间存在相互依存关系的两种情形，逻辑更加简洁、严谨。

对于分批交付标的物的买卖合同，如果出现出卖人不履行的情况，买受人要解除合同，应当受本条的调整。在适用上，具体表现为三个层次：

第一，一般情况下，出卖人不履行某一批标的物的交付，买受人可以针对该批标的物不履行的情形要求买受人承担违约责任，出卖人构成根本违约的，买受人可以就该批次标的物解除合同。由于解除合同是结束双方的合同关系，这时违约方即使想要弥补过失，继续履行合同也不被允许。因此，解除合同是一种比较严重的违约后果，不能随意使用。只有在出卖人构成根本违约的前提下，买受人才能行使合同解除权。判断根本违约的标准是看一批货物的不交付或交付不符合约定是否致使该批次货物不能实现合同目的。且在此款规定中，分批交付标的物的买卖合同中，买受人的合同解除权仅限于该批次标的物。

第二，出卖人对某批次标的物的根本违约，若将导致对该批次之后各批的根本违约，买受人有权解除合同中该批次及其以后的这部分。该规定的适用应当注意两个前提。首先，该规定适用于各批次标的物之间存在相互依存关系的情形，当某一批次的货物交付的根本违约将会导致该批次之后各批标的物的根本违约，买受人的合同解除权才能扩大至违约批次及其之后批次的标的物部分。其次，必须满足某批次标的物根本违约导致该批标的物之后各批标的物的根本违约。违约后果必须达到该违约批次及其以后批次标的物均不能实现合同目的，才能行使相关批次标的物的合同解除权。如果未达到根本违约的程度，买受人则不能行使合同解除权。

第三，某批标的物与整个合同的其他各批标的物之间是相互依存的，或者说在合同目的的实现上是不可相互分离的，那么，买受人如果依法可以对该批标的物解除合同，也有权直接解除整个合同。理由是出卖人对某一批标的物不交付或者交付不合约定，因该批标的物与其他批标的物之间相互依存，将导致整个合同目的无法实现，构成根本违约，因此，法律赋予买受人解除整个合同的权利。

本条的适用难点是合理界定根本违约和分批交付标的物之间的依存关系。二者将直接决定买受人是否享有合同解除权以及权利及于合同标的物的范围。考虑到实践中合同的复杂性，本条的规定较为原则性，本条借鉴了《联合国国际货物销售合同公约》的有关规定，因而在适用上可以参考该公约。按照该公约第73条规定：“（1）对于分批交付货物的合同，如果一方当事人不履行对任何一批货物的义务，便对该批货物构成根本违反合同，则另一方当事人可以宣告合同对该批货物无效。（2）如果一方当事人不履行对任何一批货物的义务，使另一方当事人有充分理由断定对今后各批货物将会发生根本违反合同，该另一方当事人可以在一段合理时间内宣告合同今后无效。（3）买方宣告合同对任何一批货物的交付为无效时，可以同时宣告合同对已交付的或今后交付的各批货物均为无效，如果各批货物是互相依存的，不能单独用于双方当事人在订立合同时所设想的目的。”

【关联规定】

《合同法》第166条，《联合国国际货物销售合同公约》第73条

（撰稿人：魏露露）

第六百三十四条　【分期付款买卖合同】 分期付款的买受人未支付到期价款的数额达到全部价款的五分之一，经催告后在合理期限内仍未支付到期价款的，出卖人可以请求买受人支付全部价款或者解除合同。

出卖人解除合同的，可以向买受人请求支付该标的物的使用费。

【释义】

本条规定调整的是分期付款的买卖合同中，买受人违约，出卖人的权利及其

法律限制。分期付款买卖属于合同法中“特种合同”的一种，[①] 是指买受人将应付的总价款，在一定期间内分次向出卖人支付的买卖合同。其根本特征是价款被分为若干份，由买受人在接收标的物之后分不同日期，分批次支付价款，而非一次性支付价款。根据《最高人民法院关于审理买卖合同纠纷案件适用法律问题的解释》的相关规定，买受人需将支付的总价款在一定期间内至少分三次向出卖人支付，才构成分期付款买卖。[②]

分期付款买卖在某种意义上也属于一种基于信用的赊购，但买受人在接收标的物之后，不是在一定期限内一次性地支付价款，而是在一定期限内分批次地支付。分期付款买卖一般适用于价格较为昂贵的商品消费，如房屋、汽车等，买卖的标的物价格较高，买受人一次性支付有困难，分期付款能够降低买受人的资金和心理压力，促进昂贵商品的消费。买受人只是支付部分价款，就能够取得标的物的所有权或合法占有该标的物，剩余部分的价款以信用为保障。在分期付款买卖中，出卖人面临不能取得全额价款的风险，为了保护出卖人的利益，法律一般会规定买受人逾期未支付的价款超过一定数额时，出卖人将有权请求买受人支付全部价款或者解除合同。但由于出卖人为了躲避风险，往往会提出一些有利于自己的合同条款，此时买受人往往处于弱势地位，因此法律也会对出卖人避免风险的特别约定的权利进行限制，从而达到出卖人和买受人利益的平衡。本条即对分期付款买卖合同的法律调整。

大陆法系国家或地区对分期付款买卖合同的立法一般有两种方式。一种是在民法典中直接将分期付款合同规定为特种买卖，如《瑞士债务法》、我国台湾地区“民法”第389条规定：“分期付价之买卖，如约定买受人有迟延时，出卖人得即请求支付全部价金者，除买受人迟付之价额已达全部价金五分之一外，出卖人仍不得请求支付全部价金。”另一种考虑到分期付款买卖的复杂性，另立专门的民事法律调整分期付款买卖，如德国《分期付款买卖法》《消费者信贷法》，法国、奥地利也分别制定了分期付款买卖特别法。可以认为我国民法承认分期付款买卖属于“特种合同”的一种。《民法典》第634条继续沿用了《合同法》第167条的规定，未作修改。

本条规范的要点是出卖人的全部价款请求权和合同解除请求权的构成要件。买受人未付的价款达到总价款的五分之一的，出卖人依法得请求买受人支付全部剩余的价款。因此，只有在未按期支付的价款达到或者超过买卖合同总价款五分

---

① 张新宝、龚赛红编：《买卖合同·赠与合同》，法律出版社1999年版，第181页。

② 《最高人民法院关于审理买卖合同纠纷案件适用法律问题的解释》第38条第1款。

之一时，出卖人才可请求买受人支付全部价款或者解除合同。如果延期支付的数额并未达到总价款的五分之一，出卖人则不得请求买受人支付全部价款，也不得请求解除合同，而只能请求其支付应当按期支付而未按期支付的价款。需要注意的是，本条对出卖人全部价款请求权和合同解除请求权的限制属于法律的强制性规定，当事人的约定不能违反该强制性规定，否则约定无效。由于该法定限制的目的是保护买受人的利益，因而当事人可以约定高于法定未支付比例的请求权限制条件，更有利于买受人的特别约定应当不违反法律的强制性规定，应当有效。

作为分期付款买卖合同的特别规定，本条在适用中还应当注意四个方面。第一，一般的买卖合同在交付标的物之时，标的物的所有权随之转移。而对于分期付款买卖合同，出卖人交付标的物，须使买受人取得对标的物的占有，但是双方可以约定保留标的物所有权。如果双方并未特别约定所有权保留，标的物的所有权仍应当自交付时起转移给买受人。第二，依据我国《民法典》第604条，在出卖人交付标的物之后，无论双方是否约定所有权保留，标的物毁损、灭失的风险都应当由买受人承担。这一点可以视为所有权原则的例外。第三，由于分期付款买卖合同的特殊性质，在出卖人交付标的物和买受人支付第一笔价款之后，双方的权利义务关系并未了结，双方还需要约定剩余价款的支付，包括支付时间、地点和方式。当事人还可以就剩余价款的利息进行约定，并按照约定继续履行。没有约定或者约定不明确的，应当依照本法有关规定（第510条、第511条）和交易习惯履行。第四，出卖人请求解除合同的，可以向买受人请求支付该标的物的使用费和损害赔偿费。由于在分期付款买卖合同中，出卖人交付标的物之后，买受人即开始占有和使用该标的物，因此在出卖人请求解除合同时，可以要求买受人支付标的物的使用费。同时，解除合同将产生恢复原状的法律效果，出卖人也应当返还买受人已经支付的价款。参考我国台湾地区“民法”第390条的规定：“分期付价之买卖，如约定出卖人于解除契约时，得扣留其所受领价金者，其扣留之数额，不得超过标的物使用之代价，及标的物受有损害时之赔偿额。”我国《最高人民法院关于审理买卖合同纠纷案件适用法律问题的解释》第39条第1款也明确规定：“分期付款买卖合同约定出卖人在解除合同时可以扣留已受领价金，出卖人扣留的金额超过标的物使用费以及标的物受损赔偿额，买受人请求返还超过部分的，人民法院应予支持。”可见，在合同解除时，出卖人实际有权取得的金额应当不超过标的物的使用费用和可能的损害赔偿费用。根据以上司法解释，当对标的物的使用费没有约定的，可以参照当地同类标的物的租金标准予以确定。

【关联规定】

《合同法》第 167 条，《最高人民法院关于审理买卖合同纠纷案件适用法律问题的解释》第 38 ~39 条

（撰稿人：魏露露）

第六百三十五条　【样品买卖合同】凭样品买卖的当事人应当封存样品，并可以对样品质量予以说明。出卖人交付的标的物应当与样品及其说明的质量相同。

【释义】

本条及第 636 条均是关于样品买卖的规定。本条规定的是凭样品买卖合同中当事人的权利和义务的基本内容。凭样品买卖是以标的物样品确定买卖标的物的买卖，出卖人交付的货物应当与当事人保留的样品具有相同的品质。以样品来表示标的物的品质并以之作为交货依据是买卖交易中常见的方法，订货交易多采用凭样品买卖方式。样品作为证明货物品质的重要依据，应当封存以备日后对照，必要时要在公证处封存，并且当事人可以用语言、文字对样品的品质进行说明。《意大利民法典》也有类似的规定。本条继续沿用了《合同法》第 168 条的规定，并未作出修改。本条的适用要点在于清晰把握“样品”的定义，样品合同的特殊要件要求，以及样品合同中出卖人的特别义务。

所谓“样品”，通常是一批商品中抽取出来的或由生产、使用部门加工、设计出来的，用以反映和代表整批商品品质的少量实物。[①] 关于样品的选择和提供时间有不同的主张。有的主张样品只能从现货中选取而不能特意制造，有的主张样品既可以从现货中获取，也可以在订约后制造和提供，还有的观点认为样品可以是买卖合同订立之前已经交付的尚存的货物。[②] 从特征上看，样品是在凭样品买卖合同的订约过程中确定标的物品质的实物依据。因此，样品可以是从出卖人现货中抽取的货物，也可以是出卖人特意制作的。但是样品必须在订立合同时就存在，否则无法作为标的物品质的实物凭证，因此，样品可以在订立合同时由出

① 江平主编：《中华人民共和国合同法精解》，中国政法大学出版社 1999 年版，第 137 页。

② 张新宝、龚赛红编：《买卖合同 · 赠与合同》，法律出版社 1999 年版，第 188 页。

卖人提供并予以封存，也可以是在订立合同之前已经由出卖人提供给买受人，在订约时依然存在的货物，但不能是订约后制造或提供的货物。

凭样品买卖合同的成立必须满足有样品的存在、对样品进行妥善的封存保管，并且还需要存在当事人以样品为确定标的物品质的意思表示，且当事人并未排除样品对标的物品质的全部担保功能。样品应在订立合同时就存在，且当事人应当在买卖合同中约定以样品来确定标的物品质，或者写明“凭样品买卖”的字样。如果出卖人先向买受人提示样品，而后双方订立合同时未明确表明进行的是凭样品买卖，则双方并不成立凭样品买卖。如顾客按照商店中所陈列的商品选购货物则不属于货样买卖。但是，卖方交付的标的物与样品及其说明的品质相一致，是当事人关于标的物品质的约定，而不是出卖人交付的货物符合样品的品质为买卖生效的条件。样品对标的物的品质担保功能是样品买卖的特殊构成要件，因此，当事人不能通过约定排除样品的全部的品质担保功能，但可以约定仅以样品的某一方面的特征作为出卖人瑕疵担保义务的依据，而非样品的全部品质与特征。

凭样品买卖合同属于“特种合同”的一种。其特点在于加强了出卖人的责任，出卖人主要有两项基本义务。第一，出卖人应当承担交付的标的物与货样有同一品质。为了检验买卖标的物是否与货样为同一品质，通常采取封存样品的办法。但在封存期间样品自身的品质也可能发生变化，往往会导致当事人对标的物的品质产生分歧。实践中以样品来全面表示标的物品质的不多，而是采用样品的某一特征来表示标的物品质的某一方面，如颜色，这称为“色样”或款式，这称为“款式样”。这种情况下，仅合同规定的样品的某一特征为交付的标的物应当符合的品质标准，样品的其他特征不作为确定标的物品质的依据。第二，出卖人应当承担对样品质量的说明义务。采用样品表示标的物品质具有简便易行的优点，但是由于样品本身不会说话，因此出卖人应当承担对样品质量的说明义务。如果样品买卖合同中表明标的物品质既有样品，又有语言、文字说明，那么卖方交付的标的物应与样品、语言、文字说明都相符。当出现样品与语言、文字说明不一致的情形，根据《最高人民法院关于审理买卖合同纠纷案件适用法律问题的解释》的相关规定，合同约定的样品质量与文字说明不一致且发生纠纷时当事人不能达成合意，样品封存后外观和内在品质没有发生变化的，人民法院应当以样品为准；外观和内在品质发生变化，或者当事人对是否发生变化有争议而又无法查明的，人民法院应当以文字说明为准。如果出卖人未履行这两项基本义务，致使标的物品质与样品不一致，买受人可以要求其承担违约责任，如果标的物因不符合质量要求致使合同目的不能实现，导致根本违约，买受人可以拒绝接收标的物或者解除合同。

【关联规定】

《合同法》第168条,《最高人民法院关于审理买卖合同纠纷案件适用法律问题的解释》第40条

（撰稿人：魏露露）

第六百三十六条　【样品瑕疵的处理原则】 凭样品买卖的买受人不知道样品有隐蔽瑕疵的，即使交付的标的物与样品相同，出卖人交付的标的物的质量仍然应当符合同种物的通常标准。

【释义】

本条规范的是样品买卖中样品有隐蔽瑕疵时出卖人的义务。样品买卖虽然以样品为确定标的物品质的依据，但在样品存在隐蔽瑕疵而买方又不知道的情况下，卖方交付的标的物品质就不能以此瑕疵样品为标准。所谓“隐蔽瑕疵”，是指一般、通常的检查不易发现的样品的品质缺陷。在当事人封存了含有隐蔽瑕疵样品的情况下，卖方交付的标的物的品质担保义务不能以该样品为准，而应以同类物所具有的通常品质为准，即应符合同种物的通常标准。如果卖方明知样品有隐蔽瑕疵而故意隐瞒不告知买方，则构成欺诈，根据《民法典》第148条的规定，受欺诈方有权请求人民法院或者仲裁机构对合同予以撤销。可见，在出卖人构成欺诈的情形下，已不仅是按照同种物的通常标准交货的问题了，因此，该条所规范的应当是出卖人对于样品的隐蔽瑕疵不存在“明知或应知”的主观过错的情况。本条与《合同法》第169条保持一致，并未修改。

本条是对上一条文的特别规定，应优先适用。按照上一条文的规定，在样品买卖合同中，出卖人须承担“交付的标的物与其样品及其说明的质量相同”的特殊的合同义务。但是，在样品出现双方均不知情的隐蔽瑕疵的情况下，出卖人则须按照本条规定，承担“交付的标的物符合同种物的通常标准”的义务。所谓的通常标准应当参考本法第616条的规定，当事人对标的物的质量要求没有约定或者约定不明确，依据本法第510条予以确定，即可以协议补充，不能达成补充协议的，按照合同有关条款、合同性质、合同目的或者交易习惯确定，仍不能确定的，按照第511条第1项予以确定，即质量要求不明确的，按照强制性国家标准履行，没有强制性国家标准的，按照推荐性国家标准履行，没有推荐性国家标准

的，按照行业标准履行，没有国家标准、行业标准的，按照通常标准或者符合合同目的的特定标准履行。

本条的适用还需要明确双方的举证责任。由于合同的实践情况比较复杂，应当根据具体情况以“谁主张、谁举证”为原则，考虑当事人举证的方便性与可能性，分配双方的举证责任。对于是否存在样品买卖合同，应当由买受人举证，因为样品买卖加重了出卖人的责任，对买受人有利。对于是否存在对样品标的物品质的全面担保义务的限定的事实，由于对出卖人有利，应当由出卖人举证。对于未受领的标的物有与样品相同的品质，应当由出卖人举证，这是担保义务之所在。对于已经受领的标的物与样品品质不一致的事实，或者已经交付的样品、标的物存在隐蔽瑕疵，由于该事实对于买受人有利，应当由买受人举证。

【关联规定】

《合同法》第169条

（撰稿人：魏露露）

第六百三十七条　【试用买卖试用期间的规定】试用买卖的当事人可以约定标的物的试用期限。对试用期限没有约定或者约定不明确，依据本法第五百一十条的规定仍不能确定的，由出卖人确定。

【释义】

本条是关于试用买卖试用期间的规定。试用买卖属于买卖合同中特种买卖的一种。试用买卖又称为试验买卖，是指以买受人承认标的物为停止条件而订立的买卖合同。[①] 试用买卖在成立和效力内容方面与一般的买卖合同并无不同，只因为试用买卖合同的生效设有停止条件，该停止条件即为买受人对标的物的认可。因此，试用买卖区别于当事人约定先试用再成立买卖的合同，属于先成立买卖合同再试用，并以买方试用后的承认为买卖合同的停止条件。所谓买受人对标的物的认可，是指买受人对标的物“满意”观念所作出的通知。购买的认可属于主观任意条件，因此，堪称民法“任意条件非为条件”之原则的特例。[②] 买受人满意

---

① 邱聪智：《新订债法各论（上）》，中国人民大学出版社2005年版，第136页。
② 邱聪智：《新订债法各论（上）》，中国人民大学出版社2005年版，第136页。

与否，视其自由意志，如果不满意，也无须说明理由。因此，这一条件在性质上是纯粹的任意条件。且试用合同中买受人不经试用而直接满意标的物，或不满意标的物的情况，均是被允许的。在试用买卖合同中，试用买卖标的物的所有权一般在试用方以书面、口头或者其他方式表示愿意购买时转移至卖方，卖方为了防止买方取得标的物所有权后不付款，可以在合同中约定，在买方付清全部价款之前，标的物所有权不转移于买方。

试用期间是试用买卖合同的重要条款。试用买卖交易的过程一般是出卖人将标的物交付给买方试用，买方接受并妥善使用标的物，在试用期间届满前买方需作出是否同意购买的决定；同意购买的，则支付价款，取得标的物所有权，试用买卖转变为普通买卖；不同意购买的，应将标的物退回，一般无须说明不买的理由。可见，在试用买卖合同中，出卖方承担向买方交付试用产品的义务，试用是促使买受人满意的手段，是买方的利益。出于双方利益平衡的需要，试用买卖应当设立试用期间，买方承认或者拒绝标的物的决定应当在试用期届满之前作出。试用期间的设置遵循合同自由的原则，首先由当事人约定，没有约定或约定不明确的，可以协议补充，不能达成补充协议的，按照合同有关条款、合同性质、合同目的或者交易习惯确定（本法第 510 条）。仍不能确定的，由卖方决定。原因在于试用是出卖方的不利益，买方的利益，出于双方利益均衡的考量，应当在试用期间无法确定的情况下，将确定权赋予出卖人。

本条与《合同法》第 170 条保持一致，并未作出修改。

【关联规定】

《合同法》第 170 条

（撰稿人：魏露露）

第六百三十八条　【试用买卖中买受人对标的物的认可】 试用买卖的买受人在试用期内可以购买标的物，也可以拒绝购买。试用期限届满，买受人对是否购买标的物未作表示的，视为购买。

试用买卖的买受人在试用期内已经支付部分价款或者对标的物实施出卖、出租、设立担保物权等行为的，视为同意购买。

【释义】

本条规范的是试用买卖中买受人对标的物的认可。

买受人在试用期内，既可购买标的物，也可拒绝购买，这是买方的权利和自由，不受其他条件的限制。但是，为保证试用合同的顺利及时履行，平衡买卖双方利益，在试用期结束之前买受人应当以口头或书面或者其他方式明确表达其意愿，如果买受人未作出明确的意思表示，将导致合同效力悬而不决。因此，本条第 1 款在规定买受人接受或拒绝标的物的权利的同时，也规定了试用期届满，买受人的沉默将视为对标的物的认可。根据本法第 140 条的规定，意思表示虽然可以明示或默示作出，沉默只有在法律规定、当事人约定或符合交易习惯时，才能视为意思表示。也就是说一般情况下，沉默并非意思表示。而本条规定则是沉默不发生法律效果的例外。试用买卖中，试用期届满，买受人的沉默将视为接受标的物。本条第 1 款与《合同法》第 171 条保持一致，未作修改。

本条第 2 款是新增条款，新增了试用买卖中买受人对标的物拟制认可的情形。该条规定买受人在试用期内支付标的物的一部分价款或者对标的物进行试用之外的他用，如出卖、出租、设立担保物权等的，将被视为买受人认可标的物。该新增的拟制许可情形借鉴了其他国家和地区的相关规定。例如，我国台湾地区“民法”第 387 条第 2 项规定，“买受人已支付价金之全部或一部分，或就标的物为非试用所必要之行为者，视为承认”。拟制许可的设置目的在于尽快确定悬而未决的买方“认可”状态，只有确定买受人的认可状态，才能确定试用买卖合同的状态，只有买受人认可标的物，条件才成就，合同才生效。因此，买受人虽然未明示认可，但是一般来讲，买受人认可后才有义务支付价款，因而，买受人支付一部分价款的表现可以认为买受人通过支付价款的方式来作出认可标的物的意思表示，应当推定为买方认可标的物。另外，买受人虽未支付价款，但是对标的物从事试用之外的利用行为，如出租、出卖、设置担保物权等，显然呈现出将标的物视为己物的意思外观，因为在试用期内买受人并无标的物的处分权，因而买受人从事试用之外的行为，也应当视其为对标的物的认可。

【关联规定】

《合同法》第 171 条，《最高人民法院关于审理买卖合同纠纷案件适用法律问题的解释》第 41 条

（撰稿人：魏露露）

第六百三十九条　【试用买卖中的标的物使用费】试用买卖的当事人对标的物使用费没有约定或者约定不明确的，出卖人无权请求买受人支付。

【释义】

本条规范的是试用买卖中的标的物使用费问题。试用买卖中买受人是否需要支付试用标的物的使用费应当遵循当事人约定，没有约定或者约定不明确的，则应遵循法律的规定，即本条的规定，买受人没有义务支付使用费。从试用买卖的性质来看，试用是买受人的权利，出卖人有义务向买受人提供试用产品，且原则上试用标的物是买受人应当享有的特殊权利，因此出于试用目的对标的物的使用应当是免费的。当然法律也不应排除当事人的意思自治，如果双方约定了标的物的使用费用，则买受人应当按照约定支付使用费。

本条属于新增条款，将较成熟的司法实践吸纳入立法之中。本条借鉴了《最高人民法院关于审理买卖合同纠纷案件适用法律问题的解释》第 43 条规定“试用买卖的当事人没有约定使用费或者约定不明确，出卖人主张买受人支付使用费的，人民法院不予支持”。

【关联规定】

《最高人民法院关于审理买卖合同纠纷案件适用法律问题的解释》第 43 条

（撰稿人：魏露露）

第六百四十条　【标的物毁损、灭失风险的承担】标的物在试用期内毁损、灭失的风险由出卖人承担。

【释义】

本条规范的是试用期内标的物毁损、灭失风险的承担问题。本条将标的物在试用期间毁损、灭失的风险分配给出卖人，是一般买卖合同风险责任分配规则的例外。风险的转移是买卖合同中极为重要的一个问题，因为它关系到当事人的切身利益。所谓“风险”，是指标的物因不可归责于任何一方当事人的事由而遭受的各种意外损失，如盗窃、火灾、沉船、破碎、渗漏、碰撞、受潮、受热、发霉、变质等。风险非指由于当事人的故意或过失造成的损失，而是由意外事件或自然灾害造成的。根据《合同法》第142条以及本法第604条，我国是以标的物交付时间为风险转移的时间，交付主义是标的物风险转移的一般规则。但是以交付作为划分风险承担的界限只是一般性规定，法律另有规定或当事人另有约定的除外。如我国台湾地区“民法”第373条规定：“买卖标的物之利益及危险，自交付时起，均由买受人承受负担，但契约另有订定者，不在此限。”试用买卖中试用期内标的物毁损、灭失风险的转移不以交付为原则，即标的物的风险并不随着交付而转移给买受人，而仍由出卖人承担，属于法律的另有规定。

本条属于新增条款，以立法的方式进一步明确了试用买卖合同试用期内出卖人交付标的物的法律效果问题。作为风险转移一般性规定的例外规定，原因在于在试用买卖中，出卖人交付标的物给买受人试用，虽然试用买卖合同已经成立，但是在买受人认可标的物之前，买卖合同并未开始生效，标的物的交付只是为了完成试用之合同目的，并不产生所有权转移的合同效果，而在一般的买卖合同中，交付往往意味着所有权的转移，而所有权的转移，必然伴随风险的转移，但风险转移，所有权并不一定转移。出于对试用买卖中买受人试用权利的保障，本条规定标的物所有权未发生转移，则标的物的风险也未发生转移。

【关联规定】

《合同法》第142条，《民法典》第604条

（撰稿人：魏露露）

第六百四十一条　【买卖合同中的所有权保留】当事人可以在买卖合同中约定买受人未履行支付价款或者其他义务的，标的物的所有权属于出卖人。

出卖人对标的物保留的所有权，未经登记，不得对抗善意第三人。

【释义】

本条规范的是买卖合同中出卖人保留标的物所有权的问题。所有权保留条款

是有利于出卖人的条款。它的主要功能是可以使出卖人躲避不能取得标的物价款的风险。在买受人未履行支付价款或者其他出卖人认为重要的义务以前，出卖人仍然享有标的物的所有权。这样就可以免去在出卖人已交付标的物而买受人不履行其主要义务时，因所有权已转移可能给自己造成的损害。

"所有权在交付时转移"是关于所有权转移的一般规定，但可以通过当事人约定予以排除。在合同中约定保留所有权的条款，是买卖合同中卖方经常采用的一种维护自身利益的手段。这种约定必须是明确的，应该能够有效排除所有权在交付时转移的一般规定。保留所有权，即对所有权的转移附加条件，只有在卖方所附加的条件得到满足时，所有权才转移到买方。附加的条件可以有多种，如约定买方未及时支付价款时，标的物的所有权仍然属于卖方。是否保留所有权，在买方失去清偿能力而破产时对卖方的意义尤其重要。如果卖方保留了所有权，那么该项财产就不应计入买方的破产财产，卖方可以行使取回权；反之，如果所有权已经转移到买方，那么该项财产就应计入买方的破产财产，卖方只能与其他债权人一起按比例受偿。这样一来卖方的利益就变得毫无保障。从法理上讲，保留标的物所有权的卖方行使的是物权方面的救济措施，已让渡所有权的卖方只能行使债权方面的救济措施。如果卖方保留的所有权仅限于标的物本身，一般称之为简单的所有权保留条款；如果卖方保留的所有权触及标的物本身以外，还及于买方因处分该标的物，如将货物出售或将以标的物制成的产品销售而取得的收益，则这种条款称为扩张的所有权保留条款，这样即把买方视为卖方的代理人或信托人。至于采取何种所有权保留方式，可由当事人在合同中约定。

在适用中应当注意本条对当事人约定保留所有权的条件作出了严格的限制。只有在买受人未履行支付价款或者其他义务时，出卖人才能保留标的物的所有权。也就是说，在买卖合同中，当事人之间不能随意约定出卖人保留标的物所有权的条件，只能约定在买受人不履行主要义务，构成违约的情况下，标的物的所有权不发生转移，仍属于出卖人。如果当事人的约定违反了本条规定，则约定无效，标的物所有权的转移不受该约定的影响。例如，对于一个分期付款买卖，当事人在合同中约定，只有在买受人支付全部价款时，买受人才能取得标的物的所有权。这个约定就属于无效的约定，因为它违反了本条所规定的，约定保留标的物所有权的条件只能是买受人存在违约行为的限制条件。如果对于同一合同，当事人约定在买受人未及时支付价款时，标的物所有权属于出卖人，则该约定符合本条的要求，是一个有效的约定。

买卖合同中的所有权保留条款，是标的物所有权转移问题中的重要内容。各国法律都允许当事人通过约定这样的条款来明确标的物所有权转移的时间，而且在合同实务中，尤其是在国际贸易中，这种条款也是很多见的。例如，根据英国《货物买卖法》的相关规定，无论是特定物的买卖还是种类物的买卖，即使在货物已经特定化之后，卖方都可以保留对货物的处分权，主要是指所有权。在卖方所要求的条件得到满足以前，主要是货物的价款支付以前，货物的所有权仍不转移于买方。根据英国《货物买卖法》第19条的规定，当事人可以在合同条款中作出出卖人保留对货物处分权的约定，如双方可以约定，在买方支付货款之前，所有权不转移于买方。在这种情况下，无论货物是交付给了买方还是交付给了货物承运人以便运交买方，货物的所有权都不随之而转移于买方，直至合同约定的付款条件得到满足为止。除当事人明确约定外，根据该条，在有些情况下，也可以根据当事人对货物提单的处理方式推定卖方保留对货物的处分权，如卖方可以通过提单抬头的写法表示卖方保留对货物的处分权。如果货物已经装船，而提单的抬头载明该项货物须凭卖方或者卖方代理人的指示交货时，则在卖方将提单背书交给买方或者其代理人以前，应当认为卖方保留了对货物的处分权。因为提单是货物所有权的凭证，只要卖方掌握着提单，他仍可以通过处分提单来处置该提单项下的货物。在国际贸易中，除非当事人另有约定，卖方通常都是在买方支付货款时，才把提单交给买方。而美国在关于提单的这个问题上的处理办法则有别于英国。按照美国统一商法典的规定，卖方保留货物所有权的凭证，一般只起到担保权益的作用，即以此作为买方支付货款的担保，这并不影响货物所有权按照该法典的规定转移于买方。美国的规定也是有其道理的。因为货物买卖合同订立以后，无论是卖方还是买方都应当受合同义务的约束，卖方交付货物的对价一般只是买方支付价款。所以在货物发运以后，即使卖方仍保留着货物所有权的凭证，如提单，他对货物的处分权也应当是有限的。比如，他不能毫无理由地指示承运人把货物转运给第三人。卖方保留提单只应当是作为买方支付货款的担保，只要买方支付了价款，卖方就有义务按照合同履行交付提单的义务。

对比域外的规定，本条规定只是确立了所有权保留的一个基本原则，属于提示性条款，有关具体问题没有涉及。在今后本条的实际应用中可能遇到各种复杂的情况，需要针对实际情况，并借鉴国外有益的规定确定具体的处理方法。值得注意的是，根据《最高人民法院关于审理买卖合同纠纷案件适用法律问题的解释》第34条的规定，标的物所有权保留仅适用于动产物权，不适用于不动产物权。

本条第2款属于新增条款，是对所有权保留条款的效力进行的规范。动产以交付作为所有权转移的一般性规定，一般情况下不需要登记，交付和占有即构成买受人取得动产所有权的效力凭证，可以对抗善意第三人。但在买卖合同中，所有权保留的条款属于对“交付和占有”的所有权转移和取得这一法定效力的例外性约定，根据合同的相对性原则以及对善意第三人合法利益的保护，这一约定应当仅在双方当事人之间有效，如要取得对抗善意第三人的效力，则需要登记。

【关联规定】

《合同法》第134条，《民法典》第224条，《最高人民法院关于审理买卖合同纠纷案件适用法律问题的解释》第34条，《最高人民法院关于贯彻执行〈中华人民共和国民法通则〉若干问题的意见（试行）》第84条

（撰稿人：魏露露）

第六百四十二条　【出卖人标的物的取回权】 当事人约定出卖人保留合同标的物的所有权，在标的物所有权转移前，买受人有下列情形之一，造成出卖人损害的，除当事人另有约定外，出卖人有权取回标的物：

（一）未按照约定支付价款，经催告后在合理期限内仍未支付；

（二）未按照约定完成特定条件；

（三）将标的物出卖、出质或者作出其他不当处分。

出卖人可以与买受人协商取回标的物；协商不成的，可以参照适用担保物权的实现程序。

【释义】

本条规范的是所有权保留买卖中出卖人的标的物取回权的行使条件。按照本条的规定，在当事人约定了所有权保留的买卖合同中，买受人出现违约的情形，并对出卖人的债权利益造成损害时，出卖人享有标的物的取回权。买受人违约的情形包括未按约定支付价款，经催告后在合理期限内仍未支付的；未完成特定条件的；出卖、出质或有其他不当处分标的物的。本条规定出卖人取回权的目的在于确保出卖人能够实现“就物求偿”，在所有权保留买卖中，买受人实际占有、使用标的物，这就造成了所有权人与标的物相互分离，出卖人虽然保留了所有权却并不占优势，一旦买受人不依约支付价款或者对标的物进行处分，进而使得标的物的价值降低或状态改变，都将危害出卖人的利益。因此，出卖人应享有一定

的救济权利，取回标的物无疑是最好的手段。所有权保留的目的在于以保留所有权来担保其价金债权的实现，也是出卖人能够行使取回权的物权依据。

《合同法》第 134 条对所有权保留作出了原则性的规定，但尚未形成具体的取回权制度。2012 年《最高人民法院关于审理买卖合同纠纷案件适用法律问题的解释》第六部分具体化了所有权保留制度，具体条文包括：细化规定了所有权保留的适用范围（第 34 条）、出卖人取回权的行使条件及限制（第 35 条、第 36 条），以及作为取回权之对抗性权利的买受人的回赎权（第 37 条）、已取回标的物的再出卖程序（第 37 条）等，解决了合同操作和司法实践中的很多具体问题。本条作为新增条款，承继了《最高人民法院关于审理买卖合同纠纷案件适用法律问题的解释》关于所有权保留和取回权行使的相关规定，同时本条第 2 款对《最高人民法院关于审理买卖合同纠纷案件适用法律问题的解释》中没有规定的出卖人取回权的行使程序作出了规定，第 3 款则保留了《最高人民法院关于审理买卖合同纠纷案件适用法律问题的解释》第 35 条第 2 款出卖人针对取回的标的物损害的赔偿请求权。

关于出卖人的取回权的法律性质学界存在一些分歧，包括解除权效力说、附法定期限解除契约说和就物求偿说。就物求偿说由我国台湾地区学者王泽鉴提出，并在我国得到较广泛接受。该说认为，出卖人保留所有权的目的在于保障价金债权，故出卖人基于保留之所有权，取回标的物者，其目的亦在满足未偿之价金债权。也就是说，出卖人保留所有权并非为了保留标的物本身，而是利用保留的所有权获得买受人债务清偿的权利。取回可以理解为出卖人就物求偿价金之特别程序，类似于强制执行中的查封，买受人的回赎类似于撤销查封，再出卖类似于强制执行中的拍卖程序。就物求偿说确立了标的物取回的目的是保障原买卖合同的价款，与《最高人民法院关于审理买卖合同纠纷案件适用法律问题的解释》第六部分所有权保留制度所体现的目的一致。

对于立法和司法实践来说，采取哪种学说并不重要，关键是要区分取回权与合同解除权、物上请求权之间的区别，因为这将涉及以下问题，一是出卖人行使取回权后原买卖合同是否自然解除；二是出卖人基于原买卖合同所得之价款是否应当返还；三是出卖人再出卖后高出买受人未支付部分的款项归谁所有。

取回权与解除权相比，主要存在两个方面的不同。第一，二者的制度目的不同。取回权的制度目的是允许出卖人通过行使取回权重新恢复对标的物的实际占有，从而出卖人能够将双方的交易恢复到同时履行的状态，督促买受人在法定期限内通过行使回赎权继续履行原买卖合同，取回权因而以保障合同的继续履行为目的，是合同履行的救济手段，而非消灭双方的合同关系，解除合同。第二，二者的适用范围也不同。取回权的适用范围要大于解除权。买受人只要出现本条所规定的违约情形，出卖人就可以行使标的物取回权，而合同单方面解除权的行使则以对方构成根本违约为前提条件。

取回权与物上请求权也多有不同。第一，二者法律性质不同。物上请求权是一种物权保护方法，避免标的物更大的损失。而取回权是为了实现价金债权而取回标的物，是实现债权的救济方法。第二，二者行使的条件也不同。物上请求权的相对人是无权占有人，必须是无正当法律依据而占有他人之物；取回权的相对人则是有权占有人，买受人通过买卖合同取得对标的物的占有，属于有权占有。

因而，针对本条适用中的三个问题。首先，出卖人行使取回权之后原合同并不自然解除。其次，由于合同继续履行，出卖人基于原合同取得的价款不应当返还。最后，由于出卖人的取回权只是为了保障依据原买卖合同所应得的价款，因此出卖人再出卖标的物，且扣除相关费用之后取得的高于买受人未支付部分的款项应归买受人所有。这也符合本法第643条的规定。本条第2款还规定取回权应通过协商行使，协商不成的，参照担保物权的实现程序。第3款则规定出卖人有权要求买受人赔偿取回标的物价值明显减少。

【关联规定】

《最高人民法院关于审理买卖合同纠纷案件适用法律问题的解释》第34～37条

（撰稿人：魏露露）

第六百四十三条　【买受人标的物的回赎权】 出卖人依据前条第一款的规定取回标的物后，买受人在双方约定或者出卖人指定的合理回赎期限内，消除出卖人取回标的物的事由的，可以请求回赎标的物。

买受人在回赎期限内没有回赎标的物，出卖人可以以合理价格将标的物出卖给第三人，出卖所得价款扣除买受人未支付的价款以及必要费用后仍有剩余的，应当返还买受人；不足部分由买受人清偿。

【释义】

本条规范的是买受人的标的物回赎权。所谓买受人之回赎权，是指在所有权保留买卖中，出卖人依法行使取回权取回标的物之后，在法定或出卖人指定的回赎期限内，买受人通过履行支付价金等合同义务，重新取得对标的物的占有的权利。买受人的回赎权是对于出卖人的取回权的制约，是取回权的对抗性权利，回赎权赋予买受人选择再次履行合同义务的权利，在一定期限内阻止出卖人再次出卖标的物以实现其价金债权。无论是取回权还是回赎权的立法目的均在于促使交易重新回到正常的轨道之上，得以继续履行。买受人行使回赎权之后，得以再次恢复对标的物的占有和使用。

为了均衡买卖双方的利益保护，买受人的回赎权也不是没有限制的。本条设置了买受人行使回赎权的条件。第一，买受人必须在双方约定或者出卖人指定的合理回赎期限内行使回赎权。我国立法没有规定法定的回赎期限，而只规定了约定期限和指定期限两种类型。第二，买受人回赎权的行使以买受人履行了合同义务，消除出卖人取回标的物的事由为条件。履行的合同义务事项应包括本法第642条第1款规定的支付价款，完成特定条件等义务。

买受人在回赎期限内没有回赎标的物的，出卖人则获得了再次出卖标的物的权利，由于出卖人的取回权是就物求偿，出卖人可获得的再出卖标的物所得在减除必要费用之后应当与买受人未支付的价款相当，以保障出卖人根据原买卖合同的价金债权。因此，标的物再出卖的全部所得价款在减除原买受人未支付的价款及必要费用后有剩余的，应返还原买受人，不足的部分则应由原买受人清偿。

本条为新增条款，承继了《最高人民法院关于审理买卖合同纠纷案件适用法律问题的解释》第37条的规定。出卖人对取回标的物的再出卖权利也有限制。第一，标的物应当以合理的价格进行再交易。按照《最高人民法院关于审理买卖合同纠纷案件适用法律问题的解释》第37条的规定，合理价格应该以市场价格为准，原买受人能够证明出卖人另行出卖的价格明显低于市场价的，则对于不足部分，原买受人可以不予清偿。第二，应当扣除的必要费用包括取回和保管费用、再交易费用、利息等。

【关联规定】

《最高人民法院关于审理买卖合同纠纷案件适用法律问题的解释》第37条

（撰稿人：魏露露）

第六百四十四条　【招投标买卖的特别规定】招标投标买卖的当事人的权利和义务以及招标投标程序等，依照有关法律、行政法规的规定。

【释义】

本条是对招标投标买卖的规定。本条并未作出修改，继续沿用了《合同法》第172条的规定。

招标投标买卖是指由招标人公布标的物的出卖条件，投标人参加投标竞买，招标人选定中标人的买卖方式。招标投标买卖法律关系的主体包括出卖人和竞买人，出卖人又可称为招标人，竞买人又可称为投标人或买受人、中标人。招标投标不仅是特种买卖的一种类型，作为订立合同的一种方式，招投标广泛适用于承揽、建设工程、运输、服务等合同的订立。招标投标买卖的程序，可分为招标、投标、开标、评标、定标。招标时，招标人发出招标公告。根据《合同法》第15条的规定，招标公告为要约邀请，投标人投标为要约。投标应当表明竞买金额，投标后，招标人应当按照公告说明的时间、地点和程序开标。开标后，招标人组织评标，按评标结果定标，确定中标人，定标为承诺。与同为竞争买卖的拍卖不同的是，拍卖以最高应价者确为买定人，而招标投标买卖的中标人不一定是出价最高者，招标人综合衡量投标人条件选择中标人，或许是出价较低者中标。招标人定标，招标投标买卖成立。

招标投标买卖在现代社会中是一种重要的买卖形式，尤其在大宗定货和政府采购中能够发挥有益的作用。招标投标买卖当事人的权利和义务以及招标投标程序等，应当依法加以具体规范。我国现有专门的《招标投标法》《招标投标法实施条例》，因此本条规定招投标买卖当事人的权利和义务以及招投标程序等，依照有关法律、行政法规的规定。

【关联规定】

《合同法》第15、172条

（撰稿人：魏露露）

第六百四十五条 【拍卖的规定】 拍卖的当事人的权利和义务以及拍卖程序等，依照有关法律、行政法规的规定。

【释义】

本条是对拍卖的规定。本条继续沿用了《合同法》第173条的规定，并未作出修改。

所谓的拍卖，是拍卖人以公开竞价的方式，将拍卖标的出售给出价最高者的买卖方式。拍卖的成交过程一般经过开拍、竞价、拍定三个阶段。一经拍定，买卖合同即宣告成立，任何一方不得反悔。如买方反悔或不按时支付价金，出卖方有权解除合同，将标的物重新拍卖，若所得价金少于原拍卖的价金，出卖方有权要求原买方赔偿损失，包括差价及再拍卖费用。拍卖是一种特殊的成交方式，一般由专门的拍卖组织在特定的场所，经特定的程序出售标的物。

拍卖的财产称拍卖标的，包括拍卖的物品和财产权利。拍卖标的是有体物的，称拍卖物。禁止流通物不得作为拍卖物。依照法律或者依照国务院规定需经审批才能转让的财产，在拍卖前，应当办理审批手续。国家行政机关依法没收的物品，充抵税款、罚款的物品，公安机关保存的超过招领期限的遗失物品和其他确认为无主物的物品，人民法院依法没收的物品，充抵罚金、罚款的物品以及无法返还的追回物品，适合拍卖的，也可以作为拍卖物。拍卖的标的物，多为一些品质不易标准化，或难以久存的商品或价值难以确定的特定物，如羊毛、生丝、烟叶、茶叶、木材、古董、文物、艺术品等。拍卖组织接受卖方的委托后，制作散发广告、传单等宣传材料，介绍拍卖标的物，寻找买主。买主看货参加竞买，彼此出价竞争，最高出价者出现时，拍卖人即落槌表示成交。

开拍即拍卖人发出的对财物进行拍卖的意思表示。在性质上属于要约邀请而不是要约，它只是邀请竞买者出价，如出价未达到拍卖人要求时，该出价不发生效力，拍卖人可以拒绝交易。但是拍卖没有保留价的，拍卖人应在拍卖前予以说明，对最高出价者必须拍定；如果未说明，拍卖为有保留价。

竞价，即应买方发出的购买的意思表示。一般情况下，应买人的每次竞价为要约，一经接受就不能撤销；但当出现更高竞价者时，前面的竞价即自动失效。《拍卖法》规定拍卖人及其工作人员、委托人均不得参与竞买，也不得委托他人参与竞买。

拍定，即应买人的最高竞价经拍卖师傅落槌或以其他公开方式确认，拍卖即成交。拍定属于对要约的接受。

拍卖成交后，委托人应将标的物转移给买受人，买受人则应支付拍定价款，一方违反其义务的，应承担违约责任。拍卖人应当承担标的物权利瑕疵和质量瑕疵的担保责任。拍卖人或委托人于拍卖前予以说明的除外。

拍卖按其性质可分为公法拍卖和私法拍卖。公法拍卖指司法拍卖，私法拍卖指民事拍卖。这两种拍卖的程序、责任均有不同。司法拍卖指人民法院的拍卖，又称强制拍卖，是人民法院按照强制执行程序进行的拍卖。私法拍卖是民法上的拍卖，又称任意拍卖，指公民、法人的拍卖。人民法院委托他人拍卖罚没物品，亦属私法拍卖。私法拍卖又有自行拍卖和委托拍卖之分。公民、法人自己拍卖自己的财产，为自行拍卖。拍卖是买卖的一种方式，公民、法人可以运用这种方式自行出卖所经营的财产。政府从事民事拍卖，也是自行拍卖。公民、法人、政府和法院委托他人拍卖，为委托拍卖。私法拍卖实行公开、公平、公正、诚实信用的原则。合同法中的拍卖是指私法拍卖。

拍卖作为特种买卖的一种，采取的是专门立法进行规范的方式。我国在1996年通过了《拍卖法》，该法于1997年1月1日施行，2004年进行第一次修改，2015年进行第二次修改。《拍卖法》适用于在中华人民共和国境内拍卖企业进行的委托拍卖行为，但未涉及公民、法人自己拍卖自己的财产的自行拍卖行为。按照《合同法》第173条以及本条的规定，拍卖的当事人的权利义务以及拍卖程序等，需依照有关法律、行政法规的规定。依照这一规定，自行拍卖的当事人的权利义务以及拍卖程序等，可以依照《拍卖法》、商务部《拍卖管理办法》的规定予以确定。

【关联规定】

《合同法》第173条

（撰稿人：魏露露）

第六百四十六条　【其他有偿合同的规定】法律对其他有偿合同有规定的，依照其规定；没有规定的，参照适用买卖合同的有关规定。

【释义】

本条是关于买卖合同之外的有偿合同准用买卖合同的规定。本条内容沿用了《合同法》第174条的规定，未作出修改。

本条中“其他有偿合同”，是指买卖合同之外的各种其他的有偿合同，包括有名合同，如供电、水、气、热力合同，借款合同，租赁合同，融资租赁合同，承揽合同，建设工程合同，运输合同，技术合同，保管合同，仓储合同，委托合同，行纪合同，居间合同和其他无名的有偿合同，也可以参照类似的有名合同，准用买卖合同的规定。

以当事人享有合同权利是否需支付对价为标准，可以把合同分为有偿合同和无偿合同。当事人享有合同权利时必须向对方支付一定对价的合同，称为有偿合同。大多数合同都是有偿合同。如买卖合同、租赁合同等。当事人享有合同权利而不必向对方偿付代价的合同，称为无偿合同。赠与合同是典型的无偿合同，在此合同中，受赠人取得赠与物无须向赠与人支付任何代价。有些合同从性质上说就是有偿合同，如果一方当事人只享有合同权利而不支付代价，就不称其为该种合同。如买卖合同、租赁合同即如此。反之，如赠与合同就只能是无偿合同，这亦由其性质而定。有些合同，则既可以是有偿合同，又可以是无偿合同，全在于合同当事人之间是否有偿付代价的约定。如委托合同、保管合同、公民之间的借贷合同等。在有偿合同之中，以买卖合同最为重要。因此，《合同法》及本法“买卖合同”一章的条文结构最为完整详细。“买卖合同”的一些规定，属于有偿合同共通性的规则。从立法技术上的避免重复繁杂的要求出发，有关条款就不再规定于其他各有偿合同的相关章节之中，而是按照本条的规定，直接参照适用关于买卖合同的相应内容。值得注意的是，根据特别法优于一般法的原则，《合同法》及本法对买卖合同之外的各类有偿合同的规定，是具有直接针对性的专门规定，这些专门规定与买卖合同的相关规定不同时，应当适用专门规定。只有对于没有作出专门规定的，才可以考虑参照适用买卖合同的有关规定。

【关联规定】

《合同法》第 174 条

（撰稿人：魏露露）

第六百四十七条 【易货交易的规定】 当事人约定易货交易，转移标的物的所有权的，参照适用买卖合同的有关规定。

【释义】

本条是关于互易合同的规定。本条内容承继了《合同法》第 175 条的规定，并未作出修改。

互易合同是交易当事人以金钱以外的财物为标的物，相互交易，转移标的物所有权的合同。交易当事人叫作互易人，互易合同的当事人互为互易人，互易人可以是自然人或者法人。互易合同的当事人可以是双方主体，也可以是三方以上的当事人，如三方互换。以物易物是人类社会早期的商品交易形式，统一货币的出现才使得买卖合同逐渐成为主流的商品交易形态，互易合同逐渐衰败。当今社会仍有易货交易，所以一般各国立法都给互易合同留有一席之地，但只是简略地规定互易概念，互易合同当事人的权利义务关系与买卖合同极为相似，故各国法律一般不对互易合同做专门规定，而是适用买卖合同的相关规定。

比照买卖合同的法律特征，互易合同是双务合同、有偿合同。互易合同中互易人各自享有取得对方互易标的物所有权的权利，负有将本人的标的物转移交付对方的义务。互易合同与买卖合同最为相似之处即在于二者均以转移合同标的物所有权为合同内容。不同点在于买卖合同是买卖标的物与价金的交换，买受人需向出卖人支付价金，而互易合同是标的物的交换，无须价金的支付。动产互易是不要式合同，不动产互易应采用书面形式，且应办理登记手续。互易合同中，当事人互为出卖人和买受人，均须承担各自标的物的瑕疵担保义务和权利担保义务，同时可以行使各种抗辩权，如同时履行抗辩权、不安抗辩权等。

互易合同又分为一般互易和补足价金的互易。一般互易又分为单纯互易和价值互易。单纯互易是指当事人以一物换一物，不考虑两物的价值是否对等。价值互易则是一方以一物换取对方价值相等的另一物。这相当于两个买卖，只是价款相互抵销。在实际生活中互易的标的物并不一定等价，因此不等价的互易合同需要补足价值的差额，即附补足金的互易合同。所谓的附补足金互易合同是指不等价互易的互易人互易后，尚存在差额，差方以金钱补足。附补足金的互易实为互易与买卖的混合合同，以价款补足的差额部分应当按买卖合同进行。

【关联规定】

《合同法》第 175 条

（撰稿人：魏露露）

第十章　供用电、水、气、热力合同

【导读】

本章规定的是供用电、水、气、热力合同，因供用水、气、热力合同与供用电合同类似，故重点对供用电合同的概念、内容、履行地点、供用电双方的权利义务、违约责任等作出了规定。

本章较《合同法》原有规定变化不大，新增两款内容，即“向社会公众供电的供电人，不得拒绝用电人合理的订立合同要求”（第648条第2款）、“供电人依照前款规定中止供电的，应当事先通知用电人”（第654条第2款），分别对供电人的强制缔约义务和供电人因用电人欠缴电费或违约金中止供电时的通知义务予以明确。

就法律性质而言，供用电、水、气、热力合同是买卖合同的一种，为一方转移财产所有权，另一方支付价款的双务有偿合同。该类合同较一般买卖合同的特殊性主要体现在合同主体和标的物的特殊性上。

首先，合同主体具有特殊性。作为供用电合同一方当事人的用电人，范围极其广泛，时至今日，已经无法想象人类没有电该如何度过，它事关每个人的生活，也攸关国民经济和社会发展，因此用电人涉及千家万户、各行各业。供电人则不同，电力事业作为关系国计民生的社会公益事业，电力供应只能由特定的供电部门统一供应，并非所有的民事主体都可准入，这也使得供电部门具有了先天的垄断地位。在计划经济时代，电力管理作为我国行政管理领域的组成部分，供电部门发挥了部分行政管理职能，供电人和用电人在现实中也体现出管理与被管理的关系，给供电合同一度留下了“行政合同”的烙印①。随着市场化改革，供电、水、气、热力合同作为民事合同已深入人心，但因该类合同事关国计民生，其行政色彩依然存在，当事人的很多合同义务也是其按照相关行政法律法规应当遵守的法定义务。

其次，合同标的物具有特殊性。电、水、气、热力作为物质，能够为人类提

① 参见姚德年、李长城：《供用电、水、气、热力合同》，法律出版社1999年版，第5～6页。

供价值效能，均属于民法中“物”的范畴，但较一般的“物”，其特殊性显而易见。特别是电，没有形态，肉眼不可得见，只有在连续使用过程中才能体现其效用，所以供用电合同是典型的连续供应合同。电作为合同标的物的不同之处，还在于其不可储存，用电人不能事先储备，供电人必须持续供电以保障用电人的正常用电。为最大程度地提高使用效益、避免浪费，就需要合理规划、有计划的安排供电。电的不可保存性，也使得标的物所有权的转移，以及产品质量不符合约定时的救济途径等异于其他买卖合同。此外，电作为标的物，其危险系数较高，生产、运输、使用等各个环节都要符合严格的安全要求，供电人和用电人双方义务履行不当，对合同相对方，甚至第三人的生命财产都极有可能造成大的损失。

供电人的自然垄断性、用电人的广泛性、合同标的物的特殊性以及供应时间的连续性，让该类合同区别于一般的买卖合同，合同编也将其作为单独的一类典型合同予以规定。对于本章中没有规定的内容，仍然应当适用“买卖合同”一章的相关规定。

第六百四十八条　【供用电合同定义及强制缔约义务】供用电合同是供电人向用电人供电，用电人支付电费的合同。

向社会公众供电的供电人，不得拒绝用电人合理的订立合同要求。

【释义】

本条沿用了合同法关于供用电合同定义的规定。供用电合同是作为平等主体的供电人和用电人订立的，由供电人向用电人供应电力，用电人使用该电力并支付电费的协议。

就法律性质而言，供用电、水、气、热力合同是买卖合同的一种，为一方转移财产所有权，另一方支付价款的双务有偿合同。对于本章中没有规定的内容，仍然应当适用第九章“买卖合同”的相关规定。

该类合同较一般买卖合同的特殊性主要体现在合同主体和标的物的特殊性上。

首先，合同主体具有特殊性。供用电合同的双方当事人是供电人和用电人。时至今日，已经无法想象人类没有电该如何生活，它事关每个人的生活，也攸关国民经济和社会发展，因而用电人的范围极其广泛，涉及千家万户、各行各业。

供电人则不同，电力事业作为关系国计民生的社会公益事业，电力供应只能由特定的供电部门统一供应，并非所有的民事主体都可准入，这也使得供电部门具有了先天的垄断性地位。在计划经济时代，电力管理作为我国行政管理领域的组成部分，供电部门发挥了部分行政管理职能，供电人和用电人在现实中也体现出管理与被管理的关系，给供电合同一度留下了“行政合同”的烙印。[①] 随着市场化改革，供用电、水、气、热力合同作为民事合同已深入人心，但因该类合同事关国计民生，其行政色彩依然存在，当事人的很多合同义务也是其按照相关行政法律法规应当遵守的法定义务。

其次，合同标的物具有特殊性。电、水、气、热力作为物质，能够为人类提供价值效能，均属于民法中“物”的范畴，但较一般的“物”，其特殊性显而易见。特别是电，没有形态，肉眼不可见，只有在连续使用过程中才能体现其效用，所以供用电合同是典型的连续供应合同。电作为合同标的物的不同之处，还在于其不可储存，用电人不能事先储备，供电人必须持续供电以保障用电人的正常用电。为最大限度地提高使用效益，避免浪费，就需要合理规划，有计划地安排供电。电的不可保存性，也使得标的物所有权的转移，以及产品质量不符合约定时的救济途径等，异于其他买卖合同。此外，电作为标的物，其危险系数较高，生产、运输、使用等各个环节都要符合严格的安全要求，供电人和用电人双方义务履行不当，对合同相对方甚至第三人的生命财产极有可能造成大的损失。

供电人的自然垄断性、用电人的广泛性、合同标的物的特殊性以及供应时间的连续性，使供用电合同区别于一般的买卖合同，故合同编将其与类似的供应水、气、热力合同作为单独的一类典型合同予以规定。

根据相关规定，供电人是指在国家批准的供电营业区内向用户提供电力的供电企业或者依法取得供电营业资格的非法人单位。除此之外的其他任何单位和个人都不得作为供电人。供电企业的营业网点、营业所因为不具有民事权利能力，对外不能作为独立的民事主体签订合同，不能成为供电人。在公用供电设施未到达的地区，供电企业可以委托有供电能力的单位就近供电。非经供电企业委托，任何单位不得擅自向外供电。但该受托单位并非供电人，而只是供电人的代理人，受供电人的委托向用电人提供电力，供用电合同的主体仍然是供电企业，而非该受托单位。用电人是指使用电力的自然人、法人和非法人组织，范围极其广泛，凡是在生产生活中需要用电，且具备民事权利能力和行为能力的民事主体，都可以成为供用电合同的用电人，与供电人订立供用电合同。

---

① 姚德年、李长城：《供用电、水、气、热力合同》，法律出版社 1999 年版，第 5 ~ 6 页。

供用电合同作为双务、有偿合同，双方当事人享有一定权利的同时也负有一定义务，且具有对应性。就供电人来说，其主要义务是依照合同的约定向用电人供电，由于电力供应和使用的连续性，供电人在合同约定的期限内，在发电、供电系统正常的情况下，应当连续向用户供电。就用电人来说，其主要义务是根据用电量支付电费。根据《电力法》第31条和第33条的规定，用电人应当安装用电计量装置，其使用的电力电量，以计量检定机构依法认可的用电计量装置的记录为准，并应按照该记录和国家核准的电价，按时交纳电费。

本条较原合同法，增加了第2款的内容，将供电人的强制缔约义务予以明确。根据我国目前法律规定，供电企业只能在批准的供电营业区内向用户供电，且一个供电营业区内只设立一个供电营业机构。本供电营业区内的用电人想要使用电力，只能与该区域内的供电企业签订供用电合同，别无其他选择。因此，为保障用电人的合法权益，法律对供电人的缔约自由作出限制，如果用电人提出合理的订立合同要求，向社会公众供电的供电人必须签订合同，不能拒绝。此规定也是为了保障社会整体利益，是供电作为社会公益事业、电力作为国家提供的公共产品的必然要求。当然，该强制缔约义务仅限于用电人提出的“合理”的订立合同的要求，对于不合理的要求，供电人自然拥有决定是否缔结合同的自由。

【关联规定】

《民法典》第4~5条，《合同法》第4、176条，《电力法》第27、31、33条

（撰稿人：高晓燕）

第六百四十九条　【供用电合同内容】供用电合同的内容一般包括供电的方式、质量、时间，用电容量、地址、性质，计量方式，电价、电费的结算方式，供用电设施的维护责任等条款。

【释义】

该条较原合同法第177条，增加了“一般”二字，进一步明确了本条款所规定的供用电合同内容仅是起示范性作用，并非合同成立的必备条款。供电人和用电人在订立合同时，可以根据双方的实际需求，参照该条款内容商定协议内容，可增可减，无须一一具备。这一变动，体现了供用电合同是民事合同，而非行政合同的本质特征，也是民法自愿原则的应有之义。

实际生活中，因用电人范围极其广泛，特别是居民用电，涉及千家万户。供电人不可能与每一个用电人分别协商签订合同，为节约交易成本，一般由供电人预先拟订格式合同，由用电人签字后即完成订立。为避免权利义务不明晰，以及供电人利用自己的优势地位制定不公平条款，相关行政法规对供用电合同的内容予以了规范。《电力供应与使用条例》第 33 条规定："供用电合同应当具备以下条款：(一) 供电方式、供电质量和供电时间；(二) 用电容量和用电地址、用电性质；(三) 计量方式和电价、电费结算方式；(四) 供用电设施维护责任的划分；(五) 合同的有效期限；(六) 违约责任；(七) 双方共同认为应当约定的其他条款。"与本条规定的合同内容基本一致。

1. 供电的方式、质量、时间。供电方式，是指供电人以何种方式向用电人供电，是供电人向用电人提供的电源特性、类型及管理关系的总称。《供电营业规则》第 2 章对供电方式进行了专门规定，其中第 7 条明确，供电企业对申请用电的用户提供的供电方式，应从供用电的安全、经济、合理和便于管理出发，依据国家的有关政策和规定、电网的规划、用电需求以及当地供电条件等因素，进行技术经济比较，与用户协商确定。供电方式按电压区分，有低压供电、高压供电；按电源区分，有单相和三相供电；按用电期限区分，有临时用电和长期用电；按管理关系区分，有直接供电和委托转供电等。供电质量，一般以供电频率、电压和供电可靠性三个指标来衡量，《供电营业规则》第 53 条至第 57 条分别对电力系统正常状况下和非正常状况下的供电频率允许偏差、受电端供电电压允许偏差，电网公共连接点电压正弦波畸变率和用户注入电网的谐波电流标准、用户的停电次数等进行了规定。供电时间，是供用电双方在合同中约定的供用电时间，这既是明确合同双方权利义务时限的需要，也是保证合理用电、安全用电的需要。供电时间的明确，有利于供电人更加合理调度和安全供电：一方面可以避免用电人在同一时间集中用电，造成高峰时段供电设施因负荷过大而发生断电、停电事故；另一方面也可以防止低谷负荷过低造成的电力浪费。

2. 用电容量、地址、性质。用电容量，是指用电人申请，并经供电人核准使用电力的最大功率或视在功率，单位为千瓦或千伏安。用电容量不仅反映用户用电最大需求量，也决定了供电人要满足用电人的需求，必须具备的供电能力。用电容量的变化，是供用电合同内容的重要变更，用电人增加或减少合同约定的用电容量 (即增容或减容)，都需要提前向供电人提出申请，由供电人按照相关规定予以办理。用电地址是用电人使用电力的地址，在用电人新装用电时尤为重要，直接关系到供电条件勘查、供电方案确定及批复、受电工程设计的审核、装表接电等各项供电前期工作。用电性质按照目前销售电价分类，分为居民生活用电、农业生产用电、工商业及其他用电。居民生活用电是指城乡居民家庭住宅，以及机关、部队、学校、企事业单位集体宿舍的生活用电；农业生产用电，是指农业、林木培育和种植、畜牧业、渔业生产用电，农业灌溉用电，以及农业服务业中的农产品初加工用电；工商业及其他用电，是指除居民生活及农业生产用电以外的用电。

3. 计量方式。计量方式是计算用电人使用电量的方式。根据《供电营业规则》规定，供电企业应在用户每一个受电点内按不同电价类别，分别安装用电计量装置。每个受电点作为用户的一个计费单位。用电计量装置包括计费电能表（有功、无功电能表及最大需量表）和电压、电流互感器及二次连接线导线。计费电能表及附件的购置、安装、移动、更换、校验、拆除、加封、启封及表计接线等，均由供电人负责办理，用电人应提供工作上的方便。用电计量装置原则上应装在供电设施的产权分界处。城镇居民用电一般应实行一户一表。临时用电的用户，也应安装用电计量装置。

4. 电价、电费的结算方式。该条款中的电价是指电网销售电价①，即供电企业向用电人供应电力的价格。电价实行统一政策，统一定价原则，分级管理。跨省、自治区、直辖市电网和省级电网的销售电价，由电网经营企业提出方案，报国务院物价行政主管部门或者其授权的部门核准。独立电网的销售电价，由电网经营企业提出方案，报有管理权的物价行政主管部门核准。任何单位不得超越电价管理权限制定电价。同时，国家实行分类电价和分时电价，对同一电网内的同一电压等级、同一用电类别的用户，执行相同的电价标准。电价实行统一定价，并明确供电企业不得擅自变更电价，是因为电价涉及面广，直接关涉人们的切身利益，如果电价由供电企业自行制定，难免会出现其利用垄断性地位提高电价，侵害用电人合法权益的可能。电费是用电人使用电力所应支付的对价。供电人应当按照国家核准的电价和用电计量装置的记录，向用电人计收电费。用电人应当按照国家核准的电价和用电计量装置的记录，按时支付电费。

5. 供用电设施的维护责任。用电设施的建设、改造一般由用电人负责，供电人有审核、检查、检验的权利和义务，因而用电设施的维护也一般由用电人负责。供电设施的维护责任，一般按产权归属确定维护责任，在供用电合同中，双方应当协商确认供电设施产权分界点，并以此划分双方的运行管理维护责任。

---

① 根据《电力法》第35条，电价除电网销售电价，还包含电力生产企业的上网电价、电网间的互供电价。

《供电营业规则》第 47 条规定了责任分解点的确认原则。[①] 一般来说，分界点电源侧供电设施由供电人负责运行管理维护，分界点负荷侧供电设施由用电人负责运行管理维护。供电人和用电人分工维护管理的供电和受电设备，除另有约定外，未经管理人同意，对方不得操作或更动。

【关联规定】

《合同法》第 12、39 ~ 41、177 条，《电力法》第 27、35、40 ~ 41、43 条，本法第 470、496 ~ 497 条

（撰稿人：高晓燕）

第六百五十条 【供用电合同履行地】 供用电合同的履行地点，按照当事人约定；当事人没有约定或者约定不明确的，供电设施的产权分界处为履行地点。

【释义】

本条是关于供用电合同履行地点的规定，较《合同法》第 178 条的规定没有变化。

履行地点是确定验收地点的依据，是确定运输费用由谁负担、风险由谁承受的依据，有时是确定标的物所有权是否转移、何时转移的依据，也是确定诉讼管辖的依据。[②]

供用电合同的履行地点即供电人将电力的所有权转移给用电人的地点。根据合同自由原则，合同当事人可以在合同中约定履行地点。没有约定或者约定不明确的，根据本法第 510 条规定，当事人可以协议补充，不能达成补充协议的，按

---

① 《供电营业规则》第 47 条规定，供电设施的运行维护管理范围，按产权归属确定。责任分界点按下列各项确定：1. 公用低压线路供电的，以供电接户线用户端最后支持物为分界点，支持物属供电企业。2. 10 千伏及以下公用高压线路供电的，以用户厂界外或配电室前的第一断路器或第一支持物为分界点，第一断路器或第一支持物属供电企业。3. 35 千伏及以上公用高压线路供电的，以用户厂界外或用户变电站外第一基电杆为分界点。第一基电杆属供电企业。4. 采用电缆供电的，本着便于维护管理的原则，分界点由供电企业与用户协商确定。5. 产权属于用户且由用户运行维护的线路，以公用线路分支杆或专用线路接引的公用变电站外第一基电杆为分界点，专用线路第一基电杆属用户。在电气上的具体分界点，由供用双方协商确定。

② 崔建远：《合同法》（第 5 版），法律出版社 2010 年版，第 81 页。

照合同相关条款或者交易习惯确定；第 511 条规定，当事人就有关合同内容约定不明确，依据前条规定仍不能确定的，适用下列规定……（三）履行地点不明确，给付货币的，在接受货币一方所在地履行；交付不动产的，在不动产所在地履行；其他标的，在履行义务一方所在地履行。由于电力是一种无形的商品，它必须借助一定的设施才能完成生产、交换、消费等市场环节，其通过电网传送，且具有连续性，电力的供应与使用几乎同时完成，所以电力的交付不同于一般物的交付，因此其履行地点具有一定的特殊性，有时难以适用上述一般规定来确定。近年来，电力设施投资日趋多元化，用电人参与电力设施投资建设成为一种发展趋势，在电力供应和使用过程中，逐渐形成以供电设施的产权分界处为合同履行地点的惯例。[①] 供电设施的产权分界处是划分供电设施所有权归属的分界点，《供电营业规则》第 47 条规定了不同情况下产权分界点的确定原则。一般来说，分界点电源侧供电设施属供电人所有，分界点负荷侧的供电设施属用电人所有。在用电人为单位时，供电设施的产权分界处通常为该单位变电设备的第一个磁瓶或开关；在用电人为居民用户时，供电设施的产权分界处通常为进户墙的第一个接收点。[②]

此外，合同履行地点的确定，还具有程序法上的意义，根据《民事诉讼法》第 23 条规定，合同纠纷案件由被告住所地或合同履行地人民法院管辖。因此，将电力设施产权分界处作为合同履行地点，使其成为确定诉讼管辖法院的依据之一。当供用电双方发生合同纠纷时，任何一方都可以向电力设施产权分界处所在地基层人民法院起诉。

【关联规定】

《合同法》第 61 ~ 62、178 条，本法第 510 ~ 511 条，《民事诉讼法》第 23 条

（撰稿人：高晓燕）

第六百五十一条　【供电人的安全供电义务】供电人应当按照国家规定的供电质量标准和约定安全供电。供电人未按照国家规定的供电质量标准和约定安全供电，造成用电人损失的，应当承担赔偿责任。

---

① 全国人大常委会法制工作委员会：《〈中华人民共和国合同法〉释义》，法律出版社 2009 年版，第 267 页。

② 全国人大常委会法制工作委员会：《〈中华人民共和国合同法〉释义》，法律出版社 2009 年版，第 267 ~ 268 页。

【释义】

本条是关于供电人安全供电义务以及供电人违反此义务所应承担的违约责任的规定，较《合同法》第 179 条，该条将“应当承担损害赔偿责任”修改为“应当承担赔偿责任”，删除“损害”二字，意在明确供电人的该项赔偿责任为违约责任，与本法第七编侵权责任中的损害赔偿予以区分。

按照《电力法》和《电力供应与使用条例》的相关规定，国家对电力供应和使用，实行安全用电、节约用电、计划用电的管理原则。安全供电与安全用电不仅是供电人和用电人的合同义务，也是法定义务。就供电企业而言，其应当保证供给用户的供电质量符合国家标准，对公用供电设施引起的供电质量问题，应当及时处理。除按照国家规定的供电标准安全供电外，供电人还应当按照合同约定的数量、质量、时间、方式，合理调度和安全供电。用户对供电质量有特殊要求的，供电企业应当根据其必要性和电网的可能性，提供相应的电力。

供电人未按国家规定的供电质量标准和约定安全供电，造成用电人损失的，应当承担赔偿责任。根据本法第 577 条的规定，当事人一方不履行合同义务或者履行合同义务不符合约定的，应当承担继续履行、采取补救措施或者赔偿损失等违约责任，明确了赔偿损失是承担违约责任的方式之一。第 583 条和第 584 条进一步明确，当事人一方不履行合同义务或者履行合同义务不符合约定的，在履行义务或者采取补救措施后，对方还有其他损失的，应当赔偿损失，损失赔偿额应当相当于因违约所造成的损失，包括合同履行后可以获得的利益；但是不得超过违反合同一方订立合同时预见到或者应当预见到的因违反合同可能造成的损失。具体到本条来说，供电人违反了国家规定或者合同约定的供电义务，应当承担相应的违约责任，如果给用电人造成了损失，就应当按照规定或者双方约定予以赔偿。

【关联规定】

《合同法》第 107、112 ~ 113、179 条，《电力法》第 24、28、59 条，《民法典》第 577、583 ~ 584 条

（撰稿人：高晓燕）

第六百五十二条 【供电人中断供电时的通知义务】供电人因供电设施计划检修、临时检修、依法限电或者用电人违法用电等原因，需要中断供电时，应当按照国家有关规定事先通知用电人；未事先通知用电人中断供电，造成用电人损失的，应当承担赔偿责任。

【释义】

本条规定了供电人中断供电时的通知义务以及违反此义务应承担的违约责任，较《合同法》第180条，该条删除了“应当承担损害赔偿责任”中的“损害”二字。

供用电合同属于买卖合同中的连续供应合同，供电企业应当连续向用户供电。又因电力具有公共服务用品的属性，因此法律对供电人停限电行为进行了严格的限定，供电人中止供电的，必须严格依照相关规定和程序进行。①

供电设施复杂，技术要求较高，要维护供电系统的正常运行，必须对发电设施、变电设施和电力线路设施及其有关辅助设施进行必要的检修维护，《电力法》第19条第2款明确规定，电力企业应当对电力设施定期进行检修和维护，保证其正常运行。检修一般分为计划检修和临时检修，计划检修是按照年度、月度检修计划实施的设备检修；临时检修，是指供电设备障碍、改造等原因引起的非计划、临时性检修。依法限电，是指因电力供应短缺等原因，依照法律、行政法规对一个地区中的部分地区、部分用户，用电大户的部分用电设施中断供电，使其用电总量减少的一种措施行为；用电人违法用电，包括违章用电、窃电、超计划用电、不安全用电以及其他违反法律、行政法规用电的行为。供电人在上述情形下，可以中断供电，不构成对用电人的违约，但应当提前告知用电人。② 依据《电力供应与使用条例》第28条的规定，供电企业因故需要停止供电时，应当按照下列要求事先通知用户或者进行公告：（一）因供电设施计划检修需要停电时，供电企业应当提前7天通知用户或者进行公告；（二）因供电设施临时检修需要停止供电时，供电企业应当提前24小时通知重要用户；（三）因发电、供电系统

---

① 《供电营业规则》第66条至第69条对供电人可以中止供电情形、停电手续办理程序、通知或公告要求及及时恢复供电要求等进行了规定。

② 全国人大常委会法制工作委员会：《〈中华人民共和国合同法〉释义》，法律出版社2009年版，第270页。

发生故障需要停电、限电时，供电企业应当按照事先确定的限电序位进行停电或者限电。引起停电或者限电的原因消除后，供电企业应当尽快恢复供电。

在上述情形下，供电人中断供电虽不违反合同约定，但因突然停止供电会对用电人生产生活造成较大影响。因此，供电人中断供电时，必须提前告知用电人，给其充分的准备时间，避免不必要的损失。如果供电人没有按照法律规定事先通知用电人，造成用电人损失的，应当承担赔偿责任。

【关联规定】

《合同法》第60、180条，《电力法》第29、59条，《民法典》第509条

（撰稿人：高晓燕）

第六百五十三条　【供电人的抢修义务】 因自然灾害等原因断电，供电人应当按照国家有关规定及时抢修；未及时抢修，造成用电人损失的，应当承担赔偿责任。

【释义】

本条规定了供电人因不可抗力等原因导致断电时的及时抢修义务以及违反此义务应承担的违约责任，较《合同法》第181条，该条删除了“应当承担损害赔偿责任”中的“损害”二字。

本条所指自然灾害等原因，主要是指不可抗力，即不能预见、不能避免且不能克服的客观情况。不可抗力是法定免责事由，本法第180条规定，因不可抗力不能履行民事义务的，不承担民事责任；第590条规定，当事人一方因不可抗力不能履行合同的，根据不可抗力的影响，部分或者全部免除责任，但是法律另有规定的除外。

自然灾害等原因，主要是指自然因素造成的事故损害，如地震、台风、泥石流、洪水、大风、冰雹等，该类灾害不能预见也无法避免，因此造成供电人无法正常供电或者断电，给用电人造成损失的，供电人可以免予承担民事责任。但在不可抗力发生后，供电人应当及时对供电设施进行抢修，尽早恢复供电，避免用电人因断电造成的损失进一步扩大。如果供电人没有及时进行抢修，给用电人造成损失的，应当承担相应的赔偿责任。供电人有没有“及时”维修成为应否承担赔偿责任的决定因素，因此在认定“未及时维修”这一要件时，应当根据自然灾

害持续的时间、供电设施受损害的程度、抢修需要的时间、供电人获得抢修所需设备和材料的时间等因素进行综合判断。[①] 赔偿的损失范围也应当准确区分，供电人需要赔偿的是供电人“未及时抢修”所造成的损失，而非因自然灾害导致断电给用电人造成的全部损失。

【关联规定】

《合同法》第 117～118、181 条，《民法典》第 180、590 条

（撰稿人：高晓燕）

第六百五十四条 【用电人的支付电费义务】 用电人应当按照国家有关规定和当事人的约定及时支付电费。用电人逾期不支付电费的，应当按照约定支付违约金。经催告用电人在合理期限内仍不支付电费和违约金的，供电人可以按照国家规定的程序中止供电。

供电人依据前款规定中止供电的，应当事先通知用电人。

【释义】

本条较《合同法》第 182 条，将原条款中的“交付电费”修改为“支付电费”，与本法第 648 条关于供用电合同定义中的用语保持一致。另新增一款，即“供电人依据前款规定中止供电的，应当事先通知用电人”，明确了用电人在合理期限内不支付电费和违约金，供电人行使中止供电权利时，应当履行事先通知的义务。

按照约定及时支付电费，是用电人的基本合同义务。同时，国家有关规定也要求用电人必须及时支付电费。《电力法》第 33 条第 3 款规定，用户应当按照国家核准的电价和用电计量装置的记录，按时交纳电费；对供电企业查电人员和抄表收费人员依法履行职责，应当提供方便。《电力供应与使用条例》第 27 条第 2 款规定，用户应当按照国家批准的电价，并按照规定的期限、方式或者合同约定的办法，交付电费。

用电人在合同约定的期限内没有及时支付电费的，应当承担逾期履行的违约

① 江平主编：《中华人民共和国合同法精解》，中国政法大学出版社 1999 年版，第 147 页。

责任。《电力供应与使用条例》第 39 条规定，违反本条例第 27 条规定，逾期未交付电费的，供电企业可以从逾期之日起，每日按照电费总额的 1‰至 3‰加收违约金，具体比例由供用电双方在供用电合同中约定。《供电营业规则》第 98 条规定，用户在供电企业规定的期限内未交清电费时，应承担电费滞纳的违约责任。电费违约金从逾期之日起计算至交纳日止。每日电费违约金按下列规定计算：1. 居民用户每日按欠费总额的千分之一计算。2. 其他用户：（1）当年欠费部分，每日按欠费总额的千分之二计算；（2）跨年度欠费部分，每日按欠费总额的千分之三计算。目前，供用电合同多为供电人事先拟定的格式合同，一般都是按照上述规定在合同中设置相应条款，约定用电人逾期交付电费应当支付的违约金。

如果用电人一直不向供电人支付电费，供电人为保护自己的合法权益，可以向用电人中止供电，但在中止供电前必须向用电人进行催告，并给用电人一定的合理期限，在此期限内，供电人仍需向用电人持续供电。只有在合理期限过后，用电人仍未支付电费的，供电人才可依照国家规定的程序中止供电。该合理期限的确定，可以由双方约定；没有约定的，可以根据《电力供应与使用条例》第 39 条“自逾期之日起计算超过 30 日，经催交仍未交付电费的，供电企业可以按照国家规定的程序停止供电”的规定，合理确定期限。

在原有条款规定的催告义务之外，本条又为供电人新增一项事先通知义务，即依照前款规定中止供电的，应当事先通知用电人。虽是用电人拒不履行支付电费义务在先，但为了充分保护用电人的权益，确保其不会因断电对生活生产造成重大影响或损失，本条要求供电人在中止供电前必须事先通知用电人。值得注意的是，与第 652 条不同，本条仅规定了供电人中断供电前的通知义务，没有规定“未事先通知用电人中断供电，造成用电人损失的，应当承担赔偿责任”。支付电费作为用电人的主要合同义务，在用电人违约在先且经过供电人催告并给予合理期限后仍拒不履行义务的，其应当预见到自己的违约行为可能带来的后果，也应承担由此造成的损失。

【关联规定】

《合同法》第 60、182 条，《电力法》第 33 条

（撰稿人：高晓燕）

第六百五十五条　【用电人的安全用电义务】用电人应当按照国家有关规定和当事人的约定安全、节约和计划用电。用电人未按照国家有关规定和当事人的约定用电，造成供电人损失的，应当承担赔偿责任。

【释义】

本条规定了用电人安全节约按计划用电的义务以及违反此义务应承担的违约责任，较《合同法》第183条，该条在安全用电之外，增加了“节约和计划”用电，与国家对电力供应和使用实行安全用电、节约用电、计划用电的管理原则保持一致；另删除了“应当承担损害赔偿责任”中的“损害”二字。

《电力法》第34条规定，供电企业和用户应当遵守国家有关规定，采取有效措施，做好安全用电、节约用电和计划用电工作。由此，安全、节约、计划用电是供电人和用电人共同的义务，供电人须安全、节约、计划供电，用电人也须安全、节约、计划用电。

一般买卖合同中的标的物，交付后所有权即转移至买受人，买受人可对其任意处分，出卖人不得干涉。但电力不同，其生产、供应和使用都通过电网输送，并且在同时完成，用电人是否安全用电，不仅关涉自身安全，还有可能对整个供电网络造成影响，关系到千家万户的用电安全，甚至整个社会的公共安全。① 鉴于用电人的违约用电行为可能会给供电人、其他用电人人身和财产造成重大损害，其必须严格按照约定以及国家规定安全用电，不得危害供电、用电安全和扰乱供电、用电秩序。对危害供电、用电安全和扰乱供电、用电秩序的，供电企业有权制止。②

根据《电力供应与使用条例》第30条的规定，用电人危害供电、用电安全，扰乱正常供电、用电秩序的行为主要有以下几种：“（一）擅自改变用电类别；（二）擅自超过合同约定的容量用电；（三）擅自超过计划分配的用电指标的；（四）擅自使用已经在供电企业办理暂停使用手续的电力设备，或者擅自启用已经被供电企业查封的电力设备；（五）擅自迁移、更动或者擅自操作供电企业的用电计量装置、电力负荷控制装置、供电设施以及约定由供电企业调度的用户受

① 全国人大常委会法制工作委员会：《〈中华人民共和国合同法〉释义》，法律出版社2009年版，第274页。

② 《电力法》第32条。

电设备；（六）未经供电企业许可，擅自引入、供出电源或者将自备电源擅自并网。”

用电人违反国家规定和合同约定，没有安全用电，造成供电人损失的，应当承担赔偿责任。该赔偿责任与供电人违反安全供电义务给用电人造成损失所应承担的赔偿责任（本法第651条）的性质和范围相同。根据《电力供应与使用条例》第40条，违章用电的，供电企业可以根据违章事实和造成的后果追缴电费，并按照国务院电力管理部门的规定加收电费和国家规定的其他费用；情节严重的，可以按照国家规定的程序停止供电。除违约责任外，用电人违章用电还会被处以行政处罚，构成犯罪的，还应依照刑法有关规定追究刑事责任。①

【关联规定】

《合同法》第60、183条，《电力法》第32、34、65、71条

（撰稿人：高晓燕）

第六百五十六条　【供用水、供用气、供用热力合同的参照适用】 供用水、供用气、供用热力合同，参照适用供用电合同的有关规定。

【释义】

本条是关于供用水、气、热力合同参照适用供用电合同的规定。

供用水、气、热力合同与供用电合同一样，都是买卖合同的一种。与供用电合同一样，该类合同都具有特殊性，主要表现在：（1）标的物具有公益性。水、气、热力也都是重要的基本能源，其供应、使用直接影响公众的日常生活和社会生产的正常进行，是关系社会安全的公共产品，是维持正常生产生活秩序的重要

① 《电力法》第65条：“违反本法第三十二条规定，危害供电、用电安全或者扰乱供电、用电秩序的，由电力管理部门责令改正，给予警告；情节严重或者拒绝改正的，可以中止供电，可以并处五万元以下的罚款。”第71条“盗窃电能的，由电力管理部门责令停止违法行为，追缴电费并处应交电费五倍以下的罚款；构成犯罪的，依照刑法有关规定追究刑事责任”。《电力供应与使用条例》第31条：“禁止窃电行为。窃电行为包括：（一）在供电企业的供电设施上，擅自接线用电；（二）绕越供电企业的用电计量装置用电；（三）伪造或者开启法定的或者授权的计量检定机构加封的用电计量装置封印用电；（四）故意损坏供电企业用电计量装置；（五）故意使供电企业的用电计量装置计量不准或者失效；（六）采用其他方法窃电。”

资源。(2）供应方具有垄断地位。因标的物的公益性特征，供应方必须是依法取得特许经营资格的供应企业，其他单位和个人都不能成为供应主体，也使得供应方在本经营区域内具有了天然的垄断地位。(3）使用方的广泛性。水、气、热力的使用人与用电人一样，范围极广，涉及千家万户、各行各业。(4）均属于持续供应合同。供应方在正常情况下，应当连续向使用方提供符合国家规定和合同约定标准的产品，不得无故中断供应。(5）多为格式合同。因交易量大，为降低交易成本，提高供应质量和效率，合同一般由供应方预先拟定，双方按照格式条款订立合同，只有对有特殊需求的使用方，才通过磋商签订非格式合同。(6）对使用方的责任有特殊要求。水、气、热力的供应均为系统供应，使用方必须严格按照规定安全合理使用，否则极易给供应方和其他用户造成损失，危及公共安全。

鉴于上述主要共同点，本条规定供用水、气、热力合同，参照本章关于供用电合同的相关规定。

【关联规定】

《合同法》第 184 条

（撰稿人：高晓燕）

第十一章 赠与合同

【导读】

本章规定的是"赠与合同"，是"第二分编 典型合同"中的第3个有名合同。赠与合同是指当事人一方将自己的财产无偿给予他方的意思表示，经他方接受而生效的协议。其中将自己的财产无偿给予他方的当事人称为赠与人，受领财产的一方称为受赠人。对本章的理解，总体上应当把握以下几个关键点：

第一，赠与合同的功能和立法体例。赠与合同是社会生活中财产处分的一种法律方式①，与买卖合同不同，其不具有促进商品流通、发展市场经济的作用，但有其特殊功能：一是使受赠人的经济状况得以改善、经济地位得到提高，某种程度上财产进行了重新分配和归属确认；二是赠与作为双方意思表示的合意，能满足双方感情需要。

基于此，自罗马法以来，现代各国民法均将赠与合同作为有名合同、典型合同予以明文规定，我国1999年《合同法》设专章进行规范，《民法典》合同编中也延续了专章规范的体例。

第二，赠与合同的性质和立法目的。赠与是基于赠与人的好意施惠而产生的行为，赠与合同是一种单务、无偿合同，赠与人履行义务、，受赠人纯受益，当事人之间权益不对等。立法时一方面保护甚至鼓励赠与人的善意行为，不能像双务合同那样给赠与人施加严苛的责任和义务，还赋予了赠与人法定撤销权、任意撤销权以及穷困抗辩情形，并在瑕疵担保责任上对赠与人的主观心理限定为故意；另一方面也要防止赠与人滥用这种法律保护以免给受赠人带来影响或伤害，所以对特定情形下的赠与予以限制和约束。

第三，合同编与《合同法》中规定的差别。本章自第657条至第666条，共10条，分别规定了赠与合同定义、赠与人任意撤销权及其限制、赠与财产办理有

---

① 《民法通则》第72条规定："财产所有权的取得，不得违反法律规定。按照合同或者其他合法方式取得财产的，财产所有权从财产交付时起转移，法律另有规定或者当事人另有约定的除外。"对赠与人和受赠人双方来说，赠与就是财产所有权处分和取得受赠财产的一种法律行为。

关法律手续、受赠人的交付请求权以及赠与人的赔偿责任、附义务赠与合同、赠与人瑕疵担保责任、赠与人的法定撤销权及其行使期间、赠与人继承人或者法定代理人的撤销权、撤销赠与的法律后果、赠与人穷困抗辩等。与1999年《合同法》相比，架构和内容基本一致，调整之处有三：一是将任意撤销中的限制情形，进一步明确表述为“依法不得撤销”情形，凸显法律禁止性规定的意义（第658、660条）；二是在不可撤销的情形中增加“助残”情形，以加大对弱势群体的保护，体现对残疾人权益的保护，解决实践中存在的虚假助残捐赠问题（第658、660条）；三是将受赠人的交付请求权与赠与人赔偿责任合并为一条，进一步明晰赠与人赔偿责任的情形，限定为“经过公证的赠与合同或者依法不得撤销的具有救灾、扶贫、助残等公益、道德义务性质的赠与合同”（第660条）。

第六百五十七条 【赠与合同定义】赠与合同是赠与人将自己的财产无偿给予受赠人，受赠人表示接受赠与的合同。

【释义】

本条规定的是赠与合同的定义。

赠与合同是社会生活中财产处分的一种法律方式[①]，与买卖合同不同，其不具有促进商品流通、发展市场经济的作用，但有其特殊功能：一是使受赠人的经济状况得以改善、经济地位得到提高，某种程度上财产进行了重新分配和归属确认；二是赠与作为双方意思表示的合意，能满足双方感情需要。基于此，自罗马法以来，现代各国民法均将赠与合同作为有名合同、典型合同予以明文规定，我国1999年《合同法》设专章进行规范，《民法典》中也延续了专章规范的体例。

根据本条规定，赠与合同是当事人一方将自己所有的财产无偿地转移于另一方所有，另一方表示接受该行为的协议。在赠与合同中，将自己的财产无偿转让给他人所有的当事人称为赠与人，受领财产所有权的当事人称为受赠人。

赠与合同是一种双方法律行为，双方当事人意思表示一致时合同成立。赠与合同具有单务合同、无偿合同、诺成合同的特征。

1. 单务合同是指仅有一方当事人负给付义务，另一方当事人不负有给付义务

---

① 根据《民法通则》第72条规定“财产所有权的取得，不得违反法律规定。按照合同或者其他合法方式取得财产的，财产所有权从财产交付时起转移，法律另有规定或者当事人另有约定的除外。”对赠与人和受赠人双方来说，赠与就是财产所有权处分和取得受赠财产的一种法律行为。

或仅承担次要义务的合同。通常赠与合同中受赠人不承担任何给付义务。在附负担赠与中，虽然受赠人依约定承担某种负担义务，但这与赠与人的给付义务不构成相互对应，所以附负担赠与合同仍属于单务合同。基于单务合同的特征，赠与人不能行使同时履行抗辩权①、先履行抗辩权②和不安抗辩权③等规则；当出现因不可归责于双方当事人的原因而不能履行时，风险一律由赠与人承担。

2. 无偿合同是针对财产关系的合同而言，一方当事人取得合同规定的利益时无须支付任何对价。赠与本质上是好意施惠，受赠人只需表达愿意接受或不愿意接受，不需要支付任何代价，因此无行为能力人或限制行为能力人也可以作为受赠人；相应地，赠与人出于善心的赠与行为，只需要承担较低的注意义务，仅对故意或重大过失负责。

3. 诺成合同是指当事人各方意思表示一致即可成立的合同，交付财产等标的物属于当事人的给付义务，违反该义务便产生违约责任。与之相对的是实践合同，指除双方当事人意思表示一致外，尚须交付标的物或完成其他给付才能成立的合同，如当事人未履行交付财产等标的物的义务，不属于违约责任，而是构成缔约过失责任。

关于赠与合同是诺成合同还是实践合同，各国立法上有不同规定，如德国规定为实践合同④，而日本规定为诺成合同。⑤ 我国理论学界也存在两种不同的主张，反映到立法上，也呈现了一定的变化考量。1988 年《最高人民法院关于贯彻执行〈中华人民共和国民法通则〉若干问题的意见（试行)》⑥ 将其认定为实践合同（第 128 条规定：“公民之间赠与关系的成立，以赠与物的交付为准”），

① 同时履行抗辩权指当事人互负债务，没有先后履行顺序的，应当同时履行。一方在对方履行之前有权拒绝其履行请求。一方在对方履行债务不符合约定时，有权拒绝其相应的履行请求。(民法典合同编第 525 条)

② 先履行抗辩权指当事人互负债务，有先后履行顺序，应当先履行债务一方未履行的，后履行一方有权拒绝其履行请求。先履行一方履行债务不符合约定的，后履行一方有权拒绝其相应的履行请求。(民法典合同编第 526 条)

③ 不安抗辩权指应当先履行债务的当事人，有确切证据证明对方有下列情形之一的，可以中止履行：(一）经营状况严重恶化；(二）转移财产、抽逃资金，以逃避债务；(三）丧失商业信誉；(四）有丧失或者可能丧失履行债务能力的其他情形。当事人没有确切证据中止履行的，应当承担违约责任。(民法典合同编第 527 条)

④ 《德国民法典》第 518 条第 1 款规定“为使以赠与方式约定某项给付的合同有效，必须将该约定做成公证整数。”同条第 2 款规定“形式的瑕疵因履行约定的给付而被补正”。

⑤ 《日本民法典》第 549 条规定“赠与，因当事人一方表示将自己的财产无偿给与相对人的意思，相对人受诺，而发生效力”。

⑥ 《最高人民法院关于贯彻执行〈中华人民共和国民法通则〉若干问题的意见（试行)》于 1988 年 1 月 26 日由最高人民法院审判委员会讨论通过，2008 年 12 月 24 日失效。

1999 年《合同法》[①] 则将其设计为诺成合同（第 185 条规定："赠与合同是赠与人将自己的财产无偿给予受赠人，受赠人表示接受赠与的合同"）。

从立法本意分析，法律是规范和调整不同主体之间利益和关系的工具或手段，民事立法的目的是在遵循平等、自愿、公平、诚信等原则的基础上保护交易的稳定性和安全性，让当事人之间的利益尽可能达到平衡状态。赠与合同作为单务、无偿合同，当事人权益是不对等的，立法时一方面要保护甚至鼓励赠与人的善意行为，不适宜给赠与人施加严苛的责任和义务，另一方面也要防止赠与人滥用这种法律保护以免给受赠人带来影响或伤害，进而规范特定情形下的赠与义务。

不管将赠与合同认定为诺成合同还是实践合同，法律设计上对赠与人保护实际起到了殊途同归的效果。如德国、瑞士等规定为实践合同的立法上，在赠与财产转移前，赠与合同未生效，赠与人只要不履行赠与义务即可达到取消赠与的目的；如日本等规定为诺成合同的立法，虽然赠与合同产生合意即成立生效，但赋予了赠与人任意撤销权，同样能起到取消赠与的目的。相比较而言，诺成合同的性质更符合民事活动的一般性要求，符合合同法"要约和承诺达成一致合同即成立，依法成立的合同，自成立时生效"的一般规则，后续如有未履行情形则适用违约责任，使赠与合同的法律关系更稳定，同时增加赠与人的撤销权以及法定不可撤销的情形，对赠与人和受赠人的利益保护更加周全，较好地达到一种均衡状态。

综上，我国在赠与合同中采纳的就是诺成合同性质，即双方当事人意思表示一致，无须实际交付标的物，合同即可成立生效。一方面赠与人有任意撤销权，保护赠与人的权利；另一方面赠与人对经过公证的赠与合同或者依法不得撤销的具有救灾、扶贫、助残等公益、道德义务性质的赠与合同不得撤销，保护受赠人的公示信赖利益。

【关联规定】

《民法通则》第 72 条，《最高人民法院关于贯彻执行〈中华人民共和国民法通则〉若干问题的意见（试行）》第 128 ~ 130 条，《合同法》第 185 条，《民法典》第 525 ~ 527 条

（撰稿人：朱霞）

---

① 《合同法》于 1999 年 3 月 15 日由全国人民代表大会审议通过并发布，10 月 1 日起实施，目前仍有效。

第六百五十八条 【赠与人任意撤销权及其限制】 赠与人在赠与财产的权利转移之前可以撤销赠与。

经过公证的赠与合同或者依法不得撤销的具有救灾、扶贫、助残等公益、道德义务性质的赠与合同，不适用前款规定。

【释义】

本条规定的是赠与合同的任意撤销权和法定不可撤销的情形。

根据前述分析，本法将赠与合同规定为诺成合同，当事人意思表示一致，无须实际交付标的物即可生效，加强了对受赠人的保护和对赠与人的约束。由于赠与合同是单务无偿合同，若参照双务有偿买卖合同规定，赋予赠与行为强制履行的义务，对赠与人而言显然过于严苛，权利义务明显不公平，也会因此使赠与人不愿做出赠与的表示，甚至减少赠与。

根据赠与合同的特点，从利益衡量角度出发，本条第1款规定了赠与人的任意撤销权，以减轻赠与人的义务。该款规定，“赠与人在赠与财产的权利转移之前可以撤销赠与”。该条规定与1999年《合同法》规定相同，包括下列三方面内容：第一，任意撤销权的性质。撤销赠与是赠与人单方享有的权利。赠与合同是单务合同，只有赠与人负有将自己的财产无偿给予受赠人的义务，受赠人无须支付相应对价。根据权利义务对等原则，赠与人也应享有与其义务相适应的权利，故本法规定了赠与人对赠与享有撤销权，并未规定受赠人有撤销合同的权利。从性质上说，赠与人的任意撤销权属于消极的形成权，是单方法律行为，无须任何理由，仅需赠与人一方意思表示即可实施，使赠与合同自始失去效力。第二，任意撤销权行使的时间。赠与人行使撤销权的时间是在赠与财产的权利转移之前。一般情况下，财产的权利转移时间为标的物交付，关于交付的概念、种类和时间等内容，可参照本书“买卖合同”的规定。需要强调的是，如果赠与的财产需要办理登记等手续的，只有在办理完相应手续后，财产权利才能转移给受赠人。[①]第三，合同撤销的法律后果。赠与人撤销赠与后，无须再履行合同规定的义务，即不必再将自己的财产无偿给予受赠人。

本条第2款的规定是对任意撤销权的限制，与1999年《合同法》相比，表述中增加了“依法不得撤销”限定和“助残”情形，前者强调和凸显了对公益、

① 《民法典》第659条规定：“赠与的财产依法需要办理登记或者其他手续的，应当办理有关手续。”

道德义务性质的赠与合同的法律保护，后者是基于实践中存在的虚假助残捐赠问题而作的对残疾人权益的明确保护。具体表述为“经过公证的赠与合同或者依法不得撤销的具有救灾、扶贫、助残等公益、道德义务性质的赠与合同，不适用前款规定”。

对于当事人采取经过公证方式订立的赠与合同，在履行公证程序过程中，公证人员会对赠与事项进行解释、说明和确认，赠与人有充足的时间来慎重考虑自己的赠与行为，如果完成公证，说明赠与人已经考虑周全，并愿意接受赠与合同的义务约束，受赠人也对这种情况下的赠与合同形成明确和肯定的预期，甚至可能为接受该赠与作了相关准备。在这种情况下，如允许赠与人适用任意撤销权，既有失合同的严肃性，也容易使受赠人处于明显不利的地位。另外从公证的效力来说，公证文书具有证据效力和强制执行力[①]，具有债权内容的合同经过国家公证机关的公证，直接具有申请法院执行的效力。所以，经过公证的赠与合同不得撤销，这对于严肃国家公证机关的公证力，维护赠与合同的严肃性，保障受赠人的信赖利益，保证财产权利关系的相对稳定是必要的。

赠与在生活中体现为一种施惠活动，可能是基于亲情、友情或其他原因，赠与人自愿、无偿将自己财产转移给受赠人，使受赠人获益，通常该合同仅在赠与人与受赠人之间发生，具有相对性，不为第三人所知悉。但涉及公益、道德义务性质的赠与合同与之不同。

公益赠与是指为教育、科学、文化、卫生、环保等社会公共利益事业兴建公益设施或捐款等[②]，道德义务赠与是包括救灾、扶贫、助残、助学等各种善举。我国社会主义核心价值观弘扬扶危济困、互助关爱等传统美德，鼓励和倡导人们为公益和道德义务尽绵薄之力。远到 1989 年的希望工程，1998 年的抗洪救灾，近到 2008 年南方雪灾、汶川大地震，2010 年玉树地震，甚至 2020 年的新冠肺炎疫情，在救灾扶贫等各种公益事业面前，国人们总是慷慨解囊，积极相赠，近些年社会公众对残疾人等弱势群体也给予越来越多的关注。但随之而来的是在各种活动中，“诈捐”消息不时见诸报端。

这些公益、道德义务的赠与人大多为单位或公众人物，出于各种目的进行赠与，既是自愿献爱心的行为，也是自身实力、行业地位和品牌影响力的体现；赠

---

① 《公证法》第 37 条第 1 款规定：“对经公证的以给付为内容并载明债务人愿意接受强制执行承诺的债权文书，债务人不履行或者履行不适当的，债权人可以依法向有管辖权的人民法院申请执行。”

② 《公益事业捐赠法》第 3 条规定：“本法所称公益事业是指非营利的下列事项：（一）救助灾害、救济贫困、扶助残疾人等困难的社会群体和个人的活动；（二）教育、科学、文化、卫生、体育事业；（三）环境保护、社会公共设施建设；（四）促进社会发展和进步的其他社会公共和福利事业。”

与形式通常采用公开方式，赠与活动具有较大的社会影响力，有的还会给予赠与人相应的表彰荣誉、留名纪念等；受赠人对接受该赠与后的状况改善有非常明确的预期，甚至有的公益事业受赠人还为接受该赠与提供相应的匹配条件等。如允许赠与人任意撤销，实质上是对民众的欺骗，既容易引起社会公众的不满，在社会上造成负面影响和不良的道德风尚，还有可能给受赠人带来利益损失和不利影响。综上，立法将此规定为不可撤销的情形，限制赠与人任意撤销权的行使，某种程度上对赠与合同这一法律关系中的权利义务起到了平衡作用。

【关联规定】

《合同法》第186条，《公证法》第37条，《公益事业捐赠法》第3条，《民法典》第659条

（撰稿人：朱霞）

第六百五十九条　【赠与财产办理有关法律手续】赠与的财产依法需要办理登记或者其他手续的，应当办理有关手续。

【释义】

本条是关于赠与财产所有权变动手续的规定。

财产所有权是指所有人依法对自己的财产享有占有、使用、收益和处分的权利，包括占有权、使用权、收益权和处分权四项权能。赠与合同是赠与人转移自己财产的所有权于受赠人的合同，属于债权合同性质，如果要发生物权变动的效果，还需要履行相应程序。根据动产和不动产的不同属性，动产物权变动采用"交付主义"或"交付+登记对抗主义"，不动产物权变动采用"登记主义"。

由于作为动产的标的物易于现实控制和直接交付，比如甲将一本书赠与乙，将一套首饰赠与丙，直接交付后对赠与物的控制权就从甲转移到了乙和丙，权利归属明晰，不可能发生重复赠与等行为，所以对动产物权变动，除法律另有规定外，通常以交付方式①来明确财产所有权的转移。但对于船舶、航空器、机动车等特殊动产，虽能移动但体积庞大、价值贵重，又不易现实控制，可能会发生

① 《民法典》第二章"物权的设立、变更、转让和消灭"第二节"动产交付"规定了若干种交付方式，包括现实交付（第224条）、简易交付（第226条）、指示交付（第227条）、占有改定（第228条）。

“一物多赠”等影响第三人的情形，所以增加了登记[①]作为对抗第三人的要件。

不动产是指依自然性质或法律规定不可移动的财产，如土地、房屋、探矿权、采矿权等土地定着物、与土地尚未脱离的土地生成物、因自然或人力添附于土地并且不能分离的其他物。根据《民法典》规定“不动产物权的设立、变更、转让和消灭，应当依照法律规定登记”（第208条）。由于不动产价值巨大，存在持续性和稀缺性的特点，为了保护不动产交易双方当事人的合法权益，准确识别和判断物权归属，减少交易纠纷和防止上当受骗，维护交易安全。国家对不动产财产权的转让实行登记生效制度。国家设立不动产登记机构，颁布严格的不动产登记法律规范[②]，加强统一登记制度和管理。

所谓登记，是指由国家设立的不动产登记机构依当事人的申请，将不动产的自然状况、权利归属状况及其他依法应当登记的事项记载于不动产登记簿并加以公示的活动。当事人申请登记，应当根据不同登记事项提供权属证明和不动产界址、面积等必要材料。该登记行为是确认权利归属的物权行为，不登记并不影响当事人之间已签署的赠与合同的效力，但无法产生物权变动的效果。[③]

如以房屋赠与为例，赠与人与受赠人签署了书面赠与合同，并将房屋交付受赠人占有、使用，但未办理登记，这种情况下根据赠与人后续不同的法律行为产生不同的效果。

第一种情形：赠与人未另行处分房屋，赠与合同有效，受赠人可以根据赠与合同要求赠与人补办过户登记手续。[④]

第二种情形：赠与人将房屋以市场价格转让给善意第三人且已办理登记，按照不动产登记公示和善意取得的规则，房屋所有权已转移给第三人所有，第三人可向受赠人要求返还房屋，实现指示交付。赠与合同依然有效，但因为标的物正转让给他人无法继续履行，可要求赠与人按债权合同的规定进行赔偿。

从上述分析可知，在不动产财产权利转让过程中，登记是发生物权变动的充

---

① 《民法典》第225条规定了特殊动产登记的效力，“船舶、航空器和机动车等的物权的设立、变更、转让和消灭，未经登记，不得对抗善意第三人”。

② 《不动产登记暂行条例》由国务院于2014年11月24日发布，自2015年3月1日起施行，2019年3月24日修订。为巩固和提升不动产统一登记的成果，目前也正抓紧启动《不动产登记法》的立法推动工作。

③ 《民法典》第215条规定：“当事人之间订立有关设立、变更、转让和消灭不动产物权的合同，除法律另有规定或者当事人另有约定外，自合同成立时生效；未办理物权登记的，不影响合同效力”。

④ 《最高人民法院关于贯彻执行〈中华人民共和国民法通则〉若干问题的意见（试行）》第128条规定：“公民之间赠与关系的成立，以赠与物的交付为准。赠与房屋，如根据书面赠与合同办理了过户手续的，应当认定赠与关系成立；未办理过户手续，但赠与人根据书面赠与合同已将产权证书交与受赠人，受赠人根据赠与合同已占有、使用该房屋的，可以认定赠与有效，但应令其补办过户手续。”

分必要条件，如果受赠人先行办理了房屋过户手续，即使没有对房屋进行实际占有、使用，也拥有房屋的所有权，亦能主张和对抗其他第三人对房屋的权利请求。

在赠与合同中，当事人各方应本着诚信、合法原则，积极完成登记或其他必要手续，以确保赠与合同的顺利履行，避免给受赠人带来不利影响。

【关联规定】

《合同法》第187条，《最高人民法院关于贯彻执行〈中华人民共和国民法通则〉若干问题的意见（试行）》第128条，《民法典》第215、224~228条

（撰稿人：朱霞）

第六百六十条　【受赠人的交付请求权以及赠与人的赔偿责任】 经过公证的赠与合同或者依法不得撤销的具有救灾、扶贫、助残等公益、道德义务性质的赠与合同，赠与人不交付赠与财产的，受赠人可以请求交付。

依据前款规定应当交付的赠与财产因赠与人故意或者重大过失致使毁损、灭失的，赠与人应当承担赔偿责任。

【释义】

本条第1款是受赠人交付请求权的规定，是基于债权性质的赠与合同提出的请求权。

本处条款表述与1999年《合同法》相比略有改变，从“受赠人可以要求交付”调整为“受赠人可以请求交付”。“要求”改为“请求”一字之差，对权利的表达更加精准，也体现了民事关系中各方当事人主体的平等性。民法上请求权，是指法律关系的一方主体请求另一方主体为或不为一定行为的权利。债权是典型的请求权，债权人不能对权利标的进行直接支配，而只能请求债务人履行一定的给付义务，从而实现债权。请求权也是相对权的典范，即仅仅相对于某个特定的人产生效力。在赠与合同中，赠与人不交付赠与财产则赠与无法完成，受赠人能否依据合同规定行使交付请求权，要求赠与人承担违约责任，要根据具体情况加以区分。

在普通赠与合同中，赠与人在赠与财产的权利转移之前可以撤销赠与，所以受赠人不能积极地请求交付，只能等待赠与人的交付行为，如赠与人不交付赠与财产的，不构成违约。

在经过公证或依法不得撤销等特殊赠与合同中，赠与人迟延履行或者拒绝履行给付赠与财产的义务时，即构成违约行为，应当承担违约责任。受赠人可以请求赠与人给付赠与的财产，赠与人仍不为给付的，受赠人可以申请强制执行。由于赠与合同为单务无偿合同，只有赠与人单方负担义务，当赠与人不履行交付赠与财产的义务时，其责任也应当有所限制，而不像一般双务有偿合同那样，在履行给付义务时还应当支付迟延利息或者赔偿其他损失。本法规定的赠与人不交付赠与财产的，受赠人可以要求交付，应理解为仅限于赠与财产的本身，不包括迟延利息和其他损害赔偿等。

本条第 2 款是赠与人赔偿责任的规定。

《合同法》中将该款内容单独作一条规定，此处与受赠人交付请求权合并规定后，赔偿责任的范畴限定为“经过公证的赠与合同或者依法不得撤销的具有救灾、扶贫、助残等公益、道德义务性质的赠与合同中应当交付的赠与财产”。结合第 658 条理解，目前规定更科学、更符合逻辑。因为普通赠与合同中赠与人有任意撤销权，受赠人对尚未获得的赠与财产不享有真正的所有权，赠与财产毁损、灭失等风险由赠与人自行承担，赠与人也无须因自己的行为对其他人承担赔偿责任。在经过公证的赠与合同或者依法不得撤销的具有救灾、扶贫、助残等公益、道德义务性质的赠与合同中，赠与人不得行使任意撤销权，合同一经签订必须履行，如未履行或未完全履行，就要追究赠与人的赔偿责任，在这种情况下，也就有必要对赠与人主观过错状态进行区分，以准确判断和界定其行为后果和法律责任。

根据民法的一般原理，民事合同通常实行无过错责任，违约即承担责任，不一定追究其故意或过失等状态。但由于赠与合同属于单务无偿合同，从公平的观念出发，赠与人的责任应当有所减轻，故在赠与人的赔偿责任上采取的是“过错责任原则”。在民事法律关系中，过错包括故意与过失，而过失又包含一般过失与重大过失。故意是指明知自己的行为会发生某种不利的结果，并且希望或放任该种结果的发生；重大过失指行为人欠缺一般人具有的起码注意，他只要稍加注意，损失本不会发生；一般过失指缺乏善良家长的注意，即行为人缺乏具有一般知识、智力和经验的人诚实处理事物所应有的注意。自罗马法以来民法中重大过失基本等同于故意，因为重大过失的行为人欠缺一般人所应有的最起码的注意，其漠不关心的冷漠态度已达到极致，从而与明知（或故意）的心理结构在法律和道德的应受谴责程度上相差无几。在故意和重大过失的情况下，将行为人的善意排除，是比较合理和公平的。

在特殊的赠与合同中，如果赠与人在主观上存在故意或者重大过失，在客观上造成了赠与财产的毁损或者灭失，且两者之间存在直接的因果关系，赠与人应当对受赠人负赔偿责任。这种赔偿责任，应理解为赔偿受赠人得不到原赠与物的损失，即赔偿赠与物相同的价金。所谓故意，是指赠与人明知其行为会导致赠与物发生毁损、灭失，但却希望或放任这种结果发生的心理状态。所谓严重过失，是指赠与人按照一般人的理解，应该预见到自己的行为会使赠与物发生毁损、灭失却没有预见或轻信可以避免的心理状态。对于非归责于赠与人故意或重大过失的行为致使赠与物毁损、灭失的，赠与人不负赔偿责任。

【关联规定】

《合同法》第 188 ~189 条

（撰稿人：朱霞）

第六百六十一条　【附义务赠与合同】赠与可以附义务。

赠与附义务的，受赠人应当按照约定履行义务。

【释义】

本条是对附义务赠与合同的规定。

按照赠与合同的成立、效力是否具有特殊情况为区分标准，赠与可分为一般赠与和特种赠与。所谓一般赠与，或称单纯赠与，是指一方当事人对他方当事人无偿给予财产，在合同的成立或效力方面，未附条件、期限或负担等特殊情况的赠与。特种赠与，或称非单纯赠与，是指在赠与合同的成立或效力方面附条件、期限或负担等特殊情况的赠与。其表现形式有：（1）附义务赠与；（2）附条件赠与；（3）附期限赠与；（4）死因赠与；（5）现实赠与；（6）混合赠与。[①]

本条所规定的附义务赠与，就是一种特殊的赠与，指的是赠与人将自己的财产无偿给予受赠人时，要求受赠人对赠与人或第三人负有一定给付义务的赠与。鉴于受赠人所负的一定给付义务与赠与人所负的给付义务不是对价或报酬关系，

① 崔建远主编：《合同法》（第 6 版），法律出版社 2016 年版，第 323 页。

并未改变赠与合同单务无偿的性质。为与双务合同中的对等义务相区分，有的立法例或民法学说上将受赠人所负的给付义务叫作负担，这种类型的赠与称为“附负担赠与”。1999 年《合同法》及本法中没有采用附负担赠与的名称，而是用了附义务赠与的名称。

附义务赠与合同仍是一种双方法律行为，以双方当事人合意为要件。赠与人要约表示将自己的财产无偿给予受赠人，并要求受赠人负担一定的义务；受赠人承诺表示接受赠与财产，并愿意履行义务时，赠与合同成立。该合同具有如下特征：（1）该义务属于赠与合同关系中的义务（负担），是赠与合同的一部分，不是另一个独立合同；（2）受赠与义务（负担）的利益人通常为赠与人本人，但也可以是特定的第三人或不特定的社会公众等；（3）该义务通常具有债务的效力，有一定拘束力，如是无拘束力的忠言或希望，则不是义务。现实生活中，附义务赠与合同的案例很多，尤其涉及房屋方面，如张某和李某为再婚夫妻，两人与张女（张某与前妻之女）经某公证处公证，订立一份书面赠与合同，约定将张某名下的属于夫妻共同财产的一处房屋无偿赠与张女所有，张女表示接受，同时约定张女愿意赡养照料张某和李某的生活，并保证张某和李某对上述房屋的终身居住和使用权。在该赠与合同中，约定“张女愿意赡养照料张某和李某的生活，并保证张某和李某对上述房屋的终身居住和使用权”即义务（负担），此赠与合同就是附义务的赠与合同。

关于附义务赠与合同的效力，本条第 2 款作了相应规定。附义务的受赠人应按合同要求履行其负担的义务。赠与人向受赠人交付赠与物后，如受赠人不履行其所负担的义务，赠与人有权请求受赠人履行其义务，或者可申请法院依照强制程序强制其履行，还可以撤销赠与①。上例中如张女不履行赡养照料的义务或者侵犯了张某和李某对该房屋的居住和使用权，则张某和李某可以要求其继续履行或者撤销赠与。

因为赠与合同原则上是无偿的，是使受赠人单纯受益的，不应该也不适宜给受赠人施加过重的义务，所以受赠人履行其负担的义务，不得超过其所获得的赠与物的价值。如受赠人的负担超过赠与物的价值，对受赠人无任何利益可言，也与赠与的宗旨不符。赠与所负担的义务超过赠与价值时，受赠人对超过赠与价值部分的义务可不履行，仅就赠与物价值限度内的义务履行。

---

① 《民法典》第 663 条第 3 项规定“受赠人有下列情形之一的，赠与人可以撤销赠与：（三）不履行赠与合同约定的义务。”

对于常见的附义务赠与、附条件赠与[①]和附期限赠与[②]，有必要进行区分和明确，具体如下：附义务赠与是给受赠人增加了某项履行义务或负担，并不影响和改变赠与合同的效力，而是必须履行的条件；附条件赠与是在条件成就时合同生效或失效；附期限赠与是在期限届至或届满时为赠与，后两者都会起到延缓或解除赠与合同的效力，不具有强制执行力。

【关联规定】

《合同法》第 190 条，《民法典》第 158 ~ 160、663 条

（撰稿人：朱霞）

第六百六十二条 【赠与人瑕疵担保责任】赠与的财产有瑕疵的，赠与人不承担责任。附义务的赠与，赠与的财产有瑕疵的，赠与人在附义务的限度内承担与出卖人相同的责任。

赠与人故意不告知瑕疵或者保证无瑕疵，造成受赠人损失的，应当承担赔偿责任。

【释义】

本条规定的是赠与人的瑕疵担保责任。

瑕疵担保责任是指根据法律规定，在交易活动中，一方当事人转移财产给另一方当事人，应担保该财产权利完整和质量合格，若转移的财产有瑕疵，则应向对方当事人承担相应的责任，通常包括物的瑕疵担保和权利的瑕疵担保。物的瑕疵担保指担保标的物无灭失或减少其价值的瑕疵；权利瑕疵担保指当事人担保对标的物享有合法的权利，不会收到第三方对该标的物提出的任何权利要求。

具体到赠与合同，因只有赠与人承担给付义务，所以瑕疵担保责任主要是针对赠与人规范的，赠与人应向受赠人担保赠与财产本身及其所有权不存在未被告知的瑕疵，包括财产品质瑕疵担保义务和权利瑕疵担保义务。我国立法实践中并

---

① 《民法典》第 158 条规定了附条件的民事法律行为，此处附条件的赠与行为也属于附条件的民事法律行为的一种。

② 《民法典》第 160 条规定了附期限的民事法律行为，此处附期限的赠与行为也属于附期限的民事法律行为的一种。

未规定独立的瑕疵担保制度，而是将瑕疵担保情况规定在买卖合同[①]、租赁合同[②]等具体合同中，作为违约行为对待，使买受人或承租人获得各种违约救济。

从赠与合同的性质分析，赠与合同为无偿合同，赠与是为了受赠人的利益而为的行为，因而赠与人对赠与财产的瑕疵担保责任，与双务有偿的买卖合同不同，通常赠与人对赠与财产是不承担瑕疵担保责任的。但以下三种情形赠与人要承担瑕疵担保所带来的违约赔偿责任。

一、赠与人明知赠与财产有瑕疵并且故意不告知对方，造成受赠人损失的

赠与财产有无瑕疵，直接关系到受赠人是否接受赠与，赠与人如果不将赠与财产的准确状况告知受赠人，实际有欺诈之嫌，违反了民事活动中的诚实信用原则，同时也会影响受赠人是否接受赠与的准确判断。另外，赠与的本质是使受赠人利益增加或状况改善，如果受赠人因赠与财产的瑕疵遭到人身或者财产损害，则违背了受赠人接受赠与的初衷。各国立法在原则上规定赠与人对赠与财产有瑕疵不承担责任的前提下，均规定赠与人明知赠与财产有瑕疵而不告知受赠人的，因赠与财产的瑕疵给受赠人造成其他财产损失或者人身伤害的，应负赔偿责任。

赠与人承担赔偿责任须具备三个条件，一是赠与人明知赠与财产有瑕疵，如果赠与人不知道瑕疵，就无法明知；二是赠与人主观恶意，故意不告知受赠人该瑕疵情况，而非疏忽大意等过失；三是赠与财产的瑕疵造成了受赠人的损失，如没有给受赠人造成损失，则不承担赔偿责任。

二、赠与人向受赠人保证无瑕疵，赠与物却有瑕疵并造成受赠人损失的

赠与人在履行赠与合同时，如向受赠人保证无瑕疵，实际上是对其赠与行为提供了一种担保，受赠人会相应产生信赖利益。赠与财产一旦发生质量或者权利瑕疵，给受赠人造成损失，无论赠与人是否知道赠与财产有瑕疵，赠与人均应当对其保证负责，依法承担赔偿责任。

根据过错责任原则，在赠与人因为故意未告知瑕疵或保证无瑕疵给受赠人造成损害承担赔偿责任的情况下，如果受赠人有下列相关行为，则可以减轻或免除责任。一是受赠人明知赠与财产有瑕疵仍接受赠与，说明受赠人主观上非善意，并可推定其对瑕疵造成的后果有预期，所以赠与人可以不用负赔偿责任；二是受赠人有过错，尤其受赠人的损失是因受赠人在使用财产时故意或重大过失而造成的，赠与人也可以不负或减轻相应的民事责任。

---

① 《民法典》第612条规定“出卖人权利瑕疵担保义务”、第617条规定“质量瑕疵担保责任”。

② 《民法典》第723条规定“出租人权利瑕疵担保责任”、第747条规定“租赁物质量瑕疵担保责任”。

三、附义务的赠与，赠与财产如有瑕疵，赠与人需在受赠人所附义务的限度内承担与出卖人相同的责任

对于附义务的赠与，受赠人虽受有利益，但又需履行约定的义务，就受赠人履行的义务而言，类似于买卖合同中买受人的地位。如赠与的财产有瑕疵，必然导致受赠人所受利益有所减损，这便与合同约定的权利与义务不相对应。为保护受赠人的利益，赠与人应在受赠人所附义务的限度内，承担与买卖合同中的出卖人同一的瑕疵担保责任。所谓附义务的限度内，指的是受赠人不能因为履行所负担的义务而受损失，可参照买卖合同中双方义务对等来评估，如受赠人接受5000元财产的赠与，但仅值1000元，若负担了2000元的义务，则赠与人仍须负瑕疵担保责任；但假如受赠人仅负担500元义务，此时所负担义务不得减少。若负担超过赠与财产，则在不足的限度内，赠与人有补足义务。若受赠人不知赠与物有瑕疵而履行义务，则受赠人可在不足的限度内，请求赠与人偿还。

对于赠与的瑕疵担保责任如何判定，实践中要结合赠与的实际情况仔细分析，曾有案例如下：王先生与邹先生是同住一个小区的邻居，某日王先生迁往新居。搬家时家中一台21英寸彩电不准备搬走。这台彩电已经用了多年，但图像、声音仍然很好。考虑到邹先生家中生活困难，王先生就把这台彩电送给邹先生，并向邹先生详细介绍了这台彩电的使用年限和性能，邹先生检查后，收下了彩电。半年后，这台彩电在使用过程中突然爆炸，把正在看电视的邹先生炸伤，并毁坏了部分家具。邹先生诉至法院，说是因为王先生没有告知彩电可能发生爆炸，致使其接受彩电，要求王先生承担损害赔偿责任。后经法院审理，判决驳回邹先生的诉讼请求。

本案中，王先生为无条件赠与，原则上不承担赠与物的瑕疵担保责任。另从事件情况可知，王先生在做出赠与的意思表示时，已经明确告知邹先生这台彩电使用的年限和性能（用了多年，但图像、声音仍然很好），邹先生在接受该赠与时对赠与物的品质状况有清晰的了解，应该对彩电使用寿命拥有一般人的认知和理解水平。综上判断，王先生作为赠与人，没有故意隐瞒赠与财产的瑕疵，也未向邹先生保证赠与财产无瑕疵，根据法律规定，王先生不必承担赠与彩电的瑕疵担保责任，邹先生也没有权利就受赠的彩电爆炸事宜向王先生索取损害赔偿。

【关联规定】

《合同法》第191条，《民法典》第612、617、723、747条

（撰稿人：朱霞）

第六百六十三条　【赠与人的法定撤销权及其行使期间】受赠人有下列情形之一的，赠与人可以撤销赠与：

（一）严重侵害赠与人或者赠与人近亲属的合法权益；

（二）对赠与人有扶养义务而不履行；

（三）不履行赠与合同约定的义务。

赠与人的撤销权，自知道或者应当知道撤销事由之日起一年内行使。

【释义】

本条规定的是赠与人的法定撤销权。①

撤销权属于形成权，权利人得以自己一方的意思表示而消灭民事法律关系效力的民事权利。一旦权利人行使撤销权，则被撤销行为的效力自始无效，当事人的权利义务回复到此民事法律行为未发生时的状态。赠与合同中的法定撤销权，是指在法定事由出现时允许赠与人或其继承人、法定代理人行使撤销权，撤销赠与。它与本法第658条任意撤销权的区别在于它的权利行使必须出现法定事由。

根据本条第1款规定，这些法定撤销事由通常因受赠人过错或未履行应尽的义务导致，主要包括三种情形：

一、受赠人严重侵害赠与人或者赠与人近亲属的合法权益

1999年《合同法》第192条第1项规定“严重侵害赠与人或者赠与人的近亲属”，法律本质上保护的是法律主体的合法权益，即符合法律规定的权利和利益，本次规定增加了“合法权益”的表述，使条款规定更加严谨规范。

在赠与行为中，赠与人往往是从一种情感出发对受赠人进行好意施惠，如老人将房屋赠与照顾自己的保姆，父母将汽车赠与自己的孩子等，但如果受赠人接受赠与后，不仅不感恩，还做出严重侵害赠与人或赠与人近亲属合法权益的行为，此时如要求赠与人严格履行赠与义务，有失情理，也对赠与双方当事人的关系产生不平衡。法律赋予赠与人、继承人或法定代理人有权撤销赠与，既是对受

---

① 赠与合同中的法定撤销权与民法典总则第147～151条中的可撤销民事法律行为不同，后者如重大误解、欺诈、胁迫、显失公平等是民事法律行为中行为人意思表示不真实、不自由，故赋予行为人请求人民法院或者仲裁机构予以撤销的权利；赠与合同中的法定撤销权在符合法定情形时，赠与人可直接行使，无须诉诸公权力机关。

赠人侵害行为的惩罚，也是对赠与人权益的一种保护。

此种行为的构成应符合以下要件：第一，受赠人有故意或过失的侵害行为。第二，侵害的对象是赠与人或其近亲属的合法权益，其中近亲属的范畴应按照《最高人民法院关于贯彻执行〈中华人民共和国民法通则〉若干问题的意见（试行）》第12条的规定，包括配偶、父母、子女、兄弟姐妹、祖父母、外祖父母、孙子女、外孙子女。第三，侵害行为达到严重程度，“严重”是一个不确定的概念，可从侵权行为上的情节和后果等方面进行分析。

二、受赠人对赠与人负有扶养义务而不履行

我国以孝道为核心的尊老养老道德观念已有几千年的历史，父母爱护和抚育子女是人之本性，子女反哺和关爱老人是应有的本分，现实生活中，父母将自己财产赠与子女的情形比比皆是，但不时地会见到子女接受赠与后却不履行应尽义务的案例，所以法律上将此作为赠与人法定撤销的原因之一。

此种行为的构成符合以下要件：第一，受赠人对赠与人负有法定或约定的扶养义务。第二，受赠人主观上拒不履行应尽的扶养义务。第三，受赠人有扶养能力，如受赠人自身无扶养能力，则构成履行的客观不能，不产生撤销赠与的权利。

三、受赠人不履行赠与合同约定的义务

此种行为构成应符合如下要件：第一，属于附义务的赠与。本章第661条规定：“赠与可以附义务。赠与附义务的，受赠人应当按照约定履行义务。”附义务的赠与给受赠人施加了一种负担，虽不是接受赠与的对价，但也应依约履行，否则构成违约。第二，受赠人不履行的义务为赠与合同约定的义务，而非其他义务。第三，合同约定的受赠人应承担的义务具有合法性，如果约定的义务属于违法或违背公序良俗，则赠与合同无效，也不存在合同撤销的情形。

在上述法定事由具备时，赠与人可以明示或默示的方式行使撤销权，一经行使合同即自始无效。如果赠与合同已履行，撤销权人可依据不当得利请求权，要求受赠人返还已接受的赠与财产；如果赠与合同未履行完毕，比如需要交付或登记，则赠与人可以拒绝交付或登记。

本条第2款规定的是法定撤销权的除斥期间。因撤销权属于形成权，若撤销权人长期不行使权利就可能使赠与长时间处于履行上的不确定状态，从而影响合同效力的稳定性，不利于保护交易和维护社会关系的稳定，所以立法上为撤销权的行使规定了存续期间，“赠与人的撤销权，自知道或应当知道之日起一年内行使”“赠与人的继承人或法定代理人的撤销权，自知道或应当知道之日起六个月内行使。"这两条规定的"一年""六个月"就是除斥期间[①]，具有两个典型特点：一是该期间为不变期间，不因任何事由而中止、中断或者延长；二是除斥期间经过后消灭的是实体民事权利本身，即撤销权消灭，不得撤销赠与合同。最后关于撤销权的起算点，是赠与人知道或者应当知道撤销原因之日起算，即受赠人侵害赠与人或其近亲属合法权益之日、受赠人拒绝抚养、拒不履行所负担义务之日。

【关联规定】

《合同法》第 192 条，《最高人民法院关于贯彻执行〈中华人民共和国民法通则〉若干问题的意见（试行）》第 12 条，《民法典》第 199、661 条

（撰稿人：朱霞）

第六百六十四条　【赠与人继承人或者法定代理人的撤销权】 因受赠人的违法行为致使赠与人死亡或者丧失民事行为能力的，赠与人的继承人或者法定代理人可以撤销赠与。

赠与人的继承人或者法定代理人的撤销权，自知道或者应当知道撤销事由之日起六个月内行使。

【释义】

本条规定的是赠与人的继承人或法定代理人的撤销权。

关于撤销权、除斥期间的解释，参见本法第 663 条。

本条共两款，第 1 款规定了撤销赠与的法定原因，实际是本法第 663 条赠与人法定撤销权行使的补充和救济，是基于继承制度和代理制度，在赠与人无法行使撤销权的情况下，对其权益的充分保护。第 2 款规定了行使撤销权的期间。

依照本条第 1 款的规定，在下列两种情况下产生撤销权：[②] 第一，因受赠人的违法行为致使赠与人死亡的，赠与人的继承人可以撤销赠与。构成该事由的要

---

① 《民法典》第 199 条规定了除斥期间。具体内容是：法律规定或者当事人约定的撤销权、解除权等权利的存续期间，除法律另有规定外，自权利人知道或者应当知道权利产生之日起计算，不适用有关诉讼时效中止、中断和延长的规定。存续期间届满，撤销权、解除权等权利消灭。

② 江平主编：《中华人民共和国合同法精解》，中国政法大学出版社 2000 年版，第 156 页。

件如下：(1) 赠与人死亡，如赠与人未死亡，则其本人可以行使撤销权；(2) 赠与人因受赠人的违法行为而死亡，这里的违法行为既包括故意，也包括过失致人死亡等，不包括意外事件、正当防卫等非违法行为。第二，因受赠人的违法行为致使赠与人丧失民事行为能力，赠与人的法定代理人可以行使撤销权。民事行为能力是民事主体能够自主独立实施民事法律行为的资格。具有完全民事行为能力的主体能独立实施任何民事法律行为，享有民事权利并承担民事义务。赠与人向受赠人赠与财产就是赠与人作为完全民事行为能力者处分自己权利的一种表现。如果由于受赠人的违法行为致使赠与人从完全民事行为能力者变为无民事行为能力者，则受赠人已严重侵害了赠与人的利益，根据代理的原则和本意，赠与人的法定代理人有权利也有义务行使撤销权，从而保护丧失民事行为能力的赠与人的利益。

本条中的"死亡"包括自然死亡和宣告死亡。"丧失民事行为能力"指完全不具备民事行为能力。

在上述情况下，赠与人的继承人或法定代理人撤销权的行使期间为6个月，自知道或应当知道撤销原因之日起算。

【关联规定】

《合同法》第193条，《民法典》第199条

（撰稿人：朱霞）

第六百六十五条 【撤销赠与的法律后果】撤销权人撤销赠与的，可以向受赠人请求返还赠与的财产。

【释义】

本条是对撤销赠与的法律后果的规定。

基于撤销权属于形成权的性质，撤销权人撤销赠与的，赠与合同的效力溯及消灭，自始无效，此时受赠人再占有赠与财产就无正当的法律事由，撤销权人可依据不当得利请求权，请求受赠人返还赠与财产。[①] 返还赠与的财产原则上应返还原物，若原物不存在，应返还相应的价金。受赠人如果利用赠与财产取得收益

① 我国台湾地区"民法"将不当得利的依据直接写进赠与合同章节中，第419条第2款规定："赠与撤销后，赠与人得依不当得利之规定，请求返还赠与物"。

的，这些收益作为原物的孳息，也可以请求返还。

本条中的撤销权人包括赠与人、赠与人的继承人、赠与人的法定代理人。

【关联规定】

《合同法》第194条

（撰稿人：朱霞）

第六百六十六条　【赠与人穷困抗辩】赠与人的经济状况显著恶化，严重影响其生产经营或者家庭生活的，可以不再履行赠与义务。

【释义】

本条是对赠与人因穷困免除赠与义务的规定。

依照本条规定，赠与人于赠与合同约定或签署后，其经济状况发生显著恶化，致使其生产经营或家庭生活受严重影响的，赠与人可以不再履行赠与义务。从文义判断，赠与人的穷困抗辩权具有永久性效力。

结合本法第658条规定，普通赠与合同中赠与人在赠与财产的权利转移之前可以撤销赠与，故不管赠与人经济状况有无发生改变，赠与人都可以行使任意撤销权，不再履行赠与义务。经过公证的赠与合同或者依法不得撤销的具有救灾、扶贫、助残等公益、道德义务性质的赠与合同中，因为赠与人有强制履行的义务，故才可以在经济状况显著恶化，致使其生产经营或家庭生活受严重影响的情况下免除履行赠与义务。

该条规定也是基于赠与合同法律关系双方当事人权利义务平衡的考虑，出于好意施惠或公益目的等的赠与行为应得到鼓励、肯定和支持，但这种赠与不应以牺牲和影响赠与人的根本利益为前提，否则赠与人与受赠人之间就失去公允性。《德国民法典》第519条①、《瑞士债法典》第250条②及我国台湾地区“民法”

---

① 《德国民法典》第519条第1项规定：“赠与人为顾全其所负之他项义务，若履行约定，必致危害与其身份相当之生计或依法应负担之扶养义务者，在此限度内，对于赠与方法所为之约定，得拒绝履行。”

② 《瑞士债法典》第250条第1款第2项和第3项规定：有下列情形赠与人可以拒绝履行赠与义务：“2. 赠与人承诺后经济状况发生变化，以至于赠与成为其巨大负担的；3. 自赠与承诺之日起，赠与人要承担新的或者沉重的家庭义务的。”

第 418 条[①]对此均有规定。

要构成本条的赠与义务免除，应满足如下条件：（1）赠与人于赠与约定后经济状况发生显著恶化，这种恶化包括积极的财产减少（如企业破产、遭受重大自然灾害）或消极的支付增加（家人突发重大疾病使负担突然增加的）。（2）经济状况的恶化达到“显著”的程度，已严重影响其生产经营或家庭生活，没有足够的资金或财产来赠与他人，实际构成履行不能。赠与人如依据此条拒绝履行赠与义务，应当对“经济状况显著恶化，严重影响其生产经营或者家庭生活的”情形承担举证责任，并应当向受赠人及时做出明确的拒绝履行赠与合同的表示。（3）赠与人的义务尚未履行完毕。如赠与人的赠与义务已履行完毕，财产已交付或已登记等，则在不具备法定撤销权的情形下，无权要求受赠人返还。如赠与人义务尚未履行完毕，则可以免除后续的赠与义务。

【关联规定】

《合同法》第 195 条

（撰稿人：朱霞）

---

① 我国台湾地区“民法”第 418 条规定：“赠与人于赠与约定后，其经济状况显有变更，如因赠与致其生计有重大之影响，或妨碍其扶养义务之履行者，得拒绝赠与之履行”。

第十二章 借款合同

【导读】

本章规定是借款合同的基本规则。

借款合同在学理上又被称为贷款合同或金钱借贷合同，属于消费借贷合同，与使用借贷合同构成借贷合同之整体。不过，《民法典》对于使用借贷合同未作规定，对于借款合同之外的其他消费借贷合同也未作规定。借款合同非使用借贷合同的原因在于，贷款人提供借款给借款人的目的是供借款人向其他民事主体履行债务或者履行公法上义务，借款人不可能把原借款返还，借款人到期返还借款及支付利息只能是返还相应数额的金钱。而在使用借贷合同中，借用人仅是按照物的功能或性质对物进行使用，到期后借用人应当返还原物。相比较而言，借款合同中借款的所有权发生了转移，除非在特殊的意外情形下，所借出去的款项将来也不可能实现所有权的返还，而使用借贷合同中，使用物的所有权或物权并未发生变动，借用人只是返还对物的现实占有。① 正因为如此，借款合同在体系上的位置位于移转所有权合同之后。

本章共有14个条文，分别规范或处理借款合同的定义（第667条），借款合同形式和内容（第668条），借款人的信息提供义务（第669条），借款本金的确定（第670条），逾期提供借款和收取借款的后果（第671条），贷款人的监督、检查权（第672条），借款用途的约定控制（第673条），支付利息的期限（第674条），返还借款期限（第675条），逾期返还借款责任（第676条），提前返还借款（第677条），借款展期（第678条），自然人借款合同的成立时间（第679条），高利贷禁止和借款利息的确定方式（第680条）等问题。按照本章的一般规定，借款合同原则上是有偿合同、要式合同、诺成合同、双务合同。借款人签订借款合同需如实向贷款人提供其相关业务和财务信息，无论是借款人和贷款人都得为逾期提供或收取借款承担逾期责任，贷款人可以依据合同检查借款人的

---

① 消费借贷合同与使用借贷合同的基础理论，参见邱聪智：《新订债法各论（上）》，中国人民大学出版社2006年版，第342页以下。

经营情况和财务情况，借款用途可以被提前限定。借款人可以提前还款，也可以申请借款展期。此外，还规定了本金的确定规则、利息的支付时间、借款的返还时间等共通性规则。对于自然人之间的借款合同，本章则采取实践合同模式，以借款的交付作为合同订立的条件。本章明确禁止高利贷，对于利息的确定方式采取了有利于借款人的客观化的推定立场。比较有争议的是，第680条究竟仅适用于自然人之间的借款合同，还是适用于本章之整体。从行文来看不限于自然人之间的合同，应当适用于所有的借款合同，但从体系位置的角度看，第670、674条也都涉及利息问题，分开安置似乎不够妥当，有无利息均构成借款合同也与本章第667条对借款合同的立法定义构成了鲜明的对比差异。

总体来看，本章的规定体现了强烈的“民商合一”特点，并且在规范意旨和规范数量方面，体现为以商事借款合同为主、民事借款合同为辅；在商事借款合同中，又有借款人从金融机构借款为主（第669、671～673、678条等条文最具代表性），非金融企业之间的借贷为辅；[①] 民事借款合同，又可以区分为自然人之间的合同和自然人与法人、非法人组织之间的合同，本章只对前者做了针对性规定，未对后者规定。

本章在《合同法》之中即已存在，《民法典》编纂过程中主要是对第680条（《合同法》第211条）做了修改，吸收了《最高人民法院关于审理民间借贷案件适用法律若干问题的规定》第25条的规定。除了本章规定之外，现行法律规范体系中主要还有《商业银行法》《最高人民法院关于依法妥善审理民间借贷案件的通知》《全国法院民商事审判工作会议纪要》和《贷款通则》等直接涉及借款合同问题，最高人民法院还计划2020年修改《最高人民法院关于审理民间借贷案件适用法律若干问题的规定》。因此，在《民法典》已然通过的背景下，也还需了解我国法上在《民法典》之外还有为数众多且具有不同效力层级的规范，共同构成了借款合同规则之整体。司法实践中需要注意协调不同规范之间的关系，按照《立法法》的相关规则及学理上公认的法律适用规则处理可能的规范冲突问题。

第六百六十七条　【借款合同定义】借款合同是借款人向贷款人借款，到期返还借款并支付利息的合同。

---

① 非金融企业之间的借贷在我国以往的法律体系之中，被认为是违反了金融秩序，构成违法行为，但随着《最高人民法院关于审理民间借贷案件适用法律若干问题的规定》（第1条）的颁布，非金融企业之间的借贷行为具有了完全的合法性。

【释义】

本条对借款合同的含义予以规定，承继了《合同法》第 196 条，其规范意旨在于明确借款人所承担的主给付义务：借款人在借款期限到期之后应当将借款返还至贷款人，并支付利息。《民法通则》第 90 条仅仅规定了合法的借贷关系受到法律保护，但并未就借款合同提供较为全面的规范。《最高人民法院关于审理民间借贷案件适用法律若干问题的规定》第 1 条则从主体的角度界定了何为民间借贷合同，但其仅仅指明借款合同中当事人相互进行资金融通的特点①，本条则对借款合同的含义作了更清晰的说明。

首先，借款人向贷款人借款，这是对借款合同特征的描述，鉴于借款合同存在诺成合同与要物合同之分，本条并未直接规定贷款人负有交付借款的主给付义务。对借款合同特征的把握，需注意以下几点：第一，向借款人交付借款并移转借款所有权构成借款合同的重要特征。借款合同为典型的消费借贷合同，消费借贷合同最为重要的特点在于标的物一经交付、使用，其价值便发生重大变更，而无法返还所交付之原物，借款合同同样具有此种特点。借款合同的标的物为金钱，一旦贷款人将借款交付至借款人，借款的所有权即移转至借款人，借款人负有返还相同数额金钱的义务。若贷款人所交付的为其他实物，在自然人之间进行借贷时，借款合同为要物合同，在贷款人交付借款之前，借款合同并未成立，此时若借款人受领标的物，则应认定当事人之间成立消费借贷合同。在非自然人之间的借款合同场合下，因借款合同为诺成合同，借款人可请求贷款人承担违约责任。第二，借款合同为消费借贷合同，借款需用于消费借贷的用途，否则，便不成立借款合同。例如，若当事人约定将出借款项用于捐赠仪式上的展示用途，仪式完毕后将款项悉数返还至出借人，此时构成使用借贷这一无名合同，而不成立借款合同，不适用借款合同的有关规定。② 第三，我国《民法典》仅规定借款合同这一类型的消费借贷合同，但消费借贷还可涵盖以其他物为标的物的合同，针对此类无名合同，按照本法第 467 条③，可参照适用借款合同的有关规定。

其次，借款人负有到期返还借款并支付利息的义务，无论货币贬值与否，借

① 《最高人民法院关于审理民间借贷案件适用法律若干问题的规定》第 1 条第 1 款：本规定所称的民间借贷，是指自然人、法人、其他组织之间及其相互之间进行资金融通的行为。

② 邱聪智：《新订债法各论（上）》，中国人民大学出版社 2006 年版，第 358 页。

③ 《民法典》第 467 条第 1 款规定，本法或者其他法律没有明文规定的合同，适用本编通则的规定，并可以参照适用本编或者其他法律最相类似合同的规定。

款人均负有在借款期限到期时返还相同数量金钱的义务。

按照本条，借款人的给付义务还包括支付利息，而并未区分当事人在借款合同中是否对支付利息作出约定，依文义解释，即便是针对自然人之间的借款合同，若当事人并未对利息作出约定，借款人仍应向贷款人支付利息，但是，按照本法第680条规定，在当事人对借款利息并未作出约定时，应当视为没有利息，尤其是在自然人之间的借款合同中，则更是如此。从表面观察，本法第667条与第680条存在冲突，此处对利息的规定应解释为对利息这一借款合同非必要之点所作的规定，借款合同缺乏对利息的约定，并不影响借款合同的成立与生效。

至于借款人所给付的利息是否必须为金钱，对此，学理上存在分歧，肯定说认为，在消费借贷合同中，债务人所给付的利息无须是与原物相同种类的物[①]。例如，贷款人与借款人约定由借款人给付所生产的机器作为利息。否定说则坚持认为利息不得与原物种类相异。[②] 本条并未言明利息到底是否可以为与借款相异的其他种类的物。借款人负有返还利息的义务，若在利息债务履行期届至之后，借款人提出其他种类的给付代替原给付以清偿利息，则构成代物清偿，并无不可。若合同双方在签订借款合同之时便约定利息为其他物，同样不影响借款合同性质的认定。由于是否支付借款利息并不会对借款合同性质造成影响，在当事人约定利息的场合下，对利息形态作自由约定同样不影响借款合同性质的界定。

最后，在认定当事人之间是否存在借款合同关系时，不能简单以当事人对合同性质的描述为标准。由于实定法中对借款合同存在诸多限制性规范，因此实践中当事人为规避此种限制，往往以其他合同的形式来规避相关法律规范，在辨析合同性质时，应当牢牢把握本条对借款合同的定义。在很多情形下，即便当事人并未约定签订借款合同，而是将合同名称描述为其他类型的合同，只要合同中对权利义务内容的约定符合借款合同的特征，仍应将所签订的合同界定为借款合同。常见情形包括：第一，名为买卖合同实为借款合同，甲将标的物以500元每吨的价格出售至乙，乙又将其出售至丙，丙最后以550元每吨的价格出售至甲，在这多份买卖合同中，除买卖合同价格及当事人外，合同其他内容均不存在差异，在这一封闭式循环买卖中，甲真实意思为自丙处取得借款，借款到期之后返还借款及相应利息。[③] 第二，名为融资租赁合同实为借款合同，当事人以融资租赁合同的形式掩盖借款合同的本质。例如，甲与乙签订融资租赁合同，约定转让

---

① 史尚宽：《债法总论》，中国政法大学出版社2000年版，第254页。

② 郑玉波：《民法债编总论》，中国政法大学出版社2004年版，第206页。

③ 参见日照港公司煤炭运销部与焦煤公司借款合同纠纷案，最高人民法院（2015）民提字74号民事判决书。

人甲将标的物转让至买受人乙，并由甲承租该标的物，定期支付租金，但转让的标的物为作为生产原材料的钢材，其为消耗物，无法租赁使用，转让价款也远远高于租赁物本身的价值，虽然融资租赁合同无效，但仍不影响当事人之间借款合同的效力，此时，融资租赁合同中受让人所支付的价款实质为借款，而承租人所支付的租金则体现为借款本金及利息的偿还。① 第三，名为投资合同实为借款合同，《最高人民法院关于审理联营合同纠纷案件若干问题的解答》（法〔经〕发〔1990〕27号）第4条即明确了此种情形，法人作为联营一方向联营体投资，既不参加共同经营，也不承担联营的风险责任，无论联营体盈亏状况如何，均按期收回本息或者按期收取固定利润的，构成名为联营实为借贷。②

【关联规定】

《合同法》第196条，《民法通则》第90条，《最高人民法院关于审理民间借贷案件适用法律若干问题的规定》第1条

（撰稿人：杨勇）

第六百六十八条　【借款合同形式和内容】借款合同应当采用书面形式，但是自然人之间借款另有约定的除外。

借款合同的内容一般包括借款种类、币种、用途、数额、利率、期限和还款方式等条款。

【释义】

本条规范对象是借款合同的形式及合同条款，合同自由原则为现代合同法的重要原则，形式自由与内容自由构成合同自由原则的应有之义。③ 但自《合同法》颁布，我国一直坚持借款合同应采用书面形式的规则，同时以立法形式明确了合同所应包含的条款，是构成对合同自由原则的限制，本条与合同自由原则之间的

---

① 参见中建六局第三公司与远东宏信公司借款合同纠纷案，天津市高级人民法院民事判决书（2019）津民终124号。

② 再如，《最高人民法院关于审理涉及国有土地使用权合同纠纷案件适用法律问题的解释》（法释〔2005〕第5号）第26条规定，合作开发房地产合同约定提供资金的当事人不承担经营风险，只收取固定数额货币的，应当认定为借款合同。

③ 韩世远：《合同法总论》，法律出版社2018年版，第132页。

关系尤需辨明。

首先，第 1 款对借款合同的形式予以规定，除自然人之间的借款合同外，借款合同应当采用书面形式。按照本法第 469 条，书面形式主要是指合同书、信件等可以有形地表现所载合同内容的形式，除此之外，以电报、电传、传真、电子数据交换、电子邮件等方式能够有形地表现所载内容，并可以随时调取查用的数据电文，视为书面形式。本条所规定的书面形式要求针对的是非自然人之间的借款合同，在借款合同的形式问题上，本条对自然人之间的借款合同与非自然人之间的借款合同作区别对待。从实践观察，许多自然人之间的借款合同并未采取书面形式。而在非自然人之间的借款合同中，合同当事人多为企业、非法人组织，作为商事主体，其具有更高的注意义务。而当贷款人为商业银行等金融机构时，采书面形式甚或已经成为借款合同中的交易习惯，此外，《商业银行法》第 37 条也规定，商业银行贷款，应当与借款人签订书面合同。此时之所以要求当事人需采用书面形式，其目的在于“保障金融机构信贷资金的安全”。[①] 基于上述考量，本条区分自然人之间的借款合同与非自然人之间的借款合同，进而对当事人所应采用的合同形式分别作出规定。

若当事人并未采取书面形式签订借款合同，则会产生何种法律后果？本条规定借款合同应当采用书面形式并不意味着借款合同为要式合同。按照本编第 490 条第 2 款，即便法律规定当事人应当采用书面形式订立合同，但如果当事人未采用书面形式，一方履行主要义务后，合同相对方接受的，此时仍可认定合同成立，按照第 490 条第 2 款，只要贷款人向借款人交付借款，而借款人受领所交付的借款，仍可认定借款合同成立。事实上，本条所规定的书面形式仅仅是一种倡导性规定，其目的在于避免当事人因借款债权债务发生纠纷而面临无法举证的问题，另外，书面形式的要求亦能够在一定程度上起到警示作用，使得当事人谨慎对待借款合同的签订问题。因此，即便当事人未采取书面形式订立借款合同，只要当事人之间就借款达成合意，同样不影响借款合同的成立与生效，在此意义上而言，本条并不构成突破合同形式自由的例外规则。[②] 只是在当事人并未以书面形式订立借款合同之时，举证证明借款合同成立的难度更大，而在商业银行的贷款业务活动中，如果不存在书面形式的借款合同，可认为借款合同并未成立，这与将借款合同解释为要式合同并不存在本质差异。

---

① 胡康生主编：《中华人民共和国合同法释义》，法律出版社 2013 年版，第 324 页。

② 此种认识亦符合理论界所形成的共识。中国法学会民法典编纂项目领导小组组织撰写的《中华人民共和国民法典·民法总则专家建议稿（征求意见稿）》就采纳了此种观点。其第 123 条规定：法律、行政法规对法定形式的效力没有特别规定的，法定形式仅具有证据效力。

其次，第 2 款列举了借款合同所应包含的条款，其来源于《商业银行法》第 37 条。[①] 本法第 470 条也对合同中的一般性条款作了规定，从合同内容的重要性角度而言，合同中的条款或内容可分为必要之点与非必要之点，必要之点决定了合同能否成立以及合同的类型[②]，本条所列合同条款并非均为借款合同必要之点。《最高人民法院关于适用〈中华人民共和国合同法〉若干问题的解释（二）》（法释〔2009〕5 号）第 1 条曾明确规定："当事人对合同是否成立存在争议，人民法院能够确定当事人名称或者姓名、标的和数量的，一般应当认定合同成立。但法律另有规定或者当事人另有约定的除外。对合同欠缺的前款规定以外的其他内容，当事人达不成协议的，人民法院依照合同法第六十一条、第六十二条、第一百二十五条等有关规定予以确定。"合同的必要之点因合同类型存在差异，借款合同中的必要之点包括当事人及借款数额，在本条所列举的合同条款中，只有借款数额构成合同的必要之点，而其他条款则仅仅构成非必要之点。对于非必要之点，在借款合同未作约定时，可按照民法典第 510 条、第 511 条以及本章中的任意性规范进行补充解释。

借款种类与用途常见于金融借款合同中，借款合同对此进行约定的目的在于确保金融机构发放的贷款能够专款专用，同时降低收回借款的风险。[③] 一般而言，国内借款合同对币种进行约定的必要性较小，当事人很少会约定借款币种。而借款利率、期限、还款方式则常见于借款合同中，借款利率受到国家的严格管制。在当事人对借款利率、期限及还款方式未作约定时，本章设有专门的任意性规范以填补借款合同中的漏洞。

【关联规定】

《合同法》第 197 条，《商业银行法》第 37 条

（撰稿人：杨勇）

第六百六十九条　【借款人应当提供真实情况义务】 订立借款合同，借款人应当按照贷款人的要求提供与借款有关的业务活动和财务状况的真实情况。

---

① 本条与《商业银行法》第 37 条所存在的差别在于：本条新增币种条款的规定，同时删除了《商业银行法》第 37 条中的违约责任。但两个条文间不存在实质性差异。

② 韩世远：《合同法总论》，法律出版社 2013 年版，第 103 页。

③ 王胜明：《中华人民共和国合同法释义》，法律出版社 2013 年版，第 325 页。

【释义】

本条规定了借款合同订立过程中借款人的附随义务，来源于《合同法》第202条，并可追溯至《商业银行法》第35条，依照该条，商业银行应当对借款人的借款用途、偿还能力等情况进行严格审查。[①] 本条规范目的在于保障贷款人对借款人及其财务状况等情况的了解，在此基础上决定是否同借款人签订借款合同。对借款人应当按照贷款人要求提供与借款有关的业务活动和财务状况的真实情况的义务进行解读，需同贷款人所负有的对借款用途等情况进行审查的义务相结合，贷款人所承担的审查义务不同，借款人所应履行的附随义务也存在差异。

首先，在以商业银行为代表的金融机构贷款活动中，商业银行在履行对借款用途、偿还能力等情况进行审查的义务时，需由借款人提供协助。贷款人对借款人信用等级等情况进行审查的义务适用范围限于商业银行贷款业务活动中。商业银行所承担的此种义务是为了降低银行债权无法实现的风险。借款人的资信状况构成贷款人是否愿与借款人订立借款合同的重要因素，一般而言，在当事人订立合同的过程中，一方并不负有主动向对方披露自己所知晓的与订立合同有关的重要信息的义务，但在另一方提出要求时，则说明此项信息对合同订立具有重要影响，借款人应当按照贷款人的要求提供与业务活动及财务状况相关的真实情况，若借款人违反这一义务，未提供与借款有关的业务活动及财务状况的真实情况，或者虚构借款用途以套取借款用于转贷牟利，此时其行为可能构成欺诈，贷款人可行使撤销权以撤销借款合同。同时，鉴于借款人违反基于诚实信用原则而产生的附随义务，其需承担缔约过失责任。

此外，按照《贷款通则》（中国人民银行令〔1996〕2号）的规定，即便贷款人尚未履行审查义务、借款人在提出借款申请之时，借款人就需将借款用途、偿还能力等基本情况告知贷款人，借款人未按照要求提供将会导致借款合同无法订立。贷款人在受理借款人的借款申请后，还需针对借款人的信用等级等情况展

① 此外，按照《商业银行法》第36条的规定，商业银行还需对保证人的偿还能力，抵押物、质物的权属和价值以及实现抵押权、质权的可行性进行严格审查。

开调查，并作出信用等级评估，在此基础上决定是否与借款人签订借款合同。[①]

在商业银行未对借款人的借款用途以及偿还能力等进行审查时，不影响借款合同的效力，《商业银行法》规定商业银行审查义务的目的在于控制金融机构债权无法实现的风险，若因商业银行未尽到审查义务而否认借款合同的效力，则显然与控制金融机构债权无法实现风险的规范目的相悖。

其次，在一般的民间借款合同中，贷款人对借款用途仍负有一定程度的审查义务，按照《最高人民法院关于审理民间借贷案件适用法律若干问题的规定》第14条，当贷款人知道或者应当知道借款人将借款用于违法犯罪活动而仍然提供借款的，则应认定借款合同无效，由此，贷款人在与借款人签订借款合同之前，其对借款用途负有一定程度的审查义务，但这一审查义务同商业银行借款中商业银行所负有的审查义务存在不同[②]，对于前者，贷款人只需审查借款人是否会将借款用于违法犯罪活动。因此，此时虽要求借款人应当提供与借款有关的业务活动和财务状况的真实情况，但只要借款人能够说明其存在真实合法的借款需求，即可认定借款人已经履行本条所规定的附随义务。

【关联规定】

《合同法》第202条，《商业银行法》第35条，《最高人民法院关于审理民间借贷案件适用法律若干问题的规定》第14条

（撰稿人：杨勇）

---

① 参见《贷款通则》第25条，贷款申请：借款人需要贷款，应当向主办银行或者其他银行的经办机构直接申请。借款人应当填写包括借款金额、借款用途、偿还能力及还款方式等主要内容的《借款申请书》并提供以下资料：一、借款人及保证人基本情况；二、财政部门或会计（审计）事务所核准的上年度财务报告，以及申请借款前一期的财务报告；三、原有不合理占用的贷款的纠正情况；四、抵押物、质物清单和有处分权人的同意抵押、质押的证明及保证人拟同意保证的有关证明文件；五、项目建议书和可行性报告；六、贷款人认为需要提供的其他有关资料。第26条，对借款人的信用等级评估：应当根据借款人的领导者素质、经济实力、资金结构、履约情况、经营效益和发展前景等因素，评定借款人的信用等级。评级可由贷款人独立进行，内部掌握，也可由有权部门批准的评估机构进行。第27条，贷款调查：贷款人受理借款人申请后，应当对借款人的信用等级以及借款的合法性、安全性、盈利性等情况进行调查，核实抵押物、质物、保证人情况，测定贷款的风险度。第28条，贷款审批：贷款人应当建立审贷分离、分级审批的贷款管理制度。审查人员应当对调查人员提供的资料进行核实、评定，复测贷款风险度，提出意见，按规定权限报批。

② 商业银行则需在综合各种情况的基础上对借款人的资信状况进行评价，以决定是否发放贷款，两者相比较，商业银行所负担的审查义务更重。

第六百七十条 【借款利息不得预先扣除】借款的利息不得预先在本金中扣除。利息预先在本金中扣除的，应当按照实际借款数额返还借款并计算利息。

【释义】

本条规范对象为当事人预先在本金中扣除利息的行为，其规范目的在于保障借款人的利益。附利息的借款合同为有偿合同，从合同自由原则出发，利息本为当事人自由约定内容范围，当事人可自由约定所支付的利息数额、支付时间、支付方式，本条对当事人利息支付方式和支付时间的自由约定在一定程度范围内作出限制。

首先，本条适用前提是当事人预先在本金中扣除利息，预先体现的是当事人支付利息时间层面的要件，随之面临的问题是如何界定预先所及的时间范围。自文义观察，本条无法涵摄借款人在收到借款后立即支付利息的情形。如，在借款人受领借款后的次日内即向贷款人支付利息，对此，能否认定此类行为构成对本条的规避？司法实践中，法官多认为构成法律规避，损害了借款人的合法权益，应当适用本条规定，以扣除利息后的借款金额作为借款本金。[①] 但与此相反的观点则可能认为，本条所禁止的仅仅是贷款人预先自本金中扣除利息，而当借款人收到全额借款后提前支付利息的行为，不属于本条所规范的对象。

本条适用范围的厘清取决于对本条规范目的的阐明。禁止预先自本金中扣除利息的原因在于，若承认当事人预先自本金中扣除利息的约定的效力，将会导致借款人实际受领的本金数额少于约定的数额，既然借款人未能使用此部分借款，自然应当以借款人实际受领的借款数额作为借款本金，为了贯彻合同公平原则，防止贷款人利用其优势地位通过要求借款人预先支付利息从而损害借款人的合法权益[②]，本条禁止预先在本金中扣除利息。合同自由原则固然为合同法中的结构性原则，但本条仍基于保护借款人利益的角度出发禁止当事人预先自本金中扣除利息。从立法目的角度观察，虽不属于自本金中扣除利息但为提前支付利息的行为同样应当受到本条的规制。

值得注意的是，要物合同理论固然能够在一定程度上解释本条，若当事人预先自本金中扣除利息，贷款人未向借款人交付此部分借款，借款范围只能以借款

---

① 李咏：《出借前预支的利息应从本金中扣除》，载《人民法院报》2017 年 8 月 10 日，第 007 版。

② 胡康生主编：《中华人民共和国合同法释义》，法律出版社 2013 年版，第 328 页。

人实际受领的数额为限。但这并非本条规范目的所在，我国仅规定自然人之间的借款合同为要物合同，而对于非自然人之间的借款合同，则只要当事人达成借款合意，借款合同便成立并生效。本条并未区分自然人之间的借款合同与非自然人之间的借款合同，而是适用于所有的借款合同中，要物合同理论无法对此作出解释。

在认定当事人是否存在规避本条的意思时，应当将当事人的法律规避行为与合理的提前支付利息的清偿行为进行区分，若借款合同当事人约定借款期限为一年，借款人每月应当支付利息，在偿还借款本金之前，借款人所支付的利息为对利息债务的清偿，不应受到本条规制。

其次，约定预先自本金中扣除利息所产生的法律后果为：此部分约定无效，借款本金应当按照借款人实际受领的借款数额计算。由于预先自本金中扣除利息的约定及利息清偿行为无效。故而应当视为借款人在借款之时未预先支付利息，在利息债务的履行期届至后，借款人仍应按照实际受领的借款本金计算所得出的利息向贷款人清偿。

【关联规定】

《合同法》第200条

（撰稿人：杨勇）

第六百七十一条　【贷款人未按照约定提供借款以及借款人未按照约定收取借款的后果】贷款人未按照约定的日期、数额提供借款，造成借款人损失的，应当赔偿损失。

借款人未按照约定的日期、数额收取借款的，应当按照约定的日期、数额支付利息。

【释义】

本条明确了贷款人和借款人的损害赔偿责任[①]，继承了《合同法》第201条的规定，其规范意旨在于分别督促贷款人与借款人按照约定提供借款、受领所交

① 参见《贷款通则》第30条规定，贷款人要按借款合同规定按期发放贷款。贷款人不按合同约定按期发放贷款的，应偿还违约金。借款人不按合同约定用款的，应偿付违约金。

付的借款，使得借款合同能够尽量得以生效或得到履行。

由于贷款人所承担的义务因自然人之间的借款合同与非自然人之间的借款合同存在差异，故而对债务人所应承担的损害赔偿责任应当区分讨论。

首先是贷款人的损害赔偿责任。由于自然人之间的借款合同为要物合同，借款合同的生效以贷款人交付借款为前提，在贷款人尚未交付借款之前，借款合同并未生效，借款人也不得请求贷款人按照约定日期及数额提供借款。鉴于贷款人向借款人交付借款之前的借款合同尚未生效，贷款人不负有给付义务，借款人同样不得主张贷款人应当承担违约损害赔偿责任。不过，在借款合同尚未生效之前，贷款人与借款人均负有按照诚实信用原则进行磋商的义务，在贷款人未按照约定的日期及数额提供借款的行为有悖于诚实信用原则之时，若借款人因此遭受损害，借款人可请求贷款人承担缔约过失责任。

非自然人之间的借款合同为诺成合同，借款合同自合同成立时生效。贷款人负有向借款人交付借款的义务，若贷款人未能按照约定日期及数额提供借款，那么借款人可请求贷款人承担违约损害赔偿责任。

其次是借款人的损害赔偿责任。在自然人之间的借款合同中，虽然本法第679条规定自然人之间的借款合同自贷款人提供借款时成立，但这并不意味着在贷款人提供借款而借款人尚未受领之前借款合同便已生效，只有当借款人实际受领借款后借款合同才生效，而在借款人受领之前，其当然可以拒绝受领借款，因而借款人不负有按照约定的日期及数额受领借款的义务，若借款人拒绝受领借款，贷款人也不得请求借款人按照约定日期及数额支付利息。

在非自然人之间的借款合同中，鉴于借款合同一经双方合意便成立并生效，若贷款人履行提供借款的义务，借款人则不得拒绝受领借款，否则将会构成受领迟延。关于受领迟延所产生的法律效果，理论界存在争议，其主要争议点在于：债权人受领迟延时，是否负有债务不履行的损害赔偿责任，抑或仅仅产生债务人责任减轻的法律效果[①]，受领虽为债权效力的体现，但受领亦具有附随义务的性质，其理论基础是诚实信用原则，债权人负有协助债务人履行债务的义务，否则将构成权利滥用。故此，在债权人的受领迟延导致债务人损害发生时，债权人同样应当承担损害赔偿责任，基于此，本条规定在作为债权人的借款人受领迟延时，应当按照约定日期及数额向贷款人支付利息即体现为对贷款人的损害赔偿责任。

---

① 韩世远：《合同法总论》，法律出版社2013年版，第568页；郑玉波：《民法债编总论》，中国政法大学出版社2004年版，第287页。

【关联规定】

《合同法》第 201 条

（撰稿人：杨勇）

第六百七十二条　【贷款人的监督、检查权】贷款人按照约定可以检查、监督借款的使用情况。借款人应当按照约定向贷款人定期提供有关财务会计报表或者其他资料。

【释义】

本条规定了贷款人在借款合同中所享有的检查权及监督权，其规范目的在于确保借款资金的使用安全，在规范意旨层面，与本法第 669 条规定具有相似之处，但二者之间存在的差异是：本条适用于贷款人已经向借款人交付借款之后，而第 669 条适用于订立借款合同的阶段。

检查权和监督权的行使可能体现为请求借款人提供反映借款实际用途的相关材料，此时，借款人负有协助贷款人检查和监督的附随义务，本条第二句即对借款人协助义务的规定，在借款人未履行协助义务时，贷款人的检查权和监督权也无法实现。为了强化贷款人对借款使用情况的检查和监督，当事人很可能还会以其他形式保障贷款人检查权和监督权的行使。例如，在签订贷款合同之时，贷款人与借款人可约定由贷款人随时进入资金账户对借款使用情况进行查询。此种约定往往会产生贷款人对借款资金账户拥有实际控制权的表象，借款合同所具有的特征为借款一经交付，贷款人即丧失对借款的支配权，此种赋予贷款人检查权和监督权的约定致使当事人之间的借款合同性质变得模糊。对此，不能仅仅以贷款人对借款账户可进行随时检查和监督而将借款合同认定为其他类型的合同，而应当从贷款人是否实际承担借款人所从事经营活动风险出发，识别当事人之间的合同是否仍具有借款合同的性质。①

关于贷款人检查权与监督权的法律性质，需结合其适用场域进行辨明。本条适用场域为已经签订借款合同并发放借款场合之下，若当事人尚未签订借款合

① 参见王某吉与永泰红杋公司民间借贷纠纷案，中华人民共和国最高人民法院（2018）最高法民终 343 号民事判决书。

同，无论是金融借款合同还是民间借款合同，贷款人均负有一定程度的形式审查义务。①

而在当事人已经签订借款合同之后，贷款人对借款用途的检查与监督，为其权利而非义务。即便在商业银行贷款合同中，亦是如此。② 若贷款人并未行使对借款用途的检查权与监督权，在借款人将借款用于其他用途时，借款人不得主张贷款人因未行使检查权与监督权而丧失借款返还请求权，为借款人提供担保的担保人亦不得以此为由拒绝承担担保责任，也不能要求贷款人举证证明借款实际用途之后方才同意承担担保责任。③ 在发放借款之后，借款人获得对借款的实际支配权，若其违反合同对用途的约定，构成违约，依据本法第 673 条的规定，贷款人可主张停止发放贷款、提前收回借款或解除合同，并且应当承担违约损害赔偿责任，违约损害赔偿之债与借款合同中借款人所负担的债务具有同一性，此时担保人仍应当对借款人所应承担的违约损害赔偿之债承担担保责任。若担保人为了控制自身所面临的风险，则应当在担保合同中明确约定担保合同的解除条件，在借款人违反对借款用途的约定时，担保合同将被解除；或者将贷款人对借款用途的检查与监督约定为担保合同中贷款人所应承担的一项不真正义务，担保责任的承担以贷款人履行这一项不真正义务为前提条件。而在当事人之间不存在明确约定时，贷款人对借款用途的检查与监督只能被解释为贷款人所享有的权利。

本条尚未明确借款人未按照约定履行向贷款人定期提供有关财务会计报表或者其他资料之义务时所应承担的法律责任，按照《贷款通则》第 72 条规定，在借款人提供虚假的财务会计报表等资料或者拒绝向贷款人提供时，贷款人可请求借款人履行这一附随义务，若在贷款人请求其履行相应义务后仍未履行，或者借款人违反附随义务的程度特别严重时，贷款人可停止发放贷款并收回已经发放的借款，这一救济措施同第 673 条所规定的借款人违反用途约定时所享有的救济路径具有相似性，所存在的不同为：其一，第 673 条赋予贷款人解除借款合同的救济权利，而《贷款通则》第 72 条中并不存在。其二，依第 673 条，只要当借款人存在违反借款用途的违约行为时，贷款人即享有停止发放贷款、提前收回借

---

① 《商业银行法》第 35 条规定，商业银行贷款，应当对借款人的借款用途、偿还能力、还款方式等情况进行严格审查。商业银行贷款，应当实行审贷分离、分级审批的制度。《最高人民法院关于审理民间借贷案件适用法律若干问题的规定》第 14 条："具有下列情形之一，人民法院应当认定民间借贷合同无效……（三）出借人事先知道或者应当知道借款人借款用于违法犯罪活动仍然提供借款的……"

② 值得注意的是，在商业银行的贷款实践中，按照《商业银行法》第 35 条的规定，商业银行与借款人在签订借款合同之前，负有对借款用途进行审查的义务，但在借款合同签订之后，贷款人并不负有监督借款用途的义务。

③ 参见交行贵州分行与白马公司金融借款合同纠纷案，中华人民共和国最高人民法院（2019）最高法民再 314 号民事判决书。

款、解除合同等救济权利，但根据《贷款通则》第 72 条的规定，若借款人未履行提供有关财务会计报表或其他资料的义务，贷款人主张行使此类救济权利的条件为：贷款人要求借款人履行义务而借款人仍未履行，或者满足情节特别严重的要求，相较于第 673 条，贷款人行使救济权利的条件更为严格。这一差异的原因在于：相较于借款人未按照约定用途使用借款，借款人未按照约定提供财务会计报表等资料的行为，对债权实现的危害性轻于未按照约定用途使用借款的行为。故此，在解释本条法律后果时，《贷款通则》中的规则具有一定程度的可采性，但《贷款通则》并未明确规定贷款人可解除合同，并不合理，而结合第 673 条的规定，可对借款人违反本条所规定义务作更进一步完善：若贷款人未按照约定提供财务会计报表等资料，贷款人应请求其履行这一义务，在借款人仍未于合理期间履行时，可停止发放借款、提前收回借款或解除合同。

【关联规定】

《合同法》第 202 条，《贷款通则》第 72 条

（撰稿人：杨勇）

第六百七十三条 【借款人未按照约定用途使用借款的责任】 借款人未按照约定的借款用途使用借款的，贷款人可以停止发放借款、提前收回借款或者解除合同。

【释义】

本条明确规定了借款人违反借款用途约定时贷款人的救济权利，《合同法》第 203 条及《贷款通则》第 71 条均对此予以规定。[①] 借款人不仅负有在借款合同到期后返还借款的义务，还负有按照合同约定的借款用途使用借款的义务。在当事人并未就借款用途作约定时，借款人在受领借款后便获得借款的所有权，借款

---

① 该条与《合同法》第 203 条并无实质性差异，二者之间的微小差异为《贷款通则》第 71 条的适用范围更广，参见第 71 条规定：“借款人有下列情形之一，由贷款人对其部分或全部贷款加收利息；情节特别严重的，由贷款人停止支付借款人尚未使用的贷款，并提前收回部分或全部贷款：一、不按借款合同规定用途使用贷款的。二、用贷款进行股本权益性投资的。三、用贷款在有价证券、期货等方面从事投机经营的。四、未依法取得经营房地产资格的借款人用贷款经营房地产业务的；依法取得经营房地产资格的借款人，用贷款从事房地产投机的。五、不按借款合同规定清偿贷款本息的。六、套取贷款相互借贷牟取非法收入的。”

人可自由决定如何使用借款。为保障贷款人将来能够收回借款，借款合同中往往会对借款用途予以约定，此时按照约定用途使用借款构成借款人的给付义务，在借款人违反约定时，应当承担违约责任。而在商业银行的贷款活动中，借款用途并非仅仅体现为贷款人与借款人之间的约定义务，依据《商业银行法》第 35 条，贷款人负有严格审查借款用途的义务，由于对借款用途的审查义务构成商业银行的法定义务，这使得借款人按照约定用途使用借款的义务也得以间接法定化。

首先，在同一借款合同中分期提供借款的情形下，若借款人使用已经受领的借款违反用途约定时，贷款人可以停止发放借款。这一救济措施体现为贷款人行使不安抗辩权，借款合同之所以对借款用途进行约定，其目的就在于保障贷款人的债权在将来能够得到实现，违反用途约定而使用借款，可能会导致贷款人债权无法实现的风险增高，此时贷款人可停止发放贷款，若借款人另提出担保，则贷款人应按照合同约定向借款人提供贷款。

在贷款人通过停止发放贷款行使不安抗辩权与本条所规定的解除合同之间的关系上，有必要予以进一步阐明。按照本法第 528 条规定，在应当先履行债务的一方行使不安抗辩权中止履行合同时，若对方未在合理期限内恢复履行能力并提供适当担保的，则中止履行的一方可以解除合同。而依据本条，贷款人可直接解除合同，不必以借款人未在合理期限内提供担保为前提，而解除合同的法律效果当然包括贷款人停止发放贷款，在此意义上而言，以不安抗辩权来解释贷款人停止发放贷款的救济措施似乎会导致本条规范内部之间产生矛盾。

但值得注意的是，按照本法第 563 条第 1 款第 4 项的规定，在债务人的违约行为致使合同目的无法实现时，债权人才可行使解除权，据此，本条实质上将借款人未按照约定借款用途使用借款的行为界定为根本违约。借款合同双方当事人之所以在借款合同中约定借款用途，其目的就在于避免借款人随意使用借款，导致出现贷款人将来无法收回借款的风险，在此意义上而言，当借款人未按照约定用途使用借款时，则意味着借款人将来很可能无法履行偿还借款及支付利息的义务，实质上将借款人违反约定用途使用借款视为一类根本违约行为，贷款人可主张借款人存在根本违约进而解除合同。与此同时，在贷款人行使解除权解除借款合同后，贷款人自不负有发放贷款的义务，若将本条的停止发放贷款解释为合同解除所产生的法律后果，那么本条大可不必单独规定贷款人享有停止发放贷款的权利。既然本条将停止发放贷款的救济措施独立于解除合同，则说明停止发放贷款与解除合同两者之间并无关联，可将停止发放贷款解释为贷款人行使不安抗辩权的行为。而贷款人行使不安抗辩权同直接解除合同也并无矛盾之处，若认定借款人违反用途约定使用借款的行为构成根本违约，一方面，贷款人可直接解除合同；另一方面，贷款人同样可以不选择行使解除权而仅仅行使不安抗辩权。

其次，贷款人可主张提前收回借款，这也被称为借款合同中的加速到期条款，意旨在借款合同所约定的事由出现时，借款合同提前到期，借款人丧失相应的期限利益。《贷款通则》第22条第5项亦赋予贷款人此类救济权利："借款人未能履行借款合同规定义务的，贷款人有权依合同约定要求借款人提前归还贷款或停止支付借款人尚未使用的贷款。"① 本条将提前收回借款作为与停止发放贷款、解除合同相并列的救济措施，对提前收回借款的法律性质，存在两种解释路径：第一，提前收回借款为解除合同而产生的法律后果；第二，提前收回借款并不等于解除借款合同，一方面，在借款合同被解除之后，贷款人可以根据本法第566条的规定请求恢复原状或采取其他补救措施，在遭受损害的情况下还可请求借款人赔偿损失，鉴于合同已经解除，损害赔偿数额不能按照借款合同所约定的利率进行计算②；另一方面，如果贷款人并未解除借款合同而仅仅是主张提前收回借款，则贷款人的请求权基础为本条而非第566条，此时贷款人可要求借款人按照借款合同所约定的利率支付利息。

本条将提前收回借款作为独立于合同解除的救济路径，实际上在提前收回借款的性质界定上未采纳合同解除的观点。我国并未区分合同的解除与终止，比较法上区别一时性合同与继续性合同，前者与后者分别适用解除制度与终止制度，继续性合同的终止并无溯及力，而一时性合同的解除则具有溯及力。若遵循这一区分，由于借款合同为继续性合同，借款合同的终止并未溯及既往地导致已经发生的债权债务关系消灭，在贷款人提前收回借款之时，只是使得借款合同发生向将来消灭的法律后果，因而，贷款人提前收回借款的行为应被解释为不溯及既往地终止借款合同。③ 由此区别于溯及既往地消灭已发生债权债务关系的解除。

① 按照《贷款通则》的规定，适用借款合同加速到期规则的情形并不限于借款人违反约定用途使用借款。参见《贷款通则》第71条："借款人有下列情形之一，由贷款人对其部分或全部贷款加收利息；情节特别严重的，由贷款人停止支付借款人尚未使用的贷款，并提前收回部分或全部贷款：一、不按借款合同规定用途使用贷款的。二、用贷款进行股本权益性投资的。三、用贷款在有价证券、期货等方面从事投机经营的。四、未依法取得经营房地产资格的借款人用贷款经营房地产业务的；依法取得经营房地产资格的借款人，用贷款从事房地产投机的。五、不按借款合同规定清偿贷款本息的。六、套取贷款相互借贷牟取非法收入的。"《贷款通则》第72条规定："借款人有下列情形之一，由贷款人责令改正。情节特别严重或逾期不改正的，由贷款人停止支付借款人尚未使用的贷款，并提前收回部分或全部贷款：一、向贷款人提供虚假或者隐瞒重要事实的资产负债表、损益表等资料的；二、不如实向贷款人提供所有开户行、账号及存贷款余额等资料的；三、拒绝接受贷款人对其使用信贷资金情况和有关生产经营、财务活动监督的。"

② 参见周某燕与琼海明道公司、潘某太等借款合同纠纷案，海南省高级人民法院（2019）琼民终103号民事判决书。

③ 韩长印：《借款合同加速到期条款的破产法审视》，载《法学》2015年第11期；王文军：《论继续性合同的解除》，载《法商研究》2019年第2期。

再次，本条所列举的解除合同实际上就体现为溯及既往地使得借款合同消灭。虽然理论界多认为，继续性合同的解除并无溯及力[1]，但否认继续性合同解除并无溯及力的观点并无充分正当性，否认继续性合同解除不具有溯及力的观点主要理由为：在继续性合同中，已经发生的给付事实无法恢复原状，故其解除不具有溯及力[2]，但在借款合同中，此种考量并不成立，且本法第566条并未区分继续性合同与非继续性合同而分别规定解除是否具有溯及力，本条中的合同解除应当解释为具有溯及力的合同解除。

最后，依第566条，在合同解除后，仍不影响解除权人请求违约方承担违约责任，虽然本条并未言明这一点，但在贷款人解除合同之后，同样应当作此解释。在借款人违反借款用途约定使用借款时，借款人所应当承担的违约损害赔偿责任主要体现为向贷款人支付罚息，这在金融借款合同中尤为突出。例如，依据《中国人民银行关于人民币贷款利率有关问题的通知》第3条，在借款人未按照约定用途使用借款时，贷款人有权向借款人收取罚息，罚息利率为借款合同载明的贷款利率水平上加收50%～100%。而在借款人迟延履行还款义务时，罚息利率仅为借款合同载明的利率水平加收30%～50%，由此可见，借款人未按照约定用途使用借款的违约行为所产生后果的严重程度更甚于迟延履行还款义务。值得注意的是，《中国人民银行关于人民币贷款利率有关问题的通知》的适用范围仅仅限于中国人民银行、各政策性银行、国有独资商业银行、股份制商业银行所签订的借款合同中，其主要目的在于通过高额罚息对借款人的违约行为形成威慑，防止借款人动辄违反合同对借款用途所作的约定。

【关联规定】

《合同法》第203条，《贷款通则》第22条第5项、第71条第1项。

（撰稿人：杨勇）

第六百七十四条　【借款人支付利息的期限】借款人应当按照约定的期限支付利息。对支付利息的期限没有约定或者约定不明确，依据本法第五百一十条的规定仍不能确定，借款期间不满一年的，应当在返还借款时一并支付；借款期间一年以上的，应当在每

[1] 王利明：《合同编解除制度的完善》，载《法学杂志》2018年第3期。

[2] 王文军：《论继续性合同的解除》，载《法商研究》2019年第2期。

届满一年时支付，剩余期间不满一年的，应当在返还借款时一并支付。

【释义】

本条就利息债务履行期限作了规定，本编通则就债务履行期限的问题亦设置有详尽规范，在当事人就利息债务履行期限未作约定时，自然先按照通则中第510条规定予以确定。本条规范重点是适用第510条仍无法确定利息债务履行期限时的情形。适用的前提条件是当事人就支付利息的期限未作约定或约定不明确。

首先，虽然利息债务的履行期限同借款本金债务的履行期限并不相同，但是，借款人因使用借款本金而需向贷款人支付利息，在借款期间不满一年或者借款剩余期间不满一年时，基于全面履行原则出发，借款人应当在借款本金债务履行期届至时向贷款人偿还借款。而在借款期限超过一年时，应当采每届满一年利息债务履行期届至的原则。

其次，确定利息债务履行期限具有重要意义，具体体现为：确定利息债务诉讼时效期间的起算点；考察利息债权是否可单独转让。虽然利息债务附从于主债务，但利息债务仍然具有相对独立性，一旦利息债务已届清偿期，债权人即可请求债务人履行利息债务，而不必等待借款本金债务已届清偿期，同时所对应的利息债权可脱离于主债权而被单独转让。已届清偿期的利息债务的诉讼时效单独起算，若债务人未针对本金债务提出诉讼时效抗辩，仍可以利息债务诉讼时效已经届满为由而行使抗辩权。

值得注意的是，针对本条所规定的利息债务履行期限与利息债务诉讼时效之间的关系，存在不同意见：本条并非对利息债务履行期限的规定，而是在利息支付时间没有约定或约定不明时，对债务人利息支付时间所作的补充性规定，因而本条只是用以约束债务人，在债权人请求债务人支付利息时，其不得拒绝支付利息，而对于债权人而言，并不发生利息债务诉讼时效按照本条规定起算的效力。[①]这一观点并无合理性，本条是对利息债务履行期限所作的规定，在债务履行期届至后，贷款人可请求借款人给付利息，利息债务诉讼时效的起算点也宜按照本条所规定的利息债务履行期届至时起算。

---

① 参见邵某美与周某增、邵某娥民间借贷纠纷案，浙江省台州市中级人民法院（2011）浙台商终字163号民事判决书。

【关联规定】

《合同法》第205条

（撰稿人：杨勇）

第六百七十五条　【借款人返还借款的期限】借款人应当按照约定的期限返还借款。对借款期限没有约定或者约定不明确，依据本法第五百一十条的规定仍不能确定的，借款人可以随时返还；贷款人可以催告借款人在合理期限内返还。

【释义】

本条对借款债务的履行期限予以明确，相较于本编通则第510条和第511条的规定，本条所规范的借款人借款债务履行期限并无不同，按照第510条和第511条，在对借款期限没有约定或者约定不明确时，首先应当由当事人协议补充确定，在当事人无法达成补充协议时，应当根据合同有关条款或者交易习惯进行确定。若仍无法确定，在债务履行期限不明确时，借款人可以随时履行，而贷款人则可以催告借款人在合理期限内返还。

本条虽要求借款人应当按照约定期限返还借款，但按照本法第677条规定，借款人可以提前偿还借款，本条与第677条之间似存在矛盾。本条之所以区分是否存在明确的借款返还期限而分别规定借款人是否享有随时返还借款的权利，除按照约定期限返还借款构成借款人债务外，还可能存在的原因是：当事人之所以对借款合同期限进行约定，是因为借款合同期限长短与借款人所给付利息数额直接相关，此时若赋予借款人随时返还借款的权利，将会导致贷款人履行利益的损失，因而借款人需按照合同所约定期限履行借款返还义务。理论上认为，在附利息的借款合同中，债务履行期限系为债权人和债务人双方的利益。因此，贷款人不得请求借款人在债务履行期届至前返还借款，借款人也不得在债务履行期届至之前提出给付。[①] 从这一视角出发，未按照约定期限返还借款构成违约行为，本条要求借款人按照约定期限返还借款的规定具有正当性。

---

① 史尚宽：《债法总论》，中国政法大学出版社2000年版，第789页。

在确定贷款人催告借款人返还借款的合理期限时，应区分金融机构和金融机构之外的主体作为贷款人等情形，借款人返还借款的期限应当存在不同，本条并未统一规定催告尚未说明借款返还合理期限之时借款人返还借款的期限，由此需由法官在个案中根据具体情形、结合诚实信用原则确定合理期限的长短。[①] 合理期限的起算点应当自履行债务的催告生效之日起算。虽然催告并非法律行为，但其为准法律行为，可适用《民法总则》中有关民事法律行为的规定，催告生效时间也同样应当区分对话方式作出的催告与非对话方式作出的催告，前者情形下自借款人了解催告内容即发生效力，在后者场合下自到达借款人处发生效力。

【关联规定】

《合同法》第 206 条

（撰稿人：杨勇）

第六百七十六条　【借款人逾期返还借款的责任】借款人未按照约定的期限返还借款的，应当按照约定或者国家有关规定支付逾期利息。

【释义】

本条规定了借款人逾期还款时所应承担的违约损害赔偿责任。借款人的逾期还款行为构成违约，应当承担违约责任，违约损害赔偿范围即对应逾期利息，其规范目的在于填补贷款人因借款人逾期偿还借款所产生的损失。

若当事人在借款合同中已经约定借款人迟延履行的违约金，此时借款人应当向贷款人在约定的违约金范围内承担违约损害赔偿责任，不过，当事人所约定的违约金受到违约金司法酌减规则的限制。根据本法第 585 条，约定违约金过分高于或低于所造成的损失的，人民法院或者仲裁机构可以根据当事人的请求予以增加或者减少。《最高人民法院关于适用〈中华人民共和国合同法〉若干问题的解释（二）》第 29 条第 2 款规定："当事人约定的违约金超过造成损失的百分之三十的，一般可以认定为合同法第一百一十四条第二款规定的'过分高于造成的损失'。"就违约金司法酌减规则与法定利息限额规则之间的关系，法定利息限额规

① 胡康生主编：《中华人民共和国合同法释义》，法律出版社 2013 年版，第 335 ~ 336 页。

范相当于违约金司法酌减规则在借贷合同中的特别法，此时应当排除合同法中一般的违约金司法酌减规则的适用，在借款合同中，违约金司法酌减的标准应当根据法定利息限额展开，当约定的违约金数额超过法定利率所计算出的利息时，人民法院或仲裁机构应当予以酌减，而非根据当事人请求进行酌减。

在当事人未约定借期内的利息、而对借款人逾期还款时的违约责任进行约定时，若当事人约定的违约金数额低于按照法定逾期利率所计算出的逾期利息，贷款人转而要求借款人按照法定逾期利率支付逾期利息，此时可否舍弃当事人约定转而适用法定逾期利率计算借款人所应支付的逾期利息？[①] 在当事人所约定的违约金数额过低时，贷款人可请求人民法院予以增加，故此，贷款人主张按照法定逾期利率支付逾期利息可解释为请求人民法院增加过低的违约金数额。

在当事人既约定迟延还款的违约金，又同时约定逾期利息时，鉴于逾期利息与违约金两者均为对贷款人因借款人迟延履行还款义务时所产生损害的填补，贷款人固然可以同时主张两者，但逾期利息与违约金之和仍应受到法定利息限额的规制。[②]

在当事人未对逾期利息进行约定时，应当区分民间借款合同与金融机构借款合同中的逾期利息支付问题。在民间借款合同中，《最高人民法院关于审理民间借贷案件适用法律若干问题的规定》第 29 条针对不同情形作了区别处理：若当事人就借款期限内的利息作了约定，则应当按照借款期限内的利率计算逾期利息，而若当事人并未就借款期限内的利率进行约定，贷款人可请求出借款人按照 6% 的年利率给付自逾期之日起的利息。

在金融机构借款合同中，依《中国人民银行关于人民币贷款利率有关问题的通知》（银发〔2003〕251 号）第 3 条："逾期贷款（借款人未按合同约定日期还款的借款）罚息利率由现行按日万分之二点一计收利息，改为在借款合同载明的贷款利率水平上加收 30% －50%……"该通知适用范围主要限于以商业银行为代表的贷款人的金融机构借款合同，而按照《商业银行法》第 38 条："商业银行应当按照中国人民银行规定的贷款利率的上下限，确定贷款利率。"不过，依据《全国法院民商事审判工作会议纪要》（法〔2019〕254 号）关于借款合同的规定，"自 2019 年 8 月 20 日起，中国人民银行已经授权全国银行间同业拆借中心于

① 参见黄某承、崔某洪民间借贷纠纷案，广东省东莞市中级人民法院民事判决书（2017）粤 19 民再 2 号。

② 参见《最高人民法院关于审理民间借贷案件适用法律若干问题的规定》第 30 条的规定，出借人与借款人既约定了逾期利率，又约定了违约金或者其他费用，出借人可以选择主张逾期利息、违约金或者其他费用，也可以一并主张，但总计超过年利率 24% 的部分，人民法院不予支持。

每月20日（遇节假日顺延）9时30分公布贷款市场报价利率（LPR），中国人民银行贷款基准利率这一标准已经取消”，故而，贷款利率应当根据全国银行间同业拆借中心所公布的贷款市场报价利率进行确定。商业银行贷款合同中均附有利息，一旦借款人迟延履行还款义务，借款人所支付的逾期利息均高于借款期限内其所应支付的利息。

【关联规定】

《合同法》第207条，《最高人民法院关于审理民间借贷案件适用法律若干问题的规定》第29条，《中国人民银行关于人民币贷款利率有关问题的通知》第38条

（撰稿人：杨勇）

第六百七十七条　【借款人提前返还借款】借款人提前返还借款的，除当事人另有约定外，应当按照实际借款的期间计算利息。

【释义】

本条是对借款人提前清偿所作的规定，《最高人民法院关于审理民间借贷案件适用法律若干问题的规定》第32条也明确了本条所规定的内容。[①] 但是，按照本法第675条，借款人应当按照约定期限返还借款，而本条又赋予借款人提前返还借款的权利，厘清本条与第675条之间的关系成为本条适用的重点与难点。

该条中实际借款的期间存在两种可能的解释路径：第一，实际借款的期间指的是借款合同中所约定的实际借款的期间；第二，实际借款的期间指的是借款人自实际受领借款起至返还借款之日的期间。由于本条并未要求借款人按照所约定的借款期间支付利息，因此，借款人只需支付受领借款到返还借款期间的利息。

但是，上述结论并不具有实质正当性。是否可提前清偿债务取决于债务履行期到底是为债权人的利益还是为债务人的利益。在债务履行期为债务人利益时，债务人可抛弃期限利益而提前清偿债务，债权人不得请求债务人提前清偿；在债

① 参见《最高人民法院关于审理民间借贷案件适用法律若干问题的规定》第32条的规定，借款人可以提前偿还借款，但当事人另有约定的除外。借款人提前偿还借款并主张按照实际借款期间计算利息的，人民法院应予支持。

务履行期为债权人利益时，债权人可随时请求债务人履行债务，债务人不得在债务履行期未届至时提出清偿。在约定利息的借款合同中，债务履行期兼具为债权人利益和债务人利益，作为债务人的借款人不得提前清偿。[①] 鉴于约定利息的借款合同中债权人享有期限利益，在借款人提前清偿债务时，借款人的提前清偿行为对贷款人造成损害，只有借款人对贷款人所受损害予以赔偿才可避免债权人损害的发生，其需对因提前清偿而对债权人所造成的损害承担赔偿责任。由于借款人提前清偿债务导致贷款人丧失自清偿之日起至约定借款期限届至时的利息，可以认定贷款人所受损害为此部分利息，因而借款人应当向贷款人支付此部分利息，在此意义上而言，本条适用范围应当仅限缩在借款人无支付利息的借款合同中。而当借款人需支付利息时，则应当适用本法第 675 条“借款人应当按照约定的期限返还借款”的规定，此时，若借款人提前偿还借款，应当按照借款合同约定的借款期间支付利息。此种解释路径可避免第 675 条与本条之间的冲突，亦符合本条文义。

【关联规定】

《合同法》第 208 条，《最高人民法院关于审理民间借贷案件适用法律若干问题的规定》第 32 条

（撰稿人：杨勇）

第六百七十八条　【借款展期】借款人可以在还款期限届满前向贷款人申请展期；贷款人同意的，可以展期。

【释义】

本条规范对象是借款合同的展期。在当事人就还款期限作了约定的情形下，借款人负有不得迟延还款的义务。在借款合同成立并生效之后，尤其是在还款期限届满之前，借款人的债务清偿能力或者资金安排发生变化，无法按照合同约定期限偿还借款，若借款人在还款期限届满之日仍未履行债务，则将陷入履行迟延，并需承担迟延履行的违约责任，有鉴于此，针对此种情形，借款人需向贷款

① 史尚宽：《债法总论》，中国政法大学出版社 2000 年版，第 789 页；韩世远：《合同法总论》，法律出版社 2018 年版，第 356 页。

人申请展期，即由合同当事人合意延长借款期限。《贷款通则》第 12 条针对贷款展期期限进行了规定，根据贷款期限的长短，存在不同的贷款展期，贷款期限可划分为短期贷款（贷款期限为一年以内）、中期贷款（贷款期限为一年以上五年以下）、长期贷款（贷款期限为五年以上），短期贷款、中期贷款、长期贷款展期期限分别累计不得超过原贷款期限，原贷款期限的一半、三年。然而，贷款展期期限的约定完全属于借款合同当事人意思自治事项，无论是短期贷款、中期贷款抑或长期贷款，法律或行政法规以及部门规章不得限制贷款展期期限。

按照本条规定，借款人应当在还款期限届满之前申请展期，在还款期限已经届满之后，借款人陷入迟延履行状态，不存在对借款合同进行展期的问题。然而，即便在还款期限届满之后，借款合同当事人合意延长借款期限亦无不可。在还款期限届满之后，若贷款人同意借款人延期还款，实质上也构成贷款的展期。[①]期前展期与期后展期所存在的差异为：若借款人在还款期限届满之前即申请展期，借款人一般无须再承担还款期限届满之后因迟延还款所产生的违约责任；而在还款期限届满之后，即便借款人与贷款人就延长还款期限达成合意，已经产生的借款人所应承担的迟延还款责任也不因双方就延长还款期限达成合意而自动免除。因此，本条虽然规定借款人可以在还款期限届满之前向贷款人申请展期，但是否展期仍然取决于双方当事人是否达成合意，从私法自治原则角度看，本条所规定的内容属于私法自治原则的应有之义。

借款合同的展期属于对原借款合同期限的变更，而非成立一份新的借款合同。[②] 对二者进行区分的实益在于：若认定当事人之间所形成的合意构成一份新的借款合同，则原合同中所约定的以违约责任为代表的诸多条款无法适用，而在仅仅是对借款合同作出展期约定之时，若当事人之间的展期约定并未对其他事项作出变更，则仍应当适用借款合同中的条款。

鉴于贷款的展期构成对借款合同还款期限的变更，因此，在未得到担保人同意之前，担保人对加重部分的债务不承担担保责任。尽管贷款展期并未使得担保人需承担更高数额的债务，但展期导致担保人所应当承担的担保责任期限得以延长，在未经过担保人同意之时，对展期部分所对应的债务，担保人并不承担担保责任。

---

① 参见周某初与艾某英、陈某蓉民间借贷纠纷案，湖南省常德市中级人民法院（2018）湘 07 民终 730 号民事判决书。

② 参见国购公司等与华融渝英投资中心金融借款合同纠纷案，北京市高级人民法院民事判决书（2019）京民终 605 号。

【关联规定】

《合同法》第209条

（撰稿人：杨勇）

第六百七十九条　【自然人之间借款合同的成立时间】 自然人之间的借款合同，自贷款人提供借款时成立。

【释义】

本条系对自然人之间借款合同成立时间的规定。近现代合同法理论奉行合意即产生拘束力的规则，合同拘束力包括形式拘束力与实质拘束力，合同法所采取的原则是一经当事人达成合意合同便告成立并生效。本条针对自然人之间的借款合同设置例外规则，合同成立并不仅仅因当事人之间达成借款合意而成立，只有当贷款人向借款人提供借款时，合同才成立。

本条适用范围限于自然人之间的借款合同，其规范意旨主要是：在自然人之间的借款合同中，借款人多未支付利息，若仅仅因当事人之间达成借款合意便认定借款合同已成立并生效，借款人可请求贷款人向其履行交付借款的义务，将会使得贷款人所承担的义务过重。不过，学理亦指出，对贷款人利益进行保障的方式还包括其他工具：赋予贷款人任意撤销权、类似于赠与合同中的穷困抗辩权等同样可以实现这一目标。① 本条并未采取这些路径，而是选择了要物合同理论，要物合同发端于罗马法，随着近代以来合同自由思想的兴起，要物合同理论逐渐式微，其最主要的正当性基础来源于某些特定种类合同本身所特有的无偿性，旨在避免合同当事人一方单纯因双方的合意使得合同得以成立进而承受过重负担，本条实质上也建立在此种正当性基础之上，立法者意欲通过要物合同制度来实现贷款人与借款人之间的利益衡平，而未采取赋予贷款人任意撤销权等路径。

由于自然人之间的借款合同为要物合同，因此，贷款人提供借款构成借款合

---

① 例如，可能的一种观点是：在赠与合同中，赠与人无法请求受赠人返还标的物，在借款合同中，贷款人虽因借款的交付而丧失借款的所有权，但仍对借款人享有返还相同数额借款的债权，赠与人所负担的义务相较于借款合同中贷款人所负义务更重，从这点出发，既然赠与合同都被界定为诺成合同，举重以明轻，借款合同同样可被界定为诺成合同，同时，赠与合同中用于保障赠与人利益的穷困抗辩权等工具也可用于借款合同中。

同的成立要件。在《民法典》施行之前，《合同法》第 210 条将贷款人提供借款界定为借款合同的生效要件，并未采自贷款人提供借款时合同成立的观点，但学理通说将《合同法》第 210 条解释为对自然人之间借款合同为要物合同的规定。[①]单纯从理论角度而言，《合同法》第 210 条与通过物的交付而使得合同成立的要物合同的区别在于：在贷款人与借款人就借款合同达成合意后，借款合同已经成立，但只是尚未生效，属于未生效合同。我国法律中存在多种类型的已成立但尚未生效的合同，最为典型的属于依照法律及行政法规需要办理批准等手续方才生效的合同。但与依照法律及行政法规需要办理批准等手续方才生效的合同不同，在借款合同中，贷款人并不承担类似于报批等义务，不存在借款合同部分内容已经成立并生效的问题，也不负有通过交付借款以促成合同生效的义务，《合同法》第 210 条规定自贷款人提供借款时借款合同生效，这与自贷款人提供借款时借款合同成立并无本质区别。但理论通说认为，要物合同指的是，除当事人达成合意外，还需交付标的物或者完成其他给付方才成立的合同，换言之，标的物交付应为合同的成立要件[②]，但《合同法》第 210 条的规定与理论通说所界定的要物合同存在差异，本条改变了《合同法》第 210 条的规定，还原了要物合同的面貌。

本条规定自提供借款时借款合同成立，界定借款合同成立的时间关键在于确定何为提供借款。在现实中，提供借款的形式多种多样。《最高人民法院关于审理民间借贷案件适用法律若干问题的规定》第 9 条对提供借款的形式以及借款合同成立并生效的时点作了列举：在现金支付场合下，借款人收到借款之时；以银行转账等形式支付的，自资金到达借款人账户之时；若以票据支付，自借款人依法取得票据权利之时；在借款人将特定资金账户支配权授权给借款人时，则为自借款人取得对该账户的实际支配权之时；在其他情形下，则为贷款人以约定的方式提供借款并实际履行完成之时。不过，按照《最高人民法院关于审理民间借贷案件适用法律若干问题的规定》的规定，贷款人以上述形式提供借款仍为借款合同的生效要件而非成立要件，在《民法典》施行之后，应将其界定为借款合同的成立要件。无论贷款人以何种形式提供借款，认定借款合同成立的关键点在于：借款人已经实际取得对借款的支配权，否则，便很难认定借款合同成立。

① 刘颖：《论要物合同的衰落——以探寻“完成其他给付为中心”》，载《浙江社会科学》2013 年第 7 期。

② 韩世远：《合同法总论》，法律出版社 2018 年版，第 82 页；崔建远：《合同法总论》（上卷），中国人民大学出版社 2011 年版，第 64 页；王利明：《合同法研究》（第 1 卷），中国人民大学出版社 2011 年版，第 28 页。

【关联规定】

《合同法》第210条，《最高人民法院关于审理民间借贷案件适用法律若干问题的规定》第9条

（撰稿人：杨勇）

第六百八十条　【禁止高利放贷以及对借款利息的确定】 禁止高利放贷，借款的利率不得违反国家有关规定。

借款合同对支付利息没有约定的，视为没有利息。

借款合同对支付利息约定不明确，当事人不能达成补充协议的，按照当地或者当事人的交易方式、交易习惯、市场利率等因素确定利息；自然人之间借款的，视为没有利息。

【释义】

本条的规范对象是借款利息，来源于《合同法》第211条，《民法典》编纂过程中，对借款合同一章的修改较少，本条则属于借款合同章为数不多的得以修改的条文，修改之处主要体现为：其一，明确新增禁止高利放贷的规定。其二，修改没有约定利息或利息约定不明时的利息支付规则。相较于《合同法》第211条，本条维持了自然人借款合同场合下，若合同未约定利息或对利息支付约定不明时视为没有利息的规则，而新增了非自然人之间的借款合同情形下未约定利息及利息约定不明时的规范，此时若借款合同未约定利息，则视为没有利息，而在就利息约定不明时，借款人应支付利息。

首先是对高利放贷的禁止。我国自古以来均对高利贷进行严格管制。高利放贷是暴利行为，有悖于公平原则。同时，在签订借款合同时，贷款人居于优势地位，高利贷往往是借款人处于经济上的危难境地时为获得贷款而不得不接受的合同条款，借款人的意思自由也会受到不当干预，因而立法者严格限制高利放贷。《民法典》并未对借款利率作规定，本条中国家有关规定指的是《最高人民法院关于审理民间借贷案件适用法律若干问题的规定》对借款利率上限所作的规定。对于超过国家有关规定的利息部分，超过部分归于无效。如何设定法律所禁止的高利限额，构成利息管制规范的重要课题，一方面，设定过高的高利限额无助于

保护借款人，使得借款人在借贷市场中仍处于为贷款人高利盘剥的地位，另一方面，过低的高利限额将会压缩借款供给量，导致资金需求方在借贷市场中的借贷需求无法得到充分满足。故此，设置较为合理的高利限额具有重要意义。[①] 按照《最高人民法院关于审理民间借贷案件适用法律若干问题的规定》第 26 条的规定，我国采取的是两线三区的规制方案，年利率一般不得超过 24%，年利率在 24% ~36% 区间内的利息债务，其性质为自然债务，若借款人给付此部分利息，其不得请求贷款人返还，而针对超出年利率 36% 的利息，此部分利息债务为无效债务，借款人若已经给付此部分利息，则可请求贷款人返还。值得注意的是，《最高人民法院关于修改〈关于审理民间借贷案件适用法律若干问题的规定〉的决定（征求意见稿）》未来将尝试改变两线三区的规制方案，将《最高人民法院关于审理民间借贷案件适用法律若干问题的规定》第 26 条修改为："借贷双方约定的利率未超过合同订立当月一年期贷款市场报价利率四倍，出借人请求借款人按照约定的利率支付利息的，人民法院应予以支持。"若此项修改未来得以通过，两线三区的规制方案不能再得到适用。即便是在借款人已经陷入迟延履行状态时，借款人所应当给付的逾期利息同样应当受到法律关于高利禁止规则的规制，此外，借款合同中的罚息与逾期利息并无差异，罚息同样不得超过法律所规定的利息限额。

在认定高利贷时，不能仅仅审查借款合同中对利息的明确约定。第一，在实践中，当事人可能通过约定服务费、咨询费、管理费等形式规避禁止高利贷的规定，对此，应当根据个案情形具体判断当事人之间是否存在实质性的服务合同关系，若当事人之间存在真实的服务合同关系，则可认定借款人应当支付相关费用。例如，在经营委托贷款业务时，借款人所支付的委托费不应受到高利禁止规范的限制[②]，否则，则应当认定当事人之间的约定违反了本条禁止高利贷的规定。第二，贷款人虽可请求借款人同时支付违约金和利息，但二者之和同样不得超过法定利息限额。[③]

---

① 岳彩申：《民间借贷规制的重点及立法建议》，载《中国法学》2011 年第 5 期。

② 《商业银行委托贷款管理办法》（银监发〔2018〕2 号）第 4 条：委托贷款业务是商业银行的委托代理业务。商业银行依据本办法规定，与委托贷款业务相关主体通过合同约定各方权利义务，履行相应职责，收取代理手续费，不承担信用风险。第 12 条：商业银行应按照"谁委托谁付费"的原则向委托人收取代理手续费。

③ 针对变相突破法定利息限额的行为，《最高人民法院关于依法妥善审理民间借贷案件的通知》（法〔2018〕215 号）第 3 条规定，依法严守法定利率红线。《最高人民法院关于审理民间借贷案件适用法律若干问题的规定》依法确立了法定利率的司法红线，应当从严把握。人民法院在民间借贷纠纷案件审理过程中，对于各种以"利息""违约金""服务费""中介费""保证金""延期费"等突破或变相突破法定利率红线的，应当依法不予支持。《全国法院民商事审判工作会议纪要》第 51 条规定：金融借款合同纠纷中，借款人认为金融机构以服务费、咨询费、顾问费、管理费等为名变相收取利息，金融机构或者由其指定的人收取的相关费用不合理的，人民法院可以根据提供服务的实际情况确定借款人应否支付或者酌减相关费用。

第三，若当事人约定将前期借款利息计入后期借款本金的，如果前期借款利息超过法定利息限额，从本条规范意旨出发，超过法定利息限额部分不应当被计入后期借款本金。第四，借款人向贷款人所返还的借款本金及利息之和，不得超过最初的借款本金与以最初的借款本金为基数，以法定最高年利率计算的整个借款期间的利息之和。

其次是当事人并没有约定利息时的处理规则。本条承继了《最高人民法院关于审理民间借贷案件适用法律若干问题的规定》第25条。在当事人未约定是否应支付利息时，则视为不支付利息。值得注意的是，若当事人并未约定借款期间内的利息，这并不意味着在借款人迟延还款时无须支付逾期利息。本条也并未区分自然人之间的借款合同与非自然人之间的借款合同，即便是非自然人之间的借款合同对是否支付利息并未作约定，同样应当视为不支付利息。虽然非自然人之间的借款合同主要体现为商事借款合同，基于商事交易营利性的特点，尽管当事人未就是否支付利息作出约定，似乎借款人亦应当支付利息，但值得注意的是，若遵从此种逻辑，当事人就应负有更高的注意义务以事先于借款合同中明确约定利息，若当事人并未就是否支付利息作出约定，除可基于商事交易习惯对合同漏洞作出补充外，则应视为不支付利息。

最后是在当事人就利息支付约定不明时，就借款人是否支付利息这一问题，本条区分自然人之间的借款合同与非自然人之间的借款合同而作区别处理。此种区分主要是考虑到自然人之间的借款合同一般为无偿合同，以借款人不支付利息为原则，而非自然人之间的借款合同多为商事借款合同，鉴于商事活动具有营利性，借款人原则上应当支付利息，在确定借款利息时，应当根据交易方式、交易习惯、市场利率等因素进行确定。故此，本条以是否为自然人之间的借款合同作为利息约定不明时是否应支付利息的判定标准，其背后所隐藏的仍然是对民事借款合同与商事借款合同的区分，只是由于我国并无商事一般法对商事行为进行界定，《民法典》采取了以是否为自然人之间的借款合同为标准对民商区分的问题提供解决方案。① 比较法上存在区分消费者信贷与企业信贷而对借款利率进行差别规制的做法。② 1988年所颁布的《最高人民法院关于贯彻执行〈中华人民共和国民法通则〉若干问题的意见（试行）》第122条也区分生产经营性借款合同利率与生活性借款合同利率。虽然区分生产经营性借款合同与生活性借款合同而对利率问题设置不同规制方案具有一定的正当性，但其所面临的挑战在于难以认定

---

① 王建文：《论我国民间借贷合同法律适用的民商区分》，载《现代法学》2020年第1期。

② 许德风：《论利息的法律管制——兼议私法中的社会化考量》，载《北大法律评论》第11卷第1辑。

借款用途，同金融借款合同存在显著差异的是，民间借款合同一般很少会对借款用途进行约定，由此导致当事人所签订的到底是生产经营性借款还是生活性借款合同无法认定，而在生产经营性借款合同中，设定相较于生活性借款更高的利率也缺乏合理性。[①] 因此，本条根据是否为自然人之间的借款合同而分别规定利息约定不明时的处理规则。

【关联规定】

《合同法》第 211 条，《最高人民法院关于审理民间借贷案件适用法律若干问题的规定》第 25 ~26 条

（撰稿人：杨勇）

---

① 王林清：《民间借贷利率的法律规制》，载《比较法研究》2015 年第 4 期，第 195 页。

第十三章　保证合同

【导读】

一、本章的制定历史

本章规定的保证合同是我国《民法典》合同编中新增的一种典型合同。

民法典制定之前，我国关于保证的规范最早见于1986年的《民法通则》第89条，该条是关于债的担保的一般规定。其中第1项规定了保证作为担保债务履行的方式之一，保证人履行保证债务后，有权向债务人追偿。其后《最高人民法院关于审理经济合同纠纷案件有关保证的若干问题的规定》（法发［1994］8号，以下简称《保证规定》）对保证合同若干问题进行了系统规定。

在民法典编纂之前，1995年的《担保法》对各种担保方式（保证、抵押、质押、留置和定金）汇编整理，并试图对担保债权和担保物权进行体系化规制。但我国这一对担保规则的体系梳理传统，在民事领域按照单元专门立法的影响下，没有得到保留。2007年的《物权法》明确取代了《担保法》中有关担保物权（抵押、质押、留置）的规定。最终在民法典制定时，《担保法》的担保物权部分被作为物权编的"担保物权"，保证被归入合同编的有名合同类型，定金则纳入合同编总则"违约责任"章，紧随违约金的规定。

学界一般认为债的担保分为物的担保和人的担保。其中物的担保是指物上担保人以特定物提供的担保，而人的担保则是指保证制度，即债务人以外的第三人作为保证人，以自己的所有责任财产所提供的担保，具体是指保证人和债权人约定，当债务人不履行其债务或发生约定情形时，该保证人按照约定履行债务或者承担责任的担保方式。狭义的人的担保，即指本章规范的保证合同。如果从广义理解，人的担保还包括约定的连带债务、票据之背书、备用信用证、建筑工程合同中的监理人制度等。

保证的目的在于担保债权的实现，但与物的担保相比，存在明显的局限。与物的担保不同，债权人通常无法获知保证人是否还为其他债权人提供了保证或将要提供保证，尤其是在保证人属于有破产资格的主体时，保证制度担保功能明显不足。相应的，债权人在选择担保方式时，也会倾向于只相信物的担保。实践中，银行贷款担保中，物的担保贷款受限较少，而保证担保则存在贷款期限较短、额度受限等限制。出于这一信息不对称的考虑，我国有学者主张设立企业保证登记制度，规定在企业对外提供保证时，债权人和保证人可自愿选择登记。[①] 但这一观点显然没得到重视，民法典的编纂过程中也没有回应这一问题。值得注意的，虽然企业作为保证人提供保证存在上述局限，但由于我国实行有限破产主义，自然人提供的保证在实践中，尤其是在民间借贷交易中，仍有重要意义。

二、本章的概况及体系定位

保证合同置于合同编，在《德国民法典》、《瑞士债务法》和我国台湾地区的“民法”上皆有先例可循，这一体系安排是基于保证的成立原因，将其规定在具体债务关系中。

本章分为两节，第一节名为“一般规定”，第二节为“保证责任”。但两节并非一般规定和特殊规定的关系。这是因为本章将保证分为一般保证和连带保证，两者仅在责任承担方式、保证诉讼时效计算等个别方面存在差异，无法也无需抽象出一般规则。因此，所谓“一般规定”应当是名不副实，第一节规范的实际为“保证的成立与保证方式”。

虽然保证合同一章无法、也无须抽象出一般规则，但保证和担保物权是基于共同的功能被作为担保制度统一构建的，因此两者存在诸多共同规范。保证和物的担保存在许多共同规则，担保的实质总则是存在的。在民法典编撰过程中，虽然“担保法独立成编”的观点未得到支持，但是在法律适用时，应当注意到物保与人保之间的规范关联。

就此而言，保证合同一章在体系上存在一些缺憾。首先，部分条文系物权编的重复规定，包括第682条（保证从属性）、第689条（保证反担保）、第691条（担保债权的范围）、第695~697条（主债变化时担保责任）。其次，保证合同一章有规定，但物权编没有规定，在法律适用时易引发是否应参照适用的问题，包括第700条（保证人的法定代位权）、第701条（保证人的抗辩权）、第702条（保证人的抵销权和撤销权）。总体而言，虽然保证合同与担保物权分属不同分编，但在法律适用时，应当注意两者的实质关联性，在进行法律解释时，应注意规定之间的体系和谐。

---

① 许德风：《论现行保证制度的局限及其完善——以成本收益分析为中心》，载《法商研究》2008年第1期。

第一节　一般规定

第六百八十一条　【保证合同的定义】保证合同是为保障债权的实现，保证人和债权人约定，当债务人不履行到期债务或者发生当事人约定的情形时，保证人履行债务或者承担责任的合同。

【释义】

本条是关于保证合同定义的规定。

保证作为一种合同保全的手段，对于保障债权人实现债权，敦促债务人履行债务，促进社会融资等方面具有重要意义。1981 年颁布的《经济合同法》第 15 条首次对保证的方式进行了规定，1986 年《民法通则》第 89 条和《担保法》第 6 条对保证的定义进行了规定。《担保法》第 6 条规定："本法所称保证，是指保证人和债权人约定，当债务人不履行债务时，保证人按照约定履行债务或者承担责任的行为。"新法进行了两处修改，其一，增加了订立保证合同目的即为保障债权的实现；其二，保证人履行债务或承担责任的情形不仅限于债务人不履行到期债务，在发生了当事人约定的情形时，保证人也要承担保证责任。此种修改一方面凸显了保证合同的意思自治，使当事人在更广阔的范围内进行责任和权利的安排；另一方面使保证的实现更加灵活，能更加高效地满足复杂交易的需要。

保证具有以下法律特征：首先，保证属于人的担保的范畴。质押、抵押、留置等物的担保形式均具有担保的功能，但保证并非以特定的财产提供担保，而是以保证人的不特定财产进行担保的；其次，保证人必须是主合同以外的第三人，即保证人必须是债权人和债务人以外的第三人为他人债务提供担保，债务人不得为自己的债务做保证。

关于保证合同可保障的债权范围，《担保法》第 2 条第 1 款曾规定："在借贷、买卖、货物运输、加工承揽等经济活动中，债权人需要以担保方式保障其债权实现的，可以依照本法规定设定担保。"这一规定曾经在"审判实践中存在一定的误解，认为除担保法第 2 条列举的借贷、买卖、货物运输、加工承揽等经济活动以外，担保法规定的担保方式不能用于保障其他经济活动中产生的债权"①。

---

①　全国人大常委会法制工作委员会民法室编著：《中华人民共和国担保法释义》，法律出版社 1995 年版，第 2 页。

为消除这一误解，最高人民法院在《最高人民法院关于适用〈中华人民共和国担保法〉若干问题的解释》第1条中适用了“由民事关系产生的债权”对《担保法》第2条第1款加以解释，以此表示由各类担保方式担保的债权并无限制。

保证属于一种合同关系，双方当事人的权利义务是通过保证合同加以界定的。保证合同属于有名合同，在处理保证合同纠纷时，应当参照民法典合同编保证合同的内容。保证合同属于从合同，保证合同的订立目的是实现主债权，对主合同起担保作用，因此具有从属性。保证合同是单务合同，保证人和债权人虽为双方法律关系，但是债权人对保证人不负有给付义务。保证人承担保证义务，不能要求债权人为对等给付。保证合同属于无偿合同，以当事人取得权益是否须付出相应代价为标准，合同分为有偿合同和无偿合同，一般来说，双务合同都是有偿合同，但是单务合同却并非无偿合同[①]。在保证合同中，债权人只享有保证请求权，无须向保证人支付相应的价款，保证人承担保证责任时，也不能从债权人处取得相应的利益。但保证合同的无偿性不等同于保证的无偿，根据《境内机构对外提供外汇担保管理办法》第13条规定，担保人有权向债务人收取一定的担保费。由于债务人并非担保合同的当事人，因此保证合同本身仍为无偿合同。保证合同属于诺成合同，保证人与债权人就保证事项达成一致，保证合同即成立，无须完成物的交付即可成立保证合同。保证合同是附停止条件的合同，保证合同的停止条件是债务人不履行债务或双方预定的其他情形。当债务人不履行债务时或预定的其他条件实现时，保证人应当承担保证责任；若债务人已如期履行债务或履行期尚未届满，则主债权人不得向保证人主张保证请求权，保证人有权拒绝承担保证责任。保证合同是为第三人利益订立的合同。在保证合同中，主债务人虽然不是合同的当事人，但是可以从保证合同中获得利益。主债务人可以接受这种利益，也可以拒绝接受这种利益。主债务人拒绝承认保证合同时，保证合同应视为解除。但为保障债权人的利益，主债务人应提供相应的担保作为免除保证人责任的条件。[②]

【关联规定】

《担保法》第6条，《民法通则》第89条

（撰稿人：李贝妮、马强伟）

---

① 崔建远：《合同法总论》（上卷）（第2版），中国人民大学出版社2010年版，第76页。

② 董开军：《〈中华人民共和国担保法〉原理与条文释义》，群众出版社1994年版，第26页。

第六百八十二条 【担保合同与主合同的关系以及担保合同无效后的法律责任】保证合同是主债权债务合同的从合同。主债权债务合同无效的，保证合同无效，但是法律另有规定的除外。

保证合同被确认无效后，债务人、保证人、债权人有过错的，应当根据其过错各自承担相应的民事责任。

【释义】

本条是关于担保合同与主合同的关系以及担保合同无效后的法律后果的规定。

主合同是债权人与债务人之间订立的合同，保证合同是债权人与保证人订立的为保障债权实现的合同，保证合同是主合同的从合同。保证合同的从属性一般体现在四个方面：第一，成立上的从属，保证合同以主合同的成立为前提；第二，消灭上的从属，主合同债务消灭，保证债务也消灭；第三，抗辩权上的从属性，保证人因从属地位取得债务人的抗辩权，即债务人对债权的有效抗辩，保证人将自然取得，除非保证人自愿放弃抗辩而履行债务。债权人不能向债务人主张清偿，亦不能向保证人主张，即使债务人放弃对债权人的抗辩权，保证人仍然可以主张行使该抗辩①；第四，变更上的从属，债权人将全部或者部分债权转让给第三人，通知保证人后，保证人对受让人承担相应的保证责任。保证合同不得单独转让。

根据《民法总则》第155条的规定："无效的或者被撤销的民事法律行为自始没有法律约束力。"因此，无效的合同从其订立时起，就失去了法律约束力。主合同无效，其约定的权利义务等于不存在，保证合同没有保证的对象，失去保证的作用，自然也归于无效。

最高额保证和独立保证属于保证合同从属性的例外情况。在最高额保证中，由于担保的债权是一定期间内连续产生的，在最高保证额内，可能存在一宗或者数宗交易，因此保证合同的产生有时先于债权合同的产生。某一宗交易的失效，亦不影响保证合同的效力。独立保证是商事实践的产物，商事活动中以商事主体的意思自治为基本原则，当事人出于降低成本、提高效率的考量，通过寻求比传统保证更具有经济效益的担保形式以最大程度实现营利的目的。特别是在涉外经

---

① 王利明：《合同法研究》（第4卷），人民大学出版社2013年版，第292页。

济贸易中的担保合同，经双方当事人约定保证合同是独立于主合同的，不可撤销的保证合同，如“见单即付的保函”，它是指作为担保人的银行应申请人（债务方）的要求或指示，对受益人（通常为债权人或其指定的银行）允诺承担下述义务：只要受益人要求付款，担保人即应向其支付约定的金额，受益人的付款要求是无条件的，根据事先的约定，他不需要证明其要求是有根据的，也不需要证明被担保的主债务是否得到履行。因此，凭要求即付担保是非从属性的，担保人所承担的义务是独立于基础交易合同的，担保人不能以基础合同所产生的抗辩事由对抗受益人。实务中独立保证还体现为银行保函、备用信用证、履约保函等不同形式。本条第 1 款相较于《担保法》第 5 条，删去了“担保合同另有约定的，按照约定”。允许当事人对担保合同的从属性进行约定主要是为独立保证的适用留有余地，但是独立保证升高了债权人利用保证独立性进行欺诈滥用权利而获得利益的风险①，应当对其适用范围进行限制。根据 2019 年《全国法院民商事审判工作会议纪要》第 54 条的规定，独立保证应当适用《最高人民法院关于审理独立保函纠纷案件若干问题的规定》，银行或者非银行金融机构之外的当事人开立的独立保函，以及当事人有关排除担保从属性的约定，应当认定无效。

此前我国最高人民法院对独立保证的态度是区分国内和国际的两种情形。最高院 1999 年 12 月 31 日在湖南机械进出口（集团）股份有限公司、海南国际租赁公司与宁波东方投资公司代理进口合同纠纷一案的民事判决书中认为，“海南公司的担保合同中虽然有‘本担保函不因委托人的原因导致代理进口协议书无效而失去担保责任’的约定，但在国内民事活动中不应采取此种独立担保方式，因此该约定无效，对此应当按照担保法第 5 条第 1 款的规定，认定该担保合同因主合同无效而无效。②”最高人民法院部分法官认为，独立担保存在欺诈和滥用权利的弊病，容易引起更多的纠纷，如债权人、债务人恶意串通签订无效合同而让第三人提供独立担保，因而有必要对《担保法》第 5 条第 1 款的但书部分的适用作出限制。最高人民法院对独立担保效力的认定对实务中法院处理类似问题虽然具有指导意义，但是也有例外：例如，河北省高院 2000 年 5 月 11 日在沧州市健发蛋白氨基酸公司与中国建设银行沧州署西街办事处借款担保纠纷二审案的民事判决书中则认为，“本案借款合同应属无效，但当事人在本案保证合同中明确约定，该保证合同的效力独立于主合同，不受主合同的影响。该约定符合有关法律规

① 曹士兵：《中国担保诸问题的解决与展望：基于担保法及其法司法解释》，中国法制出版社 2001 年版，第 26 页。

② 参见最高人民法院（1998）经终字 184 号民事判决书。

定，应予支持。”[①] 据此判决担保人承担担保责任。采取“内外有别”的做法，已逐渐不符合实践的需要。首先，独立保函业务是银行的重要中间业务之一，不承认国内经济活动中的独立担保，会极大地压缩我国商业银行的相关业务范围，降低我国商业银行的国际竞争力。其次，当事人基于理性判断而共同选择更加严格的独立保证，与公益无涉，应得到法律的认可。否则，当事人必将付出额外的交易成本，或者以牺牲交易效率为代价来保障债权的实现，或者使得保证人不得不极其繁复地审查基础交易违约情形，间接影响到相应担保交易和基础交易的达成，不利于鼓励交易[②]。最后，在世界经济一体化的格局下，“国际商事交易”和“国内经济活动”在有些情况下难以界定。本条所指的“法律另有规定的除外”主要是指2016年颁布的《最高人民法院关于审理独立保函纠纷案件若干问题的规定》第23条规定，当事人约定在国内交易中适用独立保函的，人民法院不能以独立保函不具有涉外因素为由，否定保函独立性约定的效力。由此可见，独立保证的“内外有别”情况已经改变。

本条第2款规定了保证合同无效后的法律责任。保证合同无效的情形主要有两种：第一，主合同有效，保证合同因自身欠缺生效要件而归于无效。第二，主合同无效而导致担保合同无效。在不同的情形中，当事人承担的民事责任也有差别。

在主合同有效，担保合同无效的情形下，保证人或债权人因过错而承担的民事责任的性质是缔约过失责任。根据《最高人民法院关于适用〈中华人民共和国担保法〉若干问题的解释》第7条规定，债权人无过错的，担保人与债务人对主合同债权人的经济损失，承担连带赔偿责任；债权人、担保人有过错的，担保人承担民事责任的部分，不应超过债务人不能清偿部分的二分之一。限定为二分之一的原因为债权人、债务人有过错的，作为两方当事人，应当均分计算，担保人承担的责任份额为二分之一。[③]

在保证合同因主合同的无效而无效时，虽然不存在履行主合同的问题，但是，主合同双方仍应根据其过错承担主合同无效后的法律责任。保证合同也无效的情况下，担保人无须承担担保责任，但是要承担自己在订立担保合同时的过错责任。保证人对保证主合同无效无过错的，不承担责任。但是如果保证人对主合

---

① 河北省高级人民法院（2000）冀经一终字50号民事判决书。

② 高圣平：《论独立保证的典型化与类型化》，载《武汉大学学报（哲学社会科学版）》第69卷第1期。

③ 曹士兵：《中国担保诸问题的解决与展望：基于担保法及其法司法解释》，中国法制出版社2001年版，第32页。

同的无效状态明知或者应当知道，或担保人对无效合同的成立起到了中介、促进作用的，视为担保人有过错。担保人有过错不是指保证人在主合同无效上的过错，因为保证人并非主合同的当事人，主合同无效的法律后果应当由债务人和债权人承担。有两种解释路径，其一为担保合同无效时而产生的缔约过失责任；其二为将该责任认定为侵权责任，担保人有过错的情况下，属于利用主合同无效，逃避自己的责任，使他人财产受损。如何界定该性质对担保人责任承担的具体数额，是否能够适用混合过错共同过错规则产生一定的影响。根据《最高人民法院关于适用〈中华人民共和国担保法〉若干问题的解释》第 8 条和《全国法院民商事审判工作会议纪要》第 54 条的规定，担保人有过错的，担保人承担民事责任的部分，不应超过债务人不能清偿部分的三分之一。限定为三分之一的理由是将责任在担保人、债权人、债务人三方中平均分配，但是其理由仍然值得商榷：首先，主合同无效时，双方当事人未必均有责任；其次，在一些情形下，如担保人在明知债务人欺诈的情况下，使其责任低于主合同当事人的责任，有失公平。因此本法未规定当事人承担责任的具体份额。

【关联规定】

《民法典》第 155 条、《担保法》第 5 条、《最高人民法院关于适用〈中华人民共和国担保法〉若干问题的解释》第 7、8 条，《最高人民法院关于审理独立保函纠纷案件若干问题的规定》第 23 条、《全国法院民商事审判工作会议纪要》第 54 条

（撰稿人：李贝妮）

第六百八十三条　【组织作为担保人的禁止与例外】 机关法人不得为保证人，但是经国务院批准为使用外国政府或者国际经济组织贷款进行转贷的除外。

以公益为目的的非营利法人、非法人组织不得为保证人。

【释义】

本条是关于组织作为担保人的禁止与例外的规定。

本条第 1 款是机关法人作为担保人的禁止与例外。由于《民法总则》对组织

类民事主体进行了较大的改动，为保持一致，本法将《担保法》第 8 条的“国家机关”改为“机关法人”。机关法人的主要职责是依法行使其职权，进行日常的公务活动，其财产和经费都来自财政划拨，其目的是用于维持国家机关的日常开支，保障其正常地履行职责。如果允许国家机关为他人债务作保证，当债务人不履行债务时，国家机关就要承担保证责任，用行政经费清偿债权人的债务，势必会影响机关法人的运作。但是需要考虑到在接受外国政府和国际经济组织贷款进行转贷时，有的情况需要国家机关以保证人的身份提供保证。由于这些贷款多用于交通运输、环保、邮电通信等基础项目，不仅资金需求量大，而且盈利有限①，仅依靠项目使用单位，无法偿还贷款，也没有单位和个人愿意为这些项目作担保人，所以在使用外国政府和国际经济组织贷款转贷的还款问题上，中央政府将筹措到的外国政府或者国际经济组织贷款转贷给项目使用，同时要求地方政府委托其计划财务管理部门向中央政府提供还款担保，保证向中央政府偿还所用的贷款，中央政府和地方通过这种担保，共同维护国家偿还外债的信誉。

国家机关作保证人应当同时符合以下两个条件：首先，接受的贷款应当是由外国政府或者国际经济组织提供。只有接受外国政府或者世界银行、亚洲银行、国际货币基金组织等国际组织贷款，在转贷过程中需要国家机关担保的，国家机关才能作保证人。对于商业银行对地方政府的贷款，包括外国银行的商业件贷款，国家机关仍然不能作为保证人。其次，需经国务院批准。只有经国务院批准后，国家机关才可以在转贷过程中作保证人。规定须经国务院批准，主要是为了严格控制国家机关作保证人的情况，防止地方政府或者有关部门擅自作保证。审批权由国务院掌握，既能解决特定项目需要国家机关作保证人的情况，也能对此情况加以严格控制。

本条第 2 款是以公益为目的的非营利性法人和非法人组织作为担保人的禁止。以公益为目的的非营利法人，如学校、幼儿园、医院，其设立目的为公益服务，其经费和设施均以实现服务公众为必要，不宜违背设立目的而进行经济活动。《担保法》第 9 条列举了不得为保证人的“学校、幼儿园、医院等以公益为目的的事业单位、社会团体”，根据《民法总则》的规定，以公益为目的的组织（公益组织）不限于法人，也不限于事业单位和社会团体，换言之，公益组织不仅可以包括事业单位、社会团体在内的非营利法人，也可以包括取得法人资格的基金会和社会服务机构，还可以包括非法人组织。因此，本条规定改为“以公益

---

① 董开军主编：《〈中华人民共和国担保法〉原理与条文释义》，中国计划出版社 1995 年版，第 51 ~ 53 页。

为目的非营利法人"。《民法总则》规定的非法人组织包括个人独资企业、合伙企业、不具有法人资格的专业服务机构等。以公益为目的的上述非法人组织亦不可作保证人。

对于保证人的主体资格，《担保法》采用了"原则 + 例外"的规范模式。《担保法》第 7 条原则上允许具有清偿能力的公民、法人或非法人组织（其他组织）作为保证人。《最高人民法院关于适用〈中华人民共和国担保法〉若干问题的解释》第 15 条对上述主体进行了具体的规定。《担保法》第 8 ~ 10 条规定了若干保证人资格的限制条款，即在通常情况下，国家机关、以公益为目的的事业单位和社会团体、企业法人的分支机构和职能部门不得为保证人。本法并未对担保人的主体资格进行原则性的规定，只对法人作为担保人的禁止与例外进行了规定。

本法不再将"担保人具有清偿能力"作为担保人资格的原因有三：第一，清偿能力与民事行为能力不同。对于无民事行为能力和限制行为能力的人，限制其成为担保人主要是认为其无法清楚地认识其行为的法律后果，并非从实际履行能力考量①；第二，清偿能力具有不确定性。根据担保的债务内容，首先清偿能力的标准会发生变化；其次担保人本身的清偿能力也会发生变化。因此清偿能力的判断应当根据个案判断，而不应由法律统一规定；第三，不具备清偿能力并不影响保证合同的订立目的。债权人在与保证人订立保证合同时，如果保证人已经充分履行了提示、告知义务，债权人也已清楚了解了合同订立后、履行时可能发生的风险，债权人就应当承受这种风险。此外，从最高人民法院后续发布的司法解释来看，"具有代为清偿能力"的要求对保证合同的效力和保证责任的承担并无影响。这一规定不属于强制性条款，而应当被理解为"提示性规定"，即仅具备提示债权人在选择保证人时注意保证人清偿能力的功能②。

【关联规定】

《担保法》第 7 ~ 10 条，《最高人民法院关于适用〈中华人民共和国担保法〉若干问题的解释》第 15 ~ 18 条

（撰稿人：李贝妮）

---

① 唐德华主编：《最新担保法条文释义》，人民法院出版社 1995 年版，第 33 页。

② 李昊、邓辉：《论保证合同人典及其立法完善》，载《法制研究》2017 年第 6 期。

第六百八十四条　【保证合同的内容】保证合同的内容一般包括被保证的主债权的种类、数额，债务人履行债务的期限，保证的方式、范围和期间等条款。

【释义】

本条是关于保证合同的内容的规定。

保证合同的内容，是确立保证合同当事人权利和义务的根据，也是保证合同合法、有效的要件。为指导当事人订立保证合同，立法可以规定保证合同的一般内容，这些规定属于任意性规范。立法列举的条款不必然都属于保证合同的必备条款，保证合同也不因条款的缺失而当然无效。本条基本和《担保法》第15条一致。

1. 被保证的主债权种类、数额，这是保证合同应当明确的首要事项。主债权的种类、数额是指债务人和债权人订立的主合同是何种类型的债务，如金钱之债、交付货物债务；数额是指主合同的标的额。虽然保证合同发生于保证人与债权人之间，属于相对独立的另一项合同，但受制于其担保目的，保证合同仍然从属于主合同。由于保证人在债务人不履行债务时，要依照约定履行债务或者承担保证责任，所以有必要在保证合同订立时就明确保证人将要承担责任的状况。主债权只有在已经成立、已经确定、特定化的情况下，才能成为保证合同的标的。最高额保证的主债权不受此限制。主债权不包括因债权产生的利息、违约金、损害赔偿金等[①]。

2. 债务人履行债务的期限，即主合同中债务人履行债务的期限。保证合同对主合同的责任承担具有补充性或连带性，所以确定主债务的履行期限，对保证债务的承担与履行意义重大。在债务人的履行期限尚未届满时，债权人不得要求保证人承担保证责任。主债务履行期限的变动也会对保证合同的效力产生影响。

3. 保证的方式。保证方式有一般保证与连带责任保证。一般保证是指与主债务并无连带关系的保证债务。一般保证债务具有补充性，保证人享有先诉抗辩权，当债权人未就主债务人的财产先为执行并且无效果之前，便要求保证人履行保证债务时，保证人有权拒绝履行。连带责任保证不具有补充性，保证人与主债务人对债务承担连带责任，不享有抗辩权。债务清偿期届满时，债权人有权要求

---

① 王利明：《合同法研究》（第4卷），人民大学出版社2013年版，第308页。

主债务人先履行债务，也可以要求保证人先履行债务。即便主债务人有履行能力，债务人要求保证人先履行债务时，保证人亦不得拒绝。对于保证形式没有约定的，根据本法第686条，推定为一般保证。

4. 保证担保的范围，即保证责任所担保的债务范围。关于保证担保的范围，民法充分发扬私法自治、意志自由的原则，当事人之间关于保证担保的范围有明确约定的，从其约定。当事人之间对于保证担保的范围没有约定或约定不明的，应当适用法律的规定，即保证担保的范围应当包括主债权、利息、违约金、损害赔偿金、实现债权的费用。当事人虽然可以自行约定利率，但是利率必须符合法律规定，超过法律规定部分的利息无效。[①] 如果保证人是对侵权之债提供保证，则侵权损害赔偿金属于主债权的范畴，并属于本条所规定的“损害赔偿金”。实现债权的费用通常包括诉讼费用、申请扣押、执行等费用。

5. 保证期间，即债权人要求保证人承担保证责任的期间。保证期间是确定保证债务和诉讼时效关系的依据，因此保证合同应明确规定。在没有约定或者约定不明的情况下，保证期间为主债务履行期届满之日起六个月。在连带责任保证的情况下，约定的保证期间短于债务履行期限，意味着保证人实际上不可能承担保证责任，故此类约定不发生法律效力。在一般保证的情况下，约定的保证期间若在强制执行主债务人的财产无效果的情形出现之前便已经届满的情况下，同样意味着保证人实际不会承担保证责任，故此类约定也不发生法律效力。

为充分保障当事人之间的意思自治，保证合同的内容应当允许当事人之间根据实际情况进行约定。本条未规定保证合同可以约定的其他事项，但是当事人可以在合同中约定其他需要约定的事项。此外，保证合同中未约定或约定不明的事项，应当允许当事人之间进行补正，补正的方式既可以是对原合同的补充，也可以是拟订新的合同。只有在经历了约定、补正的程序后仍无法确定合同的内容时，才适用法律的规定。

【关联规定】

《担保法》第15条

（撰稿人：李贝妮）

---

① 高圣平：《保证合同重点疑点难点问题判解研究》，人民法院出版社2005年版，第398页。

第六百八十五条 【保证合同的形式】 保证合同可以是单独订立的书面合同，也可以是主债权债务合同中的保证条款。

第三人单方以书面形式向债权人作出保证，债权人接收且未提出异议的，保证合同成立。

【释义】

本条是关于保证合同形式的规定。

根据本条的规定，保证合同的形式主要有三种：单独订立的书面合同、主债权债务合同中的保证条款、第三人以书面形式作出的保证。本条是在《担保法》第 13 条和《最高人民法院关于适用〈中华人民共和国担保法〉若干问题的解释》第 22 条的基础上形成的。

合同的形式按照其订立方式分为口头合同、书面合同以及采用其他方式订立的合同。凡当事人的意思表示采用口头形式而订立的合同称为口头合同。以口头形式订立合同具有简便、迅速、易行的特点，是实际生活中大量存在的合同形式，如消费者在商店购物时与商店营业员之间产生的买卖合同就是典型的口头合同。但是口头合同由于缺乏必要的凭证，一旦发生纠纷往往面临举证困难，相互推诿的现象。书面形式的合同对当事人的权利义务有明确的文字记载，能够提示当事人适时正确地履行合同义务，当发生合同纠纷时，也便于责任的确定，及时、正确地解决纠纷。保证合同涉及多方主体的利益，合同内容复杂，为慎重起见，更应当采用书面形式，而不得采用口头形式订立。口头形式订立的保证合同原则上不成立，但是根据《民法典》第 490 条，当事人未采用书面形式，一方已经履行主要义务，对方接受时，该合同亦可成立。

保证人与债权人单独订立书面合同是典型的保证合同的形式。订立保证合同与订立其他合同的过程并无不同，其要约、承诺的规则适用合同法的相关规定。保证合同属于主债务合同的从合同，其与主合同的关系适用本法第 682 条的规定。保证人也可以与债权人、主债务人共同订立合同。第三人以保证人的身份加入债权人和债务人的主债务合同中，仅对合同内容中有关保证的部分负责，主债务合同的其他条款对其不发生效力。若主债务合同存在保证条款，保证人签字或盖章视为与债权人协商一致，保证合同以主债权债务合同的保证条款的形式成立；若主债权债务合同没有约定保证人的责任范围、责任方式、保证期间等，保证合同是否成立本法未作规定。根据《最高人民法院关于适用〈中华人民共和国担保法〉若干问题的解释》第22条第2款的规定："主合同中虽然没有保证条款，但是，保证人在主合同上以保证人的身份签字或者盖章的，保证合同成立。"这种形式的保证合同，存在一定推定的成分，需要以保证人有明确的承保的意思为前提，如果当事人没有承保的意思表示，则不能成立保证合同。判断当事人是否有承保的意思，一般通过主观和客观两方面判断。[①] 从客观方面而言，主合同文本抬头上如果明确设置了第三方当事人作为保证人的，或者主合同上设置有保证人签章栏目的，当事人在该主合同上签章，即表明该当事人有确定的承保的意思表示。从主观方面而言，当事人作为第三方在主合同上签章，且不否认承保的或者有证据证明是承保的，可以认定该当事人属于保证人。如果当事人在某合同上签章，该合同抬头仅有债权人、债务人两方当事人，合同结尾也只有债权人、债务人签章处，没有第三方签章处，即便该当事人确实在该合同上有签章，也不能当然解释为保证。债权人要求该当事人承担保证责任时，当事人在一定情形下可以拒绝承担，如当事人声称该签名只作为债权人和债务人签订合同的见证。这种形式的保证合同，存在较大的推定的空间，但是本法第686条和第692条对保证的方式以及保证的期间的推定都进行了规定。只要当事人在主合同上以承保的意思表示签章，其与债权人即形成保证关系。

保证人制作书面保证承诺书，明确表示为债务人履行债务承担保证义务，并交付保证承诺书给债权人，该承诺书属于保证合同的形式，成立保证责任。保证承诺书虽然属于保证人的单方行为，但债权人的接受属于承诺性质，所成立的保证合同仍然属于合同性质，而非单方法律行为。保证承诺书具有保证人直接向债权人出具的，也有通过债务人转交的，商业银行采用的还款担保书也属于保证承诺书的性质。保证承诺书构成保证合同，成立保证责任的关键在于债权人接受保证承诺书，如果债权人不接受，保证合同不成立。对于债权人接受保证承诺书的形式法律未作规定，即法律并未要求必须以书面的方式接受。债权人接受保证承诺书除了用语言、文字的方式外，也可以用行为的方式，比如债权人收到保证承诺书后履行主合同的行为，可以认为是债权人接受保证承诺书的方式。比如在银行贷款中，银行收到当事人的保证承诺后，即按照银行与借款人签订的借款合同，向借款人发放贷款，应当视为银行接受保证承诺书。如果债权人对保证书的内容存有异议，则保证人单方出具的保证书不生效，债权人应当对存有异议的行

---

① 曹士兵：《中国担保诸问题的解决与展望：基于担保法及其司法解释》，中国法制出版社2001年版，第105页。

为承担举证责任。默示形式通常只有在法律明确规定的情况下，方可作为意思表示的形式，一般情况下，不能因被要约人不作任何表示而认为默示形式构成承诺，从而认定成立合同。但是，保证合同属单务合同，就保证合同而言，仅有保证人一方负有义务，而合同的另一方当事人（债权人）并不就保证合同承担义务，保证合同一旦成立，只能给债权人带来保证自己债权实现的实际利益。因此，在债权人收到保证书后没有明确表示同意与否的情况下，可以认为是以默示的形式作出同意的意思表示，保证合同成立。一旦债务人不履行债务，保证人应承担其所承诺的保证义务，债权人也有权要求其履行。承认债权人的默示同意，符合保证制度的目的，有利于保护债权人的利益。若保证书未交给债权人，或者债权人明确表示反对，保证合同因缺乏一方当事人的意思表示而不能成立。

除上述保证合同的形式外，实践中有一类特殊的保证合同的形式——安慰函。安慰函，又称为赞助信、安慰信，指发函人给债权人的一种书面陈述，表明当事人对债务人清偿债务承担道义上的义务，或者督促债务人清偿债务等。安慰函的使用据称是20世纪60年代从英美金融界开始的，70年代后在欧洲开始使用[①]。由于公司承担保证责任，需要反映在公司的负债记录上，这会影响到公司自身的借款能力，因此公司更愿意采用向债权人出具安慰函的形式，为债务人清偿债务提供道义上的支持。债权人可以凭借安慰函获得对债务人清偿能力的判断，并得到公司道义上的支持，安慰函是其不能获得保证时的保守选择。站在出具安慰函的一方而言，其目的并非保证，而是避免承担因保证带来的法律责任，因此安慰函不是保证合同。但作为一种书面形式，与保证合同相似，在特殊情况下也可以有保证的内容，形成保证合同。

安慰函使用较多的地方通常是金融集团和工业集团，子公司在超过自己的清偿、经营能力去借款或从事经营活动时，母公司可以用安慰函的形式向债权人表示将监督子公司的财务，或给予子公司资金支持，避免子公司破产等。[②] 母公司采用安慰函的方式既可以支持子公司的经营活动，又免于承担保证责任。对于安慰函的认定，原则上应当按照安慰函的内容来认定出具人的责任。首先，安慰函的产生和用途是区别于保证的，因此原则上不应将安慰函视为保证；其次，根据安慰函的内容，确定出具人的责任。如果出具人的安慰函只能表明其对债务人现状的确认或者对清偿债务承担道义上的责任，则不属于保证合同，法院不能强制执行；判断安慰函的内容是道义上的抑或法律上的，要根据交易习惯决定，一些

① 沈达明：《法国/德国担保法》，中国法制出版社2000年版，第84页。

② 曹士兵：《中国担保诸问题的解决与展望：基于担保法及其司法解释》，中国法制出版社2001年版，第108页。

典型的“道义上的措辞”如：“密切关注债务人的财务状况”“给予债务人资金上、业务上支持”“督促债务人清偿”“债务人属于集团成员企业并将留在集团内”等①。如果安慰函的内容有代债务人清偿或承担担保义务、保证债务人还款等内容的，此时安慰函等同于保证合同。

【关联规定】

《担保法》第13条，《最高人民法院关于适用〈中华人民共和国担保法〉若干问题的解释》第22条，《民法典》第490条

（撰稿人：李贝妮）

第六百八十六条 【保证的方式和保证方式的推定】 保证的方式包括一般保证和连带责任保证。

当事人在保证合同中对保证方式没有约定或者约定不明确的，按照一般保证承担保证责任。

【释义】

本条是关于保证的方式和保证方式的推定的规定。

一般保证是指基于保证合同或债权人、债务人及保证人的约定，债务人不能履行债务时，由保证人对债务人的债务负补充责任的保证。一般保证的保证人在主债务未经审判或者仲裁，并就债务人财产依法强制执行仍不能履行债务前，对债权人可以拒绝承担保证责任。因此，在一般保证中，保证人仅在债务人的财产不足以完全清偿债权的情况下，才负保证责任。

与连带责任保证对比，一般保证具有以下明显特征：（1）承担责任的具体做法不同。一般保证的保证人只是在主债务人不履行债务时，有代为履行的义务，即有补充性；而连带责任保证中的保证人与主债务人为连带债务人，债权人在保证范围内，可以向债务人求偿，也可以向保证人求偿，债权人无论选择谁，债务人和保证人都无权拒绝。（2）连带责任保证中保证人与主债务人的权利义务及其责任问题适用于连带债务的法律规定。而一般保证人与主债务人间不存在连带债

---

① 曹士兵：《中国担保诸问题的解决与展望：基于担保法及其司法解释》，中国法制出版社2001年版，第110页。

务问题，只是在保证人向债权人履行债务后，保证人对主债务人享有求偿权。(3) 连带责任保证中的债务人无先诉抗辩权，即不能以债权人是否催告主债务人作为是否履行保证义务的抗辩理由；而一般保证中的保证人享有先诉抗辩权，即当债权人要求保证人代为履行时，保证人可以要求债权人先就主债务人的财产诉请强制执行或设有物的担保时先执行担保物权为由而拒绝清偿。(4) 一般责任保证是由法律规定或当事人约定，无规定或约定不明的按一般保证承担；连带责任保证只能由当事人约定产生。(5) 连带责任保证的担保力度较强，对债权人颇为有利，保证人的负担较重，而一般保证的担保力度相对较弱，保证人的负担相对较轻。

当事人订立保证合同时，可以对保证的方式进行选择，保证人既可以选择保证责任较轻的一般保证，也可以选择保证责任较重的连带责任保证。当事人在订立合同时对保证方式没有约定，或者虽然约定但是约定不明确时，保证人应当按照一般保证责任的规定承担保证责任。当事人在没有约定或者约定不明的情况下，保证人承担的是较轻的保证责任。本条与《担保法》第 19 条截然相反，该条在双方就担保方式没有约定或约定不明的情形下，推定为连带保证。担保法的规定深受当时经济秩序的影响。许多企业或者金融机构为他人作保证时，经常对保证的方式不作约定或者不明确规定，当债务人不履行债务时，双方就责任的承担纠缠不清，有的保证人还借口没有对保证方式作规定，企图逃避保证责任。从保障债权实现的目的出发，在未约定和约定不明的情形时，对保证人科以更重的保证责任，不仅明确保证人承担保证责任的方式，而且，有助于加强保证人的责任意识，使保证人明确对保证方式不约定或者约定不明的法律后果，从而对保证方式能作出适当的选择①。

从国外立法例来看，《德国民法典》第 768、771、773 条，《法国民法典》第 2021～2023 条，瑞士债法第 495 条，我国台湾地区“民法”第 745～746 条均规定了相似的内容，即保证人没有表明愿与主债务人共同承担连带责任的，法律则推定其为一般保证，即以一般保证为通常方式。事实上，若以连带责任保证为通常方式，在签订保证合同时，由于保证人的疏忽，或是对保证方式的不了解，保证方式可能会更多地归入连带责任保证，而连带责任保证的保证人是不享有先诉抗辩权的。如此一来，保证人的先诉抗辩就失去了其存在的宽泛基础，该制度的设定也就失去了其应有的意义。

---

① 全国人大常委会法制工作委员会民法室：《中华人民共和国担保法释义》，法律出版社 1995 年版，第 25 页。

此次修改的主要原因如下：首先，从逻辑的分析角度看，一般保证应当属于常态，连带保证属于特殊，或者是例外。在当事人没有约定或者约定不明时，应当将一般情况作为推定的情况。其次，保证制度的重要特点之一就是补充性，即保证责任是一种补充责任，除非当事人有特殊的约定。在当事人没有约定或者约定不明时，保证人若承担了连带责任，实际上与债务人处于同等的地位，变成了主债务的连带债务人，这显然不符合保证补充性的基本特点。保证本来就是保证人对债务人履行债务的担保。债权人应首先向债务人追索，只有在债务人不履行或不能履行债务时，才由保证人承担。在保证担保的债权债务中，应以主合同债务人为第一偿还顺序，保证人负第二顺序责任。[①] 除非保证人明确约定放弃该利益。如此才符合保证制度的初衷。再次，从保证制度的功能发挥来看，如果以连带责任保证为通常方式，由于债权人可以直接向保证人求偿，在债务人并非无力清偿只是追偿有困难的情况下，债权人可能选择保证人求偿而后将包袱甩给保证人，债务人也可能随意借债而后推诿责任。不论哪种情况最终都会打击保证人的积极性，而导致无人作保，不利于保证制度的存在。曾经的推定方式，在保障债权人利益的同时，从某种意义上讲是放纵了主债务人，削弱了主债务人的责任意识。最后，就法的价值角度而言，保证合同是债权人和保证人就债务人履约能力的协议，就债权人而言，更加关注的是其债权的实现，因此，连带保证对其最有利，尤其是在明知向债务人追偿有困难的情况下，该种保证允许其直接向保证人追偿，省去了先向债务人起诉或仲裁并经强制执行的诉讼成本。就保证人而言，其之所以提供保证，是因为确信债务人有履行能力。如明知债务人无力偿还，保证人断不会提供保证，更别说承担连带责任保证，一开始就把自己沦为与主合同债务人别无二致的地位。从其初衷来看，保证人愿意承担的是补充责任。因此，对保证人而言，一般保证是其更愿意接受的方式。从法的公平正义理念出发，由于保证的单务性和无偿性，在主债权有保证的情况下，应倾向于保护保证人的权益。因此保证方式的推定应有利于保证人，为一般保证。

【关联规定】

《担保法》第 19 条

（撰稿人：李贝妮）

---

① 高圣平：《担保法论》，法律出版社 2009 年版，第 88 页。

第六百八十七条 【一般保证和先诉抗辩权】 当事人在保证合同中约定，债务人不能履行债务时，由保证人承担保证责任的，为一般保证。

一般保证的保证人在主合同纠纷未经审判或者仲裁，并就债务人财产依法强制执行仍不能履行债务前，有权拒绝向债权人承担保证责任，但是有下列情形之一的除外：

（一）债务人下落不明，且无财产可供执行；

（二）人民法院已经受理债务人破产案件；

（三）债权人有证据证明债务人的财产不足以履行全部债务或者丧失履行债务能力；

（四）保证人书面表示放弃本款规定的权利。

【释义】

本条是关于一般保证和先诉抗辩权的规定。

一般保证的保证人在债务人不能履行债务时才承担保证责任，所谓“不能履行债务”是指债权人和债务人的主合同纠纷经过了人民法院的审理或者仲裁机构的仲裁，并且人民法院依法对债务人的财产执行后，仍然不能清偿债务的，保证人才对未受清偿的部分承担保证责任。① 对于没有依法对主合同纠纷进行诉讼或者仲裁，或者虽经诉讼或者仲裁但并未对债务人的财产强制执行的，一般保证的保证人有权拒绝承担保证责任，一般保证的保证人享有的这项拒绝履行债务的权利就是先诉抗辩权。

先诉抗辩权的产生是基于保证相对于主合同的从属性和对主债务的补充性，先诉抗辩权制度源于罗马法，大陆法系国家，如法国、德国、日本均予以继承，在立法中肯定先诉抗辩权。我国早在《民法通则》和《经济合同法》中就确立了保证制度，但并未明确赋予保证人以先诉抗辩权。到1994年4月最高人民法院发布的《关于审理经济合同纠纷案件有关保证的若干问题的规定》才予以确认。根据该规定第7条，在普通保证中，“当被保证人不履行合同时，债权人应当首先请求被保证人清偿债务。强制执行被保证人的财产仍不足清偿其债务的，由保证人承担赔偿责任”。然而这一规定只停留在司法解释上，并未上升为法律。直到

① 高圣平：《担保法论》，法律出版社2009年版，第90页。

《担保法》的颁布，保证人的先诉抗辩权才有了明确的法律依据。我国《担保法》首次将保证分为一般保证与连带保证两种，并在第 17 条第 2 款中规定：“一般保证的保证人在主合同纠纷未经审判或者仲裁，并就债务人财产依法强制执行仍不能履行债务前，对债权人可以拒绝承担保证责任”。

先诉抗辩权在性质上属于实体法上的延缓性抗辩权，在债权人未先向债务人请求，而直接要求保证人承担保证责任时，保证人必须积极主张这一抗辩权才能发生使自己暂缓承担保证责任的效力，其结果是，只有在债权人向主债务人请求未果后，保证人才负责。如果保证人没有主张先诉抗辩权直接清偿保证债务的，事后就不能再主张行使先诉抗辩权而请求返还先前所为的清偿。①

先诉抗辩权是一般保证的保证人依法享有的权利，但有以下情况之一的，保证人不得以主张先诉抗辩权为理由，不承担保证责任：

1. 债务人下落不明，且无财产可供执行。《最高人民法院关于贯彻执行〈中华人民共和国民法通则〉若干问题的意见（试行）》第 26 条规定，下落不明是指公民离开最后住所地没有音讯的情况。本条改变了担保法第 17 条“债务人住所变更，致使债权人要求其履行债务发生重大困难的”的做法，解决了债务人“住所变更”和“重大困难”在实践中认定标准不统一的情形。首先，债务人变更住所不必然导致债务人的下落不明，只有从已知地点变更为未知地点时，才成立下落不明。其次，债务人下落不明，不影响债权人实现债权的，保证人仍享有先诉抗辩权。若债务人下落不明，债权人仍有可供执行的财产的，债权人实现债权并不存在重大困难。最后，只有同时满足债务人下落不明和无财产可供执行的条件时，保证人才不得拒绝承担保证责任。

2. 人民法院受理债务人破产案件。人民法院受理了债务人的破产案件后，应当依法中止执行程序，在这种情况下，债务人的财产实际上处于冻结状况，债权人无法立即要求债务人清偿债务。债权人只能通过向清算组织申报债权，等待分配破产财产的途径来主张债权。债务人的财产往往不能使债权人的债权全部实现，因此债务人可以不必等待破产的结果。如果破产的债务人有保证人提供保证的，债权人可以不向破产组织申报债权，而直接要求保证人承担保证责任。如果债权人对于主债务人的动产设有抵押权或者留置权，且可以满足债权人的债权，一般保证人仍享有先诉抗辩权。根据《企业破产法》第 10 条的规定，受理破产申请必须有法院裁定，法院裁定受理破产申请之日，即债务人进入破产程序之时。此时，一般保证人便不能再向债权人主张先诉抗辩权。

① 邱聪智：《新订债法各论（下）》，中国人民大学出版社 2006 年版，第 382 页。

3. 债权人有证据证明债务人的财产不足以履行全部债务或者丧失履行债务能力。本款为新增加的情形，在理解和适用过程中，可根据本法第 527 条第 4 款作同样的解释。债务人的财产明显不足以履行全部债务时，债权人即使对债务人的财产申请强制执行，也无法保障自己债权的实现，此时保证人应当承担债的补充责任。债务人丧失履行能力的原因包括但不限于：经营状况恶化、转移财产、抽逃资金以逃避债务；丧失商业信誉；给付特定物的债务中，该特定物丧失。履行能力的丧失应当根据主债务合同的性质进行判断。

4. 保证人以书面形式放弃先诉抗辩权的。虽然保证人订立保证合同时和债权人约定以一般保证方式承担保证责任，但是，由于民事法律关系中的当事人有权对自己的权利进行处分。所以，一般保证的保证人可以在订立合同后放弃所享有的先诉抗辩权，保证人实际上对债务承担的是连带责任。① 先诉抗辩权的放弃应当以书面形式作出。规定以书面形式放弃先诉抗辩权，主要是为了证明保证人确实放弃该权利，同时也可以防止债权人和保证人在先诉抗辩权是否放弃问题上发生不必要的争议。预先抛弃有三种方式：在一般保证合同中预先约定保证人不行使先诉抗辩权；在保证合同中约定保证人承担连带保证责任的，可解释为有放弃先诉抗辩权的意思表示。明示放弃是保证人以书面或口头的形式向债权人作出明确的意思表示；默示放弃既可以从保证人向债权人的意思表示中推定，如保证人向债权人表示"主债务清偿期届至，保证人即代为履行"；也可以从保证人的事实行为中推定，如债权人向保证人请求时，保证人不要求债权人先向债务人追索而随即代债务人履行。一般保证人口头放弃的，保证人可以反悔，书面放弃的，保证人不能反悔。②

保证人在诉讼或仲裁前或在诉讼或仲裁程序中以及强制执行程序中的任何时候都可以拒绝债权人的履行请求。③ 至于行使的条件，须根据行使时的情形而定：如果在诉讼前或仲裁前行使，须是债权人未就主合同纠纷向法院起诉或未向仲裁机构申请仲裁；如果在诉讼或仲裁程序进行中行使，须是法院的判决或仲裁机关的裁决未生效；如果在强制执行程序中行使，须是未采取强制执行措施。如果已经采取了强制执行措施，但仍不能履行债务，保证人就不能行使先诉抗辩权。本条第 2 款中的"仍不能履行债务"有以下几种情形：执行结果不能，即无财产可供执行；执行后仍有剩余债务不能清偿；拍卖不成或无人应买；主债务人之财产

---

① 高圣平：《保证合同重点疑点难点问题判解研究》，人民法院出版社 2000 年版，第 370～371 页，

② 曹士兵：《中国担保诸问题的解决与展望：基于担保法及其司法解释》，中国法制出版社 2001 年版，第 122 页。

③ 唐德华主编：《最新担保法条文释义》，人民法院出版社 1995 年版，第 55 页。

所在不明；财产在境外而无从执行。①

【关联规定】

《担保法》第17条，《最高人民法院关于贯彻执行〈中华人民共和国民法通则〉若干问题的意见（试行）》第26条，《民法典》第527条，《最高人民法院关于涉及担保纠纷案件的司法解释的适用和保证责任方式认定问题的批复》第2条

（撰稿人：李贝妮、马强伟）

第六百八十八条　【连带责任保证】 当事人在保证合同中约定保证人和债务人对债务承担连带责任的，为连带责任保证。

连带责任保证的债务人不履行到期债务或者发生当事人约定的情形时，债权人可以请求债务人履行债务，也可以请求保证人在其保证范围内承担保证责任。

【释义】

本条是关于连带责任保证的规定。

连带责任保证是指当事人约定由保证人与债务人对债务承担连带责任的一种保证方式。根据本法第686条，对保证的形式没有约定或者约定不明的视为一般保证，因此连带保证只能依照双方的约定产生。在连带责任保证情况下，一旦主债务人届期没有履行主债务，保证人即须承担担保责任。保证人选择连带责任保证方式，实际上是保证人放弃了可以享有的先诉抗辩权。因合同关系产生的债务，债务人到期不履行时，债权人既可要求债务人清偿，也可要求保证人清偿。债务人和保证人对债权人履行债务并无顺序和主次之分的限制。债权人可以不问债务人是否具有实际履行或赔偿损失的能力。保证人承担连带责任，加重了保证人的负担，对债权人却更加有利。本条基本沿用了《担保法》第18条对连带保证的规定，在保证人承担责任的情形中增加了“发生当事人约定的情形”，与保

① 汪渊智、侯怀霞：《论保证人的先诉抗辩权》，载《中国法学》1997年第1期。

证合同的设立目的和保证合同的实现保持一致，扩大了保证的适用范围。

连带保证与共同保证不同，首先，连带保证的保证人可以是一人，也可以是数人；共同保证的保证人只能是数人。其次，连带保证是保证人与债务人对主债务承担连带责任，共同保证是发生在各个保证人之间的。最后，连带保证中的保证人不享有先诉抗辩权，共同保证中的保证人依约定仍可享有先诉抗辩权。共同保证中的保证人也可以与债权人约定与债务人承担连带责任，此时的共同保证人不享有先诉抗辩权。

关于连带责任保证的期间，《担保法》第 26 条规定："连带责任保证的保证人与债权人未约定保证期间的，债权人有权自主债务履行期届满之日起六个月内要求保证人承担保证责任。在合同约定的保证期间和前款规定的保证期间，债权人未要求保证人承担保证责任的，保证人免除保证责任。"本法基本沿用了上述规定，未作修改。民法典第 692 条对没有约定和约定不明的保证期间进行了规定，将 6 个月作为法定的保证期间；第 693 条规定，债权人未在保证期间内请求保证人承担保证责任的，保证人不再承担保证责任。由于保证期间是保证人承担责任的期间，为敦促债权人及时行使债权，合理保护保证人的合同利益，保证期间届满，连带保证人不再对债务承担保证责任。

连带责任的承担应当参照《民法总则》第 178 条的规定，在外部效力上，债务人和保证人都有清偿全部债务、承担全部责任的义务，债权人可以同时或者先后请求各责任人全体或者部分乃至其中的一人承担全部或部分责任。只要责任没有全部承担完毕，每个责任人不论其是否应权利人的请求承担过责任，对尚未承担的部分责任，都有继续承担的义务。① 责任只有全部承担完毕以后，不论是由责任人中的一人或数人承担，还是由责任人全体承担，各责任人的责任都归于消灭。连带责任在内部效力上，尽管各责任人都有承担全部责任的义务，但一旦所承担的责任超过所应承担的份额，承担责任的一方有权向其他责任人行使追偿权。

【关联规定】

《担保法》第 18 条、第 26 条，《民法典》第 178 条

（撰稿人：李贝妮）

① 龙卫球、刘保玉主编：《中华人民共和国民法总则释义与适用指导》，中国法制出版社 2017 年版，第 616 页。

第六百八十九条 【反担保】保证人可以要求债务人提供反担保。

【释义】

本条是关于反担保的规定。

反担保，指第三人为债务人向债权人提供担保时，为保障自己将来的追偿权能够得到充分的保障，要求债务人对该第三人提供担保的行为。在担保制度中，担保人面临着主债务人拒绝履行或者不能履行担保之债的极大风险，反担保制度的出现，增加了担保人提供担保的信心，平衡其利益受损的风险。

担保关系中，担保人为债务人向债权人承诺，受益人是债权人，被担保人是债务人。反担保关系中，受益人是担保人，被担保人是债务人。从主体上来说，反担保合同必须满足以下条件。第一，本担保人只能由主债务人以外的第三人充任。在本担保法律关系中，如果主债务人已经以自己的责任财产为自己的债务向债权人提供担保，与此同时再设立反担保，由自己或第三人向自己承担担保责任，保障自己追偿权的实现，这样的行为毫无意义。第二，反担保人可以是主债务人或者主债务人以外的第三人。反担保合同须符合法定形式，即反担保法律关系需要双方当事人在意思表示一致的基础上形成书面合同。另外，涉及抵押反担保或者质押反担保时，因为抵押物或者质押物所具有的特殊性，依据法律规定需要到相关部门办理抵押登记或者质押登记。

反担保登记在实践中面临诸多困境：首先，应当确定反担保合同的主合同。反担保人和债务人之间签订的委托合同视为反担保合同之主合同。实践中，债务人向担保公司求保时，会与担保公司签订委托其就相关债务提供担保的合同，该委托合同内容一般包括担保费用、双方当事人之义务等内容，该合同的目的是明确主债务人和担保公司的权利义务，由担保公司作为本担保人向主债务人之债权人担保。只有此类合同涉及本担保人之利益，将此类合同作为反担保合同的主合同，能够满足反担保合同保障本担保人利益的设计初衷。其次，在有担保公司参与的交易活动中，一般情况下，担保公司为了降低其所承担之风险，保障自己能够实现对主债务人的追偿权，通常会要求先与反担保人签订反担保合同，才愿意为主债务人承保。有了担保公司作为担保人，商业银行等金融机构作为债权人才会愿意与主债务人成立主债权债务关系，签订主合同。在反担保法律关系中，如果当事人采用的是保证反担保的担保方式，那么只需双方之间就相关事项达成一致意见，签订反担保合同即可。但是如果双方采用的是抵押反担保或者质押反担保的担保方式，小心谨慎的本担保人为了降低其担保之债清偿不能的风险，一般会要求就反担保人提供的抵押物或者质押物进行登记。实践中，国土部门在办理反担保登记过程中，存在错误认为反担保合同的主合同等同于本担保合同的主合同的情况，也就是债权人和主债务人之间的主债权债务合同，所以要求办理反担保登记的申请人提供包括主债权债务合同、保证合同、委托合同等在内的一系列合同文件，这项要求给担保公司开展反担保业务带来障碍，因为按照担保公司正常的工作程序，进行反担保合同登记时，主债权债务合同和本担保合同很有可能并未缔结生效。登记机构简单地认为反担保合同的主合同就是本担保合同的主合同，从而要求申请人提供这样一系列可能还未签订生效的合同，这样机械地将反担保中主从合同关系套用在本担保的行为，在给担保公司反担保业务的开展设置障碍的同时，阻碍了反担保制度的进一步发展，限制了现代金融行业的进步。

对于反担保的形式，本法未作规定。担保的形式包括：保证、抵押、质押、留置、定金五种形式，反担保的形式不能完全适用以上五种方式。首先，反担保不能够适用留置。留置权属于法定担保物权，法律规定的某种原因出现时，由担保人将债务人的某种动产予以留置，留置的债务人与担保人是同一个人，而反担保由约定产生，担保人和债务人不可能是同一个人，所以，反担保不可能适用留置担保这种形式。其次，反担保不能适用定金，根据第 586 条，定金是一方当事人向另一方给付一定数额的金钱用于担保合同中某种义务履行的担保方式。支付定金会进一步削弱债务人向债权人支付价款的能力，在实践中极少采用①。最后，在债务人亲自向原担保人提供反担保的情况下，保证不得作为反担保的方式。债务人一方面向原担保人偿还因履行原担保而产生的费用，另一方面又向原担保人承担保证债务，债务人和保证人不能为同一人。除上述情形外，债务人和原担保人可就反担保的形式进行约定。

本担保人可以与债务人或者债务人以外的反担保人对反担保的期间进行约定，对于没有约定或者约定不明的，应当根据反担保的形式进行确定。反担保的对象是承担担保责任的担保人的追偿权，所以担保人的追偿权是反担保法律关系中的主债权。对于以保证方式提供反担保的，应根据本法第 692 条的规定，担保人追偿权的期限应当为担保人承担担保责任后的 6 个月内。

在保证的反担保中，反担保人的抗辩权就有如下特点：（1）保证反担保人享有的债务人的抗辩权，抗辩的对象是享有追偿权的担保人。例如，担保人在承担

① 崔建远：《合同法总论》（上卷）（第 2 版），中国人民大学出版社 2010 年版，第 168 页。

担保责任时支出了不必要的费用。这种情况导致债务人的债务范围扩大，债务人就扩大的部分对担保人享有抗辩权，对这部分费用，反担保人亦享有抗辩权。(2) 保证反担保人单独享有的抗辩权。例如，担保人因过失未主张自己享有的抗辩权而承担了应可减免的担保责任，这种情形下，债务人的债务范围并没有扩大，所以债务人一般没有抗辩权，但是这种情形加重了反担保人的责任，所以，反担保人应当享有独立的抗辩权。[①]

【关联规定】

《担保法》第 586 条

（撰稿人：李贝妮）

第六百九十条　【最高额保证】 保证人与债权人可以协商订立最高额保证的合同，约定在最高债权额限度内就一定期间连续发生的债权提供保证。

最高额保证除适用本章规定外，参照适用本法第二编最高额抵押权的有关规定。

【释义】

本条是关于最高额保证的规定。

最高额保证，是指保证人于最高债权额的限度内，就一定期间连续发生的债权提供担保。最高额保证是现实生活中广泛运用的一种保证形式，一方面它基于对一定期间内在将来发生的不特定债务担保，使保证债务的发生与主债务的发生相对分离，以一个保证合同实现对多个主债务的担保，较普通保证避免了保证人与债权人重复订立多个保证合同的烦琐，从而便利了当事人；另一方面它通过当事人约定最高保证限额、最高额保证合同期间以及最高额保证期间设定了保证人的最高保证责任范围，使保证债务不受主债务扩张的影响，保证人在最高债务限额内对主债务承担保证责任，从而将保证人从无限保证责任中解脱出来。因此，最高额保证在各国立法和司法实践中得到了普遍承认。我国《担保法》第 14 条

① 车辉：《对反担保法律适用问题的思考》，载《法律适用》2006 年第 8 期。

明确规定："保证人与债权人可以就单个主合同分别订立保证合同，也可以协议在最高债权额限度内就一定期间连续发生的借款合同或者某项商品交易合同订立一个保证合同。"这一规定从立法上确认了最高额保证的地位。

最高额保证具有如下特点：

（1）最高额保证所担保的是将来发生的债权。普通保证是对已经存在的债权的保证，其设定是以债权的存在为前提的，是为担保已存在的债权而设定的保证，即必须先有债权，然后才能设定普通保证。最高额保证的设定则不是以债权的实际存在为前提，在最高额保证合同订立时，不仅主债权债务没有发生，而且其将来能否发生也处于不确定状态。因为最高额保证合同是以一个保证合同对连续发生的多个主债务的保证，其保证债务是相对独立于主债务的，这就必然要求最高额保证合同应先于主债务的发生而设立。

（2）最高额保证所担保的是不特定的债权。由于普通保证所担保的主合同是特定的，因此普通保证所担保的债权不仅在债权种类上是确定的，而且在债权的数额上也是确定的。最高额保证则是对未来发生的不特定的多个主合同设定一个保证合同为债权人提供担保。因此，最高额保证所担保的未来债权是不特定的，即在未来，最高额保证合同项下担保的债权是否发生，是何种类型的债权，债权是否消灭以及债权数额的多少，均处于不确定状态。在最高额保证中，只有进入决算期时，才能确定该保证合同项下的债权余额，属于最高债权限额限度内的债权才是最高额保证所担保的债权。

（3）最高额保证所担保的是于未来一定期间内连续发生的债权。普通保证是对已经存在的独立债权的担保。而最高额保证适用于在最高债权额限度内就一定期间内连续发生的借款合同或者某项商品交易合同。因此，该债权是一定期间内连续发生的债权，并不是独立的债权。① 如果在最高额保证合同期间内发生的债权属于不同种类，则最高额保证的保证人只按约定对其中的一个连续发生的同类债权承担保证责任。

（4）最高额保证是当事人明确约定为最高债权额限度内的保证合同。普通保证的设立，只要保证人约定提供保证即成立。最高额保证则是保证人与债权人特别约定对最高债权额限度内的债权设定的保证。最高额保证作为保证的一种特殊形式，只能由当事人在保证合同中对最高债权限额作出特别约定，保证人依所约定的最高债权限额承担保证责任。因此，最高额保证应当是由当事人明确约定最高债权限额的保证合同。如保证合同对最高债权限额无特别约定，则只能推定其

---

① 于玉：《简论最高额保证的保证期间》，载《法学杂志》2000 年第 3 期。

为普通保证，而不能认定为最高额保证。

在最高额保证制度中，应当对最高额保证的决算期、清偿期、保证期间进行明确。最高额保证的决算期是指保证人与债权人约定的被保证债务发生的期间。① 最高额保证的保证范围以决算期确定，在决算期内发生的债务，其余额为最高额保证的保证范围，最高额保证人以约定的最高额为限，承担对债务余额的清偿责任。最高额保证的债权之不特定性是在决算期前的不特定，债权人如果要向保证人主张权利，则需有特定的债权数额。《担保法》第 27 条及《最高人民法院关于适用〈中华人民共和国担保法〉若干问题的解释》第 37 条的规定，均使用了"保证期间"的表述方式，而其所指却完全不同。《担保法》第 27 条所说的保证期间，实际上是指确定保证人担保的主债权总额的时间，即最高额保证的决算期。最高额保证的清偿期是指最高额保证合同约定的保证人清偿债务的期间，一般是最高额保证所担保的债务发生截止之日起的一段期间，即决算后的一段期间。在一段期间内，债权人和债务人会产生多笔债权，对应多个债务履行期，如果分别计算保证期间，则违背了最高额保证简化交易的产生目的，因此最高额保证的保证期间的确定是实践中的难点问题。

有约依约，若债权人与保证人在设立最高额保证时明确约定了保证期间，则应当按照约定执行。根据合同自由原则，不排除当事人事后的补充约定。

当事人没有约定存在三种情形。第一，当事人约定了保证期间，但是保证期间不符合本法第 693 条的规定，即约定的保证期间早于主债务履行期限或者与主债务履行期限同时届满。保证期间的起算日为决算日。第二，当事人约定了保证人债务清偿期，未约定保证期间的，保证期间为清偿期届满之日起 6 个月。保证期间从最高额保证合同约定的债务清偿期届满之日起开始起算。② 例如，最高额保证合同约定，保证人对 2020 年 4 月 1 日起至 2020 年 10 月 1 日止这一期间发生的债务承担保证责任，保证人自 2020 年 10 月 1 日起一个月内，在最高额范围内，清偿债务人在最高额保证期间发生的债务。该合同的债务清偿期为一个月，保证期间为 2020 年 11 月 1 日起 6 个月。第三，最高额保证合同没有约定债务清偿期限的。根据《最高人民法院关于适用〈中华人民共和国担保法〉若干问题的解释》第 37 条："……没有约定债务清偿期限的，保证期间自最高额保证中止之日或自债权人收到保证人终止保证合同的书面通知到达之日起六个月。"

① 曹士兵：《中国担保诸问题的解决与展望：基于担保法及其法司法解释》，中国法制出版社 2001 年版，第 112 页。

② 曹士兵：《中国担保诸问题的解决与展望：基于担保法及其法司法解释》，中国法制出版社 2001 年版，第 114 页。

最高额保证的终止日，即最高额保证合同约定的属于保证范围的债务发生的最后期日，即决算期。比如，最高额保证合同约定，最高额保证人对2020年4月1日至2020年10月1日这一期间发生的债务，以最高额为限承担保证责任，其中约定的10月1日即最高额保证的终止之日，保证期间为2020年10月1日起6个月。

本条删去了最高额保证人的单方终止权，《担保法》第27条规定，最高额保证未约定决算期的，保证人可以随时通知债权人终止保证合同，但保证人对于通知到债权人前所发生的债权，承担保证责任。如果最高额保证不定有期限，则保证人将无休止地为债务人承担保证责任，为避免保证人由于疏忽而承担过重的保证责任，赋予其单方终止合同的权利。但是保证人的单方终止权使债权人保障债务实现的期望落空，因此在能够推定的情形下，仍应该促成合同的继续有效。对于双方未约定决算期的情况，可参照适用本法关于最高额抵押的规定，第423条第2项规定，"没有约定债权确定期间或者约定不明确，抵押权人或者抵押人自最高额抵押权设立之日起满二年后请求确定债权。"未约定决算期等同于未约定债权确定期间，因此在最高额保证中，未约定决算期的自最高额保证成立之日起2年后请求确定债权。

最高额保证是对保证合同从属性的突破，因此在适用过程中可参照最高额抵押的相关规定。例如，最高额保证的债权确定前，部分债权转让的，最高额保证不随之转让，但是当事人另有约定的除外。

【关联规定】

《担保法》第14、27条，《最高人民法院关于适用〈中华人民共和国担保法〉若干问题的解释》第37条，《民法典》第420～424、693条

（撰稿人：李贝妮）

第二节　保证责任

第六百九十一条　【保证的范围】 保证的范围包括主债权及其利息、违约金、损害赔偿金和实现债权的费用。当事人另有约定的，按照其约定。

【释义】

本条是关于保证的范围的规定。

保证担保的范围，亦即保证债务的范围，或称保证责任的范围。根据本条的规定，除当事人另有约定外，保证的范围包括主债权及其利息、违约金、损害赔偿金和实现债权的费用。当事人约定保证的范围，如可以约定仅包括本金债权，不包括利息；也可以仅就债权的一部分设定保证；还可以约定只保证缔结保证合同时已存的债权，而不及于以后成立的部分。在当事人未约定保证担保的范围时，《担保法》第21条第2款规定，保证人应对主债的全部债务承担保证责任。第691条虽然没有明文规定，但解释上，如果当事人未明确约定保证担保的范围时，保证人应当对全部债务承担责任。

应注意的是，基于保证的目的，保证的范围和强度原则上与主合同债务相同，不得大于或强于主合同债务。保证债务与主合同债务虽然属于两个债务，它们的范围和强度当然可以有差异。但是，保证债务因其具有从属性，故不得超过主合同债务的范围和强度。如有超过，应缩减至主合同债务的程度。《全国法院民商事审判工作会议纪要》第55条也明确规定，当事人约定的担保责任范围大于主债务的，如针对担保责任约定专门的违约责任、担保责任的数额高于主债务、担保责任约定的利息高于主债务利息、担保责任的履行期先于主债务履行期届满等，均应当认定大于主债务部分的约定无效，担保责任应缩减至主债务的范围。

【关联规定】

《最高人民法院关于审理经济合同纠纷案件有关保证的若干问题的规定》第8条，《担保法》第21条

（撰稿人：马强伟）

第六百九十二条　【保证期间】保证期间是确定保证人承担保证责任的期间，不发生中止、中断和延长。

债权人与保证人可以约定保证期间，但是约定的保证期间早于主债务履行期限或者与主债务履行期限同时届满的，视为没有约

定；没有约定或者约定不明确的，保证期间为主债务履行期限届满之日起六个月。

债权人与债务人对主债务履行期限没有约定或者约定不明确的，保证期间自债权人请求债务人履行债务的宽限期届满之日起计算。

【释义】

本条是关于保证期间的一般规定。

所谓保证期间，是指保证人承担保证责任的期间，因此也可以被称为“失权期间”，是保证人的重要免责抗辩理由。保证期间的概念最早出现于 1994 年的《最高人民法院关于审理经济合同纠纷案件有关保证的若干问题的规定》第 10 条和第 11 条。第 10 条规定：“保证合同中约定有保证责任期限的，保证人在约定的保证责任期限内承担保证责任。债权人在保证责任期限内未向保证人主张权利的，保证人不再承担保证责任。”第 11 条又规定：“保证合同中没有约定保证责任期限或者约定不明确的，保证人应当在被保证人承担责任的期限内承担保证责任……”《担保法》第 25 条、第 26 条正式采用了“保证期间”的概念，并规定无论是一般保证还是连带责任保证，当事人“未约定保证期间的，保证期间为主债务履行期届满之日起六个月”，债权人未在保证期间内按照法定方式向保证人主张权利的，保证人免除保证责任。《最高人民法院关于适用〈中华人民共和国担保法〉若干问题的解释》则进一步作了详细规定。

一、保证期间的性质

本条第 1 款的内容来自《最高人民法院关于适用〈中华人民共和国担保法〉若干问题的解释》第 31 条的规定，根据本款的规定，保证期间不发生中止、中断和延长。在《最高人民法院关于适用〈中华人民共和国担保法〉若干问题的解释》之前，我国学说中关于保证期间的性质存在争议，第一种观点认为，《担保法》第 25 条规定保证期间适用诉讼时效中断的规定，因此保证期间属于诉讼时效；第二种观点认为，保证期间属于除斥期间，因为期间届满后保证人免除保证责任；第三种观点认为，保证期间属于特殊除斥期间，因为保证期间具有除斥期间的主要特点，但《担保法》又规定保证期间可以“适用诉讼时效中断”的规定，较为特殊。[①] 根据本款的规定，可以明显看出保证期间非诉讼时效，因此不发生中止、中断和延长。

但保证期间在性质上显然也非属于除斥期间。根据民法一般原理，除斥期间经过虽然同样会导致权利的消灭效果，但除斥期间是针对形成权且通常为不变期间。债权人对于保证人享有的是请求权而非形成权，将保证期间视为除斥期间显然不妥。关于保证期间的性质，应当区分约定保证期间和法定保证期间分别观察。

（一）约定保证期间

本条第 2 款点明保证人和债权人可以约定保证期间。约定保证期间主要有两种情形，一种是当事人在保证合同里约定的附款，即保证合同所附的终期，该期限届满，保证责任随保证合同而消灭。另一种则是最高额保证中的保证期间。在最高额保证合同中，必须有保证期间的约定。在此期间内产生的债权决定着最高额保证所担保的主债权数额。此期间经过后才发生的债权，最高额保证人则不承担保证责任。

约定保证期间系私法自治的产物，其法律效力在于保证期间届满，债权人没有要求保证人履行保证债务的，则保证合同消灭，即便债权人对债务人的债权可能尚存在未获得清偿，保证人以保证方式提供的担保也归于消灭。但出于保证合同的目的，约定的保证期间不得早于主债务履行期限或者与主债务履行期限同时届满，否则视为没有约定。这是因为，保证人承担保证债务是以债务人不履行为前提的，若保证期间早于主债务履行期限或者与主债务履行期限同时届满，则意味着保证合同的债权人将始终无法要求保证人承担保证责任。

（二）法定保证期间

除约定保证期间外，本条规范的重点在于法定的保证期间，也即在当事人没有约定或约定不明时，本条第 2 款规定，无论是一般保证还是连带保证，保证期间均为主债务履行期限届满之日起六个月。关于法定保证期间，我国有学者提出了严厉的批判意见，其认为法定保证期间显然是对私人自治的干预，而且也是偏惠于保证人，而削弱保证的担保本质。[②] 这是因为保证作为担保工具，其存在的目的是为债权人的债权提供担保，而法定期间的存在，则意味着债权人不得不在 6 个月内对保证人主张权利，客观上是对保证担保存续上的强行限缩，与保证的目的明显不符。

---

① 曹士兵：《中国担保制度与担保方法》（第 3 版），中国法制出版社 2014 年版，第 156 页。

② 张谷：《论约定保证期间——以〈担保法〉第 25 条和第 26 条为中心》，载《中国法学》2006 年第 4 期。

但我国《担保法》中之所以规定保证期间制度，却也有其根源。法定保证期间的出现，渊源在于我国诉讼时效制度中将诉讼外的请求也作为诉讼时效中断事由，这一做法来源于日本民法，后经民国民法而为我国《民法通则》所继受。但日本民法及我国台湾地区“民法”在将诉讼外请求作为诉讼时效中断事由时，均附加有限制条件，即权利人请求之后，义务人没有履行的，权利人应于6个月之内起诉，否则，视为诉讼时效未中断。这也就意味着，请求权只要不超过20年最长期限，就可以一而再，再而三地中断诉讼时效。而这一规则应用在保证合同中，却会给保证人带来沉重负担。由于诉讼外请求可以轻易中断诉讼时效且没有限制，主债权人可以通过向保证人请求而一再地中断保证债务的诉讼时效，而且由于保证合同的从属性，主债权人还可以通过反复地请求主债务人或者通过诱使主债务人承认债务，而使得保证人无法脱保。①

虽然有学者强烈建议此次民法典编纂过程中删去法定保证期间的规定，并通过对诉讼外请求可以中断诉讼时效附加限制的方式解决问题，但由于民法典在诉讼时效部分没有变动，相应地在本章保证合同部分，也仍然保留了法定保证期间制度，因此可以说，保证合同中6个月的法定保证期间，客观上发挥着类似日本民法、我国台湾地区“民法”上“因请求致诉讼时效中断的限制期间”的功能。

二、保证期间的起算和期限

根据本条第2款后段的规定，保证期间自主债务履行期届满之日起算，一般保证和连带责任保证均是如此。如果主合同中没有约定主债务履行期或约定不明的，则根据第3款的规定，保证期间自债权人请求债务人履行债务的宽限期届满之日起计算（参见第511条第4项）。

在债权人和保证人没有约定或约定不明时，保证期间为主债务履行期届满之日起六个月。其中，如果当事人约定的保证期间早于主债务履行期限或者与主债务履行期限同时届满的，也视为没有约定。除六个月的法定保证期间外，《最高人民法院关于适用〈中华人民共和国担保法〉若干问题的解释》第32条第2款规定：“保证合同约定保证人承担保证责任直至主债务本息还清时为止等类似内容的，视为约定不明，保证期间为主债务履行期届满之日起二年。”《最高人民法院关于适用〈中华人民共和国担保法〉若干问题的解释》之所以推定为2年，是因为在这种情形下当事人在保证合同中对于保证期间已有约定，只是无具体的时限，对于此类情况，如果适用担保法规定的六个月来计算保证期限，对债权人有所不公；如果无限期地允许债权人对保证人追偿，对保证人也有所不公，因此折

① 张谷：《民法典合同编若干问题漫谈》，载《法治研究》2019年第1期。

中规定了2年的法定保证期间。① 民法典生效后，这一规定是否仍有其效力，似应待最高人民法院相关司法解释的最终明确。

【关联规定】

《最高人民法院关于审理经济合同纠纷案件有关保证的若干问题的规定》第10～11条，《担保法》第25～26条，《最高人民法院关于适用〈中华人民共和国担保法〉若干问题的解释》第31～33、37条

（撰稿人：马强伟）

第六百九十三条　【保证期间届满效力的规定】一般保证的债权人未在保证期间对债务人提起诉讼或者申请仲裁的，保证人不再承担保证责任。

连带责任保证的债权人未在保证期间请求保证人承担保证责任的，保证人不再承担保证责任。

【释义】

本条是关于保证期间届满效力的规定，第1款是关于一般保证期间届满的认定及其效力，第2款是连带责任保证期间届满的认定及其效力。

由于一般保证人享有先诉抗辩权，因此对于一般保证，根据第1款的规定，债权人没有在保证期间内对债务人起诉或者申请仲裁的，保证人不再承担保证责任。而对于连带保证，则是根据第2款的规定，连带责任保证的债权人未在保证期间对保证人主张承担保证责任的（形式不限），保证人不再承担保证责任。保证期间并非诉讼时效，保证期间届满，保证债务即消灭，而非保证人产生了抗辩权。

另外，保证人在保证期间届满后又在催款通知书上签字的，《最高人民法院关于人民法院应当如何认定保证人在保证期间届满后又在催款通知书上签字问题的批复》规定："根据《中华人民共和国担保法》的规定，保证期间届满债权人未依法向保证人主张保证责任的，保证责任消灭。保证责任消灭后，债权人书面通知保证人要求承担保证责任或者消偿债务，保证人在催款通知书上签字的，人

① 曹士兵：《中国担保制度与担保方法》（第3版），中国法制出版社2014年版，第159页。

民法院不得认定保证人继续承担保证责任。但是，该催款通知书内容符合《合同法》和担保法有关担保合同成立的规定，并经保证人签字认可，能够认定成立新的保证合同的，人民法院应当认定保证人按照新保证合同承担责任。”

（撰稿人：马强伟）

第六百九十四条　【保证合同诉讼时效期间的起算】一般保证的债权人在保证期间届满前对债务人提起诉讼或者申请仲裁的，从保证人拒绝承担保证责任的权利消灭之日起，开始计算保证债务的诉讼时效。

连带责任保证的债权人在保证期间届满前请求保证人承担保证责任的，从债权人请求保证人承担保证责任之日起，开始计算保证债务的诉讼时效。

【释义】

本条是关于保证合同诉讼时效期间的起算规定。

债权人在保证期间内根据法律规定的方式向保证人主张权利的，债权人对保证人的保证债权从此要受诉讼时效的规制，此时保证期间制度发挥的作用结束，诉讼时效开始发挥功能。如果债权人未在保证期间内向保证人主张权利，保证合同消灭，保证人免除保证责任；如果债权人在保证期间向保证人主张了权利，但在此后诉讼时效的 3 年内未向保证人要求其承担保证责任，诉讼时效完成，则保证人享有第 192 条规定的诉讼时效届满抗辩权。

保证合同的诉讼时效与一般诉讼时效制度没有差异，应适用总则编关于诉讼时效的规定。本条属于第 188 条第 2 款关于诉讼时效起算的法律另外规定。一般诉讼时效期间是自权利人知道或者应当知道权利受到损害以及义务人之日起计算。

《最高人民法院关于适用〈中华人民共和国担保法〉若干问题的解释》第 34 条第 1 款曾规定，对于一般保证，债权人在保证期间届满前对债务人提起诉讼或者申请仲裁的，保证合同诉讼时效从债权人对主债务人的诉讼判决或者仲裁裁决生效之日起算。但是，由于一般保证人的先诉抗辩权，即便债权人对债务人取得了胜诉判决或仲裁裁决，解释上也应当是对债务人强制执行无效果之后才起算对一般保证人的诉讼时效。本条第 1 款将一般保证人的先诉抗辩权考虑了进去，即只有在一般保证人可以拒绝承担保证责任的权利消灭之日起，保证债务的诉讼时效才开始起算，也就是说对于一般保证，债权人对债务人获得生效的诉讼判决或仲裁裁决，且对债务人强制执行无效果之后，一般保证人的先诉抗辩权消灭，保证合同的诉讼时效才开始计算。

连带责任保证则没有保证人先诉抗辩权的问题，因此本条第 2 款的规定与《最高人民法院关于适用〈中华人民共和国担保法〉若干问题的解释》第 34 条第 2 款规定一样，从债权人在保证期间届满前要求保证人承担保证责任之日起开始计算。

【关联规定】

《最高人民法院关于适用〈中华人民共和国担保法〉若干问题的解释》第 34、36 条

（撰稿人：马强伟）

第六百九十五条 【主合同变更对保证责任的影响】 债权人和债务人未经保证人书面同意，协商变更主债权债务合同内容，减轻债务的，保证人仍对变更后的债务承担保证责任；加重债务的，保证人对加重的部分不承担保证责任。

债权人和债务人变更主债权债务合同的履行期限，未经保证人书面同意的，保证期间不受影响。

【释义】

本条是关于主合同变更对保证责任影响的规定。

主合同变更对保证人责任的影响，《担保法》第 24 条规定，除保证合同另有约定外，债权人与债务人协议变更主合同的，应当取得保证人书面同意，未经保证人书面同意的，保证人不再承担保证责任。之所以如此规定，是因为保证人承担保证责任的范围包括主债权以及利息、违约金、损害赔偿金等，变更主合同将使得主合同的权利义务的内容产生变更。如此一来，保证人保证责任的范围也就发生了变化。因此，债权人与债务人变更主合同权利义务的内容时，如果要使保证人继续承担保证责任，就必须取得保证人对主合同变更的书面同意。否则，未经保证人同意，债权人与债务人也可以协议变更主合同，只不过保证人就不再承

担保证责任了。[①]

但未经保证人书面同意，便一概规定保证人在主合同变更后不再承担保证责任，似乎不妥，尤其是在主合同变更不影响保证人保证责任的情形下，甚至还存在主合同变化有利于保证人的情形。例如，债权人与债务人协商，将主债务的履行期限延期三个月，而保证人承诺的保证责任期间为主合同履行期届满后的六个月，主合同还款期的延长对保证人没有任何影响；又如，债权人与债务人协商后同意免除债务人支付利息和部分本金的义务，这些变化，不仅没有对保证人产生不利影响，反而是对保证人有利的。此时，如果因主合同内容此种变化未经保证人同意，而完全免除保证责任，则是完全不公平的。

因此《最高人民法院关于适用〈中华人民共和国担保法〉若干问题的解释》第 30 条规定了更加详细的解决方法，一定程度上也否定了《担保法》第 24 条的文义解释。主合同变更未经保证人同意，是否会免除保证人的保证责任，重点在于主合同变更是否加重了保证人的责任、是否超出了保证人所承诺的范围。

本条的规定基本与《最高人民法院关于适用〈中华人民共和国担保法〉若干问题的解释》第 30 条第 1 款、第 2 款的规定保持一致。第 1 款是关于主合同内容变更的规定。根据本款的规定，债权人与债务人未经保证人书面同意，协商变更主债权债务合同内容的，存在两种情形：（1）内容的变更减轻了债务的，基于保证合同的从属性，保证债务也随之变更，这实际上也减轻了保证人的保证责任，此时保证人是对变更后的债务承担保证责任；（2）内容的变更加重了债务的，由于未经保证人同意，因此保证人对加重的部分不承担保证责任，但保证人仍然应在保证合同约定的范围内承担保证责任。

需要注意的是，以上规范适用于合同内容变更情形，如果是合同的更改，即因为变更使合同约定的债务失去同一性时，不论这一更改是否增加了保证人的负担，从属于原主债务的保证应当归于消灭，除非保证人愿意继续承担保证责任，否则并无上述条款的适用余地。

第 2 款是关于主合同履行期限变更的规定。主合同履行期与保证责任期间的关系非常密切，主合同履行期由债权人与债务人约定，而保证责任期间由债权人与保证人约定；当事人没有约定的或约定不明的，根据第 692 条第 2 款的规定推定为 6 个月。由于保证责任期间的起算，是从主合同履行届满之日开始起算的（第 692 条第 3 款），如果主合同双方当事人协商延长主合同履行期，没有经过保

---

① 全国人大常委会法制工作委员会民法室编著：《中华人民共和国担保法释义》，法律出版社 1995 年版，第 32 页。

证人的同意，并且延长后的主合同履行期届满日，接近或者超过保证责任期间的，如果从延长后的主合同履行期届满后，开始计算保证责任期间，无异于同时延长了保证责任期间，从而加重了保证人的风险责任。因此，根据本款的规定，债权人与债务人对主债权债务合同履行期限作了变更，未经保证人书面同意的，保证期间不受影响。

【关联规定】

《最高人民法院关于贯彻执行〈中华人民共和国民法通则〉若干问题的意见（试行）》第 109 条，《担保法》第 24 条，《最高人民法院关于适用〈中华人民共和国担保法〉若干问题的解释》第 30 条

（撰稿人：马强伟）

第六百九十六条　【主债权转让对保证责任的影响】债权人转让全部或者部分债权，未通知保证人的，该转让对保证人不发生效力。

保证人与债权人约定禁止债权转让，债权人未经保证人书面同意转让债权的，保证人对受让人不再承担保证责任。

【释义】

本条是关于主债权转让对保证责任影响的规定。本条分为两款，第 1 款是保证债权同主债权一同转让的规定，第 2 款是关于约定禁止保证债权转让的规定。

根据本条第 1 款的规定，债权人将全部或者部分债权转让给第三人，通知保证人后，保证人对受让人承担相应的保证责任。所谓保证人对受让人承担相应的保证责任，其背后的原理是保证合同作为主债权债务合同的从合同，债权人将其债权让与他人时，保证债权作为从权利随同转让（参见第 547 条第 1 款）。

虽然保证合同与主债权债务合同分属两个不同的合同关系，主债权移转，并不当然影响保证合同的效力，但如果在主债权移转后，保证债权仍由原债权人享有，一则保证合同对原债权人失去意义，二则受让人在主债务人不履行债务时如何主张保证债权，便存在问题。因此，保证合同作为主债权债务合同的从合同，在移转上具有从属性便具有重要规范意义。基于保证合同的从属性，主债权移转

时，保证债权是法定地移转给受让人，无须主债权人与受让人另有让与合意。

债权人让与主债权并引发保证债权的转移，虽然不必经保证人同意，但在保证债权让与后，保证人要面临向何人为给付并主张相关抗辩的问题。如果保证人对债权让与事实无从知晓，则可能发生错误给付，对保证人不利。因此，本条第1款第2句另外规定，债权让与通知保证人后，该转让才对保证人发生效力。这一要求与第546条规定的债权让与通知要求相同。

有疑问的是本条关于移转上的从属性究竟属于任意性规范还是强行规定？也即在主债权人和受让人未另行达成保证债权让与的合意时，根据本条的规定可以得出保证债权随同转让的结论，但主债权人和受让人可否约定不转移保证债权或约定主债权人继续享有保证债权？通常而言，从权利随主权利一同转让的规定属于任意性规范，当事人可以另行约定。虽然通过本条的文义无法得出这一结论，但第320条明文表示主物从物一同转让的规范属于任意性规定，相应地，债权人转让债权时，同样可以约定从权利不一同转让。只不过，若是原债权人仍保有保证债权，由于原债权人已非主债权的债权人，该保证合同因为缺少被保证的债务，违反成立上的从属性要求，该保证合同会立即失去效力。因此，在保证债权不随同主债权一同转移的情形中，最终法律效果只是主债权人与受让人仅转移债权，但保证合同因为不存在要担保的债务而归于无效。①

如上所述，虽然保证合同具有移转上的从属性，但保证债权作为从权利同主债权一同转移的规定在性质上属于任意规范，因此当事人可以约定保证债权不随同主债权转移。因此，根据第2款的规定，保证人可以和债权人约定仅对特定的债权人承担保证责任或者禁止债权转让。需要注意的是，当事人“禁止债权转让”的约定，应理解为是对保证债权禁止转让的约定，而非对债权人主债权禁止转让的约定，其效力在于如果债权人让与主债权的，保证债权因保证人与债权人之间的约定不随同转让，保证人对受让人的债权也就不承担保证责任。

此外，法律之所以肯定当事人关于保证债权禁止让与的约定，是因为保证属于信用担保，基于人与人之间的信用关系。保证人要求并得到债权人的同意仅对特定债权人承担保证责任，或禁止债权转让的，属于保证人要求对与债权人之间关系予以固定，为此，应当尊重保证人的意思。②

---

① 李淑明：《债法各论》（修订九版），元照出版公司2018年版，第545页。

② 李国光等：《最高人民法院关于适用〈中华人民共和国担保法〉若干问题的解释理解与适用》，吉林人民出版社2000年版，第134页。

【关联规定】

《担保法》第22条，《最高人民法院关于适用〈中华人民共和国担保法〉若干问题的解释》第28条

（撰稿人：马强伟）

第六百九十七条 【主债务转移对保证责任的影响】债权人未经保证人书面同意，允许债务人转移全部或者部分债务，保证人对未经其同意转移的债务不再承担保证责任，但是债权人和保证人另有约定的除外。

第三人加入债务的，保证人的保证责任不受影响。

【释义】

本条是关于主债务转移对保证责任影响的规定。

与主债权转移保证债权基于从属性一同转移不同，在第三人承担债务情形下，保证人并不当然地继续承担保证债务，也即主债务移转时不适用保证合同的从属性规定。虽然保证合同是独立于主债权债务关系之外的独立合同关系，但保证人之所以愿意提供保证，通常是基于对主债务人的信任、情谊等原因。保证人通常是对债务人清偿能力有一定判断，对债务人到期是否能够履行债务有一定的预见。保证人一般都希望债务人能够按期履行债务而避免自己代为清偿的责任，并且通常认为债务人有一定的履行债务可能性时才为其提供保证。然而一旦主债务由第三人承担，那么对于保证人而言，所要承担的风险已然不同，因此应当给予保证人重新考虑是否愿意继续承担保证的机会。

相比于债权转移，主债务的移转对于保证人的保证责任影响更大，因此本条第1款规定，除债权人和保证人另有约定外，债权人未经保证人书面同意，允许债务人转移全部或者部分债务，保证人对未经其同意转移的债务不再承担保证责任。相反，如果是第三人加入债务的，对保证人并没有任何不利影响，因此根据第2款的规定，第三人加入债务的，保证人的保证责任不受影响。

债务转让不仅包括债务人将全部债务转让给第三人，也包括债务人将部分债务转让给第三人。在债权人许可债务人部分转让债务的情况下，原债务人并不退

出债务关系，只是其所应当承担的债务总额发生减少，新的债务人加入债务关系中，与原债务人共同承担债务。由此，主合同债务关系中的债务主体，由原来的单一主体变成多数主体，新的债务人与原来债务人形成共同债务人。部分转让债务时，对保证关系的影响大体与全部转让相同，即部分转让债务也必须经保证人同意，否则保证人对转让出去的部分债务，不承担保证责任，仅对未经转让的部分债务承担保证责任。在经保证人同意债务人转让部分债务的情况下，保证人不仅对未经转让的部分承担责任，而且要对已转让给第三人的债务承担保证责任。①

【关联规定】

《担保法》第 23 条，《最高人民法院关于适用〈中华人民共和国担保法〉若干问题的解释》第 29 条

（撰稿人：马强伟）

第六百九十八条　【一般保证人特殊免责情形】一般保证的保证人在主债务履行期限届满后，向债权人提供债务人可供执行财产的真实情况，债权人放弃或者怠于行使权利致使该财产不能被执行的，保证人在其提供可供执行财产的价值范围内不再承担保证责任。

【释义】

本条规定了一般保证人特殊免责情形，即一般保证的债权人怠于向债务人行使权利导致强制执行无效果的，保证人在相应范围内免责。

这一规定来自《最高人民法院关于适用〈中华人民共和国担保法〉若干问题的解释》第 24 条，《担保法》中没有规定，属于司法解释的创造。之所以增加这一规定，司法解释的理由是，一般保证具有补充性，保证人享有先诉抗辩权，当债权人未就主债务人的财产先为执行之前，保证人有权拒绝承担担保责任。先诉

① 李国光等：《最高人民法院关于适用〈中华人民共和国担保法〉若干问题的解释理解与适用》，吉林人民出版社 2000 年版，第 136 页。

抗辩权不是消灭抗辩权，只是延缓抗辩权，债权人在对债务人财产强制执行后，仍不能获得全部清偿的，债权人有权要求一般保证人承担担保责任。因此，债务到期后，保证人发现债务人有可供执行的财产并向债权人提供了真实情况，债权人如果积极行使权利，通过诉讼或者其他途径控制债务人的财产，不仅债权能够得到保障，而且也免除了保证人承担的保证责任。如果债权人放弃或者怠于行使权利致使债务人财产流失，不能被强制执行，势必增加了保证人承担责任的风险。为此，司法解释规定保证人可以进行自我保护，即积极发现债务人的财产并提供给债权人，以减少自身风险。①

根据本条的规定，债权人在保证人的配合下应当积极行使权利，如果放弃或怠于行使权利，保证人在其提供的财产价值范围内免除保证责任。此时，先诉抗辩权转化成部分消灭抗辩权，产生了免责的法律后果。

这一消灭抗辩权同样需要由保证人积极主张并举证。法院在裁判债权人是否构成放弃或怠于行使权利时，应当重点判断债权人是否存在放弃行使权利或者怠于行使权利的行为，债权人如因客观原因行使权利受阻，则不能认定债权人放弃行使权利或者怠于行使权利。例如，债务人财产因权属不清、已被采取强制措施、已被执行、属于破产财产的一部分、已设定担保物权等原因，不能被有效执行的，保证人的这一免责主张就不成立。②

【关联规定】

《最高人民法院关于适用〈中华人民共和国担保法〉若干问题的解释》第24条

（撰稿人：马强伟）

第六百九十九条　【共同保证】 同一债务有两个以上保证人的，保证人应当按照保证合同约定的保证份额，承担保证责任；没有约定保证份额的，债权人可以请求任何一个保证人在其保证范围内承担保证责任。

---

① 李国光等：《最高人民法院关于适用〈中华人民共和国担保法〉若干问题的解释理解与适用》，吉林人民出版社2000年版，第126页。

② 曹士兵：《中国担保制度与担保方法》（第3版），中国法制出版社2014年版，第149页。

【释义】

本条是关于共同保证的规定。

从保证人的数量来区分，保证可以分为单独保证和共同保证。共同保证是指数个保证人担保同一债务的保证。共同保证可以是数个保证人和债权人签订一个保证合同方式订立，也可以是债权人和数个保证人签订数个保证合同方式成立共同保证，而这数个保证合同是同时成立还是先后成立，彼此间有无意思联络，则没有影响（参见《最高人民法院关于适用〈中华人民共和国担保法〉若干问题的解释》第19条第1款）。[①]

一、保证人之间的保证连带

根据本条的规定，除保证人之间存在关于保证份额的约定外，债权人可以请求任何一个保证人在其保证范围内承担保证责任，也即保证人都负有担保全部债权实现的义务。这种保证人之间的连带义务，通常称为“保证连带”。如果是共同保证人在成立共同保证时，保证人和债权人约定了各自的保证份额，那么这类保证方式实际上是数个保证人分别保证各自的债务，彼此之间无关联，其本质上是债权人和各个保证人之间的单独保证关系，而非共同保证，在法律适用上与一般保证没有差异。例如，按份保证人按照约定的保证份额承担保证责任后，可以根据第700条的规定，在其履行保证责任的范围内对债务人行使追偿权（参考《最高人民法院关于适用〈中华人民共和国担保法〉若干问题的解释》第21条）。

因此，本条规范的重点在于后半句，即不存在保证份额的约定，数个保证人共同对主债务承担保证责任的这类连带共同保证（注意，并非指保证人和债务人之间承担连带责任的连带保证）。

在连带共同保证中，债权人可以向任何一个保证人在其保证范围内请求其承担保证责任。除保证人之间对被担保的债务承担连带责任外，连带共同保证与一般保证没有实质差异。而且，由于第686条第2款的规定，共同保证债务除具有从属性外，还具有补充性，在没有特别约定时，各个保证人对于债权人均有先诉抗辩权，否定了《最高人民法院关于适用〈中华人民共和国担保法〉若干问题的解释》第19条第1款、第20条第1款的规定，各个连带共同保证人和债务人之间不存在连带责任。

---

① 李国光等：《最高人民法院关于适用〈中华人民共和国担保法〉若干问题的解释理解与适用》，吉林人民出版社2000年版，第112页。

另外，既然数个保证人之间负连带责任，那么就应适用连带债务的规范，即使其给付可分，也不得对债权人主张分割给付。① 因此，本条规定的保证份额的约定应当是债权人和保证人之间达成的约定，如果是数个保证人之间达成的份额约定，实际上是连带保证人内部的债务分配约定，不得对债权人主张（《最高人民法院关于适用〈中华人民共和国担保法〉若干问题的解释》第19条第2款）。

二、连带共同保证责任的承担

由于在保证法律关系中，保证人是代债务人承担责任，该责任本位上的责任人是主合同的债务人。因此，在保证人承担保证债务后，可以根据第700条的规定向主债务人追偿。在共同保证的情况下，根据各保证人之间是按份共同保证还是连带共同保证，保证人所享有这种追偿权的实现形式有所不同。在按份共同保证时，各共同保证人之间没有什么关系，各个共同保证人分别承担自己所承诺的义务，并就其履行义务的范围，只能对主债务人行使追偿权。

而在连带共同保证时情况则有所不同，各连带保证人在承担保证债务后，除可以向债务人追偿外，还存在是否可以向其他连带保证人追偿的问题。《担保法》第12条第3句和《最高人民法院关于适用〈中华人民共和国担保法〉若干问题的解释》第20条第2款都规定了连带共同保证的保证人承担保证责任后，不仅可以向债务人追偿，也可以向其他连带保证人追偿。这是因为在连带共同保证中，债权人可以任意选择其中一个具有现实履行能力的保证人，要求其履行保证责任。在该保证人履行保证债务后，如果只能向债务人追偿，由于债务人的资产状况所致，在许多情况下，保证人将不能从债务人处完全实现自己的追偿权，在债务人倒闭或者下落不明而又无财产可供执行的情况下，则完全不能从债务人处实现追偿权。由于在连带共同保证中，每一个保证人均对被担保的债务负有保证责任，当一个保证人履行了全部保证义务时，则必然超过自己所应承担的份额，并因此而使其他保证人得以免责。如果债务人履行不能的风险最终只能由其中一个保证人承担，显然不公平。因此《最高人民法院关于适用〈中华人民共和国担保法〉若干问题的解释》第20条第2款便规定，履行了保证责任的保证人，对于超出自己“应当承担的份额”部分，向其他连带共同保证人行使求偿权。

保证人能否向其他连带共同保证人行使求偿权，还与我国混合担保中担保人之间是否享有追偿权的问题有关，具体论述参见下文第700条的释义。

---

① 崔建远主编：《合同法》（第6版），法律出版社2016年版，第148页。

【关联规定】

《民法典》第519条，《最高人民法院关于贯彻执行〈中华人民共和国民法通则〉若干问题的意见（试行）》第110条，《担保法》第12条，《最高人民法院关于适用〈中华人民共和国担保法〉若干问题的解释》第19～21条

（撰稿人：马强伟）

第七百条　【保证人对于主债务人享有的权利】保证人承担保证责任后，除当事人另有约定外，有权在其承担保证责任的范围内向债务人追偿，享有债权人对债务人的权利，但是不得损害债权人的利益。

【释义】

本条是关于保证人对于主债务人享有的权利的规定。

保证人通常是因主债务人的请托而向债权人提供保证，具体而言，保证人与债务人之间的基础关系，常见的有以下三种情形，即委托合同、赠与合同和无因管理，其中委托合同最为常见。保证人之所以为债务人的债务提供保证，是因为受债务人的委托，此时保证人和债务人之间的法律关系属于委托合同。如果考虑与债务人的情谊，以赠与的意思提供保证的，此时保证人和主债务人之间的法律关系则属于赠与合同。如果既没有委托，也没有赠与意思，那么保证人和债务人之间可能构成无因管理的法律关系。

保证人在承担保证责任后，须解决的问题是能否及如何向主债务人求偿，解释上应存在两个请求权基础。除可以依照基础关系享有追偿权外，根据本条规定保证人在承担保证责任后，享有债权人对于债务人的权利，这一权利通常被称为保证人的代位权。保证人基于代位权也可以继续向债务人主张清偿。

一、保证人的代位权

根据本条的规定，除当事人另有约定，保证人在承担保证责任后，有权在其承担保证责任的范围内向债务人追偿，享有债权人对债务人的权利。本条是民法典制定中新增的条款，在此之前，我国《担保法》第31条规定保证人可以向债务人追偿，第32条规定保证人可以在破产程序中申报债权预先行使追偿权，但关

于保证人享有追偿权的基础是什么，并没有明文规范。本条在制定时应是参考了我国台湾地区“民法”第 749 条的规定：“保证人向债权人为清偿后，于其清偿之限度内，承受债权人对于主债务人之债权。但不得有害于债权人之利益。”[①] 所谓在清偿限度内“承受债权人对主债务人之债权”，是指在保证人清偿的限度内，债权人的债权不但不会消灭，反而会法定地、当然地、立即地移转予保证人。保证人在取得该债权之后，即得以新的债权人的身份，向主债务人请求。也即此时会发生债权法定移转给保证人的效果。[②] 因此，将本条规定称为“保证人的代位权”，实际上并不准确，因为保证人在承担保证责任后，即取得债权人对债务人的债权，是在行使自己的债权，而非“代位”行使别人的权利。

本条规定的保证人“享有债权人对债务人的权利”，应作相同解释。保证人可以向债务人追偿，实际是因为保证人代债务人清偿债务后，债权人对债务人的债权没有消灭，反而是移转给了保证人，保证人基于对债务人享有的债权，可以向债务人主张清偿。根据本条规定，保证人“享有债权人对债务人的权利”，应当是已对债权人承担保证责任，且不得损害债权人的利益。例如，保证人在完全清偿保证债务前，虽然对于已经清偿的部分取得债权人对债务人的债权，则保证人受让的债权与债权人的其余原有债权并存，但在债权人获得完全清偿前，保证人不得主张与债权人平均受偿，否则将不利于债权人债权的清偿。[③]

二、保证人基于基础关系对债务人的追偿权

除上述保证人承担保证责任后，债权法定移转给保证人，进而保证人可以基于对债务人享有的债权主张追偿外，保证人还可以基于基础关系向债务人行使追偿权。两者为请求权竞合之关系。[④]

通常而言，除保证人提供保证有赠与的意思外，在委托或无因管理中，保证人履行保证债务而对债权人进行清偿等行为后，可以向债务人请求返还，这是因为保证人履行保证债务，实质上是为了清偿主债务人的债务，因而可以向主债务人请求偿还，保证人享有的这一请求偿还的权利，即为对债务人的追偿权。实际上，保证人对债务人的追偿权，即便没有本条规定，基于基础关系（委托为第 921 条第 2 句、无因管理为第 121 条），仍然可以得出保证人可以向债务人追偿的结果。

---

① 另参见《德国民法典》第 774 条第 1 款的规定，于保证人向债权人为清偿之限度内，债权人对主债务人之债权移转于保证人。其移转不得不利于债权人而为主张。主债务人基于其与保证人间所存在法律关系之抗辩，不受影响。

② 李淑明：《债法各论》（修订九版），元照出版公司 2018 年版，第 569 页。

③ 邱聪智：《新订债法各论（下）》，中国人民大学出版社 2006 年版，第 397 页。

④ 邱聪智：《新订债法各论（下）》，中国人民大学出版社 2006 年版，第 399 页。

总体而言，保证人追偿权的成立，须满足以下三个要件：(1) 保证人实际承担了保证责任。保证人之所以对债务人享有追偿权，是因为自己履行了保证债务，如果保证人没有任何给付，只是说服债权人使其放弃债权，或者债权人仅仅是向保证人请求清偿，保证人尚未实际履行前，追偿权均未成立。(2) 保证人承担责任的范围内主债务人因而免责。如果债务人免责非因保证人的清偿行为，则保证人不享有追偿权，典型情形是主债务已经诉讼时效届满，保证人即便进行清偿，也对债务人不享有追偿权。(3) 保证人无赠与的意思。保证人基于对债务人赠与的意思而提供保证的，基于当事人的约定，保证人也不能主张追偿。基于赠与而提供保证，属于例外情形，有观点认为无赠与意思为消极要件，即保证人在行使追偿权时无须对无赠与意思举证，而债务人主张因为存在赠与意思而保证人不享有追偿权的，则需要对此负举证责任。① 这一观点对保证人和债务人之间的利益分配较为妥当，值得肯定。

保证人对债务人的求偿权，在本质上属于委托合同或无因管理中的费用偿还请求权，与一般的请求权相同，在行使时同样需要适用诉讼时效等的规定，诉讼时效的起算时间，根据《最高人民法院关于适用〈中华人民共和国担保法〉若干问题的解释》第 42 条第 2 款的规定，自保证人向债权人承担责任之日起开始计算。

若保证人与债务人之间为委托合同关系，保证人承担保证责任支出的各种费用，如果没有另外约定，则根据第 921 条第 2 句的规定，属于因处理委托事务所支出的必要费用，保证人可以请求实际代偿的数额为范围，请求债务人偿还该费用并支付利息。第 921 条第 1 句关于委托人预付费用的规定，由于与保证合同目的不符，应不能适用。在保证人和债务人之间无委托合同，而构成无因管理时，保证人履行保证债务，属于保证人的无因管理行为。在结果有利于债务人且不违反其明示或可得推知的意思时，保证人清偿所支出的费用，可以向债务人请求偿还（第 121 条）。

这里的必要费用，应以主债务的范围为上限，如果保证人实际清偿额大于主债权范围的，保证人只能在主债权范围内对债务人行使追偿权（参见《最高人民法院关于适用〈中华人民共和国担保法〉若干问题的解释》第 43 条）。

本章第 701 条规定了保证人可以主张债务人对债权人的抗辩，第 702 条规定了在债务人对债权人享有抵销权和撤销权时，保证人可以拒绝承担保证责任。有疑问的是，如果债务人对债权人享有抗辩、抵销权或撤销权，而保证人未主张

---

① 邱聪智：《新订债法各论（下）》，中国人民大学出版社 2006 年版，第 391～392 页。

时，保证人是否仍享有追偿权？本章对此没有明文规定，解释上应从根据当事人的基础关系法律规范加以解决。在委托合同情形下，保证人受委托而提供保证，在履行保证债务时应当顾及委托人（债务人）的利益，因此在知道债务人有权利不发生、权利已消失或拒绝给付等各种抗辩，或者对债权人享有抵销权或撤销权时，自应当根据第701条和第702条向债权人主张，以拒绝承担保证责任。如果保证人未主张而向债权人履行保证债务，解释上应不属于为处理委托事务所必须支付的费用，因此不能向债务人求偿。[①] 但如果保证人非因过失而不知债务人有这些权利的，应当认为保证人履行保证债务支付的费用仍属于必要费用，可以向债务人追偿。如果保证人过失不知存在上述权利，则应对债务人就此遭受的损害负赔偿责任。在无因管理情形下，保证人怠于主张上述权利而向债权人履行保证债务，显然有违本人的意思，不能向债务人主张求偿，但可以向债权人主张不当得利。[②]

三、保证人对共同连带保证人的追偿权

在共同连带保证关系中，其中一个保证人承担保证责任后，除可以向债务人追偿外，是否可以向其他连带共同保证人追偿？这一问题不仅涉及保证合同部分，还涉及在同时存在物保和人保（混合担保）时，担保人之间的内部追偿权问题，较为复杂，我国学界也有旗帜鲜明的不同意见。[③]

由于《物权法》第176条及本编第392条的文义似是否定了混合共同担保人之间的相互追偿权，但司法实践却仍有坚持《最高人民法院关于适用〈中华人民共和国担保法〉若干问题的解释》第38条第1款规定的立场，即肯定相互追偿权。即便是《物权法》生效后，仍有学者从解释论角度对《物权法》第176条的规定展开解释，认为既然在混合共同担保的外部关系上采连带说，则基于内外一致之理，自当在内部关系上亦采连带说。并且，肯定混合共同担保人的相互追偿权不仅对担保人有利，契合共同担保分散风险之目的，而且也有利于其他利害关

---

① 邱聪智：《新订债法各论（下）》，中国人民大学出版社2006年版，第395页。

② 参见《瑞士债务法》第508条的规定，(1) 保证人全部或者部分支付债务的，他必须将之通知债务人。(2) 保证人疏于向债务人通知的，且因债务人不知道和不可能知道债务的偿付而第二次支付的，保证人失去其追偿权利。(3) 保证人对债权人基于不当得利而享有的返还请求权，不受影响。

③ 否定混合保证人内部追偿权的观点如：黄喆：《保证与物的担保并存时法律规则之探讨——以〈物权法〉第176条的规定为中心》，载《南京大学学报（哲学人文科学社会科学）》2010年第3期；江海、石冠彬：《论共同担保人内部追偿规则的构建——兼评〈物权法〉第176条》，载《法学评论》2013年第6期。肯定的观点如，王利明：《民法典物权编应规定混合共同担保追偿权》，载《东方法学》2019年第5期；高圣平：《论担保物权"一般规定"的修改》，载《现代法学》2017年第5期；黄忠：《混合共同担保之内部追偿权的证立及其展开——〈物权法〉第176条的解释论》，载《中外法学》2015年第4期；贺剑：《走出共同担保人内部追偿的"公平"误区——〈物权法〉第176条的解释论》，载《法学》2017年第3期。

系人。反之，若否定相互追偿权，不仅会成立不当得利，而且还会诱发道德风险。①

依笔者之观点，由于担保人是否享有追偿权，实为任意性规范，承认担保人之间的内部追偿权，应更符合通常情形下混合担保人的利益与心意，更可能为大多数担保人所采取。② 在这一观点下，根据本条的规定，因承担了保证责任的保证人取得了债权人对债务人的债权，而这一债权之上又存在其他保证人提供的保证，自然可以得出在债务人不履行债务时，保证人可以向其他保证人求偿的结论。但本条将求偿的范围界定为“承担保证责任的范围”有所不妥，在保证人向其他担保人求偿时，应当限制为其他担保人应分担的部分，否则将造成循环追偿的结果。而本条的规定也可类推适用于物保人提供担保的情形，否则保证人可追偿而物保人却不享有追偿权，有违平等原则。进而得出我国法上一般承认担保人之间享有内部追偿权的结论。

【关联规定】

《民法典》第392条，《担保法》第31~32条，《最高人民法院关于适用〈中华人民共和国担保法〉若干问题的解释》第38条、第42~46条

（撰稿人：马强伟）

第七百零一条　【保证人可以主张债务人对债权人的抗辩】 保证人可以主张债务人对债权人的抗辩。债务人放弃抗辩的，保证人仍有权向债权人主张抗辩。

【释义】

本条规定了保证人可以主张债务人对债权人的抗辩。除一般保证人享有的先诉抗辩权以及保证人基于一般债务人的地位应有的权利外，本条规定的保证人的这一权利是保证合同中的重要内容，是法律赋予保证人保护其合法权益的一项权利。

---

① 黄忠：《混合共同担保之内部追偿权的证立及其展开——〈物权法〉第176条的解释论》，载《中外法学》2015年第4期。

② 贺剑：《走出共同担保人内部追偿的“公平”误区——〈物权法〉第176条的解释论》，载《法学》2017年第3期。

保证人之所以可以主张债务人对债权人的抗辩，是因为保证具有从属性，因而主债务人对于债权人所有的抗辩或其他类似的权利，保证人均可主张。在债权债务关系中，在不少情况下债务人可以对抗债权人行使请求权。例如，债权人过了诉讼时效对债务人主张权利的；债务履行期未到债权人即要求债务人履行债务的；合同中规定债权人应当同时履行某项义务，债权人没有履行，应当相应减轻债务人的债务等。在主债务人可以主张抗辩而拒绝给付时，保证人又何须对债权人负责承担保证责任？此时保证人自然可以主张主债务人的抗辩，拒绝承担任何保证责任。并且为了保护保证人的利益，即便是主债务人已经抛弃的抗辩权，保证人也仍然可以主张，也即本条第 2 句的规定意旨。但如果是保证人在订立保证合同时表示放弃主张这一抗辩的，则债权人要求保证人承担保证责任时便不能再主张，例如，《最高人民法院关于适用〈中华人民共和国担保法〉若干问题的解释》第 35 条规定："保证人对已经超过诉讼时效期间的债务承担保证责任或者提供保证的，又以超过诉讼时效为由抗辩的，人民法院不予支持。"

保证人享有的可以主张债务人的抗辩权具有以下特点：首先，一般保证的保证人和连带责任的保证人都享有债务人的抗辩权。所以，不因保证方式的不同而影响保证人对该权利的享有。其次，这种抗辩权虽然源于债务人，但是该权利不属于债务人专有，保证人的抗辩权不因债务人的放弃而丧失。保证人在债务人放弃抗辩权后，仍然可以行使抗辩权对抗债权人行使请求权。总之，保证人是以自己的身份独立地行使主债务人的各种抗辩权，其权利的行使不受债务人的影响。

保证人可以主张债务人享有的抗辩，根据性质不同，可以分为三种：（1）权利未发生的抗辩，是指主债务所据以发生的合同或其他法律事实，因法律规定而存在不成立、未生效或无效的原因，导致债权人权利未发生。例如，作为主债务基础关系的合同，因违反效力型强制规定或者当事人欠缺行为能力而无效。其他如主债务产生的超过法定最高利率限制的利息，债权人无请求权。如果作为主债务基础关系的法律行为，存在可撤销事由，即债务人享有撤销权，因为第 702 条已经单独规范，保证人可根据第 702 条拒绝承担保证责任，因此不属于本条的适用范围。（2）权利消灭之抗辩，是指债权人对债务人的主债权虽然曾经发生，但因法定事由而消灭，那么保证债务也从属消灭，保证人可以主张这一抗辩。例如，主债务因为清偿、代物清偿、提存等原因而归于消灭。但在合同解除时，如果主债务人还负有恢复原状义务或损害赔偿，保证人仍要承担保证责任（参见第 566 条第 3 款及上文第 682 条评注），此时保证人不能主张权利消灭之抗辩。（3）拒绝给付之抗辩，是指债务人基于法理规定可以拒绝给付的权利，又称为狭义的抗辩权，包括一时性抗辩权和永久性抗辩权，前者如同时履行抗辩权，后者如诉讼时效届满抗辩。除以上典型的抗辩权外，其他的如主张降低违约金、主张因诚实信用原则、情势变更原则拒绝给付等，保证人都可以根据本条主张。[①]

【关联规定】

《担保法》第 20 条，《最高人民法院关于适用〈中华人民共和国担保法〉若干问题的解释》第 35 条

（撰稿人：马强伟）

第七百零二条　【保证人拒绝承担保证责任的权利】债务人对债权人享有抵销权或者撤销权的，保证人可以在相应范围内拒绝承担保证责任。

【释义】

本条是关于保证人在债务人对债权人享有抵销权或者撤销权的范围内享有拒绝承担保证责任的权利。与第 701 条类似，均属于保证人享有的一般抗辩权。本条是此次民法典中新增条文，在此之前，我国法律规范中没有明文规定保证人可以主张主债务人的抵销权和撤销权，但我国学说也有观点认为保证人除可以主张债务人的抗辩外，也可以主张债务人的撤销权和抵销权。[②] 与第 701 条一样，本条法律赋予保证人保护其合法权益的重要权利，因此民法典新增这一规定，对于保证人而言具有重要规范意义。

根据本条的规定，在债务人对债权人享有抵销权或者撤销权时，保证人可以在相应范围内拒绝承担保证责任。首先，应当说明的是，本条不是保证人援用债务人抵销权或撤销权的规定，而是和第 701 条类似的保证人的一般抗辩权，即保证人不能直接向债权人主张债务人享有的抵销权或者撤销权，因此保证人在适用本条时对债权人而言不会发生债务人主张抵销权或撤销权的效果。如果是债务人已经向债权人行使了抵销权或撤销权，那么由于主债务无效，保证债务基于从属性同样无效，并无本条的适用余地。其次，"债务人对债权人享有抵销权"，应当是满足第 586 条规定的抵销积极要件和消极要件，且应当是该债权已具备抵销要

---

① 邱聪智：《新订债法各论（下）》，中国人民大学出版社 2006 年版，第 378 页。

② 崔建远主编：《合同法》（第 6 版），法律出版社 2016 年版，第 150 页。

件，保证人才可以主张这一抗辩。最后，债务人对债权人享有撤销权，如主债权债务合同在成立时，主债务人曾被欺诈或胁迫或有重大误解等情形，保证人虽然不能代债务人行使撤销权，但得以主债务人有撤销权存在为由，作为对债权人拒绝履行保证债务的抗辩。

（撰稿人：马强伟）

主　编：龙卫球

副主编：汪　洋　聂卫锋　赵精武

撰稿人：汪　洋　聂卫锋　郭　锐　贺栩栩　徐同远　金　晶
张家骥　王天凡　刘　建　柯伟才　张　芸　代　瑞
陈　军　梁笑准　王　琦　雷震文　赵精武　徐　实
韩京京　李晨丹　邹沛东　张　杨　谢　地　郑　臻
马强伟　刘　骏　李运杨　严　城　魏露露　王锡柱
邱　江　董亚川　段　波　孙新宽　箫　鑫　高晓燕
朱　霞　徐　宁　王　丹　刘靖靖　卫　丹　程　喆
李　游　王　江　马　可　陈　洁　李贝妮　杨　勇
刘　冲　邓环宇　何傲翾　侯泽琦　贾明顺　秦　婧
米伊尔别克·赛力克

民法典权威解读丛书

丛书主编 龙卫球

中华人民共和国
民法典

·合同编释义·

(下 册)

龙卫球 ◎ 主编

ZHONG HUA REN MIN GONG HE GUO
MIN FA DIAN
HE TONG BIAN SHI YI

中国法制出版社
CHINA LEGAL PUBLISHING HOUSE

目　录

Contents

下　册

第十四章　租赁合同

第七百零三条　【租赁合同的定义】 …… 588
第七百零四条　【合同的主要条款】 …… 589
第七百零五条　【租赁期限】 …… 590
第七百零六条　【租赁合同的登记备案】 …… 591
第七百零七条　【租赁合同的形式】 …… 593
第七百零八条　【出租人的义务】 …… 594
第七百零九条　【承租人的按约定使用义务】 …… 594
第七百一十条　【租赁物正常损耗的责任】 …… 595
第七百一十一条　【未正当使用租赁物的责任】 …… 595
第七百一十二条　【租赁物维修义务的承担】 …… 596
第七百一十三条　【承租人要求维修的权利与自行维修】 …… 597
第七百一十四条　【租赁物的保管义务】 …… 598
第七百一十五条　【租赁物的改善与增设】 …… 600
第七百一十六条　【转租】 …… 602
第七百一十七条　【超越租赁期限转租的效力】 …… 606
第七百一十八条　【出租人同意转租的推定】 …… 609
第七百一十九条　【次承租人的代偿请求权】 …… 611
第七百二十条　【租赁物收益的归属】 …… 614
第七百二十一条　【支付租金的期限】 …… 615
第七百二十二条　【未支付、迟延支付及逾期不支付租金的法律后果】 …… 617
第七百二十三条　【出租人的权利瑕疵担保】 …… 619

第七百二十四条 【承租人的法定解除权】 …… 622
第七百二十五条 【所有权变动不破租赁】 …… 625
第七百二十六条 【房屋承租人优先购买权】 …… 628
第七百二十七条 【委托拍卖情况下房屋承租人优先购买权】 …… 632
第七百二十八条 【房屋承租人优先购买权受到侵害的法律后果】 …… 634
第七百二十九条 【不可归责于承租人的租赁物毁损、灭失的法律后果】 …… 636
第七百三十条 【租赁期限没有约定或约定不明确时的法律后果】 …… 639
第七百三十一条 【租赁物质量不合格时承租人解除权】 …… 642
第七百三十二条 【房屋承租人死亡的租赁关系的处理】 …… 643
第七百三十三条 【租赁期限届满承租人返还租赁物】 …… 646
第七百三十四条 【租赁期限届满承租人继续使用租赁物及房屋承租人的优先承租权】 …… 649

第十五章 融资租赁合同

第七百三十五条 【融资租赁合同的定义】 …… 654
第七百三十六条 【融资租赁合同内容和表式】 …… 656
第七百三十七条 【融资租赁合同的内容】 …… 660
第七百三十八条 【经营行政许可对融资租赁合同效力的影响】 …… 663
第七百三十九条 【租赁物交付与受领】 …… 666
第七百四十条 【承担人拒绝受领租赁标的物的情形】 …… 667
第七百四十一条 【承租人的索赔权】 …… 670
第七百四十二条 【承担人行使索赔权及支付租金义务】 …… 672
第七百四十三条 【承租人索赔不能的法律救济】 …… 674
第七百四十四条 【出租人负有不得擅自变更买卖合同中与承租人有关合同内容的不作为义务】 …… 676
第七百四十五条 【租赁物所有权公示】 …… 677
第七百四十六条 【租金的确定】 …… 680
第七百四十七条 【租赁物瑕疵担保责任】 …… 680
第七百四十八条 【承租人对租赁物的占有和使用权】 …… 682
第七百四十九条 【租赁物造成损害的责任承担】 …… 683
第七百五十条 【租赁物的保管、使用、维修】 …… 685
第七百五十一条 【租赁物风险承担】 …… 685

第七百五十二条　【承租人拒付租金的后果】 …… 687
第七百五十三条　【出租人单方解除权】 …… 689
第七百五十四条　【出租人、承租人解除权】 …… 691
第七百五十五条　【融资租赁合同解除的后果】 …… 693
第七百五十六条　【融资租赁合同解除的后果】 …… 694
第七百五十七条　【租赁期限届满租赁物归属】 …… 694
第七百五十八条　【承租人请求部分返还租赁物价值以及出租人请求合理补偿】 …… 696
第七百五十九条　【支付象征性价款视为租赁物归承租人】 …… 701
第七百六十条　【融资租赁合同无效后租赁物归属】 …… 703

第十六章　保理合同

第七百六十一条　【保理合同的概念】 …… 707
第七百六十二条　【保理合同的内容和形式】 …… 709
第七百六十三条　【虚构应收账款】 …… 710
第七百六十四条　【应收账款转让通知】 …… 713
第七百六十五条　【基础合同的变更与终止】 …… 717
第七百六十六条　【有追索权保理】 …… 720
第七百六十七条　【无追索权的保理】 …… 721
第七百六十八条　【多重保理下的优先顺序】 …… 723
第七百六十九条　【对债权让与有关规定的适用】 …… 729

第十七章　承揽合同

第七百七十条　【定义】 …… 731
第七百七十一条　【合同的一般条款】 …… 733
第七百七十二条　【承揽工作的完成】 …… 735
第七百七十三条　【承揽人对辅助性工作的责任】 …… 736
第七百七十四条　【承揽人提供材料的义务】 …… 737
第七百七十五条　【定作人提供材料及双方义务】 …… 738
第七百七十六条　【承揽人的通知义务】 …… 740
第七百七十七条　【中途变更工作要求的责任】 …… 741
第七百七十八条　【定作人的协助义务】 …… 742
第七百七十九条　【承揽人接受监督检验的义务】 …… 743
第七百八十条　【工作成果的交付与验收】 …… 744
第七百八十一条　【质量不合约定的责任】 …… 745

第七百八十二条 【定作人支付报酬义务的履行时间】…… 746
第七百八十三条 【承揽人的留置权】…… 748
第七百八十四条 【材料及工作成果的保管】…… 753
第七百八十五条 【承揽人的保密义务】…… 755
第七百八十六条 【共同承揽人的连带责任】…… 757
第七百八十七条 【定作人的法定解除权】…… 759

第十八章 建设工程合同

第七百八十八条 【建设工程合同的定义和种类】…… 764
第七百八十九条 【建设工程合同的要式性】…… 767
第七百九十条 【通过招标、投标订立建设工程合同】…… 770
第七百九十一条 【建设工程合同的订立方式、分包、转包】…… 771
第七百九十二条 【国家重大建设工程合同的订立】…… 774
第七百九十三条 【施工合同无效、验收不合格的处理】…… 775
第七百九十四条 【勘察、设计合同的内容】…… 777
第七百九十五条 【施工合同的内容】…… 779
第七百九十六条 【建设工程的监理】…… 782
第七百九十七条 【发包人的监督检查权】…… 783
第七百九十八条 【隐蔽工程的检查】…… 784
第七百九十九条 【建设工程的竣工验收】…… 785
第八百条 【勘察、设计人的违约责任】…… 788
第八百零一条 【施工人的建设工程质量责任】…… 789
第八百零二条 【建设工程质量保证责任】…… 792
第八百零三条 【发包人未按约定的时间和要求提供原材料、设备、场地、资金、技术资料的违约责任】…… 794
第八百零四条 【发包人原因造成工程停建、缓建的责任】…… 797
第八百零五条 【发包人原因造成勘察、设计的返工、停工或者修改设计的责任】…… 799
第八百零六条 【建设工程合同解除】…… 802
第八百零七条 【发包人未支付工程价款的责任】…… 805
第八百零八条 【适用承揽合同条款】…… 809

第十九章 运输合同

第一节 一般规定

第八百零九条 【运输合同的定义】…… 816

第八百一十条 【公共承运人的强制缔约义务】 …… 820
第八百一十一条 【承运人按约定期限或合理期限运输之义务】 …… 824
第八百一十二条 【承运人按照约定或通常路线运输之义务】 …… 826
第八百一十三条 【旅客、托运人或收货人的基本义务】 …… 829
第二节 客运合同
第八百一十四条 【客运合同的成立时间】 …… 832
第八百一十五条 【持有效客票乘运义务】 …… 833
第八百一十六条 【退票与变更】 …… 834
第八百一十七条 【旅客携带权】 …… 835
第八百一十八条 【违禁品或危险物品的携带禁止】 …… 837
第八百一十九条 【承运人告知重要事项义务】 …… 838
第八百二十条 【承运人迟延运输】 …… 838
第八百二十一条 【承运人擅自降低服务标准】 …… 840
第八百二十二条 【对旅客的救助义务】 …… 840
第八百二十三条 【旅客伤亡的损害赔偿责任】 …… 841
第八百二十四条 【对行李的赔偿责任】 …… 842
第三节 货运合同
第八百二十五条 【托运申报义务】 …… 843
第八百二十六条 【货物运输许可】 …… 845
第八百二十七条 【包装义务】 …… 846
第八百二十八条 【危险品托运】 …… 848
第八百二十九条 【运输合同的变更和解除】 …… 850
第八百三十条 【到货通知及提取货物】 …… 851
第八百三十一条 【提货检验】 …… 852
第八百三十二条 【承运人的损害赔偿责任】 …… 854
第八百三十三条 【赔偿数额】 …… 856
第八百三十四条 【同式联运承运人的分担】 …… 859
第八百三十五条 【不可抗力货物灭失的运费负担】 …… 861
第八百三十六条 【承运人之留置权】 …… 862
第八百三十七条 【货物提存】 …… 863
第四节 多式联运合同
第八百三十八条 【多式联运经营人的权利义务】 …… 865
第八百三十九条 【多式联运的责任制度】 …… 868

第八百四十条 【签发单据义务和联运单据的转让】 …… 871
第八百四十一条 【承运人的赔偿责任】 …… 873
第八百四十二条 【赔偿责任适用法律的规定】 …… 875

第二十章 技术合同

第一节 一般规定

第八百四十三条 【技术合同的定义】 …… 879
第八百四十四条 【技术合同订立的原则】 …… 880
第八百四十五条 【技术合同条款的内容】 …… 881
第八百四十六条 【技术合同价款、报酬和使用费支付方式】 …… 882
第八百四十七条 【职务技术成果财产权归属】 …… 883
第八百四十八条 【非职务技术成果财产权归属】 …… 884
第八百四十九条 【技术成果精神权利】 …… 885
第八百五十条 【无效技术合同】 …… 885

第二节 技术开发合同

第八百五十一条 【技术开发合同的定义及形式】 …… 886
第八百五十二条 【委托开发合同的委托人主要义务】 …… 887
第八百五十三条 【委托人的义务】 …… 888
第八百五十四条 【委托人的违约责任】 …… 889
第八百五十五条 【合作开发各方的主要义务】 …… 890
第八百五十六条 【合作开发各方的违约责任】 …… 891
第八百五十七条 【技术开发合同的特别解除】 …… 892
第八百五十八条 【风险负担及通知义务】 …… 893
第八百五十九条 【专利申请权和专利权的归属】 …… 894
第八百六十条 【合作开发技术成果的归属】 …… 895
第八百六十一条 【技术开发合同中技术秘密的归属与分享】 …… 896

第三节 技术转让合同和技术许可合同

第八百六十二条 【技术转让合同和技术许可合同的定义】 …… 898
第八百六十三条 【技术转让合同和技术许可合同的内容】 …… 898
第八百六十四条 【技术转让范围的约定】 …… 903
第八百六十五条 【专利实施许可合同的限制】 …… 906
第八百六十六条 【专利实施许可合同许可人主要义务】 …… 908
第八百六十七条 【专利实施许可合同被许可人主要义务】 …… 912

第八百六十八条　【技术秘密转让合同让与人和技术秘密使用许可合同许可人的义务】…… 912
第八百六十九条　【技术秘密转让合同受让人和技术秘密使用许可合同被许可人义务】…… 916
第八百七十条　【技术转让合同让与人基本义务】…… 917
第八百七十一条　【技术转让合同的受让人技术保密义务】…… 918
第八百七十二条　【技术许可合同许可人和技术转让合同让与人的违约责任】…… 919
第八百七十三条　【技术合同中受让人承担违约责任】…… 921
第八百七十四条　【受让人或者被许可人在履行合同中造成他人损害时的侵权责任】…… 922
第八百七十五条　【技术改进成果的归属】…… 923
第八百七十六条　【特殊种类的知识产权转让与许可】…… 924
第八百七十七条　【特殊规定】…… 925
第四节　技术咨询合同和技术服务合同
第八百七十八条　【技术咨询与服务合同的概念】…… 926
第八百七十九条　【技术咨询合同中委托人的义务】…… 928
第八百八十条　【技术咨询合同中受托人的义务】…… 929
第八百八十一条　【技术咨询合同中双方应承担的义务以及违约责任】…… 930
第八百八十二条　【技术服务合同中双方应承担的义务】…… 932
第八百八十三条　【技术服务合同的受托人义务】…… 933
第八百八十四条　【技术服务合同中双方的违约责任】…… 934
第八百八十五条　【技术咨询与服务合同中技术成果的归属】…… 935
第八百八十六条　【受托人开展工作所需费用的承担主体】…… 936
第八百八十七条　【特殊规定】…… 937
第二十一章　保管合同
第八百八十八条　【定义和法定保管】…… 938
第八百八十九条　【保管费的支付和无偿推定】…… 941
第八百九十条　【保管合同的成立】…… 943
第八百九十一条　【保管凭证】…… 945
第八百九十二条　【保管人妥善保管义务】…… 946
第八百九十三条　【寄存人瑕疵告知义务】…… 948

第八百九十四条 【保管人亲自保管义务】…… 950
第八百九十五条 【保管人禁止使用保管物的义务】…… 951
第八百九十六条 【保管人返还保管物义务和危险通知义务】…… 953
第八百九十七条 【保管人赔偿责任】…… 955
第八百九十八条 【寄存人声明义务】…… 957
第八百九十九条 【领取保管物】…… 959
第 九 百 条 【返还保管物及其孳息】…… 960
第九百零一条 【消费保管合同】…… 962
第九百零二条 【保管费支付期限】…… 964
第九百零三条 【保管人留置权】…… 965
第二十二章 仓储合同
第九百零四条 【仓储合同定义】…… 968
第九百零五条 【仓储合同成立时间】…… 970
第九百零六条 【危险、变质物品的储存】…… 971
第九百零七条 【仓储物的验收】…… 973
第九百零八条 【仓储凭证】…… 974
第九百零九条 【仓单记载事项】…… 976
第九百一十条 【仓单的背书及其效力】…… 978
第九百一十一条 【容许检查义务】…… 979
第九百一十二条 【保管人的通知义务】…… 980
第九百一十三条 【保管人在紧急情况下对仓储物的处置权及通知义务】…… 982
第九百一十四条 【仓储物的提取】…… 983
第九百一十五条 【存货人、仓单持有人的提货权】…… 985
第九百一十六条 【保管人对仓储物的提存权】…… 986
第九百一十七条 【保管不善致仓储物损毁、灭失的保管人的责任承担】…… 987
第九百一十八条 【参照适用保管合同的规定】…… 989
第二十三章 委托合同
第九百一十九条 【定义】…… 991
第九百二十条 【委托范围】…… 993
第九百二十一条 【委托费用】…… 994
第九百二十二条 【受托人服从指示的义务】…… 996

第九百二十三条　【亲自处理转委托】 …… 998
第九百二十四条　【受托人的报告义务】 …… 1000
第九百二十五条　【受托人以自己的名义与第三人订立合同的效力】 …… 1001
第九百二十六条　【委托人介入权和第三人选择权】 …… 1004
第九百二十七条　【受托人转交财产的义务】 …… 1006
第九百二十八条　【委托人支付报酬的义务】 …… 1008
第九百二十九条　【受托人的赔偿责任】 …… 1010
第九百三十条　【委托人的赔偿责任】 …… 1012
第九百三十一条　【重复委托】 …… 1013
第九百三十二条　【受托人的连带责任】 …… 1015
第九百三十三条　【任意解除权】 …… 1016
第九百三十四条　【委托合同的终止】 …… 1019
第九百三十五条　【受托人的后合同义务】 …… 1021
第九百三十六条　【受托人的继承人等的义务】 …… 1022

第二十四章　物业服务合同

第九百三十七条　【物业合同的定义】 …… 1025
第九百三十八条　【物业合同的内容与形式】 …… 1028
第九百三十九条　【前期物业合同】 …… 1030
第九百四十条　【前期物业合同的终止】 …… 1032
第九百四十一条　【物业服务的委托】 …… 1033
第九百四十二条　【物业服务人的一般义务】 …… 1035
第九百四十三条　【物业服务人信息公开义务】 …… 1038
第九百四十四条　【业主支付物业费义务】 …… 1040
第九百四十五条　【业主告知、协助义务】 …… 1043
第九百四十六条　【物业服务合同的解除】 …… 1045
第九百四十七条　【物业服务合同的续订】 …… 1047
第九百四十八条　【不定期物业服务合同】 …… 1049
第九百四十九条　【物业服务人的移交义务及法律责任】 …… 1051
第九百五十条　【物业服务人的后合同义务】 …… 1053

第二十五章　行纪合同

第九百五十一条　【定义】 …… 1056
第九百五十二条　【费用承担】 …… 1060

第九百五十三条 【保管义务】 …… 1062
第九百五十四条 【对委托物的处分义务】 …… 1063
第九百五十五条 【遵守指定价格的义务】 …… 1066
第九百五十六条 【介入权】 …… 1069
第九百五十七条 【对委托物的提存权】 …… 1072
第九百五十八条 【行纪人与第三人合同的效力】 …… 1074
第九百五十九条 【报酬请求权和留置权】 …… 1077
第九百六十条 【参照适用】 …… 1080

第二十六章 中介合同

第九百六十一条 【中介合同的含义】 …… 1083
第九百六十二条 【中介人的如实报告义务】 …… 1086
第九百六十三条 【委托人的支付报酬义务和中介人的费用负担】 …… 1089
第九百六十四条 【必要费用的支付】 …… 1091
第九百六十五条 【委托人绕开中介人订立合同的支付义务】 …… 1092
第九百六十六条 【中介合同的参照规定】 …… 1093

第二十七章 合伙合同

第九百六十七条 【合伙合同定义】 …… 1098
第九百六十八条 【合伙人履行出资义务】 …… 1101
第九百六十九条 【合伙财产】 …… 1104
第九百七十条 【合伙事务的执行】 …… 1108
第九百七十一条 【执行合伙事务报酬】 …… 1112
第九百七十二条 【合伙的利润分配与亏损分担】 …… 1115
第九百七十三条 【合伙人的连带责任及追偿权】 …… 1118
第九百七十四条 【合伙人转让其财产份额】 …… 1120
第九百七十五条 【合伙人权利代位】 …… 1124
第九百七十六条 【合伙期限】 …… 1127
第九百七十七条 【合伙合同终止】 …… 1129
第九百七十八条 【合伙剩余财产分配顺序】 …… 1135

第三分编 准合同

第二十八章 无因管理

第九百七十九条 【无因管理的构成要件】 …… 1138

第九百八十条 【不正当无因管理】 …… 1143
第九百八十一条 【管理过程中应尽到合理注意义务与继续管理义务】 …… 1145
第九百八十二条 【管理人在管理过程中的通知义务】 …… 1146
第九百八十三条 【管理人在管理结束后的报告义务与移交义务】 …… 1148
第九百八十四条 【经追认的管理适用委托合同有关规定】 …… 1149
第二十九章 不当得利
第九百八十五条 【不当得利人的构成要件、法律效果及除外情形】 …… 1152
第九百八十六条 【利益不存在规则】 …… 1158
第九百八十七条 【不当得利与赔偿责任的聚合规则】 …… 1160
第九百八十八条 【无偿受让不当得利之人的返还】 …… 1163

第十四章　租赁合同

【导读】

本法所称的租赁合同是指出租人将租赁物有期限地交给承租人占有、使用、收益，由承租人支付租金的合同。从法律性质来看，租赁合同是一种双务、有偿合同，也是诺成合同、继续性合同，同时需要明确的是登记备案并非租赁合同的成立要件。本章节的租赁合同整体规定与《民法典》合同编一致，规定了租赁合同条款、形式、合同当事人的权利义务、责任等，只不过基于租赁合同的特殊性进行了一些包括租赁物的保管、维修、改善、收益、转租，返还、续租，承租人合同解除权、优先购买权、优先承租权等的规定。本章规定内容大量承继了原《合同法》租赁合同章的内容，同时也从《最高人民法院关于审理城镇房屋租赁合同纠纷案件具体应用法律若干问题的解释》中吸收了大量内容以应对社会经济发展的需求，保障租赁市场稳定与安全。

相较于原《合同法》，民法典合同编租赁合同章主要增加了以下规定。

第一，区别于《合同法》仅通过第 224 条对转租行为法律效力的一般原则性规定，为了适应当下经济社会发展的内在要求，为了保障租赁各方的交易安全，也为了平衡出租人、承租人和次承租人的利益，《民法典》除了在第 716 条承继了转租行为的原则性规定以外，还在第 717 条规定了超越租赁期限转租的合同的效力；第 718 条规定了出租人同意转租的推定；第 719 条则突破了合同相对性原则，规定了次承租人的代偿请求权。

第二，根据合同严守原则和公平原则，为了使承租人最大限度地减轻损失，《民法典》第 724 条规定了承租人在“非因承租人原因”致使租赁物出现被查封、权属争议和违法这三种情况时，享有法定解除权。

第三，《民法典》对承租人的优先购买权进行了扩展规定。第 726 条对房屋承租人的优先购买权的形成条件进行了规定，一方面尊重了房屋按份共有人依法享有的共有份额优先购买权，另一方面也加强了公序良俗原则对民事活动的调整与引导作用，尊重了出租人向其家庭成员处分租赁房屋的自主意志。第 727 条还规定了承租人不参与租赁房屋拍卖的行为构成对优先购买权的放弃。第 728 条则为房屋承租人的优先购买权遭到出租人侵害时提供了法律救济。

第四，为了维持租赁关系稳定，促进“购租并举”住房制度完善，在《民法典》“居住权”的背景下，第734条为承租人增设了优先承租权。

第七百零三条　【租赁合同的定义】租赁合同是出租人将租赁物交付承租人使用、收益，承租人支付租金的合同。

【释义】

该条给出了租赁合同的定义，即租赁合同是出租人将租赁物交付承租人使用、收益，承租人支付租金的合同，完全取自《合同法》第212条。本章只是就租赁合同作出一般的规范，其他特别法或司法解释如有规定时，也应注意特别法的适用，如《城市房地产管理法》《最高人民法院关于审理城镇房屋租赁合同纠纷案件具体应用法律若干问题的解释》（法释〔2009〕11号）等。租赁合同有以下法律特征：

第一，租赁合同是有偿、双务合同。出租人的给付义务为提供租赁物的使用收益，承租人对此为价金支付，二者互为对价关系，所以为有偿和双务合同。

第二，租赁合同为诺成、不要式合同。除特别规定外，租赁合同的成立不以履行一定方式为必要。[①] 而且，租赁合同一经当事人合意即为成立，原则上不需要租赁物或租金的交付作为成立要件。

第三，租赁合同为债权合同，出租人仅负有负担行为之效果，即对承租人仅负有交付租赁物及维持租赁物使用收益之状态的义务，不以拥有所有权或处分权为必要。因此，“一物数租”[②] 或出租属于他人的租赁物，并不妨碍租赁合同本身的成立。

第四，租赁合同为继续性合同。出租人负有维持租赁物符合约定使用收益状态的义务，而承租人则需按照约定持续履行支付租金的义务，双方的给付随着时间的推移而不断进行，并非一次交付租赁物或一次支付租金即能消灭租赁合同关系。这一特征对于合同的解除有着重要的影响。

（撰稿人：刘骏）

---

① 参见《民法典》第707条。

② 参见《最高人民法院关于审理城镇房屋租赁合同纠纷案件具体应用法律若干问题的解释》（法释〔2009〕11号）第6条。

第七百零四条　【合同的主要条款】租赁合同的内容一般包括租赁物的名称、数量、用途、租赁期限、租金及其支付期限和方式、租赁物维修等条款。

【释义】

该条规范租赁合同的订立，合同应包括哪些内容。完全取自《合同法》第213条。首先，租赁合同应包括哪些必要条款呢？依据《最高人民法院关于适用〈中华人民共和国合同法〉若干问题的解释（二）》（法释〔2009〕5号）第1条的规定[①]，合同的必备条款为：当事人、标的和数量。因此，只要有当事人和租赁物，租赁合同即成立，除非当事人另有约定。至于其他条款，则可由当事人协议补充等方式予以确定。《民法典》第511条规定："当事人就有关合同内容约定不明确，依据前条规定仍不能确定的，适用下列规定：（一）质量要求不明确的，按照强制性国家标准履行；没有强制性国家标准的，按照推荐性国家标准履行；没有推荐性国家标准的，按照行业标准履行；没有国家标准、行业标准的，按照通常标准或者符合合同目的的特定标准履行。（二）价款或者报酬不明确的，按照订立合同时履行地的市场价格履行；依法应当执行政府定价或者政府指导价的，依照规定履行。（三）履行地点不明确，给付货币的，在接受货币一方所在地履行；交付不动产的，在不动产所在地履行；其他标的，在履行义务一方所在地履行。（四）履行期限不明确的，债务人可以随时履行，债权人也可以随时请求履行，但是应当给对方必要的准备时间。（五）履行方式不明确的，按照有利于实现合同目的的方式履行。（六）履行费用的负担不明确的，由履行义务一方负担；因债权人原因增加的履行费用，由债权人负担。"（《合同法》第61条、第62条）因此，出于鼓励交易的原则，租赁合同中有承租人和出租人、租赁物条款即可，至于其他内容，如租金、租赁期限等，则可由当事人协议补充之或按照交易习惯等确定。

在一起租金未被当事人确定的案件中，最高人民法院认为[②]，无论是双方合

---

① 第1条："当事人对合同是否成立存在争议，人民法院能够确定当事人名称或者姓名、标的和数量的，一般应当认定合同成立。但法律另有规定或者当事人另有约定的除外。对合同欠缺的前款规定以外的其他内容，当事人达不成协议的，人民法院依照合同法第六十一条、第六十二条、第一百二十五条等有关规定予以确定。"

② 参见天植公司与中国烟草黑龙江公司租赁合同纠纷再审案，最高人民法院（2016）最高法民再369号民事判决书。

同约定还是《合同法》第 61 条的规定，都明确法院可以按照当时市场情况确定租金，虽然法院不能强制双方缔约，但是亦有义务向当事人释明是否申请鉴定，在有一方当事人明确表示愿意申请的情况下，表明当事人有继续履行合同的意愿，法院不应再以不能强制双方缔约为由判定双方合同未成立。据此，纠正了一、二审法院以租赁合同后 10 年部分缺失租金条款且双方均不申请鉴定为由判定租赁合同后 10 年部分未成立。

关于租赁期限，在当事人没有约定时，则为不定期租赁，任何一方在合理期限前通知对方之后即可解除合同；对此，依据《民法典》第 563 条第 2 款之规定，以持续履行的债务为内容的不定期合同，当事人可以随时解除合同，但是应当在合理期限之前通知对方。

【关联规定】

《最高人民法院关于适用〈中华人民共和国合同法〉若干问题的解释（二）》第 1 条，《商品房屋租赁管理办法》第 7 条

（撰稿人：刘骏）

第七百零五条　【租赁期限】租赁期限不得超过二十年。超过二十年的，超过部分无效。

租赁期限届满，当事人可以续订租赁合同；但是，约定的租赁期限自续订之日起不得超过二十年。

【释义】

该条规范租赁合同的期限，完全取自《合同法》第 214 条。为避免期限过长对当事人造成太大束缚以及基于物尽其用等考虑，原则上租赁合同的期限不得超过 20 年。因为当事人通过租赁合同让渡的是标的物的使用权和受益权，租期届满时承租人须返还标的物，而物的使用价值是有一定期限的，过长的期限与临时让渡物的使用和收益的初衷不符合，也容易就物的返还状态产生纠纷。[1] 但租赁合同期限超过 20 年的，并非合同无效，只是超过的部分无效，当事人仍应按合同其

① 王轶编：《租赁合同、融资租赁合同》，法律出版社 1999 年版，第 15 页。

他内容履行各自的权利义务。

但当事人可在租赁期间届满后，续订租赁合同，续订的期限仍应遵守20年之限制。至于续订的次数，由于无明文规定，应理解为无限制。

（撰稿人：刘骏）

第七百零六条　【租赁合同的登记备案】当事人未依照法律、行政法规规定办理租赁合同登记备案手续的，不影响合同的效力。

【释义】

相比《合同法》，该条属于民法典新增内容，目的在于区分租赁合同本身的效力和其应采纳的登记备案手续，避免以未办理登记备案为由否认租赁合同的效力，进而影响交易安全。因为，租赁合同属于诺成合同，而非要式合同。当然，不妨碍当事人约定登记备案属于租赁合同的生效要件。

但这一规定并非首次出现，其属于吸收《最高人民法院关于审理城镇房屋租赁合同纠纷案件具体应用法律若干问题的解释》（法释〔2009〕11号）第4条之规定。该条规定："当事人以房屋租赁合同未按照法律、行政法规规定办理登记备案手续为由，请求确认合同无效的，人民法院不予支持。当事人约定以办理登记备案手续为房屋租赁合同生效条件的，从其约定。但当事人一方已经履行主要义务，对方接受的除外。"因为我国在城镇房屋租赁中，实施登记备案制度，而且租赁合同登记之需求也主要体现在房屋租赁合同领域。《城市房地产管理法》第54条规定："房屋租赁，出租人和承租人应当签订书面租赁合同，约定租赁期限、租赁用途、租赁价格、修缮责任等条款，以及双方的其他权利和义务，并向房产管理部门登记备案。"但这一规定属于管理性规定，而非效力强制性规定，违反之并不导致无效。部门规章《商品房屋租赁管理办法》第14条及其以下部分细化了登记备案的具体操作。

登记备案手续不是租赁合同的成立生效要件，但在实践中并非无足轻重，在一定情形下，未经登记备案影响租赁合同对抗第三人的效力。下面我们以典型的城镇房屋租赁合同为例，分情形讨论之。

第一，在"一房数租"的情况下，依据《最高人民法院关于审理城镇房屋租赁合同纠纷案件具体应用法律若干问题的解释》（法释〔2009〕11号）第6条的规定，若出租人就同一房屋订立数份租赁合同，在合同均有效的情况下，承租人均主张履行合同的，已经办理登记备案手续的承租人优先于成立在先的合同，但劣后于已经合法占有租赁房屋的承租人。关于已办理登记备案手续的合同与成立在先的合同之间的冲突，解释上，还应要求办理登记备案手续的承租人属于善意，即合理地不知情成立在先的合同之存在，否则即有保护恶意的第三人之嫌。

第二，在承租人优先购买权领域，有裁判观点认为，未经登记的房屋租赁合同不得对抗购买租赁物的善意第三人。[①] 潜在逻辑似是认为在未办理房屋备案登记的情况下，很难要求第三人核实是否存在潜在的优先购买权人。换句话说，在承租人依据未登记的租赁合同主张权利的情况下，立法者对该合同的真实性持不信任态度。

第三，在先有租赁合同，租赁物后被处分的情况下，如出租人抵押或出卖租赁物等，有裁判观点认为未经备案登记的租赁合同不得对抗出租人的权利继受人（租赁物的受让人、抵押权人等），即租赁权不具有公示力。[②] 但也有相反方向的判决，如有裁判认为，案涉租赁合同未经备案登记，不妨碍"买卖不破租赁"规则的适用，即新的房屋受让人（或新出租人）不得以案涉租赁合同未经登记，主张不再承受已订立的租赁合同关系。[③] 此外，在执行异议之诉中，若承租人请求在租赁期内阻止向受让人移交占有被执行的不动产以及其订立的租赁合同经登记备案，则很大程度上可排除执行人的诉求，[④] 盖因经登记备案的合同具有确定的日期，很难被认定为虚假的合同关系。例如，有法院认为案涉租赁合同未按规定登记备案，其真实性及签订时间难以核实，不能对抗对租赁物主张权利的第三人。[⑤] 因此，在判例尚未统一的情况下，承租人应注意将房屋租赁合同及时予以登记备案，避免嗣后因租赁物被处分而权益受损。

综上所述，租赁合同未经备案登记，不影响其生效，只是在有些特定情形下不可对抗第三人。因此，实践中当事人应注意将合同及时登记，避免嗣后第三人就租赁物主张权利。立法论上，登记备案之要求是否一刀切地适用于任何期限或

---

① 参见林某芬诉张某秀等房屋租赁合同纠纷案，福建省厦门市海沧区人民法院（2011）海民初字879号判决书。

② 参见红谊公司等诉季某房屋租赁合同纠纷案，上海市第二中级人民法院（2015）沪二中民二（民）终字317号民事判决书；杨某军与张某红等执行异议之诉上诉案，河南省郑州市中级人民法院（2017）豫01民终14825号民事判决书。

③ 参见中国移动公司等与吉野家公司房屋租赁合同纠纷，北京市第二中级人民法院（2018）京02民终1325号民事判决书。

④《最高人民法院关于人民法院办理执行异议和复议案件若干问题的规定》（法释〔2015〕10号）第31条："承租人请求在租赁期内阻止向受让人移交占有被执行的不动产，在人民法院查封之前已签订合法有效的书面租赁合同并占有使用该不动产的，人民法院应予支持。承租人与被执行人恶意串通，以明显不合理的低价承租被执行的不动产或者伪造交付租金证据的，对其提出的阻止移交占有的请求，人民法院不予支持。"

⑤ 参见安徽省高级人民法院（2018）皖民终150号民事判决书。

任何标的物类型的租赁合同仍可反思之。

【关联规定】

《最高人民法院关于审理城镇房屋租赁合同纠纷案件具体应用法律若干问题的解释》第4条，《最高人民法院关于适用〈中华人民共和国合同法〉若干问题的解释（一）》，《商品房屋租赁管理办法》第14条，《城市房地产管理法》第54条

（撰稿人：刘骏）

第七百零七条 【租赁合同的形式】租赁期限六个月以上的，应当采用书面形式。当事人未采用书面形式，无法确定租赁期限的，视为不定期租赁。

【释义】

该条规范租赁合同的订立形式。完全取自《合同法》第215条。考虑到租赁合同中当事人权利义务之明确以及出现争议时的证明方便，法律鼓励当事人采用书面形式订立租赁合同。

如果未采纳书面形式，应按当事人的合意确定双方的权利义务关系，但口头的协议常带来证明问题。例如，依上海市高级人民法院的规范性解释，口头房屋租赁关系的当事人需要提供相关口头约定事实证据、履行事实证据等来证明租赁关系的存在，如承租人可提供证人证言、租金支付凭条等证据；出租人可提供对方对房屋实际进行了占有、使用的证据，证明已履行了房屋交付承租人使用的义务。如果主张租赁关系存在的一方提供了上述证据的，另一方仍否认存在租赁关系的，则不能简单地进行抗辩，此时发生行为意义上的举证责任转移，其应当提供相应的反驳证据加以证明。[①] 而且，除证明问题外，如前所述，未采纳书面形式的租赁合同在执行异议之诉中很难对抗执行人。

非书面形式的租赁合同，无法确定合同期限的，视为不定期租赁。这一规定的意义在于其导致有必要适用与不定期租赁有关的法律规范，依据《民法典》第

---

① 《上海市高级人民法院民一庭关于下发〈城镇房屋租赁合同纠纷办案要件指南〉的通知》（沪高法民一〔2010〕13号）第2条。

730 条（《合同法》第 232 条）之规定，当事人在合理通知后可以随时解除合同。

【关联规定】

《最高人民法院关于适用〈中华人民共和国合同法〉若干问题的解释（二）》第 2 条，《民法典》第 730 条

（撰稿人：刘骏）

第七百零八条　【出租人的义务】 出租人应当按照约定将租赁物交付承租人，并在租赁期限内保持租赁物符合约定的用途。

【释义】

该条规范租赁合同中出租人的主合同义务。完全取自《合同法》第 216 条。第一，出租人须交付符合约定使用收益的租赁物，即移转占有租赁标的物于承租人。第二，出租人应保持租赁物符合约定使用收益的状态。若无这两项义务之妥善履行，租赁合同对承租人并无意义。

关于违反之后果，首先，出租人未按约定迟延交付租赁物或不能交付的，承租人可依据“合同编”总则部分的相关规定要求解除合同或违约损害赔偿。其次，出租人未保持租赁物符合约定用途的，承租人可依据“合同编”总则部分的相关规定行使同时履行抗辩权①（如拒付相应租金）、减价权、解除权以及要求承担违约责任等。

（撰稿人：刘骏）

第七百零九条　【承租人的按约定使用义务】 承租人应当按照约定的方法使用租赁物。对租赁物的使用方法没有约定或者约定不明确，依据本法第五百一十条的规定仍不能确定的，应当根据租赁物的性质使用。

---

① 关于继续性合同中同时履行抗辩权行使之特征，参见王文军：《继续性合同之同时履行抗辩权探微》，载《南京大学学报（哲学·人文科学·社会科学）》2019 年第 1 期。

【释义】

该条规范承租人应按照约定使用租赁物，完全取自《合同法》第217条。对租赁物的使用方法没有明确约定时，依据《民法典》第510条之规定，当事人可达成补充协议；不能达成补充协议的，按照合同有关条款、合同性质、合同目的或者交易习惯进行补充解释。依据第510条仍不能确定的，应当根据租赁物的性质而使用租赁物，如考虑租赁物是生产经营性质还是普通居住性质等，这也是基于最大发挥租赁物价值的考虑。

【关联规定】

《民法典》第510条

（撰稿人：刘骏）

第七百一十条　【租赁物正常损耗的责任】 承租人按照约定的方法或者根据租赁物的性质使用租赁物，致使租赁物受到损耗的，不承担赔偿责任。

【释义】

该条完全取自《合同法》第218条。规范承租人按照约定方法或根据租赁物的性质使用租赁物的，不对租赁物的损耗承担赔偿责任。因为，租赁合同允许承租人对标的物予以使用和收益，正常地使用标的物也不可避免地会造成一定损耗，若要求其对此也承担赔偿责任，则未免过苛。反义解释，若承租人未按照约定方法或根据租赁物性质使用租赁物的，应承担赔偿责任，性质上属于违约责任（参见《民法典》第711条）。当然该条属于任意性规定，不妨碍当事人排除适用之。

（撰稿人：刘骏）

第七百一十一条　【未正当使用租赁物的责任】 承租人未按照约定的方法或者未根据租赁物的性质使用租赁物，致使租赁物受到损失的，出租人可以解除合同并请求赔偿损失。

【释义】

该条完全取自《合同法》第 219 条。规范承租人未按照约定的方法或租赁物的性质使用租赁物且导致租赁物受到损失的，构成违约责任，出租人可行使单方解除权并请求违约损害赔偿，属于前一条即第 710 条逻辑之顺延。

体系地看，本条出租人享有解除权条件之满足可有两种解释，一是，应符合合同编总则部分的相关规定，即参照《民法典》第 563 条之规定，需承租人未按照约定的方法或根据租赁物的性质使用租赁物，致使租赁物受到损失且不能实现租赁合同目的，才可行使解除权。为此，仅租赁物受到轻微损失是不够的。例如，依据《最高人民法院关于审理城镇房屋租赁合同纠纷案件具体应用法律若干问题的解释》第 7 条的规定，承租人擅自变动房屋建筑主体和承重结构或者扩建，在出租人要求的合理期限内仍不予恢复原状，出租人可请求解除合同并要求赔偿损失的。即承租人之义务违反是严重的，影响合同目的实现。二是，本条相对第 563 条而言属于特别规定，不需要考虑《民法典》第 563 条规定的解除权行使要件。从体系融贯的角度以及合同严守考虑，似应以第一种解释为准。从举证责任角度观察，应由出租人举证存在解除权行使以及损害赔偿条件满足之事实。①

不过，在出租人解除权行使符合条件后，该权利的具体行使应遵循合同编总则的相关规定。一方面，其应尊重当事人约定的解除权行使期限，若无约定，应为合理期限；超过该期限，解除权消灭（《民法典》第 564 条）。另一方面，关于解除效果，一般自解除意思通知到达承租人时解除（《民法典》第 565 条）。

【关联规定】

《民法典》第 563～566 条，《最高人民法院关于审理城镇房屋租赁合同纠纷案件具体应用法律若干问题的解释》第 7 条

（撰稿人：刘骏）

第七百一十二条　【租赁物维修义务的承担】出租人应当履行租赁物的维修义务，但是当事人另有约定的除外。

---

① 参见《上海市高级人民法院民一庭关于下发〈城镇房屋租赁合同纠纷办案要件指南〉的通知》（沪高法民一〔2010〕13 号）第 8 条和第 12 条。

【释义】

该条完全取自《合同法》第220条。为了使承租人能够使用收益租赁物，出租人应履行租赁物的维修义务（《民法典》第708条）。但该约定并非强制性规定，当事人可约定排除之。

关于维修义务之构成要件[①]：第一，须限于租赁物本身。第二，有维修之必要，即若不维修租赁物，将会影响租赁物正常发挥效用。第三，有维修之可能。如果租赁物根本不可能予以维修或维修花费巨大，则当事人应解除合同。第四，毁损之原因须非可归责于承租人之事由。盖依据第713条第2款之规定，因承租人的过错致使租赁物需要维修的，出租人不承担维修义务。

（撰稿人：刘骏）

第七百一十三条 【承租人要求维修的权利与自行维修】 承租人在租赁物需要维修时可以请求出租人在合理期限内维修。出租人未履行维修义务的，承租人可以自行维修，维修费用由出租人负担。因维修租赁物影响承租人使用的，应当相应减少租金或者延长租期。

因承租人的过错致使租赁物需要维修的，出租人不承担前款规定的维修义务。

【释义】

本条完全取自《合同法》第221条，主要规范出租人未尽维修义务时承租人的救济手段。

首先，承租人在租赁物需要维修时，对出租人享有维修请求权。这是出租人应维持租赁物符合使用、收益状态义务（《民法典》第708条）的自然延伸。

其次，如果出租人于合理期限内不为修缮的，且承租人不愿终止租赁合同的，其可自行修缮，而请求出租人偿还其费用或于租金中扣除之。实际上，这相当于承租人替出租人履行修缮义务。

---

① 林诚二：《民法债编各论》（上），中国人民大学出版社2003年版，第251页。

本条第1款最后一句还规定，若因维修租赁物影响承租人使用的，承租人有权要求减免租金或者延长租赁期限。这也符合对价原则的规定。当然，从举证责任角度观察，应由承租人证明出租人存在违反义务以及租赁物影响其使用收益的事实。

【关联规定】

《民法典》第582条，《上海市高级人民法院民一庭关于下发〈城镇房屋租赁合同纠纷办案要件指南〉的通知》第9条

（撰稿人：刘骏）

第七百一十四条　【租赁物的保管义务】承租人应当妥善保管租赁物，因保管不善造成租赁物毁损、灭失的，应当承担赔偿责任。

【释义】

本条款与《合同法》第222条相比较并未发生变动，规定了承租人对租赁物的保管义务以及其相应的损害赔偿责任。

承租人对租赁物可以使用、收益的，应当在租赁关系存续期间，以善良管理人的注意，保管租赁物。承租人违背妥善保管租赁物义务，致使租赁物毁损或灭失的，应当承担损害赔偿责任。

承租人的保管义务源于承租人对租赁物本身仅享有占有与使用权。由于租赁物的所有权仍然归属于出租人，据此产生了相应的保管义务。承租人在租赁关系结束后需要将租赁物返还给出租人，返还时的租赁物应当符合合同约定或使用前的状态，据此承租人则需要以善良管理人的注意妥善保管租赁物。① 承租人的妥善保管义务应当包括以下两个方面的内容：

第一，按照合同约定的方式或者符合租赁物保管、维护要求的方式进行保管。如租赁合同中明确约定了租赁物的保管方式，从其约定；如无约定，则应当根据租赁物的性质、使用方式、正常维护等情况来对其进行妥善保管。例如，当

① 《意大利民法典》第1587条规定："承租人应当接受交付的租赁物，并在实施契约确定的用途或根据情况得实施推定用途时要奉行善良家父般的勤谨注意……"

租赁物是电器或其他机器设备，应当在使用后关闭电源，不应当露天放置；当租赁物是汽车、跑步机等时，则需要根据正常使用状况，进行添加机油等日常维护。这是由于如果不对此类租赁物进行日常定期维护，很可能会导致租赁物后续无法正常使用，造成损坏。此部分费用是为了保持租赁物使用收益能力，一般应当由承租人承担。而同时如果是为了维持租赁物的使用收益状态而支出的必要费用，如房屋维修费用、汽车更换轮胎、发动机等的费用，根据第 712 条的规定应当由出租人承担。

第二，从属义务，包括通知与容忍义务。在租赁关系存续期间，如果出现了应当及时通知出租人的情况时，承租人负有及时通知的义务。例如，当租赁物出现故障，有修理、防止损坏的必要时；有第三人就租赁物主张权利时；或者存在其他依照诚实信用原则应当通知的事由时，承租人应当及时通知出租人，并采取积极措施防止损害进一步扩大，以供出租人能够及时采取救济措施。当出现来不及通知的情形时，承租人如有能力，也有可能对租赁物进行维修时，应当先行维修，垫付维修费用，之后可以向出租人追偿或在租金中扣除此部分费用。如承租人怠于通知，导致出租人不能及时救济而遭受损害时，经出租人举证证明，承租人负有此部分的损害赔偿责任。

承租人还对出租人的保存行为负有容忍义务。容忍义务是指对于出租人为了保存租赁物处于使用状态而采取必要的保存行为，承租人不得拒绝。此类容忍义务，以出租人的必要行为为限，否则承租人可以拒绝。

损害赔偿责任方面，可以依照债务不履行的违约责任或依照承租人故意或过失致使租赁物毁损或灭失的侵权责任来处理。我国民法典依旧采取此原合同法的观点，即与法国民法典相似的态度①，并未对承租人损害赔偿责任进行限制。因此，根据本条规定，只要承租人未尽善良管理人的注意义务，使得租赁物毁损或灭失的，即应当承担损害赔偿责任。此外为了适应现实需求，承租人还应当对因承租人之外的共同居住人或经承租人允许对租赁物进行使用、收益的第三方的原因造成租赁物毁损或灭失而承担损害赔偿责任。共同居住人应当包括承租人的家属、来宾等；经承租人允许使用受益的第三方则包括共用人、次承租人。

然而此次民法典仍然未对承租人的通知和容忍义务进行明文规定，即需要依据诚实信用原则进行确认。而《法国民法典》《德国民法典》等中均存在相关明

---

① 《法国民法典》第 1733 条："承租人如不能证明下列情形之一存在时，对于火灾应负赔偿责任：火灾系因意外事故或不可抗力或建筑的瑕疵而引起；或火灾因毗邻房屋延烧而造成。"而我国台湾地区"民法"则采取限制承租人损害赔偿责任的态度，减轻承租人的侵权责任与违约责任，其"民法"第 434 条规定："租赁物因承租人之重大过失致失火而毁损灭失者，承租人对于出租人负损害赔偿责任。"

文规定，实际适用中更合理有效。

（撰稿人：徐实）

第七百一十五条　【租赁物的改善与增设】 承租人经出租人同意，可以对租赁物进行改善或者增设他物。

承租人未经出租人同意，对租赁物进行改善或者增设他物的，出租人可以请求承租人恢复原状或者赔偿损失。

【释义】

本条款与《合同法》第223条相比较并未发生变动，规定了承租人保持租赁物的义务，也是承租人改善租赁物或增设他物而产生的有益费用的规定。

本条实质上是在不损害出租人利益的情况下，为了方便承租人更好生活、经营而设立，有益于承租人行使租赁权。承租人基于租赁合同对租赁物享有的租赁权，区别于用益物权，实质上属于债权的一种。租赁权的实现，需要借助出租人的协助，也就是说在双方当事人没有约定的情况下，承租人不得擅自对租赁物进行处分，即改变租赁物或增设他物。只有在获得出租人同意之后，承租人才能够对租赁物进行改善或增设他物。承租人未经同意擅自进行改善或增设他物，会构成对租赁合同义务的违反，需要承担恢复原状、赔偿损失的违约责任；还会构成对出租人所有权的侵权，需要承担恢复原状的责任。

所谓改善是指对租赁物并不改变其外观形状，而是对其性能进行改良。如租用的汽车由原来的化油器改装为电喷的，使汽车的性能更符合环保的要求。所谓增设他物，也叫添附，是指在原有的租赁物上又添加另外的物，如在汽车上安装音响设备、在房屋里安装空调等就是添附。[①] 出租人的同意，既包括明示的同意，如书面、口头、电话等多种表达形式，也包括默示的同意，也就是出租人明知道承租人在租赁物上改善或增设他物的行为，而未用语言或文字明确表示意见，即不反对的缄默。

承租人在征得出租人同意之后，对租赁物进行改善或增设他物的，可能会使得租赁物本身的价值或者性能等有所增加，这就会导致在租赁合同终止时，存在有益费用返还的问题。所谓有益费用一般是指由承租人支出的而使租赁物价值增

---

① 全国人大常委会法制工作委员会编：《中华人民共和国合同法释义》，中国法制出版社2009年版。

加的费用。[①] 有益费用必须是经出租人同意，用于对租赁物的改善或增设他物，使得租赁物价值增加且该增加价值在租赁关系终止后仍然存在。否则，如为了维持租赁物正常使用状态的支出则属于必要费用，不能使租赁物价值增加也不能构成有益费用。本条款中虽未明确规定承租人对有益费用的返还请求权，但是在《最高人民法院关于审理城镇房屋租赁合同纠纷案件具体应用法律若干问题的解释》第9条中规定了"……出租人同意利用的，可折价归出租人所有……"，第11条规定了"……出租人同意利用的，应在利用价值范围内予以适当补偿……"。由此来看，实践中我国确已依据不当得利的制度，确定了出租人应将其所得利益返还利益受损的承租人。《德国民法典》也是依据不当得利来规定承租人支出的有益费用，出租人应对其偿还。《德国民法典》第996条规定："占有人在必要费用之外，支出其他费用者，仅以费用在发生诉讼拘束之前或在第990条中规定的责任开始之前所支出者，以及在所有人取回其物的当时，因支出费用而增加了物的价值者为限，始得请求偿还。"

需要注意的是，在租赁期限届满，进行有益费用结算时，一般需要依据以下两项规则：第一，承租人请求返还的有益费用的范围仅限于租赁合同终止时租赁物增加的价值额，而不能依照承租人实际支出的数额；第二，在不影响租赁物原状的情况下，承租人有权选择拆除增设的他物；如因拆除导致租赁物毁损时，承租人应当恢复原状，承担赔偿责任；如承租人在租房内增设的未形成附合的装修装饰物，如空调、热水器、洗衣机等，承租人有权在租赁期届满时或租赁合同解除时拆除取回，而无须以出租人的同意为必要条件；但是如果承租人选择不拆除，而向出租人要求补偿装饰装修费用的，一般不予以支持，除非出租人同意补偿。[②] 如在出租人同意后承租人在租房内增设已形成附合的装修装饰（如墙壁粉刷、吊设天花板、铺设地砖等），租赁合同届满时，承租人请求出租人补偿附合装饰装修费用的，不予支持，当事人另有约定除外。这是因为从日常生活经验及行业惯例可以认定此部分装饰装修费用已经在租赁期间消耗殆尽。

【关联规定】

《最高人民法院关于审理城镇房屋租赁合同纠纷案件具体应用法律若干问题的解释》第9～14条，《最高人民法院关于贯彻执行〈中华人民共和国民法通则〉

---

① 江平：《中华人民共和国合同法精解》，中国政法大学出版社1999年版，第172页。

② 最高人民法院民事审判第一庭编著：《最高人民法院关于审理城镇房屋租赁合同纠纷案件司法解释的理解与适用》，人民法院出版社2009年版，第133页。

若干问题的意见（试行）》第86条

（撰稿人：徐实）

第七百一十六条　【转租】承租人经出租人同意，可以将租赁物转租给第三人。承租人转租的，承租人与出租人之间的租赁合同继续有效；第三人造成租赁物损失的，承租人应当赔偿损失。

承租人未经出租人同意转租的，出租人可以解除合同。

【释义】

本条款与《合同法》第224条相比较并未发生变动，规定了承租人的转租权及不得随意转租的义务。

所谓转租，是指承租人将租赁物的全部或一部分复出租与第三人（次承租人），供使用、收益，次承租人支付租金，而承租人本身并不脱离原租赁关系的行为。[①] 这里需要对转租、租赁转让和租赁权让与进行区分。转租行为需要具有以下特点：（1）原租赁合同存在；（2）转租人为原租赁合同的承租人；（3）转租的标的物是原租赁合同的标的物或其一部分。而租赁转让则是承租人将其在租赁合同中的全部权利与义务转让给第三人，承租人本身完全退出租赁关系，由第三人承担其承租人地位身份。租赁转让与本条规定的转租有以下区别：（1）性质不同，租赁转让属于契约之承担，合同的转让，而转租则是承租人与次承租人之间订立新的租赁合同；（2）法律后果不同，租赁转让会造成承租人脱离原租赁关系，受让人完全取代承租人地位成为原租赁合同的当事人，取得租赁权，而转租中承租人不脱离原租赁关系；（3）通过租赁转让取得租赁权属于移转的继受取得，而通过转租合同取得租赁权属于创设的继受取得。[②] 所谓租赁权让与是指承租人将其基于租赁合同而对租赁物享有的使用、收益的权利及相关权利转让给第三人，从而失去债权人身份，保留债务人身份。租赁权让与与转租有以下区别：（1）性质不同，租赁权让与属于承租人处分债权的行为，属于准物权行为，而转租合同属于负担行为；（2）法律后果不同，租赁权让与会导致承租人不再享有基于租赁合同而产生的债权请求权，但是仍然要承担租赁合同带来的各项义务，而转租中承租人不脱离原租赁关系，仍然享有原租赁合同中的权利并承担义务；

---

① 黄立：《民法债篇各论·上》，中国政法大学出版社2003年版，第294~297页。

② 郑玉波：《民法债篇各论》，三民书局1986年版，第245~248页。

（3）租赁权让与属于移转的继受取得，通过转租合同取得租赁权则属于创设的继受取得。①

对于承租人是否享有对租赁物转租的权利，各国对此规定并不一致，大体来讲存在三种立法模式。第一，自由主义立法模式，认为转租是承租人的权利，如果没有禁止性规定，则承租人原则上可以自由转租，无须征得出租人同意。如法国、意大利等国就采取了这种模式的立法。《法国民法典》第1717条规定："承租人有转租的权利，甚至有将其租约让与他人的权利，但如租约本身禁止其享有此种权利时，不在此限。"这种立法模式的理由是，租赁合同并不以出租人对租赁物享有的所有权为生效要件，不以转移标的物所有权为内容，所以除非当事人事先约定不准转租，承租人将其对租赁物的使用、收益权授予他人并不损害出租权人的所有权。第二，限制主义立法模式，认为承租人转租的行为必须经过出租人同意，非经同意不得转租，德国、日本就是采用了此种立法模式。《德国民法典》第540条第1款规定："非经出租人许可，承租人无权将租赁物交给第三人使用，尤其无权将租赁物转租。"《日本民法典》第612条规定："承租人非经出租人承诺，不能将承租权让与或将租赁物转租。承租人违反前项规定，让第三人对租赁物使用或收益时，出租人可以解除契约。"此类立法模式的理由在于承租人不对租赁物享有物权，其对租赁物使用、收益的权利仍然是债权，其无权处分租赁物。而交易最基本的条件之一就是同意，即承租人要处分租赁物需要经有处分权的人同意。如果承租人将租赁物转租他人，这种行为属于效力待定的无处分权的民事行为，次承租人据此取得的租赁权无法对抗出租人的所有权。因此，允许承租人随意转租的行为不利于保护次承租人及出租人的利益。第三，区别主义立法模式，是指承租人能否转租取决于租赁物是动产抑或不动产，如果租赁是动产时，采取限制主义立法模式，即转租需要经出租人同意，如果租赁物是不动产时，则采取自由主义，意大利及我国台湾地区采取此种立法模式。《意大利民法典》第1594条规定："除有相反约款，承租人有将承租物转让他人的转租权，但是未经出租人的同意不得转卖契约。涉及动产的，转租应当由出租人授权或者与惯例相符。"我国台湾地区"民法"第443条规定："承租人非经出租人承诺，不得将租赁物转租于他人。但租赁物为房屋者，除有反对之约定外，承租人得将其一部分转租于他人。"这种立法模式的理由认为动产流动性强，如允许自由转租，一旦转移到他人处，出租人无从对租赁物进行了解和控制，出租人承担的风险因此提高。而不动产无法移动，出租人能够方便地对次承租人使用不动产的状况进行监督。

① 史尚宽：《债法各论》，中国政法大学出版社2000年版，第183页。

整体来看，我国采取了限制主义立法模式，这是因为在我国的租赁合同关系中，特别是房屋租赁，有些人利用这种形式将租来的房屋层层租赁，使租赁房屋的租金过高，以获取暴利，侵害了房屋所有人的利益，为规范这类行为，本条规定，承租人将租赁物转租他人的必须经出租人同意。[①] 未经出租人同意而为的转租为不合法转租，在此情形下，承租人的转租行为是违约行为，出租人可以解除合同。[②] 出租人的同意既可以在承租人转租前，经概括授权或个别认可的方式来表示，即在租赁合同订立时明确约定承租人有权出租租赁物或在租赁期间承租人征得出租人同意将租赁物转租；也可以在事后通过明示或默示的方式予以追认，比如出租人要求次承租人支付租金或提高租金。本法第 718 条也规定："出租人知道或者应当知道承租人转租，但是在六个月内未提出异议的，视为出租人同意转租。"需要注意的是，如果是事后默示追认，需要次承租人承担相应举证责任。[③] 还需要重点关注廉租房的转租问题，根据规定，城市低收入住房困难家庭不得将所承租的廉租住房转租。

依据本条规定，转租包括同意转租和擅自转租两种情况，据此产生了复杂的法律关系。

一、经出租人同意的转租

经出租人同意的转租是有效的，由于同一租赁物上出现了三方当事人及两个租赁合同，据此这三方当事人之间产生了三个法律关系：（1）出租人与承租人之间的法律关系：由于这二者之间的租赁合同效力不受转租行为影响而继续有效存在，因此他们的租赁关系不受影响，各自继续享有租赁合同上的权利，承担义务，比如承租人就需要继续依照租赁合同承担交付租金、保管租赁物、保持租赁物、租赁期届满返还租赁物等义务。其次如果次承租人造成租赁物损失时，承租人需要向出租人承担损害赔偿责任。只要租赁物的损失是由次承租人造成的，承租人有无过错则在所不问，其需要承担无过错责任。[④] 这也就意味着，承租人的

---

① 全国人大常委会法制工作委员会编：《中华人民共和国合同法释义》，中国法制出版社 2009 年版。但是，相较于德日的限制主义立法模式，我国虽也采取限制主义立法模式，但是相对模糊，不彻底。因为我国本条中采取的是授权规范模式，即经过出租人同意，承租人可以将租赁物转租。这种规定并不排斥"非经出租人同意，承租人可以将租赁物转租"的结论，出租权人仅可以在出现此种状况时，依据本条第 2 款解除合同。但是从本条第 2 款规定的出租人的解除权来看，我国仍然对承租人擅自转租行为采取消极态度。

② 江平：《中华人民共和国合同法精解》，中国政法大学出版社 1999 年版，第 173 页。

③ 王轶：《租赁合同、融资租赁合同》，法律出版社 1999 年版，第 36 页。

④ 承租人的无过错责任在德国、我国台湾地区"民法"中均有体现。《德国民法典》第 549 条第 3 项："承租人将使用权让与第三人的，虽出租人已同意其让与，承租人对第三人在使用中应负责的事由所生的损害，仍负其责任。"我国台湾地区"民法"第 44 条第 2 项："因次承租人应负责之事由所生之损害，承租人负赔偿责任。"

责任会由于转租行为的产生而加重。但是同时对于承租人通过转租行为获利的行为若未造成出租人损失，不属于不当得利，不受限制。（2）承租人与次承租人之间的法律关系：当承租人（转租人）与次承租人之间的转租合同生效后，除非另有约定，双方的法律关系属于普通租赁关系，其权利义务与普通租赁合同上当事方的权利义务内容无差异，比如承租人对次承租人负有对租赁物一般出租人的维修义务，次承租人则需要承担向承租人交付租金、保管租赁物等一般承租人义务。但是需要注意的是，转租合同订立是以原租赁合同为基础的，次承租人的新租赁权是以承租人的租赁权为前提而产生，因此次承租人对租赁物的使用收益的权能实际是受到一定限制的。比如当原租赁合同终止或者被解除时，承租人与次承租人之间的租赁关系也随之终止，次承租人不得向出租人主张租赁权。（3）出租人与次承租人的法律关系：双方实际上并不存在直接的法律关系，但是出于保护出租人利益的法律目的，在此前的《合同法释义》中全国人大常委会法制工作委员会已明确："次承租人可以直接向出租人支付租金"[①]，本法第 719 条也规定了当承租人拖欠租金时，次承租人可以代为支付。

二、未经出租人同意擅自转租

（1）就出租人和承租人的法律关系而言，本条规定未经出租人同意转租的，出租人可以解除合同。很多法院的判例都认为承租人擅自转租的行为是严重的违约行为，破坏了出租人与承租人之间的信赖关系，损害了出租人对租赁物的处分权，因此出租人有权解除合同，并据此请求违约的损害赔偿和基于解除合同所产生的损害赔偿。王泽鉴先生认为，当出租人为租赁物的所有权人时，承租人的擅自转租构成对出租人所有权的侵权行为。审理城镇房屋租赁合同纠纷案件司法解释起草小组认为这种观点并不完全正确，因为当出租人是租赁物的所有权人时，他将租赁物出租是以收取租金作为对价而将租赁物交给他人占有、使用、收益的，而转租合同中的权利义务并未突破租赁合同约定的范围。因此，认定未经同意的转租侵犯出租人所有权，依据略显不足。[②] 但是需要注意，如果出租人不解除合同，出租人与承租人之间的原租赁合同不因转租而无效。（2）承租人与次承租人之间的转租合同效力的问题，虽然我国并无明文规定，但是一般认为擅自转租行为虽不适法，但是承租人与次承租人之间的租赁合同成立并生效，与一般租

① 各国也均出于对出租人的利益的保护，强制出租人与次承租人发生直接的法律关系，不过略有差异。例如，《日本民法典》第 631 条第 1 项规定："承租人适法将租赁物转租时，转租承租人直接对出租人负担义务。于此场合，不得以预付租金对抗出租人。"《德国民法典》虽并未规定出租人对于次承租人有租金支付请求权，但是规定了在租赁关系终止时，出租人可以向次承租人请求租赁物的返还（第 555 条）。

② 最高人民法院民事审判第一庭编著：《最高人民法院关于审理城镇房屋租赁合同纠纷案件司法解释的理解与适用》，人民法院出版社 2009 年版，第 220 页。

赁合同效力一致。[①] 当出租人由于擅自转租解除原租赁合同时，转租合同因此终止。（3）就出租人与次承租人的关系而言，次承租人的租赁权不得对抗出租人。德日观点认为虽然出租人不能解除转租人与次承租人之间的转租合同，但可以所有权为由对次承租人行使排除妨害请求权。[②]

【关联规定】

《最高人民法院关于审理城镇房屋租赁合同纠纷案件具体应用法律若干问题的解释》第 15 ~18 条，《商品房屋租赁管理办法》第 11 条，《廉租住房保障办法》第 25 条

（撰稿人：徐实）

第七百一十七条　【超越租赁期限转租的效力】 承租人经出租人同意将租赁物转租给第三人，转租期限超过承租人剩余租赁期限的，超过部分的约定对出租人不具有法律约束力，但是出租人与承租人另有约定的除外。

【释义】

本条款为新增条款，由《最高人民法院关于审理城镇房屋租赁合同纠纷案件司法解释的理解与适用》第 15 条修改而来，主要规定了超过剩余租赁期限的转租合同效力问题。

区别于《最高人民法院关于审理城镇房屋租赁合同纠纷案件司法解释的理解与适用》第 15 条中“……转租期限超过承租人剩余租赁期限的，人民法院应当认定超过部分的约定无效……”本条款将其表述改为“超过部分的约定对出租人不具有法律约束力”。作出这种更改，实质上更加规范、具体、精确，更有利于保护出租人的利益，以及次承租人的利益。

---

① 但是也有学者主张合同无效，或属于效力未定合同。参见杜万华：《合同法精解与案例评析（下）》，法律出版社 1999 年版，第 466 ~457 页。隋彭生：《合同法要义》，中国政法大学出版社 2003 年版，第 526 页。

② 王轶等学者赞同此观点，但是我国台湾地区通说认为，违法转租只是出租人终止契约之原因，次承租人因转租而取得之占有，对于出租人不迳为违法，不终止原租赁契约，出租人不得请求返还原租赁物。参见史尚宽：《债法各论》，中国政法大学出版社 2000 年版，第 189 页。

一份完美的转租合同中，承租人在其中设定的租赁权内容不应超过原租赁合同约定内容范围，也不能改变原租赁合同约定用途而转租。但是实践中，转租合同多而繁杂，完美的租赁合同仅存在于理论中。争议最大的就是承租人超过租赁期限将租赁物（尤其是房屋）转租的后果，存在多种意见：第一，主张转租行为无效，因为原租赁合同期限届满，承租人已失去对租赁物占有使用的权能，转租租赁物属于对他人财产的处置，缺乏权源，是侵权行为，次承租人继续使用租赁物则属于无权占有处分，也是侵权行为；第二，主张超过承租人剩余租赁期限的转租行为属于效力待定行为，如得到出租人追认则不损害任何人利益，应为有效，反之则无效；第三，主张承租人超过剩余租赁期限的转租行为有效，这是基于公平原则对善意次承租人的保护；第四，主流观点主张承租人超过剩余租赁期限的转租，超过部分的约定无效，这也是《最高人民法院关于审理城镇房屋租赁合同纠纷案件司法解释的理解与适用》中的规定。也就是说，对于承租人和次承租人而言，转租租赁合同超过剩余租赁期限的部分无效，不具有法律约束力，但是合同其余部分仍然具有法律效力。由于次承租人的租赁权以承租人的租赁权为基础，因此在承租人的租赁权消灭时，次承租人的租赁权丧失存在基础，不得对出租人主张。所以如果租赁合同的租赁期届满或因承租人不履行义务致出租人解除合同时，次承租人不得向出租人主张租赁权的存续。

本条将“超过部分的约定无效”改为“超过部分的约定对出租人不具有法律约束力”实际上更为精准，具体。理论上而言，由于原租赁合同和转租合同分别是两个独立的合同，基于合同相对性原理，出租人的同意并不能使出租人和次承租人之间建立直接的合同上的权利义务关系，也就是说出租人仅能向其租赁合同的相对人也就是承租人，要求其承担违约责任。因此，理论上来讲出租人与次承租人均不得向对方主张基于租赁关系而产生的各种权利，也不承担相应的义务。只有当租赁期限届满后，次承租人此时对租赁物的占有使用属于无权占有，据此出租人才可以基于所有人地位，行使侵权请求权，要求次承租人承担返还原物等责任。更改之后的本条款，用转租租赁合同超过剩余租赁期限的部分不对出租人有法律约束力的表述方式，使得出租人与承租人、次承租人之间的法律关系更加明确、具体。

此外，笔者以为，本条改动也更有利于保护次承租人的利益。此前的规定中，转租租赁合同超过剩余租赁期限的部分被认定为无效，则当事方可依据合同无效的规定承担返还财产、折价补偿、赔偿损失的责任。比如，因房屋承租人的故意或者过失导致转租合同超过原租赁合同期限，次承租人向出租人缴纳逾期挪房的费用后，有权向承租人追偿。而改动后的规定中，转租租赁合同并不因此产生部分无效的法律后果，也就是合同之债依然存在。在这种情况下，善意次承租人可以依据本法第 577 条要求承租人承担继续履行、采取补救措施或赔偿损失的合同违约责任。与合同部分无效的法律后果相比，对于善意当事方而言，合同违约责任具有更高的补偿性和惩罚性。也就是说次承租人可以据此要求承租人依据转租租赁合同继续履行，由承租人去解决“期限”问题，也可以要求承租人承担因此产生的搬家费用、逾期挪房费用等。

考虑到当事人的意思自治，如果出租人与承租人早已约定承租人可以将租赁物超过剩余租赁期限进行出租或者租赁合同是不定期的①，则承租人转租的期限不在考虑范围内。实践中，大量的房屋业主出于时间成本等方面的考量，将房屋交给专业的房产中介机构来进行转租，此时的“超过剩余期限”就无须再考量。同样，如果承租人在租赁期限届满后，与出租人续约以延长租赁期限的话，也应当视为出租人与承租人另有约定。所谓的“另有约定”，根据审理城镇房屋租赁合同纠纷案件司法解释起草小组的意见，书面约定的效力要高于口头约定，因为口头约定难以取证，会造成法院在厘清此问题时的资源浪费，同时书面约定也可以督促当事人在处分权利时持有更审慎的态度。② 此外，在考量本条规定的转租是否包含房屋群租及再转租的实际生活现实情况时，审理城镇房屋租赁合同纠纷案件司法解释起草小组持肯定态度，他们认为他主群租（房屋中介与二房东将房屋出租给多个承租人）③ 和二房东、三房东乃至四房东等的再转租行为符合转租的法律特征，适用转租的规定。④

【关联规定】

《民法总则》第 156 ~ 157、176 ~ 179 条，《民法典》第 577、733 ~ 734 条，《最高人民法院关于审理城镇房屋租赁合同纠纷案件具体应用法律若干问题的解释》第 15、18 条

（撰稿人：徐实）

---

① 房屋租赁合同的期限为 6 个月以上的，应订立书面合同，未采用书面合同的租赁，视为不定期租赁。最高人民法院民事审判第一庭编著：《最高人民法院关于审理城镇房屋租赁合同纠纷案件司法解释的理解与适用》，人民法院出版社 2009 年版，第 201 页。

② 最高人民法院民事审判第一庭编著：《最高人民法院关于审理城镇房屋租赁合同纠纷案件司法解释的理解与适用》，人民法院出版社 2009 年版，第 203 页。

③ 此外还有自主群租，即所有权人将房屋出租给多个承租人的行为，不能称为转租。

④ 最高人民法院民事审判第一庭编著：《最高人民法院关于审理城镇房屋租赁合同纠纷案件司法解释的理解与适用》，人民法院出版社 2009 年版，第 202 ~ 203 页。

第七百一十八条　【出租人同意转租的推定】 出租人知道或者应当知道承租人转租，但是在六个月内未提出异议的，视为出租人同意转租。

【释义】

本条款为新增条款，由《最高人民法院关于审理城镇房屋租赁合同纠纷案件具体应用法律若干问题的解释》第 16 条修改而来，主要对推定出租人同意转租进行规定。

由于《合同法》第 224 条（本法第 716 条）对转租行为法律效力仅进行了原则性规定，导致学界和实务中出现了对转租合同效力的争议。第一种认为未经出租人同意的转租合同为无效合同[①]；第二种认为不应当认定转租合同无效，因为擅自转租合同并不属于《合同法》中规定的无效合同的情形；第三种则认为转租合同属于效力未定的合同，这是由于承租人不经出租人同意的转租行为属于无权处分他人财产，合同的效力需要取决于有权利人的认定。[②] 实践中，不同地区法院对同一问题的适用出现了差异，据此《最高人民法院关于审理城镇房屋租赁合同纠纷案件具体应用法律若干问题的解释》第 16 条第 1 款规定："出租人知道或者应当知道承租人转租的，但在六个月内未提出异议，其以承租人未经同意为由请求解除合同或者认定转租合同无效的，人民法院不予支持。"前文提及，全国人大常委会法制工作委员会在此前的合同法释义中认为我国针对转租行为采取的限制主义立法模式，最高人民法院在关于《最高人民法院关于审理城镇房屋租赁合同纠纷案件具体应用法律若干问题的解释》的理解与适用中也据此认定，由于未经出租人同意的转租破坏了原有的出租人与承租人的信任关系，减弱了出租人对出租房屋的控制，因此原则上承租人未经出租人同意其转租的行为无效。[③]

但是与德国日本等采用禁止性规范的限制主义立法模式不同的是，我国对转租行为实质采取的是授权的立法模式。"承租人经出租人同意，可以将租赁物转租给第三人"并不能反推出"承租人非经出租人同意，不得将租赁物转租给第三人"的结论，也不能排斥"承租人非经出租人同意，亦可将租赁物转租给第三人"的结论。同理，从《最高人民法院关于审理城镇房屋租赁合同纠纷案件具体

---

① 杜万华：《合同法精解与案例评析·下》，法律出版社 1999 年版，第 467 页。

② 隋彭生：《合同法要义》，中国政法大学出版社 2003 年版，第 526 页。

③ 王玉国、皇甫家果编：《最高人民法院城镇房屋租赁合同司法解释精释精解》，中国法制出版社 2016 年版，第 134 页。

应用法律若干问题的解释》第16条的表述来看，笔者以为其实质上明确了未经出租人同意的转租合同应该是效力未定的合同。转租合同成立后，是否生效取决于出租人是否同意，如果其以明示或默示的方式在转租合同成立之前表示同意，则毫无疑问转租合同是自始有效；如果出租人在租赁合同成立之前并未表示同意，在知道或应当知道转租行为之后的6个月内明确表示异议，则转租合同归于无效；如果出租人在租赁合同成立之前并未表示同意，在知道或应当知道转租行为之后的6个月内未明确表示异议，则转租合同自始有效。这个推论显然与前文表述的“原则上无效”存在差异。

而实际上，《最高人民法院关于审理城镇房屋租赁合同纠纷案件具体应用法律若干问题的解释》之所以如此规定，也是基于维护次承租人的利益考量。实践中，由于《合同法》第224条（本法第716条）并未对转租合同效力作出最直接具体的规定，导致众多二房东、三房东等以转租合同未经出租人同意而主张转租合同无效，损害了次承租人的利益。而本条将第16条的“其以承租人未经同意为由请求解除合同或者认定转租合同无效的，人民法院不予支持”改为“视为出租人同意转租”，能够使法律内在逻辑关系更加清楚、精确，表述更加明确、具体。毕竟一味强调未经过出租人同意的转租合同无效，并不适应当下经济社会发展的内在要求，也不利于租赁各方的交易安全。

规定出租人可以限制自由转租在很大程度上保护了出租人的利益，但是同时，当转租行为并未获得出租人同意时，出租人一日不提出解除合同，租赁合同、转租合同各方的法律关系就处于一种非常不稳定的状态，各方也难以对自身的民事行为作出恰当预期，不利于交易安全，也不利于社会经济发展。因此，本法规定了6个月异议期来监督出租人以行使解除权等方式来及时提出异议，实质上就是对出租人的限制。这6个月为除斥期间，不存在中断、中止、延长的适用问题。一旦超过了6个月，为了更好地保护善意次承租人的利益，平衡出租人、承租人及次承租人的利益，以及维护社会经济利益的稳定，就可以推定出租人同意承租人转租。

【关联规定】

《民法典》第716条，《最高人民法院关于审理城镇房屋租赁合同纠纷案件具体应用法律若干问题的解释》第16条

（撰稿人：徐实）

第七百一十九条　【次承租人的代偿请求权】 承租人拖欠租金的，次承租人可以代承租人支付其欠付的租金和违约金，但是转租合同对出租人不具有法律约束力的除外。

次承租人代为支付的租金和违约金，可以充抵次承租人应当向承租人支付的租金；超出其应付的租金数额的，可以向承租人追偿。

【释义】

本条款为新增条款，由《最高人民法院关于审理城镇房屋租赁合同纠纷案件具体应用法律若干问题的解释》第 17 条修改而来，主要规定了次承租人的代偿请求权以及对承租人的追偿权等，从立法层面对次承租人的利益保护作出了明确的规定。

根据本法第 722 条规定，“承租人无正当理由未支付或者迟延支付租金的，出租人可以请求承租人在合理期限内支付；承租人逾期不支付的，出租人可以解除合同。”也就是说，当承租人未按照约定支付租金，则出租人在合理催告后可以据此解除租赁合同，这也就意味着转租合同也失去了继续存在的基础。出租人可以基于所有权要求次承租人返还原物或房屋等，这时善意次承租人的利益受到了必然损害，次承租人对此根本无能为力。为了保护次承租人的利益，维护租赁关系的稳定，本条规定实质上突破了合同相对性原则，使得次承租人与出租人直接发生联系，赋予次承租人代承租人清偿的权利，并且产生了由于拖欠租金导致出租人行使合同解除权的对抗效力。

目前大概有三种对于租赁权性质讨论的学说：第一种是物权说，认为租赁权是基于占有租赁物而为使用收益，本质上是对物的支配。第二种是租赁权之物权化说，认为租赁权具有对抗效力，也就是通常所说的“买卖不破租赁”。现代民法的重要发展趋向之一便是《合同法》中社会因素的加强。社会原则要求法律给予那些依赖于订立合同，但由于经济实力弱或缺乏经验而无法以特有方式充分地维护自身利益的人提供法律保护。[①] 各个国家和地区为了谋求社会生活的稳定，对以居住或农耕为目的而承租他人不动产的行为采取了巩固承租人地位的方针，与此方针相关的一系列法律现象被学者统称为“租赁权的物权化”。租赁权的物

① ［德］拉伦茨：《德国民法通论》，法律出版社 2003 年版，第 69 页。

权化体现在以下几方面：（1）租赁权的对抗效力；（2）就租赁权的侵害所产生的对于第三人的效力，即承租人是否得以基于租赁权对第三人主张排除妨害请求权以及损害赔偿请求权；（3）租赁权继续性，即延长租赁期限并限制出租人的解约权；（4）租赁权处分的可能性，即租赁权是否可以自由让与及转租；（5）废止对租赁物利用方法的限制，即承认承租人享有改建或进行重大修缮的自由；（6）租金客观化。[①] 第三种则是债权说，承租人对于租赁物的使用收益从属于租赁权的权能，并非对于租赁物直接支配的一种独立权利。纯粹的债权说与罗马法上“买卖破租赁”的思想一致，不利于保护承租人利益。根据传统民法理论，债的相对性是区别于物权的重要特征，前文所述租赁权的物权化本质上并未动摇租赁权的债权属性，也未动摇其作为租赁合同债权的相对性。尽管目前存在租赁权物权化的趋势，但是这种趋势具有一定边界，即目前各国立法多赋予不动产租赁权以一定物权效力，而并未承认一般租赁权的物权效力。

转租情况中，出租人和承租人之间的租赁合同与承租人和次承租人之间的转租租赁合同是相互独立的关系，依据合同相对性，各合同当事人只能向其合同相对人主张权利履行义务。而事实上转租租赁合同与原租赁合同的标的物相同或者部分相同，次承租人的租赁权事实上来源于承租人的租赁权，一旦承租人丧失租赁权，转租合同将无法继续履行。依据债的性质，除必须由债务人亲自履行或者债权人与债务人事先约定必须由债务人亲自履行外，第三人可为清偿人。第三人代债务人清偿，债权人并未因此受不利益，债权人无正当理由不得拒绝。同样在转租状况中，由次承租人代承租人支付租金丝毫不影响出租人的租金利益，同时出租人获得租金后不再能以拖欠租金为由行使合同解除权则可以保障次承租人的利益。实践中，在次承租人无过错，且承租人拖欠的租金金额小于解除合同会给次承租人造成的损失时，片面保护出租人利益很不可取。而且当租赁合同被出租人解除时，次承租人只能向承租人追讨损失，而承租人已然可能因支付能力出问题而拖欠租金，次承租人的索赔也可能无功而返。[②] 本法第 524 条也明文规定：“债务人不履行债务，第三人对履行该债务具有合法利益的，第三人有权向债权人代为履行……”因此，为了维持租赁关系稳定，化解次承租人的弱势地位，保护次承租人的利益，本条规定了次承租人的代偿请求权。

次承租人代偿金额应当包括承租人拖欠的租金、因承租人拖欠租金而产生的利益损失及依据原租赁合同而产生的违约金。只有当次承租人完全清偿了完整的

---

① 王轶：《租赁合同、融资租赁合同》，法律出版社 1999 年版，第 48 ~ 57 页。

② 参见最高人民法院民事审判第一庭编著：《最高人民法院关于审理城镇房屋租赁合同纠纷案件司法解释的理解与适用》，人民法院出版社 2009 年版，第 221 ~ 222 页。

金额时，才能够产生对抗出租人依拖欠租金而解除租赁合同的效力。虽然本条并未明确提出“以抗辩出租人合同解除权”的规定，但实际已经包含在代偿请求权的效力当中，无须赘述。与《最高人民法院关于审理城镇房屋租赁合同纠纷案件司法解释的理解与适用》第 17 条不同的是，本条并不以出租人因承租人拖欠租金而行使合同解除权为次承租人行使代偿请求权的前提。本条规定只要承租人拖欠租金，除了转租合同不对出租人产生约束力以外，次承租人就可以行使代偿请求权。

虽然本条突破合同的相对性，规定了次承租人向出租人行使代偿请求权，但是实际上按照租赁合同约定支付租金、违约金的义务主体仍然是承租人。次承租人是代替承租人履行其合同义务，其代为清偿行为并不是无偿的，必然需要通过立法赋予次承租人权利以补偿。根据本条规定，次承租人作为第三人清偿可以取得两项权利，一是对于承租人的追偿权；二是次承租人支付的租金、违约金等可以和转租合同中其应支付的租金相折抵。实践中，次承租人选择实施第二种权利的可能性更大，因为承租人拖欠租金的行为很可能是其支付能力出现问题所致，次承租人直接将代偿的金额抵销转租合同的租金，更为便利、有效、稳定、安全。①

然而本条款在规定了次承租人的代偿请求权时，并未相应地规定通知义务、通知义务的履行主体以及次承租人行使代偿请求权的期间。这就使得在实践中出现次承租人根本不知晓因承租人拖欠租金而解除租赁合同，导致次承租人直接丧失了代为清偿租金和违约金的权利。同时不限制次承租人行使代偿请求权的期间，要求出租人无限等待次承租人代偿，也极可能因时效性问题造成出租人的利益损失。

【关联规定】

《民法典》第 524、722 条，《最高人民法院关于审理城镇房屋租赁合同纠纷案件具体应用法律若干问题的解释》第 17 条

（撰稿人：徐实）

---

① 参见最高人民法院民事审判第一庭编著：《最高人民法院关于审理城镇房屋租赁合同纠纷案件司法解释的理解与适用》，人民法院出版社 2009 年版，第 235 页。

第七百二十条 【租赁物收益的归属】在租赁期限内因占有、使用租赁物获得的收益，归承租人所有，但是当事人另有约定的除外。

【释义】

本条款与《合同法》第225条相比较并未发生明显变动，规定了租赁期限内占有、使用租赁物所获收益的归属，确认了当事人之间的利益分配，也实际上规定了承租人的收益权。

实践中，承租人订立租赁合同最主要的目的就是试图以租赁代替买卖，付出较少的成本取得对他人物品的占有、使用和收益权利，从而实现特定的消费目的或生产目的。比如承租人以生产经营为目的租赁大型机械设备、为了从事商业贸易等租赁经营场所，承租人以支付租金作为对价，要求获得的就是租赁期限内因占有、使用租赁物而获得的利益。当然也存在承租人仅需要获得对租赁物的使用价值，如为了居住、使用的目的租赁房屋、家具等。因此，将租赁期限内因占有、使用租赁物获得的收益归于承租人所有的规定，实际上符合租赁合同的性质：租赁合同就是出租人将租赁物交付给承租人占有、使用、收益，而承租人支付租金的合同。在意大利民法典中专门规定了一类叫作产生孳息的物品租赁，第1615条规定："当租赁是以动产或不动产产生孳息的物品的享用为标的时，承租人应当负责根据物的经济用途和生产利益进行经营、管理。租赁物的孳息和其他利益归承租人。"承租人对租赁物的使用是以支付租金为代价的，所以就其租赁物的占有、使用而获得的收益，应当享有所有权。本条款完整继受了《合同法》第225条的规定，因此各级人民法院在审判实践中适用《合同法》第225条的意见仍然具有指导意义。同时，本条款将"期间"调整为"期限"，我国民法一般将期限分为法定、指定和约定三种类型。无论该期限是以何种方式进行确定的，一旦确定，期限就对双方当事人都具有法律约束力，决定了民事法律关系的效力之期限。

本条所称的收益是指承租人因占有、使用租赁物而获得的效益，具体而言包括两类：第一类为因占有租赁物而产生的收益；第二类则是因使用租赁物而产生的收益，比如租用机械生产产品进行销售获得的利益，租用货运、客运汽车经营运输业务而获得的收益，抑或承租人通过房屋转租行为而获取的超额租金等。

根据本条但书的规定，租赁合同的当事人可以通过协商来确定在租赁期间因占有、使用租赁物而获得的收益的归属。例如，可以约定，在租赁期间因占有使用租赁物而获得的收益归出租人所有，或者由出租人和承租人按照一定比例分项，如果没有约定，则此收益归承租人所有。

（撰稿人：徐实）

第七百二十一条 【支付租金的期限】 承租人应当按照约定的期限支付租金。对支付租金的期限没有约定或者约定不明确，依据本法第五百一十条的规定仍不能确定，租赁期限不满一年的，应当在租赁期限届满时支付；租赁期限一年以上的，应当在每届满一年时支付，剩余期限不满一年的，应当在租赁期限届满时支付。

【释义】

本条款与《合同法》第226条相比较并未发生明显变动，规定了承租人支付租金的义务以及租金支付期限。

支付租金是承租人应承担的最主要的租赁合同义务。租金是承租人对租赁物占有、使用、收益时应当支付的对价。根据本法第704条的规定，租赁合同内容一般应包括租金、支付期限及方式。

通常情况下，租金是以金钱形式来支付，除当事人另有约定外，出租人可以请求承租人以实际履行地的法定货币来支付。但是法律并未规定租金仅限于金钱形式，租赁合同当事人可以依法约定租金的形态，如可以以租赁物产生的孳息或其他物品作为租金来支付。对于租金的数额方面，应当由租赁合同当事人来自行约定，如果法律对租金数额有特别规定的，应当依规定来约定，如廉租房租金就有明确规定。承租人需要依照合同约定的数额、方式来支付租金。如果因承租人自身原因导致不能对租赁物全部或部分进行使用、收益的，承租人的交付租金义务不能被全部或部分免除。但若不是因承租人原因导致租赁物需要维修的，出租人如果并未履行维修义务，因维修影响承租人使用的，应当减少租金或延长租期。实践中，我国法院在处理合同履行问题时采取了情势变更原则，《最高人民法院关于适用〈中华人民共和国合同法〉若干问题的解释（二）》第26条也采取了相同规定，也就是说租赁合同双方当事人在租赁合同订立后，由于客观情势变化，导致出现显失公平的态势，则可以依据情势变更原则、公平原则、诚信原则来协商解决租金变更、调整问题。[①]《商品房屋租赁管理办法》中还明确了如果租赁物是房屋的话，在租赁合同期间，出租人不得单方面提高租金的规定。此外，实践中，当租赁合同无效时，法院解决纠纷时也会参照约定租金标准来确定，如《最高人民法院关于审理城镇房屋租赁合同纠纷案件司法解释的理解与适用》第 5 条第 1 款规定了："房屋租赁合同无效，当事人请求参照合同约定的租金标准支付房屋占有使用费的，人民法院一般应予支持。"

为了避免合同履行时当事人因为租金支付日期发生纠纷，根据法律规定，一般租赁合同中应当尽量将租金支付期限约定明确。通常来讲，租金的支付可以一次性支付，也可以分期支付；一次性支付既可以在事前支付，也可以在租赁期届满后支付；可以按照年、月、日抑或精确到小时、分钟来计算。当事人应当尽量在合同中明确租金的支付期限，并且严格按照约定来支付租金。但是实践中，仍然因为种种原因出现租赁合同中未约定租金支付期限或者约定不明的情况，则需要当事人协商，尽量达成补充协议以解决支付期限的问题；如果协商不成，且依据合同有关条款、合同性质、合同目的或交易习惯也仍然无法确定的，则需要根据本条款提供的补充规定来确定支付期限。补充规定采取了后付原则，一般在租赁期届满时支付。具体而言，有以下两种情况：第一，租赁期限不满 1 年时，租金应当在租金期限届满时支付。比如租赁合同中约定的租赁期间为 3 个月，则租金应当在 3 个月届满时按约支付全部租金。第二，租赁期限超过 1 年的，租金应当在每满 1 年时支付；剩余期限不足 1 年的，租金应当在租赁期届满时支付。比如租赁合同中约定租赁期限为 3 年 6 个月，租约起始时间为 2020 年 3 月，那么此后 3 年每年 3 月承租人都应当支付租金，到 2023 年 3 月时，租期还有 6 个月，那么应当在租赁期届满的 2023 年 9 月最后一次支付租金。本条款中也将"期间"改为"期限"，语言更加准确。

【关联规定】

《民法典》第 510、704、713 条，《最高人民法院关于适用〈中华人民共和国合同法〉若干问题的解释（二）》，《最高人民法院关于审理城镇房屋租赁合同纠纷案件具体应用法律若干问题的解释》第 5 条，《商品房屋租赁管理办法》第 7、9 条，《廉租住房保障办法》第 7～8、21 条

（撰稿人：徐实）

---

① 一些国家或地区通过立法规定了当事人可以在一定情况下变更租金，如《日本土地租用法》第 12 条："因土地租税或其他公共课征的增减或土地价格的升降，或者与毗邻土地的地租或租金比较，地租或租金为不相当时，当事人可以不拒绝契约的条件，请求对将来增加或减少地租或租金。"

第七百二十二条　【未支付、迟延支付及逾期不支付租金的法律后果】承租人无正当理由未支付或者迟延支付租金的，出租人可以请求承租人在合理期限内支付；承租人逾期不支付的，出租人可以解除合同。

【释义】

本条款与《合同法》第227条相比较并未发生变动，规定了承租人违反支付租金义务的法律后果，也确认了出租人的合同解除权。

租赁合同是一种双方、有偿、诺成的合同，出租人与承租人之间依据合同形成了相互对应的权利与义务关系。承租人取得租赁物的占有、使用、收益权利需要以支付租金作为对价，而出租人出租租赁物就是为了获取租金利益。据此承租人负有按照合同约定的金额、期限、方式向出租人支付租金的义务。但是如果承租人无正当理由未支付或延迟支付租金，就会造成对出租人的违约，需要承担一定的违约责任。但是为了保障合同的稳定性，也为了鼓励交易和保护交易安全，本条款规定承租人无正当理由未支付或延迟支付租金的，出租人可以“先行催告”，通知承租人在合理期限内支付，仍未得到租金则可以行使其合同解除权。这实质上是给予了承租人一定的补救机会，虽然承租人无正当理由不支付或延迟支付租金的行为构成了对出租人的根本违约，但是并不一定会导致随即解除租赁合同的法律后果。“先行催告”完全符合本法第563条第1款第3项规定的“当事人一方迟延履行主要债务，经催告后在合理期限内仍未履行”时当事人享有法定解除权以及第565条的规定：“当事人一方依法主张解除合同的，应当通知对方……”这种对于当事人的法定催告义务的规定也符合各国的立法规定，如《法国民法典》第326条第1款规定：“在合同当事人一方履行迟延时，相对方在一定合理期限催告其履行；于该期间内仍不履行时，相对人可以解除合同。”但是，从本条文义解释来看，出租人不以履行催告义务为解除合同的必要前提，法释和学界也认同此观点。[①] 据此依据本条规定，若承租人无正当理由未支付或迟延支付租金，可能会产生两类法律后果：（1）出租人通知承租人在合理期限内支付。所谓合理，一般是指一个大众可以认可的标准，出租人应根据承租人的支付能

① 江平教授认为“可以”表明了催告和解除合同均是出租人的权利，他可以行使，也可以放弃。江平：《中华人民共和国合同法精解》，中国政法大学出版社1999年版，第175页。

力、到期租金的数额以及出租人的经济状况等因素来确定一个合理的期限。[①]（2）承租人经催告后，在合理期限内仍然不支付租金的，出租人可以解除合同。租赁合同解除以后，根据本法第566条的规定，如果租赁期间尚未届满的话，则租赁合同终止履行；承租人需要承担返还租赁物、支付拖欠的租金的责任，出租人可以请求承租人承担违约责任，赔偿损失。

值得注意的是，为了更有效兼顾租赁合同双方当事人的利益，其他国家或地区的立法一般在不动产租赁方面对出租人在承租人未依约支付租金而产生的合同解除权加以限制，如我国台湾地区“民法”第440条第2款规定：“租赁物为房屋者，迟付租金之总额，非达二个月之租额，不得依前项之规定，终止契约。”《德国民法典》第565条也有对于出租人预告解约通知的期限规定。我国实际上也通过立法对出租人的解除权进行了一定的限制，即承租人在租赁期间未支付或迟延支付如果存在“正当理由”，依据公平原则，则可以请求不支付租金或者迟延支付租金。所谓正当理由包括几种情况：一是不可抗力或意外事件，使租赁物部分或者全部毁损、灭失的，承租人已无法对租赁物使用、收益，承租人可以请求不支付租金。[②] 根据本法第729条的规定，只要是致使租赁物部分或全部毁损、灭失的事由不可归责于承租人，承租人就可以请求减少或不支付租金。二是因出租人没有履行其义务，如交付的租赁物不符合约定的使用要求的；因第三人主张权利使承租人无法对租赁物使用、收益的；在租赁期间租赁物出现质量问题，出租人不尽维修义务的。三是因承租人本身发生一些意外事件致使其暂时无力支付租金。例如，用于居住的房屋租赁的承租人因生重病住院，经济上出现暂时困难，无力支付到期租金。在这种情况下，可以请求出租人适当延缓交付。[③] 这种对于“正当理由”的规定和解释完全符合本法第533条的规定：“合同成立后，合同的基础条件发生了当事人在订立合同时无法预见的、不属于商业风险的重大变化，继续履行合同对于当事人一方明显不公平的，受不利影响的当事人可以与对方重新协商……”实践中，法院也是据此来判断承租人是否具有不支付或迟延支付的正当理由。最高院在桂林汇臻置业租赁合同纠纷案中指明：“租赁标的物暂时确未按约完全移交，亦应协商调整合同对应义务，以求通过公平合理方式积极促使交易完成，而不能简单以对方履行不完全符合约定即拒绝履行己方依约承担的全部义务。具体来讲，如果标的物出现部分移交而部分暂未移交的情况，汇臻公司可以根据接收租赁标的物情况，要求适当调减依约应付的租金数额，但不

① 全国人大常委会法制工作委员会编：《中华人民共和国合同法释义》，中国法制出版社2009年版。
② 全国人大常委会法制工作委员会编：《中华人民共和国合同法释义》，中国法制出版社2009年版。
③ 全国人大常委会法制工作委员会编：《中华人民共和国合同法释义》，中国法制出版社2009年版。

能仅因对方移交存有瑕疵而长期拒付全部租金，否则有违诚信公平的合同原则。”①

【关联规定】

《民法典》第533、563、565～566、723、729条

（撰稿人：徐实）

第七百二十三条　【出租人的权利瑕疵担保】 因第三人主张权利，致使承租人不能对租赁物使用、收益的，承租人可以请求减少租金或者不支付租金。

第三人主张权利的，承租人应当及时通知出租人。

【释义】

本条款与《合同法》第228条相比较并未发生变动，规定了出租人的权利瑕疵担保责任及承租人的通知义务。

本法买卖合同章中规定了出卖人的瑕疵担保义务一般分为两类，一类是第612条规定的权利瑕疵担保义务，另一类是第615条规定的物之瑕疵担保义务。本法第646条规定法律对其他有偿合同没有规定的，参照适用买卖合同。由于租赁合同同样是双务有偿合同，因此买卖有关瑕疵担保责任的规定，准用于租赁合同，租赁合同的继续性对此无影响。② 各国合同法中一般也规定租赁合同的出租人也需如买卖合同的出卖人一样承担权利瑕疵担保责任。据此，参照买卖合同规定，租赁合同中出租人的担保瑕疵责任也包括两类，一是本法第708条、第731条规定的物之瑕疵担保责任，二是本条规定的权利瑕疵担保责任。

出租人的权利瑕疵担保是指出租人应当担保第三人不得就租赁物向承租人主张任何权利。通常，第三人就租赁物主张权利，会妨害承租人对租赁物的使用、收益权利，因此出租人应当担保承租人能够取得完整的使用、收益权利。当出租人无法将租赁物的使用收益权，完整地授予承租人时，即生“权利瑕疵”的问

---

① 参见桂林汇臻公司与桂林骏达公司租赁合同纠纷再审审查与审判监督案，（2018）最高法民申4698号民事裁定书。

② 邱聪智：《新订债法各论（上）》，中国人民大学出版社2006年版，第236页。

题，此时出租人应付权利瑕疵担保责任。[①]《意大利民法典》第 1585 条就规定了“出租人要对第三人主张同一财产之权利所导致的降低租赁物的使用或享用之妨碍，向承租人提供担保”。

根据本条规定，具体而言，权利瑕疵担保责任的构成要件应当包含以下四项。第一，权利瑕疵在租赁合同成立时已存在，或权利瑕疵状态在合同成立后仍未能消除。如果在合同成立时，虽有权利瑕疵，但出租人如果在合同成立后取得了该物的处分权，则应视为权利瑕疵已经解除。[②] 但是学界仍然对权利瑕疵发生的时间点有所争议，比如江平教授、王轶教授等认为第三人所主张的权利须发生在租赁物交付前，若第三人所主张的权利发生于租赁物交付后，则承租人的租赁权具有对抗第三人的效力。[③] 我国台湾地区对此的通说与江平教授等的观点基本一致，认为，权利瑕疵于合同成立时已存在者，出租人应负担保之责；权利瑕疵发生在合同成立之后，租赁物交付前者，出租人亦应负担保责任。[④] 第二，承租人需善意，即租赁合同订立时，承租人不知有权利瑕疵的存在。尽管租赁合同编并未具体规定，但根据第 646 条规定可以参照适用买卖合同的相关规定。依据本法第 613 条规定，如果承租人订立合同时知道或应当知道第三人对租赁物享有权利的，出租人不承担权利瑕疵担保义务。这也是因为如果承租人明知道出租人对租赁物没有处分权，仍然签订租赁合同，可视为其自愿承担第三人主张权利的风险，出租人不负瑕疵担保责任。承租人只需要尽到受让人的一般注意义务仍无法获知租赁物存在权利瑕疵的，即可为善意受让人。第三，第三人就租赁物向承租人主张权利，且这种主张会妨碍承租人对租赁物的使用和收益。比如第三人以租赁物所有人的身份主张出租人对租赁物无处分权，租赁合同无效，再如第三人主张在租赁物上成立抵押权的实现时，因为会涉及对租赁物实体的处置，导致妨碍承租人对租赁物的使用和收益；而如果第三人仅主张抵押权存在，则不会妨碍承租人的使用、收益，不发生出租人权利瑕疵担保责任。第四，没有免除或限制出租人权利瑕疵担保责任的特别约定。根据合同自由原则，当事人之间可以依法对权利义务自由约定。对此有些国家的法律就规定了当事人可以通过约定排除或减轻权利瑕疵担保责任，比如《法国民法典》第 1627 条规定：“当事人得以特别协议约定，增加或减少此项当然义务的效力，当事人甚至可以约定，出卖人不负责

---

① 林诚二：《民法摘编各论》（上册），中国人民大学出版社 2007 年版，第 255 页。

② 全国人大常委会法制工作委员会编：《中华人民共和国合同法释义》，中国法制出版社 2009 年版。

③ 江平：《中华人民共和国合同法精解》，中国政法大学出版社 1999 年版，第 175 页。王轶：《租赁合同、融资租赁合同》，法律出版社 1999 年版，第 23 页

④ 黄立主编：《民法债编各论》（上册），中国政法大学出版社 2002 年版，第 327 页。

任何担保义务。”《最高人民法院关于审理买卖合同纠纷案件适用法律问题的解释》第32条作出了类似规定，根据该规定，租赁合同双方可以通过合同约定减轻或免除出租人的瑕疵担保责任。需要注意的是，对于瑕疵担保责任的减轻或免除的约定是有限制的，应当遵守本法中有关合同的一般性规定。

当产生出租人权利瑕疵担保责任时，承租人享有三种权利。一是请求减少租金或不支付租金。目前学界对于“减价权”的法律性质仍然存在争议，部分学者主张减价权是请求权，因为合同一方主张行使减价权时，不会直接导致减价这一法律后果的发生，仍然需要双方同意或经过法院判决。[①] 更多学者则认为减价权是形成权，因为其行使只需要权利人作出单方意思表示，比如通过“通知”或者诉讼的方式。[②] 二是损害赔偿请求权，虽然租赁合同部分并未直接针对出租人权利瑕疵担保责任规定损害赔偿，但是根据本法第577条的规定，具体到租赁合同中，也就是当租赁物存在权利瑕疵，在承租人行使救济权利，出租人采取补救措施之后，仍然存在损失，则有权要求出租人承担损害赔偿责任。三是合同解除权。虽然本条并未明确说明承租人的此种权利，但是根据第724条的规定，则可说明因出租人原因导致租赁物被查封或权属有争议而无法使用，承租人享有合同解除权。

依据本条第2款规定，当第三人主张权利时，承租人应当及时通知出租人，以便出租人及时采取相应的救济措施。《德国民法典》第545条就明确规定了租赁期间出现物之瑕疵或权利瑕疵，承租人应当负有瑕疵告知义务。但是，如果承租人不履行通知义务，也不影响其向出租人要求减少租金或不支付租金的权利；[③] 如果承租人因未及时通知而给自己造成损失，无权要求出租人承担责任；如果因此给出租人造成损失，还应对其承担损害赔偿责任。[④]

【关联规定】

《民法典》第612～613、615、646、731条，《最高人民法院关于审理买卖合同纠纷案件适用法律问题的解释》第32条

（撰稿人：徐实）

---

① 王利明：《合同法》，中国人民大学出版社2015年版，第246页。

② 韩世远：《减价责任的逻辑构成》，载《清华法学》2008年第1期。

③ 江平：《中华人民共和国合同法精解》，中国政法大学出版社1999年版，第175页。但是王轶教授持不同观点，他认为承租人在第三人主张权利时及时通知出租人是出租人承担权利瑕疵担保责任的构成要件。参见王轶：《租赁合同、融资租赁合同》，法律出版社1999年版，第24页。

④ 王轶：《租赁合同、融资租赁合同》，法律出版社1999年版，第24页。

第七百二十四条 【承租人的法定解除权】有下列情形之一，非因承租人原因致使租赁物无法使用的，承租人可以解除合同：

（一）租赁物被司法机关或者行政机关依法查封、扣押；

（二）租赁物权属有争议；

（三）租赁物具有违反法律、行政法规关于使用条件的强制性规定情形。

【释义】

本条为新增条款，由《最高人民法院关于审理买卖合同纠纷案件适用法律问题的解释》第8条修改而来，规定了承租人的法定解除权。

《合同法》只通过第231条（本法第729条）和第233条（本法第731条）规定了不可归因于承租人的事由导致租赁物部分或全部灭失，不能实现合同目的或者租赁物危及承租人安全或健康的两类情况下，承租人可以解除合同。而根据原合同法第94条（本法第563条）的规定，在合同目的无法实现时，当事人享有法定解除权。对承租人来说，租赁合同的目的就是依照合同约定或租赁物性质有效使用租赁物。承租人合同目的的实现需要依赖出租人义务的履行。原合同法中第216条（本法第708条）规定了出租人的两个方面的基本义务，即第一，出租人必须将租赁物按约定交给承租人；第二，出租人有义务在租赁期间保持租赁物符合约定的用途。但是针对出租人第二项贯穿整个租赁期间的“保持租赁物符合约定的用途”的义务，并没有规定出租人不履行该义务的主要表现形式，过于原则。这就导致实践中，法院对于承租人究竟在何种情形下达到何种程度时才有权行使解除权有所疑惑，无法确定统一的承租人行使合同解除权的标准。在这种情况下，本条依据合同严守原则，直接规定了当因出租人的原因导致租赁物无法使用，在以下三种情况下，承租人享有解除合同的权利：一是租赁物被司法机关或者行政机关依法查封；二是租赁物权属有争议；三是租赁物具有违反法律、行政法规关于使用条件强制性规定情形。《法国民法典》第1623条也有相似规定：“如果因有关生产经营的法律规定、行业规则或者行政机关的命令，契约关系产生突然性重大变革，致使双方当事人发生损失和收益，则可要求增加或减少租金，或者根据情况要求解除契约。”

本条规定下，承租人行使合同解除权的情形包括查封、权属争议、违法这三种，但是仍需要一个必要前提，即该情形出现导致租赁物无法使用，即租赁物无法依约定用途使用或者无法依照其性质使用。例如，虽然房屋权属现在有争议，针对该房屋的诉讼仍在进行，但还未影响到承租人对房屋的正常使用，承租人不得以此主张解除合同。再如，当租赁房屋被司法机关或者行政机关依法查封，但该查封只是禁止该租赁房屋转让，并不禁止对该房屋的正常利用，因此，在暂时不影响承租人正常使用的情况下，承租人也无权主张解除合同。①

民事执行中，查封是指司法机关强制封存当事人的财产，限制其处分的一种执行。人民法院对被执行人的财产采取查封措施后，会产生三种法律效力：一是被执行人仍然对被查封财产享有所有权；二是限制被执行人对查封财产的处分权，即通过查封冻结被执行人的财产处分权，我国采用的是绝对无效主义，即处分行为不仅对执行债权人或参与分配的债权人无效，而且对于债务人的所有债权人而言均不发生法律效力；三是使用、收益权限制问题。我国民事执行实务中分为“活查封”和“死查封”。“死查封”是指被执行人在财产被查封后不仅其处分权受到限制，而且丧失了使用、管理权，只有妥善保管的义务。而“活查封”则相反，被执行人在财产被查封后，仍享有对该财产的使用、管理和收益权。②具体如何限制使用、收益权则需要依靠法官自由决断，并无统一标准。行政机关的查封是指行政主体对行政相对人的财产就地查实、封存，以待具体行政行为作出后再行处理的行政强制措施，一般是对不动产查封。这需要与扣押进行区分，扣押是指行政主体强制留置行政相对人的财物，限制其继续对其财产的占有和处分，一般是对可转移或可移动的动产予以扣押。还需要区分先行登记保存，是指行政机关执法人员在执行公务进行监督检查时，在证据可能灭失或以后难以取得的情况下，对相关物品和其他相关资料予以清点并登记造册的一种证据保全措施，可以原地保存，也可以异地保存。

租赁物权属有争议会严重影响租赁关系稳定，也影响租赁合同效力。租赁合同签订以后，如果出租人经确权是租赁物的所有人，则租赁合同有效；如果出租人并非租赁物的所有权人，其行使的出租行为则为无权处分，租赁合同会归于无效。在租赁合同效力待定的情况下，承租人要求行使解除权会出现两种情况，第

---

① 最高人民法院民事审判第一庭编著：《最高人民法院关于审理城镇房屋租赁合同纠纷案件司法解释的理解与适用》，人民法院出版社 2009 年版，第 110 页。

② 徐燕华：《民事执行中查封之效力》，载《上海市政法管理干部学院学报》2001 年第 3 期。还有学者认为从《最高人民法院关于人民法院执行工作若干问题的规定（试行）》第 44 条、第 48 条及《最高人民法院关于人民法院民事执行中查封、扣押、冻结财产的规定》第 26 条的规定可以看出，我国采取了相对无效主义，被执行人擅自处分查封物的行为只是责令责任人追回或承担赔偿损失，并未完全否认处分行为的效力。

一种是租赁合同效力仍然待定，但是因租赁物权属问题已导致承租人无法使用租赁物，此时承租人可以解除合同；第二种则是虽然租赁合同效力待定，但是该权属争议并未影响承租人对租赁物的使用，则应暂不确认承租人的解除权，应等待确权结果，如果出租人是所有权人，则租赁合同有效，承租人不能据本款行使解除权；如果出租人不是所有权人，则租赁合同无效。①

区别于本法第 563 条中对行使法定解除权的主体是否限于非违约方的规定不明的情况，本款明确规定“非因承租人原因”致使租赁物出现三种情况而无法使用的，承租人可以解除合同，也是规定了此时的法定解除权应当由非违约方享有。非承租人违约的情况下，赋予承租人以合同解除权的目的在于使其及时获得法律救济，最大限度减轻损失，是公平原则的具体体现。但是同时在实践中也会出现承租人不要求解除合同，而出租人因某些原因要求解除合同的，比如当出租房屋不符合《建筑法》《消防法》的强制性规定，出租人为免受处罚而要求解除合同。出租人通过解除合同进行自我纠正的行为，根据司法解释的精神，法院可以根据具体情况予以支持。②

为了尽快稳定明确当事人之间的法律关系，促使承租人及时行使解除权来进行救济，应当明确承租人合同解除权行使期间。如果当事人在合同中明确约定了行使时间，则依照合同约定行使；如果合同没有约定或约定不明的，也没有法律规定的，则可以适用本法第 564 条规定的催告制度，即自解除人知道或应当知道解除事由之日起 1 年内行使。第 563 条规定，以持续履行的债务为内容的不定期合同，当事人在合理期限之前通知对方后可以解除。

【关联规定】

《民法典》第 563 ~ 566、708、729、731 条，《最高人民法院关于审理城镇房屋租赁合同纠纷案件具体应用法律若干问题的解释》第 8 条，《最高人民法院关于人民法院民事执行中查封、扣押、冻结财产的规定》第 26 条，《最高人民法院关于人民法院执行工作若干问题的规定（试行）》第 44、48 条

（撰稿人：徐实）

---

① 最高人民法院民事审判第一庭编著：《最高人民法院关于审理城镇房屋租赁合同纠纷案件司法解释的理解与适用》，人民法院出版社 2009 年版，第 113 ~ 114 页。

② 最高人民法院民事审判第一庭编著：《最高人民法院关于审理城镇房屋租赁合同纠纷案件司法解释的理解与适用》，人民法院出版社 2009 年版，第 113 页。

第七百二十五条　【所有权变动不破租赁】 租赁物在承租人按照租赁合同占有期限内发生所有权变动的，不影响租赁合同的效力。

【释义】

本条规定的规范对象是租赁物所有权人变更为出租人以外的当事人时租赁合同的法律效力。即在承租人依据合法有效的租赁合同占有租赁物的时间期限内，租赁物的所有权人因法律的规定或合同的约定而变更时，承租人享有依据租赁合同的约定继续占有、使用租赁物的权利，向租赁物的所有权人履行对原出租人承担的租赁合同义务，直至租赁合同约定的租赁期限届满或租赁合同因法律规定的、合同约定的条件成就而解除。

《民法典》第725条的立法目的在于确立和适用买卖不破租赁规则。租赁合同是一种出租人向承租人转移租赁财产使用、收益权利的合同。[①] 因此，承租人基于租赁合同享有的租赁权是一种债权，即承租人请求出租人依照合同约定履行积极的、消极的作为义务来实现承租人对租赁物享有的用益物权的权利。我国学界通说认为：买卖不破租赁，是指在租赁期间，租赁物的所有权变动，并不导致租赁关系的解除。[②] 当"先租后卖"发生时，设定在该租赁物上的租赁合同仍然存在，受让人在受让该租赁物的所有权时就与承租人产生了租赁合同关系，成为一个新的出租人，继承原出租人的权利和义务，而出租人则脱离租赁合同。[③] 这一观点又被称为"法定契约承受说"，源自《德国民法典》第566条第1款规定："出租之住屋交付使用承租人后，由使用出租人让与第三人者，于其所有权存续中基于使用租赁关系所生之权利及义务，由受让人取代使用出租人而加入之。"[④] 在我国民事立法中，买卖不破租赁规则初见于1981年《经济合同法》与1988年

① 王轶：《租赁合同、融资租赁合同》，法律出版社1999年版，第5页。

② 王利明：《合同法研究》（第3卷），中国人民大学出版社2016年版，第296页。

③ 黄凤龙：《"买卖不破租赁"与承租人保护——以〈合同法〉第229条为中心》，载《中外法学》2013年第3期。

④ 台湾大学法律学院、台大法学基金会编译：《德国民法典》，北京大学出版社2017年版，第517页。

《最高人民法院关于贯彻执行〈中华人民共和国民法通则〉若干问题的意见（试行)》。[①]《合同法》第229条规定："租赁物在租赁期间发生所有权变动的，不影响租赁合同的效力。"正式将不动产与动产、基于任何法律事实取得租赁物所有权的当事人均纳入买卖不破租赁规则的调整范围。

《民法典》第725条的规范效力是在承租人与自出租人处受让租赁物所有权的当事人之间继续维持租赁合同的法律约束力，由租赁物的所有权人继受租赁合同约定的出租人的权利与义务。但是，《民法典》第725条将"承租人依据租赁合同占有租赁物"增加为租赁权对抗所有权的必要条件，以承租人应当以符合租赁合同约定的方式合法占有租赁物为前提，赋予承租人请求租赁物所有权人继续履行租赁合同的权利，其法律功能在于约束承租人违反租赁合同的约定向第三人转租租赁物的违约行为。

转租是指承租人不退出租赁关系，将租赁物出租给次承租人使用、收益的法律行为。[②] 当承租人实施了转租行为并向次承租人交付租赁物，承租人不再是租赁物的占有人。承租人依据《民法典》第725条获得了请求租赁物所有权人继续履行租赁合同的权利。当承租人依据租赁合同的约定实施转租行为，或取得出租人以明示或默示的许可后将租赁物转租于次承租人时，次承租人同样可受到买卖不破租赁规则的保护，请求租赁物的所有权人承认并履行转租合同。[③] 但是，承租人未经出租人允许转租租赁物的行为是违约行为。《民法典》第716条第2款规定："承租人未经出租人同意转租的，出租人可以解除合同。"在租赁合同没有约定允许承租人转租租赁物的情形下，承租人实施转租行为但没有取得出租人明示与默示的许可时，违反了租赁合同的约定，不再属于"依据租赁合同占有租赁物"的承租人，出租人依据《民法典》第716条享有请求法院判决解除租赁合同的权利。取得租赁物所有权的当事人，既需要承担继续履行租赁合同的义务，也继受取得了出租人在违约转租行为出现时对承租人享有的合同解除请求权。因此，在租赁物所有权人行使租赁合同解除权时，因租赁合同不复存在，占有、使用租赁物的次承租人不再受到《民法典》第725条的保护，租赁物的所有权人享

---

① 《经济合同法》(常务委员会委员长令〔1981〕第12号）第23条第2款规定："出租方应按照合同规定时间和标准，将出租的财产交给承租方使用。如果出租方将财产所有权转移给第三方时，租赁合同对财产新的所有方继续有效。"《最高人民法院关于贯彻执行〈中华人民共和国民法通则〉若干问题的意见(试行)》［法（办）发〔1988〕6号］第119条第2款规定："私有房屋在租赁期内，因买卖、赠与或者继承发生房屋产权转移的，原租赁合同对承租人和新房主继续有效。"

② 江平：《中华人民共和国合同法精讲》，中国政法大学出版社1999年版，第173页。

③ 苏号朋：《转租的法律结构分析——兼评〈合同法〉第224条之不足》，载《浙江社会科学》2007年第2期。

有请求次承租人腾退房屋的权利；次承租人逾期不腾退房屋，所有权人享有请求负有腾房义务的次承租人支付逾期腾房占有使用费的权利。[①]

《民法典》第 725 条赋予承租人对抗租赁物所有权人的权利，还受到抵押权的限制。在《民法典》颁布前，抵押权与租赁合同关系产生的时间顺序，决定了租赁权是否能够对抗抵押权。2007 年《物权法》第 190 条规定："订立抵押合同前抵押财产已出租的，原租赁关系不受该抵押权的影响。抵押权设立后抵押财产出租的，该租赁关系不得对抗已登记的抵押权。"但是，《民法典》第 405 条对《物权法》第 190 条作出了修订："抵押权设立前，抵押财产已经出租并转移占有的，原租赁关系不受该抵押权的影响。"由此可见，如果出租人与承租人成立租赁合同后，出租人向抵押权人抵押租赁财产，且在抵押权行使条件成就、抵押权人行使抵押权请求法院拍卖抵押财产时，出租人尚未向承租人交付租赁财产，承租人不得援引《民法典》第 725 条请求抵押财产的受让人履行租赁合同。

在买卖不破租赁规则的司法实践中，各级人民法院对《合同法》第 229 条的适用意见基本符合法定契约承受说。[②] 但是，我国 1994 年颁布实施的《城市房地产管理法》建立了城市房屋租赁登记备案制度。[③] 因此，部分地方人民政府规章规定未经登记备案的房屋租赁合同不得对抗第三人；部分地方人民法院在审理涉及城市房屋承租人与房屋所有权人的纠纷中，运用"善意第三人"理论，将系争房屋办理过房屋租赁登记备案作为适用《合同法》第 229 条要求房屋所有权人承

---

① 《最高人民法院关于审理城镇房屋租赁合同纠纷案件具体应用法律若干问题的解释》（法释〔2009〕11 号）第 18 条规定："房屋租赁合同无效、履行期限届满或者解除，出租人请求负有腾房义务的次承租人支付逾期腾房占有使用费的，人民法院应予支持。"

② 在"刘某斌与李某华等房屋租赁合同一案"中，最高人民法院认为：刘某斌系讼争房屋的受让人，根据《合同法》第 229 条的规定，受让人概括承受原出租人在《房屋租赁合同》中的权利义务，承租人根据租赁合同对原出租人的抗辩可以向买受人主张。参见最高人民法院（2016）最高法民申 787 号。其他法院判决租赁物所有权人继受出租人在租赁合同中的权利与义务的近年案例包括但不限于：重庆市高级人民法院（2015）渝高法民提字 85 号、北京市第二中级人民法院（2018）京 02 民终 1325 号、上海市浦东新区人民法院（2014）浦民一（民）初字 26570 号等。张杰：《论"买卖不破租赁"——以〈合同法〉第 229 条为中心》，华东政法大学 2019 年硕士学位毕业论文，第 37 页。

③ 根据 2019 年修订的《城市房地产管理法》（主席令〔2019〕第 32 号）第 54 条规定："房屋租赁，出租人和承租人应当签订书面租赁合同，约定租赁期限、租赁用途、租赁价格、修缮责任等条款，以及双方的其他权利和义务，并向房产管理部门登记备案。"1995 年，建设部制定发布部门规章《城市房屋租赁管理办法》（建设部令〔1995〕第 42 号）规定了房屋租赁登记备案制度的具体实施方式；2010 年，住房和城乡建设部颁布新的替代性部门规章《商品房屋租赁管理办法》（住房和城乡建设部令〔2010〕第 6 号）。

担租赁合同义务的必要前提。①

【关联规定】

《民法典》第405条，《城市房地产管理法》第53~55条，《最高人民法院关于审理城镇房屋租赁合同纠纷案件具体应用法律若干问题的解释》第18、20条，《不动产登记暂行条例》第14条，《商品房屋租赁管理办法》第11~12条

（撰稿人：谢地）

第七百二十六条　【房屋承租人优先购买权】 出租人出卖租赁房屋的，应当在出卖之前的合理期限内通知承租人，承租人享有以同等条件优先购买的权利；但是，房屋按份共有人行使优先购买权或者出租人将房屋出卖给近亲属的除外。

出租人履行通知义务后，承租人在十五日内未明确表示购买的，视为承租人放弃优先购买权。

【释义】

本条规定的规范对象是承租人对出租人享有的优先购买租赁房屋的权利以及出租人的法定义务、承租人优先购买权的形成条件与弃权情形。即出租人在与承租人缔结合法有效的城镇房屋租赁合同关系后，在准备对特定或不特定的第三人作出出售租赁房屋的意思表示之前的合理期限内，负有通知承租人租赁房屋出售条件的法律义务；在承租人承诺以与第三人同等的条件购买租赁房屋的情形下，承租人享有请求出租人向承租人而非第三人出售租赁房屋的权利；出租人让与租赁物的第三人为房屋的按份共有人、出租人的近亲属时，承租人不享有优先购买租赁房屋的权利，出租人不向承租人承担通知交易与同等条件下优先交易的义

---

① 以上海市地方政府规章与人民法院审判文件为例：《上海市房屋租赁条例》第15条规定："房屋租赁合同及其变更合同由租赁当事人到房屋所在地的区、县房地产登记机构办理登记备案手续。房屋租赁合同未经登记备案的，不得对抗第三人。"《上海市高级人民法院关于处理房屋租赁登记纠纷若干法律适用问题的解答（三）》（沪高法民一〔2005〕16号）第30条规定："未经登记的租赁合同，当房屋所有权发生变化时，承租人不能以'买卖不破租赁'为由向新的所有人主张继续履行合同，但如果可以证明买受人明知的除外。"据研究，天津、重庆、山西大同、西藏拉萨、江西南昌和吉安等地也都有类似规定。高圣平：《不动产权利的登记能力——评〈不动产登记暂行条例（征求意见稿）〉第4条》，载《政治与法律》2014年第12期。

务；出租人通知承租人次日起15日内，承租人未向出租人以明示的方式作出购买租赁房屋的意思表示时，视为放弃本条规定赋予的优先购买权。

《民法典》第726条的立法目的在于授予承租人对租赁房屋的优先购买权。优先购买权，是指民事主体在特定买卖的同等条件下，依法享有优先于他人购买财产的权利；房屋承租人优先购买权是指承租人在出租人出卖租赁物时，在同等条件下优先购买该租赁房屋的权利。[①] 房屋承租人优先购买权是一种民法上的优先权，称“先买权”，指特定权利义务关系的一方当事人依照法律规定具体享有的、在同等条件下对标的物能够优先购买的权利。[②]《德国民法典》规定的“优先承买权”在通说中被认为是一种形成权。[③]《德国民法典》第1104条直接对权利人不明的土地先买权适用除斥期间与公示催告程序。[④] 在我国，1988年《最高人民法院关于贯彻执行〈中华人民共和国民法通则〉若干问题的意见（试行）》第118条首次确立了房屋承租人优先购买权，并同时规定赋予承租人请求人民法院解除出租人与第三人已经签订的房屋买卖合同的权利。[⑤] 1999年《合同法》第230条仅规定了承租人对租赁物享有的优先购买权，救济方式由2009年《最高人民法院关于审理城镇房屋租赁合同纠纷案件具体应用法律若干问题的解释》第21条改为承租人对出租人享有的损害赔偿请求权。在《民法典》中，房屋承租人优先购买权的救济方式由《民法典》第728条规定，采用了与前述解释相同的救济方式。目前，我国大陆学界通说同样认为房屋承租人优先购买权具有形成权的属性：承租人将行使优先购买权的意思通知给出租人，不需要出租人表示同意，就可以与其成立房屋买卖合同。[⑥] 但是，在实务界也存在将这一权利解释为期待权、

---

① 胡康生主编：《中华人民共和国合同法释义》，法律出版社2012年版，第373页。

② 江平：《中华人民共和国合同法精解》，中国政法大学出版社1999年版，第177页。

③ 王泽鉴教授认为：优先承买权，无论其为法定或约定，论其性质，系属形成权，即优先承买权人得依一方之意思，形成以义务人出卖与第三人同样条件为内容之契约，无须义务人（出卖人）之承诺。此为德国学者之通说，史尚宽先生亦赞同此说。王泽鉴：《民法学说与判例研究》（重排合订本），北京大学出版社2015年版，第1516页。

④ 《德国民法典》第1104条第1款规定：“不能确知为权利人时，如具备第1170条所规定关于除斥抵押权债权人之要件者，得依公示催告程序，将权利人连同其权利予以除斥。先买权因受除权判决而消灭。”第2款规定：“为土地现时所有人之利益而存在之先买权，不适用前款规定。”参见台湾大学法律学院、台大法学基金会编译：《德国民法典》，北京大学出版社2017年版，第899页。

⑤ 《最高人民法院关于贯彻执行〈中华人民共和国民法通则〉若干问题的意见（试行）》第118条：“出租人出卖出租房屋，应提前三个月通知承租人，承租人在同等条件下，享有优先购买权；出租人未按此规定出卖房屋的，承租人可以请求人民法院宣告该房屋买卖无效。”该条款于2008年根据《最高人民法院关于废止2007年底以前发布的有关司法解释（第七批）的决定》（法释〔2008〕15号）废止。

⑥ 崔建远：《合同法》，法律出版社2010年版，第433页。

附条件的强制缔约义务请求权的案例。①

从规范内容来看，《民法典》第726条是对《合同法》第230条、《最高人民法院关于审理城镇房屋租赁合同纠纷案件具体应用法律若干问题的解释》第24条对房屋承租人优先购买权不成就条件的整合。我国1999年《合同法》第230条规定："出租人出卖租赁房屋的，应当在出卖之前的合理期限内通知承租人，承租人享有以同等条件优先购买的权利。"《合同法》第230条被完整吸收进《民法典》第726条，延续了房屋承租人优先购买权的存在。《民法典》第726条吸收了《最高人民法院关于审理城镇房屋租赁合同纠纷案件具体应用法律若干问题的解释》第24条第1项至第3项规定，一方面尊重了房屋按份共有人依据《民法典》第305条、第306条享有的共有份额优先购买权；另一方面将承租人在收到通知15日内回复出租人的作为义务法律化；同时，限制房屋承租人优先购买权干预出租人向家庭成员处分租赁房屋的自主意志，体现了社会主义核心价值观的和谐价值，发挥了公序良俗对民事活动的调整与引导作用。②

《民法典》第726条的规范效力在于赋予承租人请求出租人以与第三人同等的交易条件与承租人优先成立租赁房屋买卖合同的权利。③ 从构成要件来看，这一权利的客体为城镇房屋租赁合同、权利的主体为承租人、权利的行使对象为拥有房屋所有权的出租人、权利的内容为出租人对承租人承担的通知义务与同等条件优先交易义务。

房屋承租人优先购买权的客体类型主要是城市、镇规划区内的房屋为标的物的房屋租赁合同；乡、村庄规划区内的房屋租赁合同是否适用《民法典》第726条，需要遵循其他法律特殊规定；公有住房、廉租住房、经济适用住房的承租人不对租赁房屋享有优先购买权。④

房屋承租人优先购买权的权利主体是承租人，且不能是次承租人；权利行使的相对人，即义务主体，只能是对租赁房屋享有所有权的出租人，不能是实施转

---

① 三种学说梳理参见莫海凤：《房屋承租人优先购买权的法律效力分析》，华东政法大学2019年硕士学位毕业论文，第14～15页。

② 《最高人民法院关于审理城镇房屋租赁合同纠纷案件具体应用法律若干问题的解释》（法释〔2009〕11号）第24条规定："具有下列情形之一，承租人主张优先购买房屋的，人民法院不予支持：（一）房屋共有人行使优先购买权的；（二）出租人将房屋出卖给近亲属，包括配偶、父母、子女、兄弟姐妹、祖父母、外祖父母、孙子女、外孙子女的；（三）出租人履行通知义务后，承租人在十五日内未明确表示购买的；（四）第三人善意购买租赁房屋并已经办理登记手续的。"

③ 常鹏敖教授认为："我国的先买权属于形成权，转让人与第三人成立买卖合同后，先买权的行使将导致转让人与先买权人径直成立买卖合同，其主要内容比照先前转让人与第三人的买卖合同而定，由此产生双重买卖。"参见常鹏敖：《论优先购买权的法律效力》，载《中外法学》2014年第2期。

④ 《最高人民法院关于适用〈中华人民共和国物权法〉若干问题的解释（一）》（法释〔2016〕5号）第1条、第2条。

租行为的承租人。不适格的主体之间即使成立房屋租赁合同关系，也不适用《民法典》第726条。

房屋承租人优先购买权的内容，是承租人请求出租人履行通知义务与同等条件优先缔结买卖合同的义务。首先是《民法典》第726条第1款规定的出租人承担的在合理期限内通知承租人租赁房屋出售意思表示内容法定义务。已于2008年废止的1988年《最高人民法院关于贯彻执行〈中华人民共和国民法通则〉若干问题的意见（试行）》第118条将合理期间解释为3个月[①]，而以《民法典》第726条第2款规定为前提，出租人向承租人履行通知义务之日与租赁房屋交易之日之间的合理期限应当不少于15日。

出租人在承租人于收到通知的15日内作出愿意购买租赁房屋的意思表示后负有在同等条件下接受承租人的请求与承租人缔结房屋买卖合同向其让与租赁房屋所有权的法定义务。参照《最高人民法院关于适用〈中华人民共和国物权法〉若干问题的解释（一）》对按份共有人在同等条件下行使优先购买权的解释，同等条件应当综合转让价格、价款履行方式及期限等因素确定。[②] 出租人不履行前述通知义务、与承租人优先交易租赁房屋的义务时，承租人依据《民法典》第728条享有请求出租人就因无法行使优先购买权出现的损害进行赔偿的权利。[③]

由于《民法典》并未规定房屋承租人优先购买权的除斥期间，因此除主体不适格、客体不适格的情形外，房屋承租人优先购买权作为形成权会因两类法定条件不成就而灭失：（1）权利客体灭失，房屋租赁合同因法定情形或合同约定的情形而解除或被撤销，如租赁期限届至；（2）租赁房屋受让人例外，当出租人选择的交易对象是租赁房屋的共有人、出租人的近亲属时，出租人不承担向承租人通知交易意思与条件的法定义务、同等条件下优先让与租赁房屋的义务，承租人也不享有请求出租人履行上述义务的权利。

此外，在出租人拍卖租赁房屋的情形下，出租人依据《民法典》第727条仅对承租人承担在举行拍卖之日前5日通知承租人的义务，承租人以与其他竞买人平等的身份参与拍卖，不对出租人享有优先于提出最高应价的其他竞买人购买租

---

① 《最高人民法院关于贯彻执行〈中华人民共和国民法通则〉若干问题的意见（试行）》［法（办）发〔1988〕6号］第118条。

② 《最高人民法院关于适用〈中华人民共和国物权法〉若干问题的解释（一）》（法释〔2016〕5号）第10条。

③ 与出租人约定了租赁房屋所有权有偿转让条件的第三人，在法律没有禁止性规定的情形下，其有偿转让条件均属于《民法典》第726条的调整范围，如与出租人协商折价抵债的抵押权人。参见《最高人民法院关于审理城镇房屋租赁合同纠纷案件具体应用法律若干问题的解释》（法释〔2009〕11号）第22条。

赁房屋的权利。①

【关联规定】

《民法典》第305~306、727~728条，《最高人民法院关于审理城镇房屋租赁合同纠纷案件具体应用法律若干问题的解释》第21~24条，《最高人民法院关于适用〈中华人民共和国物权法〉若干问题的解释（一）》第10条

（撰稿人：谢地）

第七百二十七条　【委托拍卖情况下房屋承租人优先购买权】出租人委托拍卖人拍卖租赁房屋的，应当在拍卖五日前通知承租人。承租人未参加拍卖的，视为放弃优先购买权。

【释义】

本条的规范对象是将拍卖作为房屋承租人优先购买权的替代性实现路径。即在出租人委托拍卖人拍卖租赁房屋的情形下，出租人应当主动或依承租人的请求在拍卖举行的5日前向承租人履行通知义务；承租人不参加拍卖的行为构成优先购买权的弃权，承租人参加拍卖则有权以最高应价竞买人的身份优先成为拍卖的租赁房屋的买受人，替代性地实现了优先购买权的立法目的。

本条的立法目的在于明确房屋承租人优先购买权与拍卖活动的关系。通说认为，拍卖是一种居间交易，拍卖人是居间商，与委托人成立委托关系，与竞买人成立居间关系，提出拍卖成交价格的竞买人与委托人成立买卖关系。② 我国《拍卖法》规定，拍卖是指以公开竞价的形式，将特定物品或者财产权利转让给最高应价者的买卖方式。③ 提出最高应价的竞买人，在确认拍卖成交后，成为拍卖标的的买受人，应当按照约定支付拍卖标的的价款，未按照约定支付价款的，应当承担违约责任。④ 由此可见，《拍卖法》赋予了买受人优先于其他竞买人与委托人

---

① 《民法典》第727条规定："出租人委托拍卖人拍卖租赁房屋的，应当在拍卖五日前通知承租人。承租人未参加拍卖的，视为放弃优先购买权。"

② 武藤：《拍卖人的信息提供义务与担保责任——从居间商的法律地位出发》，载《法律科学（西北政法大学学报）》2017年第6期。

③ 《拍卖法》（主席令〔2015〕第24号）第3条。

④ 《拍卖法》（主席令〔2015〕第24号）第39条。

成立买卖合同的权利。因此，当租赁房屋作为拍卖标的时，竞买人在拍卖中提出最高应价并落槌成交时成为租赁房屋的买受人，按照出租人作为委托人与拍卖人签署的委托拍卖合同载明的标的以拍卖成交的价格成立买卖合同。

1999 年《合同法》就房屋承租人优先购买权与拍卖活动的关系作出规定。2009 年《最高人民法院关于审理城镇房屋租赁合同纠纷案件具体应用法律若干问题的解释》第 23 条规定："出租人委托拍卖人拍卖租赁房屋，应当在拍卖 5 日前通知承租人……"因此，《民法典》第 727 条完整继受了《最高人民法院关于审理城镇房屋租赁合同纠纷案件具体应用法律若干问题的解释》第 23 条的规范内容，使得各级人民法院在适用《最高人民法院关于审理城镇房屋租赁合同纠纷案件具体应用法律若干问题的解释》第 23 条产生的审判经验得以在《民法典》颁布后继续具有指导与参考的意义。

《民法典》第 727 条的规范效力在于明确承租人拥有选择参与租赁房屋拍卖的权利，规定了出租人对承租人承担的拍卖通知义务与履行期限，并将不参与租赁房屋的拍卖规定为房屋承租人优先购买权的弃权条件。

《民法典》第 726 条赋予承租人以同等条件优先购买租赁房屋的权利，在《民法典》第 727 条中以承租人参与拍卖提出最高应价行为予以实现，以承租人不参加拍卖、没有提出最高应价的行为予以弃权。房屋承租人优先购买权的立法逻辑是在承租人与出租人之间按照出租人与第三人之间约定的同等条件成立一个买卖合同关系，同等的条件要求两个买卖合同的标的、价格等交易对价完全一致。在出租人与特定第三人磋商房屋买卖时，交易对价并非由出租人单方意思表示决定，而是在出租人与特定第三人协商一致的意思表示的基础上形成的。承租人不接受出租人与第三人协商一致的交易对价，如不接受租赁房屋的买卖价格、不接受存在于租赁房屋上的抵押权等，即视为放弃优先购买权。而在租赁房屋的拍卖中，拍卖成交价格是在数量不特定的竞买人之间的竞价中产生的，但租赁房屋的买卖合同仍然是在出租人与提出最高应价的竞买人之间缔结的；除价格没有载明于委托拍卖合同与拍卖公告外，出租人与买受人之间买卖租赁房屋的合同标的与委托拍卖合同载明的标的完全一致。因此，在出租人履行拍卖通知义务的前提下，承租人未能提出高于其他竞买人的应价时，按照《民法典》第 726 条属于不能接受出租人向第三人提出的成立租赁房屋买卖合同的同等条件，构成对优先购买权的弃权。

在出租人委托拍卖人拍卖租赁房屋的情形下，租赁房屋的买受人在竞买人中产生，买卖条件中最为重要的交易价格是在拍卖师落槌或者以其他方式公开表示买定时形成。[①] 出租人客观上不能依据《民法典》第726条的规定提前通知承租人租赁房屋的竞买人与价格。因此，《民法典》第727条延续之前司法解释的规定，要求出租人在拍卖5日前通知承租人拍卖活动的相关信息。根据《拍卖法》第45条的规定，拍卖人应当于拍卖日7日前发布拍卖公告。因此，诚实信用原则要求出租人应当向承租人如实通知拍卖公告的内容。当出租人没有履行《民法典》第727条规定的通知义务与承租人未能参加租赁房屋拍卖存在因果关系时，承租人对出租人享有依据《民法典》第728条请求赔偿损失的权利。

【关联规定】

《民法典》第726～728条，《拍卖法》第3、39、45、51条，《最高人民法院关于审理城镇房屋租赁合同纠纷案件具体应用法律若干问题的解释》第21、23条

（撰稿人：谢地）

第七百二十八条　【房屋承租人优先购买权受到侵害的法律后果】 出租人未通知承租人或者有其他妨害承租人行使优先购买权情形的，承租人可以请求出租人承担赔偿责任。但是，出租人与第三人订立的房屋买卖合同的效力不受影响。

【释义】

本条的规范对象是房屋承租人优先购买权受到出租人侵害时可以请求的法律上的救济与后果。即当出租人违反《民法典》第726条规定的通知义务，不通知承租人租赁房屋交易条件，或承租人收到出租人发送的通知并明确向出租人作出按照与第三人同等的条件购买租赁房屋的意思表示后，出租人仍然将租赁房屋的所有权让与第三人时，承租人享有请求人民法院判决出租人赔偿没能行使优先购买权造成的损失的权利；但是，出租人与第三人订立的房屋买卖合同仍然具有法律效力，承租人不享有请求人民法院解除出租人与第三人订立的房屋买卖合同的权利。

---

① 《拍卖法》（主席令〔2015〕第24号）第51条。

《民法典》第728条的立法目的在于明确房屋承租人优先购买权的权利性质与救济方式。通说认为，先买权属于形成权，转让人与第三人成立买卖合同后，先买权的行使将导致转让人与先买权人径直成立买卖合同，其主要内容比照先前转让人与第三人的买卖合同而定，由此产生双重买卖。[①] 义务人对权利人和第三人均负有移转标的物所有权的义务。[②] 但是，由于《最高人民法院关于贯彻执行〈中华人民共和国民法通则〉若干问题的意见（试行）》与《最高人民法院关于审理城镇房屋租赁合同纠纷案件具体应用法律若干问题的解释》对房屋承租人优先购买权救济方式的不同规定，造成了出租人侵害房屋承租人优先购买权时，因承租人行使救济权产生的法律效果产生了“无效说”与“损害赔偿说”。[③]

房屋承租人优先购买权的救济始于1988年《最高人民法院关于贯彻执行〈中华人民共和国民法通则〉若干问题的意见（试行）》第118条的规定，承租人依据该规定首先可以请求人民法院解除出租人与第三人签订的房屋买卖合同；其次可以请求出租人与承租人按照与第三人同等的交易条件缔结房屋买卖合同。[④] 1999年《合同法》颁布时，第230条并未作出与《最高人民法院关于贯彻执行〈中华人民共和国民法通则〉若干问题的意见（试行）》第118条相反的规定，因此在2008年《最高人民法院关于贯彻执行〈中华人民共和国民法通则〉若干问题的意见（试行）》第118条废止前，对出租人行使优先购买权的承租人可以请求法院解除出租人与第三人买卖租赁房屋的合同，成为“无效说”的法律基础。

损害赔偿说则认为，房屋承租人优先购买权是法律赋予承租人的、在出租人出卖房屋时优先于其他人订约的请求权，在此种权利被侵害时，承租人可以请求出租人赔偿损失。[⑤] 2009年《最高人民法院关于审理城镇房屋租赁合同纠纷案件具体应用法律若干问题的解释》第21条规定：“出租人出卖租赁房屋未在合理期限内通知承租人或者存在其他侵害承租人优先购买权情形，承租人请求出租人承担赔偿责任的，人民法院应予支持。但请求确认出租人与第三人签订的房屋买卖合同无效的，人民法院不予支持。”该解释第24条第4项规定：第三人善意购买租赁房屋并已经办理登记手续时，人民法院不予支持承租人提出的优先购买房屋

① 常鹏敖：《论优先购买权的法律效力》，载《中外法学》2014年第2期。

② 王泽鉴：《民法学说与判例研究》（重排合订本），北京大学出版社2015年版，第1516页。

③ 王利明：《合同法研究》（第3卷），中国人民大学出版社2016年版，第331页。

④ 《最高人民法院关于贯彻执行〈中华人民共和国民法通则〉若干问题的意见（试行）》第118条：“出租人出卖出租房屋，应提前三个月通知承租人，承租人在同等条件下，享有优先购买权；出租人未按此规定出卖房屋的，承租人可以请求人民法院宣告该房屋买卖无效。”该条款于2008年根据《最高人民法院关于废止2007年底以前发布的有关司法解释（第七批）的决定》（法释〔2008〕15号）废止。

⑤ 王利明：《合同法研究》（第3卷），中国人民大学出版社2016年版，第325页。

的诉讼主张。《民法典》第728条吸收了《最高人民法院关于审理城镇房屋租赁合同纠纷案件具体应用法律若干问题的解释》第21条的规定，承认出租人与第三人缔结的租赁房屋买卖合同的效力，并赋予承租人请求出租人赔偿损失的权利。由此明确了房屋承租人优先购买权的救济方式属于“损害赔偿说”。

《民法典》第728条的规范效力在于授予承租人请求违反《民法典》第726条规定的法律义务的出租人赔偿损失的权利。从合同相对性的视角来看，房屋承租人行使优先购买权的法律效果，相当于在承租人与出租人之间建立了和出租人与第三人之间条件相同的租赁房屋买卖合同。《民法典》第726条规定的法定条件成就是承租人享有第728条请求救济的法律基础：如果出租人和承租人、共有人、近亲属以外的当事人有偿转让房屋所有权，且不对承租人履行通知义务，承租人可以依据《民法典》第728条请求出租人赔偿不履行出卖通知义务的损失，赔偿的金额在审判实践中存在按照出租人与第三人的买卖合同违约金计算的案例①。

【关联规定】

《民法典》第726条，《最高人民法院关于审理城镇房屋租赁合同纠纷案件具体应用法律若干问题的解释》第21～24条

（撰稿人：谢地）

第七百二十九条　【不可归责于承租人的租赁物毁损、灭失的法律后果】因不可归责于承租人的事由，致使租赁物部分或者全部毁损、灭失的，承租人可以请求减少租金或者不支付租金；因租赁物部分或者全部毁损、灭失，致使不能实现合同目的的，承租人可以解除合同。

【释义】

本条的规范对象是在出租人负担租赁物风险的情形下，承租人对出租人享有

① 参见李某与钢铁集团金鼎公司房屋租赁合同纠纷案，山东省莱芜市中级人民法院（2016）鲁12民终144号民事判决书。引自莫海凤：《房屋承租人优先购买权的法律效力分析》，华东政法大学2019年硕士学位毕业论文，第8～10页。

的租金减免请求权与租赁合同解除请求权。即在租赁物的全部或部分因不可归责于承租人的事由而发生毁损、灭失时，如不可抗力、意外事故、出租人的过错，承租人享有请求出租人减少租金或免除租金支付义务的权利；在租赁合同的目的因租赁物部分或者全部毁损、灭失而无法实现时，承租人享有解除租赁合同的权利。

本条的立法目的在于救济无过错承租人，向拥有租赁物所有权的出租人分配租赁物毁损与灭失的风险。现代社会是风险社会，民法的救济首先向受害人保护倾斜，通过多种责任承担方式，使受害人从中选择最有利的形式维护其权利。[①]在因自然灾害和人类活动对租赁物造成破坏时，直接伤害的是承租人对租赁物享有的权利乃至承租人本人的人身财产安全。因此，债法通过不可被约定改变的强制性规定来明确出租人、承租人在租赁物发生毁损、灭失时各自应当履行的债务与享有的救济，一方面可以促使双方本着诚实信用的原则，在订立租赁合同时积极就可预见的风险类型约定相应的预防与处置责任、出险后的损害控制责任；另一方面能够督促双方当事人在租赁关系成立后在法律规定的与合同约定的责任范围内，积极履行各自对租赁物承担的合理使用、妥善保管、及时维修等有利于预防、控制租赁物因风险而毁损、灭失的义务；在风险出现时，通过对无责任一方当事人的救济，使风险在出租人与承租人之间得到公平的负担，降低风险对租赁合同关系乃至各类动产、不动产租赁市场交易信用的消极影响。租金作为承租人对出租人承担的主要合同义务，使得债法可以通过赋予承租人减少支付、延迟支付、免除支付租金的请求权并规定相应的权利成就条件，在救济承租人的同时向出租人分配成就条件中所规定的风险与责任。例如，《德国民法典》第536条第1款规定赋予使用承租人在租赁物自交付时出现的瑕疵、租赁关系存续期间出现的瑕疵而导致使用租赁物的适合性减少、消失的情形下，请求使用出租人减少租金、免除租金的权利；租赁物适合性无关重要的减少与不视为瑕疵。[②] 由此可见，《德国民法典》通过赋予使用承租人减少、免除租金的请求权，救济了因租赁物出现瑕疵而无法按照合同约定使用租赁物的承租人，并使出租人承担了租赁物在交付、租赁期间存在瑕疵的风险。

从规范内容看，《民法典》第729条完整继受了1999年《合同法》第231条规定的所有内容，并未作出任何增减变动。因此，各级人民法院在审理租赁合同纠纷案件中针对出租人、承租人之间因标的物的毁损、灭失而产生的租金支付争

---

① 王利明：《民法典的时代特征和编纂步骤》，载《清华法学》2014年第6期。

② 《德国民法典》，台湾大学法律学院、台大法学基金会编译，北京大学出版社2017年版，第470页。

议适用《合同法》第 231 条的审判意见，仍然具有指导和参考意义。

从规范效力来看，《民法典》第 729 条赋予了承租人对出租人享有附条件成就的两个救济权利：租金减免请求权与合同解除权。

首先，承租人依据《民法典》第 729 条获得救济的必要前提条件，是导致租赁物发生损失的事由不可归责于承租人。当租赁物的损失是因承租人违反法律规定的、租赁合同约定的义务而引发时，承租人不享有《民法典》第 729 条赋予的权利。[①] 不可抗力、出租人过错而造成租赁物的损失是不可归责于承租人的两类事由。《民法典》第 180 条对不可抗力的法律效果与事实类型作出了规定：“因不可抗力不能履行民事义务的，不承担民事责任。法律另有规定的，依照其规定。不可抗力是不能预见、不能避免且不能克服的客观情况。”因此，不可抗力包括了两类常见的不可归责于承租人的可以导致租赁物全部或部分发生毁损、灭失事由的风险：（1）自然灾害，如地震对建筑物结构稳定性造成的破坏，导致租赁房屋坍塌或无法使用部分区域；（2）意外事故，如因第三人过错引发工业安全事故而导致租赁房屋的使用空间被全部或部分炸毁。因出租人的过错造成租赁物损失但又未构成违约的情形，一般是出租人未能及时履行《民法典》第 712 条规定的或租赁合同专门约定的租赁物维修义务。

其次，租金减免请求权可以按照租赁物毁损的程度，进一步分为租金减少请求权与租金免除请求权。当租赁物部分发生毁损、灭失，但仍未影响承租人按照租赁合同的约定持续使用租赁物的权利时，承租人享有的是请求出租人减少租金的权利，租金减少的数额与方式可以通过承租人与出租人经过自主协商或第三方调解后约定，也可以是承租人请求人民法院适用《民法典》第 729 条予以判决确定。当租赁物毁损、灭失的程度，妨害了承租人按照租赁合同的约定使用租赁物的权利，承租人享有请求出租人免除租金的权利，免除租金的租赁期间应当为租赁物使用妨害事由发生之日至使用功能恢复之日的期间。

最后，合同解除权的基础是租赁合同目的无法实现。《民法典》第 703 条规定：“租赁合同是出租人将租赁物交付承租人使用、收益，承租人支付租金的合同。”就常见的房屋租赁合同、车辆租赁合同以及建筑设备租赁合同而言，其合同的标的分别是房屋使用权、车辆使用权以及建筑设备使用权；承租人对出租人承担的主要给付义务是支付租金给出租方、租赁合同到期后返还完整的租赁物。[②] 因此，租赁物部分或者全部毁损、灭失所达到的程度，造成承租人不能对租赁物

---

① 例如，《民法典》第 709 条规定：“承租人应当按照约定的方法使用租赁物。对租赁物的使用方法没有约定或者约定不明确，依据本法第五百一十条的规定仍不能确定的。应当根据租赁物的性质使用。”

② 刘冬京：《我国小额诉讼程序适用的案件类型之规范化探究》，载《法学论坛》2014 年第 3 期。

行使使用权、不能返还完整的租赁物时，应当视为不能实现合同目的这一条件的成就，承租人可以选择依据《民法典》第729条的规定，以直接通知出租人的方式，或直接以提起诉讼、仲裁的方式解除租赁合同。[①]

【关联规定】

《民法典》第180、704、709、712条

（撰稿人：谢地）

第七百三十条 【租赁期限没有约定或约定不明确时的法律后果】

当事人对租赁期限没有约定或者约定不明确，依据本法第五百一十条的规定仍不能确定的，视为不定期租赁；当事人可以随时解除合同，但是应当在合理期限之前通知对方。

【释义】

本条的规范对象是出租人与承租人在租赁期限无法确定时成立的不定期租赁关系。即出租人与承租人没有在租赁合同中约定租赁期限，或者根据对租赁期限约定的内容无法明确租赁期限的起止时间，双方当事人穷尽《民法典》第510条规定的方式仍然无法确定租赁期限时，出租人与承租人依本条规定成立不定期租赁合同关系，双方当事人享有解除不定期租赁合同的权利；不定期租赁合同一方当事人行使不定期租赁合同解除权，应当在合理期限之前通知另一方当事人。

本条的立法目的在于明确不定期租赁合同的成立条件、赋予双方当事人解除不定期租赁合同的权利，并为这一权利的行使附加提前合理期限通知的条件为一方当事人的合理利益提供救济。租赁合同根据是否存在明确的租赁期限约定条款，可以分为定期租赁合同与不定期租赁合同。定期租赁合同是出租人与承租人约定了租赁期限的租赁合同；或者虽然没有明确约定租赁期限，但是当事人在事后达成补充协议确定租赁期限，或者通过合同的其他约定条款、租赁物的使用目的、交易习惯来确定租赁期限。[②] 不定期租赁合同是出租人与承租人没有明确约

① 合同解除主张的实施方式参见《民法典》第565条。

② 乔燕主编：《租赁合同》，人民法院出版社2000年版，第20页。转引自王利明：《合同法研究》（第3卷），人民大学出版社2012年版，第283页。

定租赁期限、没有就租赁期限的确定达成补充协议、无法解释租赁期限的租赁合同。[①] 不定期租赁合同解除时，承租人负有向出租人返还租赁物的义务，客观上需要合理的时间使租赁物符合租赁合同约定的状态；出租人负有向承租人退还押金、预付租金的义务，客观上可能需要时间进行资金周转。因此，根据民法的公平原则、诚实信用原则，不定期租赁合同的解除条件应当保护双方当事人的合理利益。从比较法的角度来看，为保护特定公共利益或弱势一方当事人的利益，解除不定期租赁关系的权利所附条件可以是时间与解除合同的主观目的限制。《德国民法典》第 542 条赋予使用租赁关系的双方当事人附条件解除未定期限的使用租赁关系的权利；但是第 573 条禁止使用出租人单纯为提高租金的目的终止不定期的住屋使用租赁关系，并规定了使用出租人解除这一关系的正当利益类型，如发生了归责于使用承租人的事由。[②] 在我国立法中，1981 年《经济合同法》未规定不定期租赁合同。1988 年《最高人民法院关于贯彻执行〈中华人民共和国民法通则〉若干问题的意见（试行)》第 119 条赋予房屋出租人在未与承租人约定租期的情形下，以自住为目的直接请求承租人返还租赁房屋的权利；赋予承租人在搬迁确实存在困难的情形下，请求出租人给予一定期限用以寻找待出租房屋或请求出租人准予其仅腾让部分房屋的权利。[③] 1999 年《合同法》租赁合同一节规定了不定期租赁关系的成立情形，并在第 232 条赋予不定期租赁合同双方当事人在穷尽补充协议与合同解释后仍无法确定租赁期限时附条件解除租赁合同的权利，合同解除权的行使条件为主张解除合同的一方当事人提前合理期限通知另一方当事人，但并没有废除《最高人民法院关于贯彻执行〈中华人民共和国民法通则〉若干问题的意见（试行)》第 119 条赋予承租人的“部分腾房”请求权。[④] 由于“部分腾房”请求权是承租人请求出租人变更不定期租赁合同标的物的权利，因此我国不定期租赁合同解除权的形成存在两个条件：（1）穷尽补充协议与合同解释；（2）提前合理期限通知。

《民法典》第 730 条继受了《合同法》第 232 条的规定内容，将提前通知作为行使不定期租赁合同解除权的必要条件，以合理期限而非法定期限来疏解承租

---

① 王利明：《合同法研究》（第 3 卷），人民大学出版社 2012 年版，第 284 页。

② 台湾大学法律学院、台大法学基金会编译：《德国民法典》，北京大学出版社 2017 年版，第 526 ~ 528 页。

③ 《最高人民法院关于贯彻执行〈中华人民共和国民法通则〉若干问题的意见（试行)》（法（办）发〔1988〕6 号）第 119 条第 3 款规定：“未定租期，房主要求收回房屋自住的，一般应当准许。承租人有条件搬迁的，应责令其搬迁；如果承租人搬迁确有困难的，可给一定期限让其找房或者腾让部分房屋。”

④ 《合同法》第 232 条规定：“当事人对租赁期限没有约定或者约定不明确，依照本法第 61 条的规定仍不能确定的，视为不定期租赁。当事人可以随时解除合同，但出租人解除合同应当在合理期限之前通知承租人。”

人、出租人所面临的无法及时地实际履行合同解除后各自负担的义务的困难。由于《最高人民法院关于贯彻执行〈中华人民共和国民法通则〉若干问题的意见（试行）》第119条并未直接在文义上抵触《民法典》第730条规定，也尚未经最高人民法院予以废除，仍然具有法律效力。因此，各级人民法院在审判实践中适用《合同法》第232条与《最高人民法院关于贯彻执行〈中华人民共和国民法通则〉若干问题的意见（试行）》第119条的案例意见，仍然具有指导与参考意义。

《民法典》第730条的规范效力是确定与解除出租人与承租人之间的不定期租赁合同关系。

首先，不定期租赁合同解除权是出租人、承租人享有的法定合同解除权，这一权利的形成必须符合法定条件。不定期租赁关系的法定成就条件依次为：（1）根据《民法典》第710条规定，租赁期限6个月以上的，当事人未采用书面形式的；（2）根据《民法典》第730条规定，当事人对租赁期限没有约定或者约定不明确，又不能达成补充协议的；（3）根据《民法典》第734条规定，租赁期间届满，承租人继续使用租赁物，出租人没有提出异议的。[①] 在前述第一个和第三个条件成就时，租赁合同双方当事人直接取得不定期租赁合同解除权；而在《民法典》第730条规定的成就条件中，在承租人、出租人按照《民法典》第510条规定仍无法就租赁期限达成一致约定时才成立不定期租赁关系。[②]

其次，不定期租赁合同解除权的行使受到合理期限的限制。根据《民法典》第730条的规定，出租人、承租人在租赁合同被确定为不定期租赁合同后形成，行使不定期租赁合同解除权的当事人必须提前合理期限通知另一方当事人，合理期限于通知被实际送达之日起算。合理期限的期间，既可以由出租人与承租人协商确定，也可以在仲裁、诉讼程序中由第三方纠纷解决主体予以确定。[③]

【关联规定】

《民法典》第510、707、734条

（撰稿人：谢地）

---

① 参见《上海市高级人民法院民一庭关于下发〈城镇房屋租赁合同纠纷办案要件指南〉的通知》（沪高法民一〔2010〕13号）第12条第5项。

② 《民法典》第510条规定："合同生效后，当事人就质量、价款或者报酬、履行地点等内容没有约定或者约定不明确的，可以协议补充；不能达成补充协议的，按照合同相关条款或者交易习惯确定。"

③ 例如，最高人民法院在枫华公司诉食盐调味品公司租赁合同纠纷案中将系争租赁合同视为不定期租赁，并将租赁关系解除的合理期限确定为自2008年5月1日解除通知到达之日起4个月。参见最高人民法院（2015）民申字480号民事裁定书。

第七百三十一条 【租赁物质量不合格时承租人解除权】 租赁物危及承租人的安全或者健康的，即使承租人订立合同时明知该租赁物质量不合格，承租人仍然可以随时解除合同。

【释义】

本条的规范对象是承租人在生命权、健康权受瑕疵租赁物危害的情形下享有的不可放弃的法定租赁合同解除权。即在租赁物危及承租人的人身安全与健康的情形下，承租人享有依据《民法典》第 731 条解除租赁合同的权利，无论承租人在订立租赁合同时是否对租赁物质量不合格的事实知情。

本条的立法宗旨是在租赁关系中保护承租人的生命权和健康权。生命权与健康权是自然人享有的不可被放弃、转让的两项人格权，自然人有权维护自己的生命安全、身心健康。[①] 为了保护民事主体人身财产利益与社会公共利益，以民事权利促进《建筑法》等产业规制法的执行，《民法典》第 724 条第 3 项赋予承租人在租赁物具有违反法律、行政法规关于使用条件强制性规定情形下解除租赁合同的权利；《商品房屋租赁管理条例》也禁止民事主体出租存在四类法定情形的房屋：（1）违法建筑的；（2）不符合安全、防灾等工程建设强制性标准的；（3）违反规定改变房屋使用性质的；（4）法律、法规规定禁止出租的其他情形。[②] 但是，《民法典》所保护的承租人并非具有法律、工程等知识的专业人员，而是具有完全民事行为能力的普通正常人。因此，并非所有承租人均有必要的知识与能力在订立与履行租赁合同时或期间对租赁物使用条件进行调查、研究并作出法律合规性判断。在经济上处于弱势地位的承租人也存在为实现“住有所居”而故意接受危害人身健康的违法、违规租赁房屋，使出租人、房屋租赁中介凭借不公平的经济与信息优势获取了非法经济利益。[③] 因此，《民法典》第 731 条遵循民法的公平原则，通过赋予承租人在知情、察觉人身安全与健康受到租赁物危害的情形

---

① 《民法典》第 990、992、1002、1005 条。

② 《商品房屋租赁管理办法》（住房和城乡建设部令〔2010〕第 6 号）第 6 条。

③ 例如，不利于人身安全与健康的群租房。参见《北京市通州区人民政府办公室印发关于规范违法群租房专项整治工作加强对违法群租行为联合惩戒实施办法的通知》（通政办发〔2019〕7 号）对违法群租房的认定标准：“（一）以原规划设计为居住空间的房间为最小出租单位，不得改变房屋内部结构分割出租，不得按床位等方式变相分割出租；（二）厨房、卫生间、阳台和储藏室等不得出租供人员居住；（三）出租房屋人均居住面积不得低于 5 平方米，每个房间居住的人数不得超过 2 人（有法定赡养、抚养、扶养义务关系的除外）。（居住面积是指规划设计为居住空间的房间使用面积）。”

下解除租赁合同的权利，补充与加强了《民法典》第 724 条第 3 项赋予承租人的租赁合同解除权，有力地维护了承租人作为自然人的人格权。《德国民法典》第 569 条同样将“承租住屋之使用将严重危害健康”列为使用承租人在订约时知情、作出弃权承诺的情形下终止使用租赁关系的重大事由。①

《民法典》第 731 条完整继受了 1999 年《合同法》第 233 条的规定内容。因此，各级人民法院在审判实践中适用《合同法》第 233 条的意见仍然具有指导和参考意义。

《民法典》第 731 条的规范效力是赋予承租人在法定条件成就时解除租赁合同的权利。这一法定租赁合同解除权的形成以存在“租赁物危及承租人的安全或者健康”的事实为必要条件，承租人对租赁物质量问题是否知情、租赁合同中对租赁期限和解除权的特殊约定皆不在法定条件成就时妨碍承租人行使租赁合同解除权。因此，承租人依据《民法典》第 731 条主张解除合同，应当就租赁物存在危及承租人安全或者健康的事实承担证明责任。

【关联规定】

《民法典》第 990、992、1002、1005 条，《商品房屋租赁管理办法》第 6 条

（撰稿人：谢地）

第七百三十二条　【房屋承租人死亡的租赁关系的处理】 承租人在房屋租赁期限内死亡的，与其生前共同居住的人或者共同经营人可以按照原租赁合同租赁该房屋。

【释义】

本条的规范对象是特定第三人在承租人死亡时选择继受租赁合同的权利。即与承租人共同居住的自然人，或与承租人共同开展经营活动的自然人，在承租人死亡事实发生后，享有选择继受承租人基于有效租赁合同享有的租赁权；前述两类第三人，选择继受承租人享有的租赁权后，同时继受原租赁合同约定的承租人对出租人所承担的义务。

---

① 《德国民法典》，台湾大学法律学院、台大法学基金会编译，北京大学出版社 2017 年版，第 523 页。

本条的立法目的是通过保障与承租人存在特定身份关系、经济关系的第三人以居住、经营为目的继续占有、使用租赁房屋的权利，提升城市房屋的使用效率。城市土地资源的稀缺性，以及国家土地规划政策与房地产开发政策的规制，使得一线城市房屋租赁市场易处于供不应求的状态。在城市中，房屋是满足家庭居住需求、满足工商业经营需求的必要不动产。因此，城市房屋的买卖与租赁不仅是民事主体间意思自治的范畴，也受到国家政策的规制。在居住用房屋与商业用房屋的租赁市场的交易习惯中，承租人虽然以自己的名义与出租人订立房屋租赁合同，但是承租人在租赁合同约定允许的范围内，与其同居人、共同经营人共同使用房屋并共同承担租金。因此，大量承租人订立租赁合同的目的是满足自己与身份特定的第三人在租赁期限内共同使用租赁房屋的权利。在承租人死亡时，身份特定的第三人在向出租人承诺继续履行原承租人承担的合同义务时，出租人在租赁期限内取得租金收益的权利不会受到损害。因此，民法赋予和承租人共同使用租赁物的身份特定的第三人选择继受租赁合同的权利，既不会改变租赁合同各方当事人平等的法律地位，也有利于降低城市居民的居住与经营成本，提高土地与城市房屋使用效率，实现国家政策的规制目的。特定第三人在承租人死亡时选择继受租赁合同的权利是法定条件成就即产生的形成权。《德国民法典》第563条赋予和使用承租人有共同家计关系的配偶、同性伴侣，在使用承租人死亡时加入住屋的使用租赁关系的权利，称之为“承租人死亡时之加入权”。[①] 在我国，1999年《合同法》第234条规定了承租人的同居人继受租赁合同的权利，且没有限制同居人的身份范围。[②] 2009年《最高人民法院关于审理城镇房屋租赁合同纠纷案件具体应用法律若干问题的解释》授予承租人在个体工商户中的共同经营人、在合伙企业中的合伙人继受租赁合同的权利，更多地体现了我国城市房地产规制政策的需要：保障民生、节约资源的政策目的，鼓励居住用房屋以租赁的方式满足承租人的居住权，鼓励经营者持续、重复使用闲置工业用、商业用房屋。[③]

《民法典》第732条规定是在归纳《合同法》第234条与《最高人民法院关于审理城镇房屋租赁合同纠纷案件具体应用法律若干问题的解释》第19条的基

---

① 《德国民法典》，台湾大学法律学院、台大法学基金会编译，北京大学出版社2017年版，第513～514页。

② 《合同法》第234条规定：“承租人在房屋租赁期间死亡的，与其生前共同居住的人可以按照原租赁合同租赁该房屋。”

③ 我国“十三五”规划提出：完善购租并举的住房制度，以解决城镇新居民住房需求为主要出发点，对无力购买住房的居民特别是非户籍人口，支持其租房居住；强化土地资源的集约利用，严控新增建设用地，促进空置楼宇、厂房等存量资源再利用。参见《中华人民共和国国民经济和社会发展第十三个五年规划纲要》（2016年3月16日第十二届全国人民代表大会第四次会议批准）第35章、第43章。

础上修订而成。因此，在《最高人民法院关于审理城镇房屋租赁合同纠纷案件具体应用法律若干问题的解释》继续有效的前提下，各级人民法院在司法实践中适用《合同法》第234条与《最高人民法院关于审理城镇房屋租赁合同纠纷案件具体应用法律若干问题的解释》第19条形成的审判意见继续具有指导和参考意义。

《民法典》第732条的规范效力是在法定条件成就时授予承租人的共同居住人、共同经营人选择继受承租人依据租赁合同享有的租赁权，其权利主体、成就条件必须符合法律规定。

首先，权利的主体是法定的与承租人存在特定身份关系的第三人，即共同居住人与共同经营人。任何第三人主张《民法典》第732条的权利，应当证明其与承租人共同居住、共同经营的事实。2009年《最高人民法院关于审理城镇房屋租赁合同纠纷案件具体应用法律若干问题的解释》第19条规定："承租人租赁房屋用于以个体工商户或者个人合伙方式从事经营活动，承租人在租赁期间死亡、宣告失踪或者宣告死亡，其共同经营人或者其他合伙人请求按照原租赁合同租赁该房屋的，人民法院应予支持。"因此，共同经营人可以通过个体工商户、合伙企业的登记信息予以证明。而共同居住人的身份，第三人应当能够证明与承租人有密切关系、具有共同居住利益。①

其次，租赁权继受权的成就条件是承租人死亡、被宣告死亡与宣告失踪。因此，承租人下落不明但尚未经法律程序确认死亡，或宣告死亡、宣告失踪时，承租人的共同居住人、共同经营人尚不能主张继受租赁权。但是，承租人的共同居住人、共同经营人可以通过代替承租人履行租金支付等租赁合同义务，使承租人与出租人之间的租赁合同关系继续维持。

最后，租赁权继受权是承租人的共同居住人、共同经营人享有的形成权，自法定条件成就时取得，不因承租人与出租人在租赁合同中的约定、出租人的单方意思表示而无效。

【关联规定】

《最高人民法院关于审理城镇房屋租赁合同纠纷案件具体应用法律若干问题的解释》第19条

（撰稿人：谢地）

---

① 《上海市高级人民法院民一庭关于下发〈城镇房屋租赁合同纠纷办案要件指南〉的通知》第6条。

第七百三十三条　【租赁期限届满承租人返还租赁物】 租赁期限届满，承租人应当返还租赁物。返还的租赁物应当符合按照约定或者根据租赁物的性质使用后的状态。

【释义】

本条的规范对象是承租人应当向出租人承担的租赁物返还义务及其履行标准。即租赁合同约定的租赁期限届满之日的次日，承租人向出租人承担返还租赁物的民事义务，所返还的租赁物的数量、质量以及其他条件均应当符合租赁合同的约定，或符合根据租赁物的性质使用后的状态；出租人也享有请求承租人按照本条规定的要求返还租赁物的权利。

本条的立法目的是明确承租人的租赁物返还义务与出租人的租赁物返还请求权。租赁合同是出租人将租赁物交付承租人使用、收益，承租人支付租金的合同。[①] 租赁物返还义务是债法对出租人就租赁物享有的所有权的救济。租赁期间开始之日是双方当事人开始履行租赁合同最古老而基本的主给付义务之日，即出租人向承租人承担交付租赁物并保持承租人在租赁期间使用租赁物的义务，承租人开始向出租人承担支付租金并按照约定的方法或者根据租赁物的性质使用租赁物义务。[②] 而当租赁期间截至之日，租赁合同主给付义务消灭，租赁物的承租人不再向出租人支付租金，也不再从法律上享有占有、使用、收益租赁物的权利基础，租赁物上仅存在出租人享有的所有权，因此承租人有法律上的义务恢复出租人对租赁物享有排他的占有、使用、处分、收益的权利状态，对出租人承担返还租赁物的法律上义务。在承租人拒不返还租赁物或延迟返还租赁物时，既构成对租赁合同的违约，也属于对租赁物的无权占有，因此无法实际支配租赁物的所有权人（原出租人）享有请求侵犯其所有权的原承租人承担违约责任、赔偿损失的权利。例如，《德国民法典》第 546 条明确使用承租人负有于使用租赁关系终了后返还租赁物之义务，并赋予使用承租人请求延迟履行返还义务的使用承租人仍然按照原约定或按照当地通常类似物的租金数额支付租金的义务。[③] 法律通过对租赁物返还义务的履行作特殊规定，可以对承租人与出租人双方因租赁物返还义务的履行标准发生的争议提供救济。通常来说，出租人会和承租人在租赁合同中

---

① 《民法典》第 703 条。

② 《民法典》第 708 条、第 709 条。

③ 《德国民法典》，台湾大学法律学院、台大法学基金会编译，北京大学出版社 2017 年版，第 479 页。

约定租赁物返还义务的履行方式与履行不能时的违约责任，如租赁物的数量与质量应当符合出租人提出的验收标准、承租人延迟返还租赁物应当额外支付的费用、与租赁物物理上毁损程度相对应的赔偿责任。[①] 但是，物自被创造之日起，即处在物理法则的约束之下，租赁期间截至之日，承租人客观上不可能向出租人返还与交付之日在物理上完全一致的租赁物。无论是动产还是不动产，承租人对租赁物的使用行为必然导致租赁物发生物理上的减损，并影响租赁物在租赁合同履行前后的财产价值。[②] 即使法律赋予出租人请求承租人返还原物、恢复原状的权利，承租人在物理上也不可能将租赁物恢复至与交付之日完全一致的状态。我国和德国民法均免除承租人合理使用租赁物而导致的租赁物发生物理上减损的责任。[③] 因此，为避免出租人与承租人在租赁合同中没有约定，或约定了客观上无法实现的租赁物返还义务履行标准，1999 年《合同法》第 235 条在规定承租人于租赁期间截至时对出租人承担租赁物返还义务的同时，将“约定”与“根据租赁物的性质使用后的状态”并列为租赁物返还义务的履行标准，为纠纷解决机构解决因此而生的争议提供了指导，既在承租人以违约或其他不合理的方式使用租赁物时（如未经出租人的许可实施改建、装修）为出租人提供救济，也保护承租人免于因租赁合同对租赁物返还义务的不合理约定承担违约责任。[④]

本条规定继受了 1999 年《合同法》第 235 条规定，未作任何增减修改。因此，各级人民法院在审判实践中适用《合同法》第 235 条的意见仍然具有指导与参考意义。

本条规定的规范效力通过出租人对承租人行使租赁物返还请求权而实现，是附条件的请求权。当承租人在租赁期间截至之日次日，不返还租赁物，返还的租赁物不符合租赁合同约定或根据租赁物的性质使用后的状态时，出租人依本条规定与租赁合同的约定，享有请求承租人承担违约责任的权利，违约责任的承担方式包括但不限于：支付占有使用费、返还原物、恢复原状、就无法恢复原状的部分赔偿损失。

---

① 约定出租人违约的主要情形及责任承担方式参见《中华全国律师协会律师提供房屋租赁合同非诉讼法律服务操作指引》（中华全国律师协会发布 2013 年 6 月）第 81 条，载中国律师网 2017 年 11 月 16 日，http：//www. acla. org. cn/article/page/detailById/21903。

② 因此，现代企业会计制度将预计有形损耗、无形损耗纳入确定固定资产寿命的考虑因素，并要求企业在资产寿命期限之内计提固定资产折旧。参见《企业会计准则第 4 号——固定资产》（财会〔2006〕3 号）第 15、16 条。

③ 《民法典》第 710 条、《德国民法典》第 538 条。后者参见《德国民法典》，台湾大学法律学院、台大法学基金会编译，北京大学出版社 2017 年版，第 474 页。

④ 江平主编：《中华人民共和国合同法精讲》，中国政法大学出版社 1999 年版，第 180 页；胡康生主编：《中华人民共和国合同法释义》，法律出版社 2012 年版，第 378 页。

从租赁物返还请求权的取得来看，租赁期间截至是出租人取得请求承租人返还租赁物的权利的法定必要条件。租赁期间截至是指租赁合同约定的租赁期限截至之日，不是租赁合同因法定情形的出现或出租人、承租人行使合同解除权解除合同之日。①

承租人是租赁物返还义务的承担者，也是出租人行使租赁物返还请求权的相对人。在租赁物被承租人转租给次承租人，在租赁期间截至时由次承租人实际占有租赁物时，出租人可以请求次承租人返还租赁物、支付超过原租赁期限的占有使用租赁物的费用。②

租赁物返还义务的内容，符合《民法典》第733条所规定的物理状态的租赁物。在实践中，租赁物除因不可抗力、第三人的过错、承租人的不合理使用而发生毁损、灭失外，承租人经出租人同意后对租赁物进行装饰、装修导致租赁物与其他物发生附合、混同的行为，是影响承租人履行租赁物返还义务的重要事实类型。根据2009年《最高人民法院关于审理城镇房屋租赁合同纠纷案件具体应用法律若干问题的解释》的规定，在出租人同意承租人实施上述行为的前提下，租赁物是否已经与其他物符合、混同，以及出租人、承租人之间是否对此情况作出过约定，是判断承租人应当以何种方式履行《民法典》第733条规定的租赁物返还义务的事实基础：（1）租赁物与装饰装修物未形成附合的情形下，出租人可以请求承租人拆除未形成附合的装饰装修物，人民法院不支持承租人请求出租人补偿附合装饰装修费用的诉讼请求；（2）已经形成附合的情形下，出租人享有请求承租人恢复原状的权利，承租人为恢复原状而毁损租赁物，出租人享有请求承租人赔偿损失的权利；（3）承租人与出租人在租赁合同中或以其他具有合同效力的方式对前述事项作出约定时，人民法院优先适用双方的约定。③

---

① 最高人民法院将“租赁期间截至”与“合同解除”作为两个不同的权利成就条件。参见《最高人民法院关于审理城镇房屋租赁合同纠纷案件具体应用法律若干问题的解释》（法释〔2009〕11号）第10条与第11条。

② 《最高人民法院关于审理城镇房屋租赁合同纠纷案件具体应用法律若干问题的解释》（法释〔2009〕11号）第18条规定：“房屋租赁合同无效、履行期限届满或者解除，出租人请求负有腾房义务的次承租人支付逾期腾房占有使用费的，人民法院应予支持。”

③ 《最高人民法院关于审理城镇房屋租赁合同纠纷案件具体应用法律若干问题的解释》（法释〔2009〕11号）第10条规定：“承租人经出租人同意装饰装修，租赁期间届满或者合同解除时，除当事人另有约定外，未形成附合的装饰装修物，可由承租人拆除。因拆除造成房屋毁损的，承租人应当恢复原状。”第12条规定：“承租人经出租人同意装饰装修，租赁期间届满时，承租人请求出租人补偿附合装饰装修费用的，不予支持。但当事人另有约定的除外。”

【关联规定】

《民法典》第703、708~709条,《最高人民法院关于审理城镇房屋租赁合同纠纷案件具体应用法律若干问题的解释》第10、12、18条

(撰稿人:谢地)

第七百三十四条 【租赁期限届满承租人继续使用租赁物及房屋承租人的优先承租权】 租赁期限届满,承租人继续使用租赁物,出租人没有提出异议的,原租赁合同继续有效,但是租赁期限为不定期。

租赁期限届满,房屋承租人享有以同等条件优先承租的权利。

【释义】

本条分为两款规定。第1款规定的规范对象为出租人以默示的意思表示将租赁期间届满的定期租赁关系延长为不定期租赁关系的权利;即租赁合同约定的租赁期限截至之日的次日,承租人继续按照租赁合同约定的占有、使用、收益方式支配租赁物,出租人没有明示表示反对时,租赁合同除原租赁期限约定条款外的其他约定内容继续有效,租赁期限变为不定期租赁。第2款规定的规范对象是承租人对出租人享有的按照与第三人同等的条件优先承租租赁物的权利。

《民法典》第734条第1款的立法目的,是在出租人以默示肯认的情形下,以不定期租赁关系延续既存租赁合同。《德国民法典》第545条也早已规定了出租人默示延长租赁关系的权利:"使用承租人于使用租赁期限届满后继续为租赁物之使用时,除一方当事人于两星期内向他方为反对之表示者外,使用租赁关系延长为不定期租赁。其期限始于下列时点:(1)在使用承租人,自继续使用时。(2)在使用承租人,自知悉使用时。"出租人默示承租人在租赁期间届满后继续占有租赁物从而成立不定期租赁合同关系的规定在我国始于1999年《合同法》第236条:"租赁期间届满,承租人继续使用租赁物,出租人没有提出异议的,原租赁合同继续有效,但租赁期限为不定期。"从规范内容来看,本次《民法典》第734条第1款完全继受了《合同法》第236条的规定,未作任何增减与更改。

《民法典》第734条第1款规定的规范效力是在法定条件成就的基础上,于

出租人与承租人之间成立不定期租赁关系。首先，不定期租赁合同关系的成就条件为：（1）租赁合同已因租赁期间截至而解除；（2）承租人于前述截至之日的次日开始，继续按照原租赁合同约定的方式占有、使用、收益租赁物；（3）出租人既未依据《民法典》第733条请求出租人返还租赁物，也未以承租人可以察觉的意思表示方式对承租人继续使用租赁物的行为提出异议。但是，在出租人与承租人未就租赁期限作出新的约定的情形下，出租人享有依据《民法典》第730条规定，在履行提前合理期限通知承租人的义务后解除不定期租赁合同的权利。①

《民法典》第734条第2款是本次《民法典》编纂中新增的条款，未在1999年《合同法》中有所规定。在本次《民法典》物权编增设了“居住权”的背景下，《民法典》第734条第2款赋予房屋承租人“优先承租权”的规定，体现了一种鼓励承租人与出租人维持长期租赁关系的立法目的，具有以私权促进“购租并举”住房制度完善的房屋租赁市场规制功能。②

从规范效力来看，《民法典》第734条第2款赋予承租人选择以出租人和第三人同等的交易条件，优先与出租人成立房屋租赁合同关系的权利，是一种形成权。房屋承租人优先承租权的形成条件为：（1）承租人与出租人存在一个合法优先的租赁期间届至的租赁关系；（2）出租人与第三人已经磋商形成了房屋租赁条件，对租金、租赁期限等双方权利义务达成了一致；（3）承租人享有按照与第三人同等的房屋租赁合同中约定的交易条件，优先请求出租人与其订立新的租赁合同的权利。

但是，《民法典》第734条第2款规定的规范效力因规范内容的不明确，使得承租人行使优先承租权的形成条件、救济方式存在不明确之处。

首先，《民法典》第734条第2款规定未明确出租人是否应当承担协助承租人行使优先承租权的法律义务，也未明确与出租人存在特定人身关系的第三人是否免受承租人优先承租权的干预。在《民法典》第726条规定中，为了救济承租人对租赁房屋享有的优先购买权，要求出租人将第三人购买租赁物的交易条件通知承租人，由承租人在15日内决定是否行使优先购买权；为了维护出租人的家庭和谐，当出租人向近亲属有偿转让租赁房屋所有权时，房屋承租人优先承租权的形成条件依法不成就，《最高人民法院关于审理城镇房屋租赁合同纠纷案件具体应用法律若干问题的解释》第24条解释了出租人近亲属的主体范围。而《民法

---

① 《德国民法典》，台湾大学法律学院、台大法学基金会编译，北京大学出版社2017年版，第478页。

② 参见《中华人民共和国国民经济和社会发展第十三个五年规划纲要》（2016年3月16日第十二届全国人民代表大会第四次会议批准）第35章。

典》第 734 条第 2 款仅规定："租赁期限届满，房屋承租人享有以同等条件优先承租的权利。"既没有要求出租人通知承租人第三人提出的租赁合同交易条件，也没有明确出租人选择将房屋出租给近亲属时，承租人是否仍然享有优先承租权。

其次，《民法典》第 734 条第 2 款规定没有明确出租人妨碍承租人行使优先承租权的法律责任、出租人与第三人租赁关系的法律效力。在房屋承租人优先购买权因出租人不履行通知义务，或不接受承租人行使优先购买权的意思表示而无法实现时，承租人可以依据《民法典》第 728 条请求出租人赔偿损失，该条规定也明确了出租人与第三人成立的房屋买卖合同关系继续有效。而《民法典》第 734 条第 2 款规定则没有明确承租人是否可以援引《民法典》第 728 条救济自己的优先承租权。

【关联规定】

《民法典》第 726、728、733 条

（撰稿人：谢地）

第十五章 融资租赁合同

【导读】

本章是关于融资租赁合同的规定。融资租赁合同是一种典型合同。所谓典型合同，亦称有名合同，是指“法律设有规范，并赋予一定名称的合同”。对于融资租赁合同来说，所谓“法律设有规范”，主要就是由本章来完成的。对于本章，我们先要从以下几个方面来把握：

第一，要明确本章各条所调整的事项。

本章共26条（《民法典》第735～760条）。这些条文，主要围绕着融资租赁合同的以下事项展开：

《民法典》	条旨
第735条	融资租赁合同的定义
第736条	融资租赁合同的内容与形式
第737条	以虚构租赁物方式订立的融资租赁合同的效力
第738条	租赁物行政许可对融资租赁合同的效力
第739条	出卖人负有义务按约定向承租人交付租赁物、承租人有义务受领租赁物并取得相关权利
第740条	承租人拒绝受领出卖人向其交付的标的物的构成要件和法律后果
第741条	承租人就出卖人履行其与出租人签订的租赁物买卖合同取得向出卖人直接行使索赔的权利
第742条	承租人行使索赔权与其支付租金义务的关系
第743条	出租人妨碍索赔时的责任承担
第744条	出租人负有不得擅自变更租赁物买卖合同的义务
第745条	出租人对租赁物所有权的公示及其效力

第 746 条	租金的确定
第 747 条	出租人不承担租赁物无瑕疵的担保责任
第 748 条	出租人对承租人负有租赁物平静占有担保义务，以及出租人违反该义务应当承担损害赔偿责任
第 749 条	出租人对承租人占有租赁物期间，租赁物给第三人造成的人身伤害或者财产损害不承担责任
第 750 条	承租人负有妥善保管、使用并维修租赁物义务
第 751 条	承租人占有租赁物期间，租赁物毁损、灭失与承租人支付租金义务的关系
第 752 条	承租人支付租金及其违反该义务的法律后果
第 753 条	承租人未经出租人同意，将租赁物转让、抵押、质押、投资入股或者以其他方式处分是出租人解除融资租赁合同的一个事由
第 754 条	出租人或者承租人解除融资租赁合同的法定事由
第 755 条	融资租赁合同因买卖合同被解除、被确认无效或者被撤销而解除时，承租人对出租人的损失赔偿责任
第 756 条	融资租赁合同因租赁物交付承租人后意外毁损、灭失等不可归责于当事人的原因而解除的法律效果
第 757 条	租赁期限届满后租赁物的归属
第 758 条	出租人解除融资租赁合同与租金返还的关系，以及当事人约定租赁期间届满后租赁物归出租人的，因租赁物毁损、灭失或者附合、混同于他物导致承租人不能返还的法律后果
第 759 条	以留购价购买租赁物的法律效果
第 760 条	融资租赁合同无效时租赁物的归属与返还

第二，要注意本章与《合同法》第十四章和《最高人民法院关于审理融资租赁合同纠纷案件适用法律问题的解释》（法释〔2014〕3 号）（以下简称《解释》）的关系。

本章的绝大部分内容都不是《民法典》原创的。在《民法典》通过之前，融资租赁合同主要受《合同法》第十四章和《解释》调整。《合同法》第十四章和

《解释》施行经年，已经成为了融资租赁交易领域的基本准绳。因此，在设计本章时，《民法典》不可能撇开它们，“另起炉灶”。在本章的26条中，有24条是以《合同法》第十四章和《解释》为蓝本制定的，只有2条是《民法典》原创的。然而，这24条绝不只是《合同法》第十四章和《解释》的翻版。一方面，它们中的有些条文，在经过一番修订之后，才进入本章。另一方面，即便其中的一些条文原封不动地为本章所吸纳，也是立法者深思熟虑的结果。因此，本章关于融资租赁合同的规则，与《合同法》第十四章和《解释》相比，不论是维持不变，还是有了变化，都要认真对待。

第三，要明确本章与合同编第一分编的关系。

合同编第一分编是关于合同的共通性规定。因此，在涉及融资租赁合同的法律问题时，既要适用本章，也要适用该分编。比如，当事人在订立融资租赁合同时，根据第736条第1款可以对租金的币种及其使用作出约定。如果没有约定，第514条“以支付金钱为内容的债，除法律另有规定或者当事人另有约定外，债权人可以请求债务人以实际履行地的法定货币履行”的规定，可以参照适用。

第四，要注意本章与《民法典》物权编第四分编、《海商法》、《民用航空法》的关系。

《民法典》第388条第1款第2句规定：“担保合同包括抵押合同、质押合同和其他具有担保功能的合同。”依据《关于〈中华人民共和国民法典（草案）〉的说明》，融资租赁属于本句中“其他具有担保功能的合同”的范畴。第388条第1款第1句规定：“设立担保物权，应当依照本法和其他法律的规定订立担保合同。”因此，融资租赁纳入担保合同，意味着出租人对租赁物的“所有权”在法律上是按照担保物权来对待的。这使得本章与《民法典》物权编第四分编担保物权具有密切关系。位于本分编中的第404、414、416条，都可以适用于出租人对租赁物的“所有权”。

第七百三十五条　【融资租赁合同的定义】 融资租赁合同是出租人根据承租人对出卖人、租赁物的选择，向出卖人购买租赁物，提供给承租人使用，承租人支付租金的合同。

【释义】

本条是关于融资租赁合同的定义性规范。它源自《合同法》第237条。二者除法条的序号不同外，并无其他差别。这条为认识融资租赁提供了基本法律依据。[①] 不过，这还不是它们最重要的作用。其实，它们最大的价值在于确认了融资租赁交易最重要的一种形态——直租。

直租（directive leasing）代表着融资租赁交易的经典形态。按照这种形态，融资租赁由出租人、承租人和出卖人（供货人）三方当事人构成。这由融资租赁交易是融资与融物的有机结合所决定的。某个企业想购进一台生产设备，但又缺乏购买设备的资金。企业的一个选择是向金融机构借款，然后用借到的款去设备生产制造商那里购买设备。可是，企业很多时候从金融机构那里是借不到款的。金融机构要求企业提供担保，企业又没有什么东西可用于提供担保。资金被称为企业的血液。“血液”一旦没有了，其结果就是企业无法购入生产设备，无法扩大再生产，只能失“血”而死。有了融资租赁，企业面临的困境就可迎刃而解。企业若缺乏资金购买生产设备，就可以求助于融资租赁企业。融资租赁企业出资买下企业所需的设备，然后把设备出租给企业。在这样一个过程中，融资租赁是“融资”与“融物”有机结合的特征，得到了充分体现。

融资租赁其实不是租赁，而是一种金融工具。在租赁中，其交易模式为“出租人有什么，承租人就租什么”；而在融资租赁中，其交易模式为“承租人想租什么，出租人就出资买来租给承租人”。融资租赁出租人按照承租人的需求，为承租人出资购买租赁物的过程，就是向承租人融通资金的过程。因此，融资租赁与银行信贷一样，都是信用授予的一种形式。这种信用授予是通过出租人与承租人签订融资租赁合同达致的。因此，出租人与承租人这两方当事人是融资租赁交易所必不可少的。它们系融资租赁交易融资的本质所在。

尽管融资租赁与银行信贷在资金融通这点上具有相同功能，但是二者的融资载体是不同的。银行信贷以货币为融资载体。银行从发放贷款到收回贷款，都是以货币为载体。货币实行占有与所有一致的原则。银行一旦把货币借给借款人，货币所有权即发生转移。它直至银行收回贷款，才又回到银行那里。融资租赁以实物（主要是设备）为载体。融资租赁公司在向承租人投资时采取的形式是融物，收回投资采取的形式是货币（“租金”）。这改变了银行信贷中的资金运动规律。与货币在银行信贷中实行占有与所有一致的原则不同，作为融资载体的实物的所有权在融资租赁中，并不因为实物由承租人占有而发生移转。实物的所有权仍属于融资租赁公司。既然融资租赁公司在实物交由承租人占有后仍对实物拥有

① 在司法实践中，本条还有一个重要功能，即用来识别现实中的某项交易在法律上应否评价为融资租赁，进而适用融资租赁法的规则。关于这个功能及其展开，可参见韩强、孙瑜主编：《融资租赁法律原理与实务》，浙江大学出版社 2017 年版，第 1 章（由徐同远撰写）。

所有权，那么其从承租人那里收回投资也就有了很大的保障。融资租赁公司既是投资的债权人，又是实物的所有权人。一旦承租人不如约支付租金，融资租赁公司即可取回实物。①

可是，作为融资载体的实物从何而来呢？融资租赁公司本身是不生产制造实物的。这些实物由设备生产制造商生产制造，是由融资租赁公司从设备生产制造商那里购入的。因此，作为出卖人的设备生产制造商是融资租赁交易所必不可少的。它提供融资的载体。由于融资租赁在本质上为融资，而融资又要通过融物来体现，完整的融资租赁交易必然要由出租人按照承租人的要求与出卖人签订买卖合同，获得租赁物，实现融资载体从货币到“物”的转换，然后再由出租人与承租人签订融资租赁合同，由承租人取得对出租人按照其要求、为其购买之物的占有、使用和收益，从而实现资金由出租人向承租人的流动。因此，融资租赁交易是由出租人、承租人和出卖人三方当事人共同完成的。由这三方当事人建构的融资租赁交易“在本质上系三人关系，盘根错节，相互影响”。②

【关联规定】

《合同法》第 237 条，《最高人民法院关于审理融资租赁合同纠纷案件适用法律问题的解释》第 2 款

（撰稿人：徐同远）

第七百三十六条 【融资租赁合同内容和表式】 融资租赁合同的内容一般包括租赁物的名称、数量、规格、技术性能、检验方法，租赁期限，租金构成及其支付期限和方式、币种，租赁期限届满租赁物的归属等条款。

融资租赁合同应当采用书面形式。

【释义】

本条是关于融资租赁合同内容和形式的规定。其中，第 1 款是关于融资租赁合同内容的规定；第 2 款是关于融资租赁合同的形式的规定。本条源自《合同

① 史燕平：《融资租赁及其宏观经济效应》，对外经济贸易大学出版社 2004 年版，第 64～66 页。

② 陈自强：《民法讲义 II 契约之内容与消灭》，法律出版社 2004 年版，第 226 页。

法》第238条。二者除在法条的序号上不同外，其余并无不同。

（一）融资租赁合同的内容

对于融资租赁合同的内容，本条第1款列举了以下条款：租赁物名称、数量、规格、技术性能、检验方法、租赁期限、租金构成及其支付期限和方式、币种、租赁期间届满租赁物的归属。这些条款，在表面上看来，不尽相同，但主要涉及租赁物、租赁期间与租金三个方面的内容。

1. 租赁物

租赁物对融资租赁合同的重要性，怎么强调都不过分。因此，在融资租赁合同中，首要的内容自然围绕着租赁物展开。本款中的“租赁物的名称、数量、规格、技术性能、检验方法”“租赁期间届满后租赁物的归属”，都是关于租赁物的。租赁物的名称是指租赁物的称谓。当事人在对租赁物作出约定时，最好使用通常的称谓，以减少不必要的麻烦。租赁物的数量是指以数字方式来描述的租赁物的多少。租赁物的规格和技术技能，是指租赁物的质量。租赁物的检验方法是指承租人对租赁物的质量和数量进行检验的方式。① 租赁物在租赁期间自然属于出租人，当事人对此不能作出相反的安排。如果当事人约定租赁物在租赁期间属于承租人，则融资租赁合同可能就不会存在。但是，对租赁物在租赁期限届满后归承租人，当事人可以作出约定。在租赁期限届满后，出租人不一定会要求承租人返还租赁物。此时，当事人会就租赁物归属承租人作出安排。这种安排通常采用租赁物留购条款的形式进行。对于留购条款，《民法典》第759条作出了规定。

2. 租赁期间

租赁期间是指融资租赁合同中约定的起租日期到承租人付清最后一笔租金租赁结束时的时间段。租赁期间的长短，直接关系到出租人与承租人之间权利义务关系存续时间的长短，特别是关系到承租人支付租金的多少。租赁期间的长短，一般是根据租赁物的使用年限（即租赁物的“经济寿命”）和使用后产生的效益来确定的。②

3. 租金

在融资租赁合同中，支付租金是承租人的主要义务。因此，租金是融资租赁合同的又一重要内容。对于租金，当事人可以约定租金的构成、支付期限和方式、租金的币种。这些构成了融资租赁合同中的租金条款。租金通常由设备购置成本与计算租金基数、融资成本、手续费和利润四项要素构成。租金的计算是根

---

① 张桂龙、刘向东：《融资租赁合同》，人民法院出版社2001年版，第82~84页；肖学治主编：《融资租赁合同》，中国民主法制出版社2002年版，第29~30页。

② 张桂龙、刘向东：《融资租赁合同》，人民法院出版社2001年版，第84页；肖学治主编：《融资租赁合同》，中国民主法制出版社2002年版，第30页。

据它们之间的内在联系推导而来的。① 对于租金的币种，当事人可以作出约定，不受租赁物是否从境外购置影响。② 当然，不论租金采用何种币种，除非法律另有规定或者当事人另有约定，出租人可以请求承租人以实际履行地的法定货币支付租金（《民法典》第514条）。

对于融资租赁合同来说，第1款的规定属于倡导性规定，或曰提示性规定，不具有强制性。当事人可以约定比这里列举的条款更丰富的内容，作出比这里的条款更具有个性化的安排。例如，当事人在融资租赁合同中往往还会约定租赁物购买条款、租赁物交付条款、租赁物瑕疵处理条款、承租人权利义务条款、租赁物保险条款、保证金条款、违约处理条款、瑕疵担保免责条款、禁止中途解约条款。③ 当然，当事人在订立融资租赁合同时也可以约定比本款所列条款少的内容。但是，当事人再怎么约定，本款所列的租赁物名称、数量是不可或缺的，否则融资租赁合同有可能无法成立。《最高人民法院关于适用〈中华人民共和国合同法〉若干问题的解释（二）》第1条第1款规定："当事人对合同是否成立存在争议，人民法院能够确定当事人名称或者姓名、标的和数量的，一般应当认定合同成立。但法律另有规定或者当事人另有约定的除外。"这里提到的"当事人名称或姓名、标的和数量"是合同成立必须具备的条款。④ 这反映到融资租赁合同中，就是除了合同当事人的名称或姓名之外，租赁物名称、数量是它的必备条款。对于其他条款，如果融资租赁合同没有约定，当事人可以进行补充协议；协议不成的，可以适用本编的任意性规定。不过，这样的情形在实践中很少出现，因为在融资租赁合同中当事人通常都是商人（企业）。

在融资租赁交易实践中，合同的内容多是通过格式条款来确立的。出租人在融资租赁交易居于主导地位，承租人中资金短缺的自然人和中小企业比重又比较大，这导致在融资租赁合同订立过程中，以出租人事先拟定印制的格式化合同文本缔约的情形并不鲜见。⑤

对于以格式条款（合同）缔约的问题，《合同法》和本编用数个条文加以规制（《合同法》第40、41条，《民法典》第496条至第498条）。不过，要注意的

---

① 史燕平：《融资租赁原理与实务》，对外经贸大学出版社2005年版，第207～208页。

② 《最高人民法院关于审理融资租赁合同纠纷案件若干问题的规定》（法发〔1996〕19号）第9条规定："租赁物从境外购买的，融资租赁合同当事人约定用外币支付租金，应认定为有效。"随着《最高人民法院关于审理融资租赁合同纠纷案件适用法律问题的解释》的施行而不再适用。

③ 史树林、乐沸涛：《融资租赁制度总论》，中国金融出版社2011年版，第49～53页。

④ 韩世远：《合同法总论》（第4版），法律出版社2018年第4版，第115页。

⑤ 《规范融资租赁市场营造金融法治环境——上海市第二中级人民法院关于融资租赁合同纠纷案件审理情况的调研报告》，载《人民法院报》2014年4月17日第8版；《2009－2013年融资租赁合同纠纷审判白皮书》，上海市第一中级人民法院、上海市第二中级人民法院联合发布。

是，《合同法》和本编明显把格式条款的基本模型假定为公用事业与消费者之间的消费合同，这些合同体现为日常交易中的格式化书面条款。这些条款有一个特点就是它们具有“重复适用”性。《合同法》第39条第2款就以“重复使用”作为格式条款的条件。①

出租人在融资租赁交易中提供的格式化合同文本，有时并不满足“重复适用”这个条件。它是在一次性交易中，由出租人事先拟定的、不许对方协商的条款。尽管如此，它也应认定为格式条款。《合同法》和本编关于格式条款的规定，可以适用于融资租赁合同的订立。如格式条款的提供者（出租人）应当遵循公平原则确定当事人之间的权利和义务，并采取合理的方式提请对方注意免除或者限制其责任的条款，按照对方的要求，对该条款予以说明。出租人和承租人对格式条款的理解发生争议的，应当按照通常理解予以解释。对格式条款有两种以上解释的，应当作出不利于提供格式条款一方（即出租人）的解释。格式条款和非格式条款不一致的，应当采用非格式条款。出租人免除其责任、加重对方责任、排除对方主要权利的，其提供的条款无效。

此外，当事人在订立融资租赁合同时，如果有合同示范文本，可以参照该示范文本确定合同内容。所谓合同示范文本，是指工商和市场监管部门根据《合同法》及相关法律法规规定，针对特定行业或领域，单独或会同有关行业主管部门制定发布，供当事人在订立合同时参照使用的合同文本。②“它是由制订者根据长期实践、反复优选而制订出来的，内容上比较完备，具有一定的指导性。”③ 融资租赁合同示范文本不太常见。但也不是没有。比如，上海市工商行政管理局制定了《上海市航空器融资租赁合同示范文本》（2013版）。④

（二）融资租赁合同的形式

本条第2款规定融资租赁合同为法定要式合同，融资租赁合同采取书面形式订立，不可采用口头形式或者其他形式。

所谓“书面形式是合同书、信件、电报、电传、传真等可以有形地表现所载内容的形式。”“以电子数据交换、电子邮件等方式能够有形地表现所载内容，并可以随时调取查用的数据电文，视为书面形式。”（《民法典》第469条第2款和第3款）在订立融资租赁合同时，当事人可以约定使用或者不使用数据电文（《电子签名法》第3条第1款）。如果当事人约定使用数据电文，不得仅因为融

① 谢鸿飞：《合同法学的新发展》，中国社会科学出版社2014年版，第156～157页。

② 参见国家工商总局《关于制定推行合同示范文本工作的指导意见》（工商市字〔2015〕178号）。

③ 肖学治主编：《融资租赁合同》，中国民主法制出版社2002年版，第35页。

④ http：//scjgj. sh. gov. cn/shaic/html/govpub/2013－10－30－0000009a201310280001. html.

资租赁合同采用数据电文的形式而否认其法律效果（《电子签名法》第3条第2款）。如果当事人对于融资租赁合同没有采用书面形式订立，“但是一方已经履行主要义务，对方接受时，该合同成立”（《民法典》第490条第2款）。

当事人采用合同书形式订立融资租赁合同时，“自当事人均签字、盖章或者按指印时合同成立”（《民法典》第490条第1款第1句）。当事人的签字或盖章可以是手写签名或盖章，也可以是电子签名。“可靠的电子签名与手写签名或者盖章具有同等的法律效力。”（《电子签名法》第14条）当事人约定使用电子签名的融资租赁合同，不得仅因为其采用电子签名而否定其法律效力（《电子签名法》第3条第2款）。当事人采用合同书形式订立融资租赁合同时，如果当事人没有签字、盖章或者按指印，则融资租赁合同不成立，除非“当事人一方已经履行主要义务，对方接受”（《民法典》第490条第1款）。当事人采用信件、数据电文等形式订立融资租赁合同时，可以要求签订确认书（《民法典》第491条第1款）。

【关联规定】

《合同法》第12、238条，《电子签名法》第3、14条

（撰稿人：徐同远）

第七百三十七条　【融资租赁合同的内容】当事人以虚构租赁物方式订立的融资租赁合同无效。

【释义】

本条是关于融资租赁合同无效事由的特别规定。它在《合同法》第14章和《最高人民法院关于审理融资租赁合同纠纷案件适用法律问题的解释》中找不到与其相应的规定，在比较法上难觅踪迹。它是民法典编纂过程的产物。《民法典各分编（草案）》第527条规定：“当事人以虚构租赁物等方式订立融资租赁合同掩盖非法目的的，融资租赁合同无效。”《民法典合同编（草案）（二次审议稿）》第527条规定：“当事人以虚构租赁物等方式订立融资租赁合同掩盖非法目的的，融资租赁合同无效。”

像所有合同一样，融资租赁合同的成立与生效是两个不同的范畴。出租人、承租人经过接触、磋商、讨价还价，就租赁物、租赁物数量一经达成合意，融资租赁合同即告成立。但是，融资租赁合同成立，并不意味着它就当然生效了。比

如，出租人有无从事融资租赁交易的资质，是认定融资租赁合同有效还是无效的重要事由。我国目前对融资租赁业务的开展实行融资租赁业务经营资格审批制度。只有经过银监会、商务部审批获得融资租赁业务经营资格的企业，才可以从事融资租赁交易。出租人如无融资租赁业务经营资格，融资租赁合同自然就归于无效。这符合《最高人民法院关于适用〈中华人民共和国合同法〉若干问题的解释（一）》（法释〔1999〕19 号）第 10 条但书的规定。而且，司法实践也是这样裁判案件的［参见四川省高级人民法院民事判决书（2014）川民终字 118 号］。

法律对融资租赁合同作出的效力评价，是多种多样的。法律对融资租赁合同予以肯定评价时，它即告生效。法律对融资租赁合同予以彻底否定的评价时，它即告无效。法律对融资租赁合同予以相对否定的评价时，它即处于效力待定、可变更或可撤销状态。在承租人为自然人时，承租人的民事行为能力会影响融资租赁合同是有效、效力待定，还是无效。在当事人一方或各方由代理人代为意思表示或代收意思表示时，代理人从事有权代理、无权代理还是表见代理，影响到融资租赁合同有效还是效力待定。融资租赁合同在订立过程中，如果出现欺诈、胁迫、重大误解或显失公平等情形，就会处于可撤销状态。融资租赁合同如果违反了法律、行政法规的强制性规定，违背了公序良俗或者出现了当事人恶意串通、损害他人合法权益的情形，则自然会归于无效。在这些情形中，对融资租赁合同的效力进行评价，主要适用总则编关于法律效力评价的规则，即总则编第 6 章民事法律行为和第 7 章代理中的相应规定，不需要本章对此设计条文加以规定。本章对作为有名合同的融资租赁合同加以调整，为此设计的规则都是为融资租赁合同量身定做的。它对适用对象包括但不限于融资租赁合同的规则，不应作出规定。这样的规则，如前述自然人的民事行为能力，代理，欺诈、胁迫、重大误解、显失公平，“违反法律、行政法规的强制性规定”“违背公序良俗”，以及恶意串通等影响融资租赁合同效力的因素，应放在总则编或合同编第一分编之中。

当然，在把总则编或合同编第一分编中的规则用来评价融资租赁合同的效力时，需要结合融资租赁合同的特点。例如，在把“行为人与相对人恶意串通，损害他人合法权益的民事法律行为无效”适用于融资租赁合同时，有一个点需要值得特别注意。这里的“他人”应当包括融资租赁合同当事人。融资租赁合同由出租人、承租人、买受人三方当事人和买卖合同、（融资）租赁合同两个合同构成。这三方当事人和两个合同均具有相对独立性。如融资租赁交易中的两个主体恶意串通损害另一个主体利益，也属于这里所谓“行为人与相对人恶意串通，损害他人合法权益”的范畴。[①] 在司法实务中，融资租赁交易中的两个主体恶意串通损害另一个主体利益，有一种具体情形是承租人与出卖人恶意串通，骗取出租人的资金。对于这种情形，《最高人民法院关于审理融资租赁合同纠纷案件若干问题的规定》（法发〔1996〕19 号）有规定。虽然这个司法解释现在不再有效，但是这种情形为“行为人与相对人恶意串通，损害他人合法权益的民事法律行为无效”的规则所涵盖，因此仍然是无效的。不过，即便如此，也不能否认把恶意串通放在总则编中进行规定的做法，也不意味着本章须对融资租赁合同中的恶意串通再作规定。如果这样做，反倒是会造成立法资源的浪费。

与前述导致融资租赁合同无效的规则相比，本条似乎属于只适用于融资租赁合同而非其他合同（法律行为）的特别无效事由。一方面，在体系上，本条位于关于融资租赁合同的规定之中；另一方面，在文义上，本条明言“订立融资租赁合同”“融资租赁合同无效”。不过，这只是表面现象。在法条类型上，本条属于完全性法条。它“兼备构成要件和法律效果二部分，并将该法律效果以一定模态（规定）方式系于该法律构成要件”。[②] 在本条中，“当事人以虚构租赁物等方式订立融资租赁合同掩盖非法目的”为构成要件，“融资租赁合同无效”属于法律效果。这种法律效果，在这里不用多做分析，需要探讨的是本条设计的构成要件。融资租赁最大的特点是以融物的形式进行融资。这是它与其他融资手段，尤其是与银行信贷在法律上的最大区别。所以，很难想象存在没有租赁物的融资租赁合同。如果没有租赁物，融资租赁合同就只剩下一个空壳，当事人之间自然也就不会存在融资租赁法律关系。

在这样的合同中，一方面有资金从出租人流向承租人，另一方面资金的融通又没有以物的融通为载体。此时，当事人间的融资形态在实质上就属于本编调整的借款的范畴。尽管如此，当事人在形式上又采用了融资租赁合同的手段。当事人之所以签订没有租赁物的融资租赁合同，主要是借助于融资租赁这种形式实现借款的目的。在融资租赁中，出租人没有发放贷款的资质。这个目的是通过融资租赁合同所无法实现的。

综上所述，当事人想进行以金钱为载体的融资行为（借款），却订立了以融物为载体的融资租赁合同。如果这一点成立的话，本条就是多余的。这里描述的问题，适用总则编关于通谋虚伪的规则就可以解决了。即便没有本条，按照前述规定，“当事人以虚构租赁物等方式订立融资租赁合同”，同样会导致融资租赁合

---

① 江必新主编：《融资租赁合同纠纷》，法律出版社 2014 年版，第 42～43 页。

② 龙卫球：《民法总论》（第 2 版），中国法制出版社 2002 年版，第 46 页。

同无效。这样的话，去掉本条，对于解决这里提出的问题，也无关紧要。其实，在民法典编纂过程中，理论界和实务界在《民法典各分编（草案）》第527条面世后，一直在呼吁删去它，但结果未能如愿。

【关联规定】

《民法通则》第58条第1款第6项，《合同法》第52条第3项，《民法总则》第146条，《最高人民法院关于审理融资租赁合同纠纷案件适用法律问题的解释》第1条第2款

（撰稿人：徐同远）

第七百三十八条 【经营行政许可对融资租赁合同效力的影响】 依照法律、行政法规的规定，对于租赁物的经营使用应当取得行政许可的，出租人未取得行政许可不影响融资租赁合同的效力。

【释义】

本条是关于租赁物经营使用行政许可对融资租赁合同效力影响的规定。本条系立法者吸收《最高人民法院关于审理融资租赁合同纠纷案件适用法律问题的解释》第3条的产物。后者规定："根据法律、行政法规规定，承租人对于租赁物的经营使用应当取得行政许可的，人民法院不应仅以出租人未取得行政许可为由认定融资租赁合同无效。"

出租人经营租赁物是否应取得行政许可，目前主要发生在医疗器械融资租赁领域。我国对医疗器械经营实行行政许可制度。《医疗器械监督管理条例》（国务院令第276号）第23条规定："医疗器械经营企业应当符合下列条件：（一）具有与其经营的医疗器械相适应的经营场地及环境；（二）具有与其经营的医疗器械相适应的质量检验人员；（三）具有与其经营的医疗器械产品相适应的技术培训、维修等售后服务能力。"第24条规定："开办第一类医疗器械经营企业，应当向省、自治区、直辖市人民政府药品监督管理部门备案。开办第二类、第三类医疗器械经营企业，应当经省、自治区、直辖市人民政府药品监督管理部门审查批准，并发给《医疗器械经营企业许可证》。无《医疗器械经营企业许可证》的，工商行政管理部门不得发给营业执照。《医疗器械经营企业许可证》有效期5年，有效期届满应当重新审查发证。具体办法由国务院药品监督管理部门制定。"《医

疗器械监督管理条例》（国务院令第650号）和《医疗器械监督管理条例》（国务院令第680号）第29条规定：“从事医疗器械经营活动，应当有与经营规模和经营范围相适应的经营场所和贮存条件，以及与经营的医疗器械相适应的质量管理制度和质量管理机构或者人员。”第30条规定：“从事第二类医疗器械经营的，由经营企业向所在地设区的市级人民政府食品药品监督管理部门备案并提交其符合本条例第二十九条规定条件的证明资料。”第31条规定：“从事第三类医疗器械经营的，经营企业应当向所在地设区的市级人民政府食品药品监督管理部门申请经营许可并提交其符合本条例第二十九条规定条件的证明资料。受理经营许可申请的食品药品监督管理部门应当自受理之日起30个工作日内进行审查，必要时组织核查。对符合规定条件的，准予许可并发给医疗器械经营许可证；对不符合规定条件的，不予许可并书面说明理由。医疗器械经营许可证有效期为5年。有效期届满需要延续的，依照有关行政许可的法律规定办理延续手续。”

不过，《医疗器械监督管理条例》对于何谓医疗器械经营没有界定。销售医疗器械自然属于医疗器械经营。因此，在融资租赁交易中，提供医疗器械的出卖人就应当取得医疗器械经营许可。然而，出租人就医疗器械开展的融资租赁交易，是否属于医疗器械经营，则并不是十分明确。这导致融资租赁公司开展医疗器械融资租赁交易是否需要取得医疗器械经营许可成为摆在医疗器械经营监管部门（食品药品监督管理部门）面前的一个难题。为明确这个问题，一些地方医疗器械经营监管部门向国家食品药品监督管理局作出请示。国家食品药品监督管理局于2004年4月15日、2005年6月1日先后两次作出《关于租赁医疗器械有关问题的批复》（国食药监市〔2004〕120号）、《关于融资租赁医疗器械监管问题的答复意见》（国食药监市〔2005〕250号），把租赁经营认定为医疗器械经营的一种形式，要求融资租赁公司按照《医疗器械监督管理条例》及相关规章的规定，在办理《医疗器械经营企业许可证》后方可从事经营活动，并要求地方食品药品监督管理部门对融资租赁公司无《医疗器械经营企业许可证》即从事医疗器械融资租赁予以查处。在国家食品药品监督管理局亮明态度之后，一些地方医疗器械经营监管部门也出台文件，要求融资租赁公司开展医疗器械经营活动须按照《医疗器械监督管理条例》及相关规章的规定办理行政许可，并对办理程序予以明确。①

① 参见上海市食品药品监督管理局《关于医疗器械经营许可审批事项的补充通知》（沪食药监流通〔2009〕679号）；重庆市食品药品监督管理局进一步加强医疗器械租赁经营企业监管，http://www.sda.gov.cn/WS01/CL0005/63512.html。值得注意的是，天津市为促进医疗器械融资租赁发展，在坚持融资租赁公司开展医疗器械融资租赁须办理行政许可的同时，放松了对融资租赁公司经营医疗器械需要的仓储面积、人员条件方面的要求，《我市出台〈关于医疗器械融资租赁监管的有关规定〉》，http://www.tda.gov.cn/eap/55.news.detail?news_id=2457。

医疗器械经营监管部门对融资租赁公司从事医疗器械融资租赁业务须办理《医疗器械经营企业许可证》的要求和做法，给司法实践带来一个棘手的问题。即融资租赁公司未领取《医疗器械经营企业许可证》对其与承租人签订的融资租赁合同的效力是否有影响。换言之，未领取《医疗器械经营企业许可证》是否可以成为融资租赁合同无效的事由。这个问题在司法实践中争议甚大。《最高人民法院关于审理融资租赁合同纠纷案件适用法律问题的解释》对此采取的立场是，涉及根据法律、行政法规经营使用租赁物须取得行政许可的融资租赁合同，其效力与租赁物经营使用是否取得行政许可没有必然联系（第 3 条）。其理由主要为：法律、行政法规关于租赁物经营使用要取得行政许可的规定，主要是对出卖人、承租人而言的，而不是出租人的义务。出租人在融资租赁交易中处于资金提供人的角色。租赁物的生产、规格、型号、质量标准、价格、交付、安装、调试、质量检验、技术培训、维护保养、售后服务主要发生在承租人与出卖人之间。出租人对租赁物的经营使用其实是并不经手的。出租人取得租赁物所有权，也只是为了确保其租金债权，而无使用收益的功用。[①] 毫无疑问，《最高人民法院关于审理融资租赁合同纠纷案件适用法律问题的解释》第 3 条的立场是正确的。

尽管如此，这并不意味着将《最高人民法院关于审理融资租赁合同纠纷案件适用法律问题的解释》第 3 条写入《民法典》，就十分妥当。对于租赁物经营使用行政许可是否影响融资租赁合同效力的问题，适用《民法典》第 153 条第 1 款就可以获得答案。本款规定："违反法律、行政法规的强制性规定的民事法律行为无效。但是，该强制性规定不导致该民事法律行为无效的除外。"现行法关于租赁物经营使用须获得行政许可的规定，属于本款"但书"所强调的情形。因此，在融资租赁合同中，即便出租人与承租人对租赁物经营使用均未获得行政许可，也不会影响其效力。只不过，出租人或承租人会因对租赁物经营使用未获得行政许可而受到行政处罚。

【关联规定】

《合同法》第 52 条第 5 项，《民法总则》第 153 条第 1 款，《民法典》第 153 条第 1 款，《最高人民法院关于审理融资租赁合同纠纷案件适用法律问题的解释》第 3 条

（撰稿人：徐同远）

---

① 最高人民法院民事审判第二庭编著：《最高人民法院关于融资租赁合同司法解释理解与适用》，人民法院出版社 2014 年版，第 83 页。

第七百三十九条 【租赁物交付与受领】出租人根据承租人对出卖人、租赁物的选择订立的买卖合同，出卖人应当按照约定向承租人交付标的物，承租人享有与受领标的物有关的买受人的权利。

【释义】

本条是关于租赁物交付与受领的规定。它来自《合同法》第239条。二者除在法条的序号上不同外，其余并无不同。《合同法》第239条是移植《国际融资租赁公约》的产物。公约第10条第1款第1句规定，供应商根据供货协议所承担的义务亦及于承租人，如同承租人是该协议的当事人且设备是直接交付给承租人一样。

融资租赁合同的当事人是出租人与承租人。按照合同相对性的原理，有义务向承租人交付租赁物者，是出租人，承租人原则上也要向出租人请求交付租赁物，即便租赁物是出租人从第三人处通过买卖合同购得的。不过，这样的认识与融资租赁的本质属性和功能定位并不相符。在融资租赁中，融资租赁合同的租赁物即买卖合同的标的物。融资租赁合同最重要的法律特征就是融资与融物相结合，融资为融物服务。买卖合同是出租人根据承租人对出卖人和租赁物的选择订立的，作为买受人的出租人只负支付货款的义务，而承租人是租赁物的占有、使用、收益人，且了解租赁物。出租人实质上是为承租人购买租赁物提供资金，真正的买卖双方是承租人和出卖人，因此，出卖人应直接向承租人交付标的物。① 与此相对应，承租人取得与受领标的物有关的买受人的权利。出租人的前述义务与承租人的权利，是依法产生的。无论买卖合同对它们是否有约定，承租人都可以依据本条取得权利，而出卖人也要依据本条承担义务。②

此外，本条也符合经济效益原则。按照合同相对性原则，在租赁物买卖合同中，出租人是租赁物的买受人，出卖人应向出租人交付标的物，出租人有权要求受领标的物。不过，出租人购买租赁物是出于租给承租人使用的目的。因此，在出卖人将租赁物交付给出租人，出租人再从出卖人那里受领租赁物后，出租人还要再交付给承租人。这意味着，围绕着租赁物的交付，可能就要花费一定的费用。而本条规定由出卖人直接交付给承租人，则减少了交付的费用。③

---

① 《中华人民共和国合同法释义》，http：//www. npc. gov. cn/npc/c2196/200011/50b0c2ed1ff942b2862-c2f7342640b7b. shtml。

② 王利明：《合同法研究》（第3卷），中国人民大学出版社2012年版，第370～371页。

③ 江平主编：《中华人民共和国合同法精解》，中国政法大学出版社1999年版，第183页。

出卖人按照约定向承租人交付标的物，承租人享有与受领标的物有关的买受人的权利，是融资租赁与传统租赁（即本编第 14 章中的租赁）的一个重要区别。在传统租赁中，出租人是将自己现有的物或者根据自己的意愿购买的物出租给承租人，承租人与出卖人之间不存在任何法律关系，出租人对租赁物负有瑕疵担保责任。[①] 因此，承租人只能要求出租人承担交付租赁物的义务；即便租赁物是出租人从他人那里购得的，承租人也不能要求租赁物的出卖人向其交付租赁物。

租赁物的出卖人与承租人围绕租赁物交付与受领形成的义务和权利，受买卖合同和买卖法的调整，尽管二者间没有订立过买卖合同。出卖人向承租人交付租赁物，应符合买卖合同关于交付对象、交付时间、交付地点的约定；买卖合同没有约定或约定不全的，可以由当事人协议补充；协议不成的，则适用买卖法的规则（如本编第 9 章买卖合同、《最高人民法院关于审理买卖合同纠纷案件适用法律问题的解释》）来填补。相应地，承租人对出卖人也是依据买卖合同和买卖法，取得了标的物交付请求权、受领权等权利。

【关联规定】

《合同法》第 239 条，《合同法》第 9 章，《民法典》第 3 编第 9 章

（撰稿人：徐同远）

第七百四十条　【承担人拒绝受领租赁标的物的情形】 出卖人违反向承租人交付标的物的义务，有下列情形之一的，承租人可以拒绝受领出卖人向其交付的标的物：

（一）标的物严重不符合约定；

（二）未按照约定交付标的物，经承租人或者出租人催告后在合理期限内仍未交付。

承租人拒绝受领标的物的，应当及时通知出租人。

【释义】

本条是关于承租人对出卖人交付的租赁物行使拒绝受领权的规定。本条是立

① 《中华人民共和国合同法释义》，http：//www. npc. gov. cn/npc/c2196/200011/50b0c2ed1ff942b2862-c2f7342640b7b. shtml。

法者吸收《最高人民法院关于审理融资租赁合同纠纷案件适用法律问题的解释》第5条的产物。后者规定："出卖人违反合同约定的向承租人交付标的物的义务，承租人因下列情形之一拒绝受领租赁物的，人民法院应予支持：（一）租赁物严重不符合约定的；（二）出卖人未在约定的交付期间或者合理期间内交付租赁物，经承租人或者出租人催告，在催告期满后仍未交付的。承租人拒绝受领租赁物，未及时通知出租人，或者无正当理由拒绝受领租赁物，造成出租人损失，出租人向承租人主张损害赔偿的，人民法院应予支持。"

本法第739条规定，租赁物的出卖人负有向承租人交付的义务，"承租人享有与受领标的物有关的买受人的权利"。其实，在租赁物的受领问题上，承租人还负有义务。在买卖合同中，受领标的物是买受人的义务之一。承租人的法律地位不应比买受人更优，因此承租人对出卖人向其交付的租赁物也应当负有受领义务。全国人民代表大会财政经济委员会主持起草的《融资租赁法草案（第三次征求意见稿）》第18条就确立了承租人的受领义务。它规定："承租人应当按照约定的时间、地点和方式受领租赁物。"但是，这并不意味着承租人对出卖人交付租赁物的受领义务，是无限和绝对的。相反，承租人在一定条件下，对于出卖人向其交付的租赁物，享有拒绝受领的权利。这是"承租人享有与受领标的物有关的买受人的权利"的应有之义。在买卖法上，买受人对出卖人向其交付的标的物享有拒绝受领权。《合同法》第148条第1句规定："因标的物质量不符合质量要求，致使不能实现合同目的的，买受人可以拒绝接受标的物或者解除合同。"《民法典》第610条第1句对本句照单全收。

但是，承租人对出卖人向其交付的标的物有权拒绝，也是有界限的。承租人拒绝受领出卖人向其交付的标的物，要有一定之规可循。这样的规则，首先来自当事人的约定。按照合同自由原则，当事人对承租人拒绝受领出卖人向其交付的标的物可以作出约定，包括拒绝受领的事由、拒绝受领的效果等。如果当事人没有作出约定，应发挥法律的补充性作用。可是，《合同法》对承租人拒绝受领出卖人向其交付的标的物，并没有作出明文规定。这导致在实践中对承租人拒绝受领出卖人向其交付的标的物产生了争议。为减少或杜绝争议的产生，最高人民法院在《关于审理融资租赁合同纠纷案件适用法律问题的解释》中尝试着通过前述第5条对承租人拒绝受领出卖人向其交付的标的物需要满足什么条件、遵循什么方式和具有什么效力作出了规定。[①] 这一条在民法典编纂过程中为立法者吸收，

① 最高人民法院民事审判第二庭编著：《最高人民法院关于融资租赁合同司法解释理解与适用》，人民法院出版社2014年版，第102页。

成为这里分析的条文。

围绕着承租人拒绝受领出卖人向其交付的标的物，本条规定了以下两个方面的问题：

（一）承租人拒绝受领的条件

在出卖人向其交付标的物时，承租人有义务受领是原则，有权拒绝则应属例外。因此，承租人对标的物的拒绝受领，应受严格条件限制。根据本条第1款规定，承租人拒绝受领出卖人向其交付标的物，情形有二：一是出卖人向承租人交付的“租赁物严重不符合约定”；二是出卖人“未按照约定交付租赁物，经承租人或者出租人催告后在合理期限内仍未交付”。

第一种情形相当于《合同法》第148条第1句和《民法典》第610条第1句中的“标的物质量不符合质量要求，致使不能实现合同目的”。它主要是指“租赁物的质量问题严重，不符合合同约定的技术标准，有重大缺陷或瑕疵以至于承租人无法正常使用”“导致承租人无法实现合同目的”。[①] 第二种情形发生在出卖人履行迟延之时。出卖人不按照买卖合同约定的标的物交付时间向承租人交付标的物，构成履行迟延。在实务中，出卖人迟延履行交付标的物的情形，比较常见。“作为融资租赁合同的标的物，租赁物多为大型机械设备或者交通运输工具，其运输、安装、检验乃至进口报关手续等相对更复杂。”不过，并不是出卖人一履行迟延，承租人就可以拒绝受领标的物。本条第1款第2项额外要求，承租人或出租人催告出卖人在合理期限内继续履行未果。这里的“催告”，属于准法律行为。

（二）承租人拒绝受领的效果

一旦具备了本条设定的条件，承租人就可以拒绝受领出卖人向其交付的标的物，而不构成受领义务的违反。反之，如果本条设定的条件没有出现，承租人又不接受出卖人向其交付的标的物，则构成《最高人民法院关于审理融资租赁合同纠纷案件适用法律问题的解释》第5条第2款中的承租人“无正当理由拒绝受领租赁物”。当然，即便具备了本条设定的条件，承租人也可以受领租赁物。

承租人一旦拒绝受领出卖人向其交付的标的物，应及时通知出租人。“出租人毕竟是租赁物名义上的所有权人以及买卖合同的当事人之一。”“如果买卖合同出现问题，出租人应当享有知情权，因为这涉及出租人的切身利益，出租人是重要的利益相关人。如果由于租赁物交付不成而影响合同正常履行，则出租人也会

---

① 最高人民法院民事审判第二庭编著：《最高人民法院关于融资租赁合同司法解释理解与适用》，人民法院出版社2014年版，第105页。

受到承租人拒绝履行合同义务的影响。”①

如果承租人迟延通知或不通知，因此给出租人造成损失的，出租人有权请求承租人赔偿损失。②

【关联规定】

《最高人民法院关于审理融资租赁合同纠纷案件适用法律问题的解释》第5条

（撰稿人：徐同远）

第七百四十一条　【承租人的索赔权】 出租人、出卖人、承租人可以约定，出卖人不履行买卖合同义务的，由承租人行使索赔的权利。承租人行使索赔权利的，出租人应当协助。

【释义】

本条是关于承租人对出租人取得索赔权利及出租人协助其行使索赔权利的规定。它来自《合同法》第240条。二者除在法条的序号上不同外，其余并无不同。

在租赁物买卖合同中，虽然通常约定由承租人直接受领买卖合同的标的物即租赁物，但这种做法既不能改变出租人在买卖合同中买受人的法律地位，也不能改变出租人享有买受人在买卖合同中应享有的一切权利。当出卖人违反买卖合同约定，不履行其义务时，出租人作为买受人享有索赔权，此为正常法律关系的必然结果。③ 但是，各国一般都认可承租人有权向出卖人直接索赔（claim）。

这样做，当然具有正当性。融资租赁合同中的租赁物，为承租人所选择确定，出卖人一般也直接将租赁物交付给承租人，围绕着租赁物形成的利害关系实际上由承租人承受。不过，对于承租人的这种索赔权利，学说和判例用不同的理论构成来证成。据梳理，在这方面有两契约收缩的构成说、债务人交替更换说、

① 最高人民法院民事审判第二庭编著：《最高人民法院关于融资租赁合同司法解释理解与适用》，人民法院出版社2014年版，第102页。

② 崔建远：《合同法》，北京大学出版社2016年版，第528～528页。

③ 肖学治主编：《融资租赁合同》，中国民主法制出版社2002年版，第82～83页、第87页。

利他合同说、委任说、债权让渡说和损害担保契约说等观点或做法。[①] 从本条第1句文义来看，现行法认为承租人对出卖人的索赔权来自出租人、出卖人、承租人的约定。这在表面上与债权让渡说是一样的。但是，二者还是有差别的。按照债权让渡说，出租人将其对出卖人按照买卖合同享有的索赔权转让给承租人，遵照债权让与的一般规则即可。但是，本条第1句为承租人享有索赔权设定的条件要比债权让渡说严格。本句要求出租人、出卖人、承租人对承租人向出卖人行使索赔权作出约定。这意味着，出卖人对出租人将其对出卖人按照买卖合同享有的索赔权转让给承租人要表示同意。按照债权让与的规则，出卖人是债务人，作为债权人的出租人向承租人转让债权，是不需要出卖人同意的。本句把出卖人同意规定为出租人向承租人转让索赔权利的一个条件，有些苛刻了。这也与融资租赁交易时间不相符。“我国各租赁公司所使用的合同文本一般均有租赁公司将购买合同中对卖主的索赔权转让给用户的规定，明显是采取的出租人和承租人之间的直接的债权让与，无须经出卖人同意。”[②]

本条中的“约定”，可以用明确的方式作出，[③] 也可以用默示的方式作出。在当事人有约定或者符合当事人之间的交易习惯时，它也可以沉默的方式作出（《民法总则》第140条第2款）。如果出租人、出卖人、承租人对于承租人向出卖人行使索赔的权利没有作出约定，这种权利就应该只能由出卖人行使，而不能由承租人按照本条规定向出卖人行使。此外，按照第743条第2款的规定，在有些情况下，出租人对出卖人的索赔权利只能由出租人行使，不能由当事人间的约定转让给承租人。根据《最高人民法院关于审理融资租赁合同纠纷案件适用法律问题的解释》第18条第3项和第4项的规定，这种状况的形成主要是当事人约定的结果。对于“只能由出租人行使对出卖人的索赔权”，融资租赁合同或买卖合同可以作出安排。

在承租人对出卖人行使索赔权的情况下，出租人并不是可以甩手不管，而是同时产生了一项新义务，即协助承租人行使索赔权的义务。这是因为，出租人作为租赁物买卖合同的当事人，虽然可以将对出卖人的索赔权转让给承租人，但这并不能改变其在租赁物买卖合同中的法律地位。所以承租人在行使索赔权时，仍需要得到出租人的协助。[④] 同时，出租人协助承租人向出卖人行使索赔权也是维护自己利益的需要。在表面上，承租人向出卖人行使索赔权，是为了维护自己的

---

① 王轶编：《租赁合同 融资租赁合同》，法律出版社1999年版，第147～149页。
② 王轶编：《租赁合同 融资租赁合同》，法律出版社1999年版，第149页。
③ 肖学治主编：《融资租赁合同》，中国民主法制出版社2002年版，第83页。
④ 肖学治主编：《融资租赁合同》，中国民主法制出版社2002年版，第87页。

利益，与出租人无关。其实不然。出租人维护承租人的利益，实际上也是维护自己的利益，因为租赁物买卖合同履行得如何，直接关系到租赁合同的履行，如果租赁物买卖合同中出卖人交付的标的物不符合质量要求，承租人就无法使用租赁物，从而不可能产生效益，进而也会影响到承租人向出租人支付租金。这样一来，出租人仍然避免不了受到损害的结果，因为出租人已经支付了购买租赁物的价款，但未收到租金，这就影响到了出租人签订租赁合同目的的实现。①

出租人在这里的协助义务，可以来自其与承租人的约定，也可以依据诚信原则产生。换言之，即出租人与承租人对前者协助后者行使索赔权没有作出约定，出租人也应当负有协助义务。② 此外，承租人在发现出卖人不履行租赁物买卖合同约定的义务时，在必要时，应当及时通知出租人，以便出租人协助其开展索赔义务。③

出租人的协助义务，在内容上，大致体现为以下几个方面：一是帮助寻找出卖人。在一些融资租赁中，出卖人是由承租人指定，承租人很容易找到；而在另一些融资租赁中，承租人只是确定了租赁物，而没有确定出卖人，由出租人具体确定出卖人，在发生争议后，出租人就应当帮助承租人寻找出卖人。二是帮助提供证据。在具体的缔约过程中，主要是出卖人和出租人之间磋商谈判，所以出租人应当提供合同文本、订约资料等证据材料。三是诉讼过程中的协助义务。例如，出租人要出庭作证等。④

【关联规定】

《最高人民法院关于审理融资租赁合同纠纷案件适用法律问题的解释》第5条

（撰稿人：徐同远）

第七百四十二条　【承担人行使索赔权及支付租金义务】 承租人对出卖人行使索赔权利，不影响其履行支付租金的义务。但是，承租人依赖出租人的技能确定租赁物或者出租人干预选择租赁物的，承租人可以请求减免相应租金。

---

① 肖学治主编：《融资租赁合同》，中国民主法制出版社2002年版，第87～88页。
② 王利明：《合同法研究》（第3卷），中国人民大学出版社2012年版，第373页。
③ 肖学治主编：《融资租赁合同》，中国民主法制出版社2002年版，第88页。
④ 王利明：《合同法研究》（第3卷），中国人民大学出版社2012年版，第373页。

【释义】

本条是关于承租人对出卖人行使索赔权与其向出租人支付租金义务之间关系的规定。本条是立法者吸收《最高人民法院关于审理融资租赁合同纠纷案件适用法律问题的解释》第 6 条的产物。后者规定："承租人对出卖人行使索赔权，不影响其履行融资租赁合同项下支付租金的义务，但承租人以依赖出租人的技能确定租赁物或者出租人干预选择租赁物为由，主张减轻或者免除相应租金支付义务的除外。"

本法第 741 条在"出卖人不履行买卖合同义务"时赋予承租人对出卖人索赔的权利。按照前文所述，承租人之所以可以对出卖人主张索赔是出租人、出卖人、承租人约定的结果。这至少意味着对出卖人索赔的权利本来是出租人的而非承租人固有的，承租人行使这种权利是出租人转让给承租人的结果。换言之，承租人按照第 741 条对出卖人行使索赔的权利，是在行使他人的权利。那么，在租赁物出现问题时，承租人可否行使自己的权利呢？按照本法第 735 条第 1 款的规定，融资租赁交易由买卖合同与租赁合同两个环节构成。在买卖合同中，出卖人的义务主要是交付租赁物（标的物）并移转标的物所有权。因此，"出卖人不履行买卖合同义务"的情形，自然同样主要出现在租赁物方面，比如，租赁物存在"不符合约定或者不符合使用目的"的状况。在买卖合同中，这意味着出卖人相对于出租人没有履行买卖合同中的义务。不仅如此，这还导致出租人相对于承租人没有履行租赁合同中的义务。因为出租人把从出卖人那里获得的有问题的物出租给了承租人。此时，承租人可否向出租人索赔呢？对此，第 747 条原则上给予否定回答："租赁物不符合约定或者不符合使用目的的，出租人不承担责任。但是，承租人依赖出租人的技能确定租赁物或者出租人干预选择租赁物的除外。"承租人向出租人索赔不行，那么承租人可否以"租赁物不符合约定或者不符合使用目的"为由，向出租人主张减免租金呢？在最高人民法院看来，这个问题，在第 747 条的文本中找不到非常明确的答案。于是，为解决这个问题，最高人民法院在《关于审理融资租赁合同纠纷案件适用法律问题的解释》中拟订了第 6 条。而这条在民法典起草过程中又为立法者所采纳，最终成为现在要分析的这个条文。

《关于审理融资租赁合同纠纷案件适用法律问题的解释》第 6 条和本条对于解决前述问题，首先附加了一个前提条件，即承租人依据第 741 条"对出卖人行使索赔权利"。这里的"承租人对出卖人行使索赔权利"，不是指承租人对出卖人实际行使了索赔权利，而是指承租人具有了行使这种权利的可能性。它们对承租人无法向出卖人行使索赔权利时，承租人可否以“租赁物不符合约定或者不符合使用目的”等情况为由要求出租人减免租金没有作出规定。在给定的前提条件下，它们给出的解决方案是：承租人原则上仍要继续向出租人支付租金。综观这两条，在问题解决方案上，与第 747 条是一致的。由此可以思考：后一条中的“出租人不承担责任”，是否包括了这两条的意思呢？

当然，不论《关于审理融资租赁合同纠纷案件适用法律问题的解释》第 6 条和本条与第 747 条关系如何，它们背后的原理都是一样的。“融资租赁的特征决定了出租人的本质义务是为承租人提供融资，在承租人选定出卖人、租赁物的前提下，履行买卖合同的风险也应由承租人承担。但在承租人依赖出租人的技能确定租赁物或者出租人干预选择租赁物时，出卖人及租赁物的选择、买卖合同的订立均与出租人的确定及干预相关，由买卖合同的履行障碍而产生的风险及索赔，不单是由承租人的意志及行为所引发，此时，是否影响融资租赁合同项下的租金支付义务应当结合买卖合同履行障碍产生的原因及责任来确定。”①

【关联规定】

《最高人民法院关于审理融资租赁合同纠纷案件适用法律问题的解释》第 6 条

（撰稿人：徐同远）

第七百四十三条　【承租人索赔不能的法律救济】 出租人有下列情形之一，致使承租人对出卖人行使索赔权利失败的，承租人有权请求出租人承担相应的责任：

（一）明知租赁物有质量瑕疵而不告知承租人；

（二）承租人行使索赔权利时，未及时提供必要协助。

出租人怠于行使只能由其对出卖人行使的索赔权利，造成承租人损失的，承租人有权请求出租人承担赔偿责任。

---

① 最高人民法院民事审判第二庭编著：《最高人民法院关于融资租赁合同司法解释理解与适用》，人民法院出版社 2014 年版，第 105 页。

【释义】

本条是关于在因出租人方面的原因导致对出卖人索赔出现问题时承租人获得法律救济的规定。本条是立法者吸收《最高人民法院关于审理融资租赁合同纠纷案件适用法律问题的解释》第 18 条的产物。后者规定："出租人有下列情形之一，导致承租人对出卖人索赔逾期或者索赔失败，承租人要求出租人承担相应责任的，人民法院应予支持：（一）明知租赁物有质量瑕疵而不告知承租人的；（二）承租人行使索赔权时，未及时提供必要协助的；（三）怠于行使融资租赁合同中约定的只能由出租人行使对出卖人的索赔权的；（四）怠于行使买卖合同中约定的只能由出租人行使对出卖人的索赔权的。"

与这里的第 18 条相比，除一些语言表述上的调整外，本条把原来的四项内容拆分为两款。第 18 条中第 1 项和第 2 项的内容组成了本条第 1 款，第 3 项和第 4 项的内容组成了本条第 2 款。这样的拆分，还是有道理的。第 1 款调整承租人对出卖人本来可以行使的索赔权利因出租人的原因行使失败对承租人给予救济的情形。第 2 款对出卖人怠于行使只能由其对出卖人行使的索赔权利给承租人造成损失，如何给予承租人救济作了规定。

第 1 款首先列举了承租人对出卖人本来可以行使的索赔权利因出租人的原因行使失败的两种情形。一是"明知租赁物有质量瑕疵而不告知承租人"，二是"承租人行使索赔权利时，未及时提供必要协助"。对第二种情形的理解，自然离不开本法第 741 条第 2 句。从文本来看，它从反面规定了出租人未履行本句中协助义务的法律后果。[①] 其实，第一种情形也可以说是出租人违反第 741 条第 2 句中协助义务的体现。出租人在明知租赁物质量出现瑕疵时，告诉承租人相应的情况，当然是出租人的协助义务。不论哪种情形，一旦出现"导致使承租人对出卖人行使索赔权利失败"，出租人应向承租人承担相应的责任。这里的责任，不限于损害赔偿，说不定还包括承租人请求出租人减免相应的租金呢。如果这一点成立的话，承租人对出卖人有可以行使的索赔权利，同时又可以主张减免租金的情形，从而又多了一种权利。

与第 1 款相比，第 2 款在构成和效果上都不相同。二者在构成上的差别，刚才已有说明，兹不赘述。在效果上，第 2 款只规定出租人承担赔偿责任。这与第

① 最高人民法院民事审判第二庭编著：《最高人民法院关于融资租赁合同司法解释理解与适用》，人民法院出版社 2014 年版，第 105 页。

1 款中“出租人承担相应的责任”，自然是不同的。

【关联规定】

《最高人民法院关于审理融资租赁合同纠纷案件适用法律问题的解释》第 18 条

（撰稿人：徐同远）

第七百四十四条 【出租人负有不得擅自变更买卖合同中与承租人有关合同内容的不作为义务】 出租人根据承租人对出卖人、租赁物的选择订立的买卖合同，未经承租人同意，出租人不得变更与承租人有关的合同内容。

【释义】

本条是关于出租人负有不得擅自变更买卖合同中与承租人有关合同内容的不作为义务的规定。本条源自《合同法》第 241 条。二者除在法条的序号上不同外，其余并无不同。《合同法》第 241 条是移植《国际融资租赁公约》的产物。公约第 11 条规定，承租人依据本公约所得自供货协议的权利不应由于供货协议中原来经承租人同意的任何条款的变更而受到影响，除非承租人已同意此种变更。

在融资租赁交易中，买卖合同是买受人和出卖人之间订立的合同，但是买受人之所以买受，不是为了自己使用租赁物，而是为了出租，即订立买卖合同最终是为了履行融资租赁合同。所以，出租人购买租赁物，并不是按照自己需要的条件进行购买，而是依照承租人的需要进行购买。承租人的要求是出租人和出卖人之间订立租赁物买卖合同的重要条件和有效前提。① 因此，买卖合同是出租人根据承租人的选择与出卖人签订的，买卖标的物的型号、质量、规格、数量、设备交付日期、地点和方式等均要符合承租人的要求，这才符合融资租赁合同的本意。② 这也直接关系到承租人签订融资租赁合同的目的能否实现。③ 既然如此，在租赁物的买卖合同签订后，出租人和出卖人都应当严格履行该买卖合同，按照合

---

① 肖学治主编：《融资租赁合同》，中国民主法制出版社 2002 年版，第 84 页。

② 江平主编：《中华人民共和国合同法精解》，中国政法大学出版社 1999 年版，第 185 页。

③ 肖学治主编：《融资租赁合同》，中国民主法制出版社 2002 年版，第 85 页。

同约定将租赁物提交给承租人使用。如果在租赁物的买卖合同履行过程中，需要变更该买卖合同内容的，应充分考虑到承租人的利益。[①] 此时，对于不得擅自变更买卖合同中与承租人有关的合同内容，出租人负有一项不作为义务。它是出租人的一项重要义务。[②] 如果出租人擅自变更与承租人有关的合同内容，实际上已经构成了对其与承租人之间约定的违反。此时，承租人有权向出租人主张违约责任。[③]

在实践中，出租人擅自变更买卖合同中与承租人有关的内容，主要涉及以下几种情形：一是擅自变更标的物。如出租人未按照合同约定，而擅自变更标的物的种类和内容。二是擅自变更交付标的物的时间。租赁物的交付时间直接影响承租人的使用，因此不得擅自变更。例如，出租人违反其与承租人的约定，推迟交付租赁物的时间，从而影响承租人的经营活动。三是擅自变更标的物的质量。有关标的物的质量通常要在合同中进行明确的约定，对于这种明确的约定出租人不能够擅自变更。如果当事人在合同中没有直接约定，出租人应当根据交易习惯，购买通常标准的租赁物。四是擅自变更标的物的交付地点。《合同法》和《民法典》严格禁止出卖人变更这些内容，是为了使融资租赁合同实现其预定的目的，使承租人能够发挥标的物的最大效用。[④]

此外，依据本条，出租人在“经承租人同意”时，可以“变更与承租人有关的合同内容”。承租人在这里的同意，可以是事前同意，[⑤] 也不妨是事后认可。不论哪种情形，出租人都不会因“变更与承租人有关的合同内容”，向承租人承担违约责任。

【关联规定】

《合同法》第241条

（撰稿人：徐同远）

第七百四十五条　【租赁物所有权公示】 出租人对租赁物享有的所有权，未经登记，不得对抗善意第三人。

---

① 肖学治主编：《融资租赁合同》，中国民主法制出版社2002年版，第84页。
② 肖学治主编：《融资租赁合同》，中国民主法制出版社2002年版，第85页。
③ 王利明：《合同法研究》（第3卷），中国人民大学出版社2012年版，第373页。
④ 王利明：《合同法研究》（第3卷），中国人民大学出版社2012年版，第373页。
⑤ 肖学治主编：《融资租赁合同》，中国民主法制出版社2002年版，第85页。

【释义】

本条为新增条款。

租赁物的所有权应经过公示，方可具有权利的外观，进而具有对抗第三人的效力；否则融资租赁合同中对所有权的约定，仅能约束合同方（出租人、承租人和出卖人）。

我国立法部门、行业监管部门[①]，将租赁物的范围定义从动产扩大至不动产，是一个逐步发展的过程。融资租赁这种商业模式是从境外引入的，改革开放后中国融资租赁行业参与主体主要为外商租赁公司[②]，随之规范其行为的《外商投资租赁业管理办法》也率先出台，该管理办法所规定的租赁物主要指动产[③]，同时也包括动产附带的无形资产。之后各大银行、资产管理公司等金融机构背景的金融租赁公司[④]成立，原银监会也出台了与之对应的《金融租赁公司管理办法》，规定租赁物为“固定资产”[⑤]，为不动产成为融资租赁标的留了后门，不动产的售后回租业务成为金融租赁公司的重要板块，但基于税费等成本考虑，各金融租赁公司一般都不会采取真实过户的形式实现租赁物的两次权属变更。

动产和不动产的物权公示方式，《物权法》的要求不同：动产以交付（占有）为原则、不动产以登记为原则[⑥]。在融资租赁交易中承租人占有租赁物是常态，

---

① 我国租赁行业曾经采取的是分类监管的原则，由原银监会监管金融租赁公司、商务部不同司局分别监管内资试点融资租赁公司和外商融资租赁公司；目前正处于趋向统一监管的过程中，将由银保监会统筹监管（内资试点融资租赁公司和外商融资租赁公司实际由地方金融监督管理局行使监管职责），详见2018年6月7日，银保监会发布《依法履职尽责 做好三类机构监管工作》的通知，http：//www. cbrc. gov. cn/chinese/newShouDoc/765E8ED7669048CA9704D6BEC36E9FC6. html。

② 史燕平：《融资租赁及其宏观经济效应》，对外经济贸易大学出版社2004年版，第198~199页。

③ 《外商投资租赁业管理办法》（商务部令2005年第5号，2015年修订，目前已被《商务部关于废止和修改部分规章的决定（2018）》废止）第6条规定，本办法所称租赁财产包括：（一）生产设备、通信设备、医疗设备、科研设备、检验检测设备、工程机械设备、办公设备等各类动产；（二）飞机、汽车、船舶等各类交通工具；（三）本条（一）、（二）项所述动产和交通工具附带的软件、技术等无形资产，但附带的无形资产价值不得超过租赁财产价值的二分之一。

④ 三类租赁公司中，金融租赁公司呈现数量少、规模大、杠杆高、信息相对公开的特点。根据《中国融资租赁行业2018年度报告》（中国融资租赁三十人论坛著中信出版集团）披露，截至2018年年底，我国金融租赁公司为66家，注册资本金达2141亿元，截至2018年6月的资产总额达2.66万亿元；截至2016年年底，其他两类租赁公司共计6158家，注册总资本为19233亿元，资产总额达2.1538万亿元（截至2018年年底，内资试点融资租赁公司353家，合计注册资本金2498亿元）。

⑤ 《金融租赁公司管理办法》（中国银监会令2014年第3号）第4条规定：适用于融资租赁交易的租赁物为固定资产，银监会另有规定的除外。

⑥ 《物权法》第6条规定：不动产物权的设立、变更、转让和消灭，应当依照法律规定登记。动产物权的设立和转让，应当依照法律规定交付。

这是对出租人租赁物所有权的保护，成为需要解决的核心问题。

在融资租赁交易模式中，不动产、特殊动产（船舶、航空器和机动车等）[①]物权，出租人的所有权公示方式，与其他交易模式中所有者相同，即必须进行不动产登记方能发生效力，或进行动产登记才能对抗善意第三人。但融资租赁交易模式中，有如下标的物不能或不便进行物权登记的情形：（1）船舶、航空器和机动车等特殊动产以外的动产；（2）因进行物权登记而严重影响收益，故不能进行不动产所有权登记的不动产。对于（1）所述情形，行业监管部门、司法系统有意在《物权法》之下采取扩大解释的方式，解决行业实际困难、保护出租人利益，即人民银行征信中心等机构设立融资租赁公示平台[②]，由各租赁公司对租赁物及融资租赁合同自愿进行登记，对其进行公示，经公示后，出租人对租赁物便具有所有权的权利外衣，可以对抗第三人。故本法中所指的“登记”，应做扩大性解释，不仅包括“物权登记”，也包括行业登记平台所进行的租赁物的“公示登记”。对于（2）所述情形，行业内普遍采取进行抵押等他项权利登记的方式对出租人的所有权进行保护，且最高人民法院对这种做法给予了肯定[③]。

【关联规定】

《物权法》第6、24条，《最高人民法院关于审理融资租赁合同纠纷案件适用法律问题的解释》第9条

（撰稿人：陈洁）

---

① 《物权法》第24条规定：船舶、航空器和机动车等物权的设立、变更、转让和消灭，未经登记，不得对抗善意第三人。

② 目前已有最高人民法院、天津高院、上海高院均发文认可这种登记的公示效力，如《最高人民法院关于审理融资租赁合同纠纷案件适用法律问题的解释》（法释〔2014〕3号），第9条规定：“承租人或者租赁物的实际使用人，未经出租人同意转让租赁物或者在租赁物上设立其他物权，第三人依据物权法第一百零六条的规定取得租赁物的所有权或者其他物权，出租人主张第三人物权权利不成立的，人民法院不予支持，但有下列情形之一的除外……（三）第三人与承租人交易时，未按照法律、行政法规、行业或者地区主管部门的规定在相应机构进行融资租赁交易查询的。”上海市高级人民法院《2009－2013年融资租赁合同纠纷审判白皮书》“三、对策与建议”（二）3. 在现有的具有一定公信力的租赁物信息登记平台进行权利登记，防止承租人擅自处分租赁物。《天津市高级人民法院关于审理融资租赁合同纠纷案件若干问题的审判委员会纪要（一）》第5条中，将中国人民银行征信中心融资租赁登记公示系统记载的租赁物权属状况等证据，作为认定租赁物权属的证据。

③ 《最高人民法院关于审理融资租赁合同纠纷案件适用法律问题的解释》（法释〔2014〕3号），第9条规定：“承租人或者租赁物的实际使用人，未经出租人同意转让租赁物或者在租赁物上设立其他物权，第三人依据物权法第一百零六条的规定取得租赁物的所有权或者其他物权，出租人主张第三人物权权利不成立的，人民法院不予支持，但有下列情形之一的除外：（二）出租人授权承租人将租赁物抵押给出租人并在登记机关依法办理抵押权登记的……”

第七百四十六条 【租金的确定】融资租赁合同的租金，除当事人另有约定外，应当根据购买租赁物的大部分或者全部成本以及出租人的合理利润确定。

【释义】

本条完整继承了《合同法》第243条对租金构成的规定。当事人可以对租金进行详尽的约定；若当事人没有规定的，可根据购买租赁物“成本+利润”的方式确定租金数额。

融资租赁与普通租赁不同的核心在于，其以“融物”的形式“融资”，因此，出租人的收益较为固定，也不承担承租人使用租赁物而产生的商业风险，即便是租赁物不能如期产生效益，承租人仍应按照起初约定的租金数额进行支付；甚至在有些融资租赁合同中采取固定利率的方式计算租金，由出租人承担利率风险，在整个租赁期内，租金数额固定不变。

租金条款是融资租赁合同的主要条款，此条款可以包括租金总额、每期租金数额、租赁期限、租金支付时间、租金构成（租金计算公式）、是否调息及调息方式等。按照行业惯例，融资租赁合同中通常设有租金表，集中对租金条款进行展示，而租金数额表现形式与分期贷款类似，包括“本金”（含租赁物购买价款、运费、保险等）、利息（即本条中所述的“利润”，通常以银行贷款利率为基础设置）等，广义的租金数额还包括租赁手续费等其他费用（但财务记账时，租金与手续费通常分列不同科目）。

【关联规定】

《合同法》第243条

（撰稿人：陈洁）

第七百四十七条 【租赁物瑕疵担保责任】租赁物不符合约定或者不符合使用目的的，出租人不承担责任。但是，承租人依赖出租人的技能确定租赁物或者出租人干预选择租赁物的除外。

【释义】

本条整体继承了《合同法》第244条对租赁物瑕疵担保责任的规定，仅在个别文字上进行了修正。瑕疵担保责任在普通的租赁合同中，通常由出租人承担。司法实践中，租赁物在质量等方面存在重大瑕疵，是融资租赁案件审理中常见的承租人拒付租金的抗辩理由之一，该等纠纷产生的主要原因是，承租人对融资租赁的法律关系本质认识不清①。本条在此重申了在融资租赁法律关系中瑕疵担保责任的分配：原则上由出卖人向承租人承担，例外情况下由出租人向承租人承担、出卖人向出租人承担。

笔者认为，立法免除出租人的租赁物瑕疵担保责任的理由是：在融资租赁合同中，承租人有权对出卖人以及租赁物进行选择，按照意思自治原则，也应由承租人承担由此产生的租赁物瑕疵的后果，即出现租赁物瑕疵时，可由承租人直接向出卖人索赔并承担索赔不能的后果。其更深层次的商业原因在于：融资租赁的本质是“融资”，即出租人是资金的实际提供方，仅是租赁物名义上的所有者；同时，出租人属于非银行金融机构，相对于承租人其对租赁物不具备物理上的控制力，若让出租人承担瑕疵担保责任，与“融资”这一交易本质相背离；在我国，售后回租业务是主要的融资租赁类型，承租人与出卖人本为同一主体，租赁物的交付也是采取“占有改定”方式进行的，在此情况下让出租人承担瑕疵担保责任，不具备商业逻辑。

本条还规定了出租人直接向承租人承担租赁物的瑕疵担保责任的例外情况：(1) 出租人干预承租人对租赁物的选择，或 (2) 承租人依赖出租人做出选择。最高人民法院将本条中对“租赁物的选择”扩大至对“租赁物和出卖人的选择”；同时，明确了“依赖”的判决标准，即出租人对租赁物选择起决定作用；还将出租人要求承租人按照其意愿选择出卖人或租赁物，与“干预选择”一并列为瑕疵担保责任的例外②。

---

① 上海市高级人民法院《2009－2013年融资租赁合同纠纷审判白皮书》“二、发现的问题与原因分析”。

② 《最高人民法院关于审理融资租赁合同纠纷案件适用法律问题的解释》法释（2014）3号，第19条规定：“租赁物不符合融资租赁合同的约定且出租人实施了下列行为之一，承租人依照合同法第二百四十一条、第二百四十四条的规定，要求出租人承担相应责任的，人民法院应予支持：（一）出租人在承租人选择卖方、租赁物时，对租赁物的选定起决定作用的；（二）出租人干预或者要求承租人按照出租人意愿选择卖方或者租赁物的；承租人主张其系依赖出租人的技能确定租赁物或者出租人干预选择租赁物的，对上述事实承担举证责任。”

【关联规定】

《合同法》第 244 条，《最高人民法院关于审理融资租赁合同纠纷案件适用法律问题的解释》第 19 条

（撰稿人：陈洁）

第七百四十八条　【承租人对租赁物的占有和使用权】 出租人应当保证承租人对租赁物的占有和使用。

出租人有下列情形之一的，承租人有权请求其赔偿损失：

（一）无正当理由收回租赁物；

（二）无正当理由妨碍、干扰承租人对租赁物的占有和使用；

（三）因出租人的原因致使第三人对租赁物主张权利；

（四）不当影响承租人对租赁物占有和使用的其他情形。

【释义】

本条第 1 款继承了《合同法》第 245 条对承租人独占租赁物和使用租赁物的规定；本条第 2 款吸收了《最高人民法院关于审理融资租赁合同纠纷案件适用法律问题的解释》第 17 条，关于出租人违反保证承租人占有和使用租赁物义务的若干情形。

融资租赁合同项下，出租人的最主要的两项义务就是：（1）按照承租人要求购买租赁物、支付购买价款；及（2）保证让承租人占有和使用租赁物。根据财政部 2018 年《企业会计准则第 21 号——租赁》记载，融资租赁指的是实质上转移了与租赁资产所有权有关的几乎全部风险和报酬的租赁。因此，承租人在财务处理上对其采取的是一种与自有应折旧资产相一致的折旧政策，进行折旧的计提。在这种商业逻辑下，在租赁期间，出租人具有的只是名义上的所有权，其他与所有权有关的权利都应该受到融资租赁关系的限制；出租人以及租赁物抵押权人等与租赁物有关的他项物权权利人，均不得干涉、阻碍承租人占有和使用租赁物的权利。若出租人干涉租赁物的使用，或者因他项物权权利人等第三人原因影响承租人占有和使用租赁物的，出租人均应承担违约责任和赔偿责任；即便是在承租人未能正常支付租金、出现违约的情况下，未经法定程序，出租人也不得有

取回租赁物或另行出租等擅自自力救济的行为[①]，否则承租人同样可以行使上述索赔的权利，且在此期间的租金可暂停支付[②]。

本条所规定的承租人对租赁物的权利仅在于占有和使用层面，并不具备物权属性，即承租人没有权利阻止出租人行使所有权上的权利，而只能在出租人影响其占有和使用租赁物时主张违约责任和损害赔偿。与分期付款合同不同，除非融资租赁合同有明确的特殊约定，出租人自始至终（包括租赁期满之后）是租赁物的法律上的所有权人[③]，承租人只是租赁物在租赁期间的使用权人，在法律上并不享有对租赁物所有权的期待权[④]。但本法第 760 条规定了承租人可以取得租赁物所有权的例外情况，即因承租人原因致使合同无效，出租人不请求返还或者返还后会显著降低租赁物效用的，租赁物的所有权归承租人，由承租人给予出租人合理补偿。

【关联规定】

《合同法》第 245 条，《民法典》第 757、760 条

（撰稿人：陈洁）

第七百四十九条　【租赁物造成损害的责任承担】承租人占有租赁物期间，租赁物造成第三人人身损害或者财产损失的，出租人不承担责任。

---

① 具体案例如 1. 山西省高院《卡特彼勒公司、华北利星行公司与孟某红返还原物纠纷再审审查与审判监督民事裁定书》［（2019）晋民申 2548 号］载明：如孟某红（承租人，下同）发生重大违约事件……卡特彼勒公司（出租人）可以基于合同向孟某红提出解除合同和收回设备的要求，但在合同没有解除的情况下，其强行收回设备并随即处分设备的行为侵犯了孟某红基于合同产生的合法占有使用权，孟某红有权提起侵权之诉并请求返还。2. 河北省高级人民法院《汇通信诚公司、刘某平融资租赁合同纠纷再审审查与审判监督民事裁定书》［（2018）冀民申 6244 号］载明：被申请人刘某平（承租人）在已经支付了欠付的租金，且已经承担了相应的滞纳金等费用的情况下，申请人（出租人，下同）强行收走车辆，原审据此认定申请人的行为已构成根本违约……并无不妥。

② 具体案例如北京市第三中级人民法院《港联公司与张某实融资租赁合同纠纷民事二审程序民事判决书》［（2017）京 03 民终 20 号］、天津市第二中级人民法院《约翰迪尔公司、董某平融资租赁合同纠纷二审民事判决书》［（2017）津 02 民终 3618 号］：在承租人违约的情况下，判决虽支持出租人依合同要求其承担的违约责任，但出租人在排除对租赁物的使用干扰（锁机或扣车）前，租赁物被干扰使用期间的租金可以暂停支付。

③ 本法第 757 条规定，出租人、承租人双方没有约定、约定不明，且依照第 510 条的规定仍无法确定时，租赁物的所有权归出租人。

④ 崔建远主编：《合同法》（第 5 版），法律出版社 2010 年版，第 439 页。

【释义】

本条完整继承了《合同法》第246条对第三人侵权责任的规定。由于租赁物并非为出租人占有，故租赁物所造成的第三人人身和财产损害，由承租人或其他责任方承担，出租人不承担。这里所指的租赁物给第三人造成的损害，包括租赁物本身缺陷所引起的损害，如产品设计缺陷所造成的损害，也包括由于对租赁物管理不当而造成的侵害，如搁置物、悬挂物致人/物损害等。租赁物造成的损害责任，将根据具体情况由生产者/销售者承担，或者占有者（承租人）承担。

但《侵权责任法》第49条规定，租赁机动车发生交通事故且作为责任方的，若所有权人（出租人）对损害发生有过错的，应承担补充赔偿责任[①]。笔者认为，基于特殊法优于普通法的原则，在租赁物损害赔偿案件中，对于机动车侵权责任的承担应例外适用《侵权责任法》中责任分配原则，即在出租人存在过错的情况下[②]，由其承担补充责任。

【关联规定】

《合同法》第246条，《侵权责任法》第49条

（撰稿人：陈洁）

---

① 《侵权责任法》第49条规定，因租赁、借用等情形机动车所有人与使用人不是同一人时，发生交通事故后属于该机动车一方责任的，由保险公司在机动车强制保险责任限额范围内予以赔偿。不足部分，由机动车使用人承担赔偿责任；机动车所有人对损害的发生有过错的，承担相应的赔偿责任。

② 例如，喜相逢公司、王某华机动车交通事故责任纠纷再审审查与审判监督民事裁定书，江西省高级人民法院［（2018）赣民申1009号］载明：虽有《合同法》第246条的规定，承租人占有租赁物期间，租赁物造成第三人的人身伤害或者财产损害的，出租人不承担责任；根据《融资租赁合同》的约定，车辆租赁期间发生交通事故所产生的一切责任均由阳某玉（承租人，下同）承担……但该合同中关于喜相逢公司（出租人，下同）对阳某玉租赁期间造成的事故不承担赔偿责任的约定对合同之外的第三人并不发生法律效力。喜相逢公司依据合同的约定及《合同法》第246条规定的申请再审理由不能成立。因喜相逢公司对阳某玉在未持有合法驾驶证期间所造成的交通事故存在未尽到监管审查义务的过错，本案适用《侵权责任法》第49条规定进行了裁决，判决出租人承担补充责任。②维信公司与赵某、周某机动车交通事故责任纠纷申诉、申请民事裁定书，江苏省高级人民法院［（2018）苏民申2715］载明：《融资租赁合同》约定“双方同意为租赁车辆购买相应保险，购买保险的全部费用均由周某（承租人，下同）承担……维信公司（出租人）在预收了周某作为车辆管理人缴纳的保费后，有义务及时、足额投保交强险等约定险种，周某无须再以实际管理人身份另行缴费投保交强险，维信公司亦不能以此免除自身的投保义务……在维信公司未能及时投保的情况下，对于责任限额范围内的损失其应当与侵权人周某承担连带责任。③中飞公司与欧阳某、高某文、兴海公司公路货物运输合同纠纷一案民事再审判决书，湖南省高级人民法院［（2017）湘民再33号］。总结以上判决认为，承租人、出租人关于融资租赁的机动车侵权责任的分配原则，不适用《合同法》第246条的规定，而是适用《侵权责任法》第49条及其相关司法解释的规定。

第七百五十条　【租赁物的保管、使用、维修】 承租人应当妥善保管、使用租赁物。

承租人应当履行占有租赁物期间的维修义务。

【释义】

本条完整继承了《合同法》第 247 条对承租人保管义务和维修义务的规定。保管义务，源于对租赁物的占有权，这条的义务分配在《合同法》融资租赁合同一章和与租赁合同章中是相同的，均由承租人承担。维修义务的承担，在《合同法》融资租赁合同一章与租赁合同章中的规定不同，租赁合同章规定的承担方为出租人，而融资租赁合同一章规定的承担方为承租人。

如本节第 747 条所述，原则上租赁物的瑕疵担保责任不由出租人承担，而由承租人自行向出卖人主张。租赁物维修义务的分配，与其瑕疵担保责任的分配基于相同的考虑、有类似的地方，由承租人在买卖合同中约定由出卖人承担或承租人自担。因此，承租人不得以维修迟延或其与出卖人、第三人之间的维修纠纷，来向出租人要求减免或拒付租金[①]。

【关联规定】

《合同法》第 247 条

（撰稿人：陈洁）

第七百五十一条　【租赁物风险承担】 承租人占有租赁物期间，租赁物毁损、灭失的，出租人有权请求承租人继续支付租金，但是法律另有规定或者当事人另有约定的除外。

【释义】

本条吸收了《最高人民法院关于审理融资租赁合同纠纷案件适用法律问题的

① 参见勤俭公司与卡特彼勒公司、威斯特公司朔州分公司等融资租赁合同纠纷二审民事判决书，山西省朔州市中级人民法院（2018）晋 06 民终 404 号民事判决书。

解释》第7条关于租赁物风险承担的部分规定，但删除了“租赁物毁损、灭失的风险由承租人承担”的表述，租赁物所有权层面的毁损、灭失风险仍由所有人（出租人）承担；但债权层面的毁损、灭失风险由承租人承担。同时，本条强调了承租人无条件支付租金的义务，即承租人占有租赁物期间租赁物毁损灭失的，除非法定或另有约定，承租人仍应按照融资租赁合同的约定继续支付租金直至租赁期结束。另外，本条允许当事人通过合同约定的形式，约定不同的风险分担规则。《合同法》租赁合同章第231条规定，租赁物部分或全部毁损灭失时，承租人可减少租金或不支付租金。但基于融资租赁的交易本质在于出租人提供资金、承租人以融物的形式融资，因此融资租赁法律关系中的风险分担机制与租赁法律关系不同，承租人将承担更大的风险，将与出租人共同承担租赁物的毁损、灭失风险。

相较于《最高人民法院关于审理融资租赁合同纠纷案件适用法律问题的解释》，笔者认为，本条表述更为科学。风险承担包括物的风险承担和债权的风险承担，其中，物的风险原则上应由所有权人承担①。债权风险承担指的是在互负债务的合同中，风险事件引起损失发生后，合同一方因此不能继续享受权利时，仍应履行义务的一种风险。债权风险承担是建立在对等给付义务基础上对风险承担的重新分配②，在本条中具体指的是“承租人在不能享有占有和使用租赁物的权利时，但却要承担继续履行支付租金的义务”的情况。一方面，在融资租赁法律关系中出租人才是租赁物的所有权人，理应由其承担物的毁损、灭失的不利后果，《最高人民法院关于审理融资租赁合同纠纷案件适用法律问题的解释》笼统地规定“租赁物毁损、灭失的风险由承租人承担”有欠妥之嫌。另一方面，考虑到交易的融资性质以及承租人占有租赁物事实，秉持公平合理的原则，由承租人承担债权（即融资租赁合同）层面由租赁物灭失、毁损带来的不利后果因而继续支付租金，并无不妥。

除此之外，笔者认为融资租赁法律关系中风险负担方面，还有如下问题需要进一步探讨：

1. 承租人占有租赁物之前，风险由谁承担？

在直接租赁的情况下，租赁物由出卖人直接向承租人交付，租赁物的风险按照《合同法》买卖合同一章的条款来承担责任，即根据该法第142条规定，采取

---

① 标的物意外毁损灭失，由其法律上的归属者承担权利丧失的风险，物权风险，是所有权对世效力的体现，陈自强：《契约法讲义：契约违反与履行请求》，元照出版社2015年版，第227～228页。

② 对于债权风险承担问题，可参见吴香香：《〈合同法〉第142条（交付转移风险）评注》，载《法学家》2019年第3期。

"交付主义"：交付前由出卖人承担，交付后由买受人（出租人）承担，在承租人实际占有租赁物后按照本条规定承担。笔者认为，《合同法》上交付与本条中的"占有"并不是完全等同的概念，存在租赁物已经交付但未被承租人占有的情况①，此时租赁物（无论是物权上还是债权上）的毁损、灭失风险均由出租人承担。

在售后回租的情况下，承租人将其所有的租赁物通过签署融资租赁合同的形式售卖给出租人，并不发生实际交付的动作，但双方通过占有改定的方式②，完成了交易，使得所有权发生了变化。此时，租赁物的交付与承租人依据融资租赁法律关系占有租赁物的行为同时发生，风险负担也随之发生相应改变，即占有改定之前风险由承租人承担，占有改定之后风险按照本条规定承担。

2. 转租赁的情况下风险谁来承担?

本法融资租赁合同一章，并没有提及转租赁事宜，转租赁不属于本法第 753 条调整的范围（不属于承租人禁止的行为），属于当事人可以约定的事项。在实践中，承租人为了实现收益，有时会将租赁物转租给第三人，笔者认为，转租赁是符合融资租赁法律关系的交易本质的，承租人享有租赁期间租赁物的收益权，而转租赁是实现收益的一种途径。发生转租赁之后，租赁物将由最终使用人实际占有，此时承租人在融资租赁法律关系上对租赁物占有的权利并未改变，对租赁物仍属于"间接占有"的状态，因此，若发生租赁物毁损、灭失的情况，应按照本条规定处理。

【关联规定】

《物权法》第 27 条，《合同法》第 141、142 条，《最高人民法院关于审理融资租赁合同纠纷案件适用法律问题的解释》第 7 条

（撰稿人：陈洁）

第七百五十二条　【承租人拒付租金的后果】 承租人应当按照约定支付租金。承租人经催告后在合理期限内仍不支付租金的，出租人可以请求支付全部租金；也可以解除合同，收回租赁物。

---

① 如当事人无约定的情况下，按照《合同法》第 141 条规定，需要运输的租赁物在"货交第一承运人"时，就完成交付、风险转移给买方（出租人）了。

② 《物权法》第 27 条规定，动产物权转让时，出让人应当将该动产交付给受让人，但双方约定由出让人继续占有该动产的，物权自约定生效时发生效力。

【释义】

本条完整继承了《合同法》第 248 条关于承租人不支付租金所发生法律后果的规定。支付租金是承租人的基本义务。但我们必须注意，融资租赁合同中承租人的租金，其性质与租赁合同不同，它不是承租人使用租赁物的对价，而是出租人向承租人提供融资的对价及本金。故融资租赁合同约定的租金支付义务，与租赁物使用所产生的收益不挂钩，即便在租赁物不产生收益的情况下（如“租前息”就是融资租赁行业中惯常在租赁物交付之前收取的一种租金），承租人也应按约支付租金。更进一步来说，除非法定或约定情况，否则，融资租赁法律关系项下，承租人支付租金的义务是无条件、不可撤销的，与租赁物状况无关，即便发生本法第 751 条所述的租赁物毁损、灭失的，此种租金支付的义务也不发生改变。

若承租人未能按照约定支付租金，出租人所能采取救济的措施，比一般租赁合同中更为严格，这也是融资租赁交易中，所有商业风险都是由承租人承担的具体体现。需要注意的是，出租人对承租人不缴纳租金的行为需进行催告后，才能行使本条所规定的救济权利；非经催告而依本条所进行的起诉行为将不被法院支持[①]。在承租人迟延支付租金后，出租人依本条能采取的法定救济的措施具体如下：

1. 加速到期，承租人需要支付全部租金，包括已到期但未支付的租金、未到期的租金。若按承租人正常履约，对未来的租金，承租人是有期待利益的，即出租人不得要求提前支付；而违约发生时，承租人失去了这种期待利益，需要对未占用资金的期间承担资金使用利息，即承租人承担了惩罚性违约金。

2. 解除合同，收回租赁物。在租赁物有公开市场且剩余价值较高的情况下，出租人可以选择解除合同，收回租赁物。

本条所赋予出租人的上述两项权利，是否可以一并行使，司法实务界长期存在不同认识：一种观点认为，出租人可在主张收回租赁物的同时，要求承租人赔偿全部未付租金；另一种观点认为，出租人只能选择要求收回租赁物或者承租人支付全部未付租金，而不能同时主张。笔者认为，加速到期的安排，是出租人在

---

① 参见仲利公司与久久公司、华一公司、张某、张某贵、曹某云融资租赁合同纠纷上诉案，湖北省武汉市中级人民法院（2014）鄂武汉中民商终字 00640 号：虽承租人存在未按期支付租金的违约行为，但不支持出租人未经催告并给予合理履行期限而直接要求支付全部租金的诉讼请求，鉴于承租人已在诉讼期间纠正了其违约行为并承担逾期利息，判定承租人继续履行合同。

融资租赁合同上的权利；取回租赁物，是出租人在物权上的权利，从实体权利角度来看，在承租人不支付租金而违约的情况下，出租人的前述两项权利是并存的，出租人行使哪项权利不意味着另外一项权利的丧失。但《最高人民法院关于审理融资租赁合同纠纷案件适用法律问题的解释》从诉权的角度给予了出租人行使前述两项实体权利的限制：《最高人民法院关于审理融资租赁合同纠纷案件适用法律问题的解释》第 21 条第 1 款规定，出租人同时提出上述两项诉请的，人民法院应告知其作出选择，其理由是：支付全部租金的诉讼请求实际上是要求继续履行合同，仅是要求租金加速到期；而收回租赁物的诉讼请求实际上是要求解除合同，故这两项请求在本质上是相矛盾的[①]。与此同时，《最高人民法院关于审理融资租赁合同纠纷案件适用法律问题的解释》第 21 条第 1 款对两项权利的限制并非实体权利的限制，故在第 21 条第 2 款对此予以更进一步的解释和说明，即“出租人请求承租人支付合同约定的全部未付租金，人民法院判决后承租人未予履行，出租人再行起诉请求解除融资租赁合同、收回租赁物的，人民法院应予受理”，其理由是：前后两诉的诉请并不相同，故此种情形并不构成一事不再理[②]。针对这个解释，实践中也有一些变通做法，有些出租人为了避免诉累，一次性提出包含假设的诉讼请求，主张承租人加速还款，若不能则要求取回租赁物、赔偿损失；而法院也会灵活应对，在审理案件中发现承租人无法清偿全部租金时，会允许出租人变更诉讼请求，要求取回租赁物，获得差额赔偿。

【关联规定】

《合同法》第 248 条，《最高人民法院关于审理融资租赁合同纠纷案件适用法律问题的解释》第 21 条

（撰稿人：陈洁）

第七百五十三条　【出租人单方解除权】承租人未经出租人同意，将租赁物转让、抵押、质押、投资入股或者以其他方式处分的，出租人可以解除融资租赁合同。

---

① 参见《统一裁判尺度、规范和保障融资租赁业健康发展——最高人民法院民二庭负责人就〈最高人民法院关于审理融资租赁合同纠纷案件适用法律问题的解释〉答记者问》。

② 参见《统一裁判尺度、规范和保障融资租赁业健康发展——最高人民法院民二庭负责人就〈最高人民法院关于审理融资租赁合同纠纷案件适用法律问题的解释〉答记者问》。

【释义】

本条吸收了《最高人民法院关于审理融资租赁合同纠纷案件适用法律问题的解释》第 12 条第 1 款关于承租人私自处分租赁物时，出租人单方解除权的规定，赋予了出租人在承租人私自处分租赁物、损害出租人对租赁物所有权时的法定单方解约权；对于《最高人民法院关于审理融资租赁合同纠纷案件适用法律问题的解释》第 12 条规定的其他承租人违约情形，本条并未将其列入法定单方解约权范围①。私自处分租赁物的行为包括转让、抵押、质押、投资入股等侵犯或限制租赁物所有权的行为，不包括转租、出借等暂时允许第三人使用租赁物的行为，理由是本条惩罚的是承租人恶意损害出租人对租赁物所有权的行为，但考虑到租赁物的使用是租赁物实现经济价值的途径，故不是限制承租人使用或允许第三人使用租赁物的行为。

《最高人民法院关于审理融资租赁合同纠纷案件适用法律问题的解释》第 22 条，对出租人行使该解释第 12 条所述的解除权后，如何处理给予了规定：出租人可要求收回租赁物并赔偿损失，损失范围为承租人全部未付租金及其他费用与收回租赁物价值的差额，合同约定租赁期间届满后租赁物归出租人所有的，损失赔偿范围还包括到期后租赁物的残值。这个损失范围的认定，对承租人而言是惩罚性的，其丧失了对未付租金部分的期待利益，出租人可凭此提前收回融资租赁合同正常履行情况下的全部本金和收益。

针对解除后果，有两点需要提示：(1) 出租人自力取回租赁物，必须以合同解除为前提，即在发生本条的法定解除权后，出租人向法院提出申请或向承租人发出解约通知并生效后，出租人方可自力取回租赁物，否则，出租人将按照本法第 748 条的规定承担赔偿责任。(2) 差额赔偿的前提是，首先确定已收回租赁物的价值②，如未在合同中有明确约定或当事人就租赁物价值无法达成一

---

① 其他情形不具有法定解除权的效果，但仍可作为出租人可请求、法院可行使自由裁量权判定的解除融资租赁合同行为，具体包括……（二）承租人未按照合同约定的期限和数额支付租金，符合合同约定的解除条件，经出租人催告后在合理期限内仍不支付的；（三）合同对于欠付租金解除合同的情形没有明确约定，但承租人欠付租金达到两期以上，或者数额达到全部租金百分之十五以上，经出租人催告后在合理期限内仍不支付的；（四）承租人违反合同约定，致使合同目的不能实现的其他情形。

② 《最高人民法院关于审理融资租赁合同纠纷案件适用法律问题的解释》第 23 条规定，诉讼期间承租人与出租人对租赁物的价值有争议的，人民法院可以按照融资租赁合同的约定确定租赁物价值；融资租赁合同未约定或者约定不明的，可以参照融资租赁合同约定的租赁物折旧以及合同到期后租赁物的残值确定租赁物价值。承租人或者出租人认为依前款确定的价值严重偏离租赁物实际价值的，可以请求人民法院委托有资质的机构评估或者拍卖确定。

致意见的，确定租赁物价值的主要方式就仅剩下评估或拍卖，其程序烦琐、时间较长。

【关联规定】

《最高人民法院关于审理融资租赁合同纠纷案件适用法律问题的解释》第12、22~23条

（撰稿人：陈洁）

第七百五十四条　【出租人、承租人解除权】有下列情形之一的，出租人或者承租人可以解除融资租赁合同：

（一）出租人与出卖人订立的买卖合同解除、被确认无效或者被撤销，且未能重新订立买卖合同；

（二）租赁物因不可归责于当事人的原因毁损、灭失，且不能修复或者确定替代物；

（三）因出卖人的原因致使融资租赁合同的目的不能实现。

【释义】

本条吸收了《最高人民法院关于审理融资租赁合同纠纷案件适用法律问题的解释》第11条关于双方解约权的规定，概况说来包括三种情形：（1）买卖合同无法订立；（2）租赁物毁损灭失；（3）合同目的不能实现。发生上述三种情况时，出租人、承租人均有权解除融资租赁合同，具体分析如下：

1. 买卖合同无法订立指的是买卖合同已签署，但被解除、被无效或撤销且又无法重新订立的情况，不管导致未有有效买卖合同的原因是什么，不管出租人、承租人对此结果是否存在过错，只要出现未有有效买卖合同的结果，均构成触发双方解约的条件[①]。同时，本法第755条对解约后的后果进行了细化规定。

2.（1）由可归责于承租人或出租人原因导致租赁物毁损、灭失且不能修复或重置的情况，不适用本条规定。若租赁物毁损、灭失且不能修复或重置是由承

① 参见章某珍与创联公司融资租赁合同纠纷二审民事判决书，河北省石家庄市中级人民法院（2016）冀01民终5252号民事判决书，判决中并未分析买卖合同不能订立的理由和可归责的主体，而是直接以买卖合同无法订立为由，支持了承租人解除融资租赁合同的主张。

租人造成的，不得要求解除合同而是按照本法第751条规定处理；由出租人造成的，按照本法第748条，视为妨碍承租人占有和使用租赁物，承租人有权要求出租人予以赔偿损失。

（2）租赁物发生毁损、灭失是由第三方或者其他原因造成的，且不能修复或重置的，出租人、承租人未有人主张解除租赁物合同的，按照本法第751条规定，应由承租人继续履行支付义务；期满后，若合同中约定由出租人收回租赁物的，按照本法第758条的规定，承租人还应赔偿出租人损失。

（3）若租赁物毁损、灭失是由第三方或者其他原因造成的，且不能修复或重置的，适用于本条规定，可由承租人或出租人解除合同，其解约后果在本法第756条中进行了规定。

3. 与《合同法》第94条规定[①]不同，本条规定突破了合同相对性原则，即买卖合同当事人违约的情况下，赋予融资租赁合同当事人解约权。出卖人的原因导致融资租赁合同目的[②]不能实现，承租人和出租人均有权解除合同。需要注意的是，若出卖人的原因仅仅导致的是买卖合同目的不能实现时，当事人可通过重新订立买卖合同等方式促成融资租赁合同目的的实现，故此情况发生时不必然地赋予承租人和出租人解除融资租赁合同的权利。

承租人或出租人依照本条行使了解除权之后，法律后果因涉及买卖合同与融资租赁合同的关系较为复杂，建议当事人在买卖合同与融资租赁合同中进行详细约定；若无约定，解约的后果需通过解除买卖合同，由出卖人按照买卖合同约定承担违约责任，具体按照本法买卖合同一章处理。

【关联规定】

《最高人民法院关于审理融资租赁合同纠纷案件适用法律问题的解释》第11条

（撰稿人：陈洁）

---

① 《合同法》第94条规定，当事人一方迟延履行债务或者有其他违约行为致使不能实现合同目的的，当事人可以解除合同。这里所指的是在同一合同中的一方当事人出现违约情况导致合同目的不能实现的，合同当事人另一方有解约权。

② 参见徐工公司与李某、陆某红等融资租赁合同纠纷二审民事判决书，江苏省高级人民法院（2016）苏民终20号民事判决书，该案中虽然买卖合同项下车辆已交付并上牌，但因无法在承租人所在地区上牌，判定融资租赁合同目的不能实现，支持解除融资租赁合同。

第七百五十五条　【融资租赁合同解除的后果】 融资租赁合同因买卖合同解除、被确认无效或者被撤销而解除，出卖人、租赁物系由承租人选择的，出租人有权请求承租人赔偿相应损失；但是，因出租人原因致使买卖合同解除、被确认无效或者被撤销的除外。

出租人的损失已经在买卖合同解除、被确认无效或者被撤销时获得赔偿的，承租人不再承担相应的赔偿责任。

【释义】

如前所述[①]，本条是对本法第 754 条解约后法律后果的规定，吸收了《最高人民法院关于审理融资租赁合同纠纷案件适用法律问题的解释》第 16 条的有关规定。融资租赁合同依据本法第 754 条第 1 款解除后，由于承租人负责选择出卖人及租赁物的，相对于出租人而言，推定其对买卖合同的解除存在过错，因此规定此种情况由承租人赔偿出租人损失。笔者认为，对本条规定的解除融资租赁合同事由的发生，承租人具有一定的可苛责性，故具体损失范围可比照《最高人民法院关于审理融资租赁合同纠纷案件适用法律问题的解释》第 22 条的规定确定[②]，包括承租人全部未付租金及其他费用与收回租赁物价值的差额，合同约定租赁期间届满后租赁物归出租人所有的，损失赔偿范围还包括到期后租赁物的残值。

本条第 2 款同时规定，出租人的损失已经在买卖合同被解除、被确认无效或者被撤销时获得赔偿的，为避免不当得利，应当免除承租人相应部分的赔偿责任，解决了买卖合同与融资租赁合同在赔偿范围上的衔接问题。

---

① 参见“融资租赁合同与买卖合同之间关系”处的分析。

② 天津市第二中级人民法院《众志诚公司、德润公司融资租赁合同纠纷二审民事判决书》［（2018）津 02 民终 3789 号］载明：买卖合同解除后，众志诚公司（承租人，下同）因融资租赁合同目的不能实现行使合同解除权，并向德润公司（出租人，下同）发出通知，符合法律规定。德润公司要求众志诚公司返还租赁物、支付到期租金并赔偿损失具有事实和法律依据，其中一审确定损失赔偿范围为全部未付租金及其他费用与收回租赁物价值的差额并无不当。虽众志诚公司主张其提出解除合同系因租赁物存在质量问题，但其无证据证实德润公司介入租赁物选择……租赁物不符合约定或者不符合使用目的的，德润公司不承担责任，由此给德润公司造成损失的，由众志诚公司承担赔偿责任……案涉租赁物的质量问题可由其与力士德公司（卖方）另行解决。

【关联规定】

《最高人民法院关于审理融资租赁合同纠纷案件适用法律问题的解释》第 16、22 条

（撰稿人：陈洁）

第七百五十六条 【融资租赁合同解除的后果】 融资租赁合同因租赁物交付承租人后意外毁损、灭失等不可归责于当事人的原因解除的，出租人可以请求承租人按照租赁物折旧情况给予补偿。

【释义】

本条是对本法第 754 条解约后法律后果的规定，吸收了《最高人民法院关于审理融资租赁合同纠纷案件适用法律问题的解释》第 15 条的有关规定。融资租赁合同依据本法第 754 条第 2 款解除后，由于本条规定的解除融资租赁合同事由的发生，出租人和承租人均不具有可苛责性，笔者认为，损失范围不可比照《最高人民法院关于审理融资租赁合同纠纷案件适用法律问题的解释》第 22 条的规定确定，而是应按照实际发生的损失确定，即在损失时的租赁物价值；损失的承担原则为出租人和承租人共担，即出租人可以主张承租人以“租赁物折旧”价值为基础给予一定补偿（而不是“赔偿”），具体补偿金额由司法审判机构根据具体情况确定。

【关联规定】

《最高人民法院关于审理融资租赁合同纠纷案件适用法律问题的解释》第 15 条

（撰稿人：陈洁）

第七百五十七条 【租赁期限届满租赁物归属】 出租人和承租人可以约定租赁期限届满租赁物的归属；对租赁物的归属没有约定或者约定不明确，依据本法第五百一十条的规定仍不能确定的，租赁物的所有权归出租人。

【释义】

本条是关于租赁期限届满租赁物归属的规定。本条承袭《合同法》第 250 条，本法编纂时没有进行改动。本条之所以作此规定，是考虑到融资租赁合同并非传统意义上的租赁合同，其兼具融物与融资的双重属性，而且系以融资为主要目的，以融物为手段，[①] 允许融资租赁关系双方就租赁物归属进行约定，有利于进一步发挥融资租赁交易的功能，提高交易效率。

在传统租赁中，承租人的主要义务之一就是于租赁期限届满时，将租赁物返还给出租人。而在融资租赁中，租赁期限届满，承租人一般可以有三种选择权：留购、续租或退租。留购是指租期届满，承租人支付给出租人一笔双方商定的设备残值（名义货价），取得租赁物的所有权。续租是指租期届满，承租人与出租人更新合同，继续承租租赁物，承租人按新合同支付租金；或者承租人未退回租赁物，出租人同意合同继续有效至承租人退回租赁物或者留购租赁物，承租人按原合同支付租金，直至合同终止。退租是指租期届满，承租人负责将处于良好工作状态的租赁物按出租人要求的运输方式运至出租人指定的地点。由此而产生的一切支出，如包装、运输、途中保险等费用均由承租人承担。[②] 但是，由于出租人实质上就是一个融资者（相当于债权人、抵押权人），出租人的交易目标是在向供货商支付租赁物价款后，通过向承租人收取租金，收回之前所支付的价款，并获取一定的盈利。[③] 质言之，出租人对租赁物看中的，仅是其所具有的交换价值，至于租赁物的使用价值如何，与其并无太大干系。出租人对于租赁物的所有权体现的是担保意义，出租人在出租过程中保有租赁物的所有权，并非为了取得租赁物并进行使用，仅是为了担保租金债权的实现。一旦承租人有迟延或不履行支付租金义务的情况出现，出租人即可基于其对租赁物所享有的所有权，取回租赁物，用租赁物的残存价值折抵承租人应支付的租金。可见，如同融资租赁合同中，融物在本质上仅是实现融资目的的手段一样，出租人在融资租赁合同保有租赁物的所有权，也仅是其收回购买租赁物的成本并获取营业利润的手段。所以，大多数融资租赁交易均把承租人留购租赁物作为交易的必要条件。正如有观点指出，在约定租赁期满后租赁物归承租人的情况下，出租人根本就没有拥有租赁物所有权的意愿，出租人在租期

---

① 王轶编：《租赁合同、融资租赁合同》，法律出版社 1999 年版，第 167 页。

② 《中华人民共和国合同法释义》，载《中国人大网》，http：//www. npc. gov. cn/npc/c2196/200011/50b0c2ed1ff942b2862c2f7342640b7b. shtml。

③ 胡晓媛：《融资租赁出租人风险承担及其控制》，载《法学》2011 年第 1 期。

内享有所有权纯粹是为了担保收回租金，那么实际上这种合同只是所有权保留的分期付款买卖。[①] 此外，从促进融资租赁交易的角度看，法律认可当事人约定于租赁期间届满时，租赁物的所有权转归承租人所有，一方面满足了承租人无须一次性支付大笔价金，即可继续对标的物为使用收益的需求；另一方面也免却了出租人占有、保管标的物或解决了租赁物的最终处理问题的担忧。

如果当事人双方对于租赁物的归属没有约定或者约定不明确时，可以依照本法第510条的规定协议补充；不能达成补充协议时，应依照合同有关条款或者交易习惯加以确定。如果合同双方当事人既不能就租赁物的归属达成补充协议，又不能根据合同有关条款或者交易习惯确定时，租赁物的所有权归出租人享有。这是因为，融资租赁与传统租赁一样，在租赁期间，租赁物的所有权归出租人。租赁期间届满时，如果承租人未支付名义货价，承租人就不能取得租赁物所有权，租赁物所有权仍归出租人享有。

【关联规定】

《民法典》第510条

（撰稿人：何傲翾）

第七百五十八条　【承租人请求部分返还租赁物价值以及出租人请求合理补偿】 当事人约定租赁期限届满租赁物归承租人所有，承租人已经支付大部分租金，但是无力支付剩余租金，出租人因此解除合同收回租赁物，收回的租赁物的价值超过承租人欠付的租金以及其他费用的，承租人可以请求相应返还。

当事人约定租赁期限届满租赁物归出租人所有，因租赁物毁损、灭失或者附合、混合于他物致使承租人不能返还的，出租人有权请求承租人给予合理补偿。

【释义】

本条是关于承租人请求返还租赁物相应价值和出租人请求承租人就不能返还

① 金海：《判定融资租赁法律性质的经济实质分析法——以承租人破产时租赁物归属为例》，载《华东政法大学学报》2013年第2期。

原租赁物给予合理补偿的规定。本条第1款沿用《合同法》第249条的规定，但在条文排序上作了调整，即将本条置于本法第757条后，使条文之间的逻辑关联更加合理，同时本条增设了第2款，来源于2014年《最高人民法院关于审理融资租赁合同纠纷案件适用法律问题的解释》第10条的规定。[①]

根据本法第752条的规定，承租人不支付租金时，出租人有权解除合同，收回租赁物。这是由出租人享有租赁物所有权所决定的。但是，出租人的所有权是一项受其租金债权严格制约的权利，在融资租赁交易中，与租赁物所有权有关的风险与收益实质上都转移给承租人了，出租人的所有权只具有担保意义。因此，当承租人违约时，出租人有权解除合同，收回租赁物，并要求承租人赔偿损失。在融资租赁实践中，损害赔偿金是以相当于残存租金额或者以残存租金额减去中间利息计算的。[②] 通过解除合同，出租人不仅收回了租赁物，而且可以获得一笔相当于残存租金额的损害赔偿金，而在融资租赁合同完全履行时，出租人仅可取得全部租金及期满后取得租赁物的残余价值。因此，出租人中途解约取得的利益，比合同全部履行本应得到的利益要更多。这不仅对于承租人而言不公平，更容易使出租人受利益的不正当驱动，尽量想办法解除合同以提升收益，对融资租赁业的正常秩序造成了破坏。基于维护交易秩序和合理分配利益的考虑，本条规定，当事人约定租赁期限届满租赁物归承租人所有，承租人已经支付大部分租金，但无力支付剩余租金，出租人因此解除合同收回租赁物的，收回的租赁物的价值超过承租人欠付的租金以及其他费用的，承租人可以请求相应返还。也就是说，出租人因收回租赁物所得不直接归出租人所有，必须与出租人这时的租金债权，即承租人尚未付清的租金及费用作比较。只有出租人收回租赁物的所得等于出租人的租金债权的部分时，才归出租人所有，超出租金债权部分，是出租人多得的利益，应返还给承租人，或者充作承租人支付的损害赔偿金，不足部分仍应由承租人清偿。本款最后一句话在草案中曾经表述为“承租人可以请求部分返还”，最终修改为“相应返还”。笔者认为，本条考虑了保护守约方的原则，基于承租人在返还差额请求权是建立在其自身违约的情况下法律适用公平性的基础上，因此修改为“相应返还”更能体现酌情确定返还金额的立法意旨。

承租人在租赁期满享有该租赁物的所有权是本条适用的前提条件。例如，在某项融资租赁合同中，当事人双方约定，在租赁期间届满时，租赁物归承租人所

---

① 该条规定：“当事人约定租赁期间届满后租赁物归出租人的，因租赁物毁损、灭失或者附合、混同于他物导致承租人不能返还，出租人要求其给予合理补偿的，人民法院应予支持。”

② 《中华人民共和国合同法释义》，载《中国人大网》，http：//www.npc.gov.cn/npc/c2196/200011/50b0c2ed1ff942b2862c2f7342640b7b.shtml。

有。但是，在承租人已经支付了75%的租金后，承租人因资金短缺而无法继续支付剩余的租金。此时，出租人根据本法第752条的规定解除了合同，收回了租赁物。假设现在租赁物的价值为500万元，承租人未支付的租金为300万元，出租人因运回租赁物所花费的费用为50万元，则租赁物价值超过承租人欠付的租金和其他费用的价值为150万元。对于这150万元，承租人有权要求相应返还。

学界也有观点对本条提出批评，并主张废除该条，理由在于：该条要求衡量欠付的租金与租赁物的现存价值，以决定承租人是否可以要求部分返还，但对请求返还标的为已付租金，抑或为已回收租赁物，语焉不明。更严重的是，该条与本法第746条及第757条明显相冲突，有违契约自由的法理。理由是，若本条所指请求返还标的为已付租金，依据本法第746条“融资租赁合同的租金，除当事人另有约定外，应当根据购买租赁物的大部分或者全部成本以及出租人的合理利润确定”之规定，融资租赁合同中约定的租金条款在适用上具有优先性，一旦租金条款为当事人所确定，则双方不得在事后要求调整租金或部分返还租金。[①] 有学者亦支持此观点，认为本条从法律上排除了承租人以融资租赁合同的租金标准高于传统租赁合同的标准而导致显失公平的理由主张撤销的可能性。[②] 若本条所指请求返还标的为已回收租赁物，亦难以成立，盖因本法第757条规定：“出租人和承租人可以约定租赁期限届满租赁物的归属；对租赁物的归属没有约定或者约定不明确，依据本法第510条的规定仍不能确定的，租赁物的所有权归出租人。”融资租赁合同中约定的租赁物归属条款也应优先适用，一旦当事人对此有明确约定的，则从其约定，不存在出租人收回租赁物而构成显失公平的情形，承租人无权要求部分返还已回收租赁物。[③] 笔者认为，本条的请求返还标的显然不是已回收租赁物。理由在于，本法第757条规定的是“租赁期间届满时”租赁物归属可以进行约定，而在合同履行过程中，出租人因承租人无力支付租金而解除合同，此项约定并不适用。此外，如上所述，出租人可以通过解除合同收回租赁物，并获得一笔损害赔偿金，大于融资租赁合同完全履行时的收益，当然会存在显失公平的可能。那么，这是否意味着请求返还标的为租金？对于融资租赁合同租金的法律性质，最高人民法院的观点认为“融资租赁合同中的租金与一般租赁合同的租金在性质上是不同的，其组成部分也较为复杂，主要由当事人约定的费

---

① 曾大鹏：《融资租赁法制创新的体系化思考》，载《法学》2014年第9期。

② 隋彭生：《合同法要义》，中国政法大学出版社2005年版，第508页。

③ 曾大鹏：《融资租赁法制创新的体系化思考》，载《法学》2014年第9期。

用、利益，租赁物的全部或部分价值以及出租人合理利润等几部分组成”[①]。由此可见，融资租赁合同的租金包含了租赁物价值的部分。按照本法第566条的规定，在合同解除后，对于已经履行的，当事人可以请求恢复原状，由于收回的租赁物的价值超过承租人欠付的租金以及其他费用，承租人将额度对等的租金债权返还给出租人，符合合同解除的法理和融资租赁合同租金的性质。因此，笔者认为，本条之规定确有必要。

除上述疑难外，本条所指的“大部分”租金应当如何量化，目前还没有更明确的解释。有观点认为“大部分租金”是指承租人支付的租金至少应当在60%以上。[②] 本条未规定准确数额而是以“大部分”代之，笔者认为在一定程度上为法院认定和裁判留下较大空间，也便于法院综合考量交易各方面因素进行裁判。针对租赁物残值的清算问题，《最高人民法院关于审理融资租赁合同纠纷案件适用法律问题的解释》第23条规定：“诉讼期间承租人与出租人对租赁物的价值有争议的，人民法院可以按照融资租赁合同的约定确定租赁物价值；融资租赁合同未约定或者约定不明的，可以参照融资租赁合同约定的租赁物折旧以及合同到期后租赁物的残值确定租赁物价值。承租人或者出租人认为依前款确定的价值严重偏离租赁物实际价值的，可以请求人民法院委托有资质的机构评估或者拍卖确定。”据此可知，在诉讼阶段有以下三种办法可以确定租赁物的价值，且存在先后顺序：（1）根据合同约定来确定；（2）参照租赁物的折旧及到期残值来确定租赁物的价值；（3）上述方式严重偏离租赁物实际价值的，请求法院启动评估、拍卖程序。

在本法施行前，《合同法》第14章“融资租赁合同”是审理融资租赁合同纠纷案件的主要法律依据。但由于立法时我国融资租赁业发展较慢，实践和理论支撑不够充分，导致《合同法》的规定相对较为原则，已不足以满足司法实践之需。在1996年《最高人民法院关于审理融资租赁合同纠纷若干问题的规定》的基础上，2014年《最高人民法院关于审理融资租赁合同纠纷案件适用法律问题的解释》正式施行，规则得到细化，且更易于操作，在编纂民法典的过程中，立法机关充分吸收了司法解释和实务经验，本条第2款作为新增加的条款，适用前提是当事人约定租赁期限届满租赁物归出租人所有。这是因为，只有在租赁期限届满后租赁物归出租人的情形下，出租人才对租赁物的残余价值享有利益，进而在租赁物无法返还时获得补偿。需要注意的是，“当事人约定租赁期限届满后租赁

---

① 《最高人民法院专家法官阐释疑难问题与案例指导》编写组编：《最高人民法院专家法官阐释疑难问题与案例指导：融资租赁合同卷》，中国法制出版社2016年版，第94页。

② 江平主编：《中华人民共和国合同法精解》，中国政法大学出版社1999年版，第190页。

物归出租人”在此处应作广义解释。依照本法第 757 条规定，当事人对租赁物归属没有约定或者约定不明，根据上述规定可以认定租赁物所有权归出租人的，也应当属于本条的适用范围。[①]

在融资租赁法律关系中，租赁期限届满，租赁物所有权可能归于出租人，也可能归于承租人，到期归属于出租人的租赁物承租人应予以返还。然而，实践中由于融资租赁合同履行期限较长，租赁物存在意外毁损、灭失的风险；即使未毁损、灭失，某些机械设备等租赁物需要安装、附着于土地或其他设备上才能使用，往往会出现租赁期限届满后租赁物已经无法拆卸、无法返还的情形。对于这种客观原因导致租赁物无法返还的情形。承租人主观上没有过错，是否还需要承担责任？如果需要，承担的是什么性质的责任？这种责任与违约或合同无效所导致的赔偿责任有何区别？这是本条第 2 款要解决的问题。按照合同约定租赁期间届满后租赁物所有权归出租人的，承租人应予返还；如果因各种原因未能返还的，出租人可以要求承租人对租赁物残值进行补偿。如果租赁物的毁损、灭失是因承租人过错造成的，则构成承租人的违约行为，出租人可依违约责任要求承租人赔偿，不适用本条。因此，承租人应当承担的是补偿责任，而非赔偿责任。对于本条到底应当采补偿责任还是赔偿责任素有争议，最高人民法院在司法解释中最终采纳补偿责任，理由在于：（1）关于租赁物损毁、灭失或者附合、混同于他物的情形，此中既包含了承租人的违约情形，也包含了承租人不存在违约的情形，而不应一概而论地认定承租人存在违约并因此承担违约赔偿责任。（2）采用补偿责任更有利于划分责任范畴，有利于实践中对于损失的计算。采用补偿责任意味着从物权的角度出发，便于控制损失的数额，即在租赁物的价值范围内进行计算，严格区别于融资租赁合同中的违约等责任产生的赔偿责任的计算。[②] 笔者赞同最高院的观点，本条第 2 款的部分规定在实质上涉及租赁物风险负担的问题，但风险负担适用于不可归责于当事人的事由而造成的标的物毁损灭失的情况，此时不属于违约，则当事人承担的就不是违约损害赔偿责任。

在实务中，双方当事人往往会对本条所涉情形进行事先约定，此时应当如何处理本条的规定与双方约定？最高人民法院的观点是对于该问题应当进行分类处理，即依据双方的约定可能与法律的规定产生偏差或者与法律规定相符两种情形。对于与法律规定相符的情况，尽管当事人之间的约定可能会与法律规定存在

① 最高人民法院民事审判第二庭编著：《最高人民法院关于融资租赁合同司法解释理解与适用》，人民法院出版社 2016 年版，第 164 页。

② 《最高人民法院专家法官阐释疑难问题与案例指导》编写组编：《最高人民法院专家法官阐释疑难问题与案例指导：融资租赁合同卷》，中国法制出版社 2016 年版，第 134 页。

轻微的偏差，但总体会按照法律的规定行使，因此对于这种情况应当按照法律的规定进行，也符合当事人之间约定的本意。另一种情形是与法律规定相冲突，其主要冲突点在于双方约定可能超出法律规定的范围，即不以补偿为限，附加相关赔偿的标准。对于此，应当恪守法律的规定，以补偿为限，不支持出租人赔偿的主张，因为这样会重复加重承租人的负担。[①] 因此在约定的场合，当事人的意思自治并非完全排除本条第 2 款的适用，当事人在缔约过程中也应当更加审慎，避免给对方施加不合理的负担。

【关联规定】

《民法典》第 746、752、757 条，《最高人民法院关于审理融资租赁合同纠纷案件适用法律问题的解释》第 10、23 条

（撰稿人：何傲翾）

第七百五十九条　【支付象征性价款视为租赁物归承租人】 当事人约定租赁期限届满，承租人仅需向出租人支付象征性价款的，视为约定的租金义务履行完毕后租赁物的所有权归承租人。

【释义】

本条是关于融资租赁期限届满后租赁物归属的拟制规定。本条在《合同法》中未作规定，是本法的新设条款。该条规定了未约定租赁物归属但约定支付象征性价款时，租赁物所有权如何处理的问题。

融资租赁合同与普通租赁合同的一项主要区别就在于：在租赁合同中，租赁物的所有权不发生转移，而在融资租赁合同中，租赁物的归属因对承租人的选择权的约定而有所不同，留购就是确定租赁物归属的途径之一。但是，合同当事人可能会进行如下约定：租赁期限届满后，承租人可以支付一定的价款留购租赁物，也可以选择不支付价款而放弃租赁物。在这种情形下，如何认定当事人约定的租赁物所有权归属？事实上，这类约定情形将是否取得租赁物所有权的选择权利赋予了承租人，而且行使选择权利的时间点为租赁期限届满之时，即融资租赁

① 《最高人民法院专家法官阐释疑难问题与案例指导》编写组编：《最高人民法院专家法官阐释疑难问题与案例指导：融资租赁合同卷》，中国法制出版社 2016 年版，第 136 页。

合同订立时以及合同履行期限均无法确定租赁期限届满后租赁物的归属，应当属于当事人对租赁物归属约定不明确的情形。根据本法第757条之规定，当事人对租赁物归属约定不明确的，租赁物的所有权归出租人。但是，本条拟制出了一种例外情形，当事人约定租赁期限届满，承租人仅需向出租人支付象征性价款的，视为约定的租金义务履行完毕后租赁物的所有权归承租人。

融资租赁实践中，以象征性价款支付对价以获得租赁物所有权的约定普遍存在。在一般情况下，融资租赁期限出租人收取的租金基本可以满足其收回投资成本并获取合理利润的需要，因此合同可以约定在期限届满时承租人象征性地支付一定的价款，充抵租赁物的残值，获得租赁物的所有权，并办理所有权变更登记手续，如约定留购款100元。此类约定的根源在于英美法系的对价制度，即约定象征性对价是为了确保合同约定内容有效成立，即当事人意欲使允诺或合同有执行力时，不管他们之间的交换物的价值有多么大的差别，合同也仍然是有效的。[①] 在约定象征性留购价款的融资租赁合同中，双方订立合同时对于租赁期限届满后租赁物的归属已经达成了共识，遵从当事人真实意思，应确认这种情形下双方明确约定了租赁期限届满后租赁物归属于承租人。[②] 人民法院在审判实务中也认可当事人的此类约定，如在兴业公司与担炭沟公司、山西联盛能源投资有限公司等融资租赁合同纠纷一案中，[③] 最高人民法院在判决中指出："因承租人支付象征性价款亦是承租人与出租人对租赁物归属的一种通常安排，楼俊公司关于本案兴业公司与担炭沟公司、联盛公司约定租赁期满由担炭沟公司、联盛公司支付人民币1万元留购租赁物不符合法律规定的理由不能成立。"虽然在实践中此类约定已经被广泛运用，但《合同法》和《最高人民法院关于审理融资租赁合同纠纷案件适用法律问题的解释》都没有在法律上正式确认此类约定的效力并纳入相关规定之中，本法新设本条，有利于维护融资租赁合同的正常履行，促进我国融资租赁法律制度的完善。

此外，根据本法第758条的规定，若承租人在支付大部分租金后，丧失支付剩余租金的能力或不愿支付象征性购买价款，出租人因此解除合同并收回租赁物的，收回的租赁物价值超过承租人对出租人所负担的债务的部分应当返还承租人。

---

① 刘承韪：《英美合同法中对价原则之功能分析》，载《中外法学》2006年第5期。

② 最高人民法院民事审判第二庭编著：《最高人民法院关于融资租赁合同司法解释理解与适用》，人民法院出版社2016年版，第340页。

③ 本案案号为（2014）民二终字204号，载中国裁判文书网，http：//wenshu. court. gov. cn/website/wenshu/181107ANFZ0BXSK4/index. html？ docId＝4d3246c95e5c4157b2f17b6ded8b8372。

【关联规定】

《民法典》第757~758条

（撰稿人：何傲翾）

第七百六十条　【融资租赁合同无效后租赁物归属】 融资租赁合同无效，当事人就该情形下租赁物的归属有约定的，按照其约定；没有约定或者约定不明确的，租赁物应当返还出租人。但是，因承租人原因致使合同无效，出租人不请求返还或者返还后会显著降低租赁物效用的，租赁物的所有权归承租人，由承租人给予出租人合理补偿。

【释义】

本条是关于融资租赁合同无效情形下租赁物归属的规定。本条在《合同法》中未作规定，来源于《最高人民法院关于审理融资租赁合同纠纷案件适用法律问题的解释》第4条，该条规定："融资租赁合同被认定无效，当事人就合同无效情形下租赁物归属有约定的，从其约定；未约定或者约定不明，且当事人协商不成的，租赁物应当返还出租人。但因承租人原因导致合同无效，出租人不要求返还租赁物，或者租赁物正在使用，返还出租人后会显著降低租赁物价值和效用的，人民法院可以判决租赁物所有权归承租人，并根据合同履行情况和租金支付情况，由承租人就租赁物进行折价补偿。"本条的适用前提是融资租赁合同无效。

按照本法总则第6章"民事法律行为"第3节"民事法律行为的效力"的规定，民事法律行为在以下情形中无效：（1）由无民事行为能力人实施；（2）行为人与相对人以虚假的意思表示实施；（3）违反法律、行政法规的强制性规定；[①]（4）违背公序良俗；（5）行为人与相对人恶意串通，损害他人合法权益。本法第736条特别规定，当事人以虚构租赁物等方式订立融资租赁合同掩盖非法目的的，

① 2019年11月14日发布的法〔2019〕254号《全国法院民商事审判工作会议纪要》指出，下列强制性规定，应当认定为"效力性强制性规定"：强制性规定涉及金融安全、市场秩序、国家宏观政策等公序良俗的；交易标的禁止买卖的；违反特许经营规定的，如场外配资合同；交易方式严重违法的，如违反招投标等竞争性缔约方式订立的合同；交易场所违法的。关于经营范围、交易时间、交易数量等行政管理性质的强制性规定，一般应当认定为"管理性强制性规定"。

融资租赁合同无效。按照合同无效的基本原理，无效的合同从订立的时候起，就没有法律约束力。确认合同部分无效的，如果不影响其余部分的效力，其余部分仍然有效。在通常的情形下，租赁合同被认定为无效后，应当依据本法相关规定将租赁物返还给出租人。但融资租赁合同具有其特殊性，出租人所关注的是租金债权的实现，租赁物所有权被观念化，其积极权能皆由承租人行使，静态的归属让位于动态的利用。[①] 因此，融资租赁合同无效的处理应当综合考量合同无效的原因、租赁物的价值和使用价值的发挥。依照本条规定，融资租赁合同无效时，应按以下顺序确定租赁物的归属：（1）充分尊重当事人意思自治，允许当事人事前或事后对合同无效后租赁物归属作出约定或进行协商。本条和本法第 757 条允许约定期满后租赁物归属的规定不同，当事人需事先专门就合同无效时租赁物的归属作出约定，才可以从其约定，这也体现了鼓励双方当事人事前就合同无效时租赁物的归属作出约定的导向。（2）按照《合同法》关于合同无效后如何处理的规定，当事人之间无约定且协商不成的，租赁物原则上应返还给出租人。这一种处理是合同无效的法理的体现。既然合同无效，则合同关系不存在，那么原则上租赁物应当返还给出租人，使双方的财产状况恢复到缔约之前的状态。（3）尊重融资租赁合同特性，在因承租人原因导致合同无效，出租人不要求返还租赁物的情况下，或者将租赁物返还给出租人会显著降低租赁物价值和使用价值的，租赁物所有权属于承租人，承租人根据合同履行情况和租金支付情况对租赁物进行合理补偿。在传统租赁合同中，出租人出租的租赁物不是根据特定承租人的特定设备需要而购置的。而在融资租赁合同中，出租人通常是根据承租人对供应商和设备的选择来签订买卖合同，购买特定设备，承租人在获得设备使用权的同时，也获得了融资，因此承租人更看重租赁物的使用。例如，因承租人的原因导致合同无效，承租人在使用租赁物一段时间以后将租赁物返还给出租人，而该物对出租人价值不大，出租人明确表示不愿意接受返还，那么从保护无过错方的角度，租赁物的所有权归承租人更加合理。从充分发挥租赁物效用、提高资源的使用效率角度看，在返还租赁物可能对承租人生产经营造成较大影响的情况下，规定租赁物归承租人所有，同时对出租人进行合理补偿，显然是对各方利益都更有保障的办法。当然，融资租赁合同若由于某方当事人有过错而导致，有过错的一方应当赔偿对方因此所受到的损失，双方都有过错的，应当各自承担相应的责任。合同无效后租赁物的归属处理，不影响损害赔偿请求权的行使，仍可依法就所遭受的

---

① 高圣平、王思源：《论融资租赁交易的法律构造》，载《法律科学（西北政法大学学报）》2013 年第 1 期。

损失要求造成损失的过错方进行赔偿。

此外，在实践中，会出现某些合同虽有融资租赁之名，但无融资租赁之实。此种情况下，应当按照实际构成的法律关系处理，并根据该种法律关系去认定合同的效力，同样存在不成立、不生效、有效、无效、被撤销等多种可能。若该类合同被认定无效后，由于其并不属于融资租赁合同，则就不适用本条有关规定，而应适用其实际构成的法律关系的相关法律规定进行认定。

【关联规定】

《民法典》第 143、755 条，《最高人民法院关于审理融资租赁合同纠纷案件适用法律问题的解释》第 4 条

（撰稿人：何傲翾）

第十六章 保理合同

【导读】

保理合同是《民法典》相对于原来的《合同法》新增的四种有名合同之一。之所以在立法中新增这项有名合同，与保理在事务中的重要性越发显现是密不可分的。保理具有很强的灵活性，尤其为中小企业所青睐，已成为当今中小企业最为有效的融资手段之一。保理行业在我国更是迅猛发展，据国际保理商联合会2018年数据统计，我国保理业务量占世界保理业务总量的20.3%，位居世界首位，已经成为名符其实的、在全球保理市场中占据举足轻重地位的保理大国。对于保理合同的理解，要注意以下几个方面：

首先，应当将保理合同与“合同编”总则部分的债权让与制度作整体把握。本章的条文和债权转让相关规定虽然分别置于合同编分则和总则部分，看似相距甚远，实际上彼此之间紧密相连，已经构成了规范群。一方面，根据第769条的规定，本章对于保理合同未尽之规定，应适用“合同编”总则部分关于债权让与的相关规定。其理由在于，应收账款债权转让本身就是构成保理合同必不可少的“要素”，故而完全可以将保理合同理解为一种特殊的债权让与。另一方面，本章的部分规范，同样也可以适用于一般的债权让与。根据《民法典》第467条第1款规定，关于有名合同的相关规定可以参照适用于与其相类似的合同，而与一般的债权转让最相类似的有名合同即是保理合同。具体而言，诸如第765条有关基础合同的变更与终止的规定，第764条允许保理人向债务人进行应收账款转让通知的规定以及第763条关于虚构标的债权的规定都有充分的理由适用于更为一般的债权转让交易。不过，同时需要注意的是，我国《民法典》采取的是民商合一的立法体例，本章规范属于《民法典》中典型的商事规范，调整的主要是保理这一商事法律关系，遵从的是商法“效率优先”的逻辑，而“合同编”总则部分债权让与相关规范则以传统的民事法律关系为调整的模板。因此，在对这两套规范作整体把握、互相参照适用的时候，也有必要注意到民法和商法在内部体系层面的独立性和差异性。

其次，需要特别强调的是第768条关于多重保理下优先顺序的规定。这一条虽然是规定于合同编分则之一隅，却应当从动产担保改革的整体背景予以把握。动产担保改革的一个整体思路即是消灭隐形担保，保护第三人的信赖利益，化解“倒签”等带来的系统性风险，保障交易安全。保理合同中，有追索权的保理本身就具有担保的性质，属于应收账款债权的让与担保。无追索权的保理虽然不具有担保性质，前《民法典》时代，其权属变动也具有很强的隐蔽性，面临与动产担保类似的风险，因此也完全可以从这个角度去考虑。集中解决隐形担保问题的条款是《民法典》第414条，依据该条，所有可登记的担保在受偿顺位上都遵循着“登记在先”原则。这样一来，未经过公示的担保即便成立时间再早也无法优先获得受偿，从而使第三人在交易时不必担心存在未公示的在先权利，也使得当事人串通“倒签”担保合同失去了意义。本条允许保理合同进行登记，而且并以此为依据确定应收账款债权归属的顺位，实际上就是应收账款债权的转让和让与担保也纳入了以第414条为基点的动产担保体系。不过，需注意的是，与第414条相比，本条除了以登记为依据之外，还以债权让与通知的先后顺序作为次一级的确定应收账款债权归属优先顺位的依据，这使得本条规则在实践操作上和学理构建上都要更为复杂。尽管存在着些微差异，但本条与第414条分享着相同的价值基础，因此在解释、适用时可以互为镜鉴。

第七百六十一条　【保理合同的概念】保理合同是应收账款债权人将现有的或者将有的应收账款转让给保理人，保理人提供资金融通、应收账款管理或者催收、应收账款债务人付款担保等服务的合同。

【释义】

本条是对保理合同范畴的界定。总体来说，本条对保理合同采取的是“要素+任意一项或多项偶素”的界定模式。[①] 要素是有名合同的必备成分，偶素是通常不为合同内容，但由当事人特别以意思表示使其成为合同内容的部分。[②] 债权人所承担的向保理人转让应收账款债权的义务构成了保理合同的要素，而保理人所承担的义务则构成了保理合同的偶素，即“资金融通、应收账款管理或者催收、应收账款债务人付款担保等”义务中的一项或多项。此处对保理合同的偶

① 李宇：《保理合同立法论》，载《法学》2019年第12期。

② 张金海：《意思表示的主观要素研究》，载《中国法学》2007年第1期。

素——保理人承担义务的方式——采取的是非穷尽式列举，即在列举了数项典型义务之后，缀之以“等”字，保留了较大的开放性。我国采取民商合一的立法模式，因此《民法典》中必然会存在大量以调整商事领域法律关系为主的规范，而保理作为一项重要的商事活动，以其为调整对象的“保理合同”章在立法和解释时必然要遵循商法的逻辑。这种开放式列举的做法充分尊重了商法的演化性和变动不居的特点，殊值肯定。本条对保理合同的界定模式是对国际条约立法模式的借鉴和发展。国际统一私法协会制定的《国际保理公约》对保理合同的界定同样是采取“要素+偶素”的立法模式，只不过该公约对作为偶素的保理人的职责（function）进行了穷尽列举，而且要求至少要具备其中两项才可以被归属为保理合同。[①] 本条与之相比，更具灵活性，可以更好地适应迅猛发展的商业实践。

由于本条所采取的“要素+偶素”的界定模式，在法律适用方面，对于保理合同除了可以适用本章规定以及依据《民法典》第769条适用合同编总则部分债权让与相关规定之外，还可以根据“偶素”——保理商所负义务的性质适用相应有名合同的规范。譬如，当保理人的义务仅仅是支付价款时，依据《民法典》第647条，应当适用买卖合同的有关规定；而当保理人的义务是提供催收、管理应收账款等服务时，则应当适用委托合同相关规定。[②] 如果保理人所承担的义务并非仅有一项且均有可资适用的有名合同相关规范，则属于所谓“类型结合契约”，对不同的给付义务分别适用不同的有名合同相关规定。[③]

本条还明确了将来应收账款的转让可以作为保理合同的标的。从比较法来看，将来债权的让与已被国际公约和各国立法例所广泛认可。[④] 学理上通常认为将来债权包括存在基础法律关系的债权和不存在基础法律关系的债权两大类。其中，前者包括附条件、附期限法律行为项下的将来债权等，其往往可以归属于期待权的范畴，可让与性通常不会受到质疑。[⑤] 但对于后者而言，是否可以让与，很难一概而论。《最高人民法院关于适用〈中华人民共和国担保法〉若干问题的解释》第97条、中国人民银行制定的《应收账款质押登记办法》以及最高人民法院颁布的第52号指导案例认可了在基础设施和公用事业项目收益权的可质押

---

① 《国际保理公约》第1条第2款第2项规定，保付代理人应履行至少两项下述职责：1. 为供应商融通资金，包括贷款和预付；2. 保持与应收账款有关的账目（总账）；3. 托收应收账款；4. 防止债务人拖欠付款。

② 李宇：《保理合同立法论》，载《法学》2019年第12期。

③ 王泽鉴：《债法原理》，中国政法大学出版社2001年版，第113～114页。

④ 参见《国际保理公约》第5条，《联合国国际贸易应收款转让公约》第8条第1款，《日本民法典》（2017年新修订）第466条之6、《法国民法典》第1323条第3款等。

⑤ 崔建远：《关于债权质的思考》，载《法学杂志》2019年第7期；张谷：《论债权让与契约与债务人保护原则》，载《中外法学》2003年第1期。

性。转让和出质同样属于财产的流转方式，既然可以出质，没有理由不允许这些债权通过保理合同的方式进行转让。就这种收益权的性质而言，其通常来自政府对于某项公共产品或者服务的特许经营，虽然可以通过经验数据对这类收益权的价值进行较为精确的估算，但由于在出质或转让时，产生应收账款的基础法律关系往往尚未发生，通常债务人的身份都无法特定化，因此应当认为这类债权属于“不存在基础法律关系的债权”。然而，同样作为“不存在基础法律关系的债权”“POS 机上形成的所有应收账款及其收款权利”的可让与性则遭到了法院的否认，其原因是“如该种将来债权毫无可确定因素的，则对该种将来债权的期待亦难言合理，民事主体亦不得因此而生相应期待利益”。[①] 笔者认为，该法院这种通过“确定性”来判断将来债权可让与性的做法值得赞同。在判断一项债权是否具有“确定性”进而可以作为保理合同之标的时，不能仅仅借助涵摄手段，而需要进行价值判断。倘若对“确定性”这一标准把握过于宽松，任由完全无法确定的“将来债权”（假如我们仍能如此称呼此事物）流转进入市场，那么不仅会在让与人和受让人之间引起大量纠纷，而且由于现代金融业的发达，还可能会通过各种金融衍生品的杠杆作用，在全社会引起系统性金融风险甚至引发金融危机，从而极大地损害公共利益。[②] 反之，倘若对“确定性”把握过严，则会使大量实质上具备财产性质的将来债权被排除在市场之外，阻碍企业融资渠道，抑制经济活力。至于“确定性”具体边界的构建，尚有赖于司法实践的进一步探索、发展。

【关联规定】

《应收账款质押登记办法》第 2 条，《商业银行保理业务管理暂行办法》第 6 条

（撰稿人：刘冲）

第七百六十二条　【保理合同的内容和形式】保理合同的内容一般包括业务类型、服务范围、服务期限、基础交易合同情况、应收账款信息、保理融资款或者服务报酬及其支付方式等条款。

保理合同应当采用书面形式。

---

① 参见（2015）沪一中民六（商）终字 640 号民事判决书。

② 崔建远教授和龙俊教授对于虚假债权的出质亦有相同担忧，参见崔建远：《关于债权质的思考》，载《法学杂志》2019 年第 7 期。

【释义】

本条第 1 款是对保理合同内容的倡导性规范。所谓倡导性规范，即提倡和诱导当事人采用特定行为模式的法律规范。[①] 从本条第 1 款“一般包括”这一表述中，也可以看出立法者制定本条的目的仅仅在于对保理合同的内容进行提倡、建议，而并不是进行强制，或者像任意性规范一样在当事人未作相反约定的情况下予以适用。《民法典》的定位并非一部单纯的裁判法，其读者也绝不仅限于法官和律师，而是包括广大的非专业人士。后者在订立保理合同时，必然会在民法典中翻阅关于保理合同的相关规定，而这一条虽然没有法律效力但却可以在这个时候为广大的非专业人士提供必要的提示，降低交易中的信息不对称，有助于实现实质意义上的“法律面前人人平等”。从本条所列举的“基础交易合同情况”“应收账款信息”“业务类型”等内容来看，这些都是源于对保理业实践的考察与总结，可以对保理合同的订立者和潜在订立者起到较好的提示作用。

本条第 2 款是对保理合同形式方面的要求。依据本款，保理合同属于要式合同，须以书面形式订立，合同方能成立。[②] 采取书面形式，可以提醒当事人谨慎缔约、确保其作出决定的严肃性，此外还能起到预防纠纷、保存证据的功能。[③] 此外依据《民法典》第 490 条，尽管当事人未采用书面形式，但如果一方已经履行主要义务，而对方接受时，该合同仍然成立。

【关联规定】

《民法典》第 135、469、490 条

（撰稿人：刘冲）

第七百六十三条　【虚构应收账款】 应收账款债权人与债务人虚构应收账款作为转让标的，与保理人订立保理合同的，应收账款债务人不得以应收账款不存在为由对抗保理人，但是保理人明知虚构的除外。

---

① 王轶：《民法典的规范类型及其配置关系》，载《清华法学》2014 年第 6 期。

② 韩世远：《合同法总论》，法律出版社 2018 年版，第 85 页。

③ 王利明：《合同法研究》（第 1 卷），中国人民大学出版社 2015 年版，第 478 ~ 479 页。

【释义】

本条规定旨在保护保理人对于虚构应收账款权利外观所产生的信赖利益，维护交易安全。对于信赖利益的保护方式有积极和消极两种，本条所采取的是后者。所谓积极的信赖保护，是指在因存在权利外观而导致相对人合理信赖的情形中，既存的权利外观就必须被承认，并使得一方承担如同外观实际存在时其所应当承担的责任，即使该行为并非其基于意思而作出。[①] 从比较法来看，对本条所规定的情况，大多数立法例也是通过这种“积极”的方式对受让人的信赖利益进行保护，不过在体系安排上存在一定差异。《奥地利普通民法典》《日本民法典》和我国台湾地区“民法”概括地规定了“通谋虚伪不得对抗善意第三人”，这一规则当然可以适用债权人和债务人虚构债权进行让与的情形，因此无须另行规定；而《德国民法典》在规定通谋虚伪行为无效的同时并没有附以“不得对抗善意第三人”之限制，因此有必要在第405条对于因债务人出示债务证书而使得原债权人所转让之债权获得权利外观的情形进行专门规定。[②] 我国《民法典》第146条在规定通谋虚伪行为无效的同时，对于无效的法律效果同样没有做出“不得对抗善意第三人”的限制。因此，通过本条来实现对保理人的信赖利益和交易安全的保护，实属必要。此外，本条虽然规定于“合同编”分则部分之一隅，但其背后的“信赖保护”原则却具有普适性，因此，法院在处理其他通谋虚伪行为涉及第三人的案件时，还可以将本条作为类推适用的依据，以实现在更广的范围内对第三人信赖利益和交易安全的保护。

本条所规定的积极信赖保护构成要件有三：（1）应收账款债权人与债务人虚构应收账款作为转让标的；（2）债权人就其虚构的应收账款债权与保理人订立保理合同；（3）保理人并非明知虚构。疑难与有争议者主要在于第1项和第3项，下文将分别详细阐释。

依第1项构成要件，“虚构应收账款债权”应当是“债权人”和“债务人”的共同行为，倘若“债权人”通过伪造“债务人”公司印章等方式独自虚构应收账款债权，而“债务人”并不知情也未参与，[③] 则本条无适用之余地。《德国民

---

① 朱虎：《表见代理中的被代理人可归责性》，载《法学研究》2017年第2期。

② 《德国民法典》第405条规定：“债务人已出具关于债务的证书，且债权系在出示该证书的情况下让与的，债务人不得对新债权人援用债务关系的结成或承认只是虚伪地为之这一情况，或援用债权让与被原债权人约定所排除这一情况，但新债权人在让与时知道或应当知道该事实的除外。”陈卫佐译：《德国民法典》，法律出版社2010年版，第142页。

③ 司法实践中亦不乏此类案例，参见（2016）鄂0981民初596号民事判决书。

法典》第405条亦强调“债务人”“出具债务证书”的行为是其适用之前提，同样要求“债务人”的积极参与。这样规定的理由有两点。首先，从“债务人”的角度来说，倘若不将“债务人”的参与作为使其承担权利外观责任的前提，则“债务人”很可能在完全不知情的情况下仅仅由于“债权人”虚构债权并转让的行为承担向保理人支付价款的义务——这固然很好地保护了保理人的利益，但无疑使“债务人”陷入了“他治”的处境，对其过于不公平。其次，从保理人的角度来说，由于债权通常无占有、登记等公示要件，更具有隐蔽性，也更容易伪造，因此如果仅有“债权人”单方面提供的合同书等资料，通常难以构成“权利外观”，保理人对其产生的信赖也难谓“合理”，不值得以牺牲“债务人”之利益为代价对其进行保护。就证明责任分配而言，在“债务人”主张所谓“应收账款债权”系“债权人”虚构的情况下，依据本条向“债务人”主张权利的保理人须证明“被转让的应收账款是‘债权人’与‘债务人’共同虚构的”。这样一来，在实践中，对保理人最有利的做法就是在受让应收账款之前先向“债务人”核实——倘若收到肯定的答复，则在未来“债务人”以“应收账款债权为虚构债权”为由提出抗辩时，保理人自然不必担心“因无法履行证明责任而不能适用本条规定”。因此，从这个角度来说，“应收账款债权人与债务人虚构应收账款作为转让标的”这一要件实际上内在地包含了对保理人“调查义务”的要求。[①] 当然，这并不意味着，在无法证明“债务人”参与虚构应收账款债权的情况下，保理人的利益就完全得不到保护。保理人可以主张欺诈进而撤销保理合同并获得信赖利益赔偿，或是直接向“债权人”主张违约损害赔偿。

第3项构成要件“保理人并非明知虚构”引发了一定的争议。有学者认为“该条但书仅限于保理人‘明知’虚构不包括保理人‘应知’的情形意味着保理人无须经必要调查核实即可‘认假为真’”。[②] 笔者不认可这种批评。首先，从“债务人”角度来说，本条之所以要求“债务人”承担权利外观责任，并非仅仅出于保护保理人信赖利益和交易安全之目的，也包含了对“债务人”自由意志的尊重，是“意思自治”原则的具体体现。私法中所谓“意思自治”，不仅包括“自我决定”，还包括“自我负责”。既然“债务人”自愿与“债权人”合谋虚构应收账款债权，那么我们应当认为该“债务人”已经预计到未来承担权利外观责任的可能性并愿意为此风险负责。其次，如果按照批评者所说，把“明知”改为“明知或应知”，由保理人承担一定的调查核实义务，则对保理人来说过于不公

① 《商业银行保理业务管理暂行办法》第15条也从行业监管角度要求保理人对应收账款的真实性进行审核。

② 李宇：《保理合同立法论》，载《法学》2019年第12期。

平。通过调查核实义务的分配，“债务人”本应自我负责的一部分成本和风险就转嫁给了无辜的保理人，这有违私法自治的精神。况且，“应知”的标准本身就十分模糊，有较大的自由裁量空间，这更加大了保理人的风险。可能有论者会提出，在适用善意取得和表见代理等典型权利外观责任时，均要求排除相对人“应知”的情形，为何本条不遵循此逻辑？其理由在于，在善意取得和表见代理中，最终承担责任者（物的所有人、被代理人）对于权利外观之形成，均非持“刻意追求”之心态，更多的是出于过失甚至仅仅是风险归责。法律要平衡相对人和最终承担责任者之间的利益关系，不可对相对人过分保护，故而有必要对相对人提出一定的调查核实义务的要求。在本条之情形下，权利外观本身就是“债务人”主动制造、刻意追求的，法律自然不需要予以保护。再次，尽管本条仅在“明知”的情形下排除对保理人信赖利益的保护，但是否构成“明知”，并非仅凭保理人一面之词就可以确定。换句话说，“明知”虽然是对保理人主观心态的描述，但仍然要以客观的标准进行判断。比如，如果有证据表明在保理合同订立之前“债务人”或“债权人”曾发邮件告知过保理人虚构债权的事实，即便保理人对“明知”予以否认，仍可以构成“明知”。最后，保理人也并非完全“无须经必要调查核实即可‘认假为真’”。前文已经讨论过，由于债务人要承担证明“被转让的应收账款由‘债权人’与‘债务人’共同虚构”的举证责任，故而从法律实际运行的角度来看，保理人实质上承担了一定的“调查义务”——倘若保理人在受让债权时未向债务人核实，则在将来很难对“债权人与债务人共同虚构应收账款债权”进行证明。

最后，就本条的法律效果而言，一方面，“债务人”不得以应收账款不存在为由对抗保理人，而是应当按照其与“债权人”所虚构契约之内容向保理人履行债务；但另一方面，本条的适用并不意味着“债务人”不得对保理人提出任何抗辩，“债务人”仍得以援引《民法典》第548条向保理人主张抗辩。

【关联规定】

《民法典》第146、548条

（撰稿人：刘冲）

第七百六十四条　【应收账款转让通知】保理人向应收账款债务人发出应收账款转让通知的，应当表明保理人身份并附有必要凭证。

【释义】

本条是对保理合同项下应收账款债权转让通知主体范围的规定。关于债权让与通知主体的范围，素来便存在争议。《合同法》第 80 条第 1 款规定：“债权人转让权利的，应当通知债务人。未经通知，该转让对债务人不发生效力。”从文义来看，《合同法》第 80 条第 1 款所规定的债权转让通知的主体似乎仅限于债权人，并未包括受让人。有学者指出，之所以如此规定，是因为受让人与债务人可能相互不熟悉，会给债务人造成审核负担。[①] 也有学者认为，此种限定过于狭隘，构成法律漏洞，可以通过目的性扩张进行填补，允许受让人也作为让与通知的主体，从而有利于灵活解决实践中的问题，但从保护债务人履行安全的角度考虑，受让人为让与通知时，必须提出取得债权的证据。[②] 就《民法典》而言，其合同编通则部分虽然一字不动地吸收了《合同法》第 80 条第 1 款，但又通过本条为受让人进行通知的情形开了方便之门。

从司法实践来看，扩大债权让与通知主体的范围，允许受让人对债务人进行通知，确有其必要。诚如有的学者指出，“通常债权人让与权利后，一般不再关心此事”。[③] 因此，倘若不将主体扩充至受让人，转让应收账款的债权人往往怠于通知，致使受让人难以向债务人主张其所受让之债权。司法实践中，当债权人迟迟不对债务人进行通知时，法院通常也认可受让人对债务人所作通知的效力，认为“不宜将通知的主体限定为转让人，以防止转让人怠于履行通知义务，故意损害受让人的利益”。[④]

扩大债权让与通知主体的范围亦是国际立法“大势所趋”。国际公约、国际示范法多采此方案。依《联合国国际贸易应收款转让公约》第 17 条第 7 款之规定，受让人可以向债务人通知，但须“在合理期间内提供充分的证据，证明发生在原让与人和原受让人之间的转让以及任何中间过渡性的转让”。《欧洲示范民法典草案》第 3 -5：120 条第 3 款、《国际商事合同通则》第 9. 1. 12 条采取与《联合国国际贸易应收款转让公约》相同的立场，均允许受让人向债务人通知，但需要提供转让已发生的“充分证据”。在欧洲各国的法律体系中，除了法国严格地将“债权人通知”作为债权让与对债务人生效之要件，其他立法例大都认为，在

---

① 李永军：《合同法》，法律出版社 2004 年版，第 430 页。

② 崔建远主编：《合同法》（第 6 版），法律出版社 2016 年版，第 178 页。

③ 徐涤宇：《〈合同法〉第 80 条（债权让与通知）评注》，载《法学家》2019 年第 1 期。

④ 参见（2017）苏 06 民终 2279 号判决书。

债务人知悉了转让的情况下（即便不是通过“债权人通知”的方式），其有权向受让人履行，而不能再向债权人履行。[①]

从字面上看，本条似乎将通知主体局限为保理人，而并未认可其他受让人对债务人所作通知的效力。作为商人的保理人固然常会遇到债权人怠于通知之窘境，但这一情况并非保理行业所特有，而是所有的债权受让人都可能面对的问题。自然人受让债权时，由于其交易经验不足等，反而更容易因债权人怠于通知而受损。法律至少应当对身为保理人的受让人与其他受让人同等保护，断无厚此薄彼之理。如果只允许保理人通知而不允许其他受让人通知，则无疑有违平等原则，造成评价矛盾。因此，对于本条的适用范围应当采取扩张解释，允许其他受让人对债务人进行通知。在解释论上，可以《民法典》第 467 条为规范基础。该条第 1 款规定：“本法或者其他法律没有明文规定的合同，适用本编通则的规定，并可以参照适用本编或者其他法律最相类似合同的规定。”债权之让与本就是构成保理合同的“要素”，而如前所述，赋予保理人之外的其他债权受让人向债务人进行通知的权利又具妥当性，因此可以依据《民法典》第 467 条而类推适用本条规定，允许非属保理人的受让人向债务人作出债权让与通知。

本条适用的难点在于如何认定所谓的“必要凭证”。与债权人通知有所不同，受让人（保理人）在向债务人进行通知时，必须出具“必要凭证”以证明其身份。“必要凭证”规则的设置，是为了避免债务人因收到虚假通知而错误地向并未受领债权的第三人进行清偿。从比较法来看，在允许受让人进行通知的立法例中，大多数立法例均要求进行通知的受让人对其地位进行证明。这些立法例又可区分为两大类型：第一类为“美国模式”，以《美国统一商法典》第 9－406 条为典型，对具体应提供何种凭据未作直接规定，只是要求提供“必要凭据”；第二类为“德国模式”，以《德国民法典》第 409 条为代表，仅当受让人向债务人出示“让与证书”[②] 时，才发生与债权人通知相同的效力。这两种模式各有利弊。相较而言，在“美国模式”下，法官具有更大的裁量空间，可以综合考量让与人所提供各项资料的具体情况，以判断债务人所产生的信赖是否合理，因而更加具有灵活性，对让与人来说更加有利。但同时，这种模式无疑也增加了债务人的审核成本和错误清偿的风险——由债务人承担债权人和受让人交易所带来的成本，

---

① 克里斯蒂安·冯·巴尔、埃里克·克莱夫主编：《欧洲私法的原则、定义与示范规则：欧洲示范民法典草案（全译本）》，高圣平等译，法律出版社 2014 年版，第 934 页。

② 《德国民法典》第 403 条对“让与证书”进行了规定：“原债权人必须根据请求向新债权人出具公证认证的让与证书。费用必须由新债权人负担和预付。”《德国民法典》，陈卫佐译，法律出版社 2010 年版，第 142 页。

对其过于不公平。而“德国模式”与“美国模式”恰好相反，其将证明债权让与的凭证限制为“让与证书”的做法，固然可以极大地降低债务人的审查成本和错误清偿的风险，但由于受让人可以出示的凭证的范围过于狭隘，当债权人拒绝配合办理“让与证书”或者债权人“失联”时，受让人仍然难以向债务人进行通知从而获得清偿，因此受让人的利益又会受损。

以上两种模式既各有可取之处，又都有所不足。因此，或许可以考虑对上述两种模式进行“折中”，以期降低交易成本，平衡债务人与受让人之间的利益关系。具体而言，可以在“德国模式”的基础上，增加可以用来证明债权让与的凭证的数量。这类凭证应当具有一个特点：债务人仅需要进行形式审查就可以合理地相信债权转让已经发生且通知主体即受让人——否则，债务人仍然面临较高的审查成本和错误清偿风险。债权让与公证书具有伪造风险大、可信度高的特点，可以满足上述要求。[①] 除此之外，其内容可以确认债权之归属的法院判决书、仲裁裁决书也可以构成“必要凭证”。至于应收账款债权转让的登记公示信息，虽然《民法典》第 768 条认可了登记对抗其他保理人的效力，但目前来看并不宜认为其构成“必要凭证”。原因在于，目前对应收账款债权的登记所采取的是声明登记制，不要求在登记中上传基础交易文件，登记机关也不会对保理合同的真实性进行审核，所需要登记的只是一则记载了必要的基本信息的声明，以提醒查询者注意被声明的债权可能（而非一定）已经归属于该保理人。[②] 从目前实践中的登记流程来看，虽然《应收账款质押登记办法》第 8 条明确要求质权人办理登记时应与出质人就登记内容达成一致，但登记过程中并没有确保这一条得以贯彻的机制。事实上，在债权转让登记互联网系统中，只需要掌握债权人的身份信息以及可以特定化相应标的债权的信息，就可以对该债权进行有效登记。因此，声明登记制下的债权转让登记只是确认优先受偿顺序的依据，对于债权转让本身是否真实发生并不能起到证明效果，仅提供该登记信息并不能构成“必要凭证”。

目前本条所采取的是“美国模式”。笔者认为，不妨按这一模式先实施一段时间，以积累足够的实践经验，观察究竟哪些材料作为“必要凭证”可以既不增加债务人的审核负担，又能方便保理人进行通知。在此基础上，未来可以考虑在相关司法解释中，通过“封闭式列举”对“必要凭证”的范围作出明确规定，这样就可以在保证受让人进行通知的前提下，避免债务人承担过重的审查义务和风险。

最后，本条仅仅是关于通知主体范围的规定，属于不完全法条，关于通知的

---

① 李宇：《保理合同立法论》，载《法学》2019 年第 12 期。

② 高圣平：《统一动产融资登记公示制度的建构》，载《环球法律评论》2017 年第 6 期。

法律效果，还要结合《民法典》第546、765条以及第768条进行确定。

【关联规定】

《合同法》第80条，《民法典》第546、765、768条

（撰稿人：刘冲）

第七百六十五条　【基础合同的变更与终止】 应收账款债务人接到应收账款转让通知后，应收账款债权人与债务人无正当理由协商变更或者终止基础交易合同，对保理人产生不利影响的，对保理人不发生效力。

【释义】

本条规定旨在协调保理人和债务人之间的利益冲突。就保理人利益而言，倘若债务人可以和债权人任意协商变更基础合同，且足以对受让债权的保理人发生效力，则无疑是将保理人之利益置于债务人和债权人的意思之下，有违私法自治原则。就债务人利益而言，在商业实践中，合同双方当事人根据其经营策略，通过协商对合同内容进行调整，是很正常的现象，如果完全不允许协商就变更或终止基础合同，那么对债务人来说，其法律地位无疑将因债权人和保理人之间的债权让与行为而发生恶化，处于“他治”的境地，有失公平。须注意的是，本条的目的并不包含对债权人利益的保护。其理由在于，债权之转让乃债权人自愿所为的行为，其自然会将“未来协商变更或终止基础交易合同会受到限制”这一问题纳入债权让与的计算考量，因此不像债务人一般处于“他治”境地。而且，债权人本身即对所让与之债权具有担保责任，即便由于“正当理由”的存在，对基础交易合同的协商变更和终止可以对抗保理人，在不存在免责事由的情况下，保理人仍然可以依据《民法典》第582条请求债权人承担违约责任。

基于上述利益冲突，本条规定一方面限制应收账款债权人和债务人对基础合同的变动，以保护保理人的利益和抽象的交易安全，另一方面通过“正当理由”这种需要进行价值填补的概念为债权人和债务人协商变更、终止基础合同开了方便之门。具体而言，本条有以下两个方面需要把握。其一，从时间上来看，本条所限制的是应收账款债务人接到应收账款转让通知之后对基础交易合同的协商变

更和终止。对此应作反面解释——在应收账款债务人接到应收账款转让通知之前，债务人与债权人协商变更或者终止基础交易合同的行为原则上不受限制。这也是《民法典》第546条的题中应有之义——既然债权让与对未收到通知的债务人来说不发生效力，那么基于保理人的利益限制债务人与债权人协商变更基础合同之自由自然更无从谈起。其二，本条所限制的仅仅是债务人与债权人协商变更、终止基础交易合同的情形，债务人基于法定或约定的权利单方面对基础交易合同的内容进行变更或解除合同的，不在此限。譬如，当应收账款的债权人履行合同规定的对待给付不符合约定时，依《民法典》第582条债务人享有减价权，[①]在收到债权让与通知之后，该减价权仍可以向保理人主张。

本条的疑难之处是对于是否构成“正当理由”的判断——由于这一概念过于抽象，在司法实践中往往极难把握。从比较法来看，其他立法例也采取了类似的做法，通过设置具有较大弹性的抽象概念，将具体判断标准的构建留给司法实践和学说。《联合国国际贸易中应收款转让公约》采取的是“通情达理的受让人”这一标准，即当“通情达理的受让人会同意此种修改”时，债权人与债务人对基础交易合同的协议变更对受让人不发生效力。然而究竟如何行事才属于“通情达理”？这无疑有很强的主观色彩，恐怕每个人的判断标准都不尽一致。相比之下，美国法所采取的标准虽然同样十分抽象，但相对更为客观——若要对受让人生效，须同时满足两项要件：一为“善意”，二为“符合合理的商业标准”。[②] 在司法实践中，我国法院亦进行了一定的探索。有法院认为：“……但如基础合同的变更不会从根本上影响保理合同目的的实现，保理商因基础合同修改所受损失有向债权人的求偿权，该变更亦不属于债权人与债务人恶意串通损害保理商利益的情况，则该变更可对抗保理商。”[③] 依据该法院观点，基础合同的协商变更对抗保理人需要两个条件：其一，在主观方面，“该变更亦不属于债权人与债务人恶意串通”，这一点与美国法中对“善意”的要求较为接近；其二，在客观方面，不影响保理合同目的的实现。

“正当理由”这一标准在司法实践中的适用，实际上是对保理人和债务人之间相互冲突的法益进行权衡的过程——如果在某一具体场景下对债务人法益之保护优于对保理人法益之保护，则构成“正当理由”，反之亦然。如前文所述，这两项冲突的法益皆以私法自治原则作为基础，彼此之间并不具有优先性，倘若不

---

① 通说认为，减价权是一种形成权，具有单方面变更合同内容的效力，参见韩世远：《合同法总论》，法律出版社2018年版，第849~852页。

② E. 艾伦·范斯沃斯：《美国合同法》，葛云松、丁春艳译，中国政法大学出版社2004年版，第723页。

③ 参见（2017）鄂民终3301号民事判决书。

结合具体场景，仅仅是空泛而谈，根本无法确定具体哪项利益更加值得保护。既然“正当理由”这一标准的具体化所涉及的是原则之间的冲突，则在具体案件中可以通过比例原则对其进行考察。[①] 比例原则项下又包括合目的性原则、必要性原则和狭义的比例原则。合目的性原则要求为干预基本权利所采取的手段必须适合于目的之达成；必要性原则要求在数个可供实现目的之手段的选择上，必须采用对基本权利干预最轻的手段；狭义的比例原则对基本权利的干预与其所追求的目的之间必须相称，二者在效果上不能不成比例。[②] 对于“正当理由”，须从上述三项原则进行考虑。首先，就合目的性原则而言，如果债权人和债务人对基础合同的变更与保理人的利益无涉，则限制债权人和债务人意思自由之手段无助于目的之实现，这种限制就不具备正当性。譬如，倘若变更内容仅涉及债权人的对待给付义务，则没有理由不允许债权人和债务人协商进行这种变更。其次，根据必要性原则，要考虑债权人和债务人对基础交易合同的变更或终止是否超出必要限度。譬如，债务人可能因为一时性的资金紧张而向债权人请求宽限一定时间，债权人也可能基于双方长期合作关系等方面的考虑予以同意，但是考虑到保理人的利益，对于所宽限的期限应予以限制——如果债务人一个月即足以筹足资金，而债权人直接给予了半年的宽限期，则无疑违背了必要性原则，难以构成“正当理由”。最后，按照狭义比例原则的要求，除了要在个案中对双方利益进行具体的权衡比较之外，还应当对债权人和债务人协商变更或终止基础合同采取更宽容的态度。因为即便协商变更或终止基础合同的行为对保理人有效，其仍然可以向债权人请求赔偿，所以承认协议变更或终止基础合同对保理人的效力给保理人利益造成的损害通常要小于否认协议变更或终止基础合同对保理人的效力给债务人造成的损害。而保理人和债务人利益的价值基础均是私法自治，就抽象权重而言，二者并无差异。因此，应当倾斜保护通常情况下受损害更严重的债务人的利益。

就本条适用范围而言，不应局限于保理合同，一般的债权让与和应收账款质押也同样应当适用本条。

【关联规定】

《民法典》第546、582条

（撰稿人：刘冲）

---

① 阿列克西：《法：作为理性的制度化》，雷磊编译，中国法制出版社2012年版，第136～138页。

② 郑晓剑：《比例原则在民法上的适用及展开》，载《中国法学》2016年第2期。

第七百六十六条 【有追索权保理】当事人约定有追索权保理的，保理人可以向应收账款债权人主张返还保理融资款本息或者回购应收账款债权，也可以向应收账款债务人主张应收账款债权。保理人向应收账款债务人主张应收账款债权，在扣除保理融资款本息和相关费用后有剩余的，剩余部分应当返还给应收账款债权人。

【释义】

“有追索权保理”和“无追索权保理”是《民法典》对保理合同划分的两种类型，本条是关于前者的规定。

本条所规定的有追索权保理的本质是一种债权让与担保。[①] 所谓债权让与担保，是指债务人或者第三人为担保债务人之债务，将作为担保标的物的债权转让给担保权人，而使担保权人在不超过担保目的的范围内取得该债权的财产权，并于债务受清偿后，将该债权返还于债务人或者第三人，而在债务不履行时，担保权人有权就该债权优先受偿的担保制度。[②]《全国法院民商事审判工作会议纪要》将让与担保视作一种非典型担保，并认可了其效力。此外，基于《民法典》第768条，保理合同可以通过登记进行公示，因此本质上作为债权让与担保的有追索权保理又在一定程度上避免了让与担保隐蔽性所造成的种种风险。[③]

之所以说有追索权保理的实质是一种债权让与担保，是因为在这种保理模式下，保理人虽然受让了标的债权，但标的债权的风险和利益并未完全随之转移至保理人：在风险方面，债权人仍然承担着债务人无力清偿的风险——保理人可以在债权人和债务人二者之间选择受偿；在利益方面，保理人所获得的只是就标的债权优先受偿的利益——依本条规定，保理人从债务人处获得清偿之后，应将扣除保理融资款本息和相关费用后的剩余部分返还给债权人。可以看出，保理人并未获得完整的债权（风险、收益均未完全转移），只是在债权价值范围内获得了优先受偿权。另外，从本条中“扣除保理融资款本息”这一表述，也可以看出，所谓应收账款债权转让的对价，实质上是保理人给债权人的借款。司法实践中，法院也普遍把有追索权的保理合同看作借款合同和债权让与担保的结合。

本条适用的难点在于，既然有追索权的保理本质上是一种债权让与担保，那

① 李宇：《保理合同立法论》，载《法学》2019年第12期。

② 谢在全：《民法物权论》下册，中国政法大学出版社2011年版，第1100页。

③ 龙俊：《民法典物权编中让与担保制度的进路》，载《法学》2019年第1期。

么是否仍然受禁止流质流押条款的限制？笔者认为，有追索权的保理依然要受到流质流押禁止规定的限制。需要承认的是，无论是禁止还是实质性地放开流质流押，都各有利弊，纯粹是一项价值判断问题。[①] 而基于评价法学的立场，在解释具体法条时，应当探寻法秩序本身的价值判断，并将这种判断“移植”到所讨论的问题上来。依据《民法典》第 428 条，应收账款质押要受到流质禁止条款的限制。而有追索权的保理作为一项担保安排，与应收账款质押之间利益结构十分相近，所区别之处无非前者为登记对抗而后者是登记生效。流质流押禁止条款的目的在于平衡担保权人与担保人之间的利益关系，避免担保权人利用其优势地位提前约定担保物的归属，从而获得超额利益，引发极度不公平的结果；[②] 而有追索权的保理与应收账款质押之间的差异所涉及的则是担保权人之间的利益关系，即担保权的取得和优先顺位。因此，这项差异的存在并不能成为否定有追索权的保理类推适用流质流押禁止条款的理由。反过来，如果有追索权的保理不受到流质流押禁止规定的限制，一方面会造成“同等情形不同处理”，有违平等原则；另一方面会使流质流押条款成为具文——既然有追索权的保理和应收账款质押实质差异不大，担保权人自然可以通过选择前者而逃避流质流押禁止条款的规制。《全国法院民商事审判工作会议纪要》第 71 条持同样观点，即认为让与担保应受到流质流押禁止条款的限制。此外，本条第 2 句也是流质流押禁止的具体体现，属于强制性规范，如果保理关系双方选择有追索权保理这种模式，则不能通过约定将该句排除适用。

【关联规定】

《民法典》第 428、767 条，《全国法院民商事审判工作会议纪要》第 71 条

（撰稿人：刘冲）

第七百六十七条　【无追索权的保理】 当事人约定无追索权保理的，保理人应当向应收账款债务人主张应收账款债权，保理人取得超过保理融资款本息和相关费用的部分，无需向应收账款债权人返还。

---

① 龙俊：《民法典物权编中让与担保制度的进路》，载《法学》2019 年第 1 期。

② 龙俊：《民法典物权编中让与担保制度的进路》，载《法学》2019 年第 1 期。

【释义】

本条是对无追索权的保理的规定。无追索权保理的性质属于应收账款债权的买卖，其与有追索权保理的核心区别在于，在无追索权保理关系中，应收账款债权的完整利益（而非仅仅是优先受偿之利益）和清偿风险（债务人无力清偿应收账款债权之风险）已完全从债权人处转移至保理人。

需要注意的是，所谓的“无追索权”，并不是说在任何情况下保理人都无法向债权人追偿，而是仅指在债务人无力清偿时保理人不得向债权人追偿，而当保理人所受让的债权因债务人提出抗辩或基于《民法典》第549条主张抵销权而无法实现时，除保理合同对上述风险另有安排外，保理人仍然可以向债权人追偿。其理由在于，与物的瑕疵担保类似，债权人对所转让债权的“质量”也负有担保义务。不过，与物的瑕疵担保略有不同的是，债权人不仅要担保转让之前的应收账款债权“质量”（债务人无抗辩事由或抵销权），还要担保转让之后的“质量”。对前者的担保，是为了解决信息不对称问题：出卖人对所出卖之标的债权或标的物相较于买受人而言有巨大的信息优势，如保理人很难知道基础合同订立时债权人是否对债务人进行了欺诈。这种信息不对称问题同时存在于权利的买卖和有体物的买卖中，因此在对转让（交付）之前的“质量”担保方面，二者并无不同。而对后者的担保，则是为了解决道德风险问题：如果不进行规制，债权人很有可能在债权转让之后做出损害保理人利益的行为，如不履行其对债务人负担的对待给付义务或者履行该义务不符合约定，致使保理人所受让债权难以实现或难以完整地实现。有体物在交付之后，出卖人就失去了对所出卖之物的影响力，故而不存在道德风险问题，这就是债权人所承担的担保义务不同于买卖合同中出卖人的原因所在。从国际立法趋势来看，《联合国国际贸易中应收款转让公约》第12条第1款和《欧洲示范民法典草案》第3-5：112条第2款都明确规定了债权人对所转让债权“质量”——债务人无抗辩或抵销权——的担保，且前者明确规定债权人的担保不仅限于“现在”，也包括对债务人“将来”无任何抗辩和抵销权的担保。不过，也并非在所有债务人主张抗辩的情况下，保理人都可以向债权人追偿。当抗辩事由产生于保理人受让应收账款债权之后且不能归责于债权人时，保理人不得向债权人追偿。譬如，因保理人怠于行使债权以至于诉讼时效届满，或保理人受让应收账款债权之后基础合同因不可抗力而解除。后一例子实际上是风险负担规则在保理合同中的适用。总之，合同的实质是当事人进行风险分配的工具，保理合同也不例外，从上述分析也可以看出，不同场景下追索权的有无取决于相应风险是否被分配给了债权人。

此外，还值得关注的是，本条的适用前提是“当事人约定无追索权保理的”，而前条也要求“当事人约定有追索权保理”才得以适用，那么在当事人对保理人有无追索权未作约定时，应该适用什么规定呢？从体系上来说，《民法典》对保理合同类型采取的是二分法式的规定，并不存在中间选项，因此即便未作明确约定，当事人之间的法律关系也必然要么属于有追索权保理，要么属于无追索权保理。至于具体适用哪一条规定，应当由法院依据《民法典》第 142 条，结合相关条款、行为的性质和目的、习惯以及诚信原则，确定当事人的真实意思；如果仍然难以判断是否为有追索权的保理，则可以按照商事惯例予以确定。保理属于典型的商事行为，在商业实践中十分灵活且复杂多变。本条没有设定无特约时的任意性规范（默认规范），而是赋予法官以裁量权，由法官根据当事人的真实意思和商事惯例进行确定，避免了相对稳定的《民法典》成为限制充满活力、日新月异的保理行业发展的樊篱，体现了“民商合一”体例下的《民法典》对商法实质独立性的尊重，值得肯定。

【关联规定】

《民法典》第 549、766 条

（撰稿人：刘冲）

第七百六十八条　【多重保理下的优先顺序】 应收账款债权人就同一应收账款订立多个保理合同，致使多个保理人主张权利的，已经登记的先于未登记的取得应收账款；均已经登记的，按照登记时间的先后顺序取得应收账款；均未登记的，由最先到达应收账款债务人的转让通知中载明的保理人取得应收账款；既未登记也未通知的，按照保理融资款或者服务报酬的比例取得应收账款。

【释义】

本条是关于多重保理情形下优先顺位规则的规定。本条所解决的仅仅是应收账款债权利益究竟应当归属于哪一保理人，与保理合同项下的债权转让对债务人是否生效无关，后者仍以是否存在有效的通知为判断标准。多重保理的实质是债权的多重让与，指债权人将同一债权分别让与不同主体的情形。在这种情形下，最重要的是确定不同受让人之间的优先顺位。就此而言，主要有三种不同的立法例：[①]（1）让与主义，即数受让人之间先受让者优先于后受让者，债权让与无须公示，自动发生对抗第三人效力。德国、我国台湾地区主流学说和判例持此立场；（2）通知主义，指以是否对债务人进行通知和通知时间之先后为标准判定受让人之间的优先顺位，数个受让人之间，已通知债务人者权利优先于未通知者，先通知者权利优先于后通知者。持此立场的立法例包括《法国民法典》第1690条、《日本民法典》第364、467条；（3）登记主义，指以登记之有无、先后判定受让人的优先顺位，数个受让人之间已登记让与信息者优先于未登记者，先登记者优先于后登记者。《美国统一商法典》为登记主义的典型立法例。我国《合同法》第80条（现《民法典》第546条）虽然已明确未经通知，该转让对债务人不发生效力，但对于"债权让与对债务人之外第三人的效力"却付之阙如。就这一问题而言，我国学界主流观点支持"让与主义"，[②] 少数学者持"通知主义"。[③]除此之外，也有学者从立法论的角度呼吁实施"登记主义"。[④]

由于债权具有隐蔽性，倘若完全不经过任何公示措施即可具有对抗第三人的效力，则保理人在受让债权时，既无法确保不存在在先的保理人（受让人），也无法防止此后债权人与他人恶意串通"倒签"合同以导致受让的债权根本无法实现，从而对交易安全造成极大的损害。事实上，为了避免这一问题，在《民法典》颁布实施之前，就存在"签订保理合同的同时办理应收账款质押登记"的商业实践，[⑤] 以期达到公示效果。基于此，本条排斥了缺乏公示手段的让与主义。而通知主义虽然具备一定的公示作用，但也有许多问题：首先，通知主义之下，仍然存在债务人、债权人和第三人串通合谋进而"倒签"让与合同的风险；[⑥] 其次，第三人向债务人询问是否存在在先的债权让与时，债务人并无法定的告知义

① 李宇：《债权让与的优先顺序与公示制度》，载《法学研究》2012年第5期。

② 崔建远主编：《合同法》（第5版），法律出版社2010年版，第225～227页；韩世远：《合同法总论》（第4版），法律出版社2018年版，第619页；王利明：《合同法研究》（第2卷），中国人民大学出版社2015年版，第214～215页；徐涤宇：《〈合同法〉第80条（债权让与通知）评注》，载《法学家》2019年第1期。

③ 持"通知主义"立场的学者又分两派。部分学者持"通知生效主义"，认为合同生效时并不发生债权转移，"通知"才是债权让与的生效要件，参见申建平：《对债权让与通知传统理论的反思》，载《求是学刊》2009年第4期；尹飞：《论债权让与中债权转移的依据》，载《法学家》2015年第4期；也有学者持"通知对抗主义"，将让与通知作为对抗要件而非生效要件，参见李永锋、李昊：《债权让与中的优先规则与债务人保护》，载《法学研究》2007年第1期。

④ 李宇：《债权让与的优先顺序与公示制度》，载《法学研究》2012年第5期。

⑤ 参见（2018）鲁11民终2216号判决书。

⑥ 李永锋、李昊：《债权让与中的优先规则与债务人保护》，载《法学研究》2007年第1期。

务，因此第三人并非总是可以从债务人处获得公示信息；[①] 最后，倘若债权人怠于通知，保理人进行通知时还需要提供债权让与公证书等材料，平添交易成本。相较之下，对登记主义而言，只要在最初的时候投入一定成本建立一套完善的登记系统，则上述问题均可避免。基于此，本条采取了“登记为主，通知为辅”的规范模式——在存在登记的情况下，以登记时间之先后确定优先顺序；在不存在登记的情况下，以通知时间之先后确定优先顺序；只有既不存在登记也不存在通知时，才按比例清偿。不过，这并不意味着“让与主义”在债权让与中不复存在——就债权人与保理人之间的权利变动本身而言，并不需要公示，采取的仍然是“让与主义”；登记和通知作为公示手段，仅仅在涉及第三人的时候才有意义。

从文本来看，本条既未涉及同一应收账款的保理人与质权人之间的顺位关系，也未涉及登记和通知相对其他第三人的对抗效力，因此有学者批评本条为“不完整的对第三人效力规则”。[②] 立法未对上述两个问题进行澄清，确实十分遗憾，但是事实上，这并非不能通过解释予以解决。下文将分别就这两个问题进行讨论。

从比较法来看，对于应收账款债权的让与和质押，《美国统一商法典》并未作出区分，而是进行了统一规定。根据该法第 1－201 条（b）款（35）项，担保权益（security interest）这一概念有着十分宽泛的外延，应收账款债权的让与和质押均涵摄于其下。而该法第 9－322 条（a）款是对所有担保权益（security interest）优先顺位的统一规定，因此并未区别应收账款债权的让与和质押。也就是说，根据《美国统一商法典》，当应收账款债权让与和质押竞存时，仍然是登记在先权利可以优先受偿。我国《民法典》将应收账款债权的让与和质押分别置于合同编和物权编，并分别采纳“登记对抗”和“登记生效”的权利变动模式——这看起来与《美国统一商法典》统一进行规范的体例并不相同。然而，这两者的登记机关均是中国人民银行征信中心，其登记系统也是同一个系统——动产融资统一登记公示系统，而且所采取的登记模式都是无实质性审核的“声明登记制”，基于此，质押登记和让与登记的效力不应当有高低之分。也就是说，当应收账款债权让与和质押竞存时，仍然是以登记时间的先后确定取得应收账款债权的优先顺位。另外，由于“通知”的公示效果远远弱于登记，倘若应收账款让与仅仅是通过通知债务人的方式进行了公示，则无论通知时间是否早于质权登记时间，保理人的优先顺位都要劣后于质权人。

本条仅仅规定了多重保理下不同保理人之间优先顺位的确定方式，但实践中

---

① 李宇：《债权让与的优先顺序与公示制度》，载《法学研究》2012 年第 5 期。

② 李宇：《民法典中债权让与和债权质押规范的统合》，载《法学研究》2019 年第 1 期。

可能对标的应收账款债权主张与保理人相冲突之权利的第三人并不限于此。在债权人资金状况良好的情况下，债权人的其他债权人通常不会与保理人发生实质性的利益冲突；但是，当债权人陷入了破产，或者其进行保理的应收账款债权被采取强制执行措施时，债权人的债权人就与保理人的利益发生了实质性冲突。因此，破产债权人、对标的债权采取强制执行措施的债权人与保理人之间的优先顺位关系如何确定，值得深入讨论。① 具体而言，当标的债权被债权人通过保理合同转让给保理人之后，如果该债权被债权人的债权人采取强制执行措施，或者债权人进入破产程序，破产债权人主张该债权应被列入破产财产时，如何确定标的债权的归属？从比较法来看，根据《美国统一商法典》第 9－317 条（a）（2），如果第三人取得 lien creditor 资格的时间早于应收账款债权转让登记公示的时间，则保理人的权益劣后于 lien creditor。依第 9－102 条（a）（52），lien creditor 这一概念包含了对扣押财产取得法定担保权的债权人和破产管理人等多重含义。也就是说，《美国统一商法典》采取的是“公示在先”原则——无论是破产程序的开始，还是对标的债权所采取的强制执行措施，都具有一定的公示效果。笔者赞同以公示的先后作为确定取得应收账款债权优先顺位的依据。理由在于，如果不这样规定，而是允许未采取公示措施的、仅仅通过基于合意受让债权的保理人优先取得债权的话，可以预见的是，在破产或强制执行的场景中将会大量出现债权人和保理人串通“倒签”保理合同，以实现转移财产的目的。这种“倒签”的合同本身可能因恶意串通或通谋虚伪而无效，② 但在实践中却往往很难证明，会造成极大的系统性风险。此外，采取“公示在先”模式也会反过来督促保理人尽早办理登记，从而在整体上有利于健康的债权交易秩序的形成。

与《美国统一商法典》统一地将登记作为公示方式的做法有所不同的是，本条在将登记作为主要公示方式的同时，也承认通知具有一定的公示效力，这使得据此展开的对抗规则尤为复杂，需要将破产和强制措施的公示效力分别与登记和转让通知进行比较。就破产而言，一方面，法院在受理破产之后，会进行公告（《企业破产法》第 14 条）；另一方面，在受理破产的同时，法院还会指定破产管理人（《企业破产法》第 13 条），而在破产程序中，只有破产管理人有权代表企业处分其财产（《企业破产法》第 25 条），这也可以在实质上起到很强的公示效果——“由破产管理人出面处分企业财产”这一现象对交易相对人来说无疑是一

---

① 关于登记对抗主义下未进行登记的物权变动对扣押债权人、破产债权人的对抗效力的讨论，参见龙俊：《中国物权法上的登记对抗主义》，载《法学研究》2012 年第 5 期。

② 《企业破产法》第 33 条也可以为此提供破产场景下更具体的规范理由：“涉及债务人财产的下列行为无效：（一）为逃避债务而隐匿、转移财产的；（二）虚构债务或者承认不真实的债务的。”

项重要的提示。基于此，笔者认为，破产程序的启动具有不弱于登记的公示效果。因此，可以将破产程序的启动和应收账款转让登记二者时间的先后顺序作为确认破产债权人与保理人之间优先顺位的依据，而本条所规定的“转让通知”则不具有对抗破产债权人的效力。但是，“对标的债权采取强制执行措施的债权人”的优先顺位确定却有所不同。依据《最高人民法院关于适用〈中华人民共和国民事诉讼法〉的解释》第 501 条第 1 款，对应收账款债权的强制执行程序是，作出冻结债权的裁定，并通知次债务人向申请执行人履行。所谓“冻结债权”，其法律效果只是暂时地使次债务人对申请执行人之外的清偿无效，[①] 仅为实现扣押与担保目的，并不足以使得债权人获得清偿，[②] 冻结债权本身也不具有公示效果。具有公示意义的措施只有对次债务人所作出的通知；这一通知虽然由法院作出，但从公示效果来看，其与本条所规定的“转让通知”并无差别。因此，对标的债权采取强制执行措施的债权人的法律地位应等同于已经进行通知的保理人——仅在其他保理人既未登记也未在先进行通知的情况下可以优先受偿。

此外还需要注意的是，从字面上看，本条在确定保理人的优先顺位时并未考虑其主观心态（善意/恶意）。这是否意味着，即便较早进行公示的保理人为恶意，其权利仍然具有对抗力，可以优先取得应收账款债权？笔者的观点是，即便较早进行公示的保理人明知或应知债权人已经将标的债权让与他人，仍然可以优先取得应收账款债权。首先，《民法典》第 225、335、341、374、403 条以及第 745 条采取的皆是“登记对抗”的模式，而这些条文无一不明确表示“未经登记，不得对抗善意第三人”——这就意味着，即便权利未经登记，仍然有对抗“非善意第三人”的效力。本条同样是以“登记”作为对抗多重保理中其他保理人的要件，却并未像其他“登记对抗”主义的权利变动规范一样对当事人的善意与否予以考虑——这无疑不能用“立法者的疏漏”进行解释。这并非一项立法漏洞，而是一项“有意的沉默”。对于此，应当遵从立法者本意，进行反面解释，即应当认为受让在先的保理人倘若未对应收账款债权进行公示，即便其他保理人并非善意，该保理人仍然无法对抗。其次，比较法也支持这一观点。本条以“登记主义”为主，所借鉴的主要是《美国统一商法典》。依据该法第 9－318 条（b）款，在应收账款债权的买受人未对受让的应收账款债权进行公示时，出卖应收账款的债权人“被视为”（deemed）对其所出卖的应收账款债权仍享有权利，而这项法律拟制并未将明知存在在先债权让与者排除在外。此外，该法第 9－322 条

---

① 崔建远：《关于债权质的思考》，载《法学杂志》2019 年第 7 期。

② 庄加园：《初探债权执行程序的理论基础——执行名义欠缺的质疑与收取诉讼的构造尝试》，载《现代法学》2017 年第 3 期。

（a）款在确定应收账款受让人优先顺位时也同样未涉及受让人的主观心态。据此可以认为，作为本条之“母法”的《美国统一商法典》认可非善意应收账款债权受让人的在先登记具有优先受偿的法律效力。最后，在多重保理的情形下，如果考虑保理人的“善意”“恶意”，则会造成逻辑上的悖论：若债权人先将应收账款债权让与保理人甲，但未登记；其后又将同一债权依次让与乙、丙，均进行了登记；乙知道在自己受让应收账款债权之前甲已经从债权人处受让了此债权，但丙不知道。在这种情况下，如果考虑保理人的“善意”“恶意”，则乙对甲而言属于恶意第三人，故甲的权利应该优先于乙的权利；但丙对于甲而言又属于善意第三人，故丙的权利应优先于甲的权利。因此，丙的权利应该优先于乙的权利。但乙相对于丙却不存在任何恶意，根据本条以登记时间确定优先顺位的规则，乙的权利应该优先于丙的权利，这就与前面的推论形成了矛盾。[①]

最后，本条将登记的范围仅仅局限于应收账款债权，直接否认了其他债权进行登记公示的可能性，未免过于封闭狭隘。笔者认为《民法典》“一审稿草案”的方案或许更值得采纳，其将债权登记置于“合同编”总则部分的第六章“合同的变更和转让”，具有更广的适用范围。该草案第336条规定：“债权人将同一债权转让给数人，债权转让可以登记的，最先登记的受让人优先于其他受让人；债权转让未登记或者无法登记的，债务人最先收到的债权转让通知中载明的受让人优先于其他受让人。”该条将可以通过登记获得对抗力的债权的范围局限于可以进行登记的债权，看似是同义反复，但其实是赋予债权让与登记机关以权限，由登记机关权衡登记之成本和保障交易安全之收益，来决定哪些债权可以纳入登记范畴。当登记机关认为有必要扩大可登记债权的范围时，只需要修改相应部门规章，并对登记系统进行相应调整就可以了。这样一来，就可以随时根据社会经济发展的实际情况调整可登记债权的范围，无疑更加具有灵活性。同时，对于无法通过登记机关进行公示的债权，该条还规定了“通知债务人”这种确定优先顺位的方式，避免了司法实践中的分歧。可以说，与本条相比，“一审稿草案”的方案无论是从灵活性还是从全面性上来说都更胜一筹，因此笔者建议在未来民法典修改中删去本条，同时将“一审稿草案”第336条吸纳入“合同编”总则部分。

【关联规定】

《民法典》第225、335、341、374、403、745条

（撰稿人：刘冲）

---

① 龙俊：《动产抵押对抗规则研究》，载《法学家》2016年第3期。

第七百六十九条　【对债权让与有关规定的适用】本章没有规定的，适用本编第六章债权转让的有关规定。

【释义】

依据本条规定，保理合同除了适用本章规定之外，还适用本编第六章的有关规定（第543～556条）。须注意的是，对债权转让的有关规定的适用，并非法官自由裁量权范围内的事项，而是一项硬性拘束——除了性质上不能适用于保理合同的规范之外，法官都有义务在审理案件时予以适用。所谓性质上不能适用于保理合同的规范，如第545条第2款第1句“当事人约定金钱债权不得转让的，不得对抗第三人”——既然保理合同所转让之标的为应收账款债权，那么该规范自然无适用空间。

事实上，本章的条文和债权转让相关规定虽然分别置于合同编分则和总则部分，看似相去甚远，但实际上彼此之间紧密相连，已经构成了一项规范群。对于保理合同可以通过本条转引适用债权转让相关规定。反过来，与一般的债权转让最相类似的有名合同即保理合同，依据《民法典》第467条，本章大多数规范也可以适用于一般的债权转让——这一点在本章其他条文的释义中也已经备述。因此，无论是在处理保理合同还是处理一般的债权转让时，都应该拓宽视野，对本章和合同编通则部分债权转让相关规定进行整体把握。

【关联规定】

《民法典》第543～556条

（撰稿人：刘冲）

第十七章　承揽合同

【导读】

承揽合同是承揽人按照定作人的要求完成工作，交付工作成果，定作人支付报酬的合同，具体而言包括加工、定作、修理、复制、测试、检验等工作。即便是在《民法典》所明确规定的19个典型合同中，承揽合同也具有极其重要的地位。其原因在于，承揽合同有着十分广泛的调整范围——从居民日常生活中配钥匙、修自行车、裁剪衣物等，到商业活动中的审计咨询服务的提供、汽车安全性检测等，都在承揽合同的调整范围之内，甚至同为典型合同的建设工程施工合同在某种意义上也是承揽合同的一种特殊形态，只不过该合同有较多特殊的政策考量因素，故而从承揽合同中独立出来，事实上，就连运输合同、仓储合同、保管合同等，也具有“承揽”的性质，从而存在类推适用承揽合同中相关规定的空间。具体而言，适用本章关于承揽合同的相关规定，有以下几点需要注意：

首先，一方面，从“手段之债”与“结果之债”的类型划分来看，承揽合同重视最终工作成果的交付，以“交付工作成果”作为定作人支付报酬的对价，因此属于“结果之债”的一种。但另一方面，承揽合同与买卖合同等典型的结果之债不同的是，承揽合同具有较强的人身性。[①] 承揽合同除了关注成果的交付之外，还十分强调双方当事人的信赖关系，其原因在于，承揽合同的成立是基于定作人对承揽人技术、经验、技能等方面的信赖，而其履行则又往往需要定作人对承揽人工作的的协助、配合。基于承揽合同这种特殊的属性，本章设置了一系列的规范与其相适应。由于承揽合同属于结果之债，因此承揽人应当对其工作结果符合质量要求承担瑕疵担保责任（第781条）。又由于承揽合同对于双方信赖关系的强调，一方面赋予定作人检验（第774条）、监督（第779条）甚至任意解除（第787条）的权利，同时要求承揽人亲自完成主要工作（第772条），以保障定作人的信赖利益，另一方面也要求定作人承担协助、验收等义务，以使承揽人得以正常履行其义务。

① 参见王利明：《合同法研究（第三卷）》，中国人民大学出版社2012年版，第410页。

其次，在理解、适用本章规定是，要运用体系化思维，注意与本编通则部分相结合。本章部分规定或是对本编通则部分相关规定的具体化，或是作为不完全法条须结合本编通则部分相关规定共同适用。《民法典》第 509 条规定了合同当事人依诚实信用原则所承担的附随义务，本章第 776 条规定的定作人在收到承揽人关于技术要求不合理之通知时及时答复的义务、第 778 条规定的定作人的协助义务、第 784 条规定的承揽人对定作人提供的材料以及完成的工作成果的保管义务等都是对第 509 条附随义务的法定化和具体化，因此在理解、适用这些条文时，应当回归其“附随义务”的本质。譬如，在确定某一具体场景下定作人是否应承担协助义务时，裁判者须遵循诚实信用原则，综合各种情势进行判断。而本编第 786 条关于数个承揽人共同承揽的规定、第 787 条关于定作人任意解除权的规定，均属于不完全法条，须与通则部分相关规定结合才可资适用。第 786 条需要结合总则部分多数人之债相关规定进行适用；而第 787 条并未明确规定行使任意解除权的定作人对承揽人损害赔偿的范围，学理上通常认为应当赔偿承揽人的履行利益，[①] 因此应当结合第 584 条确定赔偿范围。

第七百七十条　【定义】承揽合同是承揽人按照定作人的要求完成工作，交付工作成果，定作人支付报酬的合同。

承揽包括加工、定作、修理、复制、测试、检验等工作。

【释义】

本条对承揽合同的概念和主要种类进行了规定。承揽合同是承揽人按照定作人的要求完成特定的工作，并将工作成果交付于定作人，由定作人支付报酬的合同。承揽合同的种类主要包括加工、定作、修理、复制、测试、检验等。本条相较于《合同法》中的规定，将“给付”改为“支付”，给付是债法的一般概念，包括的种类较多，[②] 支付报酬是给付中的一种类型，将“给付”改为“支付”更加准确。这一修改并非实质修改。

本条第 1 款是承揽合同的概念。一方面，明确了承揽合同的主体，包括定作人和承揽人。定作人是要求承揽人按照其要求完成特定的工作，并接受承揽人的

---

① 参见王利明：《合同法研究（第三卷）》，中国人民大学出版社 2012 年版，第 438 页；朱虎：《分合之间：民法典中的合同任意解除权》，载《中外法学》2020 年第 4 期。

② 王利明：《债法总则研究》，中国人民大学出版社 2018 年版，第 20 页。史尚宽：《债法总论》，中国政法大学出版社 2000 年版，第 233 ~ 238 页。

工作成果，支付其报酬的人。承揽人是按照定作人的要求，完成具体的工作，交付工作成果，并收取报酬的人。定作人和承揽人可以是自然人、法人或非法人组织。另一方面，通过承揽合同的概念可得出其法律特征，具体包括：

1. 承揽合同以完成一定工作为目的。

承揽合同中承揽人按照定作人的要求完成工作，并将工作成果交付给定作人。定作人获得工作成果是承揽合同的主要目的，而不是使承揽人为了完成工作成果而付出的劳动。因此，承揽合同是要以完成一定的工作为目的。其在法律性质上属于结果之债。

2. 工作成果具有特定性。

承揽合同是承揽人按照定作人的特定要求，依靠其自身的技术、经验或设备完成工作，交付工作成果。一方面，承揽工作是按照定作人的特定要求进行的，承揽人的工作成果必须满足定作人的特定需求。另一方面，定作人选择承揽人是基于对承揽人的技术、经验或设备的信赖，同时，承揽人所完成的工作成果也因受制于上述因素而具有特定性。

3. 承揽合同是双务、有偿、诺成合同。

承揽合同中承揽人有按照定作人要求完成工作，交付工作成果的义务，定作人有支付承揽人报酬的义务，因此承揽合同属于双务合同。同时，因定作人有在获得工作成果后支付报酬的义务，承揽合同也属于有偿合同。承揽合同的概念规定中并不要求合同的成立或生效以交付为前提，只需要双方的意思表示一致即可成立，因此承揽合同属于诺成合同。

本条第 2 款是承揽合同的种类。在传统民法中承揽合同还包含建设工程合同，但是由于建设工程合同具有与一般承揽合同所不同的特点，因此，我国民法将其从承揽合同中剥离出去，成为独立的有名合同，但是在本法第 808 同时也规定，建设工程合同没有规定的，适用承揽合同的有关规定。本款采用列举的方法明确了承揽合同的主要种类，具体包括加工、定作、修理、复制、测试、检验六种，但这一列举并未穷尽承揽合同的所有种类，只要符合本条第 1 款关于承揽合同概念要件的，都属于承揽合同。具体而言：

1. 加工。加工承揽合同是指由定作人提供原材料，承揽人依照其掌握的设备、劳力和技能将其制作为符合定作人要求的成品交付给定作人，定作人接受成品并支付给承揽人报酬的一种合同类型。加工承揽在实践中较为普遍，比如国际贸易中的来料加工。加工承揽合同中，原材料必须是由定作人提供。

2. 定作。定作承揽合同是由定作人提出具体要求，由承揽人自备原材料，并依照其掌握的设备、劳力和技能将其制作为符合定作人要求的成品交付给定作人，定作人接受成品并支付给承揽人报酬的一种合同类型。定作承揽在实践中也较为常见，也就是常说的包工包料。定作承揽合同中，原材料必须由承揽人自备，这是定作与加工的主要区别。

3. 修理。修理承揽合同是定作人将其损害的物品交给承揽人，承揽人依照其掌握的设备、劳力和技能将其修理好交付给定作人，定作人接受成果并支付给承揽人报酬的一种合同类型。修理承揽的物品，不仅包括像手表、电器等动产，也可以包括像房屋等不动产。

4. 复制。复制承揽合同是定作人提供样品并提出要求，承揽人根据样品和要求制作副本，定作人接受副本并支付承揽人报酬的一种合同类型。复制承揽包括但不限于对文件的复印、对艺术品的临摹、对物品的仿制。

5. 测试。测试承揽合同是定作人提出测试要求，承揽人依照自己的设备、技术和经验完成检测，定作人接受测试成果并支付承揽人报酬的一种合同类型。

6. 检验。检验承揽合同是定作人提出检验要求，承揽人依照自己的设备、技术完成检验，定作人接受检验结果并向承揽人支付报酬的合同类型。

（撰稿人：王江）

第七百七十一条　【合同的一般条款】承揽合同的内容一般包括承揽的标的、数量、质量、报酬，承揽方式，材料的提供，履行期限，验收标准和方法等条款。

【释义】

本条对承揽合同的一般条款进行了规定，合同的一般条款也即合同的内容。承揽合同因其具有特定性，并且其包含的种类在日常生活中表现的样态较为复杂，因此合同的内容也十分繁杂。但是，承揽合同也应当具备一些基本条款，包括承揽的标的、数量、质量、报酬，承揽方式，材料的提供，履行期限，验收标准和方法等。其他的合同内容可由当事人之间自由约定。本条相较于《合同法》中的规定有两处变化，一处为增加“一般”一词，这是由于《合同法》和本法中并未注明上述条款属于必备条款，应当允许当事人决定除标的、质量和报酬外是否写入合同，[①]因此增加“一般”一词更加准确的表明本条所列条款为承揽合同的一般条款；另一处为将报酬后的顿号改为逗号，标的、数量、质量和报酬的定语均为承揽，如果报

① 王利明：《合同法研究（第三卷）》，中国人民大学出版社2012年版，第404页。

酬后的标点为顿号，则承揽方式的定语亦为承揽，成为承揽的承揽方式，造成同语反复，因此将顿号改为逗号，“承揽的标的、数量、质量、报酬”与“承揽方式”并列，这一修改更加符合中文的语法规范。上述两处修改并非实质修改。

按照本条的规定，承揽合同的一般条款包括以下 9 个方面，具体而言：

1. 承揽的标的。合同的标的是法律关系中权利义务指向的对象，在承揽合同中，承揽的标的是承揽人按照定作人的要求所完成的工作。承揽的标的必须在合同中予以明确，否则将使得权利义务无明确的指向，从而导致合同无法成立。

2. 承揽的数量。承揽合同虽然是由定作人提出的个性化定制需求，但定作的数量并非只有一个，其数量有可能是多个。因此，在合同中一般应当对承揽的数量进行约定，同时，应当约定数量的计算方法和计数单位。

3. 承揽的质量。在承揽合同中，定作人基于对承揽人的信赖而选择将承揽工作交给承揽人，承揽人依照其技术、经验和设备等完成承揽工作，交付的工作成果应当满足一定的质量要求。工作成果的质量应当满足定作人的要求，一般而言，包括规格、功能、强度、硬度、耐水性、耐热性、耐腐蚀性，等等。当事人在签订合同时，应当约定承揽的质量。如果没有对承揽的质量进行约定，则按照一般的质量水平来确定工作成果是否满足质量要求。同时，由于部分承揽的特殊性，当事人可以约定一定的质保期，由承揽人负责质保期内的维修和退还等。

4. 承揽的报酬。承揽人按照定作人的要求完成工作，并将工作成果交付给定作人，定作人应当支付报酬。因此，当事人应当在承揽合同中约定承揽的报酬，具体包括报酬的计算方法、金额、支付方式、支付时间等内容。

5. 承揽方式。承揽合同的重要前提是定作人对承揽人技术、经验和设备的信赖，因此，一般情况下，承揽人应当按照定作人的要求独立完成承揽工作，不得将其转承揽。在经过定作人允许的情况下，承揽人可以将承揽工作转承揽给其他人。因此，关于承揽的方式应当由当事人在合同中约定。

6. 材料的提供。一般情况下，承揽工作的完成需要有一定的材料，而提供材料方的不同会对双方的权利义务关系产生影响，因此需要在合同中约定材料由哪一方提供。材料的提供不仅需要约定材料的提供方，还应当约定提供材料的时间、地点、方式、数量、质量和规格等。如果双方当事人在合同中没有明确约定材料的提供，一般认为应当由定作人提供。

7. 履行期限。履行期限是指双方当事人履行承揽合同中各自义务的时间期限。一般包括承揽人完成承揽工作的时间、承揽人交付工作成果的时间、定作人交付材料的时间、定作人支付报酬的时间等。

8. 验收标准。承揽具有特定性，定作人对承揽提出具体要求，承揽人依照其经验、技术和设备完成承揽工作，承揽工作成果并非工业化的批量生产，其中存在一定的差异性，因此应当在合同中约定验收的标准。这里的验收标准不仅包括工作成果的验收标准，还包括对材料的验收标准。如果没有约定验收标准，应当按照一般的产品或服务来确定。

9. 方法。承揽的个性化需求决定了验收方法同样也对材料和承揽工作成果产生影响。验收的方法直接决定验收的结果是否符合验收的标准，因此，应当在合同中约定验收的方法。

（撰稿人：王江）

第七百七十二条　【承揽工作的完成】承揽人应当以自己的设备、技术和劳力，完成主要工作，但是当事人另有约定的除外。

承揽人将其承揽的主要工作交由第三人完成的，应当就该第三人完成的工作成果向定作人负责；未经定作人同意的，定作人也可以解除合同。

【释义】

本条对承揽工作的完成进行了规定。承揽区别于一般的标准化产品和服务，定作人具有个性化的需求，因此要求承揽人按照定作人的要求完成特定的工作，并将工作成果交付于定作人。在承揽中，定作人的特定化需求决定了其对承揽人的选择设定了一定的条件，是基于对承揽人设备、技术和劳力的信赖而将承揽工作交给承揽人。因此，承揽人应当在没有特别约定的情况下，以自己的设备、技术和劳力，完成主要工作。但是，法律并不禁止承揽人将主要工作交由第三人完成，但须提前约定或经定作人同意，未经定作人同意的，定作人可以解除合同。本条相较于《合同法》中的规定，仅将“但”改为“但是”，并无实际意义，仅为了词语的完整和语句的通顺，这一修改并非实质修改。

本条规定了承揽工作的完成包括两种形式，主要是以主要工作的完成主体不同而进行的划分，主要工作是指对工作成果的质量起到决定性因素的内容。

一种情况是由承揽人完成主要工作。承揽人按照定作人的要求，以自己的设备、技术和劳力，完成主要工作，这一形式是原则性的要求。因定作人的需求并非一般产品和服务能够满足，因此需要通过承揽的方式满足其要求。定作人选择承揽人，是基于对其设备、技术、经验和劳力等因素的综合考察，其他的承揽人并不一定能够完全满足当作人的要求，因此一般情况下，承揽人应当独立完成主要的工作，而不能交给第三人，否则可能造成工作成果无法满足定作人的需求，或者导致定作人的信赖丧失，影响定作人订立合同的目的实现。承揽人应当完成主要工作是法律的原则性要求，同时，当事人也可以通过合同约定。如果当事人的约定是由承揽人独立完成所有工作，那么承揽人既不能将主要工作交给第三人，也不能将辅助性工作交给第三人。

另一种情况是由第三人完成主要工作。虽然原则上要求承揽人完成主要工作，但是当事人之间可以基于意思自治，将主要工作交由第三人完成。承揽合同中明确约定承揽人可以将主要工作交由第三人完成或者承揽人经定作人同意将主要工作交由第三人完成的，承揽合同的当事人仍为定作人和承揽人，承揽人应当对第三人完成的工作成果向定作人负责。如若承揽人未经定作人的同意，擅自将主要工作交由第三人完成，则构成合同违约。定作人认为承揽人的行为并不会导致合同目的无法实现，能够接受第三人完成的工作成果，则可以选择继续履行合同，视为同意承揽人的行为，但承揽人需对第三人的工作成果向定作人负责。但是，定作人如果不能接受承揽人的行为，则可以解除合同，并要求承揽人承担损失赔偿责任。

（撰稿人：王江）

第七百七十三条　【承揽人对辅助性工作的责任】 承揽人可以将其承揽的辅助工作交由第三人完成。承揽人将其承揽的辅助工作交由第三人完成的，应当就该第三人完成的工作成果向定作人负责。

【释义】

本条是关于承揽人对辅助性工作责任的规定。按照本法第 772 条的规定，在没有提前约定或经定作人同意的情况下，承揽人不能将承揽的主要工作交由第三人完成，如果未经定作人的同意将主要工作交由第三人完成，定作人可以解除合同。但是，主要工作之外的是辅助性工作，辅助性工作是指对工作成果质量不起决定性因素的工作。例如，在图书印刷承揽合同中，承揽人使用定作人要求的纸张和技术，完成规定数量的图书印刷属于合同的主要工作，而图书的包装则属于辅助性工作。本条规定承揽人可以将其承揽的辅助性工作交由第三人完成，不必经过定作人的同意，但是需对第三人完成的辅助性工作成果对定作人负责。本条相较于《合同法》的规定，未进行修改。

在承揽合同中，承揽工作根据是否会对工作成果产生决定性影响而分为主要工作和辅助性工作。辅助性工作因为对最终的工作成果不产生决定性影响，因此在承揽工作的一般习惯中，允许承揽人自主决定是否交由第三人完成。因此，关于辅助性工作存在两种可能的情况：一种情况是，当事人通过合同约定承揽的所有工作由承揽人独立完成，或者当事人虽未约定但承揽人决定不将辅助性工作交由第三人完成，在此情况下，承揽人完成承揽工作的主要工作和辅助性工作，属于基本情况，承揽合同的当事人为定作人和承揽人，如果承揽人违反合同的约定将辅助性工作交由第三人完成，则承揽人应当承担违约责任，定作人可以要求承揽人赔偿损失。

另一种情况是，合同约定辅助性工作交由第三人完成，或者并未约定承揽工作全部由承揽人完成，承揽人可不经定作人的同意，直接交由第三人完成，但承揽人对第三人完成的工作成果仍对定作人负责，这是因为虽然承揽人将辅助性工作交由第三人，但是承揽合同的的当事人仍为承揽人和定作人。第三人完成的辅助性工作未能满足定作人的要求，承揽人应当向定作人承担违约责任。具体而言，第三人的工作不符合定作人要求的情形包括，第三人未能及时完成辅助性工作，完成的工作成果不符合定作人与承揽人的约定。因第三人未能及时完成辅助性工作的，承揽人应当承担延迟交付的违约责任，第三人完成的辅助性工作不符合定作人与承揽人约定的，承揽人应当承当违约责任，并就可能给定作人产生的损失予以赔偿。

（撰稿人：王江）

第七百七十四条　【承揽人提供材料的义务】承揽人提供材料的，应当按照约定选用材料，并接受定作人检验。

【释义】

本条对承揽人提供材料的义务进行了规定。在承揽合同中，法律并未强制规定材料由定作人还是承揽人提供。在承揽的 6 种主要种类中，加工必须是由定作人提供材料，定作必须是由承揽人提供材料，修理、复制、测试、检验既可能是由定作人提供材料，也可能是由承揽人提供材料。承揽人和定作人提供材料的两种情况中，其各自受领的义务也不同。材料直接决定了完成的工作成果质量，因此，有必要对两种情况下各自的义务进行规定。本条规定在承揽人提供材料的情况下，承揽人应当按照约定选用材料，并接受定作人检验的义务。本条相较于《合同法》中的规定，删去了应当前的“承揽人”，因为本句的主语是“承揽人”，在第一短句中主语已经明确，在第二段中没必要再保留“承揽人”，修改后的语句更加符合语法规范，这一修改并非实质修改。

在承揽人提供材料的情况下，承揽人有两项义务：

第一项义务是承揽人应当按照约定选用材料。如果定作人和承揽人在承揽合同中明确约定由承揽人提供材料，并且对材料的提供时间、数量和质量等内容进行了详细约定，承揽人应当按照合同的约定提供符合要求的材料，并准备与材料相关的发票、质量说明书等文件。如果定作人和承揽人仅在合同中约定由承揽人提供材料，并未对材料的提供时间、数量和质量等内容进行详细约定，可以通过补充协议来进行约定。如果既未在合同中约定具体要求，又未能签订补充协议，承揽人应当以完成承揽工作成果的所必须的材料为限，及时准备材料，对于提供材料数量和质量约定不明的，应当按照工作成果的一般标准，准备合理的材料数量和符合质量标准的材料。

第二项义务是承揽人选用的材料应当接受定作人的检验。承揽人在准备好选用的材料后，应当及时通知定作人检验，并准备与材料相关的发票、质量说明书等文件。定作人在接到承揽人的通知后，应当及时对材料进行检验，并查看与材料相关的证明文件，如果定作人未能及时检验的，承揽人可以要求延长工期，在合理期限内未能检验的，视为承揽人选用的材料符合要求，定作人不得对材料的质量提出异议。定作人在对材料进行检验后，如果认为承揽人选用的材料符合要求，则应当口头或书面通知承揽人。如果定作人认为承揽人选用的材料不符合要求，则应当通知承揽人，其中如果材料数量缺少或超出，应由承揽人补齐或减少，如果材料质量不符合要求的，应当通知承揽人及时更换，由此产生的费用由承揽人承担。

（撰稿人：王江）

第七百七十五条　【定作人提供材料及双方义务】 定作人提供材料的，应当按照约定提供材料。承揽人对定作人提供的材料应当及时检验，发现不符合约定时，应当及时通知定作人更换、补齐或者采取其他补救措施。

承揽人不得擅自更换定作人提供的材料，不得更换不需要修理的零部件。

【释义】

本条对定作人提供材料及双方的义务进行了规定。在承揽合同中，除了定作必须是由定作人提供材料的，其他类型的承揽也可能是由定作人提供材料。材料直接决定了工作成果的质量，定作人并不直接完成承揽工作，承揽人为了保证工作成果能够符合定作人的要求，需要对材料的规格、数量和质量进行检验，因此本条规定了在定作人提供材料的情况下，双方的具体义务内容。本条相较于《合同法》中的规定，删去了“应当按照”前的“定作人”和“应当及时检验”前的逗号，在第一句中，主语为第一短句中的“定作人”，第二短句无需再添加“定作人”，本条的两次修改使得条文更加符合中文语法规范，并非实质性修改。

本条中所称的材料不仅包括完成承揽工作所必须的原材料，也包括承揽工作的基底，如汽车修理承揽合同中的汽车，艺术品复制承揽合同中的原艺术品。定作人提供材料的情况中，定作人和承揽人的义务包括以下 4 个方面：

首先，定作人应当按照约定提供材料。定作人应当按照承揽合同的约定，向承揽人提供符合规格、数量和质量的材料，并将材料在约定的时间内提供给承揽人。

其次，承揽人应当及时检验材料。在定作人提供材料后，承揽人应当及时对材料进行检验。如果定作人提供的材料符合约定，则应当通知定作人，并对原材料和工作基底妥善保管，由于承揽人保管不善而导致材料损失的，承揽人应当赔偿。如果定作人提供的材料不符合约定，则应当及时通知定作人更换、补齐或者采取其他补救措施，由于定作人延迟更换、补齐的，承揽人可以要求延迟工期，定作人未采取更换、补齐或采取其他补救措施的，承揽人可以解除合同，并由此给承揽人造成损失的，定作人应当赔偿损失。

如果承揽人未能及时通知定作人材料不符合约定，导致工作成果未能按时完成的，由承揽人承担违约责任。如果承揽人未能及时通知定作人材料不符合约定，则视为定作人提供的材料满足要求，其后因材料不符合规格、数量和质量要求而导致工作成果不能满足定作人要求的，由承揽人承担违约责任，定作人可以要求承揽人修理、更换或解除合同，由此给定作人造成损失的，承揽人应当赔偿。

再次，承揽人不得擅自更换定作人提供的材料。定作人按照约定向承揽人提供材料的，承揽人不得擅自更换，由此造成工作成果不符合定作人要求的，承揽人承担违约责任，定作人可以要求承揽人修理、更换或解除合同，给定作人造成损失的，承揽人应当赔偿损失。同时，承揽人应当不得浪费定作人提供的材料，承揽人浪费的材料应当予以赔偿，由此造成材料短缺的，由承揽人负责补齐。如果定作人提供的材料有剩余的，承揽人在承揽工作完成后应当退回给定作人。

最后，承揽人不得更换不需要维修的零部件。承揽人应当按照与定作人的约定，在履行修理承揽合同时，维修必须修理的零部件，不得更换不需要维修的零部件，否则承揽人应当承担违约责任。比如在汽车修理中，承揽人应当只需对损坏的汽车零部件进行修理，其他没有损害的零部件不得更换修理。

（撰稿人：王江）

第七百七十六条　【承揽人的通知义务】承揽人发现定作人提供的图纸或者技术要求不合理的，应当及时通知定作人。因定作人怠于答复等原因造成承揽人损失的，应当赔偿损失。

【释义】

本条对承揽人的通知义务进行了规定。承揽合同是承揽人按照定作人的要求完成特定的工作，并将工作成果交付于定作人，由定作人支付报酬的合同。为了能够交付满足定作人要求的成果，定作人一般会向承揽人提供图纸或者提出要求，承揽人应当按照定作人提供的图纸和技术要求进行承揽工作。但是，定作人并不直接进行承揽工作，其提供的图纸或技术要求可能不能实现，承揽人在发现定作人提供的图纸或技术要求不合理时，应当及时通知定作人，定作人也应当及时回复承揽人。因此，本条明确了在承揽人发现定作人提供的图纸或者技术要求不合理时双方应当履行的义务。本条相较于《合同法》的规定，未进行修改。

第一项义务是承揽人的及时通知义务。承揽人在收到定作人提供的图纸或者技术要求后，如果发现存在不合理的情况，应当及时将情况通知定作人。因承揽人不及时通知定作人，导致工期延迟的，承揽人构成合同违约，应当承担延迟履行的责任；如果因此给定作人造成损失的，承揽人应当赔偿损失。因承揽人不及时通知定作人其提供的图纸或者技术要求不合理，导致不能按时完成承揽工作或工作成果不符合合同约定的，由承揽人承担违约责任。

第二项义务是定作人的及时答复义务。定作人在收到承揽人关于图纸或技术要求不合理的通知时，应当及时采取新的措施，修改图纸内容或技术要求，并将修改的意见及时通知承揽人。在定作人收到承揽人通知到定作人答复的期间，承揽人可以暂停承揽工作，主张延迟工期，如果在此期间造成损失的，定作人应当赔偿。如果定作人在收到承揽人关于图纸或技术要求不合理的通知后，怠于答复，并未对图纸或技术要求提供修改意见，由此造成承揽人损失的，应当赔偿损失。如果定作人怠于答复，承揽人可以对定作人进行催告，要求定作人在合理的期限内予以答复，并提出修改意见，定作人仍不予以答复的，承揽人可以解除合同，由此造成的损失，定作人应当赔偿。

（撰稿人：王江）

第七百七十七条 【中途变更工作要求的责任】定作人中途变更承揽工作的要求，造成承揽人损失的，应当赔偿损失。

【释义】

本条是对定作人中途变更工作要求承担责任的规定。承揽合同是承揽人按照定作人的要求完成工作，并交付满足定作人要求的工作成果。承揽合同是以完成一定的工作，获得工作成果为目的的，而不是使承揽人为了完成工作而付出的劳动。因此，定作人向承揽人提供图纸或提出技术要求，并在承揽合同中约定标的、数量和质量等内容，体现其对承揽人的要求。承揽人严格按照定作人的要求开展工作，交付满足要求的工作成果，才能实现定作人的目的。但是，由于主观要求或客观条件的变化，原来的要求不能够实现定作人的目的，因此定作人可能在中途提出变更承揽工作的要求。法律规定并不禁止定作人在承揽工作的中途改变要求。承揽人在收到定作人变更的要求后，应当按照定作人的修改意见重新开展工作。如果承揽人认为定作人的变更要求不合理，应当及时通知定作人，由定作人做出是否修改的决定，定作人拒绝修改的，承揽人应当停止承揽工作，可以通知定作人解除合同，由此产生的损失，应当由定作人承担。如果定作人决定根据承揽人的意见进行修改的，则应当及时通知承揽人，并提出修改意见。

但是，承揽人之前的工作是按照合同约定和定作人的要求开展的，其已经为了定作人的要求而进行了部分工作，比如材料的购买、已完成的工作。因定作人中途的修改，而导致重新开展工作，已经支付的费用和付出的劳动成为承揽人的损失，承揽人不应当因定作人的中途更改要求而承担损失。因此，本条规定定作人中途变更工作的要求，造成承揽人的损失，应当赔偿损失。

因定作人中途变更承揽工作的要求，可能会对承揽人造成的损失包括购买及保管材料所产生的费用，按照之前要求完成工作所消耗的材料以及付出的劳动，按照新要求而增加材料所产生的费用，因新要求而使承揽工作的难度提高所增加的报酬，因变更工作要求而使得工期延长增加的报酬以及误工费等。以上可能造成的损失，应当由定作人承担。

本条相较于《合同法》的规定，未进行修改。

（撰稿人：王江）

第七百七十八条 【定作人的协助义务】承揽工作需要定作人协助的，定作人有协助的义务。定作人不履行协助义务致使承揽工作不能完成的，承揽人可以催告定作人在合理期限内履行义务，并可以顺延履行期限；定作人逾期不履行的，承揽人可以解除合同。

【释义】

本条是对定作人协助义务的规定。承揽合同是由承揽人按照定作人的要求，完成承揽工作，在承揽人完成工作的过程中，有时需要定作人予以协助。比如，在刷墙承揽合同中，定作人必须要协助承揽人提供适合粉刷的工作场所，在复印承揽合同中，定作人必须向承揽人提供原稿。如果定作人不向承揽人提供必要的协助，则可能导致承揽工作无法开展，进而导致合同的目的无法实现。因此，本条规定了承揽工作需要定作人协助的，定作人有协助的义务。同时，还规定了定作人不履行协助义务造成的法律后果。本条相较于《合同法》的规定，未进行修改。

定作人的协助是保证承揽人可以顺利进行承揽工作的前提，也是保证承揽合同目的实现的前提。定作人对承揽人提出要求，承揽人依照自己所掌握的设备、技术、经验等进行承揽工作，但有些承揽工作必须取得定作人的协助，定作人只有向承揽人提供相应的协助，才能完成承揽工作，获得符合要求的工作成果。因此，当承揽人向定作人提出协助请求时，定作人应当及时提供。

定作人不履行协助义务导致承揽工作不能完成的，承揽人应当催告定作人在合理的期限内履行协助义务，并且可以延长工期，而不承担逾期的责任。如果定作人在合理的期限内仍未履行协助义务的，无论定作人是否具有过错，承揽人都可以解除合同。如果定作人不履行协助义务并不能导致承揽工作不能完成，则承揽人不能依据本条解除合同，只能要求定作人赔偿造成的损失。

承揽人解除合同应当通知定作人，并在通知到达时生效。在合同解除后，定作人仍需承担因不履行协助义务而造成承揽人损失的责任，承揽人可以要求定作人赔偿造成的损失。

（撰稿人：王江）

第七百七十九条 【承揽人接受监督检验的义务】 承揽人在工作期间，应当接受定作人必要的监督检验。定作人不得因监督检验妨碍承揽人的正常工作。

【释义】

本条规定了承揽人接受监督检验的义务。定作人通过提供图纸或技术要求等方式对承揽人完成承揽工作提出要求，承揽人按照定作人的要求进行承揽工作，在此过程中，承揽工作主要由承揽人完成，基本脱离定作人的管控，但是，承揽工作过程中进度、技术实施和材料使用等与最终的工作成果息息相关。因此，为了能够保证合同目的的实现，法律赋予定作人监督的权利，承揽人应当履行接受定作人必要的监督检验的义务。然而，由于承揽工作主要依靠承揽人的技术、经验和设备完成，因此对定作人的监督检验权利进行了限制，即不得因监督检验妨碍承揽人的工作。本条相较于《合同法》的规定，未进行修改。

一方面，定作人有必要的监督检验权，承揽人有接受的义务。如果定作人与承揽人在承揽合同中已经对监督检验进行了约定，则定作人应当在此范围内行使监督检验权。如果定作人与承揽人未就监督检验进行约定，则应当根据承揽合同的性质，对承揽工作进行监督检验，比如承揽人是否按照提供的图纸或技术要求进行工作，承揽工作的进度是否符合合同的约定，工作成果的质量是否满足合同的约定等。定作人在监督检验期间发现承揽人的工作不符合约定的，应当及时通知承揽人，要求其及时改正，比如修改图纸或技术方案，更换符合质量要求的材料，加快工作进度，修理返工等。承揽人应当接受定作人必要的监督检验，不得妨碍定作人对承揽工作进行监督检验，在定作人提出意见后，应该及时改进。

另一方面，定作人不得因监督检验妨碍承揽人的正常工作。法律赋予定作人监督检验的权利是为了保证能够实现合同目的，定作人不能滥用权利，应当在工作期间对承揽工作进行必须的监督检验，否则将会因其监督检验的行为而干扰承揽人的正常工作，影响工作成果的完成。如果因定作人进行不必要的监督检验，而妨碍承揽人的工作，承揽人可以拒绝。如果因定作人进行不必要的监督检验，而造成承揽人损失的，定作人应当赔偿。

（撰稿人：王江）

第七百八十条　【工作成果的交付与验收】承揽人完成工作的，应当向定作人交付工作成果，并提交必要的技术资料和有关质量证明。定作人应当验收该工作成果。

【释义】

本条对承揽合同的工作成果的交付与验收进行了规定。承揽人完成承揽工作并向定作人交付工作成果是其义务，在承揽人交付工作成果后，定作人应当进行验收，这是定作人的义务。本条相较于《合同法》的规定，未进行修改。

工作成果的交付与验收包括以下三种义务：

首先，承揽人向定作人交付工作成果的义务。承揽人完成承揽工作，并将符合要求的工作成果交付定作人，是承揽人的义务。承揽人完成的工作成果所有权属于定作人所有，如果承揽人不按照合同的约定将其交付，而对工作成果一直占有，使得定作人无法行使工作成果的所有权，则导致合同的目的无法实现。

承揽人应当在完成工作成果后，通知定作人按照合同约定的时间、地点和方式交付工作成果。合同约定由定作人自提的，承揽人应当通知定作人提货，并在约定的交货时间和地点，将工作成果交付定作人，承揽人应当在通知的时间中为定作人留足在途的时间；合同约定由承揽人送交的，应当由承揽人在完成工作成果后，自行或由运输企业交付定作人；合同未约定或约定不明的，承揽人可以和定作人达成补充协议，未能达成补充协议的，应当按照一般的交易习惯通知定作人并进行交付；在无需交付的承揽合同中，承揽人完成承揽工作即为交付，比如刷墙承揽合同。如果承揽人履行交付义务时，定作人延迟验收，或者由于客观原因无法验收的，承揽人可以将工作成果提存。如果定作人拒不支付报酬或材料费用的，承揽人可以将工作成果留置。

其次，承揽人在交付工作成果时，有提交必要的技术资料和有关质量证明的义务。为了方便定作人验收和使用工作成果，承揽人应当提交必要的技术资料和有关质量证明，包括工作成果的图纸、技术数据、使用说明和质量证书、鉴定证书等。

最后，定作人验收的义务。承揽人交付工作成果，定作人应当对其进行验收，检查是否符合承揽合同的约定。定作人验收后认为符合合同约定的，应当接受工作成果。定作人验收后认为不符合合同约定的，可以要求承揽人承担违约责任。

（撰稿人：王江）

第七百八十一条 【质量不合约定的责任】承揽人交付的工作成果不符合质量要求的，定作人可以合理选择请求承揽人承担修理、重作、减少报酬、赔偿损失等违约责任。

【释义】

本条对质量不符合约定的责任进行了规定。在承揽合同中，承揽人需按照定作人的要求开展承揽工作，并向承揽人交付符合要求的工作成果。定作人对工作成果的要求通过提供图纸或技术要求，约定数量、质量、规格等内容。如果承揽人交付的工作成果不符合质量要求，将直接导致合同目的无法实现。因此，承揽人需要承担因不符合质量要求而导致的违约，定作人可以合理选择请求承揽人承担修理、重作、减少报酬、赔偿损失等违约责任。本条相较于《合同法》中的规定，将"要求"改为"合理选择请求"，承揽人因工作成果不符合质量要求而承担违约责任，定作人可在 4 种方式中选择其中一种，这一修改使得用词更加准确，并非实质修改。

因承揽人交付的工作成果不符合质量要求，而承担违约责任，包括以下三个方面的内容：

首先，承揽人交付的工作成果不符合质量要求。如果定作人与承揽人在合同中约定了关于工作成果质量的内容，则承揽人交付的工作成果不符合约定即不符合质量要求。如果定作人与承揽人在合同中对工作成果的质量并未约定或者约定不明，则认定工作成果是否符合产品质量要求，主要依据国家标准、行业标准和一般标准。如果没有国家标准和行业标准，且无法就一般标准达成一致意见，则认定工作成果是否符合产品质量要求，主要依据工作成果是否能达成合同的主要目的。

造成工作成果不符合质量标准的原因是多方面的，既可能是由于承揽人选用不符合标准的材料，偷工减料，或者没有按照合同的约定、图纸或技术要求开展工作，也有可能是定作人提供的材料、图纸或技术要求不合理，无法满足承揽工作的要求，承揽人没有发现或者发现后未通知定作人。但是，承揽人作为承揽合同的主体，其工作的目的是为了向定作人交付满足条件的工作成果，其对工作成果的质量应当负责，否则就应当承担违约责任。

其次，定作人合理选择请求承揽人承担的违约责任。承揽人向定作人交付工作成果后，定作人应当及时进行验收检查。如果定作人在验收中发现工作成果不符合质量要求的，应当在合理的期限内通知承揽人，选择合理的方式请求承揽人承担违约责任。如果定作人怠于验收检查或者通知，则不能要求承揽人承担违约责任。

最后，承揽人承担违约责任的方式包括修理、重作、减少报酬、赔偿损失等。

1. 修理。定作人认为工作成果存在质量问题，但是可以通过修理的方式使得工作成果满足其要求，则可以要求承揽人对工作成果进行修理。因修理而造成工作成果延迟交付的，承揽人仍应承担逾期交付的责任。

2. 重作。定作人认为工作成果存在严重质量问题，通过修理无法使得工作成果满足其要求，可以要求承揽人重作。因重作而造成工作成果延迟交付的，承揽人仍应承担逾期交付的责任。

3. 减少报酬。定作人认为工作成果存在质量问题，但其愿意接受承揽人交付的工作成果，可以按质论价，协商减少报酬。

4. 赔偿损失。由于工作成果不符合质量要求，而对定作人的人身或财产造成损害的，定作人可以要求承揽人赔偿损失。

除以上 4 种方式外，定作人还可以根据合同的约定要求承揽人承担其他的违约责任，如支付违约金、返还双倍定金等。

（撰稿人：王江）

第七百八十二条　【定作人支付报酬义务的履行时间】 定作人应当按照约定的期限支付报酬。对支付报酬的期限没有约定或者约定不明确，依据本法第五百一十条的规定仍不能确定的，定作人应当在承揽人交付工作成果时支付；工作成果部分交付的，定作人应当相应支付。

【释义】

我国合同法规范中关于承揽合同的规定，与德国、瑞士、日本、奥地利等国家非常不同的一点在于，在初期，我国合同法中承揽合同中是不包含建筑施工合同的，在《合同法》出台以后，尽管在 2004 年和 2019 年最高人民法院先后颁布了《最高人民法院关于审理建设施工合同纠纷案件适用法律若干问题的解释（一）》和《最高人民法院关于审理建设施工合同纠纷案件适用法律若干问题的解释（二）》，但是《合同法》中关于承揽合同的规定仍然适用于建设施工合同。[①] 本条所针对的交易类型，主要是加工合同、定作合同、修理合同、改造改建合同、印刷合同、复制合同、设计合同、测绘测试合同、鉴定合同等。

承揽合同在我国最早的成文法律规定，可见于1982年的《经济合同法》的第19条，1984年12月20日国务院颁布的《加工承揽合同条例》以《经济合同法》为根据，对于加工承揽合同的订立、履行，及违约责任等作了进一步明细的规定。[②] 但是需要注意的是，就本条而言，最早的体现是《合同法》第263条对定作人支付报酬的义务、履行时间点作了规定，《民法典》对于该条的规定没有改变，仍然沿用《合同法》第263条的规定。

本条主要规定了承揽合同的支付报酬期限，此处的报酬，包括承揽方所付出的材料费用。首先应明确，本条是对定作人在合同关系下的义务履行期限的意思补充，即合同法任意条文的功能之一——意思表示补充功能的体现。承揽合同中承揽人的支付报酬期限并不是合同成立的必备要素。因此，如果基于此讨论承揽人的合同救济问题，仍然应通过意思表示解释来确定，经由当事人约定和合同条款、补充协议、事后补充协议和交易习惯的顺序仍然不能确定当事人是否约定了定作人的报酬支付义务，之后产生的责任问题，也就是定作人支付报酬的义务违反问题。并不是基于合同成立或生效和产生的缔约过失责任，而是违约责任的问题。因此，综上可以将本条看成《民法典》第510条在承揽合同中的细化。

一般而言，法官或仲裁员裁断合同当事人之间的争议会遵循如下步骤：(1) 审查合同当事人对争议事项是否预先作出了特别约定，若有特别约定，该特别约定可作为裁判依据。(2) 经审查，如未发现当事人就争议事项预先作出了特别约定，应进一步审查在争议发生后合同当事人是否就争议事项达成了补充协议，若有补充协议，该补充协议可作为裁判依据。(3) 经审查，如未发现当事人之间存在事后补充协议，则应进一步对当事人之间的合同进行解释，若能经由解释得出清晰、确定的结论，则该解释结论可作为裁判依据。(4) 如经由解释，未能得出清晰、确定的结论，应更进一步审查关于争议事项是否存在特殊的交易习惯，若存在，该交易习惯可作为裁判依据。(5) 经由以上四个步骤，仍未找到处理争议的裁判依据的，裁判者才可援引补充性的任意性规范作为裁判依据。[③] 据此，在

---

① 如甘肃省庆阳市中级人民法院（2014）庆中民终字696号民事判决书和浙江省高级人民法院（2015）浙海终字3号民事判决书。

② 相关的立法资料，可见孙礼海主编：《中华人民共和国合同法立法资料选》，法律出版社1999年版，第247～250页。

③ 王轶：《民法典的规范配置——以对我国〈合同法〉规范配置的反思为中心》，载《烟台大学学报（哲学社会科学版）》2005年第3期。

适用本条的时候，需要注意要按照此顺序依次检查，如果仍然未能在双方合意的基础下找到定作人履行支付报酬义务的时间，则法院应当适用第 510 条的规定，如果还是不能确定，则适用本条第 2 款前半句，即定作人应当在承揽人交付工作成果之时支付报酬。

而确定在承揽人交付工作成果的时候支付报酬，意味着如果双方当事人约定了承揽人交付工作成果的地点、时间，即为定作人支付报酬的地点、时间，如果承揽人在约定时间和地点并没有履行交付工作成果的义务，那么在双方没有特殊约定的情况下，定作人当然可以不履行支付报酬的义务，这是作为合同法中自卫性权利之一——同时履行抗辩权的应有之义，也是作为双务合同的承揽合同双方履行义务功能上的牵连性的体现。

此处需要注意，交付成果，即承揽人将工作成果转移占有之时。举例来说，如果实务状况中约定工作成果自提，那么承揽人通知定作人提货的日期为交付日期。定作人即应当在当日履行支付报酬的义务。如果是约定承揽人亲自送货上门，那么承揽人将工作成果送至定作人指定地点并通知其验收为交付日期。如果双方约定委托第三方运送，则承揽人办理好运输手续后，将货交物流运输方之日为交付日期，此时承揽人将运输方收货的日期告知定作人，定作人在收到该通知时，支付报酬。如果未能确定交付日期，那么仍然需要经过上述意思表示解释来确定。如果根据承揽合同性质，如粉刷墙壁，那么粉刷结束以后，即工作完成之后，即为交付，定作人应当在完成工作时支付报酬。

如果工作成果部分交付的，定作人应当根据部分工作成果，根据已经完成的部分，支付报酬，如定制一组家具，验收一个，则按照部分价值支付报酬。①

【关联规定】

《民法典》第 510、771、780 条

（撰稿人：马可）

第七百八十三条　【承揽人的留置权】定作人未向承揽人支付报酬或者材料费等价款的，承揽人对完成的工作成果享有留置权或者有权拒绝交付，但是当事人另有约定的除外。

---

① 全国人大常委会法制工作委员会编：《中华人民共和国合同法释义》，法律出版社 2009 年版，第 372 页。

【释义】

关于承揽人的留置权的规定，最早可见于1984年的《经济合同法》第19条第4款的规定：定作方超过领取期限六个月不领取定作物的，承揽方有权将定作物变卖，所得价款在扣除报酬、保管费用以后，用定作方的名义存入银行。而后在国务院出台的《加工承揽合同条例》第22条第4款进行了细化，但是并没有将此权利概念化。国家法概念化的任务，是1999年的《合同法》完成的，该法第264条正式采用了“留置权”这样的概念。法律赋予承揽人此项权利是为了保护承揽方所付出的劳动能得到报酬。[①] 本条在进入《民法典》之后，并没有进行修改，与1999年的《合同法》保持一致。

该条文规定了承揽合同中承揽人对于工作成果的留置权，其目的主要是确保承揽合同中对于承揽人劳动成果报酬的请求权。虽然学理上通常将留置权视为一项物权，但是这只是学理归类的结果，该项权利本质上与特定合同交易类型中的债权同源同生，出于对此类交易中可能出现的信用和交易风险不平衡下的一种特殊的权利安排，通常是在此交易中一方的动产有可能转移占有给提供服务或工作的一方。为了担保服务费用的支付，则需要将交易中转移占有的动产的交换价值作为平衡双方交易风险和信用风险的工具。在《物权法》颁布以前，1995年的《担保法》第82条和第84条，通过限定留置权的种类和标的物法定，事实上导致我国法上的留置权只出现在保管、运输、加工承揽、仓储、行纪合同中，只有在上述五种合同中，债务人不履行债务，债权人才享有留置权。[②] 但是《担保法》第84条第2款也为后面进一步抽象化留置权的规则、扩大其适用范围留下了余地。

而后，随着改革开放和社会主义市场经济的制度体系不断完善，国际贸易、国内商业的繁荣，市场呼吁更多元的信用机制，显然原先保守的留置权规则应当扩大适用范围。这种适用范围的扩大不仅仅应当扩张到一些有名合同，如租赁合同，更应该适用到一些无名合同。因此在实务中，债权人需要将自身债权与债务人转移占有的责任财产建立联系，来确保自己合同关系中的权利得到实现。因此，《最高人民法院关于适用〈中华人民共和国担保法〉若干问题的解释》第

---

① 孙礼海主编：《中华人民共和国合同法立法资料选》，法律出版社1999年版，第249页。

② 可见1995年《担保法》第84条1款，1999年《合同法》第395、422条。

109 条[①]作了相当程度上的弥补，通过将债权人取得占有方式扩充到无因管理和侵权行为，从而扩张了留置权的适用范围。《物权法》基本上接受了上述的规则，至此，我国留置权的基本规则框架确定了下来。

《民法典》第 783 条的承揽合同中的留置权毫无疑问是留置权中最为典型的类型。留置权属于法定担保物权，依照法律的规定直接产生，当事人合意并不能设立留置权。而从成立要件来看，存在两大类要件，即积极要件和消极要件。[②]积极要件指的是留置权产生所应当具备的条件，消极条件是指只有当其不存在时留置权方能产生的条件。

积极要件首先是债权人合法占有了债务人的动产，在承揽合同中，即指承揽人根据成立并生效的合同占有定作人的动产。此处需要注意的是，如果在加工过程中出现合同之外的原因占有他人之物，如加工他人之物，加工物的所有权归原材料的所有人，如果加工人因此遭受损害的，其针对加工物所有权人享有不当得利返还请求权。如果加工物所有人不履行该债务，则加工人有权留置加工物。另外，占有的含义是指债权人针对债务人动产的占有必须是他主占有，不能是自主占有，即不能以自己所有的意思对债务人的动产进行占有。[③] 此处的占有并不限于直接占有，也包括间接占有。债权人对与债务人的动产的占有，只要能够对债务人履行债务有催促效果即可，因此既可以自己保管，也可以通过建立保管合同等建立一定法律关系的形式交予他人保管。此时债权人仍然具有留置权，如 A 委托 B 制作一套设备，B 制作完成以后将设备放置于 C 仓储公司的仓库，A 如果没有履行支付报酬的义务，那么 B 仍然对 A 享有留置权。有一点需要注意，债权人间接占有债务人的动产时，债权人对动产不得具有事实上的控制力，即在占有改定的情况下，债权人没有留置权，因为此时债权人并不具有通过实际控制标的物而对债务人产生清偿债务的压力。[④] 另外，如果债权人是通过占有辅助人而对债务人的动产进行占有的，也可以发生留置权。还需要注意的是，债权人占有的动产不限于债务人所有或有处分权的动产，即如果债权人占有的动产非债务人所有或有处分权，债权人仍然可以享有留置权，即留置权是可以被善意取得[⑤]的，如

---

① 《最高人民法院关于适用〈中华人民共和国担保法〉若干问题的解释》第 109 条规定，债权人的债权已届清偿期，债权人对动产的占有与其债权的发生有牵连关系，债权人可以留置其所占有的动产。

② 程啸：《担保物权研究》，中国人民大学出版社 2019 年版，第 743 页。

③ Handkommentar PeterOestmann，ZGB895，N. 6. 程啸：《担保物权研究》，中国人民大学出版社 2019 年版，第 743 页。

④ 郑冠宇：《民法物权》，新学林出版股份有限公司 2011 年版，第 654 页。

⑤ 王利明：《物权法研究》（下卷），中国人民大学出版社 2013 年版，第 1407 页；崔建远：《物权：规范与学说——以中国物权法的解释论为中心》下册，第 944 页以下；常鹏翱：《留置权善意取得的解释论》，载《法商研究》2014 年第 6 期。

A 借了 B 的车，将车撞坏了，送至 C 修理厂修理，如果 A 不交修理费，那么 C 享有对汽车的留置权。其理由在于《民法典》第 311 条第 3 款和第 447 条的规定，《最高人民法院关于适用〈中华人民共和国担保法〉若干问题的解释》第 108 条也明确承认了留置权的善意取得，从条文来看，债务人占有的财产而债权人在合法占有债务人交付的动产时不知道债务人属于无处分权的人，就可以善意取得留置权。另外从留置权的规范目的来看，留置的动产也不应该限于债务人拥有的所有权的动产，留置权并不以变价和优先受偿为首要目标，而是先通过留置财物合法限制物归原主，以加强债权的效力，督促债务人履行债务，这样可使债权人免除返还占有物的义务，保证债权的实现。[①] 另外需要注意，盗赃物不属于留置权的客体。[②] 此处需要注意的问题是债权人的善意，应当适用《民法典》第 311 条第 1、2 款的规定，即债权人不知道债务人对被留置的动产没有处分权。[③] 从权利外观角度，也应该扩张理解为，有合理理由相信债务人有处分权。此处显然就有合理理由相信债务人有处分权的举证责任为债权人所负担。

一般留置权的积极要件中的第二个要件，就是债权人占有的债务人的动产和债权属于同一个法律关系，在承揽合同中表现为要在同一个合同关系内。这是因为在现代社会中同样的两个民事主体可能会存在多个合同关系，为了维护交易秩序，防止交易混乱，有此要件。《民法典》第 448 条对此进行了规定。而对于“同一法律关系”的认定，应当注意如下几点，如果双方是纯粹生活关系，不存在留置权，且双方的法律关系内容是以给付作为内容的，其实质在于由于物的占有人增加了标的物的价值，或者因标的物遭受了损害，在请求返还占有物的人没有偿还得利或赔偿损害前拒绝给付，为了督促其履行义务。需要注意的是，承揽合同中在同一法律的认定比较容易，但是留置权本身的范围如前述可以延伸到无因管理和侵权行为上。此外，商事留置权中不要求同一法律关系这一要件。这也是《民法典》第 448 条的规定，原因是企业间的商业交易很难具体从证据层面判断动产和债权是否属于同一法律关系。

积极要件中的第三个要件就是债务履行期限届满，即只有定作人不履行支付报酬的义务时，此权利才具有正当性。承揽人擅自留置债务人的财产甚至进行处分才具有正当性。而在承揽合同中，需要先确定交付工作成果的时间，也就是依照《民法典》第 782、780 条先对交付工作成果和支付报酬的时间进行确定，同

---

① 常鹏翱：《留置权善意取得的解释论》，载《法商研究》2014 年第 6 期。

② 可见尹田：《物权法》，北京大学出版社 2011 年版，第 613 页；常鹏翱：《留置权善意取得的解释论》，载《法商研究》2014 年第 6 期。

③ 常鹏翱：《留置权善意取得的解释论》，载《法商研究》2014 年第 6 期。

时需要认定双方履行债务的顺序，再确定此要件成立与否。如果双方没有约定履行顺序，且双方同时享有履行抗辩权的时候，债权人不得行使留置权[①]。

至于消极要件方面，即如果符合此类要件，留置权则不成立。（1）债权人并非合法占有债务人的动产。（2）被留置的标的物是法律所禁止留置的动产，如《居民身份证》第 15 条第 3 款对于居民身份证的扣押排除。还有就是法律禁止流通的动产。[②]（3）动产是当事人约定不得留置的动产，本条最后一句就是此消极要件的体现。（4）动产的留置同时注意不得违反公序良俗，这是《民法典》第 10 条的体现，如不能因为毕业生未缴清助学贷款而留置学生的毕业证、学位证，不得因为未付运费而留置运往疫区的医疗器材和药品等。

留置权所担保的债权范围包括：主债权、利息、违约金、损害赔偿金、保管留置物的费用和实现留置权的费用。在留置权下，留置权人的权利包括占有留置物的权利，留置权人在债权未受清偿前，享有占有债务人的动产并留置的权利。留置权虽然具有不可分性，但是法律对留置权不可分性作出了限制。《民法典》第 450 条对此进行了规定。承揽人对于工作成果的留置范围应当相当于债务的金额。留置权人占有留置物的权利是基于留置权的物权属性，因此可以对抗债务人，也可以对抗第三人。但是由于所有权仍然属于债务人，因此在留置权消灭或实现后的剩余部分，在破产程序中可以清偿破产费用、共益债务和其他破产债权。[③] 在承揽人享有留置权的过程中，承揽人仍然会有如下义务，如妥善保管留置物的义务（《民法典》第 451 条）。当留置权因债务人履行债务而消灭的时候，或因债务人另行提供担保并被债权人接受而消灭时，留置权人负有将留置物返还给债务人或者其他受领权人的义务，否则定作人可请求之。[④]

留置权在行权之时也有若干条件，首先是当事人约定的或债权人确定的宽限期届满债务人仍不履行债务，这里需要结合第 782 条和第 780 条两个条文方能确定。但是需要注意当债权清偿期限届满而债务人不履行债务之时，承揽人的留置权仅仅发生留置的效力，但是此时并不发生优先受偿的效果，承揽人并不能将留置物立刻变价并优先受偿，必须经过一定的宽限期限，根据《民法典》第 453 条第 1 款的规定，应当给予定作人 60 日的时间履行债务，但是鲜活易腐的物品除外。

留置权在实现的过程中，应当按照《民法典》第 453 条的方式进行，留置权

---

① 程啸，《担保物权研究》，中国人民大学出版社 2019 年版，第 745 页。

② 《最高人民法院关于适用〈中华人民共和国担保法〉若干问题的解释》第 5 条第 2 款。

③ 《最高人民法院关于适用〈中华人民共和国企业破产法〉若干问题的规定（二）》第 3 条第 2 款。

④ 上海市第一中级人民法院（2004）沪一中民四（商）终字 957 号民事判决书。

人可以自行拍卖。但是要按照市价出售。如果债务人已经破产，则对其他债权人有重大利益影响的财产进行处分时，应当及时报告债权人委员会，若无则应及时报告法院。[①] 另外，如果留置权人行权拖延时间，定作人可以依照《民法典》第454条请求人民法院进行处分。

承揽人的留置权在一些情况下也会消灭，首先应当关注《民法典》的第393条，看是否符合权利消灭事由，即承揽人的报酬的合同债务是否消灭、留置权本身是否实现、承揽人是否放弃了担保物权、是否存在法律规定的其他担保物权的消灭事由。此外，需要注意《最高人民法院关于适用〈中华人民共和国担保法〉若干问题的解释》的第12条第2款，即担保物权所担保的债权的诉讼时效结束以后，担保权人在诉讼时效结束后的2年内行使担保物权的，人民法院应当支持。另外，如果承揽人丧失了对标的物的占有，其留置权也消失。如果是因为非法侵夺导致占有丧失，则留置权仍然存在。[②] 另外一种消灭事由是留置权人接受债务人另行提供的担保，即《民法典》第457条的规定。

【关联规定】

《民法典》第311条第3款、第393条、第441条第1款、第447～448、450～451、453～454、457条

（撰稿人：马可）

第七百八十四条　【材料及工作成果的保管】 承揽人应当妥善保管定作人提供的材料以及完成的工作成果，因保管不善造成毁损、灭失的，应当承担赔偿责任。

【释义】

此条对应1999年《合同法》的第265条，内容并未改动。

本条主要规定了承揽人对于定作人材料和工作成果的保管的义务，即义务违反的后果。此条简短，而且只有一句话，但是该条在法律效果上而言，存在两个

① 《最高人民法院关于适用〈中华人民共和国企业破产法〉若干问题的规定（二）》第25条。
② 姚瑞光：《民法物权论》，中国政法大学出版社2011年版，第383页。

层次，对应着承揽人两个阶段的义务，即第一阶段效力和第二阶段效力，[①] 这也对应着合同中第一次给付义务和第二次给付义务，[②] 用民法典的立法语言，即合同义务的履行与合同义务的违反（违约责任）。第一阶段效力为承揽人在承揽合同关系中，负担妥善保管定作人提供的材料和工作成果的义务，第二阶段效力为因承揽人没有履行第一阶段的义务，进而导致损害赔偿责任。

首先需要厘清的一个问题是，债法上的义务群如此之多，如何寻求一种理论分类，才方便处理债之关系的核心问题：相对人负有何种义务，得否请求履行？得否主张同时履行抗辩权？违反义务时的法律效果，得否请求损害赔偿或解除合同？

从目前的立法和学说来看，基本的义务分类方式是三分法，即给付义务、附随义务（照顾义务）和不真正义务（也称负担性义务[③]）。给付义务分为主给付义务和从给付义务，它们决定着合同的类型，附随义务包括通知义务、说明义务，本条所规定的是妥善保管义务，这种义务保护着合同中当事人的固有利益，一定程度上，可以看作侵权法所保护利益在合同关系中的体现。不真正义务则是一种强度较弱的义务，它的法律效果并不体现为合同相对方的原生、次生请求权或是合同解除权，而是表现为义务方自身的利益受损的不可归责性。

正如上文所说，该条的法律效果具有二段效力，各自对于定作人而言请求权基础并不相同。事实上，该条的义务基础是《民法典》第 502 条，也就是作为承揽人的义务内容的妥善保管义务首先应满足的要件是合法有效的合同，第 784 条的独立意义在于在双方的合同条款中增加了一个默示条款，增加了一项承揽人的附随义务。承揽人有义务妥善保管定作人提供的材料，保持材料的质量状态，防止材料非正常的损耗，从而保证工作成果的质量。但是从裁判法的角度进行判断，也就是从法院的角度进行判断，整个法条的理解顺序应当是从第二段效力作为起点的，因此在理解整个条文的时候，其实是从违约责任的角度进行追溯的。如果从定作人因承揽人对工作成果或材料保管不善造成的损害赔偿请求权来看，首要的成立要件就是合同合法有效。除此之外需要注意，虽然承揽合同交付工作成果是结果性义务。但在承揽合同下，妥善保管工作成果和材料的义务是一项方式性义务，而非结果性义务，即承揽人的保管义务仅仅是为了防止材料和工作产

---

① 姚志明：《契约法总论》，元照出版公司 2011 年版，第 14 页。
② 韩世远：《合同法总论》，法律出版社 2018 年版，第 342 页。
③ 朱广新：《合同法总则研究（下）》，中国人民大学出版社 2018 年版，第 391 ~ 397 页。

品的非正常损耗和灭失,[①] 因此承揽人对于材料和工作成果的保管义务，在非经约定的情况下，“妥善保管”也就是符合一般行业标准即可，这也得到了立法部门的肯认。[②] 材料如果是因自身性质产生的自然损耗，承揽人如果已经尽到妥善保管责任的，承揽人不承担损害赔偿责任，如果是由于定作人隐瞒材料瑕疵的，承揽人在尽到妥善保管义务的前提下，对材料的毁损、灭失和因此产生的工作成果瑕疵不负责任。材料因为不可抗力而发生毁损、灭失的，承揽人如果已经尽到妥善保管责任，则不承担损害赔偿责任。即在认定承揽人的赔偿责任之时，需要原告证明过错要件。

对于工作成果，亦同，但是需要注意，如果因承揽人未尽到妥善保管义务，造成工作成果毁损、灭失的，承揽人应当自负费用准备材料，重新完成工作并交付成果。如果因承揽人未尽到保管义务，导致材料、工作成果毁损灭失，承揽人应当进行赔偿，因此造成定作人损失的，应当按照《民法典》第584条进行赔偿范围的确定并进行赔偿。至于可替代物和不可替代物的毁损灭失，则按照《民法典》第577条进行责任承担。

如果因为承揽人未尽到该义务导致约定义务的违反，那么应当承担违约责任。承揽人可以寻找第三方进行保管，但是不得增加债务人的不合理费用。

【关联规定】

《民法典》第509、577、584条

（撰稿人：马可）

第七百八十五条　【承揽人的保密义务】承揽人应当按照定作人的要求保守秘密，未经定作人许可，不得留存复制品或者技术资料。

---

① 关于违约责任归责性的论证以及方式性义务和结果性义务的二元区分方法。对于方式性义务，债务人的义务只是践行合理的注意。其典型案例是医生对患者的义务，医生须采取合理的措施去医治患者，但是，尽管采取了合理措施仍未达到救治的结果的，医生不承担责任。而对于结果性义务，债务人不仅仅要证明尽到了谨慎义务，而且需要证明已经实现了合同目的。结果性义务并非一种绝对性义务，债务人可通过证明被允诺结果的未实现乃源于意外事件而免责。两者的区别在于举证责任的分配，债权人通常要负担违约责任成立要件的举证责任。在方式性义务的案件中，既然未尽注意义务是违约的本质要素，过错的证明就由债权人负担。但是在结果性义务案件中，债权人仅仅需要证明未获得允诺的结果，债务人应证明存在意外事件。参见朱广新：《合同法总则研究（下）》，中国人民大学出版社2018年版，第656~670页。

② 全国人大常委会法制工作委员会编：《中华人民共和国合同法释义》，法律出版社2012年版，第265条。

【释义】

该条最早出现在1982年《经济合同法》第19条第3款，1985年的《加工承揽合同条例》第15条也规定承揽人的保密义务。但是需要注意，这两个条文和1999年的《合同法》的第266条是有区别的。前两个条文在规定承揽人的保密义务上，加了一个前提，就是“定作人要求保密的”，虽然1999年《合同法》第266条的规定从字面来看不同于前述规定，但是从立法者的观点来看[①]，并无不同。

作为附随义务的保密义务，其保护的对象，就是定作人的固有利益，但是其客体是丰富多样的，这其实在相当程度上与《侵权责任法》《专利法》《反不正当竞争法》等规范存在竞合的问题，如《民法典》第1032条的隐私权，第1165条第1款的一般侵权、《反不正当竞争法》第7条的商业秘密保护以及对于反不正当竞争行为的损害赔偿责任的规定。第一种是这背后反映了合同法对于固有利益的保护本质上其实属于侵权法和合同法的分工问题，对于固有利益的保护原则上应当适用侵权法，在合同当事人之间的固有利益的损害赔偿原则上应当适用侵权法而不是合同法，但是在一些特殊情况下，若固有利益的保护被作为乙方的给付义务的内容、成为对方的履行利益，则固有利益因其同时又具有履行利益的属性，如保管合同、仓储合同、保安服务合同和《经济合同法》中对于承揽合同中承揽人保密义务的规定。第二种是即使固有利益的保护本身并非履行利益，但其与履行利益的实现或履行利益丧失后的返还财产之间具有紧密关联，则债务人因其负有保障履行利益实现或返还利益实现的义务，相应地也负有保护对方当事人的这种利益的义务，如运输合同中承运人安全运输的义务、承揽合同中对于材料和工作成果的妥善保管义务。第三种即因侵权法中被保护客体的被保护属性及其范围都不确定，某些时候需要以合同义务来辅助其明确和确定，此时也需要合同法的补充。例如，侵权法中确立了禁止侵害他人商业秘密的基本规则，但适用这一规则的前提是将某项技术信息或经营信息准确地界定为商业秘密，而商业秘密的边界非常模糊，对商业秘密进行准确界定的过程，需要有合同保密义务的参与。换句话说，合同法上的保守商业秘密的义务，其价值不在于确立“禁止侵害对方当事人的商业秘密”这样的规则——侵权法已经确立了这一基本规则；合同

---

① 全国人大常委会法制工作委员会编：《中华人民共和国合同法释义》，法律出版社2012年版，第266条。

法上的保守商业秘密的义务，其独特价值在于，使得技术信息和经营信息并不因为权利人在合同的订立或履行过程中将这些信息告知对方当事人而丧失了其作为商业秘密的属性，从而确保这些信息明确地成为侵权法所保护的客体。①

本条的重点，在于强调承揽合同成立后，工作中以及完成后的保密义务。在承揽合同中，定作人当然可以通过合同约定保密，也可以在合同履行期内，要求承揽人保守秘密。但是应当明确保密的内容、期限。其内容包括技术秘密，也包括商业秘密，如图纸、技术数据、专利技术的工作成果，还包括如定作人的名称、工作成果的名称。保密义务持续到承揽合同终止后。

承揽人在工作中要妥善保管资料和信息，不得泄密，不能擅自将技术以自己的名义申请专利或不当使用，也不得擅自复制技术成果。工作结束以后，不得留存相关资料，应当返还。

如果承揽人未尽到保密义务，给定作人造成损失的，承揽人承担损害赔偿责任。如果定作人事后公开秘密，承揽人的保密义务消灭。如果定作人申请了专利，承揽人对定作人将负担专利法上的一般义务。

【关联规定】

《民法典》第465、563、584、786、1032、1165条，《反不正当竞争法》第6~7、9条，《专利法》第11、65条

（撰稿人：马可）

第七百八十六条　【共同承揽人的连带责任】 共同承揽人对定作人承担连带责任，但是当事人另有约定的除外。

【释义】

该条最早出现在1999年的《合同法》中，《合同法》第267条的规定也被《民法典》继受下来。

---

① 可见《反不正当竞争法》第10条第3款和《最高人民法院关于审理不正当竞争民事案件应用法律若干问题的解释》第11条第3款第5项规定。可参见王文胜：《论合同法和侵权法在固有利益保护上的分工与协作》，载《中国法学》（中文摘要版）2015年第4期。关于合同法和侵权法的分工与适用，亦可参见朱晓喆：《瑕疵担保、加害给付与请求权竞合债法总则给付障碍中的固有利益损害赔偿》，载《中外法学》2015年第5期。

该条是不完全法条，对于共同承揽合同法关系下的法律效果，如承揽人之间的内部求偿权等并没有完全说明，其法律效果的确定，在《民法总则》出台前是通过《民法通则》第87条完成的，该条文明确了连带之债的基本规则，在《民法总则》出台以后，其第178条[①]的规定在一般民事责任的层面延续了这一规定，并没有对之前的规则作出改变。但是在《民法典》合同编中，第518～521条的规定细化了连带债务的规则，立法层面确立了可分之债和不可分之债的区别，第519条确定了连带债务人之间的责任分担，第520条规定了连带债务的消灭规则，第521条则是确立了在合同解释之后仍然难以确定连带债务人之间的份额的法律拟制规则。虽然在民法传统理论中存在立法上的三分模式，也就是可分之债、不可分之债和连带之债[②]，而后也有学者提出，可分之债、连带之债和协同之债的立法分类布局[③]，但是我国立法最终还是选择了按份之债和连带之债的二分法。其中理由，一方面是我国民法结构并不存在传统大陆法系国家的债法总则，即从立法结构上并没有将侵权法和合同法以及诸多亲属法中的以财产给付为内容的规则进行整合；另一方面是我国合同法选择了与传统大陆法系民法契约法中不一样的进路，即并不是不同给付障碍与救济方式的一一对应，而是选择了不区分履行障碍原因、从义务违反的角度出发统合诉因，这两个原因使得传统的三分法对于规则的整合和法律确定性的维护的效果减弱。

而本条所称的共同承揽，其合同订立方式，既可以是共同承揽人与定作人共同订立承揽合同，也可以根据承揽人的约定由其中一个承揽人代表所有共同承揽人与定作人订立承揽合同。共同承揽下的交易行为，多为一个工作成果的分包，具有结果之债的特征，即各个分包人的工作成果在结构和功能上具有相关性，其履行具有相当的不可分性，如道路施工、建设工程。因此，为了充分保证合同目的的达成，要求承揽人在履行、债务消灭效果层面进行绑定。即每一个共同承揽人都应当对承揽的全部工作向定作人负责。如果交付的工作成果不符合要求，定作人可以要求共同承揽中的任何一个承揽人承担违约责任，任何一个共同承揽人都应当无条件承担违约责任。[④] 承担责任的共同承揽人，可以向其他共同承揽人

---

① 该条规定：二人以上依法承担连带责任的，权利人有权请求部分或者全部连带责任人承担责任。连带责任人的责任份额根据各自责任大小确定；难以确定责任大小的，平均承担责任。实际承担责任超过自己责任份额的连带责任人，有权向其他连带责任人追偿。连带责任，由法律规定或者当事人约定。

② 李中原：《多数人之债的类型建构》，载《法学研究》2019年第2期。

③ 齐云：《论协同之债》，载《法商研究》2020年第1期；同时请参见齐云：《论我国多数人之债的完善——以不可分之债与连带之债的区别为中心》，载《河北法学》2012年第3期。

④ 全国人大常委会法制工作委员会编：《中华人民共和国合同法释义》，法律出版社2012年版，第267条。

追偿超出其实际应承担的责任份额，共同承揽人对定作人承担连带责任，也可以理解为共同承揽人也享有连带权利，任何一个共同承揽人都可以根据法律规定或者合同约定向定作人主张权利，再根据约定或者工作比例分享。例如，甲与乙共同承揽制作一部大型车床，如果定作人未按照约定支付报酬和材料费，甲或乙都有权留置该车床，以折价或者变卖、拍卖获取价款，取得价款后，再根据约定或者各自工作份额优先受偿。

【关联规定】

《民法典》第 178、518 ~ 521 条

（撰稿人：马可）

第七百八十七条　【定作人的法定解除权】定作人在承揽人完成工作前可以随时解除合同，造成承揽人损失的，应当赔偿损失。

【释义】

在《加工承揽合同条例》中，对于承揽合同的解除权问题，仍然是按照一般的合同解除权来进行处理的[①]，但是 1999 年《合同法》作出了比较大的调整，在第 286 条赋予了定作人随时解除合同的权利，《民法典》沿用了这一规定。

在解释、应用这个法条的时候，需要先厘清的一对概念是合同解除与终止的关系。在传统民法理论的角度，两者指向针对的合同类型不同，对于一时性契约，则是适用解除，而对于继续性契约，则是适用终止，在法律效果上而言，解除具有返还原物的效果，而终止则是向后的未来债务的消灭。两者本质上都是意思表示，都属形成权。[②] 在我国法上，从 1999 年《合同法》开始，合同解除和终止的关系是，合同终止是合同解除的上位概念，因此合同终止成为一种合同权利义务不存在的客观描述。我国法为解除合同作出了一个重大的创新，将其的适用范围从一时性的合同扩大为囊括了继续性合同，但是仍然存在传统意义上的终止——《担保法》第 27 条。也就是说，在我国法上的“终止”概念，在合同法中为消灭的事实，其他法律则可能被解释为债务向未来消灭的单方意思表示。我国

① 《加工承揽合同条例》第 22 条第 3 款。

② 黄立：《民法债编总论》，元照出版社 2006 年版，第 538 页。

合同法中的终止，最终指向的是狭义债之关系，而不是合同本体，但是也有例外，如一些单务合同。

在我国法律体系中，合同的权利义务终止的意义包含两种含义，一种代表广义债之关系——也就是整个合同关系的终止，另一种则为狭义债之关系——也就是合同关系中当事人具体的某一项给付义务，当然如果是单务合同，两者则相同。

合同的权利义务终止的一般效力有：(1) 从属权利的消灭（担保保证义务的消灭）；(2) 后合同义务的产生，如前述承揽合同中的保密义务等；(3) 债权证书的返还和涂销，如借据、借条、欠条等。理解解除权，要明确其本质是非常重要的合同不履行救济权。解除权是一种典型的合同不履行自主权，因此在理解合同解除的时候，必须以不履行救济为核心，其优点在于便捷性和自助性。一般的合同解除权，其基本构造是：约定或法定事由发生，非违约方通知（不需法院或仲裁），违约方收到通知，合同解除。法院和仲裁机构的功能在于认定解除权的产生是否符合约定条件或法定事由。但是在此条中，由于承揽合同的特殊性，此时法律赋予了定作人任意的解除权，从一般的合同解除权的原理来说：只有在当事人一方的不履行构成根本不履行时，合同另一方才能享有解除合同的权利。

但是承揽合同中的解除权，不同于《民法典》合同编总则部分的合同解除权的规定，虽然是一种法定的合同解除权，但是不以违约的救济作为核心功能，而是为了保证定作人的理性计划。举例来说，在交易情况发生了一定的变化，定作人不再需要工作成果的情况下，如果定作人想要从合同关系中退出来，在没有该条的解除权的情况下，则必须从《民法典》第 562 条约定解除权和第 563 条的法定解除权寻找依据，但是这两条的构成要件往往难以满足定作人的需求，因为这两条要求当事人必须出于不可抗力或者是对方当事人重大违约的情况下才能请求解除合同。定作人只能等待承揽人生产一个自己并不需要的工作成果。

该条的正当性基础在于承揽合同是为了满足定作人的特殊需求，因此当定作人的需求不存在的时候，法律应当允许定作人跳出合同关系①。而从《德国民法典》第 638 条②和《瑞士债法典》第 377 条③的情况来看，其正当性基础则是强调承揽合同与雇佣、服务合同的相似性，其合同的标的并不仅仅是工作成果本身，仍然包括承揽人的服务对于定作人需求的满足。

---

① 全国人大常委会法制工作委员会编：《中华人民共和国合同法释义》，法律出版社 2012 年版，第 438 页。亦可见谢鸿飞：《承揽合同》，法律出版社 1999 年版，第 165 页。

② MüKoBGB/Busche，8. Aufl. 2020，BGB § 648 Rn. 2，3

③ BK – Berner Kommentar Band/Nr. VI/2/3，§377，RZ. 4a.

不同于一般的合同解除的地方在于，一般来说，合同的解除与不可抗力或是对方的违约行为紧密相关，此处则是对此原则的突破，相当程度上，该条文给予了定作人一个退出合同关系的特权，但是作为平衡，并防止承揽人出于履行合同义务进行了大量的投入却罹于颗粒无收的风险①，因此定作人的此项特权应当受到进一步的制约。按照解除合同的一般规则，除了不可抗力的情形，定作人解除合同往往意味着对方的违约，因此在排除双方违约的情况下，提出解除合同的合同当事人当然不承担损害赔偿责任，但是在承揽合同的定作人的法定解除权的情况下，为了保护承揽人的利益，则定作人在一些情况下要承担损害赔偿责任。定作人在以下三种情况下可以不承担责任并解除合同：（1）承揽人违反合同的规定，履行迟延或不履行；（2）承揽人工作存在缺陷或是没有按照合同规定完成工作成果；（3）费用超过约定。② 当然，如果在承揽合同的履行过程中，定作人存在义务违反的情形，并对承揽人造成损失，那么承揽人当然可以主张抵销。

另外需要注意的是，定作人的撤销权需要在工作完成前行使，如果承揽人已经完成工作，即使工作成果尚未交付，也不能解除合同。因为定作人行使解除权的目的在于使承揽人的工作中止，使其不再继续进行，如果承揽人已经完成了工作，此时定作人也必须接受工作成果，不能再解除合同。③ 这一点在德国法和瑞士法上也得到了支持。

另外，该解除权本质上是形成权，即定作人单方通过意思表示行使即可，如口头或书面通知的形式，到达生效。④

从法律效果来看，包括两层法律效果。第一层是合同关系下对于双方合同履行情况的清算，虽然有观点认为是双方互负恢复原状的义务⑤，但是事实上的法律效果并不如此，如果承揽人完成了部分的工作成果，包括用于工作或其他已经移转于定作人所有的材料，应当交于定作人，承揽人也拥有相应的报酬请求权，如果定作人预先支付了报酬，则定作人有权请求返还部分价款。⑥ 第二层法律效果则是定作人应当赔偿因解除合同对承揽人造成的损失，如材料费以及其他的损失。

---

① MüKoBGB/Busche，8. Aufl. 2020，BGB § 648 Rn. 2，3.

② BK – Berner Kommentar Band/Nr. VI/2/3，§ 377，RZ. 5.

③ 谢鸿飞编：《承揽合同》，法律出版社 1999 年版，第 168 页。

④ MüKoBGB/Busche，8. Aufl. 2020，BGB § 648 Rn. 2，2，全国人大常委会法制工作委员会编：《中华人民共和国合同法释义》，法律出版社 2012 年版，第 437 页。

⑤ 谢鸿飞编：《承揽合同》，法律出版社 1999 年版，第 168 页。

⑥ 全国人大常委会法制工作委员会编：《中华人民共和国合同法释义》，法律出版社 2012 年版，第 439 页。

【关联规定】

《民法典》第 562 ~ 563、565 ~ 566 条

（撰稿人：马可）

第十八章　建设工程合同

【导读】

本章所调整的是建设工程合同中的法律关系，建设工程合同是承包人进行工程建设，发包人支付价款的合同。本章共21个条文，在立法体系上依然维持了《合同法》所确立的特殊承揽合同典型化的立法模式，在规范内容上一方面完全保留了《合同法》原有的建设工程合同规范内容，另一方面也部分转化了现有成熟司法经验——第793条是对《最高人民法院关于审理建设工程施工合同纠纷案件适用法律问题的解释》（以下简称《施工合同司法解释（一）》）第2、3条的吸收，而第806条则是对《施工合同司法解释（一）》第8、9、10条部分内容的吸收。

住房是最基本的民生保障之一，建筑设施的安全可靠对于公民的生命财产安全以及全社会的稳定有着非常重大的意义，因此，本章最突出的一个特点即是体现了大量对于公共利益的考量。典型合同的立法通常主要表现为任意性规范，主要是起到对当事人之间所订立合同的内容进行补充的作用。而本章中却出现了大量的强制性规范，在条文配置上表现为“私的自治”与“公的管制”的杂糅，具体而言需要注意以下几个方面：

首先，在合同订立层面，建设工程合同的订立就受到较多基于公共利益考量的限制。根据《招标投标法》第3条和《必须招标的工程项目规定》的规定，大型基础设施、公用事业等项目的建筑施工合同必须通过招投标程序签订，故而对其订立过程就主要不再适用《民法典》，而是通过第790条转引至管制更为严格的招投标相关法律。此外，根据第792条规定，具有更强公共利益属性的“国家重大建设工程合同”，则须采取更为严格谨慎的程序，应当按照国家规定的程序和国家批准的投资计划、可行性研究报告等文件订立。

其次，在合同效力层面，第791条对“发包人不得将应当由一个承包人完成的建设工程支解成若干部分发包给数个承包人”、“承包人不得将其承包的全部建设工程转包给第三人或者将其承包的全部建设工程支解以后以分包的名义分别转包给第三人”、“禁止承包人将工程分包给不具备相应资质条件的单位”以及“禁止分包单位将其承包的工程再分包”等情形做出了禁止性规定。此禁止性规定属于效力性强制性规定，是基于公共利益对合同自由的限制。

最后，在合同履行层面，承包人对义务的履行，即所完成的建设工程的质量，不仅要符合其与发包人的约定，更要符合国家颁发的施工验收规范和质量检验标准，否则不能进行交付（第799条）。而对于发包人而言，其履行提供建筑材料、建筑构配件和设备等协助义务时，除了要遵循和承包人之间的约定以及符合诚实信用原则之外，还要符合国家规定的强制性标准（第806条第2款）。而当发包人对支付价款这项义务的履行陷入困难时，根据第807条规定，承包人享有优先权，“除根据建设工程的性质不宜折价、拍卖外，承包人可以与发包人协议将该工程折价，也可以请求人民法院将该工程依法拍卖。建设工程的价款就该工程折价或者拍卖的价款优先受偿。”这项规则背后的利益考量同样是具有公共性质的利益——解决农民工欠款问题，化解社会矛盾，维护社会和谐稳定。

第七百八十八条　【建设工程合同的定义和种类】建设工程合同是承包人进行工程建设，发包人支付价款的合同。

建设工程合同包括工程勘察、设计、施工合同。

【释义】

本条规定了建设工程合同内涵与外延，是对《合同法》第269条规范内容的全面承继。根据本条规定，建设工程合同为双务、有偿合同，区别于一般承揽合同，其特殊之处主要在于：

其一，建设工程合同的当事人为发包人和承包人。由于建设工程投资较大、建设周期长，发包人一般为具备一定投资能力的法人或非法人组织，同时，基于工程建设专业性、技术性以及建设工程合同的公共利益相关性，为保障工程质量安全，承包人一般为专门从事工程建设的社会组织体，我国建筑法规范要求其调整范围内的工程建设承包人必须是具备相应资质的法人。

虽然本条并未限制承包人范围，但《最高人民法院关于审理建设工程施工合同纠纷案件适用法律问题的解释（一）》第1条关于承包人资质对合同效力影响的解释，对施工合同承包人范围构成实质上的限缩解释，即承包人必须是具备相应资质的法人，否则建设工程施工合同无效。《民法典》制定过程中，构成对承包人范围限缩解释的相关司法解释内容曾一度被纳入《民法典合同编（征求意见稿）》，后未现身于审议稿，草案条文的增删变化，体现了立法机关审慎的立法态度。

弱化企业资质，直至取消资质认定，让市场在资源配置中起决定性作用，是建筑业行政管理改革的必然趋向。[①] 以资质作为市场准入依据的强制性规范，本质上属于管理性强制规范，最高人民法院通过司法解释将其作为影响建设工程施工合同效力的强制性规范依据，本意是维护建筑业市场健康有序发展，保证建筑工程质量，防止建筑企业规避建筑行政管理机关对资质条件的管理。[②] 但建筑业实践中广泛存在的资质挂靠，违法分包、转包等违反建筑业行政管制规范行为，导致工程质量与承包人资质之间已无必然联系，从《最高人民法院关于审理建设工程施工合同纠纷案件适用法律问题的解释（一）》第 1 条施行现状看，除催生大量无效建设工程施工合同外，并未达成规范目的。

其二，建设工程合同承包人主合同义务为工程建设。现行民事立法并未对工程加以界定，有学者认为建设工程绝非仅限于不动产建造，建筑安装、机械制造、船舶建造等在我国都属于建设工程范畴。[③] 关于建设工程的理解不能忽略一般承揽合同立法是以动产为规范原型的基本认知，不能无视建设工程合同区别于承揽合同典型化立法考量，也不能脱离我国建设工程立法体系，在公法规范已经对建设工程进行界定的当下，有必要参照公法规范对建设工程的立法定位，以实现立法体系内部逻辑自恰。《建设工程质量管理条例》第 2 条第 2 款采列举静态工程类型的方式确定建设工程的外延，根据该款规定，建设工程“是指土木工程、建筑工程、线路管道和设备安装工程及装修工程”；《招标投标法实施条例》则从动态的工程建设行为的角度对建设工程予以界定，根据其第 2 条第 2 款，建设工程“包括建筑物和构筑物的新建、改建、扩建及其相关的装修、拆除、修缮等”。比较言之，《建设工程质量管理条例》对“建设工程”的封闭性类型化限定，不仅欠缺明晰的类型化标准，且“土木工程”“建筑工程”等用语本身非严谨的法学概念，需进一步厘定，而《招标投标法实施条例》对“建设工程”的界定是从工程建设行为不同阶段的角度进行描述，更为客观、科学、精准，可为建设工程合同立法解释所借鉴。

---

① 自 2015 年取消了建筑智能化、消防设施、建筑装饰装修、建筑幕墙 4 个设计施工一体化资质以来，住房和城乡建设部已经取消了多种建筑业资质，同时开始试点建筑企业采以企业业绩为核心的告知承诺方式资质申请；住房和城乡建设部市场监管司 2018 年、2019 年工作要点也持续把简化市场准入条件作为年度重要工作内容，以评估企业的信用等级与业绩为核心简化资质审查条件，“信誉好”的企业可以超越资质承接工程项目。

② 最高人民法院民事审判第一庭编著：《最高人民法院建设工程施工合同司法解释的理解与适用》，人民法院出版社 2015 年版，第 27 ~ 28 页。

③ 谢华宁：《建设工程合同》，中国经济出版社 2017 年版，第 3 页。

值得探讨的是，虽从文义解释上看，建设工程合同立法适用范围具有广泛包容性，即所有以工程建设为给付内容的合同都属于建设工程合同立法调整范畴。但法学理论界有学者认为“个人为建造个人住房而与其他自然人或建筑队订立的合同就是承揽合同，而不属于建设工程合同”①，司法实务界对于农民自建低层住宅施工合同是否属于建设工程合同②以及家庭住宅装修合同是否属于建设工程合同③的观点也大相径庭。在《建筑法》规定承包人取得相应资质才能在资质等级许可范围内从事建筑活动，以及将农民自建低层住宅等建筑活动排除在建筑法适用范围之外的规范背景下，理论与司法实践中的观点分歧，归结于对建设工程合同立法适用范围是否当然受建筑法调整的建筑活动范围影响的不同立场。

笔者认为，虽然从立法发展史上看建设工程合同典型化立法与20世纪我国对基本建设进行严格计划管理有密切关系，但在市场经济背景下建设工程合同立法应回归其纯粹私法属性。在《民法典》已对建设工程合同典型化规范的前提下，所有以工程建设为给付目的的合同都应归属于建设工程合同，不应因某些建设活动不受建筑法强制性规范调整而将全部工程建设在私法适用上加以切割。在城乡一体化的当下，没有必要也难以准确界定哪些是农民自建低层住宅。将家庭装修行为与某一公司装修行为在私法适用上区别对待也有违正义。欠缺严谨、科学的区隔标准，简单化区隔不同工程建设行为、分别适用建设工程合同立法和承揽合同立法，不仅欠缺正当性，也让建设工程合同立法与承揽合同立法在立法体系上

---

① 江平主编：《中华人民共和国合同法精解》，中国政法大学出版社1999年版，第206页。

② 有些法院认为建筑法调整范围对是否适用建设工程合同立法存在影响，基于建筑法对农民自建低层住宅的界定，将二层以下农民自建住宅法律关系看作一般承揽合同法律关系，将二层以上农民自建住宅法律关系认定为建设工程合同法律关系，参见民事判决书：（2017）川34民终522号、（2017）甘10民终862号、（2016）豫08民再6号、（2016）桂12民终855号、（2016）桂03民终672号、（2015）内民申字02139号、（2015）韶中法审监民再字7号、（2014）黔毕中民终字1045号。有些法院认为农民自建低层住宅合同是建设工程合同，但明确建造人不需要施工资质，参见民事判决书：（2018）鄂2018民初28号、（2017）皖1226民初3138号、（2017）晋07民终2513号、（2016）粤1481民初1019号、（2015）哈民一民终字603号。有些法院认为农民自建低层住宅承包给建筑施工企业施工，则应受建设工程合同立法调整，参见（2016）新01民终912号民事判决书。还有法院虽然认为两层半农民自建房不属于农民自建低层住宅，但在案由上却依然将其纠纷列为承揽合同纠纷。2007年11月22日，福建省高级人民法院发布的《关于审理建设工程施工合同纠纷案件疑难问题的解答》第20条明确将农村建房合同排除在《最高人民法院关于审理建设工程施工合同纠纷案件适用法律问题的解释（一）》的适用范围之外。

③ 有法院将家庭住宅装修合同纠纷看作一般承揽合同纠纷，参见民事判决书：（2015）铜中民一终字530号、（2018）鲁10民终996号、（2016）苏0302民初1175号；有法院将家庭住宅装修合同纠纷认定为建设工程合同纠纷，参见（2017）津0102民初3451号民事判决书。2008年12月17日，江苏省高级人民法院审判委员会第44次会议讨论通过的《关于审理建设工程施工合同纠纷案件若干问题的意见》第1条明确将家庭住宅装饰装修合同排除在该意见适用范围之外，《江苏省高级人民法院2009年审判工作座谈会纪要（四）》建设工程施工合同纠纷案件中的若干问题第8条明确将家庭住宅装饰装修合同认定为承揽合同。不过，2018年6月28日江苏省高级人民法院发布的《江苏省高级人民法院关于审理建设工程施工合同纠纷案件若干问题的解答》未明确将家庭住宅装饰装修合同排除在外。

你中有我，我中有你，除了让立法适用徒增混乱，无任何法律意义。从比较法上看，对建筑承揽予以特别规范的《俄罗斯民法典》也未将不同工程建设区隔分别适用一般承揽规范、建筑承揽规范。承载欧盟各国统一私法发展希望的《欧洲示范民法典草案》设置专章规定建筑合同，也未因不同权利主体、满足不同生产生活需要而将部分工程建设行为剔除在建筑合同适用范围之外。哪些建筑活动应当纳入强制管制范畴、如何实现有效管制，为《建筑法》等行政管理规范的立法目的，与建设工程合同规范目的无关。更何况我国《建筑法》非工程建设活动根本大法，其调整范围仅限于“各类房屋建筑及其附属设施的建造和与其配套的线路、管道、设备的安装活动”，建设工程合同立法适用范围更不应受建筑法调整的建筑活动范围影响。

其三，根据工作内容，建设工程合同包括建设工程勘察合同、建设工程设计合同与建设工程施工合同。建设工程勘察合同，其工作内容是根据建设工程的要求，查明、分析、评价建设场地的地质地理环境特征和岩土工程条件，编制建设工程勘察文件。建设工程设计合同，其工作内容是根据建设工程的要求，对建设工程所需的技术、经济、资源、环境等条件进行综合分析、论证，编制建设工程设计文件。建设工程施工合同，其工作内容则是根据合同约定进行建筑物、构筑物的建筑、安装工程进行新建、改建、扩建、装修、拆除、修缮等。发包人可根据工程需要，就全部的勘察、设计、施工工作与承包人签订建设工程总承包合同，总承包人基于发包人同意，可以与分包人签订建设工程分包合同，将部分工作内容交由分包人完成。

【关联规定】

《合同法》第 269 条

（撰稿人：代瑞）

第七百八十九条 【建设工程合同的要式性】建设工程合同应当采用书面形式。

【释义】

本条是关于建设工程合同为要式合同的规定，条文内容直接援用《合同法》第 270 条。

关于本条应作如下理解：

其一，本条应理解为管理性强制规范。法律规定合同应采书面形式，对于该规范性质学说上有强制性规范说①、任意性规范说②和倡导性规范说③观点之分歧。按强制性规范说，合同未采法定书面形式，则不成立或不生效；按任意性规范说、倡导性规范说，合同未采法定书面形式，不影响合同成立或生效。从《民法典》第135、490条关于法律行为法定形式及其形式瑕疵补正的法律效果规定来看，我国合同法定形式规范应为强制性规范。

建设工程合同采用书面形式，或许可归因于建设工程合同签订、履行事关当事人重大利益。不过，判断法律行为是否重大完全取决于当事人的自由意志，无须立法者通过强制性规范代替当事人判断。追溯本条规范内容源头，书面形式的规范要求最开始直接体现于1983年8月出台的《建筑安装工程承包合同条例》第3条“承包合同应当采取书面形式”，这部已被废止的行政法规同时规定了建设工程合同文本的强制备案制度“副本应报双方主管业务部门、工商行政管理机关和经办银行备案”，如是，与其说书面形式是当事人重大利益的法律判断，不如说其是建筑业加强行政管理的手段——合同备案制度的需要。自1983年开始实施的建设工程合同备案制度一直是建筑业主管机关行政管理的重要手段。但随着建筑业市场化程度提高、建筑业行政管理手段宽松化，2019年住房和城乡建设部发布建法规〔2019〕3号文件正式取消建设工程合同备案要求。

笔者认为本条为管理性强制规范。其规定建设工程合同应采用书面形式，仅为行政管理的需要，行政管理的便宜与公共利益保护不能等同视之，未采书面形式签订建设工程合同，不影响合同效力。

其二，理解此条为管理性强制规范，对于解决中标通知书送达的法律效力争议，以及中标通知书送达后招标人改变中标结果、中标人放弃中标项目民事责任性质争议，至关重要。

采用招、投标方式订立建设工程合同的，根据《招标投标法》第46条规定，“招标人和中标人应当自中标通知书发出之日起三十日内，按照招标文件和中标人的投标文件订立书面合同”，此规定与本条关于建设工程合同应采书面形式的规范内容相结合，引发司法实务界关于中标通知书送达效力以及送达后改变中标

---

① 关于法定形式与合同成立与效力间的关系，又有成立要件说（参见顾昂然：《中华人民共和国合同法讲话》，法律出版社1999年版，第21页；张谷、王爽：《〈合同法〉：合同与合同书》，载《北京科技大学学报（社科版）》1999年第4期）和生效要件说（王洪：《合同形式欠缺与履行治愈论——兼评〈合同法〉第36条之规定》，载《现代法学》2005年第5期）。

② 朱庆育：《意思表示解释理论》，中国政法大学出版社2004年版，第97页。

③ 王轶：《论倡导性规范——以合同法为背景的分析》，载《清华法学》2007年第3期。

结果、中标人放弃中标项目民事责任性质的争议。一种观点认为，中标通知书送达，建设工程合同已经成立，违反合同约定的当事人应承担违约责任，[①] 一种观点认为，中标通知书送达中标人，仅成立建设工程预约合同，[②] 还有一种观点认为建设工程合同未成立，招标人改变中标结果、中标人放弃中标项目应承担的违约责任为缔约过失责任。[③]

根据合同法一般理论，中标通知书送达承包人时合同成立。从《招标投标法实施条例》第 57 条第 1 款“招标人和中标人应当依照招标投标法和本条例的规定签订书面合同，合同的标的、价款、质量、履行期限等主要条款应当与招标文件和中标人的投标文件的内容一致”的规定看，投标文件和中标通知书已经包含了建设工程合同的实质性内容，根据《最高人民法院关于适用〈中华人民共和国合同法〉若干问题的解释（二）》第 1 条解释，建设工程合同成立，而非建设工程预约合同成立。明确本条为管理性强制规范，则建设工程合同不因未采书面形式而无效。《招标投标法》第 46 条所要求的中标通知书发出后 30 日内签订书面合同，应当理解为招标人和中标人以合同书形式对建设工程合同内容进行再次确认，以满足当时建设工程合同应报送工程所在地的县级以上地方人民政府建设行政主管部门备案的行政管理要求。故中标通知书送达后招标人改变中标结果、中标人放弃中标项目民事责任，为建设工程合同违约责任，非缔约过失责任，也非预约违约责任。

其三，建设工程合同内容复杂、专业性强，让当事人详细拟定交易细节，多力有不逮，建设工程实践中，世界各国纷纷制定建设工程合同示范文本以引导工程建设活动，我国也不例外。由于我国建筑业行政主管机关多年通过合同备案制度推行使用建设工程合同示范文本，当事人一般采用建设工程合同示范文本订立合同。建设工程合同示范文本通用条款，已经成为建筑业普遍认可的交易习惯。

【关联规定】

《合同法》第 270 条

（撰稿人：代瑞）

---

① （2013）苏民申字 604 号民事裁定书；（2013）苏民终字 0010 号民事判决书。

② 《最高人民法院关于审理建设工程施工合同纠纷案件适用法律若干问题的解释（二）》（征求意见稿）第 1 条规定：“招标人向中标人发出中标通知书后，一方未依照招标投标法第四十六条第一款的规定履行订立书面合同义务，对方请求其承担预约合同违约责任或者要求解除预约合同并主张损害赔偿的，人民法院应予支持。另一种意见：招投标文件与中标通知书已经具备建设工程施工合同主要内容，且不得作实质性变更，即使未订立书面合同，本约亦成立。”

③ （2015）苏民终字 00250 号民事判决书，（2014）芜中民四终字 00033 号民事判决书。

第七百九十条 【通过招标、投标订立建设工程合同】建设工程的招标投标活动，应当依照有关法律的规定公开、公平、公正进行。

【释义】

此条是关于以招、投标方式签订建设工程合同的规定，全面继承了《合同法》第271条。关于本条，应从以下几点予以理解：

其一，以招投标方式订立建设工程合同的工程项目，包括必须招投标的工程项目和非必须招投标的工程项目。依法必须招标的工程，发包人不通过招投标程序签订的建设工程合同无效。根据《招标投标法》第3条以及《必须招标的工程项目规定》的规定，大型基础设施、公用事业等关系社会公共利益、公众安全的项目，全部或者部分使用国有资金投资或者国家融资的项目，使用国际组织或者外国政府贷款、援助资金的项目，一般都属于必须招投标的工程项目。非必须招投标的工程项目，发包人和承包人可选择以招投标的方式订立建设工程合同，其招投标程序仍然要按照《招标投标法》的规定公开、公平、公正进行。

其二，所有以招投标方式确定承包人的工程项目，根据《招标投标法》的规定，其招投标全过程（包括发标、投标、开标、评标、定标）应当公开、公平、公正。所谓公开，是指招标信息要公开，开标过程要公开，定标要公开等；所谓公平，既包括招标人和投标人之间合同关系缔结要公平，招标人和投标人双方在招标投标活动中的地位平等，任何一方不得向另一方提出不合理的要求，不得将自己意志强加给对方，也包括投标人之间存在平等的竞争关系，招标条件和招标程序要平等适用于每一个投标人，禁止招标文件以歧视性条款将特定投标人非法排除在外等；所谓公正，在招标投标活动中招标人行为应当公正，包括评标标准应当明确、严格，与投标人有利害关系的人员都不得作为评标委员会的成员等。

其三，招投标程序违反公开、公平、公正的私法效果：中标无效，所订立的建设工程合同无效。这些中标无效的具体情形包括：

（1）泄露应当保密的与招标投标活动有关的情况和资料的，或者与招标人、投标人串通损害国家利益、社会公共利益或者他人合法权益，影响中标结果的；

（2）依法必须进行招标的项目的招标人向他人透露已获取招标文件的潜在投标人的名称、数量或者可能影响公平竞争的有关招标投标的其他情况，影响中标结果的；

（3）投标人相互串通投标或者与招标人串通投标的，投标人以向招标人或者评标委员会成员行贿的手段谋取中标的；

（4）投标人以他人名义投标或者以其他方式弄虚作假，骗取中标的；

（5）依法必须招投标的项目，招标人违反《招标投标法》第 55 条规定，与投标人就投标价格、投标方案等实质性内容进行谈判，影响中标结果的；

（6）招标人在评标委员会依法推荐的中标候选人以外确定中标人的，依法必须进行招标的项目在所有投标被评标委员会否决后自行确定中标人的。

【关联规定】

《合同法》第 271 条，《招标投标法》第 50、52～55、57 条，《最高人民法院关于审理建设工程施工合同纠纷案件适用法律问题的解释（一）》第 1 条第 3 项

（撰稿人：代瑞）

第七百九十一条　【建设工程合同的订立方式、分包、转包】 发包人可以与总承包人订立建设工程合同，也可以分别与勘察人、设计人、施工人订立勘察、设计、施工承包合同。发包人不得将应当由一个承包人完成的建设工程支解成若干部分发包给数个承包人。

总承包人或者勘察、设计、施工承包人经发包人同意，可以将自己承包的部分工作交由第三人完成。第三人就其完成的工作成果与总承包人或者勘察、设计、施工承包人向发包人承担连带责任。承包人不得将其承包的全部建设工程转包给第三人或者将其承包的全部建设工程支解以后以分包的名义分别转包给第三人。

禁止承包人将工程分包给不具备相应资质条件的单位。禁止分包单位将其承包的工程再分包。建设工程主体结构的施工必须由承包人自行完成。

【释义】

本条是关于建设工程合同的发包、承包、分包的规定，是对《合同法》第

272 条内容的继承，由授权性规范和禁止性规范组成。关于本条规定，应从以下几点予以理解：

其一，建设工程可以采两种方式发包：

（1）将全部的工作内容发包给总承包人。建设工程总承包有利于提高工程建设各阶段工作的深度融合，提高工程建设水平；有利于发挥工程总承包企业的技术和管理优势，是我国住房与城乡建设部正大力推行的工程建设方式。建设工程总承包可以是勘察、设计、施工总承包，也可以是设计、施工总承包，还可以是设计、采购、施工总承包，最后一种工程总承包方式已突破了单一建设工程合同范畴。根据 2020 年 3 月 1 日施行的《房屋建筑和市政基础设施项目工程总承包管理办法》第 10 条规定，工程总承包单位应当同时具有与工程规模相适应的工程设计资质和施工资质，或者由具有相应资质的设计单位和施工单位组成联合体。

（2）将工作内容平行发包给勘察人、设计人、施工人。发包人与勘察人、设计人、施工人直接签订建设工程合同。

其二，本条第 2 款规定了合法分包建设工程。经发包人同意，承包人可以将部分建设工程分包给第三人。总承包人为建设工程分包合同的一方当事人，分承包人与发包人不存在合同关系。不过，为了维护发包人的利益，保证工程质量，本款突破建设工程分包合同相对性，分包人就其完成的工作成果与总承包人或者勘察、设计、施工承包人向发包人承担连带责任。

本款未规定指定分包。虽然根据原建设部规章《房屋建筑和市政基础设施工程施工分包管理办法》第 7 条规定，建设单位不得直接指定分包工程承包人，但建筑业实践中指定分包大量存在，且为了维护发包人的利益，实现发包人特定建设目的，指定分包有存在必要。原建设部的相关规定属于行政规章，不影响指定分包的效力。

在指定分包情形下，承包人是否应与指定分承包人就指定分承包人完成的工作成果向发包人承担连带责任？笔者认为，指定分包应与经发包人同意的承包人选定分包区别对待。建筑业实践中指定分包的分承包人基于发包人选定，指定分包价款一般经承包人审核后，由发包人直接支付给指定分包的分承包人。虽然指定分承包人与承包人存在分包合同关系，承包人对指定分承包人收取管理费和配合费，对分承包人有管理之责，但分承包人的选定及其工程款支付都不依赖于承包人，这种管理与承包人对自己选定的分承包人的管理实质上无法相提并论，故当指定分承包人的施工行为存在质量瑕疵时，仍然要求承包人和指定分承包人承担连带责任，与承包人对指定分承包人收取的管理费和配合费相比，不当加重了承包人的责任。另外，指定分承包人施工质量瑕疵责任，还应当考虑到发包人过错程度，《最高人民法院关于审理建设工程施工合同纠纷案件适用法律问题的解释（一）》第3条第2款规定，因建设工程不合格造成的损失，发包人有过错的，也应承担相应的民事责任。

其三，禁止违法发包、转包、分包。为了保护公共利益，建设工程合同的发包、承包、分包受强制性规范的严格规制。《建筑法》在前述强制性规范中扮演举足轻重的角色，其部分禁止性规范被引入建设工程合同立法，体现在本条内容为：

（1）禁止支解发包和转包。支解发包，是指发包人将应当由一个承包人完成的建设工程分解成若干部分发包给不同承包人的行为。如何界定何种工程属于“应当由一个承包人完成的建设工程”，《建筑法》《建设工程质量管理条例》未予以明确，根据2019年1月1日施行的住房和城乡建设部发布的《建筑工程施工发包与承包违法行为认定查处管理办法》第5条、第6条第5项，似乎建筑业行政主管部门倾向于认为“一个承包人完成的建设工程”是指“一个单位工程”，根据《建筑工程施工质量验收统一标准》（GB 50300－2013）第4.0.2条，单位工程指具备独立施工条件并能形成独立使用功能的建筑物或构筑物。

转包，是指承包人承包工程后不履行合同约定义务，将其承包的全部工程或者将其承包的全部工程支解后以分包的名义分别转给其他单位或个人施工的行为。承包人转包目的是通过转让全部建设工程给他人以获得非法利益，而承包人不履行任何合同约定的义务。建筑业实践中层层转包行为导致转包人为获得非法利益，置建设工程质量于不顾，因此建筑法禁止任何工程转包行为。

（2）禁止违法分包。本条禁止的违法分包行为，包括禁止承包人将工程分包给不具备相应资质条件的单位；禁止分包单位将其承包的工程再分包；禁止将建设工程主体结构的施工分包出去。

在理解本条规范内容时，我们要关注建筑业最新发展，《建筑工程施工发包与承包违法行为认定查处管理办法》第12条第3项将建设工程主体结构中钢结构工程分包从违法分包中排除在外，虽然该规定构成对上位法的冲突，但建筑业发展对建筑法规的冲击，我们不能视而不见。《民法典》建设工程合同一章依然维持了《合同法》建设工程合同一章引入建筑法强制性规范的做法，笔者认为，在立法技术上，我们完全可以利用转介性条款在民法典和公法规范间设置沟通管道，没有必要重复规定建筑法强制性规定内容。

【关联规定】

《合同法》第272条，《建筑法》第24、28～29条，《建筑工程施工发包与承

包违法行为认定查处管理办法》第6~8、11、12条

（撰稿人：代瑞）

第七百九十二条　【国家重大建设工程合同的订立】 国家重大建设工程合同，应当按照国家规定的程序和国家批准的投资计划、可行性研究报告等文件订立。

【释义】

此条是关于国家重大建设工程合同订立的规定，是对《合同法》第273条规范内容的全面继承。我国经济体制虽然已由计划经济体制转变为市场经济体制，但在重大工程建设领域，国家仍然实行基本建设指令性计划控制。国家重大建设工程牵涉关乎国计民生的重大投资计划，因此其订立与一般建设工程合同相比受到的管控程度更深，必须按照国家规定的程序和国家批准的投资计划、可行性研究报告等文件订立。关于本条规定，应从以下几点予以理解：

其一，何为国家重大建设工程合同，我国公法和私法都未明确，在理解上可参照《国家重点建设项目管理办法》关于国家重点建设项目的界定，即国家重大建设工程应是由国务院相关主管部门确定的，对国民经济和社会发展有重大影响的建设工程项目。

其二，国家重大建设工程事关国计民生，国家实行严格的监督和管理。

（1）国家重大建设工程项目，属于政府投资的项目，要遵守政府投资项目的审批程序，编制建设投资计划、项目建议书，提交自然资源部门出具的项目用地初审意见，提交可行性研究报告，对工程的投资估算、建设规模、建设效益、环境保护、项目选址、招标方案等进行论证分析。

（2）一旦国家重大建设项目获审批通过，国家重大建设工程的发包，应按照《招标投标法》第3、10条规定，通过公开招标或邀请招标程序订立合同。

【关联规定】

《合同法》第273条

（撰稿人：代瑞）

第七百九十三条　【施工合同无效、验收不合格的处理】 建设工程施工合同无效，但是建设工程经验收合格的，可以参照合同关于工程价款的约定折价补偿承包人。

建设工程施工合同无效，且建设工程经验收不合格的，按照以下情形处理：

（一）修复后的建设工程经验收合格的，发包人可以请求承包人承担修复费用；

（二）修复后的建设工程经验收不合格的，承包人无权请求参照合同关于工程价款的约定折价补偿。

发包人对因建设工程不合格造成的损失有过错的，应当承担相应的责任。

【释义】

本条规定了建设工程合同无效的法律后果，是对《最高人民法院关于审理建设工程施工合同纠纷案件适用法律问题的解释（一）》第 2、3 条解释内容的吸纳和完善，是《民法典》第 157 条民事法律行为无效法律后果的特别规定。

本条第 1 款规定吸收和发展了《最高人民法院关于审理建设工程施工合同纠纷案件适用法律问题的解释（一）》第 2 条，将“承包人请求参照合同约定支付工程价款的，应予支持”改成“可以参照合同关于工程价款的约定折价补偿承包人”，将“承包人”从请求补偿的主体变为补偿的对象。虽然本款未明确“可以参照合同关于工程价款的约定折价补偿承包人”的主体，但在理解适用上，发包人、承包人都可请求参照合同关于工程价款的约定折价补偿承包人。与修改前的司法解释相比，本款更有利于工程价款纠纷的解决。

建设工程合同无效，只要工程经竣工验收合格，承包人的工作已经物化为已完工的工程，按照《民法典》第 157 条规定，建设工程合同无效，发包人应按照建设工程折价补偿承包人。建设市场工程价款计价标准不具唯一性，包括按照建设行政主管机关发布的工程定额计价、按照建设行政主管部门发布的市场价格信息计价等，如当事人未达成合意，按照何种计价标准进行工程计价，是工程价款纠纷解决的难点。另外，建设工程折价具有专业性、技术性，必须委托工程造价鉴定机构介入。工程造价鉴定不仅导致诉讼成本高、诉讼效率低，且双方当事人容易对鉴定依据、鉴定方法、鉴定结果产生争议，不利于纠纷解决。虽然建设工程合同无效，但当事人关于工程价款的约定能在较大程度上反映双方真实意思。根据诚实信用原则，以建设工程竣工验收合格作为参照合同关于工程价款的约定折价补偿承包人的前提条件，有利于承包人按照法定的、约定的质量要求完成工程建设，在双方当事人之间实现利益平衡。

理解本条第 1 款规定应注意三点：

（1）可以“参照”合同约定价款折价补偿，而不是“按照”合同约定价款折价补偿。建设工程合同价款结算条款一般会约定计价方式、计价标准、付款条件、质保金扣留及返还等内容，因建设工程合同无效，合同价款结算条款也当然无效，即便建设工程经验收合格。无效合同不能作有效处理，否则相当于间接鼓励建筑业主体从事违法活动，与建设工程合同无效立法目的相违背。不过，为了便于解决工程价款纠纷，尊重当事人订立合同时的真实意愿，可以“参照”合同约定价款折价补偿。由于本款及相关司法解释未明确如何“参照”合同约定，在理解适用上应聚焦“折价补偿”，参照合同约定的内容应仅指价款结算条款中的计价方式、计价标准。①

（2）建设工程施工合同无效，建设工程竣工验收合格的，发包人和承包人之间“可以”参照合同约定价款折价补偿，而不是“必须”参照。合同当事人意思表示一致，或者合同当事人对合同约定计价方式、计价标准争议较大，也可以不参照合同约定价款折价补偿。

（3）当事人就同一建设工程订立的数份建设工程施工合同均无效，建设工程验收合格，可以参照哪份无效合同约定结算工程价款？建筑业实践中，当事人为了规避强制招投标的约束，存在签订标前合同、中标合同、备案合同、标后合同等多份无效建设工程施工合同的情形，对此，按照《最高人民法院关于审理建设工程施工合同纠纷案件适用法律问题的解释（二）》第 11 条解释，一方当事人有权请求参照实际履行的合同结算建设工程价款，实际履行合同难以确定，当事人有权请求参照最后签订的合同约定结算建设工程价款。

本条第 2、3 款是关于建设工程合同无效且经验收不合格情形下，发包人与承包人责任承担的规定。

（1）工程验收不合格，承包人有义务进行修复，修复结果存在两种情形：一是建设工程经修复后达到法定、约定质量标准，可以参照合同约定支付工程价款。因为建设工程修复是承包人工程质量不合格造成的，所以承包人应当承担修

---

① 最高人民法院（2013）民一终字 93 号民事判决书认为，“参照合同约定支付工程价款”主要指参照合同有关工程款计价方法和计价标准的约定。

复费用；二是建设工程质量瑕疵无法通过修复得以弥补，工程无法达到约定的使用目的，承包人失去请求参照合同约定工程价款折价补偿的权利。

（2）建设工程合同无效，工程验收不合格，发包人有过错，应当基于与有过失规则，承担相应的质量责任。《最高人民法院关于审理建设工程施工合同纠纷案件适用法律问题的解释（一）》第12条解释列举了发包人存在过错的三种情形：发包人提供的设计有缺陷；发包人提供或者指定购买的建筑材料、建筑构配件、设备不符合强制性标准；发包人直接指定分包人分包专业工程。除此以外，发包人支解发包、向承包人发出违反法律、行政法规以及建筑业质量标准的指令等，都属于发包人存在过错。

【关联规定】

《最高人民法院关于审理建设工程施工合同纠纷案件适用法律问题的解释（一）》第2~3条，《最高人民法院关于审理建设工程施工合同纠纷案件适用法律问题的解释（二）》第11条

（撰稿人：代瑞）

第七百九十四条　【勘察、设计合同的内容】勘察、设计合同的内容一般包括提交有关基础资料和概预算等文件的期限、质量要求、费用以及其他协作条件等条款。

【释义】

本条规定了建设工程勘察、设计合同的一般内容，为基于合同性质所作的倡导性一般规定，以引导建设工程勘察、设计合同当事人在合同中明确约定。建设工程勘察、设计合同的订立目的都在于文件的交付，故二者在一般内容上有较大相似之处，被放置于同一条款中进行规范。本条在继承《合同法》第274条的基础上就文字表述进行了部分调整，将“包括”改为“一般包括”，将“文件（包括概预算）”修改为“概预算等文件”。条文修改虽然试图使条文表达更为精准、顺畅，但“概预算等文件”的修改在文义表达上前后存在重大区别。“文件（包括概预算）”，文义核心词是“文件”，概预算文件只是文件的重要组成部分，但“概预算等文件”，文义核心词是“概预算文件”，文义核心词的错位造成合同主给付义务内容模糊。并且，建设工程勘察合同中的“文件”主要指工程勘察报

告，“概预算文件”与建设工程勘察合同内容无关。建设工程设计合同中的“文件”主要指以设计图纸为核心的设计文件。“概预算文件”一般只是初步设计文件的重要组成部分，对于方案设计后直接进入施工图设计的项目，若合同未要求编制工程预算书，施工图设计文件应包括工程概预算文件。而“概预算文件”在现代建设工程实践已不属于建设工程设计合同的一般内容，当事人可特别约定在施工图设计阶段编制工程预算书。①

建设工程勘察、设计合同的一般内容如下：

（1）发包人的合同义务。发包人应支付工程勘察、设计费用，并承担提交完成承包工作所需的基础资料等协作义务。

建设工程勘察合同中发包人应提交的基础资料，主要包括勘察任务委托书及技术标准，开展工程勘察工作所需要的图纸及技术资料，包括总平面图、地形图、已有水准点和坐标控制点，工程勘察作业所需的主管部门批准及许可文件，作业场地内地下埋藏物（包括地下管线、地下构筑物等）的资料、图纸等。发包人的其他协作义务包括为勘察人提供具备条件的作业场地及进场通道等。

建设工程设计合同中发包人应提交的基础资料，主要包括设计任务书，设计所需的主管部门批准、许可的文件，工程勘察资料，地上和地下已有的建筑物、构筑物、线缆、管道、受保护的古建筑、古树木等坐标方位、数据和其他相关资料。发包人其他协作义务还包括为设计人派赴现场的工作人员提供工作、生活及交通等方面的便利条件等。

（2）承包人的合同义务。承包人应交付勘察、设计文件，并在交付文件后承担后期服务等协作义务。交付勘察设计文件，是建设工程勘察、设计合同承包人的主合同义务。提供后期服务义务，属于勘察人、设计人的协作义务，主要指建设工程勘察、设计单位应当在建设工程施工前，向施工单位和监理单位说明建设工程勘察、设计意图，解释建设工程勘察、设计文件，及时解决施工中出现的勘察、设计问题，以及配合施工竣工验收。

建设工程勘察合同，承包人的合同义务一般为现场踏勘、制定勘察纲要，进行测绘、勘探、取样、试验、测试、检验、监测等勘察工作并交付工程勘察报告文件。根据满足编制不同阶段设计文件的不同需要，包括可行性研究阶段的勘察报告、初步勘察阶段的勘察报告、详细勘察阶段的勘察报告。承包人还应承担为发包人提供后续服务，如勘察文件的技术交底和接受咨询、基槽检验、现场交桩和竣工验收等协作义务。

---

① 《建筑工程设计文件编制深度规定（2016 年版）》第 3. 10. 1、4. 1. 1 条。

建设工程设计合同，承包人的合同义务一般为根据不同设计阶段提交方案设计文件、初步设计文件、施工图设计文件。承包人还应承担施工现场配合服务等协作义务，提供设计技术交底、解决施工中设计技术问题和提供竣工验收服务。

（3）发、承包双方当事人履行义务的期限，主要包括发包人提交基础资料的期限和承包人根据勘察、设计阶段提供勘察设计文件义务的期限，价款支付期限等。

（4）勘察、设计成果的质量要求等。根据《建筑法》第 56 条规定，勘察、设计文件应当符合有关法律、行政法规的规定和建筑工程质量、安全标准、建筑工程勘察、设计技术规范以及合同的约定。设计文件选用的建筑材料、建筑构配件和设备，应当注明其规格、型号、性能等技术指标，其质量要求必须符合国家规定的标准。

各阶段勘察报告文件编制一般应按下列原则进行：可行性研究阶段的勘察报告文件，应满足编制方案设计文件的需要；初步勘察阶段的勘察报告文件，应满足编制初步设计文件的需要；详细勘察阶段的勘察报告文件，应满足编制施工图设计文件的技术需要。

各阶段设计文件编制一般应按下列原则进行：方案设计文件，应满足编制初步设计文件的需要，应满足方案审批或报批的需要；初步设计文件，应满足编制施工图设计文件的需要，应满足初步设计审批的需要；施工图设计文件，应满足设备材料采购、非标准设备制作和施工的需要。

（5）除这些一般条款内容外，勘察、设计合同示范文本，还包括变更与索赔、保险、知识产权、违约责任、解决争议办法等条款。

【关联规定】

《合同法》第 274 条

（撰稿人：代瑞）

第七百九十五条　【施工合同的内容】施工合同的内容一般包括工程范围、建设工期、中间交工工程的开工和竣工时间、工程质量、工程造价、技术资料交付时间、材料和设备供应责任、拨款和结算、竣工验收、质量保修范围和质量保证期、相互协作等条款。

【释义】

本条规定了建设工程施工合同的一般内容，是对《合同法》第275条的承继和完善。和《合同法》第275条相比，本条将“包括”改为“一般包括”，将“双方相互协作”改为“相互协作”，表达更为精准。建设工程施工合同一般内容包括：

（1）工程范围。工程范围由发包人和承包人在合同中约定，是建设工程施工合同给付行为的指向对象。工程范围的确定，与工程量、工程价款的计算、工程变更与索赔、工程保修范围等密切相关，属于建设工程合同实质性内容条款。

（2）建设工期。建设工期是承包人完成施工工程的时间与期限，其与工程范围都是建设工程施工合同实质性内容条款。建设工程合同中一般在约定工期的同时，约定开工时间、竣工时间，承包人根据建设工期编制和实施施工进度计划。

不过，合同虽然约定了工期、开工时间、竣工时间，司法实践中工期的计算依然经常是当事人争议的焦点之一。工程实际开工时间，与约定的开工时间不一致的，按照《最高人民法院关于审理建设工程施工合同纠纷案件适用法律问题的解释（二）》第5条，应以开工通知确定的时间、开工条件具备的时间、发包人同意承包人实际进场施工时间等确定。竣工时间有争议的，按照《最高人民法院关于审理建设工程施工合同纠纷案件适用法律问题的解释（一）》第14条，以竣工验收合格之日为竣工日期；承包人已经提交竣工验收报告，发包人拖延验收的，以承包人提交验收报告之日为竣工日期；建设工程未经竣工验收，发包人擅自使用的，以转移占有建设工程之日为竣工日期。

（3）中间交工工程的开工和竣工时间。中间交工工程是指施工过程中的阶段性工程。建设工程施工合同一般会明确施工进度，阶段性工程的完工牵涉整体工程的按约定工期内完工，当事人应当明确中间交工工程的开工和交工时间。

（4）工程质量。建设工程质量是当事人依据现行法律、法规、国家标准、合同约定，对工程的安全、适用、环保、美观等的综合要求。当事人在合同中应约定质量要求、发包人或发包人授权的监理人对施工质量检查和检验、承包人的质量管理措施、不合格工程的处理等。发包人应提供符合质量要求的设计文件，承包人必须按照工程设计图纸和施工技术标准施工。工程设计的修改由原设计单位负责，承包人不得擅自修改工程设计。

（5）工程造价。工程造价的计价规则一般包括单价合同计价方式、总价合同计价方式和其他计价方式。单价合同是指合同当事人约定以工程量清单及其综合单价进行合同价格计算、调整和确认的建设工程施工合同，在约定的范围内合同单价不作调整。总价合同是指合同当事人约定以施工图、已标价工程量清单或预算书及有关条件进行合同价格计算、调整和确认的建设工程施工合同，在约定的范围内合同总价不作调整。

（6）技术资料交付时间。技术资料主要是指勘察、设计文件以及其他施工人据以施工所必需的基础资料，其是否按时交付影响施工人按工期完工，应在合同中予以明确。

（7）材料和设备供应责任。建设工程施工材料和设备的供应，由发包人供应还是承包人供应，牵涉工程按工期完工，也牵涉施工质量瑕疵责任的确定，合同应明确约定。发包人自行供应材料、工程设备的，应在签订合同时明确材料、工程设备的品种、规格、型号、数量、单价、质量等级等。承包人负责采购材料、工程设备的，应按照设计和有关标准要求采购，并提供产品合格证明及出厂证明，对材料、工程设备质量负责。根据《建设工程质量管理条例》第 29 条规定，施工单位必须按照工程设计要求、施工技术标准和合同约定，对建筑材料、建筑构配件、设备和商品混凝土进行检验，未经检验或验收不合格的，不得使用。

（8）拨款和结算。建设工程施工合同一般明确约定工程款如何拨付和结算，该条款是承包人请求支付工程款的依据条款。发包人和承包人一般会约定工程预付款、进度款、竣工结算款的拨付时间和方式，支付账户，竣工结算的申请与审核等。发包人按约定拨付工程款对承包人按期完成施工影响重大。

（9）竣工验收。建设工程竣工验收后方可使用，竣工验收也是发包人支付工程款的前提。竣工验收条款一般包括验收的范围和内容、验收的标准和依据、验收的程序、验收人员的组成、验收日期、工程移交、竣工退场等内容。

（10）质量保修范围。质量保修义务是《建筑法》规定的法定义务。工程质量保修范围一般与施工人完成施工内容相一致。承包人在向发包人提交工程竣工验收报告时，应当出具工程保修书，明确工程质量保修范围。

（11）质量保证期。质量保证期，建筑法也称为质量保修期，是指承包人保证工程各部分正常使用的期限，当事人可以自由约定，但不能低于正常使用条件下法定最低保修期间。根据《建设工程质量管理条例》第 40 条规定，质量保修期从工程竣工验收合格之日起算，在正常使用条件下，建设工程的最低保修期限为：基础设施工程、房屋建筑的地基基础工程和主体结构工程，为设计文件规定的该工程的合理使用年限；屋面防水工程、有防水要求的卫生间、房间和外墙面的防渗漏，为 5 年；供热与供冷系统，为 2 个采暖期、供冷期；电气管线、给排水管道、设备安装和装修工程，为 2 年。

（12）相互协作。相互协作条款，是发包人和承包人为了工程顺利完工而对相互协作内容的约定。协作义务是建设工程合同履行过程中根据诚实信用原则产生的法定义务，其履行与否有可能关涉合同目的能否实现。发包人的协作义务包括施工现场、施工条件和基础资料的提供等，承包人的协作义务包括履行配合工程档案备案、开具发票等。

【关联规定】

《合同法》第 275 条

（撰稿人：代瑞）

第七百九十六条　【建设工程的监理】建设工程实行监理的，发包人应当与监理人采用书面形式订立委托监理合同。发包人与监理人的权利和义务以及法律责任，应当依照本编委托合同以及其他有关法律、行政法规的规定。

【释义】

本条是关于建设工程监理合同的规定，是对《合同法》第 276 条的承继，除了因《民法典》规范表达的必要，将“本法”改成“本编”之外，条文内容没有任何变化。建设工程合同立法关于监理制度的规定源自《建筑法》。建设工程的发包人为了更好地维护自身利益，一般会委托具有工程建设方面专业知识和实践经验的人员组成专业化的工程监理单位，对承包人的施工质量、工期等进行监督管理，以保证工程质量，合理控制工期。

需要说明的是，推行监理制度是 1997 年出台的《建筑法》基于当时建筑市场发展作出的规定，然而为了提高工程管理水平、保证工程质量和投资效益以及对工程提供全方位咨询服务，《国务院办公厅关于促进建筑业持续健康发展的意见》（国办发〔2017〕19 号）以及《关于推进全过程工程咨询服务发展的指导意见》（发改投资规〔2019〕515 号）正着力培育、推行工程全过程咨询，建筑业全方位服务需求的转向挤压了只能够提供单项服务的监理制度的生存空间。同时，受限于监理人基于发包人委托的非独立性地位，《建筑法》为监理制度预设的监督施工质量的立法目的无法充分实现，大概正基于此，《雄安新区工程建设项目招标投标管理办法（试行）》第 44 条规定，“结合 BIM、CIM 等技术应用，逐步推行工程质量保险制度代替工程监理制度”。监理制度存在的必要性正受到极大挑战，建设工程合同立法规定本不属于其调整范畴监理制度的意义，值得思考。

关于本条应作以下理解：

其一，建设工程监理合同，不属于建设工程合同，而是委托合同的一种。

其二，按照《建筑法》相关规定，工程监理单位应当依法取得相应等级的资质证书，并在其资质等级许可的范围内承担工程监理业务，接受委托的工程监理单位不能与被监理工程的施工承包单位以及建筑材料、建筑构配件和设备供应单位有隶属关系或者其他利害关系。

其三，发包人是否委托监理单位进行监理，原则上由发包人自行决定，但根据《建设工程监理范围和规模标准规定》第 2 条规定，国家重点建设工程、大中型公用事业工程、成片开发建设的住宅小区工程、利用外国政府或者国际组织贷款、援助资金的工程必须委托监理。

其四，发包人与监理人应当签订书面合同。根据《招标投标法》第 3 条规定，大型基础设施、公用事业等关系社会公共利益、公众安全的项目，全部或者部分使用国有资金投资或者国家融资的项目，以及使用国际组织或者外国政府贷款、援助资金的项目，应当通过招投标形式订立合同。

【关联规定】

《合同法》第 276 条，《建筑法》第 30 ~ 35 条，《招标投标法》第 3 条，《建设工程监理范围和规模标准规定》第 2 条

（撰稿人：代瑞）

第七百九十七条　【发包人的监督检查权】发包人在不妨碍承包人正常作业的情况下，可以随时对作业进度、质量进行检查。

【释义】

本条是对发包人监督检查权的规定，条文内容直接承继于《合同法》第 277 条。本条应作以下理解：

其一，发包人有权随时对承包人工作完成的质量、进度进行监督检查，承包

人有容忍义务。建设工程的工程质量、工期关切发包人利益，故发包人有权随时监督、检验，这也是一般承揽合同定作人所享有的权利。发包人的监督检查，可以由己方工地代表进行，也可委托监理单位进行。

其二，发包人的监督检查权不得滥用，应受合理限制，即不得妨碍承包人正常作业，否则承包人有权要求顺延工期，造成承包人损失的，承包人有权要求发包人承担损害赔偿责任。

【关联规定】

《合同法》第 277 条

（撰稿人：代瑞）

第七百九十八条　【隐蔽工程的检查】隐蔽工程在隐蔽以前，承包人应当通知发包人检查。发包人没有及时检查的，承包人可以顺延工程日期，并有权请求赔偿停工、窝工等损失。

【释义】

本条是关于隐蔽工程验收的规定，在承继《合同法》第 278 条规范内容的基础上将“要求”改为“请求”，表达更为精准。

本条应作以下理解：

其一，隐蔽工程，是指地基、电气管线、供水供热管线等需要覆盖、掩盖的工程，房屋建筑工程、公路工程等不同性质的工程项目，隐蔽工程范围不同。

其二，承包人有通知发包人验收检查的法定义务。隐蔽工程在覆盖后，无法验收其质量是否合格，如果发生质量问题，需要剥露并重新覆盖，造成返工、窝工等损失。因此，为避免资源浪费和损失发生，保证工程的质量和工程顺利完成，《建设工程质量管理条例》第 30 条规定，在隐蔽工程覆盖以前，承包人应通知发包人检查验收。发包人验收合格的，方可覆盖隐蔽工程。

此法定义务为承包人的不真正义务，承包人不因义务违反对发包人承担合同责任，而是自身承受因违反通知义务带来的不利后果。隐蔽工程未经验收，不得进行下一道工序。承包人不通知发包人验收隐蔽工程自行覆盖的，发包人有权要求剥露，因此而引发的损失、工期延误，由承包人负担。

其三，发包人或其派驻的工地代表接到通知后，应当及时对隐蔽工程进行验收检查，验收合格的，发包人或者其派驻的工地代表在验收记录上签字。发包人在接到通知后，没有按期对隐蔽工程进行验收的，承包人应当催告。承包人通知发包人验收而发包人未能及时进行验收的，承包人有权暂停施工，顺延工期，并要求发包人赔偿因此造成的损失。

其四，发包人未按通知验收隐蔽工程应赔偿的损失，包括停工、窝工等损失。所谓停工损失，是指工程全部停止施工而给承包人造成的损失。一般包括施工工人退、进场费，机械设备拆卸费、运输费等退、进场费，不退场机械设备的租赁费，自有机械、设备的闲置费，周转材料的租赁费、工程安全质量保护措施费、停工期间现场管理费、利润①等。

所谓窝工损失，是指工程依然继续施工，但承包人不能按照原有施工计划组织施工，从而造成的人工费窝工损失、机械设备窝工费损失。人工费窝工损失，是指全部人工或者部分人工丧失劳动力使用功效的同时又必须支付用工报酬所造成的承包人损失；机械设备窝工费损失，是指投入施工现场的机械设备全部或者部分闲置，在机械设备失去效益功能的同时依然需要支付设备租赁、养护、折旧费用而给承包人带来的损失。

因为发包人未及时按照发包人通知造成承包人停工、窝工，发包人需要承包人赶工期的，发包人应补偿承包人为赶工而支出的必要费用。

【关联规定】

《合同法》第 278 条

（撰稿人：代瑞）

第七百九十九条　【建设工程的竣工验收】 建设工程竣工后，发包人应当根据施工图纸及说明书、国家颁发的施工验收规范和质量检验标准及时进行验收。验收合格的，发包人应当按照约定支付价款，并接收该建设工程。

建设工程竣工经验收合格后，方可交付使用；未经验收或者验收不合格的，不得交付使用。

---

① 按照《建设工程施工合同示范文本》（GF—2017—0201）第 7.8.1 条，因发包人原因引起的暂停施工，发包人应承担由此增加的费用和（或）延误的工期，并支付承包人合理的利润。

【释义】

本条是关于建设工程竣工验收的规定，是对《合同法》第279条规范内容的全面承继。

本条应作如下理解：

其一，建设工程竣工是验收的前提。建设工程竣工，是指承包人完成工程建设。① 我国判断工程竣工的原则是全面完工原则。《民法典》第509条第1款规定，当事人应当按照约定全面履行自己的义务。《建设工程质量管理条例》第16条第2款规定的竣工验收条件包括“完成建设工程设计和合同约定的各项内容”。但鉴于比较法上其他国家工程实践及我国工程实践一般采实质完工原则，应对“竣工”作目的扩张解释以涵括实质完工。

所谓“实质完工”，是指工程无显著瑕疵且那些没有完成的末尾项目不会影响业主工程意定目的实现。② 英美法系工程实务与判例一般采实质完工原则（pratical completion /substantial completion）③，以阻止发包人对实质完工工程拒绝付款，④ 保护非恶意地、轻微地违反合同的建筑商。⑤ 这一立场也体现于标准建设工程合同文本美国建筑师协会AIA合同条款A201 §9.8.1和美国总承包商联合会AGC合同条款No.430 §9.1.3中。大陆法系也有国家和地区采用与“实质完工”相类似的标准。《德国民法典》第640条规定“定作人不得因不重要的瑕疵而拒绝验收”。日本判决及工程实务所采“大致完工”工程完工标准⑥与英美法系所采“实质完工”有异曲同工之处。我国台湾地区营建工程审判实务也有采实质完工标准的。⑦ 国际建设工程合同领域广泛采用的FIDIC合同红皮书第10.1条规定的完工标准之一为实质完工——“某些不会实质影响工程或区段按其预定目的使

---

① 本条用语“竣工”意为“完工”，与《最高人民法院关于审理建设工程施工合同纠纷案件适用法律问题的解释（一）》第14条“竣工日期”中的“竣工”含义不同，后者在文义解释上等同于“竣工验收合格”。

② David Chappell，Understanding JCT Standard Building Contracts（7th ed.）. Spon Press，2004.109.

③ Cathleen S. Bumb. Substantial Completion. Constr. Law. 2003（23）.5.

④ Justin Sweet and Jonathan J. Sweet，2 Sweet on Construction Industry Contracts：Major AIA Documents. Aspen publishers，1999.15，18.

⑤ Larry A. DiMattio，The Norms of Contract：The Fairness Inquiry and the“Law of Satisfaction” – A Nonunified Theory. Hofstra Law Review，Winter，1995.1.

⑥ ［日］笠井修：《建設請負契約のリスクと帰責》，日本評論社2009年版，第17～186页。

⑦ 我国台湾地区板桥地方“法院”第1664号“判决”认为，建筑物是否完工？其完工标准为何？当事人若未于契约中明确约定，自应就“实质上”是否达合格完工程度而为判断，亦即至少须符合“建筑法”第70条所规定之其主要构造、室内隔间及建筑物主要设备与设计图样相同之程度。

用的扫尾工作以及缺陷不影响接收证书的颁发”。我国标准建设工程合同示范文本《2012 标准设计施工总承包招标文件》第 18. 2 条、《建设工程施工合同示范文本》（GF—2017—0201）第 13. 2. 1 条认可实质完工，即竣工验收时发包人同意的甩项工作和缺陷修补工作可以未完成。

其二，验收既是发包人权利，又为发包人义务。根据《建筑法》第 61 条第 2 款以及《建设工程质量管理条例》第 16 条第 3 款规定，建筑工程竣工验收合格，方能交付使用。一般情形下完成建设工程设计和合同约定的各项内容后，承包人应向发包人提交工程竣工报告，申请竣工验收，发包人应当根据承包人的申请，有及时组织承包人、监理单位、勘察、设计单位验收的义务。

其三，竣工验收合格应满足法律规定的条件。发包人应当根据施工图纸及说明书、国家颁发的施工验收规范和质量检验标准进行验收，检验合同履约情况以及在工程建设各个环节执行法律、法规和工程建设强制性标准的情况。《建设工程质量管理条例》第 16 条第 2 款规定，建设工程竣工验收合格应满足下列条件：完成建设工程设计和合同约定的各项内容；有完整的技术档案和施工管理资料；有工程使用的主要建筑材料、建筑构配件和设备的进场试验报告；有勘察、设计、施工、工程监理等单位分别签署的质量合格文件；有施工单位签署的工程保修书。建设工程竣工验收合格，发包人向承包人出具竣工验收报告书。

其四，竣工验收合格，既包括依法经申请验收合格，又包括司法实践中确认的拟制验收合格。《最高人民法院关于审理建设工程施工合同纠纷案件适用法律问题的解释（一）》第 14 条确认竣工验收合格之日为竣工之日，并确认了两种情形下的拟制验收合格：一是承包人已经提交竣工验收报告，发包人拖延验收的，以承包人提交验收报告之日为验收合格之日；二是建设工程未经竣工验收，发包人擅自使用的，以转移占有建设工程之日为验收合格之日。

其五，工程竣工验收合格的法律后果。工程竣工验收合格，承包人有权请求发包人支付工程价款，并起算工程价款利息。工程需要交付的，发包人应当受领。除本条规定外，还发生其他法律后果：

（1）风险负担的转移，参照《民法典》第 604 条买卖合同风险负担的规定，建筑物、构筑物毁损、灭失的风险规定转移至发包人。

（2）按照《建设工程质量管理条例》第 40 条规定，起算建设工程保修期。

其六，建设工程未经验收或验收不合格的法律后果。工程未经验收或验收不合格，不可交付使用，承包人无权要求发包人支付工程价款。验收不合格，承包人应当对工程质量瑕疵进行返修，再由发包方重新组织验收。

司法实践中未经竣工验收发包人擅自使用工程较常见。在民法典制定过程中，合同编一次审议稿在对司法解释吸收、完善的基础上于第583条规定了擅自使用工程的法律后果，由于争议较大，合同编三次审议稿删去该条文。对于《最高人民法院关于审理建设工程施工合同纠纷案件适用法律问题的解释（一）》第13条所规定的擅自使用工程一般质量瑕疵责任移转于发包人自担的法律后果，值得探讨。按照该条解释，发包人擅自使用工程的，承包人除对地基基础工程和主体结构质量在建设工程的合理使用寿命内承担责任外，不再对发包人承担质量责任。

《最高人民法院关于审理建设工程施工合同纠纷案件适用法律问题的解释（一）》第13条司法解释的目的，是保障工程质量以实现工程竣工验收合格后方能交付使用。[①] 笔者认为，通过该条解释，最高人民法院不当扩大解释了擅自使用工程的法律后果。擅自使用工程，拟制发生竣工验收合格，而不在于否认发包人向承包人主张质量瑕疵违约责任。《欧洲民法典草案》第4.3－3：106条关于构筑物的移交主张“客户受领构筑物，并不免除或减轻建造人的全部或部分责任。这一规定同样适用于客户根据合同有检查、监督及验收构筑物或其建造过程义务的情形”[②]。该主张体现欧洲各国对客户受领构筑物法律后果的学界一般立场，可资参照。在依法竣工验收情形下，发包人可就瑕疵修补提出权利保留，也可就工程使用期间发现的擅自使用工程前存在的隐蔽瑕疵向承包人主张瑕疵违约责任，这些法律后果当然适用于擅自使用工程的情形。

【关联规定】

《合同法》第279条

（撰稿人：代瑞）

第八百条　【勘察、设计人的违约责任】 勘察、设计的质量不符合要求或者未按照期限提交勘察、设计文件拖延工期，造成发包人损失的，勘察人、设计人应当继续完善勘察、设计，减收或者免收勘察、设计费并赔偿损失。

---

① 参见最高人民法院民事审判第一庭：《最高人民法院建设工程施工合同司法解释的理解与适用》，人民法院出版社2015年版，第107页。

② 欧洲民法典研究组、欧盟现行私法研究组：《欧洲示范民法典草案——欧洲私法的原则、定义和示范规则》，高圣平译，中国人民大学出版社2012年版，第276页。

【释义】

本条是关于勘察人、设计人违约责任的规定，是对《合同法》第280条规范内容的全面承继。本条应作如下理解：

其一，勘察人、设计人的主合同义务是在合同约定期限内交付符合质量要求的成果文件。本条规定了勘察人、设计人违反主合同义务的两类违约行为：一是瑕疵履行违约行为，勘察人、设计人交付的成果文件质量，不符合法律、行政法规规定，不符合标准化法及保障建设工程质量和安全的国家标准和行业标准，不符合建设工程勘察、设计的技术规范或者当事人约定；二是迟延履行违约行为，即承包人未按照约定期限提交勘察、设计文件。

其二，违约责任形式包括继续履行、减收或免收勘察、设计费用、损害赔偿三种违约责任形式。减收或免收勘察、设计费用，是损害赔偿的一种特殊形式。该三种责任方式可以单独适用，也可合并适用。

【关联规定】

《合同法》第280条

（撰稿人：代瑞）

第八百零一条　【施工人的建设工程质量责任】因施工人的原因致使建设工程质量不符合约定的，发包人有权请求施工人在合理期限内无偿修理或者返工、改建。经过修理或者返工、改建后，造成逾期交付的，施工人应当承担违约责任。

【释义】

本条是关于施工人的建设工程质量责任的规定。本条内容与《合同法》第281条保持一致，《合同法》第281条规定："因施工人的原因致使建设工程质量不符合约定的，发包人有权要求施工人在合理期限内无偿修理或者返工、改建。经过修理或者返工、改建后，造成逾期交付的，施工人应当承担违约责任。"

根据本条的规定，施工人承担工程质量责任的条件，一是建设工程质量不符合约定；二是因施工人的原因。发包人的请求权为：一是请求施工人在合理期限内无偿修理或者返工、改建；二是在经过修理或者返工、改建后，造成逾期交付的，请求施工人应当承担违约责任。

一、关于“建设工程质量不符合约定”的理解

施工人负有根据工程的设计文件和施工图纸的要求，通过施工作业最终形成建设工程实体建设的义务。在勘察、设计质量没有问题的情况下，整个建设工程的质量状况最终取决于施工工作。

第一，从关于建设工程质量的规范依据来看，“建设工程质量不符合约定”应当包含两个方面：一是关于工程质量的合同约定，包括施工合同、工程设计文件以及施工图纸、技术标准；二是国家、省市关于工程质量的法律、法规、规范性文件的强制规定。施工工作违反其中任何一个方面，均应认定为施工质量不符合约定，且实践中，施工合同中通常也会将符合有关法律、法规、规范性文件的强制性规定作为合同的一项内容。工程设计图纸是建设设计单位根据工程的功能、质量等方面的要求所做出的设计工作的最终成果，其中的施工图是对建设工程的建筑物、设备、管线等工程对象物的尺寸、布置、选用材料、构造、相互关系、施工及安装质量要求的详细图纸和说明，是指导施工的直接依据。进行建设工程的各项施工活动，包括土建工程的施工、给排水系统的施工、供热供暖系统的施工等，都必须按照相应的施工图纸的要求进行。建设工程施工人除必须严格按照工程设计图纸施工外，还必须按照建设工程施工技术标准的要求进行施工。施工技术标准是施工作业人员进行每一项施工操作的技术依据，包括对各项施工准备、施工操作工艺流程和应达到的质量要求的规定。国家、省市关于工程质量的法律、法规、规范性文件的强制规定对施工人的施工工作作出了强制性的要求，是施工人必须承担的法定义务。

第二，从建设工程质量的内容来看，建设工程质量既包括各类工程中的主体工程的质量，也包括与其配套的线路、管道和设备的安装质量。实践中产生的建设工程的质量问题，小的方面，如屋面漏水、墙面开裂、管道阻塞，材料不合格，消防不合格等，大的方面，如主体工程不合格、“豆腐渣”工程等。建设工程质量问题，小的会给发包方造成使用的各种不便，大的则会酿成人身伤亡和重大财产损失的恶性事故。建设工程的施工人必须以负责任的态度，严格按照工程设计文件、施工图纸和技术标准进行施工，严把质量关，不得偷工减料。建设工程质量出现问题，无论大小，施工人都必须承担相应的责任。

第三，从发现建设工程质量问题的时间来看，既包括建设施工过程中，也包括施工完毕后，只要存在建设工程质量问题，发包人的请求权就产生并存在。

二、关于“因施工人的原因”的理解

建设工程质量问题，从产生的原因看，可能是发包人的原因，如提供的材料不合格，也可能是勘察、设计的原因，如设计有缺陷，还可能是施工人的原因。实践中，大多数的工程质量问题，都是施工人的原因造成的。实践中的难点在于，如何确定是因为“施工人的原因”？笔者认为，施工人是具有国家认可的资质，专门从事工程建设的单位，在整个施工过程中，施工人掌握有关施工的各方面的详细情况，因此施工人应当承担“专家责任”。发包方如认为工程质量存在问题，一方面可以要求施工人提供有关的文件、进行说明，另一方面可以请求有关检测、鉴定单位出具报告，如施工人提供的材料不足以排除自身责任的，则应当认定为是施工人的原因。从现实情况看，工程施工中的偷工减料行为仍然较为多发，是造成建设工程质量、发生重大质量事故的重要原因。施工人有可能不按施工技术标准规定的施工工艺流程进行施工作业，擅自减少工作量，或者在工程施工中违反设计文件和施工技术标准的规定，擅自减少建筑材料的数量和降低用料质量。凡是因施工原因造成的工程质量问题，都应由施工人承担责任。

三、关于工程质量责任的内容

根据本条的规定，在因施工人原因出现工程质量问题的情况下，发包人有权要求施工人在合理期限内无偿修理或者返工、改建。经过修理或者返工、改建后，造成逾期交付的，施工人应当承担违约责任。这里有四个方面的问题：

一是合理期限。合理期限首先应当根据施工合同确定，施工合同对于施工人完成某一项或某一阶段的工作有约定的，应按照约定的时间确定。施工合同没有明确约定的，应当根据完成这一工作的一般所需的合理时间确定。发包人和施工人可以就修理、返工、改建的问题签订补充协议，就具体时间进行约定，此外，发包人可以请求工程监理单位提供意见。

二是无偿。按照合同约定进行施工并保证工程质量是施工人的义务，因其违反义务，需要进行补救，补救行为应当视为施工人履行合同义务的一部分，因此施工人无权主张额外费用。

三是具体的补救方式。具体的补救方式包括修理或者返工、改建，具体采取何种方式，应当根据工程质量问题的具体情况而定。实践中，采用何种方式，发包人和施工人容易出现协商不一致的情况，如协商不一致，应当按照发包人的要求进行，除非施工人能够提供材料证明，其采取的方式能够完全符合合同的约定。

四是逾期违约责任。根据本条的规定，经过修理或者返工、改建后，造成逾期交付的，施工人应当承担违约责任。按期交付是施工人的义务，出现工程质量问题采取的补救措施，是施工人履行合同义务的当然内容，因为是施工人的原因造成的，所以施工人并没有免责的理由。逾期违约责任的具体内容，应当按照合同约定来确定。这里的逾期违约责任包括赔偿发包人因逾期交付受到的损失，按照约定向发包人支付违约金、减少价款、执行定金罚则等。发包人可以根据施工人违约程度和损失大小，合理请求施工人承担上述违约责任。

【关联规定】

《合同法》第 281 条

（撰稿人：董亚川）

第八百零二条　【建设工程质量保证责任】因承包人的原因致使建设工程在合理使用期限内造成人身损害和财产损失的，承包人应当承担赔偿责任。

【释义】

本条是关于承包人在建设工程合理使用期限内的质量保证责任的规定。本条与《合同法》第 282 条基本保持一致，《合同法》第 282 条规定："因承包人的原因致使建设工程在合理使用期限内造成人身和财产损害的，承包人应当承担损害赔偿责任。"承包人应当按照合同约定对整个工程质量负责，建设工程符合质量要求本身就包含了在合理期限内符合安全使用的要求，因此承包人当然也应当对建设工程在合理使用期间的质量安全承担责任。准确理解本条的规定，应当从以下四个方面进行：

第一，关于承包人的范围。根据本章第 791 条的规定，发包人可以与总承包人订立建设工程合同，也可以分别与勘察人、设计人、施工人订立勘察、设计、施工承包合同。总承包人或者勘察、设计、施工承包人经发包人同意，可以将自己承包的部分工作交由第三人完成。第三人就其完成的工作成果与总承包人或者勘察、设计、施工承包人向发包人承担连带责任。因此，在发包人仅与总承包人订立建设工程合同的情况下，总承包人应承担质量保证责任；如总承包人与勘察、设计、施工人订立相应的合同并经发包人同意，则勘察人、设计人、施工人应当与总承包人共同对发包人承担连带责任，因此应当共同承担连带质量保证责任。在存在第三人的情况下，且已经过发包人同意，因第三人应就其完成的工作成果与总承包人或者勘察、设计、施工承包人向发包人承担连带责任，故第三人也应当连带承担工程质量保证责任。可见，承包人的范围应当根据建设工程合同签订的具体情况进行判断。

从受害人的角度看，如建设工程在使用过程中坍塌，造成人员伤亡，发包人作为建设工程的所有人和管理人，自应对受害人承担赔偿责任，受害人能否以承包人的工程质量保证责任为由，直接向承包人请求赔偿？工程质量保证责任不是简单的合同责任，不仅涉及合同向对方，而且涉及建设工程普通使用者，可以认为涉及社会公众的利益。从维护受害人合法权益的角度看，上述责任主体应承担连带责任。从本条的条文综合来看，承包人承担的工程质量保证责任是对发包人而言，而从维护受害人合法权益的角度来看，承包人应当与发包人共同对受害人承担连带赔偿责任。在发包人对受害人承担责任的情况下，发包人可以根据本条的规定以及建设工程合同的约定，向承包人追偿，并同时请求其承担违约责任。

第二，因承包人的原因引起。建设工程的总承包人应当对整个工程质量承担保证责任。建设工程的勘察人应当为建设工程提供准确的有关工程地质资料并就其完成的工作承担质量保证责任；建设工程的设计人应当按照有关保证工程质量安全的法律、法规和设计规范的规定进行设计，保证建设工程的设计安全可靠并就其设计工作承担质量保证责任；建设工程的施工人必须严格按照工程设计和施工技术标准进行施工，不得使用不合格的建筑材料，不得偷工减料，并就其施工工作承担质量保证责任。任何一方不履行义务，造成工程质量安全问题的，都应当承担法律责任。出现工程质量问题后，应当区分具体的原因，并根据合同签订的具体情况，确定相应的责任主体。但如果不属于承包人的原因，如是使用者违规操作、使用不当或者故意等原因造成的人身、财产损害，承包人不承担责任。

第三，合理使用期限。合理使用期限即建设工程的承包人对其建设产品承担质量责任的责任期间。建设工程建成后都将长期使用，这就意味着建设工程在相当长的时间内不能有危及使用安全的质量问题，否则将会对人身和财产安全构成威胁。如何确定“合理期限”？合理期限一般自交付发包人时起算，但与一般产品的生产者对其产品的质量缺陷承担损害赔偿责任的责任期限最长不超过自产品交付使用最初用户 10 年不同，建设工程的承包人应当在该建设工程合理使用期限内对整个工程质量安全承担责任。关于合理使用期限是多少，本条未作具体规定。这需要根据各类建设工程的不同情况，如建筑物结构、使用功能、所处的自然环境等因素，由相关的法规或规范性文件作出规定。

根据住房和城乡建设部发布的《民用建筑设计统一标准》（GB 50352—2019）中规定，按民用建筑的主体结构确定的建筑耐久年限分为四级：一级耐久年限为

100年，适用于纪念性建筑和特别重要的建筑；二级耐久年限为50年，适用于普通建筑和构筑物；三级耐久年限为25年，适用于易于替换结构构件的建筑；四级耐久年限为5年，适用于临时性建筑。根据该规定，除临时性建筑外，民用建筑的合理使用期限最低也应为25年，在此期间内，必须保证建筑物的安全使用。如果该建设工程已过合理使用期限的，原则上不允许继续使用，用户继续使用，因该建设工程造成的人身、财产损害的，承包人不承担损害赔偿责任。

需要讨论的问题是，在建设工程合理使用期限内，出现地震等严重自然灾害，致使建筑工程受损，在此情况下，承包人是否应继续承担工程质量责任？笔者认为，地震等自然灾害的发生，往往对建筑物造成不同程度的损害，地震的等级不同，造成的损害也有差别，有的严重到坍塌，也有的严重影响主体结构但又不易察觉，灾害发生后，发包人应当联系专业的检测部门，对建筑物进行检测，以确定其安全性和继续使用的年限。从公平的角度考虑，在发生严重地震并对建设工程造成损害的情况下，承包人不应再对灾害发生后的建设工程承担质量保证责任。但灾害的发生恰恰使得建设工程质量责任暴露出来的，承包人必须承担相应的责任。

第四，损害后果，即造成了人身损害和财产损失。《合同法》第282条的用语为“人身和财产损害”，笔者认为这与本条并无实质不同。这里需要明确的是，人身损害和财产损失的受损害方既包括建设工程合同发包人，也包括建设工程的普通用户以及因该建设工程而受到损害的其他人。根据本条规定，因承包人原因造成建设工程质量事故，致使人身、财产受到损害的，承包人应当承担赔偿责任。发包人同时作为建设工程合同的相对人，可以选择请求承包人承担违约责任。

【关联规定】

《合同法》第282条

（撰稿人：董亚川）

第八百零三条　【发包人未按约定的时间和要求提供原材料、设备、场地、资金、技术资料的违约责任】发包人未按照约定的时间和要求提供原材料、设备、场地、资金、技术资料的，承包人可以顺延工程日期，并有权请求赔偿停工、窝工等损失。

【释义】

本条是关于发包人未按约定的时间和要求提供原材料、设备、场地、资金、技术资料的违约责任的规定。本条与《合同法》第 283 条基本保持一致，《合同法》第 283 条规定："发包人未按照约定的时间和要求提供原材料、设备、场地、资金、技术资料的，承包人可以顺延工程日期，并有权要求赔偿停工、窝工等损失。"

根据本条的规定，如果发包人按照合同的约定负有提供原材料、设备、场地、资金、技术资料义务，则发包人有义务按照约定的时间和要求提供，发包人违反提供义务的情形主要可以分为两类：一是未按照约定的时间提供，二是未按照约定的要求提供。

（一）未按照约定的时间提供

未按照约定的时间提供，又存在两种情况：一种是迟延提供；另一种是过于超前提供。在发包人迟延提供的情况下，承包人可以根据发包人按约定的提供时间与实际提供时间之间的时间差，来顺延工程日期及计算停工、窝工损失，并要求赔偿。在发包人超前提供的情况下，如超前提供原材料、设备，存在过多占用场地等对承包人的施工造成影响的情况，致使承包人不能按照正常的施工流程完成工作，需要对发包人提供的原材料、设备进行迁移、保管的，则承包人同样可以顺延工期及计算停工、窝工损失，并要求赔偿。

（二）未按照约定要求提供

发包人提供的内容不同，相应的要求也不同。

1. 发包人未按照约定要求提供原材料、设备

建设工程承包合同中约定由发包人提供原材料、设备的，发包人应当按照约定的原材料、设备的种类、规格、数量、单价、质量、环保等级等要求向承包人提供，除提供原材料、设备的实物外，还应当提供物品清单、合格证明等资料。承包人与发包人应当一起对原材料、设备进行检验、验收后，由承包人妥善保管，如产生额外的保管费用，应当由发包人支付或者双方协商解决。对于必须经过试验、检测才能使用的材料，承包人应当按照约定进行测试或委托第三方专业机构进行检测，费用由发包人承担。如果经检验发包人提供的原材料、设备的种类、规格、型号、质量等级与约定不符合的，承包人有权拒绝接收，并可以要求发包人运出施工现场并予以更换。因此而延误工期的，承包人可以中止施工并顺延工期，造成承包人停工、窝工损失的，由发包人承担责任。

2. 发包人未按照约定提供场地

按照建设工程承包合同的约定，由发包人提供场地的，发包人应当按照合同约定向承包人提供符合施工、操作、运输、堆放材料设备要求的场地以及建设工作涉及的周围场地。发包人除提供具体的场地外，还应当按照约定使场地满足施工的具体要求，包括：在承包人进驻前及时办理有关批准文件、用地、通行手续，包括工程地址和临时设施范围内的土地征用、租用，申请施工许可证和占道、爆破及临时铁道专用岔线许可证等；确定建设工程及有关道路、线路、上下水道的定位标桩、水准点和坐标控制点等；应当清除施工现场内影响承包人施工的障碍，并向承包人提供施工所需水、电、热力、电讯等管道线路，保证承包人施工期间的需要。发包人未能提供符合约定、适合工作的场地致使承包人无法开展工作的，承包人有权要求发包人履行合同，并可以顺延工期，或者暂停工作，因此造成承包人停工、窝工损失的，承包人可以要求发包人承担责任。

3. 发包人未按照约定提供资金

发包人提供的资金，根据具体用途的不同，可以分为专项资金、预付工程款、按工程进度支付的工程款，资金的具体用途由发包人和承包人在合同中约定。由发包人提供工程建设所需资金的，发包人应当按照约定的时间和数额向承包人支付。

如果发包人逾期提供专项资金，致使承包人无法购置专用设备、购买约定的材料的，承包人可以顺延工期，并对因此造成的停工、窝工损失要求发包人承担责任。

如果建设工程合同约定由发包人预付工程款的，发包人应当按照约定的时间和数额向承包人预付工程款，发包人未按照合同约定预付工程款的，承包人可以向发包人发出预付工程款的通知，发包人在收到通知后仍不能按照要求预付工程款，承包人可以停止工作并顺延工期，并赔偿因此造成承包人停工、窝工的损失。

如果建设工程合同约定发包人按工程进度付款的，发包人应当按照合同约定的进度支付工程款。按进度支付工程款，可以按照时间进度支付，也可以按照工程进度支付。按时间进度支付的，双方在合同中约定具体的支付时间和支付比例。按工程进度支付的，承包人完成约定的工程部分后，由发包人签字确认后支付。发包人在签字确认后的约定期限或合理期限内仍未能按照要求支付工程款的，承包人可以向发包人发出支付工程款的通知，发包人在收到通知后仍未按照要求支付工程进度款，承包人可以停止工作并顺延工期，发包人应当从应付之日起向承包人支付应付价款的利息，并赔偿因此造成承包人停工、窝工的损失。

如果发包人未按照约定提供资金的情况同时满足本章第 807 条规定，承包人可以根据第 807 条的规定，采取相应的措施，维护自己的合法权益。

4. 发包人未按照约定提供技术资料

技术资料主要包括勘察数据、设计文件、施工图纸以及说明书等。合同约定由发包人提供有关工程建设技术资料的，发包人应当按照合同约定的时间和份数向承包人提供符合约定要求的技术资料。根据法律、行政法规的规定，建设工程施工除符合发包人的要求外，还必须符合国家有关质量标准、技术规程和操作规范等强制性要求。因此，如果发包人未能按照约定提供技术资料，或者提供的技术资料不符合国家强制性规范的要求，承包人就不能正常进行工作，在这种情况下，承包人可以要求发包人在合理期限内提供建设工作所必须的技术资料并有权暂停工作、顺延工期，要求发包人承担承包人因停工、窝工所造成的损失。

（三）承包人的救济方式

根据本条的规定，承包人可以顺延工程日期，并有权要求赔偿停工、窝工等损失。当发包人未按照约定的时间和要求提供原材料、设备、场地、资金、技术资料，经催告后在合理期限内仍未履行，致使不能实现合同目的的，即满足本法第 563 条规定的条件，承包人能否解除合同？建设工程合同不同于一般的合同，往往经过复杂的招投标流程而订立，而且工程项目涉及方方面面的问题，一旦施工后，如中途停工容易造成重大损失，有些甚至影响社会公共利益，因此不适宜轻易解除。笔者认为，如发包人的违约行为尚处于工程项目的前期阶段，且发包人的行为已经构成根本违约，满足本法第 563 条规定的条件，承包人可以解除合同；而在工程施工中后期，则应当慎重行使解除权，或者应当通过诉讼解除。发包人未按照约定的时间和要求提供原材料、设备、场地、资金、技术资料的行为满足本章第 806 条第 2 款规定的，承包人可以解除合同，并要求发包人支付价款，有其他损失的，可以依据本法第 566 条的规定，同时要求发包人承担违约责任。

【关联规定】

《合同法》第 283 条

（撰稿人：董亚川）

第八百零四条　【发包人原因造成工程停建、缓建的责任】因发包人的原因致使工程中途停建、缓建的，发包人应当采取措施弥补或者减少损失，赔偿承包人因此造成的停工、窝工、倒运、机械设备调迁、材料和构件积压等损失和实际费用。

【释义】

本条是关于因发包人原因造成工程停建、缓建所应承担责任的规定。本条与《合同法》第284条保持一致。《合同法》第284条规定："因发包人的原因致使工程中途停建、缓建的，发包人应当采取措施弥补或者减少损失，赔偿承包人因此造成的停工、窝工、倒运、机械设备调迁、材料和构件积压等损失和实际费用。"

比较本条与本章第803条的规定，从两个条文的行文逻辑和规范内容来看，二者都是对发包人违约责任的规定；不同之处在于，第803条侧重于在建设工程开工建设之前或初期阶段发包人违约情形的处理，而第804条侧重于在建设工程施工过程中发包人违约情形的处理。从发包人出现违约的情况看，第803条规定的是发包人未按照合同约定的时间和要求提供原材料、设备、场地、资金、技术资料的情形，而第804条未明确列举，概括性规定了"因发包人的原因致使工程中途停建、缓建的"，承包人损失计算范围增加了"倒运、机械设备调迁、材料和构件积压等损失和实际费用"。

一、"因为发包人的原因"的理解

在工程建设过程中，发包人应当按照合同约定履行自己的义务，保证工程建设顺利进行。如果因发包人的原因致使工程建设无法按照约定的进度进行，承包人可以停建或者缓建。"发包人的原因"，参考本章有关条文的规定并结合实践情况，可能包括下列情形：(1) 发包人对作业进度、质量进行检查，导致需要中途停建或缓建的（本章第804条）；(2) 发包人未能及时进行中间工程和隐蔽工程条件的验收并办理有关确认手续（本章第798条）；(3) 发包人未按照合同约定的时间和要求提供原材料、设备、资金、技术资料的情形（本章第803条）；(4) 发包人提供的主要建筑材料、建筑构配件和设备不符合强制性标准或者不履行协助义务，致使承包人无法施工（本章第806条第2款）；(5) 发包人提供的资料不准确，或者未按照期限提供必需的勘察、设计工作条件而造成勘察、设计报告有误，导致工程停建、缓建的（本章第805条）。实践中容易出现的情形还包括：发包人变更工程设计、变更工程量；发包人提供的设计文件等技术资料有错误；发包人不能按照合同的约定保障建设工作所需的工作条件致使工作无法正常进行的等。

二、发包人的减损义务

在发生上述情形致使工程建设无法正常进行的情况下，承包人可以停建、缓建、顺延工期。发包人在停建、缓建期间应当采取合理措施减少和避免损失，同时妥善保护好已完成工程和做好已购材料、设备的保护和移交工作。在停建、缓建的因素消除后，应当及时排除障碍，使承包人尽快恢复建设工作。发包人的减损义务是从有利于建设工程顺利推进、减少社会自愿浪费的角度对发包人提出的要求，如发包人怠于履行减损义务，造成的损失均由其自身承担。如果加重承包人损失的，承包人可以在计算损失和实际费用时将其计入，一并要求发包人承担。

三、承包人损失的计算

因发包人的原因致使工程中途停建、缓建的，承包人应当将停建、缓建过程中发生的经济支出和其他实际发生的费用向发包人提出报告。损失的计算范围，根据本条的规定主要包括“停工、窝工、倒运、机械设备调迁、材料和构件积压所造成的损失和实际发生的费用”，发包人怠于采取措施弥补或减少损失而给承包人造成的额外损失，也应当计算在内。因发包人的原因致使部分工程中途停建、缓建的，对于未受影响的部分，承包人应当继续建设。

此外，承包人应当负提示义务，如承包人在施工中发现设计有错误之处，应当通知发包人，发包人在接到通知后，应当及时同设计人等有关单位研究确定修改意见或者变更设计，并及时将修订后的设计文件送交承包人。承包人在设计修订或变更期间，对于未修订或变更的部分可以继续施工的，应当继续施工。如承包人在施工过程中，发现明显错误而不通知发包人的，造成建筑隐患或者引发停工、缓建的，发包人可以主张减少赔偿。

【关联规定】

《合同法》第284条

（撰稿人：董亚川）

第八百零五条　【发包人原因造成勘察、设计的返工、停工或者修改设计的责任】因发包人变更计划，提供的资料不准确，或者未按照期限提供必需的勘察、设计工作条件而造成勘察、设计的返工、停工或者修改设计，发包人应当按照勘察人、设计人实际消耗的工作量增付费用。

【释义】

本条是关于因发包人原因造成勘察、设计的返工、停工或者修改设计所应承担责任的规定。本条与第《合同法》第285条保持一致。《合同法》第285条规定："因发包人变更计划，提供的资料不准确，或者未按照期限提供必需的勘察、设计工作条件而造成勘察、设计的返工、停工或者修改设计，发包人应当按照勘察人、设计人实际消耗的工作量增付费用。"

根据本条的规定，发包人负有制订并向设计人提供确定勘察设计计划、提供真实准确的资料、提供必需的工作条件的义务，如发包人违反上述义务，造成勘察、设计的返工、停工或修改设计的，发包人应当按照勘察人、设计人实际消耗的工作量增付费用。

在建设工程勘察合同中，发包人的义务一般包括：应以书面形式向勘察人明确勘察任务及技术要求，包括工程概况、规模、特征、勘察范围和阶段、技术要求及工作量、合同工期、质量标准等；提供开展工程勘察工作所需要的图纸及技术资料，包括总平面图、地形图、已有水准点和坐标控制点等；提供工程勘察作业所需的批准及许可文件，包括立项批复、占用和挖掘道路许可等；为勘察人提供具备条件的作业场地及进场通道（包括土地征用、障碍物清除、场地平整、提供水电接口和青苗赔偿等）并承担相关费用；为勘察人提供作业场地内地下埋藏物（包括地下管线、地下构筑物等）的资料、图纸，没有资料、图纸的地区，发包人应委托专业机构查清地下埋藏物；应按照法律法规规定为勘察人安全生产提供条件并支付安全生产防护费用；若勘察现场需要看守，特别是在有毒、有害等危险现场作业时，发包人应派人负责安全保卫工作；按国家有关规定，对从事危险作业的现场人员进行保健防护，并承担费用。

在建设工程设计合同中，发包人的义务一般包括：应遵守法律，并办理法律规定由其办理的许可、核准或备案手续，包括但不限于建设用地规划许可证、建设工程规划许可证、建设工程方案设计批准、施工图设计审查等许可、核准或备案。发包人负责项目各阶段设计文件向规划设计管理部门的送审报批工作，并负责将报批结果书面通知设计人。发包人应当负责工程设计的所有外部关系（包括但不限于当地政府主管部门等）的协调，为设计人履行合同提供必要的外部条件。发包人应当在工程设计前或约定的时间向设计人提供工程设计所必需的工程设计资料，并对所提供资料的真实性、准确性和完整性负责。按照法律规定确需在工程设计开始后方能提供的设计资料，发包人应及时地在相应工程设计文件提交给发包人前的合理期限内提供，合理期限应以不影响设计人的正常设计为限。发包人要求进行主要技术指标控制的，钢材用量、混凝土用量等主要技术指标控制值应当符合有关工程设计标准的要求，且应当在工程设计开始前书面向设计人提出。发包人应当严格遵守主要技术指标控制的前提条件。

因发包人原因未按计划的勘察、设计日期开始勘察、设计的，发包人应按实际开始勘察、设计日期顺延完成勘察、设计工作。发包人上述工程设计进度延误情形导致增加了勘察、设计工作量的，发包人应当另行支付相应设计费用。

发包人变更工程勘察、设计的内容、规模、功能、条件等，应当向勘察人、设计人提供书面要求，勘察人、设计人在不违反法律规定以及技术标准强制性规定的前提下应当按照发包人要求变更工程勘察、设计。发包人变更工程勘察、设计的内容、规模、功能、条件或因提交的设计资料存在错误或作较大修改时，发包人应按设计人所耗工作量向设计人增付设计费。

发包人要求勘察人、设计人提前交付工程勘察、设计文件的，应向勘察人、设计人下达提前交付工程文件指示，并与勘察人、设计人协商采取加快工程设计进度的措施，并修订工程设计进度计划，由此增加的设计费用由发包人承担。

发包人向勘察人、设计人提供有关的技术资料的，发包人应当对该技术资料的质量和准确性负责。发包人变更勘察、设计项目、规模、条件需要重新进行勘察、设计的，应当及时通知勘察人、设计人，勘察人、设计人在接到通知后，应当返工或者修改设计，并有权顺延工期。发包人应当按照勘察人、设计人实际消耗的工作量相应增加支付勘察费、设计费。

勘察人、设计人在工作中发现发包人提供的技术资料不准确的，勘察人、设计人应当通知发包人修改技术资料，在合理期限内提供准确的技术资料。如果该技术资料有严重错误致使勘察、设计工作无法正常进行的，在发包人重新提供技术资料前，勘察人、设计人有权停工、顺延工期，停工的损失应当由发包人承担。发包人重新提供的技术资料有重大修改，需要勘察人、设计人返工、修改设计的，勘察人、设计人应当按照新的技术资料进行勘察、设计工作，发包人应当按照勘察人、设计人实际消耗的工作量相应增加支付勘察费、设计费。

发包人未能按照合同约定提供勘察、设计工作所需工作条件的，勘察人、设计人应当通知发包人在合理期限内提供，如果发包人未提供必要的工作条件致使勘察、设计工作无法正常进行的，勘察人、设计人有权停工、顺延工期，并要求发包人承担勘察人、设计人停工期间的损失。

【关联规定】

《合同法》第 285 条

（撰稿人：董亚川）

第八百零六条　【建设工程合同解除】承包人将建设工程转包、违法分包的，发包人可以解除合同。

发包人提供的主要建筑材料、建筑构配件和设备不符合强制性标准或者不履行协助义务，致使承包人无法施工，经催告后在合理期限内仍未履行相应义务的，承包人可以解除合同。

合同解除后，已经完成的建设工程质量合格的，发包人应当按照约定支付相应的工程价款；已经完成的建设工程质量不合格的，参照本法第七百九十三条的规定处理。

【释义】

本条是关于建设工程解除的规定。《合同法》“建设工程合同”一章中并没有合同解除的条款，对建设工程合同解除的问题采取了比较审慎的态度。《合同法》没有规定，并不代表实践中建设工程合同都可以顺利履行，由于建设工程项目流程复杂、周期长，涉及资金、设备、技术、材料、施工等多方面以及众多参与主体等问题，产生的纠纷很多，需要解除合同的情况也很多。

在《合同法》“建设工程合同”一章中没有条文规定的情况，解除建设工程合同一般根据《合同法》总则的规定进行，主要是第 93、94、95、96、97 条。《合同法》第 93 条规定：“当事人协商一致，可以解除合同。当事人可以约定一方解除合同的条件。解除合同的条件成就时，解除权人可以解除合同。”《合同法》第 94 条规定：“有下列情形之一的，当事人可以解除合同：（一）因不可抗力致使不能实现合同目的；（二）在履行期限届满之前，当事人一方明确表示或者以自己的行为表明不履行主要债务；（三）当事人一方迟延履行主要债务，经催告后在合理期限内仍未履行；（四）当事人一方迟延履行债务或者有其他违约行为致使不能实现合同目的；（五）法律规定的其他情形。”《合同法》第 95 条规定：“法律规定或者当事人约定解除权行使期限，期限届满当事人不行使的，该权利消灭。法律没有规定或者当事人没有约定解除权行使期限，经对方催告后在合理期限内不行使的，该权利消灭。”《合同法》第 96 条规定：“当事人一方依照本法第九十三条第二款、第九十四条的规定主张解除合同的，应当通知对方。合同自通知到达对方时解除。对方有异议的，可以请求人民法院或者仲裁机构确认解除合同的效力。法律、行政法规规定解除合同应当办理批准、登记等手续的，依照其规定。”《合同法》第 97 条规定：“合同解除后，尚未履行的，终止履行；已经履行的，根据履行情况和合同性质，当事人可以要求恢复原状、采取其他补救措施，并有权要求赔偿损失。”

《最高人民法院关于审理建设工程施工合同纠纷案件适用法律问题的解释》第 8 条规定了发包人的解除权，“承包人具有下列情形之一，发包人请求解除建设工程施工合同的，应予支持：（一）明确表示或者以行为表明不履行合同主要义务的；（二）合同约定的期限内没有完工，且在发包人催告的合理期限内仍未完工的；（三）已经完成的建设工程质量不合格，并拒绝修复的；（四）将承包的建设工程非法转包、违法分包的。”第 9 条规定了承包人的解除权，“发包人具有下列情形之一，致使承包人无法施工，且在催告的合理期限内仍未履行相应义务，承包人请求解除建设工程施工合同的，应予支持：（一）未按约定支付工程价款的；（二）提供的主要建筑材料、建筑构配件和设备不符合强制性标准的；（三）不履行合同约定的协助义务的。”第 10 条规定了合同解除后有关价款的处理和损失承担，“建设工程施工合同解除后，已经完成的建设工程质量合格的，发包人应当按照约定支付相应的工程价款；已经完成的建设工程质量不合格的，参照本解释第三条规定处理。因一方违约导致合同解除的，违约方应当赔偿因此而给对方造成的损失。”第 2 条规定：“建设工程施工合同无效，但建设工程经竣工验收合格，承包人请求参照合同约定支付工程价款的，应予支持。”第 3 条规定：“建设工程施工合同无效，且建设工程经竣工验收不合格的，按照以下情形分别处理：（一）修复后的建设工程经竣工验收合格，发包人请求承包人承担修复费用的，应予支持；（二）修复后的建设工程经竣工验收不合格，承包人请求支付工程价款的，不予支持。因建设工程不合格造成的损失，发包人有过错的，也应承担相应的民事责任。”

本法第三编第 562 ~ 566 条基本承袭了《合同法》的规定，并对持续履行的不定期合同的解除、解除权行使期限、诉讼或者仲裁的方式解除、合同解除后违约责任和担保责任的承担问题进行了明确。而本条的规定，则主要借鉴了《最高人民法院关于审理建设工程施工合同纠纷案件适用法律问题的解释》的有关内容。

一、发包人解除权

根据本条第1款的规定，承包人将建设工程转包、违法分包的，发包人可以解除合同。根据本法第791条的规定，承包人不得将其承包的全部建设工程转包给第三人或者将其承包的全部建设工程支解以后以分包的名义分别转包给第三人。建设工程主体结构的施工必须由承包人自行完成。承包人违反该义务的，发包人可以解除合同。

本条仅规定了发包人在承包人转包、违法分包情形下的解除权。对于《最高人民法院关于审理建设工程施工合同纠纷案件适用法律问题的解释》第8条前三项的规定情形，并未直接吸收，但该三项情形，可以通过适用本法第563条规定来处理。

二、承包人的解除权

根据本条第2款的规定，发包人提供的主要建筑材料、建筑构配件和设备不符合强制性标准或者不履行协助义务，致使承包人无法施工，且在催告的合理期限内仍未履行相应义务的，承包人可以解除合同。根据本条的规定，承包人行使解除权需满足三个条件：一是建筑构配件和设备不符合强制性标准或者不履行协助义务，二是致使承包人无法施工，三是在催告的合理期限内仍未履行相应义务。

对于《最高人民法院关于审理建设工程施工合同纠纷案件适用法律问题的解释》第9条规定的发包人未按照约定支付工程价款的情形，可以参照本法第807条的规定进行处理，当发包人不支付价款的情形符合本法第563条的规定时，承包人可以解除合同。

三、合同解除的法律后果

根据本条第3款的规定，合同解除后，已经完成的建设工程质量合格的，发包人应当按照约定支付相应的工程价款；已经完成的建设工程质量不合格的，参照本法第793条的规定处理。

由于转包和违法分包的合同无效，发包人因此解除合同后，应当按照第793条关于建设工程合同无效的规定处理后续事宜。在建设工程合同有效的前提下，合同解除后，根据本条的规定，以已经完成的建设工程是否合格为区分，合格的，发包人应当按照约定支付相应的工程价款，不合格的，仍然参照第793条的规定进行处理。

【关联规定】

《合同法》第93~97条，《民法典》第562~566条，《最高人民法院关于审

理建设工程施工合同纠纷案件适用法律问题的解释》第2~3、8~10条

（撰稿人：董亚川）

第八百零七条　【发包人未支付工程价款的责任】 发包人未按照约定支付价款的，承包人可以催告发包人在合理期限内支付价款。发包人逾期不支付的，除根据建设工程的性质不宜折价、拍卖外，承包人可以与发包人协议将该工程折价，也可以请求人民法院将该工程依法拍卖。建设工程的价款就该工程折价或者拍卖的价款优先受偿。

【释义】

本条是关于发包人未支付工程价款的责任的规定。本条与《合同法》第286条基本保持一致，《合同法》第286条规定："发包人未按照约定支付价款的，承包人可以催告发包人在合理期限内支付价款。发包人逾期不支付的，除按照建设工程的性质不宜折价、拍卖的以外，承包人可以与发包人协议将该工程折价，也可以申请人民法院将该工程依法拍卖。建设工程的价款就该工程折价或者拍卖的价款优先受偿。"

一、建设工程施工过程中发包人未按照约定支付价款

发包人未按照约定支付价款的情形，可能发生在建设工程施工过程中，也可能发生在建设工程施工完毕后。如果发生在建设工程施工过程中，承包人可以先援引本章第803、804条的规定，发包人未按照约定的时间和要求提供资金的，承包人可以顺延工程日期，并有权要求赔偿停工、窝工等损失。因发包人未按照约定支付价款，致使承包人无法或无力继续施工的、工程中途停建、缓建的，承包人可以暂停施工，并要求赔偿因此造成的停工、窝工、倒运、机械设备调迁、材料和构件积压等损失和实际费用。发包人不按约定支付价款的情形经承包人催告后在合理期限内仍不能支付的，承包人可以援引本条的规定，除按照建设工程的性质不宜折价、拍卖的外，与发包人协议将该工程折价，也可以申请人民法院将该工程依法拍卖，并就该工程折价或者拍卖的价款优先受偿。我国房地产市场曾出现大量烂尾楼，主要原因就是发包人在建设工程施工过程中资金链断裂，导致工程无法继续。本条的规定，尤其是关于承包人优先受偿权的规定，对维护承包人的合法权益具有重要意义。

二、建设工程施工完毕后发包人未按照约定支付价款

如果在建设工程施工完毕后，发包人未按照约定支付价款，纠纷多发生在竣工验收问题上。除合同另有约定外，一般工程具备以下条件的，承包人可以申请竣工验收：(1) 除发包人同意的甩项工作和缺陷修补工作外，合同范围内的全部工程以及有关工作，包括合同要求的试验、试运行以及检验均已完成，并符合合同要求；(2) 已按合同约定编制了甩项工作和缺陷修补工作清单以及相应的施工计划；(3) 已按合同约定的内容和份数备齐竣工资料。

除合同条款另有约定外，承包人申请竣工验收的，一般应当按照以下程序进行：(1) 承包人向监理人报送竣工验收申请报告，监理人应在收到竣工验收申请报告后2周内完成审查并报送发包人。监理人审查后认为尚不具备验收条件的，应通知承包人在竣工验收前承包人还需完成的工作内容，承包人应在完成监理人通知的全部工作内容后，再次提交竣工验收申请报告。(2) 监理人审查后认为已具备竣工验收条件的，应将竣工验收申请报告提交发包人，发包人应在收到经监理人审核的竣工验收申请报告后4周内审批完毕并组织监理人、承包人、设计人等相关单位完成竣工验收。(3) 竣工验收合格的，发包人应在验收合格后2周内向承包人签发工程接收证书。(4) 竣工验收不合格的，监理人应按照验收意见发出指示，要求承包人对不合格工程返工、修复或采取其他补救措施，由此增加的费用和（或）延误的工期由承包人承担。承包人在完成不合格工程的返工、修复或采取其他补救措施后，应重新提交竣工验收申请报告，并按本项约定的程序重新进行验收。

工程经竣工验收合格的，以承包人提交竣工验收申请报告之日为实际竣工日期，并在工程接收证书中载明；因发包人原因，未在监理人收到承包人提交的竣工验收申请报告合同约定天数内完成竣工验收，或完成竣工验收不予签发工程接收证书的，以提交竣工验收申请报告的日期为实际竣工日期；工程未经竣工验收，发包人擅自使用的，以转移占有工程之日为实际竣工日期。合同当事人应当在颁发工程接收证书后约定的天数内完成工程的移交。

发包人在工程建设完成后，对竣工验收合格的工程应当按照合同约定的方式和期限进行工程决算，支付价款，接收工程。发包人未按照合同约定支付价款的，承包人可以采取相应的救济措施。农民工欠薪的社会问题，很大程度上是由于拖欠工程款造成的。不少地区的工程款拖欠数额庞大，有的工程拖欠付款问题已经相当突出，不仅严重地影响建设企业的生产经营，而且引发了很多的社会问题。为了切实解决拖欠工程款的问题，保障承包人价款债权的实现，本条规定了发包人未按约定支付价款，经承包人催告后在合理期限内仍不支付的，承包人可

以与发包人协议将该工程折价，也可以请求人民法院将该工程依法拍卖，就该工程折价或者拍卖的价款享有优先受偿的权利。

三、催告、协议折价、法院拍卖

在发包人未按约定支付价款的情况下，本条规定的承包人的救济手段分为三种，即催告、协议折价、法院拍卖。

第一，催告，承包人可以催告发包人在合理期限内支付价款。催告的形式，本条没有作明确规定，理论上而言，书面、数据电文或口头的形式均可，但从保留证据的角度出发，尽量采用书面或者数据电文的形式，并要求发包人签收确认。在发包人拒收的情况下，可以采用公证邮寄送达的形式，为的是在将来的纠纷解决中更好地维护自身权益。合理期限的具体时限，本条亦未作出明确的规定，合同有约定的，从约定，合同没有约定的，应当在催告中明确合理期限，但不宜过短，应当给发包人预留准备资金、办理支付手续的合理时间。根据本条的规定，承包人可以催告发包人，“可以”两个字的使用，表明催告并非必要的程序，并非必须催告后才可以进行折价或者请求人民法院依法拍卖。支付价款是发包人的合同义务，该义务的履行，并不以承包人的催告为前提，即发包人应当主动履行义务。

第二，协议折价。当发包人因资金短缺、融资困难或资金链断裂等原因，确实无法支付的，双方可以协商将工程折价，以偿还承包人的工程价款。协议折价要注意两个方面：一是折价是建立在协商一致的基础上的，即承包人不能单方面确定工程的价值；二是在折价时应当考虑到发包人、承包人在该工程的实际成本投入、市场价值等因素，最好找第三方评估机构进行评估，在评估的基础上进行协商，能够找到第三方投资人接手该工程的，也可以在对工程价值协商一致的基础上引入投资人，从而盘活该工程项目。发包人、承包人对工程协议折价的，应当遵循一定的程序。协商一致后，发包人把该工程的所有权由发包人转移给承包人，从而使承包人的价款债权得以实现。工程折价的价款如果超出发包人应付价款数额的，该超过的部分应当由承包人支付给发包人，如果折价确定的价款还不足以清偿承包人价款债权额的，承包人可以请求发包人支付不足部分。

第三，法院拍卖。承包人因与发包人达不成折价协议而采取拍卖方式的，应当申请人民法院依法将该工程予以拍卖。请求人民法院拍卖，一般需要经过审判和执行程序。从本条的规定看，承包人“可以”请求人民法院将该工程依法拍卖，意味着不是必须请求，如果承包人和发包人达成协议，共同委托拍卖公司或者自行将工程拍卖的，亦是可以，但必须双方协商一致。承包人不能单方委托拍卖公司或者自行将工程予以拍卖。工程拍卖后所得价款如果超出发包人应付价款数额的，该超过的部分应当归发包人所有；如果拍卖所得价款还不足以清偿承包人价款债权额的，承包人可以请求发包人支付不足部分。

根据本条规定，按照工程的性质不宜折价、拍卖的，发包人、承包人均不能将该工程折价或者拍卖。根据建设工程的性质不宜折价或拍卖的情形，包括军事工程、国家重点工程、具有特定用途的工程等，工程的所有权不属于发包人的，也不能折价或者拍卖。

四、承包人的优先受偿权

根据本条的规定，建设工程价款就该工程折价或者拍卖的价款优先受偿。建设工程价款优先受偿的法理基础在于，建设工程本身的产生与存在，基于发包人的资金投入和承包人的事实建造行为，建设工程本体的一部分就来源于承包人的投入和工作，物化到了建设工程中。其折价或拍卖以后转化成的资金，在工程价款的范围内，理应归承包人所有，由承包人收回。建设工程价款优先受偿权，不仅对于维护承包人的合法权益具有重要的意义，而且对于化解社会矛盾，避免诸如农民工欠薪等问题的产生，促进工程建设行业的良性发展，都具有重要的意义。

建设工程价款的数额应当根据合同确定，其构成包括承包人投入的人力物力计算的成本价款以及合同利润两部分。成本价款优先受偿自无争议，合同利润优先受偿，并非完全无争议，但也并非没有合理理由。《最高人民法院关于建设工程价款优先受偿权问题的批复》限定为承包人在建设工程施工中实际支出的费用。这一规定缺乏可操作性，实践中成本价款和合同利润并不好区分，承包人的“利润”被排除在“实际支出的费用”之外，无法在建设工程拍卖、变卖的价款中优先受偿，使承包人丧失了主张建设工程优先权的内在动力，而且，本条的规定也并未作出区分。《最高人民法院关于审理建设工程施工合同纠纷案件适用法律问题的解释（二）》规定应依照国务院有关行政主管部门关于建设工程价款范围的规定确定建设工程价款优先受偿的范围，将承包人应获得的利润也包括在内。一是便于操作，减少当事人因过度鉴定引起的诉累；二是有利于促进建筑业持续健康发展。国务院有关行政部门关于建设工程价款的现行有效规定主要为两个文件，一是住建部、财政部2013年修订的《建筑安装工程费用项目组成》“建筑安装工程费用项目按费用构成要素组成划分为人工费、材料费、施工机具使用费、企业管理费、利润、规费和税金”，二是原建设部《建设工程施工发包与承包价格管理暂行办法》规定“工程价格由成本（直接成本、间接成本）、利润（酬金）和税金构成”。二者虽然表述不同，但内涵基本一致。同时，为平衡各方当事人利益，《最高人民法院关于审理建设工程施工合同纠纷案件适用法律问题的解释（二）》规定，发包人逾期支付工程价款产生的利息、违约金、损害赔偿金等，不能优先受偿。为加强对农民工等建筑工人合法权益的保护，《最高人民法院关于审理建设工程施工合同纠纷案件适用法律问题的解释（二）》还对承包人处分建设工程价款优先受偿权作了限制，规定发包人与承包人约定放弃或者限制建设工程价款优先受偿权，不得损害建筑工人利益。

关于承包人行使建设工程价款优先受偿权的条件，《最高人民法院关于审理建设工程施工合同纠纷案件适用法律问题的解释（二）》以保障建设工程质量为首要价值选择，规定承包人行使建设工程价款优先受偿权必须以建设工程质量合格为条件。同时，鉴于建设工程领域特有的资质与招标投标管理要求，实践中建设工程施工合同无效的情况较为常见。《最高人民法院关于审理建设工程施工合同纠纷案件适用法律问题的解释（二）》并未将建设工程施工合同有效作为承包人行使建设工程价款优先受偿权的条件，以保护农民工等建筑工人的合法利益，第 23 条规定，发包人与承包人约定放弃或者限制建设工程价款优先受偿权，损害建筑工人利益，发包人根据该约定主张承包人不享有建设工程价款优先受偿权的，人民法院不予支持。装饰装修工程的承包人，请求装饰装修工程价款就该装饰装修工程折价或者拍卖的价款优先受偿的，人民法院应予支持，但装饰装修工程的发包人不是该建筑物的所有权人的除外。此外，对于发包人已经支付的工程价款，应当预先扣除，承包人仅能对剩余的工程价款主张优先受偿。根据《最高人民法院关于审理建设工程施工合同纠纷案件适用法律问题的解释（二）》第 22 条的规定，承包人行使建设工程价款优先受偿权的期限为 6 个月，自发包人应当给付建设工程价款之日起算。

【关联规定】

《合同法》第 286 条，《最高人民法院关于审理建设工程施工合同纠纷案件适用法律问题的解释（二）》

（撰稿人：董亚川）

第八百零八条　【适用承揽合同条款】本章没有规定的，适用承揽合同的有关规定。

【释义】

本条是关于适用承揽合同有关条款的规定。本条规定与《合同法》第 287 条保持了一致，《合同法》第 287 条规定："本章没有规定的，适用承揽合同的有关规定。"

一、承揽合同的概念及其与建设工程合同的关系

根据本法第 770 条的规定，承揽合同是承揽人按照定作人的要求完成工作，交付工作成果，定作人支付报酬的合同。承揽包括加工、定作、修理、复制、测试、检验等工作。第 770 条在列举承揽合同的范围时，并没有将勘察、设计、施工列举在内，而是通过建设工程合同进行规范，但从勘察、设计、施工的性质上看，三者均符合承揽合同的定义，即承包人按照发包人的要求完成工作，交付工作成果，发包人支付报酬，发包人相当于承揽合同中的定作人，承包人相当于承揽合同中的承揽人，建设工程合同与承揽合同在性质上具有一致性，建设工程合同与承揽合同一样，在性质上属于完成工作的合同；从特点上看，都是诺成合同、双务合同、有偿合同，都以完成一定工作为目的，标的都具有特定性。本法第 771 条规定，承揽合同的内容一般包括承揽的标的、数量、质量、报酬、承揽方式、材料的提供、履行期限、验收标准和方法等条款。本章第 788 条并未对建设工程合同的内容进行列举，第 795 条对施工合同的内容进行了列举，施工合同的内容一般包括工程范围、建设工期、中间交工工程的开工和竣工时间、工程质量、工程造价、技术资料交付时间、材料和设备供应责任、拨款和结算、竣工验收、质量保修范围和质量保证期、相互协作等条款，其核心要素基本可以被承揽合同概括。因此，从合同内容上看，二者也颇为相近。

二者虽然有很多相通之处，但从实践的角度看，二者的差异也很明显，建设工程合同相对于一般的承揽合同而言复杂得多，需要法律专门规定的问题也多。建设工程合同的标的是建设工程，包括建设住宅、公寓、写字楼、公路、铁路、桥梁、隧道等不动产工程项目。不动产是人们的主要财产，在建设过程中，涉及发包人的特定需求、承包人的资质和能力、资金问题、工程设备、材料供应、项目管理、国家政策等方方面面，周期长，耗费人力物力巨大，从立法的角度看，这些不可能通过承揽合同的一般性规定加以解决，有必要将其单独列为一章加以规定。《经济合同法》第 18 条和第 19 条分别规定了建设工程承包合同、加工承揽合同。《合同法》在第十五章规定了承揽合同，在第十六章规定了建设工程合同。本法在此问题上的立法方式，延续了《合同法》的做法。正是因为二者既有相同之处，又有重大区别，将建设工程合同放在承揽合同之后单独进行专章规范，并规定建设工程合同一章没有规定的适用承揽合同的规定，既节约立法资源，又有助于对建设工程合同规范的完善。

二、具体条款的引用与限制

对比本章建设工程合同的条款和承揽合同一章的条款，可以看出，以下条款是本章没有规定而在承揽合同中是有规定的：

承揽合同一章第772条第1款规定：“承揽人应当以自己的设备、技术和劳力，完成主要工作，但是当事人另有约定的除外。”本条规定承揽合同可以对完成承揽工作的主体作出约定，即使实际完成的人不是承揽人亦可。但建设工程合共具有特殊性，通常对承办人的资质、经验、水平有特别的要求，或者经过招投标的严格的程序，尤其涉及国有建设工程项目，因此不允许轻易更换承包人，不允许支解发包、转包、违法分包。因此，第772条第1款但书的内容，不能直接认为适用于建设工程合同。

承揽合同一章第773条规定：“承揽人可以将其承揽的辅助工作交由第三人完成。承揽人将其承揽的辅助工作交由第三人完成的，应当就该第三人完成的工作成果向定作人负责。”建设工程合同一章第791条具有类似的规定，但条件是经发包人同意，并将“部分工作”交第三人完成。“部分工作”的概念与“辅助工作”不同，第773条的规定实际上是承认了承揽人将辅助工作交由第三人完成的权利，与第791条的立法意图不同，当承包人交由第三人完成的工作确实属于“辅助工作”的，可以适用第773条的规定。

承揽合同一章第774条规定：“承揽人提供材料的，应当按照约定选用材料，并接受定作人检验。”根据本条规定，在建设工程合同中约定由承包人提供材料的，承包人就应当按照约定准备材料，并接受发包人的检验。建设工程合同应当就承包人提供材料的具体名称、规格、提供时间、数量和质量作出约定，承包人同时还应当备齐有关的票据，如发票、质量说明书等说明文件。承包人准备好材料后，应当及时通知发包人检验，发包人接到通知后，应当及时检验该材料。发包人认为承包人提供的材料符合约定的，应当告知承包人，或者根据承包人的要求以书面形式确认。发包人发现材料数量缺少的，应当及时通知承包人补齐。发包人发现材料质量不符合约定的，应当及时通知承包人更换，承包人应当更换。因此发生的费用，由承包人承担。除材料外，设备、构件、配件的提供也应当按此办理。

承揽合同一章第775条规定：“定作人提供材料的，应当按照约定提供材料。承揽人对定作人提供的材料应当及时检验，发现不符合约定时，应当及时通知定作人更换、补齐或者采取其他补救措施。承揽人不得擅自更换定作人提供的材料，不得更换不需要修理的零部件。”根据本条规定，建设工程合同中可以约定由发包人提供材料。发包人提供的材料规格、数量、质量等应当符合合同约定，并接受承包人的检验。如果经承包人检验，发包人提供的材料符合约定，承包人应当确认并通告发包人。如果经检验，发包人提供的材料数量不足的，承包人应当通知发包人补齐；发包人提供的材料不符合约定的，承包人应当及时通知发包人更换。采取补救措施的做法，应当建立在双方协商一致的基础上，如果无法协商一致，应当由发包人按照合同约定更换。承包人应当妥善保管材料并且应当以该材料完成建设工作，不得擅自更换。发包人提供设备、配件等情况，也应当按此办理。

承揽合同一章第776条规定：“承揽人发现定作人提供的图纸或者技术要求不合理的，应当及时通知定作人。因定作人怠于答复等原因造成承揽人损失的，应当赔偿损失。”根据本条规定，承包人在建设工作之前或者工作之中发现发包人提供的图纸或者技术要求不合理，应当及时将该情况通知发包人。发包人在接到通知后，应当立即采取措施。由于建设工程合同一般都有配套的勘察、设计合同，因此发包人接到通知后，应当立即通知勘察人或设计人，并通知监理方，会同各方，修改图纸和技术要求，确实需要停工、缓建的，应当停工、缓建，需要采取其他补救措施的，应当采取其他补救措施，损失应当由发包人承担。发包人怠于履行上述义务而给承包人造成损失的，应当赔偿损失。

承揽合同一章第784条规定：“承揽人应当妥善保管定作人提供的材料以及完成的工作成果，因保管不善造成毁损、灭失的，应当承担赔偿责任。”根据本条规定，承包人有义务妥善保管发包人提供的材料，保持材料质量，防止材料损坏，从而保证工程的质量。在工程未交付以前，承包人应当妥善看管、保护工程项目。如果承包人未尽妥善保管义务，造成材料或者工程毁损、灭失的，承包人应当承担损害赔偿责任。

承揽合同一章第785条规定：“承揽人应当按照定作人的要求保守秘密，未经定作人许可，不得留存复制品或者技术资料。”根据本条的规定，承包人负有保密的义务。承包人在订立及履行勘察、设计、施工合同过程中知悉发包人秘密的，发包人要求保密的，承包人应当保密，不得泄露或者不正当地使用。在建设工程完成后，承包人应当将建设工程有关的图纸、技术资料等一并返还发包人，未经发包人的许可，承包人不得留存图纸以及其他技术资料，不得留存复制品。考虑到建设工程合同的复杂性，双方应当就该问题在合同中细化并进行明确的约定。

承揽合同一章第 786 条规定："共同承揽人对定作人承担连带责任，但是当事人另有约定的除外。"在建设工程合同中，联合投标、联合勘察、设计、施工的情况并不少见，尤其对于有一定难度的工程项目，往往需要多家建设单位协同合作。因此，关于连带责任的规定可以适用于建设工程合同，并允许当事人在建设工程合同中进行明确的约定。

承揽合同一章第 787 条规定："定作人在承揽人完成工作前可以随时解除合同，造成承揽人损失的，应当赔偿损失。"该条是关于定作人解除权的规定。从理论的角度考虑，建设工程合同中，如果发包人确实不想再继续建设，强制其履行合同必然引发发包人的其他违约行为，同样可能导致合同无法继续履行的结果。但建设工程具有特殊性，轻易解除损失重大，且严重影响承包人的合法权益。因此，建设工程的发包人不能拥有这种任意解除权。《合同法》的建设工程合同一章中，甚至都没有规定建设工程合同解除的条款，可见《合同法》对建设工程合同的解除持非常严格的态度。本法第 806 条规定了建设工程合同的解除，但从立法文字上，发包人只有符合该条确定的条件时，才可以解除合同。在合同解除的问题上，第 787 条关于定作人任意解除权的规定不能直接适用于建设工程合同。

【关联规定】

《合同法》第 287 条

（撰稿人：董亚川）

第十九章　运输合同

【导读】

本章是关于运输合同的规定。本章重点规定了关于运输合同的一般规定、客运合同、货运合同和多式联运合同。对本章条款内容的理解，总体上应当注意以下要点：

第一，运输合同按照运输对象，分为客运合同和货运合同。客运合同与货运合同基于运输对象等方面存在差异，关于客运合同与货运合同的权利和义务亦存在不同的规则设计。客运合同中旅客的义务与货运合同中托运人、收货人的义务显然存在区别，承运人对旅客与对托运人、收货人的义务内容、承担责任的条件、抗辩事由、免责条件和责任限制，更存在差异。在货运合同中，在收货人未直接参与缔约的情况下，还涉及第三人加入运输合同关系中享有权利和承担义务的内容。

第二，除了运输对象之外，运输方式和运输工具对运输合同的分类和理解运输合同也具有特别重要的意义。按照运输方式和运输工具，在实践中可分为公路运输合同、城市轨道运输合同、铁路运输合同、水路运输合同、海上运输合同、航空运输合同等。实际承运人为二人以上、运输区段为两段以上而运输方式相同的，为单式联运合同；实际承运人为二人以上、运输区段为两段以上而运输方式亦为二种以上的，为多式联运合同。多式联运合同以其典型化和承运人责任等方面的特殊性，单独成节。

《民法典》合同编并没有将多式联运合同明确归于客运合同或货运合同，在法律理论和规范层面上，多式联运合同既可适用于货物运输，也可适用于旅客运输。在实践层面上，多式联运合同则多适用于货物运输。关于多式联运的规则主要围绕承运人与托运人、收货人之间的权利和义务展开。例如，《民法典》第840条规定的多式联运经营人开具单据义务，第841条规定的托运人过错责任，以及第842条规定的货损赔偿责任。除《民法典》合同编的上述规定外，特别法关于多式联运合同的规定也多适用于货物运输的情形。比较典型的定义可见诸《海商法》，其第102条规定将多式联运合同明确定义为多式联运经营人将货物从接收地运至目的地、交付收货人，并收取全程运费的合同；其章节安排上亦明确将涉海上运输的多式联运合同作为海上货物运输合同的特殊规定。

第三，理解运输合同规则，需要特别关注一般法和特别法之间的关系，以及特别规则之适用，尤其是关于承运人赔偿责任和责任限额的特别规定。例如，《海商法》第 56 条关于货运合同赔偿责任限额，第 117 条关于客运合同赔偿责任限额，第 204、210、211 条关于船舶所有人、船舶承租人、船舶经营人和救助人的责任限额。再如，《民用航空法》第 129 条关于国际航空运输承运人的赔偿责任限额之规定，根据《民用航空法》第 128 条授权、由民用航空主管部门制定、报国务院批准后公布执行的《国内航空运输承运人赔偿责任限额规定》第 3 条关于国内航空运输承运人的赔偿责任限额之规定。

多式联运合同因为至少涉及两个以上的实际承运人和两种以上的运输方式，就更需要注意一般规则与特别规则的适用问题。在多式联运合同中，关于多式联运经营人的赔偿责任和责任限额，首先应该优先适用调整该区段运输方式的特别规则；货物毁损、灭失发生的运输区段不能确定的，则按照《民法典》合同编运输合同章的规定承担赔偿责任。因此，在相似的多式联运合同关系中，即使托运人、多式联运经营人、实际承运人、运费和运输的货物相同，但有可能因发生货损的运输区段不同，引起最终由多式联运经营人和/或实际承运人承担的赔偿责任和赔偿限额存在差异。

第四，运输合同规则中，关于时效的特别规则亦值得特别注意。《民法典》第 188 条第 1 款规定了一般的诉讼时效期间为 3 年。但法律另有规定的，依照其规定。根据《民用航空法》第 135 条的规定，航空运输的诉讼时效期间为两年，自民用航空器到达目的地点、应当到达目的地点或者运输终止之日起计算。根据《海商法》第 257 条第 1 款的规定，就海上货物运输向承运人要求赔偿的请求权，时效期间为 1 年，自承运人交付或者应当交付货物之日起计算；在时效期间内或者时效期间届满后，被认定为负有责任的人向第三人提起追偿请求的，时效期间为 90 日，自追偿请求人解决原赔偿请求之日起或者收到受理对其本人提起诉讼的法院的起诉状副本之日起计算。根据《最高人民法院关于如何确定沿海、内河货物运输赔偿请求权时效期间问题的批复》的规定，托运人、收货人就沿海、内河货物运输合同向承运人要求赔偿的请求权，或者承运人就沿海、内河货物运输向托运人、收货人要求赔偿的请求权，时效期间为 1 年，自承运人交付或者应当交付货物之日起计算。根据《最高人民法院关于审理无正本提单交付货物案件适用法律若干问题的规定》第 14 条规定，正本提单持有人以承运人无正本提单交付货物为由提起的诉讼，适用海商法第 257 条的规定，时效期间为 1 年，自承运人应当交付货物之日起计算。正本提单持有人以承运人与无正本提单提取货物的人共同实施无正本提单交付货物行为为由提起的侵权诉讼，诉讼时效适用本条前款规定。

第五，理解运输合同中的一些重要规则，需要以理解合同法的基础原则和规则为前提。合同法的一个重要原则是缔约自由原则，在合同法理论中也存在合同相对性原则，在规则层面上，《民法典》第5条规定，民事主体从事民事活动，应当遵循自愿原则，按照自己的意思设立、变更、终止民事法律关系。其要旨在于保护民事主体之意志自由和平等。与此同时，《民法典》关于运输合同也存在关于为他人设定权利或义务的规则，为第三人设定权利者如第830条关于承运人向收货人履行到货通知和交货义务，为第三人设定义务者如第831条关于收货人验货义务，又如第830条收货人支付保管费义务。此类规定与缔约自由或合同相对性并不矛盾，应结合特定的交易目的、交易类型和交易习惯，以理解《民法典》第522条和第523条一般规则为前提，便更容易理解此类在运输合同中的特别规则。

托运人与收货人不是同一主体的情况，有可能是收货人基于某种物之管领需要，例如收货人与托运人存在保管合同关系因而收货以保管，再如收货人与托运人存在运输合同关系因而收货以从事下一区段的运输。在上述情况下，承运人未能向收货人交付货物或交付货物不符合运输合同约定，应向托运人承担违约责任。(《民法典》第522条第1款)

托运人与收货人不是同一主体的情况，也有可能是基于物权变动，例如提单的被背书人或持有人，因背书连续或持有提单即表示享有货权，由此享有独立的请求权。在上述情况下，承运人则应向收货人承担责任。承运人对托运人的抗辩，得向收货人主张，如不可抗力抗辩、海事责任赔偿限额抗辩，但专属于对托运人的抗辩除外。(《民法典》第522条第2款)

收货人有可能拒绝收验货物，例如收货人与托运人本有买卖合同关系，但因买卖合同关系解除而拒绝收货。在这种情况下，承运人仍应向托运人主张违约责任。(《民法典》第523条)

第一节　一般规定

第八百零九条　【运输合同的定义】运输合同是承运人将旅客或者货物从起运地点运输到约定地点，旅客、托运人或者收货人支付票款或者运输费用的合同。

【释义】

本条是关于运输合同定义的规定。条款内容与1999年《合同法》第288条规定相同。

运输合同当事人订立合同，可以采取书面形式、口头形式和其他形式（第135、469条）。采用何种形式订立合同，需要依据运输合同当事人之间的具体约定，也常常参考交易习惯。例如，旅客乘上公共汽车或出租车，尽管旅客与承运人并未签订书面合同，仍可以依当事人的行为推定运输合同成立。

客运合同中承运人向旅客交付的客票是运输合同凭证，同时，交付行为的完成标志着客运合同的成立；货运合同和多式联运合同中承运人向托运人签发的单据，是运输合同凭证，并且常常是货物的物权凭证。在铁路运输合同中，旅客车票、行李票、包裹票和货物运单是合同或者合同的组成部分；[1] 但是，在航空运输合同中，客票、行李票、航空货运单仅仅是航空运输条件的初步证据，并不影响合同的成立和效力。[2] 在普通规则的意义上，交付客票或单据并非客运合同或货运合同的法定规则，承运人也并不必然负有该项义务：客运合同当事人另有约定或者另有交易习惯的除外，尤其是实名制、身份证拓展功能、电子票证和电子支付方式的应用，已经使得客运合同的订立和履行在很多情形下不再以交付客票为必然，而货运合同也并不必然以签发货运单据为规则；仅在多式联运合同中，仍以签发多式联运单据为规则（第840条）。

运输合同双方当事人可以就合同条款进行协商并签订合同，但实践中，尤其在公共运输领域，常见承运人一方在订立合同时提供未经协商的定型化合同，此类合同条款通常构成格式条款。提供格式条款订立合同的承运人，应当遵循公平原则确定当事人之间的权利和义务，并采取合理的方式提示旅客或托运人注意免除或者减轻其责任等与其有重大利害关系的条款，并对该等条款予以说明。提供格式条款的一方未履行提示或者说明义务，致使对方没有注意或者理解与其有重大利害关系的条款的，对方可以主张该条款不成为合同的内容（第496条）。对格式条款有两种以上解释的，应当作出不利于提供格式条款一方的解释。格式条款和非格式条款不一致的，应当采用非格式条款（第498条）。此外，提供格式条款一方不合理地免除或者减轻其责任、加重对方责任、限制对方主要权利，或

---

① 《铁路法》第11条。

② 《民用航空法》第111～113条。

者排除对方主要权利，或者具有《民法典》总则编第六章第三节和第506条规定的无效情形，此类格式条款无效（第497条）。

运输合同当事人为承运人和旅客或托运人。提供运输行为的合同当事人称为承运人；在客运合同中接受运输行为的合同当事人称为旅客；在货运合同和多式联运合同中接受运输行为的合同当事人称为托运人，接收货物的一方称为收货人，但不必然是且常常不是托运人或合同当事人。因此，在运输合同尤其是在货运合同和多式联运合同中，常常涉及承运人向第三人履行债务（第522条），即由承运人向收货人履行到货通知和交货等义务（第830条）；相应地，也常常涉及第三人向债权人履行义务（第523条），如收货人提货时应当按照约定的期限检验货物（第831条），逾期提货的应支付保管费等费用（第830条），托运人或承运人不支付运费、保管费以及其他费用的，承运人对相应的运输货物享有留置权（第836条）。

运输合同之标的为运输行为，即将旅客或者货物从起运地点运输到约定地点之行为。旅客和货物为运输对象，并非合同标的。在客运合同中，运输对象除包括旅客外，还包括旅客随交通工具托运和/或随身携带的行李。运输合同标的关系到对合同主要权利和义务的理解，即运输合同围绕运输行为而展开；以此理解为前提，就更容易理解运输合同中的从给付义务和附随义务以及运输合同中关于运输对象的特殊规则。

运输合同为双务、有偿合同。承运人的主要合同义务是将旅客或货物从起运地点运输到约定地点，而公共运输承运人并负有强制缔约义务（第810条）。旅客或托运人的主要合同义务则是支付报酬，旅客支付的报酬称为票款，托运人支付的报酬称为运输费用（第813条）。但是这种支付报酬义务存在例外情况。例如，由成人携带的儿童或婴儿以及符合条件的学生，可减免票款。

承运人将旅客或货物从起运地点运输到约定地点，应在约定期间或者合理期间内（第811条），并应按照约定的或者通常的运输路线（第812条）。除此之外，承运人应承担旅客运输中的安全保卫等义务，并应遵循诚信原则，根据运输合同的性质、目的和交易习惯履行通知、协助、保密等义务（第509条）。例如，旅客应知悉上海有虹桥、浦东两大机场，但并不一定知晓这两个机场的专用代号SHA、PVG。航空公司应根据这一具体情况，在出售的机票上以我国通用文字清晰地标明机场名称，或以其他足以使旅客通晓的方式作出说明。航空公司未尽上述通知义务，以致旅客因不能识别而未在约定的时间乘坐上约定的航空工具，应承担履行附随义务不当的过错责任。

旅客作为运输对象时，应对自身及其携带的旅客之健康状况负责，承运人不因在运输过程中旅客自身健康原因造成的伤亡承担赔偿责任（第 823 条）。旅客应对自身健康状况进行评估，必要时可咨询专业人员，判断是否适宜搭乘特定类型的交通工具，或适宜搭乘的时间限制。例如，旅客患有严重传染病等有可能危及自身或其他旅客的疾病的，或者旅客为一定孕龄的孕妇，或者出生后未达到一定期间的婴儿，都有可能受到不得搭乘（特定）交通工具的限制。在上述情形下，承运人并不必然承担运输义务。

此外，旅客携带或托运行李应当符合约定的限量和品类要求（第 817 条），并不得携带或夹带有可能危及运输工具上其他旅客人身和财产安全的危险物品或者违禁物品（第 818 条）。在旅客坚持携带或者夹带违禁物品时，承运人应当拒绝运输，这同时也是承运人对公共安全和对其他旅客负有的责任和义务。

货物作为运输对象时，托运人负有包装义务和告知义务（第 828 条），即按照国家有关危险物品运输的规定对危险物品妥善包装，做出危险物标志和标签，并将有关危险物品的名称、性质和防范措施的书面材料提交承运人。关于承运人则存在关于承运人资格、资质、许可和备案、交通工具、运输线路等方面的具体要求，根据运输的具体类型，如道路、铁路、水路、海上、航空运输，可参考各部门规章和相关政府规范性文件。

承运人违反运输合同义务，造成旅客人身伤亡或托运人货物损失的，应依法承担责任。承运人承担责任的基本规则是：在客运合同中，承运人应当对运输过程中旅客的伤亡承担赔偿责任，但是，因旅客自身健康原因造成的或者承运人证明是旅客故意、重大过失造成的除外（第 823 条），在运输过程中旅客随身携带物品毁损、灭失，承运人有过错的，应当承担赔偿责任（第 824 条）；在货运合同中，承运人对运输过程中货物的毁损、灭失承担赔偿责任，但是，承运人证明货物的毁损、灭失是因不可抗力、货物本身的自然性质或者合理损耗以及托运人、收货人的过错造成的，不承担赔偿责任（第 832 条）。

承运人对旅客和托运的货物，适用推定过错责任，承运人证明存在特定情形的免予承担赔偿责任。但承运人对客运合同中旅客携带的物品，则适用过错责任，承运人承担赔偿责任以旅客证明承运人存在过错为前提。

一些法律、行政法规和规章等规定了承运人的责任限额。根据 1999 年《合同法》第 123 条的规定在其他法律对合同另有规定的，依照其规定；根据《民法典》第 467 条规定，本法或者其他法律没有明文规定的合同，适用本编通则的规定，并可以参照适用本编或者其他法律最相类似合同的规定。按照上述规定理解：

（1）关于客运合同的承运人责任限制，《民法典》没有规定，可以适用其他法律的规定，如《海商法》第117条和第211条规定。但是，并非根据法律，而是由部门规章等规范性文件所作出的责任限额，可以构成对《民法典》规定之理解的补充和参考，与《民法典》规定内容不符的，应适用《民法典》规定。

（2）关于货运合同的承运人责任限制，根据《民法典》第833条规定，货物的毁损、灭失的赔偿额，当事人有约定的，按照其约定；没有约定或者约定不明确，依据本法第510条的规定仍不能确定的，按照交付或者应当交付时货物到达地的市场价格计算。法律、行政法规对赔偿额的计算方法和赔偿限额另有规定的，依照其规定。因此，货运合同的承运人承担赔偿责任的计算和限额，适用规则的优先级按照下列顺序排列：特别法规定、行政法规规定、合同约定、《民法典》第510条规定以及交付或者应当交付时货物到达地的市场价格。

【关联规定】

《合同法》第123、288条，《民法典》第135、467、469、496、497、498、506、509、510、522、523、810、811、812、813、817、818、823、824、828、830、831、832、833、836、840条，《海商法》第117、211条，《铁路法》第11条，《民用航空法》第111～113条

（撰稿人：梁笑准）

第八百一十条　【公共承运人的强制缔约义务】从事公共运输的承运人不得拒绝旅客、托运人通常、合理的运输要求。

【释义】

本条规范对象是公共承运人的强制缔约义务。条款内容与1999年《合同法》第289条规定相同。

1999年《合同法》第4条确定了我国合同法上的“合同自由原则”，即当事人依法享有自愿订立合同的权利，任何单位和个人不得非法干预。《民法典》在总则编对此进行确认，以单个条文即第5条明确，民事主体从事民事活动，应当遵循自愿原则，按照自己的意思设立、变更、终止民事法律关系。因此，合同当事人及从其他角度描述的民事主体，在一般规则意义上享有缔约自由和从事民事活动的自由。

但是，基于合同当事人所从事的事业类型、该事业具有的垄断性、获得的公

共资源、面对的缔约对象、合同当事人作出选择和承担后果的能力差异等考量，法律和行政法规对特定主体、在特定情形下规定了强制缔约义务。《民法典》中有两个典型的规则：一是在供电合同中，向社会公众供电的供电人，不得拒绝用电人合理的订立合同要求（第648条第2款）；二是在运输合同中，从事公共运输的承运人不得拒绝旅客、托运人通常、合理的运输要求（本条款）。除此之外，《民法典》在合同编通则分编规定了强制缔约的一般规则，即依照法律、行政法规的规定负有作出承诺义务的当事人，不得拒绝对方合理的订立合同要求（第494条第3款），由此进一步认可法律和行政法规对强制缔约的主体和情形作出规定。

就本条款的理解和适用而言，一方面应把握承运人的“公共”属性，另一方面则应把握“通常、合理的运输要求”在不同适用情形下的判断尺度。

“从事公共运输的承运人”表述突出了承运人的公共属性。通常此类承运人面对的缔约对方当事人为不特定的社会公众，所从事的事业具有公共服务功能，在所从事的领域具有垄断性，有机会获得更多的公共资源，而其缔约对方当事人在获取信息和承担后果的能力方面处于相对弱势地位。因此，通过法律、法规规定对从事公共运输的承运人科以强制缔约义务，非为不当。

“公共运输”可以从多个角度进行理解。从缔约主体的角度来看，合同一方当事人和运输行为的接受方为不特定的社会公众，面向不特定社会公众提供运输服务的铁路运输、道路运输、水路运输、海上运输和航空运输，均在此列；从提供服务的角度来看，不论是通过何种公共交通工具（如火车、汽车、船舶或航空器），如提供的服务为公共服务，则应属于公共运输，如所提供的服务类型为包车、包船或包机等面对特定对象的服务，则不属于公共运输；从垄断性的角度来看，从事公共运输的承运人通常具有一定程度的垄断性和排他性，在行业准入方面存在法律、行政法规等层面的限制，如城市轨道运输服务、公交服务或出租车服务；从合同定价角度来看，通常在此类合同中，合同当事人并不需要议价，承运人亦不能完全根据市场供需变化而自由调整定价，法律、行政法规及其他规范性文件对承运人收取的票款或者运输费用存在限制性规定，而且规范目的往往包括社会公平和对社会公众的保护。

司法实践中，对公共运输的范畴存在有益的论述和界定。最高人民法院认为：“公共运输是指为社会提供公用事业性服务并具有垄断地位的运输。基于公共运输履行着为社会公众提供运输服务的社会职能，具有公益性、垄断性等特征，为维护社会公众利益，我国法律法规除对公共运输规定较严格的市场准入条件和价格管制等监管措施外，还对从事公共运输的承运人规定了强制缔约义务。

国际海上集装箱班轮运输是服务于国际贸易的商事经营活动，不属于公用事业，不具有公益性特征。”[①] 这一司法实践排除了国际海上集装箱班轮运输具有公共运输属性。

“通常、合理的运输要求”，应同时考虑到承运人社会责任和旅客或托运人的正当权利。从承运人的社会责任角度，需要考虑到对社会公众的保护，符合法律、行政法规要求承运人承担的公共服务职责和功能，同时避免承运人滥用权利，从实际效果上限制社会公众接受公共运输服务；从旅客或托运人的角度，其运输要求应符合通常、合理的标准，如通常、合理的运输范围、运输路线、运输区域等，同时避免旅客或托运人滥用权利，从而对承运人科以过重的负担，或者损害到其他社会公众的正当权利。

司法实践关于承运人的社会责任亦存在很多有益的论述和界定。例如，在关于城市地铁的搭乘，旅客持市民卡搭乘特区间地铁，其卡内余额足以支付乘坐该区间地铁之票款，但因为地铁运输服务提供方制定的搭乘规则对卡内余额最低限度按照全程票款的标准作出了限制，导致旅客无法进站。受理法院正确认定承运人该行为违反法律规定，损害了旅客享受公共运输服务的权利。[②]

在一起关于航空公司拒载残疾旅客的纠纷[③]中，案涉旅客为高位截瘫人员，其从订票到登机不足 12 小时，因此在订票时并未按照《残疾人航空运输办法(试行)》规定提前 72 小时向承运人告知高位截瘫事宜或要求提供机上专用窄型轮椅，亦未提前 3 小时在机场办理乘机手续，航空公司以此为由拒载。受理法院从以下几个角度进行了非常有益的探讨：关于中国民航局规范性法律文件中对残疾旅客的具体要求和规定，以及航空公司制定的国内客运手册中的具体操作规程，航空公司自身是明知且必须遵守的，但作为合同相对方的普通旅客对此并不

---

① 最高人民法院进一步认为：“目前，无论在世界某一区域还是整个世界范围内，国际班轮运输具有较强的竞争性，并不具有垄断性。托运人或其货运代理人在运输服务上也具有较大的选择余地，可以选择不同的班轮公司或不同的船舶承运，也可以选择不同的航线、不同的运输方式实现同一运输目的。依照《中华人民共和国国际海运条例》第十六条第一款、第二十条的规定，国际船舶运输经营者经营进出中国港口的国际班轮运输业务，应当依照该条例的规定取得国际班轮运输经营资格；国际班轮运价应当向国务院交通主管部门报备，备案运价包括公布运价和协议运价两种。据此，国际班轮运输业务经营者可以在其运价本载明的运价之外，与货主另行商定运价，也可以在遵守报备制度的前提下随行就市。尽管经营国际班轮运输应当遵守法定的市场准入条件，但国际班轮运价不具有公共运输价格受严格管制的特征。因此，马士基公司从事的国际班轮运输，不属于《中华人民共和国合同法》第二百八十九条规定的公共运输，瀛海公司主张马士基公司负有强制缔约义务，没有法律依据，本院不予支持。”参见马士基（中国）航运有限公司及其厦门分公司与厦门瀛海实业发展有限公司、中国厦门外轮代理有限公司国际海上货运代理经营权损害赔偿纠纷再审案，案号：（2010）民提字 213 号。

② 《江苏省高级人民法院公报》2019 年第 1 辑，第 29 ~ 30 页。

③ 朱某英诉云南机场地面服务有限公司、成都航空有限公司航空旅客运输合同纠纷案，（2011）官民一初字 3207 号。

必然负有知悉义务，通常旅客订票选择的只是具体的航班时间和价格。承运人应根据1999年《合同法》第298条规定向旅客及时告知有关不能正常运输的重要事由和安全运输应当注意的事项，而非要求旅客主动告知承运人。航空公司未明确告知购票人对于病残等特殊旅客的一些特殊规定和要求，亦未主动询问其是否属于病残等特殊旅客，且其在电子客票上未明确标明对残疾旅客的具体要求和规定，其订票网站亦未开设针对病残旅客的专门订票通道或者窗口，以便和普通旅客有所区分，应视为双方在合同中未约定特别条款，对旅客没有提出特殊要求。因此，旅客在购买机票后，在航空公司未明确告知其对病残旅客的特殊规定和要求的情况下按正常程序和时间登机属正常行使合同权利，该行为不属于民法意义上的过错，不构成违约。承运人既没有提供必要的登离机服务或机上专用轮椅，亦未按照1999年《合同法》第299条规定，根据旅客的要求安排改乘其他班次或者退票，仅拒绝旅客搭乘，构成违约。

司法实践关于旅客或托运人的权利之正当性亦存在很多有益的论述和界定。例如，关于公共承运人以旅客或者货物来自疫情重点地区而拒绝承运，是否违反公共运输承运人的强制缔约义务，上海市高级人民法院认为："……目的在于避免公共运输承运人的垄断性；而在疫情防控期间，公共运输承运人基于公共利益考虑，为防止疫情传播，拒绝运输有可能造成疫情传播的旅客或者货物的要求并不违反该强制缔约义务。需要明确的是，上述处理必须是基于有关部门疫情防控的通知要求或者确有必要。没有正当理由，承运人拒绝合理的旅客或者货物运输要求的，应承担违约责任"①。从上述理解，评价旅客或托运人权利正当性之边界，或者判断其要求是否"通常、合理"，一个重要的考量因素是行使该等权利是否有损公共利益，拒绝乘运行为是否基于保护社会公共利益而"确有必要"。如果拒绝乘运是出于保护公共利益的考虑，且确有必要，则承运人有权拒绝旅客或托运人的乘运要求。

旅客或托运人的要求是否"通常、合理"，还可以从承运人资质和运输对象等角度进行评价。在一起海上货物运输合同纠纷②中，托运人以承运人拒绝渡运液化气罐车为由起诉，并主张可得利益的损失。案涉承运人系承担旅客、货物和汽车往返海岛与陆地之间海上运输的事业单位，属于从事公共运输的承运人，因此应具备符合承运人的民事权利能力和民事行为能力范围，包括但不限于合法运输资格、运输范围、运输能力及运输线路等。但是，案涉运输对象属于危险化学

① 《上海高院关于涉新冠肺炎疫情案件法律适用问题的系列问答（二）》。

② 南澳县澄瀛石油汽供应公司诉汕头市公路局莱长渡口所海上货物运输合同案，案号：(2003) 粤高法民四终字55号。

品，根据《危险化学品安全管理条例》等法规和规章之规定，承运人应取得规定的运输资格，而案涉承运人并不具有该等资格；同时，案涉运输工具为客滚船，同时运输旅客和货物，按照法规和规章之规定亦不得用于渡运危险化学品。托运人要求承运人办理特定运输资格，或提供特定运输对象之运输行为，应理解为超出了通常、合理之限度。

【关联规定】

《合同法》第 4、289、298、299 条，《民法典》第 5、494、648 条

（撰稿人：梁笑准）

第八百一十一条　【承运人按约定期限或合理期限运输之义务】 承运人应当在约定期限或者合理期限内将旅客、货物安全运输到约定地点。

【释义】

本条规范对象是承运人按约定期限或合理期限运输之义务。条款内容与 1999 年《合同法》第 290 条规定基本相同。

承运人应当在约定期限内将旅客、货物运输到约定地点；如合同双方当事人未约定期限，则应在合理期限内将旅客、货物运输到约定地点。这是承运人的基本义务，违反该等义务将引起相应的承运人责任。例如，在铁路运输合同中，铁路运输企业应当按照合同约定的期限或者国务院铁路主管部门规定的期限，将货物、包裹、行李运到目的站；逾期运到的，铁路运输企业应当支付违约金。[①] 在航空运输合同中，旅客、行李或者货物在航空运输中因延误造成的损失，承运人应当承担责任。[②]

在运输合同中如未约定期限，则“合理期限”属于裁判者根据常识予以评价的范畴。例如，道路运输承运人明知旅客为了搭乘特定航班乘车，但将旅客运至机场时飞机已起飞，或者旅客已无法及时办理乘机或行李托运手续，导致旅客未能搭乘该航班，该承运人显然未能满足在合理期限内将旅客运至机场的要求，构

---

① 《铁路法》第 16 条。

② 《民用航空法》第 126 条。

成违约。[1]

基于运输方式不同，承运人承担责任的规则和方式有可能存在特殊性。例如，根据《铁路法》第16条第2款规定，铁路运输企业逾期30日仍未将货物、包裹、行李交付收货人或者旅客的，托运人、收货人或者旅客有权按货物、包裹、行李灭失向铁路运输企业要求赔偿。根据《海商法》第50条规定，承运人未能在明确约定的时间届满60日内交付货物，有权对货物灭失提出赔偿请求的人可以认为货物已经灭失，但需要注意的是，此条规定仅适用于当事人明确约定期限的情形。[2]

承运人对运输对象负有安全保障之义务，即承运人应尽合理的、谨慎的注意义务，采取必要的措施、设施、设备，保护旅客人身、健康安全，保管托运的行李和货物。在客运合同的情形下，承运人在运输过程中对患有急病、分娩、遇险的旅客并负有尽力救助义务（第822条）。如果旅客或货物的安全受到侵害，则由承运人举证证明免责事由，承运人未能举证证明存在免责事由的，应依法承担赔偿责任。在客运合同中，承运人的免责事由包括伤亡是旅客自身健康原因或者是旅客故意、重大过失造成的（第823条）；在货运合同中，承运人的免责事由包括货物的毁损、灭失是因不可抗力、货物本身的自然性质或者合理损耗以及托运人、收货人的过错造成的（第832条）。

在客运合同涉及旅客安全的情形下，司法实践中通常对承运人的安全保障义务之评价尺度更为严格。在一起铁路旅客运输合同纠纷[3]中，负有看护职责的人因疏漏导致未成年人中途停车时误入铁路轨道，致使火车发生撞击损害，受理法院认定铁路承运人应承担赔偿责任，在负有看护职责人亦应承担部分责任的情况下，承运人的责任应不低于规定的比例。[4]

在货运合同涉及承运人赔偿责任的情形下，根据《民法典》第833条规定，一般规则是：当事人有约定的，按照约定；没有约定或者约定不明确的，则按照本法第510条规定，协议补充；不能达成补充协议的，按照合同有关条款或者交易习惯确定；如果仍不能确定，则按照交付或者应当交付时货物达到地的市场价格计算。但是，法律、行政法规对赔偿额的计算方法和赔偿限额另有规定的，依照其规定。因此，如前所述，货运合同的承运人承担赔偿责任的计算和限额，适

---

① 江阴市友好旅行社有限公司与韩某全等公路旅客运输合同案，(2006) 锡民二终字304号。

② 上海卡扩进出口有限公司与上海翼海国际货运有限公司多式联运合同纠纷上诉案，(2009) 沪高民四（海）终字33号。

③ 陈某覃、陈某翠与郑州铁路局、成都铁路局铁路旅客运输损害赔偿案，(2007) 成铁民初字20号。

④ 参见《最高人民法院关于印发〈关于审理铁路运输损害赔偿案件若干问题的解释〉的通知》。

用规则的优先级按照下列顺序排列：特别法规定、行政法规规定、合同约定、《民法典》第510条规定以及交付或者应当交付时货物到达地的市场价格。

对市场价格的考量，则应结合具体的情形予以裁量，司法实践提供了有益的案例。在一起货运合同纠纷[①]中，托运人为一家汽车销售公司，因买受人对某一进口车辆的特定需求（对车辆的车型、颜色、款式、产地均有特定要求）而签订车辆买卖合同，并为履行车辆交付义务从国外采购车辆，委托承运人在约定期间将约定车辆运至约定地点，但双方未签署书面运输合同。承运人在运输途中因事故致使该车损坏，导致托运人迟延向买受人交付车辆，买受人因此解除车辆买卖合同，并依约向托运人追索违约金。此后，承运人将受损车辆修复后交付托运人。但托运人已无法将受损后修复的车辆售出。受理法院认为，该车辆系托运人因买受人的特定需求而采购，故该车辆在客观上存在特殊的消费群体，销售范围受到一定限制；因该车辆曾受损，在消费群体中的"心理价位"之降低已经给车辆实际价格造成严重的影响，且该损失并无可以参照的具体计算标准，故无法用通常的价值评估方法进行评估鉴定。当事人双方无法就车辆实际价值达成一致，承运人又未能证明车辆的实际价值，因此承运人应向托运人赔偿车辆的合同约定价格及利息（赔偿后获得车辆所有权），并应赔偿托运人因交付迟延而向买受人支付的违约金。该等裁量，在没有普遍市场价格的情况下，将车辆买卖合同约定价格作为参考依据，亦具有合理性。

【关联规定】

《合同法》第61、290、312条，《民法典》第822、823、832、833条，《铁路法》第16条，《民用航空法》第126条，《海商法》第50条

（撰稿人：梁笑准）

第八百一十二条　【承运人按照约定或通常路线运输之义务】 承运人应当按照约定的或者通常的运输路线将旅客、货物运输到约定地点。

---

① 无锡泰富汽车销售服务有限公司诉上海安吉日邮汽车运输有限公司货物运输合同案，案号：(2006) 锡民二终字0438号。

【释义】

本条规范对象是承运人按照约定或通常路线运输之义务。条款内容与1999年《合同法》第291条规定相同。

承运人应当按照约定运输路线将旅客、货物运输到约定地点，在合同当事人没有约定的情况下，应按照通常的运输路线将旅客、货物运输到约定地点。上述规则在海上运输合同中体现为不得不合理绕行义务。《海商法》第49条第1款规定，承运人应当按照约定的或者习惯的或者地理上的航线将货物运往卸货港。基于上述规定，承运人和托运人事先在运输合同中对航线有约定的，船舶应按约定航线航行；若无此种约定，船舶应走装卸两港之间的习惯航线；如果既无此种约定又无习惯航线的，船舶应走地理上的航线，即在保证船舶及货物运输安全的条件下，取装卸两港之间最近的航线。但是，船舶在海上为救助或者企图救助人命或者财产而发生的绕航或者其他合理绕航，则不构成违反上述规则。

约定运输路线，常见于搭乘出租车和包车等情形，在这些情形中，约定运输路线经常为旅客或托运人要求的路线，或者经承运人建议、旅客或托运人同意的路线。在一些城市，对在特定时间段进入特定区域道路的车辆存在限制性或禁止性规定，因此合同当事人约定运输路线应遵守该等时间、道路的规定。在旅客或托运人不知路线的情况下，一般认为承运人关于运输路线的建议应合法、合规且合理，不得绕行增加票款或运输费用，否则旅客或托运人有权拒绝支付增加的费用。

通常运输路线，在法律、行政法规等规范性文件有规定的情况下，应该是经规划、批准、许可、规定或公告、报备的路线。例如，《铁路法》第34条规定，地方铁路、专用铁路、铁路专用线的建设计划必须符合全国铁路发展规划，并征得国务院铁路主管部门或者国务院铁路主管部门授权机构的同意；《民用航空法》第96条规定，公共航空运输企业申请经营定期航班运输的航线，暂停、终止经营航线，应当报经国务院民用航空主管部门批准；《道路旅客运输及客运站管理规定》第19条规定，道路运输管理机构对符合法定条件的道路客运班线经营申请作出准予行政许可决定的……明确许可事项，许可事项为经营主体、班车类别、起讫地、途经路线及停靠站点、日发班次、车辆数量及要求、经营期限……《水路货物运输合同实施细则》第8条规定，承运人应当承担按照规定的航线运输货物之义务；《国际海运条例实施细则》第20条规定，国际班轮运输经营者新开或者停开国际班轮运输航线，或者变更国际班轮运输船舶、班期的，应当按照《国际海运条例》第 14 条的规定在交通运输部指定媒体上公告，并按规定报备。

在涉及某些特殊运输对象的情况下，合同当事人亦需要遵守法律、法规及其他规范性文件对运输路线的要求。例如，《道路交通安全法》第 48 条第 2 款规定，机动车运载超限的不可解体的物品，影响交通安全的，应当按照公安机关交通管理部门指定的路线；第 3 款规定，机动车载运爆炸物品、易燃易爆化学物品以及剧毒、放射性等危险物品，应当经公安机关批准后，按指定的路线；《危险货物道路运输安全管理办法》第 48 条规定，运输民用爆炸物品、烟花爆竹和剧毒、放射性等危险物品时，应当按照公安机关批准的路线行驶；《放射性物品运输安全管理条例》第 38 条规定，通过道路运输放射性物品的，应当经公安机关批准，按照指定的时间、路线、速度行驶，并悬挂警示标志，配备押运人员，使放射性物品处于押运人员的监管之下。

承运人应当按照约定的或者通常的运输路线将旅客、货物运输到约定地点，包括起运地点、运输路线和约定到达地点均应符合约定或通常的标准。

在没有约定或约定不明的情况下，承运人选择的运输路线应符合通常的标准。在一起客运合同纠纷[①]中，合同当事人约定了起运地点、到达地点（机场）、起运时间，未明确约定运输路线和到达时间，但承运人已知晓飞机起飞时间。自约定起运时间至自飞机起飞时间间隔为 4.5 小时，即使扣减办理乘机手续等时间，承运人按照通常线路也足以将旅客自起运地点及时[②]运输至机场。因承运人在选择路线时没有在某段高速公路上行驶，导致旅客不能乘坐原定航班。虽然合同当事人并未约定运输路线，亦未提前约定承运人必须在某段高速公路上行驶，但承运人选择的运输路线导致旅客未能在合理的时间内到达机场，应理解为承运人并未按照通常的运输路线行驶。需要注意的是，承运人并不必然负有选择高速公路作为运输路线之义务，因为选择高速公路通行有可能引起运输费用或成本的增加，但是如果承运人不选择高速公路等更为快捷的路线，又没有与旅客或托运人约定路线，导致未能在约定的或合理的期间将旅客或货物运输到约定地点，则认定承运人未按照通常的运输路线行驶，并无不当。

在没有约定或约定不明的情况下，承运人起运旅客或货物、下客或卸货的地点，亦应符合通常的标准。在一起侵权赔偿纠纷[③]中，旅客与承运人成立客运合同关系，但车票仅载明承运人应将旅客运输至的城市，没有明确具体站点。承运

---

① 苏州职工国际旅行社有限公司与吴某强、吴某明运输合同纠纷案，（2005）吴民二初字 0659 号。

② 通过导航软件查询，建议的线路仅需 2 小时不到。

③ 陈某红与栾某攀、郑州交通运输集团有限责任公司等在高速公路上违法下客致损侵权赔偿纠纷案，（2013）宿中民终字 0971 号。

人于凌晨到达运至城市境内，并在高速公路上停靠，旅客在高速公路上下车，下车地点距最近的两个出口都超过10公里。受理法院认为，承运人应按照有利于合同目的实现的方式，将旅客运抵约定城市的汽车站或其可方便乘坐交通工具的停靠点，而承运人却违反相关法律规定，在深夜将旅客放在高速公路上，上述行为显然构成违约，同时也使旅客陷于高度危险境地，使其他侵权行为与该侵权行为相结合并发生危害后果成为可能。该论述认为，在没有约定或约定不明的情况下，承运人应按照有利于合同目的实现的方式，将旅客运抵约定城市的汽车站或其可方便乘坐交通工具的停靠点，应属合理。

【关联规定】

《合同法》第291条，《民法典》第813条，《道路交通安全法》第48条，《铁路法》第34条，《民用航空法》第96条，《海商法》第49条，《道路旅客运输及客运站管理规定》第19条，《危险货物道路运输安全管理办法》第48条，《放射性物品运输安全管理条例》第38条，《水路货物运输合同实施细则》第8条，《国际海运条例实施细则》第20条

（撰稿人：梁笑准）

第八百一十三条　【旅客、托运人或收货人的基本义务】旅客、托运人或者收货人应当支付票款或者运输费用。承运人未按照约定路线或者通常路线运输增加票款或者运输费用的，旅客、托运人或者收货人可以拒绝支付增加部分的票款或者运输费用。

【释义】

本条规范对象是旅客、托运人或收货人的基本义务。条款内容与1999年《合同法》第292条规定相同。

旅客、托运人或者收货人应当支付票款或者运输费用，这是旅客、托运人或者收货人的主要合同义务。运输合同为双务、有偿合同，旅客或托运人的主要合同义务是支付票款或运输费用，拒绝履行此项义务，承运人可以拒绝运输或留置货物。

在客运合同中，旅客应当按照有效客票记载的时间、班次和座位号乘坐，这

通常意味着旅客已经支付了与有效客票相符的票款。按照法律、法规及其他规范性文件之规定，特定旅客可以享受民法上的优遇，享有减免票款之权利，如儿童、学生、军人军属等。但该等旅客支付票款义务之减免，并不导致承运人运输义务或责任之减免。

需要注意的是，实名制、身份证拓展功能、电子票证和电子支付方式的应用，已经使得在道路运输、城市轨道运输、铁路运输、水路运输、航空运输等领域，都不以交付实体客票或交付客票为必然。因此，对无票乘坐、超程乘坐、越级乘坐和客票失效等理解，不宜在不考虑语境的情况下将“客票”机械理解为以实体形式承载的凭证，而应视不同语境，将“客票”理解为实体凭证，或可以证明旅客权益的合理凭证或方式，或在某些语境下直接理解为旅客的实体权利。

实名制等应用亦引起了《民法典》对1999年《合同法》的调整。《民法典》第815条对1999年《合同法》第294条的一项修正即增加第2款，实名制客运合同的旅客丢失客票的，可以请求承运人挂失补办，承运人不得再次收取票款和其他不合理费用。这样规定的一个合理性在于，承运人在技术上已经可以非常便捷地通过旅客持有的身份证、电子支付等凭证核实旅客权利的真伪，而补打客票并不会显著增加承运人的成本。

旅客已经履行支付票款义务的，承运人则应提供与客票相应的服务。例如，旅客购买头等舱客票，承运人不得擅自降舱，否则应当根据旅客的请求退票或者减收票款，旅客享有选择权。但承运人提高服务标准，如因为普通舱座位不足而升舱，旅客得享受升舱服务，并无须另行支付票款。

在货运合同，托运人或收货人应支付运费、保管费以及其他费用。运输货物将产生运费；货物运输到达后，收货人逾期提货的，应当向承运人支付保管费等费用；现代物流通常被认为是由运输、保管、包装、装载、卸载、储存、配送等环节构成，除运费和保管费外，还可能产生其他费用。因此，托运人或收货人应当支付因运输货物而产生的其他费用。托运人或者收货人不支付运费、保管费以及其他费用的，承运人对相应的运输货物享有留置权，但是当事人另有约定的除外。

货物在运输过程中因不可抗力灭失，合同当事人各自承担相应的风险。一方面，承运人如可证明货物的灭失系因不可抗力造成的，则不承担赔偿责任；另一方面，承运人亦不得请求支付运费，已收取运费的，托运人可以请求返还。

本条款应结合《民法典》第812条理解。根据第812条规定，承运人应当按照约定的或者通常的运输路线将旅客、货物运输到约定地点，否则构成违约；因为承运人该等违约行为造成票款或者运输费用之增加，则旅客、托运人或者收货人可以拒绝支付增加部分的票款或者运输费用。

关于收货人的支付义务，则应该结合《民法典》第5、522、523条理解。在合同法理论和实践中存在“合同相对性”学说，基于该学说，合同仅约束合同当事人，合同当事人不得擅自为他人缔约，合同之权利和义务亦应由合同当事人享有和承担。揆其要旨，在于保护民事主体之自由意志和平等，民事主体之权利和义务应依其意志设定，而民事主体不得擅为其他民事主体强加义务。在规则层面上，1999年《合同法》第4条规定，当事人依法享有自愿订立合同的权利，任何单位和个人不得非法干预。《民法典》亦在总则编对此规则予以确认，第5条明确规定，民事主体从事民事活动，应当遵循自愿原则，按照自己的意思设立、变更、终止民事法律关系。由此产生的一个规范效果是，为他人设定权利和/或义务之行为，并不必然对该民事主体产生法律效力。

但是对上述原则和规则的理解和应用，不宜陷入机械。根据我国法律规定，并非所有为他人设定权利和/或义务之行为均不发生法律效力。基于特定交易目的、交易类型和交易习惯，完全有可能，也有必要设计第三人享有合同权利和/或履行合同义务的规则。

《民法典》第522条确定了以下规则：（1）合同当事人可以约定债务人向第三人履行债务，在此情况下，不同于合同权利的转让，债务人未向第三人履行债务或者履行债务不符合约定的，应当向债权人承担违约责任；（2）合同当事人亦可以约定，第三人有权直接请求债务人向其履行债务，只要第三人未在合理期限内明确拒绝，则第三人享有请求权，在此情况下，债务人未向第三人履行债务或者履行债务不符合约定的，第三人有权请求债务人承担违约责任。

《民法典》第523条确定了以下规则：合同当事人可以约定由第三人向债权人履行债务；第三人不履行债务或者履行债务不符合约定的，仍应当由债务人向债权人承担违约责任。

货运合同涉及第三人收货的，可以理解为上述规则在货运合同中的应用。货运合同涉及第三人收货的，即涉及第三人的权利，如收货人凭货运单据收货，也涉及第三人义务，如收货人支付运费、保管费和其他费用。货运合同当事人可以约定由收货人享有收取货物之权利；在适用可转让货权凭证的情况下，经过记名背书或者空白背书转让的权利人为收货人，或者不记名货权凭证的持有人为收货人。

除非过于机械性地理解，上述“第三人”规则与合同相对性、缔约自由之间并不相龃龉。托运人和承运人约定的合同权利和义务，如对收货人发生效力，总会通过收货人的某种行为来表示，这种行为往往表达了收货人接受权利和义务安排的意愿；而收货人之作出或不作出某种行为，亦通常系基于某种原因，在这种背景下托运人为收货人创设权利和义务，将带来极大的交易便利，促进交易的安全和自由。在约定承运人向第三人交货的情形下，承运人应通知收货人，以便向收货人交货（《民法典》第830条，参考第522条一般规则）；而收货人与托运人之间如不存在直接或间接之背景交易（如买卖），或交易背景关系发生了某种变化（如买卖合同被解除），则会拒绝收货，亦不需向承运人支付运费或保管费。但如果收货人同意收验货物，或向承运人主张交付货物，则承运人得以运费未付为由抗辩，并留置货物（《民法典》第836条，参考第522条一般规则）。在此情况下，收货人主张收取货物并承担运费，实系基于其自由意志，并无任何他人之强加；如收货人拒绝支付运费，则承运人仍得向托运人主张权益（参考《民法典》第523条一般规则）。

基于交易的性质，某些合同责任和义务具有专属性，并不得转让。《民法典》第841条规定，因托运人托运货物时的过错造成多式联运经营人损失的，即使托运人已经转让多式联运单据，托运人仍然应当承担赔偿责任。此规则亦为保护交易安全和自由的应有之义。

【关联规定】

《合同法》第4、64、65、291、292、294、295、300、309、311、314、315、320条，《民法典》第5、522、523、812、815、816、821、830、832、835、836、841条

（撰稿人：梁笑准）

第二节　客运合同

第八百一十四条　【客运合同的成立时间】客运合同自承运人向旅客出具客票时成立，但是当事人另有约定或者另有交易习惯的除外。

【释义】

本条是对旅客运输合同的成立时间所作的规定，客运合同一般采用票证形式，如车票、船票、机票等。客运合同可因客票交付或依习惯确定方式而成立，

属于即时清结的合同形式。

在一般情形下，客运合同的订立一般是先由购票人向承运人支付票价，后由承运人发给客票。即旅客向承运人提出到站路线要求，并支付相应的票款即构成要约，承运人给旅客合乎要求的客票即为承诺。因此，在一般情况下，自承运人向旅客交付客票或者旅客取得客票时起，双方意思表示一致，客运合同成立。

在实践中，由于现今社会运输工具纷繁复杂，购票的方式也是多种多样，客运合同的成立时间也应区分不同情况，旅客与承运人就客运合同成立的时间另有约定或另有交易习惯的，成立时间从其约定或从其交易习惯：（1）在旅客先上车后购票的情况下，旅客登上承运人的车辆为要约，承运人准许旅客上车时为承诺，客运合同自旅客登上车时成立。例如，在出租车运输中，客票的交付时间一般在运输行为完成后，按出租车运输的交易习惯，该运输合同在旅客登上出租车时就成立。（2）在旅客向承运人预订车票，承运人实施送票服务的方式下，旅客的预订行为为预约合同，承运人送票为要约，旅客签收客票为承诺，合同自旅客签收车票时成立。（3）在采用取票制预订场合，预订行为为预约合同，旅客要求取票为要约，交付客票为承诺，合同自交付客票时成立。[①] （4）在包租运输中，该客运合同一般自双方当事人合同签订时成立（并不需要承运人交付客票）。

（撰稿人：段波）

第八百一十五条 【持有效客票乘运义务】 旅客应当按照有效客票记载的时间、班次和座位号乘坐。旅客无票乘坐、超程乘坐、越级乘坐或者持不符合减价条件的优惠客票乘坐的，应当补交票款，承运人可以按照规定加收票款；旅客不支付票款的，承运人可以拒绝运输。

实名制客运合同的旅客丢失客票的，可以请求承运人挂失补办，承运人不得再次收取票款和其他不合理费用。

【释义】

本条是对旅客应当持有效客票乘运义务的规定。所谓有效客票，是指客票所记载的时间、车次、座号、票价与旅客实际乘坐的相符的客票。对于依照国家规

---

① 江平主编：《中华人民共和国合同法精解》，中国政法大学出版社 1999 年版，第 229 页。

定而购买的半票或运输公司的优惠票，如学生、教师半票，打折之航空票等，均为有效客票。对于免票乘运的旅客，当然不受该条的约束，如允许搭便车。[①] 客票是旅客运输合同的证明，旅客持有的客票一般也就意味着其与承运人之间有运输关系的存在，旅客凭客票就可以要求承运人履行运输的义务，但是因为客票具有流通性和一次性的特点，如铁路运输中的火车票，所以旅客也必须履行持有效的客票进行乘运的义务。但是在旅客运输中常常出现旅客无票进行乘运、越级乘运、超程乘运或者持已经失效的客票进行乘运的现象。无票承运，就是旅客没有客票私自乘坐，如某旅客没有买客票就混上火车，无票从北京乘坐到了广州；越级乘运就是指旅客自行乘坐超过客票指定的等级席位，如在海上运输合同中，旅客买的是三等舱的客票，但他在船上自行占了二等舱的席位；所谓超程乘运就是指越过票面所规定的区域空间而乘运，如在铁路运输中，旅客购买的客票上的目的地是上海，而该旅客却持该客票坐到了广州；持失效客票乘运是指持已经使用过的或已过使用期的客票乘运的，如在铁路运输中，某旅客于 2019 年 9 月 21 日持 2019 年 9 月 1 日的客票进行承运。

随着交通工具越来越便捷，乘坐高铁、动车等交通工具出行，成为许多人的首选。但不时出现的霸座、买短乘长等行为，不仅影响了铁路运行的管理秩序，而且造成承运方的损失。那对于旅客无票乘运、超程乘运、越级乘运或者持失效客票乘运的行为，应当如何处理？首先，承运人有权按照约定加收票款。旅客无票乘运、超程乘运、越级乘运或者持失效客票乘运的，旅客应当补交票款。补足票款是乘客的义务，至于是否按规定向乘客加收票款，则由承运人自己酌情处理。[②] 其次，对于拒不交付票款的旅客，承运人有权拒绝运输。这一规定为遏制霸座、买短乘长等现象，提供了明确的法律依据。

（撰稿人：段波）

第八百一十六条　【退票与变更】旅客因自己的原因不能按照客票记载的时间乘坐的，应当在约定的期限内办理退票或者变更手续；逾期办理的，承运人可以不退票款，并不再承担运输义务。

---

① 江平主编：《中华人民共和国合同法精解》，中国政法大学出版社 1999 年版，第 230 页。

② 胡康生主编：《中华人民共和国合同法释义》，法律出版社 1999 年版，第 455 页。

【释义】

本条是对旅客办理退票或者变更乘运手续的规定，因客票是客运合同的唯一证明，故本条也是对旅客运输合同变更或解除的规定。

客票是旅客运输合同的凭证，在客票上通常都载明了航次或者车次、运输开始的时间、客位的等级和票价等内容。依据该规定，旅客因自己的原因不能按照客票记载的时间乘坐的，应当在约定的时间和范围内变更合同内容，如由坐席改为卧铺、由四等舱改为三等舱，或者改变乘车时间或到站地点，经承运人认可，办理换乘手续即可换乘。所谓退票是指在规定时间内解除客运合同。① 此种变更或解除被称为自愿变更或解除。也就是说，在旅客运输合同成立后，合同履行之前，承运人或者有关部门规定一般都给予了旅客单方解除或变更运输合同的权利，但需要满足以下条件：

第一，本条的规定只适用于由于旅客自己的原因不能按照客票载明的时间乘坐的情形。这里的“自己的原因”是指旅客因自身的行程安排改变，或者健康状况不允许等而导致不能按原计划搭乘。因承运人的原因导致的客运合同变更或解除，称为非自愿的变更或解除。如果旅客不能按照客票的时间乘坐的原因是由于承运人造成的，则根据本节第 820 条的规定，旅客可以要求承运人安排改乘其他班次或者退票。此时对于旅客要求退票的，承运人应当全额退还票款。②

第二，旅客需要在约定时间内办理退票或变更手续。因办理这些事项而支付的费用，承运人可通过收取手续费加以弥补；如果旅客在约定的时间内不办理退票或者变更手续，则超过该时间后，应视为其放弃了办理退票或者变更合同的权利。承运人可以不退票款，并且也不再承担运输旅客的义务。

（撰稿人：段波）

第八百一十七条　【旅客携带权】 旅客随身携带行李应当符合约定的限量和品类要求；超过限量或者违反品类要求携带行李的，应当办理托运手续。

---

① 王利明主编：《合同法研究》，中国人民大学出版社 2015 年版，第 520 页。

② 胡康生主编：《中华人民共和国合同法释义》，法律出版社 1999 年版，第 456 页。

【释义】

本条是对旅客携带权的规定。

在旅客运输合同中，承运人的主要义务是安全运送旅客，将旅客从出发地运送到目的地，运输行李不是承运人的主要义务。但是为了旅客乘运途中的方便，承运人或者有关部门一般也允许旅客随身携带一定数量、一定种类的行李。本条中的“行李”应作广义理解，不同的承运人对“行李”所包括的对象有各自具体的规定。例如，铁道部规定，成人可免费携带 20 千克物品，小孩为 10 千克，外交人员为 35 千克[①]；民航局规定，每位持票旅客均可免费随身携带行李 5 公斤等。对于免费运送物品，除应考虑物品重量外，还应考虑物品的品类，如果携带超出品类的物品，虽在允许重量范围内，也不允许旅客随身携带。例如，民航局规定：锂电池额定容量低于 100Wh，旅客可随身携带，无须航空公司批准；对于额定容量在 100～160Wh，经所乘坐航班航空公司批准，可随身携带，但每名旅客不得携带超过两个充电宝；对于 160Wh 以上的锂电池或者未标明额定能量同时也未能通过标注的其他参数计算得出额定能量的充电宝，禁止随身携带或托运。[②] 乘坐国内航班的旅客，每人每次可随身携带总量不超过 1 升的液态物品（不含酒类），超出部分必须托运。液态物品须开瓶检查确认无疑后，方可携带。[③]

对于旅客违规携带行李的应当怎么办？由于旅客购票时就接受了上述规定，因此超出规定携带的行李属于对合同义务的违反，承运人自不负免费运送的义务。在运输实践当中的一般做法是承运人要求旅客办理托运手续，如果旅客拒不办理托运手续，非要随身携带的，承运人可以拒绝运输。对于超过规定限量的旅客行李，旅客需要凭客票办理托运，承运人应当向旅客交付行李票。行李票是旅客托运行李的货运合同的表现形式。因此，旅客托运的行李实际上是脱离客运合同的一种快件货物运输，应当按照货物运输合同的规定进行处理，但又不同于一般意义上的货运合同，在性质上应当附属于客运合同。[④]

（撰稿人：段波）

---

① 参见国家铁路局 2019 年 10 月 14 日发布的《铁路旅客运输规程》第 51 条。

② 参见中国民用航空局 2014 年 8 月 7 日发布的《关于民航旅客携带“充电宝”乘机规定的公告》。

③ 参见中国民用航空局《民航旅客限制随身携带或托运物品目录》。

④ 王利明主编：《合同法研究》，中国人民大学出版社 2015 年版，第 519 页。

第八百一十八条 【违禁品或危险物品的携带禁止】旅客不得随身携带或者在行李中夹带易燃、易爆、有毒、有腐蚀性、有放射性以及可能危及运输工具上人身和财产安全的危险物品或者违禁物品。

旅客违反前款规定的，承运人可以将危险物品或者违禁物品卸下、销毁或者送交有关部门。旅客坚持携带或者夹带危险物品或者违禁物品的，承运人应当拒绝运输。

【释义】

本条是对旅客携带违禁物品或者危险物品的规定。保证运输的安全性不仅仅是承运人单方的责任，作为旅客也必须按照有关规定不将禁止随身携带的物品带进运送设备。

安全对于旅客运输有着特别重要的意义，在旅客运输活动中，特别在铁路运输中，由于旅客随身携带危险物品而造成人身伤害和财产损害的事件屡屡出现。本条中的危险物品是指列在《危险物品安全航空运输技术细则》危险品清单中或者根据该细则归类的能对健康、安全、财产或者环境构成危险的物品或者物质①，如烟花爆竹、炸药等；而违禁物品不一定会对运输工具上的人身或财产造成安全威胁，而是由于法律或行政法规禁止运输，或者需要特别批准手续才能运输的，可能对国家利益和整个社会的利益造成影响的物品，如假钞、枪支、毒品等。这是本法对旅客规定的强制性义务，旅客不得违反。《铁路法》第28条规定，托运、承运货物、包裹、行李，必须遵守国家关于禁止或者限制运输物品的规定。《民用航空法》第101条也明确规定，禁止违反国务院民用航空主管部门的规定，将危险品作为行李托运。《海商法》第113条第1款规定，旅客不得随身携带或者夹带违禁品或者易燃、易爆、有毒、有腐蚀性、有放射性及有可能危及船上人身财产安全和其他危险品。

依本条之规定，旅客负有不携带违禁物品之义务，故由此又产生一种应当接受安全检查的从属性义务，以防止旅客把危险物品或者违禁物品带上运输工具。但是在有的情况下，还是有旅客违反本条第1款的规定把危险物品或者违禁物品带上了运输工具，对于此种情况应当如何处理？本条第2款规定了旅客违反义务

---

① 参见中国民用航空局2016年4月13日发布的《民用航空危险品运输管理规定》

的处理办法，即承运人可以将危险物品或者违禁物品卸下、销毁或者送交有关部门。承运人可以根据违禁物品的性质以及相关规定选择适当的处理方式。在承运人将危险物品或者违禁物品卸下、销毁或者送交有关部门的情况下，承运人可以不负赔偿责任。同时如果旅客由于违反本条第 1 款的规定对其他旅客的人身和财产或者对承运人的财产造成损害的，旅客还应当负赔偿责任。[①] 本条第 2 款还规定，如果旅客坚持携带或者夹带违禁物品的，承运人应当拒绝运输。承运人拒绝运输是承运人行使解除权的体现，合同解除后，承运人也不再负运输义务。

（撰稿人：段波）

第八百一十九条　【承运人告知重要事项义务】承运人应当严格履行安全运输义务，及时告知旅客安全运输应当注意的事项。旅客对承运人为安全运输所作的合理安排应当积极协助和配合。

【释义】

本条是对承运人告知义务的规定，即承运人负有向旅客告知有关不能正常运输的重要事由及安全运输应注意事项等义务。

所谓安全运输应当注意的事项，是指在运输中为保障旅客的人身、财产安全，需要提醒旅客注意的事项。安全运送旅客是承运人的义务，告知义务是承运人运送义务的一个附随性义务。在客运合同中，由于运输过程可能会存在相应的风险，保证运输的安全是承运人最大的义务，为了使运输风险能够得到有效的控制，承运人应当将特定安全事项及时告知旅客，如在飞机起飞过程中，飞机上的相关服务人员需要对紧急情况的处理事项进行告知。[②] 如果由于承运人的过错没有告知旅客安全运输应当注意的事项，造成旅客的人身或者财产损害的，承运人应当负赔偿责任。[③]

（撰稿人：段波）

第八百二十条　【承运人迟延运输】承运人应当按照有效客票记载的时间、班次和座位号运输旅客。承运人迟延运输或者有其他

---

① 胡康生主编：《中华人民共和国合同法释义》，法律出版社 1999 年版，第 457 页。

② 王利明主编：《合同法研究》，中国人民大学出版社 2015 年版，第 523 页。

③ 胡康生主编：《中华人民共和国合同法释义》，法律出版社 1999 年版，第 458 页。

不能正常运输情形的，应当及时告知和提醒旅客，采取必要的安置措施，并根据旅客的要求安排改乘其他班次或者退票；由此造成旅客损失的，承运人应当承担赔偿责任，但是不可归责于承运人的除外。

【释义】

本条规定了承运人应当按照客票记载的时间、班次和座位号运输旅客，并且规定了承运人迟延运输的义务和责任。

在运输过程中，客票是承运人和旅客之间订立运输合同的凭证，客票所记载的内容如时间、班次、座位号等，也是承运人和旅客之间运输合同的内容，承运人有义务按照记载的内容履行运输合同。

本条规定，承运人迟延运输的，应当履行告知和提醒义务，并根据旅客的要求安排改乘其他班次或者退票。这是对当事人迟延履行合同的规定。履行期限到来后，承运人没有按期履行运送乘客的义务，也就构成了对合同的实际违约。该条所说的迟延运输，是指未按照客票载明的时间和班次运送旅客，包括出现法定事由与约定事由导致运输的迟延，如出现恶劣天气不能起飞等。[①] 承运人迟延运输的，不管承运人对迟延运输是否存在过错，承运人都应该履行告知和提醒义务，及时告知旅客不能运输的重要事由。在承运人迟延运输的情况下，本条为旅客提供了两种处理方式。首先，旅客可以与承运人协议变更合同，也就是承运人按照旅客的要求改乘其他班次。其次，如果旅客不愿意继续乘坐运输工具的，旅客可以要求承运人退票。对于改乘其他班次，变更后的运送工具所能提供的条件原则上应符合原旅客运输合同之要求。[②] 对于旅客要求办理退票的，承运人应当返还运费，并且不能收取退票费等其他费用。

本条规定："由此造成旅客损失的，承运人应当承担赔偿责任，但是不可归责于承运人的除外。"这里的旅客损失主要是指因为迟延运输而导致乘客滞留增加的费用，不包括旅客的期待利益。对于承运人承担赔偿责任的范围，法律没有明确的限制，但有学者认为，由于承运人运送的性质多为公共服务性质，营利性不强，且承运人难以估计履行迟延所可能导致的旅客损失范围的大小，因此旅客

---

① 王利明：《合同法研究》（第3卷），中国人民大学出版社2015年版，第524页。

② 江平主编：《中华人民共和国合同法精解》，中国政法大学出版社1999年版，第234页。

请求赔偿的最高额不得超过客票票价。[①] 至于承运人的迟延履行不能归责于承运人的，如迟延履行是不可抗力所致，承运人则依据本条的规定免除部分赔偿责任。

（撰稿人：段波）

第八百二十一条 【承运人擅自降低服务标准】 承运人擅自降低服务标准的，应当根据旅客的请求退票或者减收票款；提高服务标准的，不得加收票款。

【释义】

本条是对承运人擅自降低服务标准的规定。这里的“擅自降低服务标准”仅包含承运人擅自变更运输工具的情形。

在运输合同中，承运人应当按照运输合同约定的运输工具进行运输。如果承运人未经过乘客的同意擅自变更运输工具，如在运输合同中约定承运人应使用高铁运输乘客，但是在实际履行的过程中，承运人却擅自将高铁变成普通火车，这种擅自变更合同的行为实际上是一种违约行为，可能会侵犯旅客的合法权益。

在承运人擅自降低服务标准的情形中，法律赋予旅客以选择权。旅客可以选择接受承运人擅自变更运输工具，要求承运人减收票款；如果旅客不同意承运人擅自变更运输工具，旅客也可以要求承运人退票，退票时承运人不能收取退票费。

在承运人擅自提高服务标准的情形中，尽管这种情形也构成了承运人的违约，但是旅客的合法权益没有因此受到侵害，反而提高了旅客的运输质量。在这种情形中，承运人不能加收票款，应按照承运人和旅客在客运合同中约定的票款收取费用。

（撰稿人：段波）

第八百二十二条 【对旅客的救助义务】 承运人在运输过程中，应当尽力救助患有急病、分娩、遇险的旅客。

---

① 江平主编：《中华人民共和国合同法精解》，中国政法大学出版社 1999 年版，第 234 页。

【释义】

本条规定了承运人对旅客的尽力救助义务。

当旅客在运输过程中有发病、分娩、遇险等情形时，承运人应当尽力救助。这是承运人所负有的从给付义务，也是以人为本和人文关怀的体现。[①] 尽管旅客的发病、分娩、遇险等情形大多不是承运人造成的，但是不管是基于一般善良风俗的考量还是基于民法典对于诚实信用原则的规定，承运人都应当尽力救助，安全地将旅客送到约定的目的地。“尽力救助”即要求承运人在能力范围内采取一切可以采取的方式。

本条规定将承运人的道德义务转变为法律义务，这也就意味着承运人不履行该义务将会承担相应的责任。本条款没有具体规定承运人应当承担何种责任。有学者认为，尽管旅客故意、重大过失或旅客自身健康原因是承运人免责的事由，但若承运人未尽到安全运送义务，旅客或其亲属可以请求赔偿，至于责任分担，应根据承运人在这期间过错程度而决定应承担的责任；当然法律另有规定的，可依照规定及义务人违反义务状况确定承运人应负担的责任。[②]

（撰稿人：段波）

第八百二十三条　【旅客伤亡的损害赔偿责任】 承运人应当对运输过程中旅客的伤亡承担赔偿责任；但是，伤亡是旅客自身健康原因造成的或者承运人证明伤亡是旅客故意、重大过失造成的除外。

前款规定适用于按照规定免票、持优待票或者经承运人许可搭乘的无票旅客。

【释义】

本条规定了承运人对旅客伤亡的赔偿责任，该条确立了承运人对旅客的人身安全的保护义务。

本条规定，“承运人应当对运输过程中旅客的伤亡承担赔偿责任”。本条规定

① 王利明：《合同法研究》（第3卷），中国人民大学出版社2015年版，第525页。

② 江平主编：《中华人民共和国合同法精解》，中国政法大学出版社1999年版，第237页。

了承运人的无过错责任：即使承运人在运输过程中不存在过错，也应当对运输过程中旅客的伤亡承担赔偿责任。立法者确立无过错责任的原因主要有以下几点。一是在运输过程中，旅客受到的损害大多数与承运人的运输行为有关，或是基于承运人的作为或者不作为，或是基于承运人未尽到管理职能而间接导致；二是强调对旅客的人身、生命实施特殊保护的价值取向；三是因为运输活动具有公用性、独占性的特点以及国家公权力干预的特点，结合运输保险业的发展，运输的风险得到了有效的分散，也为实行无过错责任奠定了基础；四是借鉴各国的立法经验，各国大多建立了无过错责任。①

依据本条规定，旅客遭受的人身伤亡既可以由承运人造成，也可以由第三人造成；且人身伤亡是发生在运输过程中，既非运输开始前，也非运输开始后。②

本条规定了承运人的免责事由，规定“伤亡是旅客自身健康原因造成的或者承运人证明伤亡是旅客故意、重大过失造成的除外”。本条款采用了列举式的立法方式，旅客自身健康原因、故意、重大过失构成了承运人的免责事由。“旅客自身健康原因”是指旅客突发疾病、分娩等情形；“故意”是指旅客明知会发生危害结果，还积极促成或者放任危害结果的发生；“重大过失”是指乘客应当且能够预见危害结果的发生，但是因为疏忽大意或者过于自信造成危害结果的发生，且根据对具体情形的分析，认定乘客的过失具有重大性。本条没有直接将不可抗力规定为免责事由，根据本法第 590 条的规定，不可抗力也可以作为承运人的免责事由，但是法律法规另有规定的除外，如《民用航空法》第 124 条规定，因发生在民用航空器上或者在旅客上、下民用航空器过程中的事件，造成旅客人身伤亡的，承运人应当承担责任，但是旅客的人身伤亡完全是由于旅客本人的健康状况造成的，承运人不承担责任。

本条第 2 款规定了请求权人的范围，包括按照规定免票、持优待票或者经承运人许可搭乘的无票旅客。也就是说，只要旅客与承运人订立了运输合同，不管该运输合同是有偿还是无偿，旅客都可以依据本条要求承运人承担相应责任。

（撰稿人：段波）

第八百二十四条　【对行李的赔偿责任】 在运输过程中旅客随身携带物品毁损、灭失，承运人有过错的，应当承担赔偿责任。

旅客托运的行李毁损、灭失的，适用货物运输的有关规定。

---

① 胡康生主编：《中华人民共和国合同法释义》，法律出版社 1999 年版，第 462 页。
② 王利明：《合同法研究》（第 3 卷），中国人民大学出版社 2015 年版，第 522 页。

【释义】

本条规定了承运人对行李的赔偿责任。

本条第 1 款规定："在运输过程中旅客随身携带物品毁损、灭失，承运人有过错的，应当承担赔偿责任。"承运人对旅客随身携带物品的赔偿责任是过错责任。当承运人存在过错时才承担责任。这是因为旅客自带的行李处于旅客的控制之下，旅客本身对于行李也有关注和保护的义务，如果是因为旅客本人没有尽到关注和保护的义务造成随身携带物品的毁损和灭失，承运人不承担责任。但是，基于承运人的安全运输义务，如果因为承运人的原因造成旅客随身携带物品的毁损和灭失，承运人要承担相应的责任。承运人承担责任的范围为旅客能够证明的实际损失，但是不能超过法律规定或者双方当事人约定的限额。承运人应当对自己的无过错承担举证责任，如果承运人不能证明自己没有过错的，视为承运人存在过错。

本条第 2 款规定，旅客托运的行李毁损、灭失的，适用货物运输的有关规定。托运是指旅客通过办理托运手续，将行李置于托运人的保管之下，由于托运的行李并不处于旅客的控制之下，旅客对于托运的行李没有关注和保护的义务。托运的本质是旅客和承运人之间另行签订了一个货运合同，因此本条规定，托运行李毁损灭失的，适用货物运输的有关规定。

（撰稿人：段波）

第三节　货运合同

第八百二十五条　【托运申报义务】托运人办理货物运输，应当向承运人准确表明收货人的姓名、名称或者凭指示的收货人，货物的名称、性质、重量、数量，收货地点等有关货物运输的必要情况。

因托运人申报不实或者遗漏重要情况，造成承运人损失的，托运人应当承担赔偿责任。

【释义】

本条是关于货运合同中，托运人应当如实申报货物运输必要情况，办理托运手续的义务。本条与《合同法》第304条的规定相比基本无变化。

如实申报对货运合同的履行具有重要意义，是货运合同履行的前提。承运人需要根据托运单所记载的货物情况组织安排运输，配备合理的运输工具，规划运输路线，安全、完整、及时地将货物运送至目的地，故托运人负有如实申报的义务。

实务中，托运人需填写托运单或签订运输合同，无论采何种形式，均需列明托运货物的必要情况，包括货物情况及运输情况：第一，货物基本信息，如货物的品名、规格、数量、重量、性质、包装以及对运输的特殊要求等，以便承运人做好货物的装载、搬移、积载、运输、保管、卸载等工作；第二，有关运输的情况，如收货人的姓名或者名称或者凭指示的收货人的姓名、联系地址和联系方式，收货地点及运输要求等。所谓凭指示的收货人，是指托运人在运输单据、票证上明确指明的收货人。[①]

所谓“必要情况”需结合每次运输的具体情况确定，所申报的内容并非事无巨细，而应围绕保证货物运输的安全性及便捷性这一核心，结合具体的运输方式及货物的特性，将所需信息提交承运人。

托运人所申报的托运信息需做到内容真实、准确、完整，表述规范、精准，全面反映货物特性，以便承运人调配适宜的运输工具，确定运输方案并做相应的装卸、保管等工作。

在货运合同法律关系当中，托运人负有详细、完整地告知承运人有关货物信息的义务。如因托运人未履行上述如实申报义务，申报不实或遗漏重要情况，因此造成承运人损失的，托运人应当承担赔偿责任。因托运人未尽告知义务所致的承运人不能预知的货物损失，承运人不承担赔偿责任。[②]

关于第2款应注意以下三点：第一，申报过错与损害后果须具有因果关系，如损害后果系因托运人未履行申报义务所致，由托运人承担赔偿责任，如托运人与承运人均存在过错，致使损害后果发生，则在厘清比例的基础上，应根据过失相抵原则，减轻托运人责任；第二，此赔偿责任并无责任限额，以损失填平为目的，依损害赔偿责任一般原则处理；第三，如因托运人申报过错而造成的损失，因合同的相对性，托运人对承运人承担责任，而不能直接承担承运人依运输合同

---

① 吴高盛主编：《中华人民共和国合同法释义及实用指南》，中国民主法制出版社2014年版，第486页。

② 在货运合同中，托运人负有告知承运人有关货物信息的义务，因托运人未尽告知义务所致的承运人货物的损失，承运人不承担赔偿责任——广东楚天龙智能卡有限公司与深圳市易达货运服务有限公司铁路货物运输合同纠纷案，载《人民司法·案例》2008年第8期。

对托运人以外的人所应承担的责任，但承运人在对外赔偿后可向托运人追偿。

我国有关运输的专门法律对托运人的该义务均作出了详细规定，《铁路法》第19条规定，托运人应当如实填报托运单，铁路运输企业有权对填报的货物和包裹的品名、重量、数量进行检查。经检查，申报与实际不符的，检查费用由托运人承担；申报与实际相符的，检查费用由铁路运输企业承担，因检查对货物和包裹中的物品造成的损坏由铁路运输企业赔偿。托运人因申报不实而少交的运费和其他费用应当补交，铁路运输企业按照国务院铁路主管部门的规定加收运费和其他费用。《民用航空法》第117条规定，托运人应当对航空货运单上所填关于货物的说明和声明的正确性负责。因航空货运单上所填的说明和声明不符合规定、不正确或者不完全，给承运人或者承运人对之负责的其他人造成损失的，托运人应当承担赔偿责任。《海商法》第66条规定，托运人托运货物，应当妥善包装，并向承运人保证，货物装船时所提供的货物的品名、标志、包数或者件数、重量或者体积的正确性；由于包装不良或者上述资料不正确，对承运人造成损失的，托运人应当负赔偿责任。承运人依照前款规定享有的受偿权利，不影响其根据货物运输合同对托运人以外的人所承担的责任。

【关联规定】

《铁路法》第19条，《民用航空法》第113～117条，《海商法》第66条

（撰稿人：邱江）

第八百二十六条　【货物运输许可】货物运输需要办理审批、检验等手续的，托运人应当将办理完有关手续的文件提交承运人。

【释义】

本条是关于货物运输许可的规定，同《合同法》第305条相比无变化。

提交货物运输相关文件是运输准备程序的重要环节。托运人在办理货物托运手续前应遵守相应程序，办理好各项审批手续，取得相应单证，托运货物时一并提交承运人。如托运人未按期提交相应文件，承运人可催告托运人提交必要文件，如经过催告，托运人在合理期限内仍未提交，承运人有权行使解除权。

本条中仅对托运人应当办理的手续列举了审批、检验两种，但是实践中托运人在货物运输前应当办理的手续更为丰富，货物运输许可文件一般为长、大、笨重货

物、危险品和国家限运物品等特殊货物的准运证明，还包括检疫、商检、海关、公安、监理等的证明文件，如申报所运输物品的详细情况，动植物检疫、港口准入等。托运人应对提交的相关运输许可文件的真实性、准确性、合法性负责，如托运人伪造、涂改、毁损运输许可文件而进行欺诈，需承担损害赔偿责任，如承运人故意纵容该行为，亦应承担相应损害赔偿责任。如发生纠纷，应正确分配举证责任，由承运人证明托运人所提供的文件存在欠缺、遗漏或虚假之处，并证明其与损害之间存在因果关系，托运人负责证明其自身不存在过失或承运人行为存在过失。

在我国有关运输的专门法律中，对该义务也有明确规定，《海商法》第 67 条规定，托运人应当及时向港口、海关、检疫、检验和其他主管机关办理货物运输所需要的各项手续，并将已办理各项手续的单证送交承运人；因办理各项手续的有关单证送交不及时、不完备或者不正确，使承运人的利益受到损害的，托运人应当负赔偿责任。《民用航空法》第 123 条规定，托运人应当提供必需的资料和文件，以便在货物交付收货人前完成法律、行政法规规定的有关手续；因没有此种资料、文件，或者此种资料、文件不充足或者不符合规定造成的损失，除由于承运人或者其受雇人、代理人的过错造成的外，托运人应当对承运人承担责任。除法律、行政法规另有规定外，承运人没有对前款规定的资料或者文件进行检查的义务。《铁路法》第 19 条规定，托运人应当如实填报托运单，铁路运输企业有权对填报的货物和包裹的品名、重量、数量进行检查。经检查，申报与实际不符的，检查费用由托运人承担；申报与实际相符的，检查费用由铁路运输企业承担，因检查对货物和包裹中的物品造成的损坏由铁路运输企业赔偿。托运人因申报不实而少交的运费和其他费用应当补交，铁路运输企业按照国务院铁路主管部门的规定加收运费和其他费用。

【关联规定】

《海商法》第 67 条，《民用航空法》第 123 条，《铁路法》第 19 条

（撰稿人：邱江）

第八百二十七条　【包装义务】托运人应当按照约定的方式包装货物。对包装方式没有约定或者约定不明确的，适用本法第六百一十九条的规定。

托运人违反前款规定的，承运人可以拒绝运输。

【释义】

本条规定了托运人的包装义务，托运人交付运输之前应当按照合同约定的包装方式对货物进行包装。本条与《合同法》第 306 条相比基本无变化。

此处的包装应理解为一般物品的运输包装，即保证一般货物（非危险品）及运输工具的运输安全，方便货物装卸及运送，以安全为要求的货物包装行为。

一般托运人对货物运输包装负责，但如双方约定由承运人负责包装亦可，则包装义务转移至承运人，托运人支付相应费用即可。无论实际负责包装的为哪一方当事人，包装人均应综合考虑运输方式及其特点，根据货物的性质、重量、气候及运输条件选择适宜的包装形式、包装材料及包装方法，以达到运输合同的要求。特别要注意的是，对于怕压、易碎、怕震、精密的货物，必须有防止货物损坏的包装措施；按国家规定标明包装储运指示标志，笨重货物还应在每件货物包装上标明货物重量。

对包装方式没有约定或者约定不明确的，适用本法第 619 条的规定，即首先，可由双方协商就包装方式作出特别约定，但不能低于强制性的国家标准或行业标准；其次，如当事人没有约定或约定不明，可依国家规定的标准包装，国家没有规定统一标准的，按照行业标准进行包装；最后，如果没有国家标准和行业标准的，应在保证运输、作业安全和货物质量的原则下进行包装，即保证在货物运输过程中不致损坏、散失、渗漏，不致损坏和污染运输工具和其他物件。

如托运人未按照包装义务对货物进行包装，承运人可要求托运人重新包装或加固，亦可依据本法第 562 条规定解除合同，拒绝承运。

如果是在运输途中发现货物包装不当，承运人可以通知托运人处理或者自行采取补救措施，但因包装义务属于托运人义务，故因此所产生的费用和造成的损失由托运人承担。如不宜再继续运输的，承运人可以中止运输。如因包装不当导致货物本身损毁、灭失，运输工具或其他货物损害的，由托运人承担责任，承运人不负赔偿责任；但如承运人明知包装不合格仍承运，因此造成损失的，承运人亦应对损失承担相应赔偿责任。

关于包装义务，《铁路法》第 20 条规定，托运货物需要包装的，托运人应当按照国家包装标准或者行业包装标准包装；没有国家包装标准或者行业包装标准的，应当妥善包装，使货物在运输途中不因包装原因而受损坏。铁路运输企业对承运的容易腐烂变质的货物和活动物，应当按照国务院铁路主管部门的规定和合同的约定，采取有效的保护措施。《海商法》第 66 条规定，托运人托运货物，应当妥善包装。

【关联规定】

《民法典》第619条，《铁路法》第20条，《铁路货物运输合同实施细则》第8条第2款，《海商法》第66条

（撰稿人：邱江）

第八百二十八条　【危险品托运】 托运人托运易燃、易爆、有毒、有腐蚀性、有放射性等危险物品的，应当按照国家有关危险物品运输的规定对危险物品妥善包装，做出危险物品标志和标签，并将有关危险物品的名称、性质和防范措施的书面材料提交承运人。

托运人违反前款规定的，承运人可以拒绝运输，也可以采取相应措施以避免损失的发生，因此产生的费用由托运人负担。

【释义】

本条系托运危险物品特别义务的规定，同《合同法》第307条相比基本无变化。

危险品运输系高危险性运输，为保护运输工具及其运输沿线生命财产安全，托运人必须按照有关危险品物品运输的规定对货物进行妥善包装。本条为法律强制性规定，不可约定排除。

对本条第1款规定了托运危险品时托运人的包装义务，该义务包含三个层次：

第一，妥善包装的义务。本条中“危险物品”是指易燃、易爆、有毒、有腐蚀性、有放射性等一切足以对人身和财产安全造成威胁的物品，如不当包装、存储、运输有高度可能性造成人员受伤、财产损坏、破坏环境、起火、破损、溢出、液体渗漏、放射性渗漏的物品。至于危险品品名及其包装运输规范，国际及国内的多部法规、规则均对此作出了详细规定。例如，国际民航组织理事会制定的《危险物品安全航空运输技术细则》，我国制定的《民用航空法》《安全生产法》《危险化学品安全管理条例》《道路运输车辆动态监督管理办法》及中国民用航空局制定的《中国民用航空危险品运输管理规定》等。

第二，制作张贴标识义务。危险品包装上还应当标明危险标志和标签，以对接触该货物的人作出警示。

第三，提交书面材料义务。为了妥善保管、安全运输危险品并及时处理可能出现的危险情况，托运人还应将危险物品的名称、性质和防范措施的书面材料提交承运人。

如违反上述包装义务中的任意一项，托运人有两种选择：（1）可以拒绝运输，即可解除合同；（2）可以采取相应措施以避免损失发生的，如修整包装、增贴标识、将货物卸下销毁等，该行为属于承运人替代托运人履行义务，所以产生的费用由托运人负担，承运人享有费用请求权。

除了《民法典》以外，我国其他有关运输的专门法律、法规中，也对危险物品的运输都作了特别规定。例如，按照《铁路法》第28条的规定，托运、承运货物、包裹、行李，必须遵守国家关于禁止或者限制运输物品的规定。按照《海商法》第68条的规定，托运人托运危险货物，应当依照有关海上危险货物运输的规定，妥善包装，作出危险品标志和标签，并将其正式名称和性质以及应当采取的预防危害措施书面通知承运人；托运人未通知或者通知有误的，承运人可以在任何时间、任何地点根据情况需要将货物卸下、销毁或者使之不能为害，而不负赔偿责任。托运人对承运人因运输此类货物所受到的损害，应当负赔偿责任。承运人知道危险货物的性质并已同意装运的，仍然可以在该项货物对于船舶、人员或者其他货物构成实际危险时，将货物卸下、销毁或者使之不能为害，而不负赔偿责任。但是，本款规定不影响共同海损的分摊。按照《民用航空法》第101条的规定，公共航空运输企业运输危险品，应当遵守国家有关规定。禁止以非危险品品名托运危险品。禁止旅客随身携带危险品乘坐民用航空器。除因执行公务并按照国家规定经过批准外，禁止旅客携带枪支、管制刀具乘坐民用航空器。禁止违反国务院民用航空主管部门的规定将危险品作为行李托运。危险品品名由国务院民用航空主管部门规定并公布。

如托运人违反包装义务造成损害，承运人有权请求托运人赔偿损失，但承运人负有防止损失扩大的义务，承运人如未采取相应措施造成损失扩大，就扩大的损失无权请求托运人赔偿。托运人因违反上述义务造成第三人损害的，第三人可提起侵权之诉请求赔偿。

【关联规定】

《海上交通安全法》第6章，《固体废物污染环境防治法》第60条，《海商

法》第68条，《中国民用航空危险品运输管理规定》

（撰稿人：邱江）

第八百二十九条　【运输合同的变更和解除】 在承运人将货物交付收货人之前，托运人可以要求承运人中止运输、返还货物、变更到达地或者将货物交给其他收货人，但是应当赔偿承运人因此受到的损失。

【释义】

本条规定了运输合同中托运人的变更权和解除权，属于法律规定的合同变更和中止事由的情形。

条文中的“中止运输”属于中止合同，“返还货物”属于解除合同，“变更到达地或者将货物交给其他收货人”属于变更合同。由此可见，本条赋予了托运人单方的对合同的变更权及解除权，这是由运输合同的特性决定的。货物运输合同的承运人是为托运人运输货物的，其应按照托运人的要求将货物安全送达目的地，运输中承运人应当遵从托运人的指示和要求。运输合同多与货物买卖合同等相关，买卖合同的变更、解除，买方的违约、信用状况的变化以及市场的变化，均可导致货物运输合同有变更甚至解除。所以本条规定了托运人法定的变更解除权，保护托运人的利益，以及方便商业交易。行使该权利应当满足以下条件：

第一，解除及变更的时间必须为“在承运人将货物交付收货人之前”，否则如货物已交付给收货人，合同履行完毕，不存在变更或解除的可能。

本条规定较为宽松，有关运输的专门法律有更为详细的规定，如《海商法》第89条规定，合同船舶在装货港开航前，托运人可以要求解除合同。但是，除合同另有约定外，托运人应当向承运人支付约定运费的一半；货物已经装船的，并应当负担装货、卸货和其他与此有关的费用。第90条规定，船舶在装货港开航前，因不可抗力或者其他不能归责于承运人和托运人的原因致使合同不能履行的，双方均可以解除合同，并互相不负赔偿责任。除合同另有约定外，运费已经支付的，承运人应当将运费退还给托运人；货物已经装船的，托运人应当承担装卸费用；已经签发提单的，托运人应当将提单退还承运人。《民用航空法》第119条第1款规定，托运人在履行航空货物运输合同规定的义务的条件下，有权在出发地机场或者目的地机场将货物提回，或者在途中经停时中止运输，或者在目的地点或者途中要求将货物交给非航空货运单上指定的收货人，或者要求将货物运回出发地机场；但是，托运人不得因行使此种权利而使承运人或者其他托运人遭受损失，并应当偿付由此产生的费用。《铁路货物运输合同实施细则》第17条规定，货物运输合同在货物发送前，经双方同意，可以解除。

第二，变更权的主体特定，因为合同具有相对性，只有缔约托运人才有资格变更、解除合同。

第三，变更后的责任承担。承运人在合同生效后，必然为合同的履行作了相应的准备或者已经开始履行，如果托运人解除或者变更合同，则必然会给承运人造成损失，而该损失是由托运人一方的原因造成的，当然应由托运人承担责任。所以，为了平衡双方当事人之间的利益，法律既赋予托运人解除或者变更合同的权利，又赋予其赔偿因此给承运人造成损失的义务。托运人应当赔偿承运人因变更和解除合同而遭受的损失，中止运输、变更到达地点造成的路途增加、时间延长、运费上升、装卸费支出、额外的运输成本等，应当由托运人赔偿承运人。

【关联规定】

《民用航空法》第119条，《海商法》第89～90条，《铁路货物运输合同实施细则》第17条

（撰稿人：邱江）

第八百三十条　【到货通知及提取货物】 货物运输到达后，承运人知道收货人的，应当及时通知收货人，收货人应当及时提货。收货人逾期提货的，应当向承运人支付保管费等费用。

【释义】

本条规定了承运人的到货通知义务及收货人的提货义务。同《合同法》第309条相比无变化。

承运人将货物运送到目的地后应当根据货物运输单证记载的收货人信息，及时联系收货人提货。承运人履行该义务的前提为"承运人知道收货人"，如果承运人不知道收货人是谁，承运人应当通知托运人在合理期限内就货物的处分作指示。所谓"及时"是一个相对概念，应当根据运输的实际情况确定，如果合同对此有所约定或有关法律、行政法规有规定限期通知的，应依合同或法律、行政法

规确定；如对此均无约定或规定，则应当在合理期限内履行通知义务，避免提货延误。按照《民用航空法》第 120 条第 2 款的规定，除另有约定外，承运人应当在货物到达后立即通知收货人。

为维护交易效率，保护承运人的利益，收货人接到收货通知后应当及时办理有关手续，提取货物。如货物到达后还有费用未支付，收货人应当支付费用，否则无权提货，承运人可以行使留置权。此处的"费用"既包括运费，对此收货人与托运人可以进行约定，也包括保管费、防止损失扩大的费用、垫付的其他费用等。收货人在接到收货通知后，应当及时提货，即使存在货物质量问题或其他纠纷，收货人也应当及时提取货物，不得延误，质量问题或其他纠纷可通过其他途径解决，不是拒绝退货的正当事由。

如收货人收到承运人的提货通知而未在规定的时间内提货，属于法律规定的逾期提货。如收货人逾期提货，承运人可以将有关货物进行转移存储，收货人应当向承运人支付保管费等费用，如因逾期提货给承运人造成其他损失的，收货人应当承担赔偿责任。如果发生不可抗力而导致货物毁损、灭失的，承运人不负赔偿责任。例如，《铁路法》第 21 条规定，货物、包裹、行李到站后，收货人或者旅客应当按照国务院铁路主管部门规定的期限及时领取，并支付托运人未付或者少付的运费和其他费用；逾期领取的，收货人或者旅客应当按照规定交付保管费。

【关联规定】

《铁路货物运输合同实施细则》第 9～10 条，《铁路法》第 21 条

（撰稿人：邱江）

第八百三十一条　【提货检验】收货人提货时应当按照约定的期限检验货物。对检验货物的期限没有约定或者约定不明确，依据本法第五百一十条的规定仍不能确定的，应当在合理期限内检验货物。收货人在约定的期限或者合理期限内对货物的数量、毁损等未提出异议的，视为承运人已经按照运输单证的记载交付的初步证据。

【释义】

本条是关于收货人提货验收的规定。与《合同法》第 310 条基本相同。

收货人提货时应当对货物进行检验，确定货物在交付时的数量、质量、重量、瑕疵情况等与有关运输单证记载的内容是否一致，进而确定承运人是否完全履行了运输合同，这既是收货人的权利，也是收货人的义务。从权利角度而言，提货检验是为了查明货物是否完好，如果存在问题也有利于及时查明责任，及时解决纠纷；从义务角度而言，收货人及时验货，可以尽快地确定货物的质量和数量情况，以确定承运人是否完成了运输行为，方便承运人安排其他运输业务。

检验一般指普通的检验，即以目力由收货人或装卸公司理货员进行表面质量检验和数量清点，验收交接；如合同有特殊要求或双方对于货物的质量、数量发生争议时，还需进行专门检验，由专业技术人员或者专门检验机构对货物状况进行检验。收货人和承运人都可以要求进行专门检验，除运输合同另有约定外，检验费用首先由要求检验一方垫付，但可以向造成货物损害责任方追偿。进行检验时，收货人和承运人都应当相互配合，提供便利条件。

无论是普通检验还是专门检验，都应当在约定的期限内进行，超过期限检验的，视为对货物交接记录的确认。合同对货物检验期限没有约定或者约定不明确的，依照本法第 510 条的规定确定。依照该条规定仍不能确定的，则应当在合理的期限内进行。至于合理期限的确定，应当具体情况具体分析，如考虑货物量的大小、检验的难易程度、货物本身的特性等，一般理解应当以收货人采取必要的方法和必要的措施查明情况所需要的时间，以货物交接期间或货物交接状况保持期间为限。

托运人认为承运人交付的货物与运输单证记载不符时，应当在合同约定期限内提出异议。异议期限一般与检验期限一致，此异议期限为表面瑕疵的异议期限，对于隐蔽瑕疵，不适用本规定。表面瑕疵指存在于货物表面，无须专门检验，凭一般人的经验即可发现的瑕疵；隐蔽瑕疵指存在于货物内部，须使用或经专门检验才能发现的瑕疵，隐蔽瑕疵检验期较长。

部分有关法律、行政法规明确规定了异议期限，如《民用航空法》第 134 条规定，旅客或者收货人收受托运行李或者货物而未提出异议，为托运行李或者货物已经完好交付并与运输凭证相符的初步证据。托运行李或者货物发生损失的，旅客或者收货人应当在发现损失后向承运人提出异议。托运行李发生损失的，至迟应当自收到托运行李之日起 7 日内提出；货物发生损失的，至迟应当自收到货物之日起14日内提出。托运行李或者货物发生延误的，至迟应当自托运行李或者货物交付旅客或者收货人处置之日起21日内提出。任何异议均应当在前款规定的期间内写在运输凭证上或者另以书面提出。除承运人有欺诈行为外，旅客或者收货人未在本条第2款规定的期间内提出异议的，不能向承运人提出索赔诉讼。《海商法》第81条规定，承运人向收货人交付货物时，收货人未将货物灭失或者损坏的情况书面通知承运人的，此项交付视为承运人已经按照运输单证的记载交付以及货物状况良好的初步证据。货物灭失或者损坏的情况非显而易见的，在货物交付的次日起连续7日内，集装箱货物交付的次日起连续15日内，收货人未提交书面通知的，适用前款规定。货物交付时，收货人已经会同承运人对货物进行联合检查或者检验的，无须就所查明的灭失或者损坏的情况提交书面通知。

如果收货人未在该期间内提出异议的，视为证明承运人已经按照运输单证的记载交付，该条款为推定性规定，推定承运人履行完毕运输合同，是托运货物数量、质量符合单证记载的初步证据。如后期发现货物存在隐蔽瑕疵，则可推翻该推定。

【关联规定】

《民用航空法》第134条、《海商法》第81条

（撰稿人：邱江）

第八百三十二条　【承运人的损害赔偿责任】承运人对运输过程中货物的毁损、灭失承担赔偿责任。但是，承运人证明货物的毁损、灭失是因不可抗力、货物本身的自然性质或者合理损耗以及托运人、收货人的过错造成的，不承担赔偿责任。

【释义】

本条是承运人对交货前运输过程中货物的灭失、毁损承担损害赔偿责任的规定。同《合同法》第311条相比基本无变化。

近现代各国对承运人赔偿责任的规定仍不一致。法国、意大利等国商法典规定较重，除不可抗力外，承运人皆应对运送物毁损灭失和迟到负其责任。日本、德国、瑞士等国商法典规定较轻，承运人仅就其过失承担责任。《合同法》第311

条对承运人责任的规定，介于二者之间，与我国台湾地区“民法”的规定甚为接近。即承运人承担严格责任，仅在有法定免责事由时才可免除责任。①

对该条的理解应注意以下几个方面：

第一，归责原则。在货物运输过程中，承运人有义务准时、安全地将货物从始发地运送到目的地的，承运人对运输过程中货物的毁损、灭失承担无过错责任，即承运人是否存在主观过错在所不问，只要货物在运输过程中发生了毁损、灭失，承运人均需承担赔偿责任。所谓运输过程应理解为货物实际处于承运人控制之下的阶段，即从承运人接受托运人依据运输合同运送的货物开始，到承运人将货物运送到约定地点，并交付给收货人为止，在这段时间内，货物处于承运人实际控制之下，故承运人应当承担货物毁损灭失的风险。

第二，货物的毁损与灭失。货物的毁损指运输过程中的各种原因导致货物在价值上的减少，如货物的损坏、污染、变质等。货物的灭失指运输过程中的货物因各种原因丢失，不能将货物交给收货人（或托运人）的情形，既包括物质上的消亡，也包括对货物占有的丧失及法律上不能恢复占有的情形，如货物随船沉没、烧毁、短少、被海盗抢劫等。

第三，免责事由。如承运人可提出证据，证明存在法定事由，其不应对货物的灭失、损坏承担赔偿责任。

本条规定的法定事由包括：

第一，不可抗力造成的损失，承运人不承担赔偿责任。不可抗力即无法预见、无法克服、无法避免的客观情况，包括地震、海啸、雷电、风暴、洪水、台风及其他自然灾害，战争、法律允许的政府征用、罢工或者封港行为、海盗行为等。

第二，货物本身的自然性质或者合理损耗造成的损失，承运人不承担赔偿责任。货物的自然性质是指货物的内在属性，包括物理属性和化学属性，是由货物的成分、品质决定，并使货物呈现出不同的特性，如吸湿性、粘附染尘性、冻结性、熟变性、易腐性、挥化性、自然性、锈蚀性、脆弱性、危险性、互抵性等。因这些自然特性而影响货运质量的，承运人可以免责。合理损耗是指因货物自然特性和运输特性不可避免的、符合正常情况的一部分货物数量、重量的减少，如散装货在装卸时的损耗，因货物水分蒸发而使重量减少等。此外，因货物的潜在缺陷造成货物灭失损坏的，承运人亦可以免责。在此项免责事由中，承运人应当举证证明货物的自然性质与损害后果之间存在因果关系，证明已尽到管理、保护

---

① 黄建中：《合同法分则重点疑点难点问题判解研究》，人民法院出版社 2006 年版，第 545 页。

义务，采取了必要措施防止损失扩大。否则，不能完全免除承运人责任。

第三，托运人、收货人的过错造成的损失，承运人不承担赔偿责任。托运人、收货人的过错行为造成货物毁损、灭失的，应当由过错一方承担相应责任。如果承运人、托运人、收货人对货物损失都有过错，应当根据具体情况确定责任分配问题。

除上述免责事由外，《海商法》考虑到海上货运的特殊情况，还规定了更为细致、丰富的免责事由，应注意依据该法第51条的规定，因船长、船员、引航员或者承运人的其他受雇人在驾驶船舶或者管理船舶中的过失造成的损失，承运人不承担赔偿责任；经谨慎处理仍未发现的船舶潜在缺陷造成的损失，承运人不承担赔偿责任。《铁路法》第18条对承运人的免责事由也有具体规定，由于下列原因造成的货物、包裹、行李损失的，铁路运输企业不承担赔偿责任：（一）不可抗力。（二）货物或者包裹、行李中的物品本身的自然属性，或者合理损耗。（三）托运人、收货人或者旅客的过错。

【关联规定】

《海商法》第51条，《铁路法》第18条

（撰稿人：邱江）

第八百三十三条　【赔偿数额】货物的毁损、灭失的赔偿额，当事人有约定的，按照其约定；没有约定或者约定不明确，依据本法第五百一十条的规定仍不能确定的，按照交付或者应当交付时货物到达地的市场价格计算。法律、行政法规对赔偿额的计算方法和赔偿限额另有规定的，依照其规定。

【释义】

本条是关于货物毁损、灭失的赔偿额及赔偿限额的规定，同《合同法》第312条相比基本无变化。

在货运合同中，承运人收取的运费有限且需承担无过错责任，货运量大，一旦发生损失，再要求由承运人全额赔偿显然有失公平，所以运输法律制度中特别规定了承运人赔偿责任限额制度，实行不完全赔偿原则。

如货物发生毁损灭失，不但要确定责任方，还需要确定赔偿金额及赔偿限额。本条所规定的赔偿金仅为直接损失，即收货人或托运人的实际损失，对于间接损失，即期待利益的损失不承担赔偿责任。

赔偿金的确定应遵从如下顺序：

第一，如果运输合同对金额计算方式进行了约定，遵从其约定。如果当事人在托运时办理了保价运输，就应当按照保价规则进行赔偿。所谓保价运输，即托运人在办理托运时或者与承运人签订合同时，向承运人声明货物的价格，并支付相应比例的保价费。如果货物发生损毁或者灭失，则由承运人按照保价规则进行赔偿。[①] 例如，根据《铁路法》第 17 条规定，铁路运输企业应当对承运的货物、包裹、行李自接受承运时起到交付时止发生的灭失、短少、变质、污染或者损坏，承担赔偿责任：(一) 托运人或者旅客根据自愿申请办理保价运输的，按照实际损失赔偿，但最高不超过保价额。(二) 未按保价运输承运的，按照实际损失赔偿，但最高不超过国务院铁路主管部门规定的赔偿限额；如果损失是由于铁路运输企业的故意或者重大过失造成的，不适用赔偿限额的规定，按照实际损失赔偿。托运人或者旅客根据自愿可以向保险公司办理货物运输保险，保险公司按照保险合同的约定承担赔偿责任。托运人或者旅客根据自愿，可以办理保价运输，也可以办理货物运输保险；还可以既不办理保价运输，也不办理货物运输保险。不得以任何方式强迫办理保价运输或者货物运输保险。

如托运人明知快递专用详单的内容，未声明保价的，承运人不承担遗失物品全额赔偿责任。[②]

第二，依据本法第 510 条的规定，如无约定或约定不明，承运人与收货人或托运人可达成补充协议。本法第 510 条规定，合同生效后，当事人就质量、价款或者报酬、履行地点等内容没有约定或者约定不明确的，可以协议补充；不能达成补充协议的，按照合同有关条款或者交易习惯确定。

第三，如不能达成补充协议，按照合同有关条款或者交易习惯确定。所谓交易习惯即通常的对于同类货物进行赔偿的计算方法或数额。

第四，如仍不能计算，则按照交付或者应当交付时货物到达地的市场价格计算。所谓“市场价格”是指货物实际交付、提存或货物如未灭失应当交付时，货物到达地的市场价格，之所以这样规定是为了维护托运人或者收货人的利益，使托运人或者收货人获得与货物安全及时到达时同等的收益。计算赔偿额时，应扣

---

① 吴高盛主编：《中华人民共和国合同法释义及实用指南》，中国民主法制出版社 2014 年版，第 312 条。

② 参见四川省成都市中级人民法院（2007）成民终字 2915 号民事判决书。

除因货物的毁损、灭失而无须支付的运费或其他费用，如已对货物投保，保险费用也应计入损失。因此，如货物灭失，其赔偿额为交付时货物到达地的市场价格、运费、保险费之总和，再扣除因灭失而少付或免付的有关费用。如货物毁损，赔偿额按交付时货物到达地的市场价格，扣除交付时到达地残存的物品价值或者货物的修复费用计算。

为保护承运人利益，法律还规定了赔偿限额制度。承运人以赔偿限额为限承担赔偿责任。如果计算出的赔偿额低于或等于赔偿限额，承运人按照赔偿额予以赔偿；如果结算出的赔偿额高于赔偿限额，承运人在赔偿限额内承担责任，超出部分不予赔偿。

依照特别法优于普通法的原则，如果法律、行政法规对赔偿额的计算方法和赔偿限额另有规定的，依照其规定。例如，《铁路法》《民用航空法》《海商法》均对此进行了特别约定。《海商法》第 56 条规定，承运人对货物的灭失或者损坏的赔偿限额，按照货物件数或者其他货运单位数计算，每件或者每个其他货运单位为 666.67 计算单位，或者按照货物毛重计算，每公斤为 2 计算单位，以二者中赔偿限额较高的为准。但是，托运人在货物装运前已经申报其性质和价值，并在提单中载明的，或者承运人与托运人已经另行约定高于本条规定的赔偿限额的除外。货物用集装箱、货盘或者类似装运器具集装的，提单中载明装在此类装运器具中的货物件数或者其他货运单位数，视为前款所指的货物件数或者其他货运单位数；未载明的，每一装运器具视为一件或者一个单位。装运器具不属于承运人所有或者非由承运人提供的，装运器具本身应当视为一件或者一个单位。《铁路法》第 17 条第 1 款第 2 项规定，未按保价运输承运的，按照实际损失赔偿，但最高不超过国务院铁路主管部门规定的赔偿限额；如果损失是由于铁路运输企业的故意或者重大过失造成的，不适用赔偿限额的规定，按照实际损失赔偿。《民用航空法》第 128 条规定，国内航空运输承运人的赔偿责任限额由国务院民用航空主管部门制定，报国务院批准后公布执行。旅客或者托运人在交运托运行李或者货物时，特别声明在目的地点交付时的利益，并在必要时支付附加费的，除承运人证明旅客或者托运人声明的金额高于托运行李或者货物在目的地点交付时的实际利益外，承运人应当在声明金额范围内承担责任；本法第 129 条的其他规定，除赔偿责任限额外，适用于国内航空运输。该法第 129 条第 2 项规定，对托运行李或者货物的赔偿责任限额，每公斤为 17 计算单位。旅客或者托运人在交运托运行李或者货物时，特别声明在目的地点交付时的利益，并在必要时支付附加费的，除承运人证明旅客或者托运人声明的金额高于托运行李或者货物在目的地点交付时的实际利益外，承运人应当在声明金额范围内承担责任。

须注意的是，因承运人的故意或者明知可能造成损失而轻率地作为或者不作为造成货物毁损、灭失的，不适用承运人赔偿限额的规定，承运人需按照实际损失进行赔偿。

当托运人或收货人对货物投保时，发生保险事故，保险公司应依保险合同赔偿损失。其赔偿后，依财产保险的性质，保险公司享有代位权，可向承运人追偿。

【关联规定】

《民用航空法》第 128、129 条，《海商法》第 56 条，《铁路法》第 17 条，《铁路货物运输合同实施细则》第 18 条

（撰稿人：邱江）

第八百三十四条　【同式联运承运人的分担】 两个以上承运人以同一运输方式联运的，与托运人订立合同的承运人应当对全程运输承担责任；损失发生在某一运输区段的，与托运人订立合同的承运人和该区段的承运人承担连带责任。

【释义】

本条是关于同式联运承运人的责任分担的规定，同《合同法》第 313 条相比基本无变化。

两个或两个以上的承运人共同完成货物运输的运输方式称为联运合同，其中以同一种方式运输的，称为同式联运或相继运输，不同运输方式运输的，称为多式联运。为更好地保护托运人的利益，本条规定与托运人订立合同的承运人对此全程运输负责，不论毁损、灭失发生于哪一区段，其均对托运人或收货人承担赔偿责任。在法律适用上，依据本法第 832、833 条之规定处理。

损失发生在某一运输区段的，与托运人订立合同的承运人和该区段的承运人承担连带责任。连带责任是指数个承运人作为债务人连带地对债权人承担损害赔偿责任，债权人有权要求其中一人或数人承担部分或全部的责任。如果不能证明损失发生于某一区段，则由与托运人订立运输合同的缔约承运人首先对收货人或托运人承担责任，所有承运人共同承担连带责任，若损失并未发生于本区段，应由该区段承运人举证证明。与托运人订立合同的承运人承担责任后如何追偿，可

依据承运人之间的内部协议，如无协议则可向损失发生区段的承运人追偿。本条对责任分担的规定，实际上破坏了传统责任分担理论（传统理论：要么由与托运人订立合同之承运人对外承担责任，然后内部追偿；要么当事人共同订立“连带运送合同”）。[①]

在同式联运中，承运人之间存在代理关系，如在托运人未付或少付运费或其他费用的情况下，最后承运人负有代理义务，最后承运人可以就全体承运人所应得的费用进行主张，可行使留置权、拍卖权、提存权。因为只有最后承运人履行完毕运输义务后，货运合同的运输义务方为履行完毕，货物在最后承运人控制之下，方便其行使上述权利。

我国其他有关运输的法律中，也对相继运输有具体的规定。《民用航空法》第136条规定，由几个航空承运人办理的连续运输，接受旅客、行李或者货物的每一个承运人应当受本法规定的约束，并就其根据合同办理的运输区段作为运输合同的订约一方。对前款规定的连续运输，除合同明文约定第一承运人应当对全程运输承担责任外，旅客或者其继承人只能对发生事故或者延误的运输区段的承运人提起诉讼。托运行李或者货物的毁灭、遗失、损坏或者延误，旅客或者托运人有权对第一承运人提起诉讼，旅客或者收货人有权对最后承运人提起诉讼，旅客、托运人和收货人均可以对发生毁灭、遗失、损坏或者延误的运输区段的承运人提起诉讼。上述承运人应当对旅客、托运人或者收货人承担连带责任。《海商法》第60条规定，承运人将货物运输或者部分运输委托给实际承运人履行的，承运人仍然应当依照本章规定对全部运输负责。对实际承运人承担的运输，承运人应当对实际承运人的行为或者实际承运人的受雇人、代理人在受雇或者受委托的范围内的行为负责。虽有前款规定，在海上运输合同中明确约定合同所包括的特定的部分运输由承运人以外的指定的实际承运人履行的，合同可以同时约定，货物在指定的实际承运人掌管期间发生的灭失、损坏或者迟延交付，承运人不负赔偿责任。该法第63条规定，承运人与实际承运人都负有赔偿责任的，应当在此项责任范围内负连带责任。

【关联规定】

《海商法》第60~63条，《民用航空法》第136条

（撰稿人：邱江）

---

① 江平：《中华人民共和国合同法精解》，中国政法大学出版社1993年版，第252页。

第八百三十五条 【不可抗力货物灭失的运费负担】货物在运输过程中因不可抗力灭失，未收取运费的，承运人不得请求支付运费；已经收取运费的，托运人可以请求返还。法律另有规定的，依照其规定。

【释义】

本条是关于货物因不可抗力灭失，其运费的负担的规定，同《合同法》第314 条相比基本无变化。

依据权利义务对等原则的要求，如经证明货物的灭失是由不可抗力引起的，承运人可以免除赔偿责任，但按照本条规定，承运人对灭失部分的货物不得行使运费请求权，不得收取运费，尚未收取运费的，不得再要求收取；已经收取的预付运费，应予以退还。

对本条的理解需注意以下几点：

第一，承运人不得计收运费或者应退还运费的范围应只限于货物灭失部分的运费，而不应扩大到同一票或者同一批货物的全部，受毁损的货物也不应列入此范围。

第二，“运输过程中”应当理解为承运人运输货物的责任期间，即按照法律规定或双方约定，承运人对货物灭失、毁损承担责任的期间。《海商法》对责任期间进行了特别约定，该法第 46 条规定，承运人对集装箱装运的货物的责任期间，是指从装货港接收货物时起至卸货港交付货物时止，货物处于承运人掌管之下的全部期间。承运人对非集装箱装运的货物的责任期间，是指从货物装上船时起至卸下船时止，货物处于承运人掌管之下的全部期间。在承运人的责任期间，货物发生灭失或者损坏，除本节另有规定外，承运人应当负赔偿责任。前款规定，不影响承运人就非集装箱装运的货物，在装船前和卸船后所承担的责任，达成任何协议。

第三，本条规定因不可抗力造成的灭失，承运人无权主张运费，如因货物的自然属性、合理损耗、收货人或托运人的过错而致货物灭失的，承运人依据本法第 832 条免责，承运人仍可以请求支付运费。如因承运人或其雇用的工作人员、代理人及其他运输履行辅助人的过错，致使货物灭失，举轻以明重，在此情况下，承运人亦不得请求支付运费，已付运费的，应予返还。

在相关运输法律中，《海商法》第90条的规定与本条规则相符。该法第90条规定，船舶在装货港开航前，因不可抗力或者其他不能归责于承运人和托运人的原因致使合同不能履行的，双方均可以解除合同，并互相不负赔偿责任。除合同另有约定外，运费已经支付的，承运人应当将运费退还给托运人；货物已经装船的，托运人应当承担装卸费用；已经签发提单的，托运人应当将提单退还承运人。

【关联规定】

《海商法》第46、90条

（撰稿人：邱江）

第八百三十六条　【承运人之留置权】托运人或者收货人不支付运费、保管费或者其他费用的，承运人对相应的运输货物享有留置权，但是当事人另有约定的除外。

【释义】

本条是关于承运人留置权行使条件的规定，同《合同法》第315条相比基本无变化。

货运合同为双务合同，在承运人履行完毕运输义务后，托运人或收货人有支付运费、保管费以及其他费用的义务，如其怠于履行该义务，承运人可通过何种途径获得清偿，则成为一个重要的实务问题。对此，各国主要有两种立法例：一是法定质权主义，即规定承运人对运输物享有质权，如德国。二是法定留置主义，即规定承运人对运输物享有留置权，如日本。① 我国采法定留置主义，即承运人可行使留置权。此处的“其他费用”指为了收货人或托运人的利益而支付的相关费用，如因中止、返还或其他处分而付的费用，提存费用，拍卖费用，垫付关税，运送改装费，过渡费，过桥费，途中垫付款，保管费等。

关于留置权，本法第447条规定，债务人不履行到期债务，债权人可以留置已经合法占有的债务人的动产，并有权就该动产优先受偿。前款规定的债权人为留置权人，占有的动产为留置财产。留置权是债权人留置其占有物以保障其债权

① 苏号朋：《合同法教程》，中国人民大学出版社2015年版，第408页。

实现的一种担保物权，可以对抗货物的所有人及其他债权人。承运人在行使留置权时，应注意以下几点：

第一，占有属于收货人或托运人的货物方可行使留置权，如果失去占有，则留置权消灭，如货物交付后则留置权不可再成立。

第二，托运人或收货人未支付的运费、报关费和其他运输费用必须是因所留置的货物而产生的，不能因拖欠其他债务而留置本次运输的货物。

第三，该债务应已届清偿期限，即承运人已完成了运送义务，货物已经到达目的地。

第四，承运人应当在合理限度内留置货物。换言之，货物运输留置的物品价值应当与债权数额相当，在合理限度之内，否则构成不当留置。该项要求不同于普通留置权，普通留置权不论债权为多少，债权人在未受全部清偿前，均可就占有物的全部主张留置。

第五，合同未禁止留置，如果托运人或者收货人提供了适当的担保，则承运人也不能再留置货物行使留置权。此外，留置该物须不违反法律或公序良俗，否则不发生法律效力。

满足以上条件，承运人可以留置货物，留置后的权利义务关系应当依据本法对留置权的相关规定确定。留置权人享有留置标的物之权利，如果托运人或收货人偿还债务或提供担保，承运人应当解除留置，如果托运人或收货人经催告仍不履行义务的，留置权人可拍卖、变卖留置物，就所得价款受偿。对于留置物之天然或法定孳息，留置权人可以收取充抵债权。因留置标的物而支出之费用可以请求债务人支付，但留置权人应尽善良管理人的注意义务保管留置物，否则发生损害的，应负赔偿责任。

【关联规定】

本法第 447 条

（撰稿人：邱江）

第八百三十七条　【货物提存】收货人不明或者收货人无正当理由拒绝受领货物的，承运人依法可以提存货物。

【释义】

本条是关于承运人提存货物的规定，同《合同法》第316条相比基本无变化。

提存是民法上的一种债权债务消灭的制度，本法第570条规定了提存制度，提存是指由于债权人的原因无法向其交付标的物时，债务人将标的物交给提存部门而使债务消灭，合同权利义务终止的制度。

第570条规定了提存的条件，其中规定了债权人无正当理由拒绝受领，债权人下落不明，难以履行债务，债务人可以将标的物提存。在运输合同中，上述情形多表现为收货人不明或无正当理由拒绝受领货物，在此情形下，承运人可行使提存权。提存货物后，承运人即完成了交付义务，免除保管货物的义务，取得了运费请求权。所谓收货人不明，是指依据有关运输单证或其他有效途径，经过调查仍无法明确收货人，不知收货人姓名、名称和提单持有人；所谓收货人无正当理由拒绝受领货物，是指收货人在接到到货通知后无正当理由拒绝提货或不按期提取货物的行为。

如货物不宜提存或费用过高的，承运人可以依法拍卖或变卖，提存所得价款。

我国有关运输的专门法律对此也有详细规定。《铁路法》第22条规定，自铁路运输企业发出领取货物通知之日起满30日仍无人领取的货物，或者收货人书面通知铁路运输企业拒绝领取的货物，铁路运输企业应当通知托运人，托运人自接到通知之日起满30日未作答复的，由铁路运输企业变卖；所得价款在扣除保管等费用后尚有余款的，应当退还托运人，无法退还、自变卖之日起180日内托运人又未领回的，上缴国库。自铁路运输企业发出领取通知之日起满90日仍无人领取的包裹或者到站后满90日仍无人领取的行李，铁路运输企业应当公告，公告满90日仍无人领取的，可以变卖；所得价款在扣除保管等费用后尚有余款的，托运人、收货人或者旅客可以自变卖之日起180日内领回，逾期不领回的，上缴国库。对危险物品和规定限制运输的物品，应当移交公安机关或者有关部门处理，不得自行变卖。对不宜长期保存的物品，可以按照国务院铁路主管部门的规定缩短处理期限。《海商法》第86条规定，在卸货港无人提取货物或者收货人迟延、拒绝提取货物的，船长可以将货物卸在仓库或者其他适当场所，由此产生的费用和风险由收货人承担。

【关联规定】

本法第570条,《铁路法》第22条,《海商法》第86条

（撰稿人：邱江）

第四节　多式联运合同

第八百三十八条　【多式联运经营人的权利义务】 多式联运经营人负责履行或者组织履行多式联运合同，对全程运输享有承运人的权利，承担承运人的义务。

【释义】

本条规范对象是多式联运经营人的权利和义务。条款内容与1999年《合同法》第317条规定相同。

联运是“联合运输”的简称，表示承运人为两个以上且各自负责某一运输区段。同一个承运人具有公路、铁路、航空和海上等多种运输能力，采用多种运输方式、多种运输工具，完成一项运输委托，不属于联运规则的调整范畴；两个以上承运人联合运力，如承运人甲和乙的运力均仅可运输货物的一半，因而共同完成一项运输委托，亦不属于联运规则的调整范畴；此外，旅客或托运人与多区段承运人就该区段分别缔结运输合同，属于连续运输，亦不属于联运规则的调整范畴，如根据《民用航空法》第136条第1款规定，由几个航空承运人办理的连续运输，接受旅客、行李或者货物的每一个承运人应当受本法规定的约束，并就其根据合同办理的运输区段作为运输合同的订约一方。

联运基于法律规定可分为单式联运和多式联运，前者指两个以上承运人以同一运输方式联运，后者指两个以上承运人以不同运输方式联运。1999年《合同法》第313条（《民法典》第834条）规定了单式联运规则，第317条以下规定了多式联运规则（《民法典》第838条以下）。单式联运规则主要内容为：缔约承运人对全程运输承担责任；损失发生在某一运输区段的，缔约承运人和区段承运人承担连带责任。该项规则同样适用于多式联运，但多式联运涉及不同运输区段的不同运输方式，当货物的毁损、灭失发生于多式联运的某一运输区段的，多式联运经营人的赔偿责任和责任限额，应优先适用调整该区段运输方式的有关法律

规定（第842条）。

1999年《合同法》和《民法典》并未将多式联运合同归入货运合同；在实践层面上，联运和多式联运方式则多适用于货运合同领域，多式联运规则亦主要围绕承运人与托运人、收货人之间的权利和义务展开，如关于多式联运经营人收货后的开具单据义务（第840条）、关于托运人因托运货物时过错而应承担的赔偿责任（第841条）以及关于货物的毁损、灭失引起的赔偿责任（第842条）。除1999年《合同法》和《民法典》外，《海商法》第102条明确将多式联运合同定义为多式联运经营人将货物从接收地运至目的地、交付收货人，并收取全程运费的合同（在《海商法》的语境下，两种以上的不同运输方式中其中一种是海上运输方式），且明确将涉海上运输的多式联运合同作为海上货物运输合同的特殊规定。

在日益定型化的旅游合同中，旅行社常需要通过不同承运人提供不同方式的运输服务，但通常并不理解为存在多式联运，而是就不同运输区段成立多个不同的合同法律关系。例如，通过旅行社所订机票、火车票或船票，通常为旅行社代为以优惠价格订票，客运合同当事人则为旅客和承运人（航空公司、铁路或船舶运营方）；旅行社提供包车、包船（通常为小型船只），有时为旅行社与承运人订立运输合同，委托承运人运输旅客，有时则为在旅行社协助下，旅客与承运人直接订立运输合同关系。由此应如何确定合同权利和义务之内容，以及应适用何种合同规则，应视具体缔约情形和缔约内容予以评价。

多式联运经营人是合同当事人，与托运人共同约定多式联运合同的权利和义务；多式联运经营人可以是、而不必然是实际承运人之一，但无论多式联运经营人是否是实际承运人，均应对全程运输享有承运人的权利，承担承运人的义务。

多式联运经营人对全程运输享有承运人的权利，承担承运人的义务，该等表述本身自然清晰无疑义。但因多式联运涉及不同区段、不同运输方式、两个以上的实际承运人，故必然存在至少一个区段的实际承运人并未作为合同当事人参与缔约过程。在货物的毁损、灭失发生于多式联运的某一运输区段时，该区段实际承运人如何承担责任，尤其是该区段实际承运人是否应与多式联运经营人承担连带责任的问题，司法实践中的认识并未统一，既有支持连带责任之判决，亦存在根据合同相对性否定该连带责任之判决，故仍有讨论和厘清之必要。

在一起多式联运合同纠纷①中，托运人与缔约承运人签订“运输服务合同”，

① 宜昌九五船舶运输有限公司与金东纸业（江苏）股份有限公司等多式联运合同纠纷申请案，(2014) 民申字1617号。

双方约定由缔约承运人将货物由托运人在四川雅安的工厂发往收货人在江苏镇江的码头；之后，托运人与收货人签订买卖合同，收货人支付货款后，托运人向收货人出具权益转让书。缔约承运人组织陆路、水路运输，将货物由工厂运至宜宾码头，在宜宾码头组织另一实际承运人受载货物。该实际承运人从宜宾码头起航后，在掉头作业过程中发生触礁事故，导致船体破损，船舶左舷进水沉没，货物毁损、灭失，事故调查结论为船舶驾驶人员操作不当和临危处置不当造成的单方水上交通责任事故。收货人遂主张缔约承运人与案涉实际承运人承担连带赔偿责任。该案首先涉及合同类型的判断，该案涉及承运人为两个以上、负责不同运输区段、采用多种运输方式，因此各级法院均认定案涉“运输服务合同”即多式联运合同，并无疑问。案件争议焦点之一为实际承运人是否应承担连带责任。案涉实际承运人主张，1999 年《合同法》第 311 条和第 317 条仅规定了作为合同当事人的承运人应承担的赔偿责任，并没有规定多式联运中的区段承运人应与承运人承担连带责任。

关于实际承运人是否应承担连带责任问题，最高人民法院认为，因货损发生于水路运输区段，应适用《国内水路货物运输规则》，根据该规则第 46 条规定，承运人与实际承运人都负有赔偿责任的，应当在该项责任范围内承担连带责任。根据特别法优于普通法的原则，一、二审法院依据该规定判决承运人与实际承运人承担连带责任，在法律适用上是正确的。即便是 1999 年《合同法》第 313 条的规定，也明确了区段承运人承担连带责任的法律责任。

但是，《国内水路货物运输规则》自《交通运输部关于废止 20 件交通运输规章的决定》于 2016 年 5 月 30 日开始实施之日即已失效。1999 年《合同法》第 313 条规定的是单式联运中缔约承运人与实际承运人的连带责任，并未明文适用于多式联运合同。1999 年《合同法》第 317 条规定则仅明确了多式联运经营人对全程运输的义务。因此，最高人民法院的上述论述是否仍然具有参考价值，以及《民法典》第 834 条是否可类推适用于多式联运合同，在目前实践中似仍存疑义。

从论理过程来看，最高人民法院的上述论述过程无疑是具有参考价值的，更为详细的论述如下：

第一，区段责任优先适用特别法。货物的毁损、灭失发生于多式联运的某一运输区段的，多式联运经营人的赔偿责任，首先应适用调整该区段运输方式的有关法律规定（《民法典》第 842 条）。在多式联运经营人与该区段实际承运人系不同主体的情况下，多式联运经营人的赔偿责任问题与该区段实际承运人的赔偿责任问题实为同一问题，故多式联运经营人与该区段实际承运人的赔偿责任，均应首先适用调整该区段运输方式的有关法律规定。

第二，根据我国特别法规定研判，实际承运人与多式联运经营人承担连带责任为通常情况。例如，关于海上运输区段责任，根据《海商法》第63条规定，承运人与实际承运人都负有赔偿责任的，应当在此项责任范围内负连带责任。

第三，除非存在特别法相反规定，《民法典》第834条规定可类推适用于多式联运合同。

《民法典》第834条所规范的情形为：（1）存在两个以上承运人；（2）缔约承运人与区段实际承运人系不同主体；（3）各运输区段采用相同的运输方式，因而适用相同的特别法。由此，缔约承运人与实际承运人承担连带责任。

而在多式联运合同中，规则适用条件的差别仅在于各运输区段采用不同的运输方式，因而有可能适用不同的特别法。假设针对该运输区段，确有特别法规定否定实际承运人与多式联运经营（承运）人承担连带责任，自然可阻却上述类推适用；否则，《民法典》第834条所规定的连带责任规则类推适用于多式联运合同，并无任何障碍。

此外，在司法实践中，多式联运合同纠纷的一方当事人常为保险人。托运人或多式联运经营人常以托运人或收货人为被保险人将货物投保，在出险后，保险人得依《保险法》第60条规定，在向被保险人赔偿保险金后，在赔偿金额范围内代位行使被保险人请求赔偿的权利。

【关联规定】

《合同法》第313、314、317、321条，《民法典》第834、840、841、842条，《海商法》第63、102条，《保险法》第60条，《民用航空器法》第136条

（撰稿人：梁笑准）

第八百三十九条　【多式联运的责任制度】 多式联运经营人可以与参加多式联运的各区段承运人就多式联运合同的各区段运输约定相互之间的责任；但是，该约定不影响多式联运经营人对全程运输承担的义务。

【释义】

本条规范对象是多式联运的责任制度。条款内容与1999年《合同法》第318

条原规定基本相同，但在表述方式和措辞上略有调整，从而在逻辑层次上显得更为显明。1999 年《合同法》第 318 条规定为："多式联运经营人可以与参加多式联运的各区段承运人就多式联运合同的各区段运输约定相互之间的责任，但该约定不影响多式联运经营人对全程运输承担的义务。"《民法典》第 839 条调整为："多式联运经营人可以与参加多式联运的各区段承运人就多式联运合同的各区段运输约定相互之间的责任；但是，该约定不影响多式联运经营人对全程运输承担的义务。"

多式联运经营人可以是、而不必然是实际承运人之一，但无论多式联运经营人是否为实际承运人，在多式联运中实际承运人为两人以上。因此，多式联运经营人至少需要就多式联运中的一个运输区段委托一个承运人实际从事运输行为。鉴于此，在多式联运中，至少存在两层合同关系：第一层合同关系存在于托运人、收货人与多式联运经营人之间，确定托运人、收货人与多式联运经营人之间的权利和义务；第二层合同关系则存在于多式联运经营人与实际承运人之间，确定多式联运经营人与实际承运人之间的权利和义务。

这两层合同关系，具有相对性、独立性，也具有关联性，对此不可作过于机械的理解。这是理解本条款之关键。

相对性和独立性体现在：（1）多式联运经营人对全程运输享有权利、承担义务，多式联运经营人与实际承运人之间的合同约定，既不影响托运人对多式联运经营人主张权利，也不影响托运人或收货人依据多式联运合同约定支付运费、保管费和其他费用的义务；（2）多式联运经营人与实际承运人之间的权利和义务，亦应基于二者约定，在二者未采用背靠背合同或明确援引多式联运合同条款的情况下，不必然适用多式联运合同约定的运费标准或其他约定。

关联性则体现在：（1）收货人得依据多式联运单据，直接向最终实际承运人主张验收、交付；托运人或者收货人不支付运费、保管费以及其他费用的，最终实际承运人得留置货物；收货人不明或者收货人无正当理由拒绝受领货物的，最终实际承运人依法可提存货物。（2）在货物的毁损、灭失发生于多式联运的某一运输区段时，除非存在特别法上的相反规定，托运人或收货人得主张该区段实际承运人与多式联运经营人承担连带责任；该区段实际承运人得通过证明货物的毁损、灭失是因不可抗力、货物本身的自然性质或者合理损耗以及托运人、收货人的过错造成的来免除其责任。

无论多式联运经营人与实际承运人之间如何约定，都不影响多式联运经营人对全程运输向托运人或收货人承担的义务，司法实践对此规则之理解通常并无疑义。司法实践中存在的问题，仍在于对合同相对性与多式联运特殊规则的理解未能统一，因此造成区段实际承运人是否应与多式联运经营人承担连带责任并不明晰，常见相反之判决。

在一起多式联运合同区段公路货物运输纠纷[①]中，出卖人（国内）与买受人（国外）签订国际货物买卖合同，价格条款为 FOB。买受人通知出卖人与多式联运经营人联系货物托运、报关、装船等事宜。出卖人与多式联运经营人未签订书面合同，但通过电子邮件约定了装货地点为出卖人住所（中山），装运港为深圳蛇口港。出卖人支付了运杂费、码头费及拖车费。多式联运经营人另委托公路区段承运人履行收货和公路运输，公路区段承运人以两辆拖车运输货物，但货物运至顺德报关后，其中一辆拖车未于指定时间抵达深圳蛇口港装船。公路区段实际承运人报案后，该拖车被发现，车上货物失踪。公安机关以职务侵占案立案侦查，但至二审审理刑事案件也没有结果。出卖人遂主张多式联运经营人承担赔偿责任，公路区段实际承运人承担连带责任。本案焦点问题有二：一为本案是否成立多式联运合同，二为公路区段实际承运人是否承担连带责任。

受理法院认定本案成立多式联运合同，并认定多式联运经营人应对出卖人的损失承担赔偿责任。但是，受理法院同时根据合同的相对性原则认为，公路区段实际承运人与出卖人不存在任何直接的合同关系，故不支持出卖人要求公路区段实际承运人承担连带责任之主张。上述认定与第 838 条释义中所提及的（2013）鄂民四终字 00039 号和（2014）民申字 1617 号案件认识并不一致。鉴于（2014）民申字 1617 号案件审理日期在后，审理法院为最高人民法院，似应以该案确定的连带责任肯定规则为准。然而，如果在司法实践中作更为详细的梳理，即使同样经最高人民法院审理，亦存在未适用连带责任规则的案件。

在一起多式联运纠纷[②]中，托运人委托多式联运经营人将货物从湛江港运至上海市嘉定区某地址。多式联运经营人以托运人为被保险人为货物投保，并委托海运区段承运人将货物从湛江港运至上海港，海运区段承运人开具国内水路集装箱货物运单，记载发货单位和收款对象为多式联运经营人，收货单位为上海某物流公司。运输过程中，货物在海运区段发生毁损。保险人在赔付托运人后，主张多式联运经营人对货损承担赔偿责任，海运区段实际承运人承担连带责任。

一审法院对于本案代位求偿权、多式联运经营人不得以投保人身份抗辩、多式联运合同关系认定、多式联运经营人的责任承担、举证责任、不可抗力之理解

---

① 深圳市外代国际货运有限公司与格兰仕（中山）家用电器有限公司多式联运合同区段公路货物运输纠纷上诉案，（2009）中中法民二终字 76 号。

② 广东红土地物流有限公司与中国平安财产保险股份有限公司广东分公司多式联运合同纠纷再审审查与审判监督民事裁定书，（2018）最高法民申 3910 号。

以及损失金额之认定等争点，作出了准确、有效的分析。但是，一审法院认为：海运区段托运人为多式联运经营人，海运区段收货人为上海某物流公司，多式联运托运人并非海运区段托运人和收货人，无权就运单上所载的货物损坏向海运区段承运人索赔；同时认为 1999 年《合同法》第 313 条规定仅适用于单式联运合同；在多式联运中法律则没有明确规定此连带责任。一审判决作出后，多式联运经营人主要针对本案代位权、是否适用不可抗力抗辩及赔偿金额的认定等问题提起上诉；二审法院判决对一审判决予以维持；多式联运经营人向最高人民法院申请再审，其再审申请亦被驳回。一审法院作出的判决最终生效。

但是，上述生效判决不宜作为否定连带责任之依据。原因在于托运人仅在二审答辩中主张本案应改判由多式联运经营人与海运区段实际承运人对货损承担连带责任，但并未就此提出上诉，因此二审法院对连带责任问题不予审处。在最高人民法院的再审审理中，案件争点亦不涉及连带责任问题。这是基于《民事诉讼法》第 200 条不得超出诉讼请求范围裁判之规则，以及尊重诉讼当事人对其诉讼权利之处分，并不构成对连带责任规则本身的否定。

【关联规定】

《合同法》第 313、318 条，《民法典》第 834、836、837 条

（撰稿人：梁笑准）

第八百四十条　【签发单据义务和联运单据的转让】 多式联运经营人收到托运人交付的货物时，应当签发多式联运单据。按照托运人的要求，多式联运单据可以是可转让单据，也可以是不可转让单据。

【释义】

本条规范对象是多式联运经营人的签发单据义务和联运单据之转让。条款内容与 1999 年《合同法》第 319 条规定相同。

在货运合同中，托运人如有要求，或合同当事人出于审慎之考虑，承运人可以签发单据，但在一般规则意义上，并不负有签发单据之法定义务。在多式联运合同中，签发多式联运单据则为托运人的法定义务。

多式联运经营人收到托运人交付的货物时具有签发多式联运单据之法定义务，这同时意味着多式联运经营人应对多式联运单据记载事项的真实性、完整性和准确性负责。因此，多式联运经营人应对货物进行验收，托运人则应配合多式联运经营人之验收。多式联运经营人如不进行验收，导致货物的实际情况与多式联运单据记载不符，仍应按照多式联运单据记载承担责任。

关于缺乏经营资质订立多式联运合同或签发多式联运单据是否有效问题，《最高人民法院关于未取得无船承运业务经营资格的经营者与托运人订立的海上货物运输合同或签发的提单是否有效的请示的复函》意见为，在未取得无船承运业务经营资格的情况下签发未在交通主管部门登记的提单，违反了《国际海运条例》的规定，受理案件的法院应当向有关交通主管部门发出司法建议，建议交通主管部门予以处罚。但收到货物后应托运人的要求签发提单的行为，不属于《合同法》第52条第5项规定的违反法律、行政法规的强制性规定的情形，该提单应认定为有效。除非适用于第一运输区段的特别法存在相反规定，上述意见亦可适用于多式联运合同与多式联运单据的效力。

多式联运单据具有合同凭证的作用，托运人或收货人持有多式联运单据，可以证明多式联运合同成立，亦可以根据多式联运单据记载内容证明多式联运合同的内容。多式联运经营人签发多式联运单据，表明托运人已按照单据记载内容向多式联运经营人交付货物和货物风险转移。此外，多式联运单据还是多式联运经营人或最终实际承运人交付货物的依据以及据以交付货物的保证。多式联运经营人或最终实际承运人应依据多式联运经营人记载的方式交付货物，或者向单据中载明的记名人交付货物，或者按照指示人的指示交付货物，或者向单据持有人交付货物。

多式联运单据可分为可转让多式联运单据和不可转让多式联运单据。可转让多式联运单据同时为具有流通性的物权凭证，形式表现为指示提单和不记名提单，指示提单可通过记名背书或者空白背书转让，不记名提单可交付提单转让。因其物权凭证属性符合法定物权类型，故可以出质，并与信用证支付手段相结合，作为跟单信用证项下的单证及提货凭证。不可转让多式联运单据，则不具有可流通物权凭证的作用。

在特别规范层面上，《海商法》第71、79条规定了海商法上的提单和记名提单、可转让提单这三种提单形式，其中可转让提单为指示提单和不记名提单。原交通部、铁道部《国际集装箱多式联运管理规则》（已失效）第16条亦规定了记名单据、指示单据和不记名单据这三种多式联运单据形式。

可转让多式联运单据的持有人，可通过背书或交付单据的形式完成货物交付。这一规则可以结合《民法典》第 227 条规定理解，即动产物权设立和转让前，第三人占有该动产的，负有交付义务的人可以通过转让请求第三人返还原物的权利代替交付。如果物权变动所基于的基础合同关系为买卖合同，则应结合《民法典》第 598、606 条等规定理解，即出卖人应当履行向买受人交付标的物或者交付提取标的物的单证，并转移标的物所有权的义务；出卖人出卖交由承运人运输的在途标的物，除当事人另有约定外，毁损、灭失的风险自合同成立时起由买受人承担。

可转让多式联运单据的类型如为提单，则属于法定物权类型，可以依法出质；根据《民法典》第 441 条规定，质权自权利凭证交付质权人时设立。

多式联运经营人或最终区段实际承运人交付货物，应依据多式联运单据记载向收货人交付货物。对多式联运记名单据，应以专业的审慎态度审查单据持有人是否与单据记载相符，以及办理交付的人员是否享有合法、有效授权；对多式联运指示单据，应审查背书是否连续，单据持有人是否与背书内容相符，但无须审查背书真伪；对多式联运不记名单据，应审查单据持有人所出示的是否为单据正本，否则有可能根据《最高人民法院关于审理无正本提单交付货物案件适用法律若干问题的规定》承担责任。尤其是根据《最高人民法院关于审理无正本提单交付货物案件适用法律若干问题的规定》第 5 条规定，提货人凭伪造的提单向承运人提取了货物，持有正本提单的收货人可以要求承运人承担无正本提单交付货物的民事责任。其规范合理性在于，承运人应对其签发的单据具有鉴别真伪能力，承运人对此风险最具有控制力，因此应由承运人承担相应的注意义务以及由此引起的风险。

【关联规定】

《合同法》第 135、144、313、319 条，《物权法》第 26、223、224 条，《民法典》第 834、836、837 条，《海商法》第 71、79 条，《国际集装箱多式联运管理规则》（已失效）第 16 条

（撰稿人：梁笑准）

第八百四十一条　【承运人的赔偿责任】因托运人托运货物时的过错造成多式联运经营人损失的，即使托运人已经转让多式联运单据，托运人仍然应当承担赔偿责任。

【释义】

本条规范对象是托运人的赔偿责任。条款内容与1999年《合同法》第320条规定基本相同，仅将“损害赔偿责任”统一调整为“赔偿责任”。《民法通则》第109、112条，《民法总则》第43、53、84条，《侵权责任法》等法律中的表述均为“赔偿责任”，在《民法典》实施之后，法典中的措辞统一为“赔偿责任”。

托运人在托运货物时有过错，有可能系因为未能履行法定告知、包装、办理手续、提交文件以及提交其他书面文件义务。

《民法典》第825条规定了托运人的告知义务，托运人办理货物运输，应当向承运人准确表明收货人的名称或者姓名或者凭指示的收货人，货物的名称、性质、重量、数量、收货地点等有关货物运输的必要情况。因托运人申报不实或者遗漏重要情况，造成承运人损失的，托运人应当承担赔偿责任。《海商法》第66条亦规定托运人负有正确申报义务，托运人托运货物，应当妥善包装，并向承运人保证，货物装船时所提供的货物的品名、标志、包数或者件数、重量或者体积的正确性；由于包装不良或者上述资料不正确，对承运人造成损失的，托运人应当负赔偿责任。

《民法典》第826条规定了托运人办理手续和提交文件义务，货物运输需要办理审批、检验等手续的，托运人应当将办理完有关手续的文件提交承运人。《海商法》第67条亦规定，托运人应当及时向港口、海关、检疫、检验和其他主管机关办理货物运输所需要的各项手续，并将已办理各项手续的单证送交承运人；因办理各项手续的有关单证送交不及时、不完备或者不正确，使承运人的利益受到损害的，托运人应当负赔偿责任。

《民法典》第827条规定了托运人的包装义务，托运人应当按照约定的方式包装货物；没有约定或约定不明的，出卖人应当按照约定的包装方式交付标的物。对包装方式没有约定或者约定不明确，依照本法第61条的规定仍不能确定的，应当按照通用的方式包装，没有通用方式的，应当采取足以保护标的物的包装方式。《海商法》第66条亦规定托运人的包装义务。

《民法典》第828条规定了托运人运送危险货物时的义务，托运人托运易燃、易爆、有毒、有腐蚀性、有放射性等危险物品的，应当按照国家有关危险物品运输的规定对危险物品妥善包装，做出危险物标志和标签，并将有关危险物品的名称、性质和防范措施的书面材料提交承运人。《海商法》第68条亦规定了危险货物的托运。

托运人未履行上述义务，有可能导致收货人拒收货物，并进而使承运人在仓储、保管、货损赔偿、额外港口费用、运期等方面产生损失；在托运人运送危险货物而未尽告知、包装、标签和提交书面材料义务时，还有可能产生船舶等交通工具的损失。

托运人在托运时的义务和责任具有专属性，因托运人在托运时的过错发生的损失，多式联运经营人或受到损失的实际承运人通常难以向多式联运单据持有人主张，除非托运人与多式联运单据持有人为同一主体。

【关联规定】

《合同法》第 320 条，《民法典》第 825、826、827、828 条，《海商法》第 66、67、68 条

（撰稿人：梁笑准）

第八百四十二条　【赔偿责任适用法律的规定】 货物的毁损、灭失发生于多式联运的某一运输区段的，多式联运经营人的赔偿责任和责任限额，适用调整该区段运输方式的有关法律规定；货物毁损、灭失发生的运输区段不能确定的，依照本章规定承担赔偿责任。

【释义】

本条规范对象是托运人赔偿责任，尤其是指货物的毁损、灭失发生于多式联运的某一运输区段时，赔偿责任规则的适用问题以及区段不明时的责任承担问题。条款内容与 1999 年《合同法》第 321 条规定基本相同，将“损害赔偿责任”统一调整为“赔偿责任”。

按照特别法优于一般法的原则，货物的毁损、灭失发生于多式联运的某一运输区段的，多式联运经营人的赔偿责任和责任限额，适用调整该区段运输方式的有关法律规定。

在海上运输区段，多式联运经营人或实际承运人的赔偿责任应适用《海商法》，并适用该法关于承运人责任限制的规定，如《海商法》第 56 条关于货运合同赔偿责任限额的规定，第 117 条关于客运合同赔偿责任限额的规定，第 204、

210、211 条关于船舶所有人、船舶承租人、船舶经营人和救助人的责任限额的规定。此外，总吨位不满 300 吨的船舶，从事国内港口之间运输的船舶，以及从事沿海作业的船舶，其赔偿限额适用《关于不满 300 总吨船舶及沿海运输、沿海作业船舶海事赔偿限额的规定》；港口之间海上旅客运输的旅客人身伤亡，应适用《港口间海上旅客运输赔偿责任限额规定》。在铁路运输区段，多式联运经营人或实际承运人的赔偿责任应适用《铁路法》，司法实践中应尤其关注《最高人民法院关于审理铁路运输人身损害赔偿纠纷案件适用法律若干问题的解释》。在航空运输区段，应适用《民用航空法》第 128、129 条和《国内航空运输承运人赔偿责任限额规定》第 3 条规定。

需要注意的是，关于某区段运输的特别法，不仅指实体法上关于责任期间、责任内容、免责事由、责任范围和赔偿限额等实体规定，也包括特别程序规定，这种特别程序规定亦影响到实体层面上特定主体的赔偿限额。《最高人民法院关于招远市玲珑电池有限公司与烟台集洋集装箱货运有限责任公司海事赔偿责任限制申请一案请示的复函》及该复函所涉案件的规则适用，极具参考价值。

该复函所涉案件背景为：托运人（玲珑公司）与多式联运经营人（集洋公司）成立多式联运合同关系。海运区段承运人（海运公司）所属船舶在运输途中船底破损，机舱大量进水，船舶沉没，包括玲珑公司所有的货物在内的随船货物全部灭失。生效民事判决书最终支持：集洋公司赔偿玲珑公司货物损失及同期利息，海运公司承担连带责任。事故发生后不久，海运公司向有管辖权的海事法院提出海事赔偿责任限制申请及设立责任限制基金申请。受案海事法院作出民事裁定，准许海运公司的责任限制申请，令其在受案海事法院设立责任限制基金。集洋公司在民事判决书生效后，亦向同一海事法院提起申请，申请事项包括集洋公司对玲珑公司承担的赔偿责任受海事赔偿责任限制，以及海运公司因船舶沉没设立的责任限制基金也应视为集洋公司设立的基金，玲珑公司应从海运公司设立的基金中按照法律规定的基金分配方法受偿。

案件焦点问题之一是集洋公司是否属于可以申请海事赔偿责任限制的主体；之二是集洋公司的申请属于程序问题，抑或属于独立的确认之诉。关于上述问题，最高人民法院的意见是：集洋公司是涉案运输合同承运人，但不是船舶经营人，不具有申请限制赔偿责任的主体资格；根据《海商法》和《海事诉讼特别程序法》规定，申请建立海事赔偿责任限制基金可以在诉讼中或诉讼前提出；海事赔偿责任限制属于当事人的抗辩权，以海事请求人在诉讼中向责任人提出的海事请求为前提，不能构成独立的诉讼请求，对集洋公司的申请，应当裁定驳回起诉。

上述复函及其所涉案件，既涉及海上运输承运人责任限制的特别实体规定，也涉及责任规则的专属性，亦涉及海事诉讼特别程序规定，对理解如何适用多式联运经营人和区段实际承运人归责之特别法，具有很强的参考意义。

在国际多式联运合同领域的责任限制问题，司法实践亦提供了有益的参考。在一起国际多式联运合同纠纷[①]中，托运人委托多式联运经营人运输货物，先通过海上运输自马来西亚巴生港至希腊比雷埃夫斯港，再经铁路运输至斯洛伐克尼特拉。货物在位于希腊境内的铁路运输区段因火车脱轨而遭受货损。保险人进行理赔取得代位求偿权后，向多式联运经营人提出追偿。庭审中，双方当事人达成一致，对于涉案货物铁路运输区段的责任认定、责任承担方式等选择适用希腊法律，其余争议问题选择适用中国法律。希腊是《国际铁路运输公约》（Convention Concerning International Carriage by Rail）的成员国，在批准加入该公约时未作任何保留声明，公约在希腊优先于其国内法适用。根据《国际铁路运输公约》第23.2条，若货物的灭失、损坏或迟延交付是由于承运人无法避免并且无法阻止其发生的原因所造成的，承运人无须承担赔偿责任。案涉火车脱轨是事故区域常年频繁降雨浸蚀土壤后产生的地质作用引起地层塌陷的结果，何时发生非人力所能预见和控制。因此，多式联运经营人可以援引《国际铁路运输公约》第23.2条的规定，对货损不负赔偿责任。本案涉及多式联运经营人责任限制、“一带一路”法律适用、不可抗力认定等多个问题，对处理国际多式联运合同纠纷具有很强的借鉴意义。

在货物毁损、灭失发生的运输区段不能确定时，多式联运经营人则应依照本章规定承担赔偿责任，主要适用的规则为《民法典》第838、832、833条规定。

【关联规定】

《合同法》第311、312、317、321条，《民法典》第832、833、838条，《海商法》第56、117、204、210、211条，《铁路法》第17条，《铁路交通事故应急救援和调查处理条例》第33条，《民用航空法》第128、129条，《国内航空运输承运人赔偿责任限额规定》第3条，《关于审理铁路运输人身损害赔偿纠纷案件适用法律若干问题的解释》，《最高人民法院关于招远市玲珑电池有限公司与烟台集洋集装箱货运有限责任公司海事赔偿责任限制申请一案请示的复函》

（撰稿人：梁笑准）

---

① 三井住友海上火灾保险株式会社（Mitsui Sumitomo Insurance Company Limited）与中远海运集装箱运输有限公司国际多式联运合同纠纷案，一审案号：（2016）沪72民初288号，二审案号：（2018）沪民终140号。本案上诉人即保险人在二审期间撤回上诉，故一审判决为生效判决。

第二十章　技术合同

【导读】

1987 年我国颁布了《技术合同法》对技术开发、转让、咨询和服务合同进行了规定，此后 1999 年的新《合同法》中设立了技术合同章对此前《技术合同法》单独规定的技术合同一并予以规定，再到通过 2020 年《民法典》中以合同编中技术合同章进行规制，从立法技术、立法体例、实践效果角度讲都是科学、有效的。

本法所称的技术合同是多种类型合同的总称，根据第 843 条的规定，技术合同包括技术开发合同、技术转让合同、技术许可合同、技术咨询合同和技术服务合同这五个主要类型。不论是哪种类型的技术合同，其客体的主要存在形式就是技术。技术进入交换领域是市场经济发展的必然结果，技术合同则是技术商业化的法律形式。实施技术合同的目的是将技术成果推向市场并创造更大的经济和社会效益。技术合同订立时，根据规定，当事人应当从促进科学技术进步、加速科学技术成果的转化、应用和推广的角度出发，各尽权利和义务，努力研究开发新技术、新产品、新材料及其体系，推广先进适用的科学技术成果应用于生产实践，使科学技术更好地为社会主义现代化建设服务。

本章中的技术合同整体规定与《民法典》合同编一致，规定了各类技术合同内容、合同当事人的权利义务、违约责任等。此外，还基于技术合同区别于其他合同的特殊要求，对合同履行过程中及履行完毕后产生的新的技术成果相关权利的归属进行规制，民法典合同编尊重了合同自由和私法自治的精神，协同了专利法中的相关条款，规定了除了职务技术成果以外，一般是以“当事人约定“来对技术成果相关权利的归属来进行规制。

相较于原《合同法》的规定，《民法典》合同编技术合同章中新增加了技术合同的类型—技术许可合同，不再将专利实施许可合同纳入技术转让合同范畴，而是归入另设的技术许可合同，同时将技术秘密使用许可也纳入此范畴。本法对技术转让和技术许可合同的定义、内涵、范围、内容等进行了清晰的区分与界定，符合文意解释与逻辑自洽，表明了立法对技术许可合同的重视，同时这也是对现实问题的回应，鼓励引导正确使用各种技术合同，便于在国际和国内技术贸易中交易主体选择适合的合同类型，也为国际和国内技术贸易中因技术许可产生的纠纷提供了法律保障。另外，第876条将技术转让与技术许可合同这一节的客体范围进行了扩张，即除了专利、商标、著作权等传统知识产权以外的集成电路布图设计专有权、植物新品种权、计算机软件著作权等的转让与许可都可以适用于本章第三节规制。

第一节　一般规定

第八百四十三条　【技术合同的定义】技术合同是当事人就技术开发、转让、许可、咨询或者服务订立的确立相互之间权利和义务的合同。

【释义】

本条规定技术合同的定义。

合同作为商品生产和交换的法律形式，反映市场平等民事主体间设立、变更、终止的权利义务关系。随着技术要素在现代市场经济中的角色和作用越趋重要，技术合同成为现代合同中十分重要的一种。从主体来看，技术合同适用于平等主体的自然人、法人和其他组织，亦即技术合同的主体具有多样性，凡就技术开发、转让、许可、咨询或者服务订立的合同，均适用技术合同的相关规定；从客体来看，技术合同的标的（客体）是技术成果，在知识经济市场中，技术成果是知识形态的商品和技术密集型服务的统称。在不同技术合同中，作为合同客体的技术成果，有着不同表现形式：如在技术开发合同中，标的是合同约定的尚待研究开发的技术或成果，合同内容表现为科技创新；在技术转让和技术许可合同中，标的是合同约定的现有的特定技术成果，合同内容表现为技术权利的转移或授权使用；在技术咨询合同和技术服务合同中，标的分别是有待相关主体利用技术知识解决的决策问题或专业技术问题而设立的课题或项目，合同内容表现为科学技术的具体化应用。

本条基本保留了《合同法》第322条规定的相关内容，但在合同内容部分增加了“许可”这一表述。技术许可一直是技术转化和应用的重要方式，在不改变技术权利权属的情况下，使技术得到尽可能多的转化和应用，惠及科技进步和社会发展。在1987年《技术合同法》与1999年《合同法》的立法例中，专利实施许可被包含于技术转让合同之中，而此次《民法典》关于“技术许可合同”的内容形式的规定，除包含专利实施许可外，还包括技术秘密的使用许可。应当说，《民法典》对技术许可这一合同类型予以明确，既是对市场需要的现实回应，也符合国家促进科学技术成果转化的要求。

【关联规定】

《民法通则》第 85 条、《民法典》第 464 条、《最高人民法院关于审理技术合同纠纷案件适用法律若干问题的解释》第 1 条

（撰稿人：邹沛东）

第八百四十四条 【技术合同订立的原则】订立技术合同，应当有利于知识产权的保护和科学技术的进步，促进科学技术成果的研发、转化、应用和推广。

【释义】

本条是对技术合同订立原则的相关规定。

民事主体订立技术合同，除应当遵守民法总则所规定的平等、自愿、公平、诚实信用、遵守法律和公序良俗以及保护环境等基本原则外。还应当特别遵守有利于知识产权保护和科学技术进步，促进科学技术成果研发、转化、应用和推广的原则。我国民事法律专门确立技术合同的规范，目的在于促进科技成果的研发和市场转化应用，切实提升生产力和社会财富，发展高质量经济。与此同时，在技术研发和转化活动中，需特别重视对于知识产权的保护，培育和营造权属清晰、转化规范的技术市场，为相关民事主体参与技术研发和转化实践活动提供有力的法律支持。

本条相对于《合同法》第 323 条，明示了知识产权保护原则，强调了对于技术权利主体的保护。同时，增加了关于促进科技成果研发的表述，从供给侧角度对推动技术市场成熟发育的重要性进行了强调。

【关联规定】

《促进科技成果转化法》第 3 条，《科学技术进步法》第 3 条

（撰稿人：邹沛东）

第八百四十五条　【技术合同条款的内容】技术合同的内容一般包括项目的名称，标的的内容、范围和要求，履行的计划、地点和方式，技术信息和资料的保密，技术成果的归属和收益的分配办法，验收标准和方法，名词和术语的解释等条款。

与履行合同有关的技术背景资料、可行性论证和技术评价报告、项目任务书和计划书、技术标准、技术规范、原始设计和工艺文件，以及其他技术文档，按照当事人的约定可以作为合同的组成部分。

技术合同涉及专利的，应当注明发明创造的名称、专利申请人和专利权人、申请日期、申请号、专利号以及专利权的有效期限。

【释义】

本条是对技术合同条款内容的规定。

与大多数合同一样，技术合同也是当事人意思表示一致的结果，当事人双方在平等、自愿的基础上，协商确定合同内容。由此产生的内容，既是合同当事人要求对方履行合同义务的凭证，亦是判断违约责任的依据。不同的技术合同在专业领域、技术要求等方面差距较大，但在合同结构等方面又存在一定共性，在此基础上，结合技术市场和司法实践经验，列举出技术合同的一般内容，弥补了我国在技术合同使用经验上的不足，可有效地指导大众正确使用技术合同维护自身权利。鉴于上述目的，本条为指导性条款，不强制当事人使用。

对于本条第1款列举出的技术合同的一般内容理解如下：(1) 项目名称，要求当事人综合合同的技术与法律特征，为合同拟好合同项目名称；(2) 标的的内容、规范和要求，即用准确的术语表达出开发、转让、咨询、服务等不同类别的技术合同所呈现的不同内容和要求；(3) 履行的计划、地点和方式，须在合同中明确，有多种履行方式的，应具体明确；(4) 技术信息和资料的保密，涉及需要保密的合同，需要对保密的范围、密级、期限等作出具体说明，并列举出违反保密义务的责任；(5) 技术成果的归属和收益的分成方法，须在合同中明确；(6) 验收标准和方法，包括评价、鉴定或其他考核方法；(7) 名词和术语的解释，要用简洁的语言对相关概念和容易产生歧义的内容进行解释。本条对《合同法》第324条中“价款、报酬或者使用费及其支付方式”“违约金或者损失赔偿的计算方法”“解决争议的办法”三项内容进行了删减。

从文本表达方面看，本条相较于《合同法》的列举式，采用了概括式的表达方法。

【关联规定】

《民法典》第470条

（撰稿人：邹沛东）

第八百四十六条 【技术合同价款、报酬和使用费支付方式】 技术合同价款、报酬或者使用费的支付方式由当事人约定，可以采取一次总算、一次总付或者一次总算、分期支付，也可以采取提成支付或者提成支付附加预付入门费的方式。

约定提成支付的，可以按照产品价格、实施专利和使用技术秘密后新增的产值、利润或者产品销售额的一定比例提成，也可以按照约定的其他方式计算。提成支付的比例可以采取固定比例、逐年递增比例或者逐年递减比例。

约定提成支付的，当事人可以约定查阅有关会计账目的办法。

【释义】

本条是对技术合同价款、报酬和使用费支付方式的规定。

价款是技术作为知识形态的商品价值的货币表现形式，也是技术作为商品进行等价交换的结果。技术商品的定价，应当按照市场规律由合同当事人自主约定。技术商品对于市场主体的价值，既反映了技术开发的难度和市场需求程度等客观因素，也反映了不同市场主体从自身角度对于技术商品价值的评估。技术合同的价款，应由当事人根据技术成果的经济效益和社会效益、研究开发技术的成本、技术成果的工业化开发程度、当事人享有的权益和承担的责任，协商议定。价款、报酬、使用费中包含非技术性款项的，应当分项计算。同时，由于技术商品类型多样的特点，合同当事人可根据实际情况，选择一次总算、一次总付或者一次总算、分期支付，也可以采取提成支付或者提成支付附加预付入门费等多种方式。

此外，本条将“当事人应当在合同中约定查阅有关会计帐目的办法”修订为“当事人可以约定查阅有关会计账目的办法”，赋予了技术合同当事人更多的自主性。

【关联规定】

《民法典》第 511 条

（撰稿人：邹沛东）

第八百四十七条 【职务技术成果财产权归属】职务技术成果的使用权、转让权属于法人或者非法人组织的，法人或者非法人组织可以就该项职务技术成果订立技术合同。法人或者非法人组织订立技术合同转让职务技术成果时，职务技术成果的完成人享有以同等条件优先受让的权利。

职务技术成果是执行法人或者非法人组织的工作任务，或者主要是利用法人或者非法人组织的物质技术条件所完成的技术成果。

【释义】

本条是对职务技术成果财产权归属的规定。

技术成果可以分为职务技术成果和非职务技术成果，主要区别在于完成技术成果的个人投入与其所在的法人或其他组织的物质技术投入对技术成果的完成所贡献的比例不同。通过执行法人或者其他组织的工作任务，或者主要利用法人或其他组织的物质技术条件所完成的技术成果为职务技术成果，它不仅包含了个人的投入，更凝聚了单位长期的物质技术投入和本职岗位工作经验的积累。职务技术成果可以分为三类：第一类是执行法人或者其他组织的研究开发课题所完成的技术成果；第二类是在职期间所完成的直接属于本职工作范围的技术成果；第三类是虽然不属于本单位的研究开发课题和岗位职责，但是主要利用了单位提供的场所、资金、设备、资料等完成的技术成果。利用法人或者其他组织提供的物质技术条件，按照事先约定，返还资金或交纳使用费的不在此限。

由于法人或者其他组织在职务技术成果的完成中付出了大量的时间和精力，职务技术成果可以说是法人或者其他组织科学研究或技术开发的结晶，是其凝聚完成者才能、单位科学决策、单位物质技术投入的综合成果。因此，职务技术成果属于法人或者其他组织的无形财产，其使用、转让的收益归法人或者其他组织，法人或者其他组织有权就职务技术成果订立技术合同。

但不可否认的是，个人在技术成果的完成中也付出了大量的劳动与智慧，本着尊重知识与人才的目的，在知识要素作为分配的重要因素的前提下，完成技术成果的个人可以就该项技术成果所获得的收益提取合理比例作为个人的奖励和报酬，同时在法人或者其他组织订立技术合同转让职务技术成果时，其享有以同等条件优先受让的权利。

【关联规定】

《民法通则》第 77 条，《最高人民法院关于审理技术合同纠纷案件适用法律若干问题的解释》第 2 ~5 条，《合同法》第 326 条

（撰稿人：邹沛东）

第八百四十八条　【非职务技术成果财产权归属】 非职务技术成果的使用权、转让权属于完成技术成果的个人，完成技术成果的个人可以就该项非职务技术成果订立技术合同。

【释义】

本条是对非职务技术成果财产权归属的规定。

非职务技术成果是个人在本职工作之外，依据自己的意愿和需求，利用自己的物质技术条件独立完成的技术成果，包括利用在本职岗位上获得的知识、技术、经验或一般专业技术知识所作出的技术成果。

非职务技术成果是个人智慧和经验的结晶，因此此类技术成果属于完成者个人，其使用权、转让权自然属于完成者个人，完成技术成果的个人有权就该项非职务技术订立技术合同。法人或者其他组织擅自使用或者转让非职务技术成果的，侵犯个人合法权益。

【关联规定】

《最高人民法院关于审理技术合同纠纷案件适用法律若干问题的解释》第 6 条

（撰稿人：邹沛东）

第八百四十九条 【技术成果精神权利】 完成技术成果的个人享有在有关技术成果文件上写明自己是技术成果完成者的权利和取得荣誉证书、奖励的权利。

【释义】

本条是对技术成果精神权利的规定。

因技术合同所产生的权利可分为精神权利和经济权利，使用、转让技术成果获得的物质利益为技术合同所产生的经济权利，而作为技术成果完成人，接受国家、单位或者社会给予奖励和荣誉的权利则是技术成果所产生的精神权利。二者均为基于技术成果所产生的民事权利，应受到同等保护。

由于精神权利与自然人人身具有不可分割的属性，因此技术成果产生的精神权利，只能属于技术成果完成人。为了维护此项权利，需要对技术成果完成人进行严格认定。一般来说，对技术成果的形成具有创造性贡献的人为技术成果完成人，这种创造性贡献可以是提出原始技术思想，也可以是提出创新突破。在判定时应把握好界限，严格区别技术成果完成人和相关辅助、服务人员。

本条所规定的精神权利落脚点在技术成果文件上，即专利申请书、科学技术奖励申报书、科技成果登记书等确认技术成果完成者身份和授予荣誉的证书和文件。除上述技术成果文件外，不要求他人在应用技术成果时均注明技术成果完成者姓名。但是，若他人冒用身份，通过约定或其他强制手段成为技术成果完成人，或是盗取、剽窃实际完成人的成果，属于侵权行为。

【关联规定】

《民法通则》第 97 条、《民法典》第 990 ~ 991 条

（撰稿人：邹沛东）

第八百五十条 【无效技术合同】 非法垄断技术或者侵害他人技术成果的技术合同无效。

【释义】

本条是对无效技术合同的规定。

订立技术合同属于法律行为，需要符合国家法律、行政法规等强制性规定，才能受到法律保护。因此，技术合同效力的认定需要符合《民法典》关于合同效力的一般规定。除此之外，由于技术合同订立的目的在于对科学技术进行研究开发、成本转化和推广应用，为了达成立法目的，还需要规避以下两种情形：

第一，非法垄断技术的情形。包括禁止合同相对方以现有技术成果为基础进行新的研究开发或对上述行为设置许可条件、要求取得新技术研究成果的相关利益等；禁止合同相对方使用第三方的有关技术；超过合理界限限制相对方的行为，如对相对方技术开发产品的产量、价格等进行限定等。

第二，侵害他人技术成果的情形。包括未经技术成果所有者同意转让、使用技术成果，剥夺技术成果完成人的身份权、荣誉权等行为。其中，通过合同条款剥夺技术成果完成人的身份权、荣誉权的，一般仅认定该条款无效，不影响其他条款的效力。

一旦技术合同被认定为无效，则该合同自始无法律约束的效力，因该合同取得的财产应返还对方。同时，由于技术合同的标的物往往为无形资产，一旦侵害或传播，则无法撤回，因此还需要由过错方赔偿相应损失。

相较于《合同法》，本条删除了妨碍技术进步情形的相关表述，避免实务中对妨碍技术进步的情形作出过于宽泛的理解。

【关联规定】

《民法典》第153条，《最高人民法院关于审理技术合同纠纷案件适用法律若干问题的解释》第10～12条

（撰稿人：邹沛东）

第二节　技术开发合同

第八百五十一条　【技术开发合同的定义及形式】技术开发合同是当事人之间就新技术、新产品、新工艺、新品种或者新材料及其系统的研究开发所订立的合同。

技术开发合同包括委托开发合同和合作开发合同。

技术开发合同应当采用书面形式。

当事人之间就具有实用价值的科技成果实施转化订立的合同，参照适用技术开发合同的有关规定。

【释义】

本条是对技术开发合同的定义及形式的有关规定。

技术开发合同的标的是定义中所阐述的“新技术、新产品、新工艺、新品种或者新材料及其系统”，其中新技术指的是双方在合同签订时均未掌握的技术方案，其余的则是由新技术开发出来的产品、工艺、材料和它们组合出来的系统，但无法要求该技术在行业或领域中也属于最新颖的。单纯的自然现象、规律的发现，一般的设备维修、改装，常规的设计变更等不属于技术开发合同的标的。

对于研究开发行为，需要进行严格限定。研究开发是指用全新的方式创造全新的产品，把既有的知识和经验转化为创造力，形成新的科学技术及产品。若仅仅是对现有技术进行一般的加工和调整，并未达到技术创新的程度，则不属于新技术的研究开发，如对尺寸、排列等参数进行改变而产生的产品。

技术开发合同可分为委托开发合同和合作开发合同两个类型，从名称可以看出，二者最大的区别在于合作的方式不同，从而导致合同双方的权利义务关系不同。委托开发合同是指合同的一方委托另一方进行研究开发，这类合同中仅有一方开展研究开发活动，而合作开发合同则是合同双方共同进行开发研究活动、共享开发研究成果的技术开发合同。

【关联规定】

《最高人民法院关于审理技术合同纠纷案件适用法律若干问题的解释》第17~18条

（撰稿人：邹沛东）

第八百五十二条　【委托开发合同的委托人主要义务】委托开发合同的委托人应当按照约定支付研究开发经费和报酬，提供技术资料，提出研究开发要求，完成协作事项，接受研究开发成果。

【释义】

本条是对委托开发合同的委托人主要义务的规定。

委托开发合同的委托人主要包含以下三项义务：

第一，按照合同约定支付研究开发经费和报酬。研究开发工作内容繁复，需要购买设备仪器、资料材料，进行安装、实验等大量投入，对此合同双方当事人可以根据实际情况，对研究开发费用作出具体约定。一般来说，委托人应当支付研究开发经费，但双方另有约定的除外。而支付了研究开发费用的委托人，有权了解该费用的具体使用情况。

另外，委托人除提供研究开发经费外，还需向被委托人支付开发成果使用费和研究开发人员工作报酬。合同约定该笔费用包含在研究开发经费内，或者为单独约定报酬的，可视为这笔费用包含在研究开发经费内。

第二，按照合同约定提出研究开发要求、提供技术资料并完成协作事项。技术开发的背景资料是研究开发过程中所需的重要材料，这些材料均掌握在委托人手中。因此，在合同履行过程中，受托人需要使用上述材料时，委托人应在履行合同所需范围内及时提供。

第三，按期接受研究开发成果。此项义务包含两方面内容：一方面要求受托人按照合同约定期限交付研究成果，另一方面也让受托人有权要求委托人在合同约定期限内接受研究开发成果。而具体接受方式，双方可在技术合同中进行约定。

相较于《合同法》，本条关于委托人义务的规定，增加了提出研究开发要求的内容，删除了提供原始数据的内容。概括规范技术开发合同中委托人的协作义务，避免了提供原始数据等表述与技术秘密保护之间可能存在的刚性冲突问题。

【关联规定】

《民法典》第 509 条

（撰稿人：邹沛东）

第八百五十三条　【委托人的义务】委托开发合同的研究开发人应当按照约定制定和实施研究开发计划，合理使用研究开发经费，按期完成研究开发工作，交付研究开发成果，提供有关的技术资料和必要的技术指导，帮助委托人掌握研究开发成果。

【释义】

本条规定了委托开发合同研究开发人的主要义务。与原条文相比没有进行修改。

研究开发活动是一个复杂的创新过程，具有较强的不确定性，因此委托开发合同的研究开发人承担了较大的风险。为了保证合同目的的实现，本条规定了研发人员的主要义务。研发人员应当按照约定制定研究计划并按计划实施，这是按期完成研发任务的保障。研究开发人员应当按照约定的范围合理使用研发经费，保证合同约定的专用经费能够专项使用，保证研发工作的质量。而按期完成研究开发工作、交付研究开发成果、提供有关技术资料和必要的技术指导、帮助委托人掌握研发成果，是研究开发人员在合同履行中应当承担的最主要义务，也是实现委托开发合同的最终目标必须履行的义务。需要注意的是，技术成果并非普通的合同标的物，仅仅交付研究开发成果并不能确保合同目的的实现。因此，研究开发方还应当提供有关的技术资料和必要的技术指导，以确保委托人能够掌握和运用研发成果。这不仅是实现合同目的的一项重要附随义务，而且是法定义务。

（撰稿人：贾明顺）

第八百五十四条　【委托人的违约责任】委托开发合同的当事人违反约定造成研究开发工作停滞、延误或者失败的，应当承担违约责任。

【释义】

本条规定了委托开发合同的当事人的违约责任。与原条文相比，将委托人和研究开发人员的违约责任由独立两条合并为一条进行规定，对条文意思未作改变，更加简洁明确。

本条中“停滞”是指研究开发工作由于欠缺某些条件无法继续进行；“延误”是指研究开发工作不能依合同约定期限进行或完成；“失败”是指研究开发工作由于欠缺条件不可能再进行下去，或即使再进行下去也无法实现目的。违约行为与违约方承担的义务是一致的。在传统上，我国《合同法》以“不履行合同义务或者履行合同义务不符合约定”为中心，构筑违约责任法的体系，具体规定了强制履行、赔偿损失、违约金等责任方式，总体上属于“救济进路”模式。[①] 委托方的违约责任是指委托方不按照合同约定或法律规定履行自己的义务，应当承担的法律责任。委托方的违约行为一般表现为：不支付或没有完全支付研究开发经费；未按照合同约定提供技术资料、原始数据或未依合同约定完成协作事项；未按期接收研发成果等。研究开发方的违约行为主要表现为：未制定切实可行的研究开发计划，或者未按时实施研究开发计划；未按期完成研究开发工作；未按期交付研究开发成果；未按期提供有关的技术资料和必要的技术指导或者完成的研究开发工作不符合合同约定。研究开发方未按计划实施研究开发工作的，委托方有权要求其实施研究开发计划并采取补救措施。研究开发方逾一定期限不实施研究开发计划的，委托方有权解除合同，研究开发方应当支付违约金或赔偿因此给委托方造成的损失。

【关联规定】

《民法典》第570条

（撰稿人：贾明顺）

第八百五十五条　【合作开发各方的主要义务】合作开发合同的当事人应当按照约定进行投资，包括以技术进行投资，分工参与研究开发工作，协作配合研究开发工作。

【释义】

本条规定了合作开发合同的当事人的主要义务。与原条文相比没有进行修改。

合作开发合同是指当事人各方就共同进行新技术、新产品、新工艺、新品种或者新材料及其系统的研究开发所订立的合同，是进行横向联合和技术协作的重要法律形式。合作开发的当事人可以是两方，也可以是两方以上。作为合作开发合同的当事人应当共同参与研究开发工作，可以按照约定进行分工，各自完成分

① 韩世远：《合同法总论》（第4版），法律出版社2018年版，第477页。

工部分的研发任务。值得注意的是，如果仅提供研发的物质保障条件，而未参与具体研究开发工作的，则不属于合作开发。按照本条规定，合作开发合同当事人的义务主要特点在于共同进行项目的研究开发，具体体现在：（1）按照约定进行投资，包括以技术进行投资。共同投资是当事人的主要义务之一。投资可以采取不同的方式，既可以用资金投资，也可以以设备、场地、原材料等实物进行投资，还可以以双方认可的技术进行作价投资。（2）按照合同的约定，分工进行研究开发工作。合作开发合同的当事人是基于各自的条件和共同的技术开发愿望而订立的，所以在共同开发中合作各方应当根据各自特点和优势进行任务分工，以保证开发顺利完成。需要注意的是，合作开发各方应当通过任务分工各自对开发工作作出实质性贡献。（3）协作配合研究开发工作。合作开发涉及两方以上当事人，在开发中必然涉及工作协调问题，为了顺利完成合作开发工作，本条规定了各方应当负有协作配合进行研发的义务。

（撰稿人：贾明顺）

第八百五十六条　【合作开发各方的违约责任】合作开发合同的当事人违反约定造成研究开发工作停滞、延误或者失败的，应当承担违约责任。

【释义】

本条规定了合作开发合同的当事人违反约定造成研究开发工作停滞、延误或者失败的违约责任。与原条文相比没有进行修改。

该违约责任一般包括支付违约金或赔偿损失。根据本条规定，承担违约责任必须具备两个条件：（1）当事人违反合同约定的义务；（2）造成研究开发工作停滞、延误或者失败。只有具备以上两个条件的当事人才承担本条规定的违约责任。实践中，合作开发合同当事人承担本条责任的违约行为主要包括：（1）不按照合同约定进行投资，包括技术投资；（2）不按照合同约定的分工进行研究开发工作；（3）不按照约定配合其他各方完成协作任务。对不履行投资义务的当事人，其他当事方可以请求其履行投资义务，以使研究开发工作顺利进行。如果当事人逾一定期限不进行投资的，应当承担违约责任或赔偿因此给其他当事各方造成的损失。对于合同一方不正确履行合同约定的分工或不正确地协作配合研究开发工作的，其他各方当事人可以请求其采取补救措施继续履行合同，如果仍不履行，其他当事人可以拒绝其继续参加研究开发工作，并应当赔偿其他当事人遭受的损失。

【关联规定】

《民法典》第 186 条

（撰稿人：贾明顺）

第八百五十七条　【技术开发合同的特别解除】作为技术开发合同标的的技术已经由他人公开，致使技术开发合同的履行没有意义的，当事人可以解除合同。

【释义】

本条规定了技术开发合同的特别解除条件。与原条文相比没有进行修改。

技术合同的解除指技术合同的当事人在签订技术合同后，没有履行或者没有完全履行合同之前，依照法律规定或当事人双方约定所达成的终止合同的协议。技术合同依法订立后即具有法律约束力，当事人应当全面履行合同约定的义务，任何一方不得随便解除。但是，技术开发活动区别于一般物质劳动的重要特征就在于这种劳动的不重复性。因为技术开发活动本质上是一种创新实践，重复科研事实上是毫无意义的，所以当技术开发合同的标的已由他人公开的时候，就会使合同当事人面临合同的继续履行丧失必要性的窘境。本条中“技术已经由他人公开”通常包括申请专利公开或相关产品的上市公开等。出现以上情形时，当事人即可解除合同（仅赋予当事人一种解除权，当然该合同也可以不解除，如变更技术方案）。因技术开发合同的技术已经被他人公开而导致合同解除的，除当事人另有约定外，由此引起的经济损失，由各方当事人合理分担。另外，根据《民法典》规定，发生不可抗力的情况，使合同履行成为不必要或不可能时，另一方也可以通知对方解除合同。但是，值得注意的是，根据 2019 年《全国法院民商事审判工作会议纪要》[①]，合同解除并不影响合同中有关违约金、约定损害赔偿的计算方法、定金责任等违约责任条款的效力；合同解除后在确定赔偿损失的范围时，应当坚持充分保护守约方利益以及对违约方进行适当惩罚的原则；双务合同解除时人民法院负有一定的释明义务，具体程序和要求参照确认合同无效的相关

① 最高人民法院民事审判第二庭编著：《〈全国法院民商事审判工作会议纪要〉理解与适用》，人民法院出版社 2019 年版，第 322 ~ 323 页。

规定处理。

【关联规定】

《民法典》第533、563条

（撰稿人：贾明顺）

第八百五十八条　【风险负担及通知义务】技术开发合同履行过程中，因出现无法克服的技术困难，致使研究开发失败或者部分失败的，该风险由当事人约定；没有约定或者约定不明确，依据本法第五百一十条的规定仍不能确定的，风险由当事人合理分担。

当事人一方发现前款规定的可能致使研究开发失败或者部分失败的情形时，应当及时通知另一方并采取适当措施减少损失；没有及时通知并采取适当措施，致使损失扩大的，应当就扩大的损失承担责任。

【释义】

本条规定了技术开发合同中风险的分担问题。与原条文相比，本条修改之处在于将“风险责任”改成“风险”，表述更加简练、准确。

本条中风险应当理解为仅指技术上的风险，通常是指研究开发方在研究开发过程中，虽然经过主观努力，但由于现有认识水平、技术水平和科学知识及其他现有条件的限制，确实无法实现技术开发合同目标，而导致研究开发工作全部或部分失败而引起的财产上的风险。在认定研究开发失败是否为风险时，一般应以同领域专家为视角，综合考虑研究本身在国内外现有技术水平下的难度、研究开发人员是否付出了足够的努力等。技术风险与一般违约行为不同，因开发方已按合同履行了应尽的义务，仅由于其他原因无法实现，无主观上的过错，并没有可归责的事由。在风险的处理上，本条允许当事人进行约定或者合理分担，原因在于研究开发工作属于探索未知的过程，创新本身就充满了不确定性。研究开发人员即使尽了最大努力，如投入了最佳的设备、最有能力和尽职的管理者以及最优秀的研究开发人员，也未必能够取得合同预期的研发成果，因此，由研发人员单方面负担风险，明显不公，不如分散给双方当事人更为合理。[①] 值得注意的是，合理分担并不是平均分担，而应当充分考虑技术开发合同履行中的具体情况，公平、合理地确定分担比例。本条第 2 款规定了当事人的通知及采取措施之义务。尽管技术风险的发生各方均没有可归责的事由，但当事人有义务将损失减少到最低限度。如果该当事人没有及时通知并采取适当措施，则视为义务之违反，应当承担一定的违约责任，即对扩大部分的损失承担责任。

【关联规定】

《民法典》第 510、590 ~ 591 条

（撰稿人：贾明顺）

第八百五十九条　【专利申请权和专利权的归属】 委托开发完成的发明创造，除法律另有规定或者当事人另有约定外，申请专利的权利属于研究开发人。研究开发人取得专利权的，委托人可以依法实施该专利。

研究开发人转让专利申请权的，委托人享有以同等条件优先受让的权利。

【释义】

本条规定了委托开发合同中专利申请权和专利权的归属问题，即当事人在履行委托开发合同中取得的发明创造和其他技术成果的归属、如何使用及转让情况等问题。与原条文相比，本条修改之处在于，对于研究开发人取得专利权的，明确规定委托人可以依法实施该专利，而不一定是免费实施。

委托开发的技术成果的取得，一方面是由于委托方提供了研究开发经费和相关技术资料等物质条件，另一方面也是由于研究开发方付出了大量的创造性劳动，因此二者均做出了一定的贡献，应当允许各方对技术成果的权属进行自行约

① 崔建远：《关于制定合同法的若干建议》，载《法学前沿》（第 2 辑），法律出版社 1998 年版，第 47 ~ 48 页。

定，这也是合同自由的体现。[①] 法律在当事人无约定时，将申请专利的权利赋予研究开发一方，体现了对发明创造者权利的特殊保护，这也与知识产权法的立法精神相一致。但根据委托合同的目的，当然也应当照顾到委托方使用技术成果的权利，维护其合法权益。因此，明确了委托方享有以下两点优惠：（1）研究开发人取得专利权的，委托人应当获得许可使用的权利，即可以依法实施该专利，研究开发人员不得设置障碍或拒绝许可；（2）研究开发人转让专利申请权的，委托人享有以同等条件优先受让的权利。

【关联规定】

《专利法》第 8 条

（撰稿人：贾明顺）

第八百六十条　【合作开发技术成果的归属】合作开发完成的发明创造，申请专利的权利属于合作开发的当事人共有；当事人一方转让其共有的专利申请权的，其他各方享有以同等条件优先受让的权利。但是，当事人另有约定的除外。

合作开发的当事人一方声明放弃其共有的专利申请权的，除当事人另有约定外，可以由另一方单独申请或者由其他各方共同申请。申请人取得专利权的，放弃专利申请权的一方可以免费实施该专利。

合作开发的当事人一方不同意申请专利的，另一方或者其他各方不得申请专利。

【释义】

本条规定了合作开发合同完成的技术成果权的归属和分享问题。与原条文相

---

① 关于合同自由原则，我国《民法典》第 5 条规定："民事主体从事民事活动，应当遵循自愿原则，按照自己的意思设立、变更、终止民事法律关系。"具体而言，合同自由原则可包括缔约自由、选择相对人的自由、合同内容的自由、合同方式的自由等。合同自由与法人格的确立、私的所有权的绝对性相并列，被称为近代私法的基本原理。详见韩世远：《合同法总论》（第 4 版），法律出版社 2018 年版，第 45～46 页。

比，本条修改之处在于增加了“当事人另有约定的除外”，进一步体现了尊重合同自由和私法自治的精神。

合作开发是合同当事人从事的以获得一定新技术成果为目的的共同研发工作，一般而言，各方都投入了资金等物质条件，并都付出了创造性的劳动，因此均有权分享技术成果。合作开发各方对技术成果的共有关系，类似于物权法上的共同共有关系。依本条规定，合作开发完成的发明创造成果，应当先允许当事人通过约定明确权利归属及对专利申请和“优先受让权”的限制，对于相关意思表示，法律予以充分尊重和保障。但在当事人对此未进行事先或事后约定的情况下，申请专利的权利属于合作开发各方当事人共有，并且：（1）一方转让其共有的专利申请权时，其他各方可以优先受让其共有的专利申请权，这也是民法中关于共有关系的应有之义。此项优先受让权在本质上属于共有人的优先购买权的一种，其法律适用得参照优先购买权的一般规则。[①]（2）专利申请权为财产性权利，系可转让或放弃之权利，合作开发各方中的一方声明放弃其共有的专利申请权的，可以由其他各方共同提出专利申请。（3）申请人取得专利权的，尽管放弃专利申请权的一方已经声明了权利放弃，但由于其为技术成果的取得付出了创造性劳动，依然可以享有专利法上的先用权，可以免费实施该专利。（4）依共同共有理论，对共有物的处分应当协商一致，一方不同意申请专利的，其他各方均不得申请专利。这是因为专利权的特点是“以公开换保护”，专利申请行为会使技术成果处于公开状态，而不能按照技术秘密进行保护，对各方当事人的利益影响较大。

【关联规定】

《民法典》第301、306条，《专利法》第8条

（撰稿人：贾明顺）

第八百六十一条　【技术开发合同中技术秘密的归属与分享】 委托开发或者合作开发完成的技术秘密成果的使用权、转让权以及收益的分配办法，由当事人约定；没有约定或者约定不明确，依据本法第五百一十条的规定仍不能确定的，在没有相同技术方案被授予专利权前，当事人均有使用和转让的权利。但是，委托开发的研

① 崔建远：《合同法》（第6版），法律出版社2016年版，第403页。

究开发人不得在向委托人交付研究开发成果之前，将研究开发成果转让给第三人。

【释义】

本条规定了技术开发合同中技术秘密的归属与分享问题。与原条文相比，本条修改之处在于：一是将技术秘密成果的“利益”改成“收益”，这一表述更加准确；二是增加了“在没有相同技术方案被授予专利权前”的限定条件，这也是技术秘密本身的应有之义，因为一旦有相同技术方案被授予专利权，一方面技术秘密已被公开而不能再称之为技术秘密，另一方面使用或转让相关技术方案也必将侵犯他人已获得的专利权。

技术秘密又称为专有技术，与专利技术相比具有明显的区别：（1）技术秘密是采取了保密措施而不能公开的，一旦公开则成为公有技术，而专利技术则必须在专利申请文件特别是说明书中进行充分公开才能获得专利权保护，按照《专利法》《专利法实施细则》及《专利审查指南》规定，公开不充分可以作为专利权被无效的法律理由；（2）技术秘密一般通过民法、经济法等进行保护，而无法通过知识产权法予以保护；（3）技术秘密没有保护期限，只要未被公开，可以一直享有相关权益。委托开发或者合作开发完成的技术秘密成果的使用权、转让权以及收益的分配办法，由当事人约定，这体现了合同自由和私法自治精神。如果当事人对技术秘密归属无约定，那么当事人一般均有使用和转让的权利，这主要是由技术秘密的特性决定的。技术秘密的使用权和转让权并不是法律明确授予的权利，而是通过对其采取保密方式而形成的事实上的权利。因此，任何合法地掌握或取得该技术秘密的人（如独立研究开发出同一技术的人、善意获得该技术的人等）都有使用和转让的权利。为了维护合同当事人的利益，在当事人均有技术秘密成果使用权、转让权的情况下，委托开发的研究开发人不得在向委托人交付研究开发成果之前，将研究开发成果转让给第三人。如果涉及技术成果的保密问题，当事人应当遵守合同约定的保密义务和使用范围。即使合同终止以后，也不影响保密约定的效力，但约定保密事项已经由第三人公开的情形除外。

【关联规定】

《民法典》第510条

（撰稿人：贾明顺）

第三节 技术转让合同和技术许可合同

第八百六十二条 【技术转让合同和技术许可合同的定义】 技术转让合同是合法拥有技术的权利人，将现有特定的专利、专利申请、技术秘密的相关权利让与他人所订立的合同。

技术许可合同是合法拥有技术的权利人，将现有特定的专利、技术秘密的相关权利许可他人实施、使用所订立的合同。

技术转让合同和技术许可合同中关于提供实施技术的专用设备、原材料或者提供有关的技术咨询、技术服务的约定，属于合同的组成部分。

【释义】

本条分别规定了技术转让合同和技术许可合同的含义。

与原条文相比，本条修改之处在于：一是对技术转让和技术许可合同予以分别定义，而不再将专利实施许可合同纳入技术转让合同的范畴；二是明确界定了两类合同中关于提供实施技术的专用设备、原材料或者提供有关的技术咨询、技术服务的约定，属于合同的组成部分，对此类在现实中容易出现争议的事项进行了明确规定。

【关联规定】

《民法典》第845条，《专利法》第10、12条

（撰稿人：贾明顺）

第八百六十三条 【技术转让合同和技术许可合同的内容】 技术转让合同包括专利权转让、专利申请权转让、技术秘密转让等合同。

技术许可合同包括专利实施许可、技术秘密使用许可等合同。

技术转让合同和技术许可合同应当采用书面形式。

【释义】

本条是关于技术转让合同和技术许可合同的内容规定。此条规定将技术转让合同与技术许可合同的内容作了清晰的界定，便于在国际和国内技术贸易中交易主体选择适合的合同类型，并对该合同履行过程中发生的争议给予有效的规制和解决。

值得说明的是，本条在《合同法》第 342 条的基础上进行了修改。一是将《合同法》第 342 条第 1 款中的“专利实施许可”删除，与“技术秘密使用许可”合并归入《民法典》第 863 条第 2 款中的技术许可合同的范畴。条文在原来的基础上进行了修改。二是将原来的“技术转让合同应当采用书面形式”修改为“技术转让合同和技术许可合同应当采用书面形式”。修改的目的：一是与《民法典》第 843 条合同类型的规定相一致；二是清晰界定技术转让合同与技术许可合同两种合同类型的内涵与类型，使之符合文义解释与逻辑自洽，更便于法律条文的适用。此外，因技术为无形标的，如无书面形式合同主体之间容易就法律关系性质发生争议[①]，故而技术转让合同和技术许可合同为要式合同，应采书面形式。

关于技术转让合同和技术许可合同的界分，技术转让合同是当事人就技术成果[②]和特定知识产权的转让达成的合同。技术转让合同是双方之间基于知识产权转让特定技术成果的协议。第一，是一个完整的技术成果。可以是全局或局部的，还可以是阶段性的，但应当是一个完整的技术方案。第二，订立技术合同时是已经存在的专利或技术秘密[③]成果。第三，当事人之间存在涉及专利或技术秘密成果权证中的技术合同关系。[④] 广义而言，技术转让合同是指当事人就专利权转让、专利申请权转让、技术秘密转让和专利许可所订立的合同。[⑤] 所谓技术秘

---

① 《民法典》第 135 条规定：“民事法律行为可以采用书面形式、口头形式或者其他形式；法律、行政法规规定或者当事人约定采用特定形式的，应当采用特定形式。”

② 这里涉及技术合同的客体，它以技术、知识商品、信息化载体为表现，其主要存在形式就是技术。从本质上讲，技术合同的客体是知识形态和技术密集型的商品与服务，即技术。一般来说，技术可以划分为专利技术、专有技术和公有技术三类。专利技术是指依《专利法》规定授予专利权的发明创造，包括发明、实用新型和外观设计；专有技术又称为“技术秘密”“技术诀窍”，属于非专利技术，但具有秘密性和实用性；公有技术则是指受《专利法》保护的专利技术和以秘密方式存在的技术秘密以外的，已丧失新颖性并可能以各种方式为公众所知晓的技术成果。参见叶青、马兴发：《技术合同法律问答 Q&A》，上海科学普及出版社 2020 年版，第 144 页。

③ 技术秘密的特征通常包括：一是不为公众所知悉；二是能为权利人带来经济利益；三是具有实用性；四是权利人采取了保密措施。技术秘密可以含有公知技术成分或者部分公知技术的组合。

④ 叶青、马兴发：《技术合同法律问答 Q&A》，上海科学普及出版社 2020 年版，第 144 页。

⑤ 《技术合同：技术转让合同的概念、特点》，中国论文联盟，http：//www. lwlm. com/jishuhetong/200809/156287. htm，最后访问日期：2020 年 4 月 2 日。

密转让，不仅包括技术秘密的完全转让，还包括技术秘密使用许可合同。[①] 狭义的技术转让合同不包括专利实施许可合同和技术秘密使用许可合同。《合同法》第342条、《技术合同法》第34条、王轶教授在《中国民法典草案建议稿附理由合同法编（下册）》[②] 一书中均是采用广义说，除此之外，《全国法院知识产权审判工作会议关于审理技术合同纠纷案件若干问题的纪要》第52条[③]也是采用了广义说。而《民法典》第863条采用的则是狭义说。

采广义说的理由是：技术转让是科技成果的市场转化，是科技成果商品化的重要途径。现行法上所称技术，指专利技术与非专利技术，后者主要是技术秘密。专利实施许可、技术秘密使用许可虽非转让专利权、技术秘密本身[④]，但其法律规则与经济实质，近于转让，故合同法将其归于技术转让合同加以调整。

各国关于技术转让和技术许可的法律一般分为两部分，一部分是适用于国内技术贸易的法律法规，另一部分是有关国际技术贸易的法律法规，即适用于技术出口和技术进口的法律法规。这两者之间有一定的重叠。以我国为例，我国规范国内技术转让和许可的法律包括《专利法》等专门的知识产权法律。规范国际技术转让和许可的法律包括涉外经济合同法、对外贸易法和一些涉外技术转让条例。[⑤] 这些法律主要规定了我国技术进口的内容、签订技术进口合同的条件、合同的审批方式、不允许签订合同的限制性商业条款等。

---

① 技术秘密和专利是可以转让的技术，但一些国家的法律只承认技术秘密可以许可给其他国家，而不承认技术秘密可以转让。原因是只有一般的知识产权才能从一个人转移到另一个人，虽然秘密权可以在合同中表述为“转移”，但只要发明人精神健全，其就不能忘记自己的秘密，并真正地留在脑海中。参见郑成思：《知识产权与国际贸易》，人民文学出版社1995年版，第393页。该观点混淆了技术秘密的知识产权作为知识产权的一般特征，与此相反，技术秘密的转让可能比其他权利的转让更为彻底。首先，技术秘密可以完全转让给他人，受让人可以申请专利，实现权利的完全转让。其次，技术秘密是可以传授的，可以通过排他性许可或非排他性许可被他人使用，从而实现技术秘密使用收益的转移。再次，由于技术秘密转让过程中存在向第三方披露的风险，技术秘密转让不同于专利转让，合同内容必须包含保密条款。最后，技术秘密不仅可以独立转让，而且往往伴随着相当一部分专利转让。例如，根据我国《合同法》的规定，在专利技术转让或许可合同中，受让人或被许可人有义务对专利权人提供的技术中未申报的秘密部分保密。

② 梁慧星：《中国民法典草案建议稿附理由合同法编（下册）》，法律出版社2013年版，第785页。

③ 技术转让合同，是指技术的合法拥有者包括有权对外转让技术的人将特定和现有的专利、专利申请、技术秘密的相关权利让与他人或者许可他人使用所订立的合同，不包括就尚待研究开发的技术成果或者不涉及专利、专利申请或者技术秘密的知识、技术、经验和信息订立的合同。其中：（1）专利权转让合同，是指专利权人将其专利权让与受让人，受让人支付价款所订立的合同。（2）专利申请权转让合同，是指让与人将其特定的技术成果申请专利的权利让与受让人，受让人支付价款订立的合同。（3）技术秘密转让合同，是指技术秘密成果的权利人或者其授权的人作为让与人将技术秘密提供给受让人，明确相互之间技术秘密成果使用权、转让权，受让人支付价款或者使用费所订立的合同。（4）专利实施许可合同，是指专利权人或者其授权的人作为让与人许可受让人在约定的范围内实施专利，受让人支付使用费所订立的合同。

④ 隋彭生：《知识产权用益法律关系分析》，载《知识产权》2011年第1期。

⑤ 文希凯：《技术转让与技术许可——对我国〈合同法〉相关规定的探讨》，载《专利法研究（2013）》，国家知识产权局条法司2015年版。

技术转让（技术出售）与技术许可（license of right）显有不同。技术许可合同是指双方都同意，一方允许另一方使用其无形财产和专有权，或（和）在合同规定的权利范围内生产和销售产品，并且另一方支付使用费的合同，是技术贸易的主要形式。[①]

技术转让与技术使用权许可的具体界分如下：

首先，一件物品的转让意味着一件物品被完全转让给受让人，而原物品的所有人由于转让而失去了该物品的所有权。因此，所有权和使用权的同时转移是物的转移的基本特征，物的所有权和使用权是分不开的。但是，技术作为一种无形资产，可以由包括技术持有人在内的多个主体使用。即使技术已经完全合法地转让给受让人，原技术持有人也不会丧失使用技术的能力，因此技术的所有权和使用权可以分离。当技术的所有权和使用权同时转让时，技术转让与物权转让一样，是法律意义上的所有权的转让，其相对应的英文是 assessment of technology；当仅是技术的使用权被转让，技术的所有权未被转让时，这种转让相对应的英文是 license of right，通常被称为使用权的许可。

其次，授予使用知识产权的许可是指知识产权的所有者允许被许可人按照双方同意的条款和条件，并按被定义的目的，在指定区域、时间，以指定的目的使用其知识产权。例如，专利技术许可是专利权（例如，一项发明的专利）的所有者（许可人）与专利技术（被许可人）的用户之间关于使用权和使用范围的协议。[②]

因此，根据法律定义或国际惯例，技术转让是一个高级概念，其中包括技术转让和技术许可。[③] 技术转让是指同时转让所有权和使用专有技术或非专有技术（技术秘密）的权利并签署转让专有技术或技术秘密的协议的行为。技术许可采用协议的形式，该协议允许另一方使用其专有技术或技术秘密（无论是否付费）。

---

① 彭民安：《知识产权保护影响经济增长方式转变的实证研究》，湖南大学 2012 年硕士学位论文，第 20 页。

② 彭民安：《知识产权保护影响经济增长方式转变的实证研究》，湖南大学 2012 年硕士学位论文，第 20 页。

③ 技术转让合同应归属于用益权合同。用益权合同是当事人为移转财产的用益价值而成立的债权合同，是意定用益法律关系的主要形式。也有学者把这类合同称为“使用财产的合同”，并指出，使用财产的合同，是民事主体之间，一方将自己的财产交给另一方使用的合同。还有学者指出，设定用益权的合同是当事人约定一方移转特定物的占有给他方，他方为使用收益的合同类型。对他人知识产品的用益合同，可以是定期用益合同，也可以是不定期用益合同。不定期用益不具有形式拘束力，当事人双方都有随时解除权，但是用益债务人解除的，要给对方以合理的准备期限。这种随时解除权，不论有偿还是无偿，都不以损害赔偿作为代价。专利的使用许可、商标的使用许可以及技术秘密的转让，都可包括独占使用许可、排他使用许可和普通使用许可。知识产权人也可以就一项知识产品分别签订多个用益权合同。技术秘密转让合同，其基本性质也是用益权合同。技术秘密的转让也包括“卖断”，将权利本体转移，此时成立的就不是用益法律关系，而是买卖无体物的法律关系。参见隋彭生：《知识产权用益法律关系分析》，载《知识产权》2011 年第 1 期。

为了实施专有技术，必须签署专利许可协议；对于非专有技术许可，必须签署秘密技术使用许可协议。在许可协议中，许可的目的是使用该技术的权利，并且该技术的所有权不会转让。

参酌裁判实务经验，笔者建议应在本条中对三种技术转让合同和两种技术许可合同分别进行定义。

1. 三种技术转让合同

专利权转让合同是专利权人将其专利权转让给受让人以获得报酬的合同。①

专利申请权转让合同是专利申请权人将特定技术成果的专利申请权转让给支付价款的受让人的合同。②

技术秘密转让合同是转让人将其拥有的技术秘密提供给受让人，明确相互间技术秘密使用权、转让权、受让权，受让人支付约定使用费的合同。③

2. 两种技术许可合同

专利许可合同是由专利权人或专利权人授权的人订立的合同，授予受让人在约定的范围内实施专利的权利，并且受让人支付特许权使用费。④

技术秘密使用许可是指权利人或权利人授权的人允许受让人在约定范围内使用技术秘密成果并由受让人支付价款或者使用费的合同。⑤

值得一提的是，专利权的转让、专利申请权的转让和专利许可合同是技术合同的一部分。合同纠纷的订立、履行、变更、解除和争议解决不仅受《专利法》的约束，还受《民法典》的约束。专利技术转让合同不仅必须遵守《民法典》的规定，还必须遵守《专利法》的有关规定。

混合技术合同，既有专利技术合同，也有非技术合同。例如，在合同中，既有专利许可合同，也有销售合同。如在合同订立过程中和履行过程中当事人发生争议，法院可依据《专利法》和《民法典》关于技术合同的规定进行处理。

---

① 胡人：《技术转让与许可贸易中的谈判》，载《电子知识产权》2010 年第 10 期。

② 申请权的转让实质上是请求权的转让，至于使用权，是物权的一个范畴，但作为使用权的转让，要做具体的分析。债权的转让使新的权利人获得了知识产权，使用权自然转移到新的权利人。如果合同中没有约定，知识产权权利人当然应当根据知识产权的性质限制原权利人的使用。至于所有权的权利，新债权人获得知识产权接受转移之后，尤其是在出版的专利申请之前，由于物权尚未受到知识产权法律的保护，它仍然是在债权的状态。根据债权的性质，新债权人和原债权人在理解了标的技术后不能相互控制，即不能相互制约。如果合同中有其他规定，按合同执行即可。参见刘树中、唐利涉：《专利申请权的内涵及其与相邻权利的比较》，载《情报科学》1992 年第 6 期。

③ 江平主编：《中华人民共和国合同法精解》，中国政法大学出版社 1999 年版，第 284 页。

④ 《技术转让合同的概念和特征、分类》，找法网，http：//china. findlaw. cn/hetongfa/hetongdongtai/hetongzhishi/jishuhetongzhishi/1266886. html，最后访问日期：2020 年 3 月 30 日。

⑤ 章继文：《技术秘密转让合同标的条款设计》，载《石油化工设计》2015 年第 1 期。

【关联规定】

《合同法》第342条,《民法典》第135条

（撰稿人：刘建）

第八百六十四条　【技术转让范围的约定】技术转让合同和技术许可合同可以约定实施专利或者使用技术秘密的范围，但是不得限制技术竞争和技术发展。

【释义】

本条是关于技术转让范围的约定，增加了“技术许可合同”可以约定实施专利或者使用技术秘密的范围的规定，将技术许可合同与技术转让合同并列。对技术许可合同和技术转让合同的平等对待，表明了立法对技术许可合同的重视，为国际和国内技术贸易中因技术许可产生的纠纷提供了法律保障。技术合同是技术商业化的法律形式。实施技术合同的目的是将技术成果推向市场并创造更大的经济和社会效益。[①] 技术合同订立时，当事人应当从促进科学技术进步、促进科学技术和经济发展出发，各尽权利和义务，努力研究开发新技术、新产品、新技术、新材料及其体系，推广先进适用的科学技术成果应用于生产实践，使科学技术更好地为社会主义现代化建设服务。添加“技术许可合同”的目的是鼓励和引导当事人正确使用技术合同的有效法律形式，构建科研和生产之间的一座桥梁，促进科技成果的转移，并形成新的生产力。[②]

本条增加“技术许可合同”这一术语与《民法典》第863条的规定逻辑一致，有助于法的准确适用。

本条适用的疑难点有两点：一是如何界定“实施专利或者使用技术秘密的范围”。《最高人民法院关于审理技术合同纠纷案件适用法律若干问题的解释》第28条规定，“……‘实施专利或者使用技术秘密的范围’，包括实施专利或者使用技术秘密的期限、地域、方式以及接触技术秘密的人员等。当事人对实施专利或者使用技术秘密的期限没有约定或者约定不明确的，受让人实施专利或者使用

① 毛克盾：《技术许可合同中限制性条款问题探析》，载《兰州学刊》2014年第5期。
② 毛克盾：《技术许可合同中限制性条款问题探析》，载《兰州学刊》2014年第5期。

技术秘密不受期限限制”。二是如何界定“限制技术竞争和技术发展”。技术许可合同中的限制性条款有不同的内容和形式，如在 1985 年颁布的《联合国国际技术转让行动守则（草案）》的第四章第二节中就规定了 14 项限制性条款的表现形式[①]：(1)（排他的）单方面的回授条款；(2) 对效力异议条款；(3) 独家经营条款；(4) 对研究的限制条款；(5) 对受方使用人员的限制条款；(6) 限定价格条款；(7) 对技术更改的限制；(8) 包销协定和独家代理协定；(9) 搭买条款；(10) 出口限制；(11) 供方垄断性安排；(12) 对宣传的限制；(13) 工业产权期满后的付款和其他义务；(14) 在技术转让合同期满后的限制。[②]

根据《合同法》的规定，技术合同的订立必须有利于科学技术的进步，加快科技成果的应用和推广。[③] 从这个原则出发，我们必须保护技术竞争。没有技术竞争，就没有技术发展。另外，不应允许技术转让人或许可人利用其技术优势和地位来签订技术合同，从而阻碍技术竞争和技术发展。因此，非法垄断技术并阻碍技术进步的合同直接违反了合同法的宗旨，必须宣布为无效。[④] 但与此同时，我们必须在合法技术竞争和非法技术垄断之间划清界限。[⑤]

笔者认为，可以参照《最高人民法院关于审理技术合同纠纷案件适用法律若干问题的解释》第 10 条规定作为判定依据。即下列情形，属于《合同法》第 329 条所称的“非法垄断技术、妨碍技术进步”：(一) 限制当事人一方在合同标的技术基础上进行新的研究开发或者限制其使用所改进的技术，或者双方交换改进技术的条件不对等，包括要求一方将其自行改进的技术无偿提供给对方、非互惠性转让给对方、无偿独占或者共享该改进技术的知识产权；(二) 限制当事人一方从其他来源获得与技术提供方类似技术或者与其竞争的技术；(三) 阻碍当事人一方根据市场需求，按照合理方式充分实施合同标的技术，包括明显不合理地限制技术接受方实施合同标的技术生产产品或者提供服务的数量、品种、价格、销售渠道和出口市场；(四) 要求技术接受方接受并非实施技术必不可少的附带条件，包括购买非必需的技术、原材料、产品、设备、服务以及接收非必需的人员等；(五) 不合理地限制技术接受方购买原材料、零部件、产品或者设备等的渠

---

① 联合国国际技术转让行动守则（草案），http：//daccess - dds - ny. un. org/doc/RESOLUTION/GEN/NR0 /424 /34 /IMG/NR042434. pdf? Open Element，最后访问日期：2020 年 4 月 2 日。

② 毛克盾：《技术许可合同中限制性条款问题探析》，载《兰州学刊》2014 年第 5 期。

③ 程永顺：《专利技术转让合同案件审理中的若干问题》，载《科技与法律》2003 年第 3 期。

④ “违反法律、行政法规的强制性规定”，属于合同无效的法定情形之一。强制性规定，是不论当事人的意思如何均应适用的规定，且具有强制适用的效力，又进一步分为强制规定及禁止规定。但凡关系到国家一般利益、社会秩序、市场交易安全及善意第三人利益保护等的重大事项，法律设强制性规定，以排斥当事人意思自由。参见韩世远：《合同法总论》法律出版社 2011 年版，第 176 页。

⑤ 程永顺：《专利技术转让合同案件审理中的若干问题》，载《科技与法律》2003 年第 3 期。

道或者来源；（六）禁止技术接受方对合同标的技术知识产权的有效性提出异议或者对提出异议附加条件。①

这里也涉及合同的拘束力问题。合同法上的拘束力是合同各方必须履行其合同义务，未经授权不得更改或取消合同的法律效力。合同是民事主体合意的产物，其本身并不当然具有法律拘束力，只有当这种合意得到了法律的肯定性评价，符合法律规定的条件，合同才会产生法律拘束力。② 技术合同自不例外。

具体来说，技术合同的法律拘束力体现为以下四个方面。

第一，技术合同成立并依法生效后，双方不得随意变更或终止。

第二，合同双方必须以积极的态度和自觉的行为，按照合同的规定，行使或履行合同规定的权利和义务。这是技术合同最为主要也最为基本的法律拘束力。这一效力的存在将提醒当事人事前慎重订约，事后认真履约，严格按照合同条款行事。

第三，如果一方或双方未履行合同或未完全履行合同，则违约方将承担法律责任。

第四，如果技术合同中发生民事纠纷，各方可以请求仲裁机构或人民法院进行仲裁或判决。③

这里需要说明的是，将专利申请权或者专利权转让给外国人的问题。依照《专利法》第 10 条的规定，中国的单位或者个人将其专利申请权或者专利权转让给外国人的，应当经国务院有关主管部门批准。转让专利申请权或者专利权的，当事人应当订立书面合同，由国务院专利行政部门登记，并由国务院专利行政部门公告。专利申请权或者专利权的转让自登记之日起生效。专利申请权和专利权转让合同未生效的，不受法律保护。

这里所称的中国单位，是指按照我国法律成立从而具有我国国籍的单位，不仅包括全民所有制单位、集体所有制单位、股份有限公司、有限责任公司、私营企业以及其他混合所有制单位，而且包括依照我国法律成立的中外合资企业、中外合作经营企业以及外商独资企业。外国人是指所有没有中国国籍的组织和个人，包括狭义的外国人、无国籍人、外国公司和其他外国组织。申请专利或专利权的受让人是中国单位或个人，而受让人是外国人的，必须经国务院相应主管部门批准。这是因为专利申请权和专利权都涉及技术，并且某些技术对一个国家的经济和技术利益具有重大影响。如果将技术转让给外国人以获得专利权，则可能

---

① 宁立志、盛赛赛：《论专利许可与专利转让的对抗与继受》，载《知识产权》2015 年第 7 期。

② 黄彤主编：《合同法》，浙江大学出版社 2013 年版，第 57 页。

③ 叶青、马兴发：《技术合同法律问答 Q&A》，上海科学普及出版社 2020 年版，第 144 页。

对中国的技术和经济利益产生负面影响。[①]

【关联规定】

《合同法》第343、329条,《联合国国际技术转让行动守则（草案)》第4章第2节,《技术合同认定规则》第18条,《专利法》第10条

（撰稿人：刘建)

第八百六十五条　【专利实施许可合同的限制】 专利实施许可合同仅在该专利权的存续期限内有效。专利权有效期限届满或者专利权被宣告无效的，专利权人不得就该专利与他人订立专利实施许可合同。

【释义】

本条是对专利实施许可合同有效期限的规定。专利实施许可合同在专利权人和被许可人之间架起了一座桥梁，有效地促进了专利的应用。专利权终止或无效后，专利许可合同的效力在一定程度上反映了《民法典》中专利政策的价值取向。这条规定在平衡各方利益的基础上，充分规范技术交易秩序，鼓励技术创新和传播等因素，区分专利无效的各种法定事由，赋予专利实施许可合同不同的法律效力，以进一步保护当事人的合法权益。

专利实施许可合同仅在专利权有效期内有效。根据《专利法》的规定，发明专利权的期限为20年，实用新型和外观设计专利权的期限为10年，均自申请日起计算。专利权的有效期届满或者专利权失效后，专利持有人不得与他人订立专利许可协议。专利许可合同的转让人将在合同的有效期内保持专利的有效性。如果专利在合同有效期内被终止，转让人将支付违约金或者赔偿损失。如果专利权被宣告无效，则转让人将赔偿受让人所遭受的损失。专利权无效是指专利权因期限届满、未按规定缴纳年费、主动放弃而终止或者因请求而被专利复审委员会宣告无效的情形。[②] 确切地说，专利权一旦被宣告无效，专利权从一开始就不存在。将专利权归为无效是不合理的，但学者们通常将被宣告无效的专利归为失效专利

① 程永顺:《专利技术转让合同案件审理中的若干问题》，载《科技与法律》2003年第3期。

② 路传亮:《专利权失效后专利实施许可合同效力问题研究》，载《电子知识产权》2010年第10期。

之一。

在实践中，在专利实施许可合同约定的期限内，合同所涉及的专利权可以由专利复审委员会终止或者宣告无效。国家知识产权局公告终止专利实施许可合同所涉及的专利权后，被许可人往往认为专利实施许可和所涉及的技术已经进入公有领域，可以自由使用合同所涉及的技术。专利权被宣告无效后，被许可方有时会要求许可方返还合同约定的专利技术使用费，甚至要求转让方赔偿因其竞争优势丧失而造成的经济损失。

值得注意的是，如果专利权被宣告无效，则专利权人恶意行事或不退还使用费，并且明显违反了公平原则，专利权人必须赔偿或者返还专利权。①

【相关案例】

蓝畅公司与北京宇田世纪矿山设备有限公司等
因专利实施许可合同纠纷案

蓝畅公司与高某敏等三专利权人于2004年4月6日签订了一份专利技术使用合同，约定：蓝畅公司可以使用高某敏等三人享有专利权的三项专利技术（专利号分别为02200778.4、02204903.7、02233267.7），使用期限为5年。专利技术使用费为销售额的8%，蓝畅公司每半年支付一次专利技术使用费。

合同签订后，蓝畅公司分别于2007年、2008年共支付了专利技术使用费100万元。三专利权人取得了一份蓝畅公司2007年10月22日的投标文件，该投标文件显示蓝畅公司销售的专利号为02200778.4专利产品2109架，应支付专利技术使用费300余万元。但是，专利技术使用合同所涉专利号为02200778.4的实用新型专利权已于2007年1月22日终止。在专利技术使用合同所涉实用新型专利权终止前，相同的发明专利已于2006年7月26日被授予专利权，该发明专利的内容完全涵盖了专利技术使用合同所涉专利号为02200778.4的实用新型专利。

最高人民法院于2009年10月29日作出（2009）民申字802号民事裁定认为，涉及相同主题的发明和实用新型专利同日向国家知识产权局提出申请，实用新型专利权终止前，同日申请的相同主题的发明专利已经获得授权。高某敏等三专利权人与蓝畅公司签订专利技术使用合同，即负有维持该合同所涉专利权处于有效状态的义务，蓝畅公司即取得合同所涉专利技术的使用权，并默示许可蓝畅

① 王恒坚：《专利权的正当利用与滥用研究》，武汉理工大学2009年硕士学位论文，第13页。

公司使用其所拥有的与合同所涉专利技术属于相同技术的另一专利权，否则将无法实现合同的目的。而且，在本案诉讼中，涉及相同技术主题的发明专利的专利权人也明确表示，发明专利是实用新型专利权利的延续，其有权主张使用费。故蓝畅公司应当按照合同约定支付相应的技术使用费。

本案涉及专利实施许可合同所涉实用新型专利权因专利权人的主动放弃而终止，但在合同所涉实用新型专利权终止前，同样的发明专利已经获得授权。合同所涉实用新型专利权终止后，被许可人依所签订的专利实施许可合同继续生产专利产品的行为的性质认定。本案中，专利实施许可合同所涉实用新型专利权终止前，同日申请的相同的发明专利已经获得授权。而且涉及相同的发明专利的专利权人也表示发明专利是实用新型专利权利的延续，其有权主张使用费。因此，判定专利技术使用合同继续有效，蓝畅公司按照合同约定支付技术使用费，符合合同双方当事人的利益诉求，维护了交易的安全和市场的秩序。

【关联规定】

《合同法》第 344 条，《技术合同法》第 38 条第 2 款，《技术合同法实施条例》第 68 条，《最高人民法院关于审理技术合同纠纷案件适用法律若干问题的解释》第 26、34 条

（撰稿人：刘建）

第八百六十六条　【专利实施许可合同许可人主要义务】 专利实施许可合同的许可人应当按照约定许可被许可人实施专利，交付实施专利有关的技术资料，提供必要的技术指导。

【释义】

本条是专利实施许可合同许可人的主要义务的规定。本条将《合同法》第 345 条中的“让与人”修改为“许可人”，将“受让人”修改为“被许可人”。“许可”有准许、允诺之义。“让与”是指将自己的财物或权利移转于他人。从这

两个词的内涵来看，二者具有明显差别。[①]《合同法》第345条规定，专利实施许可合同出现“让与人”与“受让人”这种用词，将实施“许可行为”“被许可行为”与“让与”“受让”混在一起，容易将专利实施转让合同和专利实施许可合同混同，导致法律适用混乱。“让与”与“受让”相对应的是“转让”与“受让”行为，而“许可”与“被许可”相对应的是“许可”与“被许可”行为，本条修改后，既与《民法典》第863条第1款和第2款的规定保持一致，又是法律规范科学严谨的体现。

专利许可合同的许可人的主要义务是：第一，保证自己是所提供专利技术的合法所有人，保证所提供专利技术完整、正确、有效，并能达到合同约定的目的。第二，根据合同，被许可人可以实施专利，提供与专利实施有关的技术信息，并提供必要的技术指导。第三，承担保密义务。第四，排他性许可合同的许可人不能在已授权的专利范围内与第三方就同一专利签署专利许可合同。如果被许可人获得了许可，专门执行许可合同的许可人将不会实施专利。[②] 专有实施许可合同是指在许可方许可被许可方在一定区域或一定时间内实施专利技术的权利后，许可方不再有权在该范围或该时间内实施专利技术，也不再有权向第三方颁发专利技术实施许可。独家实施许可合同意味着许可方保留在被许可方实施专利技术的许可范围和期限内实施专利技术的权利。

专利许可形式包括：1. 一般许可。也称为“普通许可”或“非排他性许可”，这意味着许可人授予被许可人在许可合同范围内实施专利的权利，而许可

---

① 两者在以下方面存在区别：1. 权利转移不同。在专利技术转让合同中，转让的标的物是专利权中的部分或全部的财产权利，受让方获得的是专利权中的财产权利。根据合同，受让方已经成为该项财产权利的新主人，其有权对该项财产权利作出任何处置。专利权的财产权利在转让过程中实现了权利的交接，原专利权人在一定时期内丧失了对该项权利的处置权。在专利权许可合同中，专利权许可的标的物是专利权中财产权利的使用权，被许可方获得的是对专利权中财产权利的使用权，其无权对该专利权作出任何超出合同规定范围的处置。专利权在此过程中没有发生任何转移，仍归属于原专利权人。2. 合同性质不同。在专利权转让合同中，出让人和受让人签的是专利权买卖合同，受让人获得的是专利权中的财产权利本身，其可以在合同规定的期限内，对该项权利作任何处置，自己使用也好，授予他人也好；而出让方丧失了对该项权利的处置权，因此也就无权干涉受让方的行为。此合同中的转让费是购买专利权时应支付的佣金。在专利权许可合同中，许可人与被许可人签订的是许可使用合同，被许可人获得的只是对专利权中部分财产权利的使用权，其没有权利对该项权利作任何超出合同范围的处置。在此合同中支付的许可费用的实质是使用费。3. 侵权性质不同。在专利权转让合同中，任何受让人都有权对侵害其财产权利的行为提起侵权之诉，诉因则为侵害专利财产权。在专利权许可合同中，一般许可的被许可人通常不能因权利受到侵害而提起侵权诉讼，只有独占许可的被许可人才具有这个资格；但诉因也只能限于侵害许可权。4. 限定条件不同。由于在专利权转让中，出让人至少在一段时间内丧失对作品部分或全部财产权利的处置权，因此专利权转让比专利权许可的方式限定条件也更为严格。

② 《专利许可贸易》，MBA 智库·百科，https：//wiki. mbalib. com/wiki/% E4% B8% 93% E5% 88% A9% E8% AE% B8% E5% 8F% AF% E8% AF% 81% E8% B4% B8% E6% 98% 93，最后访问日期：2020年3月25日。

人本身可以在该范围内实施专利，并可以继续许可第三方在该范围内实施专利。2. 独占许可。也称为“排他性许可”或“部分排他性许可”，表示许可方授予被许可方在一定条件下实施其专利的权利，并保证除许可方外，没有第三方可以在许可范围内实施专利，保留实施专利的权利。3. 独占实施许可。又被称为“完全独占性许可”，这意味着许可人在许可协议中指定的期限、区域和以约定的方式向被许可人授予实施许可专利的专有权。其他人，包括许可人都不得使用该专利。4. 分实施许可。又称为“再实施许可”，是指原专利许可合同的被许可人经许可人同意在许可的范围内，将专利权的全部或者部分再许可给第三人实施。5. 交叉许可。也被称为“相互许可”，是指两个或两个以上的专利权人在一定条件下相互授予实施其各自专利的权利，即一方在接受另一方许可的同时或之后授予另一方实施其专利的权利。

此外，还有两种特殊形式的专利许可，即强制许可和推广许可。强制许可旨在促进专利的实施和普及。强制实施许可是为了促进专利的实施和推广，国务院专利行政部门违背专利权人的意愿，给予他人实施其专利的强制许可；推广许可是国有企业、事业单位、集体所有单位和个人的发明专利，对国家利益或者公共利益具有重大意义，经国务院批准，国务院有关主管部门和省、自治区、直辖市人民政府可以决定在批准的范围内推广应用，并允许指定单位实施。①

实施他人专利的任何单位或个人必须与专利所有者签订书面许可协议，并向专利所有者支付专利使用费。被许可人无权在合同之外许可任何单位或个人实施专利。

【相关案例】

普华中心与华效公司技术合同纠纷案②

2001 年 4 月，为了推广普华公司的涉案专利技术，普华中心与华效公司签订

---

① 例如，《联合国气候变化框架公约》（简称 UNFCCC）明确规定，应当考虑发展中国家发展的需要，必须做出特别安排，满足发展中国家的需要。包括提供资金，取得有关的技术，以及转让替代性技术等对发展中国家的优惠待遇，在 TRIPS 协议中可以为绿色专利强制许可提供明确法律依据的仅在第 27 条第 2 款和第五节中（为了保护其自然环境，或为避免对环境的严重破坏所必需）有不明确的规定，以及“目的应在于促进技术的革新、技术的转让与技术的传播，以有利于社会及经济福利的方式去促进技术知识的生产者与使用者互利”“公益”“紧急状态”“公共非商业使用”这些规定勉强可以“将绿色专利强制许可”纳入其中。我国《专利法》第 49 条规定：在国家出现紧急状态或者非常情况时，或者为了公共利益的目的，国务院专利行政部门可以给予实施发明专利或者实用新型专利的强制许可。

② 参见北京市第一中级人民法院（2008）一中民初字 6203 号民事判决书、北京市高级人民法院（2010）高民终字 1757 号民事判决书。

《合作经营协议书》，约定：以华效公司的名义经营项目工程，普华中心作为技术负责单位，共同对外开展业务，有效期3年。2003年1月，华效公司向普华中心支付8万元技术服务费。2004年3月，普华中心与华效公司签订《技术服务合同》，约定：华效公司承担项目实施工作，双方进行技术合作，华效公司有权使用本合同中的技术成果标的物——“中低温余热蒸汽/热水闪蒸复合发电装置”，普华中心提供相关的技术服务。合同总价260万元，由华效公司分五期向普华中心支付。技术合同签订后，普华中心根据华效公司提交的参数制订了6套《设计方案》供对方择优评审选用。最终，专家评审会决议选择《设计方案》（一）。不久，华效公司向普华中心支付了98万元合同款。该方案安装实施后，装置的性能未达普华中心承诺的水平，普华中心也未提供相应后续技术咨询服务，故华效公司拒绝按合同约定向其支付余款。此案遂诉至法院。

一审法院认为，双方签订的技术合同合法有效。普华中心是在给定的参数条件下设计技术方案的。尽管《设计方案》（一）的运行效果未能达到设计预期，但主要责任在于华效公司提供的参数不准确，普华中心对此不应承担责任。同时，普华中心对其制订的6套《设计方案》均未详细阐述或分析其中利弊，可能误导了专家组对方案的评审和筛选。因此，根据公平原则，本案中的普华中心和华效公司应分担相应损失与责任，普华中心主张华效公司支付尚欠的技术服务费162万元应予支持，但其主张的违约金100万元不予支持。

一审判决作出后，双方均表示不服，此案上诉至二审法院。二审法院审理后认为，从普华中心与华效公司签订的《技术服务合同》《合作经营协议书》等多个协议及其实际合作关系来看，普华中心主要负责技术工作，华效公司主要负责市场推广工作，故作为技术提供方的普华中心对《设计方案》（一）的实施未达设计预期效果应承担相应责任。一审法院有关《设计方案》（一）实施失败的主要责任在于华效公司给定的参数不准确，普华中心对此不承担责任的认定依据不足。故改判如下：华效公司应向普华中心支付合同总价款的一半，由于华效公司先前已向普华中心实际支付了98万元的合同价款，现仍需支付的价款数额为32万元。

【关联规定】

《合同法》第345条

（撰稿人：刘建）

第八百六十七条　【专利实施许可合同被许可人主要义务】 专利实施许可合同的被许可人应当按照约定实施专利，不得许可约定以外的第三人实施该专利，并按照约定支付使用费。

【释义】

本条是关于专利实施许可合同被许可人主要义务的规定。本条将《合同法》第346条中的“受让人”修改为“被许可人”。本条修改后，与《民法典》第863条第1款和第2款、第864、865、866条的规定保持一致，是法律规范科学严谨的体现。

实务中，许可人往往要求被许可人承担实施专利的义务。尤其是在专利使用费采取提成支付方式的情形下，通过被许可人履行实施专利的义务，被许可人可以获得更高的专利使用费。此时，被许可人的实施义务包括：在一定时间内投入专利产品的生产，在一定范围内生产专利产品并做相应的推广工作。未经专利权人授权，被许可人不得许可第三方实施该专利。

笔者建议此条应修改为“专利实施许可合同的被许可人应当按照约定支付使用费，按照约定实施专利，不得许可约定以外的第三人实施该专利”①。

【关联规定】

《合同法》第346条

（撰稿人：刘建）

第八百六十八条　【技术秘密转让合同让与人和技术秘密使用许可合同许可人的义务】 技术秘密转让合同的让与人和技术秘密使用许可合同的许可人应当按照约定提供技术资料，进行技术指导，保证技术的实用性、可靠性，承担保密义务。

前款规定的保密义务，不限制许可人申请专利，但是当事人另有约定的除外。

---

① 梁慧星：《中国民法典草案建议稿附理由合同法编（下册）》，法律出版社2013年版，第789页。

【释义】

本条是关于技术秘密转让合同和技术秘密使用许可合同的让与人和许可人的特别义务。技术秘密转让合同的让与人和技术秘密使用许可合同的许可人应当按照合同约定提供技术资料和技术指导，保证技术的实用性和可靠性，并承担合同约定的保密义务。如果转让人和许可人违反合同保密义务并泄露技术秘密，导致受让人和被许可人损失，受让人和被许可人有权解除合同，让与人和许可人应当支付违约金或赔偿损失。本条第 2 款为让与人或者许可人申请专利的特别规定。因申请专利将导致技术秘密公开，故让与人或者许可人不得以已让与或已许可的技术秘密申请专利，但单纯让与或许可使用技术秘密的合同除外。当事人另有约定的，从其约定。

本条在《合同法》第 347 条规定的基础上增加了“技术秘密使用许可合同的许可人”和“前款规定的保密义务，不限制许可人申请专利，但是当事人另有约定的除外”。其目的在于：一是有效保护发明创造成果；二是激发秘密技术转让协议的受让人和秘密技术许可协议的被许可人的积极性，促进将技术秘密转化为生产力，促进经济发展；三是保护技术秘密转让合同的让与人或技术秘密使用许可合同的许可人的技术和产品，又兼顾平衡受让人和被许可人的利益。

技术秘密是指不为公众所知并且由权利持有者保密的技术。它具有很强的市场竞争力，可以为秘密的所有者或使用者带来经济利益。涉及技术秘密的技术转让的最大特点是其风险。一方面，由于技术秘密的保密性，转让方可能因转让而失去技术秘密；另一方面，受让人在付费后可能得不到真正想要的技术。因此，技术秘密转让合同的让与人和技术秘密使用许可合同的许可人有特殊的义务。本条第 1 款除增加“技术秘密使用许可合同的许可人”外，维持《合同法》第 347 条规定。

值得注意的是，技术秘密的转让人必须是技术秘密的合法所有人。换言之，那些通过盗窃、引诱、胁迫或其他不当手段获得商业秘密的人无权转让技术秘密。[①]

因继承、家庭关系、夫妻关系和合同约定而产生的共同技术秘密成果，当事人对共同技术秘密的转让和问题有约定的，按照当事人的约定执行。双方未约定的，每项技术秘密的共同所有人不得擅自转让，且只能在多数（超过三分之二）

---

① 谢商华：《技术转让合同问题的探讨》，载《当代法学》2000 年第 2 期。

同意的情况下进行转让，由此获得的利益应由各方共享。[①]

按照《最高人民法院关于审理技术合同纠纷案件适用法律若干问题的解释》，转让方承担的保密义务不应限制其专利申请，除非双方同意转让方不得申请专利。本解释应指技术秘密使用许可合同而言。在技术秘密完全让与的情况下，技术秘密属于受让人，申请专利的权利亦属于受让人，对让与人来说，则无利益可言，如允许让与人申请专利，不仅与受让人的权利冲突，且导致技术秘密公开，损害受让人的合同利益，显然违背技术秘密转让合同的本质与目的，与合同法理不符。

《最高人民法院关于审理技术合同纠纷案件适用法律若干问题的解释》第29条规定，技术秘密转让合同让与人承担的“保密义务”，不限制其申请专利，但当事人约定让与人不得申请专利的除外。当事人之间就申请专利的技术成果所订立的许可使用合同，专利申请公开以前，适用技术秘密转让合同的有关规定；发明专利申请公开以后、授权以前，参照适用专利实施许可合同的有关规定；授权以后，原合同即为专利实施许可合同，适用专利实施许可合同的有关规定。人民法院不以当事人就已经申请专利但尚未授权的技术订立专利实施许可合同为由，认定合同无效。

【相关案例】[②]

丽水公司与罗××技术转让合同纠纷案[③]

丽水公司与罗××签订《发光铝牌技术转引合作协议》一份，协议约定：1. 罗××愿意将发光铝牌制作技术转引给丽水公司标牌制作中心；2. 丽水公司愿在生产资格证书和地名标牌物价落实后，给予罗××壹佰万元人民币的发光标牌业务（单价5.00元/片）作为罗××技术转引给丽水公司的报酬。

丽水公司在本协议签字生效后，先预付罗××标牌制作加工费25万元作为信誉保证金。协议签订后，罗××即将技术陆续转引给丽水公司。2001年8月24日，罗××在未征得丽水公司同意的情况下，以密码挂失的方式，取走丽水公司存入中国建设银行温州分行的20万元信誉保证金。

丽水公司诉称，罗××违反协议约定将保证金取走，要求罗××返还信誉保证金25万元，赔偿违约金25万元。

---

① 谢商华：《技术转让合同问题的探讨》，载《当代法学》2000年第2期。

② 参见《中华人民共和国合同法案例注释版》（第2版），中国法制出版社2013年版，第187页。

③ 浙江省高级人民法院（2004）浙民三终27号民事判决书。

罗××辩称，丽水公司在存入25万元信誉保证金（其中5万元作为罗××借款）后已取得了发光铝牌技术，丽水公司应支付技术转引报酬。被告请求法院驳回原告的诉讼请求。

一审法院判决罗××返还丽水公司信誉保证金25万元。丽水公司与罗××均不服一审判决，提起上诉。

浙江省高级人民法院认为，丽水公司向罗××支付了5万元的信誉保证金并按约将20万元信誉保证金存入指定地点，履行了合同约定的义务，罗××应按合同约定履行技术转引（包括技工培训）义务。双方签订的《发光铝牌技术转引合作协议》第3条的约定，不仅是罗××取得信誉保证金的先决条件，更是技术转引完成的标志。由于当事人在传授技术过程中未形成任何文字记录，也无经双方签字封存认可的合格优质产品，且举证责任方罗××未能提供充分证据证实其已按约完成了发光铝牌制作技术的传授、相应设备操作指导及技工培训等义务，罗××对此应承担举证不能的责任。罗××在未能按合同约定履行技术转引的情况下，以密码挂失的方式擅自取走20万元信誉保证金，属违约行为，罗××应返还丽水公司信誉保证金25万元。二审法院判决罗××返还丽水公司保证金25万元，支付违约金25万元。

技术秘密转让合同项下转让方的主要义务如下：一是确保其是所提供技术的合法所有人，并且所提供的技术完整、准确、有效，能够实现合同约定的目标；二是按照合同规定提供技术数据和技术指导，以确保技术的可行性和可靠性；三是承担受让人按照约定使用技术秘密侵害他人合法权益的责任；四是技术秘密的使用不应超出约定的范围；五是不得擅自许可第三人使用该项技术秘密。①

【关联规定】

《最高人民法院关于审理技术合同纠纷案件适用法律若干问题的解释》第29、36条，《中华人民共和国合同法》第347条，《技术合同认定规则》第14条

（撰稿人：刘建）

① 《技术秘密转让合同让与人义务》，找法网，http：//china. findlaw. cn/hetongfa/hetongjiedu/jishuhetong/jszlht/jsmm/66345. html，最后访问日期：2020年3月30日。

第八百六十九条　【技术秘密转让合同受让人和技术秘密使用许可合同被许可人义务】技术秘密转让合同的受让人和技术秘密使用许可合同的被许可人应当按照约定使用技术，支付转让费、使用费，承担保密义务。

【释义】

本条规定是技术秘密[①]转让合同的受让人和技术秘密使用许可合同的被许可人的义务。支付价款或使用费是受让人或被许可人的主给付义务。此外，鉴于技术秘密的特殊性质，受让人或被许可人依约使用及保密，事关技术秘密的保密性，故技术秘密转让合同的受让人或技术秘密使用许可合同的被许可人负有特别的义务。

本条在《合同法》第348条规定的基础上增加了“技术秘密使用许可合同的许可人”。其修改目的与效果在于：一是限制技术秘密转让合同的受让人和技术秘密使用许可合同的被许可人的行为；二是保护技术秘密转让合同的让与人或技术秘密使用许可人的技术和产品，又兼顾平衡受让人和被许可人的利益，与《民法典》第868条相呼应。

技术秘密转让合同的标的物应当具有财产所有权特征：一是合同订立时当事人已经掌握的技术秘密；二是它是完整而实用的，相关技术内容应构成产品、工艺、材料、品种及其改进的技术方案；三是双方就合同标的的知识产权拥有明确的权属约定。[②]

秘密技术转让合同的受让人将按照约定的范围、期限和方法使用技术，支付价格或使用费，并承担保密义务。未经转让方同意，任何第三方均不得使用该技术秘密。受让人按照约定使用专利技术秘密侵犯他人合法权益的，除当事人另有

① 技术秘密也称为专有技术或技术诀窍。世界知识产权组织的定义是：“所谓专有技术是指有关制造工艺以及产业技术的使用及知识。”北京大学出版社出版的《现代经济法辞典》中对专有技术是这样定义的：“专有技术是有一定价值，可利用、未被公众所知，可以转让或传授而未取得专利权的技术知识、技术情报、经验、方法或其组合。”国际商会所拟定的《关于保护专有技术的标准条款的草案》将专有技术定义为“实施某种为达到工业生产目的所发布的具有的秘密性质的技术知识”。国际知识产权组织巴黎会议则认为，专有技术是指某种可以转让和可以承受的公众所不容易得到的，而且是没有取得专利权的知识。参见王跃新：《论专有技术的法律保护》，载《法律适用》1993年第1期。

② 庞正中：《技术秘密及其法律保护》，载《法学研究》1988年第1期。

约定外，由让与人承担责任。[①]

笔者建议在该条最后增加“不得擅自许可第三人使用该技术秘密”的规定。

【关联规定】

《合同法》第348条，《最高人民法院关于审理技术合同纠纷案件适用法律若干问题的解释》第28条

（撰稿人：刘建）

第八百七十条　【技术转让合同让与人基本义务】技术转让合同的让与人和技术许可合同的许可人应当保证自己是所提供的技术的合法拥有者，并保证所提供的技术完整、无误、有效，能够达到约定的目标。

【释义】

本条是关于技术转让合同让与人的基本义务的规定。技术转让合同中让与人的瑕疵担保义务包括权利瑕疵担保义务和技术瑕疵担保义务。权利瑕疵担保义务是指让与人应当保证自己是所转让技术的合法所有人，第三人不主张所转让技术的权利。技术瑕疵担保义务是指转让方保证所转让的技术完整、正确、有效，并能达到约定的目标。没有约定目标的，应当达到正常标准。转让方违反瑕疵担保义务，给受让方造成损害的，应当承担损害赔偿责任。如果合同的目的不能实现，受让人可以终止合同。

本条涵盖专利转让合同和专利许可合同中的瑕疵担保义务。《合同法》第344条第2款规定，专利权届满或者专利权被宣告无效的，专利权人不得就该专利与他人订立专利许可合同。专利权期满后，专利权消灭，专利权被宣告无效的，转让方则无专利权可言。此时让与人再与受让人订立专利实施许可合同，受让人有权以欺诈为由撤销该合同，抛弃撤销权的，受让人仍得依本条规定，请求让与人承担瑕疵担保责任。

技术转让虽以无体财产之让与为标的，但性质上与有体物的转让相似。技术

① 梁慧星：《中国民法典草案建议稿附理由合同法编（下册）》，法律出版社2013年版，第795页。

转让意在使受让人取得完整、有效的权利，故让与人负有与出卖人类似的瑕疵担保义务。技术转让的目的与经济效益密切相关，故另有让与人担保技术实施之经济效益的问题，此类效益，不仅与技术本身相关，更取决于相关产品的营销与市场状况及其他复杂因素，超出让与人的能力范围，故原则上让与人不负担保义务，但让与人明示提供担保的除外。该条第1款保留了《合同法》第349条的规定，参酌裁判实务与比较法上的共同经验，建议增加“让与人不对受让人实施技术后的经济效益承担责任，但让与人明示保证受让人达到特定经济效益指标的除外”的规定。[①]

关于让与人违反瑕疵担保义务的责任，准用买卖合同的规定。

【关联规定】

《合同法》第349条，《全国法院知识产权审判工作会议关于审理技术合同纠纷案件若干问题的纪要》第53条

（撰稿人：刘建）

第八百七十一条　【技术转让合同的受让人技术保密义务】 技术转让合同的受让人和技术许可合同的被许可人应当按照约定的范围和期限，对让与人、许可人提供的技术中尚未公开的秘密部分，承担保密义务。

【释义】

本文是关于技术转让合同受让人的保密义务的规定。即使转让方将其技术转让给受让方，受让方仍应在双方约定的保密范围和期限内承担保密义务，受让方如因违反保密义务而造成损害的，应承担损害赔偿责任；转让方还有权要求法院停止受让方违反保密义务的行为。技术转让合同履行之后，让与人即丧失对所转让技术的权利，本已无权利可言。但技术转让有其特殊性，尤其在技术秘密的情形，让与人基于先前对技术秘密的使用，已享有特定的利益，如受让人取得技术秘密之后擅自公开，将损害让与人的既有利益。本条维持《合同法》第350条规

---

① 梁慧星：《中国民法典草案建议稿附理由合同法编（下册）》，法律出版社2013年版，第797页。

定，明定受让人的保密义务。

在技术转让合同履行过程中，技术秘密丢失的原因包括：1. 因转让方原因导致技术秘密丢失，如因转让方工作人员的疏忽或泄私愤等原因泄露技术秘密；2. 因受让方原因造成的保密丢失，如因受让方员工的粗心大意或泄私愤等原因而向社会泄露技术秘密；3. 因第三方而导致的秘密丢失，如第三方通过不正当手段故意泄露获取的技术机密以进行报复等。[①] 因此，受让方应对转让方提供的技术中未公开的秘密部分采取合理的保密措施，如签订保密合同、限制技术文件的分发范围、标记保密信息、隔离机械设备、设置防护等，并认真履行保密义务。[②]

【关联规定】

《合同法》第 350 条，《全国法院知识产权审判工作会议关于审理技术合同纠纷案件若干问题的纪要》第 2 条

（撰稿人：刘建）

第八百七十二条　【技术许可合同许可人和技术转让合同让与人的违约责任】 许可人未按照约定许可技术的，应当返还部分或者全部使用费，并应当承担违约责任；实施专利或者使用技术秘密超越约定的范围的，违反约定擅自许可第三人实施该项专利或者使用该项技术秘密的，应当停止违约行为，承担违约责任；违反约定的保密义务的，应当承担违约责任。

让与人承担违约责任，参照适用前款规定。

【释义】

本条是关于技术转让合同让与人和技术许可合同许可人违约责任的规定。“许可人未按照约定许可技术的，应当返还部分或者全部使用费，并应当承担违约责任”，这里的“违约责任”，适用于一切类型的技术许可合同。此所谓未按照约定许可技术，既包括不许可技术，亦包括所许可的技术不符合约定的情形（如

① 谢商华：《技术转让合同问题的探讨》，载《当代法学》2000 年第 2 期。
② 谢商华：《技术转让合同问题的探讨》，载《当代法学》2000 年第 2 期。

技术有瑕疵)。在此情形下，除返还价款或使用费外，并应承担损害赔偿等责任。受让人亦可不请求返还价款或使用费而请求强制继续履行。

本条“实施专利或者使用技术秘密超越约定的范围的，违反约定擅自许可第三人实施该项专利或者使用该项技术秘密的，应当停止违约行为，承担违约责任”主要适用于专利或技术秘密独占许可与排他许可的让与人。如果采用独占许可或排他许可，则转让人未经受让人的许可不得自行实施专利或使用技术秘密，或者许可第三人实施专利或使用技术秘密。许可人违反本条规定的，被许可人得请求许可人履行不作为义务，包括提起不作为之诉。

本条新增加了许可人的违约责任，其余维持《合同法》第351条规定。建议将本条第一句修改为“让与人未按照约定转让技术的，应当返还部分或者全部价款或使用费，并应当承担违约责任”，以充分涵盖转让专利权、专利申请权的情形。[①]

【相关案例】[②]

沃华公司与爱德公司技术转让合同纠纷案[③]

2001年12月10日，沃华公司与爱德公司签署了《诊断试剂生物新产品证书转让协议》。该协议约定爱德公司承诺在协议生效后的8个月内完成新药证书的批准并获得新的生物证书。沃华公司将积极协助爱德公司获得生产批号。同时，为了使沃华公司充分掌握技术并保持产品的稳定生产，爱德公司负责为沃华公司提供技术培训和技术指导，保证沃华公司能够生产出质量合格和稳定的产品供应市场。双方还就违约问题进行了约定。爱德公司承诺在协议规定的时间内提供上述两种产品的新生物证书，并将其转让给沃华公司。如果新生物证书在规定时间内未完成，将每月扣除转让总价格的5%。如果爱德公司未能完成上述两种新生物产品的转让或新产品证书的申报，爱德公司应向沃华退还押金人民币50万元，并支付押金的20%作为罚款。合同签订后，沃华公司根据合同向爱德公司支付了定金50万元。

沃华公司诉称，沃华公司已按合同向爱德公司支付了定金50万元，但爱德公司在规定的时间内未履行向沃华公司提供和转让两种产品的新生物证书的义务，构成违约。爱德公司应当返还50万元首付款，并承担违约责任。

---

① 梁慧星:《中国民法典草案建议稿附理由合同法编（下册)》，法律出版社2013年版，第799页。

② 参见《中华人民共和国合同法案例注释版（第2版)》，中国法制出版社2013年版，第188～189页。

③ 山东省高级人民法院（2005）鲁民三终字第30号民事判决书。

爱德公司辩称，爱德公司严格按照协议履行其义务。在合同履行过程中，双方以传真和接受要约的形式变更了合同的履行期限。爱德公司根据变更后的时间表提交了申请，爱德公司没有违反合同。爱德公司请求法院驳回沃华公司的诉讼。

一审法院裁定，爱德公司应向沃华公司退还50万元，并向沃华公司支付违约金10万元。爱德公司不服一审判决提起上诉。

山东省高级人民法院认为，双方于2001年12月10日签署的协议是合法有效的，双方应按照协议履行各自的义务。根据协议，在沃华公司支付价格以履行义务的履行期内，爱德未能履行合同义务，无法获得新的生物产品证书并将其转让给沃华公司。在沃华公司多次催告和给予合理的履约期限后，爱德公司仍未按照协议履行取得新生物证书并转让给沃华公司的合同义务。爱德公司的行为构成违约，应承担相应的违约责任。

【关联规定】

《合同法》第351条，《全国法院知识产权审判工作会议关于审理技术合同纠纷案件若干问题的纪要》第26～27条

（撰稿人：刘建）

第八百七十三条　【技术合同中受让人承担违约责任】被许可人未按照约定支付使用费的，应当补交使用费并按照约定支付违约金；不补交使用费或者支付违约金的，应当停止实施专利或者使用技术秘密，交还技术资料，承担违约责任；实施专利或者使用技术秘密超越约定的范围的，未经许可人同意擅自许可第三人实施该专利或者使用该技术秘密的，应当停止违约行为，承担违约责任；违反约定的保密义务的，应当承担违约责任。

受让人承担违约责任，参照适用前款规定。

【释义】

本条规定了技术合同中受让人承担违约责任的情形。即受让人在未支付使用费、超范围使用技术秘密、未经许可转让第三人与违反保密义务时，应当承担的违约责任。违约责任的承担方式包括：停止违约行为、解除合同、赔偿损失。

未按照约定支付使用费包括未支付使用费与延迟支付使用费。未支付使用费包括未支付全部使用费与未支付部分使用费。延迟支付使用费的，不仅需要补交所有使用费，还需要支付相应的违约金。在合理期限并经催告后，拒不支付使用费或者违约金的，让与人有权解除合同。

对于技术秘密的使用范围，双方在合同中予以规定，受让人应当诚信履约，不超越合同所约定的范围使用该技术秘密，不擅自转让或许可技术秘密，否则构成对让与人技术秘密成果的所有权与转让权的侵害。第三人明知该行为将侵害让与人合法权益，依然与受让人订立转让合同的，应当承担连带责任。

在技术转让合同中，有一类属于技术秘密转让合同，指的是受让人和让与人之间就技术秘密成果达成的转让协议。目前我国大部分技术转让合同都是技术秘密转让合同。由于并不是所有的商业秘密都可以由知识产权法进行保护，因此其余当事人认为不宜公开的秘密信息都可以通过技术秘密转让合同进行转让。受让人在合同履行中，具有保密责任。当事人可在合同中对于技术秘密的范围、使用权限进行规定。

（撰稿人：侯泽琦）

第八百七十四条　【受让人或者被许可人在履行合同中造成他人损害时的侵权责任】受让人或者被许可人按照约定实施专利、使用技术秘密侵害他人合法权益的，由让与人或者许可人承担责任，但是当事人另有约定的除外。

【释义】

本条规定的是受让人或者被许可人在履行合同中造成他人损害时的侵权责任。

受让人或者被许可人在实施专利与使用技术秘密时，应当负有合理的注意义务，避免损害他人权益。其中的损害包括人身、财产利益的损害。

本条依据过错原则规定了造成损害时的归责原则。首先，受让人或被许可人实施了侵害他人的行为；其次，权益的损害发生在技术合同存续期间内；最后，该行为造成了他人合法权益的损失；并由于受让人或者被许可人的原因，造成了他人的损害。

当事人也可以另行订立合同，或者在原合同中添加补充条款来对侵权责任的承担进行划分。受让人或被许可人侵害他人合法权益的，可以约定由双方中的一方承担责任。这体现了合同法中的平等自愿原则。

由于受让人或被许可人的原因，侵害他人合法权益的，其中一方在承担责任后可以向另一方追偿，或者要求其承担违约责任，并解除合同。

1. 关于约定实施专利的范围

让与人和受让人约定的实施专利的范围，是指实施专利的期限、地区和方式。所谓实施期限，是指当事人可以约定专利实施许可为整个专利存续期间，也可以约定专利实施许可为专利存续期间中某一段时间，但不得在专利权终止以后继续订立专利实施许可合同。合同没有载明实施期限的，按司法实践，应视为在整个专利存续期间的实施许可。所谓实施地区，是指当事人可以约定专利实施许可为在我国全境内的实施许可，也可以约定为仅在我国特定地区的实施许可。合同没有载明实施地区的，视为在我国全境内的实施许可。所谓实施方式，是指专利实施许可合同约定的实施方式，可以是制造许可、使用许可、销售许可、进口许可，也可以是包含制造、使用、销售等实施权的产品实施许可。对于方法发明专利，可以约定在多个领域或者有多种用途的实施许可，也可以约定仅限于某一个或几个领域或者用途的实施许可。对于权利要求中包括独立权利要求和若干个从属权利要求的专利，可以在整个权利要求范围内订立专利实施许可合同，也可以分别就不同从属权利要求订立专利实施许可合同。

2. 关于约定使用技术秘密的范围

当事人可以在技术转让合同中约定让与人和受让人使用技术秘密的地区和方式。所谓使用技术秘密的地区，是指当事人可以约定许可受让人在我国境内或者在我国境内某一地区使用该项技术秘密成果。所谓使用技术秘密的方式，指当事人可以约定许可受让人将该项技术秘密成果用于任何目的和用途，也可约定只许可将该项技术秘密成果用于制造特定的产品、用于某种特定目的，或者用于实现某一特定用途。为明确上述使用技术秘密的范围，当事人可以在合同中确定技术秘密成果的使用权、转让权的边界，明确相应的保密义务。

（撰稿人：侯泽琦）

第八百七十五条　【技术改进成果的归属】当事人可以按照互利的原则，在合同中约定实施专利、使用技术秘密后续改进的技术成果的分享办法；没有约定或者约定不明确，依据本法第五百一十条的规定仍不能确定的，一方后续改进的技术成果，其他各方无权分享。

【释义】

本条依照互利原则，对技术改进成果的归属作出了规定。

从本条可以看出，我国法律对技术改进分享和利用，尊重当事人意思自治选择的结果。在改进技术的归属上，优先鼓励双方当事人通过订立补充协议来确定其归属。该规定避免了一方当事人以各种方式限制另一方当事人对所转让的技术进行开发与改进，充分保障了技术改进一方对于获取改进成果的合理渠道，有力排除了垄断对于技术进步的负面影响。需要指出的是，改进成果的取得遵从双方的意愿，但是由于胁迫、欺诈、乘人之危所订立的补充协议或技术合同内部分条款是可以变更或撤销的。在实践中，如果没有约定，则推定改进成果归改进方所有，其他各方无权分享。

改进，一般认为它意指与被许可技术相关的任何技术进步，具体内容可以以原先技术没有包括的内容为标准，也可以以原先技术已包括的内容为标准来判定；[①] 其表现形式可以是新发明、新设计、对软件的修正或是可保护的专有技术方案等，它们是在协议生效后作出的。广泛意义上的改进可能带来以下结果：使产品的性能更好、提升了产品耐力或增强了产品的可销售性等；降低了制造该产品所需材料的成本或生产过程中的其他投入；扩大许可技术使用范围。当然，从狭义的角度看，技术改进可仅限于产品或方法的性能或效能提升。

（撰稿人：侯泽琦）

第八百七十六条　【特殊种类的知识产权转让与许可】集成电路布图设计专有权、植物新品种权、计算机软件著作权等其他知识产权的转让和许可，参照适用本节的有关规定。

【释义】

本条将除了专利、商标、著作三种传统知识产权以外的特殊种类的知识产权转让与许可，纳入技术转让合同规制客体的范围当中。

集成电路布图设计专有权、植物新品种权、计算机软件著作权等其他知识产

---

① See Christophe Geiger, *Research Handbook on Human Rights and Intellectual Property*, Research Handbooks in Intellectual Property series 2015EE.

权的转让和许可，需要当事人之间建立书面合同。其中，植物新品种权的转让，国有单位在国内转让申请权或者品种权的，需要按照国家有关规定报经有关行政主管部门批准；自然人或法人转让申请权或者品种权的，应向国务院知识产权行政部门登记并予以公告；集成电路布图设计专有权的转让与许可，应向国务院知识产权行政部门登记，并予以公告；计算机软件著作权的转让与许可，可以向国务院知识产权行政部门认定的软件登记机构登记。

专利实施许可包括以下方式：

（一）独占许可，是指让与人在约定许可实施专利的范围内，将该专利仅许可一个受让人实施，让与人依约定不得实施该专利。

（二）排他许可，是指让与人在约定许可实施专利的范围内，将该专利仅许可一个受让人实施，但让与人依约定可以自行实施该专利。

（三）普通许可，是指让与人在约定许可实施专利的范围内许可他人实施该专利，并且可以自行实施该专利。当事人对专利实施许可方式没有约定或者约定不明确的，认定为普通实施许可。专利实施许可合同约定受让人可以再许可他人实施专利的，认定该再许可为普通实施许可，但当事人另有约定的除外。

专利实施许可合同让与人负有在合同有效期内维持专利权有效的义务，包括依法缴纳专利年费和积极应对他人提出宣告专利权无效的请求，但当事人另有约定的除外。

（撰稿人：侯泽琦）

第八百七十七条　【特殊规定】法律、行政法规对技术进出口合同或者专利、专利申请合同另有规定的，依照其规定。

【释义】

本条规定了本法与其他规范性法律文件对相关内容的特殊规定之间的混同。

关于技术进出口与专利、专利申请合同有关内容的法律适用，我国对于技术的进出口有专门的规定。根据《技术进出口管理条例》，技术进出口是指从中华人民共和国境外向中华人民共和国境内，或者从中华人民共和国境内向中华人民共和国境外，通过贸易、投资或者经济技术合作的方式转移技术的行为。前款规定的行为包括专利权转让、专利申请权转让、专利实施许可、技术秘密转让、技术服务和其他方式的技术转移。

《专利法》第 10 条第 2 款规定，中国单位或者个人向外国人、外国企业或者外国其他组织转让专利申请权或者专利权的，应当依照有关法律、行政法规的规定办理手续。其中，保密审查尤为重要，并在《专利法》第 20 条第 1 款得到了确认：任何单位或者个人将在中国完成的发明或者实用新型向外国申请专利的，应当事先报经国务院专利行政部门进行保密审查。中国单位或者个人根据中华人民共和国参加的有关国际条约提出专利国际申请的，也应当进行保密审查。对于违反本条规定的，不授予专利权。此外，《计算机软件保护条例》第 22 条、《植物新品种条例》第 9 条也都规定了相应的保密审查与行政审批措施。

（撰稿人：侯泽琦）

第四节　技术咨询合同和技术服务合同

第八百七十八条　【技术咨询与服务合同的概念】技术咨询合同是当事人一方以技术知识为对方就特定技术项目提供可行性论证、技术预测、专题技术调查、分析评价报告等所订立的合同。

技术服务合同是当事人一方以技术知识为对方解决特定技术问题所订立的合同，不包括承揽合同和建设工程合同。

【释义】

本条规定的是技术咨询与服务合同的概念。

咨询，意指询问、谋划、评议、商量等含义。早在 1987 年，《技术合同法》按照经济运行规律和科技发展规律，就用法律形式把技术咨询合同确定下来，把受托人为委托人就特定技术项目提供可行性论证、技术预测、专题技术调查、分析评价报告所订立的合同，作为技术合同的组成部分，具有十分重要的科学意义和法律意义。决策咨询，自古有之。咨询活动商品化、产业化，在国外已有相当长的历史，却很少有关于技术咨询的法律法规。我国通过科技立法，在总结技术成果商品化经验的基础上，对技术咨询合同进行规定，是一个大胆的尝试，是一个前瞻的步伐。①

技术咨询合同具有三项特征：

---

① 段瑞春：《技术合同》，法律出版社 1999 年版，第 214 页。

一、主体构成的特定性

技术咨询合同是委托人就技术项目的分析、论证、评价、预测和调查向具有丰富知识和经验，并具有一定声誉的专家、专门机构、咨询公司提出咨询，受托专家或专门机构综合运用科学知识和技术手段，为其提出建议、意见和决策方案的协议。合同主体的一方，即受托人，是具有知识和经验，能够对咨询问题给出答案、提出建议、拿出方案的专门机构或专门人才。从这个意义上讲，技术咨询合同是知识密集型咨询产业服务于科技、经济、社会发展的法律形式。

二、标的内容的综合性

技术咨询合同不同于本书第六章讨论的技术服务合同。后者的合同标的主要解决具体的技术性问题。技术咨询合同的标的是科技咨询课题，本条列举了四个方面：可行性论证；技术预测；专题技术调查；分析评价报告。归纳起来，就是科学技术项目的分析、论证、评价、预测和调查。在科技经济一体化、经济全球化的今天，技术咨询项目的正确答卷，需要综合运用自然科学、社会科学、人文科学的知识，进行历史的、现实的、未来的分析思考，并且采用先进的技术手段和评价指标。

三、成果的决策参考性

在认定技术咨询合同时，要看其是否满足以下三个条件：第一，合同标的要有特定的技术项目及咨询课题；第二，履行方式必须是运用自然科学知识和技术手段进行的分析、论证、评价、预测和调查活动；第三，工作成果是为科技决策提供的咨询报告和意见，是决策的依据，但又是决策的参考。最后一个条件是区别技术咨询合同和技术服务合同的界限。

不过，技术服务合同与技术咨询合同之间如何界分，却难度较大，理论上如此，实务中亦然。

技术咨询尽管也是受托人为委托人提供技术方面的服务，单就这点而言，技术服务合同与技术咨询合同难以区别，但两者的“服务”内容和侧重点不同，因而还是有所区别的：

1. 技术服务合同的标的较为具体，且限于特定技术的服务。而技术咨询合同的标的则较为广泛。

2. 与此相联系，技术服务合同的标的物相对具体、特定，而且此类特定技术是成熟的或相对成熟的；换句话说，技术服务合同的标的是受托人以其技术知识为委托人解决特定技术问题的服务行为，而技术咨询合同的标的大多较为抽象、宏观，可能是“务虚的”的泛泛而论，可能是远景展望，当然，也不排除较为具体、特定的专题技术调查、分析、评价。

3. 技术咨询合同中的受托人只是一个为委托人进行决策提供参谋性意见和方案的“顾问”，不具体地从事技术项目中的科技工作；技术服务合同中的受托人则要依约实施具体的专业科技工作，不仅要向委托人传授技术知识和经验，还要时常运用上述知识和经验解决某个特定的技术问题。

4. 技术咨询合同中的受托人只负责向委托人提交约定的咨询报告，不承担决策的风险；技术服务合同中的受托人提供的是一种现成的合同履行结果，该工作成果是唯一的，对委托人来说不存在选择的余地。

5. 技术服务合同区别于技术咨询合同的重要之处在于，后者受托人一般不直接“干预”委托人的生产经营活动，一般不深入委托人的工作场所，不渗透于委托人的工作环节之中；而在技术服务合同场合，受托人亲临委托人之所，亲自动手解决委托人所面临的技术问题，或者手把手地教会委托人一方的工作人员，以解决其技术问题。①

（撰稿人：侯泽琦）

第八百七十九条 【技术咨询合同中委托人的义务】 技术咨询合同的委托人应当按照约定阐明咨询的问题，提供技术背景材料及有关技术资料，接受受托人的工作成果，支付报酬。

【释义】

本条规定的是技术咨询合同中委托人的义务。

1. 提出并阐明咨询的问题

委托人应向受托人阐明所进行的技术项目决策面临的问题，使受托人工作有明确的目标和方向。阐明咨询的方式有三种：全面介绍技术项目的背景情况，提出具体的咨询课题和要求；派遣专业人员随时解答受托人所提出的咨询问题；派专业人员常驻受托人企业，担任该企业技术改造、科学管理的技术顾问。

2. 提供技术背景材料、技术及数据

项目的背景材料与数据是受托人研究、分析问题的基础。因此，充分介绍背景材料、提供必要数据、说明咨询的问题，是委托人的法定义务。除了在订立合同时将上述背景材料、技术及数据向受托人阐明之外，在履行合同中也有义务根据受托人的要求随时进行补充说明。当然，委托人有权拒绝超过必要限度和超过

---

① 崔建远：《技术合同的立法论》，载《广东社会科学》2018 年第 1 期。

自身能力的要求。

3. 及时接受工作成果

及时接受工作成果既是委托人的权利也是义务。委托人在收到咨询报告以后，应当及时对其形式、内容进行核验，并对受托人工作成果是否符合合同约定的条件作出评定。对咨询报告进行评定需要遵循科学、公平、诚信的原则，并要求双方代表参加，从而保证双方的合理利益与评定内容的公正性。

4. 支付报酬

这是委托人的基本义务，不及时或不完全支付报酬，属于对合同的根本违约，受托人可以请求解除合同并拒绝提供咨询服务。本条所称的报酬，是受托人智力劳动和工作成果的“对价”。[①] 从民事实践来看，一般委托人只向受托人支付合同约定的报酬，不另行支付受托人的工作经费，也就是说，受托人为完成咨询工作的各项开支由其自己负担。但是，双方可以依据合同另行约定，受托人为完成咨询工作的经费由受托人负担。

（撰稿人：侯泽琦）

第八百八十条　【技术咨询合同中受托人的义务】 技术咨询合同的受托人应当按照约定的期限完成咨询报告或者解答问题，提出的咨询报告应当达到约定的要求。

【释义】

本条规定的是技术咨询合同中受托人的义务。

根据条文可知，受托人义务主要为两项：

1. 按照约定的期限完成咨询报告或者解答问题

受托人应当尽自身之所学，依据委托人提供的资料与数据，运用多学科、多方向的知识与研究方法，做出有足够专业性、真实性、可靠性的咨询报告。并在合同履行期间，尽职尽责地回答委托人关于合同范围内有关技术咨询的所有问题。

咨询报告的形式一般分为三种：第一种为受托人提交一次性咨询报告；第二种为受托人无须提交报告，但是需要在合同期间内回答委托人所有技术问题；第三种为受托人先进行调研，后提交初期报告，听取委托人建议，双方充分讨论过

① 段瑞春：《技术合同》，法律出版社 1999 年版，第 218 页。

后，再进行咨询报告的撰写。无论是哪种方式，在合同履行期间内，为达成合同目的，合同双方都有义务保持密切的沟通。委托人也不是消极等待的角色，需要对技术咨询内容积极参与，进行分析与评鉴等工作。

对于计时咨询，咨询报告的形式是用口头或是书面，由双方当事人约定。

2. 保证咨询报告和意见达到约定要求

通常来说，咨询报告的结论应当基于科学分析和切实客观实际，所提出的方案具有参考价值，并得到相关领域多数专家的肯定与采纳。受托人不对后续的项目实施结果好坏承担责任。因为技术报告只提供项目的评估与参考，但是项目本身受诸多因素影响。

但是以下情况，受托人可能对其咨询报告负责：

（1）技术咨询合同与其他合同合订为一个合同或者作为其他技术合同附件。例如，一方当事人为对方研究开发项目或重大工程项目提供可行性论证，并在此基础上承担该研究开发项目或工程项目。这时，技术咨询合同是技术开发合同、建设工程承包合同不可分割的组成部分。技术咨询合同的受托人同时是技术开发合同的研究开发人或建设工程承包合同的工程承包人。这时，应当对其咨询报告和意见实施结果负责。

（2）技术咨询合同的受托人参与决策并直接指导委托人实施。这时，一方当事人不仅是技术咨询合同的受托人，而且是技术服务合同的受托人。技术服务合同为主合同，技术咨询合同为其从合同。在这种情况下，应当对其咨询报告和意见付诸实施的结果负责。

（3）技术咨询合同约定受托人对其咨询报告和意见采纳后实施结果负责。既然约定了这样的义务，就应当依约履行，承担责任。在这种情况下，受托人实际上将技术咨询合同按技术服务合同理解，承担了作为技术服务合同的受托人的主要义务。因为当事人一方委托另一方就解决特定技术问题提出实施方案，进行实施指导所订立的合同，是技术服务合同，不属于技术咨询合同。①

（撰稿人：侯泽琦）

第八百八十一条　【技术咨询合同中双方应承担的义务以及违约责任】技术咨询合同的委托人未按照约定提供必要的资料，影响工作进度和质量，不接受或者逾期接受工作成果的，支付的报酬不得追回，未支付的报酬应当支付。

① IBID P219.

技术咨询合同的受托人未按期提出咨询报告或者提出的咨询报告不符合约定的，应当承担减收或者免收报酬等违约责任。

技术咨询合同的委托人按照受托人符合约定要求的咨询报告和意见作出决策所造成的损失，由委托人承担，但是当事人另有约定的除外。

【释义】

本条规定的是技术咨询合同中双方应承担的义务以及违约责任。

委托人应当履行的义务有：

(1) 委托人应按合同约定提供背景材料、技术资料和数据。违反此义务，造成合同履行迟延和中止，影响工作进度和质量的，按照过错责任原则，受托人不承担责任。委托人应当如数向受托人支付报酬。这就是说，已经支付的报酬不得追回，尚未支付的应当如数支付。由此造成受托人待工，蒙受损失的，受托人还有权要求委托人及时采取补救措施和赔偿损失。为了促进当事人及时行使权利，委托人迟延提供必要的资料和数据，经催告在合理期间内仍不提供资料和数据，导致受托人无法开展工作的，受托人有权解除合同，委托人应当支付违约金或者赔偿损失。

委托人提供的资料和数据有错误和缺陷的，应对其提交的资料和数据负责。因上述资料和数据存在严重缺陷，影响工作进度和质量的，应当如数支付报酬，给受托人造成损失的，应当支付违约金或者赔偿损失。对于委托人提供的资料和数据中的明显错误，受托人可以及时要求委托人补充、修改，委托人应及时更正。但是要求委托人提供资料和数据，不应当超过履行合同必要的范围，且应考虑委托人提供资料和数据的能力。

(2) 按时接受工作成果既是技术咨询合同委托人的权利，又是委托人的义务。委托人不按时接受工作成果并组织评估和验收是违反合同的行为，应当承担违约责任。因为委托人不及时组织评估验收工作，不仅会增加受托人的资料保存责任，而且会使受托人完成的工作成果处于不确定状态。

(3) 按时足额支付费用是委托人最核心的义务，如果委托人未能按时或者足额支付费用。受托人在合理期限内经催告后依然不能履约的，受托人有权解除合同，并拒绝提供咨询服务。合同约定有违约金的，应当支付违约金。

受托人应当履行的义务有：

(1) 受托人按时按约定提交咨询报告。受托人未按合同约定提交咨询报告和意见是严重违反合同的行为，不仅不得收取报酬，而且应当支付违约金或者赔偿损失。合同约定了违约金的，应支付违约金；合同没有约定违约金的，应赔偿由此给委托人所造成的损失。

延迟提交，指受托人在接到委托人所提供的背景材料、有关资料和数据后，不进行履行合同的工作。对此，委托人有权要求其履行并采取适当补救措施。这里所说的补救措施，包括加快进度、弥补迟延履行的损失等。这种违约行为的发生，多数由于受托人在技术咨询合同约定的时间内尚未完成工作成果，有些受托人会请求对方给予宽限期。受托人迟延提交咨询报告和意见应当承担迟延履行合同的责任，向委托人支付违约金。但受托人迟延提交的咨询报告和意见符合合同约定条件的，委托人仍应如期支付报酬。根据催告制度，受托人迟延提交咨询报告和意见，经催告在合理的期限内仍然没有提交的，委托人有权解除合同，不向其支付报酬，并要求受托人支付违约金或者赔偿损失。

由于技术咨询是一项综合性的智力服务，成果的评价和鉴定是一项复杂的技术评估工作。参与评价工作的专家，因其专业背景、学术思想和工作经验不同，对同一问题的看法不尽相同，对同一成果的评价不尽一致，这是正常的，可以理解。应要求专家评估或成果鉴定按科学和民主的程序进行，着重咨询报告的科技价值和决策参考价值，允许受托人解释、答辩，欢迎有不同意见的切磋和不同观点的碰撞，但最终要在多数专家的意见的基础上形成结论。

（2）受托人应当随时回答相关技术问题，传授技术知识。在合同的履行过程中，需要双方当事人密切配合，就技术问题进行足够的沟通从而达到约定的要求。因此，受托人回答委托人的技术问题，是保证沟通的重要条件，从而也就保证了技术咨询的质量。

（3）在技术咨询合同中，受托人完成咨询报告的任务后，合同义务就算履行完成。因此，后续的项目完成就与受托人无关。这符合合同验收原则与反对扩大解释。

（撰稿人：侯泽琦）

第八百八十二条　【技术服务合同中双方应承担的义务】技术服务合同的委托人应当按照约定提供工作条件，完成配合事项，接受工作成果并支付报酬。

第八百八十三条 【技术服务合同的受托人义务】技术服务合同的受托人应当按照约定完成服务项目，解决技术问题，保证工作质量，并传授解决技术问题的知识。

【释义】

上述两条规定的是技术服务合同中双方应承担的义务。

技术服务合同中委托人的法定义务为：

（1）按照约定提供工作条件，完成配合事项。在实践中，技术服务合同委托人此项义务的主要内容包括按照合同的约定提供技术资料、数据、材料、样品或其他相应的工作条件并完成有关配合事项。在合同约定的期限内，就对方要求改进或更换不符合合同约定的技术资料、数据、材料或工作条件的通知作出答复。技术中介合同委托人此项义务的主要内容为如实提出订立合同的要求，提供有关背景材料。

（2）在技术服务合同中，委托人应当按照合同的约定按期接受受托方的工作成果，在验收工作成果时，如发现工作成果不符合合同规定的技术指标和要求，应当在约定的期限内及时通知对方返工或改进。

（3）委托方应按照约定给付报酬。

技术服务合同中受托人的法定义务为：

（1）按照合同约定完成技术项目，解决技术问题，保证工作质量。在技术服务合同中受托人的此项义务表现为：依合同约定的期限、质量和数量完成技术服务工作；未经委托人同意，不得擅自改动合同中注明的技术指标和要求；在合同中有保密条款时，不得将有关技术资料、数据、样品或其他工作成果擅自发表或提供给第三人；发现委托人提供的技术资料、数据、样品、材料或工作条件不符合合同约定时，应在约定期限内通知委托人改进或者更换；应对委托人交付的技术资料、样品等妥善保管，在合同履行过程中如发现继续工作对材料、样品等有损害危险时，应中止工作并及时通知委托人；这里的工作质量的判断一般要求符合国家标准，没有国家标准的要符合行业标准，没有行业标准的要符合一般实用标准。

（2）传授解决技术问题的知识。受托人不仅要解决技术问题，而且要通过技术服务来扩散有关科技知识与经验。知识的流动是技术服务合同与其他技术合同的重大区别。①

---

① 李国光主编：《合同法解释与适用（上册）》，新华出版社 1999 年版，第 1783 页。

关于双方当事人的违约责任，技术服务合同的委托人不履行合同义务或者履行合同不符合约定，影响工作进度和质量，不接受或者逾期接受工作成果的，支付的报酬不得追回，未支付的报酬应当支付。技术服务合同的委托人未按照合同约定完成服务工作的，应当承担免收报酬等违约责任。

（撰稿人：侯泽琦）

第八百八十四条　【技术服务合同中双方的违约责任】技术服务合同的委托人不履行合同义务或者履行合同义务不符合约定，影响工作进度和质量，不接受或者逾期接受工作成果的，支付的报酬不得追回，未支付的报酬应当支付。

技术服务合同的受托人未按照约定完成服务工作的，应当承担免收报酬等违约责任。

【释义】

本条规定的是技术服务合同中双方的违约责任。

（一）委托人违反合同的责任

技术服务合同委托人不履行合同义务或者履行合同义务不符合约定的行为主要有以下几种：

1. 未按照合同约定提供有关技术资料、数据等必要的工作材料

委托人所提供的工作材料，是受托人履行合同的基础。受托人发现委托人提供的材料有严重缺陷的，委托人应及时补充修改。委托人逾期不提供约定的相应工作材料经催告在合理的期限内仍不履行的，受托人有权解除合同，委托人应当支付违约金或者赔偿由此给受托人所造成的损失。需要说明的是，当委托人没有提供履行合同必须的技术资料，从而直接影响受托人的工作质量和进度时，委托人才应承担责任；如有不足，但并未构成影响的，不承担责任。这也符合民事法律关系中的过错责任原则。

2. 逾期或未足额支付报酬

支付报酬是委托人的主要义务，未能按期或者足额支付报酬的，经过合理期限催告，委托人可以解除合同，已支付的报酬不再返还。合同约定有违约金的，委托人应当支付违约金。

3. 迟延接受工作成果

接受委托人的工作成果是委托人的权利又是其义务。委托人迟延接受工作成果的，委托人有权要求委托人支付保管费。此外，受托人可以在经合理催告后行使留置权，通过折价、售卖等来抵扣应付报酬、管理费与违约金。

（二）受托人违反合同的责任

技术服务合同受托人违反合同的行为主要有以下几种：

1. 未按合同约定完成技术服务工作

按合同约定完成技术服务工作，向委托人支付工作成果，是受托人基本的义务。在合同约定的期限内未交付工作成果的，即构成违反合同。工作成果经委托人催告在合理的期限内仍不履行的，委托人有权解除合同，受托人应当交还技术资料和样品，返还已付的报酬，支付违约金或者赔偿损失。

2. 工作成果不符合合同约定的条件

受托人提交的工作成果、服务质量不符合合同约定的条件，属于违反合同的行为。从科技工作的实际出发，工作成果不符合约定条件的情况，有一般缺陷和有严重缺陷之分。一是受托人的工作成果或服务质量有一般缺陷。比如，在基本方面或主要方面达到了合同约定的条件，但在某些环节上不符合合同约定的条件，在这种情况下，凡可通过采取适当补救措施解决遗留问题的，受托人应当本着维护协作关系、减少实际损失的精神，尽可能切实采取补救措施，并减收报酬。二是受托成果或服务质量有严重缺陷，难以达成合同约定的目的。受托人应当免收报酬，支付违约金或者赔偿损失。①

（撰稿人：侯泽琦）

第八百八十五条　【技术咨询与服务合同中技术成果的归属】技术咨询合同、技术服务合同履行过程中，受托人利用委托人提供的技术资料和工作条件完成的新的技术成果，属于受托人。委托人利用受托人的工作成果完成的新的技术成果，属于委托人。当事人另有约定的，按照其约定。

【释义】

本条规定的是技术咨询与服务合同中技术成果的归属。

① 段瑞春：《技术合同》，法律出版社 1999 年版，第 223 页。

一般来说，技术成果的归属都优先按照合同约定。合同当事人可以约定，受托方利用委托方提供的技术资料和工作条件所完成的新的技术成果，属于委托方、受托方所有（或持有）或者由双方当事人共有；委托方利用受托方的工作成果所完成的新的技术成果，属于委托方、受托方所有（或持有），或者由双方当事人共有。

当合同双方没有对此进行约定时，在履行技术咨询合同、技术服务合同的过程中，受托方利用委托方提供的技术资料和工作条件所完成的新的技术成果，属于受托方；委托方利用受托方的工作成果所完成的新的技术成果，除合同另有约定外，属于委托方。

对新的技术成果享有所有权（或者持有权）的一方当事人，可依法享有就该技术成果取得的精神权利（如获得奖金、奖章、荣誉证书的权利）、经济权利（如专利权、非专利技术的转让权、使用权等）和其他利益。①

技术咨询合同、技术服务合同的履行过程，事实上也是一个当事人之间互通技术信息、交流工作成果的过程，这一过程为双方当事人创造出更新的技术成果提供了条件和机会。因此，按照互利的原则，在一方获得技术成果所有权的同时，另一方可按合同约定享有免费使用权。

（撰稿人：侯泽琦）

第八百八十六条　【受托人开展工作所需费用的承担主体】 技术咨询合同和技术服务合同对受托人正常开展工作所需费用的负担没有约定或者约定不明确的，由受托人负担。

【释义】

本条规定的是技术咨询合同和技术服务合同中受托人开展工作所需费用的承担主体。

依照自愿原则，双方当事人可就费用的负担主体在合同中予以约定。但是合同未能明确的，由受托人负担。受托人在合同的履行过程中，主要依靠委托人提供的资料来开展工作，委托人所支付的报酬就已经包含了受托人的工作报酬。其他在工作过程中所产生的费用，应为受托人分内义务。但是当受托人开展工作所需支出是由委托人造成的，如未能完成提交资料、委托人提出了新的工作任务等

① 李国光主编：《合同法解释与适用（上册）》，新华出版社1999年版，第1786页。

超出原合同范围与委托人分内义务的，由委托人支付相关费用。

（撰稿人：侯泽琦）

第八百八十七条　【特殊规定】法律、行政法规对技术中介合同、技术培训合同另有规定的，依照其规定。

【释义】

本条规定了本法与其他规范性法律文件对相关内容的特殊规定之间的混同。

技术中介合同、技术培训合同属于居间合同。我国对于居间合同留有适用的余地，这部分的内容可由其他的法律与行政法规规制。需要说明的是，行政规章不在范围内，不可以适用于居间合同。

（撰稿人：侯泽琦）

第二十一章　保管合同

【导读】

本章重点规定了保管合同定义、保管费用、保管人与寄存人主要权利义务、合同成立与终止、保管人留置权共五个规范事项。对其理解，总体上应当把握以下几个关键点：

第一，本章的第888条是保管合同定义的一般规定，对《合同法》第365条进行了修改，添加第2款关于当事人在特定场所情况下视为保管合同的规定，这一条款明确把寄存人将物品存放在指定场所的行为定性为保管，法律定性更加明确，是《民法典》突破创新之处。第二，关于保管人与寄存人的义务，本章对比《合同法》没有变动，仍旧是保管合同章的重点法条，包括第889条与第893条的寄存人支付保管费的义务与告知义务，第892条与第894条保管人保管标的物的义务、第895条不使用保管物的义务、第900条返还标的物及孳息的义务、第896条第三人主张权利时保管人的义务等。第三，本章第897条保管人赔偿责任相较于《合同法》第374条，添加保管人证明自己没有“故意”，无偿保管人对其故意或者重大过失造成保管物毁损、灭失的情形承担损害赔偿责任。虽然表述上添加“故意”两个字，但是法条含义并没有发生变化，无偿保管人仍需要对保管期间的故意承担赔偿责任，对重大过失不能免责，本章各条款的变动使得法律语言表达更加严谨，规范更加合理，内容更加完整并协调一致，从而成为《民法典》合同编的有机组成部分之一。

第八百八十八条　【定义和法定保管】保管合同是保管人保管寄存人交付的保管物，并返还该物的合同。

寄存人到保管人处从事购物、就餐、住宿等活动，将物品存放在指定场所的，视为保管，但是当事人另有约定或者另有交易习惯的除外。

【释义】

本条规定的是保管合同的定义和法定保管。保管合同制度发源于罗马法，于罗马法上称为寄托（deposito）。法国法上明确规定了寄托合同的定义[①]，并将寄托分为两种，即通常寄托和讼争物寄托。通常寄托在本质上是一种以动产为标的物的无偿契约，以寄托物的现实交付或虚拟交付而发生效力。通常寄托又分为任意寄托和紧急寄托。任意寄托是指当事人双方合意而成立，仅限于寄托物所有人所为之寄托或经其明示或默示的同意而为之寄托。紧急寄托则是指在有火灾、崩塌、抢夺、船难等灾难或其他不可预见的事故时，因逃避而为之。法国法上旅馆或旅店主人对于旅客携带的物品负寄受人责任，视为紧急寄托。讼争物寄托是指将相互争执的物品在判决生效前进行保管，于判决生效或当事人和解后将物交付于所有权人的寄托。其也分为两种：一是合意上的讼争物寄托，二是裁判上的讼争物寄托。前者为一人或数人，将讼争标的物寄托于第三人，第三人在诉讼终结后，对于因裁判而取得该物的一方负有返还的义务。后者是指法院指令财产管理人对债务人已被扣押的动产，或争议中的动产或不动产，或债务人为清偿所提供之物而进行保管的行为。《日本民法典》亦以立法确定了保管合同之定义[②]，并于法典中规定了一般寄托和消费寄托，且于商事立法中对商业寄托进行了另一体例的规定。原《苏俄民法典》称“寄托”为“保管”，我国沿用之。在 1993 年《经济合同法》中，我国没有对一般保管作出规定，只对仓储保管合同的订立和违约责任作了原则性的规定，直至 1999 年《合同法》才将保管合同单独成章。[③]依据 1999 年《合同法》的规定，我国特殊保管有三种，即消费保管合同、混藏保管合同[④]和仓储保管合同[⑤]。由于仓储商业营业的大规模发展，各国大多通过修法将仓储合同作为独立的有名合同加以确定，我国 1999 年《合同法》第二十章亦如此。

---

① 《法国民法典》第 1915 条规定：“寄托，一般是指为当事人一方收受他方之物、负责保管并返还原物的行为。”参见罗结珍：《法国民法典》，北京大学出版社 2010 年版，第 452 页。

② 《日本民法典》第 657 条规定：“寄托，因当事人一方约定相对人保管并收取某物而发生效力。”

③ 江平：《中华人民共和国合同法精解》，中国政法大学出版社 1993 年版，第 309 ~ 311 页。

④ 《合同法》第 378 条对消费保管和混藏保管予以规定。消费保管与一般保管相比，其在保管目的上存在特殊点，本质上是一种以保管物的价值保管为目的，以可替代的种类物为标的物，并在保管物交付时移转所有权的保管形式。混藏保管则是介于一般保管与消费保管之间的保管合同，其也以保管物的价值保管为目的，以可替代的种类物为标的物，但不转移保管物的所有权。

⑤ 《合同法》上的仓储合同在成立条件上存在特殊之处，具体而言为保管合同系实践合同，而仓储合同为诺成合同。

从本条规定的第1款可知，保管合同的目的是保管寄存人交付之物品，其中进行保管并负返还义务的一方是保管人，也称寄受人。交付物品请求保管的是寄存人，也称寄托人。双方既可以是自然人，也可以是法人或其他组织。保管物的外延决定了保管合同制度的适用范围。奥地利、日本、我国台湾地区、澳门特别行政区等地的立法例规定保管物包括动产与不动产[①]，法国、德国、瑞士、意大利则认为保管物以动产为限。[②] 据此，有学者认为保管物一般为动产、特定物，不动产保管大多时候实为雇佣或委任管理，而非严格意义上的保管，因其目的更重于价值保管，而非单纯的物质保管。[③] 有学者对此持反对意见，认为保管合同的标的物应作体系解释，包括动产或不动产、代替物或不可代替物、可分物或不可分物，我国的立法并没有明文对此处之“物”予以限制，寄托的标的物在现实中仍以动产为主。[④] 有学者进一步提出，若以不动产的保管可采取雇佣或委托合同的方式为由否定其成立保管合同的必要性，则动产亦无必要成为保管合同的标的，因为动产的保管也可采取雇佣或委托合同的方式。[⑤]

关于保管物的确定，尚需关注赃物能否作为保管之标的物。笔者认为，应当分类型观之。当保管人为善意者，不论其是否有过失，保管合同均依法成立并有效，但保管人事后知晓保管物为赃物的，得以重大误解或欺诈为由撤销保管合同，并拒绝继续保管。当保管人为恶意者，则保管合同可依法成立，但因双方系通谋虚假意思表示致使合同无效。需要注意的是，在赃物保管中，保管合同无效或经撤销的，寄存人为不法原因给付，寄存人均不得请求返还保管物，但是善意的保管人得基于其合法的劳务付出，请求支付合理的保管费。

相较于《合同法》第365条，该条第2款新增了法定保管的内容，即保管关系并非双方当事人意思表示达成一致而成立，而是由法律规定成立。在2002年的公报案例李某英诉上海大润发超市存包损害赔偿案中，上海市第二中级人民法院认为双方当事人没有达成保管合同的合意，李某英只是借助使用自助寄存柜继续实现对自己物品的控制和占有，而大润发超市由于没有收到交付的物品，也无法履行保管职责，双方之间不存在保管合同成立的必备要件——保管物转移占有的事实，因此仅成立借用合同关系。在该案例的影响之下，消费者实难于此类案件

---

① 详见《奥地利民法典》第960条、《日本民法典》第657条、我国台湾地区“民法”第589条、澳门特别行政区民法第1111条。

② 详见《法国民法典》第1918条、《德国民法典》第688条、《瑞士债务法》第472条第1款、《意大利民法典》第1766条。

③ 王文林：《保管合同 仓储合同》，法律出版社1999年版，第5页。

④ 邱聪智：《新订债法各论（中）》，中国人民大学出版社2005年版，第270～271页。

⑤ 宁红丽：《我国典型合同理论与立法完善研究》，对外经济贸易大学出版社2016年版，第278页。

中获得财产保护。但在域外的立法进程中，部分国家和地区已经确认，以招揽客人为目的之营业的场所主人，为保护客人及增进营业信用，需要对其消费者随身携带的物品的毁损、灭失或者被盗承担责任，如德国、瑞士、我国台湾地区、日本。① 为了有效保护消费者的财产安全，其实也是为了消费者对上述场所的安全有一种基本的信赖，并基于该信赖经常光顾上述各场所，从而促进经济的繁荣，我国《民法典》自一审稿始便增加了本款的内容，即上述各类从事商业活动的场所主人对客人随身携带的财物有保管的义务，拟制双方存在保管合同，谓之法定保管合同或场所主人保管合同。

【关联规定】

《经济合同法》第22条，《合同法》第365～380条

（撰稿人：邓环宇）

第八百八十九条　【保管费的支付和无偿推定】 寄存人应当按照约定向保管人支付保管费。

当事人对保管费没有约定或者约定不明确，依据本法第五百一十条的规定仍不能确定的，视为无偿保管。

【释义】

本条是关于保管合同费用和对保管合同推定为无偿合同的规定。根据本条，保管合同可以分为有偿、无偿两类。依据第1款，有偿保管合同的寄存人负有支付保管费的义务。在有偿保管合同中，保管人付出了劳动，按照约定获得报酬。但寄存人只承担依约定支付保管费的义务，因此保管人主张保管费时，需提供寄存人支付保管费的依据。

依据第2款，保管合同中没有关于支付保管费用的约定或者约定不明确，事

---

① 《德国民法典》第701条规定："以供外人住宿为营业的旅店主应赔偿外人在该业务的经营中携入的物品因丢失、毁损或损坏而造成损害，店主当承担责任。"《瑞士债法典》第487条规定："旅店老板应当对其旅客随身携带的物品的损害、破坏或者被盗承担责任。"我国台湾地区"民法"第607条规定："饮食店、浴堂或其他相类似场所之主人，对于客人所携带通常物品之毁损、丧失负其责任。"《日本商法典》第594条第1款规定："旅店、饭店、浴室等以招徕顾客为目的的店所主人，对其接受顾客寄托物品的灭失或毁损，非证明其系不可抗力所致，不得免除损害赔偿责任。"

后也无法达成补充协议,[①] 根据合同有关条款、合同性质、合同目的或者交易习惯仍然无法确定是有偿保管合同还是无偿保管合同，依法拟制为无偿保管合同。本条的“视为”系我国《民法典》增加的表述，旨在规范法律拟制的用语。

自罗马法以来，保管合同为无偿合同之原则已沿袭久矣，各国立法例基本采用了这一原则，仅以有偿为补充。《法国民法典》第1917条明确规定：“通常寄托本质上为无偿契约。当事人之间约定寄存人应当支付报酬，或者服务的本身包含了有偿的内容时，保管合同也可以成为有偿合同。”《德国民法典》第689条亦有相似规定。在我国，保管合同早期的存在主要是社会成员提供相互之间的帮助或者服务组织为公民提供服务的一种形式，原则上是无偿的。[②] 迪特尔·梅迪库斯指出，基于“利益主义”的原则，只有因合同而获得利益的人才应负完全的责任。因此，无偿行为的行为人的责任往往是被减轻的，而且其负担的义务往往也比较容易得到解脱,[③] 表现在降低债务人所负注意义务标准。大陆法系的诸多立法例均对此有明确规定,[④] 我国《民法典》第897条也秉承此立法精神，把无偿保管人的注意义务降到更低的程度。有偿保管与无偿保管在注意义务上的区分，必然对保管人的损害赔偿责任产生影响，详见后文对第897条的解读。

需要注意的是，“无偿合同”的“无偿”是指只有一方当事人作出给付，或虽为双方作出给付但双方的给付不具有对价意义。古典合同法理论从人类的社会行为中抽象出各个典型的交易关系并加以标准化，通过细密的法律规制建构了典型合同体系。但在社会学的视野中，契约不仅包括经济上的交换，还包括其他的互动行为，而各个具体的法律上的缔约行为只是广义社会交换链条中的一个环节。在民法中被定性为“无偿”的合同也并非真正的无“偿”，无偿行为中给予财产或价值的一方，同样可能怀有某种互惠的动机和需要，只不过这些需求被不用支付对价或报酬的表面现象掩藏起来，行为人真正追求的东西其实在合同之外。对此，徐国栋的评价十分直接：“就赠与合同而言，多数人通过把它界定为一种无对价的合同，隐晦地归入利他合同，但另一些学者认为从长期来看，受赠人必定要对赠与人提供的恩惠做出回报，从而否定赠与合同的利他性。”[⑤] 因此，笔者认为，纵然我国的《民法典》沿用了保管合同无偿合同之推定，但随着第三产业中服务业发展的要求，无偿推定的适用应当更加谨慎，必要之时还应结合隐

---

① 江平：《中华人民共和国合同法精解》，中国政法大学出版社1993年版，第310页。

② 王文林：《保管合同 仓储合同》，法律出版社1999年版，第10~11页。

③ ［德］迪特尔·梅迪库斯：《德国债法分论》，杜景林、卢谌译，法律出版社2007年版，第5页。

④ 《法国民法典》第1927条、《德国民法典》第690条、《日本民法典》第400条与第659条、我国台湾地区“民法”第590条、《意大利民法典》第1927条。

⑤ 徐国栋：《人性论与市民法》，法律出版社2006年版，第175页。

藏较深的对价对无偿推定的适用作出合理限缩。

【关联规定】

《合同法》第 366、374 条

（撰稿人：邓环宇）

第八百九十条　【保管合同的成立】 保管合同自保管物交付时成立，但是当事人另有约定的除外。

【释义】

本条是对保管合同成立的规定。2019 年 12 月《民法典草案（三审稿）》第 890 条突破了一审稿和二审稿第 673 条的规定，对《合同法》第 367 条作出重大修改，即将“保管合同自保管物交付时成立”改为“保管合同自保管物交付时生效”，实现了保管合同的诺成化，但是经全国人民代表大会表决通过的《民法典》最终又将保管合同恢复至实践合同的范畴。

诺成合同与实践合同的区分从罗马法而来，区分二者的法律意义在于，二者的成立要件与当事人的义务确定不同。所谓当事人的义务确定不同，是指在诺成合同中交付标的物或完成给付系当事人的给付义务，违反该义务便产生违约责任，而在实践合同中交付标的物或完成其他给付，不是当事人的给付义务，只是先合同义务，违反它不产生违约责任，仅构成缔约过失责任。实践合同在标的物交付前，当事人可以任意撤销其约定，除非合同以书面形式订立。[①] 在传统民法中，借用、借贷、保管、运送、赠与等属于典型的实践合同，或称要物合同，即若无物的交付则合意不受法律保护，但是允许当事人约定优先。在近代民法中，采取合同自由原则对于合同的类型不作强制规定，由于绝大多数合同都是双方达成合意时成立的，实践合同则必须有法律特别规定，从严格的角度来看，诺成合同的范围逐渐扩大。[②] 随着现代经济生活的发展，若坚持双方在达成合意之外，需以物质交付为合同成立要件，不利于保障营业者一方的利益，故而 1999 年《合同法》上的有名合同基本均已脱离实践合同的范围而为诺成合同。本着这种

---

① 周枏：《罗马法原论》（下册），商务印书馆 1994 年版，第 710 ~ 711 页。

② 韩世远：《合同法总论》（第 4 版），法律出版社 2018 年版，第 83 页。

思路，1999 年《合同法》区分了仓储合同和保管合同，把商业经营意味更浓的仓储合同设计为诺成合同[①]，而将保管合同设计为实践合同。[②]

保管合同的诺成化之争由来已久。主张保管合同应当为诺成合同的学者认为，实践合同是合同拘束基础从特定形式到行为人意志演进中的过渡性产物，冠以物的交付以强制效力，将之作为管制性成立要件，不仅未必能起到保护当事人的效果，还会限制当事人的自治空间，尤其是在物已被先行交付的场合。与其借物之交付给予当事人考虑斟酌的机会，不如通过任意规范提供建议供当事人选择。即使法律认为应对无偿契约中的义务人施以特别保护，亦可通过减轻注意义务和承认任意撤销权等方式实现，无须以违反理论脉络为代价，强行保留实践合同的类型。[③] 因此，有学者直言道，财产性的契约均应予以诺成化，保留要物契约这种法制史上的残留物，实无必要。[④] 然而，反对者之论证也颇为有力，根据《合同法》第 367 条的规定，如保管人与寄存人事先仅有口头约定，其后保管人或者寄存人改变主意，不接收保管物或不交付保管物，均应认定保管合同尚未成立，因此改变主意的一方并不构成违约，对方当然无权请求强制履行，也无权请求法院追究其责任。[⑤] 这使得参与人在物的交付之前有机会权衡利弊，慎重决定是否完成此类无偿交易，因而具有警告的功能。[⑥] 反之，若将保管合同按诺成合同处理，则双方都有权在保管物交付前主张对方的违约责任，既不利于社会稳定又不符合保管业的习惯做法。从本条的内容观之，我国《民法典》最终采纳了反对者的观点。

此外，本条中所指的“交付”，指寄存人以移转物之占有之合意向保管人移转保管物之实际管控，原则上应与各编所称之交付相同，分为现实交付和观念交付。其中，观念交付作为生效要件有特殊之处：第一，简易交付。原则上寄存人得以此方式满足交付保管物的生效要件，但质权人不可与出质人以此方式订立保管合同。因为一旦出质人为保管人，则质权消灭。第二，占有改定。通过占有改定实现交付，寄存人需自行占有标的物，法律上似难想象。但让与权利时，如让与人与受让人约定，由让与人担任受让人的保管人，得认为寄存人依占有改定完成了交付。第三，指示交付。保管人原则上需亲自现实占有标的物，指示交付中

---

① 《合同法》第 381 条规定：“仓储合同是保管人储存存货人交付的仓储物，存货人支付仓储费的合同。”

② 《合同法》第 367 条规定：“保管合同自保管物交付时成立，但当事人另有约定的除外。”

③ 朱庆育：《民法总论》，北京大学出版社 2016 年版，第 140 页。

④ 王泽鉴：《债法原理》（第 2 版），北京大学出版社 2013 年版，第 151 页。

⑤ 江平：《中华人民共和国合同法精解》，中国政法大学出版社 1993 年版，第 311 页。

⑥ See Zimmermann, Law of Obligations, Roman Foundations of the Civilian Tradition, 163 (1996).

保管人未亲自占有标的物，故一般认为原则上不能依据指示交付实现保管物之交付。但经寄存人同意，使第三人代为继续保管者，则例外可以实现交付。[①]

【关联规定】

《合同法》第 8、25、44、367 条

（撰稿人：邓环宇）

第八百九十一条　【保管凭证】寄存人向保管人交付保管物的，保管人应当出具保管凭证，但是另有交易习惯的除外。

【释义】

保管凭证，是证明当事人之间存在保管关系的单据，应表现为能够被人清楚确认的文字形式。本条把《合同法》第 368 条后半段的“但”转换成“但是”的表述，实现了但书规定在表述方式上的统一。

般而言，除非另有交易习惯，寄存人向保管人交付保管物的，保管人应当给付保管凭证，其最重要的功能在于证明保管物已交付，标志着合同的生效。寄存人交付保管物的同时，保管人开具保管凭证，以证明保管物交付的时间、地点、当事人的名称、保管物、保管期限等内容，此时保管合同成立。保管合同当事人均负有相当义务，当双方没有正式的合同文本（如双方签字、盖章的书面合同，经有关机关认定的标准合同）时，保管凭证同时具有了合同简易形式的功能。此时保管凭证中所记载的应于保管合同中约定的相关信息，便成为双方享有权利、承担义务的依据，亦是发生纠纷时审判机关作出裁判的重要依据。但是如果当事人对于是否给付保管凭证有特别约定，或者交易习惯并不要求保管人给付保管凭证，只要不违反法律和公序良俗，法律应允许遵从。

保管凭证的给付并非保管合同的成立要件，也非保管合同的书面形式，仅是证明保管合同关系存在的凭证。[②] 对于保管凭证的形式，法律没有特别规定。鉴于保管凭证在生活实践中往往发挥着简易保管合同的作用，参考合同的必要条

---

① 郑玉波：《民法债编各论（下）》，三民书局 1981 年版，第 516 页。参见史尚宽：《债法各论》，中国政法大学出版社 2000 年版，第 488 页。

② 崔建远：《合同法》（第 5 版），法律出版社 2010 年版，第 499 页。

款，保管凭证应记载下列事项：(1) 当事人的有关情况，如当事人的姓名或者名称和住所；(2) 保管物的有关情况，如保管物的数量、质量等；(3) 保管费用的有关情况，如计算方式、支付时间和支付方式等；(4) 交付保管物的时间、地点，保管场所、方式等；(5) 当事人认为应当记载的其他事项。

【关联规定】

《合同法》第 367 ~ 368 条

（撰稿人：邓环宇）

第八百九十二条　【保管人妥善保管义务】保管人应当妥善保管保管物。

当事人可以约定保管场所或者方法。除紧急情况或者为维护寄存人利益外，不得擅自改变保管场所或者方法。

【释义】

依据本条第 1 款的规定，保管人应尽“妥善保管”义务。“妥善保管”，指保管人进行保管时，应在其条件允许范围内尽必要程度的注意义务。虽然我国《合同法》并未明确规定保管人应注意的程度，但是基于保管合同宏观要求的信用基础，应要求保管人以处理自己的物之同一注意来保管保管物。也就是说，基于“妥善”之要求，保管合同的保管人应当尽与保管自己的物品同样的注意责任，甚至出于寄托人对保管人之特殊信任，而要求保管人尽善良管理人应当具有的注意责任。通常而言，无偿保管的保管人所尽之注意义务应当是处理自己事务之同一注意义务；有偿保管时，寄存人给予了保管人在保管能力等方面的特殊信任，保管人所尽的义务应当是善良管理人的义务。对此，我国《民法典》第 897 条对此予以明确规定。

本条第 2 款规定了保管的场所和方法。保管人应当遵循在保管期间，采取符合保管物的品质种类和数量等保管要求的具体措施之原则，以达到寄存人物之保管的目的，否则构成违约。合适的保管场所是指保管保管物的地方，须有适于保管物品的条件。保管场所在合同中有约定的，通常严格在约定的场所对保管物加以保管，未经双方重新约定不得擅自改变保管场所。除非出现异常紧急的情势或者为了维护寄存人的利益（如保管人丧失其保管能力或保管水平降低，从而可能有违寄存人的信任，使得保管物妥善管理难以实现），保管人才可以未经寄存人同意而将保管物移转至约定之外的安全地区。如果双方没有约定，那么保管人应当按照保管物的性质、种类所要求的保管方法以及合同的具体目的，并遵循诚实信用的原则和其他具体情势而作出决定。正因为保管人与寄存人之间缺乏保管场所约定时由保管人自行作出保管场所的选择，如果需要适当变更场所，保管人随时都可依情势而变更保管场所，无须征得寄存人同意。这些都是根源于物之妥善保管的必然要求，是保管义务的具体化。保管人变更约定的保管场所是否需要通知寄存人，各国立法上并没有确定。《德国民法典》第 692 条对寄托种类的变更补充规定道，“如迟延不会引起危险，则涉及人必须在变更前通知寄托人并等待其决定”。笔者认为，如果保管人有能力通知寄存人而不使保管物发生危险，那么保管人还是应当首先通知寄存人，由寄存人来决定是否变更保管场所，毕竟权利人有权处置自己的一切，享有权利与放弃权利都是权利人的自由，不能排除寄存人无视自己的物之现实危险性，而宁愿将保管物留在原场所的可能性。在此情形下，避免不同个体的评价差异便能有效避免纠纷的产生。这种通知具有变更约定的效力，相当于保管人与寄存人就新的保管场所达成了新的约定内容。因此，如果保管人通过一定途径可以在可能发生的危险到来之前通知寄存人，那么保管人还是应该为通知行为。至于保管方式，基本规则同上述，变更保管方式亦应与保管人的妥善保管义务相符。相应的变更通知义务，在保管人足以保护寄存人的利益暂不存在危险时，亦应等待寄存人作出最后决定。与保管方法相关联的另一个问题是：在保管人自己的物与寄存人的保管物同处危险时，保管人应当先抢救哪一方的物，方为保管方式的适当？日本民法学界有人认为应当按照标的物的价格来确定先救助的对象。但在价格相同的状态下，如何选择完全取决于保管人自己的判断，任何选择均不承担责任。① 史尚宽先生认为，此种情况下保管人应当依据保管物的有偿或无偿保管，按照保管人应尽之注意程度来确定是否承担损害赔偿责任。在有偿保管中，保管物的价格如果高出了保管人自己之物的价格，那么保管人应当首先抢救保管物，否则有悖于保管人应尽的善良注意义务。如果是无偿保管，原则上应当允许保管人依据自己的判断作出先救助哪一方的选择，除非存在具体的过失，否则不承担责任。②

---

① 史尚宽：《债法各论》，中国政法大学出版社 2000 年版，第 521 页。

② 史尚宽：《债法各论》，中国政法大学出版社 2000 年版，第 522 页。

【关联规定】

《合同法》第 369 条

（撰稿人：邓环宇）

第八百九十三条　【寄存人瑕疵告知义务】寄存人交付的保管物有瑕疵或者根据保管物的性质需要采取特殊保管措施的，寄存人应当将有关情况告知保管人。寄存人未告知，致使保管物受损失的，保管人不承担赔偿责任；保管人因此受损失的，除保管人知道或者应当知道且未采取补救措施外，寄存人应当承担赔偿责任。

【释义】

寄存人与保管人成立保管合同会有协助、通知、照顾、说明等多项义务。寄存人应当将保管物的真实情况及保管物本身的性质或者瑕疵准确明白地告知保管人，以便保管人能妥善保管。《德国民法典》第 694 条和《日本民法典》第 661 条大同小异，基本确立了寄存人应负的瑕疵告知义务，并确认违反该义务应承担损害赔偿责任。保管物有瑕疵指是保管物自身存在具有破坏性缺陷的情况，如保管物是患有传染性疾病的牲畜，可能使保管人的牲畜也被传染。保管物的性质特殊包括物为易燃、易爆、有毒、放射性等危险物品或者易腐蚀物品的情形。只要保管物有上述瑕疵性质，鉴于该种情况具有潜在危险性，寄存人应当将有关情况告知保管人，否则寄存人将承担由此产生的损害赔偿责任。学理上保管人提出损害赔偿的必要条件有二：一是寄存人没有告知保管物上之瑕疵；二是保管物上之瑕疵导致保管人的财产受损。关于寄存人承担损害赔偿责任的归责原则，各国的立法例大体有三种：第一，客观归责原则。即保管物瑕疵产生的特定损害结果或者保管物的性质是致害原因构成责任的充分条件。因此，只要有特定的损害结果或致害原因存在就不能免去寄存人的责任。这种损害赔偿的结果主义是一种纯粹的无过失原则，对于保管物瑕疵之损害，不论寄存人是否有过失，只要造成保管人的实际损害便应赔偿。《法国民法典》第 1947 条采之。第二，主观归责原则。以寄存人的主观意志状态作为确定责任归属的依据，具体而言，是以寄存人主观的过错为构成责任的必要条件，有过错即有责任，无过错即无责任。该立法例将保管物之瑕疵之损害同于一般的民事损害，依一般过失责任原则处理。《奥地利民法典》第967条采之。第三，过错推定原则。即将损害赔偿责任主观要件的举证负担，以否定的形式分配给寄存人，从而减轻保管人的举证负担。按照该原则，如果寄存人不能证明自己没有过错，法律上就推定其有过错，并确认其负担损害赔偿责任。《德国民法典》第694条，《日本民法典》第661条以及《瑞士债务法》第473条都有类似的规定。在此情形下，寄存人若要免除自己的损害赔偿责任，要么证明自己在寄存保管物时非因过失且根本不知保管物有瑕疵，即寄存人善意且无过失，要么证明保管人已经知道保管物有瑕疵而未采取相应的保管措施，致使损害发生。

该条规定的寄存人在违反瑕疵告知义务时所承担的损害赔偿责任是一种严格过错责任，相当于法国立法例，但同时继受了《国际贸易法》的违法责任归责原则，即寄存人能够证明保管人知道或者应当知道保管物的瑕疵而未采取补救措施的情形，可以免责。除此之外，即使寄存人根本不知道保管物的瑕疵，也无能力知道保管物的瑕疵，依然因有现实的损害结果而须承担损害赔偿责任。保管人因过失而不知上述情形时寄存人依旧不能免责，而应适用过失相抵原则。寄存人以保管人于签订合同订立时知道或者应当知道保管物有危险的性质或瑕疵而主张免责的，应负举证责任。[①] 由此观之，该条规定的保管物的瑕疵或者危险性质应当告知保管人的义务，对于寄存人来说是一项积极义务。只要寄存人履行了该项义务，实际上就完成了损害赔偿发生时免责事由的构筑。通常而言，寄存人的瑕疵告知义务应当在合同订立时成立，即合同订立时寄存人如果知道保管物有瑕疵或者性质上有危险，就应当告知保管人采取相应措施。但是合同订立后，危险发生前寄存人告知保管人有关瑕疵或危险性质，只要没有造成实际损害，也可以视为适当地履行了瑕疵告知义务。然而如果该告知太迟，致使保管人难以采取及时地采取补救措施而造成实际损害，寄存人不免损害赔偿责任。至于寄存人违反瑕疵告知义务承担的损害赔偿责任的性质，应当看作是一种违反合同上的义务之责任。寄存人在订立合同时应当依诚实信用原则将保管物的瑕疵或危险性质通知保管人作为合同义务，怠于履行则属违反。但是由于寄存人未能履行瑕疵告知义务，不仅会损害保管人或寄存人自己的利益，有时还会损害第三人的利益，依一般法理，寄存人因此给第三人造成财产损失或人身损失的，应当承担损害赔偿责任，其性质为侵权责任，归责原则也为过错原则。[②]

---

① 崔建远：《合同法》（第5版），法律出版社2010年版，第500页。

② 王文林：《保管合同 仓储合同》，法律出版社1999年版，第42~47页。

【关联规定】

《合同法》第370条

（撰稿人：邓环宇）

第八百九十四条　【保管人亲自保管义务】 保管人不得将保管物转交第三人保管，但是当事人另有约定的除外。

保管人违反前款规定，将保管物转交第三人保管，造成保管物损失的，应当承担赔偿责任。

【释义】

本条第1款把《合同法》第371条第1款后半段的“但”转换成“但是”的表述，旨在实现但书规定在表述方式上的统一。本款是关于保管行为具有专属性，不得将保管义务随意转与第三人的规定。保管合同是寄存人基于对保管人的人身信赖而订立的服务合同，而信赖关系往往不具有传递性，且不同的保管人意味着保管水平和能力上的差异，相应的寄存物的风险也就有所不同。因此，“不得将保管物转交第三人保管”应解释为保管人必须亲自为保管，而不能由第三人代为保管。如果保管人在收到寄存人交付的保管物后，未经寄存人的同意将保管物交予第三人保管，便破坏了寄存人与保管人之间订立的保管合同之信任基础，寄存人将保管物交付保管人保管的前提条件因此丧失。所谓亲自为保管行为，是指保管人在接收寄存人交付的保管物后，由自己直接保管保管物，不外乎两种情形：一是所有的保管事务全部由保管人自己承担，绝对排斥第三人代为保管的行为。二是保管人自己承担保管合同事务，而将辅助性的保管事务交由第三人承担，即由履行辅助人来承担。如果保管人使用第三人辅助保管，因为保管人与辅助人之间是代理关系，保管人应对辅助人的故意或者过失行为负如同自己故意或过失一样的责任。如果保管合同约定亲自保管，不包括辅助人保管，那么约定的效力至上，保管人擅自使用辅助人保管便构成违约行为，应承担一切可能因此产生的损害责任。但基于诚实信用原则和对妥善保管义务的理解，如果保管人出于迫不得已的紧急情况，或者为了寄存人的利益而变更保管场所，使得保管物由第三人代为保管，则不应当认为是对保管人亲自保管义务的违反。

本条第 2 款规定的是违反亲自保管义务的责任承担。保管人违反亲自保管义务最直接的方式是违法转保管，即保管人在收取寄存人交付的保管物之后，未经保管人同意擅自将保管物转交付与第三人加以保管。在此情形下，如果保管合同的标的物毁损、灭失，保管人承担严格责任，即因违法转保管而产生的一切损害，不必追究保管人对损害的发生是否有过失，都应当由保管人承担赔偿责任，且保管人不能要求寄存人向第三人请求损害赔偿从而拒绝承担损害赔偿责任，因为转保管行为本身就是一项重大过错。如果保管物毁损、灭失系因不可抗力等原因，纵使保管人亲自保管也不可避免，保管人可在证明损害的不可避免后免责。此外，学理上还有三例应认为是适法的转保管：（1）保管人与寄存人约定在特定条件下可以将保管物交由第三人代为保管的；（2）依交易习惯可以转保管的；（3）保管人因特殊事由无法继续履行保管义务，亦不能及时通知寄存人以获得寄存人新的承诺的。在以上适法的转保管中，寄存人仍与原保管人成立保管关系，寄存人与第三人并不存在合同关系。对于此种状况中发生的损害，保管人仅就第三人选任上的过失和指示上的过失负责。选任上的过失是指保管人因为故意或者过失而将保管物交给不适宜为保管行为的第三人保管。指示上的过失是指保管人将保管物交付与第三人后怠于指示或者指示不适当以及怠于监督第三人保管的行为。① 第三人保管期间，因第三人过错致使保管物遭受损害的，原保管人可以将因此发生的再赔偿请求权让与寄存人，以节约诉讼成本。

【关联规定】

《合同法》第 371 条

（撰稿人：邓环宇）

第八百九十五条　【保管人禁止使用保管物的义务】 保管人不得使用或者许可第三人使用保管物，但是当事人另有约定的除外。

【释义】

本条是关于保管物使用禁止的规定。保管合同的目的在于保管保管物，而不是让保管人或第三人去使用保管物，这正是保管合同区别于租赁合同、使用借贷

① 王文林：《保管合同 仓储合同》，法律出版社 1999 年版，第 25～28 页。

合同之所在。保管物的使用为各国立法所明令禁止，如《法国民法典》第 1930 条、《日本民法典》第 658 条第 1 款前半部分、《瑞士债务法》第 474 条第 1 款。很显然，如果允许保管人或者第三人使用保管物，必然会导致保管物的损耗，从而造成保管物毁损的可能性，因此失去保管合同的本旨。但是该禁止乃原则性规定，如当事人事先或者履行中有其他约定，可不受其限。

本条的“使用”，是指依物的性质加以利用，依物品保管的需要必须加以利用的视作保管方法，此时使用保管物构成保管方式的必要组成部分，不视为“使用”，保管人得“使用”保管物而无须经寄存人同意。如保管参加竞赛的赛马，使之活动。此外，寄存人另有约定允许保管人“使用”保管物也是有限度的，其使用不应当超出保管合同订立之目的的范围。换言之，保管人的使用应当能够保证保管物在被使用后，依然在性质上不发生明显的变化，物的原状得以保持，以不破坏保管之目的的原则。比如，甲外出将崭新的普通自行车交给同事乙保管，乙正常使用该自行车并非不可，但如果乙骑该自行车郊游至山野崎岖路径显然属于使用保管物不当，若因此造成自行车损毁则乙应当承担损害赔偿责任。

如果保管人使用保管物，既没有寄存人的同意，也不是出于妥善保管义务所必需，便是违法使用。保管人之违法使用造成损害的，保管人对此应自行承担损害赔偿责任。而这种损害的范围，应以保管人违法使用所造成的全部损失为界限，无须追问违法使用的保管人或第三人对损害的发生是否有过失，因为违法使用保管物已是极大的过错。因使用赞成保管物受损的，损害应认定与使用有因果关系，纵然损害由不可抗力引起，但全因“使用”而产生，保管人仍应承担赔偿责任，仅保管人能够证明自己纵然不违法使用或者提供给第三人使用该保管物，依然难以避免发生损害的，保管人才可免责。我国台湾地区“民法”第 591 条第 2 款、《瑞士债务法》第 474 条第 2 款都规定，如果保管人违法使用保管物，那么其将承担因使用保管物而得到不当得利所发生的不当得利之债，或者承担因为损害保管物所发生损害赔偿之债。虽然我国《民法典》未予明确规定，但使用保管物乃事实行为，无论保管人主观上有无过错，除非寄存人允许使用人无偿使用保管物，否则使用人应依据不当得利原理给付相当报酬，此乃对保管物加以利用获得利益而支付给寄存人的对价。相当与否原则上依客观情况而定，不能酌定或难以酌定时则应参考当时市场价格以租金标准计算。保管物为金钱的，使用人应自使用之日起付利息。当保管人为违法使用人，保管人可能因使用保管物而致寄存人受损害者，通常亦可成立侵权行为。因此，寄存人的违约损害赔偿与侵权行为之损害赔偿可能发生请求权竞合之关系。但是依据本条的解释，保管人应就不可抗力负责，而依侵权行为规则仅就过失负责，因此请求权竞合理论上或有意义，事实上恐少适用。当违法使用人为第三人时，支付报酬和损害赔偿问题需要分以下两种情形讨论。第一，保管物只存在使用损耗，未受其他损害。此处之损害，是指保管物本身所受的损害，常见为保管物的毁损、灭失，但不包括因使用而发生的通常损耗（此部分应为报酬支付所囊括）。此时，寄存人得依不当得利原理向第三人主张使用报酬，亦得依据保管合同要求保管人承担违约责任。第二，保管物既存在使用损耗，也受到损害。此时，寄存人得依不当得利原理向第三人主张使用报酬，亦得依据第三人侵权规则向第三人主张侵权损害赔偿，此二者成立要件规范原理各有不同，是独立的权利，寄存人得各自行使，不发生权利竞合、择一行使的问题。与此同时，寄存人得依据保管合同要求保管人承担违约损害赔偿责任，但该违约损害赔偿请求权与向第三人主张的侵权损害赔偿请求权均基于保管物的同一损害，根据民事损害赔偿的填平原则，寄存人只能择一。

【关联规定】

《合同法》第 372 条

（撰稿人：邓环宇）

第八百九十六条　【保管人返还保管物义务和危险通知义务】 第三人对保管物主张权利的，除依法对保管物采取保全或者执行措施外，保管人应当履行向寄存人返还保管物的义务。

第三人对保管人提起诉讼或者对保管物申请扣押的，保管人应当及时通知寄存人。

【释义】

本条是关于第三人主张权利时对保管人返还保管物义务和危险通知义务的规定。依据第 1 款，在第三人主张权利时，只要保管物未被采取保全或执行措施，保管人仍然应向寄存人履行返还保管物的义务，包括保管期限届满和寄存人提前领取保管物，以及寄存人随时领取的诸情况。本条规定的“第三人对保管物主张权利”发生时，第三人的权利是指寄存人以外的民事主体对保管物主张所有权、他物权、债权等，表现为：(1) 向法院提起诉讼，如返还所有权之诉；(2) 申请扣押，如主张自己享有担保物权，欲向法院申请实行强制执行；(3) 直接向保管人提出自己对保管物享有权利。只要保管人与寄存人之间保管合同合法有效，作为保管合同的一方当事人，保管人只与同自己订立保管合同的寄存人发生法律关系，只向寄存人负有返还保管物的义务，除非另有约定，否则其不对任何第三人承担此义务。然而作为全社会的一员，保管人必须遵守国家的法律制度，社会中存在一定程度上的公立干涉是维护社会利益的必需。法院依法采取诉讼保全或执行措施是国家司法制度的重要内容，是公力救济的必要途径和手段，全社会成员均应遵从，保管人也不例外。因此，虽然保管人对任何就保管物向保管人主张权利的第三人都可以不予理睬，只需按约定向寄存人或特定人返还，但是当司法部门对保管物采取诉讼保全或执行措施时，保管人应当协助执行，不得再向寄存人返还，这种强制寄托自罗马法以来均有法律规定，我国合同立法也沿袭此制，故而规定。①

本条第 2 款规定，保管物被第三人提起诉讼或申请扣押时，保管人应当及时通知寄存人，属于危险通知义务的范畴。所谓危险通知义务，就是在寄存人寄存的保管物因为第三人主张权利或者保管物自身限制等自然原因可能会出现丧失或减损的危险情形时，保管人负有及时通知寄存人的义务。显然该危险通知义务是保管人妥善保管义务及保管物返还义务附带而生的相关义务。因为一旦发生保管目的难以实现的危险，将会导致保管人物之保管的不妥善，从而导致保管人不能以合适、及时的方式返还保管物。依据诚实信用原则，在保管物受到意外损害灭失或保管物的危险程度增大时，保管人应将有关情况通知寄存人。在第三人对保管物主张权利的情况下，保管物仍处于保管人的控制中，对于物可能发生的转移、灭失等情况，只有保管人可以预防和加以控制。因此当保管物被第三人提起诉讼或申请扣押时，规定保管人必须及时通知寄存人是应有之义，以便寄存人采取措施，予以防御和保护自己的权利。若保管人怠于行使通知义务，使寄存人受到损害的，应就过失负损害赔偿之责。② 简言之，保管人承担危险通知之义务的必要条件有二：一是有第三人就保管物提出了权利主张；二是这种权利主张已经成为诉讼或者执行上的扣押。郑玉波先生认为，当第三人主张权利对寄存人提起诉讼或者采取扣押等措施时，保管人并没有危险通知义务，而只需将保管物交还给寄存人即可。对此观点，笔者认为有待商榷。一方面，保管合同确立的只是保管人与寄存人之间的保管权利义务关系，一般情况保管人无法确定寄存人是否为所有权人，第三人请求诉讼保全或扣押，同样有可能侵害寄存人之外其他人的权

① 王文林：《保管合同 仓储合同》，法律出版社 1999 年版，第 34 ~ 35 页。

② 江平：《中华人民共和国合同法精解》，中国政法大学出版社 1993 年版，第 317 页。

利。因此，规定保管人应当及时通知寄存人，方能便于寄存人通知物之真正所有人。另一方面，对保管物采取诉讼保全或者扣押等措施并不构成保管合同终止的必要条件。否则一旦第三人之权利主张不成立，保管合同则难以处理。

危险通知义务在内容上是相当广泛的，不论是保管方式、保管场所、保管人自身的保管能力，还是保管物因自我性质发生变化的自然原因等，只要现实情势是保管物处于威胁之下，使寄存人财产保护的目的难以实现，保管人便负有及时通知寄存人危险情况的义务，以便寄存人能够决定如何处置保管物，实现自己物之保管的本旨。保管人的危险通知义务在诸多立法例中均有规定，如《日本民法典》第660条，我国台湾地区“民法”第604条。①

【关联规定】

《合同法》第373条

（撰稿人：邓环宇）

第八百九十七条　【保管人赔偿责任】保管期内，因保管人保管不善造成保管物毁损、灭失的，保管人应当承担赔偿责任。但是，无偿保管人证明自己没有故意或者重大过失的，不承担赔偿责任。

【释义】

本条是关于保管物在毁损、灭失的情况下，保管人责任的规定。根据《民法典》第892条规定，保管人应当对保管物尽到妥善保管的义务。本条规定明确了保管人未尽到妥善保管义务的法律后果，保管期间，因保管人保管不善造成保管物毁损、灭失的，原则上保管人应当承担损害赔偿责任。

关于归责原则，《民法典》第590条违约责任采用了严格责任模式，违约责任之承担并未以过错为要件，当事人一方不履行合同或履行合同不符合约定即构成违约，而第590条免责条款中仅以不可抗力为免责事由。但保管责任若采严格责任说，则保证人基于合同负担保物返还责任，唯有在不可抗力的情形下才能免

① 王文林：《保管合同 仓储合同》，法律出版社1999年版，第35～38页。

责。担保人还应证明损害系基于不能预见、不能避免并不能克服的客观情况而生，对担保人来说过于严苛。本条文明示以“保管不善”为归责原因系过错责任原则之体现。负有保管义务之人，并不是有毁损、灭失情形即应负责，而是以保管不善为要件，应该取决于客观标准，即未尽善良管理人注意义务。[①] 按照过错责任原则，保管人应当对保管期间保管物的毁损、灭失承担损害赔偿责任，但是保管人能够证明自己没有过错的除外。所谓“保管人能够证明自己没有过错的除外”，是指保管人能够证明已经尽到了妥善保管义务。此外，保管物的毁损、灭失是由于保管物自身性质或者包装不符合约定造成的，保管人也不承担责任。例如，因寄存人过错未对生鲜采取冷冻保鲜措施，致使生鲜腐烂丧失价值，或者因寄存人过失使得香水包装不严，导致保存的香水挥发、变味等。

保管人承担赔偿责任须满足以下条件：一是期限条件，即保管物必须是在保管期限内毁损、灭失的，如果保管物在保管合同成立之前或者保管期限届满以后毁损、灭失的，保管人不承担赔偿责任。二是过错条件，即保管人存在“保管不善”的过错，且保管物的毁损、灭失是由于保管人保管不善造成的。三是法定的免责情形不存在。寄存人未告知保管物有瑕疵或者未按照保管物的性质需要采取特殊保管措施，致使保管物受损失，否则保管人不承担赔偿责任。[②]

本条文中“但书”明确了无偿保管人的归责条件，我国《民法典》合同编对有偿保管和无偿保管的情形做了区分，有偿保管人责任比无偿保管人更严格，应当尽到善良管理人的责任。因为无偿保管主要是社会成员之间的相互协助，有偿保管则更多是商业行为，从商业道德的特殊性出发，对有偿保管人的要求应当更高，责任应当更重。而无偿保管人更多是出于社会互助和道义的考量，法律支持社会成员之间的互助行为。在无偿保管的情形下，保管人因轻微过失造成保管物毁损、灭失的，无偿保管人不承担赔偿责任。保管人对因重大过失造成保管物毁损、灭失的后果承担损害赔偿责任。所谓“重大过失”，是指保管人虽明知保管物可能会造成毁损、灭失而轻率地作为或不作为。保管人故意造成保管物毁损、灭失的，尽管保管是无偿的，保管人承担损害赔偿责任也是理所应当的。[③] 本条文根据利益关系来确定保管人的义务及责任程度，符合民法规定的平等、等价和公平原则。

---

① 陈自强：《民法典草案违约归责原则评析》，载《环球法律评论》2019 年第 1 期。

② 《民法典》第 893 条规定，寄存人负有告知义务，寄存人交付的保管物有瑕疵或者按照保管物的性质需要采取特殊保管措施的，寄存人应当将相关情况告知保管人。寄存人未告知，致使保管物受损失的，保管人不承担损害赔偿责任。

③ 全国人大常委会法制工作委员会编：《中华人民共和国合同法释义》，法律出版社 2012 年版，第 251 页。

【关联规定】

《合同法》第 374 条，《民法典》第 892 ~ 893 条

（撰稿人：程喆）

第八百九十八条 【寄存人声明义务】 寄存人寄存货币、有价证券或者其他贵重物品的，应当向保管人声明，由保管人验收或者封存；寄存人未声明的，该物品毁损、灭失后，保管人可以按照一般物品予以赔偿。

【释义】

本条是关于寄存贵重物品及责任的规定。

货币、有价证券属于民法上特殊的物，它们和其他一些贵重物品因为价值与流通上具有特殊性且利害关系较为重大，因此在订立保管合同时，寄存人应当向保管人说明保管物的有关情况，以引起保管人的特别注意，更好地履行保管义务。与一般保管物品相比较，货币、有价证券以及其他贵重物品具有体积小、价值高的特点①，因此要求保管人的注意程度更高，有些还可能涉及特殊的保管方法，如果寄存人不作特别声明，保管人以一般物品注意程度进行保管而造成的损失是保管人无法预期的，此时要求保管人承担高额赔偿显然有悖于公平原则。因此，寄存人单就货币、有价证券或者如珠宝等贵重物品进行寄存时，不仅应当向保管人声明，而且应当经保管人验收或封存。寄存人在声明时应当明确保管物的性质、种类、数量、重量等关键信息，如要求保管人给予特别的注意义务，还需声明其区别于其他同类物品的特殊性。在比较法上，寄存人承担贵重物品的声明义务也是被各国所认可的。《日本商法典》第 595 条规定："对于货币、有价证券及其他高价格品，顾客非将其种类及价格明告并寄托于欠条的主人，则店所主任对上述物品灭失、毁损而生的损害，不负赔偿责任，则店所主任对因上述物品灭失、毁损而生的损害，不负赔偿责任。"② 我国台湾地区"民法"第 608 条第 1 款

---

① 王文林：《保管合同 仓储合同》，法律出版社 1999 年版，第 53 页。

② 《日本最新商法典译注》，刘成杰注译，中国政法大学出版社 2012 年版，第九章 保管 第一节 总则（第 593 ~ 596 条）。

规定："客人之金钱、有价证券、珠宝或者其他贵重物品。非经报明其物之性质及数量交付保管者，主人不负责任"。

本条文后半句明确了寄存人未履行声明义务而发生的损失处理，如果寄存人没有履行贵重物品声明义务，保管人因不知其为货币、有价证券或者其他贵重物品，按照一般物品的保管方式进行保管，在此情形下如果发生保管物毁损灭失，保管人只需承担一般物品的赔偿责任。例如，寄存人将保管物交由保管人进行保管，保管物是价值不菲的绝版藏书，寄存人交付保管物时由于自身原因未将保管物的特殊性和价值向保管人声明，保管人按照一般方法进行了保管，但保管期间保管物毁损，由于寄存人未事先履行声明义务，因此无权要求该保管物受到区别于其他同类物品的特殊保管，保管人对其特殊性损失不承担责任，可以按照同类物品的一般价格予以赔偿。此外，寄存人将货币、有价证券或者其他贵重物品夹杂于其他物品之中，按一般物品寄存，且在寄存时未声明其中有贵重物品并经保管人验收或者封存的，如果货币、有价证券或者其他贵重物品是与一般物品一并毁损、灭失，保管人不承担货币、有价证券或者其他贵重物品毁损、灭失的损害赔偿责任，只按照一般物品予以补偿。例如，寄存人将一些普通书籍和一张价值不菲的钞票作为保管物交由保管人保管，该钞票夹在书中，寄存人由于自身原因在交付保管物时并未声明书中夹有股票，保管人按照一般方法进行保管，但保管期间保管物毁损，则保管人应当按照一般物品予以赔偿。

保管合同的目的在于物之保管以及隐含于物中价值利益的保管，即寄存人认为是自己的利益明确标明的部分。[①] 寄托人应当对自己的利益更用心，在寄托贵重物品时，寄托人未向保管人声明意味着对自己利益的漠视，应当推定保管物为一般物品。保管人应当对保管物尽到妥善保管之义务，以处理自己事务之同一注意为保管，而保管人此时也仅以保管自己的一般物品之注意为保管，即保管人在此情形下的保管义务并未加重，注意义务也无须提高。如果发生了保管物毁损、灭失，也只是保管人对一般保管物保管不善，按照一般物品标准承担损害赔偿责任。

【关联规定】

《合同法》第 375 条

（撰稿人：程喆）

---

① 王文林：《保管合同 仓储合同》，法律出版社 1999 年版，第 54 页。

第八百九十九条　【领取保管物】寄存人可以随时领取保管物。

当事人对保管期限没有约定或者约定不明确的，保管人可以随时请求寄存人领取保管物；约定保管期限的，保管人无特别事由，不得请求寄存人提前领取保管物。

【释义】

本条第1款规定了寄存人享有保管物的返还请求权，且不受保管合同是否约定保管期限之影响，寄存人可以随时领取保管物。保管的主要目的是满足寄存人寄存物品的需求，当寄存人认为保管的目的已经实现时，尽管约定的保管期间还未届满，为了寄存人的利益，寄存人可以提前领取保管物。保管期限是始于保管人履行保管义务而止于保管物返还的期限①，更多体现了寄存人的利益，在保管期间内寄存人承担义务较少且享有更多权利。此外，无论保管为有偿或无偿，寄存人得随时领取保管物。在无偿保管中，保管人无偿承担保管义务，寄存人提前领取保管物，可以提早解除保管人的义务；在有偿保管中，只要寄存人认为已实现保管目的而要求提前领取的，保管人也无阻碍之理。寄存人可随时领取保管物体现了当事人依法自由处分自己民事权利的基本原则，也推进了保管合同双方合同义务的履行完毕，德国、日本等国家也采此种立法。《德国民法典》第695条规定："即使就保管确定了期间，寄托人也可以随时请求返还寄托物。在请求返还时，物的返还请求权的消灭时效开始进行"。②《日本民法典》第662条规定了寄托人的寄托物返还请求权，"当事人虽定寄托物返还时间，寄托人亦可随时请求返还"。③ 我国台湾地区"民法"第597条规定："寄托物返还之期限，虽经约定，寄托人仍得随时请求返还。"此外，在法律无特别规定之情况下，法律赋予寄存人提前提取货物之权利，同时不予减收费用，平衡各方利益；如果寄存人提前领取保管物给保管人造成一定的损失，寄存人要对保管人的损失进行适当的赔偿。

本条第2款规定了保管物的返还时间，分为当事人约定保管期限和未约定保

---

① 王文林：《保管合同 仓储合同》，法律出版社1999年版，第33页。

② 《德国民法典》（第4版），陈卫佐译，法律出版社2015年版，第289页。

③ 《日本民法典》，王书江译，中国法制出版社2000年版，第119～120页。

管期限或约定不明两种情形。双方当事人约定保管期限的情况下，保管期限内保管人承担着大量的合同义务，因此必须按照合同约定履行义务，除非出现特别事由，为保护寄存人利益，才得请求寄存人提前领取寄存物。例如，保管人突然因患病、丧失行动能力等原因无法妥善履行保管义务。双方当事人未约定管理期限或约定不明的情况下，不但寄存人可以随时领取保管物而终止合同，保管人也可以随时请求寄存人领取保管物而终止合同。比较法上也多采取此种立法，保管是市场交易的中间环节，是物品在生产、流通、消费等环节中的短暂停留，促使保管行为尽快完结也有利于提高市场交易效益。《日本民法典》第663条规定了寄托物的返还时期，“（一）当事人未定寄托物返还时期时，保管人可以随时返还。（二）定返还日期时，保管人非有不得已的事由，不得于期限前返还”。我国台湾地区“民法”第598条规定：“未有返还期限者，受寄人得随时返还寄托物。定有返还期限者，受寄人非得有不得已之事由，不得于期限届满前返还寄托物。”

【关联规定】

《合同法》第376条

（撰稿人：程喆）

第九百条　【返还保管物及其孳息】保管期限届满或者寄存人提前领取保管物的，保管人应当将原物及其孳息归还寄存人。

【释义】

本条是关于保管人返还保管物及其孳息的规定。寄存人与保管人签订保管合同并将保管物交给保管人之日起，直到保管人返还保管物，构成合同的保管期限。保管期限内保管人负有妥善保管义务，期限届满则保管人主要合同义务发生变化，负有具有返还原物及其孳息的义务。本条规定主要在以下三个方面明确了保管人的返还义务。

一是保管人履行返还义务之条件，为保管期限界至或寄存人提前领取保管物。寄存人享有保管物的返还请求权，可以随时领取保管物。如当事人未在合同中约定保管期限或约定不明，则寄存人可随时领取保管物，保管人也可以随时请求寄存人领取保管物，以尽早履行完合同义务。

二是保管人需返还“原物”而非替代物。在一般保管合同中，寄存人交付保管人保管的保管物自身具有区别于他物的特性而无法替代，大多是特定物，如世界名画、股票，或者是被特定化的种类物，如被打上独立编号的牲畜、被事先选定的家具等。保管合同之目的在于保管物的保管，即将寄存人占有的标的物转移给保管人，使之原状得以保存。[①] 保管人在保管期限内仅占有保管物，负有不得使用保管物、不得许可第三人使用保管物、不得处分保管物的义务，在返还时将原性质、原状态的保管物返还给寄存人，实现保管合同之目的。

三是保管人须返还原物所产生的“孳息”。孳息是指原物产生的物或收益，与原物有着不可分割的密切联系，包括天然孳息和法定孳息。[②] 天然孳息是根据自然规律从原物中产生的物，如树结的果实、家畜生的幼崽、谷物的生长等；法定孳息是根据法律规定原物所产生的物，如租金、存款利息、股利等。根据《民法典》第321条关于孳息的规定，物权的一般原则，孳息归原物所有人，法律特别规定或当事人另有约定的除外。《法国民法典》第1936条也规定：“如果收集人收取寄托物的果实，应返还其收取的果实。”[③] 保管关系中，保管人仅占有保管物，保管物的所有权仍归寄存人享有。因此，在一般情况下，保管人应当返还原物，如果保管物有孳息的，还应一并返还孳息。

保管人的返还义务范围有两种例外。一是如果保管物为货币等种类物，由于保管人已经取得保管物的所有权，因而仅负返还相同种类、品质、数量物品之义务。[④]《法国民法典》也规定，“如果受寄人提收的是货币寄托，受寄的金钱是不负任何利息负担的，只是受寄人迟延返还时，自迟延之日起开始承担利息”。二是双方当事人另有约定，保管合同上的保管期限内产生的保管物孳息归保管人所有。如果保管物确有孳息产生，则该孳息的所有权归保管人所有。例如，保管人为寄存人保管牲畜，并且约定如果在保管期间牲畜产下幼崽，幼崽作为保管费归保管人所有，则保管人不再负有该孳息的返还义务。

【关联规定】

《合同法》第377条，《民法典》第321条

（撰稿人：程喆）

---

① 王文林：《保管合同 仓储合同》，法律出版社1999年版，第31页。

② 《民法典》第321条规定：“天然孳息，由所有权人获得；既有所有权人又有用益物权人的，由用益物权人取得。当事人另有约定的，按照其约定。法定孳息，当事人有约定的，按照约定取得；没有约定或者约定不明确的，按照交易习惯取得。”

③ 《法国民法典》，罗结珍译，北京大学出版社2010年版，第453～455页。

④ 宋旭平、林志辉主编：《合同法学》，四川大学出版社2018年版，第226页。

第九百零一条　【消费保管合同】保管人保管货币的，可以返还相同种类、数量的货币；保管其他可替代物的，可以按照约定返还相同种类、品质、数量的物品。

【释义】

本条是关于消费保管合同的规定。

消费保管合同，又被称为不规则合同，是指寄存人以种类物交付保管人加以保管，保管人只需向寄存人返还相同种类、相同品质及相同数量物品的一种特殊保管合同。[①] 该制度起源于罗马法，罗马法将寄托分为通常寄托和变例寄托（即消费保管）。学界对消费保管合同的法律性质主要有保管合同说、消费借贷合同说和独立特殊合同说。[②] 我国立法从体系解释角度而言，显然采保管合同说，认为消费保管合同是一种特殊的保管合同。

消费保管和消费借贷有很大相似性，二者的标的物都为种类物且发生标的物所有权的转移，在一些国家立法上，消费保管也使用消费借贷之规定，如《日本民法典》第666条规定，“保管人可以依契约消费寄托品，准用有关消费借贷的规定”。[③]《德国民法典》第700条规定：“（1）代替物被以这样的方式寄托，其所有权应转移给受寄人，且受寄人应有义务将种类、品质、数量相同的物予以返还，在金钱的情形下，适用关于贷款合同的规定，在其他物的情形下，适用关于物的消费借贷合同的规定”。[④] 我国台湾地区“民法”第602条规定：“寄托物为代替物时，如约定其所有权转移于受寄人，并由受寄人以种类、质量、数量相同之物返还者，为消费寄托。自受寄人受领该物时起，准用关于消费借贷之规定。”但实质上，消费保管和消费借贷合同的主要目的及利益倾向均不同，我国台湾地区学者史尚宽认为借款合同是为了借用人的利益而设立的，通常利率较高。消费保管合同虽然也兼有保管人利益的一面，但主要是为了寄存人的利益而设定，通常利率较低。[⑤] 消费借贷合同的主要目的在于借用人的借用，而消费保管合同目的在于保管物的保管，寄存人交付保管物与保管人且期望保管物在需要的时间仍

① 王文林：《保管合同 仓储合同》，法律出版社1999年版，第56页。

② 陈小君主编：《合同法新制度研究与适用》，珠海出版社1999年版，第475页。

③ 《日本民法典》，王书江译，中国法制出版社2000年版，第120页。

④ 《德国民法典》（第4版），陈卫佐译，法律出版社2015年版，第290页。

⑤ 王文林：《保管合同 仓储合同》，法律出版社1999年版，第58页。

然保持其相同于原状的性质。此外，《日本民法典》第666条“但书”规定：“契约未定返还时期，寄托人可以随时请求返还。”明确了消费保管之寄存人与消费借贷之借款人返还请求权之差异。

消费保管合同与一般的保管合同主要有以下几点不同：一是从标的物种类上看，消费保管合同以可替代的种类物为保管物，种类物是相对于特定物而言的，是指以品种、质量、规格或度量衡确定，不需要具体制定的转让物，而一般保管合同的保管物须为特定物或被特定化的种类物；二是从保管物所有权归属和返还义务上看，在消费保管合同中，寄存人将保管物寄存于保管人，保管物之所有权随之转移至保管人，返还保管物时保管人以种类相同、品质相同、数量相同的种类物返还寄存人，而在一般保管合同中保管人只能占有保管物并承担原物返还之义务（《民法典》第900条）；三是从保管物风险转移上看，消费保管合同中保管物因所有权发生转移，物之损毁、灭失风险归于保管人承担，而在一般保管合同中，寄存人享有保管物的所有权，物之损毁、灭失风险则归于寄存人。《法国民法典》第1934条规定：“受寄人因不可抗力丧失其寄托物后，如收受金钱或其他物品作为补偿时，应将所收受的物补偿返之，以代替寄托物的返还。”

关于消费保管合同与一般保管合同的寄托人返还请求权是否有限制，有学者认为在未定有保管期限的情况下，消费保管和一般保管的寄托人均可随时请求返还，但在已有约定期限的情形下，因消费保管主要是为了寄托人利益但兼有为保管人利益，寄托人非因不得已之事由不得于期满前请求返还，而一般保管之寄托人则可随时请求返还。[①] 我国虽暂无明文规定，但日本及我国台湾地区“民法”可供参考，我国台湾地区“民法”第602条第2款规定：“消费寄托，如寄托物之返还，定有期限者，寄托人非有不得已之事由，不得于期限届满前请求返还”，《日本民法典》第666条也规定：“契约未定返还时期，寄托人可以随时请求返还。”在立法上给予消费保管合同之保管人一个合理时间进行准备，如果自寄托人催告生效一段合理时间后保管人仍未返还保管物，则构成迟延履行，需承担违约责任。

【关联规定】

《合同法》第378条

（撰稿人：程喆）

① 陈小君主编：《合同法新制度研究与适用》，珠海出版社1999年版，第477页。

第九百零二条　【保管费支付期限】 有偿的保管合同，寄存人应当按照约定的期限向保管人支付保管费。

当事人对支付期限没有约定或者约定不明确，依据本法第五百一十条的规定仍不能确定的，应当在领取保管物的同时支付。

【释义】

本条是关于保管费支付期限的规定。

保管合同以保管人与寄存人之间的权利义务是否互为对价而划分为无偿保管合同和有偿保管合同。所谓保管费是保管合同中寄存人为保管人之保管行为而支付的对价，支付保管费是有偿保管合同中寄存人的主要义务，通常以现金给付为主，也可以通过保管物的允许使用或约定孳息归属等方式履行。因此，仅在有偿的保管合同中涉及保管费的支付问题。

据本条文所述，确定保管合同保管费的支付期限有四种方式：一是“寄存人按照约定的期限向保管人支付保管费”，双方当事人在订立保管合同时已达成合意，先前已经约定了保管费的支付期限，如寄存人未按约定期限支付保管费则应承担违约责任；二是按照《民法典》第 510 条之规定①给予了当事人新的意思补充机会，当事人双方先前未约定支付期限或约定不明确，但双方后续达成合意订立了补充协议，对原合同进行了补充说明；三是双方当事人对于保管费支付期限始终无法达成合意，则按照合同相关条款或者交易习惯确定合理的支付期限；四是双方当事人无法通过意思表示一致、合同相关条款或交易习惯来确定保管费支付期限，则依据本条第 2 款最后之规定，由寄存人在领取保管物时支付保管费，在充分尊重合同双方当事人意思自治的基础上解决民事纠纷。

【关联规定】

《合同法》第 379 条，《民法典》第 510 条

（撰稿人：程喆）

---

① 《民法典》第 510 条规定：“合同生效后，当事人就质量、价款或者报酬、履行地点等内容没有约定或者约定不明确的，可以协议补充；不能达成补充协议的，按照合同相关条款或者交易习惯确定。”

第九百零三条 【保管人留置权】 寄存人未按照约定支付保管费或者其他费用的，保管人对保管物享有留置权，但是当事人另有约定的除外。

【释义】

本条是关于保管人留置权的规定。依照《民法典》第 889 条规定，寄存人应当按照约定向保管人支付保管费。当事人可以在合同中约定寄存人有义务向保管人给付报酬，并且规定报酬的具体数额和给付方式、地点等内容。

在保管关系中，保管人还可能因保管行为产生除保管费外的“其他费用”，即保管人为保管保管物而实际支出的必要费用，如保管物为牲畜动物时，保管人为救治患病牲畜而支付的治疗费，保管物在不归责于保管人的火灾中损坏，保管人为抢救保管物支出的修缮费和抢救费等。从比较法角度看，《法国民法典》第 1947 条规定：“受寄人为保管寄托物所支出的费用，寄托人应负偿还之责；受寄人因寄托所发生的一切损害，寄托人亦应负赔偿之责。”[①] 《德国民法典》第 693 条规定：“受寄人因保管寄托物而支出依情形认为是必要的费用，寄托人有偿还的义务。”[②] 我国台湾地区“民法”第 595 条也对保管的必要费用作出规定：“受寄人因保管寄托物而支出之必要费用，寄托人应偿还之。但契约另有订定者，依其订定。”[③] 寄存人的必要费用偿还义务不因保管合同有偿或无偿而有差异，在有偿保管合同中，如当事人约定的保管费已包括保管人为保管保管物而实际支出的费用，则寄存人无须另行支付其他费用；在无偿保管合同中，寄存人虽无须支付保管费，但当事人可以约定寄存人应当支付保管人为保管而支出的必要费用，寄存人应依约定履行合同义务；即使合同未约定，按照公平原则，寄存人也应当向保管人支付其为保管而支出的必要费用。

保管费的给付一般采用报酬后付的原则，保管人须先履行保管保管物的义务，再享有取得保管费及其他费用的权利[④]，因此寄存人未按照约定支付保管费以及其他费用时，保管人无权主张同时履行抗辩权，但对保管物享有留置权。所谓留置权，是指保管人按照合同约定占有寄存人的动产，当寄存人超过期限未支付应付款项时，保管人有权以该保管物折价或者以拍卖、变卖该财产的价款优先

---

① 《法国民法典》，罗结珍译，北京大学出版社 2010 年版，第 456 页。

② 《德国民法典》（第 4 版），陈卫佐译，法律出版社 2015 年版，第 289 页。

③ 王文林：《保管合同 仓储合同》，法律出版社 1999 年版，第 41 页。

④ 李国光主编：《中华人民共和国合同法实务全书》，中国检察出版社 1999 年版，第 337 页。

受偿。《担保法》第 84 条也规定因保管合同发生的债权，债务人不履行债务的，债权人有留置权。① 需要注意的是，法律设置留置权的主要目的在于促使债务人履行债务，保证债权人的债权得到充分实现，法律鼓励合同双方当事人尽量履行合同，所以给予了债务人一段宽限期。按照我国《担保法》的规定，保管人在留置保管物后，应当给予寄存人不少于两个月的期限履行债务，如当事人在合同中约定了留置财产后不少于两个月的履行期限，则依合同约定执行；如合同未约定，则保管人应当确定两个月以上的期限，并通知寄存人在该期限内履行债务。这段时间内，保管人仍负有妥善保管留置物的义务，如果保管不善致使留置物毁损、灭失的，保管人应当承担民事责任。如果寄存人履行其债务的期限尚未届满的，保管人对留置物实行变价，则属于侵权行为；如果寄存人逾期仍不履行债务，保管人才可以处理留置的财产。留置的保管物在折价或者拍卖、变卖之后，如价款超过保管费、违约金以及其他费用，超过部分归寄存人所有；不足的，剩余部分由寄存人清偿。

此外，本条关于“当事人另有约定的除外”体现了合同自愿原则，因保管合同发生的债权，债权人享有留置权虽然是法定的留置权，但是当事人可以约定不行使留置权，表明了对当事人合意的充分尊重。寄存人与保管人签订保管合同的同时，也可以约定保管人不得对保管物享有留置权，此种情形下，寄存人没有按照约定向保管人支付保管费用的，保管人不得对保管物享有留置权。②

【关联规定】

《合同法》第 366、380 条，《担保法》第 84 条，《民法典》第 447 条

（撰稿人：程喆）

---

① 《担保法》第 84 条规定：“因保管合同、运输合同、加工承揽合同发生的债权，债务人不履行债务的，债权人有留置权。法律规定可以留置的其他合同，适用前款规定。当事人可以在合同中约定不得留置的物。”

② 李国光主编：《中华人民共和国合同法实务全书》，中国检察出版社 1999 年版，第 338 页。

第二十二章　仓储合同

【导读】

仓储是现代物流体系的重要组成部分，无论是传统的商业销售模式，还是如今蓬勃发展的电子商务，都离不开仓储这个重要的环节。本章对仓储合同作了具体规定。本章沿袭自原《合同法》第二十章，在内容上并无显著变化。本章主要对仓储合同的定义、成立时间、保管人和存货人的义务、仓单、仓储物的提取等问题作了规定。

仓储合同与保管合同联系密切，二者之间既有区别，又有相似之处。仓储合同的当事人称为保管人和存货人，保管合同的当事人则称为保管人和寄存人。仓储合同和保管合同的主要合同内容均是对标的物的储存保管，但仓储合同的保管标的物是仓储物，而且仓储合同是有偿的合同（《民法典》第904条），保管合同中的寄存人则只在合同有约定时才须支付保管费，若当事人对保管费没有约定或者约定不明确，依据《民法典》第510条的规定仍不能确定的，视为无偿保管（《民法典》第889条）。仓储合同与保管合同的另一重要不同之处在于合同的成立时间。仓储合同为诺成合同，只要保管人和存货人意思表示一致，仓储合同即成立（《民法典》第905条）。但保管合同原则上为实践合同，若当事人没有特殊约定，在寄存人交付保管物时保管合同才成立（《民法典》第890条）。基于仓储合同和保管合同的区别，本章对仓储合同作了专门的规定。但由于仓储合同和保管合同具有很大的相似性，在本章没有规定时，对仓储合同也可以适用保管合同的有关规定（《民法典》第918条）。

本章对仓储合同中保管人的权利和义务分别作出了明确规定。保管人的主要权利是要求存货人支付仓储费。保管人的主给付义务是储存仓储物。除此之外，本章对保管人规定了一系列与储存仓储物相关的义务：对于特殊的具有危险性或易变质的仓储物，存货人应当说明仓储物的性质（《民法典》第906条第1款），保管人则应当具备相应的保管条件（《民法典》第906条第3款）；在仓储物入库时，保管人应当验收仓储物，发现与仓储合同约定不符的，应当及时通知存货人（《民法典》第907条）；保管人应当允许存货人或仓单持有人检查仓储物或提取样品（《民法典》第911条）；保管人发现仓储物变质或损坏时，负有通知义务

（《民法典》第912条），若危及其他仓储物的安全和正常保管的，还应催告存货人或仓单持有人作出必要的处置（《民法典》第913条第1句）。以上规定对保管人储存仓储物的义务作了具体化，尤其明确了在特定情形下保管人及时通知存货人的义务，以便于存货人及时了解仓储物储存情况，及时采取相应的措施，避免损失的发生或扩大。对于保管不善造成仓储物毁损、灭失的，保管人须承担赔偿责任，但因仓储物本身的自然性质、包装不符合约定或者超过有效储存期造成仓储物变质、损坏的除外（《民法典》第917条）。

本章还对仓单作出了规定。本章第908条规定，保管人应向存货人出具仓单、入库单等凭证。仓单尤其具有重要的法律意义。仓单上有保管人的签名或盖章，记载有存货人、仓储物、储存场所、期限、仓储费、保险等有关事项（《民法典》第909条）。仓单是一种权利凭证，仓单持有人可以凭借仓单提取仓储物（《民法典》第910条第1句）。仓单也可以转让，除存货人或仓单持有人背书外，还需要保管人签名或盖章确认（《民法典》第910条第2句）。仓单还可以用于设立权利质权（《民法典》第440条第3项），从而发挥融资担保的功能。

本章最后还规定了仓储物提取的有关事项。对于仓储物的提取，如果仓储合同没有约定储存期限或约定不明确的，根据《民法典》第914条的规定处理。如果仓储合同约定了储存期限，存货人仍可以提前提取仓储物，但不减收仓储费（《民法典》第915条第2句后段）。如果存货人或仓单持有人在储存期限届满时不提取仓储物，保管人可以催告其在合理期限内提取，逾期仍不提取的，保管人可以提存仓储物（《民法典》第916条）；对于逾期提取的，保管人可以加收仓储费（《民法典》第915条第2句前段）。

第九百零四条　【仓储合同定义】 仓储合同是保管人储存存货人交付的仓储物，存货人支付仓储费的合同。

【释义】

本条是关于仓储合同概念的规定。本条及仓储合同一章与《合同法》的规定基本一致，大部分条文未作修改。

仓储合同规则，源于仓储商业活动悠久的历史。早在中世纪的西方，贸易发达的沿海城市就出现了专门为他人储藏、保管货物的商人。随着国际贸易的发展，仓储商业营业活动日渐发达，法律制度层面也逐渐从一般保管独立出来，形成一套独立的法律规则。在民商分立的立法例，仓储一般作为营业形式在商法典中规定；而在民商合一的立法模式下，仓储一般作为合同规定在民法典中；当然，也有对仓储合同进行单独立法的立法例。我国为民商合一体例，仓储合同作为有名合同自然规定在民法典合同编中。因此，从法律制度的起源看，仓储合同属于特殊的保管合同，或可称营业保管，《民法典》第918条也明确规定，本章没有规定的，适用保管合同的有关规定。

本条的规范目的是对仓储合同作出界定：

首先，仓储合同的当事人分别为存货人和保管人，其中保管人为从事仓储经营活动的营业主体，且不限于自然人、法人、非法人组织。从我国民法及行政法的相关规定看，除危险品①、粮油②等特殊物品仓储需在项目建设前审批、事后备案外，对仓储营业无特别准入要求③，可见我国仓储营业采取的是英美法系国家普遍采用的自由主义模式，这也反映了我国商事法律对英美法系商事规则的吸收借鉴。存货人将仓储物交付保管人保管，但存货人并不一定是仓储物的所有权人。存货人与保管人互负给付义务，保管人提供仓储服务，存货人支付报酬、其他费用等仓储费，因此仓储合同是双务有偿合同。

其次，仓储合同的标的是保管人提供储藏、保管服务。其中，储藏是指保管人接收存货人交付的仓储物后，将其放置于专门的仓库；保管则是保管人需以善良管理人的注意义务保存、管理仓储物的物理形态。从《民法典》第896条的规定看，在第三人对仓储物提出权利要求或有法律强制措施时，保管人仅负返还或通知义务，故保管义务应不包括对仓储物权利状态的保全。仓储的标的物应为动产，不动产无法置于仓库储藏、保管，自无成立仓储合同的可能。但电子数据能否作为仓储合同的标的物，现实中已出现对电子数据进行存储、整合、分析等业务的营业。如果对电子数据的存储符合仓储合同的要件，电子数据也不妨成为仓储的标的物。结合《民法典》第895、901条的规定，标的物为替代物、合同约定保管人可以使用仓储物的，得成立混藏仓储和消费仓储。

仓储合同作为独立的有名合同，实践中却往往与其他法律关系交织。这与仓储营业模式的多元化有关。仓储企业往往同时兼营物流业务，在货物贸易中提供监管、配送等服务，参与到仓储与运输、买卖等多种法律关系中。如在电子商务

---

① 原国家安全生产监督管理总局《危险化学品建设项目安全监督管理办法》规定，对危险化学品仓储建设项目进行安全条件审查、审批。该规定是危险化学品安全管理的要求，并非仓储营业的准入条件。

② 国家发展改革委员会《粮油仓储管理办法》第6条规定，粮油仓储单位应当自设立或者开始从事粮油仓储活动之日起30个工作日内，向所在地粮食行政管理部门备案。

③ 也有一些地方政府对仓储营业进行审批准入，如大连市人民政府《大连市仓储服务业管理办法》第7条规定，经营仓储服务业，应具备法律、法规规定的条件，向具有审批权限的仓储服务业行政主管部门或者仓储服务业管理机构提出申请，办理相关手续。

中，平台内经营者将货物寄存到平台自营仓库，平台经营者对货物进行相应监督，在买卖合同订立后平台内经营者委托平台经营者从平台仓库配送货物。这一流程中平台内经营者将货物存放于平台经营者仓库，仅是整个电子商务一系列法律关系中的一个环节，但其中的仓储法律关系依然受仓储合同规则的调整。除与物流、电子商务紧密结合外，仓储业还发展出地产类仓储、金融类仓储等新的经营业态，如存货动态质押等。行政主管部门更是提出要促进仓储业转型升级，即由商品保管型的传统仓储向库存控制型的现代仓储转变，由仓库出租（即单纯仓储服务）向仓储管理、库存控制、加工包装、分拣配送、质押监管等多功能增值服务发展。[①] 因此，我国的仓储营业将呈现更加多元化的经营模式，仓储法律关系也将更多地与其他法律关系糅合。不过，由于我国并无独立的仓储立法，仓储业的多元发展仍万变不离其宗，其中的仓储法律关系还是要适用民法中仓储合同的基本规则。

【关联规定】

《合同法》第 381 条

（撰稿人：徐宁）

第九百零五条　【仓储合同成立时间】 仓储合同自保管人和存货人意思表示一致时成立。

【释义】

本条是关于仓储合同成立生效时间的规定，也是仓储合同一章仅做的两处修改之一。1999 年《合同法》第 382 条规定仓储合同自成立时生效。虽然从规范目的上修改前后均明确仓储合同原则上是诺成合同，一般不以仓储物的交付为生效要件，但该修改依然意义重大，彰显了民法意思自治（自愿）原则。

早在 1999 年《合同法》总则合同的效力一章中，即已明确除法律、行政法规规定特殊生效要件，当事人约定附条件、附期限，生效要件欠缺等情形外，合同自依法成立时生效。在分则仓储合同中却又作出仓储合同自成立时生效的规定。如此规定，明确了仓储合同是诺成合同，不以仓储物的实际交付作为成立生效要件，体现出与普通保管合同不同的营业保管性质。盖因仓储保管人以仓储为

---

① 商务部《关于促进仓储业转型升级的指导意见》（商流通发〔2012〕435 号）。

其营业，具有专业性和营利性，在仓储物交付前，保管人势必会为合同履行做一定准备，甚至支出一定费用，《合同法》规定仓储合同自成立时生效，如存货人反悔不再交付仓储物，则保管人有权主张存货人的违约责任，从而有利于保护保管人的权益。但也应看到，保管人是从事仓储营业的商主体，对自己的行为有充分的辨认能力，既然民法以维护民事主体利益为目标，更佳的实现方法莫过于尊重当事人的意思自治，让利益主体自主安排。因此，得允许处于平等地位的保管人与存货人对合同何时生效另行约定。

根据本条规定，仓储合同与其他合同一样，在保管人和存货人意思表示一致时即成立。合同成立是事实问题，民法的立法功能是赋权保障，是确认和保护民事主体的合法权益①，而非创设民事权利。在仓储合同中，只要一方当事人向另一方当事人作出储存仓储物的意思表示，另一方同意，合同即成立。合同成立后是否生效则是法律评价问题。法律可以对某类合同的生效要件作出特别规定，当事人也可以自行约定合同生效条件，而在当事人行为能力欠缺，意思表示不真实，违反法律、行政法规的强制性规定，违背公序良俗时，法律会对成立的合同作出否定评价。因此，仓储合同何时生效，应适用《民法典》总则和《合同法》总则的规定，并允许当事人对此另行作出约定。

【关联规定】

《民法典》第 134 条

（撰稿人：徐宁）

第九百零六条　【危险、变质物品的储存】储存易燃、易爆、有毒、有腐蚀性、有放射性等危险物品或者易变质物品的，存货人应当说明该物品的性质，提供有关资料。

存货人违反前款规定的，保管人可以拒收仓储物，也可以采取相应措施以避免损失的发生，因此产生的费用由存货人负担。

保管人储存易燃、易爆、有毒、有腐蚀性、有放射性等危险物品的，应当具备相应的保管条件。

---

① 龙卫球、刘保玉主编：《中华人民共和国民法总则释义与适用指导》，中国法制出版社 2017 年版，第 3 页。

【释义】

本条是关于特殊仓储物寄托和保管的规定。

易燃、易爆、有毒、有腐蚀性、有放射性等物品具有高度危险性，在储存场所、包装、出入库、储存方式方法、养护、专业技术人员等方面有更高的标准。国家从行政管理角度对危险物品的仓储从仓库建立时的安全审查，仓库的专用，储存方式、方法或者储存数量，安全设施设备，专用仓库的标识等方面提出严格要求，并明确违反规定时相应的法律责任。[①] 如果存货人在储存易燃、易爆、有毒、有腐蚀性、有放射性等危险物品时，不向保管人说明物品性质，保管人作为普通货物进行储藏、保管，不仅可能因其危险性造成其他仓储物、保管人的财产甚至人身受到损害，而且可能导致保管人承担行政法律责任。因此，存货人对危险物品的性质进行提示和说明是一项基本义务。为更好地说明物品性质，便于保管人掌握足够的信息确定合理的保管方式，存货人还应提供相应资料。

易变质物品，一般需要冷藏、保鲜的储存设备和方法，如储存不当，不仅会导致易变质仓储物本身的损坏，甚至会影响其他仓储物使其变质，所以存货人也应提示仓储物易变质的性质，并提供便于保管人选择保管方式的资料。

上述说明和提供资料一般应在仓储合同成立时进行，最迟不应晚于交付仓储物时。如果存货人违反说明和提供资料义务，在仓储物未入库前，保管人发现后可以行使抗辩权，拒收仓储物。如果保管人在接收仓储物时未发现仓储物是危险物品或易变质物品，在保管期限内发现，则可以采取措施避免损失的发生。保管人采取的措施应当以妥善保管该物品、避免该物品及仓库内其他仓储物毁损为限度。由于存货人存在过错，应承担保管人采取措施产生的费用。

如果存货人不知仓储物属于危险物品或易变质物品，在仓储期间造成保管人损害，存货人仍应负损害赔偿责任；但保管人应以善良管理人的义务注意保管物品，且在知道物品性质后采取相应保全措施，否则亦应承担相应责任。

如果存货人履行了危险物品的说明义务，则保管人对危险物品的保管条件有与其危险品仓储营业相当的辨识能力，具备相应的保管条件，并采取与物品危险

① 详见《危险化学品安全管理条例》第12、13、24、76、77条等规定。

程度相当的保管措施。[①] 否则，造成仓储物损失的，属于保管不善，应当按照《民法典》第 917 条的规定承担赔偿责任。

【关联规定】

《合同法》第 383 条

（撰稿人：徐宁）

第九百零七条　【仓储物的验收】保管人应当按照约定对入库仓储物进行验收。保管人验收时发现入库仓储物与约定不符合的，应当及时通知存货人。保管人验收后，发生仓储物的品种、数量、质量不符合约定的，保管人应当承担赔偿责任。

【释义】

本条是关于保管人验收义务的规定。

存货人交付仓储物前对特殊物品性质有说明义务，保管人在接收仓储物时也负有对仓储物验收的义务。仓储合同是以储藏、保管仓储物为标的的合同。仓储物是否得到妥善储存，最直观的判断是仓储物的品种、数量、质量等是否保持与合同约定的状态一致。这种判断贯穿于仓储的全过程，本条是在仓储物入库时，亦即存货人交付、保管人接收仓储物时，对仓储物是否合乎合同约定的判断；第 912、913、917 条则是规定在保管过程中及保管人交还仓储物时，根据仓储物与约定状态的符合程度，规定了保管人的义务和责任。对仓储物验收还可以在仓储物有瑕疵时划分存货人与保管人责任。如果经保管人验收后，仓储物符合合同约定，则在仓储过程中出现的瑕疵应由保管人承担，但若在验收时即发现仓储物与合同不符，保管人无须承担责任。

“按照约定”进行验收，应包含两重含义，一是保管人对仓储物的验收主要是对实物与合同中对仓储物的约定是否相符进行查看、检验，内容包括品种、数

---

① 在（2018）赣民申 1270 号案件中，法院认为保管人作为专业的仓储物流企业，对危险物品保管条件应具有专业的辨识能力，其未采取必要保管措施违反了本条第 3 款的规定。并且法院认为保管人未能举证证明其经过消防验收、具备能正常运转的消防设施。法院态度似乎是认为不论是否有行政管理的要求，只要保管人未能以善良管理人的义务妥善保管危险物品，对物品损失就应承担赔偿责任。

量、质量以及包装情况等；二是合同中对验收作出专门约定的，应按约定进行验收。在合同未对验收作出约定时，保管人应当按与处理自己事务同一程度的注意义务进行验收。这是因为在验收前，仓储物在寄存人的占有或控制下，保管人无从了解情况，只能依据合同约定、寄存人的说明，结合其专业能力对仓储物情况作出判断。如果此时要求保管人在验收时负善良管理人的注意义务，则过分加重了保管人的责任。仓储合同的保管人是以仓储为营业的人，应当具有与其营业相当的专业能力，因此，又应当高于普通人的注意义务。据此，保管人在验收时若合同未予约定，则依表面审查、外观查验方式对仓储物的品种、数量、质量等是否符合合同约定进行判断，在有外包装时一般无须开包装；数量较多的同种物品，一般抽检验收即可；同时，对于在其专业能力范围内非直观的瑕疵，保管人应当发现。

在验收时如果保管人发现仓储物与约定不符，则应在合理时间内通知存货人。一方面告知存货人仓储物存在瑕疵，从而划清责任。另一方面如果仓储物与约定严重不符，如性质上属于危险物品或易变质物品，则保管人可以通知拒收；如仓储物已经变质或有其他损坏，入库后可能危及其他仓储物安全和正常保管的，可以通知存货人进行处置。

仓储物经过保管人验收，意味着保管人对仓储物符合合同约定予以确认。入库后如发生仓储物与合同约定不符，则不论保管人对此是否有过错，均应承担仓储物瑕疵的损害赔偿责任。不过，保管人损害赔偿责任的范围应与其验收时的注意义务相当，如对无须开包装的仓储物验收后，如果内容物发生无法从外部观察到的瑕疵，保管人对此不承担责任；对抽检验收的物品验收后，未被抽检的物品出现瑕疵的，保管人亦无须承担责任。

【关联规定】

《合同法》第 384 条

（撰稿人：徐宁）

第九百零八条　【仓储凭证】 存货人交付仓储物的，保管人应当出具仓单、入库单等凭证。

【释义】

本条是关于保管人出具仓储凭证的义务。

仓单是仓储作为商事合同最重要的特征，也是仓储合同作为独立有名合同最主要的理由。1999 年《合同法》第 385 条规定，存货人交付仓储物的，保管人应当给付仓单。本条通过开放式列举方式增加了仓储凭证种类，即包括但不限于仓单、入库单。存货人在交付仓储物时，不管合同是否有约定，保管人均负有向存货人出具仓储凭证的义务，是为保管人的法定义务。但现实中，仓储类型多样，标的物种类繁多，如仓储与物流结合，保管人保管仓储物仅为运输的一个环节；有些标的物仅用于存货人生产、生活自用。在这种情况下，一概要求保管人必须给付仓单没有必要，保管人得依合同约定或习惯向存货人给付包括仓单、入库单等仓储凭证。当然，还有一个重要的原因是仓单与入库单等凭证的性质存在较大差别。

一般认为，仓单是种有价证券，具有物权凭证效力。[①]《民法典》物权编第 440 条规定仓单得为权利质押的标的，同时第 441、442 条将仓单与汇票、本票等在《票据法》中规定的货币证券并列，可以作为仓单是有价证券的实证法论据。但本条中的仓单是否具有物权凭证却不无异议。根据《民法典》第 910 条的规定，仓单是提取仓储物的凭证，体现的是提取仓储物的权利。那么，提取仓储物的权利究竟是什么权利，从文义看，当属相对权，仓单持有人向保管人请求履行才能实现取得仓储物的权利。在仓单背书转让的场合，转让的也仅是请求权，而非仓储物的所有权。在民法典编纂过程中，学术界对此也曾有过讨论，普遍认为鉴于仓储合同的商业属性，应赋予仓单物权凭证属性，从而增强其流动性。[②] 但正式通过的《民法典》中对仓单仍作出与 1999 年《合同法》一致的规定。

最高人民法院在第 111 号指导案例中针对提单的性质和效力明确：提单具有债权凭证和所有权凭证的双重属性，但并不意味着谁持有提单谁就当然对提单项

---

① 如《德国商法典》第 475g 条规定：已由仓库营业人签发提单，并且提单可以背书转让的，在货物已由仓库营业人接管时，向因仓单而有权受领货物的人交付仓单，对于货物权利的取得，与交付货物具有同等效力。我国台湾地区“民法”第 618 条规定：仓单所载之货物，非由寄托人或仓单持有人于仓单背书，并经仓库营业人签名，不生所有权移转之效力。

② 2019 年 10 月 13 日，由中国法学会民法学研究会、中国人民大学法学院与中国人民大学民商事法律科学研究中心、中国法学会审判理论研究会民事审判理论专业委员会主办的“民法典合同编分则草案立法研讨会”上，对仓储合同尤其是仓单进行讨论，见《民法典合同编分则草案立法研讨会实录（下）》，http：//www. civillaw. com. cn/gg/t/？id＝36132，2020 年 3 月 26 日访问。

下货物享有所有权。对于提单持有人而言，其能否取得物权以及取得何种类型的物权，取决于当事人之间的合同约定。同时也明确，当事人的约定应以真实意思表示为准，该案例中虽然合同中约定银行取得货物所有权，银行已取得提单，但当事人并无转让货物所有权的真实意思表示，因此构成让与担保，根据合同整体解释及信用证交易特点，认定成立提单质押。[①]

参照最高人民法院的上述意见，仓单是债权凭证，但如果仓单在转让过程中，转让方与受让方在合同[②]中约定仓单交付后受让方可以取得仓储物所有权，则仓单的转让具有指示交付的作用，符合我国民法上债权形式主义的物权变动模式，因此有了物权凭证的效力。[③] 在仓单质押的场合，根据物权编的规定，只要仓单交付则质权设立，这是因为仓单作为法定的可出质的权利凭证，其本身是债权凭证还是物权凭证并无影响，如债券、存款单无疑是债权凭证，也可以出质。

入库单则不具备仓单的权利凭证的属性，只是作为仓储物已经交付保管人并入库的证明。入库单非要式凭证，没有形式要求，也不能转让。

【关联规定】

《民法典》第 440、441 条

（撰稿人：徐宁）

第九百零九条　【仓单记载事项】保管人应当在仓单上签名或者盖章。仓单包括下列事项：

（一）存货人的姓名或者名称和住所；

（二）仓储物的品种、数量、质量、包装及其件数和标记；

（三）仓储物的损耗标准；

（四）储存场所；

（五）储存期限；

---

① 详见 2019 年 2 月 25 日发布的指导案例第 111 号："中国建设银行股份有限公司广州荔湾支行诉广东蓝粤能源发展有限公司等信用证开证纠纷案。"虽然该指导案例涉及的是提单，但在我国法律中，提单与仓单具有属性、效力的同质性，可作为仓单的参照。可参阅 http：//www. court. gov. cn/fabu - xiangqing - 143412. html，2020 年 3 月 26 日访问。

② 这里的合同应该既包括处分仓储物的合同，也包括转让仓单的合同。

③ 胡铁红、杨巍：《仓单物权凭证与债权凭证的双重效力分析》，载《人民司法 · 案例》2009 年第 18 期。

（六）仓储费；

（七）仓储物已经办理保险的，其保险金额、期间以及保险人的名称；

（八）填发人、填发地和填发日期。

【释义】

本条是关于仓单记载事项的规定。

仓单是要式证券。盖因仓单作为有价证券，具有一定流动性，故要求具备一定形式。仓单的记载事项主要有两类：

首先是保管人必须签字或盖章。仓储物入库后，保管人即实际占有仓储物，仓单作为提取仓储物或仓储物本身的凭证，必须得到保管人的确认。保管人是自然人时，签字即可；保管人是法人或非法人组织，应在仓单上加盖法人或非法人组织的印章，法人的法定代表人、非法人组织的负责人在仓单上签字一般也具有法律效力。

其次是仓单的必要记载事项。必要记载事项又分为绝对必要记载事项和相对必要记载事项。前者指必须记载，欠缺事项之一则不产生效力；后者指应当记载，但不记载的依法律规定另行拟制，并由法律拟制规定确定效力。其他需记载一定事项的证券，如票据，法律明确必须记载的事项，并规定欠缺记载事项之一的，票据无效。[①] 本条并未要求仓单必须全部记载所列八项内容，也未规定欠缺任一记载事项时仓单即无效，所以这些事项并非均为绝对必要记载事项。

根据仓储合同的属性及仓单的性质，第 1、2、4、8 项应为绝对必要记载事项。[②] 这是因为仓单作为提货凭证且可背书转让，存货人是仓单的原始权利人，如不记载存货人则背书转让时将无法保证背书连续，对仓单的安全性和流通性产生影响；仓单不论是法定的债权凭证还是约定的物权凭证，都指向特定的仓储物，所以必须明确仓储物的物理特征；不记载储存场所，则仓单持有人无从提取货物；仓单基于保管人的填发而成立，相当于证券的发行，故须记载填发人、填发日期。如欠缺这四类记载事项之一的，则不符合仓单作为有价证券的属性，不

---

① 《票据法》第 22、75、84 条分别规定了汇票、本票、支票必须记载的事项，并明确欠缺记载事项之一的，票据无效。

② 国家标准委批准的《仓单要素与格式规范》（GB/T 30332—2013）中，将第 1、2、4、8 项作为普通仓单的必备要素，可流通仓单必要要素包括仓储物的损耗标准。详见国家标准《仓单要素与格式规范》第 5.1 条。

具有仓单的效力。

除绝对必要记载事项外，其他四类为相对必要记载事项，仓单中未予记载的，则可按其他规定处理，如仓单未记载仓储期间，可按《民法典》第 914 条的规定执行；损耗标准、仓储费、保险，可按第 510、511 条的规定予以确定。

现实中，因仓单由各仓储营业人自行签发仓储凭证，凭证样式不一，名称也有仓单、入仓单、进仓单、出仓单等多种，一般也记载某些事项，要判断是否为仓单性质，除具备绝对必要记载事项外，还可以记载“凭单提货”或类似表述。

【关联规定】

《合同法》第 386 条

（撰稿人：徐宁）

第九百一十条　【仓单的背书及其效力】仓单是提取仓储物的凭证。存货人或者仓单持有人在仓单上背书并经保管人签名或者盖章的，可以转让提取仓储物的权利。

【释义】

本条是关于仓单背书转让的规定。

本条首先明确了仓单的性质是提取仓储物的凭证，这一表述与仓单是仓储物所有权的凭证[①]差异明显。如前所述，“提取仓储物凭证”指的是债权凭证，即仓单持有人得向保管人主张交付仓储物的请求权。在仓单持有人与存货人同一时，存货人可依据仓单，也可依据仓储合同向保管人主张返还仓储物仓储合同。但该返还请求权并非物上请求权，如存货人不是仓储物的所有权人，其向保管人主张的仅是根据仓储合同关系产生的债权，即提取仓储物的请求权；否则，存货人仅因将占有的仓储物交付保管人、取得仓单便取得仓储物的所有权，会侵害仓储物所有权人的权利，从这个角度将仓单明确为提取仓储物的凭

① 当然，比较法上一般也不会直接规定为所有权凭证，如德国商法典规定，交付仓单与交付货物具有相同效力；我国台湾地区“民法”则规定，仓单所载货物非经仓单依法转让，不生所有权移转之效力。但均是从不同角度明确仓单作为物权凭证的效力。

证有一定合理性。

仓单的价值在于其流动性。仓单的流转需要满足前手背书人、保管人确认的要件。仓单可以连续背书转让，存货人作为原始取得仓单的合同当事人，可以背书方式转让仓单，合法受让仓单的持有人也可以背书转让仓单。同时，背书应当连续，否则仓单持有人将不具备合法持有仓单的地位。仓单是保管人签发的证券，因此每次背书转让均须由保管人以签字或盖章方式确认。

仓单经合法转让后，受让人取得仓单，但并不一定取得仓单所记载的仓储物的所有权。受让人取得仓单后能否相应取得仓储物的所有权，需要转让双方在基础合同或仓单转让合同中约定。如合同中约定转让人将仓储物所有权转让给受让人，以交付仓单的方式交付，根据《民法典》物权编第 227 条关于指示交付的规定，仓储物由保管人占有，转让人将仓单交付受让人，是以转让提取仓储物的权利代替交付，仓单的背书转让产生交付的效力。既有转让仓储物所有权的意思表示，又有仓储物的交付，将产生物权变动的效力。从这个角度看，仓单也并非物权凭证，而只是物权变动中的交付凭证。

如果存货人并非仓储物的所有权人，将仓单背书转让，只要符合背书的形式要求，受让人除故意或重大过失外，仍将取得提取仓储物的权利。如转让方与受让方在合同中约定转让仓储物所有权，则受让方取得仓单后能否取得仓储物所有权，适用《民法典》物权编第 311 条善意取得的规定，即受让人善意、以合理价格受让、已合法取得仓单情况下，可以取得仓储物的所有权。

【关联规定】

《合同法》第 387 条

（撰稿人：徐宁）

第九百一十一条　【容许检查义务】保管人根据存货人或者仓单持有人的要求，应当同意其检查仓储物或者提取样品。

【释义】

本条是保管人容许检验义务的规定。

存货人将仓储物交付保管人入库后，仓储物虽由保管人占有，但存货人对仓储物仍享有所有权或其他权利。存货人基于对仓储物的权利，出于对仓储物可能发生的毁损、灭失、保管不善及价值贬损的担忧，当然有权要求对仓储物的状态进行检查。仓单经背书转让，在转让前，受让人亦即未来的仓单持有人为了解仓储物的状态、属性，可以要求检查或提取样品。仓单持有人依据仓单有提取仓储物的权利，为解权利的真实内容，也有检查仓储物或提取样品的必要。

保管人的容忍义务体现在存货人或仓单持有人请求检验时，保管人应当同意。该义务是不作为义务，即在存货人或仓单持有人提出要求时，保管人一般被动配合即可，但也可能以积极行为予以配合，如打开仓库配合入库、提供仓储物所附技术资料等。如果保管人在存货人或仓单持有人提出请求后予以拒绝，则属于不完全给付，应承担债务不履行的违约责任。保管人没有主动协助的义务，如检验产生费用，由要求检查或提取样本的存货人或仓单持有人自行承担，保管人无须承担。

检查和提取样本的主要内容是查看、核验仓储物数量有无减少、品质有无发生改变。检验应按照仓储合同的约定或交易习惯进行，并应以合理程度为限，即应尽可能不损害仓储物的物理形态，不对仓库内其他仓储物或保管人的财物造成损害，否则存货人或仓单持有人因检验行为导致仓储物损害的，应承担损害赔偿责任；造成他人财物损害的，应承担侵权责任。

【关联规定】

《合同法》第 388 条

（撰稿人：徐宁）

第九百一十二条　【保管人的通知义务】保管人发现入库仓储物有变质或者其他损坏的，应当及时通知存货人或者仓单持有人。

【释义】

本条规定了保管人对仓储物的危险通知义务，规范内容沿用了《合同法》第 389 条规定，未作修改。

仓储合同是保管人储存存货人交付的仓储物，存货人支付仓储费的合同，属于典型的双务、有偿合同。在保管服务中，保管人应以善良管理人的注意标准履行保管义务，并以足够的谨慎态度对仓储物的状态进行检查。当仓储物有质变或者其他损坏时，存货人或者仓单持有人的权利可能会受到损害，保管人应及时通知存货人或者仓单持有人，以便其及时处理。因此，危险通知义务实质上属于妥善保管义务范畴，在义务违反及法律后果方面，应适用《民法典》第 917 条规定。

对本条的理解适用应注意以下问题：一是保管人注意义务的对象限阈为“入库仓储物”，即已由存货人交付给保管人，并办理入库交接手续的仓储物。对于尚未办理入库交接手续的仓储物，由于保管人无法对其实施仓储保管活动，故也无法发现仓储物存在变质或者其他损坏的情况并通知存货人或者仓单持有人。此外，仓储物应处于储存期间，如保管人验收时即发现仓储物有变质或者其他损坏的情况，依应本法第 907 条规定及时通知存货人。二是从法院审判实践看①，“有变质或者其他损坏的”的通常理解为不限于仓储物异状的情形，还包括仓储物权利归属受到挑战的情况，具体如下：1. 遇有第三人对其保管的货物主张权利而起诉或扣押。2. 储存的货物发生变化，如货物出现异状、货物发生减少或价值减少的变化。3. 对于外包装或货物标记上标明或者合同中申明有效期的货物，保管人应当提前通知失效期。三是保管人的通知性质上为事实通知，属准法律行为，类推适用《民法典》关于意思表示方面的相关规定。通知形式上无明确限制，口头、书面均可，通知相对人可以是存货人也可以是仓单持有人，二者择一，不必同时通知。

无论仓储物的变质或损坏是否因保管人的过错发生，保管人都有通知义务。如果保管人已尽到善良管理人的注意仍未发现仓储物有变质或其他损坏的，则不负通知义务。如果因保管人怠于注意而未发现仓储物变质或其他损坏的，保管人应承担未妥善履行保管义务的违约责任。需要注意的是，我国《民法典》合同编对于违约责任仍采严格责任，有学者认为在此立法例下，保管人所尽的注意义务实际上比善良管理人的注意义务更重，还需就通常事变负责。②

【关联规定】

《仓储保管合同实施细则》第 14 条

（撰稿人：刘靖靖）

---

① 最高人民法院经济审判庭编著：《合同法解释与适用》，新华出版社 1999 年版，第 1821 页。

② 宁红丽：《我国典型合同理论与立法完善研究》，对外经济贸易大学出版社 2006 年版，第 279 页。

第九百一十三条 【保管人在紧急情况下对仓储物的处置权及通知义务】保管人发现入库仓储物有变质或者其他损坏，危及其他仓储物的安全和正常保管的，应当催告存货人或者仓单持有人作出必要的处置。因情况紧急，保管人可以作出必要的处置；但是，事后应当将该情况及时通知存货人或者仓单持有人。

【释义】

本条规定了保管人在紧急情况下对仓储物的处置权及通知义务，规范内容沿用了《合同法》第390条规定，未作大修改。

入库仓储物有变质或者其他损坏的，不仅可能损害存货人或者仓单持有人的合法权益，也可能使保管人遭受损失。例如，入库食品腐烂霉变，导致仓库恶臭弥漫，可能严重影响正常保管工作的顺利进行。仓储物为装置在容器中的普通液体，容器破裂液体渗出，浸湿同一仓库中的其他仓储物，使保管人处于向其他存货人承担赔偿责任的不利境地。因此，在这种情形下，保管人应当通知存货人或仓单持有人作必要的处置，情况紧急的，也可直接作出必要的处置，防止损害的发生或者扩大。行使必要处置权产生的合理费用，由存货人或者仓单持有人承担，行使处置权后，保管人负有及时向存货人或者仓单持有人通知和计算报告的义务。本条在理解适用中还应注意以下问题：

1. 保管人催告存货人或者仓单持有人作出必要的处置，既是保管人的义务，也是保管人的权利。催告的目的一方面是保证存货人或者仓单持有人对变质或者损坏的仓储物的利益不再继续受损，确保保管人正常履行保管义务；另一方面也是保护保管人自身不因仓储物的变质或者损坏而遭受损失。

2. 仓储物的变质或损坏应达到危及其他仓储物的安全和正常保管的程度，如未达到这种程度，保管人没有催告的必要，存货人或者仓单持有人也没有进行处置的义务。

3. “情况紧急”通常理解为仓储物变质或发生损坏，危及其他仓储物的安全和正常保管，如待存货人或者仓单持有人作出必要处置，难免造成保管人自身损失或损失扩大的情形。对于在保管人穷尽存货人或者仓单持有人留下的一切联系方式仍无法联系存货人或者仓单持有人，或者存货人对保管人的通知置之不理的情形下，可否直接对仓储物进行紧急处置的问题，我们认为应持谨慎态度。保管人在一般情况下无权擅自处置仓储物，仅在其他仓储物的安全和正常保管秩序受到威胁，不得已的情况下享有对仓储物的紧急处分权，且处置限度在仓储保管的必要范围内。故对于“情况紧急”的理解应从严把握，实质判断标准应为如待存货人或仓单持有人进行处置将使保管人自身陷入权益受损或损失扩大的境地。因此，反面视之，在情况紧急保管人来不及催告存货人或仓单持有人，但又必须对已变质或损坏的仓储物加以及时处置的情形下，保管人也可以自行对仓储物进行必要的处置。

4. 处置只能在必要的范围内作出。从存货人或者仓单持有人的角度观察，保管人对上述人员的处置要求应在必要限度内；如果处置要求过高，存货人或者仓单持有人可以拒绝承受这种要求，仅在必要限度内予以处置；如果存货人或者仓单持有人对仓储物的处置已主动逾越必要的范畴，由此给保管人造成损害的，保管人也有权要求赔偿。从保管人角度观察，在保管人代为处置的情形下，保管人的处置措施也必须是必要且合理的，一般来说能通过隔离、换库等方式分离损坏与完好的仓储物的，就不得变卖或抛弃损坏的仓储物，处置损坏仓储物产生的损失，也不应超过不采取处置措施产生的损失。

5. 如果保管人怠于催告，则应对其他仓储物的损失和自己遭受的损失自负其责，如果存货人或者仓单持有人怠于处置，则应对这些损失承担赔偿责任。

6. 即使存货人或仓单持有人及时作出了处置，但仓储物的变质或损坏仍然已造成其他仓储物损害或给保管人带来了损失，只要保管人对仓储物的变质或其他损坏无过错，仍可要求存货人或仓单持有人赔偿损失。

（撰稿人：刘靖靖）

第九百一十四条　【仓储物的提取】 当事人对储存期限没有约定或者约定不明确的，存货人或者仓单持有人可以随时提取仓储物，保管人也可以随时请求存货人或者仓单持有人提取仓储物，但是应当给予必要的准备时间。

【释义】

本条对仓储合同储存期间约定不明时如何确定履行期进行了规定，规范内容基本沿用了《合同法》第 391 条规定，仅将《合同法》第 391 条规定中的“期间”、“随时要求存货人”的表述修改为“期限”、“随时请求存货人”，以彰显债权请求给付的权能和作用。

对于本条理解与适用应注意以下问题：

在民法理论上，合同内容可区分为必要之点和非必要之点。[①] 必要之点是指某种合同不可缺少的要素，如果当事人就必要之点未达成合意，合同不成立。非必要之点包括“常素”与“偶素”，前者指经常构成某种合同的内容元素，后者指某种法律事实因当事人的特别表示而成为合同的内容。[②] 如果当事人明确要求对非必要之点达成合意合同才成立，则非必要之点未形成合意，合同不成立；如果当事人没有上述要求，则非必要之点未形成合意不影响合同成立，可以通过合同解释填补漏洞。在仓储合同中，储存期间应为非必要之点，对此未作约定或者约定不明的，不影响仓储合同的成立和效力。

《民法典》合同编通则部分的第510、511条对于合同履行期限不明时如何进行漏洞填补进行了规定，本条是在典型合同编中所作的规定，具体适用上优先于通则部分的一般规定。

仓储合同本质上是一种提供劳务的合同，保管人的主要义务为提供仓储服务，存货人的主要义务为支付报酬，仓储物并非合同标的，只是保管合同的对象或标的物。储存期间约定不明时，从存货人或者仓单持有人的角度观察，其可随时提取仓储物，保管人不得拒绝，此时存货人没有将仓储物存放于仓库的义务，保管人也不享有保有仓储物的权利。从保管人的角度观察，保管人也可随时要求存货人或者仓单持有人提取仓储物，因为仓储物将占用保管人的存储空间，消耗其人力、物力，如果存货人或者仓单持有人拒不提货，将增加保管人的保管成本，也可能使保管人丧失接受其他邀约的机会。因此，保管人有权要求存货人或仓单持有人随时提货，但在发出提货通知后应给予存货人或者仓单持有人必要的准备时间，这段时间内，保管人继续承担保管义务，如果出现违约的情形，将承担违约责任。对于“必要的准备时间”的把握，应视具体情况斟酌确定，以平等保护双方当事人利益为原则。需要注意的是，司法实践中，法院为更好地平衡存货人（仓单持有人）与保管人之间的利益关系，在适用该条款时还作过如下限定：一般来说自接收货物入库起6个月内，仓库营业人不得请求返还或移去保管物，6个月后可随时向存货人或者仓单持有人请求返还或者移去保管物，但应当提前1个月通知存货人或仓单持有人。我国台湾地区“民法”也有类似规定。

（撰稿人：刘靖靖）

---

① 王泽鉴：《债法原理》（第1册），中国政法大学出版社2001年版，第188页。

② 韩世远：《合同法总论》（第2版），法律出版社2018年版，第103页。

第九百一十五条　【存货人、仓单持有人的提货权】储存期限届满，存货人或者仓单持有人应当凭仓单、入库单等提取仓储物。存货人或者仓单持有人逾期提取的，应当加收仓储费；提前提取的，不减收仓储费。

【释义】

本条规定了存货人、仓单持有人的提货权。相较《合同法》第392条规定，其在存货人、仓单持有人出示的凭证方面进行了开放式规定，增加了凭证种类，即包括但不限于仓单、入库单，以与《民法典》第908条规定相适应。相较于仓单，入库单不具备权利凭证的属性，只是作为仓储物已经交付保管人并入库的证明，没有形式要求，也不能转让。

存货人或者仓单持有人凭仓单、入库单等提取仓储物包含以下几方面意思：一是存货人、仓单持有人向保管人请求提取仓储物的，应当出示仓单、入库单等有效凭证，提取完仓储物时，应向保管人交还上述凭证。二是根据《民法典》第910条规定，仓单的法律性质应为债权凭证，具有市场流转性。在仓单持有人与存货人同一时，存货人可依仓单，也可依据仓储合同向保管人请求提取仓储物。在仓单经合法转让后，只要其背书转让符合形式要求，仓单持有人即取得向保管人请求提取仓储物的权利。从学理上看，仓单多被认为系要因证券、文义证券，从要因方面看，仓单不是签发即生效，而是以存货人交付仓储物为原因签发才有效，这就意味着如果存货人没有将仓储物交付储存保管，即便保管人签发了仓单，该仓单也因缺乏基础的原因关系而无效。从文义方面看，对于生效的仓单，保管人只依券面记载事项返还仓储物即可。因此，在仓单经合法流转后，仓单持有人行使提货权时，其权利范围与内容全凭仓单上的记载以及法律特别规定，仓单持有人不享有存货人对保管人的权利，也不负担存货人对保管人的义务，保管人对于存货人的抗辩事由，也不能当然地用来对抗仓单持有人。

关于存货人或者仓单持有人提前提取仓储物方面的履行规则，涉及履行期限利益的判断分析。履行期限有为债务利益的，有为债权人利益的，也有为双方当事人利益的。履行期究竟为谁的利益，可从积极和消极两个方面考察。从积极方面看，可以表现为享有现实或者潜在的金钱价值，或表现为避免更大的风险；从消极方面看，表现为期限利益的享有者抛弃期限利益，提前履行，不得损害相对人的合法权益，如果抛弃期限利益，提前履行损害了相对人的合法权益，则该期限利益就不单纯地归属于一方，应属于双方当事人都享有的利益。[①] 从以上角度观察，仓储合同储存期间利益应归属于双方当事人，存货人或者仓单持有人提前提取仓储物，将导致保管人收益减少，保管人提前通知存货人或者仓单持有人提前提取仓储物，可能导致存货人、仓单持有人发生重新寻找仓储空间的时间支出、经济支出。因此，一般来说，约定储存期间的仓储合同中，存货人或者仓单持有人、保管人应严格遵守期限约定。但在社会生活中，如果存货人或者仓单持有人确有提前提取仓储物的客观需要，从平衡存货人（仓单持有人）与保管人利益出发，保管人不得拒绝履行，但享有不减少仓储费的权利。存货人或者仓单持有人逾期提取仓储物的，将加重保管人的储存保管责任，故存货人、仓单持有人都负有给付增加的仓储费的义务。

存货人或者仓单持有人提取仓储物后，应当及时验收，并向保管人提交验收资料。保管人未按合同约定的时间、数量交还货物的，应当承担违约责任。

（撰稿人：刘靖靖）

第九百一十六条　【保管人对仓储物的提存权】 储存期限届满，存货人或者仓单持有人不提取仓储物的，保管人可以催告其在合理期限内提取；逾期不提取的，保管人可以提存仓储物。

【释义】

本条规定了保管人对仓储物的提存权。规范内容基本沿用了《合同法》第393条规定，仅将“储存期间”的表述变更为“储存期限”。

依据诚实信用原则，合同当事人应当根据合同性质、目的和交易习惯等履行通知、协助、保密等义务。在仓储合同中，存货人或者仓单持有人负有协助、配合保管人履行返还仓储物的义务，存货人或者仓单持有人怠于受领存储物的，将使保管人面临不利益的状态，对保管人显然不公平。因此，为充分保护保管人利益，仓储合同中规定了提存制度，仓储物提存后，保管人不再受仓储合同约束，合同法律关系终止。

在理解与适用本条时应注意以下问题：

一是保管人提存仓储物的条件，应为存储期限届满存货人或者仓单持有人不提取仓储物，且经保管人催告在合理期限内仍未提取的。保管人的催告只需表明

---

① 崔建远：《合同法总论》（第2版），中国人民大学出版社2016年版，第73页。

催促存货人或者仓单持有人及时提取存储物，无须表明其在逾期不提取仓储物时的提存权。此外，保管人应在催告通知中设置合理期限以待存货人或者仓单持有人提取货物。只有经过催告而仍不提取仓储物的，保管人才可以提存仓储物。如果没有经过催告，或者催告后存货人或者仓单持有人在合理期限内提取仓储物的，保管人不得提存仓储物，只能按照逾期提货要求存货人或者仓单持有人增加给付仓储费。

二是保管人提存仓储物应适用《民法典》关于提存的一般规定，提存的效力等同于保管人已交付仓储物，存货人与保管人之间的权利义务关系归于消灭，提存的费用由仓单持有人承担，提存期间仓储物的孳息由仓单持有人收取，风险损失也由仓单持有人承担。保管人将仓储物交给提存机关提存，存货人或者仓单持有人与提存机关发生新的法律关系，其享有对提存标的物请求受领的权利。

三是如果保管人未提存仓储物的，则应该继续保管仓储物，但可以依逾期提取的期间请求增加报酬。如果未明确约定储存期间，依据《民法典》第 914 条规定，保管人可随时要求存货人在合理期间内提取仓储物，存货人在合理期间不提取的，保管人同样可行使提存权。

（撰稿人：刘靖靖）

第九百一十七条　【保管不善致仓储物损毁、灭失的保管人的责任承担】 储存期内，因保管不善造成仓储物毁损、灭失的，保管人应当承担赔偿责任。因仓储物本身的自然性质、包装不符合约定或者超过有效储存期造成仓储物变质、损坏的，保管人不承担赔偿责任。

【释义】

本条规定了保管人对因保管不善而致仓储物毁损、灭失应承担的违约责任。规范内容基本沿用了《合同法》第 394 条规定，但在保管人违约责任范围方面有所调整，将“因保管人保管不善造成仓储物毁损、灭失的”修改为“因保管不善造成仓储物毁损、灭失的”，一字之差扩张了保管人承担的违约责任范围。同时，将造成仓储物变质、损坏的免责情形，明确限定为因仓储物本身的自然件质不符合约定或者超过有效储存期导致仓储物毁损的情形。

保管人应当按照合同约定的保管条件和要求，以善良管理人的注意程度履行保管义务，对特殊保管物品进行保管时，还应符合国家、行业指定的专门储存操作标准。《合同法》第 394 条将保管不善造成的仓储物毁损、灭失的违约责任构成要件限定在保管人保管的框架下，对于第三人代为履行保管行为的场合能否适用第 394 条规定语焉不详，民法理论界也对适法转保管的法律效果和责任承担方面有诸多讨论；对于辅助保管人协助保管情形下的违约责任，多通过适用《合同法》第 121 条规定予以处理。本条对于保管人承担违约责任的要件进行调整，将保管人承担违约责任的条件设定为“因保管不善造成仓储物毁损、灭失”，对不当保管行为的主体作开放式规定，不再限定于保管人。因此，从文义看，本条为违法转保管、使用辅助保管人情形下保管人承担仓储物毁损、灭失的违约责任提供了规范基础，次保管人、辅助保管人因保管不善造成仓储物毁损、灭失的，保管人应对仓储物毁损、灭失的赔偿责任。也就是说，此时不再考察保管人对于次保管人、辅助保管人在选任和指示上是否存在过失，只要次保管人、辅助保管人因保管不善造成仓储物毁损、灭失的，保管人均应承担赔偿责任。此严格责任有其法理基础，仓储合同是以劳务给付为内容的合同，重视当事人之间的信任关系，存货人与保管人确立合同关系时，通常信赖的是保管人本人，保管人使用他人履行储存保管行为，可能提高给付障碍的危险性，保管人因使用他人而受益，理应承担其危险性，且存货人、仓单持有人对于保管人选任次保管人、辅助保管人通常无影响力。此外，该规定也可促使保管人审慎选任、监督次保管人、辅助保管人。① 对于保管人亲为储存保管行为的场合，其违约责任仍适用过错责任原则，即只有在保管人主观上未尽到善良管理人的注意义务时，才对仓储物的毁损、灭失承担赔偿责任。

此外，要注意区分仓储物的风险损失和因保管人违约而遭受的毁损、灭失。仓储物因不可抗力或因自然因素发生的损失是风险损灭，不由保管人承担。以自然因素为例，如我国内贸部发布的原《国家粮油仓库管理办法》中规定，一般粮食保管自然损耗率（即损耗量占入库量的百分比）为：保管时间在半年以内的，不超过 0.10%；保管时间在半年以上至 1 年的，不超过 0.15%；保管时间在 1 年以上直至出库的，累计不超过 0.20%。在此范围内的消耗属于合理耗损，保管人对此不承担责任。

除不可抗力外和自然耗损外，本条还规定了保管人其他两项法定免责事由：一是仓储物的变质、损坏是因本身的自然性质或包装不符合约定造成的。在仓储合同中，仓储物的自然性质或包装一般由存货人负责，性质或者包装不符合约

① 韩世远：《合同法总论》（第 4 版），法律出版社 2018 年版，第 754 页。

定，导致仓储物变质、损坏的，保管人不承担赔偿责任。二是因仓储物仓储超过有效储存期造成仓储物变质或损坏的。仓储物在有效储存期过后，因其自然性质而不可避免地会发生变质、损坏现象，对此保管人不负责任。

【关联规定】

《仓储保管合同实施细则》第 16 条

（撰稿人：刘靖靖）

第九百一十八条　【参照适用保管合同的规定】本章没有规定的，适用保管合同的有关规定。

【释义】

本条是一条准用性规范，规定了对保管合同的参照适用。规范内容沿用了《合同法》第 393 条规定，未作修改。

在民法学理论上，将仓储合同的性质认定为是一种特殊的保管合同。仓储合同的目的在于仓储物的保管，只是由于仓储营业的特殊性质，使其具备了商事合同特征（如仓单等），得以作为一类独立的有名合同在《民法典》中予以规制。保管合同的法律规范与仓储合同的法律规范系一般法与特别法的关系，对仓储合同事项仓储合同专章有规定的，应优先适用该规定，没有规定的可以适用保管合同专章的有关规定，如保管人的风险承担责任、保管人的留置权等。

（撰稿人：刘靖靖）

第二十三章　委托合同

【导读】

本章是关于委托合同的规定。根据《民法典》第 919 条的规定，通过合同约定受托人处理委托人事务的，即为委托合同。委托事务的内容和种类非常广泛多样，这使得委托合同的适用范围也较为宽泛。委托合同的规则也因而具有一般性和兜底性的特征。有些合同的内容虽然也可能构成《民法典》第 919 条规定中的委托事务，例如行纪合同、中介合同，但由于法律对此类合同作了特殊规定，应当优先适用关于此类合同的规定，在法律没有特殊规定时，对此类合同可以适用委托合同的规定（《民法典》第 960、966 条）。

我国法上的委托合同既可以是有偿的，也可以是无偿的。《合同法》第 405 条第 1 句规定："受托人完成委托事务的，委托人应当向其支付报酬。"这表明，原《合同法》对委托合同采取了以有偿为原则、无偿为例外的规范模式，受托人只要完成委托事务，对委托人即有报酬请求权，除非当事人另有约定。《民法典》第 928 条第 1 款则规定："受托人完成委托事务的，委托人应当按照约定向其支付报酬。"据此，受托人的报酬请求权须以委托合同有约定为前提，如果当事人在委托合同中没有约定支付报酬的事项，则委托合同原则上为无偿的。由此，《民法典》对委托合同采取了以无偿为原则、有偿为例外的规范模式。这就要求当事人在委托合同中对报酬事项尽可能地作出详细的约定。

委托合同是否有偿，除了直接影响受托人对委托人是否有报酬请求权之外，还会影响到当事人根据委托合同所承担的注意义务程度和责任范围。根据《民法典》第 929 条第 1 款的规定，对于有偿的委托合同的受托人适用过错责任，而无偿的委托合同的受托人只在故意或重大过失造成委托人损失时，才须赔偿损失。这表明，法律对无偿的委托合同的受托人给予优待，施加了较低的注意义务标准。委托合同中当事人有任意解除权，对于因委托合同解除而产生的损害赔偿责任，《民法典》第 933 条也区分有偿和无偿的委托合同而做出了规定。据此，对于无偿的委托合同，解除方因解除时间不当而给对方造成损失的，只须赔偿直接损失；对于有偿的委托合同，解除方赔偿的范围既包括对方的直接损失，也包括合同履行后可以获得的利益。

本章的一个规范重点是确定受托人与处理委托事务相关的具体义务。处理委托事务是受托人的主给付义务，其具体内容需要当事人通过委托合同予以具体约定。在当事人未作约定时，可以适用本章的诸多规则予以确定。《民法典》第920条明确了特别委托和概括委托这两种委托类型；《民法典》第922条规定了受托人服从委托人指示的义务，这是受托人处理委托事务的一项基本原则；《民法典》第923条规定了受托人亲自处理委托事务的原则。无论是受托人服从指示的义务，还是受托人亲自处理委托事务的义务，均可能存在例外情况，《民法典》第922条和第923条对此例外情况作了明确规定。为了使委托人了解委托事务的处理情况，《民法典》第924条规定了受托人的报告义务。受托人因处理委托事务取得的财产，应当转交给委托人（《民法典》第927条）。在委托人死亡或者被宣告破产、解散时，受托人还可能负有临时性地继续处理委托事务的义务（《民法典》第935条）。以上规定从不同的角度具体化了受托人处理委托事务的义务。如果受托人违反了其义务，则可能根据《民法典》第929条承担赔偿损失的责任。

受托人根据委托合同享有相应的权利，主要包括要求委托人预付费用的权利和偿还垫付的必要费用及利息的权利（《民法典》第921条）。如果委托合同约定了报酬，受托人享有报酬请求权（《民法典》第928条第1款）；即便在委托合同解除或者委托事务不能完成时，如果是基于不可归责于受托人的原因，受托人仍享有相应的报酬请求权（《民法典》第928条第2款第1句）。此外，受托人在特定情形下对委托人还享有赔偿损失的请求权（《民法典》第930条和第931条）。

除以上内容外，本章延续原《合同法》第402条和第403条的规定，继续规定了隐名代理制度。根据《民法典》第162条，代理人在代理权限内与第三人实施民事法律行为时，必须"以被代理人名义实施"，这是代理的显名原则或公开原则。只有公开被代理人的身份，第三人才确切知道他所实施的法律行为的相对人，才能明确法律行为的主体。如果受托人以自己的名义与第三人订立了合同，不符合代理的公开原则，此时如何处理委托人、受托人和第三人之间的关系，需要法律予以规范。《民法典》第925条和第926条即针对这一问题作出了规定。

第九百一十九条　【定义】委托合同是委托人和受托人约定，由受托人处理委托人事务的合同。

【释义】

本条是关于委托合同定义的规定，完全继承自《合同法》第396条。

本条的主要功能在于对委托合同进行概念界定，从而与其他合同类型进行区分。从本条的文字表述来看，委托合同是诺成合同，而非实践合同。只要委托人和受托人达成处理委托事务的约定，即可成立委托合同，除此之外，委托合同的成立并不以受托人交付特定的物或完成特定的工作为前提。本条明确规定，委托合同的内容是“受托人处理委托人事务”，这是区分委托合同与其他典型合同的核心要件。“处理委托人事务”是一个非常宽泛的表述，事务的类型多种多样，这使得委托合同的规定具有一般性、兜底性的特征。例如，对于行纪合同、中介合同等，在民法典没有特殊规定的情况下，可以适用委托合同的规定（《民法典》第960、966条）。但是也需注意，并非所有的事项都可以委托，如申请婚姻登记只能由男女双方本人亲自办理（《民法典》第1049条第1句），而不得委托他人办理。

“处理委托人事务”，既可以包括受托人为法律行为，如，受托人为委托人从事买卖、租赁等活动；也可以包括受托人为非法律行为，如，受托人为委托人的销售活动提供咨询服务等。当受托人为委托人从事法律行为时，受托人可能根据委托合同而被授予代理权，受托人在代理权限内以委托人的名义与第三人实施法律行为，即构成代理，对委托人发生法律效力（《民法典》第162条）。但委托合同与代理存在重要的区别。委托合同处理的是委托人和受托人之间的内部关系，并非所有的委托合同都会授予受托人代理权，如，甲公司委托乙公司对产品销售提供咨询服务工作，乙公司并未因委托合同获得代理权。此外，代理既包括委托代理，也包括法定代理（《民法典》第163条第1款），对于法定代理，代理人的代理权来源于法律规定，而非来源于委托合同。

本条仅规定了受托人处理委托人事务的义务，对委托人的义务未作规定。根据《民法典》第928条第1款的规定，在当事人有约定时，委托人要向完成委托事务的受托人支付报酬。但是，委托合同也可以是无偿的。[①] 在日常生活中，无偿的委托合同并不鲜见。在有的国家，委托合同只能是无偿的合同。[②] 与委托合同不同，承揽合同只能为有偿的合同（《民法典》第770条第1款）；理论上认

① 崔建远：《合同法》（第3版），北京大学出版社2016年版，第648页。

② 《德国民法典》第662条明确规定，委托是无偿的。与此相对应，《德国民法典》第675条规定了有偿的事务处置合同。

为，雇佣合同也必须为有偿的合同。[1]

有偿的委托合同，与承揽合同和雇佣合同有时比较难以区分。一般认为，承揽合同中承揽人需要完成特定的工作成果（《民法典》第780条），而委托合同的受托人通常不以完成特定工作成果为必要要求。[2] 对于雇佣合同与有偿的委托合同之间的区分，一般认为，雇佣合同中受雇人通常须严格依照雇佣人的指示完成工作任务，受雇人通常对工作任务和内容缺乏独立的支配权，而委托合同中的受托人具有一定的独立性，对处理委托事务具有一定的独立裁量的空间。[3] 但这种区分并非绝对，委托合同中的受托人原则上也必须按照委托人的指示处理委托事务（《民法典》第922条第1句），在个案中，必须结合案件的具体情况进行具体辨别。

在实践中，当事人订立的合同可能为混合合同，合同中既包含委托事务处理的内容，也包括其他典型合同的内容。例如，最高人民法院在一个案件中指出："本案中，宋某锵与禹王公司所签合同名称为《商业房产租赁及管理协议》，内容不仅有房屋租赁的约定，也有招商方式、物业管理委托的约定，因此该合同属于兼具租赁关系、合作经营、委托关系等多项性质。原判决认定《商业房屋租赁及管理协议》的性质并不限于租赁合同并无不当。"[4] 对于合同中关于委托事务处理的相关约定，可以适用委托合同的有关规定。

【关联规定】

《民法典》第162、163、770、780、922、928、960、966、1049条

（撰稿人：孙新宽）

第九百二十条　【委托范围】委托人可以特别委托受托人处理一项或者数项事务，也可以概括委托受托人处理一切事务。

---

① 崔建远：《合同法》（第3版），北京大学出版社2016年版，第649页。

② 江平主编：《中华人民共和国合同法精解》，中国政法大学出版社1999年版，第339页；崔建远：《合同法》（第3版），北京大学出版社2016年版，第649页。

③ 江平主编：《中华人民共和国合同法精解》，中国政法大学出版社1999年版，第339页；韩世远：《合同法学》，高等教育出版社2010年版，第556页；崔建远：《合同法》（第3版），北京大学出版社2016年版，第649页。

④ 宋某锵诉禹王公司合同纠纷案，中华人民共和国最高人民法院民事裁定书（2017）最高法民申2374号。

【释义】

本条是关于委托范围的规定，完全继承自《合同法》第 397 条。

本条规定了特别委托和概括委托两种委托形式。特别委托是委托人委托受托人处理一项或者数项特定的事务，委托的范围是特定的。例如，甲公司委托乙公司参加某日某地举行的某个特定的展销会，宣传甲公司的产品，乙公司受托的事项在地点、时间和内容上都是特定的。概括委托是委托人委托受托人处理一切事务，委托的范围是不特定的，受托人可以在授权范围内处理一切事务。例如，甲公司委托乙公司处理所有与甲公司产品宣传相关的事务。

特别委托和概括委托只是相对的概念，二者之间不存在一条完全清晰的分界线。[①] 在实践中，当事人在合同中约定的委托事项范围不清晰而引起争议的，往往需要对当事人的约定进行解释。尤其在概括委托的情形下，委托事项的边界不容易清楚确定。对于有些委托事项，法律对委托事项和权限作出了特殊规定。例如，《民事诉讼法》第 59 条第 2 款规定："授权委托书必须记明委托事项和权限。诉讼代理人代为承认、放弃、变更诉讼请求，进行和解，提起反诉或者上诉，必须有委托人的特别授权。"依据该款规定，受托人只有在得到委托人特别授权时，才可以为代为承认、放弃、变更诉讼请求，进行和解，提起反诉或者上诉。

【关联规定】

《民事诉讼法》第 59 条

（撰稿人：孙新宽）

第九百二十一条　【委托费用】委托人应当预付处理委托事务的费用。受托人为处理委托事务垫付的必要费用，委托人应当偿还该费用并支付利息。

---

① 江平主编：《中华人民共和国合同法精解》，中国政法大学出版社 1999 年版，第 339 页；陈甦编：《委托合同 行纪合同 居间合同》，法律出版社 1999 年版，第 27 页。

【释义】

本条是关于委托费用的规定，继承自《合同法》第398条。在表述上，本条将《合同法》第398条中的“偿还该费用及其利息”修改为“偿还该费用并支付利息”，但在内容上并无实质变化。

本条第1句规定的是委托人预付费用的义务。受托人为处理委托事务，经常不可避免地需要一定的费用，受托人可以要求委托人预付此费用。特别是对于无偿的委托，受托人对委托人不享有报酬请求权，基于双方的利益平衡，自无理由要求受托人自己垫付费用以处理委托事务。本条第1句对预付费用的前提和范围规定得并不清楚。《德国民法典》第669条规定：“就对于执行委托为必要的费用，委托人必须根据请求向受托人给予预付款。”[①] 根据该规定，只有在受托人提出“请求”时，委托人才需要预付费用。预付费用的范围，以对于执行委托“必要”为限。预付费用是否必要，依据客观标准而判断。[②] 有疑问的是，如果委托人拒绝预付费用，受托人是否可以起诉委托人要求强制履行。一般认为，受托人的预付费用请求权不具有可诉性，不可以要求强制履行，如果委托人拒绝预付费用，受托人可以拒绝执行委托事务。[③]

本条第2句规定的是受托人的费用偿还请求权。受托人为委托人的利益而执行委托事务时，其垫付的费用可以要求委托人偿还。费用偿还请求权是受托人在委托合同中的一项重要权利，此项权利的思想基础是委托人和受托人之间的利益平衡，执行委托事务是基于委托人的利益，受托人原则上不能因此遭受不利益。[④] 费用偿还请求权的第一个要件是，受托人为处理委托事务而垫付了费用。费用是受托人为执行委托事务而自愿承受的财产上的不利益，此费用必须是为了执行委托事务的目的而支付的。例如，当事人委托律师代理诉讼，律师作为受托人为前往法院开庭而支付的差旅费就属于为执行委托事务而支付的费用，应当由委托人偿还。费用偿还请求权的第二个要件是，受托人垫付的费用必须是必要的费用，对于不必要的费用，委托人没有偿还的义务。有疑问的是，应当依据何种标准判断支付的费用是否必要。由于受托人执行委托事务应当依照委托人的指示（《民

---

① 《德国民法典》（第4版），陈卫佐译注，法律出版社2015年版，第271页。

② 张谷：《民法典合同编若干问题漫谈》，载《法治研究》2019年第1期。

③ 江平主编：《中华人民共和国合同法精解》，中国政法大学出版社1999年版，第340页；崔建远：《合同法》（第3版），北京大学出版社2016年版，第656页；张谷：《民法典合同编若干问题漫谈》，载《法治研究》2019年第1期。

④ Vgl. MüKoBGB/Schäfer，8. Aufl. 2020，BGB § 670 Rn. 1.

法典》第922条第1句），当费用在严格遵照委托人指示的前提下支出时，这完全符合委托人的意愿，支出的费用应当属于必要的费用。对于支出的某项费用，如果委托人事先并无指示，此费用是否必要，可以首先依据客观标准来判断，但是对于客观上不必要的费用，考虑受托人在执行委托事务时的具体情势认为有必要的，委托人也应予以偿还。[①]

在满足费用偿还请求权的要件时，委托人应当偿还费用并支付利息。费用不仅限于受托人支出的财产，受托人为处理委托事务而承担的必要的债务，也属于委托人应当偿还的费用。

【关联规定】

《民法典》第922、933条

（撰稿人：孙新宽）

第九百二十二条　【受托人服从指示的义务】受托人应当按照委托人的指示处理委托事务。需要变更委托人指示的，应当经委托人同意；因情况紧急，难以和委托人取得联系的，受托人应当妥善处理委托事务，但是事后应当将该情况及时报告委托人。

【释义】

本条是关于受托人服从指示义务的规定，继承自《合同法》第399条，将《合同法》第399条中的"但"修改为"但是"，内容上未作改变。

受托人服从指示的义务是委托合同的一个核心特征。在委托合同中，委托人对如何处理委托事务拥有指示权，受托人必须受委托人指示的约束，在委托人指示的范围内处理委托事务，原则上不得偏离委托人的指示。在性质上，指示是由委托人单方作出的、需受领的意思表示。[②] 关于指示的具体内容，在学理上分为命令式的指示、指导式的指示和任意的指示三种，命令式的指示对指示的内容作

---

① 江平主编：《中华人民共和国合同法精解》，中国政法大学出版社1999年版，第340页；韩世远：《合同法学》，高等教育出版社2010年版，第561页；张谷：《民法典合同编若干问题漫谈》，载《法治研究》2019年第1期。

② Vgl. MüKoBGB/Schäfer，8. Aufl. 2020，BGB § 665 Rn. 7.

出了非常严格的限定，指导式的指示则仅规定了处理委托事务的原则，任意的指示则对处理委托事务未作出明确具体的规定。① 不同的指示类型下，受托人享有的自由裁量空间不同。指示越具体，受托人遵循指示的义务越严格，处理委托事务时享有的自由裁量空间越小。在体系上，本条与《民法典》第 920 条关于委托范围的规定存在一定联系。委托人在确定委托范围时，往往已经包含对受托人处理委托事务的指示，特别委托尤其如此。例如，甲公司委托乙公司于某年某月某日某地参加展销会，宣传甲公司的产品，这既对委托范围作了明确限定，同时也构成对乙公司如何处理委托事务的指示。在概括委托中，委托人对委托范围未作具体限定，此时委托人的指示也是较为宽泛的，受托人在委托范围内处理委托事务的裁量空间较大。当然，无论是特别委托还是概括委托，委托人都可以在受托人执行委托事务的过程中对受托人发出更为具体的指示，受托人必须遵循。

本条第 2 句规定了受托人可以变更委托人指示的两种情形。本句前段规定，在委托人同意时，受托人可以变更委托人的指示。这种情形是不言自明的，因为委托人对委托事务的处理方式有决定权，对曾经发出的指示有变更权，获得委托人的同意，指示自然可以变更。

本句后段规定了受托人可以变更委托人指示的第二种情形。本句前段针对的是经过委托人同意变更指示的情形，后段针对的是未经过委托人同意而变更指示的情形。原则上，委托人对指示有决定权，受托人只能遵循指示处理委托事务，不得自行变更。最高人民法院在一则案例中就明确指出："港渝公司作为受托人，对受托的财产只有经营权，其无权在他人享有所有权的财产上进行添附，如果需要进行任何经营上的变更，应当取得委托人超霸公司的同意。"② 但是，本句后段规定了例外情形。据此，在情况紧急，受托人难以和委托人取得联系的情形下，受托人未经委托人的同意就可以变更指示。该条件隐含的前提是，受托人要变更指示，原则上应当首先与委托人取得联系，获得委托人的同意。只有在紧急情况下，难以和委托人取得联系时，受托人才可以自行变更指示。紧急情况同时意味着，受托人有必要变更指示，否则会给委托人造成损失。③ 即变更指示是为了维护委托人的利益。此时受托人虽然可以变更委托人的指示，但并不意味着受托人完全不受任何约束。变更指示后，受托人必须妥善处理委托事务，而且在事后应

---

① 江平主编：《中华人民共和国合同法精解》，中国政法大学出版社 1999 年版，第 341 页；崔建远：《合同法》（第 3 版），北京大学出版社 2016 年版，第 650 ~ 651 页。

② 超霸公司等与杜某安委托合同纠纷上诉案，最高人民法院民事判决书（2009）民二终字 78 号民事判决书。

③ 江平主编：《中华人民共和国合同法精解》，中国政法大学出版社 1999 年版，第 342 页。

当将该情况及时报告委托人。

在符合以上两种情形时，受托人变更委托人的指示属于有权变更，其并不因变更指示而违反委托合同中的义务，不属于《民法典》第 929 条第 2 款中“超越权限”的行为。相反，如果受托人在不符合上述两种情形时，仍然变更了委托人的指示，属于违反委托合同的违约行为，可以根据《民法典》第 929 条承担赔偿责任。

【关联规定】

《民法典》第 920、929 条

（撰稿人：孙新宽）

第九百二十三条　【亲自处理转委托】受托人应当亲自处理委托事务。经委托人同意，受托人可以转委托。转委托经同意或者追认的，委托人可以就委托事务直接指示转委托的第三人，受托人仅就第三人的选任及其对第三人的指示承担责任。转委托未经同意或者追认的，受托人应当对转委托的第三人的行为承担责任；但是，在紧急情况下受托人为了维护委托人的利益需要转委托第三人的除外。

【释义】

本条规定的是受托人亲自处理委托事务的义务和转委托。本条继承自《合同法》第 400 条，本条将《合同法》第 400 条中的“转委托经同意的”修改为“转委托经同意或者追认的”，将“转委托未经同意的”修改为“转委托未经同意或者追认的”，并作了一些语词上的修改。

本条第 1 句规定了受托人亲自处理委托事务的义务。委托合同是体现较强信任关系的合同，委托人基于对受托人本人的信任而委托其处理委托事务，因而受托人原则上必须亲自处理委托事务。但有一些例外情形时，受托人可以将委托事务转委托给第三人处理，本条第 2 句至第 4 句规定的是不同的转委托情形。于此需要明确的是，转委托是受托人将委托事务的全部或者一部分转由第三人独立承担，此第三人也称为次受托人，享有一定独立的法律地位，可以独立地处理委托事务。[①] 与转委托不同的是，受托人如果仅仅是引入辅助人支持自己处理委托事务，并不是转委托，辅助人相对于委托人不享有独立的法律地位。[②]

1. 经过委托人同意或追认的转委托。本条第 2 句和第 3 句规定的是经过委托人同意的转委托。如果转委托未经过委托人的事先同意，但委托人事后予以追认的，发生与事先同意相同的法律效果。转委托经过委托人同意或追认的，由于第三人的加入，会带来一系列法律效果上的变化，本条第 3 句对此作了具体规定。一方面，虽然发生了转委托，但委托人和受托人之间的委托合同关系仍然存在。另一方面，委托人同意或追认的转委托，会对委托人和受托人原先基于委托合同产生的权利义务产生影响，第三人的法律地位也需要明确。根据本条第 3 款的规定，可以区分不同当事人之间的法律关系分别讨论。

其一，对于委托人和受托人的法律关系。在委托人和受托人之间，由于此时委托事务已经由第三人负责执行，受托人对委托人"仅就第三人的选任及其对第三人的指示承担责任"（《民法典》第 923 条第 3 句）。

其二，对于委托人和第三人的法律关系。受托人如果以委托人的名义和授权将委托事务转委托给第三人，此时受托人和第三人之间直接产生合同关系。[③] 因而，委托人可以直接指示转委托的第三人（《民法典》第 923 条第 3 句）。由于第三人与委托人也成立了直接的合同关系，第三人对委托人直接负有处理委托事务的义务，发生违约时也相应地承担责任。受托人如果以自己的名义将委托事务转委托给第三人，此时受托人和第三人产生转委托的合同关系，而委托人和第三人之间不产生合同关系。[④] 对于此种情形产生的法律后果，《民法典》第 923 条未作明确规定。由于委托人和第三人之间没有直接的合同关系，第三人因处理委托事务产生的损失，委托人无法直接向第三人主张责任，此时只能由受托人向委托人承担责任，由第三人向受托人承担责任；理论上也有主张认为，此时应允许委托人直接向第三人主张责任。[⑤]

2. 紧急情况下的转委托。虽然未经过委托人的同意，但如果情况紧急，为了委托人的利益，本条第 4 句后段规定，受托人依然可以转委托。此时，转委托是合法的，其法律效果与经过委托人同意的转委托相同。[⑥]

---

① 江平主编：《中华人民共和国合同法精解》，中国政法大学出版社 1999 年版，第 342 页；崔建远：《合同法》（第 3 版），北京大学出版社 2016 年版，第 652 页。

② 江平主编：《中华人民共和国合同法精解》，中国政法大学出版社 1999 年版，第 342 页。

③ Vgl. MüKoBGB/Schäfer, 8. Aufl. 2020, BGB § 664 Rn. 11.

④ Vgl. MüKoBGB/Schäfer, 8. Aufl. 2020, BGB § 664 Rn. 11.

⑤ 崔建远：《合同法》（第 3 版），北京大学出版社 2016 年版，第 652 ~ 653 页。

⑥ 崔建远：《合同法》（第 3 版），北京大学出版社 2016 年版，第 653 页。

3. 未经过委托人同意或追认的转委托。如果转委托既未经过委托人的同意或追认，也非出于紧急情况下为委托人利益的情形，那么委托人转委托的行为属于违反委托合同义务的行为。委托人和受托人的委托合同仍然存在，不因受托人的转委托行为而受到影响。根据本条第4句前段的规定，受托人应当对转委托的第三人的行为承担责任。最高人民法院在一则案例中明确认为："《合同法》第400条规定'受托人应当亲自处理委托事务。经委托人同意，受托人可以转委托'。因此，宋某锵未经禹王公司同意即将《商业房产租赁及管理协议》中的权利义务授权德奇公司行使的行为，显然不符合法律规定，亦不符合禹王公司与其签订《商业房产租赁及管理协议》的目的。故原判决认定宋某锵的上述行为构成违约，有事实和法律依据，并无不当。宋某锵申请再审主张其授权德奇公司按照宋某锵的意志执行委托事务，其行为不构成违约，理据不足，不能成立。"①

（撰稿人：孙新宽）

第九百二十四条　【受托人的报告义务】受托人应当按照委托人的要求，报告委托事务的处理情况。委托合同终止时，受托人应当报告委托事务的结果。

【释义】

本条是关于受托人报告义务的规定，本条完全继承自《合同法》第401条。

委托合同中，受托人因执行委托事务可以及时便捷地获得与委托事务相关的信息，而委托人并不掌握相应的信息，受托人将执行委托事务的相关信息报告给委托人，可使委托人及时了解委托事务的执行情况，进而相应地对受托人发出指示（《民法典》第922条第1句）。根据本条第1句的规定，委托人有权要求受托人报告委托事务的处理情况。本句并没有规定受托人的主动报告义务，只有在委托人提出要求时，受托人才有义务报告。在比较法上，根据《德国民法典》第666条的规定，受托人应主动报告必要的事项。② 此规定值得我国借鉴。受托人是委托事务的执行人，对委托事务的了解必然更加及时全面，如果遇到涉及委托事务的重大信息时，有必要主动向委托人报告，以更好地维护委托人利益。例如，

① 宋某锵与禹王公司合同纠纷案，最高人民法院民事裁定书（2017）最高法民申2374号民事判决书。

② Vgl. MüKoBGB/Schäfer, 8. Aufl. 2020, BGB § 666 Rn. 22.

受托人在需要变更委托人的指示时，需要经过委托人的同意（《民法典》第922条第2句前段），这意味着受托人要主动向委托人报告需要变更指示的有关情况，说明需要变更指示的原因，以获得委托人同意。

根据本条第2句的规定，受托人应当在委托事务终止时向委托人报告委托事务的结果。例如，甲委托乙律师代理诉讼事务，乙在获得诉讼结果后应及时告知甲。本句规定的前提要件是"委托事务终止"，也包括委托合同解除的情形，如委托人或受托人依据《民法典》第933条第1句解除委托合同，委托事务在此时可能尚未执行完毕，但受托人也应当将处理委托事务的结果报告给委托人。

【关联规定】

《民法典》第922、933条

（撰稿人：孙新宽）

第九百二十五条　【受托人以自己的名义与第三人订立合同的效力】 受托人以自己的名义，在委托人的授权范围内与第三人订立的合同，第三人在订立合同时知道受托人与委托人之间的代理关系的，该合同直接约束委托人和第三人；但是，有确切证据证明该合同只约束受托人和第三人的除外。

【释义】

本条规定的是受托人以自己的名义与第三人订立的合同对委托人的效力问题。本条继承自《合同法》第402条，将《合同法》第402条中的"但"修改为"但是"，在内容上并无变化。

《民法典》第162条规定："代理人在代理权限内，以被代理人名义实施的民事法律行为，对被代理人发生效力。"根据本条规定，代理人在代理权限内与第三人实施民事法律行为时，必须"以被代理人名义实施"。这是代理的显名原则或公开原则，因为只有公开被代理人的身份，第三人才确切知道其实施的法律行为的相对人，才能明确法律行为的主体。本条则在一定程度上偏离了《民法典》第162条的规定。根据本条，在满足以下三个要件时，受托人以自己的名义与第三人订立的合同直接约束委托人和第三人：受托人以自己的名义与第三人订立合同；受托人与第三人订立合同的行为在授权范围内；第三人在订立合同时知道受托人与委托人的代理关系。同时，根据本条的但书规定，如果有确切证据证明该合同只是约束受托人和第三人的，则合同只对受托人和第三人发生效力。

1. 受托人以自己的名义与第三人订立合同。在受托人具有代理权的情况下，受托人如果以被代理人的名义实施法律行为，应直接依据《民法典》第 162 条，认定法律行为对被代理人发生效力，而不能适用本条。受托人以自己的名义、而非以被代理人的名义与第三人实施法律行为，是本条与《民法典》第 162 条的区别所在，二者不能同时适用。[①] 受托人在有代理权时，其依然可能出于自己的需求或利益，就与代理范围相同或类似的事项，与第三人订立合同，如果受托人在与第三人订立合同时明确强调这是为自己订立的合同，则合同也不应当约束委托人。[②] 例如，甲公司委托乙公司销售机器，乙公司也是同款机器的生产者和销售者，甲公司也同意乙公司同时销售乙公司自己制造的机器，乙公司在与丙订立买卖合同时，明确表示以乙公司自己的名义和利益而订立合同，此时即便丙知道甲公司和乙公司存在代理关系，但由于乙已经非常明确地表明了其订立合同的名义和意图，丙对此完全知悉，那么订立合同应当只能约束乙公司和丙。因此，理论上提出，本条规定的“受托人以自己名义”仅构成意思表示解释的文义起点，还应“结合相关条款、行为的性质和目的、习惯以及诚信原则”（《民法典》第 142 条第 1 款）对受托人的意思表示进行解释，如果解释的结果是，虽然受托人以自己的名义实施法律行为，但从客观相对人的角度，可以理解为“代理人具有将效果归属于被代理人的真实代理意思”才适用本条的规定。[③]

2. 受托人与第三人订立合同的行为在授权范围内。受托人须具有与第三人订立合同的授权，这一规定对应显名代理中代理人须具有代理权的要件（《民法典》第 162 条）。若受托人的代理权是基于委托之外的其他基础关系或基于法律规定而获得的，也可以类推适用本条。[④] 理论上有争议的是，在受托人无代理权时，是否可以适用表见代理的规定（《民法典》第 172 条），认定受托人具有代理权，进而适用本条。[⑤] 笔者认为对于本条规定的受托人须具有代理权这一要件，在受

---

① 胡东海：《〈合同法〉第 402 条（隐名代理）评注》，载《法学家》2019 年第 6 期。

② 殷秋实：《论代理中的显名原则及其例外》，载《政治与法律》2016 年第 1 期；朱虎：《代理公开的例外类型和效果》，载《法学研究》2019 年第 4 期。

③ 朱虎：《代理公开的例外类型和效果》，载《法学研究》2019 年第 4 期。

④ 胡东海：《〈合同法〉第 402 条（隐名代理）评注》，载《法学家》2019 年第 6 期。

⑤ 赞同者如尹飞：《论隐名代理的构成与效力》，载《法律科学》（西北政法大学学报）2011 年第 3 期；反对者如江平主编：《中华人民共和国合同法精解》，中国政法大学出版社 1999 年版，第 345 页；胡东海：《〈合同法〉第 402 条（隐名代理）评注》，载《法学家》2019 年第 6 期。

托人无代理权时，应当有类推适用表见代理规则的余地，因为在这两种案例类型中，都面临善意第三人的信赖保护和被代理人之间的利益平衡问题，原则上应当作类似处理。

3. 第三人在订立合同时知道受托人与委托人的代理关系。本条规定的第三个要件是，第三人在订立合同时知道受托人与委托人之间存在代理关系。在文义上，本条要求第三人“明知”代理关系的存在，不包括第三人“应知”的情形。[①] 第三人知道的时间点是与受托人订立合同时。第三人应当知道被代理人的具体身份。[②] 第三人知道的具体途径，往往是通过委托人或者从交易的背景、签约方式、实施过程中得知。[③]

4. 有确切证据证明该合同只约束受托人和第三人的除外。如果有确切证据证明受托人与第三人订立的合同只约束该双方，则该合同并不约束委托人。在司法实践中如何判断“合同只约束受托人和第三人”，需要结合当事人的真实意思表示和交易的具体情况综合判断，往往会涉及意思表示解释或合同解释。例如，如果受托人或第三人在交易中非常明确地向对方表示，该合同与委托人无关，那么合同就应当只约束受托人和第三人。[④] 该要件以但书的形式规定为消极要件，性质上为权利阻碍要件，与前三个要件的区别在于证明责任的分配不同。主张本条规范的法律效果发生者，对前三个要件承担证明责任；主张但书规定的内容存在者，对但书规范的内容承担证明责任。[⑤]

在符合以上全部要件时，发生本条规定的法律效果，即合同只在委托人和第三人之间发生效力。

【关联规定】

《民法典》第 142、162、172 条

（撰稿人：孙新宽）

---

① 胡东海：《〈合同法〉第 402 条（隐名代理）评注》，载《法学家》2019 年第 6 期。

② 殷秋实：《论代理中的显名原则及其例外》，载《政治与法律》2016 年第 1 期；胡东海：《〈合同法〉第 402 条（隐名代理）评注》，载《法学家》2019 年第 6 期。

③ 胡东海：《〈合同法〉第 402 条（隐名代理）评注》，载《法学家》2019 年第 6 期。

④ 胡东海：《〈合同法〉第 402 条（隐名代理）评注》，载《法学家》2019 年第 6 期。

⑤ 胡东海：《〈合同法〉第 402 条（隐名代理）评注》，载《法学家》2019 年第 6 期。

第九百二十六条　【委托人介入权和第三人选择权】 受托人以自己的名义与第三人订立合同时，第三人不知道受托人与委托人之间的代理关系的，受托人因第三人的原因对委托人不履行义务，受托人应当向委托人披露第三人，委托人因此可以行使受托人对第三人的权利。但是，第三人与受托人订立合同时如果知道该委托人就不会订立合同的除外。

受托人因委托人的原因对第三人不履行义务，受托人应当向第三人披露委托人，第三人因此可以选择受托人或者委托人作为相对人主张其权利，但是第三人不得变更选定的相对人。

委托人行使受托人对第三人的权利的，第三人可以向委托人主张其对受托人的抗辩。第三人选定委托人作为其相对人的，委托人可以向第三人主张其对受托人的抗辩以及受托人对第三人的抗辩。

【释义】

本条是关于委托人介入权和第三人选择权的规定。本条继承自《合同法》第403条，在措辞上稍有改动，将《合同法》第403条第1款和第2款中的“但”修改为本条的“但是”，在具体内容上与《合同法》第403条的规定一致。

根据本条第1款和第2款的规定，委托人的介入权与第三人的选择权存在一些共同的适用前提。第一，受托人以自己的名义与第三人订立了合同。即受托人并未以委托人的名义实施民事法律行为。《民法典》第925条中也存在这一要件。第二，受托人与委托人之间存在代理关系。本条只明确规定了受托人与委托人之间须存在代理关系，未如《民法典》第925条那样明确规定受托人须在授权范围内与第三人订立合同，但在解释上应当认为，本条同样要求受托人与第三人订立合同须在代理权限内。如果受托人实施的民事法律行为属于无权代理，即便以委托人的名义实施，原则上也不会对委托人发生效力。在以受托人自己名义实施无权代理的情况下，委托人同样不能介入受托人与第三人签订的合同，因而不能适用本条。第三，第三人在订立合同时不知道受托人与委托人之间的代理关系。这一要件是本条与《民法典》第925条在适用上的重要区别。如果第三人知情，则应适用《民法典》第925条的规定，在符合其他要件时，受托人与第三人订立的合同可直接约束委托人和第三人。而本条中，恰恰因为第三人不知情，受托人与第三人订立的合同不能直接约束委托人和第三人，因而产生委托人在必要时介入受托人和第三人订立的合同（本条第 1 款），以及第三人在必要时选择受托人或委托人作为合同相对人（本条第 2 款）的问题。以上三个要件是本条第 1 款和第 2 款在适用上需具备的相同的要件，除此之外，委托人的介入权和受托人的选择权还分别需要满足其他特定要求。

对于委托人的介入权，本条第 1 款还规定了另外两项要件。第一，受托人因第三人的原因对委托人不履行义务。由于受托人和委托人之间存在委托合同关系，受托人对委托人负有执行委托事务等义务，如果受托人不履行合同义务，原则上委托人有权向受托人主张违约责任。但如果受托人对委托人不履行义务是由于第三人的原因，受托人可基于与第三人的合同对第三人享有请求权，从而出现受托人向第三人主张权利、委托人向受托人主张权利的情形。这使得解决争议的程序复杂化，增加交易成本，而且委托人可能会因程序的复杂而遭受其他损失。① 本条第 1 款的规定使委托人获得介入受托人和第三人之间合同的权利，委托人可以直接向第三人主张权利，便于其权利的实现，而且节省诉讼和交易成本。第二，第三人与受托人订立合同时如果知道该委托人就不会订立合同的除外。这是本条第 1 款规定的一项消极要件。委托人行使介入权会使委托人获得直接向第三人主张权利的法律地位，如果第三人在订立合同时知道该委托人就不会订立合同的，那么委托人介入权的行使将会侵害第三人的订约自由，违背第三人的意思和利益。本条第 1 款规定的此项消极要件保护了第三人的此种利益，第三人与受托人订立合同时如果知道该委托人就不会订立合同的，则委托人不享有介入权。

在满足以上要求时，本条第 1 款规定，受托人应当向委托人披露第三人，这是受托人的义务。② 委托人只有在知悉第三人的确切身份时，才有向第三人主张权利的可能性。在受托人披露第三人之后，委托人即获得本条第 1 款规定的介入权。介入权属于形成权，委托人无须第三人的同意即可行使。③ 在委托人行使介入权后，委托人即获得受托人对第三人的权利。委托人可直接对第三人提起诉讼，受托人因与第三人之间签订的合同所产生的权利，委托人可直接对第三人行使。委托人的介入使第三人面对不同的法律主体，而第三人可能基于与受托人之间的合同而享有权利或利益，第三人的此种利益不能因委托人的介入而遭到损

① 陈甦编：《委托合同 行纪合同 居间合同》，法律出版社 1999 年版，第 56 页。

② 陈甦编：《委托合同 行纪合同 居间合同》，法律出版社 1999 年版，第 56 页。

③ 陈甦编：《委托合同 行纪合同 居间合同》，法律出版社 1999 年版，第 56 页；殷秋实：《论代理中的显名原则及其例外》，载《政治与法律》2016 年第 1 期。

害。因此，本条第 3 款第 1 句规定，“委托人行使受托人对第三人的权利的，第三人可以向委托人主张其对受托人的抗辩”。例如，如果第三人在与受托人签订的合同中对受托人享有先履行抗辩权、同时履行抗辩权，或对受托人享有抵销权，第三人也可以向委托人主张。

对于第三人的选择权，本条第 2 款还规定了一项额外要件，即受托人因委托人的原因对第三人不履行义务。在受托人对第三人不履行义务时，第三人可基于其与受托人的合同主张违约责任。因委托人引起受托人对第三人不履行义务，受托人承担责任后，可能基于与委托人的委托合同，对委托人享有相应的权利。例如，《民法典》第 921 条第 2 句规定的费用偿还请求权。本条第 2 款规定的第三人选择权，使第三人可直接选择委托人作为相对人，会简化权利实现的程序，也增加了第三人实现权利的可能性和途径。[①]

具备以上要件时，根据本条第 2 款的规定，受托人应当向第三人披露委托人，这是受托人的义务。[②] 受托人披露委托人的身份后，第三人可以选择受托人或者委托人作为相对人主张其权利。第三人的选择权同样是形成权，第三人可以自由决定是否行使。[③] 但本条第 2 款规定，第三人一旦行使选择权后，不得变更选定的相对人。如果第三人选择委托人作为合同的相对人主张权利，委托人的利益也不应遭受损害。本条第 3 款第 2 句规定，“委托人可以向第三人主张其对受托人的抗辩以及受托人对第三人的抗辩”。例如，受托人在与第三人签订的合同中可能享有先履行抗辩权、同时履行抗辩权或抵销权等，委托人可以向第三人主张。

【关联规定】

《民法典》第 921、925 条

（撰稿人：孙新宽）

第九百二十七条　【受托人转交财产的义务】 受托人处理委托事务取得的财产，应当转交给委托人。

---

① 陈甦编：《委托合同 行纪合同 居间合同》，法律出版社 1999 年版，第 58 页。
② 陈甦编：《委托合同 行纪合同 居间合同》，法律出版社 1999 年版，第 59 页。
③ 陈甦编：《委托合同 行纪合同 居间合同》，法律出版社 1999 年版，第 59 页。

【释义】

本条规范的是受托人转交财产的义务，本条完全继承自《合同法》第404条。

受托人处理委托事务是为了委托人的利益，其因此取得的财产应当转交给委托人。受托人处理委托事务取得的财产，既包括为了执行委托事务而取得的财产，也包括从执行委托事务中取得的财产，《德国民法典》第667条明确区分了这两种情形，可资借鉴。

受托人为了执行委托事务而取得的财产，既可以从委托人处获得，也可以从第三人处获得。① 最典型的此类财产是，受托人在执行委托事务前从委托人处获得的、为执行委托事务所需要的财产。例如，委托人支付的预付费用（《民法典》第921条第1句），如果预付费用在委托事务完成后仍有剩余，受托人应将剩余的部分转交给委托人。当然，这里的财产不仅包括金钱，也包括其他财产，如作为受托人的律师为完成诉讼事务从委托人处取得的合同文本等证据材料。

受托人从委托事务中取得的财产，指的是受托人在执行委托事务过程中获得的，与委托事务有因果关系或有内在联系的财产。② 例如，甲方与乙方签订委托代建合同，由乙方负责代建项目的建设工程手续、建设工程招投标等事项，在项目结束时，乙方应将代建项目的竣工图纸转交给甲方。③

对于受托人转交财产义务的到期时间和履行地点，本条均未作规定。此时可以适用《民法典》第510条和第511条的规定。如果委托合同关于转交财产义务的履行时间和地点有约定的，依照此约定。当事人未作约定，又不能就此达成补充协议的，如果委托合同已终止，则合同终止时即为转交义务届期的时点。④ 如果委托合同尚未终止，应根据委托合同的有关条款、合同的性质、目的和交易习惯确定（《民法典》第510条）。如果受托人获得的财产对于继续执行委托事务是必需的，如作为受托人的律师调查取得了诉讼程序所需的新的证据材料，那么受托人不必在获得财产时即转交给委托人，而可以在委托事务执行完毕时转交；如果受托人获得的财产对于继续执行委托事务不是必需的，适用《民法典》第511条第4项的规定，受托人可以随时转交，委托人可以随时要求受托人转交，但应

---

① Vgl. MüKoBGB/Schäfer，8. Aufl. 2020，BGB § 667 Rn. 10.

② Vgl. MüKoBGD/Schäfer，8. Aufl. 2020，BCB § 667 Rn. 12.

③ 金辉诚信公司与新疆维吾尔自治区食品药品监督管理局委托代建合同纠纷上诉案，最高人民法院民事判决书（2016）最高法民终128号民事判决书。

④ 崔建远：《合同法》（第3版），北京大学出版社2016年版，第654页。

当给受托人必要的准备时间。对于受托人转交财产的地点，如果委托合同未作约定的，原则上可以适用《民法典》第 511 条第 3 项的规定，给付货币的，在委托人住所地履行；交付不动产的，在不动产所在地履行；其他标的，在受托人住所地履行。

在委托人依据本条向受托人主张转交财产时，如果受托人基于委托合同而对委托人享有某种权利（如《民法典》第 921 条规定的费用偿还请求权），那么受托人可以主张抗辩。对于有偿的委托合同，受托人可以依据《民法典》第 525、526 条主张同时履行抗辩权或先履行抗辩权；对于无偿的委托合同，受托人则可以向委托人主张留置权。[①] 此外，若委托人和受托人互负债务，在符合《民法典》第 568 条或第 569 条的规定时，受托人也可以向委托人主张抵销。

【关联规定】

《民法典》第 510、511、525、526、568、569、921 条

（撰稿人：孙新宽）

第九百二十八条　【委托人支付报酬的义务】受托人完成委托事务的，委托人应当按照约定向其支付报酬。

因不可归责于受托人的事由，委托合同解除或者委托事务不能完成的，委托人应当向受托人支付相应的报酬。当事人另有约定的，按照其约定。

【释义】

本条是关于委托人支付报酬义务的规定，本条继承自《合同法》第 405 条，但在形式和内容上都作了修改。在形式上，本条将《合同法》第 405 条拆分为两款分别规定。在内容上，本条第 2 款与《合同法》第 405 条第 2 句和第 3 句内容相同。但本条第 1 款对《合同法》第 405 条第 1 句作了重大修改。《合同法》第 405 条第 1 句规定："受托人完成委托事务的，委托人应当向其支付报酬。"本条第 1 款则增加了"按照约定"四字，修改为"受托人完成委托事务的，委托人应

① 韩世远：《合同法总论》（第 4 版），法律出版社 2018 年版，第 384～385 页。

当按照约定向其支付报酬”。

本条第 1 款规定的是受托人的报酬请求权，并规定了两个构成要件。其一，根据该款规定，受托人的报酬请求权以委托合同有约定为前提。换言之，如果当事人在委托合同中没有约定支付报酬的事项，则原则上为无偿的委托合同，受托人无权要求委托人支付报酬。而根据《合同法》第 405 条第 1 句的规定，只要受托人完成委托事务，即可向委托人要求支付报酬，并不以委托合同的明确约定为前提，换言之，只要委托合同未明确约定为无偿的，则推定为有偿的委托合同。① 例如，北京市高级人民法院在一个案件中适用了《合同法》第 405 条第 1 句，并认为：“在钧盛律所与申安公司签订的《聘请法律顾问合同》到期终止，双方并未续签的情况下，钧盛律所接受申安公司的指派作为诉讼代理人到外地出庭参加案件庭审活动，申安公司依照法律规定应当向钧盛律师事务所支付相应的律师费。”② 本条第 1 款则采取了相反的推定，据此，只要委托合同未明确约定为有偿的，则原则上推定为无偿的委托合同。其二，受托人的报酬请求权以完成委托事务为前提，这与《合同法》第 405 条第 1 句的规定一致。有偿的委托合同为双务合同，受托人完成委托事务与委托人支付报酬构成各自的主给付义务，支付报酬是完成委托事务的对待给付义务。

本条第 2 款规定了受托人在特定情况下，虽然未完成委托事务，但仍可能享有相应的报酬请求权。根据本条第 2 款第 1 句，在委托合同解除或委托事务不能完成时，如果是出于不可归责于受托人的事由，则委托人应当向受托人支付相应的报酬。以下就委托合同解除和委托事务不能完成分别进行讨论。

委托合同解除且不可归责于受托人的情形，包括委托合同因可归责于委托人的事由而导致解除，如委托人拒绝提供执行委托事务所必需的材料，导致受托人无法执行委托事务，受托人提出解除合同；也包括委托合同因不可归责于双方的事由而导致解除，如委托人甲委托受托人乙向政府申请某合同的批准事项，在乙将审批材料准备完毕并且将审批申请提交给政府后，法律取消了对该种合同的审批要求，甲、乙一致同意解除合同。在上述两种情形下，受托人已经执行了一部分委托事务或者已经将委托事务执行完毕，但由于不可归责于受托人的事由导致委托合同解除，此时受托人可以根据其完成委托事务的情况，向委托人要求支付相应的报酬。这一结论也适用于受托人提出解除合同，但解除合同的事由不可归

---

① 江平主编：《中华人民共和国合同法精解》，中国政法大学出版社 1999 年版，第 348 页。

② 申安公司等与钧盛律师事务所诉讼代理合同纠纷案，北京市高级人民法院（2018）京民申 438 号民事裁定书。

责于受托人的情形。[①]

因不可归责于受托人的事由而导致委托事务不能完成的，委托人也应当向受托人支付相应的报酬。委托事务不能完成的情形，如，委托事务在法律上或事实上不能履行（《民法典》第580条第1款第1项）。委托事务因不可归责于受托人的事由而不能完成，既包括因可归责于委托人的事由而不能完成委托事务，如委托人提供的会计凭证不完整，导致受托人在审核报告中无法对委托人的资产、负债、权益等部分事项发表意见[②]；此外，也包括因不可抗力等不可归责于双方的事由而导致无法完成委托事务的情况。

以上两种情形的法律效果相同，均是委托人应当向受托人支付“相应的报酬”，这通常需要结合受托人已经完成事务的情况综合考虑而定。[③]

本条第2款第1句为任意性规定，本条第2款第2句明确规定，当事人可以在委托合同中作出不同的约定，当事人对此有约定的，则适用当事人的约定。

【关联规定】

《民法典》第580条

（撰稿人：孙新宽）

第九百二十九条　【受托人的赔偿责任】 有偿的委托合同，因受托人的过错造成委托人损失的，委托人可以请求赔偿损失。无偿的委托合同，因受托人的故意或者重大过失造成委托人损失的，委托人可以请求赔偿损失。

受托人超越权限造成委托人损失的，应当赔偿损失。

【释义】

本条是关于受托人赔偿责任的规定，继承自《合同法》第406条。本条将《合同法》第406条中的“给委托人造成损失的”修改为“造成委托人损失的”，

① 江平主编：《中华人民共和国合同法精解》，中国政法大学出版社1999年版，第349页。

② 中企众信会计师事务所等与中盛公司服务合同纠纷案，北京市高级人民法院（2016）京民终278号民事判决书。

③ 江平主编：《中华人民共和国合同法精解》，中国政法大学出版社1999年版，第349页。

将“委托人可以要求赔偿损失”修改为“委托人可以请求赔偿损失”。

本条第1款规定了受托人的过错赔偿责任，同时区分有偿和无偿的委托合同，对受托人的过错程度作出不同的规定。根据《民法典》第577条的规定：“当事人一方不履行合同义务或者履行合同义务不符合约定的，应当承担继续履行、采取补救措施或者赔偿损失等违约责任。”据此，一般认为我国对合同违约责任采取严格责任的归责原则，在债务人违约时，无论其对违约是否有过错，均应承担违约责任。当然，我国《民法典》也规定了一些以过错为要件的违约责任，本条第1款即这种例外情形。需要注意的是，受托人承担赔偿损失的违约责任，除本条规定的过错要件外，仍需要具备违约责任的一般要件。例如，受托人必须存在违约行为，即违反了其根据委托合同所应承担的义务。委托人必须因受托人的违约行为而遭受损失等。在违约责任的一般构成要件之外，本条第1款第1句规定，对于有偿的委托合同，受托人在有过错时，对其给委托人造成的损失承担赔偿责任。受托人的过错，指受托人未尽到善良管理人的注意义务。对于无偿的委托合同，本条第1款第2句规定，在受托人因故意或重大过失造成委托人损失时，受托人承担赔偿责任。据此，无偿的委托合同中，受托人只要尽到与处理自己事务相同的注意义务，就无须对其违约行为承担赔偿责任。相比于有偿委托合同，无偿委托合同中受托人承担的注意义务程度较轻，这是因为无偿委托合同中的受托人并未因执行委托事务而获取报酬，为了双方利益的平衡，受托人应相应地承担较轻的注意义务。

本条第2款规定了受托人超越权限时的赔偿责任，本款没有规定受托人的过错要件。据此，在受托人超越权限而给委托人造成损失时，无论受托人是否具有过错，都应当向委托人赔偿损失。① 受托人的权限范围应依据委托合同的约定确定。《民法典》第920条关于委托范围的规定，也可以适用于对受托人委托权限的解释。《民法典》第922条第1句规定，“受托人应当按照委托人的指示处理委托事务”，委托人的指示也属于对受托人权限的划定，受托人超越委托人指示的行为，也可构成超越权限的行为。

【关联规定】

《民法典》第577、920、922条

（撰稿人：孙新宽）

---

① 崔建远：《合同法》（第3版），北京大学出版社2016年版，第655页。

第九百三十条　【委托人的赔偿责任】受托人处理委托事务时，因不可归责于自己的事由受到损失的，可以向委托人请求赔偿损失。

【释义】

本条规定了委托人的赔偿责任，解决的是处理委托事务中的风险损失负担问题。本条与《合同法》第407条基本相同。

受托人在接受委托后，可能因处理委托事务受到损失，依据本条规定，该损失应当由委托人进行赔偿。立法理由在于：受托人受到的损失与委托事务具有关联性，一方面如果委托人未委托受托人，就要亲自处理委托事务，受托人受到的损害要由委托人自身来承受，受托人代替委托人承受了损失，应当由委托人赔偿；另一方面委托人因受托人的行为受益，反之受到损失时也应承担，否则享有利益不承担损失，不符合公平原则。

受托人依本条规定行使的对委托人的赔偿损失请求权，与受托人依《民法典》第928条的报酬请求权和依《民法典》第921条规定的费用偿还请求权不重合，三种请求权依不同规定分别行使，委托人不得因已支付报酬和偿还费用为由拒绝受托人的赔偿损失请求权。同时，受托人对委托人的此种权利，也不是因委托人违反合同约定造成损失产生的违约损害赔偿请求权。

受托人行使损失赔偿请求权的要件为：

1. 受托人受到损失。这里的损失，包括财产损失和非财产损失，且不以处理事务当时所发生，及缔结合同时所预见者为限。① 如果受托人在执行委托事务期间受到损害，但是损害后果在委托合同存续期间并未显露，而是在委托合同终止之后才显露，此时委托人仍应对受托人的损害承担责任。如受托人为执行委托事务长期暴露在恶劣的环境条件下，身体吸入有害物质，在执行事务结束之后一段时间出现症状，经检查患上尘肺病，此时委托人应对受托人的损害承担责任。

2. 受托人的损失是因处理委托事务而发生。受托人的损失必须与委托事务具有关联性，才能要求委托人对此损失承担赔偿责任。如受托人的损失与处理委托事务无关，则不能要求赔偿。

3. 受托人受到损失是基于“不可归责于自己的事由”，即该损失的发生，并

---

① 欧阳经宇：《民法债编各论》，台北汉林出版社1977年版，第146页。

非由于受托人违反注意义务造成，受托人对损害的发生没有主观上的过错。如果受托人在处理委托事务过程中，违反了对自己人身、财产的注意义务，造成的损失不能请求委托人赔偿。此种注意义务的内容不是履行委托合同的注意义务，而是受托人对自己财产、人身免遭损害的注意义务，前者属于善良管理人的注意义务，而后者属于一般人的注意义务。委托人的过错则在所不问。

因损失的造成原因不同，受托人的损失赔偿请求权的性质也有所不同。受托人的损失原因可能为：(1) 因委托人的过错导致的，如委托人指示不当，此时受托人的请求权性质应为侵权损害赔偿请求权。(2) 因第三人引起的，如受托人在处理委托事务过程中遭遇车祸。如果受托人的损失是第三人造成的，受托人当然也可请求第三人承担侵权损害赔偿责任。受托人可以选择向第三人或者委托人请求赔偿。受托人从第三人处获得赔偿的，不能再向委托人请求赔偿。如果受托人向委托人请求赔偿，委托人不能以受托人未向实际侵害人求偿为由拒绝赔偿，委托人应当承担赔偿责任，承担责任之后可以向第三人追偿。(3) 受托人的损失是不可抗力造成的，如受托人在处理委托事务中遇到洪水导致的损失。无论受托人的损失是否是因委托人的过错导致，委托人都应予以赔偿。如果受托人的损失是委托人以外的其他原因造成的，受托人的请求权可视为一种“法定赔偿请求权”，此时委托人承担的责任是一种基于利益衡量而特别设立的风险分担责任。

【关联规定】

《民法典》第 921、928、930 条，《合同法》第 407 条

（撰稿人：王丹）

第九百三十一条　【重复委托】 委托人经受托人同意，可以在受托人之外委托第三人处理委托事务。因此造成受托人损失的，受托人可以向委托人请求赔偿损失。

【释义】

本条对重复委托进行了规定。本条与《合同法》第 408 条内容基本相同，有两处表述变化：一为“因此造成受托人损失的”修改为“因此给受托人造成损失的”；二为“受托人可以向委托人要求赔偿损失”修改为“受托人可以向委托人请求赔偿损失”。

重复委托，是指委托人在原受托人之外委托第三人处理委托事务，将同一事务先后以两个委托合同委托给不同的受托人。如委托受托人对店铺进行经营管理，之后又委托第三人进行经营管理。在重复委托中，对原受托人是否退出委托合同法律关系存在不同看法。有学者认为应当既包含原受托人退出委托合同的情形，也包含原受托人不退出委托合同、与第三人共同处理委托事务的情形，其中前一类相当于委托合同的变更。① 但结合委托合同章其他条款及本条的文义来看，本条规定应理解为原受托人不退出委托事务的情形。如果委托第三人处理委托事务的同时原受托人退出，相当于委托人与受托人解除委托合同，与第三人缔结新的委托合同，适用关于缔结合同和解除合同的相关规定即可，不需要适用重复委托的特殊规定。

委托合同建立在信任基础之上，如将同一事务委托给不同的人，多个受托人之间对委托事务的处理权限经常会发生冲突和排斥，新的受托人也可能与原受托人形成竞争关系，从而给受托人带来不便甚至损失。此外，由于委托事务交由两个以上的受托人共同处理，可能因为新加入受托人的资质、能力等方面不足，造成委托事务处理不当，进而给原受托人带来声誉上的影响。因此在委托人重复委托第三人的场合，有两点特殊规定：一是要求重复委托应当经受托人同意。由于接下来受托人与第三人要处理同一委托事务，因此需要征得受托人同意。二是因为重复委托给受托人造成损失的，应当赔偿受托人的损失。受托人与第三人共同处理委托事务，可能会导致受托人的预期利益、职业声誉等受到损害，对此，即便重复委托已经受托人同意，委托人仍应予以赔偿。

对于重复委托问题，域外立法多以“不推定为独占”为一般情况，即除非委托合同中另有约定，应认为委托人可以直接或聘任其他受托人订立、磋商或促成预期合同。② 从本条规定来看，我国立法态度为“推定为独占”，即委托合同中即使未作专门限制，委托人另行委托受托人也需经受托人同意。

理解本条需注意与其他几类情况进行区分：第一种情况是共同代理，共同代理是委托人将同一委托事务通过一个委托合同委托给两个以上的受托人，两个以上的受托人共同处理委托事务，重复委托是将同一委托事务通过两个以上委托合同委托给不同的受托人。第二种情况是将内容、性质相同或类似的事务委托给两个以上的受托人办理，如委托受托人进行资料收集，之后又委托第三人进行资料

---

① 陈甦：《委托合同 行纪合同 居间合同》，法律出版社 1999 年版，第 49 页。

② 《欧洲示范民法典草案》第 4. 4 – 3：301 条，欧洲民法典研究组，欧盟现行私法研究组编著：《欧洲示范民法典草案——欧洲私法的原则、定义和示范规则》，高圣平译，中国人民大学出版社 2012 年版，第 299 页。

收集，此时两个委托事务的内容相同，但并不是同一委托事务，受托人和第三人虽也可能构成竞争关系，但不适用本条规定，不要求委托人必须征得受托人同意并给予受托人赔偿。第三种情况是转委托。重复委托与转委托的区别在于：首先，重复委托的委托人是原委托合同的委托人，而转委托的委托人是原委托合同的受托人；其次，重复委托要经受托人同意，转委托可以经委托人同意，也可以不经委托人同意；最后，重复委托的第三人是委托人的受托人，直接对委托人负责，而在转委托中，经委托人同意的，委托人和受托人都可以向次受托人提出请求，未经委托人同意的，次受托人只对受托人负责，其行为的后果由受托人向委托人承担。

【关联规定】

《合同法》第 408 条

（撰稿人：王丹）

第九百三十二条　【受托人的连带责任】两个以上的受托人共同处理委托事务的，对委托人承担连带责任。

【释义】

本条规定了共同委托中受托人的连带责任问题。本条和《合同法》第 409 条内容一致。

共同委托指的是委托人以同一委托合同委托两个以上的受托人处理委托事务的情形，受托人为复数。如果受托人为一个，委托人为多个的，不是共同委托。共同委托的受托人要共同处理委托事务，依据委托合同共同享有权利和承担义务，因此也应该共同承担责任。

共同委托与重复委托的区别在于：重复委托的两个以上受托人分别接受委托，与委托人存在两个委托法律关系；共同委托中的受托人与委托人存在一个委托法律关系，只不过受托人一方主体为复数。本条规定明确为“两个以上的受托人共同处理委托事务”，因此针对的是共同委托中受托人的责任问题。重复委托中两个以上的受托人可能也构成一定的合作和分工关系，但是二人分别对委托人负责，并非共同处理委托事务，由此产生的责任也应根据各自的行为分别承担，不构成连带责任。

共同受托人内部的分工和责任划分不能构成对外承担责任的依据。共同受托人在处理委托事务时，可能会进行一定的分工，如委托两个共同受托人在委托人去外地期间到其家里浇花，两个受托人商定轮流进行，其中一人在当值之日忘记去浇花，导致花枯死，此种情况下造成的损害，仍应由两个受托人承担连带责任，未当值的受托人不能以其内部职责划分拒绝承担责任。共同委托中的一个或者数个受托人未经其他受托人同意，单独实施的行为，亦应认定为全体受托人的行为，由此造成的损失，各受托人应当承担连带责任。当然，与连带责任的一般性规定相同，无过错的受托人在承担责任后，可依其内部约定向有过错的受托人追偿。如果当事人在委托合同中明确约定各受托人负按份责任，某一受托人单独处理委托事务给委托人造成损失的，则按其约定承担按份责任。

【关联规定】

《合同法》第 409 条

（撰稿人：王丹）

第九百三十三条　【任意解除权】委托人或者受托人可以随时解除委托合同。因解除合同造成对方损失的，除不可归责于该当事人的事由外，无偿委托合同的解除方应当赔偿因解除时间不当造成的直接损失，有偿委托合同的解除方应当赔偿对方的直接损失和合同履行后可以获得的利益。

【释义】

本条规定了委托人与受托人的任意解除权。本条对《合同法》第 410 条进行了较多修改。《合同法》第 410 条的内容为："委托人或者受托人可以随时解除委托合同。因解除合同给对方造成损失的，除不可归责于该当事人的事由以外，应当赔偿损失。"本条同为任意解除权的规定，但是解除合同后赔偿损失的范围根据有偿委托合同和无偿委托合同进行了区分。

委托合同的订立建立在委托人和受托人高度信任的基础上，委托事务的完成依赖于受托人的积极主动性。若一方对另一方的信任动摇，不愿意再进行委托或者接受委托，委托事务的继续进行将无法实现预期目的，勉强维持委托关系没有意义。因此委托合同的解除以任意性为一般原则。具体体现在：首先，委托人可以随时撤销委托，受托人也可以随时辞去委托；其次，此种任意解除，不区分是有偿委托或是无偿委托，是定期委托或是不定期委托，也不需考虑委托事务是否已开始处理；最后，委托合同的解除不问理由，均可产生合同解除的效力，但是解除理由的不同可能会影响赔偿责任的承担。

委托合同的可随时解除在各国立法中较为普遍。如《欧洲民法典草案》第4.4－1：104条规定："委托的撤销：（1）除后条另有规定外，委托人可以随时通知受托人撤销对受托人的委托。（2）委托关系的解除具有撤销对受托人的委托的效力。（3）当事人不得为损害委托人的利益而排除本条规定的适用，也不得减损或变更其效力，但满足后条规定条件的除外。"①

解除合同的一方应依据《民法典》第565条规定，及时通知对方。合同自通知到达对方时解除。对方对解除合同有异议的，任何一方当事人均可以请求人民法院或者仲裁机构确认解除行为的效力。

根据本条规定的委托合同任意解除权，可以通过委托人与受托人的约定加以排除。如果委托人与受托人预先已对委托合同的不可任意解除进行了约定，应当尊重当事人的意思表示。一方当事人以明确的意思表示表明自己不会无理由解除委托合同，即预先抛弃了其任意解除权，则后续不能再依据本条规定行使任意解除权。但是当事人仍然可以依据《民法典》第563条的规定行使法定解除权。根据《民法典》第563条规定，因不可抗力致使不能实现合同目的。在履行期限届满之前，当事人一方明确表示或者以自己的行为表明不履行主要债务；当事人一方迟延履行主要债务，经催告后在合理期限内仍未履行。当事人一方迟延履行债务或者有其他违约行为致使不能实现合同目的等法定情形出现时，委托合同的当事人仍然可以行使解除合同的权利。此外，如果委托人与受托人预先约定排除了任意解除权，但是在后续合同履行过程中，出现合同订立时未预见到的情势变更，继续履行合同对一方当事人显失公平的，当事人也可以主张解除合同。

针对一方当事人为数人的委托合同，其中一个当事人主张解除合同，是否及于委托合同全部要分情况而定：如果委托事务不可分，一个当事人主张解除合同，应及于全部合同，即使其他委托人或受托人并无解除合同的意思，但由于委托合同的可任意解除性，该合同应解除。如几个共有人将不可分割的同一共有物委托给受托人出售后，其中一个共有人要求解除合同，则委托合同解除。如果委

① 欧洲示范民法典草案第4.4－1：104条，欧洲民法典研究组，欧盟现行私法研究组编著：《欧洲示范民法典草案——欧洲私法的原则、定义和示范规则》，高圣平译，中国人民大学出版社2012年版，第295页。

托事务可分，解除合同的效力应各自发生，一个当事人主张解除合同，不及于整个委托合同，其他当事人的委托关系继续存续。如几个委托人将其各自所有物在同一委托合同中交付委托人代为出售，后其中一个委托人要求解除合同，则其与受托人的委托关系解除，并不影响其他委托人与受托人的委托关系。

法律赋予了委托合同一方当事人任意解除合同的权利，显然对于另一方当事人不够公允。合同订立后，当事人会基于对合同的信赖有所期待，并进行积极的履行行为，一方当事人随意解除合同，很有可能给另一方当事人带来损失。如果是委托人解除合同，会使得受托人为履行受托事务已付出的成本无法收回，未来可期待取得的报酬亦无法取得。如果是受托人解除合同，委托人的期待落空，特别是在委托人无法亲自处理事务且无法找到其他受托人的情况下，解除合同会给委托人带来较大损失。为平衡各方利益，在规定一方当事人任意解除权的同时，赋予另一方当事人对解约当事人请求赔偿的权利。

解除委托合同的一方违反了双方约定，其在行使任意解除权后进行赔偿是一般原则，不予赔偿是例外情况。不予赔偿适用的情况为：解除合同是由于不可归责于该当事人的事由。如受托人突发重病无法继续处理委托事务，或者受托人因行政命令等不具备继续处理委托事务的资格，此时解除合同是受托人不得已而为之，不能归责于受托人，则受托人解除合同不需要进行赔偿；如果解除合同是因为对方当事人的不当行为，致使合同无法继续履行，则解除合同也不可归责于该当事人，无须进行赔偿。

赔偿范围是本条规定对《合同法》第 410 条的重点修改部分。《合同法》第 410 条规定较为笼统，仅规定“应当赔偿损失”，但是赔偿的范围和区间没有说明。本条对于这一问题进行了细化和修正。赔偿的前提条件为未解除合同的一方因合同解除受到损失。如果一方提出解除合同，另一方虽不同意，但是并未造成损失，则不存在赔偿的问题。赔偿的范围区分委托合同是无偿或有偿。如果是无偿委托合同，解除方仅赔偿因解除时间不当造成的直接损失；如果是有偿委托合同，解除方应当赔偿对方的直接损失和合同履行后可以获得的利益。因无偿委托合同中委托人和受托人之间的信赖关系相对松散，受托人处理事务不收取报酬，相应地，对其不宜科以过重的义务。无偿委托合同中的受托人如欲解除合同，需注意在适当的时间解除，以尽可能避免或减少给委托人造成的损害。如委托人外出，委托受托人代为照看店铺，受托人突然提出解除合同，委托人无法及时赶回，由此给委托人造成的直接损失，受托人应当赔偿。但如果受托人告知委托人欲解除合同，给了委托人充分的准备时间，但委托人在合理时间内怠于联系其他人照看店铺，由此造成的损失受托人不应赔偿。而有偿委托合同中当事人之间的信赖关系往往更为紧密，委托人对受托人履行合同有更多的合理期待，受托人为履行合同也会作充分的准备，此时一方当事人解除合同，往往给另一方当事人造成较大的损害和信赖利益的损失。因此，对于有偿委托合同，解除方既要赔偿另一方的直接损失，也要赔偿对方在合同正常履行后可以获得的利益，以更好地贯彻民商事活动诚实信用、信守承诺的基本原则。

【关联规定】

《民法典》第 563、565 条，《合同法》第 410 条

（撰稿人：王丹）

第九百三十四条　【委托合同的终止】委托人死亡、终止或者受托人死亡、丧失民事行为能力、终止的，委托合同终止；但是，当事人另有约定或者根据委托事务的性质不宜终止的除外。

【释义】

本条规定了委托合同法定终止的事由。本条相比《合同法》第 410 条内容，有一定变化。一是《合同法》规定的委托合同终止的情形之一为委托人或受托人“破产”，本条修改为“终止”；二是将委托人丧失民事行为能力的情形从委托合同终止的法定事由中去除。

能够引起委托合同终止的情形包括：

1. 当事人死亡。无论是委托人还是受托人，一方当事人死亡的，委托合同应当终止。如果是委托人死亡，继续处理委托事务已经不必要或者无意义。如果是受托人死亡，其无法继续履行合同处理委托事务，委托合同的订立是基于委托人对受托人能力、经验、学识等的特殊信赖，受托人的权利义务亦无法由其继承人继受，此种情况下委托合同理应终止。死亡既包含自然死亡，也包含宣告死亡。

2. 委托人或受托人为法人的，其终止时，委托合同也应相应终止。法人的终止相当于自然人的死亡，法律后果是法人的法律人格丧失，权利能力和行为能力消灭。作为委托人或者受托人的法人终止，委托合同也应相应地终止。《合同法》中仅规定委托人或受托人“破产”的情形作为委托合同终止的原因，显然不全面。法人终止的原因包括解散、破产以及其他情形，解散又分为自愿解散、行政解散、司法解散等，当法人因解散而终止时，委托合同也应当终止。

3. 受托人丧失民事行为能力。受托人丧失民事行为能力的，其无法再为委托人处理委托事务，委托合同应当终止。《合同法》和《民法典（草案）》中均规定委托人丧失民事行为能力的，委托合同应当终止。《民法典》中去除了此种情形，主要考虑到：与委托人死亡或终止这样引起法律主体消灭的事由不同，委托人丧失民事行为能力只是失去了其亲自从事民事行为的能力，鉴于委托合同的特点，委托人一般并不需要亲自去实施特定的行为，不会像受托人失去民事行为能力那样直接影响到合同的履行；同时考虑到委托事务的执行多是为了委托人的利益，此时委托事务的继续履行并不会不利于委托人。因此《民法典》中只保留了受托人失去行为能力作为委托合同终止的法定事由，委托人丧失民事行为能力则不再作为委托合同终止的法定事由，将合同的继续履行或者终止留给当事人去决定。本条的规定实际上给了当事人更大的选择空间。

本条规定的委托合同终止的情形非强制性规定，当事人可以依约定排除。如果委托合同中已约定不因当事人死亡等情形导致合同终止，委托事务应继续进行，则依约定；如果当事人发生合同终止的法定事由后，其继承人、法定代理人等同意继受委托合同的权利义务，另一方当事人也同意的，委托合同也可以不终止。

在有些情况下，根据委托事务的性质，虽然当事人一方死亡、失去行为能力或者终止，但是委托合同不宜终止时，委托合同也不终止。例如，委托人签发汇票委托受托人付款，受托人根据委托合同应当对持票人付款，如果汇票签发后委托人死亡，受托人仍然应当按照委托合同约定，对持票人进行付款。

其他国家和地区对此也作了相似规定，如《德国民法典》第 672 条规定："有疑义时，委托不因委托人死亡或丧失行为能力而消灭。委托消灭，且延缓会有遭到损害的危险的，受委托人必须继续处理受托的事务直到委托人的继承人或法定代理人能够另作处置为止；在此限度内，委托视为存续。"①

此外，值得注意的是，委托合同因本条规定事由终止时，其终止的时点应以另一方当事人知道或应当知道死亡、失去行为能力、终止等事由之日起计算。当事人不知道以上事由的发生，仍按照合同约定秉持诚信原则继续履行委托合同，执行委托事务，如果认定此时合同已终止，该当事人将受到不应有的损失。为公平起见，当事人不知道终止合同事由发生仍继续履行合同的，应当认定为合同仍然存续，该当事人有权就其履行行为要求对方当事人支付报酬。可见，发生委托合同终止事由，一方当事人的继承人、法定代理人等亦应及时通知对方当事人知晓。

---

① 《德国民法典》（第 2 版），陈卫佐译，法律出版社 2007 年版，第 265 页。

【关联规定】

《合同法》第411条

（撰稿人：王丹）

第九百三十五条　【受托人的后合同义务】 因委托人死亡或者被宣告破产、解散，致使委托合同终止将损害委托人利益的，在委托人的继承人、遗产管理人或者清算人承受委托事务之前，受托人应当继续处理委托事务。

【释义】

本条规定了受托人在委托人死亡等情形导致委托合同终止之后继续处理委托事务的后合同义务。

相比《合同法》第412条，本条有四处修改：一是将委托人“破产”修改为“被宣告破产、解散”，因为被宣告破产和解散均是法人终止的事由。在法人被宣告破产或解散之后，法人的清算人对法人财产进行清算处理，此时就应该考虑委托事务的承受问题。如果待委托人终止，其清算工作已完毕，就不存在清算人了。因此《民法典》相比《民法典（草案）》的表述也更为严谨。二是新增委托人的“遗产管理人”作为委托事务的承受人，《民法典》继承编新设遗产管理人，负责处理被继承人的遗产和债权债务，此处修改与继承编规定相呼应。三是去掉了委托人丧失民事行为能力导致委托合同终止的情形，同时也去掉了此种情形下“法定代理人”作为委托事务的承受人。四是将“清算组织”修改为“清算人”，清算组织无法涵盖所有清算主体，“组织”不是严谨的法律用语。无论自然人抑或法人，都是民法中的“人”。此次《民法典》制定中，将各类民事主体统一为“人”，表达更加准确，外延也更加周延。

在委托人死亡或者被宣告破产、解散时，委托合同终止。合同终止后，双方当事人本应从合同中解脱出来，不再受合同约束。但是委托合同因委托人的意外忽然终止，委托事务正在进行中，此时受托人如果将委托事务戛然而止，往往会给委托人的利益造成很大损害。要求受托人履行一定的后合同义务，符合民法的公平和诚实信用原则。适用该条款的前提条件包括两个方面，二者缺一不可。如果合同终止是因为委托人与受托人行使解除权而终止，不适用本条；如果合同虽因委托人死亡等事由终止，但合同终止并不损害委托人利益的，也不适用本条。

本条适用时亦有一定的期限要求。之所以要求受托人在委托合同终止后仍继续处理委托事务，就是为了给委托人的继承人、遗产管理人或者清算人等一定的时间进行准备以承接委托事务，当以上权利义务承接人承接委托事务之后，受托人不再承担此项后合同义务。权利义务承接人怠于承接委托事务的，受托人的继承人、遗产管理人或者清算人应当自承接委托事务之日起，终止其继续处理委托事务的义务。

受托人在此期间继续处理委托事务的行为，应视为原委托合同的延续。受托人有权就此期间处理委托事务的行为，要求委托人的继承人、遗产管理人或者清算人按照委托合同的约定支付报酬、承担费用。委托人的继承人、遗产管理人或者清算人也有权要求受托人按照原委托合同约定履行报告、财产交付等义务，同时受托人在处理委托事务时仍应履行与委托合同未终止前同样的注意义务。

【关联规定】

《民法典》第934、1145条，《合同法》第412条

（撰稿人：王丹）

第九百三十六条　【受托人的继承人等的义务】 因受托人死亡、丧失民事行为能力或者被宣告破产、解散，致使委托合同终止的，受托人的继承人、遗产管理人、法定代理人或者清算人应当及时通知委托人。因委托合同终止将损害委托人利益的，在委托人作出善后处理之前，受托人的继承人、遗产管理人、法定代理人或者清算人应当采取必要措施。

【释义】

本条规定了受托人的继承人、遗产管理人、法定代理人或者清算人在受托人死亡、丧失民事行为能力或者被宣告破产、解散，致使委托合同终止之后通知和采取必要措施的义务。本条对《合同法》第413条规定的修改点为：一是将受托人“破产”修改为“被宣告破产、解散”；二是新增受托人的“遗产管理人”作为委托事务的承受人；三是将“清算组织”修改为“清算人”。具体修改理由同上一条。

本条与《民法典》第936条相对应，不同之处在于此条适用的前提条件是受托人死亡、丧失民事行为能力或者被宣告破产、解散致使委托合同终止，适用的主体是受托人的继承人、遗产管理人、法定代理人或者清算人，适用期限为受托人死亡、丧失民事行为能力或者被宣告破产、解散之日至委托人作出善后处理之前。

受托人的继承人、遗产管理人、法定代理人或者清算人的具体义务为：通知和采取必要措施。当受托人发生死亡、丧失民事行为能力或者被宣告破产、解散的事由时，受托人的继承人、遗产管理人、法定代理人或者清算人应当及时通知委托人，使委托人知悉发生了委托合同终止的事由，以及时采取应对措施。同时，在委托人知悉并作出善后处理期间，受托人的继承人、遗产管理人、法定代理人或者清算人应当采取必要措施。法律之所以规定受托人的继承人、遗产管理人、法定代理人或者清算人承担上述通知义务和采取必要措施的义务，是因为受托人死亡后，继承人有继承其财产的权利，遗产管理人有管理其财产的权利；受托人丧失民事行为能力后，由法定代理人代理其民事活动；法人被宣告破产、解散后，由清算人接管，对法人财产进行清理、保管、估价、处理和分配，清算人可以代表法人进行必要的民事活动。受托人的继承人、遗产管理人、法定代理人、清算人，在承受受托人遗产或者处理受托人事务时，应当遵循诚实信用的原则，将受托人的有关事宜妥善处理。

注意此处的行为义务不同于第936条规定的受托人的“继续处理义务”，“采取必要措施”的行为要求显然低于“继续处理”。“继续处理”强调对于委托事务按照原委托合同的要求和标准继续执行，以保障委托人及其继承人等的利益；而“采取必要措施”仅仅要求采取适当的措施，以防止或减少委托人可能受到的损失，如保存好委托事务相关的单证和资料、保管好委托事务涉及的财产等。因为受托人的继承人、遗产管理人、法定代理人或者清算人不是受托人本人，不具有受托人处理事务的能力和经验，不需要承担委托合同的义务，仅基于基本的诚实信用和普通注意义务，应采取必要的措施。如委托人委托受托人代为销售货物，受托人意外死亡，受托人的继承人、遗产管理人应及时通知委托人回收货物，在货物回收之前，继承人、遗产管理人应当保管货物，而不能随意丢弃，但是继承人、遗产管理人不负有继续销售货物的义务。

【关联规定】

《合同法》第413条

（撰稿人：王丹）

第二十四章　物业服务合同

【导读】

本章规定物业服务合同的基本问题。

本章属于《民法典》相对于《合同法》而言新增的有名合同类型，与城市居民的日常生活密切相关，在实践中确实有无数的纠纷发生，确有必要加以系统规定。在《民法典》规定本章内容之前，我国既有的法律规范体系中主要是2003年制定（2018年最新修订）的《物业管理条例》和2009年最高人民法院发布的《关于审理物业服务纠纷案件具体应用法律若干问题的解释》对于物业服务合同有较为详细的规定。2007年的《物权法》虽然个别条文对于物业服务企业有所涉及（第81、82条），但由于其重心在于物权关系的规范，物业服务合同规则不成体系。

本章共有14个条文，分别规定了物业服务合同的定义（第937条）、物业合同的内容与形式（第938条）、物业合同的约束机制（第939条）、前期物业合同的提前终止（第940条）、物业服务的转委托及其限制（第941条）、法定化的物业服务义务（第942条）、物业服务人信息公开义务与汇报义务（第943条）、业主的物业费支付义务及物业服务人自助行为的限制（第944条）、业主对于房屋支配方式的限制（第945条）、定期物业服务合同的解除（第946条）、物业服务合同的续订（第947条）、不定期物业服务合同（第948条）、物业服务人的移交义务（第949条）、物业服务人的后合同义务（第950条）等关键问题。

物业服务合同在性质上属于服务类合同，也具有委托合同的属性，在《民法典》合同编之中由于未对服务合同加以典型化设计，所以物业服务合同在立法体系上被置于委托合同之后，当做一种特殊的委托合同。物业服务合同的部分规则确实也与委托合同相类似，比如物业服务的转委托及其限制（第941条），业主一方享有的法定解除权（第946条），物业服务人的移交义务（第949条），物业服务人的后合同义务（第950条），等等。

由于业主一方往往为数众多，并且业主一方需按照建筑物区分所有权制度下的决议规则来形成业务的共同意思，所以物业服务合同的签订及解除都非常特殊。首先，在合同成立方面，必须是业主整体与物业服务人签订合同，类似于劳动合同领域的集体合同，并且每个业主都要受到物业服务合同的拘束，不管是否同意物业服务合同的内容（第939条）。其次，在合同解除的方面，业主一方除了履行提前告知义务和赔偿损失的义务之外，享有提前解除定期物业服务人的法定解除权（第946条），但是单个业主并不能因为物业服务人未履行物业合同而行使解除权，解除物业服务合同必须回到业主整体的层面去考虑。相反，除非另有约定，物业服务人并不享有解除定期物业服务合同的权利，物业服务人甚至还必须得履行合同终止后的交接义务和后合同义务。

物业服务合同属于一对多的合同，在一些大的住宅小区，可能业主一方会有几千人或者上万人，物业服务就不同于以往的主体相对单一的合同，体现的不是简单的利益交换关系，而是构成了复杂的社会治理问题的一环。同时，建筑物区分所有的权利特征，也使得物业服务合同的协商、签订、履行、纠纷处理及合同终止机制强烈地依赖《民法典》物权编的规则，而物权编第278条、第282条、第284条、第285条、第287条、第286条等也确实都与物业服务合同的各个环节有直接的关系。《民法典》侵权责任编第十章“建筑物和物件损害责任”在实践中可能也会涉及物业管理服务合同的履行，第1254条所规定的著名的高空抛物的责任承担问题，第2款明确为物业服务人施加了义务，相信将来也一定会转化为物业服务合同中的相关权利义务。

物业服务合同的实践问题非常复杂多样，本章仅是规定了一些基本规则，在社会或社区治理的意义上实现立法者规范物业服务合同的良好预期，还需要通盘适用其他的既有规范，特别是要依赖业务委员会或业主大会的有效运行。

第九百三十七条　【物业合同的定义】物业服务合同是物业服务人在物业服务区域内，为业主提供建筑物及其附属设施的维修养护、环境卫生和相关秩序的管理维护等物业服务，业主支付物业费的合同。

物业服务人包括物业服务企业和其他管理人。

【释义】

物业服务合同是《民法典》合同编中新增加的部分，而此次将物业服务合同纳入民法典的理由有三，第一，物业服务合同和物权法中建筑物区分所有权制度的联动性，需要确定物业服务合同的基本规则，提高法律效力层级；第二，随着城市化进程和城市商品房改革措施的推进，物业服务合同直接关系到公民的切身利益；第三，物业服务合同具有很强的专业性和特殊性，需要作为独立的有名合同加以规定，目前仅由国务院进行行政法规层面的规定效力层级不够高，在民事基本法层面没有足够的实证法基础。①

从物业服务合同，合同的性质上来说，目前学界通说认为应当属于委托合同，理由在于其客体与委托合同相同，都是提供劳务。同时物业服务合同也是双务、诺成和不要式合同，同委托合同一样，属于有偿的委托合同。②

从物业服务合同的立法来看，第一个趋势是伴随着住房改革的推进进行。从地方性的立法文件来看，最早的地方性法律文件，都是从住房、土地财政改革的区域——比如 1998 年 7 月 20 日发布的《深圳经济特区物业管理行业办法》和 1998 年 7 月 29 日发布的《广东省物业管理条例》，也就是土地财政改革的开始，影响着房地产开发的模式和土地利用的模式，进一步地塑造了现代的住宅集聚模式和管理模式③，住宅不动产之间的物理结构结合加深，人民对自己的住宅环境要求提高了，进而就存在政府标准化交易模式的需要，这种标准化的市场规制就是地方政府的立法，进而导致第二个趋势——物业合同的立法是自地方到中央，规范效力层级自下而上。2003 年 11 月 13 日出台的《物业服务收费管理办法》是第一个中央部门规章级别的立法，同年出台了《物业管理条例》，2007 年《物权法》在建筑物区分所有权的部分对于物业管理进行了法律级别的规定，2009 年法释〔2009〕8 号发布了《最高人民法院关于审理物业服务纠纷案件具体应用法律若干问题的解释》主要对于物业服务合同的有效性和义务违反的法律效果作出了规定，2009 年之后这方面的立法主要体现在《物业管理条例》2016 年和 2018 年的修订，但是需要注意的是，《物业管理条例》并不单独关注民事领域的合同成立、履行和效力问题，同时它的关注点也有产业政策和规制方面，比如第 60 ~ 63 条关于专项维修管理资金的政府和机构的行政责任等。

本条规定了物业服务合同的基本内容，这类定义式的不完全法条的功能在于：对于典型合同案件的审理而言，在碰到规则不明确或存在缺位的情况下，根

---

① 王利明：《物业服务合同立法若干问题探讨》，载《财经法学》2018 年第 3 期。

② 王利明：《物业服务合同立法若干问题探讨》，载《财经法学》2018 年第 3 期。另见最高人民法院民事审判第一庭编著：《最高人民法院关于审理建筑物区分所有权、物业服务司法解释理解与适用》，中国法制出版社 2009 年版，第 251 页。

③ 杨立新主编：《最高人民法院审理物业服务纠纷案件司法解释理解与运用》，法律出版社 2009 年版，第 60 ~ 69 页。

据交易内容确定与其最相像的典型合同，寻找交易形态最接近的规则[①]；对于非典型合同，则可以根据定义内特定交易的内容和双方履行义务的内容来确定与其最接近的典型合同，并适用规则。[②]

本条从立法史的角度，是《物业管理条例》第2条规定的相关内容。该条界定的物业管理，具体而言，就是物业服务企业接受业主或者业主大会的委托，并与之签订物业服务合同，按照物业服务合同的约定，对房屋及配套的设施设备和相关场地进行维修、养护、管理，以及维护相关区域内的道路交通、消防安全、环境卫生和秩序的活动。物业管理的内涵包括：（1）物业管理的管理对象是物业；（2）物业管理的服务对象是人，即物业所有人（业主）和使用人；（3）物业管理的属性是经营。物业管理被视为一种特殊的商品，物业管理所提供的是有偿的、无形商品[③]。

值得注意的是，根据《物业管理条例》第6条的规定，房屋的所有权人为业主。而业主的主要义务为支付物业费，但是也需要注意，非所有权人，比如承租人和借用人，因其居住生活在物业服务的区域内，也应当受到物业服务合同、法律、法规以及管理规约的约束，2009年《最高人民法院关于审理物业服务纠纷案件具体应用法律若干问题的解释》对于物业服务纠纷的规定，应当同样适用于因非业主的物业使用人实施违反物业服务合同、法律、法规或者管理规约的行为引起的物业服务纠纷案件的处理。[④]

【关联规定】

《物业管理条例》第2、6条

（撰稿人：马可）

---

① 关淑芳：《物业管理合同的性质及其法律适用》，载《当代法学》2007年第4期。

② 王利明：《典型合同立法的发展趋势》，载《法制与社会发展》2014年第2期。

③ 国务院法制办公室：《物业管理条例注解与配套》（第4版），中国法制出版社2017年版，第3页。

④ 最高人民法院民事审判第一庭编著：《最高人民法院关于审理建筑物区分所有权、物业服务司法解释理解与适用》，中国法制出版社2009年版，第16～17页；《最高人民法院民一庭负责人就〈关于审理建筑物区分所有权纠纷案件具体应用法律若干问题的解释〉、〈关于审理物业服务纠纷案件具体应用法律若干问题的解释〉答记者问》。

第九百三十八条　【物业合同的内容与形式】物业服务合同的内容一般包括服务事项、服务质量、服务费用的标准和收取办法、维修资金的使用、服务用房的管理和使用、服务期限、服务交接等条款。

物业服务人公开作出的有利于业主的服务承诺，为物业服务合同的组成部分。

物业服务合同应当采用书面形式。

【释义】

该条文包含 3 款，第 1 款规定了物业合同的主要内容，其功能主要在于对当事人起到示范法的作用，并说明物业合同的核心要素。根据《物业服务收费管理办法》第 17 ~ 20 条、《物业服务收费明码标价规定》第 2 条、《前期物业管理招标投标管理暂行办法》、《物业服务企业资质管理办法》等，可以得知，物业管理基本内容按服务的性质和提供的方式可分为：常规性的公共服务、针对性的专项服务和委托性的特约服务三大类。[①]

一是常规性的公共服务，主要有以下几项：（1）房屋建筑主体的管理及住宅装修的日常监督；（2）房屋设备、设施的管理；（3）环境卫生的管理；（4）绿化管理；（5）配合公安和消防部门做好住宅区内公共秩序维护和安全防范工作；（6）车辆道路管理；（7）公众代办性质的服务。

二是针对性的专项服务：（1）日常生活类；（2）商业服务类；（3）文化、教育、卫生、体育类；（4）金融服务类；（5）经纪代理中介服务；（6）社会福利类。

三是委托性的特约服务。物业服务企业在实施物业管理时，第一大类是最基本的工作，是必须做好的。同时，根据自身的能力和业主的要求，确定第二、第三大类中的具体服务项目与内容，采取灵活多样的经营机制和服务方式，以人为核心做好物业管理的各项管理与服务工作，并不断拓展其广度和深度。

第 2 款则是将物业服务提供方的履行义务不仅局限于签订物业合同之时所约定的条款，对其后续公开承诺履行的义务也纳入了其义务范围。这样规定，是因

---

① 国务院法制办公室：《物业管理条例注解与配套》（第 4 版），中国法制出版社 2017 年版，第 4 页。

为物业服务企业公开作出的服务承诺及制定的服务细则，已经成为业主选聘物业服务企业的重要依据，也起到了业主维护权利时的证据作用。这样规定，其实是根据合同默示条款理论，不仅限于物业服务合同中的明示条款，也未额外增加物业服务企业的义务。[①] 物业服务企业公开作出的服务承诺对物业服务企业具有约束力，而且从合同解释的角度来看，从案件审判之时作为基准时，追溯双方当事人的合议内容，而不仅仅以合同文本作为裁判的基准，是合同解释的当然之理。该规定包含了两层意思：一是将物业服务企业的服务承诺认定为物业服务合同的组成部分。二是将物业服务企业人的服务细则认定为物业服务合同的组成部分。其应当具备下列条件：（1）承诺的内容是物业服务企业的真实意思表示。（2）承诺的内容必须清楚明确。（3）承诺的内容是公开作出的或在小区内进行了公示。（4）承诺经过了全体业主或业主委员会的同意。（5）该承诺内容不违背法律、法规。[②] 但是有观点认为其是一种单方意思表示[③]，这显然就与将其视为合同义务的观点相矛盾了，因此，不妨在默示条款的逻辑下走得更远一些，在物业合同中，当物业服务提供方为了业主利益承担合同约定以外的义务并进行公告之后，出于物业服务合同的商业惯例——即保护业主的财产权益，可以认定物业提供方的允诺经过公告之后业主无须受领，默示地接受了这一条款，并享有对应的请求权。服务细则则是对物业服务合同内容的补充，其是对物业服务管理内容的具体实施细则，比如，对物业服务管理区域的物业服务资金预收标准的具体规定，停车费用的收取方式等，对于业主和物业服务企业具有约束力。

而对于物业合同要求以书面形式作为成立要件，主要是基于给予当事人谨慎签订合同和争讼时的证据需要。

【关联规定】

《民法典》第510条，《最高人民法院关于审理物业服务纠纷案件具体应用法律若干问题的解释》第3条，《物业管理条例》第2条

（撰稿人：马可）

① 最高人民法院民事审判第一庭编著：《最高人民法院关于审理建筑物区分所有权、物业服务司法解释理解与适用》，中国法制出版社2009年版，第274页。

② 最高人民法院民事审判第一庭编著：《最高人民法院关于审理建筑物区分所有权、物业服务司法解释理解与适用》，中国法制出版社2009年版，第279页。

③ 最高人民法院民事审判第一庭编著：《最高人民法院关于审理建筑物区分所有权、物业服务司法解释理解与适用》，中国法制出版社2009年版，第278页。

第九百三十九条　【前期物业合同】建设单位依法与物业服务人订立的前期物业服务合同，以及业主委员会与业主大会依法选聘的物业服务人订立的物业服务合同，对业主具有法律约束力。

【释义】

该条文来自《最高人民法院关于审理物业服务纠纷案件具体应用法律若干问题的解释》第1条，首先应当明确的是，广义的物业服务合同，可以分为两大类，一类是前期物业服务合同，另一类是普通物业服务合同。两者的区别如下：第一，合同的相对方不同。前期物业服务合同，就是指在物业服务区域内的业主、业主大会选聘物业服务企业之前，由房地产建设单位与其委托的物业服务企业签订的合同。普通物业服务合同，相对方是业主委员会。第二，合同的内容不同，前期物业服务合同的内容受限制，不得侵害业主的合同权益，主要侧重于对建筑物建成初期的养护，安全保障以及配合建设单位为未来入住的业主提供服务等。普通物业服务合同旨在建筑规划内建筑物的维护、环境和居住条件的保障等，目的是维持业主在特定物业范围内的正常生活。第三，合同存在的阶段不同。前期物业服务合同仅仅存在于项目建成初期，业主入住人数较少尚未成立业主大会及业主委员会的阶段。普通物业服务合同往往诞生于业主大会和业主委员会已经产生的阶段，建设单位基本撤出。第四，履行的期限不同，虽然根据《物业管理条例》第26条的规定，前期物业管理服务合同和一般的物业管理合同一样，都可以约定期限，但是前期物业合同仍然有期限的限制，就是当业主委员会与物业服务企业签订的物业服务合同生效时，前期物业服务合同终止。两者存在功能上的契合性和时序上的互补性。①

在实务中，业主往往会以自己不是合同的当事人为抗辩，拒绝承认物业合同对自己的拘束力，因此在《最高人民法院关于审理物业服务纠纷案件具体应用法律若干问题的解释》第1条中，特意强调“业主以其并非合同当事人为由提出抗辩的，人民法院不予支持。”但是出于立法语言简洁性的考虑，《民法典》中去掉了这句话，事实上这句话也是前述物业服务合同对于业主约束力的同义反复。虽然业主在形式上并不是签订合同的当事人之一，但是由建设单位、业主委员会出面签订的物业服务合同，实际上属于为第三人订立的合同，是指所有业主。至于

① 最高人民法院民事审判第一庭编著：《最高人民法院关于审理建筑物区分所有权、物业服务司法解释理解与适用》，中国法制出版社2009年版，第257页。

物业服务合同对业主具有约束力的法理依据，可以从前期物业服务合同和普通物业服务合同两个类型进行阐述。

首先，合法有效的前期物业服务合同对业主具有约束力。这是因为，第一，前期物业服务合同的签订有物业服务法律制度设计为依据。第二，业主与建设单位之间有关于前期物业服务合同约束的合意。前期物业服务合同签订主体是物业服务企业与建设单位，业主不是合同的主体，从合同法的大原则，合同的相对性来推导实务，这对于房地产开发商是非常不公平的，并不符合市场经济和房地产开发的一般交易模式。因此相对性理论在一定程度上也是可以被突破的。① 从《物业管理条例》第25条“建设单位与物业买受人签订的买卖合同应当包含前期物业服务合同约定的内容”的规定进行分析，目前在我国实际上建设单位同物业买受人签订物业买卖合同时，就同时包含双方之间转让前期物业服务合同的合意。因此，由建设单位作为合同当事人出面签订的前期物业服务合同对后来的业主之所以能够产生拘束力，是因为其他业主对房地产建设单位所签订的前期物业服务合同的概括承受。② 当然，在物业使用人非所有人时，前期物业服务合同是否对其有约束力，需要视具体情况而定。

其次，依法成立的普通物业服务合同对业主具有法律意义上的约束力，业主委员会根据业主大会决定与相关物业服务企业签订物业服务合同，之所以对业主应当具有法律上的约束力，是由业主大会或者业主委员会作为自我管理机制的权力机关和执行机关的法律地位所决定的，合法性依据为《民法典》第278条，该条规定，业主大会有权决定选聘物业服务企业。当然，对业主具有约束力的业主大会或者业主委员的决定，必须是依法设立的业主大会、业主委员会作出的，在主体合法性上必须足备。③

物业服务合同中，业主的主要合同权利是享受物业服务企业提供的物业服务，并有权对物业服务企业进行监督。进一步区分，其权利有：实际接受并享受物业服务企业提供的服务。通过参加业主大会或者业主代表大会，对物业服务企业的工作进行评估审查。解聘物业服务企业以及监督物业服务等。而业主受到物业服务合同的约束，需要基于合同履行交纳物业费用，并遵守物业服务制度，装饰、装修应当遵守相关规定，转让房屋时应当事先通知物业服务企业。其实从传统理论上进行解释，物业所有权人、房屋承租人和借用人要遵守物业服务合同的

① 最高人民法院民事审判第一庭编著：《最高人民法院关于审理建筑物区分所有权、物业服务司法解释理解与适用》，中国法制出版社2009年版，第256页。

② 刘兴桂、刘文清：《物业服务合同主体研究》，载《法商研究》2004年第3期。

③ 张春普、张居卿：《论业主管理团体在物业合同中的主体地位》，载《学术界》2009年第1期。

规定也是有迹可寻的，德国、瑞士法上物上负担的概念在理论和下一步的法律适用层面也是可行的[①]。

【关联规定】

《民法典》第 278、284～287 条，《最高人民法院关于审理物业服务纠纷案件具体应用法律若干问题的解释》第 1 条

（撰稿人：马可）

第九百四十条　【前期物业合同的终止】建设单位依法与物业服务人订立的前期物业服务合同约定的服务期限届满前，业主委员会或者业主与新物业服务人订立的物业服务合同生效的，前期物业服务合同终止。

【释义】

该条来自《物业管理条例》第 26 条，此条规定的目的在于避免两个物业服务合同发生冲突。[②] 但是这也带来一个法安定性的问题，就是如何理解此处前期物业合同的终止与一般合同终止事由的体系关系。根据《民法典》合同编第 557 条的规定，中国法语境下的债权债务终止就是指广义债之关系的终止，本条所指的情形，应当属于第 557 条第 6 项的规定，也就是法律规定或者当事人约定终止的其他情形。

物业合同因为其本质为管理特定不动产的义务群，从该特定不动产的角度来看，物业公司和每个具体的区分建筑物所有权的所有权人都是“铁打的营盘流水的兵”，特定不动产整体居住环境的维持是逐项义务的要旨所在。因此在相当程度上，由于其义务对于特定不动产的指向性，就要突破很多传统合同法领域的基本原则，前期物业合同在形式上突破了合同的相对性和业主的合同缔约自由性，根据《物业管理条例》第 25 条的规定，前期物业合同当事人为开发商和经过招标竞标选出的物业公司，但是物业服务的请求权主体，物业费用交纳，物业规章义务的承担主体，都是形式上并没有在前期物业合同上签字的当事人。因此为了

① 常鹏翱：《物上之债的构造、价值和借鉴》，载《环球法律评论》2016 年第 1 期。

② 国务院法制办公室：《物业管理条例注解与配套》（第 4 版），中国法制出版社 2017 年版，第 4 页。

缓和不动产聚合（即建筑物区分所有权）所产生的客观管理需要和真正权利义务承担者（业主）契约自由的矛盾，《物业管理条例》的解决方案是使房地产商先与物业公司缔约，此时往往并没有出现具体的业主，因为房屋还没有开始出售，然后在房地产商和业主的房屋买卖合同中强制性加入物业管理的条款，使得形式上业主同意了前期物业管理合同，其正当性问题，通过业主管理机关成立以后，再次通过业主大会的机制确定物业服务的提供方，从而得到了彻底的解决。这种模式在《民法典》中也得到了肯定，表现在前期物业合同和物业合同在时序上的衔接性。

其法律效果则依照第558～559条处理，并在第948～950条进行了细化。

【关联规定】

《民法典》第557～559条，《物业管理条例》第26条，《最高人民法院关于审理物业服务纠纷案件具体应用法律若干问题的解释》第9～10条

（撰稿人：马可）

第九百四十一条　【物业服务的委托】 物业服务人将物业服务区域内的部分专项服务事项委托给专业性服务组织或者其他第三人的，应当就该部分专项服务事项向业主负责。

物业服务人不得将其应当提供的全部物业服务转委托给第三人，或者将全部物业服务支解后分别转委托给第三人。

【释义】

该条在立法史上有两个渊源，一个是《物业管理条例》第39条，另一个是《最高人民法院关于审理物业服务纠纷案件具体应用法律若干问题的解释》第2条。而此条第2款与《物业管理条例》第39条的表述基本一致，但是做了更为严格的限制，在《民法典》中，多了第1款，对于第1款的问题，将在评释完整个条文的中心议题——物业服务中转委托的构成要件和法律效果之后，再进行分析。

首先应当明确的是，物业服务合同从交易性质上更符合委托合同的性质①，物业服务合同在生活实践中涉及面众多，而由于资本和公司规模的问题，以及社会分工的加深，为了保障良好的居住环境，物业服务的具体内容在往专业性上进一步发展。物业服务提供方为了提供更为专业性的服务，也经常会结合自身的资本和人员状况，酌情将自己的服务业务转而委托给更为专业的企业完成，如将小区的安保和卫生服务分别转委托给保安公司和保洁公司。因此，《物业管理条例》赋予了该行为合法性。

物业转委托合同的法律效果有两种，一种是根据《物业管理条例》，将会承担行政责任，主要是罚金。另外一种是对于转委托合同效力的否认。本条文的行文事实上将物业服务的转委托合同划分为两种类型，一种是物业服务企业将其所承担的某项或者某几项物业服务事项进行部分的转委托，另一种是全部事项的转委托。对于前一种，如果符合《合同法》对于合同效力的判定规则，那么就当然要承认其合同的效力，但是如果物业服务企业将整个物业服务项目整体转委托，则应当认定其无效。事实上，《最高人民法院关于审理物业服务纠纷案件具体应用法律若干问题的解释》第 2 条的规定，也来自《物业管理条例》第 39 条，其背后的公共政策考虑是为了使得物业服务行业健康发展，更好地为业主提供服务。如果允许物业公司进行整体性的转委托，看似符合市场运行的规律，但是由于物业公司提供的服务是有偿服务，约定的合同价款中包含服务本身的成本和合理的预期利润，允许其全部转委托之后，转委托方则会赚取一定的利润，新的企业看似会提供同样的服务，但是由于利润空间被挤压，其通常都会保证自己的预期利润，那么带来的后果就是物业服务的成本下降，服务质量也随之下降，同时，如果允许物业服务的一并转让，实质上会导致合同主体的变更，同时侵犯了业主选择物业服务提供方的缔约自由。从具体的适用范围而言，即包括前期物业服务合同和普通物业服务合同中与转委托有关的条款。

另外，需要注意的一个实务问题是，出现应当认定合同无效的情形时，全体业主的合法权益受到了侵害，此时，谁可以提起诉讼追究物业服务企业的缔约过失责任？个别业主是否可以以自己的名义起诉，业主大会、业主委员会是否可以成为诉讼主体。从司法观点来看②，可以主张合同无效的诉讼主体资格，确认为业主和业主委员会。其理由在于《物业管理条例》第 15 条第 2 项规定对于业主

① 王利明：《物业服务合同立法若干问题探讨》，载《财经法学》2018 年第 3 期。亦可见国务院法制办公室：《物业管理条例注解与配套》（第 4 版），中国法制出版社 2017 年版，第 42 页。

② 最高人民法院民事审判第一庭编著：《最高人民法院关于审理建筑物区分所有权、物业服务司法解释理解与适用》，中国法制出版社 2009 年版，第 270 页。

委员会代表业主与业主大会选聘的物业服务企业签订物业服务合同属于其法定职责[①]，既然有代表业主订立合同的权利，自然也有诉讼主体资格。业主大会的问题是因为它是非常设的，法理虽然说得通，但是实践中却很不方便。业主由于其为物业合同中权利义务具体承受的对象，因此当然具有诉讼地位。另外，当业主和业主委员会同时提起诉讼的，根据《北京高级人民法院关于审理物业管理纠纷案件的意见（试行）》第 8 条的规定，如果业主委员会作为原告提起诉讼，业主要求作为共同原告参加诉讼的，不予准许。

而在实际的法条适用中，需要注意以下问题：

本条并不是一个完全法条，没有对法律效果进行明确的规定。应当参酌《最高人民法院关于审理物业服务纠纷案件具体应用法律若干问题的解释》第 2 条的规定加以判断，事实上，本条的法律效果，从条文中难以确定，但是通过参考《最高人民法院关于审理物业服务纠纷案件具体应用法律若干问题的解释》第 2 条的规定，我们可以得知，本条的法律后果在于合同无效。本条相比于《物业管理条例》和《最高人民法院关于审理物业服务纠纷案件具体应用法律若干问题的解释》，最大的突破就是除了“全部物业服务”这样的法律关系客体限定语之外，对于委托的方式也做了限定，限制物业公司将全部的物业服务分别转委托给多个不同的公司。

而本条的第 1 款，其实在表述层面存在赘余，原因在于，物业公司作为物业服务的提供方，也是物业合同的当事人，当然要保证合同义务的履行效果符合约定。

【关联规定】

《最高人民法院关于审理物业服务纠纷案件具体应用法律若干问题的解释》第 2 条，《物业管理条例》第 39、59 条

（撰稿人：马可）

第九百四十二条　【物业服务人的一般义务】物业服务人应当按照约定和物业的使用性质，妥善维修、养护、清洁、绿化和经营管理物业服务区域内的业主共有部分，维护物业服务区域内的基本

---

① 全国人大常委会法工委编：《中华人民共和国物权法释义》，法律出版社 2007 年版，第 191 ~ 192 页。

秩序，采取合理措施保护业主的人身、财产安全。

对物业服务区域内违反有关治安、环保、消防等法律法规的行为，物业服务人应当及时采取合理措施制止、向有关行政主管部门报告并协助处理。

【释义】

本条规定的是物业服务合同中物业服务人的一般义务。首先，物业服务人的服务依据是合同约定和物业使用性质：第一，物业服务人的一般义务，从物业管理的角度来说就是物业管理活动的内容，而物业管理活动的内容可以由业主委员会或者业主和物业服务人在物业服务合同中约定，因此合同中的约定是物业服务人一般义务的依据。双方当事人的约定是建立在业主的需求和物业服务人的能力基础之上的，物业的使用性质和规模、物业服务人的经营范围和规模，是合同约定的基础，双方友好协商、诚信签署合同约定，才能保证物业合同服务事项的顺利进行。第二，本条特别提到了“物业使用性质”，通常的物业服务合同，主要是由住宅小区业主与物业服务企业签订的，住宅小区虽然所处地理位置、建设时间、规模大小、建筑样式等各不相同，但是使用功能都是一样的，主要是用来居住。但是，物业根据使用功能的不同分为居住物业、办公物业（写字楼）、商业物业（商场、酒店）、工业物业（厂房、仓库）、其他用途物业（机场、公园）。[①]显然，物业的使用性质不同，物业服务人的一般义务也会有所不同。

本条文接下来规定了物业服务人一般义务的具体内容。物业服务的基本内容按照服务的性质和提供服务的方式划分，可以分为常规性公共服务、针对性专项服务、委托性特约服务三大类。[②]而本条中的一般义务，除了“经营”属于针对性专项服务，其他均属于常规性公共服务，常规性服务包括房屋建筑主体管理、房屋设备设施管理、环境卫生管理、绿化管理、治安管理、消防管理、车辆道路管理、代办服务管理等。而本条中的“经营管理物业服务区域内的业主共有部分”是非常特殊的，关于共有部分的经营，《民法典》物权编业主的建筑物区分所有权章以及《物业管理条例》均有特别规定，满足一定的条件（如想要利用共有部分从事经营活动，应当经参与表决专有部分面积四分之三以上的业主且参与表决人数四分之三以上的业主同意），物业服务人才能去经营。

---

① 徐爱民、温秀红：《物业管理概论》（第 2 版），北京理工大学出版社，第 4 页。

② 徐爱民、温秀红：《物业管理概论》（第 2 版），北京理工大学出版社，第 21 页。

一般情况下，物业服务人的权利义务来源于物业服务合同，而维护秩序、安全防范义务不仅来源于物业服务合同，也来源于《物业管理条例》的规定。物业服务人的社区安全管理义务包括消防管理和小区治安管理两部分。[①] 物业服务人维持秩序、保护安全的措施通常包括：执行门卫值班制度、实施安保巡逻制度、检查进出小区的车辆等。此处需要注意的一点是，《物业管理条例》并没有规定物业服务人维护小区治安必须雇请保安人员。如果需要保安人员，物业服务人需要从专业的保安服务公司聘请，保安服务公司只能由公安机关审批和组建，其他任何单位、部门和个人均不得擅自组建；如果不需要保安人员，物业服务人的员工（如企业安护人员）协助维护物业管理区域内的秩序。因此业主委员会或者业主大会在与物业服务人签订物业服务合同时，如果对小区治安有较高要求或者特殊要求，因为《物业管理条例》并没有强制规定，双方需要在合同中有相应的约定，这样不仅可以提高物业的治安水平，也避免了未来可能发生的纠纷，当然业主需要承担相应的成本。

第 2 款规定了物业服务人对违法违规行为的制止义务和报告义务。但是，物业服务人的制止措施有严格的法律限制，因为物业服务人不是国家行政执法机关，因此不能行使行政执法权，即使是行政工作人员，也要有行政执法资格证才能在许可范围内执法。物业服务人发现违法违规行为时，只能合法合理地制止该行为，及时防止事态扩大或者损失继续增加。比如物业服务人不能有搜身、搜查、关押等行为，这些均属于行政执法机关的执法行为。物业服务人更不能有超出正当防卫范围的故意伤害行为，否则会违反刑法，承担刑事责任。物业服务人在采取制止措施的同时，还要及时报告行政主管部门，等待行政执法人员到达现场并协助其执法。例如，侵占公共场地、私搭乱建、损害居住环境的行为，应该向规划部门报告；对违规装修房屋、擅自拆改房屋结构和设备设施的，应该向房屋管理部门报告；对大量存放易燃、易爆、有毒物品的，应当向公安机关报告等。接到物业服务人的报告，行政主管部门须根据实际情况立刻派本单位执法人员处理，如果行政部门不予理睬或者处理不及时，构成行政不作为或者失职，应当承担相应的法律责任，轻则给予行政处分，重则违反刑法构成犯罪的，承担刑事责任。

---

① 国务院法制办公室：《物业管理条例注释与配套》（第 4 版），中国法制出版社 2017 年版，第 50 页。

【关联规定】

《物业管理条例》第2、34、45~46条

（撰稿人：米伊尔别克·赛力克）

第九百四十三条 【物业服务人信息公开义务】物业服务人应当定期将服务的事项、负责人员、质量要求、收费项目、收费标准、履行情况，以及维修资金使用情况、业主共有部分的经营与收益情况等以合理方式向业主公开并向业主大会、业主委员会报告。

【释义】

本条规定的是物业服务人的信息公开义务。公开、报告的主体是物业服务人；公开、报告的内容是服务事项、负责人员、收费项目、收费标准、履行情况、维修资金使用情况，业主共有部分的经营与收益情况；公开对象是业主，报告对象是业主大会、业主委员会。

本条的规定，我们可以理解为业主、业主大会、业主委员会对物业服务人服务事项的知情权。业主知情权，通常是指业主基于业主身份所享有的了解建筑区划内涉及业主共有权以及共同管理权相关事项的权利。[①] 关于业主知情权的规定有：《民法典》第281条规定了“……维修资金的筹集、使用情况应当定期公布……”第285条规定了“物业服务企业或者其他管理人根据业主的委托，依照本法第三编有关物业服务合同的规定管理建筑区划内的建筑物及其附属设施，接受业主的监督……”《物业管理条例》第6条第2款第8项规定了业主“对物业共用部位、共用设施设备和相关场地使用情况享有知情权和监督权”。《最高人民法院关于审理建筑物区分所有权纠纷案件具体应用法律若干问题的解释》第13条规定了应当向业主公开的事项范围。我们可以发现，在本条之前，虽然我国法律法规对业主知情权作出了一些规定，但是并未作出专门的、详细的规定，这也导致关于业主知情权的法律纠纷一直存在，关于业主知情权的行使与限制也是学者关注的法律问题。有的法院依据《最高人民法院关于审理建筑物区分所有权纠纷案件具体

---

① 王茂刚：《业主知情权的行使与限制》，载《人民司法（案例）》2018年第23期。

应用法律若干问题的解释》第13条的规定，认为只要业主请求的事项包括在该条款中，便事无巨细地要求业委会满足业主的诉请。有的法院依据该条款的内容并结合自身判断及利弊因素从而判定部分满足业主要求。实践中面临的问题是，保证业主知情权的同时，还要防范业主知情权的滥用，对此，有学者提出可以参照《公司法》对股东滥用知情权的规范。①《公司法》第33条规定了股东行使两种不同知情权的两种不同程序。第1款规定，股东有权查阅、复制公司章程、股东会会议记录、董事会会议决议、监事会会议决议和财务会计报告。即股东查阅上述内容，《公司法》并无特别的要求和程序，该公司的股东即可查阅第一款内容。第2款规定，股东可以要求查阅公司会计账簿。股东要求查阅公司会计账簿的，应当向公司提出书面请求，说明目的。公司有合理根据认为股东查阅会计账簿有不正当目的，可能损害公司合法利益的，可以拒绝提供查阅，并应当自股东提出书面请求之日起十五日内书面答复股东并说明理由。公司拒绝提供查阅的，股东可以请求人民法院要求公司提供查阅。第2款规定股东查阅的对象是会计账簿，相较于第1款规定，本款涉及更加详细和公司秘密内容，因此需要特别的程序，首先要提出书面的请求并说明申请理由，公司经过审查股东查阅目的的正当性可以同意其查阅也可以拒绝查阅，以免泄露公司商业秘密等影响公司的正常运营。因此，当业主向业主大会或业主委员会提出查阅或者相关报表、会计账簿或者原始会计凭证时，可以参照《公司法》，首先认定业主的目的正当性。

本条规定的是业主、业主大会、业主委员会对物业服务人服务相关内容的知情权，与上文中提到的业主对业主大会或业主委员会管理事项的知情权以及股东对公司运作情况的知情权有所不同，两者需要区分，因为业主、业主大会、业主委员会与物业服务人之间是签订服务合同的平等主体，双方的关系是平等主体之间服务与被服务的关系，没有其他的关系。因此，笔者认为会计账簿等属于物业服务人，与服务内容无直接关系的重要运营资料，物业服务人没有义务向业主、业主大会、业主委员会公开或者报告。我们不能直接依据司法解释以及判决书中的知情权，对物业服务人提出不合理的要求，如果想借鉴司法解释以及判决书，首先一定要注意现存争议的双方当事人的关系是否与司法解释、判决书中的相同或同类，其次再去讨论事项的相同性或者相似性以及目的正当性。本条规定的公开、报告的内容有：服务的事项、负责人员、质量要求、收费项目、收费标准、履行情况，以及维修资金使用情况、业主共有部分的经营与收益情况。

公开、报告的具体内容之后还有一个“等”字，笔者认为本法条的描述使用

① 薛源：《业主知情权存在问题探讨》，载《南京社会科学》2014年第8期。

的是列举方法，但列举未尽，还应当包含与列举内容相似，与服务事项、服务合同、业主利益密切相关的其他事项，业主、业主大会或者业主委员会可以要求物业服务人公开或者报告。笔者的依据为，一是《物业管理条例》第 6 条第 2 款第 8 项列举的业主权利规定，对物业共用部位、共用设施设备和相关场地使用情况享有知情权和监督权。本项用列举方法，但列举未尽，“相关场地使用情况”的用语扩大了业主的知情权和监督权。二是《最高人民法院关于审理建筑物区分所有权纠纷案件具体应用法律若干问题的解释》第 13 条第 5 项规定，其他应当向业主公开的情况和资料。本条司法解释也用了列举方法，但列举未尽。

物业服务人按照规定披露信息、公开信息，保证业主的知情权，相应地，业主、业主大会或者业主委员会应该保护物业服务人的信息，不得泄露物业服务人的商业秘密等信息，避免给物业服务人带来经济损失、名誉损失。企业应将向社会公开的信息与商业秘密相区别，企业应公开的信息具有共享性、公利性、对称性和没有保密性；商业秘密则具有独占性、私利性、不对称性和保密性，受国家法律保护。①

本条还需注意的两处是“定期”和“合理方式”。关于定期，业主、业主大会或者业主委员会和物业服务人应当协商约定公开或者报告的周期、期限，保障业主的知情权。关于合理方式，向业主公开通常的办法是在小区宣传栏张贴公开事宜，而向业主大会或者业主委员会报告，物业服务人应该选择合理的时间，如周末等，保证参与人或者出席人的数量，如果条件允许，经协调，亦可采用网络视频会议等现代科技的方式。

【关联规定】

《民法典》第 281 ~ 282 条，《公司法》第 33 条，《物业管理条例》第 6、54 条

（撰稿人：米伊尔别克·赛力克）

第九百四十四条　【业主支付物业费义务】 业主应当按照约定向物业服务人支付物业费。物业服务人已经按照约定和有关规定提供服务的，业主不得以未接受或者无需接受相关物业服务为由拒绝支付物业费。

---

① 赵兵、霍临春：《企业信息公开与商业秘密保护》，载《中国流通经济》2008 年第 4 期。

业主违反约定逾期不支付物业费的，物业服务人可以催告其在合理期限内支付；合理期限届满仍不支付的，物业服务人可以提起诉讼或者申请仲裁。

物业服务人不得采取停止供电、供水、供热、供燃气等方式催交物业费。

【释义】

本条规定的是物业服务合同中业主支付物业费的义务。业主是物业的所有人，同时物业服务合同是由业主委员会代表业主与物业服务企业签订的，所以业主是合同的当事人，由其享有物业服务合同所产生的权利同时也应当由其负担物业服务合同所创设的义务，物业服务合同中业主的主要义务便是交纳物业服务费。[①] 物业服务费的支付，有 个特殊情形就是物业使用人支付服务费，因为物业服务合同的双方是物业服务人和业主委员会（业主），并非物业使用人，这就发生了债务由第三人履行的情形。业主与物业使用人之间由物业使用人承担物业费的约定，若告知物业服务人并且经物业服务人同意才能对物业服务人产生效力，若未告知未经同意，仅在业主和物业使用人之间产生效力。由物业使用人支付服务费（即第三人清偿）的法律效果如下：第三人代为清偿，第三人所作的履行发生与债务人的履行同样的效果，债权人无正当理由不受领，可构成受领迟延；如第三人清偿经债权人受领，并构成有效的第三人清偿，债权消灭；在第三人的履行为不完全履行、债权人可请求完全履行的场合，依具体情况，债权人可拒绝第三人的履行、请求债务人完全履行。[②] 其中第三个法律效果同《民法典》第 523 条，当事人约定由第三人向债权人履行债务，第三人不履行债务或者履行债务不符合约定的，债务人应当向债权人承担违约责任。

本条第 1 款还规定了：物业服务人已经按照约定和有关规定提供服务的，业主不得以未接受或者无须接受相关物业服务为由拒绝支付物业费。此处我们需要讨论的是物业服务费请求权的抗辩。可以成立的抗辩事由包括：一是违约或者违规收费的抗辩，《物业服务收费明码标价规定》第 6 条规定："物业服务收费明码标价的内容包括：物业管理企业名称、收费对象、服务内容、服务标准、计费方

---

① 国务院法制办公室：《物业管理条例注释与配套》（第 4 版），中国法制出版社 2017 年版，第 43 页。

② 韩世远：《合同法总论》（第 4 版），法律出版社 2018 年版，第 333 页。

式……价格举报电话12358等。实行政府指导价的物业服务费收费应当同时标明基准收费标准、浮动幅度，以及实际收费标准。”因此业主可以比较容易地发现物业服务人在价格上的违约或违规，提出抗辩。二是物业服务存在瑕疵的抗辩，即物业服务未达到法定或者物业服务合同约定的标准。三是物业服务合同关系终止的抗辩，业主的物业费实质上是对物业服务的对价，对价的前提是有效的物业服务合同和符合法定或约定的服务。四是经过诉讼时效的抗辩，物业费请求权属于债权请求权，也会因为诉讼时效的经过而丧失胜诉权。不可以成立的抗辩事由包括：一是开发商以遗留问题为由抗辩，因为业主需要区分业主与开发商的买卖合同、业主委员会（业主）与物业服务人的物业服务合同是两个独立的合同。二是以并非物业服务合同当事人为由抗辩，《物业管理条例》第34条第1款规定：“业主委员会应当与业主大会选聘的物业服务企业订立书面的物业服务合同。”业主大会作为决策者，只要按照法定的或者议定的议事规则作出了其职责范围内的决定，对相应的全体业主均有约束力。三是以未接受或者无须接受相关物业服务为由抗辩，因为选聘物业服务企业是业主共同作出的决定，只要物业服务企业按照合同约定提供了相关服务，则物业费的交纳义务对全体业主而言都是均等的，否则，物业服务关系的稳定性和确定性将会被彻底打破，因此要保护业主自治机制和物业服务秩序。①

第2款规定了业主在合理期限内不支付物业费的救济方式：先自我救济，即催告业主限期支付；若无果，则可以寻求司法救济。此处可以与《物业管理条例》第64条对比，该条例中规定，违反物业服务合同约定，业主逾期不交纳物业服务费用的，业主委员会应当督促其限期交纳；逾期仍不交纳的，物业服务企业可以向人民法院起诉。有两处不同：一是本法本条是物业服务人自己催告业主限期支付，是纯粹的自我救济，而《物业管理条例》中业主委员会有督促义务，体现业主自治机制管理作用。二是本条规定“可以提起诉讼或者申请仲裁”，而《物业管理条例》规定“可以向人民法院起诉”，诉讼是向人民法院提起，仲裁是向仲裁机构申请，仲裁机构是解决民事争议的机构，而业主与物业服务人关于物业费的争议属于民事争议，法条中应写明用法律解决纠纷的多种方式为宜。此处我们还应特别注意“可以”一词，民事纠纷并非必须用法律手段解决，也可以用其他方式解决，所以，此处用“可以”一词表达。业主与物业服务人之间关于服务费的纠纷，一种方法是双方应该尝试用友好协商的方式解决，体现意思自治，

---

① 陈佳：《物业服务合同中的物业费请求权研究——兼评法释〔2009〕8号中的相关规定》，载《河北法学》2010年第5期。

若协商成功则可以节约时间成本、资金成本。另外，可由第三方调解解决，比如，物业管理协会中具有相关资质的人士进行调解，此种方法专业性更强。两种方法有一个共同的优点，即节约司法资源。

第 3 款是针对物业服务人催缴物业费的禁止性条款。从合同的角度，物业服务人与业主之间的合同是物业服务合同，而非供电、供水、供热、供燃气的合同，业主未缴纳物业费，只是违反了物业服务合同，物业服务人并没有停电、停水、停热、停气的合同依据，即不合法。另外，从基本生活保障的角度，物业服务人不应停电、停水、停热、停气，即不合理。

【关联规定】

《民法典》第 523 条，《物业管理条例》第 7、41、64 条，《最高人民法院关于审理物业服务纠纷案件具体应用法律若干问题的解释》第 6 条

（撰稿人：米伊尔别克・赛力克）

第九百四十五条　【业主告知、协助义务】 业主装饰装修房屋的，应当事先告知物业服务人，遵守物业服务人提示的合理注意事项，并配合其进行必要的现场检查。

业主转让、出租物业专有部分、设立居住权或者依法改变共有部分用途的，应当及时将相关情况告知物业服务人。

【释义】

本条规定的是业主对物业服务人的告知、协助义务。业主作为物业专有部分的所有权人，有权处分自己专有部分的物业，包括转让、出租、装饰装修。但是现实中住宅物业，即使是专有部分的所有权，也非绝对意义上的独立或者孤立，专有部分不仅与共有部分连接，往往也与其他业主的，尤其是相邻业主的专有部分连接，因此业主在处分自己专有部分物业时，必须预防影响他人的权利，告知物业服务人的同时，也应告知相关业主并争取谅解。

装饰装修的前期工作是搬运和堆放耗材，可能会影响整栋业主的出行；装饰装修时可能会产生噪声，影响相邻业主的休息；装饰装修产生木屑、粉末、甲醛等污染物，影响业主共有部分以及相邻业主的生活环境；装饰装修也有可能发生

渗水、断水、断电、断气，影响业主的正常生活；也有可能产生漏电、漏气，妨害业主人身安全；甚至有可能在装饰装修时对房屋专有部分的结构进行改造或拆除，对物业的建筑结构安全造成隐患等。因此，法律法规必须对此作出调整，要求装饰装修的业主遵守一定的规则，避免发生影响其他业主的不良后果。《民法典》第286条规定……业主大会或者业主委员会，对任意弃置垃圾、排放污染物或者噪声、违反规定饲养动物、违章搭建、侵占通道、拒付物业费等损害他人合法权益的行为，有权依照法律、法规以及管理规约，请求行为人停止侵害、排除妨碍、消除危险、恢复原状、赔偿损失。业主或者其他行为人拒不履行相关义务的，有关当事人可以向有关行政主管部门报告或者投诉，有关行政主管部门应当依法处理。对此《住宅内装饰装修管理办法》也作出了相应的规定，该办法第5条规定，住宅室内装饰装修活动，禁止下列行为：（一）未经原设计单位或者具有相应资质等级的设计单位提出设计方案，变动建筑主体和承重结构；（二）将没有防水要求的房间或者阳台改为卫生间、厨房间；（三）扩大承重墙上原有的门窗尺寸，拆除连接阳台的砖、混凝土墙体；（四）损坏房屋原有节能设施，降低节能效果；（五）其他影响建筑结构和使用安全的行为……第6条规定，装修人从事住宅室内装饰装修活动，未经批准，不得有下列行为：（一）搭建建筑物、构筑物；（二）改变住宅外立面，在非承重外墙上开门、窗；（三）拆改供暖管道和设施；（四）拆改燃气管道和设施。该办法还规定了装修人在开工前，向物业管理企业或者房屋管理机构申报登记的义务。

本条第1款还规定了业主装饰装修须接受物业服务人监督的义务，即条文中的“配合其进行必要的现场检查”，因为涉及相邻业主等多数业主的利益，只是依靠装饰装修的业主和装饰装修人自觉约束自己的行为是不够的，此时物业服务人可以代表其他业主、业主大会、业主委员行使监督权。当然此项监督只能是必要检查，不得影响装修人的装饰装修作业。

第2款中业主转让、出租专有部分，设立居住权，实为改变物业的使用人，这种变化，一方面会影响物业服务合同的履行，另一方面会影响物业服务人的管理，因此业主应当及时告知物业服务人。在之前第944条的释义中讨论过有物业使用人支付物业费的情形，如果业主及时告知物业服务人转让、出租专有部分或者设立居住权，可以发生两个良好的法律效果：一是因为物业服务人知情，当业主以外的人前来支付物业费，不易发生受领迟延，也有助于付费人代业主完全履行及时足额支付物业费等义务。二是当业主告知物业服务人已转让、出租专有部分或者设立居住权，物业服务费由后来者支付，此时，物业服务人可以告知业主，因为业主是物业服务合同的当事人，当后来者不完全履行或者不履行支付物业费等义务时，仍然由业主来承担责任。至于物业服务人的管理方面，因为业主及时告知物业由新人接管或者增加新人，便于维护秩序和治安，节省管理资源，比如物业的新人预将居住型物业专有部分用于其他目的，物业服务人可以及时制止，防止不必要的合同纠纷或其他问题。

业主还应告知“依法改变共有部分用途”，此处必须注意的是“依法”一词。改变共有部分的用途属于对共有部分进行事实上的处分，而进行处分必须由有处分权的人进行或者经过其授权。由于共有部分是全体业主根据建筑物区分所有权的规则而共有，若要改变共有部分的用途，应当由业主共同决定。对此《民法典》第278条，《物业管理条例》第11、12条均作出了相应的规定，只有满足法定的要求，才可以改变共有部分的用途。业主应当将此项改变告知物业服务人，因为改变共有部分的用途，也就等于改变了物业服务合同的部分内容以及其他约定，相应地，物业服务的事项、物业服务费等可能均会有所变动。

【关联规定】

《民法典》第278、286条，《物业管理条例》第11～12、49、52条

（撰稿人：米伊尔别克·赛力克）

第九百四十六条　【物业服务合同的解除】业主依照法定程序共同决定解聘物业服务人的，可以解除物业服务合同。决定解聘的，应当提前六十日书面通知物业服务人，但是合同对通知期限另有约定的除外。

依据前款规定解除合同造成物业服务人损失的，除不可归责于业主的事由外，业主应当赔偿损失。

【释义】

本条规定的是业主对物业服务合同的解除。合同的解除有多种分类方法，其中，从解除方式的角度分类，有合意解除、约定解除和法定解除。三种解除方式在《民法典》中均有相应的规定：第562条第1款规定了合意解除，即“当事人协商一致，可以解除合同”；第562条第2款规定了约定解除，即“当事人可以约定一方解除合同的事由。解除合同的事由发生时，解除权人可以解除合同”；

第563条规定了法定解除，该条列举了五种情形，当其中的任何一种发生时，合同一方当事人可以单方行使解除权。关于本条中的“法定程序”在《民法典》第278条中有规定：该条第1款规定了业主共同决定的事项，其中的第4项为“选聘和解聘物业服务企业或者其他管理人”；该条第2款规定了相应的程序，即“业主共同决定事项，应当由专有部分面积占比三分之二以上的业主且人数占比三分之二以上的业主参与表决”，除了第6项至第8项以外的其他事项，“应当经参与表决专有部分面积过半数的业主且参与表决人数过半数的业主同意”。

在本条中，我们需要确定业主是否享有任意解除物业服务合同的权利，关于这个问题，笔者采纳的是王利明教授的观点。对前期物业服务合同而言，业主应当享有任意解除权。由于业主并没有参与该合同的订立，如果该合同的内容对业主不利，则业主应当享有解除合同的权利。对普通物业服务合同而言，业主不应当享有任意解除合同的权利，主要理由在于：第一，普通物业服务合同是全体业主根据自己的意愿而签订的，按照合同严守原则，不论是物业服务企业一方，还是业主一方，都应当受到合同的拘束，业主一方无权任意解除合同。第二，对普通物业服务合同，法定解除权已经足以保护其正当利益，不必再另行赋予其任意解除权。①《民法典》第284条第2款、《物业管理办法》第26条的规定表现为业主对前期物业服务合同的任意解除权；而《民法典》第278条、《物业管理办法》第11、12条规定实际上是关于业主对重要事项的共同决定权，是程序性规定，而非赋予业主任意解除权。②

第1款还规定“决定解聘的，应当提前六十日书面通知物业服务人”，一是规定了准确的通知日期，即提前六十日通知。二是规定了通知的形式，即需要书面通知。规定提前较长时间通知物业服务人，保证物业服务人有足够的时间做各方面的准备，体现了民法中的公平原则。公平与否的判断标准，在现实中不是权利义务的简单对等与否，而应该是法条上所表述的是否“合理确定各方的权利义务”。从这个意义上说，公平包含狭义的等价有偿，即结果上给付是否具有相近的价值，但是公平的含义还应关系到如何公平地分配与合同相关的负担和风险的问题。③ 物业服务人从被解聘、处理相关事宜到搬迁离开，是一个烦琐的事情，需要较长的时间，比如，会涉及企业员工的裁员或者岗位调整、财务事宜的处理、办公设施设备拆装搬离、跟新入驻的物业服务人交接等，还可能会涉及解除

---

① 王利明：《物业服务合同立法若干问题探讨》，载《财经法学》2018年第3期。

② 赵惠：《析物业服务合同的性质及其解除》，载《法律适用》2010年第11期。

③ 龙卫球、刘保玉：《中华人民共和国民法总则释义与适用指导》，中国法制出版社2017年版，第22页。

合同后的经济风险的承担。观察其他法律，比如，即使我国《劳动法》主要的立法目的是保护劳动者的合法权益，也规定了劳动者解除合同时应当提前三十天通知用人单位的义务，因此，作为私法的《民法典》中物业服务合同的相关规定，更应该加重视公平原则。

合同的解除，往往会造成一方的损失，因而涉及是否由对方赔偿损失以及确定损害赔偿金额的问题。《民法典》第 566 条对合同解除的效果作出了规定："合同解除后，尚未履行的，终止履行；已经履行的，根据履行情况和合同性质，当事人可以请求恢复原状或者采取其他补救措施，并有权请求赔偿损失……" 具体到物业服务合同，第一，如果是因为物业服务人发生了约定解除或者法定解除的事项，比如物业服务人有严重的违约行为，业主决定解除与物业服务人的合同，那么业主无须赔偿物业服务人的损失，当然，如果从解除合同到物业服务人离开服务场所的期间，因业主的行为导致物业服务人损失，那物业服务人应该获得损害赔偿。第二，如果物业服务人在服务期间没有任何过错，并且在服务期间进行的服务都达到了合同的约定或者法定的要求，业主仍然要求解除合同，之后双方协商解除物业服务合同，此时，物业服务人发生的损失，应该由业主给予赔偿。赔偿的金额，如果物业服务合同有相关约定按照约定，没有约定则根据相关法律法规确定赔偿金额。

【关联规定】

《民法典》第 278、562～563、566 条，《物业管理条例》第 11、38 条，《最高人民法院关于审理物业服务纠纷案件具体应用法律若干问题的解释》第 9 条

（撰稿人：米伊尔别克·赛力克）

第九百四十七条　【物业服务合同的续订】 物业服务期限届满前，业主依法共同决定续聘的，应当与原物业服务人在合同期限届满前续订物业服务合同。

物业服务期限届满前，物业服务人不同意续聘的，应当在合同期限届满前九十日书面通知业主或者业主委员会，但是合同对通知期限另有约定的除外。

【释义】

本条规定的是物业服务合同的续订事宜。我们在本条再一次注意到“业主依法共同决定”，但是此处的事项是“续聘”，从字面上来看并非《民法典》第 278 条中的“选聘”或者“解聘”，那么此处“业主依法共同决定”的程序是不是与选聘或者解聘不一样，或者可以认为法条中没有规定续聘的程序。其实，续订可以理解为简化了的选聘，选聘是在众多物业服务人中选一个，而续订就是对先前已经选定的物业服务人的认可以及再次选择，所以，本条“业主依法共同决定”的程序，笔者认为与《民法典》第 278 条中的“选聘”是相同的。然后，要注意的是业主决定续聘应当在“物业服务期限届满前”，一方面，从合同的分类上看，物业服务合同是典型合同、双务合同、有偿合同、要式合同、继续性合同，相对于简单的合同，续订物业服务合同会涉及较多需要改定，双方需要商定的事宜，正如之前的第 938 条规定，可能需要重新商定的事宜有“服务事项、服务质量、服务费用的标准和收取办法、维修资金的使用、服务用房的管理和使用、服务期限……”等事项。另一方面，就如本条第 2 款规定，业主希望续订合同，但是物业服务人不一定希望续订合同，因此业主应在服务期届满前作出决定并告知物业服务人，即使本条第 2 款规定了物业服务人应当提前将不愿续聘事宜告知业主，业主也应当主动保护自己的权益。

第 2 款规定了物业服务人不同意续聘，应当提前通知的义务。物业服务人不愿续订合同，有以下几种情况：物业服务企业经营不善，出现了资金运转或者其他问题，无法继续提供物业服务；由于人员的短缺，企业无足够的人员来调配进行物业服务以及新招聘的工作人员遇到困难；服务区域内一定数量业主无法及时交付物业费，逾期催告依旧未交纳并发生纠纷，对其企业的运行造成了影响；因人员工资上涨、耗材价格上涨等，物业服务企业希望对物业服务费进行调整，但是业主、业主大会或者业主委员会没有同意；等等。提前告知业主委员会，笔者认为立法者也希望给予双方当事人友好协商处理续约或者解约的足够时间和机会，力求物业服务以及物业服务合同的稳定性，力图保证业主生活的稳定和安宁，也能保证物业服务人收入的稳定和企业的良好效益。通知的方式与上一个法条一样，须是书面通知。还需要注意的是，本条规定的物业服务人不同意续聘的告知时间是“合同期限届满前九十日”，而上一个法条的规定是“决定解聘的，应当提前六十日书面通知物业服务人”，显然，前后两个法条规定的提前告知对方的时间是不同的，其实不只是数字不同，两个法条规定的也是不同的情形，第

946 条规定的是合同到期之前就解除合同，即合同中双方权利义务在合同未到期时就终止，而第 947 条规定的是合同到期之前，物业服务人告知对方服务到期后不再续约，即双方权利义务的终止时间是合同到期的时间。因此两个法条中的“六十日”和“九十日”没有可比性。

第 2 款最后有一个但书，对于续约与否以及通知期限等，如果双方在合同中有约定就从其约定。在上一个法条即第 946 条也有类似的规定，这种规定我们称为任意性规范。任意性规范通常与强制性规范作为一对概念被提出。所谓任意性规范，是指可以由当事人约定排除适用或更改其内容的法律规范。[①] 合同当事人既可以选择适用也可以选择不适用该任意性规范，法律不对其进行强制规范。而强制性规范则是指不允许由当事人约定排除适用或更改内容的法律规范。两个法条中的任意性规定均属于补充性任意规范（除此之外还有解释性任意规范），“补充规定，谓当事人无特别意思表示时，则适用法律之规定也”。[②] 从形式上看，补充性规范多用于“当事人另有约定的除外”“除合同另有约定外”“除有相反约定外”等类似的表述，而解释性规范则以“当事人约定不明确”“有疑义时”“推定”“视为”等措辞为典型特征。[③]《民法典》法条中有很多任意性规范，需要我们正确解读。

【关联规定】

《民法典》第 278 条

（撰稿人：米伊尔别克·赛力克）

第九百四十八条　【不定期物业服务合同】 物业服务期限届满后，业主没有依法作出续聘或者另聘物业服务人的决定，物业服务人继续提供物业服务的，原物业服务合同继续有效，但是服务期限为不定期。

当事人可以随时解除不定期物业服务合同，但是应当提前六十日书面通知对方。

---

① 张文显：《法理学》，法律出版社 2007 年版，第 119 页。

② 史尚宽：《民法总论》，中国政法大学出版社 2000 年版，第 329 页。

③ 穆冠群：《合同法任意性规范的立法反思与完善路径——兼议民法典合同编的相关规范设计》，载《中国政法大学学报》2019 年第 4 期。

【释义】

本条规定了物业服务合同到期后变为不定期合同的情形。物业服务合同变为不定期合同的条件是：一是物业服务期限届满；二是业主未依法作出续聘或者另聘物业服务人的决定；三是物业服务人继续提供物业服务。

本法条回应了制定《民法典》发布前常发生的一个实务问题，物业服务期限届满后，物业服务人继续为业主提供物业服务，但是业主往往以原有的物业服务合同到期终止后未续签为由拒绝支付物业费以及拒绝履行其他义务，产生纠纷。在本条规定之前，有两种解释办法用来解决纠纷。第一，从继续之债的角度解释，继续之债是指内容非一次给付可完结，而是继续履行的实现之债，其基本特色在于，时间因素在债的履行上居于重要地位，总给付的内容取决于应为给付时间的长短，换言之，随着履行时间的推移在当事人之间不断地产生新的权利义务。雇佣合同、劳动合同、合伙合同、租赁合同、借用合同、保管合同、仓储合同关系均属继续履行之债。[①] 而物业服务合同也是继续之债即继续性合同，物业服务到期后，物业服务人继续提供服务，业主未提出异议而实质性地接受了服务，虽然并未产生书面的合同，但是已经发生了实质的权利义务关系，因此，业主应当支付物业费以及履行其他相应的义务。同时，在《民法典》发布之前，我们可以援引《合同法》第236条中关于租赁合同的续租规定来辅助解决纠纷，因为均为继续性合同，而且两个合同还有均为服务型合同等相似之处，房屋租赁合同中的该规定为："租赁期间届满，承租人继续使用租赁物，出租人没有提出异议的，原租赁合同继续有效，但是租赁期限为不定期。"第二，我们也可以用公平原则来解释。公平原则是一项适用于所有民事活动中的原则，所以应与民事利益直接相关，体现为民事利益关系上的一种公平要求。[②] 合同到期后业主默许了物业服务人继续提供物业服务，但是又不支付相应的物业服务费，这就使得双方权利义务关系失衡，与公平原则相悖。现在有了本条款，就可以避免此类纠纷的再次发生，节省司法资源。而且本条的规定，与《民法典》第730条中关于不定期租赁合同的规定非常相似，也体现了《民法典》不同名合同中类似情况相关规定的整体性。

关于第2款中的"随时解除"。《民法典》在租赁合同、承揽合同、委托合同、物业服务合同、合伙合同中均规定了"随时解除"，我们往往均理解为任意

---

① 崔建远：《债法总论》，法律出版社2013年版，第37页。

② 龙卫球、刘保玉：《中华人民共和国民法总则释义与适用指导》，中国法制出版社2017年版，第22页。

解除权。但是有学者提出应区分随时终止权（随时解除权）与任意解除权，区分的关键之处在于是否为继续性合同。继续性合同的随时解除权，是指不定期继续性合同的双方当事人均可行使无理由结束合同关系的解除权，其理论根基在于永久束缚的避免，适用范围也因此被限定在不定期的继续性合同中，如本条中的不定期物业服务合同。而任意解除权的基础在于特定合同类型以高度信赖为基础等特殊理由，因此与合同性质是一时性合同还是继续性合同无关联。正如委托合同，无论其具体形态为一时性合同还是继续性合同，均不影响任意解除权的适用。[①]

租赁合同和合伙合同中的不定期合同，随时解除权规定了应当在合理期限内通知对方当事人，而物业服务合同直接明确规定了应当提前六十日告知对方当事人。物业服务合同规定了明确的并且是较长的提前日期，笔者认为物业服务合同相对于租赁合同和合伙合同的不同点是：业主委员会代表业主与物业服务人签订合同，而非每个业主单独与物业服务人签订，涉及的利益群体相对庞大；业主委员会依法决定选聘和解聘物业服务人的程序比较复杂。本法条中的“提前六十日”是针对双方当事人，即对双方当事人的要求是平等的，这也支持了笔者在前文第 947 条释义中的观点即第 946 条中的“六十日”与第 947 条中的“九十日”没有可比较性。

【关联规定】

《民法典》第 730、734 条

（撰稿人：米伊尔别克·赛力克）

第九百四十九条　【物业服务人的移交义务及法律责任】物业服务合同终止的，原物业服务人应当在约定期限或者合理期限内退出物业服务区域，将物业服务用房、相关设施、物业服务所必需的相关资料等交还给业主委员会、决定自行管理的业主或者其指定的人，配合新物业服务人做好交接工作，并如实告知物业的使用和管理状况。

原物业服务人违反前款规定的，不得请求业主支付物业服务合同终止后的物业费；造成业主损失的，应当赔偿损失。

---

① 吴奕锋：《论不定期继续性合同随时终止制度兼评〈民法典合同编（二审稿）〉的规定》，载《中外法学》2019 年第 2 期。

【释义】

本条规定了物业服务人的移交义务。《民法典》第557条规定了债权债务终止的情形，包括债务已经履行、债务相互抵销、债务人依法将标的物提存、债权人免除债务、债权债务同归于一人、合同的解除。在物业服务合同中，导致合同终止的情形有：物业服务合同的服务期届满，业主委员会与物业服务人没有续签新的物业服务合同（《民法典》第947条）；在物业服务合同存续期间，业主委员会与物业服务人达成协议，终止物业服务合同（《民法典》第946条）；业主委员会或者物业服务人一方当事人有严重违约行为，另一方当事人行使解除权，终止物业服务合同（《民法典》第563条）。

终止合同后，双方当事人应尽的相关义务，通常包括通知、协助、保密等义务。本条规定物业服务人的第一个主要义务是在约定的期限或者合理期限内退出物业服务区域。一方面，物业服务区域属于业主共有，因此在物业服务合同终止后，物业服务人应该退出物业服务区，与业主委员或者新物业服务人交接。另一方面，只有终止合同的物业服务人及时退出，才能让新的物业服务人及时全面入驻并进行物业服务。物业服务人的第二个主要任务是交还物品，本法条特别强调了三项：服务用房、相关设施、物业服务所必需的相关资料。《物业管理条例》第37条规定了物业管理用房所有权属和用途：物业管理用房的所有权依法属于业主。未经业主同意，物业服务企业不得改变物业管理用房的用途。但实践中往往会发生物业服务人用上锁物业服务用房等方式不归还给业主，发生纠纷，[①] 此类纠纷多发生在开发商以及前期物业服务人撤离业主小区时。首先，业主委员会可以到房产规划局查明小区物业管理用房的标注，因为建设单位在办理房屋预售许可证和房地产初始登记时，应当将物业管理用房的座落、面积、室号在预测面积（实测面积）报告中予以注明，并加盖建设单位公章，物业管理用房在小区规划中都应配置。[②] 解决纠纷的方式是：由房地产行政主管部门通过调解解决；若无法调解，经业主委员会决定，可以向法院提起诉讼。如果是与开发商之间的纠纷，业主委员会则更应该警惕，尽早进行物业管理用房的产权异议登记，以防止被交易。物业管理服务用房配套的相关设施也应属于业主所有，当然不能将开发商或者物业服务人为了进行物业服务而

---

① 相关案例法院判决书如：（2017）浙03民终1918号、（2016）云25民终1467号、（2014）宁民终字1366号等。

② 《法律及配套规定丛书》编写组编：《物业管理条例配套规定》（第4版），中国法制出版社2000年版，第40页。

自备的办公用品等物品也归类为物业服务管理用房的相关设施。另外，需要对“物业服务所必需的相关资料”进行界定，《物业管理条例》第 38 条第 1 款规定：“物业服务合同终止时，物业服务企业应当将物业管理用房和本条例第二十九条第一款规定的资料交还给业主委员会。”而第 29 条的资料包括：竣工总平面图和竣工验收资料；技术资料；物业的质量保修文件和使用说明文件；其他必需资料。事实上物业涉及的文件资料大体包括物业的权属文件和技术资料：权属文件是明确物业本身的财产法律关系，保证权属文件的合法有效，这些资料是解决以后可能出现的纠纷的有力依据；技术资料记载物业建设过程中发生的工程项目及其信息，便于从技术层面了解物业、进行维护维修工程等。[①] 物业服务人的第三个主要任务是“配合新物业服务人做好交接工作，并如实告知物业的使用和管理状况”，其实这个环节对于业主委员会和新的物业服务人非常重要。因此，笔者认为在新旧物业服务人进行物品的交接、物业管理信息的交接时，业主委员会应当进行监督，以免未来发生纠纷时，责任主体的不确定。同时应保障新物业服务人对物业设备及相关物品真实状况的知情权，也应保障交接物业管理信息的真实性和完备性。

第 2 款规定了物业服务人违反前款规定的法律责任。物业服务人在合同终止后进行物业服务，如果并没有做好交接工作、没有尽到应尽义务，那么就意味着违约，丧失请求支付原合同终止后物业费的权利。如果因违约，造成业主损失，还应当承担赔偿责任。除此之外，《物业管理条例》第 58 条规定了拒不移交物业资料的法律责任：“……对建设单位、物业服务企业予以通报，处 1 万元以上 10 万元以下的罚款。”

【关联规定】

《民法典》第 557 条，《物业管理条例》第 38、58 条，《最高人民法院关于审理物业服务纠纷案件具体应用法律若干问题的解释》第 10 条

（撰稿人：米伊尔别克·赛力克）

第九百五十条　【物业服务人的后合同义务】物业服务合同终止后，在业主或者业主大会选聘的新物业服务人或者决定自行管理的业主接管之前，原物业服务人应当继续处理物业服务事项，并可以请求业主支付该期间的物业费。

① 法律出版社大众出版编委会编：《物业管理条例实用问题版》，法律出版社 2018 年版，第 24 页。

【释义】

本条规定是物业服务人的后合同义务。本条其实是一种比较特殊的情况，即物业服务合同终止后，业主或业主委员会未选出新的接管人，此时，原物业服务人应当继续进行物业服务。首先，我们需要说明本法条与之前两个法条的关系：第 948 条的情况是业主没有依法作出续聘或者另聘物业服务人的决定，而本条规定的情况是业主已经作出另聘新人的决定。第 949 条第 2 款规定了“原物业服务人违反前款规定的，不得请求业主支付物业服务合同终止后的物业费”，此处“物业服务合同终止后的物业费”就是本法条中的“物业费”。

此处物业服务人继续提供服务的前提是：一是物业服务合同终止；二是业主或者业主大会选聘的新物业服务人或者决定自行管理的业主接管。此时物业服务人进行服务，而业主也接受了该服务，我们可以认为双方之间形成事实上的物业服务合同关系。我国固有的法律框架没有接纳“事实的合同关系”，而是按照侵权行为、不当得利、无因管理、缔约过失等制度解决问题，如“窃电”现象，可按照侵权行为法的规则处理。构成犯罪的，还可以按照刑法追究刑事责任，不一定非按事实的合同关系理论处理。虽然如此，但也应该看到，在有些场合，借鉴事实的合同关系理论效果会更好。①

最后，关于合同终止后的物业服务费，本法条规定的是“可以请求业主支付该期间的物业费”，请求物业费是物业服务人的权利。一方面，物业服务人可以选择放弃请求物业服务费；另一方面，如第 949 条第 2 款的规定“原物业服务人违反前款规定的，不得请求业主支付物业服务合同终止后的物业费”，此时，物业服务人丧失了请求支付物业费的权利。

【关联规定】

《民法典》第 468 条，《最高人民法院关于审理物业服务纠纷案件具体应用法律若干问题的解释》第 9 条

（撰稿人：米伊尔别克·赛力克）

---

① 韩世远：《合同法总论》（第 4 版），法律出版社 2018 年版，第 158 页。

第二十五章　行纪合同

【导读】

本章围绕行纪合同展开，共分为10个条文，对于行纪合同定义、费用承担、行纪人与委托人权利义务、行纪合同对委托合同的参照适用等事项进行了规定。

从本章的内容来看，在对本章规定进行理解与适用时需注意以下几点：

第一，本章规定的行纪合同是有名合同之一种，其被合同编作为有名合同单独列出的原因在于此类合同在证券买卖、期货买卖、拍卖物品、代购、代销等领域具有广泛的应用空间，同时，此类合同与其他合同类型中所涉及的当事人权利义务内容和关系存在差异，需单独规定。从根本上而言，行纪合同被单独列出是因为此类合同具有区别于其他合同类型的特征，一方面，行纪活动的目的是为了委托人的利益从事贸易活动，行纪活动产生的利益均归属于委托人。另一方面，行纪人系以自己的名义从事行纪活动。“以自己的名义”是行纪与通常意义上的代理制度的区别。行纪合同不同于寄售、居间、信托、委托等，是一种独立的合同类型。

第二，行纪人以自己的名义为委托人从事贸易活动是行纪合同的核心内容，其为委托人从事贸易活动决定了其应按照委托人的指示采取行动，其以自己的名义进行活动的特征则表明了行纪人具有一定的独立性。第954中规定行纪人的委托物处分权限表明了行纪人既应尊重委托人指示，又具有一定的自主权限。此外，委托人指示对行纪人的约束在第955条表现极为明显，行纪人的独立性则在第956条和958条得到明显体现。所以，行纪合同的特征决定了行纪人在受委托人指示约束的同时又具有一定的独立性，这两种特征对理解行纪合同当事人之间的权利义务具有重大意义，应引起充分关注。

第三，法律作为一个体系而存在，各部分内容之间存在关联，各种合同类型中当事人的权利义务既有差别，又与通则中的内容相衔接，不同合同之间亦可能具有一些规则。法律的制定难免存在挂一漏万，因此，在法律未对某一类型合同的特殊内容进行明确规定时，可适用通则中的内容。同时，有些类型合同具有诸多共通之处，相互之间可参照适用以此保障合同权利义务的完整性与可履行性，行纪合同与委托合同之间的关系正是此种状态。基于此种缘由，第 960 条规定："本章没有规定的，参照适用委托合同的有关规定"。同时还应注意，民法典制定的价值就在于在法典体系中整合了各种民事行为规则，并在一定程度上采取了提取公因式的方式，提升立法的体系化、科学化程度。行纪合同属于有名合同之一种，亦属于民事行为之一种，在委托合同亦无规定时，可适用合同编第一分编和总则编的相应规定。

第九百五十一条 【定义】行纪合同是行纪人以自己的名义为委托人从事贸易活动，委托人支付报酬的合同。

【释义】

本条是对行纪合同的定义。

民法上所称的行纪，有双重含义，一是指行纪业，二是指行纪合同。我国旧时称行纪为"牙行"，或"经纪行""委托行"。行纪合同是随着信托业务的发展，出现了独立从事行纪业务的行纪组织而产生的。[①] 行纪合同是指行纪人接受委托人的委托，以自己的名义，为委托人从事贸易活动，委托人支付报酬的合同。行纪合同存在的意义在于：委托人需要借助行纪人拥有的某种资格，如在证券交易所进行柜台交易的资格、外贸经营资格等开展活动；委托人基于对行纪人的信赖，委托行纪人开展贸易活动以提升交易效率；行纪人以自己名义从事贸易活动能够免于代理权滥用的纠纷等。行纪合同一般被视为商事合同，大陆法系国家普遍将行纪纳入商事法律体系中加以规定。

对于本条中贸易活动的界定，一种观点认为，按照通常的理解，"贸易"是指商品的贸易，不应当包括不动产，也不应当包括知识产权贸易。另一种观点认为，对"贸易行为"应当做更宽泛的理解，凡是商品的交易，只要不是合同法分则规定的有名合同类型，都应当纳入行纪。我国台湾地区学者认为，于所从事者为动产买卖或其他商业上交易者，始属行纪，如受他人委托，以自己名义，为他人计算从事不动产交易者，仍属委任而非此所称之行纪。不过，此之动产，意义较为特殊，既需一方面采取广义，理解为包括无体财产权之交易，如代收债权，代登广告均是；但另一方面，则又需采取狭义，排除运送之行纪。[②]

---

① 崔建远主编：《合同法》，法律出版社 2010 年版，第 518 页。

② 邱聪智：《新订债法各论（中）》，中国人民大学出版社 2006 年版，第 242 页。

所谓贸易行为，应当可以理解是所有商业上的交易。代为买卖是最典型的行纪“贸易活动”。从我国的实践来看，行纪人所从事的交易类型是不断发展的，比如证券交易、期货交易中，委托人委托券商买卖证券、期货，也是一种行纪。从有利于促进我国市场经济发展的角度考虑，只要法律不禁止的贸易行为，都应当允许开展行纪业务。①

关于贸易活动是否包括不动产的问题，在我国，一方面，土地属于限制流通物，故法律规定在土地上不能设立行纪关系，另一方面，房屋等不动产一般也不作为行纪关系的客体。② 其一，房地产价值大，买卖双方委托人尤其是买方特别慎重，不见实体是不会交易的，而买方直接见实体交易，这与行纪特征不合。其二，房地产交易除像一般商品实体转移外，更重要、更实质性的是权属的转移，而房地产经纪人接受委托人委托采用行纪方式操作，就必然要先进行产权过户后再以自己的名义进行买卖，如不进行产权过户代为买卖，那就不是行纪而是代理了。显然卖方委托人对此是不会同意的，因为房地产一旦经过产权过户就是别人的了，操作起来变数太大。其三，即使有卖方委托人同意产权过户，但产权过户须缴纳多种税费，交易成本增大，无论卖方委托人还是经纪人都是不愿承受的。③基于经济理性，比较法上多将行纪限于动产，有其合理性。

行纪合同中根据委托以自己名义为他人办理业务的一方称为行纪人，委托行纪人办理业务并支付报酬的一方称为委托人。如某工厂（甲方）委托某销售公司（乙方）代销产品，乙方接受甲方的委托并以自己的名义代甲方销售，代销价款归甲方，乙方收取代销费。在这个关系中，甲方为委托人，乙方为行纪人。

行纪人一般是专门从事行纪活动的营业主体，但行纪人不同于经纪人，经纪人外延较广，经纪人从事的居间、委托代理等活动并不属于行纪活动，如房地产经纪人主要从事房屋买卖居间服务，并不属于行纪人。国内主流教科书均认为行纪人只能是经批准经营行纪业务的法人、自然人或其他组织，未经法定手续批准或核准经营行纪业务的法人、自然人或其他组织不得经营行纪业务，不能成为行纪合同的经纪人。④ 我国台湾地区则主张行纪人应为独立营业人。⑤

实践中，多数行业的行纪人需要有从业资格。比如：2014 年《证券法》第 125 条规定，经国务院证券监督管理机构核准，取得经营证券业务许可证，证券

---

① 王利明：《合同法分则研究》，中国人民大学出版社 2012 年版，第 667 页。

② 龙英锋：《论信托与行纪的法理性差异》，载《甘肃政法学院学报》1995 年第 2 期。

③ 郑元祥：《房地产行纪争议之辩析》，载《科技信息》2008 年第 31 期。

④ 崔建远：《合同法》，北京大学出版社 2016 年版，第 665 页；又见崔建远主编：《合同法》，法律出版社 2010 年版，第 518 页；王利明：《合同法分则研究》，中国人民大学出版社 2012 年版，第 668 页。

⑤ 林诚二：《民法债编各论（中）》，瑞兴图书股份有限公司 2002 年版，第 303～304 页。

公司可以经营下列部分或者全部证券业务：（一）证券经纪；（二）证券投资咨询；（三）与证券交易、证券投资活动有关的财务顾问；（四）证券承销与保荐；（五）证券自营；（六）证券资产管理；（七）其他证券业务。国务院证券监督管理机构应当自受理前款规定事项申请之日起三个月内，依照法定条件和程序进行审查，作出核准或者不予核准的决定，并通知申请人；不予核准的，应当说明理由。证券公司经营证券资产管理业务的，应当符合《证券投资基金法》等法律、行政法规的规定。除证券公司外，任何单位和个人不得从事证券承销、证券保荐、证券经纪和证券融资融券业务。证券公司从事证券融资融券业务，应当采取措施，严格防范和控制风险，不得违反规定向客户出借资金或者证券。《证券经纪人管理暂行规定》第 2 条规定，证券公司可以通过公司员工或者委托公司以外的人员从事客户招揽和客户服务等活动。委托公司以外的人员的，应当按照《证券公司监督管理条例》规定的证券经纪人形式进行，不得采取其他形式。据此，我国的证券经纪人限于证券公司和证券公司按照《证券公司监督管理条例》委托的证券公司以外的人员。《证券经纪人管理暂行规定》第 4 条规定，证券经纪人为证券从业人员，应当通过证券从业人员资格考试，并具备规定的证券从业人员执业条件。证券经纪人只能接受一家证券公司的委托，并应当专门代理证券公司从事客户招揽和客户服务等活动。

行纪合同具有以下特征：

1. 行纪合同系为从事贸易活动而订立。行纪活动的目的是为委托人的利益从事贸易活动，行纪活动产生的利益均归属于委托人。行纪活动是行纪人通过与第三人实施法律行为的方式进行的，是具有交易性质的活动，包括证券买卖、期货买卖、拍卖物品、代购、代销等。

2. 行纪人系以自己的名义从事行纪活动。行纪人与第三人订立合同，系以自己名义订立，直接享有与第三人合同的权利，承担相应义务，行纪人无须告知第三人委托人的存在及委托人的具体信息，委托人与第三人之间没有直接的法律关系。行纪合同强调以自己的名义为他人活动，此活动主要是为法律行为。“以自己的名义”是行纪与通常意义上的代理制度的区别。

3. 行纪合同是双务有偿合同。行纪人通常以从事行纪活动为营业，为委托人从事贸易活动，委托人应当向行纪人支付报酬。行纪人负有以善良管理人注意义务为委托人办理交易的义务，而委托人负有支付报酬的义务。

行纪不同于寄售。寄售是一种委托买卖的方式，委托人将货物运往寄售地，委托代销人按照寄售合同的约定代替委托人进行销售活动，货物出售后，由委托代销人向委托人结算货款。行纪合同与寄售的区别在于：第一，佣金支付方式不同。在寄售中，通常是由寄售人将货物运送到代售人的所在地，由代售人按照寄售协议参照当地的市场价格代为销售货物，货物出售后从货款中扣除佣金再汇给寄售人。但在行纪中，佣金通常是单独支付的。[①] 第二，费用承担方式不同。寄售不是出售，因此，寄售费用包括运输途中和到达寄售地后的一切费用和风险。而在行纪中，主要的费用仍然由行纪人自己支付。[②]

行纪不同于居间。居间和行纪一样，都是属于提供服务的合同，居间人和行纪人都要受委托人的委托处理一定的事务。居间和行纪都是以人格信任关系为基础而订立的合同，在事务处理过程中，要最大限度地实现委托人的利益。二者的主要区别体现在：第一，在与第三人进行交易时的法律地位不同，居间人只是向委托人提供交易的机会，或者提供订立合同的媒介服务，并不直接参与到具体的交易合同中，而在行纪合同中，行纪人要以自己的名义替委托人与第三人交易，是交易合同的当事人。第二，居间人在居间活动中无须作出意思表示，而行纪人在与第三人进行的交易中，要作出独立的意思表示。第三，支付报酬和费用的条件不同。居间人获得报酬以其居间成功为前提。只有在促成了合同成立的情况下，才能够获得请求报酬的权利，否则只能够向委托人请求支付相应的费用。而在行纪合同中，法律并没有规定委托人不向行纪人支付报酬的法定事由，通常无论行纪结果如何，在行纪人没有重大故意或者过失的情况下，行纪人都可以获得相应的报酬。

行纪不同于信托。信托是英美法系中一项很重要的财产法律制度。其主要内容是受托人根据信托人的委托，为受益人的利益而运用此财产，对信托人的财产进行管理、处分。行纪合同与信托的相似性体现在：(1) 信托情形下，信托人须将财产移转给受托人占有，行纪情形下，委托人通常也同样须将有关财产移转行纪人占有。(2) 无论是信托还是行纪皆基于对受托人或行纪人的信任。[③] 行纪与信托的区别在于：(1) 行纪为单一合同关系，信托为复合的财产管理的法律关系。(2) 行纪有行纪人与委托人双方当事人；信托有信托人、受托人和信托受益人三方当事人。(3) 行纪不以财产交付为成立要件，通过办理业务所获得的财产首先归于行纪人名下，再移转归委托人享有，信托以财产交付给受托人为成立要件，受益人取得财产所生利益。(4) 违反行纪合同，应承担违约责任，而在英美法的信托制度中有完全不同于合同责任的信托责任。(5) 行纪合同对忠实义务的要求，远低于信托合同。行纪中，行纪人有介入权。信托中，受托人对受益人的

---

① 王利明：《合同法分则研究》，中国人民大学出版社 2012 年版，第 668 页。
② 郑玉波：《民法债编各论》，五南图书出版有限公司 1972 年版，第 509 页。
③ 朱洪超、张谕生：《我国台湾地区债法》，中国广播电视出版社 1999 年版，第 170 页。

忠实义务要求受托人有义务只为受益人的利益处理信托事务而不能为其本人或任何第三人谋取便利，禁止自我交易，受托人唯一的抗辩是自我交易经过委托人授权或受益人在充分披露后同意交易。① （6）信托合同可以是单纯对财产的持有、保管、收取孳息，而行纪合同限于“贸易活动”。（7）信托可以成立于可确定的财产上，可以是有价证券、营业、知识产权、不动产等，而行纪合同的客体受“贸易活动”的限定，其标的物通常是动产和其他商业上之交易。

（撰稿人：卫丹）

第九百五十二条　【费用承担】行纪人处理委托事务支出的费用，由行纪人负担，但是当事人另有约定的除外。

【释义】

本条规定了行纪合同的费用承担问题。

行纪人处理委托事务支出的费用，即行纪费用。对于行纪费用的范围，存在两种观点，一种观点认为，行纪费用仅包含行纪合同履行中的必要费用，如租赁场地产生的费用、购买委托物产生的费用、保管委托物产生的费用、运送委托物产生的费用等。另一种观点认为，行纪费用包含行纪人为履行行纪事务所支付的必要费用，也包括行纪人为履行行纪事务所支出的有益费用，如包装费、保险费等。本文同意第二种观点。行纪人处理委托事务支出的费用，是指行纪人特别为处理委托事务所支出的必要或有益的费用。此外，行纪费用必须是特别为了处理委托事务而产生的费用，是为了维持行纪人的日常运行而支出的费用，如员工工资等，则不属于本条中所指的行纪费用。②

行纪费用以行纪人负担为原则。一般情况下，行纪人处理委托事务支出的费用由行纪人负担，但行纪合同约定行纪活动费用由委托人负担，行纪人承担行纪费用的义务转移至委托人，委托人应当依约支付费用。如果双方约定行纪费用按照一定比例在行纪人和委托人之间分摊，行纪人承担行纪费用义务相应减轻，行纪费用按照约定分别承担。如果委托人与行纪人约定行纪费用由委托人承担部分或全部，行纪人垫付行纪费用后享有费用支付请求权，可要求委托人根据约定全部或部分承担行纪费用。如果法律法规中对于行纪费用负担有特别规定的，应当

① 高凌云：《被误读的信托——信托法原论》，复旦大学出版社2009年版，第114页。

② 江平主编：《中华人民共和国合同法精解》，中国政法大学出版社1999年版，第416页。

按照相应法律法规执行。例如，《拍卖法》第56条第3款规定："拍卖未成交的，拍卖人可以向委托人收取约定的费用；未作约定的，可以向委托人收取为拍卖支出的合理费用。"我国台湾地区"民法"第582条规定："行纪人得依约定或习惯请求报酬、寄存费及运送费，并得请求偿还其为委托人利益而支出之费用及其利息。"我国台湾地区学者同时也指出，行纪人对于委托人虽有费用偿还请求权，但通常依约定或习惯为之，通常情形下行纪费用是包含在报酬之中的。①

对于保险费用，通行的观点是作为行纪费用的保险费由行纪人负担。关于行纪人保管委托物时为委托物办理保险的问题，除非委托人与行纪人有明确约定或者行纪合同履行中委托人另有指示，一般来说，行纪人并没有为保管的委托物办理保险的义务。如果行纪合同中约定了委托人须为委托物办理保险或委托人在行纪合同履行中指示行纪人为其所保管的委托物办理保险，行纪人应当按照约定或者指示办理保险，产生的保险费用属于行纪费用。如果行纪人未按照行纪合同约定或委托人指示为委托物办理保险，此时一旦保管的委托物发生损毁灭失，行纪人应对这种情况下的保管物的毁损灭失负损害赔偿责任。如果行纪人在行纪合同中并未约定委托人也未做出投保的指示的情况下，自动为保管的委托物投保的，所产生的投保费用仍然是属于行纪费用，系行纪人特别为处理委托事务所支出的有益的费用。我国台湾地区"民法"中对于保险费等行纪人为委托人利益支出的费用，规定除当事人另有约定外，行纪人可在垫付后向委托人请求偿还，且应自支付时起按照法定利率计付利息。②

之所以行纪费用一般由行纪人承担，是因为行纪具有营业性质，开展经营必然面临着成本与风险，行纪人为处理委托事务而支出费用，相当于行纪营业活动的成本。行纪人所获得的报酬，一般来说包括其开展行纪营业活动的成本与利润。实践中行纪人与委托人约定报酬时已考虑行纪费用支出的问题，通过获取报酬行纪人已经弥补了支出的成本，故不必再由委托人负担行纪费用。只有当行纪合同履行完毕，才能由委托人通过支付报酬方式弥补其成本。如果行纪人没有处理好委托事务，没有达到支付报酬的条件，他所支出的行纪费用只能由其自行承担，这是行纪人在开展行纪活动时应该预见到的其需要承担的商业风险。

（撰稿人：卫丹）

---

① 邱聪智：《新订债法各论（中）》，中国人民大学出版社2006年版，第257页。

② 邱聪智：《新订债法各论（中）》，中国人民大学出版社2006年版，第257页。

第九百五十三条 【保管义务】行纪人占有委托物的，应当妥善保管委托物。

【释义】

本条规定了行纪人对委托物的保管义务。

行纪合同中，对于委托人委托卖出但尚未卖出的物品，以及委托人委托买入，行纪人买入后尚未交付委托人的物品，在卖出前和移交后实际处于行纪人的控制之下，此时行纪人应当妥善保管委托物以维护委托人的利益。行纪人妥善保管委托物是行纪人应当履行的一项重要义务。

行纪人承担保管义务的前提是委托物由行纪人占有，即委托物由委托人或第三人交付给行纪人且处于行纪人的实际控制之下。如果委托人尚未将委托物交由行纪人，或虽进行了交付但将委托物交由他人而非行纪人保管，或行纪人从第三人处买入委托物，但第三人尚未交付至行纪人，则行纪人保管委托物的前提不存在，不承担保管委托物的义务。

行纪合同为有偿合同，行纪人应当妥善保管委托物，充分尽到善良管理人的注意义务。此种义务标准高于处理自己事务的注意义务标准，它要求行纪人采取合适的手段，尽量使委托物保留其原有的状态。[①] 行纪人在具体实施保管义务时应选择对委托人最有利的方式。许多国家法律均要求“行纪人应当以普通商人的注意处理行纪事务”。

“妥善保管”，应体现在保管的主体、方式、场所等各个方面。从保管主体而言，一般应由行纪人亲自保管，除非双方另有约定，行纪人不得将保管的委托物转交给第三人保管。从保管场所而言，委托人与行纪人可以约定保管场所或者方法，除紧急情况或者为维护委托人利益外，行纪人不得擅自改变保管场所或者方法。从保管方式而言，除非双方另有约定，行纪人不得擅自使用或者擅自许可第三人使用保管的委托物。如果委托人对于保管委托物有具体指示的，行纪人应当按照指示进行保管。

保管委托物的相关费用属于行纪费用，除非双方另有约定，否则应当由行纪人自行承担。

如果委托人与行纪人并未约定可由第三人进行保管，行纪人擅自将委托物转交给第三人保管，造成委托物损失的，应当对委托人承担赔偿责任。如果因为行

---

① 王利明主编：《合同法分则研究》，中国人民大学出版社2012年版，第673页。

纪人保管不善导致委托物毁损灭失的，行纪人应当承担赔偿责任。如果行纪人已经尽到了善良管理人的注意义务，无须对此承担责任。委托人交付的委托物有瑕疵或者根据委托物的性质需要采取特殊保管措施的，委托人应当将有关情况告知行纪人。委托人未告知，致使委托物遭受损失的，行纪人不承担赔偿责任。如果是因为不可归责于行纪人的事由导致委托物毁损灭失的，比如由于不可抗力或物品本身的自然损耗等事由造成委托物毁损灭失的，行纪人可以免除责任，此种损失应当由委托人自行承担，而不能由行纪人承担。

我国台湾地区“民法”规定，“行纪人为委托人之计算所买入或卖出之物，为其占有时，适用寄托之规定”。对于保管义务与所有权归属问题，有学者认为，行纪人为委托人利益考虑而占有卖出委托物之时，委托物的所有权属于委托人所有，行纪人的保管义务是与其他债相同的保管义务，应尽善良管理人注意义务。行纪人为委托人计算而占有买入委托物之时，该买入委托物的所有权尚不属于委托人所有，此时行纪人的保管义务与特定物之债中债务人就给付物负有为债权人管理的义务相符。创设该条赋予行纪人保管义务的立法目的，在于强调行纪人占有属于或应当移转至委托人的物品时，应当按照保管合同中保管人的义务进行保管，如有违反，须负赔偿责任。通过该条规定，强调了行纪人的保管义务，提升了行纪人的责任标准。[①] 另有学者认为，委托人和行纪人之间是委托关系，在行纪人卖出或买入委托物之前，委托人对委托物的所有权并未发生转移。委托人和行纪人之间实际上是占有辅助关系，委托人为所有人兼占有人，行纪人兼占有辅助人与代理人的地位，委托人通过行纪人事实上控制委托物。[②]

【关联规定】

《民法典》第 892 ~ 897 条

（撰稿人：卫丹）

第九百五十四条　【对委托物的处分义务】委托物交付给行纪人时有瑕疵或者容易腐烂、变质的，经委托人同意，行纪人可以处分该物；不能与委托人及时取得联系的，行纪人可以合理处分。

① 邱聪智：《新订债法各论（中）》，中国人民大学出版社 2006 年版，第 252 页。

② 王利明主编：《中国民法案例与学理研究——物权》，法律出版社 2003 年版，第 182 ~ 193 页。

【释义】

本条规定了行纪人对委托物的处分义务。

行纪人是为了满足委托人的经济利益而为委托人处理事务，委托物在委托人交付给行纪人或第三人交付给行纪人后，行纪人应当从维护委托人利益的角度出发，以善良管理人的注意义务，选择最有利于委托人的方式办理行纪事务。在行纪合同的履行过程中，行纪人在接收委托人欲卖出的委托物以及从第三人处买入的委托物后，应当及时对委托物进行检查，确认委托物有无质量瑕疵，是否容易腐烂、变质。行纪人发现委托物有质量瑕疵，或者本身属于容易腐烂、变质的物品的，如果不加以及时处置，委托物有毁损灭失风险，会损害委托人利益时，为了保护委托人的利益，行纪人应及时通知委托人，在征得委托人同意的前提下，对委托物加以处分。

行纪人对委托物的处分究竟是行纪人的权利还是行纪人的义务，对此有不同观点。有学者将其理解成一种权利，认为从文义解释上来看，“可以”应当理解为法律授权进行此种行为，在此种情况下，行纪人不处分该物的，不应认为其违约，因此不能称之为一种义务。[①] 也有学者将行纪人处分委托物理解为一种义务，如行纪人违反对委托物的合理处分义务的，应承担违约责任，并赔偿由此给委托人造成的损害。[②] 我国台湾地区“民法”规定：“委托出卖之物，于达到行纪人时有瑕疵，或依其物之性质易于败坏者，行纪人为保护委托人之利益，应与保护自己之利益为同一之处置。”鲜明地体现了行纪人处分委托物的义务性质。

如果将行纪人在委托物处于特定情况时对委托物的处分归为权利，则行纪人可以处分也可以不处分，而委托人不能要求行纪人进行处分，则委托人的权利有受损的风险，也不符合行纪合同的订立目的。如果将行纪人对委托物的处分归为义务，则委托人有权要求行纪人及时对委托物进行处分，行纪人也将更为谨慎勤勉地保管委托物，更有利于保护委托人的利益。如果行纪人接收委托人欲卖出的委托物以及从第三人处买入的委托物后，未及时对委托物进行检查，确认委托物有无质量瑕疵，是否容易腐烂、变质，或虽然进行了检查但对于发现的委托物的问题未及时通知委托人的，又没有采取合理的措施，致使损失进一步扩大的，行纪人就应对委托物的瑕疵或者毁损、灭失承担责任。

---

① 魏耀荣等：《中华人民共和国合同法释论（分则）》，中国法制出版社 2000 年版，第 593 页。

② 崔建远主编：《合同法》，法律出版社 2010 年版，第 521 页。

行纪人对委托物的处分区分以下两种情形：

一、经委托人同意的处分

经委托人同意的处分，就是指在委托物已经出现瑕疵或者容易腐烂、变质的情况时，在一般情况下，行纪人经委托人同意的，才可以对委托物进行处分，而不能擅自决定。此种同意，既包括对于是否处分的同意，也包括对于处分方式的同意。之所以须经委托人同意，是因为在行纪合同中，行纪活动是为了委托人利益，行纪人须按照委托人指示开展行纪活动。如果委托人不同意行纪人进行处分，行纪人应当按照委托人指示从事。例如，委托物虽然有腐烂的情形出现，但其程度尚无须进行紧急处分，如果行纪人未经委托人同意而进行处分，可能会因低价处分而使委托人遭受损失。行纪人进行处分应当是委托物交付给行纪人时已存在瑕疵或者容易腐烂、变质，如果委托物的瑕疵是已经交付行纪人后才产生的，则说明行纪人在保管委托物时未尽到妥善保管义务，此时属于行纪人应承担相应责任的问题，而非处分委托物的问题。

二、未经委托人同意的处分

一般情况下，行纪人不得未经委托人同意对委托物进行处分。但在某些情况下，行纪人未经委托人的同意也可以作出处分，这种处分应该具备以下条件：第一，行纪人和委托人不能及时取得联系，致使行纪人不可能征得委托人的同意。此时，不对委托物加以及时处分可能使委托人利益遭受难以挽回的损失，为了保护委托人的利益，行纪人才可以不经过委托人同意而处分委托物。第二，行纪人所作出的处分必须是合理的，也就是说必须是最符合委托人利益的。如果行纪人对委托物的处分违反了委托人的特别指示或损害了委托人的利益，未做到“合理”处分，应当承担相应的违约责任，赔偿就此给委托人造成的损害。

行纪人处分委托物的范围，有观点认为仅指卖出的委托物，不包括买入的委托物。买入的委托物如有瑕疵，应由第三人承担责任，行纪人也有未尽注意义务的责任。如果买入的委托物属于易腐烂、变质物品，行纪人应当催告委托人受领，委托人不及时受领的，行纪人可以提存。[①] 我国台湾地区“民法”中所规定的行纪人对委托物的处分义务即明确为卖出委托物。《民法典》本条规定中，并未对委托物范围作出限定，故行纪人处分委托物的范围并不限于卖出的委托物，同时还包括买入的委托物。

行纪人处分委托物，包括事实上的处分和法律上的处分。事实上的处分，比如对委托物进行加工改造、维修保养等，法律上的处分，比如降价出售、出租

---

① 陈甦：《委托合同 行纪合同 居间合同》，法律出版社 1999 年版，第 125 页。

等。此时的处分，与其说是获利不如说是止损，因为此时基于委托物的瑕疵，卖出时可能无法按照预期的价格卖出，获利自然会减少，基于委托物的易腐烂、变质的特质，如不及时处分任由委托物腐烂、变质，同样有无法及时获利的风险。

（撰稿人：卫丹）

第九百五十五条　【遵守指定价格的义务】行纪人低于委托人指定的价格卖出或者高于委托人指定的价格买入的，应当经委托人同意；未经委托人同意，行纪人补偿其差额的，该买卖对委托人发生效力。

行纪人高于委托人指定的价格卖出或者低于委托人指定的价格买入的，可以按照约定增加报酬；没有约定或者约定不明确，依据本法第五百一十条的规定仍不能确定的，该利益属于委托人。

委托人对价格有特别指示的，行纪人不得违背该指示卖出或者买入。

【释义】

本条规定了行纪人须按委托人指示价格从事行纪活动。

行纪人在履行行纪合同时，应当遵照委托人的指示开展活动。委托人通常在行纪合同中对于行纪人买卖委托物做出具体要求，如委托物的种类、价格、数量、规格、质量等，如在行纪合同中没有明确约定的，在行纪人开展交易之前也可以另行确定。行纪人应当按照委托人对委托物的要求寻找交易第三方并进行交易，包括按照委托人指示的价格进行买入或者卖出委托物。

委托人对价格的指示有三种情形：第一种是命令式的指示，即为交易确定固定的价格或价格幅度，并且要求行纪人必须遵守。第二种是任意的指示，即委托人未明确规定价格，只指示了一种倾向性的价格，行纪人须以善良管理人的注意，努力以该价格进行买卖。第三种是指导性的指示，委托人虽然规定了交易价格，但并未规定该价格不可变更。[①] 本条中第 1、2 款中价格的指示是指导性的指示，第 3 款中价格的指示是命令式的指示。我国台湾地区学者有观点认为，委托人指示了交易价格，则行纪人遵守价格的义务是绝对的，对于价格遵守义务，行

① 江平主编：《中华人民共和国合同法精解》，中国政法大学出版社 1999 年版，第 360 页。

纪人没有在紧急情况下变更的权利。遵照价格义务的适用范围，不仅限于交易行为为买卖的情形，租赁、保险业务也适用。[①] 委托人对于价格的指示属于行纪合同的内容，仅在行纪人和委托人之间有约束力，第三人和行纪人达成的买卖合同不受影响。行纪人违反价格遵守义务与第三人订立的买卖合同的效力不受影响。

委托人出于自身利益最大化的目的，为行纪人指定委托物价格，但商场如战场，形势瞬息万变，有时并不一定能够按照委托人指示的价格进行买入或者卖出。行纪人不按指示价格处理行纪事务有两种情况：

一是行纪人以低于指示价格卖出或者以高于指示价格买入委托物。当市场行情发生变化时，无法再以原定的价格进行买入或卖出，利润空间被压缩，直接影响委托人的利益。行纪人为避免损失进一步的扩大，最大限度地获得利润，计划以低于委托人指定的价格卖出或者高于指定的价格买入时，应征询委托人意见，在委托人表示同意的前提下，按照变更后的价格进行交易。此时行纪人在交易前负有通知委托人的义务，委托人事先同意或事后追认的，该买卖均对委托人产生效力。

如果委托人表示不同意行纪人以低于指示价格卖出或者以高于指示价格买入委托物，一般情况下行纪人不得再按照该价格与第三人订立合同，行纪人应当另行与第三人磋商或另行寻找交易机会。行纪人擅自以低于指示价格卖出或者以高于指示价格买入委托物，行纪人与第三人所订立的合同对委托人不发生效力，不能视为对行纪合同的履行。行纪人擅自以低于指示价格卖出或者以高于指示价格买入委托物，可能构成违约，给委托人造成损失的，委托人有权要求行纪人赔偿损失。如果按照委托人指示价格无法寻找到交易机会，委托人仍不同意提高买入价格或降低卖出价格，导致委托物无法买入或无法卖出的，则行纪合同可能面临终止局面。在未卖出委托物的情形下，委托人应当及时取回委托物，不及时取回的，行纪人可以进行提存。

如果委托人表示不同意行纪人以低于指示价格卖出或者以高于指示价格买入委托物，行纪人仍以低于指示价格卖出或者以高于指示价格买入委托物，但是行纪人将价款差额部分进行补偿，一般情况下，可以认为至少不会给委托人造成损害，此时行纪人与第三人订立合同的行为应认定为对行纪合同的履行，该买卖自动对委托人发生效力，委托人不得以违反指示为由拒绝接受。行纪人“补偿差额”，不要求行纪人实际已经进行了补偿，而是明确做出补偿差额的意思表示即可，以免行纪人实际补偿差额之前行纪人的交易行为效力受到影响。所谓“对委

① 邱聪智：《新订债法各论（中）》，中国人民大学出版社 2006 年版，第 251 页。

托人发生效力”，并没有突破“合同相对性原则”，使得买卖合同的内容约束委托人，而是指委托人依行纪合同受领买卖之结果。我国台湾地区学者有观点认为，行纪人负担了差额，只是发生排除委托人否认权的效果，使得委托人不得拒绝受领，并不因此而免除行纪人因违反价格遵守义务而发生的责任。如果因此义务违反而使委托人遭受损害，行纪人尚须负赔偿责任。[①] 行纪人补足差额后，委托人应当履行交付委托物、受领委托物、支付报酬等相应的义务。委托人不及时受领委托物的，行纪人可以进行提存。

二是行纪人以高于委托人指定的价格卖出或者以低于委托人指定的价格买入委托物。行纪人系为委托人的利益而进行交易行为，应为委托人谋求利益最大化的价额。如果行纪人高于委托人指定的价格卖出或者低于委托人指定的价格买入委托物，通常来说，并未损害委托人利益，反而增加了委托人利益，委托人不能苛责行纪人未按照其指示进行行纪活动。行纪人以高于委托人指定的价格卖出或者以低于委托人指定的价格买入委托物，无须经过委托人同意。此时增加的利益，即高价卖出多出的价款或低价买入结余的价款，应当归属于委托人。

关于行纪人高于委托人指定价格卖出或低于委托人指定价格买入委托物时的报酬问题，如果双方在行纪合同中对于此时如何增加报酬已经有明确约定，应按照约定执行。如果行纪合同中对于此种情形下的报酬问题没有做明确约定或约定不明确，双方可以另行协议补充，无法达成补充协议的，按照合同有关条款和交易习惯确定，如相关行业通行业务准则、行业规范对此有通常执行标准，则应当按此标准执行。如证券交易、期货交易相关业务规则中对于报酬有相应标准，则按此执行。行纪人高于委托人指定价格卖出或低于委托人指定价格买入委托物为委托人增加利益的归属于委托人，且利益的归属不以委托人为行纪人增加报酬为前提，即使双方对于增加报酬问题无法确定，对于增加的利益也应归属于委托人而非行纪人。如证券买卖中，委托人限价委托的，证券公司执行限价委托成交后，所得利益归属于委托人。

虽然说通常情况下行纪人以高于委托人指定价格卖出或低于委托人指定价格买入委托物系为委托人增加了利益，委托人没有必要进行反对，但也有例外。有些情形下，委托人之所以指示了一个相对较低的卖出价格或相对较高的买入价格，系从长远利益出发，另有累计信誉、创造业绩、拓展市场、扩大知名度等方面的考量，牺牲短期或个别利益也属计划之内。行纪人以表面有利于委托人的价格订立交易合同，表面来看虽能够使委托人获得较多的利润，但违背委托人订立

---

① 邱聪智：《新订债法各论（中）》，中国人民大学出版社 2006 年版，第 256 页。

该价格的目的，反而有可能打乱委托人的特定计划和节奏。例如，委托人为节假日促销指示行纪人低价销售，行纪人仍然高于指定价格卖出。[①] 故本条中又明确规定，如委托人对于价格有特别指示，明确要求行纪人必须严格按照指定的价格进行交易，行纪人不能违背该指示。此款中委托人对价格有特别指示是指委托人对价格做出了命令式的指示，即委托人在行纪合同中对价格做了严格指定，要求行纪人不得以另外的价格订立交易合同。

（撰稿人：卫丹）

第九百五十六条　【介入权】行纪人卖出或者买入具有市场定价的商品，除委托人有相反的意思表示外，行纪人自己可以作为买受人或者出卖人。

行纪人有前款规定情形的，仍然可以请求委托人支付报酬。

【释义】

本条规定的是行纪人的介入权。

行纪系为委托人利益而开展交易活动，行纪人履行行纪合同义务的通常方式系寻找合适的第三方，以自己名义与第三人订立合同，包括买入委托物和卖出委托物。行纪毕竟具有营业性，属于商业活动，只要能充分保障委托人利益，不必对行纪人进行过多限制。特定条件下，行纪人可以自己作为出卖人或者买受人，直接与委托人订立买卖合同关系进行交易活动，此为行纪人的介入权。介入权，又称行纪人的自约权。所谓介入，是指行纪人自己为出卖人或买受人，介入与委托人的买卖关系中，而不另与第三人成立买卖合同。

介入权属于形成权，行纪人可以自主决定是否介入，没有义务通知委托人，也不需要经过委托人允许。介入权的行使需要行纪人作出意思表示，明示或默示均可。行纪人行使介入权的结果，就是在行纪人和委托人之间直接成立合同关系，无须经过行纪人和委托人之间要约、承诺的程序。

行纪人的介入权最早出现于德国商法，此后，日本、瑞士等国家亦作出类似规定。瑞士债法典规定，行纪人有权自己进行买卖，在通知委托人交易情况时未告知买方或者卖方的第三人的，应当推定行纪人自己承担卖方或者买方的债务。

---

① 王利明：《合同法分则研究》，中国人民大学出版社2012年版，第667页。

行纪人行使介入权需具备以下条件：

一、委托物系具有市场定价的商品

此项为行纪人行使介入权的积极要件。介入权不是在任何情况下都可行使，委托出卖或买入的物品须为有市场定价的有价证券或其他商品。有市场定价是指商品在市场有统一的公示的价格，不能由交易者另行磋商确定价格。“具有市场定价的商品”具有以下特点：（1）该商品是种类物，无论是第三人作为出卖人或买受人，还是行纪人作为出卖人或买受人均能实现交易的效果。（2）商品的价格在市场上具有相对统一性。（3）商品的市场价格在买卖时具有相对确定性。市场定价在一定时期也是处于波动状态，本条所指的市场定价应是买卖实际发生时间的市场定价。（4）商品的市场价格具有公示性。[①] 行纪人在从事行纪活动过程中根据委托人指示自主开展行纪活动，要求行纪人只能对具有市场定价的商品行使介入权，目的是避免行纪人随意行使介入权从而获取不正当利益，损害委托人的合法权益。委托物具有市场定价是介入权是否成立的要件，同时也是确定行纪人是否为委托人的利益介入以及对委托人不利时确定损害赔偿的标准。本条中虽然仅对买卖作出规定，但是买卖以外的交易行为，如租赁也可类推适用本条规定。

二、委托人不反对

此项为行纪人行使介入权的消极要件。“除委托人有相反的意思表示外”此处应作限缩解释，仅指委托人在行纪人开展交易行为之前已经表明的意思，并不包括行纪人开展交易行为以后委托人表示的反对意思。委托人是否有相反的意思表示，举证责任应由委托人负担，如果委托人无法证明则推定没有相反的意思表示。假如存在反对行纪人介入的意思表示，则不问系存在于行纪合同中，还是存在于其他合同中，抑或存在于委托人单独行为中。委托人与行纪人可以在行纪合同中事先就介入权的行使进行约定，明确是否排除行纪人的介入权。如委托人与行纪人事先未就介入权作出约定，也可在行纪合同订立后，随时做出是否排除行纪人介入权的意思表示。对介入权的约定要依据具体情况作出分析，并非必须是明示禁止行纪人介入，比如，委托人对交易相对方资质、条件、地域、范围等作出了明确要求，且行纪人并不符合上述要求，则可以认为委托人禁止介入权行使。行纪人应当按照委托人指示从事贸易活动，此时不得行使介入权。本条中并不要求委托人以明示方式作出不反对的意思表示，委托人在行纪人行使介入权前未作任何意思表示，即以默示方式表示不反对，行纪人可以行使介入权。需要注意的是，对于行使介入权，法律并未规定行纪人负有通知委托人的义务。委托人

---

① 陈甦：《委托合同 行纪合同 居间合同》，法律出版社 1999 年版，第 127 ~ 128 页。

在行纪人行使介入权之前未作出反对意思表示，行纪人已经行使介入权与委托人直接订立买卖合同之后，委托人再作出反对意思表示的，不能发生阻却行纪人行使介入权的效力。

三、行纪人尚未与第三人订立合同

此项为行纪人行使介入权的消极要件。如果行纪人已经与第三人订立合同，卖出或买入委托物，则为防止权益冲突及不必要的纠纷，行纪人无法再行使介入权，否则就是对行纪人与第三人合同的违约行为。

如果法律明确规定禁止行纪人行使介入权的，行纪人不得进行介入，否则买卖无效。此外，介入权的行使以行纪关系的存在为前提，行纪关系消灭后，介入权也无行使的空间。如果是在行纪关系消灭之前，行纪人已经行使介入权的，已经产生的权利义务关系不受影响。

行纪人行使介入权后，实际上就是行纪人自己作为买受人或出卖人。行纪人的介入等于行纪人履行行纪合同的行为，行纪人和委托人既是行纪合同的双方当事人，同时也是买卖合同的双方当事人，行纪人与委托人之间的法律关系不仅应适用行纪合同的相关规定，同时也应适用买卖合同的相关规定，行纪人应当为委托人利益而尽善良管理人的注意义务。行纪人除根据行纪合同享有权利、承担义务外，还享有买受人或出卖人的权利，承担买受人或者出卖人的义务。行纪人兼具行纪人和交易相对人的双重身份，不仅负有报告义务、保管义务、合理处分委托物义务、转交财产义务、按委托人指示开展活动等行纪合同义务，还负有买卖合同一方当事人的义务。委托人不仅负有支付报酬、及时受领委托物、及时取回委托物等行纪合同义务，同样还负有买卖合同一方当事人的义务。具体来说，行纪人和委托人如系作为出卖人，则负有交付标的物、转移标的物所有权、瑕疵担保等义务，如系作为买受人，则负有支付价款等义务。不仅有权向委托人要求报酬，还有权要求委托人支付委托物的价款，这正是基于行纪人行使介入权时，行纪人和委托人的双重身份。

介入是实施行纪行为的一种特殊方法，介入权一经行使，在委托人和行纪人之间立即而直接地成立了买卖合同，但行纪合同并不消灭，行纪人虽然介入到买卖合同中来，但依然是行纪人。故行纪人行使介入权后，一方面，行纪人仍须妥善处理事务；另一方面，行纪人仍有权依据行纪合同关于报酬的约定，请求委托人付清报酬。无论行纪人系与第三方订立合同还是直接作为交易相对方与委托人订立合同，均系履行行纪合同义务的方式，完成了委托事务，实现了订立行纪合同目的，自然有权要求支付报酬。委托人应当按照行纪合同约定支付报酬，而不能以行纪人是买卖合同的买受人为由拒绝支付报酬。报酬的给付时间应在买卖合同履行之后，由行纪人作为出卖人或买受人的买卖合同的履行是委托人给付报酬的前提，因委托人的原因导致买卖合同不能履行的除外。报酬标准如果未经委托人和行纪人协商，可按委托人指示行纪人为出卖或买入时的市场标准确定。无特定时间时，应以介入权行使当日的市场标准为准。

【关联规定】

《民法典》第 595 ~643 条

（撰稿人：卫丹）

第九百五十七条　【对委托物的提存权】 行纪人按照约定买入委托物，委托人应当及时受领。经行纪人催告，委托人无正当理由拒绝受领的，行纪人依法可以提存委托物。

委托物不能卖出或者委托人撤回出卖，经行纪人催告，委托人不取回或者不处分该物的，行纪人依法可以提存委托物。

【释义】

本条的规定可以从两个层面理解，从行纪人层面理解是规定了行纪人对委托物的提存权，从委托人层面理解是规定了委托人及时受领的义务和及时取回处分的义务。

委托物的提存包括对买入委托物的提存和对卖出委托物的提存两种情形，行纪人行使提存权应当满足相应条件，遵循必要程序，如果未满足相应条件或遵循相应程序即进行提存，给委托人造成损失的，行纪人应承担责任。

一、对买入委托物的提存

行纪人按照约定为委托人买入了委托物，行纪人应当及时交付给委托人，委托人应当及时受领并支付报酬，从而终止行纪合同。如果委托人无正当理由拒绝受领，则行纪人可以提存买入的委托物。委托人无正当理由拒绝受领买入的委托物时，行纪人行使提存权需满足以下条件：

（1）行纪人按照约定买入了委托物。行纪人应当按照指示履行合同义务，按照行纪人对委托物的要求买入委托物，包括按照约定的规格、品种、质量、价格等项目进行买入，尤其是委托人对于价格有特别指示的，要按照委托人指示买入，不得违背。

（2）行纪人应对委托人受领委托物进行催告。如果双方事前约定了受领期限，委托人应当在该期限内受领，如果双方事前没有约定受领期限，行纪人在买入委托物后可给予委托人一定合理期限进行受领，并催告委托人受领。如果行纪人未进行催告的，行纪人不得进行提存。

（3）委托人拒绝受领。委托人拒绝受领，并不一定要通过明示的方式拒绝。委托人在双方约定的受领期限内或行纪人给予的合理期限届满前明确做出不受领的意思表示固然可以认为是拒绝受领，委托人在上述期限届满后仍未受领的，无须做出明确的书面或口头意思表示，亦可以认为拒绝受领。

（4）委托人的拒绝受领无正当理由。委托人的拒绝受领系无正当理由的行纪人才可以行使提存权，如果委托人有正当理由拒绝受领，行纪人不能随意行使提存权。拒绝受领是否有正当理由要具体判断不能一概而论，但一般来说，所谓正当理由，主要是指行纪人买入委托物没有遵循委托人的指示。比如，行纪人没有按照约定买入委托物，买入的委托物不符合委托人指定的价格、品种、质量、规格等标准，或者委托物因保管不当发生了毁损，委托人可以拒绝受领委托物，行纪人不得进行提存。

二、对卖出物的提存

委托物不能卖出或者委托人撤回出卖，行纪人应当通知委托人取回，委托人应当及时取回或处分该委托物。行纪人虽然可以暂时代为保管，但行纪人没有继续保管委托物的义务。如果委托人不及时取回或者处分该委托物的，行纪人依法可以提存委托物。委托人不处分、不取回不能出卖的委托物时，行纪人行使提存权需满足以下条件：

（1）委托物不能卖出或委托人撤回出卖。委托物不能卖出是指行纪人未能寻找到卖出机会，委托物客观上无法卖出。根据合同法的一般原理对该条文作出具体解释，“不能卖出”要求行纪人尽善良管理人的注意义务，如果不能卖出是因为行纪人未尽善良管理人的注意义务所致，行纪人不享有将该物提存的权利。委托人撤回出卖是指委托人明确向行纪人做出不再出卖的意思表示，本质上属于任意撤销权。

（2）行纪人应对委托人进行催告。委托物不能卖出或委托人撤回出卖后，委托人应当及时取回或处分，委托人不及时取回或处分的，行纪人应对其进行催告。

（3）委托人未及时取回或处分委托物。委托人取回或处分委托物，具有合理期间的限制。委托人应当在约定的期限或行纪人给予的合理期限内及时取回或处分委托物，经过行纪人催告仍不取回或处分委托物的，行纪人可以行使提存权。此时不要求必须明确做出不取回或不处分的意思表示，催告后未取回、未处分的行为本身就是一种默示。卖出物的提存区别于买入物的提存，买入物的提存需委托人无正当理由拒绝受领，而卖出物的提存并不考虑委托人是否具有正当理由。

行纪人提存买入委托物或卖出委托物的方式有两种，一种是将委托物直接交付给提存部门，另一种是在委托物不适于直接提存或者提存费用较高时，将委托物拍卖、变卖后将所得价款交付给提存部门。

提存的后果，一是标的物毁损、灭失的风险由债权人承担，二是提存费用由债权人负担。行纪人提存买入委托物或卖出委托物，视为行纪人已经在提存范围内将买入物或卖出物交付给委托人。提存后，行纪人应当及时通知委托人或者委托人的继承人、遗产管理人、监护人、财产代管人。提存后，委托物毁损、灭失的风险归由委托人自行承担，委托物的孳息归委托人所有，同时，委托人还需负担提存的费用。委托人领取委托物的权利，应当自提存之日起五年内行使，否则权利消灭。

在行纪人对委托物进行提存之后，委托人逾期不支付报酬的，此时如何维护行纪人利益？行纪人有两种选择：一是行纪人可以按未获清偿的债权留置委托物的一部分，而将其余委托物提存；二是行纪人可以与提存机关约定，在委托人履行债务或提供担保之前，提存机关不得向委托人交付提存物。① 委托人可以随时领取提存物，但是委托人还未支付行纪人报酬的，在委托人支付报酬之前，提存部门根据行纪人的要求应当拒绝委托人领取提存物。委托人未向行纪人支付报酬，或者向提存部门书面放弃领取提存物权利的，行纪人负担提存费用后有权取回提存的委托物。

【关联规定】

《民法典》第 570 ~ 574 条

（撰稿人：卫丹）

第九百五十八条　【行纪人与第三人合同的效力】行纪人与第三人订立合同的，行纪人对该合同直接享有权利、承担义务。

第三人不履行义务致使委托人受到损害的，行纪人应当承担赔偿责任，但是行纪人与委托人另有约定的除外。

---

① 王利明：《合同法分则研究》，中国人民大学出版社 2012 年版，第 678 页。

【释义】

本条规定了行纪人与第三人合同的效力。

行纪人在从事行纪活动过程中，除非由自己作为出卖人或买受人，否则必然将与第三人订立合同产生交易关系。此时存在两个法律关系，既有行纪人与委托人之间的委托合同关系，又有行纪人与第三人之间的买卖合同关系，涉及委托人、行纪人、第三人三方主体。行纪合同强调以自己的名义为他人活动，“以自己的名义”开展法律行为导致行纪人与第三人合同区别于行纪合同，两个合同各自独立，这是行纪制度的显著特征，也是合同相对性规则的体现。行纪合同的效力并不直接影响交易合同的效力，行纪合同解除、无效并不必然导致交易合同的解除、无效。

从委托人与行纪人的关系而言，二者通过行纪合同确定权利义务，行纪人依据行纪合同对外进行贸易活动，在对外承担与第三人合同的权利义务后，再将履行结果转移给委托人。

从行纪人与第三人的关系而言，行纪人以自己的名义与第三人订立合同，作为合同一方的当事人，直接享有与第三人合同的权利，承担与第三人合同的义务。第三人履行债务应当向行纪人履行，行纪人有权请求第三人履行债务，对于第三人的违约行为主张责任。不论行纪人是否告诉第三人自己是行纪人的身份，或者第三人是否知道委托人的存在，都不影响行纪人以自己的名义参与的买卖关系的法律效力。

从委托人与第三人的关系而言，行纪人系以自己的名义进行行纪活动，交易合同虽是履行行纪合同的表现，但也具有独立的合同关系的外观，故在行纪人与第三人之间发生约束力，并不直接约束委托人。第三人无须知道委托人的存在，委托人也没有必要知道谁是第三人。实践中，第三人往往不知道委托人的身份，委托人也往往不知道第三人的身份。委托人与第三人之间不产生直接的法律关系，委托人无权对行纪人与第三人之间的买卖关系提出异议或主张权利。

行纪合同的委托人与第三人之间不存在直接权利义务关系表现在：相对人向行纪人而非委托人履行该法律行为所产生的债务，相对人不履行该债务时，由行纪人而非委托人对该相对人主张权利，相对人也只能向行纪人而非委托人主张该法律行为所产生的权利。行纪人不得以其对委托人的债权，与其对相对人因该法律行为所产生的债务，主张抵销；同理，相对人也不得以其对委托人的债权，与其对行纪人所负债务，主张抵销。[①] 在发生违约行为时，第三人不得直接对委托人主张损害赔偿，而只能向行纪人主张损害赔偿。如果行纪人因为委托人的原因违约，行纪人也不得以自己没有过错为由而拒绝承担违约责任，只能先承担责任后再向委托人主张权利。第三人违约的，不得直接对委托人履行赔偿责任，而只能向行纪人履行赔偿责任。委托人因此对行纪人主张责任的，行纪人向委托人履行后，再行使向第三人的追偿权。

行纪人为委托人的利益从事贸易活动，取得相对人的债权，可否从经济层面上将该债权直接视为委托人的债权？对此有归属行纪人说和归属委托人说两种观点。归属行纪人说认为，行纪人由合同取得的债权是自己的债权，取得的物权也是自己的物权，然后再通过特定的法律行为转移给委托人。[②] 归属委托人说认为，虽然债权和物权尚没有经过行纪人转移给委托人，但是就行纪人和委托人的关系而言，也应当认为这些权利属于委托人，以显公允。[③]《德国商法典》第 392 条规定，对于因行纪人所订立交易发生的债权，委托人只有让与后才可以向债务人主张。即使债权没有转让，但在委托人和行纪人之间，及委托人与行纪人的债权人之间的关系中，这种债权同样可以视为委托人的债权。有学者认为，实质上，委托人就行纪人与相对人之间的交易行为，并无直接关系，为保护交易安全，不宜直接视为委托人的债权，换言之，委托人欲取得该债权，仍须经行纪人以债权让与程序完成。[④]

行纪人在相对人不履行基于贸易活动而产生的债务时，是否应对委托人承担继续履行的责任或者不履行的责任？学理上意见不一。本条中规定，第三人不履行义务致使委托人受到损害的，行纪人应当承担赔偿责任，但是行纪人与委托人另有约定的除外，显然是对行纪人向委托人继续承担责任持肯定观点。此种规定也是基于行纪合同和交易合同形式上各自独立，实质上却产生关联。根据文义理解，除非行纪人与委托人另有约定，行纪人无论是否具有过错，当第三人不履行义务致使委托人受到损害时，行纪人应当承担损害赔偿责任。行纪人基于行纪合同向委托人承担赔偿责任，基于交易合同向第三人追究赔偿责任。如果行纪人与委托人就责任承担事项另有约定，则依照约定处理。比如，行纪人与委托人可事先在行纪合同中约定的特别情形下减轻或免除行纪人的责任。

行纪人就相对人的债务履行负担保责任，以行纪人全部责任财产为范围。这

---

① 崔建远：《合同法》（第 3 版），北京大学出版社 2016 年版，第 669 页。

② 韩世远：《合同法学》，高等教育出版社 2010 年版，第 579 页。

③ 郑玉波：《民法债编各论（下册）》，三民书局 1981 年版，第 506 页。

④ 邱聪智：《新订债法各论（中）》，中国人民大学出版社 2006 年版，第 250 页。

种担保类似于保证。对于履行责任，包括代为履行及代负责任，对于可以进行代替的行为，第三人不履行的，行纪人负履行义务，如给付货款的义务。如果行纪人未完成委托人委托的交易行为，则无法适用。对于无法进行代替的行为，如给付特定物之债，该特定物因可归责于第三人的理由而给付不能，行纪人对委托人负债务不履行责任。不履行包括不完全给付、预示拒绝给付、可归责之给付不能、给付迟延等类型。如果是不可归责于相对人的原因导致给付不能或给付迟延，不能适用。行纪人对委托人的担保责任，以行纪人与相对人间交易行为所生权利为范围，且以相对人不履行债务为要件。①

有观点认为，第三人不履行义务时，行纪人是否应当承担责任以及承担何种责任，应考量受托人在寻找交易对象、磋商、固定交易、协助履行等方面是否尽到了注意义务。如果未尽到注意义务，委托人可行使选择权，就替代给付之损害赔偿请求权、继续履行请求权进行选择。如果尽到了注意义务，应当由行纪人选择替代给付之损害赔偿以终结合同关系，或选择继续履行并支付与给付之损害赔偿。这是因为，行纪活动是贸易活动，能否成功进行并不能确定，在行纪人已经尽到注意义务，第三人违约时，赋予行纪人选择权利，以其专业人士的眼光判断并决定该贸易活动的走向，更符合经济效率的原则。

（撰稿人：卫丹）

第九百五十九条　【报酬请求权和留置权】行纪人完成或者部分完成委托事务的，委托人应当向其支付相应的报酬。委托人逾期不支付报酬的，行纪人对委托物享有留置权，但是当事人另有约定的除外。

【释义】

该条规定了行纪人请求支付报酬的权利和留置委托物的权利。

一、报酬请求权

行纪合同是双务有偿合同，委托人负有支付报酬的义务，行纪人享有报酬请求权。行纪人完成或部分完成委托事务的，有权向委托人请求支付报酬，委托人有义务向行纪人支付报酬。这也是行纪合同区别于委托合同的重要方面。

① 邱聪智：《新订债法各论（中）》，中国人民大学出版社 2006 年版，第 250 页。

报酬请求权在委托事务完成后才可行使，但报酬请求权行使不以完成全部委托事务为要件。行纪人可以根据自己处理委托事务的不同情况，请求委托人支付相应的报酬。行纪人按照委托人的指示和要求完成全部委托事务的，有权要求委托人支付行纪合同约定的全部报酬。行纪人部分完成委托事务的，且该部分履行相对于全部委托事务可以独立存在，有权就委托事务完成的部分要求委托人支付相应的报酬。如果仅完成部分委托事务，但经济目的已到达，行纪人有权请求全部报酬。行纪人为委托人增加了利益的，比如，卖出委托物的价格超出约定的价格，或者买入委托物的价格低于约定的价格，可按照约定或者协商增加报酬。即使行纪人卖出或者买入具有市场定价的商品时自己作为买受人或者出卖人，同样可以要求委托人支付报酬。

委托人支付报酬的前提条件是行纪人履行行纪行为。行纪人仅仅与第三人订立合同但没有实际履行合同的，不能认为完成了委托事务，无权请求委托人支付报酬。行纪人因其过失致使不能向委托人交付委托卖出物的价金或者买进的物品的，丧失报酬请求权。如果行纪人和第三人间订立的合同因瑕疵或其他法定原因，如受欺诈、胁迫、乘人之危等，而导致该合同被撤销的，相当于行纪人未履行行纪行为，不得请求报酬。但第三人违约且对其债务不予履行予以了损害赔偿，或委托人同意用其他物替代履行的，行纪人可将行纪行为的结果转交委托人并得以请求报酬。委托事务的不完成或者不能全部完成是委托人自己造成的，行纪人仍得以请求报酬。原则上委托人应于委托事务完成之后向行纪人支付报酬，但如果委托人与行纪人约定预先支付或分期支付报酬的，也可以按约定执行。

报酬数额，一般由委托人与行纪人在合同中事先约定。委托人与行纪人可以在订立合同时对于报酬数额、支付期限、支付方式等进行约定，可以直接约定报酬总额，也可以约定报酬标准。没有约定的，应当协议补充，达不成补充协议的，按照合同有关条款、合同性质、合同目的或者交易习惯确定。有些行纪事务的报酬标准是由行业主管部门或者行业自律机构统一作出规定的。① 有的法律法规中对于行纪报酬标准直接作出了规定。如《拍卖法》第 56 条第 1、2 款规定："委托人、买受人可以与拍卖人约定佣金的比例。委托人、买受人与拍卖人对佣金比例未作约定，拍卖成交的，拍卖人可以向委托人、买受人各收取不超过拍卖成交价百分之五的佣金。收取佣金的比例按照同拍卖成交价成反比的原则确定。"

二、留置权

行纪合同中，委托人未履行支付报酬的义务时，除非该委托物系法律规定不

① 陈甦：《委托合同 行纪合同 居间合同》，法律出版社 1999 年版，第 118 页。

得留置或者双方约定不得留置，行纪人才有权留置委托物。留置委托物需具备以下几个条件：

（1）行纪人已合法占有委托物。根据留置权的一般规定，留置物应当与债权属于同一法律关系，故行纪人行使留置权，必须是行纪人已经合法占有委托物，否则不得行使留置权。

（2）委托人逾期不向行纪人支付报酬。行纪人行使留置权，必须具有委托人按期不予支付报酬的事实存在，且行纪人只有在委托人逾期不支付报酬的情况下才可以行使留置权。委托人未在行纪人完成或者部分完成委托事务后的合理期限内支付报酬，经行纪人催告仍不支付的，应当视为逾期不支付报酬。

（3）行纪合同中没有排除留置权的条款，且不存在法律规定不得留置的情形。如果委托人与行纪人在行纪合同订立时已经约定，不得将委托物进行留置的，行纪人就不得留置委托物。如果委托物属于法律规定不得留置的物品的，行纪人也不得留置委托物。

留置的委托物为可分物的，行纪人可留置相当于报酬的金额的委托物。留置期间，行纪人应当继续妥善保管留置的委托物，因保管不善导致委托物毁损、灭失的，需承担赔偿责任。对于委托物在留置期间产生的孳息，行纪人有权收取，并首先充抵收取孳息的费用。行纪人与委托人应当约定留置委托物后的债务履行期间，也即报酬给付期间。行纪人与委托人对于留置后的债务履行期间进行约定的，应在此期间尽快履行。如果双方就此没有约定或者约定不明确，除非留置的委托物是鲜活易腐等不易保管的物品，行纪人至少应当为委托人留存两个月以上履行债务期间。委托人经过债务履行期间仍未给付报酬，行纪人可以与委托人协议以留置的委托物进行折价，也可以对留置的委托物进行拍卖、变卖，并就拍卖、变卖委托物所得的价款优先受偿。此时的折价或者变卖应当参照市场价格。如果留置物经过折价、拍卖、变卖后，价款超过委托人应支付的报酬数额的，超过的部分应当归委托人所有。如果留置物经过折价、拍卖、变卖后，价款不足以支付委托人应支付的报酬数额的，不足的部分委托人仍需清偿，行纪人可以继续行使报酬请求权。

【关联规定】

《民法典》第447～457、510～511条

（撰稿人：卫丹）

第九百六十条 【参照适用】 本章没有规定的，参照适用委托合同的有关规定。

【释义】

本条是一条准用性法律规范。

从行纪制度的产生和发展的历史过程来看，最初行纪制度正是为了克服委托制度的一些弊端同时又能承袭委托的便利而发展起来的，可以说与委托制度有密切的联系。[①] 行纪合同与委托合同非常类似，两者之间具有一定的共同性，主要表现在：(1) 行纪人与受托人均系为委托人利益处理一定的事务。行纪合同与委托合同都是基于一定的信任关系而订立的，都需要根据委托人的委托从事一定的处理事务的行为，这些事务的处理通常都是为了委托人的利益。(2) 行纪合同与委托合同均系提供某种服务的合同。无论是在行纪合同还是在委托合同中，都是一方为了另一方的利益而作出行为，为他人处理事务，且都不需要保证特定的结果。(3) 行纪合同与委托合同的履行均有赖于委托人与行纪人、委托人与受托人双方之间建立信任关系。正因为这一原因，在有些国家，行纪合同仍然是委托合同的一种类型。我国也有学者认为，行纪合同是一种特殊的委托合同[②]。

正是基于行纪合同与委托合同的共同之处，许多国家的立法均明确规定，行纪合同除另有规定外，适用委托合同的有关规定。《民法典》中行纪合同的相关条文大多沿用了《合同法》的规定，仅在本条中有所不同。《合同法》第 423 条规定："本章没有规定的，适用委托合同的有关规定。"本条中将"适用"改为"参照适用"，进一步体现了行纪合同与委托合同的区别。

具体可以参照适用的条款有：行纪人按照委托人指示处理事务的义务（第 922 条），行纪人亲自处理事务的义务（第 923 条），行纪人转交财产的义务（第 927 条），行纪人的报告义务（第 924 条），行纪合同的损害赔偿责任（第 927 ~ 932 条），行纪合同的解除（第 933 条），行纪合同的终止（第 934 ~ 936 条）。

归根结底，行纪合同是独立于委托合同的一种典型合同，二者也存在诸多区别。表现在：

(1) 行纪合同中，行纪事务限于经营性的贸易活动。委托合同中，委托活动范围广泛，立法未作限定。委托人可以将各种事物委托给受托人处理，受托人所

---

① 江平主编：《中华人民共和国合同法精解》，中国政法大学出版社 1999 年版，第 423 页。

② 王利明：《合同法分则研究》，中国人民大学出版社 2012 年版，第 667 页。

从事的行为可以是事实行为，也可以是法律行为，甚至是准法律行为，可以是经营性活动，也可以是事务性活动。

（2）行纪合同中，行纪人系以自己名义对外开展活动。委托合同中，受托人既可以以自己的名义，又可以以委托人的名义对外开展活动。

（3）行纪合同中，行纪人只能以自己的名义为委托人从事贸易活动，其与第三人订立的合同不能直接对委托人发生效力。委托合同中，受托人一般情况下系以委托人的名义开展委托活动，受托人以委托人的名义与第三人订立合同，可以对委托人直接发生效力。在受托人以自己的名义与第三人订立合同时，该合同是否直接对委托人产生效力取决于第三人是否知道委托人与受托人的关系。受托人以自己的名义与第三人订立的合同，如果第三人在合同订立时知道受托人与委托人之间的代理关系的，该合同也对委托人直接发生效力。

（4）行纪合同是有偿合同，委托合同可以是有偿的，也可以是无偿的。

（5）行纪合同中，行纪人处理委托事务的费用一般由行纪人负担，不过这些费用通常包含在委托人支付的报酬之中。委托合同中，受托人处理委托事务的费用应当由委托人负担①。

（6）行纪合同中，行纪人一般需要具备一定的主体资格，相当多种类的行纪人必须经过相关部门的审批或授权。例如，2014 年《证券法》第 125 条规定，经国务院证券监督管理机构核准，取得经营证券业务许可证，证券公司可以经营下列部分或者全部证券业务：（一）证券经纪；（二）证券投资咨询；（三）与证券交易、证券投资活动有关的财务顾问；（四）证券承销与保荐；（五）证券自营；（六）证券资产管理；（七）其他证券业务。国务院证券监督管理机构应当自受理前款规定事项申请之日起三个月内，依照法定条件和程序进行审查，作出核准或者不予核准的决定，并通知申请人；不予核准的，应当说明理由。证券公司经营证券资产管理业务的，应当符合《证券投资基金法》等法律、行政法规的规定。除证券公司外，任何单位和个人不得从事证券承销、证券保荐、证券经纪和证券融资融券业务。证券公司从事证券融资融券业务，应当采取措施，严格防范和控制风险，不得违反规定向客户出借资金或者证券。

（撰稿人：卫丹）

① 韩世远：《合同法学》（第 3 版），高等教育出版社 2010 年版，第 571 页。

第二十六章　中介合同

【导读】

本章是关于中介合同的规定，按照本章的规定，中介合同是中介人向委托人报告订立合同的机会或者提供订立合同的媒介服务，委托人支付报酬的合同。中介合同是《民法典》新增的合同类型，中介合同制度在继承原《合同法》中居间合同制度的基础上进行了创新发展，并针对近年来我国司法实践中出现的“跳单”纠纷予以回应。在对中介合同一章进行理解时，应当注意把握一下两点：

第一，本章的主要内容包括：中介合同的定义（第961条）、中介人的如实报告义务（第962条）、中介人的报酬请求权（第963条）、中介人未促成合同时的中介费用（第964条）、委托人“跳单”应支付的中介报酬（第965条）、中介合同参照适用委托合同的规定（第966条）。本章的第961条至第964条是对于原《合同法》第424条至第427条的继承，只是将原《合同法》中的“居间合同”的名称变更为合同编中的“中介合同”，将原《合同法》中的“居间人”变为“中介人”；但是关于此类合同中当事人的权利义务、合同的性质等方面都没有发生变化，之所以如此改变是出于适应民间交易习惯的需要，也体现了民法典亲民的特色。本章的第965条和第966条是对于原《合同法》中“居间合同”规定的创新和发展，是完全新增的两项条款。其中，第965条旨在规制近年来二手房买卖市场、婚姻中介市场等中介服务活动中频繁出现的“跳单”行为；第966条则是关于中介合同参照适用委托合同的规定，此处则是从广义的角度来定义委托合同，并将中介合同纳入委托合同的项下。

第二，本章对于中介合同制度突出的创新主要包括：其一，以法律的形式明确规定了在委托人跳单的情况下，仍然需要支付中介费用。随着二手房买卖市场、婚姻中介市场等中介服务活动的不断发展，“跳单”事件频发，并不断引发司法纠纷，最高人民法院发布的“指导案例1号”更是将中介合同中的“跳单行为”带入民法学人的视野，“跳单行为”曾在民法学界引起较大的争论。《民法典》第965条规定了委托人“跳单”后，仍然需要向中介人支付报酬，本条是对委托人可能出现的机会主义予以规制，改变了原《合同法》所暗含的“居间合同中的道德风险问题纯粹源于居间人滥用居间身份、不当履行居间事务”的理论假设①。此条文的新增实现了中介合同中委托人和中介人双边道德风险的共同规制，回应了司法实践中层出不穷的“跳单”现象，具有重要的立法意义。其二，明确了本章没有规定的条款参照适用委托合同的相关规定。中介合同与委托合同虽然有很多不同之处，但是他们均是基于双方当事人之间的信任而成立、并提供服务的合同，中介人或者受托人都是为了委托人的利益而办理事务，因此合同编就中介合同没有规定的事项可以参照适用委托合同的相关规定，② 体现了委托合同概念所具有的开放性，完善本章中介合同的相关法律规定，体现了民法典立法的周延性。

第九百六十一条 【中介合同的含义】中介合同是中介人向委托人报告订立合同的机会或者提供订立合同的媒介服务，委托人支付报酬的合同。

【释义】

本条界定了中介合同的概念。在《合同法》中，本章名为“居间合同”。从定义来看，中介合同与居间合同表述一致。传统民法理论多称为“居间合同”。但是在民间，使用“中介合同”这一称呼的不在少数。为了便于民众理解，此次民法典将“居间合同”修改为“中介合同”、将“居间人”修改为“中介人”，但关于此类型合同的性质、内容、双方当事人的权利义务都没有大的变化。

中介合同的内容是：中介人为委托人订立合同报告机会和提供媒介服务，委托人向中介人支付报酬。中介活动在商品交易中发挥重要的润滑和桥梁作用，在我国历史发展悠久。中介人不是委托人的代理人，而是为委托人的交易活动起介绍、协助作用的中间人。我国古代就有“牙行”“牙纪”等机构，中介人在民间也被称为“跑和”“掮客”。

中介人既有仅报告订立合同机会的报告中介，也有为合同订立提供媒介服务的媒介中介，也有二者兼而有之的。报告订立合同的机会要求中介人寻找并为委托人报告符合条件和要求的相对人；提供媒介服务包括为委托人与相对人订立合同传达意思、往来说和、斡旋联络等。中介人从事中介活动时，不代表委托人做

---

① 参见税兵：《居间合同中的双边道德风险——以“跳单”现象为例》，载《法学》2011 年第 11 期。

② 崔建远：《合同法》（第 6 版），法律出版社 2016 年版，第 461 页。

意思表示。中介人可以根据具体情况，向委托人做出一定的建议，如提出售价过高或买价过低等，委托人采纳中介人的意见进行调整做出意思表示，该意思表示仍是委托人独立做出的。中介人的建议没有要约或者承诺的独立的约束力。中介人将一方的意思表示告知另一方，也仅具有传达的效果。

中介合同的特点是：

第一，中介合同为诺成、不要式合同。中介合同由委托人和中介人意思表示一致即可成立，中介人报告信息和提供媒介服务促成合同订立，是委托人付款的前提条件，而非中介合同成立的标志。中介合同成立不需要履行特别的形式。

第二，中介合同为有偿合同。中介合同都是有偿的，中介人为委托人报告订约机会和从事媒介服务，其目的是获取报酬。当中介人通过中介活动促成合同订立，委托人应当支付报酬。如果中介合同中未规定报酬数额，应当按照《民法典》第963条的规定确定。

第三，值得探讨的是：中介合同到底是双务合同还是单务合同？学理界对此有不同的理解。多数学者认为中介合同是双务合同，中介人的义务是提供中介服务，委托人的义务是支付报酬，二者互为对价。① 也有学者认为中介合同分为单务有偿合同和双务有偿合同，前者的中介人不负尽力报告订约机会和提供媒介服务的义务，后者的中介人则负有尽力报告订约机会和提供媒介服务的义务。② 亦有学者认为中介合同就是单务合同，中介人并没有从事活动的义务。③

外国法上多将中介活动的效果作为居间人报酬请求权的法定条件。《德国民法典》第652条第1款规定最为典型："某人就报告订立合同的机会或充当合同的媒介，约定支付居间佣金的，仅在合同因该报告或居间人的媒介而成立时，约定支付居间佣金的人才负有支付佣金的义务。合同系附停止条件而订立的，仅在条件成就时，才能请求支付居间佣金。"④ 按照以上规定，居间人并没有从事活动的义务，因居间合同负担义务的只是负有支付报酬义务的委托人。⑤ 我国也有学者持同样观点，认为中介人是否促成合同成立，与委托人的报酬支付义务，彼此之间并不构成互为交换的关系，不属于双务契约所要求的对价关系，中介人促成主合同的成立仅仅是中介人向委托人主张佣金请求权的前提条件，而不是中介人的合同义务。中介人没有必须报告或者媒介之义务，委托人对此也没有请求权。⑥

---

① 郭明瑞、王轶：《合同法新论·分则》，中国政法大学出版社1997年版，第334页。
② 史尚宽：《债法各论》，中国政法大学出版社2000年版，第438页。
③ ［德］迪特尔·梅迪库斯：《德国债法分论》，杜景林、卢谌译，法律出版社2007年版，第354页。
④ 《德国民法典》（第2版），陈卫佐译注，法律出版社2007年版，第258页。
⑤ ［德］迪特尔·梅迪库斯：《德国债法分论》，杜景林、卢谌译，法律出版社2007年版，第354页。
⑥ 张谷：《民法典合同编若干问题漫谈》，载《法治研究》2019年第1期。

研究我国《民法典》对中介合同的规定，从本条的字面表述来看，是典型的双务契约式的表达方法。但是第963条规定："中介人促成合同成立的，委托人应当按照约定支付报酬……"第964条规定："中介人未促成合同成立的，不得请求支付报酬……"该两条规定又将促成合同成立作为中介人要求报酬的前提条件。也就是说，即便中介人积极进行了信息的搜寻、报告以及媒介服务，但是并未能促成合同成立的，仍然不能请求报酬。如果将中介人的机会报告行为和媒介行为认定为义务，那么当中介人怠于从事机会报告和媒介行为，委托人是否有权要求中介人承担违约责任？是要求中介人继续履行还是承担赔偿责任？依据现实生活经验来看，一律要求中介人承担积极勤勉的义务，显然并不符合中介合同的特点和性质。如果委托人并不能在中介人不实施此项行为时追究对方的违约责任，显然不能认为这是一项受托人必须履行的一般性的合同义务。①

一般的委托合同、行纪合同等服务性合同，委托人在受托人、行纪人之外不能任意地再行委托，对于受托人、行纪人的服务工作也寄予了较高的期待，因此，在此类合同中，对于受托人、行纪人均有相应的勤勉、尽力义务的要求。但是在中介合同中，中介人和委托人的关系较为松散，委托人往往在中介人之外还可以任意委托他人进行中介活动，最终促成合同成立的才给付报酬。委托人并不将成交的希望寄托于特定的中介人身上，委托人和中介人在中介合同中的权利义务的约束性都不强，所以受托人也并不承担勤勉尽责的义务。只有在委托人和受托人有特别约定的情况下，受托人才承担该义务。实践中签订的独家委托中介协议，就是中介人为了改善其不利的合同地位而设置的。在独家委托的情形下，中介人对于促成合同成立做出了承诺，委托人对于中介人的中介服务抱有更高的期待，此种情况下中介人负有积极报告机会或提供媒介服务以促成合同成立的义务，如果中介人未能按照合同约定履行义务，委托人可以要求中介人承担违约责任。综上，《民法典》对于中介合同的规定，没有将勤勉、尽力义务作为受托人的一般性义务来规定，是符合中介合同的性质和特点的。

中介合同与其他合同的区别：

第一，与委托合同。中介合同与委托合同的区别在于：一是委托合同的标的范围较大，委托处理的事务没有具体的内容限制，而中介合同的标的范围较小，仅限于为委托人报告订立合同的机会信息和提供媒介服务以促成合同订立。二是委托合同中的受托人可以独立做出意思表示，而中介人只是提供信息和媒介服务，不对合同的订立做出意思表示。三是委托合同既可以是无偿的，也可以是有

① 陈甦：《委托合同 行纪合同 居间合同》，法律出版社1999年版，第192页。

偿的。也有学者认为委托合同应当是无偿的，这是此类合同区别于雇佣合同与承揽合同的界点，委托合同是与以有偿为要件的合同类型相对的事物。[①] 我国立法采取“双性说”。而中介合同只能是有偿的。四是对于有偿的委托合同，只要受托人从事了处理委托事务的工作，不论是否达到委托人的预期，委托人都要按照合同约定支付报酬，但中介合同的委托人只在中介人促成合同订立的情况下才支付报酬。

第二，与承揽合同。中介合同与承揽合同的相似在于，都以一定成果的交付或者任务的完成为要求报酬的前提条件，而不像委托合同一样注重处理事务、提供服务的过程。二者的区别在于，承揽合同的承揽事务范围较宽，中介合同则限于通过报告机会或者提供媒介服务促成合同订立，范围较窄。此外，承揽人对于交付的承揽成果负有严格的注意义务和瑕疵担保责任，中介人对于订立合同的质量并没有类似义务，中介人只需确保其如实提供了与订立合同相关的事实和情况。

第三，与行纪合同。中介合同的中介人没有以自己的名义参加合同订立的权利，仅是为委托人与第三人订立合同提供中介服务；行纪人有权以自己的名义与第三人订立合同。行纪合同的行纪人可以为委托人为各种贸易活动，而中介人限于报告中介和媒介中介活动。

第四，与经纪合同。我国过去习惯上称呼中介人为“经纪人”，所以中介与经济两个概念经常混用。但是在当前商业活动中，“经纪”往往兼具了委托、行纪、中介等多种功能，经纪人也履行了受托人、行纪人、中介人等多种职责，经纪的含义也更为广泛，其可能包含多种法律关系，并不是一个严谨的法律概念。

【关联规定】

《民法典》第963条，《合同法》第424条

（撰稿人：王丹）

第九百六十二条　【中介人的如实报告义务】 中介人应当就有关订立合同的事项向委托人如实报告。

中介人故意隐瞒与订立合同有关的重要事实或者提供虚假情况，损害委托人利益的，不得请求支付报酬并应当承担赔偿责任。

① ［德］迪特尔·梅迪库斯：《德国债法分论》，杜景林、卢谌译，法律出版社2007年版，第337页。

【释义】

本条规定了中介人的如实报告义务。本条与《合同法》第425条内容相同。

中介人的如实报告义务是其基本义务。中介人根据其提供的中介服务的内容不同，可分为报告中介和媒介中介两种。无论哪一种类型的中介人，都应当在提供中介服务过程中，对与订约有关的事项，如相对人的信用资质、履约能力、标的物的价值品质等，就其所知如实报告给委托人。

理解本条应注意以下几点：

第一，中介人如实报告的内容应符合几个条件：首先是关联性，中介人报告的事项应当与其欲促成订立的合同具有实质的关联性；其次是充分性，中介人应将其掌握的情况充分地、无保留地告知委托人；最后是真实性，中介人报告的信息应是客观真实的，不得是虚假捏造的。中介合同以促成合同成立为给付报酬的条件，特别容易发生中介人为达到合同成立的目的而隐瞒或编造信息的情况，因此强调中介人如实报告义务至关重要。如果中介人违反此项义务，即便合同成立，也会影响其报酬请求权，如果给委托人带来损失的，还要承担相应的赔偿责任。

第二，中介人如实报告义务的程度。中介人仅需就其所知负如实报告的义务，并不负有尽力调查、了解的义务，对于相对人的信用、资质亦没有担保义务。中介人只要未故意隐瞒真实情况或者提供虚假情况，就不属于未履行如实报告义务。在合同没有另行约定的情况下，如果中介人仅是怠于报告，委托人可以此为由不给付报酬，但是不能要求中介人承担违约责任。

第三，中介人的如实报告义务仅对委托人承担，对于委托人进行交易的相对人，中介人并不负有此义务。如果中介人接受委托人的委托，将委托人的资质、信用、意思等向相对人报告，其仍是履行为委托人中介服务的义务，而非向相对人承担如实报告义务。当然，如果中介人对于相对人故意隐瞒真实情况或者提供虚假信息，致使相对人做出违背本意的意思表示的，应适用《民法典》关于欺诈民事法律行为的规定，而不适用本条规定。

第四，中介人违反如实报告义务的行为不只是故意提供虚假情况，还包括故意隐瞒与订立合同有关的重要事实。中介人的故意隐瞒行为与其怠于报告信息或者没有信息可报告的情况不同。如前文所言，中介人的积极主动履行义务是一个有争议的问题，如果中介人没有信息可报告，或者了解到信息但没有积极向委托人报告，除合同另有约定外，一般来说并不构成违约，也无须承担责任，仅是不能向委托人要求支付报酬。但是中介人故意隐瞒重要事实的行为与之不同，其表现为明知某项重要事实为委托人判断是否订约的重要依据，仍刻意隐瞒，使委托人产生误解，进而造成了委托人的损失。委托人之所以委托中介人报告信息和从中斡旋，前提往往是其自身能力、经验、信息不足，对于相应行业、领域并不熟悉，因此很难了解和判断中介人可能隐瞒的信息，进而做出错误判断。如中介人接受委托人委托为其介绍货物的买家，中介人明知其熟识的第三人公司已濒临破产、没有支付能力，仍将该公司介绍给委托人，仅告知委托人该公司股东为其所熟识，过去经常进行交易。中介人告知委托人的均为事实，但是却隐瞒了第三人经营状况恶化、没有支付能力的现状。委托人出于对中介人的信任，与第三人订约，第三人收取货物后不支付货款，给委托人带来损失。此种情况下，委托人除可以要求第三人承担违约责任外，也可以要求受托人就其隐瞒重要事实的行为承担损害赔偿责任，同时不支付报酬。

第五，本条规定针对的是中介人“故意”隐瞒与订立合同有关的重要事实或者提供虚假情况的，如果中介人是过失隐瞒重要事实或者提供虚假情况的，不适用本条规定。但是应当依《民法典》第583条“当事人一方不履行合同义务或者履行合同义务不符合约定的，在履行义务或者采取补救措施后，对方还有其他损失的，应当赔偿损失”的规定来确定中介人的责任。中介人过失隐瞒与订立合同有关的事实或提供虚假情况，但是仍然促成了合同成立的，依照《民法典》第963条规定，中介人有权要求委托人支付报酬，但委托人有权依据《民法典》第583条的规定，追究中介人因过失履行义务而应承担的违约责任。还需要注意的是，应当区分中介人与对方当事人的责任。如果中介人报告的信息不准确，是由于相对人的故意隐瞒或者错误提供，中介人已经履行了如实报告的义务，则委托人不能将相对人违约的责任归咎于中介人。

第六，中介人未履行如实报告义务应当对委托人承担损害赔偿责任的另一必要条件是委托人受到损害，即既要有中介人的行为，也要有委托人利益受损的后果。如果中介人故意隐瞒与订立合同有关的重要事实或者提供虚假情况，但是未损害委托人利益的，中介人不需要承担赔偿责任。那么此时中介人是否可以请求支付报酬？深入理解本条需注意，本条规定的损害委托人利益，不只是损害结果确定的发生，还包含足以损害委托人的利益的情形。如中介人故意提供了虚假的信息，但是委托人通过调查和分析，避免了错误的判断，最终仍与相对人订立了合同，此种情况下不能认为中介人的行为未造成损害，中介人仍然无权要求报酬。如果中介人存在故意隐瞒或虚构事实的行为，但是确实没有产生损害委托人利益的后果或者依一般经验判断不足以引起损害委托人利益的后果，说明中介人隐瞒的事实或者提供的虚假情况，对于委托人的判断和合同的订立居于次要地位，不属于本条规定的“重要事实”，此时不宜一概否定委托人的报酬请求权，应综合考虑中介人的中介行为对于最终合同成立的作用，以及其故意隐瞒的事实和提供的虚假情况对于合同的影响来确定。

【关联规定】

《民法典》第583、963条，《合同法》第425条

（撰稿人：王丹）

第九百六十三条　【委托人的支付报酬义务和中介人的费用负担】中介人促成合同成立的，委托人应当按照约定支付报酬。对中介人的报酬没有约定或者约定不明确，依据本法第五百一十条的规定仍不能确定的，根据中介人的劳务合理确定。因中介人提供订立合同的媒介服务而促成合同成立的，由该合同的当事人平均负担中介人的报酬。

中介人促成合同成立的，中介活动的费用，由中介人负担。

【释义】

本条规定了委托人的报酬支付义务和中介人负担中介费用的问题。

理解委托人的报酬支付义务需注意以下几方面：

首先，委托人的报酬支付义务是中介合同中委托人的基本义务，其支付的前提为中介人促成合同成立。此条规定充分说明，中介合同中委托人支付报酬的对价，不是如委托合同、建设工程合同、雇佣合同等合同中的提供劳务和服务的行为，而是如承揽合同一样是一定的成果交付，前者注重过程，后者注重结果。如果中介人经过细心寻觅、深入调查、反复联络之后，仍然未能促成合同订立，则不能要求委托人支付报酬。而委托合同中的受托人只要尽心尽力处理委托事务，不管结果如何，都有权要求委托人按照合同约定支付报酬，如接受委托代理案件的律师，即便案件败诉，仍有权要求委托人支付报酬。

中介人促成合同成立的判断依据：一是委托人与第三人缔结合同；二是该合同的成立依仗于中介人的报告信息、斡旋联络、提供媒介等中介活动，中介人的

报告或媒介行为与合同的订立存在因果关系。中介人的中介活动不必是合同订立的唯一原因，只要和其他因素共同构成合同订立的原因即可。

如果中介人促成合同订立，但之后合同被认定为无效、被撤销或者被解除，中介人是否仍有权要求委托人支付报酬？促成合同成立，是指合同合法、有效地成立，如果中介人所促成的合同属无效或可撤销的合同，不能认为促成合同成立，中介人不能请求支付报酬，如委托人已支付报酬的可以要求返还。合同解除的情况则有所不同，因中介人请求支付报酬的前提为合同成立而非合同履行，中介人促成合同订立的目的已达到，委托人支付报酬的条件已成就，不能因合同成立之后被解除而否定中介人的报酬请求权。但是如果合同解除的原因，是中介人未履行如实告知义务或者因中介人过错导致的，则委托人应有权要求返还报酬。如经中介人介绍，买方和卖方订立房屋买卖合同，合同为房屋中介人提供的标准格式化合同。之后买方支付定金和预付款，双方就剩余房款的支付发生分歧，合同无法继续履行，双方解除合同。双方发生分歧的主要原因是房屋买卖合同中对于剩余房款的支付方式约定不明确。此种情况下，中介人应返还报酬。

其次，报酬的数额确定采取“约定报酬制”，由当事人约定；如果当事人没有约定的，应按照《民法典》第 510 条规定来确定。《民法典》第 510 条规定：“合同生效后，当事人就质量、价款或者报酬、履行地点等内容没有约定或者约定不明确的，可以协议补充；不能达成补充协议的，按照合同相关条款或者交易习惯确定。”如果仍然不能确定的，按照中介人提供的劳务来合理确定。所谓合理应考虑诸多因素，如中介人付出的时间、物力、财力、人力，居间事务的难易程度，提供的中介服务的质量等。

最后，报酬的支付义务人的确定。当中介人提供的服务是报告居间时，由委托人支付报酬。当中介人提供的服务是媒介居间时，由订立合同的双方当事人平均负担报酬。此种情况下，虽然中介人与相对人并无合同关系，但中介人的行为促成了合同的成立，相对人亦因为中介人的中介服务受益，应向中介人支付报酬。委托人与相对人对中介报酬支付另有约定的，应从其约定。

本条第 2 款规定了中介活动的费用承担问题。中介活动的费用，由中介人自行负担。中介活动的费用是中介人为获取报酬而提前支出的成本，一般来说已经包含在合同约定的报酬中。如果中介活动促成合同成立，中介人可以通过获取报酬来弥补付出的中介费用。如果中介活动最终未能成功促成合同成立，中介费用只能由中介人自行承担，相当于一般商品交易中的亏损风险。如果中介人与委托人事先通过合同约定了中介费用由委托人承担，则根据第 964 条规定，中介人可以要求委托人支付该费用。

通过本条规定不难看出，中介合同中的中介人的法律地位是非常脆弱的。一方面，委托人只要不违反约定，可以自由委托多个中介人，如果他人促成了交易，那么中介人尽管辛苦付出，仍面临前功尽弃的风险。另一方面，中介合同并没有科以中介人明确的法律义务，反之也没有对其有充分的信赖保护，委托人一方可以随时退约，中介人承担的风险较大。实践中，中介人可以通过与委托人签订“独家中介委托”或者“固定中介委托”的中介合同来规避以上风险。前一种委托合同明确委托人仅委托中介人一家从事中介服务，后一种合同约定委托人委托后不能随意退约，以此来防范中介人的风险，保护中介人的合同地位。与此相对应，中介人在此两类中介合同中，亦不像普通中介合同那样承担不确定的法律义务，合同中往往会规定中介人要承担积极的报告和媒介服务义务，如在规定时间内未能促成合同成立的，还要承担违约责任。以上特殊类型的中介合同，常以中介人提供格式条款的方式进行，这类条款要受到法律的规制，只有在不违反法律强制性规定且不违反公序良俗、诚实信用等基本原则时方为有效。

【关联规定】

《民法典》第 510、964 条，《合同法》第 426 条

（撰稿人：王丹）

第九百六十四条　【必要费用的支付】 中介人未促成合同成立的，不得请求支付报酬；但是，可以按照约定请求委托人支付从事中介活动支出的必要费用。

【释义】

本条规定了中介人未促成合同成立时支出必要费用的承担问题。

《民法典》第 963 条规定了中介人促成合同成立的，委托人应当支付报酬；本条规定了中介人未促成合同成立的，不得请求委托人支付报酬，进一步明确了中介人促成合同成立是其要求报酬的基本前提条件。

中介人在中介活动中支出的必要费用，一般由中介人自行承担。但是中介人与委托人可以事先约定，由委托人进行支付。中介人仅能在双方有约定的情况下，请求委托人支付中介活动的必要费用。本条对于《合同法》第 427 条进行了修改。《合同法》第 427 条规定，中介人在未促成合同成立的情况下，可以要求

委托人支付中介活动的必要费用。本条修改为"按照约定请求"，否定了在无合同约定情况下中介人要求支付中介活动必要费用的权利。如果中介人在促成合同成立的情况下应当自己承担中介必要费用，在未促成合同成立的情况下，未能达到委托人的预期，反而有权要求委托人支付中介费用，不符合合同的一般逻辑。同时，本章规定中没有将中介人的积极履行行为规定为中介人的一般性义务，与之相呼应，也不应将委托人补偿中介人必要费用规定为一般义务。双方对于中介费用另有约定的，从其约定。依国外立法例和学者意见，也多认为在中介人未能促成合同订立的情况下，当然丧失了报酬取得权，亦当然无权要求支付必要费用。

【关联规定】

《民法典》第963条，《合同法》第427条

（撰稿人：王丹）

第九百六十五条 【委托人绕开中介人订立合同的支付义务】

委托人在接受中介人的服务后，利用中介人提供的交易机会或者媒介服务，绕开中介人直接订立合同的，应当向中介人支付报酬。

【释义】

本条为新增条款。本条规定了委托人在绕开中介人订立合同的情况下，应当向中介人支付报酬的问题。

中介人在中介合同中的地位较为脆弱，其要求委托人支付报酬的前提必须是中介活动促成了合同的订立。但是如何证明中介人的中介活动与合同的订立具有因果关系，有一定的困难。如果委托人不讲诚信，明明是凭借了中介人报告的信息或从事的媒介服务促成了合同的订立，但是委托人拒不承认，主张合同的订立与中介人无关，中介人主张报酬就失去了依据。特别是中介人的服务行为具有特殊性，其提供的信息一旦披露，就失去了对信息的独占。如果委托人在获知信息后，为了不支付中介报酬，以各种方式和理由来摆脱中介人，中介人的地位就非常被动。常见的委托人规避报酬支付义务的行为包括：（1）私下与相对人订立合同，向中介人隐瞒。（2）声称订立的合同与中介人的中介活动无关，如委托人主张其早已知晓该信息，或者信息是从他处所得。（3）与相对人订立合同时对一些

条款进行更改，以此主张和中介人促成成立的合同不同。因此强调委托人的诚信履约非常重要。

《民法典》第159条规定：“附条件的民事法律行为，当事人为自己的利益不正当地阻止条件成就的，视为条件已成就；不正当地促成条件成就的，视为条件不成就。”本条实际上是以上条款在中介合同中的具体运用。当委托人接受中介人的服务后，利用中介人提供的交易机会或者媒介服务订立合同，本应属于支付报酬条件的成就；当委托人绕开中介人直接订立合同，属于当事人为自己的利益不正当阻止条件成就，应视为条件已成就，委托人仍然应当向中介人支付报酬。

【关联规定】

《民法典》第159条

（撰稿人：王丹）

第九百六十六条　【中介合同的参照规定】本章没有规定的，参照适用委托合同的有关规定。

【释义】

本条为新增条款。本条规定了中介合同的参照适用。

广义的委托合同是关于劳务给付的契约，实际上包含中介合同。如《欧洲民法典草案》第四编名为“Mandate contracts”（委托合同），包括我国民法的三类有名合同：委托合同、行纪合同和居间（中介）合同。[①] 委托合同的内容为委托人委托受托人处理事务，广义的委托处理事务范围很广，委托合同的概念具有开放性、包容性。委托合同类似于一种兜底性合同，当委托人和受托人之间的关系不属于其他类型的有名合同或者更为具体的法律关系时，才可以认为是委托合同。[②] 如承揽、保管、雇佣、技术开发等合同均体现为委托人委托受托人从事一定的事务，但是由于其各自具有较为明确的内容和特点，应分属于不同的合同类型。委托人委托受托人处理委托事务的合同关系，当无法归于任何其他具体的合

---

① 欧洲民法典研究组、欧盟现行私法研究组编著：《欧洲示范民法典草案——欧洲私法的原则、定义和示范规则》，高圣平译，中国人民大学出版社2012年版，第293页。

② 邱聪智：《新订债法各论（中）》，中国人民大学出版社2006年版，第137页。

同类型时，才是《民法典》中规定的委托合同，这是一种狭义的委托合同。而《民法典》对于委托合同的法律调整，实际上确立了以当事人特定的社会技能提供劳务以完成一定任务这一类合同法律适用的规则。

中介事务也可以视为广义的委托事务的一种，本章对于中介合同专门设置的法律规则，相对于委托合同的规定，属于特别规定。中介合同在法律适用时，仅在法律未设专门规定时，才适用委托合同的相关规定。[①] 因此当中介合同没有具体规定的情况下，可以参照委托合同的有关规定加以适用。

（撰稿人：王丹）

① 崔建远：《合同法》，法律出版社2010年版，第507页。

第二十七章　合伙合同

【导读】

合伙是一种历史悠久的合同类型，早在古罗马时代便已存在。罗马法上人的联合体分为团体（universitas）和合伙组织（societas）。较之于团体，合伙组织并非法律主体，仅为独立的单个人之间的一种债法关系。[①] 这一立法例为后世国家普遍采用，例如法国、德国、日本等国民法典及我国台湾地区的“民法”都对合伙作了专门规定。自1986年《民法通则》制定起，新中国民事立法就对民事合伙作出了专门规定，此项立法传统和实践经验为《民法典》所继受。《民法通则》从主体面向设计合伙法制，而《民法典》则从债务合同关系面向设计合伙法制，其原因在于主体面向的合伙法制已为《合伙企业法》和《民法典》总则“非法人组织”部分予以规范。

本章就合伙合同的定义、合伙人履行出资义务、合伙财产、合伙事务的执行、执行合伙事务报酬、合伙的利润分配与亏损分担、合伙人的连带责任及追偿权、合伙人转让其财产份额、合伙人权利代位、合伙期限、合伙合同终止、合伙剩余财产分配顺序等问题作了专门规定。对其理解，总体上应当把握以下几个关键点：

第一，较之于民法通则上的“个人合伙”，民法典所使用的“合伙合同”术语更为科学。“合伙合同”这一术语采用的是大陆法系国家民法典中约定俗成的(民法上的)“合伙”这一概念。“个人合伙”这一术语极大限制了合伙人的范围，与“科学立法”这一新时期立法指导思想相违背。因为从概念逻辑来看，商事合伙（商事法上的合伙）对应的概念自然是民事合伙（民事法上的合伙），而不应称之为“个人合伙”。此外，“个人合伙”从字面上很容易被理解为“自然人合伙”，并且这一点从“个人合伙”于《民法通则》所处的位置——自然人一章，亦可作出此种推断。其结果便是极大限制了合伙的适用范围。[②] 事实上，谁

① Christine Windbichler, Gesellschaftsrecht, 23. Auflage, C. H. Beck München, 2013, S. 15.

② 参见严城：《民法典合同编（草案）合伙合同的成功与不足》，载《法治研究》2019年第1期。

可以参与民事合伙并成为合伙人，并无限制，因为基于私法自治原则，任何私法上的主体（自然人、法人、非法人组织）皆可为实现共同目的而结成民事合伙，甚至民事合伙或者无权利能力社团也能成为其他民事合伙的合伙人。[①]《民法典》第977条使用“合伙人死亡、丧失民事行为能力或者终止的”这一措辞，也能体现出这一变化。新的民事立法已将合伙的主体适用范围予以明确化，不限于自然人，还包括其他组织体。

第二，本章突出了合同自由原则对合伙关系的构造意义。作为具体合同的一种，意思自治原则下的合同自由原则适用于合伙合同自不待言。基于该原则，在不抵触法律的强制性规定或者公序良俗的前提下，合伙人可以据其所需自行确立合伙目的，规定出资义务和损益分配规则，制定实施方案和决策机制，确定事务执行权人及其报酬，限定份额转让与继承规则等。这些事项在本章中多有体现。首先，本章就合伙人之间的内部关系构造问题，完全交给当事人处理，只有在当事人无特别约定时才援引本章相关任意性规定。例如第968条有关合伙人出资义务的规定，合伙人可以对出资方式、出资数额和缴付期限等问题作出特别约定。第970条有关合伙事务执行权的规定，执行权可以共同为之，也可以通过约定个别为之或者少数人为之，甚至不排除通过代理关系授予合伙人以外的第三人为之。又如第972条有关损益分配规则的规定，本章明确了当事人约定优先；无约定或约定不明的，协商确定；协商不成的，采用均分原则。再如，合同自由原则在第974条合伙人可否对外转让合伙份额等方面，亦有体现。此外，合伙人就合伙的对外关系（与第三人之间的关系）并无任何限制性规定，原则上完全由合伙人自行决定在某项交易中集体出现还是个别出现，或者他们是否想要仅仅将自己局限于纯粹的内部合伙中，从而不以合伙财产对外发生债务关系。

第三，本章基于合同之债这一特征重点列举了当事人之间的一系列权利义务关系。首先体现在有关合伙人义务的规定上，例如本章第967条规定的为促进共同目得以实现的一般性义务（促成义务），第968条则将前项一般性义务进行具体化。此外，还有第970条合伙人执行合伙事务的义务、第973条合伙财产不足清偿时全体合伙人的连带清偿义务等规定。关于合伙人权利的规定，如第970条有关合伙事务上事务管理人的执行权和异议权、全体合伙人的表决权、非执行人的控制权等，第971条在有约定前提下个别执行人的报酬请求权，第973条第2句的内部追偿请求权，第978条合伙终了后的剩余财产索取权等。

第四，本章明确了“共同目的”之于合伙的特殊性。本章第967条借鉴德

① BGH NJW 98, 376; RG 136, 240; Düsseldorf NJW – RR 86, 1295.

国、日本和我国台湾地区“民法”的措辞，使用了“共同的事业目的”一语，突出了合伙合同是合伙人之间为实现此项目的而形成的合同性联合。并且，该条突出强调了合伙人之间的法律关系是一种互负义务以促成“共同目的”得以实现的继续性债务关系，而非彼此间旨在实现交换目的而形成的利益对立关系。[①] 也就是说，基于债务合同性质使得合伙人互负促进义务，从而在此之间形成一对价关系（Gegenseitigkeitsverh˜ltnis），但该合同不同于以交换目的（Austauschzweck）与利益对立为基础建构的双务合同。合伙合同的当事人之间并未产生诸如买卖合同、租赁合同当事人间的相互牵连的双务合同关系（Synallagma），[②] 也不产生一方意在以尽可能低的价格买进，而另一方意在以尽可能高的价格卖出这种利益对立关系，[③] 而是在追求一个共同目的上所有当事人负有协力合作义务。本章将合伙合同有别于其他合同的这项典型特征予以明文化规定，以此强调那些对于一般双务合同有效的债务给付障碍规则在适用于合伙合同时应予以限制和保留。[④]

第五，本章强调了合伙的“属人性”典型特征。要实现长久合伙，合伙人之间就必须彼此信任，而且成员身份不轻易变更，那么属人性（intuitu personae）特征就很强烈。在此特征之下产生合伙的一项重要原则，这就是自营机关原则（der Grundsatz der Selbstorganschaft）。依据该项原则，合伙的事务执行，不论是事实行为还是法律行为，原则上都应由全体合伙人亲自来履行。合伙人全体视为合伙的最高事务执行机关，参与事务执行既是合伙人的权利，亦是其义务。本章第970条正是自营机关原则的具体体现。该条第1款首先就合伙事务的表决和执行确立了全体一致决原则。第2款除规定共同执行原则外，还允许合伙人通过合意将该执行权转移给一个或多个合伙人，从而将自己排除出事务执行之外。不过纵如此，排除出合伙事务执行之外的合伙人依然对合伙事务享有一定程度的控制权，这便是该款后半句规定的监督权和基于合伙人身份衍生出来的检查权。此外，属人性特征也会限制成员的流动性，以此保障基于共同目的结成的人的联合的稳定性，这便是所谓的成员身份牵连原则（der Grundsatz der Personengebundenheit）。对此，本章第969条第2款规定了合伙合同终止前，合伙人不得请求分割合伙财产，以保障合伙的稳定性和持续性。本章第974条有关非经全体合伙人一致同意不得擅自对外转让其合伙份额的规定，亦是该原则的具体体现。

---

① Fikentscher/Heinemann, a. a. O., Schuldrecht, S. 792; Medicus/Lorenz, a. a. O., Schuldrecht II: BT, S. 335.

② MüKo BGB – Vorbe/Ulmer/Sch˜ferm, §705 Rn. 162.

③ Medicus/Lorenz, a. a. O., Schuldrecht II: BT, S. 335.

④ Vgl. MüKo BGB – Vorbe/Ulmer/Sch˜ferm, §705 Rn. 155ff.; Medicus/Lorenz, a. a. O., Schuldrecht II: BT, S. 335.; Windbichler, a. a. O., Gesellschaftsrecht, S. 57 ff.

第六，教义学上，合伙合同对所有人合组织体，尤其是商事合伙和资合公司，具有基础结构性意义。合伙、公司及其他人合组织体皆为实现一定共同目的而由法律行为设立的私法上的人的联合体。故合伙合同是其他人的联合体的构造基础，在《合伙企业法》《公司法》等规范没有规定，亦无商事习惯可供适用时，民事合伙合同起到补充适用的作用。民法典并未赋予德国法上“无权利能力社团”的法律地位，对其亦须在相当程度之内参照合伙合同一章予以解决。不过纵如此，亦应认识到本章合伙法制尚有几项规定付之阙如，例如入伙规则、退伙规则、清算解散规则等。

第九百六十七条　【合伙合同定义】合伙合同是两个以上合伙人为了共同的事业目的，订立的共享利益、共担风险的协议。

【释义】

本条是关于合伙合同定义的规定。

合伙合同是指两个以上的自然人、法人或其他组织，为了共同的事业目的，订立的共同出资、共享利益和共担风险的协议。经合伙合同设立的团体关系，现实生活中大多数实为一个组织，拥有共同共有性质联结的合伙财产和基于其对外而生的合伙债务。在社会关系中，社团作为统一体出现，作为其构成分子的个人已经完全丧失其重要性，与此相反，作为合伙构成分子的个人仍然有其独立的存在，只不过是为了达成共同目的而在必要的限度内被统一起来，并于此形成其团体性。[①] 因此，合伙有两重意义：一为合伙合同；二为因合伙合同而成立的人合团体。[②] 也就是说，合伙从内部来看，系属一种合同关系，从外部来看，通常表现为一个人合团体关系。就合伙成立的社会事实而言，与法人或非法人组织的成立，本可视为等同，至少亦是差堪比拟。[③] 但两者的主要区别在于：法人或非法人组织具有民事权利能力，得为民事主体，而民事合伙并无权利能力，不具备民事主体资格。简言之，本章所规定的合伙，虽具有人合团体的外表，但其并无主体资格，不过是多数人之间为实现共同目的而形成的合同性的联结。

合伙是一种历史悠久的合同类型，早在古罗马时代便已存在。罗马法上人的

---

① ［日］我妻荣：《我妻荣民法讲义——债法各论（中卷二）》，周江洪译，中国法制出版社2008年版，第222页。

② 史尚宽：《债法各论》，中国政法大学出版社2000年版，第682页。

③ 邱聪智：《新订债法各论（下）》，中国人民大学出版社2006年版，第7页。

联合体分为团体（universitas）和合伙组织（societas）。较之于团体，合伙组织并非法律主体，仅为独立的单个人之间的一种债法关系。[①] 这一立法例为后世国家普遍采用，如法国、德国、日本等国民法典及我国台湾地区“民法”都对合伙作了专门规定。合伙合同有着广泛的适用范围，任何一种合法的、不背俗的目的都可以是合伙的共同目的，而不考虑其为经济目的抑或非经济目的。[②] 科学的、艺术的、宗教的、好意施惠的、社会的、政治的等目的都可以是合伙对象。目的既可以是利己性的，也可以是利他性的。并且，也可以存在这样的情形，即一名合伙人出于经济上的原因（如盈利动机）追逐共同目的，而另一名合伙人则处于非经济层面的原因（如增加他人生活补助）追逐共同目的。

从法典术语使用上看，“合伙合同”一章采用（民法上的）“合伙”这一大陆法系国家法典中约定俗成的概念，替代《民法通则》上的“个人合伙”，使得规范术语使用更为科学。毕竟，“个人合伙”术语与“科学立法”这一新时期立法指导思想相违背。因为从概念逻辑来看，商事合伙（商事法上的合伙）对应的概念自然是民事合伙（民事法上的合伙），而不应称之为“个人合伙”。此外，“个人合伙”从字面上很容易被理解为“自然人合伙”，并且这一点从“个人合伙”于《民法通则》所处的位置——自然人一章，亦可作出此种推断。其结果便是极大限制了合伙的适用范围。事实上，谁可以参与民事合伙并成为合伙人，并无限制，因为基于私法自治原则，任何私法上的主体（自然人、法人、非法人组织）皆可为实现共同目的而结成民事合伙，甚至民事合伙或者无权利能力社团也能成为其他民事合伙的合伙人。[③]《民法典》第977条使用“合伙人死亡、丧失民事行为能力或者终止的”这一措辞，也能体现出这一变化。新的民事立法已将合伙的主体适用范围予以明确化，不限于自然人，还包括其他组织体。

本章所规定的合伙合同具有如下特征：

1. 合伙合同是诺成合同和不要式合同。合伙因合伙人意思平行一致而成立，而不以标的物或者价款的现实交付为成立的要件。但不妨碍当事人在合同中作出这样的约定，出资的标的物或者价款交付时，合伙合同始为成立。此时的合伙合同即实践合同或者称要物合同。从法律对合同形式的要求看，各合伙人的意思表示不以任何方式为必要，故为不要式合同。但订立合伙合同多以书面方式为之。出资为不动产物权的转移或设定的，应采用书面形式，但以不动产的取得及转卖

---

① Christine Windbichler, Gesellschaftsrecht, 23. Auflage, C. H. Beck München, 2013, S. 15.

② Dieter Medicus/Stephan Lorenz, Schuldrecht II: Besonderer Teil, 17. Auflage, C. H. Beck München, 2014, S. 336; Windbichler, a. a. O., Gesellschaftsrecht, S. 49f.

③ BGH NJW 98, 376; RG 136, 240; Düsseldorf NJW－RR 86, 1295.

为目的的合伙合同，不在此限。

2. 合伙合同为继续性债务合同。罗马法上合伙的最初分类便是一项合伙人之间纯粹的债务关系，不涉及对外效力。因此大陆法系国家通常将其视为一项有名合同规定于具体的债务关系中，使合伙人负担作为或不作为的义务。合伙合同的成立便使合伙人之间互负一系列推动合伙共同目得以实现的持久的促进义务，尤其是出资义务，并且若无此等出资义务，合伙组织也无从建立，更难谓经营共同事业。① 据此，合伙合同是一项继续性债务合同。基于合同自由原则，在不抵触法律的强制性规范或者公序良俗的前提下，合伙人可以据其所需自行确立合伙目的，制订实施方案，设计决策机制，确定执行权人，决定损益分配规则以及执行人的报酬，限定份额转让与继承规则等。

3. 合伙合同为非交换性的双务有偿合同。合伙合同的内容不仅是订立一个非指向给付交换，而且是指向达成共同目的，并且每个合伙人皆有义务推动此种目的的实现。也就是说，合伙的债务合同属性使得合伙人互负促进义务，尤其是互约出资的义务，从而在此之间形成对价关系。因此，合伙合同也是一种双务有偿合同。但是该合同不同于以交换目的与利益对立为基础建构的典型双务合同。毕竟合伙合同并未产生诸如买卖、租赁等合同所要求的当事人间的相互牵连关系，也不产生一方意在以尽可能低的价格买进，而另一方意在以尽可能高的价格卖出的利益对立关系。合伙合同导致参与者之间人身关系上的紧密联结，并且产生在追求一个共同目的之上的全体当事人互负平行协作的义务。据此，那些对于一般双务合同有效的债务给付障碍规则之于合伙合同的可适用性就必须加以限制。②

4. 组织性合同。合伙合同不仅在合伙人之间创设合同上的债务关系，更在当事人之间创设一个人的联合体。合伙人不仅是债务人和债权人，同时还是一个共同体的成员。有争议的是，此种人合团体是否有组织特征，抑或说组织性是不是合伙合同的必要特征。对此须做几点说明。第一，本章仅从纯粹的债务合同关系角度规定合伙合同，因此合同是否有组织性原则非本章的规范内容。第二，就我国实践中的合伙常态而言，实务中更多的是对外参与法律往来的具有一定组织性的外部合伙。相反，内部合伙则属于合伙人之间无组织性的合伙合同，其对外不参与任何法律往来。合伙合同不仅规定合伙人互负出资义务，还规定了大量组织法上的其他问题，如合伙决议机制、合伙事务处理规则、事务执行机关构造规则、执行机关和监督机关的分离规则、利润分配和损失分担规则、成员变动规则

① 参见《德国民法典》第 705 条；我国台湾地区“民法”第 667 条；《日本民法典》第 667 条。

② MüKo BGB – Vorbe/Ulmer/Schäfern， § 705 Rn. 155ff.；Medicus/Lorenz，a. a. O.，Schuldrecht II：BT，S. 335.

以及合伙解散清算规则等问题。据此，尽管存在一定量的内部合伙，但合伙合同以组织性合同为常态，只不过不同的外部合伙形态组织程度高低不一而已，不应按照“要么有，要么无”的思路来理解合伙的组织性。

【关联规定】

《民法通则》第 30～31 条，《最高人民法院关于贯彻执行〈中华人民共和国民法通则〉若干问题的意见（试行）》第 46 条

（撰稿人：严城）

第九百六十八条 【合伙人履行出资义务】合伙人应当按照约定的出资方式、数额和缴付期限，履行出资义务。

【释义】

本条是关于合伙人履行出资义务的规定。

合伙的目的在于经营共同的事业，而共同事业的推动，非有相当的资产作为坚实的后盾不可。据此，出资义务正是合伙人一般性推动义务的具体化。该情形就像法人或者其他非法人组织的资本形成一样，须由其成员认缴一定数额的资本方可形成合伙的自我财产。所谓出资，是各合伙人依合伙合同或者合伙人决议，为推动共同目的而筹集合伙财产时应当完成的给付。在具体的出资方式上，原则上并无限制：其可以为财产性的，亦可以为非财产性的。至于其各自的出资比例和出资数额如何，则本着合同自由原则，由合伙人自行约定即可。

合伙人的出资方式并无限制，不以货币为必要。以货币以外的其他非货币财产出资的，亦无不可。但所有出资财产应具备如下三重特征：合法性、可转让性和可用货币估价性。择其要者，兹说明如下：

（1）货币出资

货币是市场交易中最流行，也是最重要的交换工具。较之于非货币方式出资，货币出资不仅较为便捷，而且有助于防止非货币出资物作价上的高估或者低估。此外，合伙自身通常也需要一定数量的流动资金，以支付合伙设立时的必要开支和执行具体合伙事务时的必要费用。

（2）实物出资

实物投资的对象主要有机器设备、原料、零部件、货物、建筑物和厂房等具

体财物。

（3）土地使用权出资

所谓土地使用权出资，是指合伙人以土地使用权作价后向合伙出资，而使全体合伙人取得土地使用权的一种出资方式。

（4）知识产权出资

知识产权出资，是指知识产权所有人将能够依法转让的知识产权专有权或者使用权予以作价给付的一种出资方式，主要包括商标权、专利权和著作权等。

（5）股权出资和债权出资

债权和股权满足出资的三项特征，自然得为出资财产。股权出资，是指合伙人依据法律和合伙合同的规定，用其持有的在其他公司的股权予以作价出资的一种方式。而债权出资，是指合伙人以其对第三人享有的债权向合伙所为的出资。

（6）劳务出资

劳务出资，是指合伙人以其劳力或精神能力，亦即身体的劳务或精神的劳务（包括技术）为标的的出资，俗称人力股或技术股。劳务出资的内容，无须限制，且无须以推动共同事业的本身所需为限，如受合伙指派为他人提供服务的，则以其所得作为出资，当无不可。

（7）信用出资

信用出资，是指合伙人以其于社会上的名望为标的的出资。其方法包括在商号上、交易上使用出资人姓名，或为合伙债务的保证人或连带保证人。

（8）其他利益出资

在上述典型出资方式之外，尚有其他评价为金钱而得为债之标的的利益。其一为用益出资，是指将财物交付给合伙人进行使用或利用的一种出资方式。此处存在一个与借用、租赁相类似的法律关系。在用益法律关系中，合伙对正常使用的损耗、折旧不承担责任。其二为单纯的不作为出资，主要是指不为营业竞争。不为营业竞争，有其一定的经济上利益，如合伙人之一因合伙而停止欲成立的合伙所拟经营的类似事业或放弃其经营，经济利益上必有相当损失，而相应于此，合伙亦当或有利益。①

上述出资方式，有的直接交付即可，有的尚需在转让过程中依法办理相关出让手续方可。

合伙人的出资缴付期限，由合伙合同自行约定，原则上不作限制。合伙的高度自治性特征允许各合伙人对其出资实行承诺制，分批到位，通过合伙合同明确各类出资

---

① 邱聪智：《新订债法各论（下）》，中国人民大学出版社2006年版，第10页。

的具体缴纳期限。据此，合伙人的出资可以是一次性给付，也可以是定期给付。

合伙人的出资数额，同样通过合伙合同自行约定，仅在欠缺此种约定时，推定各合伙人承担相同的出资义务。合伙人以非货币财产出资的，是否需要先行评估其价值，由合伙合同而定。

合伙人出资的解释规则：合伙合同中所提及的给付，特别是资本性质的给付，推定为出资。合同上未作出规定的合伙人为合伙的利益所支出的费用，仅在合伙人事后有此种约定时，始构成出资。

就《民法典》第525条规定的同时履行抗辩权能否适用于合伙合同，2019年年底的三审稿曾予以肯定，但最终为提交全国人大的审议稿所删除。该款曾规定为"一个或者数个合伙人不履行出资义务的，其他合伙人不能因此拒绝出资。"从教义学立场言，删除是合理的，原因在于：个案中的利益状况若近似于交换性合同的对价牵连关系，适用履行抗辩规则自不待言；反之，并无适用空间。

此外，合伙合同原则上亦不适用风险负担的规定。即使负有特定不动产出资义务的人的给付因不可抗力而给付不能的，也不能说该人已为出资。即使在劳务出资情形下一方合伙人在合伙持续期间因不可归责于其自身的事由而面对将来履行不能时，合伙并不消灭，否则有悖于合伙的团体性，不符合合同当事人的意思，故仍应将合伙解释为继续存在。[①] 但是如果构成不能的出资对于合伙共同目的的达成是至为重要的，且因其给付不能而导致合伙的共同目的不能达成或者明显难于达成，并为此而解散合伙的，自是另外一个问题。另外，适用于各具体债务合同类型的瑕疵担保规定根据各自约定的出资种类而加以确定。假如一名合伙人投入一个被证明有瑕疵的物，重新履行对于换回来说也可能是一个适当的解决办法。但是退出合同、降价或者赔偿损失通常与共同目的的追求不相一致。在具体情况下，需要通过解释来确定法律后果。通过解除合伙合同或者因为目的不能完成而结束合伙，仍然是最后的手段。

【关联规定】

《民法通则》第30条，《最高人民法院关于贯彻执行〈中华人民共和国民法通则〉若干问题的意见（试行）》第46、48条，《合伙企业法》第16～17条

（撰稿人：严城）

---

① ［日］我妻荣：《我妻荣民法讲义——债法各论（中卷二）》，周江洪译，中国法制出版社2008年版，第228页；史尚宽：《债法各论》，中国政法大学出版社2000年版，第685页。

第九百六十九条　【合伙财产】合伙人的出资、因合伙事务依法取得的收益和其他财产，属于合伙财产。

合伙合同终止前，合伙人不得请求分割合伙财产。

【释义】

本条是关于合伙财产的规定。

合伙财产，是为推动合伙共同事业目的而形成的合伙人的财产，由各合伙人的出资及其他财产构成。“其他财产”由因执行合伙事务而取得的收益、基于合伙财产所生的财产以及第三方捐赠的财产构成。而所谓“基于合伙财产所生的财产”，主要包括现有合伙财产上的天然孳息和法定孳息，以及因合伙财产的灭失毁损而对第三人享有的损害赔偿债权。属于合伙财产的，可以是所有具有财产价值的标的，至于是有体物，抑或为无体财产，在所不问，即不仅可以是物和任何种类的权利（债权、股权、财产的使用权和其他无形资产），而且可以是实际上存在的客观价值，如与顾客的关系、业务经验和商业秘密。这样的价值可以通过出资或基于业务执行中的获取和物上代位而成为合伙财产。合伙是以经营共同事务为目的的一种团体，故所谓合伙财产，不过是经营此类团体事业所形成的各种财产的总称。

需要注意的是，虽然推动合伙共同事业目的通常需要一个特定的合伙财产，也即合伙以拥有一定合伙财产为常态，但合伙财产并非合伙成立的必要条件。此外，共同事业目的的追求也可以在不利用特定财产的情况下加以实现，或者服务于合伙目的的财产仅属于其中的一名合伙人，只不过为共同目的而对该财产加以管理而已。此种完全可以存在无合伙财产的合伙，主要出现在纯粹的内部关系合伙情形中。

一、合伙财产的组成

世界上多数国家和地区的法律都规定合伙人原始的财产投入为合伙财产，同时规定，所有以合伙名义取得的收益和依法取得的其他财产也属于合伙财产。故合伙财产的主要取得原因，为合伙人的出资，合伙事务执行所为的法律行为及法律行为以外的事实。《美国统一合伙法》第 8 条将合伙财产规定为：所有作为合伙出资带进合伙的，或以后通过购买或其他方式获得的记入合伙账户上的财产；用合伙资金获得的财产。我国香港地区的合伙条例规定：合伙经营成立时，所有购买存入商号账内或以其他方法收购商号或为合伙经营而收购之财产、产权及权益，本条例均称为合伙财产，须由合伙人按合伙协约绝对为合伙经营之目的而持有及运用。《德国民法典》第 718 条第 1 款规定合伙人的出资以及因事务执行而为合伙所取得的标的，成为合伙人的共同财产（合伙财产）；基于属于合伙财产的权利或者作为对属于合伙财产的标的的灭失、毁损或者侵夺的赔偿而取得的物，亦属于合伙财产。具体分述如下。

（1）合伙人出资的各种财产

关于合伙的出资，有如前述。除动产、不动产、知识产权、股权或债权外，还包括物或权利的使用、劳务、信用、不为竞争等。

（2）出资请求权

合伙人依照合伙合同约定为一定的出资但尚未履行的，全体合伙人都对该合伙人享有出资请求权。故属于合伙财产的不仅有已经提供了的出资，而且有对欠缴出资的请求权。之所以将出资请求权视为合伙财产，原因在于：该请求权构成合伙的经济基础，将其看作合伙财产是合理的，并且其构成合伙债权人的一个扣押对象。其结果就是，作为合伙的日常事务，由享有合伙事务执行权的人行使该出资请求权。另外，以金钱为出资标的的合伙人，怠于该出资时，不仅须支付利益，而且须赔偿损害。为了充实合伙财产，法律肯定通常的金钱债务不履行之外的责任。以金钱以外的财物为出资标的的合伙人怠于履行时，当然依债务不履行的一般原则承担责任。

（3）因合伙事务执行而取得的财产

合伙事务执行人为合伙的代表人，以合伙名义为法律行为时所取得的物或权利，毋庸置疑，皆属于合伙财产。与此相反，如果一名合伙人以自己的名义为合伙的利益计算而为法律行为时，其所取得的物或权利，是否自动构成合伙财产，抑或该合伙人先为取得，其后以之移转于合伙，始为合伙财产，则不无疑问。德国通说认为，须有合伙人移转合伙财产的特定移转行为。此项特定移转行为是指，以自己名义取得财产的合伙人与其他合伙人之间达成的移转财产给合伙所有的合意。即使从经济意义上看，该合伙人也是在合伙事务中活动，其所得暂时性地归其所有，而其他合伙人只有要求转让其所有权的请求权。①

对于财产的交付人（债务人）而言，倘若合同约定了移转财产所有权并非向一特定人为之，而是向不特定人交付的，根据《民法典》第 925 条和第 926 条（隐名代理）的规定可知，全体合伙人可通过受领给付直接取得该财产的所有权。也就是说，事务执行的合伙人为合伙的财产取得，虽以自己名义行为，然在交付

① Carsten Schäfer, Münchener Kommentar zum BGB, §718. Rn 18. Windbichler, a. a. O., Gesellschaftsrecht, S. 73. BGH NJW 1995, 44.

人方面是打算将所有权移转于依该事务执行人的意思而应为所有人之人的，也就构成了全体合伙人的所有权取得。① 退而言之，在事务执行人将其取得财产移转为合伙人所有之前，全体合伙人依关于民法委托合同的规定（《民法典》第927条）② 对其享有财产的移转请求权，而该请求权，如前所述，亦属于合伙财产的构成方式之一。

（4）法律行为以外的事实取得的财产

通过法律行为以外的事实取得合伙财产的，主要是合伙财产的天然孳息和法定孳息、合伙财产征收征用的对价，以及因第三方侵权或不当得利而对其享有的损害赔偿请求权。此类损害赔偿请求权的产生原因主要有：事务执行人因故意或过失对于合伙人所施加的损害，或无事务执行权的合伙人因妨害事务执行致有损害时所生的损害赔偿债权，抑或所有对属于合伙财产的毁损、灭失或侵夺而产生的损害赔偿请求权和保险偿付款等，均属于合伙财产。

二、合伙财产的性质

本条第2款规定，合伙合同终止前，合伙人不得请求分割合伙财产。由于合伙不具有民事主体资格，故合伙财产为全体合伙人共同享有，而不为合伙享有。此外，因该财产系为推动合伙共同事业目的而形成，因此合伙财产应当与各合伙人的私人财产严格区分开来。问题是合伙财产虽归属于全体合伙人，但该共同归属关系究竟是什么关系，也即合伙人对合伙财产享有的是何种权利？

在罗马法上，合伙财产属于各合伙人的共有，各合伙人各自独立的任意处分其应有部分。《法国民法典》第1845条从之。份额处分的自由与分割请求权构成了此种共有的本质。但是如果将合伙财产理解为推动合伙共同事业目的而形成的财产，那么合伙财产显然缺少此项本质，因为合伙人之间存在着为了共同目的而形成高度紧密的人身结合关系。但自德国民法开始，将合伙财产规制为全体合伙人的合有财产。日本民法虽规定合伙财产属于全体合伙人的共有，然就应有部分的处分及合伙财产的分割加以限制（《日本民法典》第668条）。只要没有其他约定，合伙财产就是共同共有财产，因而受到强烈的物权性质的联结约束。合伙人不能处分属于合伙财产的各标的物上的“份额”。合伙人只能共同处分具体标的物，这属于共同共有的本质，因而即使通过约定，也不能对其改变什么。我国立法例形式上与日本法接近，不仅规定合伙财产为合伙人共有（《日本民法典》第668条），亦规定限制处分合伙份额和禁止分割合伙财产（《日本民法典》第676

---

① 史尚宽：《债法各论》，中国政法大学出版社2000年版，第696～697页。

② 《民法典》第927条：“受托人处理委托事务取得的财产，应当转交给委托人。”

条）。

不过需要强调的是，此处的合有和共同共有仍有差别。本法物权编意义上的共同共有，指的是数人对特定的有形物享有不分份额的所有权。考虑到合有概念并未为我国法所继受，本条既可从狭义上将各具体财产标的之于合伙人的归属关系视为共同共有，亦可以从广义上基于描述性抑或概括性表述借用共同共有这一概念来表述合伙人对合伙财产整体的共有属性。此种权利状态和法律属性，就像受夫妻强烈身份联结的共同财产制一样，对其处分和分割的限制，和物权法意义上的共同共有的特征并无明显分别。

据此，我国民法意义上的合伙财产归各合伙人共同所有，即各合伙人在共同共有的联结之下对合伙财产不分份额地享有共同的权利，承担共同的义务。各合伙人不能处分属于合伙财产的各具体标的上的“份额”，毕竟合伙人实际上对各财产标的也不存在份额。与此相对，各合伙人在合伙财产整体上享有一个份额。一名合伙人是否可以处分合伙整体财产上的这个份额，不能从财产归属形式中推导得出。由于合伙财产上的参与是成员身份不可分离的组成部分，因此原则上禁止合伙人处分全部财产上的份额。不是合伙人的人不能成为共同共有的共有人，但是通过合伙人之间的约定，可以允许整个成员身份转让给第三人，使其成为共有人（新合伙人）。这样，全部财产上的份额连同合伙中的成员身份一起被转让。

基于同样的道理，也即合伙人受共同目的束缚，故任何合伙人均无权要求分拆合伙财产。如果某合伙人想撤出他的财产份额，则必须促使合伙解散。与描述的物权性质的联结相对应，在强制执行中合伙人个人的债权人只能以这样的形式对受到共同共有束缚的财产价值采取行动，即扣押合伙人在合伙财产上的份额并宣告解散合伙。再从合伙清算结存中进行债务清偿，也就是说，参与价值必须通过解除共同共有联结来实现。无论如何，合伙人个人的债权人不能扣押合伙财产的具体标的物。与此不同的是，基于合伙债务，债权人可以强制执行合伙财产。当一名合伙人退出合伙，而合伙又未被解散，则他必然丧失其在合伙财产上的份额，而被限定于一个针对所有其他合伙人的债权性质的补偿请求权。

【关联规定】

《民法通则》第 32 条，《合伙企业法》第 20～21 条

（撰稿人：严城）

第九百七十条　【合伙事务的执行】合伙人就合伙事务作出决定的，除合伙合同另有约定外，应当经全体合伙人一致同意。

合伙事务由全体合伙人共同执行。按照合伙合同的约定或者全体合伙人的决定，可以委托一个或者数个合伙人执行合伙事务；其他合伙人不再执行合伙事务，但是有权监督执行情况。

合伙人分别执行合伙事务的，执行事务合伙人可以对其他合伙人执行的事务提出异议；提出异议后，其他合伙人应当暂停该项事务的执行。

【释义】

本条是关于合伙事务执行权和检查权的规定。

一、事务执行与自营机关原则

合伙原则上依赖于其成员的存在，其建立在一个合伙人之间强有力的人身约束基础之上。[①] 故合伙这一人合团体更强调合伙人之间的信赖和协作关系，并在成员之间结成一个事务执行与责任担负的“命运共同体”。[②] 也就是说，合伙的具体事务执行和对外代理等事项，合伙人只要不违背法律的强制性规定或者公序良俗，原则上得依私法自治自行为之。人们将此项不可或缺的合伙关系的构建原则，称为自营机关原则（Selbstorganschaft）。[③] 依据该原则，合伙的事务执行必须由合伙人亲自来履行，[④] 全体合伙人为合伙的最高事务执行机关，禁止将合伙人排除在合伙的事务执行权和代理权之外。毕竟，合伙人对合伙债务不能清偿部分负担无限连带责任，自应由人合团体的成员自行执行团体的事务，并代表其对外参与法律交往，方可将其无限连带责任合理化。[⑤] 因此，事务执行权和对外代理权既是合伙人的权利，也是合伙人的义务。

---

① Windbichler, a. a. O. , Gesellschaftsrecht, S. 24.

② Vgl Müller－Graff, AcP 191 (1991), S. 475, 481ff.

③ Vgl. Karsten. Schmidt, Gesellschaftsrecht, 4. Aufl. , Carl Heymanns 2002, §19III 4; BeckOK BGB/Schöne, §709 Rn. 4.

④ BGHZ 33, 105, 106 ff; 36, 292; 41, 367, 369; MüKo BGB/Carsten Schäfer, §709 Rn. 5f. ; MünchHdb Gesellschaftsrecht/Ditfurth, §7 Rn. 8; aA Beuthien ZIP 1993, 1589, 1595 ff.

⑤ Staudinger－Habermeier, 13. Aufl. de Gruyter 2003, §709, Rn. 5, 12; Weber, JuS 2000, S. 313ff. 在合伙人为自然人时，自营机关的另一重目的在于阻止自然人团体的命运被他人合法决定。Vgl. Erman/Westermann, BGB: Handkommentar, §709, 11 Aufl. , Rn. 3.

二、事务执行的类型

（一）共同执行

事务执行权基于自营机关原则而生，并可依私法自治予以变通，并最终形成三种类型：共同执行；单独执行；数人执行。为保障成员之间的平等人格和信赖合作关系，本条第1款规定：合伙事务由全体合伙人共同执行，并且任何合伙事务的决定，均需取得全体合伙人的同意。也就是说，原则上合伙事务的执行采共同执行原则；合伙事务无论大小，其决议采全体合伙人一致决原则。① 其规范目的在于顺应合伙的高度人合性之需，具有维护每个合伙人均能参与决策的优点，以此保障全体合伙人的交易安全。仅在合伙合同有约定，或者全体合伙人一致同意的前提下，合伙事务的表决和确定方可采取多数决原则。因促成合伙共同目的而生的一切事务，均属事务执行的范围。其通常涉及的是合伙的意思形成、进行合伙簿记、编制资产负债表、规划和执行合伙业务、领导生产、配置和管理员工以及确定执行人的职权和责任等问题，除法律行为外，还存在大量的事实行为。②

（二）数人执行、单独执行或第三人执行

共同执行和一致决原则虽能保障全体合伙人的交易安全，但对成员数较多的合伙而言，只要有一人反对，不论事务大小，皆不能执行。这就导致重要事务决策之时整个事务执行机关容易停摆，进而陷入僵局。为防范事务执行的低效，全体合伙人亦得通过私法自治对事务执行权另作安排，也即在合伙合同另有特约抑或全体合伙人另有决定时，亦允许数人执行（部分合伙人执行合伙事务）或者单独执行（仅由某个合伙人单独执行合伙事务）。此为本条第2款前半句的规定。需要注意的是，数人执行或单独执行时，事务执行的具体范围由合伙的目的决定，通常表现为簿记、制定业务流程、人员部署与人事聘用、编制资产负债表、确认年底结算等。但是关涉合伙的基础性事务，在无特别约定时，应排除在事务执行权范围之外。这些基础性事务主要有：增加出资、合伙人的变更、合伙的解散以及合伙目的的修改等。③ 将事务执行权移转于一个或者数个合伙人的，并不违背自营机关原则，但必须出自全体合伙人的意愿。其移转方式，既可以明示为之，亦可以通过默示的可推断的方式进行；其移转范围，既可以内容广泛，亦可以限于特定事务。

此外，自营机关原则亦不排除通过劳务合同或者委托合同等将具体事务管理

---

① Fikentscher/Heinemann，a. a. O.，Schuldrecht，S. 793.

② 严城：《民法典合同编（草案）合伙合同的成功与不足》，载《法治研究》2019 年第 1 期。

③ Vgl. MüKo BGB/Carsten Schäfer，§709 Rn. 11. Schäfer，ZHR 175（2001），S. 557，567f.

任务转移给合伙人之外的第三人完成,[①] 但其前提是：必须保证至少有一位合伙人可以随时行使执行权。而排除自营机关原则适用的唯一例外情形发生在清算环节，由于清算人的职务仅限于了结现务，并未为合伙开展任何新生事务，所以清算人经选任完全可以由第三人担任。在数人执行、单独执行或第三人执行的事务范围内，除紧急事务执行的情况外，其他的合伙人被排除于事务执行之外。

三、事务执行权

（1）规范原理。基于合伙合同的债法性质，事务执行权的行使和其他债权一样，皆需合乎债务本旨并遵循诚信原则。如果是全体共同执行，难谓滥用执行权。执行权存在滥用之虞的，限于如下情形，也即执行权归于全体或者数人，但允许每个合伙人单独执行的情形。如果某个事务执行人存在执行措施不当，甚至滥用执行权时，其他执行人是否有反对权，便成为问题。故各国民事立法通常赋予此种情形下的各事务执行人以异议权，以防范前述情形的发生。我国民法亦同。

（2）权利属性。事务执行权不具有自益性，是为合伙的利益及共同事业目的而行使，性质上属于一种我为人人的共益权。

（3）适用前提。经合伙合同约定或者全体合伙人决定，在全体或者数个具有事务执行权的合伙人中，每个人都各自享有单独的事务执行权。故被排除出事务执行的合伙人尽管享有检查权，但并不享有事务执行权，从而也不享有异议权。

（4）权利行使方式。异议为需受领的意思表示，不受方式拘束，亦可以通过可推断的方式作出。异议必须在事务执行之前表示。此外，异议权仅涉及事务执行措施，并且仅限执行人之间存在。

（5）事务执行人的义务。合伙人履行依合伙合同或全体合伙人的决议所负担的义务，应尽到善良管理人的注意义务。并且事务执行人如委托合同中的受托人一样，应负有亲自执行合伙事务的义务，不得擅自将事务委托给第三人执行，否则有违自营机关原则。此外，事务执行人还应当向其他合伙人定期报告事务执行的具体情况以及合伙的经营和财务状况等。基于诚信原则，事务执行合伙人还负有竞业禁止和交易限制义务，原则上不得自营或者同他人合营与本合伙事业相竞争的业务。

（6）事务执行的法律后果。执行合伙事务所生的收益归合伙所有，所生的费用和亏损由合伙（全体合伙人）承担。但执行人违反事务执行义务，即不履行或不适当履行执行义务，造成损害的，应承担相应的违约责任。不过对于超越事务

---

① MüKo BGB/Carsten Schäfer BGB §709, Rn 6.

执行权限的情形稍有不同，需要区分越权行为是否合乎合伙人的义务。对于虽超越执行权限，且不属于合伙的基础性事务的情形，只要执行人已尽到合理的注意义务，即使仍不知其行为超越了执行权限，也不应归责。此种情形所生的执行后果，解释上仍应由全体合伙人承担。但是执行人若存在过错的，只要其稍加谨慎便能知道超越了职权，则所生后果应依违背本人意思的无因管理规则而定。

（7）事务执行权的终止。事实上，民事合伙本着全体合伙人共同经营合伙事业这一目的，事务执行便具有双重特征，既是合伙人的权利，亦是合伙人的义务。故事务执行权，虽名为权利，实乃类似于配偶权，因为其为各合伙人同时创设了权利和义务。合伙人既不能单方摆脱这一义务，其他合伙人亦不能任意剥夺其执行事务的权利。问题是，当事务执行人违反合伙合同或者全体合伙人的决定时，其他合伙人是否有权撤销其执行权；如果有，是否不分履行障碍程度，同等处理？对此，比较法上通常规定唯有发生重大事由时，方可撤销委托授权。[①] 其理由在于，动辄得咎，将非常不利于合伙的整体利益和合伙事务的正常运转，反而有违共同目的的推动。我国虽未明确规定此项终止规则，但解释上应无问题。在出现重大事由时，如执行人严重违反义务或者丧失执行能力（如欠缺相应的行为能力或身染重疾等），因其不再能促成合伙的共同事业目的，解释上自应允许通过其余合伙人的一致同意或多数决（若合伙合同有此特约），撤销该执行授权。同理，若执行人自身存在重大事由时，亦可通过通知终止的方式自行结束其事务执行义务（辞职）。若执行人不符合自行终止的条件，便终止其执行职责的，其不仅违反了合伙人的义务，而且造成损失的，仍要对相关损失负责。

四、异议权

本条第 3 款规定，就合伙的通常事务而言，有执行权的部分合伙人，各得单独执行合伙事务，并且其他有执行权的合伙人中的任何一人，对该合伙人的行为有异议的，应停止该事务的具体执行。简言之，任何一名有单独事务执行权的合伙人都有异议权。异议权为事务执行权本身的一部分。当一名事务执行合伙人在从事通常的合伙事务抑或指定事务（若有此特约的）时，虽无须询问或告知其他事务执行合伙人，但如果有一名执行权人知其意图并提出反对的，则着眼于原则上的合伙人同等权利，必须搁置其计划采取的措施。[②] 但是如果其已被执行完成，则无须恢复原状。

作为一项共益权，执行合伙人仅可以基于合伙的利益行使异议权，原则上不

---

① 《德国民法典》第 712 条；我国台湾地区“民法”第 674 条；《韩国民法典》第 708 条；《日本民法典》第 672 页等。

② Windbichler, a. a. O., Gesellschaftsrecht, S. 126.

得基于自身利益行使。计划采取的执行措施是否在客观上有益于合伙，并不具有决定性意义。因为对于某一事项是否有利于促成合伙的共同事业目的，各合伙人的看法往往不同，故只要反对的股东有理由相信不利于合伙利益的，即可行使异议权。毕竟此项共益权的行使目的在于维护合伙的利益，那么尊重事务执行人的异议权自是题中应有之义。至于何谓有理由相信，尚需结合具体情势和诚信原则而为判断。

五、非事务执行合伙人的检查权

合伙事业的盈亏成败，攸关所有合伙人的利害。故本条第 2 款后半句旨在赋予合伙人以成员资格上的检查权，既指向合伙财产，亦指向事务执行人。此项检查权是一项管理权能，为法律对于非执行合伙事务的合伙人所为的强制保障。也即对于合伙，自营机关原则不可放弃。即使合伙合同的约定或者全体合伙人的决定，另有排除或限制非执行人检查权的行使的，此项约定或决定亦属无效，非执行合伙人仍得随时检查合伙事务及其财产状况，并得查阅账簿。

检查权的行使，应依诚实信用原则为之，故检查权人不得以监察或查阅为名，妨碍合伙事务执行；如因检查实施不当，致生损害的，应对所生损害负损害赔偿责任。此外，因检查权是基于合伙人间的彼此信任关系而来，故应由非执行合伙事务合伙人亲自实施。但就合伙检查权的行使，经常涉及业务、财务、会计及法律各领域专业技能或尖端科技，事实上非该等合伙人所能执行。因此，非执行合伙事务的合伙人，因执行检查权的必要，委托工程师、会计师、律师或技师等专业人士，乃至雇用他人协同执行检查的，应均无不可；只是，合伙人应对其聘雇的履行补助人所生债务不履行或侵权行为事由负责。①

【关联规定】

《民法通则》第 34 条，《合伙企业法》第 26 ~ 28 条

（撰稿人：严城）

第九百七十一条　【执行合伙事务报酬】 合伙人不得因执行合伙事务而请求支付报酬，但是合伙合同另有约定的除外。

---

① 邱聪智：《新订债法各论（下）》，中国人民大学出版社 2006 年版，第 58 页。

【释义】

本条是关于事务执行人报酬的规定。

一、事务执行合伙人的地位

依据该条规定，合伙人就其合伙的事务执行原则上并无报酬请求权，除非合伙合同另有约定或者合伙人决议另有规定。

基于自营机关原则，参与合伙事务执行既是合伙人的权利，亦是合伙人的义务。此种基于成员身份所生的合伙事务执行权的授权基础，当然也就来自合伙合同或者全体合伙人的决议（《民法典》第970条第1款或第2款）。但这并不排除全体合伙人通过委托合同来委任第三方执行合伙事务。若合伙人基于其个人信用受到特别委任而执行合伙事务的，那么合伙人不妨构成此处的“第三人”。需要注意的是，《民法典》第970条第2款意义上的“委托”，并非于合伙合同之外基于特别的委托合同而生的事务执行权，乃是以合伙合同或续订的补充合同或者全体合伙人的决议，约定一个或数个合伙人为事务执行人时，该合伙人基于合伙合同的效力而当然享有的事务执行权。

如果合伙人是基于委托合同而授予事务执行权的，对于合伙（或全体合伙人）而言纯粹为委托关系，完全适用有关委托合同的规定。但更常见的情形是，基于合伙合同或者全体合伙人的决议，而以自己的权限执行合伙事务，或约定由合伙人中数人执行合伙事务，那么在执行人与合伙（全体合伙人）之间不成立委托关系或者劳务关系，即使在第970条或者约定固定报酬的情形下，亦为如此。因为此时的事务执行是合伙人成员资格的反映，是基于合伙合同的效力而生的事务执行权。

但就此项事务执行，合伙人对于其他合伙人的关系，仍与固有的受任人并无多大的差异，[①] 因此大陆法系国家常将委托合同的相关规定准用于合伙人执行合伙事务上（《德国民法典》第713条、《瑞士债法典》第540条、《日本民法典》第671条、我国台湾地区“民法”第680条等）。简言之，基于成员资格所生的事务执行权，大体上与委托合同中的受任人有同样的权利义务状态。只要在合伙关系中无其他规定（如全体合伙人的决议）或者合伙合同上无其他约定，那么在事务执行人与合伙本身（也即全体合伙人）之间的关系上，应适用本法委托合同

---

① Windbichler，a. a. O.，Gesellschaftsrecht，S. 68f. 史尚宽：《债法各论》，中国政法大学出版社2000年版，第718页；邱聪智：《新订债法各论（下）》，中国人民大学出版社2006年版，第47页。

部分的相关规定。

二、事务执行合伙人的权利

1. 报酬请求权

基于自营机关原则，合伙人执行合伙事务，虽为全体合伙人的利益而行动，然亦为合伙人依合伙合同所负的义务，况且合伙人中，亦尚有以劳务为出资的情形，必须于合伙存续的一定期间内执行事务或提供其他劳务。是以，除非合伙合同另有约定外，合伙人不得因执行事务而请求报酬，应符合合伙的制度本旨。

2. 费用预付请求权

因执行合伙事务，势必有其一定的费用支出，合伙事务执行人，对于此等费用，法律上并无垫付的义务，自得请求合伙预付，是为合伙事务执行人的必要费用预付请求权（准用《民法典》第 921 条第 1 句）。例如，请求合伙预付日常事务支出所需费用，或者预付对外采购必要物资所需费用等。预付必要费用，同时亦属合伙的义务，如经执行事务合伙人的请求，而合伙不为预付的，则该合伙人不执行合伙事务，应属具有正常理由，而不负给付迟延等债务不履行的责任。

3. 垫付费用偿还请求权

事务执行合伙人因处理合伙事务通常要支出一定的费用，此等费用，是为全体合伙人的共同利益而垫付，并非为个人利益，除得请求偿还支出的费用外，亦得请求自支出时起的利息（准用《民法典》第 921 条第 2 句）。此处所称费用，是事务执行合伙人于法律行为上向第三人所为的财产性给付，或者超过其出资范围而直接对合伙所为的财产性给付。因直接给付财产，事务执行人与合伙人利益恐有冲突，故应受限制，如事务执行人不得擅自将合伙工作在家中实施，而计算事务执行所需的租金。此外，该费用不以委托情形下的必要费用为限，解释上得认为包括有益费用。盖以事务执行是为合伙（或全体合伙人）的共同利益；而且，如解释其限于必要费用，则本条恐失规范意义。①

4. 负债清偿请求权

合伙人因执行合伙事务，负担必要债务的，得请求合伙代其清偿，未至清偿期的，得请求合伙提出相当担保，是为合伙事务执行人对合伙的负债清偿请求权。如经请求，且该债务业已到期，而合伙未代为清偿的，除对合伙事务执行人所受损害应负赔偿责任外，执行事务合伙人亦得停止执行而不负给付迟延等债务不履行责任。②

---

① 邱聪智：《新订债法各论（下）》，中国人民大学出版社 2006 年版，第 48 页。
② 邱聪智：《新订债法各论（下）》，中国人民大学出版社 2006 年版，第 48 页。

5. 损害赔偿请求权

合伙人执行合伙事务，因非可归责于自己的事由而遭受损害的，得向合伙请求赔偿。

如该合伙人为可归责的，则尚不得请求合伙人赔偿，可归责与否，以该合伙人对损害事由的发生有无过失来判断，但与该合伙人有无给付迟延等尚无关系。

三、事务执行合伙人的义务

依据第 970 条规定可知，事务执行合伙人不仅要履行亲自执行义务和事务计算义务，还需尽到事务执行中的注意义务。

执行事务即是基于信赖关系而来，则事务执行人于执行合伙事务时，自应尽必要的注意义务。所谓必要的注意义务，因事务执行人是否受有报酬而标准不同。对此可准用《民法典》第 929 条第 1 款的规定："有偿的委托合同，因受托人的过错造成委托人损失的，委托人可以请求赔偿损失。无偿的委托合同，因受托人的故意或者重大过失造成委托人损失的，委托人可以请求赔偿损失"。据此，合伙事务执行人未受有报酬的，仅负较轻的过失责任（故意或者重大过失）；反之，其受有报酬的，则应负抽象过失责任（普通过失）。

【关联规定】

《合伙企业法》第 67 条

（撰稿人：严城）

第九百七十二条　【合伙的利润分配与亏损分担】 合伙的利润分配和亏损分担，按照合伙合同的约定办理；合伙合同没有约定或者约定不明确的，由合伙人协商决定；协商不成的，由合伙人按照实缴出资比例分配、分担；无法确定出资比例的，由合伙人平均分配、分担。

【释义】

本条是对合伙利润分配与亏损分担的规定。

合伙的利润分配，指合伙的生产经营收入，在进行必要的扣除后所获利润，在各合伙人之间进行的分配。合伙的亏损分担，指合伙经营过程中发生的在一定时期内各种收入减去各项费用后出现负差额即发生亏损时，就这种亏损在各合伙人之间进行的分别承担。设立合伙，既可能给合伙人带来投资收益，也可能因经营不善等多方面原因产生亏损。

本条规定合伙利润分配和亏损分担的原则是：首先，合伙的利润分配、亏损分担，依照合伙合同的约定办理。合伙合同是合伙从事经营活动的准则和合伙人据以享受权利、承担义务的重要依据。合伙利润分配与亏损分担则是合伙人的一项重要的权利义务，其理应由合伙合同作出约定，因此，本条确认了合伙合同优先于法律规定的原则。其次，实践中如果出现合伙合同未约定利润分配和亏损分担办法或者实际情况不能完全适用合伙合同的约定的，本条又规定，可以由合伙人协商决定，从而坚持了合伙人私法自治的原则。如果合伙人经过协商仍未能作出决定的，本条也提供了一个一般原则，即由各合伙人按照实缴的出资比例进行分配、分担；无法确定出资比例的，由各合伙人平均分配和分担。需要指出的是，前两种置于优先地位的利润分配与亏损分担程序，采用的是事先的合同约定或者事后的合伙人协商方式，而后两种程序是由法律直接规定的一般原则。此项安排能最大化地尊重各合伙人的私法自治。此外，利润分配和损失分担非属合伙的事务执行范畴，因此须由全体合伙人的同意为之，不得以其过半数决定。

需要注意的是，以劳务方式进行出资的合伙人，仅需依据劳务约定的估定标准或者折算价值计算其分配比例即可。但由于劳务出资者未拿出实际的财产投入合伙中，一旦合伙经营亏损，他是否应与其他合伙人一样分担亏损，条文未予明确规定。对此，比较法上的规制方式有所不同，也即所有的合伙人虽然都负有出资义务，但损失的分担却并非各国立法的强制性要求。具体可分为如下五类：一是明确规定除合伙合同另有约定外，按合伙最低分担比例执行，即将其分配利润和分担损失相挂钩，执行与出资额最少的出资人相同的比例，如《法国民法典》第 1844 – 1 条[①]；二是负盈不负亏，即除合伙合同另有约定外，以劳务出资的合伙人仅享受利益而不承担亏损分配，如我国台湾地区“民法”第 667 条第 3 款；三是可特约负盈不负亏，但若无此项特别约定，则必须负担损失，如《瑞士债法典》第 533 条第 3 句[②]；四是法官公平裁定，也即如果合伙合同没确定以劳务出资的合伙人应当承担的份额的，则由法官依照公平原则进行确定，如意大利民法

① 仅以劳务作为其出资的合伙人所占的份额与出资最少的合伙人所持的份额相同，有相反规定的除外。不过法国民法之所以作此项规定，是因为其第 1843 – 2 条第 2 款规定，劳务出资不参与形成合伙财产，但可以分派对分享利润与合伙净资产设定权利的份额，并负填补亏损的责任。此外，《奥地利民法典》第 1195 条第 4 项规定与此相类似。

② 仅享受利益不负担损失，其约定亦为有效，但必须有此项特别约定，方可不负担损失。

第2263条第3项；五是劳务出资者与其他合伙人平均分担，以德国、日本等立法例为代表，其并未对劳务出资作特别规定，解释上认为与其他出资一样按比例分担即可。[①]

上述各立法例均有一共识，即合伙合同若作出特别约定可以免予分担的，则该约定有效。可见，我国民法虽对劳务出资未予明文规定，但同德日等立法例，应解释为若无特约，应同其他出资一样，按比例分担。就分担损失所作的特别约定纯属合伙人之间的内部关系，此项自治行为并未违反《民法典》第153条的规定，我国民法亦应作有效性解释。毕竟合伙本身的持续存在才是所有合伙人的共同事业，而损失分担并不是该共同目的下的必然追求。

损失分担是合伙人之间的约定，并非合伙与合伙债权人之间的关系。因此不负担损失的约定，仅有内部效力，对于合伙债权人的关系，仍不能免除其连带责任（本法第973条）。当合伙对外负债，该合伙人仍负清偿义务，只不过为之清偿后，有权就清偿的全额向其他合伙人求偿。

利润分配的时间若无特别约定，通常可采取定期分配方式为之，比如每事务年度结算有盈余时进行分配。此外，在退伙时或者合伙解散时，若有盈余，亦有权请求分配相应比例利润。至于事务年度的结算，依照合伙合同或者交易习惯而定（如年终结算）。但是对于不以营利为共同事业目的的合伙来说，于清算前并无利益分配请求权，仅在合伙清算且有盈余时才能分配。此外，不分配利润，而将其作为合伙财产，借以增加该合伙人的出资份额亦未尝不可，但须取得其他合伙人的同意。但是对于填补亏损而言，如果合伙合同对其并未约定随时填补的，那么即使因经营合伙事业一时发生损失，也无填补亏损的义务。在清算之时，合伙财产不足以清偿合伙债务的，才负填补亏损的义务。

此外，自古罗马以来确立的"狮子合伙"原则，也即一名或者数名合伙人不分享任何利润或者不承担任何损失的约定无效。这项规定为意大利民法第2265条所继受，我国《合伙企业法》第33条第2款也有此规定。如前所述，利润分配和亏损分担并非合伙的共同事业目的，因此全体合伙人之间对此作出特约的，并不违背第153条的强制性规定，除非该合伙的唯一共同目的或者主要共同目的就是营利，那么不享有利润分配的约定才和共同目的的追求发生冲突而导致无效。

---

① ［日］我妻荣：《我妻荣民法讲义——债法各论（中卷二）》，周江洪译，中国法制出版社2008年版，第288页。

【关联规定】

《最高人民法院关于贯彻执行〈中华人民共和国民法通则〉若干问题的意见（试行）》第 47 ~48 条，《合伙企业法》第 33 条

（撰稿人：严城）

第九百七十三条　【合伙人的连带责任及追偿权】合伙人对合伙债务承担连带责任。清偿合伙债务超过自己应当承担份额的合伙人，有权向其他合伙人追偿。

【释义】

本条是关于合伙人的连带责任及追偿权的规定。

民事合伙并非法人或非法人组织，故不得为合伙债务的归属主体，因此合伙债务实为全体合伙人的债务。本条立法与德瑞立法同其旨，采连带主义立场，也即本法将合伙视为共同共有关系联结成的人合团体（德国称为共同共有共同体）[①]，将合伙债务视为合伙人的共同债务。各合伙人除负共同债务外，还连带地负与合伙债务同一内容的个人债务，即合伙人除以合伙财产为一般担保负财产的有限责任外，同时负以自己的全部财产作为担保人的无限责任，以确保合伙的信用，而维护合伙债权人的利益。

一、合伙债务的种类

（一）基于法律行为的合伙债务

基于法律行为的合伙债务，是指行为人以合伙名义且在存在代理权的框架下与他人因缔结法律行为而生的债务。例如，合伙从银行借入资金时的返还债务，购入办公用品或生产物资等而负的价款支付义务，因定作财产有瑕疵而负的填补损害义务、因合伙财产持有不当造成他人损害而负的损害赔偿义务等，均属如此。由于民事合伙原则上适用共同代理规则（《民法典》第 970 条第 1 款、《民法典》第 166 条），故只有在获知一名合伙人在偏离一般规则的情况下（《民法典》第 970 条第 2 款），也即在被明示或默示授予单独代理权（通过授予相应的单独业务执行权）的情况下，第三人才能信赖单个合伙人的代理权。然而，表见代理

① 本条有关合伙债务的清偿规则主要解决的是合伙对外交往中所生的债务。

权或容忍代理权也是可能的。

（二）基于法律规定的合伙债务

合伙如果受有不当利益时，可能基于不当得利承担相应的得利返还责任，这通常发生在以合伙名义缔结的合同失败需要恢复原状的情况中。但是对于合伙是否有侵权责任可能就存在难题。因为只有在合伙具有侵权能力的情况下，合伙才可能承担侵权责任。但是对于组织性较强的合伙（如对外参与交易关系的合伙），可类推适用合伙企业法代表人侵权责任归属于合伙企业的归入规则，从而使得合伙这样一个独立的特别财产的人的联合体也能承受事务执行人因侵权行为而生的损害赔偿责任。属于法律设定的请求权的还有税负债务等。对此的责任关系，大多由特别法规定。但对于所得税，即使具有权利能力的合伙企业也不是税务主体，而是各个合伙人。与此相反，民事合伙可以是地产购置税和营业税的债务人。

二、合伙人用其私人财产承担责任

对于第三人，合伙人原则上应用其私人财产作为连带债务人（《民法典》第518条）对合伙债务承担个人责任。但就合伙人个人的责任与合伙共同债务的关系，比较法上有并存主义与补充主义之分。所谓补充主义，以我国台湾地区“民法”为代表，其规定合伙财产不足以清偿合伙债务时，各合伙人对于不足之额，补充性地连带负其责任。[①] 该立法旨在加强合伙的团体性，使合伙有独立存在的地位，故强化合伙财产的独立地位。与之不同的是以德瑞立法为代表的并存主义，其是指合伙的债权人可请求就合伙财产进行清偿，也可以选择直接向合伙人请求清偿。[②] 此时合伙人就个人财产所负的责任，并非补充的债务，亦非有不同的新增债务，而仅有一项债务存在。对于此项债务，合伙财产与合伙人的其他个人财产，同时负责，并且债权人可依其选择，行使其权利。

我国《民法典》第973条第1句措辞为“合伙人对合伙债务承担连带责任”，并未明确规定以合伙财产优先清偿，故我国立法采用的是并存主义立场。由于合伙财产和合伙企业财产抑或公司财产不同，其公示并不充分，且若有全体成员的合意即可分割，因此，这也是考虑了债权人立场。不过在各国的司法实践中并无实质性差别，通常都是首先执行合伙财产。此外，合伙人与第三人也可以合同约定以合伙财产优先负责。但在合伙财产于合伙存续中或解散后，分配于合伙人而清偿合伙债务的，则仅由合伙人为其负责。

---

① 我国台湾地区“民法”第681条。

② 《瑞士债法典》第54条第3项；《德国民法典》第427条等。

此外，在与合伙人和合伙人的债权人的关系中，合伙财产的独立对于合伙制度设计具有决定性意义。合伙财产与合伙人私人财产之间的分离使得如下情形成为可能，即阻止合伙人任意侵犯合伙财产，并由此将合伙财产优先保留给合伙债权人。反过来，合伙人的个人债权人必须首先执行合伙人的私人财产。这至少增大了合伙人的个人债权人攻击合伙财产的难度，即使这不是不可能的。由此可见，我国合伙法并未采美国法上的双重优先原则，也即合伙财产首先用于偿还合伙债务，有剩余再分配给各合伙人用于清偿个人债务；合伙人的个人财产则首先用于偿还其个人债务，剩余的再用于清偿合伙债务。

本条第2句规定："清偿合伙债务超过自己应当承担份额的合伙人，有权向其他合伙人追偿。"该句对合伙人承担无限连带责任超过应承担比例时，赋予其向其他合伙人进行内部追偿的权利。对与合伙债权人而言，所有合伙人是连带债务人，但是在合伙人内部关系中该债务是可分之债。其比例参照本法第972条规定，首先以合伙合同约定的比例或者合伙人之间协商达成的比例分担损失，否则按照出资比分担损失，出资比不明的均等分担损失。无论按照何种方式分担损失，合伙人所承担的都只是共同债务的一部分。因而当某一合伙人在承担全部债务或代其他合伙人承担偿付义务后，即产生超过本人应承担份额所造成损失的弥补问题。针对超过其所分担份额的损失，自然有权向其他合伙人进行追偿。

【关联规定】

《民法通则》第35条，《最高人民法院关于贯彻执行〈中华人民共和国民法通则〉若干问题的意见（试行）》第47～48条，《合伙企业法》第38～40条

（撰稿人：严城）

第九百七十四条　【合伙人转让其财产份额】 除合伙合同另有约定外，合伙人向合伙人以外的人转让其全部或者部分财产份额的，须经其他合伙人一致同意。

【释义】

本条是关于合伙人转让其财产份额的规定。

一、“财产份额”的规范解释

本条旨在规定合伙人成员身份的整体转让，[①] 而非合伙人就整体合伙财产上的抽象财产份额的转让。因为合伙财产的共同共有属性，在合伙清算前，合伙财产的份额仅为潜在的存在，合伙人在合伙存续期间无权随时请求分割合伙财产，只能在合伙清算时，才得按比例分担损益。这种财产份额在合伙解散前仅具象征意义，不过是合伙人对合伙财产隐存的计算比例而已，并无现实的财产份额，并且其与合伙人的地位具有不可分离性。《德国民法典》第725条虽在债权人扣押合伙人财产时使用“合伙财产份额”术语，但当下通说抛弃这种观点，其认为构成合伙人之私人债权人的扣押标的的是合伙人的成员资格，从而引起由成员资格所生的财产性权利的冻结，特别是分红请求权、清算收益请求权以及合伙份额处分权（份额转让或质押）。合伙人的私人债权人只能通过终止合伙或者合伙人退伙结算的方式实现债权，而不能在合伙存续期间主张该合伙人由合伙关系产生的权利。

从比较法立场看，合伙人对外转让的亦非合伙财产上的份额，而是基于成员身份所享有的合伙人的全部权利。德日民法虽未规定合伙人成员资格的对外转让，但学说普遍承认合伙人之间的此项自治行为。与之相反，瑞士债务法第542条第2款明确规定，非经其他合伙人同意，合伙人不能将其份额转让给第三人。受此规定影响，我国台湾地区“民法”第683条从之。其规定，合伙人非经其他合伙人全体之同意，不得将自己之股份转让于第三人。法国民法第1861条亦规定，合伙股份只有经全体合伙人认可始得转让。而所谓合伙股份，奥地利民法第1182条对此予以明确界定：合伙股份，指单个合伙人基于合伙契约而对于全体其他合伙人所具有的权利和义务的总和。该条还规定，各合伙人未经其他合伙人的全体同意，不得处分其合伙股份。

据此，本条所指的合伙人的“财产份额”，并非合伙人于合伙财产上的份额，而是合伙人的“合伙份额”（Gesellschaftsanteil）。究其实质，该合伙份额实为合伙人的“成员身份”，抑或合伙人的“地位”。其与公司法上股东对其股东地位（股东的身份资格）享有的权利为股权一样，合伙人对其合伙份额享有的权利，可称为合伙份额权。据此，合伙份额权也是社员权的一种，属于团体法上的权利，产生于社员资格（地位），并与这种资格相终始。合伙份额权具有两重面向，一为财产权的面向（分红请求权和剩余财产索取权等），二为管理权的面向（如

① 日本著名法学家我妻荣教授将其称之为“合伙人地位的让渡”，详见［日］我妻荣：《我妻荣民法讲义——债法各论（中卷二）》，周江洪译，中国法制出版社2008年版，第304～305页。

参会权、表决权、事务执行权、监督权、合伙人无效或可撤销的诉权等)。合伙人的份额权，作为合伙人之间高度人合性结合的当然结果，原则上不允许与合伙人的地位相分离而处分。

二、成员身份牵连原则与份额转让

合伙合同不仅是一项债务合同，更在于在当事人之间创设一个人合团体。该人合团体的存续有赖于合伙人之间的稳定结合，且各成员的身份皆具有专属特性，若无排他约定，合伙人中一人所发生的事由（如合伙人死亡或者被破产宣告，退伙等)，将导致整个合伙的解散。人们由此将其概括为一项合伙法上的架构原则，也即成员身份牵连原则（der Grundsatz der Personengebundenheit)。所谓成员身份牵连原则，是指人合团体与其全体成员的人格不相分离，合伙人的成员身份原则上不能抛弃，也不能转让，仅在一定条件下才被允许。① 这项特征在合伙与社团法人的比较中最为明显。社团法人的设立目的比成员的单个人格更为持久并与成员的人格相独立，因此在社团法人中，成员的变更及其权利转让在原则上是允许的，如可以基于股权转让或者继承发生成员变更。相反，合伙原则上依赖于其成员的存在，建立在一个较为强烈的人身联结基础之上。合伙的成员身份牵连原则使得合伙这个人格团体的成员流动性受到限制，以维持团体关系一定程度的稳定性。并且成员身份是一个整体，基于成员身份而生的合伙人的所有权利（管理权和财产权)，原则上均不得转移，尤其不能将单个权利从整体权利中分离出来而让与他人。人们将其称为成员身份牵连原则下的禁止分拆原则。②

不过，基于合伙合同为债务合同的特性，成员身份牵连原则虽然是合伙合同的构造原则，但并不具有强制性。③ 也就是说，合伙人入伙、退伙抑或转让其合伙份额（身份资格）亦非不可，但其以合伙合同对此存在事先约定，抑或全体合伙人事后同意为准。否则，一名合伙人通过出让合伙份额的方式退出合伙，将导致整个一名新合伙人的强行入伙，进而动摇合伙的基础关系。④ 一个没有此项同意而签订的转让合同是效力待定的合同，其依赖于其余合伙人的追认。只要有一名合伙人拒绝追认，该合同最终也是确定无效的。若全体合伙人一致同意合伙人的份额可以出让，那么合伙财产上的份额只能与成员身份一起出让，不得仅出让

---

① Jens Koch, Gesellschaftsrech, 10. Aufl. , C. H. Beck 2017, S. 17.

② 学界将其称为分拆禁止原则（Abspaltungsverbot)。Vgl. Wiedemann, Die Ḃbertragung und Vererbung von Mitgliedschaftsrechten bei Handelsgesellschaften, C. H. Beck 1965, S. 276ff. ; MüKo BGB/Ulmer/Schäfer, §717 Rn. 7; Windbichler, a. a. O. Gesellschaftsrecht, S. 69.

③ Windbichler, a. a. O. , Gesellschaftsrecht, S. 83. ; Fikentscher/Heinemann, Schuldrecht, S. 663; Staudigner - Habermeier, S. 736, Rn. 2.

④ Staudigner - Habermeier, S. 719, Rn. 10.

财产份额，而保留成员身份下的管理权（如重大事务决定权、合伙事务执行权和监督权等）。不过，合伙人权利中的分红请求权和清算收益请求权构成禁止分拆原则的例外，因为对这两项纯粹的财产权所为的处分，并不妨碍合伙目的，因而构成分拆禁止原则的例外情形。当然全体合伙人为降低自行退出合伙、未来接纳新合伙人或者对外出让其合伙份额的难度，亦可在合伙合同中规定多数决，甚至可事先赋予某个合伙人（通常是事务执行人）单独决定成员得否变更的权利。当然就像合伙人所有的权利行使一样，该决定权受到诚信原则的制约。如果有权决定成员身份得否变更的合伙人在违反诚信原则的情况下，接纳或允许某个合伙人对外转让其成员资格，则其他合伙人仍然可以禁止此项决定。

三、合伙份额转让的效果

合伙对于每个成员合伙的同一性不因合伙人身份的改变而改变。[①] 作为合伙专项财产的共同共有财产不受合伙人变更的影响，并与合伙人的份额相区别。

（一）受让人的地位

出让人将其成员身份通过合伙法上的处分行为直接转让给受让人。这一处分行为具有权利变动的效力，直接导致合伙人的变更，也即出让人丧失合伙人的地位，而受让人取得合伙人的地位，成为新的合伙人。与出让人的合伙人地位相伴随的自益权性质的权利，当然移转于受让人。这些权利义务主要是利润分配请求权和清算结存分配请求权（剩余财产索取权）。具有共益权性质的权利义务亦同时移转于受让人，如事务执行权、财产状况检查权、对外代理权、重大事项决定权等。与此相关的出让人的义务亦转移于受让人，如出让人的出资义务、执行义务、信义义务等。[②] 基于合伙的同一性，合伙人身份的改变对合伙并无影响，只是受让人取得了出让人的地位。因此，出让人出让的并非其享有的具体性权利义务抑或概括性权利义务，而是基于合伙人地位所生的权利义务，故受让取得合伙人地位时，就当然取得这些权利义务。但是在非共同执行场合，合伙份额出让前出让人已被选任为事务执行人的，受让人则并不当然取得事务执行人资格，而应通过合伙合同重新选任。[③]

（二）合伙债权人的地位

合伙人身份的任何改变对合伙人个人的责任有着决定性影响，但是对合伙责任

---

① BeckOK BGB/Schöne，§714 Rn. 50. Erman/H. P. Westermann，BGB，15. AUFL.，Rn 15.

② 不过就出让人的出资义务而言，因纯属合伙的内部关系，故在经得其他合伙人同意的前提下，亦可约定由出让人负担。

③ ［日］我妻荣：《我妻荣民法讲义——债法各论（中卷二）》，周江洪译，中国法制出版社2008年版，第306页。

并无影响，故合伙债权人的地位也不受影响。问题是，合伙债务所相伴的合伙人的个人财产责任，是否因成员地位的变更而免责？也即到出让时为止所生的合伙债务由出让人负责，还是由受让人负责？从债权人保护和合伙的同一性出发，合伙份额受让人不仅要对进入合伙时起所生的债务负责，也要对进入前的合伙债务负责。[①]

（三）对内转让与部分转让

本条仅规定对外转让，未规定对内转让。既然本条不禁止对外转让，举重以明轻，自然允许合伙人的对内转让。可类推适用按份共有人有关共有份额对内转让的规定，抑或有限责任公司股东对内转让股权的规定，得由出让人与受让人自由协商之，无须其他合伙人的同意。当然，全体合伙人也可事先在合伙合同中约定对内转让的限制要件。若无此约定，则不得禁止对内的自由转让。

经其余合伙人同意的，合伙人也可以转让其部分合伙份额。如此，将不会发生成员的变更，而是在转让部分份额的合伙人的成员身份继续存在的同时，一名新合伙人入伙。其结果，管理权不发生转让，而是在入伙人身上新生产生。转让的仅仅是财产法地位的一部分。受让人获得盈利分配请求权和清算结存分配请求权，但他得到的不仅是债权性质的请求权，而且还有在其作为新的共同共有共同体成员身上增加产生的一个合伙财产份额。这个份额与其获得的被转让的合伙份额部分相对应。

不过基于合伙企业法上的成员身份牵连原则，为维护合伙参与主体之间的人格信赖关系，进而维护合伙关系的稳定存续，解释上应类推适用《公司法》第71条，赋予内部合伙人优先购买权。

【关联规定】

《合伙企业法》第22～23条

（撰稿人：严城）

第九百七十五条　【合伙人权利代位】合伙人的债权人不得代位行使合伙人依照本章规定和合伙合同享有的权利，但是合伙人享有的利益分配请求权除外。

---

① 对此应类推适用《合伙企业法》第44条第2款“新合伙人对入伙前合伙企业的债务承担无限连带责任。”《德国民法典》亦通过类推商法典第130条解决该问题，Vgl. BGH，Urteil v. 7. 4. 2003 – Az.：II ZR 56/02。

【释义】

本条是关于合伙人的债权人禁止代位的规定。

一、代位禁止

代位权作为债的保全方法之一，依据《民法典》第535条的规定可知，是指因债务人怠于行使其债权以及与该债权有关的从权利，影响债权人的到期债权实现的，债权人可以向人民法院请求以自己的名义代位行使债务人对相对人的权利。但此项代位权的适用，尚需满足其各项具体构成要件。[①]《民法典》第975条则对合伙人之债权人的代位权作了限制性规定。其规定，合伙人的债权人，就该合伙人对合伙所享有的权利，不得代为行使，但利益分配请求权，不在此限。作此限定的原因在于合伙企业法上的“成员身份牵连原则”。该原则强调：合伙人之间相互牵连，产生一个彼此高度信赖合作的“命运共同体”，因此民事合伙与其全体合伙人的人格不相分离，合伙人的成员身份原则上不能抛弃，也不能转让。据此可知，合伙人于合伙合同所生的权利义务，通常具有一定专属性，其与合伙人的资格（抑或合伙人的地位）不可分离地结合在一起。

就合伙人发生的与合伙无关的债务而言，合伙人的债权人不得于合伙存续期间，代为行使该合伙人基于合伙关系对合伙所享有的权利（尤其是身份关系上的权利，如表决权、事务执行权、监督权等）。[②] 如果允许合伙人的债权人得代为行使这些权利，则债权人无疑将介入合伙关系内部，从而导致此类权利的行使之人与合伙人的地位发生分离的结果。毕竟，合伙人的这些私人债务和合伙的事业经营无关。合伙虽然不像法人或非法人组织那样具有独立的民事主体资格，但其民事活动和合伙人自身的民事合伙分属于两个不同的法律关系，不应混同。因此合伙人发生的债务与合伙债务是两个不同的债。合伙人的自身债务，应由合伙人自行偿还。

不过，合伙人对合伙所享有的利益分配请求权，仅以财产的给付为目的，并无身份专属性质，不作为一项独立的财产权。因此，即使在合伙关系存续期间，仍得由合伙人的债权人代位行使，并无妨碍。同样该利益分配请求权，亦应解释得为扣押的标的。[③] 此外，虽本条明示利益分配请求权得代为行使，但就合伙财

---

① 代位权的具体构成要件，可参见第535条的条文释义部分。

② 所谓合伙存续期间，自合伙成立起算，直到清算程序终结之时均是。因此，不仅限于合伙解散以前对其适用，即虽已解散但在清算中的时期亦然。

③ 一般合伙合同上的权利则不得独立为扣押的标的。

产保全的角度而言，合伙解散清算后，合伙人的出资返还请求权及剩余财产分配请求权（剩余财产索取权），仍不在限制适用之列，其合伙人的债权人得行使代位权。

简言之，合伙人的债权人要求合伙人偿还债务，只能通过与合伙人签订合同或通过诉讼，获得对合伙人在合伙企业中收益分配的请求权以实现债权，而对合伙人的其他权利如合伙事务执行权、重大事务表决权、对事务执行人的监督权等均没有请求权，对合伙人在合伙中的权利不得行使代位权。

二、抵销禁止

问题是，当合伙人的债权人同时是合伙的债务人时，这两个债是否可以通过某种方式抵销？对此，我国民法未予明确规定。但在现实生活中，合伙人自身债务的债权人除与该合伙人具有债权债务关系外，他可能与合伙也进行过交易并产生债权债务关系。当其作为合伙人私人的债权人时，他可能一段时间内又是民事合伙的债务人，与合伙产生另一种债权债务关系，由于合伙与合伙人的经济联系，使其很容易产生错误认识，主张将其对合伙人自身的债权与其所负合伙债务相抵销。

根据《民法典》第568条规定可知，当事人互负债务，该债务的标的物种类、品质相同的，任何一方可以将自己的债务与对方的到期债务抵销。故合伙债权与合伙债务对立时，相互抵销。合伙人的债务人，亦得以其对于合伙人的债权为抵销。但是合伙人和合伙是两个不同的主体，合伙人与其债权人的欠债关系，与该债权人对合伙的欠债关系，不属于同种类债务关系。当合伙债权与合伙人个人的债务对立时，合伙的债务人不得以其对于合伙人的债权，主张与合伙对于自己的债权进行抵销。毕竟合伙债权属于合伙财产之一，为全体合伙人所共同共有，当然不得为合伙人所私自处分。如果允许两者相互抵销，则不仅变相为清偿合伙人个人固有的债务而减少合伙财产，而且破坏全体合伙人共同共有关系的维系，其结果对推动合伙的共同事业目的甚有妨碍。因此大陆法系国家通常于民法典明确规定抵销禁止规则。① 我国民法典对于此项通常事理虽未规定，但解释上应从之。

① 不过亦有例外。如全体合伙人同意此项抵销的，或者一合伙人独有合伙事务代表权而基于此代表权为其个人债务订立合法的抵销合同的，亦非所不许。合伙债务与合伙人个人债权对立的，于合伙财产不足清偿合伙债务时，合伙债权人得以其不能就合伙财产受清偿的债权，与合伙人的个人债权互为抵销。

【关联规定】

《合伙企业法》第41条

（撰稿人：严城）

第九百七十六条 【合伙期限】合伙人对合伙期限没有约定或者约定不明确，依据本法第五百一十条的规定仍不能确定的，视为不定期合伙。

合伙期限届满，合伙人继续执行合伙事务，其他合伙人没有提出异议的，原合伙合同继续有效，但是合伙期限为不定期。

合伙人可以随时解除不定期合伙合同，但是应当在合理期限之前通知其他合伙人。

【释义】

本条是关于合伙期限的规定。

本条第1款规定："合伙人对合伙期限没有约定或者约定不明确，依据本法第五百一十条的规定仍不能确定的，视为不定期合伙。"如果合伙合同对合伙期限没有约定，或者约定不明确，那么此时的合伙合同和其他未定期间或者期限不明的继续性债务合同一样，首先应结合《民法典》第510条通过解释来查明是否真的未规定期限。如果经过解释存在一定期限的，则为定期合伙，否则应视为不定期合伙（非定期继续性债务关系）。《民法典》第510条规定："合同生效后，当事人就质量、价款或者报酬、履行地点等内容没有约定或者约定不明确的，可以协议补充；不能达成补充协议的，按照合同相关条款或者交易习惯确定。"据此，是否未定期限，首先应审查当事人之间是否事后对此达成补充协议；如果没有补充协议的，则透过合伙合同有关共同事业目的等条款探求合伙人的真意。例如，倘若共同合伙事业目的尚未实现，虽未明确约定期限，但仍应解释定期合伙，该期限从合伙成立时起直到共同目的的实现为止。也就是说，合伙期限是否通过明示或者默示的方式规定具体的期日，也可以通过约定一定事实的发生为终止条件。① 据此要查明合伙人是否已经确定了合伙期限，应从合伙合同、合伙人的补充协议以及合伙人的相关决议中查明全体合伙人的一致真意。经过解释仍未定期限的，则为不定期合伙。

即使对于定期合伙，亦存在转化为非定期合伙的可能性。对此本条第 2 款规定："合伙期限届满，合伙人继续执行合伙事务，其他合伙人没有提出异议的，原合伙合同继续有效，但是合伙期限为不定期。"因合伙为继续性债务合同，与租赁合同（《民法典》第 734 条）、委托合同、物业服务合同（《民法典》第 948 条）、劳务合同等一样，肯定其默示的更新。如果全体合伙人决议合伙继续存在的，则既可以决议将其规定为不定期合伙，亦可以不规定合伙继续存续期间，但结合本条第 1 款仍应解释为非定期合伙。此种合伙人的决议将改变原合伙合同，因此原则上必须经全体合伙人一致同意。

此外，虽约定期限，但应作非定期合伙解释的亦有可能。例如，德国民法第 724 条第 1 款规定的以一名合伙人的终身为合伙存续期间的期限约定，应视为不定期合伙。其原文是："合伙是就合伙人中的一人的终身而制定的，得以与非为一定期间所制定的合伙以相同的方式终止。"其表明以一个合伙人的终身所缔结的合伙可以随时终止，不论是该合伙人还是其他合伙人均有终止权，其规范理由在于合伙人不应在合伙关系中受到过度的约束，② 否则侵害合伙人的行为自由。根据德国民法典立法理由书所示，其旨在保护合伙人免受思考仓促、自欺欺人和不切实际的幻觉所害，经验表明，其常出现于以终身为存续期间的合伙合同。③ 不过该观点遭到学界通说的拒绝，因为以终身为存续期限的约定，可能正是因为合伙人对推动合伙存续所作的明确的自我约束，而非出于轻率或仓促作出该决定。无论如何，立法理由书上的生活经验结论是无法证明的。不过该法旨在保护合伙人不受过于漫长时间约束的观点值得考虑。④

本条第 3 款就不定期合伙合同的解除作了重要规定，也即合伙人可以随时解除不定期合伙合同，但是应当在合理期限之前通知其他合伙人。该句实为本法第 563 条第 2 款的重复性规定。该解除权的本质实为向其他合伙人作出的单方需受领的意思表示。故合同是否解除，也即解除通知是否到达，应结合《民法典》第

---

① Jauernig BGB Kommentar, Stürner § §723 – 728, Rn. 2.

② MüKo BGB – Vorbe/Ulmer/Schäferm, §705 Rn. 162.

③ Mot. II S. 621. RGZ 156, 129, 136; ähnlich *Soergel/Hadding/Kießling* Rn. 1, die auf das Recht zur freien Entfaltung der Persönlichkeit verweisen.

④ HM, vgl. BGH WM 1967, 315; *G. Hueck*, FS Larenz, 1973, S. 741, 742; *Erman/Westermann*Rn. 1; *Staudinger/Habermeier* (2003) Rn. 1; *Staub/Schäfer* § 134 HGB Rn. 2; *Gersch* BB 1977, 871, 873 f.; *Merle*, FS Bärmann, 1975, S. 631, 646.

137 条以下的规定进行判断。

（撰稿人：严城）

第九百七十七条　【合伙合同终止】合伙人死亡、丧失民事行为能力或者终止的，合伙合同终止；但是，合伙合同另有约定或者根据合伙事务的性质不宜终止的除外。

【释义】

本条是关于合伙终止的规定。

一、合伙解散与合伙合同终止

合伙不仅是规范合伙人各项具体权利和义务的债务关系，更是一个持续性的法律关系。由于合伙合同通常不能自始就（完全）确定，为促进共同目的，各合伙人需要了解具体情况下谁需要做什么或者不做什么以及合伙关系将为合伙人产生哪些请求权，因此合伙合同的主要任务就是设计和构建所有的这些发展情形并提供决策机制。经合伙合同设立的团体关系，现实生活中大多数实为一个组织，拥有共同共有性质联结的合伙财产和基于其对外而生的合伙债务。其结果，自然和一般债务关系通过一个简单的行为予以终止的方式不同，[①] 合伙合同的终止不能通过一个简单的清偿、提存等行为来实现，而需要经过一个共同体的清算。[②] 合伙合同的终止是以许多步骤为前提条件的，而采取这些步骤需要一定的时间。人们习惯将这一期间的开始称为合伙解散，其结束称为合伙终止（完全终止、灭失）。不过作为一项继续性债务关系，合伙合同的终止，不发生溯及既往的效力，只发生使合伙关系向将来消灭的效果。

清算通常尚不引起合伙合同的完全终止，合伙关系仍继续存在，只是取代了此前全体合伙人追求的共同的事业目的。合伙人此时只想消除存在的共同法律关系，合伙人的共同目的亦仅限于清算。据此合伙合同有其后续效力，合伙转变成为一个清算中的合伙，合伙的同一性不会因此受到影响。[③] 合伙人相互间基于合

① 参见本法第 557 条一般债务关系终止方式。

② 对此，大陆法系国家和地区民法典中均有规定。郑玉波先生曾对此有云："合伙虽为契，但有团体性；而隐名合伙则纯属契约，并无团体性。故合伙有解散之问题，而隐名合伙则有终止契约之问题。"参见郑玉波：《民法债编各论（下）》，三民书局 1981 年版，第 642 页。

③ 合伙的解散也就意味着变更成为一个清算合伙，《德国民法典》第 730 条第 2 款甚至给它穿了一个虚构的外衣，直接规定"合伙被视为继续存在"。

伙合同而发生的权利和义务，尤其是合伙人的诚信义务，连同解散时由清算目的确定的内容继续存在。可见，在此方面合伙同法人或非法人组织一样，至清算终结止前，在清算必要的范围内，其合伙关系应视为存续。① 虽日本学者早期有主张合伙合同因解散而终了，但有关合伙财产的共同共有关系，不径行消灭，其后尚应为清算程序，即仅此财产关系至清算终结尚应认为存续。但合伙的解散，非径使合伙关系终了，不过使合伙的事业局限于清算的目的，唯至清算终结时，始全面终了。② 清算仅限于合伙财产，合伙人之间的其他合同关系，无须依特定行为直接归于消灭。合伙人为推动合伙共同事业目的的义务，除为清算目的外，因解散而终止。不为特定行为的约定、未届履行期的将来出资义务等，皆与清算无关，除非该尚未届清偿期的出资有清算的必要。

合伙的解散，虽类似法人的解散，但法人的解散使法人的人格消灭，而合伙的解散则仅为合伙合同终了的原因。这是由于在法人的场合，引起了权利主体上的变更，而与此相反，在合伙的场合，权利主体在解散前后都是合伙人。合伙这一人身结合关系因解散而解消，合伙的财产关系也因此还原为个人的财产关系。虽然合伙并没有法人格，但为还原上述合有财产关系则需要特定的清算程序，这与法人解散情形基本相似。只有当不再有共同财产存在并且合伙人之间的所有其他共同法律关系都已终止时，合伙的完全终止才能完成，即达到解散的目的。仅在例外情形下，如无任何合伙财产的纯粹内部关系合伙，解散和完全终止才会同时发生。

此外，清算仅涉及合伙人的内部关系，故自解散之时起，合伙人的权利和义务限于为完成清算目的所必要的限度之内。任何合伙人均可以向自己的共同合伙人请求清算，即享有实施清算的请求权，其不得转移，而合伙的债权人则根本不享有实时清算的请求权，理由是债权人受合伙人的个人责任的保障。同样，合伙人在清算期间退伙，不能再采取通知终止方式，而仅能通过一致性的决议。

二、合伙合同的终止事由

本条规定了合伙合同的终止事由，也即合伙人死亡、丧失民事行为能力或者终止，但此项列举模式并非封闭性规定。除此之外，所有具有终止合伙关系的事件皆进入考虑范围。

1. 合伙人的死亡或者终止

合伙人为自然人的，合伙合同因一名自然人合伙人死亡而终止。其表明，合

---

① 该观点为各国通说，甚至为立法所明确规定。

② 史尚宽：《债法各论》，中国政法大学出版社 2000 年版，第 736 页。

伙作为人的联合体原则上依赖于其成员的存在。但是，本条但书部分也指出，合伙合同可以另行约定，也即合伙人中的一人死亡的，合伙在其余合伙人之间继续进行。此时，死亡的合伙人退出合伙，但应类推适用《合伙企业法》第 51 条补偿其继承人。当然合伙合同也可约定任一合伙人死亡的，其合伙人地位由其继承人继受。即使合伙合同没有规定，合伙人也可以作出合伙继续的决议。但这需要所有合伙人的同意，包括死者的继承人，除非合伙合同已明确规定剩余合伙人可单独决定抑或多数决定。

合伙人为法人、非法人组织的，合伙也会因解散而终止。此类组织性合伙人的解散，和自然人合伙人的死亡情形并不等同。因为法人或非法人组织首先是清算中的团体组织，仍具有民事主体资格，可继续为合伙成员。只有当法人或非法人组织完全终止时，才可与合伙人死亡相比。但是只要法人或非法人组织仍还是合伙成员并因而还具有财产法上的权利和义务，合伙的完全终止通常就不可能发生。不过，法人或非法人组织的解散可能成为合伙合同解除的重大事由。①

2. 合伙人丧失民事行为能力

本条规定，作为合伙人之一的自然人丧失民事行为能力的，合伙合同同样终止。但该规定在比较法上鲜有参照，是否妥当尚待未来司法实践检验。仅从学理上而言，合伙人丧失民事行为能力和合伙人死亡性质不同，合伙人的死亡导致主体资格消火，而合伙人丧失民事行为能力时，主体资格并未消灭，仍具有民事权利能力。此时，由该合伙人的法定代理人代理其参与合伙事务即可。毕竟，关于民事合伙的合伙人资格问题，本法并未限定为完全行为能力人，故行为能力欠缺者，完全可以通过法定代理人为之。② 同理，在完全行为能力人丧失其行为能力时，若无明确约定，当然可通过法定代理人为之。本法之所以规定出现该事由时，合伙合同终止，推究其立法目的，恐在于维护合伙的人合性，进而维护全体合伙人的交易安全。

因为行为能力欠缺者通过法定代理人参与合伙设立，其他人对此利益状况早有斟酌，但事后通过法定代理人参与合伙，其风险状况可能并未料及。从司法实践来看，民间合伙合同多为口头形式，当事人通常欠缺事先周全安排，在合伙人丧失行为能力时并无明确应对措施。问题是，将行为能力丧失作为合伙合同终止的一般处理规则，未必符合全体合伙人当事人的利益。如果其余合伙人不想终止合伙关系的，仅其余合伙人的一致决不足以使得合伙继续，因为一名合伙人的行

---

① Windbichler, a. a. O. , Gesellschaftsrecht, S. 93.

② MünchKomm/Ulmer Rn 69; WINKLER ZGR 1973, 177, 193 ff; Stefan Habermeier Staudinger, BGB Rn 21; SOERGEL/HADDING Rn 21 etc.

为能力丧失构成了法定终止事由，其余合伙人不能代替该合伙人作出一致决。此时该合伙不得不通过清算和解散程序处理完该合伙人的财产份额，然后其余合伙人再缔结新的合伙合同，继续从事原事业。这不仅增加了交易成本，也不符合双方的利益。因为丧失行为能力之人的法定代理人此时介入合伙关系，可能并不违背其余合伙人的意志，抑或其他合伙人刚好可以避开该行为能力欠缺者，继续原共同事业，尤其是营利性事业，享受更多的合伙收益。

据此，本释义认为应对行为能力丧失时合伙合同自动终止这项规则目的性限缩，更合乎立法者的规范目的。也即如果该合伙人以劳务出资，其劳务给付成为维系和推动合伙共同事业的重要因素，或者合伙就是基于该合伙人的管理能力，而委之事务执行权的，当该合伙人行为能力丧失，合伙的共同事业目的自然也就不能达成。但若该合伙人并非事务执行人，无对外代理权限，亦非重大事项决策小组成员或审核小组成员，那么该合伙人的法定代理人代为进入合伙关系是否破坏合伙的人合性，乃至提高合伙的运行风险，尚不能轻易而定。此时，是否构成解除合伙合同的重大事由，应通过程序性救济更为妥当，也即交由法院裁定，更合乎全体合伙人的利益状况。

3. 期限届满或其他终止条件成就

基于私法自治原则，合伙人得于合伙合同中事先约定合伙的存续期间，抑或于事后补充约定该期间。在期限届满之时，合伙合同自动终止，无须合伙人特别决议。[①] 但合伙所定期限届满后，合伙人仍继续合伙事务的，视为以未定期限继续合伙合同。此外，若合伙合同定有其他终止事由的，则合伙同样因这些事由的发生而解散，如定有解除条件的，因该条件的成就而当然终止。

4. 合伙的事业目的已实现或者不能实现

合伙是合伙人实现其共同事业目的的手段。当合伙的事业目的已经实现，或者已经确定无法实现时，合伙就没有继续存在的必要，合伙关系随之终止。致此结果的原因如何，在所不问。至于何种程度，才能称之为事业目的已完成，应依合伙目的事业的性质及合伙合同的内容来确定。就合伙的目的事业已完成，如合伙贩卖大米，则大米售罄即为完成；合伙开矿，则矿尽才可谓为完成；于某明星演唱会入口处附近共同经营荧光笔、明星贴画等小物件，待演唱会完毕，客人尽去，即为完成；再如合伙建筑一栋房屋，待房屋建好并全部出售完毕，合伙的目的事业即为完成。盖以此时，合伙已无共同事业可资经营，自无继续存在的理由。就合伙的目的事业不能完成而言，如合伙经营餐厅，是由以劳务出资的某合

---

① 参加我国台湾地区“民法”第692条第1款、《瑞士债法典》第545条1项5款。

伙人负责厨房烹调，后因该合伙人退伙而竟无适当接任人选，以致合伙共有的餐饮事业无法继续经营；再如因丧失合伙财产的大半或全部，合伙人又不愿增加出资，致使合伙事业的运营已不能的，或因合伙人间信赖关系破裂，已无共同继续合伙事业的希望的，皆可解释为合伙的事业目的确定无法实现。事业目的的不能完成，不限于事实上不能，亦包括法律上不能。例如，合伙的目的事业与公序良俗相抵触，抑或违反法律的禁止性规定。有关合伙目的事业是否已确定不能完成有争执时，由法院依合伙合同的内容及客观的事实来判定。[①] 在这里，体现了一个合伙企业法上特有的对《民法典》第557条第1款第1项（债务关系因给付而终止）和第580条第1款第1项（因给付不能而免除给付义务）的一般性规定的偏离。一般性规定不适合于组织合同。合伙目的不可能实现，必须是明显的，不可以只是暂时性的。但是根据具体情势，合伙目的的实现为一时不能的，可能产生合伙停止的后果，而非合伙关系终止。

5. 合伙人决议

基于私法自治原则，合伙因全体合伙人的同意而成立，自得因全体合伙人的同意而随时解散。该解散决议，实为一种基于合意终止合同的方式。原则上，解散决议必须一致通过，但不排除合伙合同对该解散决议的表决权重另行约定。不过以合伙人多数的意思决议解散的，仅在合伙合同有此明确约定时，方可有效。通过一致决定解散合伙始终应不受限制，即使合伙合同也不能将其排除。因为此种合同上的规定，可因合伙人的一致同意而随时废除。据此，即使约定了最短持续期限，且该期限还未届满，仍得允许解散合伙。不过需要注意的是，合伙的解散非合伙事务的执行，合伙事务执行人的决定自不能为解散的决定。

6. 仅有一个合伙人

只有二人组成的合伙，其中一人的退伙构成合伙合同的终止事由。同理，多人合伙情形，多人退伙使得合伙仅剩一人的情形，亦构成合伙终止。毕竟想要退伙之人不如请求直接解散，并与其他合伙人共同处理清算事务，才最符合合伙合同的宗旨。

7. 破产

对一名合伙人的财产开启破产程序，合伙也会终止。[②] 在合伙人破产情形下，为保护其债权人的利益，合伙份额上的财产价值须从合伙财产共同共有的约束中解放出来，从而导致合伙亦不再存续。但由于合伙原则上要依赖于其成员的存

---

① 史尚宽：《债法各论》，中国政法大学出版社2000年版，第738页。

② 随着个人破产制度试点工作的开展，自然人破产制度已被提上日程。

在，合伙人的破产必然导致合伙的解散。其余合伙人如果还想将该合伙继续下去的，除非合伙合同已就此另有约定，或者其余合伙人事后在征得破产管理人同意时对此作出一致约定。在这两种情形下，如果合伙人之一破产的，合伙仍旧存续，只不过对该合伙人而言产生退伙的法律后果，该合伙人针对其余合伙人的补偿请求权归属于破产财产。

8. 其他特别解散事由

解除合伙是现实中最重要的解散理由。它可以由一名合伙人或者一名合伙人的私人债权人声明作出。通过一名合伙人解除合伙，所指的是解除整个合伙，而不是单个的成员身份。对于继续性法律关系而言，其可以基于重大理由而终止，这是一个普遍的基本原则。① 衡诸于案件的整体状况和具体情势，根据诚实信用原则，如果合伙关系存续到合伙合同规定的终止时间，对于某一合伙人来说过于苛刻的话，便存在一个重大理由。例如，因另一合伙人故意或重大过失违反其依照合同所负的重要义务，或该义务不能履行的情形，即构成重大事由。② 重大事由无须一定要存在于其他合伙人身上，尤其是不以其过错为前提。准确地说，比如自身或亲人重病、合伙长期不盈利或者与其他合伙人长期合作不到一起去（道不同不相为谋），则也为解除合伙提供正当性。

此外，合伙人的私人债权人也可以解除他人的合伙关系。在合伙存续期间，被共同共有约束的合伙财产摆脱了各合伙人的私人债权人的攻击。合伙人的私人债权人只能扣押其债务人针对合伙的可让与的请求权，如盈利份额请求权和清算结存请求权。假如这两种请求权不足以清偿债权人的债权，那么只要合伙不解散，债权人就不能扣押其债务人的合伙份额，即使该合伙份额上的财产价值很大亦无济于事。为保障债权人权益，德国民法通过其第 725 条第 1 款为债权人创设了如下权利，即直接终止合伙而无须遵守合伙的终止期限，并借此将该合伙人合伙份额下的财产价值变现。前提条件是债权人已基于一个不只是临时性的可强制执行的债务执行书扣押了其债务人在合伙财产上的份额。③ 我国民法典虽未规定，但可将该情形视为债权人申请解除合伙合同的特别事由，交由法院裁定，更符合各方的利益安排。

上述多种终止事由皆可成为结束合伙合同的原因，但若根据合伙事务的性质不宜及时终止的，则不能终止。例如，民事合伙通过扩大经营业务、变更合同转变为合伙企业时，不发生合伙解散。再如，以公益为共同事业目的合伙，在合伙

---

① Windbichler, a. a. O. , Gesellschaftsrecht, S. 95.

② 参见《德国民法典》第 723 条第 1 款。

③ Windbichler, a. a. O. , Gesellschaftsrecht, S. 96.

期间届满时，如果其所为公益性给付义务仍未完结的，应待到履行完毕方可终止。

【关联规定】

《合伙企业法》第85条

（撰稿人：严城）

第九百七十八条　【合伙剩余财产分配顺序】 合伙合同终止后，合伙财产在支付因终止而产生的费用以及清偿合伙债务后有剩余的，依据本法第九百七十二条的规定进行分配。

【释义】

本条是关于合伙剩余财产分配顺序的规定。

本规范旨在规定合伙合同终止后的核心问题，也即清偿清算费用与合伙债务，以及分配剩余财产。本规范以合伙财产为适用要件，故不适用于狭义上的内部关系合伙，也即既不参加法律往来，又不具有共同共有财产的合伙。

通过清理合伙财产、编制财产清单后，对不属于合伙财产的部分应予剔除。例如，合伙人基于供合伙使用的目的而向合伙交付的标的物，其仍为该合伙人的私人财产。故当合伙进入解散清算阶段时，应当将其返还给合伙人。本着“先偿债，后分配”的原则，清算人应依照如下顺序处分合伙财产。

支付清算费用。在了结现务、收取债权、清偿债务和分配剩余财产过程中可能产生各种费用支出，如合伙财产的评估、保管、变卖和分配等所需要的费用，发布合伙解散公告的所需费用，委托注册会计师、律师的费用以及诉讼费用、仲裁费用等。

清偿合伙债务。合伙财产在支付完清算必要费用之后，应该首先用于清偿合伙债务。如果合伙债务还没到期或者债务本身有争议，甚至债务处在诉讼之中，则应当保留清偿这些债务所必要的财产数额，如将其储存于银行。合伙债务包括共同债务（既包括对外负债，也包括合伙雇员的工资等），以及各合伙人为合伙事务所垫款或支出费用等而应由合伙偿还的债务。清偿得以提存、抵销等方法为之。合伙的金钱不足以清偿合伙债务时，应于必要限度内，将合伙财产变为金钱，以供清偿之用。清算人若不首先清偿先合伙债务，或者并未预先保留为清偿所必要的数额，便将全部合伙财产分配给各合伙人的，只要合伙合同并无约定，则该财产分配行为有效。合伙债权人对于合伙债务清偿前的内部财产分配，并无异议权。因为本条所谓的“清偿合伙债务”，仅在合伙的内部关系上发生效力，不构成以合伙债权人为指向的保护性法律，也即合伙的债权人不能够由此导出自己的权利。有关合伙债权人的保护规则，应当依本法第 973 条第 1 句而定。

分配剩余财产。若通过结算尚有盈余，即积极财产足以用于清算费用和清偿合伙债务，则需要在合伙人之间进行剩余财产分配。剩余财产分配在合伙解散之后，构成合伙清算的最后一个步骤。其通常以清算人编制结算为前提要件。由于合伙以共同执行为原则，因此除合伙合同另有约定，原则上全体合伙人为清算人，共同负有结算编制的义务。剩余的合伙财产应当根据本法第 972 条在合伙人之间进行分配，即首先按照合伙合同的约定办理；合伙合同未约定或者约定不明确的，由合伙人协商解决；协商不成的，由合伙人按照实缴的出资比例分配；无法确定出资比例的，由合伙人平均分配。对于具体财物如何分割合伙合同未予约定或合伙人之间未能协商一致的，原则上对可分的标的物应该进行实物分割，而其他的合伙财产则需要转化为现金后才可分配。

【关联规定】

《合伙企业法》第 89 条

（撰稿人：严城）

第三分编　准　合　同

第二十八章　无因管理

【导读】

本次民法典编纂过程中，于《民法典》合同编新增第三分编“准合同”，规定无因管理与不当得利两种法定之债。《民法典》的体例结构上并没有设置“债法总则”，而是由“合同编”中的通则部分发挥着债法总则的作用。采取这种立法体例的原因，一方面是在于，在侵权责任独立成编的前提下，合同在其他债的发生原因中占有绝对主角的地位，与提出公因式这种必然会造成高度抽象化这一不利后果的立法技术相比，将实质上作为债法总则的“合同编”通则部分中的相关规定类推适用于不当得利之债、无因管理之债等其他类型的债之关系，其实是一种成本更低的做法。

第28章“无因管理”共设6个条文，与总则编第182~184条一起，共同构建起我国民法典中的无因管理规范群。由此，我国民法典中无因管理的规范体系如下图所示：

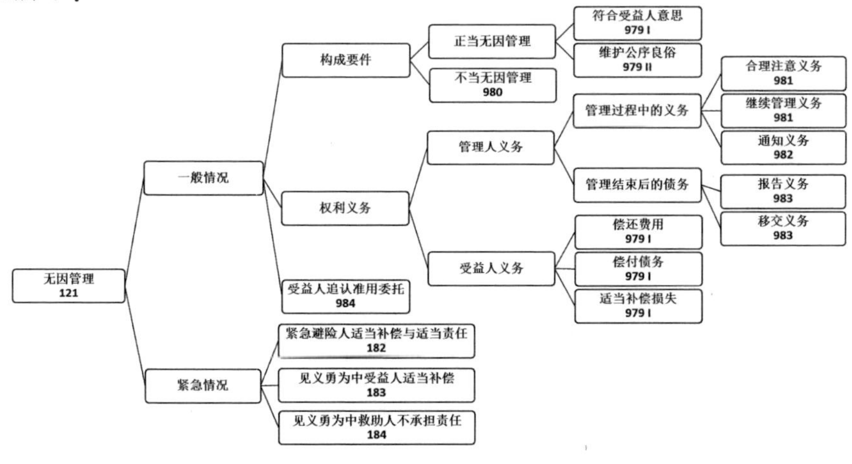

第九百七十九条　【无因管理的构成要件】管理人没有法定的或者约定的义务，为避免他人利益受损失而管理他人事务的，可以请求受益人偿还因管理事务而支出的必要费用；管理人因管理事务受到损失的，可以请求受益人给予适当补偿。

管理事务不符合受益人真实意思的，管理人不享有前款规定的权利；但是，受益人的真实意思违反法律或者违背公序良俗的除外。

【释义】

本条是关于无因管理的构成要件、管理人的一系列请求权以及管理行为有违受益人真实意思但符合公序良俗的特殊情形的规定。

无因管理既不同于不法干涉他人事务的侵权行为，也不同于受人之托而管理他人事务的合同。其规范目的旨在保障协助他人之利益，同时保护每个人就自身事务不受不请自来的干预，介于防范侵权发生与奖励互助之间，并将此种不属于契约关系而涉及他人财产利益之行为的利益及费用，加以规制。作为一种未经他人同意管理他人事务的不法阻却事由，无论行为人或受益人有无意思表示，只要事实上发生无因管理行为和相关法律事实，即可依法直接产生法定的无因管理之债。

管理他人事务者称为管理人，受其管理事务者称为本人。因本人一般从管理事务中受益，又称为受益人,[①] 并被《民法典》采用。《民法典》总则编第121条规定，“没有法定的或者约定的义务，为避免他人利益受损失而进行管理的人，有权请求受益人偿还由此支出的必要费用”。该条源自《民法通则》第93条，是对于无因管理的概括性规定。

（一）无因管理的构成要件

1. 管理人没有法定或者约定的义务

无因管理的规范目的在于弥补因事先不存在私法义务而产生的空缺。管理他人事务的约定义务指基于委托、雇佣、承揽、中介、行纪等合同关系产生的义务。即使当事人之间原本存在义务或权限，如果管理行为超越了权限范围，超越

---

① 崔建远：《债法总论》，法律出版社2013年版，第315页。

部分也可成立无因管理，如一位共有人支付了依共有物分管契约应由各共有人分担的保管费用。[①] 若委托、雇佣、承揽等合同最终不成立或无效，而一方自始认为在履行合同义务，则因欠缺为另一方管理的意思，不成立无因管理，而适用不当得利，但对此存有争议。[②] 法定义务基于公法或私法规范发生，前者如警察救助犯罪行为中被害人的义务、消防员救火的义务，后者如夫妻之间相互扶助、监护人为被监护人、遗产管理人为继承人进行的管理行为，等等。

是否存在义务依客观状况判断，不依管理人主观状况判断。如管理人误认为有法定义务而管理，不影响无因管理的成立；如管理人误认为无义务而事实上存在义务，则不构成无因管理。

2. 客观上有管理他人事务的行为

无因管理作为法定之债，效力基于法律规定而发生，无须管理人进行意思表示，因此无因管理在“事务管理的承担”层面，性质为事实行为。然而在“事务管理的实施”层面，管理事务的诸多具体行为中，可以是事实行为，如为邻居修屋顶；可以是法律行为，如为送伤者去医院而打车；还可以是准法律行为，如为避免他人债权罹于时效而向债务人代发催告函。[③] 管理行为排除寄存赃物等违反法律或公序良俗的行为、放弃继承权等依法应由本人亲自实施或授权的具有人身属性的行为、接待他人朋友等情谊行为，以及单纯的不作为。

无因管理要求管理人管理的是他人事务而非自己的事务。对于事务的属他性，即在自己或他人事务的区分上，多数情况遵循客观标准，如在他人房屋中救火，或救助溺水之人，具有事务属他性的外观；若事务本身系属中性，则遵循主观标准，依管理人为他人管理的主观意思定夺。[④] 有争议时应由主张无因管理的人负举证责任，如管理人可以证明，已及时通知受益人，或将所得利益交给受益人。

3. 主观上有为他人管理事务的意思

管理意思指管理行为所生利益归属于受益人的意思。管理意思的有无，是无因管理区别于侵权行为以阻却违法的关键。若管理人不具备为他人管理事务的意思，则构成误信管理或不法管理，各方关系依不当得利、侵权责任以及占有恢复关系处理。管理意思并非意思表示层面的效果意思，无须表示在外。条文中“为

---

① ［日］我妻荣：《债法各论（下卷一）》，冷罗生等译，中国法制出版社2008年版，第17页。

② ［德］迪特尔·梅迪库斯：《德国债法分论》，杜景林、卢谌译，法律出版社2007年版，第500页。

③ 崔建远：《债法总论》，法律出版社2013年版，第315页；姚志明：《无因管理与不当得利》（修订2版），元照出版有限公司2016年版，第9页。

④ ［德］迪特尔·梅迪库斯：《德国债法分论》，杜景林、卢谌译，法律出版社2007年版，第502～505页。

避免他人利益受损失”，在文义上比“为他人利益”更窄，宜扩大解释为包括增进他人利益的情形。[①] 对他人利益需作广义理解，并不限于财产法中经济收益意义上的利益。

无因管理重在管理事务本身，目的是否达成与无因管理关系是否成立无关。无因管理由此区别于不当得利，管理人因此获得的优待是，只要构成无因管理关系，管理人就享有费用偿还等请求权，至于管理事务的实际结果是否为受益人节省了费用或带来了得利并不重要。“管理事务有利于本人”强调的是管理事务的承担有利于本人，管理人并不担保管理事务的实施结果。[②] 但管理事务的实际结果即受益人的得利多少，在决定受益人对管理人所受损失的补偿范围时往往作为重要考量因素，并非没有法律上的意义。

管理人为他人利益的意思可以与为自己利益的意思并存，如为防止邻居房屋倾颓而修缮，既为了邻居利益，亦为免自家房屋受损，不影响无因管理的构成。如果纯粹为自己利益而管理他人事务，即使受益人从管理中受益，也不构成无因管理。管理人无须认识或知道受益人，如抢救陌生人财物仍可构成无因管理。纵使管理人误认受益人，亦不妨碍管理人对真实的受益人成立无因管理。[③]

4. 符合受益人的真实意思

依本条的表述，在无因管理的成立阶段，“受益人的利益”与“受益人的真实意思”似乎被置于平等的地位。但从私法自治角度出发，受益人的真实意思应起决定性作用，即便该意思有悖于受益人自己的客观利益，也应予以尊重。因此，真实意思优先于其他标准，若管理人漠视了受益人的真实意思，则构成不正当的无因管理。至于受益人的意思是否合理无关紧要，受益人没有义务屈从于大众对意思妥当性的评判。[④] 受益人的真实意思优先，也体现为《民法典》第 982 条中管理人负有的及时通知以及非紧急情况下等待受益人指示的义务。若管理人有适当机会询问受益人却未积极询问，则只有受益人事后对管理行为作了追认时，才构成正当的无因管理。

（二）管理人针对受益人的请求权

1. 费用偿还请求权

本条第 1 款后段规定了管理人针对受益人享有费用偿还请求权与请求适当补

---

① 李宇：《民法总则要义》，法律出版社 2017 年版，第 373 ~ 376 页。

② 王泽鉴：《债法原理》（第 2 版），北京大学出版社 2013 年版，第 326 页。

③ 参见《德国民法典》第686 条：“管理人对于本人其人误认者，由真实之人享受权利，负担义务。”

④ 欧洲民法典研究组编著：《欧洲私法的原则、定义与示范规则：欧洲示范民法典草案（第 5 卷）》，王文胜等译，法律出版社 2014 年版，第 19 页。

偿损失的权利。无因管理的结果，势必产生管理费用，视情形可能产生管理利益及管理损害，从而在管理人与受益人之间形成管理费用之返还、管理利益之归属与管理损害之赔偿的问题。如果没有无因管理，管理人支出的费用只能以不当得利请求返还，被限于管理人提起返还请求时还客观存在的利益范畴。若行使管理行为时被认为是有益的费用，随着情势变化，不能成为受益人利益或不存在，则管理人无从请求返还，这是无因管理从不当得利独立出来的一个背景。①

本条中“费用”的概念应作广义理解，包含管理行为发生的债务、支出与其他付出，受益人还应支付费用的利息。因此本条的表述“请求受益人偿还因管理事务而支出的必要费用”涵盖了无因管理理论中的费用偿还请求权与债务清偿请求权。若受益人不履行这些债务，可适用债务不履行的一般救济措施。

费用是否必要，依支出费用或发生费用时的客观标准认定。例如，台风损坏了邻居的屋顶，管理人聘请某个承包商修理时选取了最昂贵的材料，而原本应当是临时修理后待邻居回家再作长久安排的。则所生费用是不必要的，管理人只能请求与原瓦片或市场中等价格瓦片相当的费用。② 费用还应符合受益人的主观意思，如邻居已经计划拆除房屋，则对该房屋进行修缮的费用就不是必要费用。

2. 债务偿还请求权

管理人因管理事务而负担的债务，得请求受益人代为清偿，以必要和有益为限。管理人以受益人名义订立的合同，受益人应追认该代理行为，若受益人不追认，管理人依《民法典》第 171 条规定向合同相对方履行债务或损害赔偿后，亦得请求受益人赔偿其所受损失。管理人以自己名义订立的合同，受益人可以直接向合同相对方履行债务，也可以为管理人提供足以转付给合同相对方的资金。若管理人已经向合同相对方清偿了债务，则享有费用偿还请求权。若受益人因此遭受损失，受益人针对管理人的损害赔偿请求权与管理人针对受益人的费用及债务偿还请求权可相互抵销。基于合同相对性原则，该合同只在管理人与合同相对方之间有效，合同相对方不得直接向受益人主张债权，只能由管理人向受益人请求代为清偿。③

3. 适当补偿损失请求权

体系上，费用偿还请求权涉及管理人自愿承受的财产损失，而损失补偿请求权涉及非自愿的财产损失。应予适当补偿的损失包括管理人的人身伤害、财产损

---

① ［日］我妻荣：《债法各论（下卷一）》，冷罗生等译，中国法制出版社 2008 年版，第 6 页。

② 欧洲民法典研究组编著：《欧洲私法的原则、定义与示范规则：欧洲示范民法典草案（第 5 卷）》，王文胜等译，法律出版社 2014 年版，第 136 页。

③ 王利明：《债法总则研究》，中国人民大学出版社 2015 年版，第 551 页。

害及间接损失，不包括纯粹经济损失。例如，甲为救乙而冲进着火的房子，由此严重烧伤，衣物也被烧毁，对于甲的人身伤害、长期伤痛及导致的痛苦、衣物等财产损失、治疗与康复期间的收入损失，都属于补偿时可以考量的范围。但对于甲因此错过的商业会谈而遭受的经济损失无须补偿。即使甲最终未成功将乙救出，甲也可以就上述损失向乙的继承人在继承遗产范围内请求适当补偿。

见义勇为属于无因管理的特殊类型，管理人所受损失的求偿请求权，由《民法典》总则编第183条特别规定，“因保护他人民事权益使自己受到损害的，由侵权人承担民事责任，受益人可以给予适当补偿。没有侵权人、侵权人逃逸或者无力承担民事责任，受害人请求补偿的，受益人应当给予适当补偿。”当见义勇为者遭受损害且不可归责于受益人时，见义勇为者与加害人之间成立侵权损害赔偿关系，与受益人之间可能成立无因管理关系。受益人对见义勇为者不适用完全赔偿，仅予以适当补偿，避免给无辜的受益人带来不公平的负担。对见义勇为者的完全赔偿，是侵权责任（加害人）和国家救助（社会保险、见义勇为专项基金）的任务。[①] 因此责任顺位依次为第三方的合同责任或侵权责任、社会保险或公共基金，以及无因管理。[②]

（三）管理人为遵从公序良俗可与受益人意思相违

本条第2款规定：“管理事务不符合受益人真实意思的，管理人不享有前款规定的权利；但是，受益人的真实意思违反法律或者违背公序良俗的除外。”本款涉及当管理行为关乎最为重要的公共利益和善良风俗且必须立即履行时，公共利益和善良风俗取代了受益人的真实意思，不能仅仅因为受益人禁止他人管理，就认为管理行为不构成正当的无因管理。在取代范围内，管理人无须考虑受益人的意思，但该场合下管理人的通知义务以及管理结束后的报告和移交义务仍然存在。

在无因管理当事人的认定上，受益人并非一定是管理行为的履行受领人，还包括未履行相关义务的第三人，即便管理人主观上是想使履行受领人受益。例如，孩子在事故中受伤亟须手术，父母出于宗教等原因反对手术计划，在没有足够时间将问题提交法院或医院的伦理委员会决定时，医生仍可以进行紧急手术，受益人为孩子的监护人即父母。可见还要求义务的履行须到期且有迫切实施管理行为的必要性，如在楼房着火时，为了不延误消防队救火，强行拖离别人在消防通道前停放的车辆。若楼房没有着火，则将车辆强行从消防通道拖离虽符合公共

① 缪宇：《论被救助者对见义勇为者所受损害的赔偿义务》，载《法学家》2016年第2期。

② 李中原：《论无因管理的偿还请求权》，载《法学》2017年第12期。

利益，但不符合迫切履行的必要性，此时报警即可。[①]

比较法和示范法上，DCFR 第 5 – 2：101 条第 1 款、《德国民法典》第 679 条、《意大利民法典》第 2031 条、我国台湾地区“民法”第 174 条第 2 款等对涉及公序良俗的特殊无因管理进行了规定。

【关联规定】

《民法通则》第 93 条，《民法典》第 118、121、183 条

（撰稿人：汪洋）

第九百八十条　【不正当无因管理】管理人管理事务不属于前条规定的情形，但是受益人享有管理利益的，受益人应当在其获得的利益范围内向管理人承担前条第一款规定的义务。

【释义】

本条是关于不正当无因管理的规定。

《民法典》总则编第 121 条对无因管理进行了总括性规定，第 121 条确立的无因管理外延，包含了第 979 条第 1 款的正当无因管理、第 2 款特殊情形下正当的无因管理以及第 980 条规定的不当无因管理三种类型。第 121 条的构成要件并未囊括学理上所谓的误信管理与不法管理。因此首先可以确定的是，第 980 条涉及的不当无因管理属于第 121 条规定的无因管理的范畴之中。

管理他人事务，若满足第 979 条无因管理的构成要件，则成立正当的无因管理；若未满足“符合受益人真实意思”要件，则成立不当的无因管理；若未满足“为避免他人利益受损失”要件，即误以为是自己的事务而管理，没有为他人管理的意思，则成立误信管理；若未满足“为避免他人利益受损失”要件，明知系他人事务，故意为自身之利益当成自己事务管理，则成立不法管理。

学理上将误信管理与不法管理统称为“非真正无因管理”，不适用本条规定。误信管理主要依侵害型不当得利处理，有过失时亦适用侵权行为。误信管理人构成善意自主占有人时，还应适用所有人——占有人关系规定。不法管理的法律效

---

① 欧洲民法典研究组编著：《欧洲私法的原则、定义与示范规则：欧洲示范民法典草案（第 5 卷）》，王文胜等译，法律出版社 2014 年版，第 66 页。

果为侵权行为，不法管理人需赔偿本人的所有损失。在许多立法例中，由于本人依侵权行为或不当得利只能请求赔偿所受损害或返还所失利益，请求范围不及于管理人所获利益，若承认管理人得保有不法管理所得利益，显与正义有违。① 为特别保护被管理人利益，如我国台湾地区“民法”第 177 条第 2 项修正规定不法管理准用不当无因管理规定。② 但《民法典》侵权责任编第 1182 条前段对获益剥夺进行了明确规定，“侵害他人人身权益造成财产损失的，按照被侵权人因此受到的损失或者侵权人因此获得的利益赔偿。”因此，在法律适用上无须借用无因管理制度对学理上的不法管理进行规制，直接适用侵权责任即可达到相同效果。

本条规定的是不当无因管理的法律效果。若管理事务不符合受益人的真实意思，且不存在第 979 条第 2 款的特殊情形，则仍为不当干预他人事务，不能阻却违法，如造成损失，与本人关系原则适用侵权行为，如误认为他人田地里种植的药草为杂草而拔除。

违反受益人真实意思的管理行为，可能客观结果上仍有利于受益人，如违反邻居意思，在邻居出国期间将其房屋出租给第三人；也可能在客观结果上不利于受益人，如将邻居存放在己处的字画以极低价格出售给第三人。以上两种情况，无论客观结果是否有利于受益人，受益人都有权主张享有管理利益，即房屋租金与出卖字画的价金。则受益人在所得利益范围内，应根据第 979 条第 1 款后段，管理人享有必要费用偿还请求权、所负债务清偿请求权以及所受损失适当补偿请求权。若受益人在所得利益之外仍有损失，可以要求不当管理人继续赔偿。受益人的损害赔偿请求权与不当管理人的费用偿还请求权之间可以主张抵销。

受益人也有权不主张享有不当管理所得利益，此情形下并未在受益人与不当管理人之间创设一个财产转移的法律理由，因此双方的利益关系依不当得利规定处理。

【关联规定】

《民法典》第 121 条

（撰稿人：汪洋）

---

① 王泽鉴：《债法原理》（第 2 版），北京大学出版社 2013 年版，第 333 页。

② 黄茂荣：《无因管理与不当得利》，厦门大学出版社 2014 年版，第 2 页、第 25 页。

第九百八十一条　【管理过程中应尽到合理注意义务与继续管理义务】管理人管理他人事务，应当采取有利于受益人的方法。中断管理对受益人不利的，无正当理由不得中断。

【释义】

本条是关于管理人在管理过程中应尽到合理注意义务与继续管理义务的规定。

（一）管理人的合理注意义务：应当采取有利于受益人的方法

本条前段规定的是管理事务过程中管理人负担的主给付义务，即“管理人管理他人事务，应当采取有利于受益人的方法”。对于何为有利于受益人的方法，可以理解为，只有在管理人行为尽到合理注意义务时，维护他人利益的管理才是有益的。因此，管理人负有在管理事务过程中尽到合理注意的义务。

若是涉及在职业或营业活动中实施的无因管理行为，需适用专业人士的注意义务标准来衡量，其义务标准更高的合理性在于，许多立法例承认了专业人士在无因管理中享有报酬请求权。在紧急情形下，对专业的救助机构与救援人员如急救医生也无须降低注意义务标准，以符合紧急事件压力下作出冷静决策的职业期待。当然，《民法典》并未承认专业人士的报酬请求权，因此没有理由让专业人士在无因管理关系中承担相较于一般人更高的风险。若在今后的司法实践中，认可了报酬请求权，则管理人给受益人造成的损失，可类推适用《民法典》委托合同章第 929 条第 1 款前段规定的有偿的委托合同中受托人的过错责任。

为了维护紧急情况下施救者的利益，以鼓励见义勇为的行为，从而增加受益人危急情形下得到救助的概率，基本立场是，出于行善助人的原因而给他人提供帮助的施救者，应当在责任方面予以特别照顾。多数立法例都为紧急情形下的管理人提供了特殊保护规则，所采取的路径，或者像《德国民法典》第 680 条的规定，“管理人为了避免某种给本人造成威胁的迫在眉睫的危险时，仅对故意或重大过失所致损害承担责任”。或者像 DCFR 第 5－2：102 条第 2 款，针对一般管理人在紧急措施情况下造成的损失，在公平和合理的范围内予以减轻或免除。《民法典》总则编第 184 条的步子迈得更远，规定：“因自愿实施紧急救助行为造成受助人损害的，救助人不承担民事责任。”在见义勇为情境下甚至排除了管理人的故意或重大过失责任，增加了受益人承担的风险，因此招致不少批评的声音。

（二）管理人的继续管理义务：无正当理由不得中断管理

本条后段规定了源于诚信的继续管理义务，管理人无正当理由不得中断管理行为。实质性理由在于，固然每个人可以自由决定是否管理他人事务，可一旦决定进行管理，原则上必须负责到底。本条前段规定管理人实施管理行为应当采取有利于受益人的方法，因此管理人能否放弃或中断管理，要根据同样的标准进行判断。若中断管理对受益人更为不利，如导致损害发生或者使受益人处境严重恶化，且在管理人继续管理事务时可以避免上述不利后果，则管理人负有继续管理义务。例如，在车流量少的道路上实施救援后不得突然停止救助离开，由于伤者最初本可指望别人来持续救助，因此施救者必须至少确保通知急救部门或警察后方可离开。

为了将无因管理这一助人为乐的行为与可强制履行的合同债务区分开，本条赋予了管理人具备正当理由时中断管理的权利。中断管理的正当事由大致类型包括：1. 所追求的目标已实现，此时转为第983条的报告与移交管理行为所得利益的债务；2. 管理人已经让受益人注意到了危险情况之后，可合理期待受益人自身予以接管并处理；3. 受益人要求管理人停止管理，原因在于如何长远性维护受益人的利益，原则上交由受益人自己进行判断，符合第979条第2款规定情形的除外；4. 继续管理不合理，鉴于管理事务面临的危险、履行自身其他义务的时间压力、已投入和仍需投入的精力、停止管理给受益人增加的危险程度等因素综合判断，管理人如继续管理，需付出不成比例的代价；5. 管理人继续管理在效果上徒劳无益。①

规定继续管理义务的立法例包括《意大利民法典》第2028条、《西班牙民法典》第1888条、《葡萄牙民法典》第466条、《奥地利民法典》第1039条、《荷兰民法典》第6：199条。

【关联规定】

《民法典》第184条

（撰稿人：汪洋）

第九百八十二条　【管理人在管理过程中的通知义务】管理人管理他人事务，能够通知受益人的，应当及时通知受益人。管理的事务不需要紧急处理的，应当等待受益人的指示。

---

① 欧洲民法典研究组编著：《欧洲私法的原则、定义与示范规则：欧洲示范民法典草案（第5卷）》，王文胜等译，法律出版社2014年版，第101页。

【释义】

本条是关于管理人在管理过程中的通知义务的规定。

通知义务是管理人在管理过程中需要履行的从给付义务之一。通知义务是一项继续性义务，在可行与适当范围内，管理人有义务将最新情况和相应进展通知受益人，情况的改变可能会对受益人的指示内容产生实质性影响。通知义务的履行有助于识别出受益人的身份，并体现管理人具有第 979 条的“管理他人事务的意思”。通知时间和通知内容要根据个案具体情况，依诚信原则确定，包括已发生的危险、试图采取的措施、其他有价值的信息，等等。

本条规定，管理人通知受益人之后，若“管理的事务不需要紧急处理的，应当等待受益人的指示”。一方面，体现了无因管理制度的规范目的在于对“个人事务自行处理，他人不得干涉”与“人之相处，贵乎互助”两者的协调，在事务非紧急时，干预他人事务的正当性减弱，互助的必要性降低，天平倾向于维护“他人事务不得干涉”的基本立场；另一方面，第 979 条规定，管理事务须符合受益人的真实意思，等待受益人的指示正是获知受益人真实意思的方式，此时不能由管理人以自己推定的受益人意思继续管理行为，以维护受益人的意思自治。在管理事务需要紧急处理以及客观上无法通知受益人两种情形下，可以类推适用《民法典》委托合同章第 922 条后段规定，“因情况紧急，难以和委托人取得联系的，受托人应当妥善处理委托事务，但是事后应当将该情况及时报告委托人”。管理人此时负担第 981 条规定的继续管理义务。

若通知之后，受益人指示管理人继续管理，则构成第 984 条“受益人的事后追认”，但管理人并不受受益人这一意思的拘束，因为双方之间并不存在合同层面的履行请求权。如果管理人接受了受益人提出的继续管理的指示，原则上自该时间点之后，双方之间转为委托、雇佣、承揽等合同关系进行处理。若受益人指示要求管理人中断管理，此时如果管理人继续管理，则因违反本人意思构成不当无因管理行为。[①]

比较法上的类似做法，可参见 DCFR 第 5－2：101 条第 1 款第 3 项、《希腊民法典》第 733 条、《葡萄牙民法典》第 465 条。法国、奥地利、西班牙、荷兰等国民法典虽未明确规定通知义务，但学说与判例均予承认。

管理人在管理过程中的义务（duties）不同于管理结束之后的债务（obliga-

---

① 姚志明：《无因管理与不当得利》（修订 2 版），元照出版有限公司 2016 年版，第 47 页。

tions),[①] 区别在于违反时的救济措施。除非产生了损害，否则对违反管理过程中的义务不适用继续履行等救济措施，对管理人过于苛刻。管理人已经发扬了互助精神，只是违反了合理注意义务或未达到受益人的期望，不应苛求管理人将管理行为重复一遍，导致损害时承担适当的赔偿责任即已足够。与此相区别，第983条规定的管理结束后的报告义务以及移交义务在性质上属于债务，受益人可以要求继续履行。

【关联规定】

《民法典》第922条后段

（撰稿人：汪洋）

第九百八十三条　【管理人在管理结束后的报告义务与移交义务】 管理结束后，管理人应当向受益人报告管理事务的情况。管理人管理事务取得的财产，应当及时转交给受益人。

【释义】

本条是关于管理人在管理结束后的报告义务与移交义务的规定。

（一）管理结束后管理人的报告义务

管理结束的时间点取决于个案的具体情况，在管理人履行了第982条的通知义务，从受益人可以接管自身事务之时即告结束。此时，本条规定的报告义务与第982条规定的通知义务可以通过同一个行为完成履行。其他场合，若促使管理人采取措施的危险或紧急情况已不存在，也视为管理结束。在管理人中断管理行为时，无论是否符合第981条的正当理由，都视为管理已经结束。

报告义务的内容在实践中常表现为提交账目，管理人需向受益人为所发生的每一项费用及所获得的每一项收益，提供一个有序而全面的总结，确保在需要核验时能进行核验。报告义务的目的，还在于保护受益人不因不知道管理人进行了管理行为而遭受损失，使得受益人可以根据报告内容了解情况的变化，避免采取

---

① 欧洲民法典研究组编著：《欧洲私法的原则、定义与示范规则：欧洲示范民法典草案（第5卷）》，王文胜等译，法律出版社2014年版，第96页。

错误的或无益的措施。[①] 若管理人尚未从管理行为中获得任何利益，则仅存在报告义务而没有移交义务。

（二）管理结束后管理人的移交义务

管理人负担的最重要的经济上的义务，是向受益人移交因管理行为所得的一切财产，以符合无因管理旨在维护他人利益的规范目的。同时，管理人既不能因管理行为获得利益，也不能遭受不利益，原则上管理人自己的财产状况不应发生积极或消极变化。因此，管理人移交财产的债务与第 979 条规定的受益人偿还管理费用的债务相呼应，双方有权主张抵销或者履行抗辩。

移交请求权限于管理人仍然占有的利益，移交的财产范围包括金钱与其他特定物，常见情形如代为收取的应收账款、出卖他人之物收取的价款、管理银行存款或出售股票的收益等。也可能表现为特定文件，如管理人代债务人向债权人清偿债务，并从债权人处取回的债权凭证。移交范围包括利息，因为利息的收取也源自对受益人事务的管理，若管理人未将管理行为获得的大额金钱存进银行以收取利息，可能构成对第 981 条"应当采取有利于受益人的方法"义务的违反。若管理人将金钱挪为自用，则不再具有维护他人利益的目的，受益人可基于其不当得利或侵权责任主张相应的请求。

如前所述，将管理结束后的报告义务与移交义务在性质上定性为债务，以区别于第 981 条与第 982 条管理过程中的义务，实益在于支持受益人主张移交管理收益及特定物的请求权，即受益人依据本条享有的权利可以主张强制履行。

报告义务和移交义务的立法例包括《德国民法典》第 667 条、《葡萄牙民法典》第 465 条、《奥地利民法典》第 1039 条、《荷兰民法典》第 6：199 条、《意大利民法典》第 1713 条以及《日本民法典》第 701 条。

（撰稿人：汪洋）

第九百八十四条　【经追认的管理适用委托合同有关规定】管理人管理事务经受益人事后追认的，从管理事务开始时起，适用委托合同的有关规定，但是管理人另有意思表示的除外。

① 欧洲民法典研究组编著：《欧洲私法的原则、定义与示范规则：欧洲示范民法典草案（第 5 卷）》，王文胜等译，法律出版社 2014 年版，第 124 页。

【释义】

本条是关于经追认的管理适用委托合同有关规定的规定。

事后追认的主要意义在于，回避了无因管理是否违背受益人意思这一争论，[①]一方面，在“管理事务的承担”层面，视为满足了第979条第1款的“符合受益人的真实意思”；另一方面，由于事务的受益人才是管理行为是否恰当和有利的最好的判断者，因此事后追认也意味着排除了对管理事务恰当性、有益性的审查，即在“管理事务的实施”层面，视为符合了第981条的“采取有利于受益人的方法”。

若受益人事后反对管理人的管理，但就管理人管理行为时的情境而言，符合无因管理的构成要件，则事后受益人的拒绝追认，并不改变管理人的行为已构成正当的无因管理的事实。否则每个受益人都可逃避已经产生的费用偿还义务与损失补偿义务。原则上追认并无期限限制，但不能发生不合理的、会给管理人造成不利影响的迟延，其背后考量是保护管理人免受法律状态不确定的损害。[②]

本条所述的“从管理事务开始时起，适用委托合同的有关规定”，仅仅具有拟制的效力，而非使无因管理转换为委托合同。合同成立须经双方意思表示一致，不能仅因一方行使具有形成权性质的追认这一单独行为而转变为合同。[③] 从意思表示方面来看，管理人或许乐于解人之厄，却无意成为负有契约义务之受托人，管理至一定程度即可中止，与委托不同；受益人追认时虽具有受法律拘束的意思，但未必存在受合同拘束的意思。

通过受益人追认，使形式上属于法定之债发生原因的无因管理拟制委托的规定，显然立法者对于无因管理，在评价上认为已具有接近法律行为之密度，不足之处可由追认而填满。[④] 追认发生相应法律效果的时间点，本条规定为“从管理事务开始时起”，涵盖了无因管理整个生命周期，适用时法律效果更为清晰。类似的做法，如我国台湾地区“民法”第178条修正前规定，“管理事务经本人承认者，适用关于委任之规定”。后效仿《瑞士债务法》第424条，修正后规定，“管理事务经本人承认者，除当事人有特别意思表示外，溯及管理事务开始时，

---

① ［日］我妻荣：《债法各论（下卷一）》，冷罗生等译，中国法制出版社2008年版，第22页。

② 欧洲民法典研究组编著：《欧洲私法的原则、定义与示范规则：欧洲示范民法典草案（第5卷）》，王文胜等译，法律出版社2014年版，第20页。

③ 王泽鉴：《债法原理》（第2版），北京大学出版社2013年版，第334～336页。

④ 苏永钦：《私法自治中的经济理性》，中国人民大学出版社2004年版，第54页。

适用关于委任之规定。”《日本民法典》第 701 条、《德国民法典》第 681 条第 2 句也规定了无因管理适用委托的规定。

委托合同章中，第 921 条的费用偿还请求权，第 979 条已经规定，但第 921 条规定中的支付利息应同样适用于无因管理的费用偿还范围中；第 922、924 条委托过程中及委托终止时的报告义务以及第 927 条的转交义务，第 982 ~983 条中同样进行了规定；第 930 条委托人赔偿受托人损失的规定，在第 979 条通过受益人适当补偿管理人损失进行了处理。因此，梳理之后，无因管理可以类推适用委托合同中的具体规范如下：第 923 条关于亲自处理委托事务、经追认的转委托以及紧急情况下的转委托权限及其效果归属；第 929 条前段关于有偿委托中受托人的过错责任；第 932 条共同受托人承担连带责任；第 935 条委托人死亡、终止或丧失行为能力时受托人继续处理委托事务；第 936 条受托人的继承人等对委托人的通知义务和采取必要措施的义务。

本条后段规定“管理人另有意思表示的除外”，原因在于准用委托合同的相关规范未必符合管理人的利益及其管理他人事务时的真实意愿。瑞士债法委托合同中对管理人较不利的规定，如第 394 条规定的较高的忠诚义务、第 402 条规定的较高的损害赔偿责任、第 403 条规定的连带赔偿责任等不因受益人追认而适用于管理人。[①] 王泽鉴先生也认为，我国台湾地区“民法”第 551 条关于受托人继续处理的义务，不利于管理人，不应适用。[②] 经由本条规定，管理人便有权利选择排除适用委托合同章对其不利或施以过多负担的规范，如第 932 条的连带责任、第 935 条的继续处理事务的义务等规范。

（撰稿人：汪洋）

---

① 苏永钦：《私法自治中的经济理性》，中国人民大学出版社 2004 年版，第 60 页。

② 王泽鉴：《债法原理》（第 2 版），北京大学出版社 2013 年版，第 334 ~336 页；苏永钦：《私法自治中的经济理性》，中国人民大学出版社 2004 年版，第 61 页。

第二十九章　不当得利

【导读】

本次民法典编纂过程中，于《民法典》合同编新增第三分编“准合同”，规定无因管理与不当得利两种法定之债。第 29 章“不当得利”共设 4 个条文，另外，《民法典》第 118 条第 2 款承认不当得利系债的发生原因之一，第 122 条总括不当得利关系，本分编中涉及不当得利的规范，明确了不当得利的构成要件和法律效果以及排除的情形（第 985 条）、设置利益不存在规则（第 986 条）、宣明不当得利与赔偿责任的聚合规则（第 987 条），还规定了无偿受让不当得利之人的返还规则（第 988 条），构建起我国民法典中较为完整的不当得利的规范体系。

第九百八十五条　【不当得利人的构成要件、法律效果及除外情形】得利人没有法律根据取得不当利益的，受损失的人可以请求得利人返还取得的利益，但是有下列情形之一的除外：

（一）为履行道德义务进行的给付；

（二）债务到期之前的清偿；

（三）明知无给付义务而进行的债务清偿。

【释义】

本条是关于不当得利人的构成要件、法律效果及除外情形的规定。

一、不当得利的一般条款及类型化

不当得利属于法律事实中的事件，法律后果由法律直接规定，与当事人意志无关，性质上为法定之债。虽然有的不当得利是由受损人、得利人或第三人的行为引起的，但这些行为只是不当得利发生的原因，而非不当得利本身。不当得利的规范目的，是得利人保有利益的正当性，并非不当得利的过程。[①] 不当得利强调得利人的得利欠缺法律原因，而不是强调得利人得利的不公正性，不涉及对当事人主观方面的评价。[②]

不当得利旨在矫正利益失衡的问题，同时有效弥补其他请求权的不足。具有衡平功能、确定利益归属的功能、预防不法行为的功能。从最后一个功能意义上看，不当得利主要目的是剥夺得利人无法律原因获得的利益，而非赔偿受损人遭受的损害。

基于不当得利在立法上是否应当类型化，可分为统一说与区分说。统一说表现在立法上就是一般条款。[③] 现代民法典编纂时都无一例外地将不当得利的一般条款纳入其中。例如，《德国民法典》第 812 条第 1 款前段、我国台湾地区“民法”第 179 条等。区别说认为应区别因给付而受利益和因给付以外事由而受利益两种类型，分别探求财产变动是否有法律上的原因。不当得利返还请求权系于两种有实质差异的构成要件，即一方面是受领无法律原因的给付，另一方面是通过其他方式而发生的无正当性的财产转移。[④] 我国现行立法并未作此类型区分，实际上采取了统一说的立场，有利于构建完整的不当得利制度的体系。[⑤]

不当得利构成要件的各种类型之间应当存在差异。唯有通过差异性，才能使“什么时候得利是不当的”这一问题得以充分地具体化。该具体化同样能回答，“究竟返还或者价额赔偿得基于何种请求权。面对不当得利的一般条款，法教义学和法院所面临的任务，毋宁说是与案例法制度下的法官相同，即必须建立案例组，构造请求权类型，判定各自特征和谨慎地塑形。唯有如此，才能将一般原则具体化”。[⑥]《民法典》第 985 条正文确定的是不当得利的基本构成，为个案的不当得利认定指示方向，单就某特定的个案来说，还缺乏具体到位的构成要件，仍有必要类型化。可以借鉴奥地利和德国的民法学说，把不当得利先分为给付不当得利与非给付不当得利，后者再分为基于受益人的行为而生的不当得利、基于受害人的行为而生的不当得利、基于第三人的行为而生的不当得利、基于自然事件

① 崔建远：《债法总论》，法律出版社 2013 年版，第 283 页。

② 王利明：《债法总则研究》（第 2 版），中国人民大学出版社 2018 年版，第 384 页。

③ 王泽鉴：《不当得利》，北京大学出版社 2009 年版，第 20 页；傅广宇：《萨维尼的不当得利理论及其渊源与影响》，载王洪亮主编：《中德私法研究（第 8 卷）》，北京大学出版社 2012 年版，第 69 页。

④ ［德］汉斯 – 威廉・克特尔：《给付型不当得利返还的法律性质》，曾燕斐译，载王洪亮主编：《中德私法研究（第 8 卷）》，北京大学出版社 2012 年版，第 115 页。

⑤ 王利明：《债法总则研究》（第 2 版），中国人民大学出版社 2018 年版，第 412 页。

⑥ ［德］恩斯特・冯・克默雷尔：《不当得利法的基本问题》，唐勇译，载王洪亮主编：《中德私法研究（第 8 卷）》，北京大学出版社 2012 年版，第 74 ~ 75 页、第 86 页。

而生的不当得利、基于法律的直接规定而生的不当得利。[①]

二、给付型不当得利的构成要件

给付型不当得利的规范功能在于使给付人可以向受领人请求返还其欠缺目的而为的给付，尤其在非债清偿情况下，根植于公平理念而被法律确认。法律一方面允许当事人得依其意思从事各种交易，决定其给付目的，另一方面又通过不当得利调整欠缺目的的财产变动，以补救失败的交易计划。给付一般需要依附于一个基础关系，或者给付人误以为存在基础关系。

第一个构成要件为基于给付而获得利益。给付指有意识地基于一定目的而增加他人财产，可以表现为事实行为如提供劳务，也可以表现为法律行为如免除债务。给付的功能有三，一为区分给付型与非给付型不当得利，二为确定当事人，应由给付人向受领人主张不当得利，三为决定不当得利的客体及返还范围。利益所表现的形态包括：财产权的取得；债务消灭；劳务提供；物的使用；占有及登记。不必在任何情况下固守利益必须是个别具体财产利益的理论，承认就受领人整个财产状态抽象计算，两种给付的差额即为利益。

所谓获利，指因为一定的事实导致其财产的增加或应当减少而不减少。[②] 包括积极获利与消极获利两种，消极获利如本应支出的费用未支出、本应负担的债务未负担、财产权限制的解除、本应在自己物上设定的物权未设定、因债务免除等原因导致责任减轻。[③] 获利不应包括精神上的利益，其性质上也无法返还。例如，甲未经乙许可偷拍乙的照片用于自己欣赏，未进行商业利用。此时甲获得的精神愉悦不属于不当得利法中的利益范畴。[④]

第二个构成要件为他方遭受不利。不当得利制度的目的和功能不在于填补损害，而是使受领人返还无法律上原因而获得的利益，所以不当得利中的受损失不具有损害赔偿制度上损害的意义，不以积极损失和消极损失为要件。在给付型不当得利中，一方因他方为给付而获得利益，就是他方的损失。不当得利的成立是否应当以一方遭受损害为构成要件，存在否定说与肯定说两种观点。否定说认为不当得利的关注重点是得利人的获利问题。王利明等学者赞成肯定说，原因在于，《民法总则》第 122 条明确要求不当得利的适用以对方遭受一定损失为前提，一方获利而另一方未遭受损失的情形下，当事人之间不存在欠缺法律原因的财产

---

① 崔建远：《不当得利规则的细化及其解释》，载《现代法学》2020 年第 3 期。

② 郑玉波：《民法债编总论》，中国政法大学出版社 2004 年版，第 92 页。

③ 郑玉波：《民法债编总论》，中国政法大学出版社 2004 年版，第 92 页。

④ 王利明：《债法总则研究》（第 2 版），中国人民大学出版社 2018 年版，第 415 页。

变动，而且此种获利不应受到法律的否定性评价，不存在返还基础。① 多数国家认为，获利与失利是不当得利两个基本的构成要件。②

第三个构成要件为因果关系。为了适当限制不当得利当事人请求权的范围，使受害人不得对于间接获利的第三人请求返还其所受利益，采取直接因果关系说。类型包括双重瑕疵、间接代理、处分基于合同受领的给付三种类型。最后一种类型指乙向甲购买水泥修缮丙的房屋，乙无力支付价款时，甲不得向丙主张不当得利，因为丙所受利益来自乙已经取得所有权的财产，与甲所受损失无直接因果关系。相反，非直接因果关系说则认为对因果关系存在与否的判断也应基于公平理念，依社会一般观念加以认定。崔建远教授认为个别类型中采取非直接因果关系可能有助于问题的适当解决。③ 给付型不当得利中，因果关系要件已经由给付关系取而代之，以给付人为不当得利请求权人，以受领人为债务人，给付人无权处分第三人物品场合也如此认定。理由在于保护当事人之间的信赖关系，合理分配风险，保持当事人之间的抗辩。

如下情形，法院可直接认定受益人的获利与受损人的损害之间有因果关系：受损人将财产交付给受益人，尔后合同被撤销或被认定为无效；受损人为受益人提供服务或从事某种工作，后合同被宣告无效；受益人使用了受损人的财产；因受损人的损害使受益人的某一财产增值，如以受损人材料装修了受益人的房屋；受损人代受益人承担某项责任。④

第四个构成要件为没有法律根据即欠缺给付目的。无法律上原因在给付型不当得利中就是欠缺给付目的即履行目的，明示默示均可，须彰显给付所欲履行的债的关系。给付目的主要有两类：一为清偿债务；二为直接创立一种债之关系。

给付行为欠缺目的分为四种类型：一为自始无给付目的，包括狭义的非债清偿，以及作为给付的原因行为未成立、无效或被撤销；二为给付目的嗣后不存在，包括解除条件成就、终期届至导致合同消灭、合同被撤销或解除；三为给付目的不达，如附停止条件的债务条件未成就，但已先行交付标的物；四为给付目的落空，如将钱放在医院为甲治病但甲死亡。

在无法律上原因的判断方面应当采取区分说。一方面，因为不当得利的类型日益复杂，难以依据统一标准判断是否存在法律上的原因，通过类型化方法对不

---

① 王利明：《债法总则研究》（第2版），中国人民大学出版社2018年版，第421页。

② 欧洲民法典研究组编著：《欧洲私法的原则、定义与示范规则：欧洲示范民法典草案（第5卷）》，王文胜等译，法律出版社2014年版，第986页。

③ 崔建远：《债法总论》，法律出版社2013年版，第287页。

④ 王利明：《债法总则研究》（第2版），中国人民大学出版社2018年版，第428页。

当的原因进行明确列举也有利于法官操作；另一方面，在不同的无法律原因之下，不当得利返还请求权的法律后果也不同。因此在给付型中，无法律原因就是不存在给付原因，而在非给付型中，需依照公平理念分别认定。通常包含的情形有：当事人之间不存在有效的合同关系；不具有法律规定的作为义务等原因；无道德上的义务；受损人没有就其蒙受的不利表示同意。①

债务人清偿时效届满的债务，债权人仍有权基于债权保有该给付利益，不构成不当得利；债权人基于错误而提前清偿债务，债务因清偿行为而消灭，债权人也没有得利可言，当对于债务实际履行至履行期届满期间的利息部分，债权人构成得利，债务人可请求返还。②

三、不当得利的主要效力

不当得利之债的主要效力是在当事人之间产生返还义务，权利人是受损失的人，义务人是得利人。依据《民通意见》第 131 条规定，不当得利的返还对象包括受益人受领的原物、原物产生的孳息以及其他利益。不当得利的返还方法，以返还所受利益的原状为原则即原物返还，以价值额返还为例外。

原物返还包括所受利益以及本于该利益更有所取得。应按照各个权利的移转方法移转于受损失的人。本于该利益更有所取得包括原物的用益如孳息以及使用利益、基于权利的所得如原物为债权时所受的清偿、原物的代偿物如损害赔偿金或保险金。③ 原物返还的性质取决于物权变动模式。采物权行为理论的立法例中，负担行为无效或被撤销时，物权变动仍可以发生，出卖人无法基于所有权返还请求权，有必要借助不当得利对出卖人提供救济，此时不当得利保护债权人请求返还特定物的利益。采债权形式主义的立法例中，合同被撤销或无效，所有权无法发生变动，出卖人可以选择物权返还请求权或不当得利返还请求权，标的物再次出让给第三人时，第三人若未构成善意取得，所有权人有权请求第三人返还对标的物的占有，反之则无权请求第三人返还不当得利。

依性质或其他情形不能返还原物的，返还价值额。前者如所获利益为劳务、物的使用或消费、免除他人债务等；后者如原物灭失、被盗或丧失所有权以及部分损毁。受领人有无过失，在所不问。④ 价值额的计算有客观说与主观说，以价值额偿还义务成立时为时间点。客观说认为应当依据客观市场价值确定，如果是

① 王利明：《债法总则研究》（第 2 版），中国人民大学出版社 2018 年版，第 418 页。

② 王利明：《债法总则研究》（第 2 版），中国人民大学出版社 2018 年版，第 419 页。

③ 崔建远：《债法总论》，法律出版社 2013 年版，第 298 页。

④ 崔建远：《债法总论》，法律出版社 2013 年版，第 299 页。

劳务，根据劳务的合理报酬来计算。① 通说认为若损失大于利益时，以利益为准；利益大于损失时，以损失为准。新近学说认为，在侵害他人权益型不当得利场合，得利人应负返还获得的全部利益的义务，此为获利返还问题。

四、不当得利返还义务的除外情形

不当得利返还义务排除，并非完全排除受损人的不当得利返还请求权，而只是赋予得利人一种抗辩权，需要在一定期间内提出，一般情形下法官无权主动援引。②

第一项排除的情形为给付属于履行道德上的义务。其规范意旨在于调和法律与道德，以道德上的义务作为法律上的义务，给付人不得请求返还。所谓道德义务，既有全人类共识的，也有特定社会特定国度认可的；不同时期也可能不一。例如，侄子对于叔伯在法律上虽无抚养义务，但在道德上则有之。教徒、信徒对于教堂、寺庙的献礼，也属于道德上的义务。③

第二项排除的情形为履行期前的清偿。期前清偿，债务并非不存在，不属于无法律上原因，且债务因清偿而消灭，债权人无得利可言。债权含有若干权能，如请求给付的权能、受领给付的权能和保有给付的权能等。债务届期前，债权人无权请求债务人为清偿，但债务人一经清偿，债权人便有权受领给付，也有权保有该给付，除非该给付有害于己。债务到期之前的清偿受领人在一侧观察，有法律根据，但不具备不当得利的构成要件。正所谓“在清偿期前，债务并非不存在，仅债权人不得请求履行而已，因而债务人于期前清偿时，不仅不能谓为无法律上之原因，且其债务因清偿而消灭，债权人亦无得利之可言”。④ 这与《民法典》第 530 条第 1 款但书关于债务人“提前履行不损害债权人利益的”债权人应当受领给付的精神相衔接。债务人于期前清偿，债权人利用该项给付获得了期限利益，是否构成不当得利？《日本民法典》第 706 条但书规定，如果债务人不知未届清偿期而为给付，那么，债权人取得的期限利益构成不当得利，负有返还义务。《德国民法典》第 813 条却明确规定债务人不得请求返还。这符合利益衡量，中国法及理论应予借鉴。⑤

第三项排除的情形为明知的非债清偿。不受法律保护的原因，一是禁反言原

① 欧洲民法典研究组编著：《欧洲私法的原则、定义与示范规则：欧洲示范民法典草案（第 5 卷）》，王文胜等译，法律出版社 2014 年版，第 1071 页。

② 王利明：《债法总则研究》（第 2 版），中国人民大学出版社 2018 年版，第 474 页。

③ 王泽鉴：《不当得利》，北京大学出版社 2009 年版，第 90 页；郑玉波：《民法债编总论》（第 2 版），陈荣隆修订，中国政法大学出版社 2004 年版，第 103 页。

④ 郑玉波：《民法债编总论》（第 2 版），陈荣隆修订，中国政法大学出版社 2004 年版，第 103 页。

⑤ 崔建远：《不当得利规则的细化及其解释》，载《现代法学》2020 年第 3 期。

则，禁止出尔反尔，违反诚信原则；二是尊重给付人自愿给付的意愿；三是节约司法资源。但可以基于无因管理等请求返还。对于有无债务心存怀疑而给付的，事后证明无债务，原则上仍应允许其请求返还。即使因重大过失而不知道自己不负有债务，也不构成明知的非债清偿。① 如果给付人出于赠与目的作出给付，也不构成明知的非债清偿。《德国民法典》第294条、《法国民法典》第1150条还规定，基于情谊行为而作出的给付，也不得要求返还。

大陆法系立法例还对不法原因的给付作了规定，如《德国民法典》第817条、《日本民法典》第708条、《瑞士债法典》第66条等。基于不法原因的给付指给付行为违反了强制性规定或公序良俗，不属于自然债务，而是法律对给付人实施不法行为的否定性评价，可称为拒绝保护说。② 实务中认定的案例有贿赂、提供违法活动经费、对发现通奸者支付金钱、支付报酬雇人犯罪等。但我国台湾地区“民法”第180条第4款但书规定，不法原因仅存在于受领人一方时，给付人可请求返还。接受不法给付一方可能因触犯公法等承担其他法律责任，如被追缴不法所得等。

【关联规定】

《民法通则》第92条，《民法典》第118、122条

（撰稿人：汪洋）

第九百八十六条　【利益不存在规则】 得利人不知道且不应当知道取得的利益没有法律根据，取得的利益已经不存在的，不承担返还该利益的义务。

【释义】

本条是关于利益不存在规则的规定。

本条确立了善意得利人或受领人的返还责任，简称为利益不存在规则。原因在于善意得利人开始时不知自己负担着返还义务，善意得利人和给付人相信取得的利益具有法律根据，因此善意得利人对其可以保留取得利益的信赖应受法律保

① ［德］迪特尔·梅迪库斯：《德国债法分论》，杜景林、卢谌译，法律出版社2007年版，第538页。
② 王利明：《债法总则研究》，中国人民大学出版社2015年版，第476页。

护，法律使善意得利人的财产状态不致因发生不当得利而受不利的影响。① 善意得利人仅须返还现存利益。如果利益不存在，则不必返还原物或价值额。

利益是否存在采差额说，以获得利益的过程而产生的现有财产总额与若无其事实应有财产的总额比较，而决定有无利益的存在。如果原有利益不存在，但因此使得利人财产总数增加的，增加部分属于现存利益。② 时间点为得利人受返还请求的催告之时。经过催告，应知获得的利益没有法律根据。按照该时间点确定现存利益的范围，并不会过分加重得利人的负担，同时，也有利于促使得利人对所受领利益尽到保管义务，防止受损人损失进一步扩大。③

利益不存在，包括受领标的本身不存在，以及与获得利益的事实有因果关系的损失均可列入扣除范围，但限于因信赖获得利益具有法律根据而遭受的损失，例如，支出的必要费用、有益费用、因相信所获利益无须返还而将自己财产给予他人、权利因该利益的受领而消灭如误信清偿有效而损毁债权证书或抛弃担保。

在一方给付的场合，利益不存在首先体现为受领标的本身不存在。原来获得利益因毁损、灭失、被盗或其他事由不能返还时，获得相应的损害赔偿金、补偿金或保险金等补偿，属于"本于该利益更有所取得"，应予返还。若善意得利人饮用了受领的葡萄酒而节约了其他葡萄酒，于此场合他取得的利益体现于其所节约的价值，应成立"节约式不当得利"。④ 善意得利人就获得的利益为法律行为上的交易，所获得的价款或互易物不能认为系本于该利益更有所取得，属于原物不能返还，应负返还价值额的责任。例如，善意得利人将时值 10 万元的车以 11 万元出售，应返还 10 万元（客观说）；若以 9 万元出卖，其财产总额的增加现在尚存的，为 9 万元，所以，善意得利人仅负 9 万元的返还义务。如果车被盗，善意得利人获得的利益不存在，那么，他不负不当得利返还义务或价值额偿还的责任。使用消费他人之物，但无支出此类消费的计划的，那么，其使用消费的利益便没有留存于财产总额之中，按照差额说，可主张获得的利益不存在。⑤

在一方给付的场合，利益不存在还体现为善意得利人的其他财产上的损失。包括因取得该利益所支出的费用，如运费、关税等；对受领物所支出的必要费用和有益费用，如动物的饲料费用；善意得利人相信所获利益不致返还，因此将自己的财产给予他人，如不知无法律上的原因而取得电脑，遂将自己原有的电脑捐

---

① ［德］迪特尔·梅迪库斯：《德国债法分论》，杜景林、卢谌译，法律出版社 2007 年版，第 555 页；崔建远：《不当得利规则的细化及其解释》，载《现代法学》2020 年第 3 期。

② 孙森焱：《民法债编总论（上册）》，法律出版社 2006 年版，第 153 页。

③ 王利明：《债法总则研究》（第 2 版），中国人民大学出版社 2018 年版，第 469 页。

④ ［德］迪特尔·梅迪库斯：《德国债法分论》，杜景林、卢谌译，法律出版社 2007 年版，第 553 页。

⑤ 王泽鉴：《不当得利》（第 2 版），北京大学出版社 2015 年版，第 179 页。

赠给希望小学；如果善意得利人取得某种利益是以其权利消灭或其价值降低为代价的，如第三人丙因其错误向债权人甲清偿乙的债务，甲误信该清偿为有效而受领，导致毁损了债权证书，抛弃担保时，其原有债权受损害，那么，善意得利人也可主张扣除，其具体操作可以是甲保有给付，将其对乙享有的债权转让给丙。①

在双务合同场合的利益不存在，德国多数说即互相返还理论认为，当事人各有独立的不当得利返还请求权。② 但是在买受人自出卖人处受领的买卖物全部或一部灭失时，买受人一方面可以主张所受利益不存在，免负返还或偿还价款的义务，另一方面仍可向出卖人请求返还其支付的价款，则发生买受人可将所受利益灭失的风险转嫁出卖人负担，与公平理念及双务合同的本质不符。在出卖人先行交付买卖物，买受人未付款，此时买卖物灭失，如果买受人可以主张所受利益不存在，免负返还义务，则出卖人应承担先为给付的风险。为克服该缺点，差额说认为双方当事人所为给付因合同不复存在而要清算，若有差额，便成立不当得利返还请求权。③

我国可借鉴各说优点，确定双务合同场合何时不当得利不存在。如果双方当事人均已提出给付，其取得的利益尚存时，可依相互返还理论，每一方当事人均可行使不当得利返还请求权，不发生利益不存在问题。在一方受领的给付不复存在时，假如一方面允许主张利益不存在，不再承担返还不当得利的义务，另一方面却有权请求相对人返还其受领的对待给付，把给付不复存在的风险完全转嫁给相对人，这有违公平正义，不应被允许。如果一方当事人先为给付，如出卖人先行交付买卖物，后查清该买卖合同不成立，买受人受领的买卖物已经灭失，不能返还原物，则不得主张利益不存在，仍应负担不当得利返还义务。④

（撰稿人：汪洋）

第九百八十七条　【不当得利与赔偿责任的聚合规则】 得利人知道或者应当知道取得的利益没有法律根据的，受损失的人可以请求得利人返还其取得的利益并依法赔偿损失。

---

① 王泽鉴：《不当得利》（第2版），北京大学出版社2015年版，第180页。

② ［德］格哈德·瓦格纳：《20世纪不当得利法理论的发展与不当得利法领域的法律文献》，马丁译，王倩校，载王洪亮主编：《中德私法研究（第8卷）》，北京大学出版社2012年版，第106页。

③ ［德］格哈德·瓦格纳：《20世纪不当得利法理论的发展与不当得利法领域的法律文献》，马丁译，王倩校，载王洪亮主编：《中德私法研究（第8卷）》，北京大学出版社2012年版，第106页。

④ 崔建远：《不当得利规则的细化及其解释》，载《现代法学》2020年第3期。

【释义】

本条是关于不当得利与赔偿责任的聚合规则的规定。

在确定不当得利返还范围时，应考虑得利人的主观状态，理由在于，一方面，不当得利除调整当事人之间欠缺法律原因的财产变动关系外，还具有剥夺行为人不法获利、预防不法行为的功能。在得利人为恶意时，科以较重的返还义务，也有利于预防故意侵害他人合法权益的行为。另一方面，有利于平衡当事人之间的合法权益。得利人为善意时，不知道所获利益欠缺法律上原因，更无法预见其所获利益被请求返还时可能产生的后果，因此原则上只应当返还现存利益，否则可能会不当加重其负担；恶意时科以较重的返还义务也不会过分加重其负担。[①]

《德国民法典》第 818 条、我国台湾地区“民法”第 182 条都区分了善意恶意而确定不同的返还范围。虽然《民法典》第 122 条没有区分得利人的善意恶意，但《最高人民法院关于贯彻执行〈中华人民共和国民法通则〉若干问题的意见（试行）》第 39 条规定：“利害关系人隐瞒真实情况使他人被宣告死亡而取得其财产的，除应返还原物及孳息外，还应对造成的损失予以赔偿。”该条实际也区分了得利人的善意和恶意，分别确定其返还范围。

有认为得利人恶意指对无法律上原因获利相关法律效果的明知，而不仅是对于无法律上原因获利这一事实的明知，如若不知道赌博因违反公序良俗而无效，就不是恶意的得利人。[②] 而王利明教授认为，只需要得利人明知其获利无法律上原因即可，不需要得利人明知其行为的法律效果。得利人依其对事实的认识和法律上的判断知晓其欠缺保有所获利益的正当根据，即构成恶意，不以确实了解整个法律关系为必要。[③]

若自始恶意的，承担加重的返还责任，将受领时所获利益附加利息一并返还，且不得主张所获利益不存在，不得主张扣除必要费用。若仍不能填补受损失人的损失，就不足部分，另负不当得利法上的损害赔偿责任，不以过错为要件。[④]若嗣后恶意的，于其知道无法律根据之时的现存利益负返还责任。如果在知道无受领原因前，所获利益已经消失，则不再承担返还义务。自知道欠缺法律原因之

① 史尚宽：《债法总论》，中国政法大学出版社 2000 年版，第 94 页。
② 刘昭辰：《不当得利》，五南图书出版公司 2012 年版，第 201 页。
③ 王利明：《债法总则研究》（第 2 版），中国人民大学出版社 2018 年版，第 470 页。
④ 崔建远：《债法总论》，法律出版社 2013 年版，第 305 页。

日起，得利人还应承担利息返还责任，造成受损人损失的，承担损害赔偿责任。相关立法包括《德国民法典》第819条第1款、《日本民法典》第704条。

如果得利人是未成年人，恶意判断采特殊标准。因为未成年人因年龄智力等原因，可能很难准确判断客观情况，如果以未成年人本人为标准判断是否恶意，会不当加重未成年人的责任，因此原则上应当以其法定代理人为标准判断是否存在恶意。①

对于不当得利与其他请求权的关系，不当得利辅助性理论认为，有其他请求权存在时，一方并未受利益，致他方受损失，不当得利的构成要件不具备，而不发生不当得利返还请求权；或是不当得利返还请求权仅限于当事人不能依据其他请求权得到完全满足时，始能行使。② 不当得利独立性理论则强调返还请求权的独立性，在不当得利返还请求权与其他请求权竞合时，允许当事人选择行使。我国台湾地区的“判例”学说一向采取该说。③ 解释我国《民法典》的有关规定时，宜采不当得利请求权独立性的理论。DCFR第7－7：102条规定，如果受害人同时享有不当得利返还请求权与损害赔偿请求权（不管是对受益人还是对第三人），以及根据私法上的其他规定产生的返还请求权，则其中一项请求权的实现在其数额的范围内使其他请求权得以减少。即当事人有权同时根据多项请求权基础要求返还。这一规定反映了欧洲私法统一进程中的立场。

侵害权益型不当得利与侵权损害赔偿也常发生竞合关系，如果损害大于获利，主张侵权对受害人更有利，反之则主张不当得利更有利。④ 所以不当得利返还请求权的规定与第1179条关于侵权损害赔偿请求权的规定可能发生竞合。除此之外，不当得利请求权与其他请求权也有着复杂关系，需要分别予以分析。第985条与第157条前段关于民事法律行为无效、被撤销或者确定不发生效力后返还财产的规定可以发生竞合关系，给付人可视证据等实际情况而选取物权请求权或不当得利返还请求权。第157条前段规定的折价补偿，因为于此场合不存在物权，故不具备物权请求权的构成要件，仅仅符合不当得利的构成，给付人只可主张不当得利返还请求权。第179条第1款第4项规定的返还财产和第5项规定的恢复原状，是把返还财产和恢复原状作为民事责任的方式。恢复原状请求权兼有

---

① 刘昭辰：《不当得利》，五南图书出版公司2012年版，第202页。

② 王泽鉴：《不当得利》，北京大学出版社2009年版，第209页；李世刚：《法国新债法·债之渊源（准合同）》，人民日报出版社2017年版，第106页。

③ 郑玉波：《民法债编总论》（修订2版），陈荣隆修订，中国政法大学出版社2004年版，第113～115页；孙森焱：《民法债编总论（上册）》，法律出版社2006年版，第161～164页；王泽鉴：《不当得利》，北京大学出版社2009年版，第210页。

④ 崔建远：《债法总论》，法律出版社2013年版，第306页。

损害赔偿请求权和物权请求权的双重属性。但无论哪种情形均无受益可言，即不具备不当得利的构成，不会与不当得利请求权竞合。第235条规定了物的返还请求权，它与第985条正文规定的不当得利返还请求权之间可能发生竞合。第460条关于占有人返还孳息的规定与不当得利返还请求权为竞合关系。第461条规定，善意占有人所负有限的侵权损害赔偿责任，即以因占有物毁损、灭失取得的保险金、赔偿金或补偿金等返还给权利人，采取的是不当得利返还的原则。第566条第1款规定所谓合同解除场合的恢复原状，在给付物为有体物时构成物权请求权，在给付为其他标的时可以构成不当得利返还。在通过物权请求权的行使达到恢复原状的结果时，就不存在不当得利返还；在不予行使物权请求权时，有可能就给付物的占有或登记成立不当得利返还请求权。①

【关联规定】

《最高人民法院关于贯彻执行〈中华人民共和国民法通则〉若干问题的意见(试行)》第39条

（撰稿人：汪洋）

第九百八十八条　【无偿受让不当得利之人的返还】得利人已经将取得的利益无偿转让给第三人的，受损失的人可以请求第三人在相应范围内承担返还义务。

【释义】

本条是关于无偿受让不当得利之人的返还的规定。

如果得利人将所得利益无偿转让给第三人，第三人为因得利人行为而间接取得利益的人。当受领人为善意且利益已无偿移转至转得人处，善意受领人免返还义务，而此时受损人毫无救济之道，衡诸公平，对于受损人未免过于苛刻，因此科无偿转得人于受领人免返还义务的限度内，对受损人负返还责任，属公平合理。由于第三人获得利益没有支付对价，因此科以其返还义务不会不当加重其负担。但第三人的返还义务应以其无偿取得的现存利益为限。②

① 崔建远：《不当得利规则的细化及其解释》，载《现代法学》2020年第3期。

② 孙森焱：《民法债编总论（上册）》，法律出版社2006年版，第158页。

本条意在于区分两种法律关系，在受损人和得利人之间的关系方面，利益不存在，受领人不再负不当得利返还的义务；但在无偿受让利益的第三人与受损人之间成立不当得利返还关系，受损人系债权人，该第三人是债务人。[①] 对于该条应予以限缩性的解释。当得利人转让得利为正当时，受损人才有权请求受让该利益的第三人返还该利益，该第三人无权抗辩；得利人非正当地转让时，得利人取得的利益视为仍然存在，不得主张利益不存在并拒绝承担返还义务；于此场合，如果受损人径直请求该第三人返还不当得利，则该第三人有权予以拒绝。如果进入破产程序，破产管理人虽然有权请求受赠人返还，但这已非不当得利问题，而是破产问题。[②]

如果请求返还的对象是原物而不是利益，在确定第三人返还义务时涉及善意取得的适用，按照以下步骤进行。首先，应考虑第三人的善意恶意，若第三人明知得利人的获利为不当得利时，不涉及交易安全的保护，应优先保护受损人的合法权益。其次，若第三人为善意且获利时支付了合理对价，则符合善意取得而获得标的物所有权，受损人无权请求第三人返还不当得利，只能请求得利人返还其所获得的合理对价。如果善意的第三人支付的价金与标的物的客观价值明显不相当，则不符合善意取得要件，受损人有权依不当得利请求第三人返还标的物。[③]

我国台湾地区“民法”第 183 条也规定，“不当得利之受领人，以其所受者，无偿让与第三人，而受领人因此免返还义务者，第三人于其所免返还义务之限度内，负返还责任”。规范目的为保护债权人。应具备的要件，一是须为无偿的让与，如赠与或遗赠，在半卖半送场合，对赠与部分仍适用。二是赠与之物须为原受领人所应返还的，包括所受利益及基于所受利益更有所取得。如善意受领人受领的为甲车，被他人损毁后赔偿乙车，受领人将乙车赠与第三人时，第三人对受损人负有返还乙车的责任。若受领人将甲车出卖后，以价款购买乙车赠与第三人，则第三人应返还受损人的是价额而非乙车。三是须原受领人因无偿让与而免负返还义务。恶意受领人将所受领的利益无偿让与第三人时，仍应对受损人负偿还价额义务。至于受损人能否撤销赠与合同为另一问题。第三人应返还的范围，限于受领人因无偿让与所免返还的义务。若第三人又将获利转赠他人时，依前两条区分恶意善意进行处理。[④]

但是对于这一做法也有反对意见。如林诚二认为，受领人之所以愿意无偿将

① ［德］迪特尔·梅迪库斯：《德国债法分论》，杜景林、卢谌译，法律出版社 2007 年版，第 558 页。
② 崔建远：《不当得利规则的细化及其解释》，载《现代法学》2020 年第 3 期。
③ 王利明：《债法总则研究》（第 2 版），中国人民大学出版社 2018 年版，第 473 页。
④ 王泽鉴：《不当得利》（第 2 版），北京大学出版社 2015 年版，第 274 页。

利益让与转得人，系基于二人间的原因关系即赠与合同，受领人本就负有给付义务，若受领人以不当得利获得利益替代原应给付的内容，按其性质，受领人仍保有应支出而未支出的消极利益，如节省购买礼物之费用，故受领人并非所受利益不存在，该条规定实属多余。①

（撰稿人：汪洋）

① 林诚二：《不当得利无偿转得人之返还义务》，载刘昭辰等：《不当得利专题研究》，元照出版有限公司 2016 年版，第 206 页。

图书在版编目（CIP）数据

中华人民共和国民法典合同编释义／龙卫球主编
.—北京：中国法制出版社，2020
（民法典权威解读丛书）
ISBN 978－7－5216－1100－7

Ⅰ.①中… Ⅱ.①龙… Ⅲ.①合同法－法律解释－中国 Ⅳ.①D923.65

中国版本图书馆 CIP 数据核字（2020）第 080197 号

策划编辑　韩璐玮（hanluwei666@163.com）
责任编辑　韩璐玮　赵律玮　　封面设计　李　宁

中华人民共和国民法典合同编释义
ZHONGHUA RENMIN GONGHEGUO MINFADIAN HETONGBIAN SHIYI

主编/龙卫球
经销/新华书店
印刷/三河市国英印务有限公司
开本/730 毫米×1030 毫米　16 开　　（上下册）总印张/75.25　字数/1149 千
版次/2020 年 7 月第 1 版　　2020 年 7 月第 1 次印刷

中国法制出版社出版
书号 ISBN 978－7－5216－1100－7　　（上下册）总定价：228.00 元

北京西单横二条 2 号
邮政编码 100031　　传真：010－66031119
网址：http：//www.zgfzs.com　　**编辑部电话：010－66070084**
市场营销部电话：010－66033393　　**邮购部电话：010－66033288**

（如有印装质量问题，请与本社印务部联系调换。电话：010－66032926）